O—1464
A+
Ⓒ

894.

RELATION DV VOYAGE D'ADAM OLEARIVS

EN MOSCOVIE, TARTARIE, ET PERSE,

AVGMENTEE EN CETTE NOVVELLE EDITION
de plus d'vn tiers, & particulierement d'vne seconde Partie

CONTENANT LE VOYAGE DE
IEAN ALBERT DE MANDELSLO
AVX INDES ORIENTALES.

Traduit de l'Allemand par A. de WICQVEFORT,
Resident de Brandebourg.

TOME PREMIER.

A PARIS,
Chez IEAN DV PVIS, ruë S. Iacques, à la Couronne d'or.

M. DC. LXVI.

A
LA SERENISSIME
REINE
DE POLOGNE
ET DE SVEDE.

ADAME,

Si ie prens la liberté de porter cette Traduction aux pieds de Vostre Majesté, ce n'est pas que i'aye la presomption de croire, que ce soit vn present digne

* ij

EPISTRE.

d'vne si Auguste Reine; c'est que vostre bonté ayant preuenu mes seruices par des graces toutes particulieres, i'ay vne iuste impatience, qui ne me permet pas de tarder plus long-temps à luy donner des marques de mon zele & de ma reconnoissance. Et d'ailleurs, comme V. M. a bien voulu ietter les yeux sur le Traité de l'élection de l'Empereur, que ie donnay au public il y a vn an, & que mesme elle a pris la peine d'y faire plusieurs remarques, aussi exactes que iudicieuses, i'ay crû que cette Relation, que i'ay l'honneur de vous offrir maintenant, pourroit aussi trouuer quelque moment fauorable, pour diuertir V. M. de ses grandes & penibles occupations : Et ie me flatte d'autant plus de cette esperance, puis qu'il a déja plû à V. M. de me faire connoistre, que ce Liure ne luy seroit pas desagreable. I'aduouë, MADAME, qu'auec cela i'auois osé me promettre quelque chose de plus de vostre bonté, & ie pensois qu'il me seroit permis, en publiant les graces que i'ay receuës de V. M. de publier aussi les obligations que luy a le Royaume de Pologne, ou plutost toute la Chrestienté, & qu'elle souffriroit que ie fisse voir à l'ouuerture de ce Liure vn sommaire des grandes & miraculeuses actions de sa vie. Mais sa modestie, si ie l'ose dire, trop grande, n'a pas voulu fauoriser vn si iuste dessein, & n'a point desiré qu'on me fournist les Memoires qui estoient necessaires pour cela. Veritablement, MADAME, le public se pourroit plaindre auec quelque iustice, de ce que V. M.

EPISTRE.

dont toutes les pensées mesmes n'ont pour but que l'honneur de Dieu, refuse de donner les moyens de publier les choses incroyables qu'il a faites par vostre conduite & en vostre faueur. Prenez garde, MADAME, que vostre modestie fait preiudice à la gloire de celuy, qui a voulu se seruir de vous pour la conseruation de la Chrestienté, à laquelle le Royaume de Pologne a seruy de rempart pendant tant de siecles. Dans cette veuë, MADAME, ie croy pouuoir dire, que V. M. bien loin de pouuoir supprimer vne infinité d'actions glorieuses qu'elle a faites, est obligée d'employer la langue & la plume de tous ses seruiteurs, pour faire resonner incessamment les loüanges de ce grand Dieu. qui a fait tant de merueilles pour elle, & qui l'a faite elle-mesme la merueille de nostre siecle. C'est luy, MADAME, qui vous a fait naistre dans vne maison, où se trouue vny le sang des Empereurs d'Orient & d'Occident, & de la pluspart des Souuerains de l'Europe. C'est luy, qui vous ayant destinée à estre Reine dés vostre enfance, a fait agir les plus puissans ennemis de V. M. pour vous empescher d'estre proche du throne de la France, parce qu'il vouloit vous esleuer à celuy de la Pologne. Il a voulu exercer vostre premiere ieunesse dans vne aduersité continuelle, pour vous preparer aux grandes affaires, dont vous deuiez vn iour auoir la conduite, & c'est par vne prouidence toute particuliere de Dieu, que les choses se sont trouuées disposées en sorte, que celles qui vous deuoient faire

EPISTRE.

tout apprehender, sont celles qui ont le plus contribué à porter V. M. au plus haut degré de gloire, où iamais Princesse ait esté éleuée. Pour estre Reine, il ne suffisoit pas d'auoir épousé vn Roy; il falloit regner en effet, & porter vne partie des soins & du fardeau de la Royauté. Ainsi il estoit necessaire que Dieu fist naistre les occasions, où V. M. pust faire connoistre, qu'elle a toutes les qualitez qui luy peuuent donner ce rang, & la rendre capable du gouuernement. Si c'est donc de Dieu, MADAME, que vous tenez ces aduantages, & si c'est vn rayon de la Majesté Diuine qui reluit en vous, ne deuez-vous pas faire scrupule de le frustrer de la gloire qui luy est deuë? Et comment pouuez-vous refuser de contribuer à la grandeur de celuy qui a si puissamment estably la vostre? Ie ne parle point de ce que V. M. a fait pendant les premieres années de son mariage, ny des occupations qu'elle s'est données dans la paix; en restablissant les Hospitaux: en ouurant des Escoles pour les Filles orphelines ou pauures: en faisant venir de France des personnes capables d'instruire la ieunesse, en estendant sa charité sur la France mesme, par le soulagement d'vn grand nombre de personnes affligées, pendant la disette & les desordres du Royaume, & en exerçant sa liberalité sur les personnes de merite, & sa magnificence mesme sur les Grands. Mais ie ne puis m'empescher de dire, MADAME, que c'est pour sa gloire que Dieu a voulu exposer vostre vertu à des espreuues si violentes, qu'il y a peu de personnes

EPISTRE.

de vostre condition qui en ayent senty de semblables, & point du tout qui ayent pû y resister auec tant de constance. V. M. n'auoit pas encore essuyé les larmes qu'elle versoit sur la plus grande & la plus sensible affliction qu'elle ait euë en sa vie, quand les rebelles troublerent le repos de l'Estat & le vostre, MADAME, par vn sousleuement effroyable. Les armes que l'on vouloit employer pour punir cette reuolte, furent en mesme temps diuerties par les Moscouites, qui attaquerent le Royaume du costé de Smolensko, & se rendirent maistres de toute la Lithuanie. Toutes les forces de Pologne estoient occupées contre ces deux redoutables ennemis, quand vn troisiesme, bien plus formidable & plus dangereux que les autres ; entra dans la Prusse, nonobstant la foy de la Tréve. Mais ce qui reduisit les affaires en vne derniere extremité, ce fut la precipitation auec laquelle les Polonois changerent de party, & ioignirent leurs armes à celles de leurs ennemis irreconciliables. Cette nation, qui veut que l'on croye qu'elle possede seule la veritable valeur, perdit d'abord le iugement en cette reuolution, & emportée par le desespoir, se tourna contre son Roy & contre sa patrie. Il est certain, MADAME, qu'en l'estat où V. M. se trouua pour lors, elle auoit besoin d'vne vertu extraordinaire, & qu'il luy vint du secours d'enhaut, puis qu'elle n'en pouuoit plus esperer des hommes. La felonnie des Cosaques, les insultes des Moscouites, la fureur des Suedois

EPISTRE.

& la defection des Polonois donnerent sans doute vn rude choc à vostre courage inuincible, mais ils ne l'abatirent point. Alors, MADAME, vous vous retirâtes à Glogou, comme dans vn poste où vous pouuiez prendre les Conseils necessaires, pour arrester les progrés des armes, qui rauageoient toute la Pologne; & là V. M. au lieu de s'affliger inutilement des miseres du Royaume, dont on l'entretenoit continuellement, s'appliqua aussi-tost aux remedes qu'il y falloit apporter. Elle trauailla, elle veilla, elle employa toutes les heures du iour & de la nuict au soulagemët de son peuple. Elle tâcha principalement de réueiller le Zele lethargique de ceux qui estoient interessez en la mesme cause, & qui sembloient l'auoir trahie ou abandonnée. Les Dames Romaines porterent autrefois leurs bagues au Senat, pour estre employées à acquiter la Republique d'vn vœu qu'elle auoit fait, & en vne autre occasion elles les dönerent pour faire retirer les Gaulois de Rome. Mais ce qu'elles firent en commun, V. M. le fait toute seule. Elles estoiët asseurées d'en estre vn iour recompensées par la Republique: mais V. M. au contraire, voyoit déja vne bonne partie de son patrimoine enseuelie dans les ruines d'vn Royaume, dont elle ne pouuoit esperer le rétablissement que par vn miracle, & neantmoins elle engagea toutes ses pierreries, elle emprunta de l'argent de ses amis, & prit mesme dans la bourse de ses domestiques dequoy soustenir l'Estat, dequoy faire des leuées, & dequoy payer ceux, dont la fidelité ne pouuoit pas estre gratuite en cette conjoncture

EPISTRE.

jonĉture d'affaires. Le deuoir que nous auons à noſtre Patrie, ne nous oblige qu'à ſacrifier vne partie de noſtre bien à ſon ſeruice, & la charité meſme ne requiert de nous, ſinon que nous le partagions auec les miſerables: mais de donner ce que l'on a & ce que l'on n'a point, de ſe deſpoüiller pour reueſtir les pauures, & de ſe mettre au hazard de tōber dans la miſere, d'où l'on tire les autres, c'eſt vne vertu dont on ne ſçait pas encore le nom, & qui n'a eſté pratiquée iuſques icy que par V. M. Ce fut en cette retraitte, MADAME, où vous commençaſtes à faire changer l'eſtat des affaires des ennemis, non ſeulement par voſtre vigilance & par voſtre liberalité, mais auſſi en oppoſant voſtre pieté à leurs ſacrileges, l'ardeur de vos prieres à leurs blaſphémes, vos vœux continuels à leurs outrages, voſtre conſtance à leurs violences, & la iuſtice d'vne bonne cauſe à leurs vſurpations. Voſtre Maieſté ayant par ce moyen commencé de vaincre ſans combattre, voulut rentrer dans le Royaume, à deſſein de faire combattre les troupes Polonoiſes, qui s'eſtoient reconnuës, & qui eſtoient rentrées en leur deuoir, & afin de remporter vne victoire entiere ſur les ennemis, qui n'eſperoient deſ-ja plus pouuoir conſeruer ce qui ne leur appartenoit point. Ce n'eſt pas par foibleſſe, mais par vn principe de pieté que V. M. abhorre le ſang, & elle ne condamne les guerres, que parce que le plus ſouuent elles ſont injuſtes. Mais celle des Polonois

**

EPISTRE.

estoit défensiue, c'est à dire necessaire ; c'est pourquoy V. M. ne fit point de difficulté de se trouuer en personne à l'armée, & d'y faire mesme les fonctions, dont sa qualité la pouuoit dispenser. Il falloit qu'elle asseurast le courage des vns, qu'elle eschauffast le zele des autres, que sa presence animast les Polonois, que son exemple les empeschast de se dissiper, & que sa vertu, agissant par tout auec vne vigueur inconceuable, secondât les benedictions que le Ciel versoit sur les armes du Roy. Ce fut en cette rencontre que V. M. fit connoistre, que les hommes ont tort de vouloir faire croire, que le courage & la prudence leur ont esté donnez en partage, à l'exclusion des Dames : Car vid-on iamais rien de plus ferme & de plus intrepide que ce courage, qui a paru en toutes les actions de V. M. depuis son retour dans le Royaume ? rien de plus esclairé que cette admirable prudence, qui a esté l'ame de toutes les deliberations, que l'on y a faites pour les plus importantes affaires de l'Estat ? Il faut aduoüer que souffrir les incommoditez d'vn long siege, camper en la plus fascheuse saison de l'année, disner sur la caisse d'vn tambour, à la veuë de l'armée des ennemis, & au bruit de l'artillerie, faire dételler les cheuaux de son carrosse, pour traisner le Canon à vne batterie que V. M. auoit elle-mesme choisie, & donner les ordres aux lieux, où le Roy & les Generaux ne se pouuoient trouuer en personne, sont des actions plus que heroïques. Mais que diray-je,

EPISTRE.

MADAME, de vos lumieres infaillibles, dont ces graues Senateurs qui ont vieilly dans les affaires, se sont voulu seruir en toutes les deliberations importantes, & sans lesquelles ils estoient contraints d'aduoüer, qu'ils ne seroient iamais sortis des difficultez qu'ils y rencontroient? On ne les a iamais veu entrer dans les assemblées, où l'on deuoit prendre les resolutions de la derniere importance, qu'ils ne vous ayent témoigné qu'ils auoiēt besoin de vostre prudence, & on ne les a iamais veu sortir, qu'ils ne vous ayēt rendu cōpte de ce qui s'y estoit passé, & qu'ils nayent cōfessé qu'il estoit impossible de prēdre vn meilleur party, que celuy que vous proposiez, & de trouuer le salut de l'Estat ailleurs qu'en vos Cōseils. Ils s'en sont seruis fort vtilement, aussi bien que de la sagacité merueilleuse, auec laquelle V. M. a penetré dans les ruses de ceux, qui non contens de voir le Soleil se leuer & se coucher dans leurs Estats, croyent auoir droit sur tout ce qu'il éclaire. Elle a preuenu le dessein qu'ils auoient sur la Couronne de Pologne, auec vn succés d'autant plus glorieux, qu'il n'est pas moins difficile de se défendre d'vn amy infidelle, que de combattre vn ennemy declaré. Ce sont là les causes secondes. MADAME, dont Dieu s'est seruy pour le restablissement des affaires de Pologne, & dont il se sert encore tous les iours pour sa conseruation : Mais ce sont aussi les moyens qu'il a voulu employer pour l'establissement de la gloire & de la reputation

** ij

EPISTRE.

de V. M. comme elles sont fondées sur une vertu incomparable, accompagnée d'une Auguste Majesté, & sur une infinité d'autres excellentes qualitez de corps & d'esprit, dont le Ciel, MADAME, vous a extraordinairement fauorisée, par dessus les plus belles & les meilleures Princesses du monde, il ne faut pas s'estonner de voir les peuples les plus feroces, que les armes n'auoient pû dompter, prosternez aux pieds de V. M. pour luy rendre hommage, pour luy demander pardon, & pour la supplier tres-humblement d'interceder pour eux enuers le Roy, & la Republique. Mais si cette vertu a eû assez de pouuoir pour forcer ceux qui n'ont quasi point de sentiment d'humanité, quelle impreßion ne doit-elle point faire dans les esprits qui sont capables de comprendre les aduantages que V. M. leur a procurés? & quelle doit estre la joye & la reconnoissance de ceux qui iouissent presentement du repos, & qui voyent que la guerre a esté esloignée par la faueur du Ciel, que la pieté d'une si bonne Princesse a fait répandre sur eux, & dont ils iouïront long-temps sous son heureuse & sage conduite. Il est certain, MADAME, qu'ils ne peuuent considerer V. M. que comme une Princesse, qui doit estre en admiration à tout l'Vniuers, & qui est en effet l'amour & les delices des peuples, & l'obiet de leurs plus iustes & plus cheres inclinations. I'espere, MADAME, que V. M. ne me refusera pas la

EPISTRE.

grace, que ie luy demande icy, de pouuoir joindre mes vœux à ceux que font tant de peuples pour la prosperité, & pour le bon-heur de son regne. Qu'il soit toûjours victorieux, tousiours Auguste, tousiours florissant. Que l'on reuoye la Pologne en sa premiere splendeur, ses ennemis abbatus, ses sujets obeïssans, ses alliés fidelles. Qu'il plaise au Ciel combler V. M. de graces, de gloire & d'années. Ce sont les souhaits de celuy qui n'a point d'autre ambition que de pouuoir demeurer eternellement auec toute sorte de respect,

MADAME,

de VOSTRE MAIESTE',

Le tres-humble & tres-obeïssant
seruiteur,
DE WICQVEFORT.

AV LECTEVR.

L'HISTOIRE a cét aduantage, qu'elle instruit beaucoup plus efficacement que la Philosophie, & qu'elle diuertit plus agreablement que le Roman; parce que les exemples font plus d'impression que les preceptes, & que la verité donne vne satisfaction que les esprits raisonnables ne trouuent point dans la fable. Mais les relations des voyages ont cela de particulier, qu'elles font l'vn & l'autre incomparablement mieux que l'histoire. Car comme d'vn costé, en voyant les mœurs & les villes de diuers peuples on se forme l'esprit & l'on acquiert beaucoup de lumieres & de prudence, de l'autre on trouue d'autant plus de diuertissement dans les relations, que l'on y prend part au plaisir qui charme les voyageurs, & que l'on n'en a point à vne infinité de dangers, de fatigues & d'incommoditez, qui les accompagnent.

Le voyage de Moscouie & de Perse, que le sieur Olearius a donné au public, a esté si bien receu de ceux qui sont capables de juger de son me-

PREFACE.

rite, que j'ose me promettre qu'ils ne seront pas maris de trouuer en cette seconde Edition ce que l'Auteur auoit fait esperer en la premiere. Il y auoit dit, que le sejour qu'il auoit fait à Moscou & à Ispahan, & la connoissance qu'il auoit acquise de la langue du Païs, l'auoient fait penetrer iusques dans les mysteres de leur religion; mais que la precipitation auec laquelle il auoit esté obligé de faire imprimer son liure, l'auoit empesché d'en donner les particularités, aussi bien que de plusieurs autres choses, où il n'auoit touché que fort legerement. Il l'a fait depuis à loisir, & il y a reüssi en sorte, que l'on peut dire que c'est vne autre relation. Ceux qui ont veu la premiere aduoüeront sans doute qu'elle auoit besoin de cette derniere main, qu'ils reconnoistront en cette seconde, & qu'ils ont quelque obligation au Libraire, qui leur donne vne piece plus curieuse, & s'il est permis de le dire, plus acheuée. Ils verront qu'il y a adjoûté les cartes de Liuonie, de Moscouie, de la Mer Caspie, de Perse & des Indes, & ce que l'on doit estimer le plus, celle du cours de la riuiere de Vvolga, laquelle n'a pas encore esté veuë en France, qui leur doiuent seruir de guide, & sans lesquelles il estoit impossible de suiure nos voyageurs dans tous ces païs esloignés. Le premier volume, dont l'on a esté obligé de retrancher vne partie, afin de luy donner quelque proportion auec le second, fera voir qu'il

a esté

PREFACE.

a esté augmenté de plus d'vn tiers, & de plusieurs choses si considerables, que si l'on veut prendre la peine de conferer cette impression auec la premiere, l'on n'aura point de peine à descouurir la difference qu'il y a de l'vne à l'autre. Et d'ailleurs celle-là ne pouuoit point estre parfaite, si l'on n'y adjoustoit la relation du sieur de Mandelslo, dont l'on a veu l'abregé dans les lettres, qu'Olearius auoit publiées à la fin de sõ premier volume.

Ie ne pense pas qu'il soit necessaire de repeter icy les choses, dont la Preface de la premiere impression a entretenu le lecteur, touchant le sujet de l'Ambassade, que le Duc de Holstein enuoya en l'an 1633. en Moscouie & en Perse; des qualités & du merite de ce grand Prince; du loüable dessein qu'il auoit formé pour le commerce des soyes par terre; des difficultés, ou plustost des impossibilités qui se sont rencontrées en l'execution; de l'humeur brusque, glorieuse & extrauagante de Brugman; de son mauuais procedé & de sa fin malheureuse : mais ie ne me puis pas dispenser de dire icy vn mot de l'Illustre Iean Albert de Mandelslo, qui est, s'il faut ainsi dire, le Heros, de la seconde partie de cette relation.

Ie luy donne cette qualité, parce que vous verrez en la suitte de son voyage de merueilleuses aduantures. Mandelslo, Gentilhomme de naissance illustre, fut esleué en sa premiere jeu-

***

PREFACE.

nesse auprés du Duc de Holstein. En sortant de page ne donna pas moins d'estenduë à ses pensées, que la nature en a donné à tout l'Vniuers. Car ayant oüy parler d'vn voyage de Moscouie & de Perse, il en voulut estre; Et comme s'il eust esté cet honneste homme, à qui tout le monde doit seruir de patrie, il ne voulut point partir, que son Prince ne luy permist de voir le reste de l'Asie. Le sejour qu'il fit à Ispahan, luy donna l'occasion de faire connoissance auec quelques marchands Anglois, qui en luy parlant des Indes, luy firent venir l'enuie d'y aller. Le Roy de Perse luy offrit vne pension de dix mille escus : Il mesprisa cette grace auec fierté ; monta à cheual sans argent, comme vn Heros de Roman, auec trois valets Allemans, & sous la bonne foy d'vn Persan, qui luy deuoit seruir de guide & de truchement, mais qui le quitta lors qu'il en auoit le plus de besoin. En cette compagnie, & en celle d'vne forte diarrhée, qui degenera en disenterie auec vne fiévre chaude, il entreprit d'aller à Ormus, & de percer de là aux Indes. Ce fut encore vne auanture de Roman, qui luy fit rencontrer à Suratta de la ciuilité & de l'hospitalité en des personnes qui n'en ont point ailleurs; qui le fit subsister aux dépens d'autruy ; qui le conduisit par terre à la Cour du Mogul ; * qui le ramena heureusement à Suratta ; qui sauua son nauire

* C'est ainsi qu'il faut escrire la qualité de ce

PREFACE.

dans les orages continuels dont il fut battu vers le Cap de bonne Esperance, & qui le tira miraculeusement de la mer à la rade d'Angleterre.

<small>Monarque, & non Mogol, comme on le prononce vulgairement.</small>

Les voyages sont capables de former vn honneste homme; Le sieur de Mandelslo y auoit toute la disposition, & mostra qu'il en sçauoit si bien faire so profit, qu'Olearius mesme ne fait point de difficulté de confesser, qu'il a trouué en ses memoires dequoy enfler sa relation, & qu'ils eussent pû trouuer de l'approbation, parmy les curieux, s'il n'eut eu plus de retenuë à publier so voyage, qu'à le faire. Mais Mandelslo bien loin de donner cette satisfaction au public, & de demeurer aupres de cet amy, qui l'eust seruy en son dessein, quitta la Cour de son Prince, où il ne trouuoit point d'employ proportionné à son merite, & se jettant dans vne autre profession, il prit party dans le Regiment de Caualerie d'vn Gentilhomme du païs, qui par sa seule vertu militaire estoit paruenu à vne des premieres dignités de France. Il y commandoit vne compagnie, & pouuoit esperer vne grande fortune, auec d'autant plus de justice, que son courage estoit accompagné de toutes les qualités qui peuuent former vn grand homme; quand estant venu à Paris, à dessein d'y passer l'hyuer, il y mourut de la petite verole: comme s'il deuoit finir sa vie & ses voyages dans vne ville, qui comprend tout ce qu'il auoit veu,

*** ij

PREFACE.

& tout ce qu'il euſt pû voir encore dans le môde.

Eſtant à Suratta au mois de Decembre 1638. il fit vne eſpece de teſtament, ou de declaration de ſa derniere volonté, touchant ſes memoires, laquelle il mit au deuant de ſa relation; priant le ſieur Olearius de ne ſouffrir point qu'elle fuſt publieé : parce qu'il n'auoit pas eu le loiſir de la digerer & mettre en ordre; ou s'il y trouuoit quelque choſe qui meritaſt de voir le jour, de luy rendre en cela office d'amy : en ſorte toutefois qu'il euſt plus d'eſgard à ſon honneur aprés ſa mort, qu'à l'amitié qu'ils s'eſtoient promiſe, & qu'ils auoient fidellement cultiuée, pendant les quatre années de leur voyage.

Le ſieur de Mandelſlo n'auoit point d'eſtude, mais il ſçauoit aſſez de Latin pour entendre ce qu'il liſoit, & pour faire ſeruir cet aduantage au deſſein qu'il auoit d'apprendre les commencements de la langue Turque, dont il acquit vne connoiſſance aſſez raiſonnable. Il eut auſſi la curioſité de ſe faire inſtruire par ſon amy en l'vſage de l'Aſtrolabe, & y profita ſi bien, qu'en peu de temps il ſe rendit capable de faire les obſeruatiós des longitudes & des latitudes, que vous trouuerez en tous les endroits de ſon liure, & ſans leſquelles il luy euſt eſté impoſſible de reüſſir en la geographie; qui fait la meilleure partie de cette ſorte de relations.

PREFACE.

Il eſt vray que ce qu'Olearius a publié de luy, ne reſpond pas entierement à ce que les lettres, qu'il auoit eſcrites de Madagaſcar & de Londres, pouuoient faire eſperer. Car n'ayant veu qu'vne bien petite partie de la Perſe, n'ayant preſque point fait de ſejour à la Cour du Mogul, & n'ayãt veu dans les Indes que quelques villes du Royaume du Guzuratte & de l'Indoſthan, auec la ville de Goa, il n'en pouuoit pas faire vne fort grande relation. Et en effet ce qu'il en dit eſt aſſez maigre: mais Olearius, qui auoit paſſion de faire viure la memoire de ſon amy, y a voulu mettre la main, & luy a donné à peu prés la forme, ſur laquelle cette traduction a eſté faite.

Veritablement il luy a rendu office d'amy; non ſeulement en reformant ſon ſtyle, qui ne pouuoit pas eſtre fort elegant en vn homme de ſa profeſſion; en diſtinguant ſon traitté en liures & en chapitres, en l'augmentant de pluſieurs remarques & additions neceſſaires, & en le faiſant imprimer infolio en de fort beaux caracteres, & embelly de pluſieurs tailles douces. Mais il l'euſt entierement obligé, s'il en euſt oſté les endroits, qui font connoiſtre ſes foibleſſes, particulierement l'iniuſte & deſobligeante défiance, qu'il teſmoigne de ceux dont il confeſſe n'auoir receü que du bien; & s'il l'euſt fait parler vn peu plus obligeamment des Hollandois. Car à n'en point

PREFACE.

mentir, c'eſt vne choſe ridicule, qu'vn homme né au milieu des Vandales, & nourry parmy les Cymbres, traitte d'inciuils & de groſſiers ceux qui ont ouuert chez eux, depuis tant d'années, l'eſcole de Mars & de Pallas pour tous les eſtrangers, & qui ſont encore aujourd'huy en poſſeſſion de porter les arts & les ſciences juſqu'à leur derniere perfection.

Ie ne ſçay pourtant ſi l'on en doit accuſer pluſtoſt le ſieur de Mandelſlo, ou bien Olearius, qui ne peut pas diſſimuler l'animoſité qu'il a contre ceux qui ſe ſont oppoſés à la negotiation des Ambaſſadeurs de Holſtein, & qui ont en partie empeſché l'eſtabliſſemét de ce commerce. Quoy qu'il en ſoit, vous ne laiſſez pas d'eſtre obligés au premier de la deſcription, que vous verrez icy de cette partie des Indes, qui eſt depuis la coſte de Malabar iuſques en la Chine. Et bien qu'il ne l'ait point veuë, ie puis dire pourtant, qu'il n'a rien eſcrit qui ne ſoit conforme à ce que les autres en ont publié.

Pour ce qui eſt d'Olearius, il a enrichi cette relation de pluſieurs belles remarques, tirées d'Emanuel Oſorio, de Maffée, & des principaux voyages des Hollandois, & par ce moyen il a donné exemple au Traducteur de prendre la meſme liberté, d'augmenter le liure de ce qu'il a trouué de beau dans tous ceux, qui ont le mieux

PREFACE.

parlé de l'eſtat des Indes Orientales. Ainſi c'eſt au Traducteur que vous deuez la deſcription exacte des Prouinces de Perſe & de Guzuratte, des Royaumes de Pegu & de Siam, &c. de l'eſtat des affaires de Zeilon, de Zumatra, de Iaua, des Moluques & du Iapon, & de la Religion de tous ces peuples : comme auſſi ce que vous y lirez des villes des Païs-bas, où Mandelſlo a paſſé ; parce qu'il a jugé qu'il pouuoit donner quelques pages au plan de quatre ou cinq des plus belles villes de l'Europe, auſquelles l'Auteur ne donne qu'vne ou deux lignes.

Vous y trouuerez peut eſtre pluſieurs choſes qui vous ſembleront incroyables, parce qu'elles vous ſont inconnuës : & entr'autres vous vous eſtonnerez ſans doute des richeſſes d'vn Gouuerneur d'Amadabath, & d'vn Roy d'Indoſthan ; du reuenu des Prouinces & des Seigneurs de la Chine & du Iapon ; mais outre qu'il n'y a rien en cela qui ne ſoit tres-veritable, & qu'il n'y a point de comparaiſon à faire des richeſſes de l'Europe aux richeſſes de l'Aſie, où celles de tout le reſte du monde ſe vont rendre, comme les riuieres à la mer, il y a vne trentaine de perſonnes dans Paris, aſſez riches, pour juſtifier ce que noſtre relation dit ſur ce ſujet, en diſt-elle ſix fois dauantage. La paix, que Dieu va donner à la France, les fera connoiſtre, & les empeſchera ſans doute de ſe ſeruir

PREFACE.

des exemples qu'ils trouueront en cette relation, pour l'establissement de leur fortune; laquelle en effet ne passetoit que pour bien mediocre aux Indes, mais qui est prodigieuse en Europe.

En l'estat où est cette traduction, ie croy pouuoir dire qu'elle ne fera point de tort à la memoire de l'Auteur, & qu'il y a lieu de croire, que ceux qui y ont interest, ne se fascheront point de voir leur amy accommodé de la sorte, & habillé à la Françoise. Si on ne l'a pas mis parfaitement à la mode, il faut excuser le Traducteur, & considerer qu'il est bien difficile qu'vn estranger puisse si bien habiller vn Allemand, qu'il passe pour naturel François. Mais pourueu qu'il soit assez raisonnable pour le faire souffrir dans les compagnies, & pour auoir dequoy fournir à la conuersation, il croira n'auoir point perdu sa peine, & il taschera apres cela de vous donner dans peu de temps vne autre production de son propre fonds; laquelle paroissant sous l'auguste nom d'Histoire, aura quelque chose de plus grand que ce que l'on peut esperer d'vne simple relation.

IOVRNAL

IOVRNAL
DV VOYAGE
DES AMBASSADEVRS
DE HOLSTEIN,
EN MOSCOVIE ET EN PERSE,

Pour seruir de TABLE *à cette Relation.*

PREMIER VOYAGE.
EN MOSCOVIE.

L'AN 1633. Octobre

LE sujet de cette Ambassade. Les noms & les qualitez des Ambassadeurs, qui partent de *Gottorp*, le 22. Octobre. page 1. & 2.

Nouembre.

Ils font leur équipage à *Hambourg*, d'où ils partent le sixiéme Nouembre. Arriuent le lendemain à *Lubeck*, & le 8. à *Trauemunde*, où ils s'embarquent le 9. Ils passent le 10. prés de l'Isle de *Bornholm*, pag. 2. & moüillent le 12. au *Cap. de Domesnes* en *Courlande*. Le 18. ils arriuent au fort de *Dunemonde*, à l'entrée de la riuiere de *Dune*, & de là, le mesme iour, à la ville de *Riga*, capitale de la Liuonie, pag. 3. huict iournées.

Decembre.

Description de Riga, où ils sejournent prés d'vn mois, p. 4. & 5. Partent de *Riga* le 15. Decembre, sur des traîs-

á

IOVRNAL DV VOYAGE

neaux, & arriuent le dix-huictiéme à la petite ville de *Volmar*, p. 6. trois iournées, 18. lieuës.

Le 20. au Chasteau d'*Ermes*. ibid. 6. lieuës.

Le 21. au Chasteau de *Halmet*, ibid. 4. l.

Le 22. au Chasteau de *Ringen*, & le 22. à la ville de *Torpat*. ibid. 6. l.

Description de la ville de Torpat, *où ils passent les Festes de Noël,* p. 6. & 7. *cinq iournées.*

L' AN 1634. Ianuier. Février. Mars. Avril. May.

Partent de *Torpat* le 29. Decembre, & arriuent le 3. Ianuier 1634. à *Narua*.

Ils y seiournent cinq mois, pendant lesquels ils enuoyent vne partie de leur train à Nouogorod, *& ils vont en personne à* Reuel, *où s'assembloient les Ambassadeurs de Suede, pour aller ensemble en Moscouie,* p. 7. & 8.

Partent de *Reuel* pour retourner à *Narua* le 15. May, où ils arriuent le 18. pag. 8. quatre iournées.

Iuin.

Partent de *Narua* le 28. May, p. 9. & arriuent le 29. à *Kapurga*, p. 10. 9. l. 1. iournée, le 3. à *Iohannes thal*. ibid. 4. l. le 1. iour de Iuin à *Neufchans*, p. 11. deux lieuës & demie, & le 2. à *Notebourg*. ibid.

Ils y seiournent six sepmaines, ibid. Ceremonie de la reception des Ambassadeurs de Suede en leur passage en Moscouie, sur la riuiere, qui sert de frontiere commune à la Suede, & à la Moscouie, p. 12. & 13.

Description de Notebourg, *pag.* 14. *Chiens marins, Moucherons, &c.*

Iuillet.

Partent de *Notebourg* le vingtiéme Iuillet, ibid. Entrent en Moscouie, passant la mesme riuiere. Leur reception, pag. 15.

Sont deffrayez tout le temps qu'ils sont en Moscouie, selon la coustume, & prennent leur deffray en argent, ibid.

DE MOSCOVIE, &c.

Les viures sont à bon marché en Moscouie.

Partent de *Laba* le mesme iour, passent vn grand Lac, s'embarquent apres sur vne grande riuiere, ibid. & arriuent à *Ladoga*, p. 16. 17. lieuës.

Partent de *Ladoga* le 23. Iuillet, pag. 16. s'embarquent sur la riuiere de *Wolgda*. (C'est vn Fleuue different du *Wolga*,) & arriuent le 29. à *Nouogorod*, pag. 20. où ils trouuent le train, qu'ils auoient enuoyé deuant, 35. lieuës, cinq iournées.

Moucherons & Cousins incommodes, p. 17. *Moine Moscouite*, pag. 18. *Miracle de Saint Nicolas*, p. 19.

Partent de *Nouogorod* le dernier iour de Iuillet, & arriuent à *Brunits*, p. 20. 4. l.

Description d'vne Procession Moscouite, pour benir la riuiere. ibid.

Partent de *Brunits* le 1. d'Aoust, par terre, p. 21. arriuent à *Chrasmistansky* 5. lieuës, le 2. à *Gam Chresta*, 8. l. le 3. à *Iaselbitza*, le 4. à *Simnogora*, le 5. à *Columna*, le 7. à *Budewa*, & le 8. à *Torsock*, p. 22. 71. lieuës. 8. iournées.   Aoust.

Partent de *Tarsock* le 9. Iuillet, & arriuent à *Twere*, sur la riuiere du mesme nom, qui tombe dans le *Wolga*, ibid. Arriuent le 13. à *Nicolas Nachinsky*, & le 14. à *Moscou*, pag. 23.

Ils y demeurent plus de quatre mois.

Leur reception & entrée à Moscou, *ibid. & p. 24. & 25. Le 19. ils ont leur premiere audience*, p. 27. *Leur Caualcade, ibid. Les presents qu'ils font au Grand Duc*, p. 28. *Ceremonies de l'Audiense*, pag. 29. *Magnificence du Grand Duc*, pag. 30. *qui les fait regaler*, p. 32. *On leur donne la liberté de sortir de leur logis, contre la coustume ordinaire des Moscouites*, p. 33. *Celebration du iour du nouuel an des Mosco-*   Septembre.

ã ij

IOVRNAL DV VOYAGE

uites, le 1. Septemb. pag. 34. ils ont pour Epoque la Creation du monde, ibid. Negociation des Ambassadeurs, conjointement auec ceux de Suede, pour le trafic des soyes en Perse, p. 36. Entrée des Ambassadeurs des Tartares, p. 37. des Turcs pag. 38. & suiuans, Presents de l'Ambassadeur Turc, & de quelques Ecclesiastiques Grecs, p. 40. & 41. Celebration d'vne feste solemnelle des Moscouites,

Octobre. *le 1. iour d'Octobre, ibid. Caualcade du Grand Duc & de la Grande Duchesse, p. 42. Les Ambassadeurs ache-*
Nouembre. *uent leur traitté, le 19. Nouembre, p. 43. Procession solemnelle des Moscouites, pag. 43. & 44. Caualcade des*
Decembre. *Tartares de Crim, pag. 44. & 45. Les Ambassadeurs prennent leur audiance de congé, p. 45. Les ceremonies de cette audiance, p. 46. Presents du Grand Duc, p. 47.*

LEVR RETOVR EN HOLSTEIN.

Partent de *Moscou*, pour s'en retourner, le 24. Decembre, sur des traisneaux, p. 48. arriuent le 26. à *Twere*, le 27. à *Tarsock*, & le 31. à *Nouogorod*, ibid. 120. lieuës, sept iournées.

L' AN 1635. Ianuier. Partent de *Nouogorod* le 1. iour de Ianuier 1635. arriuent le mesme iour à *Mokriza*, le 2. à *Twerin*, le 3. à *Orlin*, le 4. à *Zariza*, & le 5. à *Narua*, ibid. 38. lieuës & demie : six iournées.

Partent de *Narua* le 7. Ianuier, arriuent à *Reuel* le 10. pag. 49. 4. iournées.

Ils y seiournent prés de trois semaines.

Février. Partent de *Reuel* le 30. Ianuier, & arriuent le 2. Février à *Parnau*, ibid. prenans leur chemin par terre, le long de la coste de la mer Balthique, par la *Liuonie*, la *Courlande*, la *Prusse*, la *Pomeranie*, & le *Meklenbourg*.

Description de la ville de Parnau.

DE MOSCOVIE, &c.

Arriuent à *Riga* le 6. Février, & en partent le 13. p. 50.
Arriuent le 14. à *Mittau*, ville Capitale de la Duché de Courlande, pag. 51. 6. l. vne iournée.

Description de la Duché de Courlande, *& du Prince qui gouuerne aujourd'huy.*

Partent de *Mittau* le 16. & arriuent à *Frauenberg*, & de là le 15. à *Bador* en Pologne, p. 52. 22. l. trois iourn.
Arriuent le 19. à *Memel* en la Pruße Ducale, p. 53. 16. l. 3. iournées.

Description de Memel. ibid.

Partent de *Memel* le 20. Février, & arriuent le 21. à *Konigsberg*, ville Capitale de la Duché de Pruße, *ibid.* 16. lieuës, deux iournées.

Description de la ville de Konisberg, *où ils voyent entr'autres choses la belle Bibliotheque de l'Electeur de Brandebourg.*

Partent de Konigsberg le 24. pag. 54. & quittent les traisneaux, pour prendre les chariots. Arriuent à *Elbing*, en la Pruße Royale, ou Polonoise, & de là à *Dantzig*. p. 55. 20. lieuës, trois iournées.
Ils y seiournent dix-sept iours.
Description de la ville de Dantsig, *sa situation, son Magistrat, ses priuileges, son commerce, &c.*

Partent de *Dantsig* le 16. Mars, p. 56. & arriuent le 25. à *Stettin*, ville capitale de la Pomeranie Suedoise.   Mars.

Description de la ville de Stettin, *ibid.*

Arriuent le 29. Mars à *Rostock*, en la Duché de *Mecklenbourg*, p. 57.

ã iij

IOVRNAL DV VOYAGE

Description de la ville de Rostock, *& de son Vniuersité, où* Albert Krantz *estoit autrefois Recteur,* ibid.

Partent de *Rostock* le 30. Mars, *ibid.* & arriuent le mesme iour à *Wismar*.

Description de la Ville de Wismar, ibid.

Auril. Arriuent le dernier iour de Mars au Chasteau de *Schomberg*, d'où ils partent le 1. iour d'Auril, & arriuent le mesme iour à *Lubeck*, p. 58.

Description de la ville de Lubeck, ibid.

Partent de *Lubeck* le 3. Auril, p. 59. Arriuent le lendemain à *Arnsbock*, le 5. à *Pretz*, le 6. à *Kiel*, & encore le mesme iour à *Gottorp*.

SECOND VOYAGE

EN MOSCOVIE ET EN PERSE.

Octobre. LEs Ambassadeurs, apres auoir fait leur rapport, & ayans augmenté leur train, partent de *Hambourg* le 22. Octobre, & arriuent le 24. à *Lubeck*, pag. 61. dix lieuës, deux iournées.

S'embarquent à *Trauemunde*, & partent le 27. *ibid.* deux lieuës. Se trouuent le 29. à la hauteur de l'Isle de *Borholm*. Donnent sur vn escueil la nuict suiuante, pag. 62. Descendent dans l'Isle d'*Oeland*, le 30. p. 63. arri-

Nouembre. uent à *Calmer* le 1. Nouembre. p. 64.

Descripiton de l'Isle de Gotlande, *pag.* 65.

DE MOSCOVIE, &c.

Souffrent vne horrible tourmente la nuict du 7. au 8. Nouembre, p. 67. & arriuent le 8. à l'Isle de *Hoglande*, où ils mettent pied à terre, *ibid.*

Le nauire se brise contre les rochers de Hoglande ; mais l'on sauue les hommes, les hardes, & les cheuaux, p. 68. Ils y perdent leurs viures, & ainsi se trouuent reduits à la derniere extremité, dans vne Isle deserte & inhabitable, p. 69.

Partent de l'*Isle de Hoglande* le 17. Nouembre, dans deux barques de Pescheurs, font vne nauigation fort perilleuse, *ibid.* mettent pied à terre en *Liuonie* le 18. p. 71. & arriuent à *Reuel* le 2. Decembre, *ibid.*   *Decembre.*

Sur le chemin ils se raffraischissent quelques iours en la maison de *Kunda* en *Esthonie*, puis seiournent aussi à Reuel *trois mois*, ibid.

Description de la ville de Reuel, Capitale d'Esthonie, p. 73.

Description de la Liuonie, ses frontieres, p. 74. ses Seigneurs, ib. Sa fertilité, p. 75. ses habitans, p. 75. L'ordre des Cheualiers de Liuonie, ibid. *La façon de viure des Liuonois, p. 77. Les ceremonies des mariages,* ibid. *Leur Religion, p. 78. & suiu. Barbarie, sottise & superstition des paysans de ces quartiers-là, p. 81. Sa Noblesse, p. 82. Le Gouuernement de la Liuonie, p. 83.*

Partent de *Reuel* le 2. Mars, & arriuent le 5. à *Narua*, p. 84. 17. lieuës, quatre iournées.   L'AN 1636. Mars.

Description de la ville de Narua, ibid. *Son commerce, & son gouuernement Politique, p. 85. Le Chasteau d'Iuanogorod, pag. 85. Histoire remarquable d'vn loup enragé, & d'vn Ours, p. 86.*

Partent de *Narua* le 7. Mars, p. 87. Arriuent le mesme iour à *Lilienhagen*, 14. lieuës, trois iournées. Le 8. à *Sarits*, & le 9. à *Tzuerin*, p. 88.

IOVRNAL DV VOYAGE

1637. *Vn Pristaf vient au deuant d'eux, & les reçoit au nom du Grand Duc dans le bois d'Orlin*, ibid.

Arriuent à *Nouogorod* le onziéme Mars, ibid. 16. l. 2. iourn. *Sejournent à Nouogorod cinq iours. Description de cette ville*, p. 89. *Son assiette sur la riuiere de Wolgda*, ibid. *Sa grandeur*, p. 90. *Cruautés qui y ont esté exercées par les Grands Ducs de Moscouie*, p. 91. *& 92. Fable du voyage de Saint Antoine*, p. 93.

Partent de *Nouogorod* le 16. Mars, ibid. Passent par *Brunits, Miedna, Kressa, Iaselbitza, Simnogora, Columna, Wisna Wolloka*, & *Windra Pusck*, & arriuent le 21. à *Torsock*, p. 94. 59. lieuës, six iournées.

Partent de *Torsock* le 22. passent par *Troitska-Miedna*, & arriuent le lendemain à *Twere*, ibid. 12. l. 2. iourn.

Ils s'y embarquent sur le *Wolgda* le 23. ibid. Mais le lendemain ils continuent leur chemin par terre, passent par *Garodna, Sawidowa, Saulka-Spas, Klin, Beschick*, & par *Zerkizowo*, & arriuent le 28. à *Nicola Darebna*, ibid. 29. lieuës. 6. iournées.

Partent de *Nicola Darebna* le 29. Mars, & font le mesme iour leur entrée à *Moscou*, pag. 95.

Auril.
Ils y sejournent trois mois.

L'ordre de leur Caualcade, & leur reception, ibid. *Leur logement dans la ville de Moscou*, p. 96. *Les viures qu'on leur fournit*, ibid. *Leur premiere audiance publique le troisiéme Auril*, p. 97. *le Grand Duc les fait regaler*, ibid. *Leur premiere audiance secrete*, p. 98. *la seconde*, ibid. *Procession des Moscouites à Pasques Fleuries*, ibid. *& p. 99. Leurs Pasques, œufs de Pasques, & autres ceremonies*, pag. 100. *Audiance particuliere de Brugman*, ibid. *Diuerses audiances & conferences des Ambassadeurs, au mois de May*, ibid.

May.

DE MOSCOVIE, &c.

ibid. *Iour de la naissance du Prince de Moscouie le 1. Iuin,* *Iuin.*
p. 101. *Audiance de congé des Ambassadeurs,* ibid. *Audiance du Secretaire de l'Ambassade,* p. 102. *Les Ambassadeurs augmentent leur train,* ibid. *Entrée des Ambassadeurs de Pologne,* p. 103. *Fierté d'vn Ambassadeur Polonois,* ibid. *Passeport du Grand Duc,* p. 104.

Description de la ville de Moscou, p. 105. *Sa situation,* p. 106. *sa grandeur,* ibid. *Plusieurs incendies. Ses maisons sont de bois,* ibid. *Les quartiers de la ville,* p. 107. *Le Palais du Grand Duc,* ibid. *Ses marchez,* p. 108. & 109. *ses Conuents, sa grosse cloche, ses Temples, & ses Chappelles,* ibid. & p. 110. *Description de la Moscouie,* p. 111. *La Prouince de* Wolodimer, ibid. *Celles de* Smolensko, *de* Rhesan, *de* Permie, *& de* Iugarie, p. 112. *Celles de* Wiathka, *de* Bielske, *de* Rschouie, *de* Twere, *de* Plescou, *de* Siberie, *de* Iaroslaf, *de* Rosthou, *de* Susdal, *& de* Dwina, p. 113. *Celles d'*Vstiugha *& de* Vologda, p. 114. *Celles de* Bielejezero, *de* Petzora *& d'*Obdorie, p. 115.

Les riuieres de Moscouie, ibid. *Le* Wolga, *ibid. le* Boristhene *& la* Dwine, p. 116.

L'air de Moscou extremement froid en Hyuer, & chaud en Esté, ibid. & p. 117. *sa fertilité,* p. 118. *ses fruits, & particulierement ses melons,* p. 119. *le Boranez,* p. 120. *sa venaison & son gibier,* p. 121. *Ses fourrures,* ibid. *Bestes farouches,* p. 122. *poisson,* ibid. *Point de Carpes en Moscouie,* p. 123. *Ses mines & forges de fer.* ibid.

Digression pour les Samojedes, *qui est vn autre peuple que les* Samogithes, p. 125. *Leurs maisons,* ibid. *Leur façon de viure, leur taille, leurs habits,* p. 126. & suiuants. *Ils sont Chrestiens,* p. 129.

Vne autre digression pour la Groenlande, p. 129. & 130. *la taille des* Groenlandois, p. 131. & 132. *leur langage,*

IOVRNAL DV VOYAGE

Iuin. p.133. *leurs habits, & leurs exercices ordinaires,* p. 134. *leur façon de viure,* p. 135. *leur simplicité,* p. 136. *leur Religion,* p. 137. *leur couleur, & pourquoy les Septentrionaux sont bazanez,* p. 138.

La taille des Moscouites, p.139. *Ils estiment ceux qui ont la barbe grande & le ventre gros, ibid. Les femmes se fardent,* ibid. *Leurs habits,* p. 140. *& 141. leur façon de viure,* pag. 143. *Ils ont de l'auersion pour les Sciences, dont ils n'ont point de connoissance, particulierement pour les Mathematiques, & pour l'Anatomie,* p. 144. *Ne manquent point d'esprit,* p. 145. *sont défiants, menteurs & calomniateurs,* p.146. *& à cette occasion l'histoire plaisante d'vne femme, qui accuse son mary,* p. 147. *sont indiscrets,* p.148. *inciuils, grossiers & barbares,* p.149. *querelleurs & insolents,* p.150. *sans politesse & sans honnesteté en la conuersation,* page 152. *Ils sont yurognes,* p.153. *& 154 sont tous esclaues du Grand Duc,* p. 155. *aussi bien que les estrangers, qui vont demeurer en Moscouie,* p.157. *Les* Knez *& Bojares ont grand nombre d'Esclaues,* p. 158. *qui font de grands desordres, tant à la ville qu'à la campagne,* p. 159. *ils sont bons soldats,* p. 160. *Le siege de* Smolensko*, en l'an 1635.* ibid. *& pag.* 161. *leur mesnage,* p.162. *leur nourriture ordinaire,* p. 163. *le* Cauayar *& l'hidromel,* p.164. *la dépense des personnes de condition,* pag. 165. *& 166. Tous les Moscouites dorment apres disner,* p.167. *se seruent d'estuues,* ibid. *& s'endurcissent au froid,* p.168. *viuent long-temps,* p. 169. *sont paillards, iusqu'à la brutalité,* ibid.

Ceremonies de leurs mariages, p.169. & suiuans. *La façon de viure de leurs femmes,* p.174. *qu'ils estrillent bien,* p.175. *sont souuent diuorce,* p. 176.

Le gouuernement politique de la Moscouie, p.178. *Du Grand Duc,* Tzar, Czaar *ou* Zzaar, p.179. *ses armes,* ibid.

DE MOSCOVIE, &c.

La veneration que les Moscouites ont pour leur Prince, ib. *Ils ne peuuent pas sortir du Royaume, sans sa permission*, p. 180. *sa puissance absoluë*, p. 181. *Change les Gouuerneurs des Prouinces de trois en trois ans*, ibid. *La monnoye de Moscouie*, p. 182. *Les Ambassadeurs Moscouites, & le traitement que l'on fait aux Ambassadeurs estrangers*, p. 183. & 184. *Abbregé de l'Histoire de Moscouie depuis cent ans*, p. 185. *la tirannie de* Iean Basilowits, ibid. *L'vsurpation de* Boris Gudenou, *page* 186. *& son histoire*, p. 187. Fœdor Borissowits, *son fils, chassé*, p. 188. *faux* Demetrius, ib. *son histoire*, p. 189. *& sa mort*, p. 190. Iean Basilouits Zusky *est fait Grand Duc*, ib. *Vn second faux Demetrius*, ib. *Vn troisiesme imposteur*, p. 191. *les Moscouites eslisent* Vladislas, *Prince de Pologne*, ib. *Mescontentement entre les Moscouites, page* 192. *Desordre à Moscou*, p. 193. *Les Moscouites eslisent* Michaël Federoüits, ibid. *Histoire du faux* Zuski, *& ses impostures*, p. 194. 195. & *suiuans. Sa mort*, p. 203. *La mort de* Michaël Federoüits, p. 204. *auquel succede* Alexi Michaëloüits, ibid. *Ceremonies du Sacre du Czaar*, ib. *& p.* 205 *&* 206. *Histoire du fauory du Grand Duc*, p. 207. *qui est cause de plusieurs grands desordres*, p. 208. & suiu. *& d'vn sousleuement à Moscou*, p. 211. *&* 212. *qui couste la vie à quelques-vnes des creatures du fauory*, p. 213. & suiu. *Les Conseillers & Ministres d'Estat de Moscouie*, p. 218. *&* 219. *Les principaux Officiers de Moscouie, & leur rang*, p. 220. *La Noblesse y est estimée, page* 221. *Le reuenu du Grand Duc*, ibid. *Sa despense, page* 222. *Sa table & ses Medecins*, p. 223. *Ses truchemens, page* 224. *son Conseil*, ibid. & suiuans. *L'administration de la Iustice, page* 229. *le serment, page* 230. *la question & les supplices*, p. 231. *&* 232.

De la Religion des Moscouites, p. 233. *Des peres . dont*

ils se seruent pour l'explication de la Sainte Escriture, page 234. Le Symbole de Saint Athanase regle leur creance, page 235. Leur Religion est meslée de plusieurs superstitions, ibid. Ils sont membres de l'Eglise Grecque, ibid. Les commencemens du Christianisme en Moscouie, page 236. Leurs caracteres, page 238. Leur langage, ibid. Leur Baptesme, p. 239. & 240 Leurs Caldéens, p. 241. Leurs Proselytes, p. 242 & 243. & suiuans. Leurs festes, p. 247. leur Seruice diuin, p. 248. Ils ont corrompu la pluspart des Histoires de l'Euangile, pag. 249. comme celle de Magdelene, ibid. Leurs Images, pag. 250. & suiuans. Leurs Eglises, pag. 256. Leurs cloches, 257. Leur Hierarchie, p. 258. Le Patriarche, & les Archeuesques de Moscouie, p. 259. Les Prelats ne se marient point, p. 260. Les Prestres sont obligez de se marier, p. 261. la façon de viure de leurs Moines, p. 269. les habits de leurs gens d'Eglise, la façon de consacrer les Prestres, ibid. Leurs Conuents & leurs Ieusnes, p. 262. leur confession, pag. 263. leur communion, p. 264. & 265. leurs enterremens, p. 266. & suiuans. Ils ne souffrent point de Catholiques Romains parmy eux, p. 269.

Les Ambassadeurs partent de *Moscou* le 30. Iuin, pour aller en Perse; s'embarquent sur la *Mosca*, pour descendre par le Wolga à *Astrachan*, p. 271. Arriuent à la ville

Iuillet. de *Columna* le 2. Iuillet, p. 272. 24. l. 2. iourn.

A trois quarts de lieuë de *Columna* la *Mosca* tombe dans l'*Occa*, p. 272.

Arriuent le 4. à la ville de *Pereslas* vingt-deux l. & demie, p. 273. 222 vne iournée & demie.

Partent de *Pereslas* le 4. p. 273. passent le 5. à la veuë de *Rhesan*, ibid. & arriuent le 7. à la petite ville de *Cassinogorod*, en Tartarie, p. 274. où ils enuoyent complimenter vn Prince Tartare, sujet du grand Duc, ibid. 25. lieuës, trois iournées.

Partent de *Caſſinogorod* le 8. *ibid.* & arriuent le 9. à la ville de *Moruma*, p. 275. qui eſt la premiere des Tartares de *Mordwa*, vingt-deux lieuës, deux iournées.

Partent de *Moruma* le 10. *ibid.* & arriuent le lendemain deuant la grande ville de *Niſe*, ou *Niſa Nouogorod*, p. 276. ſur le conflant de l'*Occa*, & du *Wolga*.

Ils ſeiournent trois ſepmaines deuant la ville, en attendant que l'on acheue le Nauire, qu'ils y auoient fait baſtir, pour leur nauigation ſur le Wolga, & ſur la mer Caſpie, *ibid.*

Deſcription de la ville de Niſe, *pag. 277.* Magnificence du weiüode, 278. De Moſcou à Niſe, il y a cent lieuës par terre, & cent cinquante par eau.

Largeur de la riuiere de Wolga, p. 278. C'eſt vne des grandes riuieres du monde, p. 279. ayant depuis ſa ſource iuſques à l'embouchure plus de quinze cens lieuës de France de cours. Sa nauigation eſt fort difficile, à cauſe que l'on s'y aſſable ſouuent, p. 278.

Aouſt.

Partent de *Niſe* le 30. Iuillet, p. 279. mais n'auancent point. Le 4 iour d'Aouſt ils font vn reglement pour la garde, contre le danger qu'ils auoient à apprehender des Coſaques, p. 280. & arriuent le 5. deuant la ville de *Baſiligorod*, ſur le conflant de la riuiere de *Sura*, p. 281.

Deſcription de cette ville, ibid.

Des Tartares Ceremiſſes, p. 282. Leur demeure. Leur Religion. Ceux de la gauche s'appellent Ludowi, & ceux de la droite Nagorni, *ibid.* Leur croyance touchant l'immortalité de l'ame, p. 283. Leurs ſuperſtitions, & leurs ſacrifices, ibid. La Polygamie eſt permiſe parmy eux, p. 284. leurs habits, & ceux de leurs femmes, ibid.

Partent de *Baſiligorod* le 6. Aouſt, & arriuent le 7. à *Kuſ-*

é iij

mademiansky. Huict lieuës, deux iournées, le 8. à la ville de *Sabakzar*, p. 285. autres huict lieuës : vne iournée. Le 9 à celle de *Kocktschaga*, p. 286. cinq lieuës, vne iournée.

Arriuent le 13. Aoust à la ville de *Swiatski*, page 287. & le mesme iour à la hauteur de la ville de *Casan*, où ils trouuent la Carauane, qui conduit vn Prince Tartare, & vn facteur du Roy de Perse, à cinq lieuës de *Swiatski*, & à dix de *Kocktschaga*.

Description de Casan, *sa situation dans vne plaine à vne lieuë & demie du* Wolga, *sur la riuiere de* Casanka, *ibid. Ses bastimens. Son Chasteau. Donne le nom à toute la Prouince. Comment elle a esté conquise par les Moscouites, pag.* 288. *& à cette occasion vne digression fort agreable. Exemple de la fidelité d'vn* Weiuode, *ibid. Le Grand Duc chassé de Moscou, & restably, page* 289. *Prend la ville de* Casan *d'assaut, p.* 290.

Partent d'auprés de *Casan* le 15. Aoust, *ibid*. Se trouuent le 17. à l'emboucheure de la riuiere de *Kama*, qui entre dans le *Wolga* à gauche, à douze lieuës de *Casan*, p. 291.   *L'Isle de* SOKOL, *ibid*.

Arriuent le 18. à la riuiere de *Serdik*, p. 291. & en suitte à celle d'*Vika*, p. 292. & voyent en passant la ville de *Tetus*, à vingt-cinq lieuës de *Casan*, quatre iournées. Le dix-neufiéme passent deuant l'Isle de *Starizo*, qui a trois lieuës de long, p. 292. à sept lieuës de *Tetus*, vne iournée.

La façon de pescher des Moscouites & des Tartares. p. 293. Le 20. le 21. 22. & 23. l'Isle de *Botenska*. Le Cap de *Polibno*. La riuiere de *Beitma*, & plusieurs villes ruinées par Tamerlan. La montagne d'*Arbeuchim*, & la riuiere d'*Adrobe*, p. 294.

DE MOSCOVIE, &c.

Le 25. la montagne de sel, la riuiere d'*Vſſa*, & la montagne de *Diwiſagora*, p. 295. & la vallée de *Iablaneuquas*, ou au cidre, p. 296.

Le 27. la montagne ou colline de *Sariol Kurgin*, fort memorable, p. 297. & celle de *Soccobei*, ibid.

Couleuures rouges de Saint Nicolas. ibid.

Arriuent le 28. de grand matin à la ville de *Samara*, à ſoixante-dix lieuës de *Caſan*, ſur la riuiere du meſme nom, à deux Werſtes du *Wolga*, ibid. Le meſme iour à la montagne des Coſaques, à vingt-cinq lieuës de *Samara*, p. 298. & vis à vis le Conflant de la riuiere d'*Aſcula*, apres auoir paſſé les Iſles de *Batrach*, à vingt lieuës, & de *Lopatin* à vingt-deux lieuës de *Samara*, ibid.

La riuiere de *Pantzina*, & l'Iſle de *Sagerinsko*, p. 299.

Le 30. à la riuiere de *Zagra*, ibid. qui donne le nom à l'Iſle de *Zagerinsko*. L'Iſle de *Soſnou*, & la montagne de *Tichy*, ibid.

Le 31. Aouſt l'Iſle d'*Oſſino*, & celle de *Schiſmamago*, p. 300. En ſuite celle de *Koltof*, la montagne de *Smiowa*, ibid. & les quarante Iſles, 301.

Fable & metamorphoſe d'vn Dragon tué par vn Heros, p. 300. 301.

Arriuent le 1. iour de Septembre à la ville de *Soratof*, p. 301. ſituée ſur vne branche du *Vvolga*, à ſoixante-dix l. de *Samara*.

Le 2. paſſent deuant les Iſles de *Kriuſna* & de *Sapunoſka*, & enſuite l'Iſle & la montagne d'*Achmati Kigori*, à dix l. de *Soratof*. ibid. & à 4. l. plus bas l'Iſle de *Solotoi*, & la montagne de *Salottogori*, ou Mont-d'or, ibid. Celle de *Craye*, p. 301. La montagne aux Piliers.

Le 3. la riuiere de *Ruslana*, ibid. & la montagne d'*V-*

Septembre.

rakofsKarul, à 30.l. de *Soratof*. La montagne de *Kamuſ-chinka*, & la riuiere du meſme nom.

En cet endroit le Don, *ou* Tanais *approche de ſept lieuës du* Wolga, *p. 303.*

Ceremonies des viſites des chefs de la Carauane, p. 303. & ſui.
Le 4. la riuiere de *Bolloclea*. à 18. lieuës de *Kamuſchinka*, p. 304.

Premiere branche du *Wolga*, à ... degrez, 51. min. d'éleuation, *ibid*. B*ieluga*, grand poiſſon blanc, p. 307.

Arriuent le 6. à la ville de *Zariza*, à ſoixante dix lieuës de *Soratof*, ſur la droite de la riuiere, *ibid*.

Depuis là iuſqu'à Aſtrachan, *l'on ne trouue plus que des landes & des bruyeres*, ibid.

L'Iſle de *Zerpinske*, ibid. Derriere laquelle il entre vne riuiere dans le *Wolga*, qui pourroit ſeruir de communication auec le *Don*, p. 308.

Le 7. arriuent à l'Iſ. & mõtagne de *Naſſonofsko*, p. 309. *Tziberika*, poiſſon d'vne rare figure, *ibid*.

Le 8. le Cap. de *Popowiska jurka*, à quatorze lieuës de *Zariza*, & la montagne de *Kamnagar*, à 8. lieuës plus bas, *ibid*. L'Iſle & la riuiere de *Weſowoi*, & en ſuite celle de *Wolodimerski Vtsga*, ibid. *Achtobenisna Vtsga*, ſeconde branche du *Wolga*, & l'Iſle d'*Oſsido*, p. 310. Ils font en vn iour 27. lieuës d'Allemagne.

Regliſſe tres-groſſe, & en grande abondance, ibid.

Arriuent le 9. Septembre à la petite ville de *Tzornogar*, à quarante lieuës de *Zariza*, p. 310.

Origine de cette ill', p. 311.

Partent de *Tzornogar* le 10.

Carpes de trente liures, Sandates, &c. ibid.

Paſſent le 11. deuant la montagne de *Polowon*, & en ſuite auprés de l'Iſle de *Kiſſar*, ibid.

Le

DE MOSCOVIE, &c.

Le 12. voyent la troisiéme & quatriéme branche du *Wolga*, & sur le soir l'Isle de *Pirusky*, p. 312. Les Isles de *Copono*, & de *Karinsky*, ibid.

Le 13. la cinquiesme branche du *Wolga*, p. 313.

Excellens fruits de Nagaya. *Cormorants*, ibid.

Arriuent le 15. Septembre à *Astrachan*, pag. 314. apres auoir passé la sixiéme & septiéme branche du *Wolga*, les Isles d'*Itziburki*, & de *Busan*, & la riuiere de *Bilizik*. La septiéme branche du *Wolga*, nommée *Knilusse*, forme l'Isle de *Dulgoi*, en laquelle *Astrachan* est situé, ibid.

De *Moscou* à *Astrachan*, il y a plus de six cens lieuës d'Allemagne.

*Description de la ville d'*Astrachan, *page* 314. *où ils seiournent prés d'vn mois. Des Tartares de* Nagaya, *ibid. & p.* 315. *La situation de la ville. Son climat, ibid. De l'Isle de Dulgoi, ibid. Sources salées, p.* 316. *La ville est esloignée de douze lieuës de la mer* Caspie, *ibid. La riuiere est abondante en poisson, & la terre en toute sorte de gibier, page* 317. *La beauté de ses fruits, & particulierement de ses melons. Il y vient de fort bon vin, ibid. Quand la* Nagaya *a esté conquise par les Moscouites, p.* 318. *Grandeur de la ville. Ses bastimens. Son artillerie. Sa garnison. Ses Gouuerneurs, ibid. Il est deffendu aux Tartares d'y demeurer, p.* 319. *Façon de viure des Tartares, ibid. Leurs habits, & leurs guerres auec les* Kalmukes, *ibid. & auec ceux de* Buchar, *p.* 320. *Les habits de leurs femmes, ibid. Leur nourriture ordinaire, p.* 321. *Leurs Princes, & leur Religion, ibid.*

Les Ambassadeurs passent le temps à Astrachan *en festins auec les Tartares & les Persans, ibid. & p.* 322. *Visite du Prince Tartare, & sa reception, p.* 323. *Celle de* Cuptzi, *ou facteur du Roy de Perse, p.* 324. *Le Weiuode d'*Astrachan,

i

IOVRNAL DV VOYAGE

fait des presents aux Ambassadeurs, ibid. *Ils y rencontrent vn Ambassadeur du Roy de Pologne, & vn autre du Roy de Perse. Ils rendent la visite au Prince Tartare*, p. 325. *& reçoiuent celle de l'Enuoyé Moscouite*, p. 326. *Le Cuptzi les traite*, ibid. *& p.* 327.

Octobre. Partent d'*Astrachan le* 10. d'Octobre, & s'embarquent sur le *Wolga*, p. 330.

*Quantité de simples auprés d'*Astrachan, p. 331.

Arriuent le 12. auprés de la montagne de *Tomanoi-gor*. ibid. *La riuiere forme plusieurs Isles à l'embouchure*, ibid. *Sepulchre d'vn Saint Tartare*, ibid. *Le sacrifice des Tartares*, p. 332. *Chiens marins*, ibid. *Plusieurs sortes d'oiseaux*, ibid. *& p.* 333.

Arriuent le 15. à l'embouchure du *Wolga*, & à l'entrée de la mer *Caspie*, ou mer de *Baku*, p. 333. où ils trouuent la nauigation fort difficile.

Nouembre. Arriuent le 1. iour de Nouembre deuant la ville de *Terki* en *Circassie*, p. 337. N'ayans fait en seize iours de nauigation tres-fascheuse, que soixante lieuës, depuis *Astrachan*, qui en est esloigné de soixante-dix lieuës par terre, pag. 338. *La situation de Terki, sur la riuiere de* Timenski. *Ses fortifications, sa garnison*, ibid. *Pendant qu'ils demeurent à la rade de* Terki, *l'équipage du Nauire se mutine*, p. 339.

Vn Eunuque du Roy de Perse visite les Ambassadeurs, qui enuoyent des Deputez au Prince de Terki, p. 340. *Sa maison*, ibid. *La mere du Prince.* pag. 341. *Sa Cour & ses autres fils.* ibid. *Elle donne la collation aux deputez*, ibid. *Marie sa fille au Roy de Perse*, ibid. *Enuoye vn present aux Ambassadeurs*, p. 342. *Visite d'vn Prince Tartare de* Dagesthan, ibid. *Sa façon & son équipage*, p. 343. *Les Tartares de* Dagesthan, *larrons*, ibid.

Partent de *Terki* le 10. Nouembre. page *344*. Arriuent le mesme iour à l'Isle de *Tzetlan*, ibid.

Description de l'Isle de Tzetlan, *appellée par les Perses* Tzenzeni, *ibid.*

Voyent le Mont Salatto, *qui est le* Caucasus *des anciens, dans la* Mengrelie, *ou le* Colchis, *p. 345. parle en suite du mont* Ararat, *p. 346. & sa description. Sont poussez par vn furieux orage, qui les porte vers les costes de Perse, mais les empesche de gagner la rade de* Derbent, *p. 348. & leur fait enfin faire naufrage, en faisant échoüer le Nauire, p. 351.*

Description de la mer Caspie, *p 352. Ses noms, ibid. Est vne mer particuliere, qui n'a point de communication auec les autres, ibid. Il y entre plus de cent riuieres, sans qu'il paroisse par où elle dégorge. p. 353. Les sentimens de plusieurs sçauans là-dessus, ibid. Sa grandeur, p. 354. Sa situation, contre l'opinion commune des Geographes, ibid. Censure de* Petrejus, *son histoire de Moscouie, ibid. Erreur de Q. Curce, p. 355. Les anciens n'ont pas bien connu cette mer, ibid. Elle n'a ny flux, ny reflux, p. 356. & n'a quasi point de haure, ny de rade, ibid. Ses poissons, p. 357. La pesche, ibid.*

Description de la Prouince de Schirwan, *qui est l'ancienne* Mede, *p. 358.*

*Description de la Perse, p. 359. Son étimologie, sa grandeur, ses frontieres, ibid. & p 360. Ses principales Prouinces, ibid. Celle d'*Erak, *ibid. Celles de* Fars, *de* Schirwan, *& d'*Iran, *p. 361. Celle d'*Adirbeitzan, *p. 362. Celle de* Kilan, *p. 363. Celles de* Rescht, *de* Kesker, *& de* Chorasan, *pag. 364. Celles de* Sablusthan, *de* Sitzisthan *& de* Kerman, *p. 365. Celle de* Chusisthan, *p. 366. Celle de* Diarbek, *page 367.*

Description particuliere de la Prouince de Schirwan, *ibid. Son*

ĩ ij

terroir, ses bleds, ses vignes, ibid. Son gibier, p. 368. Renards de deux sortes, Buffles, &c. ibid.

Les maisons de Perse, page 368. Present du Gouuerneur de Derbent aux Ambassadeurs, qui le refusent, par la mauuaise humeur de Brugman, p. 369. Le Gouuerneur s'en ressent: ce qui est cause qu'ils sont retardez à Niasabath, ibid. Le Mehemandar, ou introducteur des Ambassadeurs, p.370. qui sont visitez par le Prince Tartare de Dagesthan, p.372.

Decembre. Partent de *Niasabath* par terre le 22. Decembre, p. 374. & logent au village de *Mordou*. Origine de ce mot, & de ses habitans, qui sont *Padars*, ibid. La montagne de *Barmach*, p.375. sa description. p.376. Restes des forteresses, que l'on appelloit autrefois *Portæ Caspiæ*, ibid.

Partent de *Barmach* le 26. Decembre, p.377. & arriuent le lendemain à *Pyrmaraas*, lieu celebre, à cause du sepulchre d'vn Saint Persan.

Description de ce sepulchre, ibid. D'vn autre sepulchre, p.378. Erreur de I. Camerarius, de Varron & d'Ammian Marcellin, ibid. Faux miracles des Saints de Perse, p.379. Coquilles dans vne montagne éloignée de la mer, ibid. Superstition des Perses, p. 380.

Arriuent à *Scamachie* le 30. Decembre, p. 380. Les ceremonies de leur reception, où les parents d'*Aly* se font remarquer par leurs habits, ibid. L'équipage & la suite du *Chan*, p.381. La Musique des Perses, ibid.

Ils y sejournent trois mois.

L'AN 1637. Iannier.
Le Chan les traite, p. 382. Sa maison. Particularitez du festin, p. 383. Propreté des Perses, p. 384. & leur Musique, ibid. Addresse du Chan, & le present de raffraischissements qu'il fait aux Ambassadeurs, page 385. Enterrement d'vn

DE MOSCOVIE, &c.

Gentilhomme Persan, qui s'estoit tué, à force de boire de l'eau de vie, ibid. *Ceremonies de la benediction de l'eau par les Armeniens, le iour des Rois, page* 386. *& suiuants. Visite de l'Euesque Armenien,* p. 389. *Festin du* Calenter *aux Ambassadeurs,* ibidem. *La beauté de sa maison,* ib. *Present des Ambassadeurs au* Chan. p. 390. *Qui permet aux Armeniens de bastir vne Eglise,* ibid. *Ordre du* Schach *pour la continuation du voyage des Ambassadeurs,* p. 391. *L'Enuoyé de Moscouie part de* Scamachie, p. 392. *College pour l'instruction de la ieunesse, & ce qui s'y enseigne,* ibid. *Escole pour les Enfans, page* 393. *Les Perses ont l'Euclide, & se seruent de l'Astrolabe,* ibid. *Prieur du Conuent des Augustins de* Tiflis *visite les Ambassadeurs, page* 395. *Feste en memoire d'*Aly, *page* 396. *& suiuants. Equipage d'vn Predicateur,* ibid. *Procession apres le Sermon,* p. 397. *Fin du Caresme des Perses,* ibid. *Chasse auec vn Leopard dressé, page* 398. *Autre feste des Perses,* ibid. *Troisiesme feste,* p. 399. *Leur premier iour de l'an,* p. 400. *Le moment auquel il commence,* p. 401. *Leur epoque,* p. 400. *Le* Chan *rend la derniere visite aux Ambassadeurs,* p. 401. *Leur truchement deuient renegat,* p. 402. *Presents du* Chan *au* Roy, p. 403. *Fait rembourser les Ambassadeurs de la dépense qu'ils auoient faite à* Scamachie, ibid.

Description de cette ville, p. 404. *Son nom & sa situation* ibid. *Est la capitale de la* Media Arropatia, p. 405. *Son fondateur. Ses ruës, ses maisons & son commerce,* ibid. *Son* Basar *ou marché. Ses* Carauanseras, *& ses* Hamams *ou Estuues,* p. 406. *Les qualitez du* Chan *& du* Calenter, p. 407. *Leurs fonctions,* ibid. *Leur mine,* ibid. *Sont tous deux yurognes,* p. 408. *Vne forteresse ruinée, nommée* Kalexulesthan, ibid. *Deux sepulchres de Saints, page* 409. *Tombeau d'vne Princesse de Perse,* ibid. *Le feu perpetuel*

Février.

Mars.

ĩ iij

IOVRNAL DV VOYAGE

des anciens Perſes, p. 410. Que l'on gardoit dans la montagne d'Elbours.

Partent de *Scamachie* le vingt-huictieſme Mars, p. 410. Voyent le meſme iour le ſepulchre d'vn Saint Perſan, *ibid.* La montagne de *Scamachie*, qui repreſente vne belle perſpectiue, & le cours des riuieres de *Cyrus* & d'*Araxes*, p. 411. Le conflans de ces deux riuieres, p. 412. Le *Cyrus* ſepare les Prouinces de *Schirwan* & de *Mokan*. Les Ambaſſadeurs le paſſent le 2. d'Auril, ſur vn pont de bateaux, *ibid.* Changent de *Mehemandar*, qui regle leur ordinaire, *ibid.* Vne eſpece de cerfs, que l'on ne connoiſt point en Europe, p. 413. Le Torrent de *Balharu*, où ils voyent quantité de Tortuës, & de la façon qu'ils font eſclorre leurs œufs. Herbe venimeuſe aux Chameaux, *ib.* Sortent le 5. d'Avril de la Prouince de *Mokan*, pour entrer en celle de *Betziruan*, ibid. où ils changent encore de *Mehemandar*, p. 415. La montagne de *Tzizetlu*, & la riuiere de *Karaſu*, p. 416.

Auril.

Arriuent à *Ardebil* le 10. Auril, p. 416. quarante-cinq lieuës, douze iournées.

Y ſeiournent deux mois.

Ceremonies de leur entrée à Ardebil, p. 417. Le Chan *&* le Calenter de la ville. Leurs noms *&* leurs qualitez, ibid. Le Chan *leur donne la collation à la campagne*, p. 418. *Deſcription de ſa maiſon de campagne*, ibid. *& page* 419. *La veneration que les Perſes ont pour leur Prince, page* 419. *Les Ambaſſadeurs ſont traitez de la cuiſine de* Schich-Sefi, *mais ſans vin*, ibid. *L'ordinaire qu'on leur donne, pendant leur ſeiour à* Ardebil, *p. 420. Egliſes Chreſtiennes en* Perſe, *ibid. à l'occaſion d'vn Eueſque Armenien qui les viſite. Le Kurban, ou ſacrifice des Perſes, &*

DE MOSCOVIE, &c.

Bairam, p. 421. *Pelerinage des Turcs & des Perses à la Meque*, ibid. & suiuans. *Fausse histoire du sacrifice d'Abraham*, p. 422. & suiuans. *Prieres pour les morts, & le Caresme des Persans*, page 426. *Le Chan traite les Ambassadeurs, & leur dit la mort du Grand Seigneur*, ibid. *L'Aschur, ou feste de Hossein, qui n'est celebrée que par les Persans*, p. 427. *Estrange deuotion*, ibid. *Faux miracles*, p. 428. *Ceremonies du dernier iour de la feste*, page 429. *Feu d'artifice*, p. 430. *Comment les Persans le composent*, p. 431. *Representation de l'enterrement de* Hossein, p. 432. *Deuotion sanglante*, ibid.

*Description de la ville d'*Ardebil, p. 432. *qui est vne des plus anciennes de Perse. Sa situation. Son air & son terroir*, p. 433. *Ses iardins*, p. 434. *Ses ruës & son marché*, p. 435. *Le sepulchre de* Schich-Sefi, ibid. *Ses autres Metzid, ou Mosquées*, ibid. *Description du sepulchre, que les Ambassadeurs voyent*, page 436. & suiuans. *Sa voute admirable, sa Bibliotheque. Sa cuisine*, page 439. *Les aumosnes qui s'y font*, p. 440. *Tombeaux des Rois de Perse*, ibid. *Le tresor & le reuenu de ce sepulchre*, p. 441. *Commissaires pour la recepte*, p. 442. *Sert d'azyle*, ibid. *L'Histoire de l'insolence d'vn fauory*, p. 443. *Autre sepulchre de Saint*, p. 444. *Le Chan d'Ardebil est au serment des Religieux du sepulchre*, page 443. *Eaux medecinales dans le voisinage d'Ardebil*, p. 445. *& 446. Serpents qui marquent quand elles sont salutaires*, ibid. *Presens des Ambassadeurs au* Chan, p. 447.

Partent d'*Ardebil* le douziéme Iuin, page 448. *Le Chan prend congé d'eux. Le Preuost des bandes*, ibid. *Entrent en la Prouince de* Chalcal, page 449. *Passent le Mont-Taurus, que les Perses nomment* Perdelu, *& la riuiere de* Kisilosein. ibid. *Chemin effroyable*, p. 450. *Arriuent le dix-neufiéme à la petite ville de* Senkan,

IOVRNAL DV VOYAGE

p. 452. A leur entrée ils voyent vn Caualier sans pieds & sans mains, qui ne laisse pas de manier son cheual, *ibid.* trente lieuës, sept iournées.

Partent de *Senkan* le vingt-vniéme, & arriuent le lendemain à *Sulthanie*, p. 453. six lieuës, vne iournée.

Y seiournent trois iours.

Description de Sulthanie, *p.* 454. *Bastie par* Mehemed Chodabende *sur les ruines de l'ancienne* Tigrocerta, ibid. *Tombeau de* Chodabende, ibid. *Sa grande Mosquée, & ses portes, p.* 455. *Superstition des Perses,* ibid. *Vne autre Mosquée de la fondation de* Schach Ismaël, *p.* 456. *Nombre des habitans, p.* 457.

Partent de *Sulthanie* le 25. Iuin, p. 437. Les femmes Persanes se mettent dans des cages, quand elles voyagent, *ibid.* Haras du Roy de Perse, p. 458. seize lieuës, deux iournées.

Ils y seiournent plus de quinze iours.

Leur entrée dans Caswin, *où ils voyent vn Prince Indien, p.* 458. *Des courtisanes & des Musiciens, p.* 459. *Description de la ville de* Caswin, *qui est l'ancienne* Arsacia, *& a plus de cent mille habitans,* ibid. *Leur langage,* ibid. *C'est la demeure des anciens Rois de Perse, p.* 460. *Son Palais, & ses marchez,* ib. *Les marchandises que l'on y debite, p.* 461. *Sepulchre de* Hossein, ibid. *Histoire fabuleuse de* Locman, *p.* 462. Risa, *faux Prophete. Histoire veritable du Prince Indien, p.* 463. *& * 464. *Les Ambassadeurs l'enuoyent complimenter, p.* 465. *Le Gouuerneur leur donne le diuertissement du combat des luiteurs, & de plusieurs animaux,* ibid. *Erreur des anciens touchant l'Elephant, p.* 466. *La montagne d'El-wend,* ibid. *Plaisant conte, p.* 467. *& p.* 468.

Iuillet. Partent de *Caswin* le 13. Iuillet, p. 469. & arriuent le 17. à la ville de *Saba*, p. 470. vingt lieuës, 4. iournées.

Partent

DE MOSCOVIE, &c.

Partent de *Saba* le mefme iour, p. 471. & arriuent le 19. à la ville de *Kom*. ibid. 11. lieuës, 2. iournées.

Leur entrée à Kom, *situation de la ville,* ibid. C'est le Guriana de Ptolomée, p. 472. *Ses fruits, & particulierement ses melons,* ibid. *Son commerce & ses habitans,* p. 473.

Partent de *Kom* le 21. Iuillet, p. 473. & arriuent le 24. deuant iour à la ville de *Kafchan*, ib. 18. l. 3. iournées.

Leur entrée à Kafchan, *& la fortune du Gouuerneur,* p. 474. *La situation de la ville, sa grandeur. Maison à mille portes,* ibid. *Ses bastimens publics. Son terroir, ses fruits,* p. 475. *Des scorpions, & le remede contre leurs piqueures,* p. 476. *Autre insecte venimeuse, qui ressemble à la Tarantola. Son venin & son effet, & le remede,* p. 477. *Fable de* Schutza Adin. *ibid.*

Partent de *Kafchan* le 26. Iuillet, p. 478. & arriuent le 28. à la petite ville de *Natens*, p. 479. 12. lieuës, 2. iournées. Continuënt leur voyage le 29. & arriuent à *Ispahan* le 3. d'Aoust, dix lieuës, six iournées.

Y sejournent plus de quatre mois & demy.

Leur entrée à Ispahan, p. 480. *Sont logez au fauxbourg des Armeniens, & visitez par le Commis des Marchands Hollandois, de la Compagnie des Indes,* ibid. *Querelle auec les domestiques d'vn Ambassadeur Indien,* p. 481. *& en suite vn grand combat, auec tuërie de part & d'autre,* p. 482. *& suiu. Separé par l'autorité du Roy,* page 484. *Qui congedie l'Ambassadeur Indien,* p. 485. *Le suiet de son Ambassade. Son sejour à* Ispahan, ibid. *Ses presents,* ibid. *Son expedition,* p. 486. *Les Ambassadeurs changent de logis, qu'ils fortifient contre les Indiens,* p. 487. *Leur logement. Sont défrayez par le Roy,* ibid. *Ils s'habillent à la Moscouite,* p. 488. *Leur premiere Audiance, & les presents qu'ils font au Roy,* ibid. *Leur reception,* p. 489. *La salle de l'Audience,* p. 490. *Des seaux vermeil doré, pour abbreuuer les cheuaux,* ibid. *La*

Aoust.

IOVRNAL DV VOYAGE

personne du Roy. Son âge. Sa taille, p. 491. Ses habits, & sa suite, ib. Le Grand Maistre de la Maison du Roy, p. 492. Particularitez de l'Audience, ibid. Disnent auec le Roy, pag. 493. Vaisselle d'or, ibid. Vin de Schiras, le meilleur de toute la Perse, p. 494. Son Escuyer trenchant. La maniere de se mettre à table. Silence pendant le repas. La Musique, ibid. Leur premiere conference pour les affaires, où le Roy se trouue en personne, p. 496. Se trouuent chez les Augustins à la feste

Septembre. de leur Saint, ibid. Sont traitez par les Armeniens, p. 497. Qui leur font vn grand festin, où le Patriarche se trouue, pag. 498. Musique des Armeniens, & leur magnificence, p. 499. Leur seconde conference pour affaire, p. 500. Les Anglois les traitent, ibid. Danseuses Indiennes, qui sont belles & adroites, p. 501. Les François les traitent, p. 502. Ils font vn grand festin, ibid. Et font courir la bague. Ceremonies des Mariages des Armeniens, p. 503. Leur Communion, p. 504. Leur

Octobre. Baptesme, p. 505. Histoire tragique d'vn horloger Suisse, ib. & suiuans. Sa constance en sa Religion, p. 506. & son martyre, p. 507. Le Roy donne le diuertissement de la chasse aux Ambassadeurs, p. 508. & suiu. Chasse des Gruës, p. 509. Du Canard & de l'Oye, p. 510. La grande chasse, & l'adresse du Roy, ibid. La chasse des Asnes sauuages, p. 511. Chasse des Pigeons, p. 513. Le Roy meine les Dames à la Chasse, p. 514. Son humeur liberale dans la débauche, ib. Cruelle,

Nouembre. p. 515. Le Chancelier traite les Ambassadeurs, ibid. Salle de miroirs, p. 516. Les Perses font chere entiere à leurs hostes, ibid. Le nom & les qualitez du Chancelier. Sa fortune, p. 517. Celle d'vn Seigneur Armenien, p. 518. Presents du Roy

Decembre. aux Ambassadeurs, ibid. Disnent chez le Roy, où ils voyent le present que le Chancelier fait au Roy, p. 519. Leur Audience de congé, ib. Presents des Seigneurs de la Cour aux Ambassadeurs, p. 520. Vn Gentilhomme de leur suite se retire

DE MOSCOVIE, &c.

dans l'Alla-capi, p. 521. Insolence de Brugman, p. 522. Description de la ville d'Ispahan, p. 523. & suiu. Son nom. Sa grandeur, p. 524. La riuiere de Senderùt, ibid. & p. 525. Ses jardins, p. 526. Ses fontaines & maisons, p. 527. Ses ruës & marchez, p. 528. Le grand Maidan ibid. Le Palais du Roy, p. 529. Sa garde & ses appartemens. p. 530. Les azyles & la Citadelle, p. 531. La plus belle Mosquée de la ville, p. 532. Les exercices ordinaires des Seigneurs de la Cour, p. 533. Cabarets, p 534. Eschecs, ibid. Cabarets à Tabac & à Kahwa, p. 535. Boutiques de Barbiers & de Chirurgiens, ib. Le Basar, p. 536. Le commerce de la ville d'Ispahan, ibid. Les viures, p. 537. La monnoye de Perse, p 537. Leur monnoye de cuiure, p. 538. Les Carauanseras d'Ispahan, ibid. Conuents, ibid. & p. 539. L'Escurie du Roy, ibid. Son iardin, p. 540. Les fauxbourgs d'Ispahan, p. 541. Les villages auprés d'Ispahan. & sa campagne, p. 542 L'air de Perse, p. 544. Les maladies du pays, p. 545. Son terroir, page 546. Le Cotton, p. 547. Ses animaux domestiques, ibid. & p. 548. Les Perses hayssent les pourceaux, & la raison pourquoy, p. 548. & 49. Chameaux, p. 550. & suiuans. auec plusieurs histoires memorables. Leurs cheuaux, p. 533. Leurs mulets & leurs asnes, p. 554. Leurs fruits, p. 556. Pourquoy ils ne boiuent point de vin, p. 557. Leur boisson ordinaire, qui est le Duschab. ibid. & p. 558. Leurs arbres fruitiers, p. 559. La soye & les vers à soye, p. 560. La Nefte, & le sel, p. 561.

La taille des Perses, p. 561. Ils n'aiment point les rousseaux, p. 562. Leurs habits, p. 563. Les Kisilbaschs, p. 564. & 565. Habits des femmes Persanes, p. 567. Les Perses sont propres. Ont de l'esprit, p. 568. Sont menteurs, mais fidelles en leurs amitiez, p. 569. Luxurieux, p. 570. Sodomites, p. 571. La Polygamie y est permise, p. 572. Leur mesnage & leurs meubles, p. 573 Leur nourriture ordinaire, qui est le ris, p. 574. Ils

ó ij

IOVRNAL DV VOYAGE

se seruent de l'Opium p.575. Son effet, p. 576. Ils prennent du tabac, ibid. Le Cahwa, p.577. Son effet, & deux plaisantes histoires sur ce sujet, ibid. & p. 578. L'usage du Thé, p.579. Les estoffes de Perse, qui produit tous les ans vingt mille balles de soye, page 580. La guerre n'y empesche point le commerce, p.581. Incommoditez de la Polygamie, p. 582. & suiu. Ceremonies de leurs mariages, p.584. & suiu. & par occasion de l'ordre, qui est estably en Perse pour le Guet, page 587. Mariages pour vn certain temps, page 588. Superstition des Perses, p. 589. Qui sont jaloux, ibid. Le diuorce y est permis, p.590. Et à ce propos quelques contes, p.591. & 92. L'education de leurs enfans, p.593. Leurs escoles, ibid. Leur escriture, papier, plumes, encre, & leur langue, p.594. La Turque y est familiere, p.595. Leurs Caracteres. Leurs Vniuersitez, ibid. Aiment l'Astronomie, & l'Arithmetique, p.596. Leurs meilleurs Autheurs en Prose. ibid. Ne sont pas fort veritables en leurs Histoires, p.597. Celle d'Alexandre le Grand, ibid. & suiu. Ils aiment la Poësie, p. 602. Leurs meilleurs Poëtes, p.603. Leur Iurisprudence & Medecine, p. 604. L'Astronomie & Astrologie, p. 605. Leur Almanach, p. 606. & suiuans.

Estat Politique de la Perse, p. 609. & suiuans. La qualité de Sophi, p. 610. Le Royaume est hereditaire. Ses armes. Le Couronnement des Rois, p. 611.

Histoire Sommaire des derniers Rois de Perse, p. 612. Vsum Cassan. ibid. Schich Eider, p.613. Ismaël, ibid. & p.614. Schach Tamas, p.615. & suiuans. Ismaël II. p.618. Mahomet Chodabende, & Emir Emse, p. 619. Ismaël III. p. 620. Schach Abas, p. 621. & suiu. Fait la guerre aux Vsbeques, p.622. Aux Turcs, p.623. & suiuans. Sa seuerité, p.626. Fait mourir son fils, p. 627. Dont il se repent, page 629. Sa cruauté, ibid. & suiuans. Sa resolution à l'article de

DE MOSCOVIE, &c.

la mort, p. 633. Sa memoire est en veneration en Perse, page 634. Schach-Sefi succede, p. 635. Exemples de sa cruauté, p.636. & suiuans. Fait precipiter ses Oncles. Creuer les yeux à son frere. Couper la teste à trois Cousins germains, p. 637. Tuë de sa main Seinel-Chan, p.638. Qualitez de ce Seigneur, p.639. & suiu. Fait mourir le Chancelier & le Grand Maistre du Royaume, p.641. Fait enterrer quarante Dames viues, p.642. & mesme sa mere. Autres cruautez, p. 643. & suiuans. Il a plus de temerité que de courage, p.645. Ses qualitez, page 646. Ses femmes, ibid. Sa mort, p.648. Schach-Abas, qui regne auiourd'huy, ibid.

Les charges ny les dignitez ne sont point hereditaires en Perse, p.648. Le domaine est employé au payement des soldats, p.649. Leurs armées ne sont composées que de Caualerie, ib. Leurs armes, ibid. Leurs Officiers de guerre, p. 650. Perses hayssent les poltrons, p.651.

Le reuenu du Roy de Perse, ibid. En quoy il consiste, p. 652. Vaisselle d'or, ib. Les Officiers de la Couronne & de la Cour, p.653. & suiu. L'administration de la Iustice, p.668. L'interest y est defendu, ibid. Les Perses sont cruels en leurs supplices, ibid.

La Religion des Perses, p. 669. & suiu. Signification du mot Musulman, p.670. La Circoncision, ibid. La difference de la Religion des Perses d'auec celle des Turcs, p. 671. Commencemens de la Religion des Perses, ibid. Schif-Sefi, ibid. & p. 672. Saints de Perse, p.673. Festes, p.674. Commentateurs de l'Alcoran, ibid. Faux miracles, p.675. Leurs purifications, p. 676. Leurs prieres, p.677. Leur deuotion, p.678. Leur opinion touchant le Paradis & l'Enfer, p.679. Leur Caresme, page 680. Parents de Mahomed, ibid. Religieux Perses, page 681. & suiu. Leurs Predicateurs, p.682. Histoire tragique d'vn Abdalla ibid. Les ceremonies de leurs enterremens, p. 683. & suiuans.

PRIVILEGE DV ROY.

LOVIS par la grace de Dieu Roy de France & de Nauarre; A nos amez & feaux les gens tenans nos Cours de Parlement, Maistres des Requestes ordinaire de nostre Hostel, Baillifs, Seneschaux, Preuosts, leurs Lieutenans, & tous autres nos Iusticiers & Officiers qu'il appartiendra, Salut. Le sieur de Vicquefort, Resident de l'Electeur de Brandebourg prés de nostre personne, nous a treshumblement fait remonstrer, qu'il a composé vn Liure intitulé, *Le Voyage de Moscouie & de la Perse*, augmenté depuis la premiere Edition d'vne seconde Partie, contenant le *Voyage du sieur Mandeslo de la Perse aux Indes*, qu'il desireroit faire imprimer, s'il nous plaisoit luy en accorder la permission, qu'il nous a tres-humblement fait supplier luy vouloir octroyer. A CES CAVSES, desirant gratifier & fauorablement traiter ledit sieur de Vicquefort, nous luy auons de nostre grace speciale, permis & permettons par ces presentes, faire imprimer, vendre & distribuer par tels Imprimeurs & Libraires, en tels volumes & caracteres que bon luy semblera, ledit *Voyage de Moscouie & de Perse*, auec la seconde Partie, contenant le *Voyage dudit sieur Mandeslo de la Perse aux Indes*, durant le temps de vingt années: Faisant deffenses tres-expresses à tous Libraires & Imprimeurs, & autres nos subiets, de quelque condition qu'ils puissent estre, d'imprimer, ou contrefaire, en quelque sorte & maniere que ce soit ledit Liure pendant lesdites années, à peine de trois mille liures d'amende, confiscation des exemplaires, & de tous despens, dommages & interests enuers l'Exposant ; à condition de mettre en nostre Bibliotheque deux Exemplaires dudit Liure, & vn en celle de nostre tres-cher & feal le sieur Seguier Chancelier de France : Commandons au premier nostre Huissier, ou Sergent sur ce requis, faire l'execution des presentes necessaire, sans demander autre permission ; CAR tel est nostre plaisir. DONNE' à Paris le 20. iour de Iuillet l'an de grace 1658. Et de nostre regne le seiziéme. Signé, Par le Roy en son Conseil, SALMON. Et seellé du grand Sceau de cire jaune sur simple queuë.

Et ledit sieur de Vicquefort a cedé & transporté son droit du present Priuilege du *Voyage de Moscouie & de Perse*, à IEAN DV PVIS, Marchand Libraire à Paris.

Registré sur le Liure de la Communauté des Marchands Libraires & Imprimeurs, le 14. Nouembre 1658. conformément à l'Arrest du Parlement du 9. Auril 1653. BECHET Syndic.

Les Exemplaires ont esté fournis.

VOYAGE DE MOSCOVIE ET DE PERSE.
PREMIERE PARTIE.

LIVRE PREMIER.

LE TRES-HAVLT & tres-puissant Prince Frideric, par la grace de Dieu Prince hereditaire de Noruegue, Duc de Sslesüic & de Holstein, de Stormarie & de Ditmarse, Comte d'Oldenbourg, &c. Ayant fait bastir la ville de Fridericstad en la Duché de Holstein, il y voulut establir le commerce des Soyes ; sans doute le plus important de tous ceux qui se font en l'Europe. La Perse est le Royaume du monde qui en produit le plus ; c'est pourquoy le Prince resolut de rechercher pour cet effet l'amitié du Sophi. Mais dautant que pour plusieurs considerations il ne pouuoit pas faire venir les Soyes par mer, & que pour les transporter par terre il auoit besoin de la permission du *Czaar*, ou Grand-Duc de Moscouie, il jugea à propos en l'an 1633. d'enuoyer vne ambassade solennelle à ces deux grands Monarques.

Il donna cet employ à *Philippes Crusius*, Iurisconsulte & son

1633
Occasion du voyage.

Ambassade au Roy de Perse & au Grand Duc de Moscouie.
Les Ambassadeurs.

VOYAGE DE MOSCOVIE,

1633.

OCTOBRE.
Font leur e-
quipage.

NOVEMBRE.
Partent de
Hambourg.

S'embarquēt.

Se mettent en
mer.

Reglemens
pour le voya-
ge.

L'Isle de Born-
holm.

Conseiller d'Estat, & à *Otton Brugman*, Marchand de Hambourg, qu'il honora aussi de la qualité de Conseiller. Le 22. Octobre de la mesme année ces Messieurs partirent de Gottorp, demeure ordinaire du Duc Frideric, & allerent à Hambourg, où ils donnerent les ordres necessaires pour leur voyage.

Ils y firent leur equipage, composé d'vne suitte de trente-quatre personnes; auec laquelle ils se mirent en chemin le 6. Nouembre. Le lendemain ils arriuerent à Lubec, & le 8. à Travemunde; où les Ambassadeurs prirent à leur seruice vn tres-experimenté Capitaine de nauire, nommé *Michel Cordes*, pour s'en seruir de pilote, principalement sur la mer Caspie.

Le neuf nous prismes congé de nos amis, qui nous auoient accompagnez depuis Hambourg, & nous nous embarquâmes dans vn nauire, nommé la Fortune, sous la conduite du Capitaine Iean Muller. Nous receusmes aussi dans nostre bord *Wendelin Sibelist*, Docteur en Medecine, qui alloit en Moscovie seruir de Medecin au Grand-Duc.

Nous sortismes du port sur les deux heures apres midy, & nous nous mismes à la rade, mouïllans à huict brasses d'eau. Sur les neuf heures du soir, le vent estant Sudoüest, nous fismes voile, & fismes cette nuit là vingt lieuës. Le lendemain dixiéme les Ambassadeurs trouuerent bon de faire quelques reglemens particuliers pour nostre voyage, afin de preuenir par là les desordres, qui ne sont que trop grands parmy ceux, qui ne sortent d'ordinaire de leur patrie, que pour viure auec plus de liberté ailleurs: & pour en faciliter l'establissement & l'execution, ils nommerent plusieurs Officiers; donnant la qualité de Fiscal au Secretaire de l'Ambassade, & celle d'assesseur à *Wendelin Sibelist*, & à *Hartman Graman*, nostre Medecin. Ils firent si bien leur charge, & la justice y fut renduë auec tant d'exactitude, qu'à la fin de cette nauigation, qui ne fut que de cinq jours l'on trouua que les amendes montoient à plus de vingt-deux escus, qui furent mis entre les mains du Capitaine, auec ordre de les distribuer aux pauures de Riga & de Lubec également.

Sur le soir du mesme jour nous passasmes à la veuë de l'Isle de *Bornholm*, que nous laissasmes à vne bonne lieuë à nostre main droite. On fait estat que cette Isle est esloignée de Lubec de quarante lieuës d'Allemagne. Elle en a trois de long sur autant de large, & vne belle maison Royale, nómée Hammershausen, appartenant au Roy de Dannemarc. Vers le Nort de l'Isle sont 1633. les escueils, que l'on nomme *Erdholm*, assez connus par les frequens naufrages, qui les rendent d'autant plus formidables aux gens de marine pendant l'automne, que l'obscurité de la nuit empesche de les descouurir, & que la sonde ne trouue point de fons dans le voisinage.

Le 11. sur le midy nous nous trouuasmes à 56. degrez de latitude, le temps continuant au beau : mais sur le soir, le vent, estant tousiours Sudoüest, forma vn si grand orage, que nous fusmes contraints d'amener nos voiles, & d'aller au gré du vent iusques au lendemain matin. Ceux d'entre nous, qui n'estoient Maladie de pas accoustumés d'aller sur mer, furent si malades, qu'il y en eut mer. qui vomirent iusqu'au sang : mais d'autant que nous auions le vent en pouppe, sa violence ne nous empescha pas de tenir tousiours nostre route, & de faire encor quinze lieuës cette nuict là.

Plusieurs croyent que c'est la puanteur de l'eau salée, qui crou- Sa cause. pissant dans la Sentine, prouoque ce vomissement. Les autres disent au contraire qu'il en faut attribuer la cause à la violence du mouuement du Nauire, qui fait tourner la teste, & vuider l'estomach. Mais il est certain que l'vn & l'autre y contribuë ; parce que si le mouuement trouble le ceruéau, la puanteur l'offense aussi, & donne des maux de cœur à ceux qui ont l'odorat fin, prouoquant le vomissement, mesme sans autre mouuement violent, quelque part qu'ils se trouuent; non seulement sur mer mais aussi par tout ailleurs. Ceux qui croyent que l'on n'est pas suiet à ce mal sur les riuieres, se trompent : Car outre que l'experience fait connoistre le contraire, l'on y trouue le mesme mouuement, & l'eau douce estant croupie, n'est pas moins puante que la salée.

Le 12. nous eusmes vn si grand calme, que le Nauire se trou- Grand calme. uant comme fixe & arresté en vn mesme lieu, nous eusmes la commodité de faire porter nos instrumens de musique sur le tillac, de chanter le *Te Deum*, & de rendre graces à Dieu, de nous auoir deliurez du peril eminent de la nuict precedente.

Sur le midy nous eusmes le vent du Sud, qui nous porta iusques au *Cap de Domesnes* en Courlande, où nous moüillasmes. Nous y demeurasmes la nuict. Le lendemain 13. le vent estant Le Cap de Oüest nous leuasmes l'ancre, doublasmes le Cap, entrasmes Domesnes.

A ij

4 VOYAGE DE MOSCOVIE,

1633.
Dunemonde.
dans la Baye, & arriuâmes le 14. deuant le fort de *Dunemonde*, qui est ainsi nommé, parce qu'il est situé à l'emboucheure de la riuiere de Dune, au lieu où elle entre dans la mer Balthique, à deux lieuës de Riga. Et d'autant qu'vn broüillard fort épais empeschoit celuy du Fort de nous voir, nous fismes sonner de la trompette, pour les obliger à nous enuoyer vn pilote, sans lequel nous eussions eu de la peine à entrer dans le Haure. Les Commis de la Doüane vinrent aussi-tost visiter nostre Nauire; mais n'y ayant point trouué de marchandises, dont ils eussent pû pretendre droit de Traitte, ils s'en retournerent, & nous enuoyerent vn Pilote, qui nous conduisit encore le mesme soir deuant la ville de Riga. Les Ambassadeurs estans descendus à

Les Ambassadeurs arriuent à Riga.
terre, trouuerent à l'entrée de la Ville vn carosse, que le Gouuerneur auoit enuoyé au deuant d'eux; mais d'autant qu'ils n'estoient pas bien esloignez de l'hostellerie, ils ne s'en voulurent point seruir, & acheuerent le chemin à pied.

Present du Magistrat.
Le 21. le Magistrat enuoya ses presens aux Ambassadeurs; sçauoir vn bœuf, quelques moutons, de la volaille, des liéures, des perdrix, & d'autre gibier, du pain de froment & de segle, & vn demy muid de vin du Rhin. Le 24. les Ambassadeurs donnerent à disner au Sieur *André Erichzon*, Gouuerneur de la Ville, au Magistrat, au Sur-Intendant, ou premier Ministre, qui parmy les Lutheriens tient rang d'Euesque, & à quelques officiers de la garnison.

Pendant le sejour que nous fismes en cette Ville, qui fut de prés de cinq sepmaines, en attendant que le froid eut gelé les marais de ces quartiers là, & que la neige eut couuert le chemin, qu'il falloit faire en traisneau, nous augmentasmes nostre suite de quelques personnes necessaires pour ce grand voyage, & nous eusmes le loisir d'apprendre l'estat de la Ville, dont nous ferons icy vne petite description.

Description de la ville de Riga.
Chytræus en son histoire de Saxe pag. 19. dit que la ville de Riga fut bastie par Albert III. Euesque de Liuonie en l'an 1196. mais Arnoul, Abbé de Lubec, auteur contemporain (il viuoit sous l'Empereur Otton IV.) dit en la continuation de la Chronique de Helmold. liu. 7. cha. 9, qu'elle fut bastie en l'an 1186. par Bertold, Abbé de Looken en la Comté de Schaüenbourg, au Diocese de Minden, de l'Ordre de Cisteaux, qui succeda à Menard en l'Euesché de Liuonie, dont il establist le

Sa fondation.

Siege, à Riga. En l'an 1215. Il fut erigé en Archeuesché, esten- *1633.* dant sa Metropolitaine sur toute la Liuonie, Prusse & Cour- Erigée en Archeuesché. lande. Les Cheualiers de l'Ordre de l'Espadon, & en suite le Maistre de l'Ordre Teutonique en Prusse, y ont souuent partagé la Iustice & la Souueraineté auec l'Archeuesque; iusques à ce qu'en suite de la reformation de la religion les vns & les autres perdirent l'autorité qu'ils auoient en cette Ville. Elle fut en suite obligée d'auoir recours à la Couronne de Pologne, à laquelle elle se donna volontairement en l'an 1561; à cause de la *Sujette à la* guerre du Moscouite. Depuis cela, Charles Duc de Suderman- *Pologne.* nie ayant usurpé la Couronne de Suede sur Sigismond, son neueu, qui auoit esté appellé à celle de Pologne, ne se contenta point de se maintenir en la possession de ses vsurpations; mais croyant pouuoir conuertir en offensiue la guerre, qui estoit mesme criminelle en deffendant, il entra en Liuonie en l'an 1605. où il assiega la ville de Riga. Il fut contraint de leuer le siege, comme aussi en 1609. mais Gustaue Adolfe fut assez heureux *Elle est prise* pour la prendre en 1621. C'est depuis ce temps là, que les Sue- *par les Suedois* l'ont possedée, quoy que sans titre; le traitté qui fut fait *dois.* entre les deux Couronnes en l'an 1635. ne leur en laissant la possession, que iusques à ce que la paix, qui se fera entre les deux Rois, la fasse restituer à son Prince legitime, ou la donne à celuy qui la possede auiourd'huy. Les Suedois font bien connoistre le peu d'enuie qu'ils ont de la rendre, par le soin auec lequel ils s'appliquoient lors de nostre voyage à faire con- *Ses fortifica-* tinuer le trauail pour les fortifications. Elles consistent en *tions.* six bastions reguliers du costé de la terre, auec leurs demylunes fraisées, & leurs contrescarpes palissadées. Son assiette est fort belle, dans vne grande plaine, sur le bord de la riuiere de Dune, qui a vn bon quart de lieuë de large en cét endroit là. Elle est fort peuplée & tres-considerable à cause de son commerce, tant auec les Anglois & Hollandois, & *Son commerce* auec les villes Anseatiques, pendant que l'Esté rend la mer Balthique nauigable, qu'auec les Moscouites, lors que la glace & la neige peuuent porter les traisneaux. Elle est si marchande qu'elle a quasi autant de boutiques que de maisons. Les viures y sont à fort bon marché; parce qu'il s'y en trouue vne si grande abondance, que l'on n'achepte vn bœuf que trois escus, vn pourceau qu'vn escu, & ainsi le gibier & la venaison à propor-

A iij

1633. tion, d'autant qu'il n'y a point de Païsan dans le voisinage, qui n'ait la liberté de chasser ; bien qu'il n'en ait point d'autre. L'on n'y cognoist point d'autre religion que la Protestante, depuis la derniere reduction de la ville, & tant le Magistrat que les habitans sont tous Lutheriens, & tellement zelés qu'ils ne haïssent pas moins les reformes que les Catholiques & que les Moscouites mesmes. Il n'y a quasi point d'habitant qui ne sçache l'Alleman, le Sclavon, & le Courlandois ; mais le Magistrat ne se sert en ses actes publics que de la langue Allemande. Les Ministres en vsent de mesme en leurs sermons ; sinon que pour le menu peuple, qui n'entend pas bien l'Alleman, l'on en fait en Sclauon & en Courlandois en deux Temples differents.

DECEMBRE, Les Ambassadeurs partent de Riga. Arriuent à Volmar.

Le 14. Decembre nous fismes partir 35. traincaux, auec une partie de nostre train & bagage, & le lendemain 15. les Ambassadeurs suiuirent, prenans le chemin de Derpt. Le 18. nous arriuasmes à *Volmar*, petite ville distante de Riga de dix-huict lieuës, & tellement ruinée par les Moscovites & les Polonois, que les habitans, pour se mettre à couuert de l'injure du temps, ont esté contraints de faire des bastimens de bois sur les ruines des premiers. Le Commandant vint au deuant de nous & nous receut fort bien. Le 20. nous arriuasmes à six lieuës de

Au Chasteau d'Ermes.

là, au Chasteau d'Ermes, appartenant au Colonel de la Barre, qui nous traitta splendidement.

Au Chasteau de Halmet.

Le 21. nous fismes quatre lieuës, jusques au Chasteau de *Halmet*, où nous vismes un jeune Eland, plus haut qu'vn cheual, que l'on nous amena pendant que nous estions à table.

Au Chasteau de Ringen. Ils arriuent à Derpt.

Le 22. nous allasmes à quatre lieuës de là au Chasteau de Ringen, & le 23. nous arriuasmes à Derpt ou Tropat. Cette ville est située à six lieuës du Chasteau de *Ringuen*, sur la riuiere d'Eimbec, entre les lacs de *Worzero* & de *Peipis*, au cœur de la Livonie. Ses bastimens sont tres-anciens, mais fort ruinez par la guerre. Les Moscouites qui l'appellent *Iuriogorod*, l'ont

Ville Episcopale.

possedée jusques en l'an 1230. auquel le maistre de l'Ordre Teutonique la prit, & la fit eriger en Euesché. *Iean Basilouits*, Grand Duc de Moscouie, la reprit le 19. Iuillet 1558. sans aucune resistance par vne terreur panique de l'Euesque, de la noblesse & des habitans, qui se rendirent, à la premiere sommatiō. En l'an 1571. *Reinold Rose*, Gentilhomme du païs, entreprit de mettre la ville entre les mains de Magnus, Duc de Holstein, mais son dessein ayant esté découuert, il fut taillé en pieces par les Moscouites, qui exercerent en suitte de cela les dernieres cruautés contre les habitans de cette Ville ; sans aucune distinction de sexe ou d'âge. Elle retourna à la couronne de Pologne, auec tout le reste de la Liuonie, par la paix qui fut faite entre le Grand Duc Iean Basilouits, & Estienne Battori, Roy de Pologne, en l'an 1582. Iacob de la Garde, general de l'armée de Suede, la prit sur les Polonois en l'an 1625. Et c'est depuis ce temps-là qu'elle est demeurée aux Suedois, mais par prouision, en vertu du Traité de l'an 1635. iusques à ce qu'il en ait esté autrement ordonné par l'éuenement de la guerre presente. Le feu Roy de Suede *Gustaue Adolfe*, y fonda vne Vniuersité en l'an 1632. à la poursuite de *Iean Skytte*, que le mesme Roy fit Baron de Duderof, & en suite Senateur de la Couronne de Suede ; pour reconnoistre le soin qu'il avoit eu à luy enseigner en sa jeunesse les premiers fondemens des bonnes lettres : mais iusques icy elle ne s'est point fait connoistre, ny par la reputation de ses Professeurs, ny par le nombre des escoliers ; ne s'estant encore trouué que dix Suedois, & peut-estre autant de Finlandois, qui ayent pû croire, qu'il y eust quelque chose à apprendre en ces quartiers là.

1634.

Elle est reünie à la Couronne de Pologne.

Prise par les Suedois.

Le Roy de Suede y fonde vne Vniuersité.

Apres auoir passé les festes de Noël à Derpt, nous en partismes le 29. Decembre, & arriuasmes le troisiéme Ianuier 1634. à *Narua*; où nous fusmes obligez de demeurer prés de six mois en attendant l'arrivée des Ambassadeurs de Suede, qui deuoient passer en Moscouie auec nous. Mais quoy que nous eussions icy aussi bien que nous auions eu à Riga, tous les divertissemens imaginables, faisant tenir à disner table ouuerte, accompagnée de musique, où les Ambassadeurs receuoient toutes les persones de qualité, & que nous taschassions à nous desennuyer aux festins, à la chasse & aux promenades, pour lesquelles on faisoit des parties tous les iours : Si est-ce que cette façon de viure, dans l'impatience où nous estions d'acheuer nostre voyage, nous deuint auec le temps insupportable. Considerant d'ailleurs qu'il seroit comme impossible aux Ambassadeurs de Suede d'arriuer deuant le Printemps, qu'alors le chemin entre Narua & Nouogorod seroit tres-fascheux, & que cependant nos gens auoient tous les iours querelle auec les soldats de la garnison, il fut iugé à propos de faire partir le 28. Fe-

IANV. 1634. Les Ambassadeurs partent de Derpt, & arriuent à Narua. Où ils demeurent prés de six mois.

FEVRIER.

1634. urier le sieur Paul Flemming, auec vne partie du train & du bagage, & de l'enuoyer par traisneau iusques à Nouogorod. Le Docteur wendelin se seruit de cette commodité, & prit par mesme moyen le chemin de la ville de Moscou. Nous auions encore vne autre incommodité; en ce que les viures venant à nous manquer, nos pouruoyeurs, qui estoient Moscouites, estoient contraints d'aller chercher du mouton & de la volaille iusques à huict ou dix lieuës de la ville. Et d'autant que l'on ne pouuoit pas si tost esperer l'arriuée des Ambassadeurs Suedois, les nostres allerent auec vne suite de douze personnes à Reuel,

Vont à Reuel. où ils furent receus au bruit de toute l'artillerie complimentez & regalez par le Magistrat, par le Gouuerneur, & par les principaux Bourgeois, qui nous firent beaucoup d'honneur, pendant le sejour que nous y fismes, qui fut de dix sepmaines. Nous parlerons de la ville de *Reuel*, comme aussi de celle de Narua, & du reste de la Liuonie, au liure suiuant.

Le 10. May le Seigneur *Philippes Scheiding*, Gouuerneur de Reuel, nommé Chef de l'Ambassade, que la Couronne de Suede enuoyoit en Moscouie, eut aduis que ses Collegues estoient

MAY. arriuez à Narua; de sorte que s'estant disposé au voyage, nous partismes de Reuel le 15. du mesme mois, & le Gouuerneur nous fit encore saluer de toute l'artillerie de la Ville. Nous arriuasmes à Narua le 18. & rencontrasmes à vne lieuë de la Ville les sieurs Colonels *Henry Flemming*, *Eric Gyllenstierna*, &

Retournent à Narua. Rencontrent les Ambassadeurs de Suede, *André Bureus*, destiné à l'Ambassade, de Moscouie, auec vne fort belle suite. Le Gouuerneur fit décharger à nostre arriuée tout le Canon de sa Place, comme il auoit fait la premiere fois. Les Ambassadeurs resolurent dés le lendemain, que pour aller à *Nouogorod*, ils prendroient leur chemin par la *Carelie*, sur la mer, ou le *Lac de Ladoga*, dont ils donnerent aussi-tost aduis au Gouuerneur de Nouogorod par vn exprés; afin qu'il donnast les ordres necessaires pour nostre reception, & que nous ne fussions point arrestez sur les frontieres. Car c'est la coustume de Moscouie & de Perse, de faire attendre les Ambassadeurs Estrangers sur la frontiere, iusques à ce que le Gouuerneur de la Prouince ait donné aduis à la Cour de leur arriuée, & qu'il ait receu de son Souuerain les ordres necessaires pour leur re-

Les Moscouites & Perses. ception, & pour leur subsistance. La raison est, que le Grand Duc de Moscouie, comme aussi le Roy de Perse, défraye les Ambassadeurs

ET DE PERSE, LIV. I. 9

Ambaſſadeurs de viures & de voiture, dés qu'ils entrent dans le Païs de ſon obeyſſance, & leur donne pour cet effet vn conducteur, que les Moſcouites nomment *Priſtaf*, & les Perſes *Mehemander*, qui a ſoin de leurs viures, & de leur conduite, & ſe fait accompagner de quelques ſoldats pour leur eſcorte.

1634. Defrayent les Ambaſſadeurs Eſtrangers.

Les Ambaſſadeurs Suedois, apres auoir depéché leur Courrier à Nouogorod, partirent de Narua le 22. May, prenans le chemin de *Kapurga*, où ils faiſoient eſtat de paſſer les feſtes de la Pentecoſte, afin d'eſtre plus proches des frontieres de Moſcouie. Nous demeuraſmes cependant à Narua; où i'eus la curioſité d'aller le vingt-quatrieſme May, veille de la Pentecoſte, à la Narua Ruſſienne, & d'y conſiderer les ceremonies de leur anniuerſaire, & les deuoirs qu'ils rendent à leurs parens & amis treſpaſſez. Tout le Cimetiere eſtoit plein de femmes Moſcouites, qui auoient eſtendu ſur les ſepulcres des mouchoirs, dont les coins eſtoient bordés de ſoye de diuerſes couleurs, ſur leſquels ils auoient poſé des plats pleins de poiſſon roſty & frit, de flans, de gaſteaux & d'œufs peints. Les vns ſe tenoient debout & les autres eſtoient à genoux, faiſans pluſieurs demandes à leurs parens, verſans des larmes ſur leurs tombes, & teſmoignans leur affliction par des cris épouuantables; mais auec ſi peu d'attachement, qu'elles ne perdoient point d'occaſion de parler, & meſme de rire auec ceux de leur connoiſſance qui paſſoient. Le Preſtre ſuiuy de deux de ſes Clercs, ſe promenoit çà & là par le Cimetiere, tenant à la main vn encenſoir, où il jettoit de temps en temps quelques grains de cire, pour encenſer les ſepulcres. Les femmes luy nommoient les parens & amis qu'elles vouloient recommander à ſes prieres, le tiraillans par le ſurplis, pour auoir la preference. Le Preſtre s'acquitoit de cette deuotion fort legerement, & y apportoit ſi peu d'attention, qu'il n'eſtoit que trop bien payé de la piece de cuiure qu'on luy donnoit, & ne meritoit point qu'on luy donnaſt les viures, que les Clercs auoient ſoin d'amaſſer, au profit de leur maiſtre.

Ceremonies que les Moſcouites font tous les ans pour les morts.

Le 26. nous fiſmes nos deuotions, & apres auoir enuoyé noſtre bagage, & vne partie de noſtre train par eau iuſques à *Neufchamps*, nous partiſmes de Narua le 28. Le Colonel Port, Gouuerneur de la place, nous fit tous les honneurs imaginables à noſtre départ, & nous fit compagnie iuſqu'à *Gam*. C'eſt vne

Les Ambaſſadeurs partent de Narua.

B

place fortifiée, ou plûtost vn fort, situé en la Prouince d'Inguermannie, non à douze lieuës, comme dit le Baron de Herberstein en son voyage de Moscouie, mais à trois lieuës de Narua, sur vne petite riuiere que l'on appelle le torrent de Gam. La place est petite, mais ceinte d'vne bonne muraille, & fortifiée de cinq bastions, reuestus de pierre ; ayant dans le voisinage vn bourg, qui est habité par les Moscouites, mais sujets de la Couronne de Suede. Nous y prismes des cheuaux frais, qui nous porterent jusques à *Kapurga*, à six lieuës de Gam, où nous arriuasmes le 29. Bugislas Rose, Gouuerneur du fort, nous receut fort bien, & nous traitta splendidement, tant ce soir là à souper, que le lendemain à disner. Nous en partismes le 30. à trois heures apres midy, pour aller coucher à la maison d'vn *Bojar*, ou Seigneur Moscouite : mais d'autant que nous auions encore sept lieuës à faire, nous fusmes contraints de marcher toute la nuict, & nous n'y arriuasmes que le lendemain sur les trois heures du matin. Le Bojar nous fit grand'chere, & nous donna le diuertissement de deux trompettes pendant le disner. Et pour nous faire plus d'honneur, il fit venir au sortir de la table sa femme & sa fille, fort parées & ajustées, suiuies d'vne Damoiselle, ou fille de chambre effroyablement laide, afin de donner plus d'éclat à la beauté des Dames, qui sans cela mesme en auoient beaucoup. Elles beurent chacune vn gobelet d'eau de vie, & en presenterent autant à chacun des Ambassadeurs. C'est là le plus grand bonheur que les Moscouites croyent pouuoir faire aux Estrangers ; si ce n'est qu'ils leur vueillent faire la ciuilité toute entiere, & souffrir qu'en saluant leurs femmes ils les baisent. C'est ainsi que le Comte Alexandre Slakou en vsa auec moy, & me fit cét honneur lorsque le Duc mon Maistre me renuoya en Moscouie en l'an 1643. en reconnoissance de celuy qu'il auoit receu en nostre Cour pendant son exil. Ce Bojar s'appelloit *N. Basilouits*. Il estoit de fort bonne humeur, & fort bien fait de sa personne. Il nous dit qu'il auoit porté les armes en Allemagne, qu'en l'an 1631. il s'estoit trouué à la bataille de Leipsig ; & nous monstra les cicatrices des blessures qu'il y auoit receües.

Le dernier iour de May à vne heure apres midy nous prismes congé de nostre hoste, & fismes encore ce jour là quatre lieuës, iusques à *Iohannes Thal*, ou la vallée du S. Iean, que l'on a ainsi appellée du nom du Baron Iean Skitte, qui commença en ce temps-là à y baſtir vne petite ville. Ce fut là où nous ſentiſmes la premiere perſecution des mouches, couſins & gueſpes, que les marais y produiſent en ſi grande quantité, que l'on a de la peine à s'en defendre. Nous y euſmes aduis que les Ambaſſadeurs de Suede nous attendoient à *Neuſchans* ; ce qui nous obligea à nous mettre en chemin dés les trois heures du matin du 1. jour de Iuin, *Neuſchans*, que les autres nõment *la Nie*, eſt vn fort à deux lieuës & demie de Iohannesthal, ſur vne riuiere nauigable, qui ſort du *Lac de Ladoga*, ſe décharge dans le Golfe de Finlande, & ſert de frontiere cõmune à la Carelie & à l'Ingermannie. Les Ambaſſadeurs de Suede en partirent apres vne conference de deux heures qu'ils eurent auec les noſtres. Nous le ſuiuiſmes le lendemain 2. Iuin, & arriuaſmes le meſme iour à *Notebourg*, où nous demeurâmes plus de ſix ſepmaines ; & attendant les ordres du Grand Duc pour noſtre reception. Le gouuerneur de la place, nommé *Iean Kuncmond*, paſſa la riuiere dans vn batteau, fait & couuert en forme de Gondole, pour venir au deuant de nous. Les Ambaſſadeurs Suedois tenoient toûjours table pendant le ſejour qu'ils firent à Notebourg, & enuoyoient à tous les repas leur Mareſchal, qui fait la charge de Maiſtre d'Hoſtel dans les Cours d'Allemagne, & les Gentilshommes de leur ſuitte, pour y conuier & conduire les Ambaſſadeurs de Holſtein.

Le 17. Iuin arriua à Notebourg le ſieur *Spiring*, Fermier general des traites foraines de Suede & de Liuonie, vn des Ambaſſadeurs de Suede en Moſcouie. Le 25. Iuin les Ambaſſadeurs Suedois eurent aduis, que le weiüode, ou Gouuerneur de Nouogorod, auoit enuoyé vn Priſtaf pour les receuoir ſur la frontiere : ce qui les obligea à partir le lendemain 26. pour aller à Laba. Les noſtres les accompagnerent juſqu'à quatre lieuës de Notebourg, & me permirent de ſuiure les Suedois iuſques ſur la frontiere, pour voir les ceremonies de leur reception. Le 27. nous arriuaſmes ſur les quatre heures du matin à la riuiere, qui a enuiron quarante pas de large, & ſert en cét endroit là de frontiere à la Suede & à la Moſcouie. Les Ambaſſadeurs, ayans ſceu qu'il y auoit de l'autre coſté de la riuiere dix-ſept barques, deſtinées pour leur paſſage, enuoyerent auſſi-toſt leur truchement au Priſtaf, le prier de leur

1634.

IVIN.

Neuſchans, c'eſt à dire le fort neuf. Lac de Ladoga.

Les Ambaſſadeurs arriuent à Notebourg.

Spiring cinquieſme Ambaſſadeur de Suede en Moſcouie il eſtoit Hollandois de naiſſance & tapiſſier. Les Ambaſſadeurs Suedois partent de Notebourg.

1634.

en enuoyer quelques-vnes, pour faire passer leur bagage; afin de faciliter par ce moyen leur reception. Le Pristaf qui estoit homme d'âge, leur fit responce, qu'il ne l'oseroit pas faire, & qu'il ne falloit pas croire, que la depense d'vn iour, qu'ils pourroient perdre, fust capable d'incommoder le Tzaar son Maistre (c'est ainsi que les Moscouites appellent leur Prince,) & qu'il falloit commencer par la reception des Ambassadeurs. Sur le midy il leur enuoya son truchement auec quatre mousquetaires, qu'ils appellent *Strelits*, & qui l'accōpagnoient en cette ceremonie au nombre de trente, pour leur faire dire, qu'il estoit prest de les receuoir, quand ils voudroient passer. Vn des Ambassadeurs luy fit responce en termes vn peu forts, mais ciuils, qu'il y auoit cinq sepmaines qu'ils attendoient sur la frontiere, & que le Pristaf ne pourroit pas trouuer mauuais s'ils le faisoient attendre vn iour : toutesfois, d'autant que ses Collegues prenoient le repos du midy, il ne luy pouuoit pas faire vne responce bien precise, & qu'ils luy feroient sçauoir leur commodité. Les Ambassadeurs reposoient, tant parce qu'ils auoient marché toute la nuict, que parce qu'estans arriués sur la frontiere de Moscouie, ils s'accommodoient à la coustume du Païs, où le repos n'est pas moins ordinaire apres disner, que la nuict. Vn des Ambassadeurs Suedois demanda au truchement, quand on receuroit les Ambassadeurs de Holstein; il luy dit qu'il ne le pouuoit pas bien sçauoir; mais qu'il ne croyoit pas que cela se pût faire encore de trois sepmaines, & qu'apres que les Ambassadeurs de Suede seroient arriuez à Moscou; parce que l'on estoit obligé de se seruir pour leur conduite des mesmes cheuaux & voitures qu'ils auoient là. Sur les quatre heures apres midy, les Ambassadeurs firent dire qu'ils estoient prests de passer, & que le Pristaf n'auoit qu'à les venir prendre; & sur cela ils entrerent auec leur truchement dans vne barque, & j'entray auec leurs Gentilshommes dans vne autre. Le Pristaf s'embarqua au mesme temps, accompagné de quinze Moscouites en fort bon ordre : mais afin de mesnager la grandeur de son Prince, les Matelots qui auoient le mot, tiroient à la rame si laschement, qu'à peine quittoient-ils la riue; cessans mesmes de fois à autre, pour donner aux Ambassadeurs le loisir d'auancer cependant, & de faire quasi tout le chemin; à quoy le battelier Moscouite, qui passoit les Ambassadeurs, s'accommodoit aussi. Mais quand Monsieur

Fierté Moscouite & Suedoise.

Coustume des Moscouites de dormir apres disner.

Philippes Scheiding eut apperceu l'intention des Moscouites; il 1634.
cria au Pristaf, que cét orgueil n'estoit pas bien de saison, qu'il
auançast, & qu'il considerast que par cette façon de faire il ac-
queroit aussi peu d'auantage à son Prince, qu'ils pretendoient
eux prejudicier à la Souueraineté du leur. Les barques s'estans
rencontrées au milieu de la riuiere, le Pristaf auança & leut dans
vn billet, que le grand Seigneur & *Tzaar, Michel Federoüitz*, &c.
faisoit receuoir les Ambassadeurs de la Couronne de Suede, &
qu'il auoit commandé de les pouruoir, eux & leur suitte, de
viures, & de tout ce qui leur seroit necessaire iusques à la ville
de Moscou. Apres que les Ambassadeurs eurent respondu au
compliment, le Pristaf les mena à terre, & les fit entrer dans
la maison d'vn Gentilhomme de la qualité de ceux qu'ils ap-
pellent *Simbojar*, proche de la riuiere; où ils furent receus dans   Reception des
vn petit poësle, plus noir de fumée que le charbon, & où l'on   Ambassadeurs
n'auoit pas laissé de faire du feu, nonobstant la chaleur de la sai-   de Suede.
son, qui estoit extreme. Le traitement que l'on y fit aux Ambassadeurs, consistoit en pain d'épices, & en quelques gobelets   Collation
d'vne tres-forte eau de vie, & de deux sortes de tres-mauuais   Moscouite.
hydromel. Les Ambassadeurs se contenterent de se l'approcher du nez, & ayans fait passer le gobelet de main en main, le
dernier me le donna, y adioustant, *addatur parum sulphuris, &*
fiet potio infernalis. Apres ce festin, qui dura enuiron vne heure,
pendant laquelle les mousquetaires Moscouites firent plusieurs
salues mal concertées, les Ambassadeurs & le Pristaf partirent,
les Suedois en douze batteaux, & les Moscouites auec le drapeau & le tambour en trois. Ie m'en retournay à Notebourg,
où nos Ambassadeurs attendirent encore trois sepmaines; ainsi
que le Pristaf l'auoit predit.

Le païs que les Moscouites appellent *Osinca*, auprés de
Notebourg, est fort beau, de sorte que nous n'eusmes pas beaucoup de peine à nous diuertir, particulierement à la chasse. Il
y auoit à vn quart de lieuë de Notebourg deux Isles, esloignées
l'vne de l'autre de la portée du mousquet, & toutes deux garnies de bois, où le gibier ne donnoit pas beaucoup de repos à nos
fusils, & les chiens marins, dont il y a vn nombre incroyable dans
le lac, nous donnoient belle prise sur eux, quand ils s'esten-
doient au Soleil le long des rochers. Nous auions aussi la docte &
agreable conuersation de Mõsieur *Pierre de Crusbiorn*, qui arriua

B iij

1634.

Situation de Notebourg.

pendant ce têps-là à Notebourg, auec deſſein de paſſer en Moſ-couie, où il alloit en qualité de Reſident de la Couronne de Suede. Cette place eſt ſituée à 63. d. 30. m. à l'entrée du *Lac de Ladoga*, ſur vne Iſle que le meſme lac y fait en forme de noix, qui luy donne le nom. Les Moſcouites l'auoient baſtie & ceinte d'vne muraille, épaiſſe de deux braſſes & demie, contre les efforts des Suedois, qui la prirent ſous la conduite de Iacques de la Gardie; apres que les fatigues du ſiege & vne maladie contagieuſe euſt conſumé toute la garniſon, iuſques à deux hommes prés; qui ne laiſſerent pas de faire vne capitulation fort aduantageuſe. Le lieu eſt beau & agreable; mais mal ſain, à cauſe des lacs d'eau douce, & des marais, dont il eſt enuironné. Nous y fuſmes extremement incommodez d'vne ſorte de moucherons, de la forme de ceux que l'on appelle en Latin *Pyrauſta*, qui y eſtoient en ſi grande quantité, qu'ils nous oſtoient ſouuent la veuë du Ciel, & nous empeſchoient d'ouurir les yeux. Ces inſectes ſe trouuent auſſi en Carelie, mais non point en ſi grande quantité qu'à Notebourg.

IVILLET.

Le 16. Iuillet l'on nous donna aduis, qu'vn Priſtaf, nommé *Simon André Kareckshin*, eſtoit arriué ſur la frontiere pour nous receuoir; de ſorte que nous nous diſpoſâmes pour le voyage, &

Les Ambaſſadeurs arriuent à Laba.

partiſmes le 20. pour aller à *Laba*. A peine eſtions nous arriuez, que le truchement du Priſtaf, accompagné d'vn mouſquetaire, vint ſçauoir ſi les Ambaſſadeurs deſiroient eſtre receus; & ſur ce que nous voulions ſçauoir s'il nous receuroit deçà, ou bien au milieu de la riuiere, comme il auoit receu les Ambaſſadeurs de Suede, il nous fit dire, que nous n'auions qu'à paſſer: & que l'on n'auoit fait ces ceremonies auec les Suedois, qu'à cauſe de la conteſtation qui eſt entr'eux pour la frontiere.

leur receptiõ.

Apres auoir paſſé la riuiere, nous trouuaſmes le Priſtaf à huit ou dix pas du bord, veſtu d'vne Tunique de damas rouge. Dés que les Ambaſſadeurs eurent mis pied à terre, il s'auança vers nous, touſiours couuert, iuſques à ce qu'il eut commencé à parler: Alors il oſta ſon bonnet, en prononçant le nom du Grand-Duc, liſant dans vn billet ces paroles: *Sa Majeſté le Czaar, Michel Federoüitz, Conſeruateur de tous les Ruſſes, &c.* m'a enuoyé icy, pour receuoir toy *Philippes Cruſius*, & toy *Otton Brugman*, Ambaſſadeurs du Duc de Holſtein, & m'a commandé de pouruoir, vous & voſtre ſuite de viures, voiture, cheuaux, & d'autres choses necessaires, iusques à la ville de Moscou. Son truchement, nommé Antoine, sçauoit si peu d'Alleman, que nous eusmes de la peine à l'entendre. Les Ambassadeurs firent faire la responce par nostre truchement *Iean Arpenbeck*, qui estoit tres-sçauant en la langue Moscouite. Apres cela le Pristaf presenta la main aux Ambassadeurs, & les conduisit à l'hostellerie, à trauers des mousquetaires, qui estoient tous Cosaques, & au nombre de douze. La salue de leurs mousquets, dont ils nous honorerent, n'estoit pas si juste, que le secretaire du Resident de Suede, qui y estoit venu auec nous, pour voir les ceremonies de nostre reception, n'en eut vn coup dans le buffle. Apres auoir fait collation de pain d'épices, de cerises fraischement confites, & d'eau de vie, nous repassasmes l'eau, & nous nous embarquâmes pour la continuation de nostre voyage. Apres auoir disné auec le Gouuerneur de Notebourg, qui nous auoit accompagnez iusques là, & qui nous traitta encore ce iour là de toutes sortes de delicieux breuuages, nous nous embarquasmes en sept batteaux. Le 22. nous passasmes le *lac de Ladoga*, qui est en cet endroit là large de douze lieuës. Nous mismes pied à terre aupres d'vn Conuent nommé *Naüolkus Konshy*; où nous trouuasmes vn Moine, qui nous regala d'vn pain & d'vn Saulmon fumé. Le Pristaf, qui auoit charge de nous défrayer, nous demanda si nous voulions qu'il nous fournist les viures de jour à autre, & qu'il nous traitast, ou si nous aimions mieux prendre l'argent que sa Majesté Czaarique auoit ordonné pour nostre traitement, & faire apprester les viandes à nostre mode par nostre cuisinier. Nous trouuasmes à propos d'accepter la derniere condition; suiuant la coustume des Ambassadeurs, qui vont en ces quartiers là: De sorte que nous faisions nous mesmes achepter nos viures, que nous trouuions par tout à bon marché, au prix du taux fait par le Pristaf; bien que d'ailleurs on ne laisse pas de viure en Moscouie pour peu de chose; à cause de la bonté & fertilité du païs. Vne volaille ne se vendoit que deux *Copecs*, qui font deux sols monnoye de France, & neuf œufs qu'vn sol. On nous donnoit tous les jours deux Roubles & cinq Copecs, qui font enuiron quatre escus cinq sols, monnoye de France; ce qui suffisoit pour faire faire bonne chere. Apres disner nous nous embarquasmes sur vne riuiere qui nous conduisit iusques à *Ladoga*, éloignée de *Laba*

1634.

Collation Moscouite.

Les Ambassadeurs continuent leur voyage.

Arriuent à Ladoga.

16　VOYAGE DE MOSCOVIE,

1634. de dix-sept lieuës, où nous arriuasmes encore le mesme soir. Nous rencontrasmes en chemin vn Priſtaf, qui alloit au deuant du Reſident de Suede auec trois batteaux. En tout noſtre voyage nous n'auions point veu tant d'enfans, de l'âge de quatre à ſept ans, que nous en trouuaſmes à Ladoga. Quelques-vns des noſtres eſtans allé prendre l'air, ils couroient apres nous, nous preſentans des groſeilles à achepter, & nous en donnoient plein le chapeau pour vn Copec. C'eſtoit vn plaiſir de voir ces enfans, au nombre de plus de cinquante, ſauter autour de nous, qui eſtions couchez ſur l'herbe pour manger nos groſeilles, ſans que l'on pût diſtinguer les garçons d'auec les filles; parce que les vns & les autres ont les cheueux coupez, à la reſerue de deux mouſtaches qu'ils laiſſent croiſtre aux temples & ils ſont tous couuerts de chemiſes, qui leur deſcendent quaſi iuſqu'au talon. Noſtre Medecin eût la curioſité de vouloir ſçauoir ce qui en eſtoit, & ayant attrapé vn enfant d'enuiron ſix ans, par la chemiſe, il ſe rencontra que c'eſtoit vn garcon qui luy dit, en riant, *Defke niet;* qu'il n'eſtoit pas fille, & en monſtra quelques-vnes au doigt.

La Muſique des Moſcouites.

Le 23. à diſner nous oüiſmes pour la premiere fois la muſique du païs compoſée d'vn Luth & d'vn violon, qu'ils accompagnoient de la voix, chantans des airs à l'honneur de leur Tzaar *Michel Federoüitz*, & voyant qu'on les ſouffroit, ils ſe mirent à dancer d'vne eſtrange maniere. Les hommes & les femmes danſoient d'vne meſme façon, chacun à part auec forces grimaſſes & geſticulations; les mouuemens des mains, des eſpaules, & des hanches, eſtans plus violents que ceux des pieds, dont ils ne font que trepigner, ne bougeans quaſi d'vne meſme place. Les femmes ont le plus ſouuent à la main des mouchoirs brodez de ſoye de pluſieurs couleurs, qu'ils paſſent à l'entour de la teſte.

La riuiere de VVolgda.

Deuotion des Moſcouites.

Apres diſner nous nous embarquaſmes ſur la riuiere de *Wolgda.* Nos mouſquetaires ou *ſtrelits*, demanderent la benediction à vn Moine, qui ſe trouua ſur le bord de la riuiere; leur couſtume eſtant de ſe faire donner la benediction par tous les moines, & en toutes les Egliſes qu'ils rencontrent par le chemin; & s'ils n'ont pas le loiſir d'y entrer, ils ſe contentent de faire la reuerence aux Croix qu'ils voyent ſur les Egliſes & Chappelles, prononçant ces paroles, *Hoſpodi buchmilo*, c'eſt à dire, Seigneur ayez pitié de moy.

Le

Le vent s'estant rendu fauorable, il fut trouué bon que 1634. nous nous seruirions de la voile ; mais comme les agreils des Moscouites ne sont pas tousiours en fort bon estat, l'vne des cordes se rompit, & la voile estant tombée sur vn de nos Mousquetaires, l'abatit en sorte que nous le crusmes tous mort; mais en estant reuenu au bout d'vne heure, & ayant aualé vn gobelet d'eau de vie, il ne s'en sentit plus.

Le *Wolgda* est de la largeur de l'Elbe, mais son cours est vn peu plus lent. Il sort aupres du grand Nouogorod, du lac qu'ils appellent le lac d'*Ilmen*, & se perd en celuy de *Ladoga*. A sept *Werstes*, dont les cinq font vne lieuë d'Allemagne, de Ladoga, il y a vne cheute, ou sault en cette riuiere, & à vne lieuë & demie plus bas encore vne autre ; où les eaux tombent auec vne telle violence, qu'elles passent comme vn trait au trauers des grosses pierres & rochers, dont la riuiere est toute parsemée en ces endroits là ; de sorte que pour y faire monter à force de bras les batteaux chargez, il faut plus de cent hommes pour les tirer. Nous mismes pied à terre à la premiere, & vismes heureusement passer nos batteaux ; à la reserue du dernier, dans lequel nous auions laissé Simon Frise, fils d'vn marchand de Hambourg, qui estant malade à l'extremité, auoit esté contraint d'y demeurer. Ce batteau estant au plus fort du courant, la corde se rompit ; de sorte que l'eau le repoussa plus viste que le vent, & l'eût indubitablement brisé dans les rochers, si par vn bon-heur que l'on n'eut pas osé esperer, le bout de la corde, qui estoit demeuré au mast, ne se fust engagé à vn de ces rochers par plusieurs tours, qui arresterent si bien le batteau, que l'on eut le loisir de le dégager. Nous y apprismes, qu'vn Euesque, qui conduisoit son batteau chargé de poisson, y auoit fait naufrage, & s'y estoit noyé peu de iours auparauant. Nous passasmes l'autre cheute sans danger, & arriuasmes sur le soir à vn Conuent nommé *Nicolai Nepostiza*, où nous demeurasmes la nuict, & mesme le lendemain, pour attendre les batteaux de nostre suitte, qui n'estoient pas encore arriués.

Description de Vvolgda.

Cheute d'eau tres dangereuse.

Depuis Reuel iusques à Moscou il n'y a que des bois, des marais, des lacs & des riuieres, qui engendrent vne si prodigieuse quantité de mouches, moucherons, cousins & guespes, que l'on a de la peine à s'en defendre ; si ce n'est que l'on s'en-

Mouches & cousins importuns.

1634.

ueloppe la nuict de certains draps de toile, faits en façon de rezeul, dont les voyageurs sont contraints de se seruir en *Liuonie* & en *Moscouie*: & ceux de nostre compagnie, qui n'auoient pas le soin de se couurir, se trouuoient le lendemain le visage marqueté, comme s'ils venoient de releuer de la petite verole. Les chartiers & païsans, qui n'ont pas assez d'equipage pour porter de ces linceuls, sont contraints de se seruir du feu contre l'importunité de ces insectes: & comme le bois ne manque point en Moscouie, quelque part que l'on se trouue, ils en allument vne bonne quantité, & s'y couchent aupres; mais auec tout cela ils ne laissent pas d'en estre extremement incommodés.

Presens d'un Moine Moscouite.

Il n'y auoit que quatre Moines au Conuent, dont nous venons de parler. Le plus vieux nous fit vn present de raues, de petis concombres confits au sel & au vinaigre, de pois verds & de deux bougies; & nous reconnusmes sa liberalité d'vne piece d'vn escu; qui le gaigna si bien, qu'il nous ouurit son Eglise, contre la coustume du païs, & prit ses habits Sacerdotaux pour nous les faire voir. Il nous monstra au portail les miracles de saint *Nicolas*, peints à la mode du païs, fort grossierement & sans aucune proportion. Sur la porte estoit representé le dernier Iugement; où le Moine nous fit remarquer vn homme habillé à l'Allemande, & nous dit que les Allemans & les autres na-

Les Moscouites ne condamnent point absolument ceux qui font profession d'vne autre Religion que la leur.

tions ne laissoient pas d'estre sauués; pourueu qu'ils eussent l'ame Moscouite, & qu'ils vescussent en gens de bien deuant Dieu. Il nous fit aussi voir vne *Bible* en sa langue; car il n'y a point de Moscouite qui sçache d'autre langue que la sienne & la Sclauonne, & nous leut le premier Chapitre de l'Euangile de saint Iean, que nous trouuasmes entierement conforme à nôtre texte. Il y adiousta, qu'estant vn iour à Reuel, il y auoit eu vne conference auec quelques-vns de nos pasteurs, touchant la sainte Escriture; mais qu'il ne leur auoit pas pû donner beaucoup de satisfaction, parce qu'il n'entendoit pas bien le truchement Allemand: toutesfois qu'ayant veu les figures & images, il n'auoit sceu raconter les histoires de la Bible. Il auoit enuie de nous faire voir toute l'Eglise; mais nos mousquetaires, qui y suruinrent, en gronderent, & luy reprocherent de nous auoir desia donné trop de liberté. Nous luy donnasmes encore vn escu, dont il nous remercia, baissant la teste iusques à terre, & la frappant du front. Nostre dessein estoit de prendre noſtre refection ſur l'herbe verte; mais à peine nous eſtions nous aſſis, que le vent eſtant deuenu fauorable, le Moine nous reuint trouuer auec vn preſent de raues & de concombres; diſant que celuy que nous luy auions fait, auoit obtenu de ſaint Nicolas le bon vent, qui nous alloit conduire en noſtre voyage.

1634.

Miracle de ſaint Nicolas.

Nous partiſmes ſur les deux heures apres midy; nous fiſmes ce jour là quatre lieuës, & arriuaſmes ſur le ſoir à vn village nommé *Corodiza*. Et d'autant que le bord de la riuiere ſe trouua plus agreable que le village, nous y fiſmes dreſſer noſtre cuiſine, & nous y ſoupaſmes, en attendant que nos matelots, qui faiſoient eſtat de partir encore le meſme ſoir, euſſent pris quelques heures de repos.

Nous ne nous couchaſmes point, mais nous priſmes le diuertiſſement d'vn ieune Ours, que le Priſtaf nous auoit amené, & qui ſçauoit faire mille tours. Nous partiſmes apres minuit, & fiſmes quatre lieuës, iuſques au village de *Soltza*; ou le Priſtaf, qui eſtoit demeuré à *Coradiza*, nous vint rejoindre, amenant auec luy ſon hoſte, qui eſtoit vn *Knes*, ou Prince Moſcouite, nommé *Roman Iuanoüitz*. Il l'auoit ſi bien traitté, qu'ils eſtoient tous deux yures: Neantmoins voyans qu'ils auoient encore enuie de boire, nous leur fiſmes donner quelques gobelets d'eau de vie, & de vin d'Eſpagne, dont nous auions bonne prouiſion, qui acheuerent de les enyurer.

Nous fiſmes ce iour là ſix lieuës iuſques au village de *Grunza*, que les Païſans auoient entierement abandoné; ce qui nous obligea à loger à la campagne, prenans noſtre quartier dans vne prairie ſur vn eſtang, où nous fiſmes trois grands feux; & dautant que nous auions dormy tout le iour dans le batteau, nous paſſaſmes vne partie de la nuit à faire des contes, & à nous diuertir de l'adreſſe de l'Ours. Les mouſquetaires, qui auoient aualé quelques gobelets d'eau de vie, prenoient plaiſir à nous faire voir ſes ſoupleſſes. Nous viſmes en ce quartier là grand nombre de gruës, & en comptaſmes ſur l'eſtang iuſques à trois cens.

Le lendemain 26. Iuillet, ſur les trois heures du matin, nous continuaſmes noſtre voyage, & fiſmes deuant diſner quatre lieuës iuſques au village de *Wiſoko*. Le Priſtaf, qui s'eſtoit prié à diſner chez nous, entendant prononcer le nom de IESVS, ſe fit pluſieurs ſignes de Croix ſur l'eſtomach, & voulut qu'on luy

C ij

20　VOYAGE DE MOSCOVIE,

1634.
donnaſt noſtre priere par eſcrit, & il la trouua ſi belle, qu'il diſt qu'il n'auoit pas crû que les Allemans fuſſent ſi bons Chreſtiens ny ſi gens de bien.

Le 27. nous employaſmes tout le iour & la nuict ſuiuante à la continuation de noſtre voyage, & nous auançaſmes ſi bien, que le lendemain 28. nous arriuaſmes auec le iour au village de *Krifzeüiſa*. Nous y demeuraſmes ce iour là; afin de donner le loiſir à noſtre Priſtaf d'auertir le Gouuerneur de *Nouogorod* de noſtre arriuée, & de ſçauoir ſa volonté ſur noſtre reception.

Conuent de Chutina Spa-ſof.
Ce village n'eſt qu'à deux lieuës de la ville de *Nouogorod*, & à ſix cent pas de là eſt vn fort beau Conuent que quelques-vns nomment *Nachatim*: mais on l'appelle communément *Krifzeüiza Chutina Spaſof monaſtir*. Il eſt fort bien baſty, & encore mieux ſitué; ayant vn Abbé, ſoixante Moines, & 400. païſans qui labourent les terres qui en dépendent: mais il eſt obligé d'entretenir de ſon reuenu cent hommes de la garniſon de *Nouogorod*, au ſeruice du Grand Duc.

Les Ambaſſadeurs arriuent à Nouogorod.
Le 29. Nous continuaſmes noſtre voyage, & arriuaſmes à *Nouogorod*; où nous trouuaſmes à vne lieuë de la ville vne partie de noſtre ſuitte, que nous auions fait partir de Riga, & qui nous attendoit depuis pluſieurs mois auec beaucoup d'impatience. Ils vinrent au deuant de nous dans vne barque, & nous témoignerent la ioye qu'ils receuoient de noſtre arriuée. Le Weiüode nous enuoya en noſtre hoſtellerie vn tonneau de biere, vn autre d'hidromel & vn baril d'eau de vie, & nous luy enuoyaſmes vne coupe de vermeil doré. Nous partiſmes de

Partent de Nouogorod.
Nouogorod, le 31. Iuillet, & nous fiſmes encore quatre lieuës par eau, iuſques à *Brunits*, d'où nous acheuaſmes noſtre voyage par terre.

Aovst
Ainſi que nous eſtions empeſchés à débarquer, & à charger noſtre bagage à *Brunits*, le premier iour d'Aouſt, nous y viſmes vne proceſſion de Moſcouites, qui ſe rendit à la riuiere, pour en benir l'eau. Premierement marchoient deux hommes, dont

Aovst. Proceſſion des Moſcouites.
l'vn portoit vne Croix, ayant aux quatre coins les quatre Euangeliſtes; l'autre portoit vne vieille image peinte, & couuerte d'vne toile blanche. Apres eux venoit vn Preſtre pontificalement veſtu, tenant entre ſes mains vne Croix de bois, de la grandeur d'vn bon demy pied, & chantant de concert auec vn

garçon, qui portoit vn liure derriere luy. En suite de cela venoient les païsans auec leurs femmes & enfans, les personnes d'aage portant chacun vne bougie. A la queuë de la procession venoit vn homme, representant le Clerc de la Paroisse, tenant dix bougies collées ensemble, & toutes allumées par le bout. Le Prestre estant arriué sur le bord de la riuiere y chanta, & leut vne bonne demi-heure: apres cela il prit les bougies de la main du Clerc, & les éteignit dans l'eau, & à son exemple tous les païsans y éteignirent aussi les leurs. Apres cela le Prestre y trempa sa Croix trois fois, la laissant à chaque fois degouter dans vn bassin, destiné pour la conseruation de cette eau, qu'ils estiment tres-sacrée. Cette ceremonie estant acheuée, les femmes y mirent tous leurs enfans, grands & petits, quelques-vns auec leurs chemises, les autres tout nuds : Ceux qui y pouuoient descendre sans aide, s'y jettoient d'eux-mesmes. Il y en eut mesmes qui y abreuuerent leurs cheuaux, pour les faire participer à la vertu de cette eau benite. Apres cela toute la procession retourna à l'Eglise ou le Prestre donna la benediction au peuple, & le congedia.

1634.

Nous montasmes à cheual sur les quatre heures du soir ; apres auoir fait partir nostre bagage sur cinquante chariots, & nous fismes ce iour là encore cinq lieuës iusques à vn village nommé *Crasmistansky*. Le lendemain deuxiéme, nous fismes huict lieuës, & arriuasmes le soir à *Gam Chresta*. Les Moscouites nomment *Gam*, les lieux où l'on relaye les cheuaux, pour en prendre de frais.

Crasmistansky.
Chresta.

Le 3. nous arriuasmes à *Iaselbitza*, qui est vn petit village que les païsans auoient abandonné. Nous nous y trouuasmes fort incommodez, parce que le cuisinier estant allé deux lieuës plus loin, pour nous apprester à souper, il nous fut impossible de le joindre, à cause du mauuais chemin ; de sorte que nous passasmes la nuict assez mal. Nous rencontrasmes ce iour là plusieurs Officiers, qui apres que la paix eût esté faite entre les Polonois & les Moscouites à *smolenko*, auoient demandé leur congé, & s'en retournoient chez eux. Le 4. nous trouuasmes à *Simnogora*, où il y a encore vn relais, le Colonel Fuchs, le sixiéme à *Wulsock*, le Colonel Charles. Ils firent tous deux l'honneur à nos Ambassadeurs de les visiter, & leur visite donna sujet à des festins, & à des excez qui les accompagnent ordinaire-

Iaselbitza.

Simnogora.

C iij

ment en Allemagne : en l'vn defquels noftre Trompette bleffa à mort vn de nos moufquetaires, fans qu'il l'euft offenſé. Nous laiffafmes le bleffé, & donnafmes quelque peu d'argent à ceux qui en deuoient auoir foin. Le mefme Trompette fut depuis tué, eftant au feruice du Grand Duc, où il fe mit au retour de noftre voyage de Perfe.

Columna.
Le 5. nous paffafmes dans vn village, que les païfans auoient abandonné, pour éuiter le logement des foldats Allemans, que l'on auoit licenciez auprès de Mofcou, & qui fe retiroient en troupes, fans ordre & fans route. Nous logeafmes la nuict au village de *Columna*. En ces quartiers-là nous trouuafmes plufieurs grandes pierres bleuës, que le tyran *Iean Bafiloüitz* auoit fait ofter des fepulcres, lors qu'il prit la ville de Reuel, à deffein de les faire porter à Mofcou ; mais dès que l'on fceut qu'il eftoit decedé, on les defchargea par le chemin ; où elles font demeurées depuis ce temps-là.

Budeüa.
Le 7. nous arriuafmes à vn village nommé *Budeüa* ; mais en entrant nos cheuaux commencerent à fe cabrer, ruër, & frapper des pieds, comme s'ils euffent efté poffedez, fans que nous en puffions deuiner la caufe ; jufques à ce qu'ayans mis pied à terre, nous vifmes que c'eftoient des mouches à miel, qui ne couuroient pas feulement tous nos cheuaux, mais commençoient auffi à s'addreffer à nous, qui fufmes contraints à nous enuelopper la tefte de nos cafaques, & de nous aller loger à la campagne. Nous fceufmes depuis que les païfans auoient irrité les mouches, à deffein de nous empefcher de loger dans le village.

Torfock.
Le 8. nous atteignifmes encore vn relais, & arriuafmes en fuitte à *Torfock*, qui eft vne petite ville, fituée fur la pente d'vne coline, vn peu efloignée du grand chemin, fortifiée de ramparts & de baftions de bois. Le pain, la biere & l'hydromel y eftoient fort bons. Les Ambaffadeurs firent faire quelques huttes de branchages hors de la ville, où nous foupafmes & logeafmes la nuict.

Tuere.
Le lendemain 9. nous paffafmes deux torrens, l'vn auprès de *Torfock*, & l'autre à deux werftes, ou demi-lieuë de *Miedna*. Nous arriuafmes fur le foir à la ville de *Tuere*, qui eft auffi baftie fur la pente d'vne coline, comme *Torfock*, mais elle eft vn peu plus grande. Ces deux villes ont chacune leur *Weüode*, ou Gouuerneur. La derniere a fon nom de la riuiere de *Tuere*, qui y

passe; aussi bien que le *Wolga*: lequel continuant son cours de- 1634. puis cette ville, par la Moscouie & la Tartarie, va décharger La ruicte de ses eaux à plus de six cens lieuës d'Allemagne qui en font bien de Vvolga. 1500. de France, dans la mer *Caspie*. Elle est desia si large en ces quartiers là que nous fûmes obligez de nous seruir du bac pour la passer. On nous logea de l'autre costé de la ville dans le faubourg. Et dautant que c'estoit là le dernier relais, nous y prismes des cheuaux frais, qui nous deuoient porter iusques à Moscou.

Le 13. Aoust nous arriuasmes à vn village nommé *Nicola Na-* Nicola Na-*chinski*, à deux lieuës de Moscou; d'où nostre Pristaf depescha chinsky. vn exprés, pour donner aduis de nostre arriuée.

Le 14. le Pristaf, accompagné de son truchement, & de son Clerc ou Secretaire, vint faire compliment aux Ambassadeurs, les remerciant du bon traittement qu'il auoit receu de sa part. Nous luy fismes present d'vne coupe de vermeil doré, & donnasmes dix ou douze escus aux autres. Ce mesme iour reuint le Courrier, que le Pristaf auoit enuoyé à Moscou, & nous obligea à nous preparer pour nostre entrée, que nous fismes le mesme iour en cet ordre.

Entrée des
1. Les Strelits, ou Mousquetaires Moscouites, qui nous auoient Ambassadeurs escorté marchoient les premiers. à Moscou.
L'ordre de leur
2. Apres eux *Iacob Scheue*, nostre Fourrier, *Michel Cordes*, Ca- train. pitaine de Nauire, & *Iean Algueyer*, Escuyer de cuisine, tous trois de front.

3. Trois cheuaux de main, pour estre presentés au Grand Duc, un noir & deux gris pommelé.

4. Le Trompette.

5. Le Mareschal, ou Maistre d'Hostel.

6. Trois de nos Gentilshommes de front.

7. Trois autres Gentilshommes.

8. Le Secretaire, le Medecin, & le Controlleur.

9. Les Ambassadeurs, accompagnés chacun de quatre gardes auec leurs carabines, ayans à leur droite, mais vn peu éloigné d'eux, le Pristaf qui les auoit conduits.

10. Les six Pages, faisans deux rangs.

11. Vn carosse à quatre cheuaux gris.

12. Le Capitaine du charoy, accompagné de huict autres personnes en trois rangs.

13. Les presents destinés au grand Duc, que l'on portoit sur cinq brancards, couuerts de tapis de Turquie.

14. Vne calesche, ou chariot découuert où estoit Simon Frise malade.

15. Quarante-six chariots de bagage.

16. Trois valets.

Apres auoir marché en cét ordre au petit pas, iusques à vne demy-lieuë de la ville, nous rencontrasmes dix Courriers, qui venoient les vns apres les autres à bride abattuë au deuant de nous, pour dire au Pristaf le lieu où estoient ceux qui nous deuoient receuoir, auec ordre, tantost de marcher doucement, tantost d'auancer, afin de nous trouuer en mesme temps qu'eux, au lieu destiné pour nostre reception. Nous vismes aussi plusieurs Moscouites fort bien montez & habillez, qui se contentoient de faire le tour de nostre troupe, & de s'en retourner. A vn quart de lieuë de la ville nous passasmes au trauers de plus de quatre mille Moscouites, tous fort aduantageusement montez & richement couuerts. Vne bonne partie de la suitte des Ambassadeurs de Suede vint aussi au deuant de nous; mais on ne leur permit pas de nous donner la main; de sorte que nous nous contentasmes de les saluër, & de demander de loin des nouuelles de leur santé.

A la portée du pistolet de là, nous vismes venir au deuant de nous deux Pristafs, auec des Tuniques de brocard, & des bonnets fort hauts de martre *Zobeline*, montés sur de fort beaux cheuaux blancs. Au lieu de bride ils auoient des chaines d'argent dont les chainons auoient plus de deux poulces de bord, mais pas plus épais que le dos d'vn cousteau, & estoient si larges que l'on y eut passé le poing; ce qui faisoit vn estrange bruict à la démarche des cheuaux. L'Escuyer du grand Duc les suiuoit auec vingt cheuaux de main, tous blancs, & estoit accompagné de grand nombre de personnes, à pied & à cheual. Apres que les Ambassadeurs & les Pristafs eurent mis pied à terre; le plus âgé des deux se découurit, & dist. *Le grand Seigneur, Czaar & Grand Duc, Michel Federoüits, Conseruateur de tous les Russes, prince de Vladimer, Moscou, Nouogorod, Czaar de Cassan, Czaar d'Astrachan, Czaar de Siberie, Seigneur de Plescou, Grand Duc de Tuersky, Iugerky, Premsky, Vuadsky, Bolgarsky &c. Seigneur & grand Duc de Nouogorod aux bas païs, Commandeur de Rosansky, Rostofsky, Gerestafsky,*

Reception des Ambassadeurs.

restafsky, Belosersky, Vdorsky, Obdorski, Condinski, & par tout le Nort, Seigneur des Païs d'Iuerie, Zaar de Kartalmski, & d'Ingusinski, Prince des païs de Kabardinsky, Cyrcasky & de Iorsky, Seigneur &, dominateur de plusieurs autres Seigneuries ; Vous fait receuoir comme grands Ambassadeurs du Duc de Slesuiq, Holstein, Stormarie & Ditmarse, Comte d'Oldenbourg & de Delmenhorst. Il vous fait la grace, & aux Gentilshommes de vostre suitte, de pouuoir faire vostre entrée sur ses cheuaux, & nous a ordonnés Pristafs, pour auoir soin de vous, & pour vous fournir toutes les choses necessaires, pendant le sejour que vous ferez à Moscou. Apres que l'Ambassadeur Philippes Crusius eust respondu au compliment, l'on fit amener deux fort grands & beaux cheuaux blancs, auec des selles à piquer à l'Allemande, brodées d'or & d'argent, auec les couuertures & les harnois de mesme.

Dés que les Ambassadeurs furent à cheual, l'on fit retirer le Pristaf & les mousquetaires, qui nous auoient conduits depuis la frontiere. On fit aussi distribuer dix cheuaux blancs pour les principaux de la suitte, couuerts de selles à la Moscouite, de toile d'or & de brocard, Les Pristafs prirent les Ambassadeurs entr'eux; quoy qu'en Moscouie l'on croye donner la place la plus honorable à celuy qui a la main droite libre. Apres eux marchoient les palefreniers Moscouites, qui portoient les couuertures des selles, faites de peaux de *Leopard*, de toile d'or & d'escarlate. La Cauallerie, qui auoit paru à la campagne, & les autres Moscouites entrerent en foule dans la ville auec les Ambassadeurs, & les accompagnerent iusques à leur logis, dans la muraille blanche, au quartier que l'on appelle *Czarskigorod*, c'est à dire ville du Czaar. Nous eusmes pour nostre departement deux maisons bourgeoises, basties de bois ; dont le Pristaf nous fit excuse au nom du Grand Duc, & nous dist ; que le feu n'ayant pas seulement consumé l'hostel ordinaire des Ambassadeurs, mais encore vne autre grande maison destinée pour nostre logement, il estoit impossible de nous en donner vn plus commode presentement. Et de fait, en entrant dans la ville nous auions veu des ruës entieres toutes desertes ; parce que le dernier incendie auoit reduit en cendres plus de cinq mille maisons ; en sorte qu'vne bonne partie des habitans estoit obligée de se loger sous des tentes & des huttes.

Les Pristafs prennent la main sur les Ambassadeurs.

Leur logement.

D

1634.
Presentde rafraichissemens du Grand Duc.

On fait garder les Ambassadeurs.

A peine eusmes nous le loisir de considerer nostre logis, que l'on nous vinst apporter des presens de la cuisine & de la caue du grand Duc; sçauoir huict moutons, trente, tant chappons que poules, quantité de pain blanc & bis, & vingt-deux sortes de breuuages, de vin, biere, hydromel & eau de vie: le tout porté par trente-deux Moscouites, qui marchoient tous de file, & faisoient par ce moyen vne longue suitte. Apres cela on ferma la porte de nostre logis, & on la fit garder par douze Mousquetaires, pour nous oster toute communication auec ceux de la ville, iusqu'apres la premiere audiance. Les Pristafs ne manquoient pas cependant de nous venir voir tous les iours, pour nous faire offre de leur seruice. On nous auoit aussi laissé vn truchement, pour nous faciliter le seruice que les Mousquetaires estoient obligés de nous rendre en l'achapt de nos viures & d'autres choses. Ce truchement estoit né Moscouite, & auoit esté fait prisonnier de guerre par les Polonois; par le moyen de quoy il estoit tombé entre les mains du Prince *Ianus Radziuil*, qui l'auoit mené à Leipsig, où il auoit appris la langue Allemande.

Les Moscouites finissent leur teusne.

Le 15. Aoust les Moscouites celebrerent la feste de l'Ascension de Nostre-Dame, & finirent au mesme iour le ieusne qu'ils auoient commencé le premier du mois. Le 17. auoit esté destiné pour nostre premiere audiance; mais le Grand Duc estant allé faire ses deuotions hors de la ville, nous employasmes la iournée à rendre graces solemnelles à Dieu, de ce qu'il nous auoit si heureusement conduits iusques au lieu de nostre Ambassade. Nous fismes chanter le *Te Deum* en musique, & fismes faire vn Sermon par nostre Ministre, auquel, & au disner que nous fismes en suitte, se trouua aussi auec la permission du Grand Duc, le sieur *Balthazar Moucheron*, qui faisoit les affaires de M. le Duc de Holstein à Moscou, en qualité de Commissaire. Il nous dist, que les Moscouites auoient trouué nostre entrée fort belle, & qu'ils s'estonnoient de ce qu'en Allemagne il y auoit des Princes assés puissants, pour enuoyer vne ambassade si considerable. Ils donnent à tous les Princes estrangers la qua-

Knez, Prince ou Seigneur de Moscouie.

lité de *Knez*; quoy que leurs *Knez* ne soient proprement que ce que sont chez nous les Gentilshommes, & qu'à la reserue de ceux qui sont employés dans les premieres charges de l'Estat, les autres n'ayent pas plus de bien que nos Seigneurs de huict ou dix mille liures de rente.

ET DE PERSE, LIV. I.

Le 18. Les deux Priſtafs nous vinrent dire que le Grand Duc nous donneroit le lendemain audiance publique, afin que nous nous tinſions preſts. Ils nous demanderent auſſi au nom du Chancelier, vn memoire des preſens que nous ferions à ſa Majeſté. Apres diſner le ieune Priſtaf nous vint encore confirmer l'aduis, qu'ils nous auoient donné le matin ; ſçauoir que nous aurions le lendemain l'honneur de baiſer la main au Grand Duc. Nous luy demandaſmes ce que vouloient dire les coups de canon, dont nous auions oüy le bruit le iour precedent, & que nous auions veu tirer de nos feneſtres en vne grande prairie ; il nous diſt, que c'eſtoient pluſieurs pieces d'Artillerie d'vne nouuelle fonte que le grand Duc auoit fait eſſayer. Les autres diſoient qu'on les auoit fait tirer exprés, pour faire voir que les Moſcouites n'auoient pas perdu toute leur artillerie deuant Smolenſko, comme l'on vouloit faire accroire.

1634.

Les Moſcouites veulent couurir leur perte.

Le 19. Aouſt les Priſtafs vinrent voir ſi nous eſtions preſts pour l'audiance; & ayant veu que nos gens auoient mis leur belle liurée, & que tout eſtoit en eſtat, ils en allerent auſſi-toſt donner aduis au Chaſteau; d'où l'on nous amena les cheuaux blancs, qui nous auoient ſeruy à noſtre entrée. Les Priſtafs reuinrent ſur les neuf heures, faiſans porter apres eux leurs robbes de brocard, & leurs bonnets de martre, qu'ils laiſſerent dans l'antichambre des Ambaſſadeurs. Nous montaſmes à cheual en manteau & ſans eſpée; parce que perſonne n'en porte en la preſence du grand Duc, & priſmes le chemin du Chaſteau: la Caualcade ſe faiſant en cét ordre.

La Caualcade des Ambaſſadeurs.

 Trente ſix Mouſquetaires marchoient à la teſte.
 Apres eux noſtre Mareſchal ou Maiſtre d'Hoſtel.
 Trois Gentilshommes de la ſuitte des Ambaſſadeurs.
 Trois autres Gentilshommes.
 Le Commiſſaire, le Secretaire & le Medecin.
 Apres eux eſtoient les preſents, menez & portez par des Moſcouites. Sçauoir vn cheual entier noir, auec vne tres-belle houſſe.

Les preſents.

 Vn Hongre gris pommelé.
 Vn cheual entier gris pommelé.
 Le harnois d'vn cheual garny d'argent, & enrichy de turquoiſes, rubis & autres pierreries, porté par deux Moſcouites.
 Vne Croix de Chryſolite enchaſſée dans de l'or, de la gran-

D ij

deur d'vn bon demy-pied, portée dans vn baſſin.

Vn cabinet d'Ebene, garny d'or ſeruant d'apoteque, auec ſes boüetes & vaſes d'or enrichis de pierreries, plein de pluſieurs excellents medicamens chimiques, porté par deux Moſcouites.

Vn petit vaſe de criſtal de roche garni d'or & enrichy de rubis.

Vn grand miroir, ayant vne aulne & vn quart de haut & vne demy-aulne de large, auec ſa bordure d'Ebene, couuerte de fueillages & fruictages d'argent, porté par deux Moſcouites.

Vne horloge ſonante, en forme d'vne miniere, aupres de laquelle eſtoit repreſentée en figure de relief, la parabole de l'Enfant Prodigue.

Vn baſton vermeil doré, dans lequel eſtoit vne perſpectiue.

Vne grande horloge ſonante, dans vn eſtuy d'Ebene garny d'argent.

Apres cela alloient deux Gentilshommes de la Chambre, portans haut en l'air les lettres de creance de S. Alteſſe; l'vne au grand Duc & l'autre au Patriarche, pere de ſa Majeſté. Il s'appelloit *Philarete Nikidits*, & eſtoit decedé depuis noſtre depart de Holſtein; mais l'on nous diſt qu'il ſeroit à propos de faire connoiſtre que l'on auoit auſſi des lettres de creance pour luy.

Apres cela ſuiuoient les Ambaſſadeurs entre les deux Priſtafs, ayans deuant eux les truchemens, à coſté quatre laquais, & derriere eux les pages.

Depuis noſtre logis iuſques au Chaſteau, il y auoit vn bon quart de lieüe d'Allemagne, & plus de deux mille Strelits ou mouſquetaires, faiſans des deux coſtez de la ruë vne haye fort ſerrée, pour nous faire paſſage iuſques à la ſalle de l'Audiance. Les ruës eſtoient pleines, & les feneſtres & toicts des maiſons chargés du peuple, qui eſtoit accouru de tous les quartiers de la ville, pour voir noſtre caualcade. Nous marchaſmes fort bellement, & nous nous arreſtions & auancions ſelon les ordres que les courriers, qui venoient à bride abatuë du Chaſteau, apportoient à nos Priſtafs, pour regler noſtre marche; afin d'arriuer à la ſalle de l'Audiance, au meſme moment que le Grand Duc s'aſſeeroit en ſon Throne.

Eſtans entrés dans la Cour du Chaſteau, nous paſſaſmes par-deuant le *Poſolsky Precaſe*, ou la Chancelerie des affaires eſtran-

geres, où nous mifmes pied à terre. Apres que les Officiers & 1634.
Gentilshommes eurent pris place, fçauoir le Mareschal ou Maistre d'Hostel à la teste des presens, & les Gentilshommes auec
les autres Officiers immediatement deuant les Ambassadeurs,
l'on nous fit aller à l'Audiance. La salle de l'Audiance est à la
main droite de la Cour, & quand il s'y presente des Ambassadeurs Perses, Turcs, ou Tartares, on les y mene tout droit,
en les faisant monter par vn escalier de pierre qui se trouue à la
main droite ; mais d'autant que nous estions Chrestiens, l'on
nous fit prendre à gauche, où l'on nous conduisit par une gallerie voûtée, pour nous faire passer pardeuant vne tres belle *Ceremonie*
Eglise, où l'on disoit alors le seruice. Deuant que d'entrer dans *particuliere*
la salle, nous trouuasmes dans vn grand appartement voûté *bassadeurs*
beaucoup de monde, & entr'autres plusieurs vieillards, venera- *Chrestiens.*
bles par leurs grandes barbes blanches ; dont les vns estoient
assis, & les autres debout le long des murailles, tous vestus de
Tuniques de brocard, & couuerts de grands bonnets de martre. On nous dit que c'estoient les *Goses* de sa Majesté, c'est à
dire, ses principaux marchands & facteurs, ausquels l'on preste ces habits du tresor du Grand Duc, afin qu'ils luy fassent
honneur en cette sorte de ceremonies ; à la charge de les restituer quand elles sont acheuées.

Les Ambassadeurs estans arriués à la porte de l'antichambre, *Introducteur*
ils y trouuerent deux *Boiares*, ou Seigneurs, vestus de Tuniques *des Ambassa-*
de brocard, couuertes d'vne broderie de grosses perles, pour re- *deurs.*
ceuoir les Ambassadeurs à l'entrée. Ils leur dirent, que sa Majesté Czarique leur faisoit la grace, & à leurs Gentilshommes, de pouuoir venir en sa presence. On fit demeurer les presens dans l'antichambre, & l'on fit entrer dans la salle les Ambassadeurs auec leurs Officiers, Gentilshommes & pages, ayans
deuant eux *Iean Helmes*, premier truchement du Grand-Duc.
Celuy-cy en mettant le pied dans la salle, salüa sa Majesté d'vne
voix haute, luy souhaittant toute prosperité & longue vie, &
l'aduertit de l'arriuée des Ambassadeurs. La salle estoit quarrée
& voutée, tapissée aux murailles & au plancher. La voûte étoit
dorée & peinte de diuerses Histoires Saintes, tirées de la Bible. La chaise du Grand-Duc estoit à l'opposite de la porte con- *Le Throne du*
tre la muraille, exhaussée de trois degrez du plancher, ayant *Grand Duc.*
aux quatre coins des piliers de vermeil doré de la grosseur de

D iij

trois poulces, ayans chacun à la hauteur d'vne aulne & demie vn aigle imperial d'argent; auprés desquels reposoit sur les mesmes piliers le ciel de la chaise, qui poussoit encore aux quatre coins autant de tourelles de mesme estoffe, ayans aussi au bout des aigles de la mesme façon. L'on nous dit que l'on trauailloit, à vn autre Throsne, auquel on employoit seize cens marcs d'argent, & six-vingts onces d'or de ducats pour la dorure, & qu'elle deuoit reuenir à plus de vingt-cinq mil escus. Celuy qui en auoit fait le dessein estoit Allemand, natif de Nuremberg, & s'appelloit Esaïe Zincgraf.

Le Grand Duc estoit assis dans la chaise, vestu d'vne Tunique en broderie de perles, & chargée de toutes sortes de pierres precieuses. Il y auoit pardessus son bonnet qui estoit de martre, vne Couronne d'or parsemé de gros diamans, & en sa main droite vn sceptre qui estoit de mesme estoffe & richesse, & si pesant, que pour se soulager il falloit que de fois à autre il le changeast de main.

Aux deux costez de la chaise de sa Majesté, estoient de bout deux ieunes Seigneurs, de bonne mine & de belle taille, vestus de Tuniques de damas blanc, auec des bonnets de peaux de Linx, & des bottines blanches, auec des chaisnes d'or, qui passans en croix sur l'estomach leur venoient descendre des deux costez iusques sur la hanche. Ils tenoient couchée sur l'épaule vne hache d'argent, à laquelle ils portoient les mains, comme s'ils se mettoient en estat d'aller descharger leur coup. Du costé droit de la chaise estoit sur vne Pyramide d'argent cizelé, & à iour, la pomme de l'Empire d'or massif, representant le monde, de la grosseur d'vn boulet de canon de quarante-huict liures de calibre, & vn peu plus loing du mesme costé, vn bassin, aiguiere & seruiette, pour lauer & essuyer les mains du Grand Duc, apres que les Ambassadeurs & ceux de leur suitte les auroient baisées. Les Principaux Boiares ou Seigneurs de la Cour, au nombre de cinquante, estoient assis sur des bancs le long des murailles, à costé & vis à vis du Grand Duc, tres-richement vestus, & couuerts de grands bonnets de fourrure de renard noir, & de la hauteur d'vn bon quartier. Le Chancelier se tenoit debout du costé droit, à enuiron cinq pas de la chaise.

Ceremonie de l'audiance.

* Apres que les Ambassadeurs eurent fait vne profonde reue-

rence en entrant, on les plaça au milieu de la salle, vis à vis du grand Duc, & à dix pas de luy; ayans derriere eux les Officiers & Gentilshommes de leur suitte, à droitte les deux Gentilshommes qui portoient les lettres de creance, qu'ils tenoient deuant eux, & à gauche le truchement, *Iean Helmes*. Apres cela le Grand Duc fit signe au Chancelier de dire aux Ambassadeurs que sa Majesté leur faisoit la grace de leur permettre de luy faire la reuerence. Les Ambassadeurs y allerent l'vn apres l'autre, & luy baiserent la main droite, qu'il leur auançoit de bonne grace, & d'vn visage riant, mettant cependant le sceptre en la main gauche. Où il faut remarquer qu'en ces ceremonies il n'est pas permis à celuy qui baise la main du Grand Duc d'y toucher de la sienne, & qu'il n'y a que les Ambassadeurs des Princes Chrestiens qui ayent l'honneur de la baiser : ce que l'on ne permet point aux Turcs, ny aux Perses, encore moins aux Tartares.

Cette ceremonie estant acheuée, il leur fit dire par le mesme Chancelier, que s'ils auoient quelque chose à proposer de la part de leur Prince ils le pouuoient faire. Alors le sieur Crusius prenant la parole, luy fit vn compliment de la part du Duc nostre Maistre, & ses condoleances sur la mort du deffunct Patriarche son Pere ; y adjoustant que S. Altesse esperant qu'ils le trouueroient encore en vie, elle les auoit chargez de lettres de creance pour luy, & qu'ils les auoient apportées auec celles que S. Altesse escriuoit à sa Majesté. En mesme temps il prit les lettres des mains de ceux qui les tenoient, & s'auança pour les deliurer ; mais le Grand Duc fit signe au Chancelier de les prendre, & l'ayant fait approcher il luy dit à l'oreille la response qu'il vouloit faire aux Ambassadeurs. Le Chancelier s'estant remis à sa place, dit : Le Grand *Seigneur Czaar* & Grand Duc, &c. vous fait dire, à toy Philippes Crusius, & à toy Otton Brugman, Ambassadeurs du Duc de Holstein, qu'il a receu les lettres de S. Altesse, qu'il vous fera traduire, qu'il vous fera sçauoir son intention par ses Bojares, & qu'il y fera response. Le Chancelier, qui ne s'estoit point découuert non plus que les autres Seigneurs, ostoit son bonnet quand il prononçoit le nom de sa Majesté, ou celuy de Son Altesse.

Apres cela on fit asseoir les Ambassadeurs sur vn banc, couuert d'vn tapis de Turquie, que l'on mit derriere eux, & le Chancelier leur dit ; que le Grand Duc leur faisoit la grace de

1634.
permettre, que leurs Officiers & Gentils-hommes luy baisassent aussi la main. Cela estant fait, le Grand Duc se sousleua vn peu de dessus sa chaise, & dit aux Ambassadeurs; *Knez Frideric iescha Sdorof?* Le Duc Fridéric se porte-il encore bien? A quoy il fut respondu, que lors de nostre depart nous l'auions laissé en bonne santé. *Dieu donne bonne vie & longue, & toute prosperité à sa Majesté, & à son Altesse.*

Alors le Grand Maistre apporta vne liste des presens qu'il fit entrer en mesme temps, & tenir quelque temps deuant le Grand Duc, iusqu'à ce que le Chancelier eust fait signe qu'on les remportast. Le mesme Chancelier dit aussi-tost aux Ambassadeurs, que le *Czaar & Grand Duc de tous les Russes, Seigneur & Dominateur de plusieurs Seigneuries*, &c. leur faisoit encore la grace de pouuoir parler de leurs affaires; mais ils prierent, que pour ne contreuenir point aux traitez faits entre la Couronne de Suede & S. A. touchant le commerce de Perse, on leur donnast ensemble vne audiance particuliere. Ce qui leur fut accordé. Apres cela le Grand Duc leur fit demander s'ils se portoient bien, & s'il ne leur manquoit rien; leur faisant dire, que ce iour-là il leur vouloit faire la grace de les faire traitter des viandes de sa table. Ce fust là la premiere audiance publique des Ambassadeurs. Au sortir de là ils furent ramenez iusques dans l'antichambre par les mesmes Bojares qui les auoient receus à l'entrée. Nous remontasmes à cheual au mesme lieu où nous auions mis pied à terre, & retournasmes chez nous accompagnez de nos Pristafs, au mesme ordre que nous estions partis. A peine estions nous descendus de cheual, que nous vismes arriuer vn des Gentils-hommes de la chambre du Grand Duc. Il auoit la qualité de *Knez*, à laquelle respondoit parfaitement sa bonne mine & son équipage, estant de belle taille, tres richement vestu, auantageusement monté & suiuy, & il auoit esté enuoyé de la part du Grand Duc, pour traitter les Ambassadeurs à disner. Il ne fut pas si-tost arriué qu'il fit mettre la nappe, sur laquelle on posa d'abord vne saliere & deux vinaigriers d'argent, & quelques vases à boire, dont les trois estoient d'or, & deux autres d'argent, & si grands, qu'ils auoient plus d'vn bon pied de diamettre; vn grand cousteau & des fourchettes. Ce Seigneur s'estant mis au haut bout de la table, fit asseoir les Ambassadeurs auprés de luy; les Gentils-
hommes

Le Grand Duc fait regaler les Ambassadeurs.

hommes se tenans debout deuant eux. Il fit mettre sur la 1634.
table deuant les Ambassadeurs trois grands vases pleins de
vin d'Espagne, de vin du Rhin & d'Hidromel, & fit seruir en
trente-huict grands plats d'argent la viande; qui consistoit en
boüilly, rosty & patisserie. Le tout estant seruy, le *Knez* se leua, fit venir les Ambassadeurs deuant la table, & leur dist que
c'estoit là la viande que le *Czaar* luy auoit commandé de leur
presenter; les priant d'agréer le traittement. Apres cela il prit
vne grande coupe, qu'il fit remplir d'vn tres-bon hidromel,
fait auec de la framboise, & ayant beu à la santé de sa Majesté,
il en fit donner autant aux Ambassadeurs, & à tous ceux de
leur suitte; nous obligeant à boire tous en mesme temps à la
santé du Grand Duc. Il y en auoit, qui pour estre vn peu
éloignés, voulurent étendre le bras sur la table, pour prendre
le gobelet, mais le Moscouite ne le voulut pas souffrir, disant
que cette table representoit alors celle du Grand Duc, qui
ne permet point, que l'on se tienne derriere sa table, & les
obligea à faire le tour, pour venir prendre la coupe. Cette
santé estoit suiuie de celle de nostre Prince, qu'il porta aux
Ambassadeurs, en disant; *Dieu donne santé & prosperité à S. Al-*
tesse, & la maintienne long-temps en bonne correspondance & ami-
tié auec sa Majesté. La derniere santé que l'on beut, fut celle
du Prince, fils du Grand Duc. Apres cela on se remit à table,
& l'on beut encore quelques gobelets de vin de cerises & de
meures. Les Ambassadeurs luy firent present d'vne coupe de
vermeil doré, du poids de trois marcs & demy, qu'il fit porter deuant luy, en s'en retournant au Chasteau.

Le 20. Aoust les Pristafs nous vinrent dire, que le Grand On leur per-
Duc nous permettoit de sortir, qu'il nous donnoit la liberté de   met de sortir.
nous promener par la ville, & que pour cét effet l'on nous ameneroit des cheuaux de son escurie, quand nous en ferions demander. On nous permit aussi de visiter les Ambassadeurs de De son escu-
Suede, & de receuoir leur visites. Ce que l'on nous permit,   rie.
comme aussi à eux, par vne faueur si particuliere, que les Moscouites mesmes en estoient estonnés; parce que iusques alors
ils n'auoient pas voulu souffrir, que les domestiques des Ambassadeurs estrangers se promenassent par la ville, mais quand
la necessité de leurs affaires les obligeoit de sortir, ils les faisoient
accompagner d'vn ou plusieurs mousquetaires. Deux iours

après, le Priftaf, accompagné d'vn Efcuyer du Grand Duc nous amena fix cheuaux, & nous conduifit au logis des Ambaffadeurs de Suede, que nous vifmes plufieurs fois depuis ce temps-là; viuants en tres-bonne intelligence auec eux.

Le 23. les Ambaffadeurs firent prier à difner le Docteur wendelin, Medecin, l'Apothicaire & quelques autres domeftiques du Grand Duc: mais le Chancelier ne leur en voulut pas donner la permiffion, & leur fit faire defenfe de nous voir de trois iours; fans que l'on nous dift la raifon pourquoy on les traittoit auec tant de rigueur: mais nous fceufmes depuis que c'eftoit, parce que l'on n'auoit pas encore fait eftimer les prefens, parmy lefquels fe trouuoit l'Apotheque, dont nous auons parlé cy-deffus, qui ne pouuoit eftre eftimée que par eux.

Le 24. arriua deuant la ville de Mofcou *Arnoul Spirinq*, Fermier general des traites foraines en Liuonie, où il auoit paffé, & auoit efté enuoyé par la Couronne de Suede, pour eftre prefent à la negotiation que fes Ambaffadeurs deuoient faire pour le commerce, où il eftoit fort entendu. Les Mofcouites, qui le connoiffoient, firent d'abord quelque difficulté de le reconnoiftre en cette qualité: mais voyant que les Suedois le trouuoient mauuais, ils s'y refolurent enfin, & enuoyerent vn Priftaf au deuant de luy, pour le receuoir.

SEPTEMBRE.
Le premier iour de l'an des Mofcouites.

Le premier Septembre, les Mofcouites celebrerent le iour de leur nouuel an: dautant que n'ayant point d'autre epoque que celuy de la creation du monde, qu'ils croyent auoir efté fait en Automne, ils commencent l'année auec le mois de Septembre, & ils comptoient alors 7142. ans; fuiuant l'opinion des Grecs, & de l'Eglife d'Orient, qui comptent cinq mille cinq cens huit ans depuis la creation iufques à la naiffance de IESVS-CHRIST: à quoy fi l'on adioufte 1634. l'on trouuera le nombre de 7142. au lieu que nous ne comptons depuis la creation du monde iufques en la mefme année 1634. que cinq mille fix cens & trois ans. Leur proceffion eftoit affez belle, & compofée de plus de vingt mille perfonnes, de tous âges, qui fe rendirent en la baffe cour du Chafteau. Le Patriarche accompagné de prés de quatre cens Preftres, qui (eftoient tous veftus pontificalement, & por-

Leur proceffion.

toient quantité de bannieres, d'images & de vieux liures ouuerts, sortit de l'Eglise, qui est à la main droite de le seconde Cour, pendant que le Grand Duc vint du costé gauche de la mesme Cour, accompagné de ses Conseillers d'Estat, *Knez & Bojares*. Le Grand Duc & le Patriarche s'auancerent l'vn vers l'autre, & se baiserent; le Duc ayant le bonnet à la main, & le Patriarche, qui auoit la Mitre sur la teste, tenoit vne Croix d'or, de la grandeur d'vn pied, enrichie de plusieurs diamants & d'autres pierres precieuses, qu'il donna à baiser au Grand Duc. Apres cela le Patriarche donna la benediction à sa Majesté, & à tout le peuple; leur souhaitant toute prosperité à ce nouuel an. Il y auoit plusieurs Moscouites, qui tenoient leurs requestes en l'air, & pour les presenter au Grand Duc, ils les jettoient auec beaucoup de bruit à ses pieds, d'où quelques Officiers les ramasloient, pour les faire porter en la Chambre de sa Majesté, & pour les faire respondre. Cela estant fait, les Processions se separerent, & retournerent d'où elles estoiens parties.

1634.

Le troisiéme Septembre les sieurs *Gillenstierna*, *Bureus & Spiring*, qui estoient là pour negotier conjoinctement auec nous, touchant le passage en Perse, furent conduits à l'audiance publique, auec les mesmes ceremonies que nous l'auions esté, pendant que les deux autres Ambassadeurs de Suede, les sieurs *Philippes Scheiding* & le *Colonel Henry Flimming* parleroient en particulier des affaires, que la Couronne de Suede auoit à démesler auec le Grand Duc. Les trois premiers demanderent en leur audiance d'estre receus conjointement auec nous, à traitter auec les Commissaires, qu'il plairoit à sa Majesté de nommer pour cela: ce qui leur fut accordé.

Les Suedois veulent aussi negotier en Perse.

En suitte de cela, tous les Ambassadeurs, tant les Suedois que les nostres, allerent le cinquiéme au Chasteau. On les conduisit d'abord dans vn grand appartement à main gauche, où ils trouuerent les mesmes *Gosés*, ou marchands du Grand Duc, & dans le mesme équippage que nous les auions trouués lors de, nostre premiere Audience. De là ils passerent dans vne salle, où les quatre Commissaires, deputés pour traitter auec eux les attendoient, assis à vne table. C'estoient deux *Bojares* & deux Chanceliers, ou Secretaires d'Estat, tres-richement

Audiance particuliere

E ij

vestus, ayans leurs Tuniques de brocard, brodées de tres-grosses perles & d'autres pierres precieuses, & des grosses chaines d'or, qui leur passoient en Croix sur l'estomach. Les Bojares auoient des bonnets en forme de calottes, en broderie de perles, ayans au milieu vn bouquet de diamans & de pierres precieuses. Les autres deux auoient leurs bonnets fourrés de renard noir, à l'ordinaire. Ils receurent les Ambassadeurs auec ciuilité, & les conuierent de s'asseoir auprés d'eux; mais auec toute leur ciuilité, ils ne laisserent pas de prendre les premieres places, à vn coin de la salle, proche les fenestres, où les bancs se ioignoient. Les Ambassadeurs prirent les leurs aupres d'eux contre la muraille, & l'on porta vn banc sans dossier, pour les Chanceliers ou Secretaires d'Estat, vis à vis des autres. *Iean Helmes*, premier truchement du Grand Duc, se mit debout au milieu de tous nos Pristafs, & tous les Gentilshommes, auec le reste de nostre suitte, demeurerent dans l'antichambre, à la reserue des deux Secretaires de l'Ambassade, de Suede & de la nostre, d'autant de truchemens, & d'vn Clerc Moscouite, que l'on fit entrer, pour tenir registre de ce qui seroit traité. Apres que chacun eust pris sa place, l'vn des Bojares demanda aux Ambassadeurs; si l'on auoit soin de leurs personnes pour leur fournir les viures necessaires, & s'il ne leur manquoit rien. Les Ambassadeurs dirent qu'ils auoient suiet de se loüer de ceux qui en auoient l'ordre, & qu'ils en rendoient leurs tres-humbles graces à sa Majesté. Apres ce compliment ils se leuerent tous, & s'estans découuerts, le plus considerable de ces deux Bojares, dit: *Le Grand Seigneur Czaar & Grand Duc*, & recita tous ses titres, & s'estans tous rassis, il continua: vous fait sçauoir, Messieurs les Ambassadeurs de la Couronne de Suede & du Duc de Holstein, qu'il a fait traduire vos lettres en langue Moscouite, & qu'il a aussi entendu vos propositions aux Audiances publiques qu'il vous a données. Apres cela, ils se leuerent encore tous, & l'autre Bojare, prenant la parole, & se découurant comme auparauant, dist: Le *Grand Seigneur, Czaar & Grand Duc,* (y adjoustant encore tous les titres:) Et se rasseant, continua; souhaite à la Reine de Suede, & au Duc de Holstein, toute prosperité & victoire contre leurs ennemis, & vous fait dire, qu'il a leu leurs lettres, & qu'il a bien compris

leur intention. Le troisiesme Commissaire continua auec les 1634.
mesmes ceremonies : Le *Grand Seigneur, &c.* a veu aux lettres que vous luy auez apportées, qu'il vous faut donner creance entiere, en ce que vous direz & proposerez : ce qui se fera. Le quatriéme acheua de mesme : *Que sa Majesté, le Czaar, les auoit nommés Commissaires, pour sçauoir d'eux ce qu'ils auoient à proposer & à demander*, & leut en suitte les noms des Commissaires ; sçauoir,

Knez Boris Michaelouits, Likow Obolenskoi weiuode de Tuëre.
Knez vasili Iuanouits Strenow, weiuode de Tarschock.
Les deux Secretaires d'Estat, qu'ils appellent *Dumnoi Diaken*, estoient.
Iean Tarassouitz Grammatin, Garde des Seaux ou Chancelier, &c.
Iuan Offonassiowsia Gauarenou, Vice-Chancelier.

Cette lecture estant faite, ils se leuerent encore tous, & le sieur *Eric Gillenstierna*, l'vn des Ambassadeurs de Suede, apres auoir remercié sa Majesté au nom de la Reine, de les auoir admis à l'audiance particuliere, leut aux Commissaires leur proposition, escrite sur vne feüille de papier, en langue Allemande. Nous voulusmes faire autant de la nostre ; mais estant vn peu plus prolixe & estenduë que l'autre, & considerans qu'elle pourroit ennuyer les commissaires, nous nous contentasmes de la leur donner auec celle des Ambassadeurs de Suede. Les Commissaires les ayans prises, monterent à la chambre du Grand Duc, pour les luy communiquer ; nous laissans cependant seuls : mais l'on permit aux Pristafs, & aux Gentilshommes de la suitte d'entrer dans la chambre, pour nous entretenir. Apres auoir attendu vne bonne demi-heure, le Vice-Chancelier descendit, pour nous dire, que pour cette fois nous n'aurions point dautre responce ; sinon que sa Majesté feroit traduire les propositions, & nous feroit sçauoir sa resolution au plûtost.

Le dixiéme Septembre les Ambassadeurs de Suede eurent leur derniere audiance particuliere pour les affaires de la Couronne.

Le douziesme nous vismes vne Caualcade de trois Ambassa- Caualcade de Tartares.
deurs Tartares, enuoyés par le Prince de Cassan, vassal du Grand Duc. Ils n'auoient autre suitte ny compagnie que cel-

1634.

le de seize valets, qui les suiuoient à pied, auec leurs arcs & fleches à la main. Leurs habits, ou casaques, estoient d'vn gros vilain drap rouge; mais au retour de l'Audiance ils en auoient de damas, les vnes rouge cramoisi & les autres jaune, dont le Grand Duc leur auoit fait present. Il ne se passe quasi point d'année que ces Messieurs, aussi bien que les autres Tartares leurs voisins, n'enuoyent de ces Ambassadeurs à Moscou; pas tant pour affaires, que pour y attraper quelques fourrures de martre, & quelques robbes de soye.

Le quinziéme nos Pristafs vinrent dire, que la grand'Duchesse estoit accouchée le iour precedent d'vne fille, que l'on auoit desia baptisée, & nommée *Sophie*; suiuant la coustume des Moscouites, qui font baptizer leurs enfans immediatement apres leur naissance, & sans aucunes ceremonies, ou festins, comme l'on fait en Allemagne. Le Patriarche auoit esté son parain, aussi bien que de tous les autres enfants du Grand Duc, qui voulut que nous prissions part à cette ioye, en nous faisant doubler nostre ordinaire.

Entrée d'vn Ambassadeur Turc.

Le dix-septiéme arriua vn Ambassadeur *Turc*, qui fut receu auec de grandes ceremonies; Et quoy que l'on enuoyast au deuant de luy plus de seize mille cheuaux; si est-ce qu'en toute cette armée l'on ne compta que six estendarts. Le premier, qui estoit celuy de la Compagnie des Gardes, estoit de satin blanc, & auoit au milieu, dans vn tour de laurier, vn Aigle Imperial, auec vne triple Couronne, & auec cette deuise: *Virtute supero*. Vn de damas rouge cramoisi, ayant au milieu vn Ianus à deux visages. Vn de damas rouge tout vny, & les trois autres partis de bleu & blanc; dont l'vn auoit vn griffon, le deuxiéme vn limaçon, & le troisiéme vn bras nud sortant des nuës & tenant vne espée. L'on tient que ces deuises auoient esté inuentées par les Officiers Allemands, lors de la guerre de *Smolensko*. Chaque étendart auoit ses timbales & ses haut-bois, mais la Cornette blanche auoit six trompettes, qui faisoient beau bruit, & vn assez mauuais concert à leur mode. Les Knez & Seigneurs que l'on enuoya au deuant de cét Ambassadeur, estoient tres-aduantageusement montés, sur des cheuaux de Perse, de Pologne & d'Allemagne, tres-richement enharnachés, ayans auec eux vingt-cheuaux de main, de l'escurie du Grand Duc, auec de grosses chaisnes d'argent, au lieu de brides, semblables à celles dont nous auons parlé cy-deuant.

Nous fismes auec les Gentilshommes & Officiers de la suitte des Ambassadeurs de Suede, vne troupe de cinquante cheuaux, sous le commandement du sieur *Wolfwolfspar*, Mareschal de l'Ambassade de Suede, qui comme nostre Capitaine, marchoit à la teste de la compagnie. Nous fusmes iusqu'à vne bonne lieuë au deuant de l'Ambassadeur; qui dés qu'il nous apperceut, nous regarda fixement entre deux yeux, & nous luy. Nous le côtoyasmes long-temps, pour considerer sa suitte & sa caualcade, qui marchoit en cét ordre.

Premierement alloient quarante six Strelits, ayans au lieu de mousquets, des arcs & des fleches, & le cimeterre au costé. Apres eux venoit le Pristaf, vestu d'vne Tunique de brocard, & suiuy d'onze hommes habillés de veloux rouge cramoisi, qui estoient partie marchands *Grecs* & Turcs, partie Ecclesiastiques Grecs. Apres eux marchoit le maistre d'hostel de l'Ambassadeur seul, & en suitte quatre gardes auec leurs arcs & fleches. Apres eux deux Caualiers richement vestus, precedans immediatement l'Ambassadeur, qui marchoit seul. C'estoit vn homme de moyenne taille, ayant le visage bazané & la barbe fort noire. Sa hongreline estoit de satin à fleurs à fond blanc, & la suruefte de brocard, fourré de martres. Il auoit le turban blanc sur la teste, aussi bien que tous ses gens. Il estoit dans vn meschant chariot de bois blanc, mais tout couuert de beaux tapis à fonds d'or. Le reste de son train consistoit en plus de quarante chariots de bagage, qui estoient gardés chacun d'vn ou de deux garçons. Estant à vn quart de lieuë de la ville, & iugeant qu'il approchoit du lieu où les Moscouites le receuroient, il monta sur vn beau cheual Arabe. Et de fait, à peine s'estoit-il auancé à la portée du pistolet, qu'il rencontra les deux Pristafs destinés pour sa reception, auec les cheuaux du Grand Duc, en la maniere acoustumée. Les Pristafs demeurerent à cheual, iusques à ce que l'Ambassadeur eust mis pied à terre; mais celuy-cy de son costé, ne toucha point à son turban, quoyque les Moscouites ostassent leurs bonnets en prononçant le nom du Grand Duc.

Apres ce premier compliment les Pristafs remonterent aussitost à cheual. L'Ambassadeur fit tout ce qu'il pût pour y estre

1634.

en mesme temps, ou plûtost; mais on luy auoit amené vn cheual fort haut, couuert d'vne selle haute à la Moscouite, & si fougueux, que non seulement il eut de la peine à le monter, mais aussi à se defendre d'en estre blessé. Dés qu'il fut à cheual les Pristafs les prirent au milieu d'eux, & les conduisirent à l'Hostel ordinaire des Ambassadeurs, qui auoit esté rebasty depuis nostre arriuée. Dés qu'il y fut entré, l'on en ferma les portes, & l'on y mit plusieurs corps de gardes de mousquetaires.

Nos Ambassadeurs auoient fait dessein d'aller ce iour là chez les Ambassadeurs de Suede, qui les auoient priés à disner, pour leur faire voir les Turcs, qui estoient logés dans leur voisinage, & les Suedois auoient veuë sur leur Cour: mais le Chancelier nous fit prier de ne point sortir ce iour là seulement, & y fit adiouster, que c'estoit pour cause qu'il ne pouuoit pas dire.

Le 19. Nous eusmes la deuxiéme Audiance particuliere auec les Ambassadeurs de Suede.

Premiere Audiance de l'Ambassadeur Turc.

Le 23. l'Ambassadeur Turc eut sa premiere Audiance publique, à laquelle il alla en cét ordre.

A la teste marchoient vingt Cosaques, montés sur des cheuaux blancs de l'escurie du Grand Duc. Apres eux les Marchands Turcs & Grecs, & en suitte les presens, sçauoir.

Vingt pieces de brocard d'or, portées par autant de Moscouites, qui alloient tous de file.

Vne croix d'or, de la longueur d'vn doigt, enrichie de plusieurs gros diamants, qu'vn Moscouite portoit dans vn bassin.

Vn vase de crystal de roche garny d'or, & enrichy de pierreries.

Vn baudrier ou ceinturon pour le cimeterre, garny d'or & chargé de pierreries.

Vne tres-grosse perle, couchée sur vne piece de taffetas cramoisi, dans vn bassin.

Des harnois de deux cheuaux en broderie d'or & de perles.

Vne tres-belle bague de diamant dans vn bassin.

Vn rubis de la grandeur d'vn escu blanc, enchassé dans de l'or dans vn bassin.

Vne tres-belle masse d'armes, qu'ils appellent *Bulaf*, en forme de sceptre.

Apres

Apres les presens marchoient huict Turcs, deux à deux, & apres eux deux ieunes hommes bien faits, portants sur de grandes pieces de soye les lettres de creance, qui estoient pliées; mais elles ne laissoient pas d'auoir pour le moins vne demy-aulne de large.

Les Ecclesiastiques Grecs ne se trouuerent point en cette caualcade; mais eurent leur audiance à part le vingt-huictiéme du mesme mois. Deux Prestres Moscouites les allerent querir en leur logis, & les conduisirent au Chasteau; où ils trouuerent grand nombre de Prestres, qui les accompagnerent à l'Audiance. Leurs presents estoient.

Six bassins auec des Reliques, ou diuers ossements, dont quelques vns estoient dorés.

La doubleure d'vne chasuble, en broderie d'or & de perles.

La testiere d'vn cheual, enrichie de pierreries.

Deux pieces de brocard d'or.

Vne chasuble.

Vne piece de tabis d'argent, à fleurs d'or.

Les Grecs marchoient apres les presents, habillés de camelot violet, & faisoient porter la crosse deuant eux.

Nos Ambassadeurs auoient aussi des lettres de l'Electeur de Saxe au Grand Duc, & trouuoient à propos de la deliurer aussi en vne audience publique, pour laquelle on nomma le iour de la S. Michel, vingt-neufuiéme Septembre. Nous y allasmes dans le mesme ordre que la premiere fois, & les lettres furent portées par le sieur d'Vchterits, sur du taffetas noir & jaune, qui sont les couleurs de l'Electeur. Le Grand Duc les receut auec ciuilité, s'enquit de la santé de son Altesse Electorale, & ordonna que l'on nous fournist pour la deuxiéme fois des viandes de sa table; lesquelles toutesfois ne nous furent point apportées cuites & accommodées, comme les premieres, mais l'on se contenta de nous enuoyer la viande, pour la faire apprester à nostre goust.

Le premier Octobre, les Moscouites chommerent vne de leurs plus solemnelles festes ou *Prasnik*; à peu prés auec les ceremonies suiuantes. Le Grand Duc, suiuy de toute sa Cour, & le Patriarche, accompagné de tout le Clergé, allerent en procession à la belle Eglise, qui est dans la basse cour du Chasteau, que les Moscouites appellent de la Sainte Trinité, & les

1634.

Lettres de l'Electeur de Saxe au Grand Duc.

OCTOBRE Feste des Moscouites.

F

Allemands Ierusalem. Mais deuant que d'y entrer, ils détournerent à vne baluſtrade, dreſſée en forme de Theatre, à main droite ; en allant à l'Egliſe, auprés de laquelle ſe voyent deux groſſes pieces de canon, dont la bouche a pour le moins vne demy-aulne de diametre. Le Grand Duc & le Patriarche y eſtans montés ſeuls, le Patriarche preſenta à ſa Majeſté vne image peinte ſur vn carton, qui ſe plioit en forme de liure garny d'argent au milieu & aux quatre coins, à laquelle le Czaar fit vne tres-profonde reuerence, & la toucha meſme du front; Les Preſtres marmotant cependant leurs prieres. Apres cela le Patriarche s'eſtant encore approché du Grand Duc, luy preſenta à baiſer vne Croix d'or, de la grandeur d'vn pied, enrichie de diamans. Il luy en toucha auſſi le front & les temples. Cela eſtant fait, ils allerent tous à l'Egliſe, où ils acheuerent le ſeruice.

Les Grecs, qui eſtoient arriués auec l'Ambaſſadeur Turc, y entrerent auſſi, par vn priuilege qui leur eſt particulier parmy tous les Chreſtiens, auſquels les Moſcouites defendent l'entrée de leurs Egliſes ; mais ils la permettent aux Grecs, comme faiſans profeſſion d'vne meſme religion auec eux.

Le huictiéme Octobre, nous euſmes noſtre troiſiéme audiance particuliere auec les Ambaſſadeurs de Suede, & nous fuſmes deux bonnes heures en conference auec les Miniſtres du Grand Duc.

Le Grand Duc va en pelerinage.

Le douziéme le Grand Duc fut en pelerinage à vne Egliſe, ſituée à vne demy-lieuë de la ville. Il marchoit ſeul à cheual, ayant vn foüet à la main, & eſtoit ſuiuy de plus de mille cheuaux. Les Knez & Bojares, qui le ſuiuoient, marchoient dix de front ; ce qui faiſoit vn fort bel effet, & ſentoit bien ſon grand Prince. La Grand-Ducheſſe, auec le ieune Prince & la Princeſſe ſuiuoient cette troupe dans vn grand chariot de menuiſerie, dont l'imperiale eſtoit couuerte d'eſcarlate, & les mantelets de taffetas jaune, & eſtoit tiré par ſeize cheuaux blancs. Apres le chariot ſuiuoient les Dames de la Cour en vingt-deux autres chariots de bois, peints de verd, couuerts d'eſcarlate & les mantelets abattus ; en ſorte que l'on n'y pouuoit voir perſonne. I'eus le bon-heur, que le vent ayant fait leuer ceux du chariot de la Grand-Ducheſſe, ie l'entreuis, & la trouuay fort belle, & tres-richement habillée. Aux deux costés marchoient plus de cent Strelits, ayans des bastons blancs à la main, pour chasser le peuple, qui accouroit en foule, pour donner la benediction à leurs Princes, pour lesquels les Moscouites ont vne affection & deuotion toute particuliere.

1634.

Le 23. nous eusmes auec les Ambassadeurs de Suede nôtre quatriéme audiance particuliere, en laquelle nous acheuasmes nostre negotiation. Les Suedois eurent le vingt-huictiéme leur audiance publique de congé, au retour de laquelle ils firent porter la responsé à leurs lettres par deux Gentilshommes. Ils partirent le 7. & 10. Nouembre de *Moscou*, en trois troupes; les vns prenans le chemin de Liuonie, & les autres celuy de Suede.

Les Ambassadeurs de Suede partent de Moscou.

Le dix-neufuiéme Nouembre nous eusmes nostre cinquiéme & derniere audiance particuliere; en laquelle il nous fut dit, que sa Majesté Czaarique, apres auoir meurement deliberé sur nos propositions, auoit enfin resolu de gratifier son Altesse le Duc de Holstein, comme son amy, oncle & allié, de ce qu'il luy auoit fait demander, & de luy accorder ce qu'il auoit refusé à plusieurs autres Princes & Potentats de l'Europe; sçauoir le passage par la Moscouie pour aller en Perse, & que ses Ambassadeurs y pouuoient aller; mais que c'estoit à la charge qu'ils retourneroient auparauant en Holstein, & luy apporteroient la ratification du present traité.

NOVEMBRE.

Le Grand Duc accorde le passage aux Ambassadeurs.

Apres auoir si heureusement, quoy qu'auec beaucoup de peine, acheué nostre negotiation, nous nous voulûmes diuertir quelques iours chez nos amis, comme au Baptesme du fils du Resident de Suede, aux nopces que le Docteur Wendelin fit à vn de ses parents, & au magnifique festin que Dauid Ruts, vn des principaux marchands Hollandois, nous fit chez luy.

Le vingt-deuziéme les Moscouites firent vne procession solemnelle à vne Eglise proche l'Hostel ordinaire des Ambassadeurs; à laquelle le Grand Duc & le Patriarche se trouuerent en personne. L'on auoit fait vn passage d'ais, depuis le Chasteau iusques à l'Eglise, par lequel venoient premierement plusieurs petits Merciers, qui vendoient des cierges & des rogatons, apres eux plusieurs balayeurs, qui nettoyoient le passage. La procession marchoit en cét ordre.

Autre procession Moscouite.

F ij

Premierement alloit vn homme, tenant une aiguiere & vne feruiette.

Trois hommes portans des bannieres, faites comme des Cornettes de Caualerie, & my-parties de rouge & de blanc.

Soixante-vn Preftres, veftus de chafubles.

Quatre Cherubins portés fur de longues perches.

Vn homme portant vne lanterne au bout d'vne longue perche.

Quarante Preftres.

Huict Preftres, qui portoient vne grande croix, plantée dans vne grande piece de bois, doublement croifée.

Cent, tant Preftres que Moines, portans chacun vne image peinte.

Vne grande image couuerte, portée par deux hommes.

Quarante Preftres.

Vne grande image ornée de quantité de perles, portée par trois hommes.

Vne autre image plus petite.

Quatre Preftres qui chantoient.

Encore vne image.

Vne croix de diamants dans vn baffin.

Deux hommes portans dans chacun vn cierge allumé.

Le Patriarche pontificalement & tres-richement veftu, fous vn daiz bleu, & conduit fous les bras par deux hommes, ayant deuant luy & à cofté, enuiron cinquante Preftres & Moines.

Le Grand Duc, fous vn daiz rouge, fouftenu fous les bras par deux Seigneurs de fon Confeil, & fuiuy de fes *Knez* & *Bojares*.

La chaife du Grand Duc, de velous rouge, portée en l'air par deux hommes.

Le Cheual du Grand Duc.

Son traineau, tiré par deux cheuaux blancs.

Cette proceffion fe fit à caufe d'vne Image de Noftre-Dame, que l'on difoit auoir efté trouuée, au lieu où l'on auoit depuis peu bafty cette Eglife.

Le douziefme Decembre nous vifmes vne Caualcade de foixante & douze *Tartares de Crim*, qui prenoient tous la qualité d'Ambaffadeur, & alloient à l'audiance, que le Grand Duc leur donna, & où il eut la patience de les fouffrir plus de trois heures. Estans arriués dans la salle de l'audiance, les vns s'assirent à terre, les autres s'y coucherent, & on leur donna à chacun vn gobelet d'hydromel, aux deux chefs de l'ambassade des vestes de brocard, aux autres d'escarlate, & aux moins qualifiés d'autres vestes d'vne etoffe plus commune, auec des peaux & bonnets de martre, qu'ils auoient tous mis sur leurs habits en reuenant de l'audiance. C'est vne nation vrayement barbare & épouuantable à voir. Bien qu'elle soit fort éloignée de la ville de Moscou vers le midy, elle ne laisse pas de faire beaucoup de mal au Grand Duc, par les courses & les vols qu'elle fait incessamment sur ses sujets. *Le Czaar Fœdor Iuanoüits*, pere du Grand Duc d'aujourd'huy, auoit tâché de se mettre à couuert de leurs courses, en faisant abattre le bois, & par le moyen d'vne chaussée & d'vn fossé qu'il auoit fait tirer de plus de cent lieuës d'étendue, pour leur empescher l'entrée du païs : mais ils ne se sont point donné de repos qu'ils n'ayent abbatu l'vn, & comblé l'autre; de sorte que pour les faire demeurer chez eux, le Grand Duc est obligé de souffrir qu'ils enuoyent de temps en temps de ces Ambassades, qui ne tendent qu'à attraper quelques presents : & le Grand Duc ne se soucieroit pas beaucoup de la dépense qu'il y faut faire, si elle seruoit à faire entretenir la paix auec ces barbares; mais ils ne la gardent, que jusques à ce qu'ils trouuent l'occasion de profiter de la rupture.

Le seizième nous eusmes nostre audiance de congé, à laquelle nous fusmes conduits auec les mesmes pompes & ceremonies qu'à la premiere; sinon qu'à cause de la neige & de la glace, qui empesche les Grands Seigneurs de se seruir de cheuaux, on nous enuoya deux beaux traineaux dont l'vn estoit doublé de satin rouge cramoisi, & l'autre de damas de la mesme couleur. On y auoit mis des peaux d'ours blancs, & par-dessus de fort beaux tapis de Turquie, pour seruir de couuerture. Les boucles des harnois des cheuaux estoient couuerts de tous costés de queuës de renard, qui est la plus riche parure, dont les Grands Seigneurs, & le Grand Duc mesme, se puissent seruir. Les Pristafs auoient chacun leur traineau, & marchoient à costé droit des Ambassadeurs. A la descente nous fusmes receus par deux Bojares, en la maniere accoûtumée. Dés que les Ambassadeurs furent arriués en la presen-

Les Ambassadeurs prennent leur audiance de congé.

F iij

ce du Grand Duc, & qu'il se fut informé par le Chancelier de l'estat de leur santé, l'on apporta vn banc, & on les conuia de s'asseoir. Et alors le Chancelier prenant la parole dist : *Le Grand Seigneur, Czaar & Grand Duc Michel Federoüits, Conseruateur de tous les Russes, &c.* vous fait dire, Messieurs les Ambassadeurs, que S. Altesse le Duc Frideric de Holstein, vous ayant enuoyez à sa Majesté Czaarique, auec les lettres qu'elle a receuës, elle a bien voulu à vôtre priere faire entendre & examiner vos propositions par ses Bojares & Conseillers, *Knez Boris Michaeloüits Lukou, Vasili Iuanoüits Strenou, & Dumnoi Diaken, Iuan Tarasoüits, & Iuan Gauarenou,* sur lesquels on est conuenu de part & d'autre d'vn traitté que vous aués signé. Sa Majesté a aussi receu les lettres, que vous luy auez apportées de la part de l'Electeur Iean George de Saxe, dont il a bien compris le contenu. Vous receurez presentement la responce de sa Majesté, tant pour le Duc Frideric de Holstein, que pour l'Electeur Iean George. Ayant acheué de parler, il leur deliura les lettres deuant la chaise du Grand Duc, & les Ambassadeurs les ayans receuës auec respect, le Grand Duc dist : *Quand les Ambassadeurs seront arriués aupres de S. Altesse Serenissime l'Electeur Iean George de Saxe, & aupres de S. Altesse le Duc Frideric de Holstein, ils les salueront de ma part.* Apres cela il leur fit dire par le Chancelier, qu'il faisoit aux Ambassadeurs & aux Gentilshommes & Officiers de leur suitte, la grace de luy pouuoir encore baiser la main.

Cela estant fait, l'on nous dist, que l'on nous enuoyeroit à disner de la viande de la table du Grand Duc. Les Ambassadeurs remercierent le *Czaar* des graces, qu'ils auoient receuës de luy, souhaitans à sa Majesté vne longue vie, & vn heureux gouuernement, & à toute la maison Czaarique toute prosperité. Et ayans ainsi pris congé, ils retournerent au logis. Enuiron vne heure apres l'on nous apporta les viandes de la table du Grand Duc, en quarante-six plats, la pluspart du poisson au cour-boüillon, rosty & frit à l'huile, quelques legumes, & de la patisserie ; mais point de chair à cause du jeusne que les Moscouites obseruent fort exactement deuant les festes de Noël. *Knez Iuan Lwolff* les accompagnoit, pour nous traitter auec les mesmes ceremonies, que nous fusmes traittés apres la premiere audiance publique. Apres disner nous fusmes visités par l'escuyer, le sōmelier, & le pourvoyeur, qui nous vinrent demander leurs presents. Le Knez, l'escuyer & le sommelier, eurent chacun vn vase à boire de vermeil doré: Les autres qui estoient au nombre de seize, eurent ensemble 32. roubles, qui valent soixante-quatre escus monnoye de France.

Le lendemain les deux Pristafs, accompagnés des deux truchemens, *Iean Helmes*, & *André Angler*, dont le premier nous auoit seruy en nostre negotiation, aupres du Grand Duc & auec les Bojares, & l'autre en nos affaires particulieres, vinrent sçauoir de nous combien de cheuaux nous aurions besoin pour nostre retour. Nous en demandasmes quatre-vingt, & leur fismes present à chacun d'un grand vase à boire de vermeil doré, comme aussi au premier Secretaire de la Chancelerie, & à quelques-vns des grands Seigneurs.

Le vingt vniéme nos Pristafs nous presenterent vn autre Pristaf, nommé *Bogidan Tzergeüits Gomodof*, qui auoit ordre de nous conduire iusques sur les frontieres de Suede.

Le lendemain l'on nous amena les cheuaux destinés pour nostre voyage, & au mesme temps arriua auec nos Pristafs le Secretaire de l'Intendant du Tresor, accompagné de douze Moscouites, chargés de martres, pour en faire present de la part de sa Majesté aux Ambassadeurs, & à ceux de leur suitte. Les Ambassadeurs eurent pour leur part onze zimmers: (chaque zimmer fait vingt paires,) de la plus belle martre zobeline: les Officiers, Gentilshommes, Pages, le Fourrier, l'Ecuyer de cuisine, & le Capitaine du charoy eurent chacun vn zimmer de martre à doubler. Les autres eurent les vns deux, les autres vne paire seulement. L'on donna au Secretaire vn vase à boire de vermeil doré, & aux autres trente escus. Le Grand Duc nous enuoya dire aussi, que si nous voulions faire encore quelque sejour à Moscou, à cause des festes prochaines de Noël, & du froid, qui estoit extraordinairement grand, nous luy ferions plaisir, & quoy que nous eussions nos dépesches, l'on ne laisseroit pas de nous fournir nos viures à l'ordinaire; mais l'enuie que nous auions de retourner en Allemagne, nous empescha d'accepter cette gratification, & nous obligea à faire continuer les preparatifs de nostre voyage. Pour cet effet nous acheptasmes des traineaux, afin de voyager auec plus de commodité; puis qu'aussi bien ils ne nous reuenoient qu'à

Present du Czaar.

trois ou quatre escus la piece. Mais dautant que nous auions à faire le voyage de Perse, pour lequel nous venions d'obtenir la permission, il fut iugé à propos, que l'on enuoyeroit Michel Cordes, & six autres personnes de nostre suitte, à Nise, qui est à cent lieuës de Moscou, pour y faire bastir les nauires, dont nous aurions besoin, tant sur la riuiere de *Wolga*, que sur *la Mer Caspie*.

Le vingt-quatriéme Decembre fut le iour de nostre depart de la ville de Moscou pour le retour. Les deux Pristafs vinrent sur le midy, accompagnés de quelques mousquetaires, qui auoient amené les deux traineaux, dont nous nous estions serius à la derniere audiance, & nous conduisirent en bon ordre iusques à vn quart de lieuë hors de la ville ; où nous prismes congé d'eux, & de nos amis, qui nous auoient fait l'honneur de nous conduire, & continuasmes ainsi nostre voyage.

Nous fismes ce iour là & la nuict suiuante 90. werstis, ou dix-huict lieues d'Allemagne, iusqu'à vn village nommé *Klin*; où nous fismes le lendemain faire le Presche, à cause du iour de Noël. Nous en partismes apres disner, & continuasmes nostre chemin toute la nuict ; de sorte que le lendemain matin vingt-sixiéme Decembre, nous arriuasmes à *Tuëre* : où nous eusmes des cheuaux frais, auec lesquels nous partismes le mesme soir, & arriuasmes le lendemain à *Tarfock*. Quatre iours apres, sçauoir le trente-vniéme Decembre, qui estoit le septiéme depuis nostre depart de Moscou, nous arriuasmes à la ville de *Nouogorod*, qui en est éloignée de six vingt lieuës d'Allemagne. Dont il ne faut s'estonner beaucoup ; dautant que toute la Moscouie n'est quasi qu'vne plaine, & pendant le froid, les cheuaux font bien souuent sur la neige dix ou douze lieuës d'Allemagne d'vne traitte, & sans repaistre.

Le premier Ianuier 1635. apres le Sermon & les prieres nous partismes de *Nouogorod*, & fismes trente-six Werstes, ou sept lieuës, iusqu'à *Mokriza*. Le deuxiéme iusqu'à *Tuerin*, six lieuës & demie. Le troisiéme iusques à *Orlin*, six lieuës ; Le quatriéme iusqu'à *Sariza*, huict lieuës, & la nuict suiuante nous fismes encore quatre lieues iusqu'à *Lilienhagen*, appartenant à *Dame Marie Stop*, veufue de *Iean Muller*, en son viuant Agent de Suede en Moscouie. Nous y fusmes fort bien traités, & le lendemain cinquiéme nous fismes sept lieuës & arriuasmes à *Narua*.

Le

Le sixiéme nous fismes partir nostre bagage. Les Ambassadeurs suiuirent le lendemain, & trois iours apres, sçauoir le dixiéme Ianuier, nous arriuasmes à *Reuel*; où nous demeurasmes trois sepmaines entieres. Mais consideränt enfin que la mer Balthique n'estoit pas nauigable en cette saison là, & ne nous pouuans resoudre à demeurer là tout le reste de l'Hyuer, nous iugeasmes que nous ferions bien de partir au plûtost, & de continuer nostre chemin par terre, le prenans par la *Prusse*, la *Pomeranie* & le *Mecklenbourg*.

1635.

A Reuel.

Les Ambassadeurs partirent de *Reuel* le 30. Ianuier, apres auoir mis la plufpart de leurs gens en pension chez le sieur *Henry Kosen*, se contentans d'vne suitte de dix personnes, & prenans le chemin de *Riga*. Nous passames les deux premieres nuicts à *Kegel*, maison appartenante à *Iean Muller*, Conseiller de la ville de Reuel, mon beau-pere, où nous fusmes fort bien traités.

Nous arriuasmes le 2. Feurier à *Parnau*; où le bon Dieu me garantit d'vn insigne malheur; en ce qu'en déchargeant le canon à nostre entrée, le tampon, que l'on auoit oublié de tirer d'vne des pieces, vint donner contre moy dans la muraille de la porte, où elle se brisa, & les esclats me passerent à l'entour de la teste, auec tant de violence, que j'en demeuray estourdy sans me pouuoir remettre de plus d'vne demy-heure.

Feurier.

La ville de *Parnau* est fort petite, mais elle a vn fort bon chasteau, basty de bois & fortifié à la Moscouite, aussi bien que ses maisons, portes & Eglises. Elle est située sur la petite riuiere de Parnau ou Parnou, qui luy donne son nom, & qui prenant sa source dans vne grande forest aupres de la petite riuiere de *Beca*, & du chasteau de *Weissenstein*, & se chargeant en passant des eaux des riuieres de *Fela* & de *Pernkeia*, se décharge dans la mer Balthique aupres de cette ville, laquelle se separe en vieille & neufue. On la met au nombre des villes Anseatiques; quoy qu'elle n'ait quasi point d'autre commerce que celuy du bled. *Eric*, Roy de Suede, la prit sur les Polonois en l'an 1562., mais ceux-cy la reprirent par stratageme en l'an 1565. Les Moscouites s'en rendirent les maistres le 9. Iuillet 1575. mais elle fut reünie à la Couronne de Pologne, auec le reste de la Liuonie, par le traitté de paix qu'elle fit auec le Grand Duc. Les Suedois la prirent en l'an 1617. & la possedent encore aujourd'huy.

Description de la ville de Parnau.

G

Nous y trouuafmes la Comteffe Doüairiere de la Tour, nommée *Magdeleine*, de la maifon de Hardeck en Auftriche. Les Ambaffadeurs m'enuoyerent auec deux autres de la fuitte, pour la complimenter, & luy faire offres de feruice en leur nom. Elle en fut tellement fatisfaite, que non contente de nous faire boire à la fanté de fon Alteffe iufqu'à trois fois, elle nous obligea à prendre les taffes de fa main, & nous entretint cependant de plufieurs beaux difcours à l'aduantage de fon Alteffe & de cette Ambaffade ; comme auffi des mœurs & de la Religion des Mofcouites, auec vne douceur & grauité, qui ne fe peuuent pas bien exprimer. Elle voulut auffi que les jeunes Comtes, *Chriftian* & *Henry*, fes fils, allaffent iufques dans l'Hoftellerie, où les Ambaffadeurs eftoient logés, pour les complimenter ; dont ces ieunes Seigneurs s'acquiterent fort bien, & voulans acheuer de leur faire honneur, ils demeurerent à fouper auec eux.

 Le lendemain la Comteffe nous enuoya toutes fortes de viures, & des lettres pour le Comte Matthieu Henry de la Tour, fon beau pere. Elle fit auffi prier les Ambaffadeurs de recommander fes fils à fon Alteffe, & de luy faire agreer leur feruice, quand ils feroient capables & en âge de luy en rendre. Quand nous voulufmes monter à cheual noftre hoftre fit l'honnefte, & refufa de prendre de noftre argent ; difant que la Comteffe ayant enuoyé la plufpart des viures pour le fouper des Ambaffadeurs, le refte ne valoit pas la peine de compter ; de forte que pour reconnoiftre fa bonne volonté, nous luy fifmes prefent de vingt efcus. Mais nous n'eftiós pas encore à vne lieuë de la ville, qu'il enuoya vn homme aprés nous, pour nous rendre l'argent, & nous fit dire que le prefent eftoit trop petit, pour reconnoiftre la peine que nous luy auions donnée. Nous renuoyafmes noftre Fourrier auec l'homme, & fifmes donner encore douze efcus à l'hofte, dont il tefmoigna eftre fatisfait.

Les Ambaffadeurs arriuẽt à Riga.

 Le fixiéme nous fifmes noftre entrée à *Riga*. Le lendemain le Gouuerneur vifita les Ambaffadeurs, & le dixiéme il fit en leur confideration vn fuperbe feftin, auquel il conuia les principaux de la ville. Les iours fuiuans fe pafferent auffi en feftins chez quelques vns de nos amis.

 Le treiziéme Feurier les Ambaffadeurs partirent de Riga, &

en leur compagnie partit aussi vn certain Ambassadeur de France, qui s'appelloit *Charles de Tallerand, & prenoit la qualité de Marquis d'Exideuil, Prince de Chalais, Comte de Grignol, Baron de Marueil & de Boisuille.* LOVIS XIII. Roy de France & de Nauarre, l'auoit enuoyé auec *Iacques Roussel* en Ambassade en Turquie & en Moscouie. Mais *Roussel*, son Collegue, luy auoit rendu de si mauuais offices aupres du Patriarche, que le Grand Duc l'enuoya en Siberie, où il demeura trois ans prisonnier; iusqu'à ce que les artifices & malices de Roussel, qui ne trauailloit qu'à mettre les Princes en mauuaise intelligence, ayans esté reconnuës, on le remit en liberté apres la mort du Patriarche. Il s'estoit diuerty pendant sa detention à apprendre par cœur les quatre premiers liures de l'Eneide de Virgile, qu'il sçauoit parfaitement. C'estoit vn Seigneur d'enuiron trente six ans & de tres belle humeur.

1635.

Nous prismes nostre chemin par la *Courlande*, & arriuasmes le quatriéme sur le midy à *Mittau*. Cette petite ville est située en cette partie de Courlande, que l'on appelle Semgalles, à six lieuës de Riga, & c'est le lieu où le Duc fait sa residence ordinaire. La Duché de Courlande faisoit autrefois partie de la *Liuonie*, de laquelle elle est separée par la riuiere de Dune; mais toute cette Prouince ayant esté miserablement ruinée par les Suedois & par les Moscouites, & l'Archeuesque de Riga & le maistre de l'ordre *Teutonique* s'estant donnés à la Couronne de Pologne, auec ce qu'ils y possedoient encore, *Sirismond Auguste*, Roy de Pologne, erigea la Courlande en Duché, & la donna à *Godard Ketler* de *Nesselrot*, dernier maistre de l'ordre Teutonique en *Liuonie*, pour la tenir en fief de la Couronne de Pologne. *Godard* mourut le 17. May 1587. laissant d'Anne, fille d'Albert Duc de Meklenbourg, deux fils, *Frideric*, qui mourut sans enfants, & *Guillaume*, qui succeda à son frere en la Duché de Courlande. Ce dernier ayant esté depossedé par Sigismond III. & par les Estats de Pologne, fut contraint de viure en exil; iusqu'à ce qu'à la priere de plusieurs Princes estrangers, il fust restably en l'an 1610. Pendant la premiere guerre entre la Pologne & la Suede, la ville de Mittau fut prise par les Suedois, qui la fortifierent, & ne la restituerent au Duc de Courlande, qu'en vertu de la trefue qui fut faite entre ces deux Couronnes en l'an 1629. *Iacques*, fils de

Mittau.

Courlande erigée en Duché.

Guillaume, qui possede aujourd'huy la Duché, & qui prend la qualité de Duc de Courlande, de Liuonie & de Semgalles, a espousé *Loüise-Charlotte*, fille de George Guillaume Electeur de Brandebourg, & d'Elisabeth-Charlotte de Bauiere. Il y a quelque temps que ce Prince, ayant fait partir vn Gentilhomme, qu'il enuoyoit pour ses affaires au Grand Duc de Moscouie, le Weiiiode de Tleslau ne le voulut point laisser passer, & luy fit dire, que la Courlande estant vn fief de Pologne, il ne pouuoit pas auoir ses agents & ministres particuliers, mais qu'il étoit obligé de faire negotier ses affaires par l'Ambassadeur que Le Roy son Maistre auoit en Moscouie. Neantmoins ce Prince a esté assez heureux, pour obtenir depuis cette derniere guerre la neutralité de tous les Princes voisins; de sorte qu'il y a grande apparence, que par le traitté qui se fera entr'eux il demeurera dans vne entiere independance des vns & des autres.

Sur le soir nous arriuasmes à vn village, nommé *Doblen*, à trois lieuës de *Mittau*. L'hoste, qui nous prenoit pour des soldats, ou pour des Egyptiens, qui cherchoient giste, fit d'abord difficulté de nous faire ouurir; mais il se laissa vaincre enfin, & nous logea. Tout ce qu'il nous donna à nostre souper ce fut du fromage dur, du pain bien noir & de la bierre aigre.

Le quinziéme nous fismes sept lieuës iusqu'à *Fraüenberg*, où le Receueur ne nous voulut pas permettre de loger au Chasteau, mais il nous fit present d'vn tonneau de biere qu'il nous enuoya en nostre hostellerie.

Le seiziéme nous fismes encore sept lieuës, & arriuasmes à *Bador* en Pologne, où vn vieux Gentilhomme, qui auoit autrefois esté Capitaine de Cheuaux legers, nommé *Iean Ambod*, nous logea, & nous traitta fort bien; particulierement de toutes sortes de bons breuuages, comme d'hydromel de Lithuanie, d'excellent vin d'Espagne & de bonne biere, qui nous conuierent à passer la meilleure partie de la nuict en débauche; le vin faisant contracter vne grande amitié entre les Ambassadeurs & luy. Le lendemain il nous traitta fort splendidement, & nous donna le diuertissement des tymbales; & afin qu'il ne manquast rien à ce traitement, il nous voulut faire l'honneur de faire venir ses deux filles, que nous n'auions point veuës le soir precedent. Il fit aussi des presents aux Ambassadeurs, à l'vn d'vn fuzil, & à l'autre d'vne espée, les Ambassadeurs luy donnerent chacun vne belle monstre. Ce des-

jeuner, qui dura iufques apres midy, nous empefcha de faire 1635.
ce foir là plus de quatre lieuës, iufques à *Hashoff*, où nous nous
couchafmes fans fouper. Le dix-huictiéme nous fifmes fix
lieuës, iufqu'à vn village nommé *Walzau*.

Le dix-neufuiéme nous arriuafmes à *Memel*, à fix lieuës de Memel.
watzau. C'eft vne jolie petite ville à l'entrée du Golfe, que
l'on appelle *le Courishaf*, ou le lac de Courlande. Les Courlandois appellent cette ville en leur jargon *Cleupeda*, & *Cromerus*
en fon hiftoire de Pologne la nommé *Troipes*. Son chafteau eft
beau & bien fortifié, & fon havre fort commode. La riuiere de
Tange la baigne de tous coftés, & entre auprés de là dans le
Golfe. Elle fut baftie en l'an 1250. & eftoit en ce temps-là du
domaine de Liuonie. Les freres de l'ordre de Liuonie vendirent cette ville en l'an 1328. au Maiftre de l'ordre de Pruffe, &
c'eft auec cette Duché qu'elle eft paruenuë à l'Electeur de
Brandebourg, qui la poffede, depuis que les Suedois l'ont re-
ftituée en vertu de la trefue de vingt-fix ans, que la France fit
faire en l'an 1635. entre les Couronnes de Pologne & de Suede.
Le vingtiéme nous nous mifmes fur le *Haf*, ou golfe de Courlande, & difnafmes ce iour là à *Süenzel*, à trois lieuës de Memel,
& couchafmes à *Bulcapen*, à cinq lieuës de cette derniere place.

Le vingt-vniéme nous fifmes huict lieuës, & arriuafmes à
Konigsberg, où la neige commençant à nous manquer, nous Konigsberg.
fufmes contraints de quitter nos traineaux. Cette ville que les
Polonois appellent *Krolefski*, eft fituée fur la riuiere de *Pregel*,
& eft la capitale de cette partie de Pruffe, que l'on appelle Ducale; parce qu'elle a fon Duc ou Prince particulier, fous la
Souueraineté de la Couronne de Pologne. C'eft vn ouurage du
treiziéme fiecle, auquel les Cheualiers de l'Ordre Teutonique la baftirent, & la nommerent *Konigsberg*, ou *Royaumont*,
l'honneur de Primiflas-Ottocare Roy de Boëme, & en reconnoiffance du fecours qu'il leur auoit amené contre les
Payens de ces quartiers-là. Son eftenduë n'eftoit pas fi grande
en ce temps-là qu'elle eft aujourd'huy; puis qu'outre les Fauxbourgs, qui font fort grands, l'on y a adioufté en l'an 1300. cette
partie de la ville que l'on appelle *Lebenicht*, & en l'an 1380. celle de *Kniphof*, qui ont chacune fon Magiftrat particulier,
tant pour la police que pour la Iuftice. Le Palais doit fa perfection à George Frideric de Brandebourg, Duc de Pruffe,

G iij

1635.

qui le fit baſtir ſur la fin du dernier ſiecle. L'on y remarque entr'autres choſes vne ſalle qui n'a point de piliers, quoy qu'elle ait 274. pieds geometriques de long ſur 59. de large, & vne fort belle Bibliotheque, compoſée d'vn tres grand nombre de bons liures; parmy leſquels l'on voit dans des tablettes pleines de liures garnis d'argent, celuy qu'Albert de Brandebourg, premier Duc de Pruſſe, a fait, & eſcrit de ſa main, pour l'inſtruction de ſon fils, & pour le gouuernement du païs apres ſa mort. Son Vniuerſité eſt de la fondation de ce meſme Prince, qui a pris beaucoup de plaiſir à rendre cette ville vne des plus conſiderables de tout le Nort. La riviere de *Pregel*, ou *Chronus*, qui a ſa ſource dans la Lithuanie, & entre dans le Golfe, que l'on appelle le *Frishaf*, à vne lieuë au deſſous de la ville, contribuë beaucoup à l'eſtabliſſement de ſon commerce, & la ville eſt tellement peuplée, qu'il s'y trouue ſouuent ſept ou huict familles dans vne meſme maiſon. On y parle communément Alleman, quoy qu'il n'y ait gueres d'habitans, qui ne ſçachent auſſi le Polonois, & la langue de Lithuanie & de Courlande. On leur apporte de Pologne & de Lithuanie du bois de cheſne, pour la menuiſerie, & pour faire des douues, des cendres pour faire du ſauon, de la cire, du miel, de l'hidromel, des cuirs, des fourrures, du bled, du ſeigle, du lin & du chanvre, & les navires Suedois, Hollandois & Anglois y portent du fer, du plomb, de l'eſtain, du drap, du vin, du ſel, du beurre, du fromage, &c. Nous ne parlerons point icy de la Pruſſe, de peur de faire vne trop grande digreſſion, & de toucher à ce qui eſt du ſujet de l'hiſtoire d'Allemagne, qui n'a rien de commun auec noſtre voyage: mais nous dirons ſeulement, que la Couronne de Pologne a renoncé au droit de Souueraineté qu'elle auoit en la Duché de Pruſſe, par le dernier traité qu'elle a fait auec ſon Alteſſe Electorale de Brandebourg.

Elbing.

Nous partiſmes de *Konigsberg* le 24. Feurier, & arriuaſmes le lendemain à *Elbing*, ville ſituée ſur la riuiere du meſme nom entre le *lac de Drauſen & le Frishaf*, en la Pruſſe Royale, ou Polonoiſe. Elle n'eſt pas bien grande, mais ſes rües ſont droites & larges, & ſes fortifications, que le feu Roy de Suede fit faire pendant la derniere guerre de Pologne, devant que d'entrer en Allemagne, ſont fort regulieres. Si celuy qui en eſt le maiſtre l'eſtoit auſſi du fort de Pilau, que l'Electeur de Brandebourg possede, à l'entrée du *Frishof*, l'on en feroit vne tres bonne ville pour le commerce.

1635.

Le vingt-septiéme nous arrivasmes à *Dantsig*, où nous demeu- Dantsig. rasmes seize ou dix-sept iours, & pendant ce temps-là le Magistrat nous fit les presens ordinaires de rafraischissements, & les principaux habitans firent plusieurs festins fort splendides pour l'amour de nous. Les Polonnois appellent cette ville *Gdansko*, d'où vint le nom Latin Moderne *Gedanum*. Elle n'est pas bien ancienne, & neantmoins l'on ne peut pas dire bien certainement, si elle a esté bastie par les Ducs de Pomeranie, ou par les Danois; veu qu'il semble que c'est eux qui luy ont donné le nom. Elle a esté long-temps possedée par les Ducs de Pomeranie, & en suitte par les Rois de Pologne, & par les Maistres de l'Ordre Teutonique en Prusse. En l'an 1454. elle se rachetta de la sujection de l'Ordre, & se donna volontairement à Casimir, Roy de Pologne. Elle est située en la Cassube, sur la *Vistule* & sur la *Rodaune*, que l'on dit estre *l'Eridanus* des anciens (parce que c'est en ce lieu là que l'ambre jaune se trouue en grande quantité,) & aupres de la *Moslaua*, qui entre dans la Vistule à vn quart de lieüe au dessous de la ville. Mais auec tout cela la riuiere y est si basse, que les grands vaisseaux ne peuuent pas approcher de la ville auec leur charge. Elle a du costé du Ponant plusieurs collines de sable, que l'on a esté contraint d'enfermer dans les fortifications, parce qu'elles commandoient à la ville; bien que l'on ne se serue pas bien du canon quand on tire de haut en bas, & qu'il n'y ait pas assez d'espace entre la colline & le fossé pour mettre des troupes en bataille, & pour aller à l'assaut. Vers le Midy & le Nort elle a vne belle plaine, & du costé du Leuant la riuiere. Elle est assez bien bastie, sinon que les ruës ne sont pas trop nettes. Les bastiments publics y sont magnifiques, & ceux des particuliers propres. Au delà de la *Moslaue* elle a vn fauxbourg, nommé Scotland, ou Escosse, qui vaut bien vne bonne petite ville, mais elle ne dépend point de la ville de Dantsig, mais de l'Euesque de Cujauie. Elle a sa seance & son suffrage aux diétes de Pologne, mesmes en celles que l'on conuoque pour l'Election du Roy. C'est vne des quatre villes, qui ont la direction de toute la Hanse Teutonique, & elle a tant d'autres priuileges, qu'encore qu'elle contribuë à la Pologne, & donne au Roy la moitié des droits qui s'y leuent, elle ne laisse pas de joüir presque d'vne

1635. liberté tout entiere. Il y a vn si grand commerce de bled en cette ville, que l'on tient qu'il s'y en vend tous les ans plus de sept cens trente mille tonneaux, dont les deux font vn lest. Le Magistrat est composé de quatorze Senateurs & de quatre Bourguemaistres; y compris le Vicomte, que le Roy de Pologne nomme pour la police, de quelques Escheuins pour les causes ciuiles & criminelles, & de cent Conseillers pour les affaires d'importance. Elle juge souuerainement & en dernier ressort les causes criminelles, & les ciuiles qui n'excedent point la somme de mille liures. Elle fait des Statuts, & leue des impositions sur les habitans, pour la necessité des affaires publiques, sans autre permission superieure, & fait des reglemens pour l'exercice des Religions permises par les Loix de l'Empire.

MARS.
Stetin.

Le 16. Mars nous partismes de *Dantsig*, & arriuasmes le 25. à *Stetin*, ville capitale de Pomeranie. Elle est situé à 53. degrés 27.m. de latit. & 38. d. 45.m. de longit. en vn tres-beau lieu sur la pente d'vne petite colline. La riuiere d'Oder s'y separe en quatre branches, dont celle qui laue les murailles de la ville, conserue son nom, & les autres prennent celuy de *Parnitz* & de la *grande* & *petite Kigelitz*, & coupe tellement son terroir, que pour venir à la ville du costé de Dam, il faut passer sur six ponts, ayans ensemble neuf cens quatre-vingt seize aulnes d'Allemagne de long sur 24. pieds de large, & sont tous joints par vne belle chaussée bien pauée, & gardée au milieu par vn fort Royal. La ville est fort belle, & parfaitement bien fortifiée, particulierement depuis que les Suedois en sont les maistres. *Iean Frideric*, Duc de Pomeranie, y ietta en l'an 1575. les premiers fondemens du magnifique Palais que l'on y voit, basty à l'Italienne, & acompagné de tres-beaux appartemens, où l'on admiroit deuant ces dernieres guerres la belle Bibliotheque, le cabinet d'armes & des raretés, & la riche argenterie des Ducs de Pomeranie. La ville est du nombre de celles que l'on appelle Anseatiques, & jouit de plusieurs beaux priuileges; entr'autres de celuy des estappes, qui oblige les estrangers à décharger dans la ville toutes les marchandises qui y passent, de quelque nature qu'elles puissent estre. Que les Gentils-hommes du voisinage ne peuuent point bastir de chasteau ny de place forte à trois
lieuës

lieuës à la ronde, & mesmes que les Ducs de Pomeranie ne peu- 1635.
uent point bastir de fort sur l'Oder ny sur la Suine, ou sur le
Frishaf, iusqu'à la mer : Mais elle ne iouït plus de cét aduantage depuis qu'elle dépend de la Couronne de Suede.

 Le 29. Mars, qui estoit le iour de Pasques nous arriuasmes à
Rostock. Cette ville est située sur la riuiere de *Warne* en la Du- Rostock.
ché de Meklenbourg, au lieu où demeuroient autrefois, les
peuples que l'on appelloit *Varini*. Pribislas II. fils de Niclot,
dernier Prince des Obotrites, la ceignit de murailles en l'an
1160. & en fit vne ville des ruines de celle de *Kessin*, que Henry
le Lyon, Duc de Saxe, auoit détruite. Son port est incommode, en ce que les grands vaisseaux sont obligez de décharger à
Warnemunde, qui est à deux lieuës au dessous de la ville, & à
l'emboucheure de la riuiere. La ville est assez belle, ayans trois
grands marchés, sept-vingts ruës, quatorze portereaux, &
sept portes. Son Vniuersité est vne des plus anciennes de toute l'Allemagne, & doit sa fondation à *Iean* & *Albert*, cousins
germains, Ducs de Meklenbourg, qui en firent l'ouuerture,
coniointement auec le Magistrat, en l'an 1419. Il se trouue plusieurs grands hommes au nombre de ses Professeurs, mais en-
tr'autres *Albert Crantz*, qui estoit Recteur de l'Vniuersité en l'an Albert Crantz
1482. Cette ville, ayant esté prise par les Imperiaux en l'an
1629. auec tout le reste de la Duché de Meklenbourg, le feu
Roy de Suede, Gustaue Adolfe, la fit assieger en l'an 1631. sur
le Baron de Virnemont, qui y commandoit, & qui la rendit le
16. Octobre de la mesme année.

 Nous partismes de *Rostock* le 30. Mars, & arriuasmes le mes- Wismar.
me iour à *Wismar*, qui en est eloigné de sept lieuës. Ceux qui
disent que cette ville a esté bastie par wismur, Roy des Vandales, enuiron l'an 340. s'amusent à des fables, dont la vanité
est d'autant plus visible, qu'il est certain qu'elle n'est ville que
depuis que *Henry* de *Ierusalem*, Duc de Meklenbourg, luy en
donna les priuileges, en l'an 1266. Elle est quasi aussi grande
que Rostock, & son port, qui est sans doute vn des meilleurs
de toute la mer Balthique, la rend fort marchande. Son assiette
dans des marais & sur la mer, est fort aduantageuse, & sa citadelle fortifiée de cinq bastions reguliers & de beaux dehors,
la fait considerer comme vne des plus importantes places d'Allemagne. *Adolfe-Frideric*, Duc de Meklenbourg, & le Gene-

H

1635.

ral Todt la prirent le 10. Ianuier 1632. sur le Colonel Gramma, qui y commandoit pour le Duc de Fridland, & c'est depuis ce temps-là que les Suedois la possedent, & la conseruent comme vn des plus precieux joyaux de leur Couronne.

Le dernier iour de Mars nous arriuasmes au Chasteau de *Sckonberg*, appartenant au Duc de Meklenbourg, où les parens de nostre camarade, *Iean Albert de Mandeslo*, nous receurent & traiterent splendidement. I'en receus en mon particulier plusieurs bons offices; parce qu'ayant esté blessé par vn de nostre compagnie, qui en tirant son pistolet m'auoit donné dans le bras, ie fus contraint de m'y arrester deux ou trois iours, pendant lesquels i'en receus tant de ciuilité, que ie suis obligé de leur en témoigner icy ma reconnoissance.

AVRIL.
Arriuent à Lubeck.

Les Ambassadeurs partirent de *Schonberg* le 1. iour d'Auril, mais le sieur de Mandeslo & moy, nous y demeurasmes encore deux iours, & les trouuasmes encores le troisiéme d'Auril à *Lubeck*. Cette Ville est tellement connuë, que ie ne m'arresteray point à en faire vne description particuliere, apres ce que tant d'autres Auteurs en ont escrit. Seulement diray-ie, qu'elle est situëe entre les riuieres de *Traue* & de *Wagenitz*; à 28. degr. 20. minut. de latit. & à 54. degr. 48. minut. de longitude, à deux lieuës de la mer Balthique. Elle a esté principalement bastie par *Adolfe II.* Comte de Holstein, par *Henry le Lion*, Duc de Saxe, & par *Henry Euesque d'Aldenbourg*. L'Empereur Frideric I. la reunit à l'Empire, & Frideric II. son petit fils, luy donna vne partie des priuileges, dont elle ioüit presentement. Elle est situëe dans la wagrie, à l'entrée du païs de Holstein, & est parfaitement bien fortifiée à la moderne, ioüissant outre les aduantages qui luy sont communs auec toutes les autres villes Imperiales, de celuy d'auoir la direction de toute la Hanse Teutonique, dont elle garde tous les archiues dans l'Hostel de sa ville. L'on peut iuger en quelle consideration elle est dans l'Empire par les contributions qu'elle paye pour les frais du voyage de Rome, qui montent à 21. hommes à cheual & à 177. hommes de pied, & reduits en argent à mil neuf cent vingt liures par mois. Et pour ce qui est du rang qu'elle tient aux dietes, elle a sa seance alternatiue auec la ville de *Worms*. C'est en cette ville où se fit en l'an 1629. la paix entre l'Empereur Ferdinand II. & Christiam IV. Roy de Dannemarc. L'Euesché de wagrie, qui a esté transferé d'Aldenbourg en cette ville, est auiourd'huy possedé par Iean, Duc de Holstein, frere de Frideric Duc de Holstein à Gottorp, qui demeure à Oitin. I'euitay encore en ce lieu-là vn grand malheur, en ce qu'en descendant de cheual, ie tombay sur mon bras qui estoit cassé, & le cheual de Mandeslo qui estoit fougueux & ombrageux, en ayant pris l'espouuante, se cabra, & pensa m'escraser la teste. Nous continuâmes nostre voyage apres disner, & arriuâmes sur le soir à l'hostellerie au fauxbourg d'*Arnsbock*. Cette petite ville, située en la wagrie entre Lubec & Pretz, appartenoit autrefois aux Chartreux, mais auiourd'huy elle est possedée par *Ioachim Ernest* Duc de Holstein, de la branche de Sonderborg, qui a espousé *Dorothée Auguste*, sœur de nostre Prince. Et ce fut en cette consideration qu'il nous enuoya vn carrosse à six cheuaux, & nous fit conuier de l'aller voir au Chasteau, où les Ambassadeurs & quelquesvns de leur suitte souperent à sa table, & y furent logés la nuit suiuante.

1634.

Arnsbock.

Le lendemain l'on nous fit encore desjeusner au Chasteau, & apres cela le Duc nous fit conduire dans son carrosse à l'hostellerie, d'où nous continuâmes nostre voyage, & arriuâmes encore le mesme iour à *Prets*, où il y a vn tres-beau & riche Conuent de filles nobles, qui y ont dequoy subsister, iusqu'à ce qu'elles en sortent pour se marier.

Le 6. d'Auril nous arriuâmes sur le midy à *Kiel*, ville située sur la mer Balthique, & celebre à cause de l'assemblée qui s'y fait tous les ans, à la foire des Rois, de toute la Noblesse du païs, & d'vn tres-grand nombre de marchands. Nous arriuasmes encore le mesme soir à *Gottorp* ; dont nous auons suiet de rendre graces à Dieu, & le lendemain les Ambassadeurs firent le rapport de leur negotiation. Et c'est là nostre premier voyage de Moscouie.

Kiel.

Gottorp.

H ij

VOYAGE
DE
MOSCOVIE
ET DE PERSE.
PREMIERE PARTIE.

LIVRE SECOND.

1635.
OCTOBRE.
Preparatifs pour le second voyage.

Es que son Altesse sceut que le Grand-Duc de Moscouie auoit permis à ses Ambassadeurs de passer par ses Estats pour aller en Perse, il appliqua tous ses soins à l'auancement du second voyage, auec vne depense incroyable : donnant pour cét effet ses ordres pour celuy de Perse, & faisant faire les preparatifs necessaires, & chercher de tous costés des presents dignes d'vn si grand Monarque.

Il fit aussi augmenter le train des Ambassadeurs, & ordonna qu'en attendant le temps du depart, les Gentils-hommes, Officiers & valets fussent nourris à Hambourg, au logis d'*Otthon Brugman*, l'vn des Ambassadeurs ; où ils estoient fort bien traittez & entretenus, chacun selon sa condition & qualité; la trompette sonnant toûjours aux heures du repas lors que l'on alloit seruir ; ce que l'on fit aussi pendant tout le voyage.

ET DE PERSE, LIV. II. 61

Toute cette suitte estoit composée d'vn Mareschal ou Maistre d'Hostel, d'vn Secretaire de l'Ambassade, de quatre Gentils-hommes de la chambre, & de huit Gentils-hommes suiuants, parmy lesquels passoient le Ministre & le truchement: de quatre pages de la chambre, de quatre autres pages, de quatre valets de chambre, de quatre Musiciens, d'vn Controlleur, d'vn Fourrier, de deux Sommeliers, d'vn chef d'Office, de deux Trompettes, de deux Horlogers, de huict Hallebardiers, qui sçauoient aussi leur mestier, de Boulanger, Cordonnier, Tailleur, Mareschal ferrant, Sellier &c. de dix laquais, d'vn Escuyer de cuisine, auec deux Cuisiniers & vn Garçon, d'vn Capitaine de Charoy auec son valet, de dix seruiteurs pour les Gentils-hommes, d'vn truchement pour la langue Moscouite, d'vn autre pour le Turc, & d'vn troisiéme pour le Persan. Les Sommelliers, Musiciens & Trompettes auoient aussi leurs garçons, au nombre de huict: outre douze autres personnes destinées pour l'équipage du nauire, & trente Soldats, & quatre Officiers Moscouites, auec leurs seruiteurs, que nous prismes à nostre seruice en Moscouie, auec la permission du Grand Duc.

1635.
La suite des Ambassadeurs

Tout l'Esté, & vne partie de l'Automne furent employés aux preparatifs de ce voyage; de sorte que nous ne pûmes sortir de *Hambourg*, que le vingt-deuxiéme Octobre 1635. Nous arriuasmes le ving-quatriéme à *Lubeck*, où nous demeurasmes deux iours; pendant lesquels l'on embarqua à *Trauemunde* nostre bagage & nos cheuaux, au nombre de douze. Nous suiuismes le vingt-septiéme, & nous nous embarquasmes sur le midy auec tous nos gens, dans vn nauire tout neuf, & qui n'auoit iamais esté en mer. Le vent estoit fort bon pour sortir du Havre, & neantmoins nous rencontrâmes vn courant d'eau si fort, qu'il nous fut impossible de nous empescher de donner contre deux autres grands nauires, qui estoient dans le port, & auec lesquels nous nous embarassames si fort, que nous fusmes plus de trois heures à nous dégager. Ce que plusieurs d'entre nous prirent pour vn mauuais augure du mal-heur qui nous arriua peu de iours apres.

Ils s'embarquent.

Le vingt-huictiéme Octobre sur les cinq heures du matin, apres auoir fait la priere, nous fismes voile auec vn vent Oüest Sud Oüest, qui se renforça sur le midy, & acheua sur le

H iij

soir de former vn orage horrible. Il continua toute la nuict, pendant laquelle nous reconnufmes que la plufpart de noftre équipage eftoient auffi neufs au meftier, que le nauire mefme, qui n'auoit veu la mer que cette feule fois, & nous eftions dans vne apprehenfion continuelle, que le maft n'allaft hors du bord, parce que les cordes, qui eftoient neuues, lafchoient tellement, qu'elles ne le tenoient quafi plus.

Le vingt-neufuiéme nous nous trouuafmes vers les coftes de Dannemarck, que noftre Capitaine prenoit pour l'Ifle de Bornholm, & nous trouuafmes que nous auions dreffé nôtre route droit vers le païs de Schonen; de forte que fi à l'Aube du iour nous n'euffions reconnu la terre ferme, & trouué quatre braffes d'eau feulement, ce qui nous obligea de changer auffi-toft de route, c'eftoit fait de nous & de noftre nauire. Sur les neuf heures nous découurifmes l'Ifle de *Bornholm* à Tienbord, & dautant que le vent eftoit fort bon, nous mifmes toutes nos voiles. Mais fur les dix heures du foir, lors que nous y penfions le moins, & ne fongions qu'à prendre le repos pour nous remettre des fatigues de la nuict precedente, au mefme moment que *Brugman*, l'vn des Ambaffadeurs, exhortoit le contre-maiftre, qui eftoit en quartier, de prendre garde à luy, & que l'autre luy répondoit qu'il n'y auoit rien à craindre, veu que nous auions toute la mer deuant nous, nous donnafmes à pleines voiles fur vn écueil couuert d'eau. Le coup que le nauire donna, fit vn fi horrible bruit, qu'il nous réueilla tous en furfaut. L'eftonnement & l'efpouuante, dont nous fufmes faifis, nous furprit tellement, qu'il n'y euft pas vn de nous qui ne cruft y auoir rencontré auec la fin du voyage celle de fa vie.

Leur nauire donne fur vn efcueil.

D'abord nous ne fçauions pas où nous eftions, & d'autant que la Lune eftoit nouuelle, la nuict eftoit fi noire, que nous ne voyons pas à deux pas de nous. Nous mifmes noftre lanterne au Chafteau, & fifmes tirer quelques coups de moufquet, pour voir s'il y auoit du fecours à efperer dans le voifinage. Mais perfonne ne répondit à ces premiers coups, & le nauire commençant à fe coucher fur le cofté, noftre affliction commença à fe conuertir en defefpoir; tellement que la plufpart fe jetterent à genoux, prians Dieu auec des cris effroyables, de leur enuoyer le fecours, qu'ils ne pouuoient efperer des hômes.

Le Capitaine mesme pleuroit à chaudes larmes, & abandonnoit le Gouuernail & la conduite du nauire. Le Medecin & moy, qui auions contracté vne amitié particuliere, estions assis l'vn aupres de l'autre, à dessein de nous embrasser, & de mourir ensemble, comme bons & anciens amis, en cas de naufrage. Les autres prenoient congé les vns des autres, ou faisoient des vœux à Dieu, dont ils s'acquitterent depuis si religieusement, qu'en arriuant à Reuel, on trouua dequoy marier vne pauure, mais tres-honneste fille. Le fils de l'Ambassadeur Crusius estoit celuy qui faisoit plus de pitié. Il n'auoit que douze ans, & il s'estoit ietté sur le visage, remplissant tout le nauire de pleurs, & de lamentations, poussant incessamment ses cris vers le Ciel, & disant, Fils de Dauid ayés pitié de moy; à quoy le Ministre adiousta, Seigneur, si tu ne nous veux point exaucer, exauce au moins cét enfant, & ayes égard à l'innocence de son âge. De fait le bon Dieu nous fit la grace de nous conseruer; quoy que le nauire heurtast plusieurs fois, & auec grande violence contre le rocher.

A vne heure apres minuict nous apperceusmes du feu; ce qui nous fit croire, que nous n'estions pas bien loin de terre. C'est pourquoy les Ambassadeurs firent mettre la barque dehors, à dessein de s'y ietter chacun auec vn seruiteur, & d'aller droit à ce feu, pour voir s'il y auroit moyen de sauuer les autres: mais à peine y auoit-on mis les cassettes, où estoient les lettres de Creance & les pierreries, que la mer la remplit toute, & faillit à noyer deux de nos gens, qui s'y estoient iettés les premiers, pensans se sauuer: de sorte qu'ils eurent de la peine à se retirer dans le nauire, deuant que la barque allast à fonds. Ainsi fusmes nous contraints de demeurer là le reste de la nuict, attendans ensemble auec impatience la fin de ce peril & de nos inquietudes.

L'aube du iour nous fit reconnoistre l'*Isle d'Oeland*, & découurit aupres de nous le débris d'vn nauire Danois, qui y auoit fait naufrage depuis vn mois. Apres que le vent se fût tant soit peu appaisé, deux pescheurs de l'Isle vinrent à nostre bord, & menerent les Ambassadeurs à terre, moyennant vne reconnoissance fort considerable, & apres eux quelques-vns de leur suite.

Nous y trouuasmes sur le midy les deux cassettes, que la

1635.

L'Isle d'Oeland.

mer y auoit iettées, & apres que la mer se fût vn peu calmée, plusieurs païsans de l'Isle vinrent à nostre secours, pour aider à tirer nostre nauire de ces écueils; mais le malheur voulut que lors qu'ils voulurent ietter l'ancre, qu'ils auoient portée dans la barque iusqu'à cent pas du nauire, la barque fut renuersée, de sorte que tous ceux qui y estoient se virent en vn moment dans la mer.

Nostre contre-maistre alla aussi-tost à leur secours auec vne des barques de l'Isle, & d'autant qu'en versant ils s'estoient saisis, les vns de la barque, les autres de quelque rame ou autre chose, & que le vin qu'ils auoient pris, leur donnoit du courage, l'on eut le loisir, d'y faire deux voyages, & de les sauuer tous à la reserue de nostre Charpentier, qui perit deuant nos yeux; parce qu'il n'auoit pû rien attraper, qui le pust tenir sur l'eau.

Pendant que l'on trauailloit à guinder nostre nauire, les eaux crurent en sorte, que le vent qui estoit en mesme temps changé vers le Nortüest, aida à le mettre en pleine mer, sans peine. Il n'y fut pas si-tost que le vent se remit au Sudüest, & nous fauorisant ainsi au fâcheux passage du détroit de Calmer: qui est d'autant plus dangereux en cette saison que la mer y est toute parsemée de rochers, & que les bancs de sable le rendent incommode mesme en Esté. Le nauire attendit les Ambassadeurs à *Calmer*, où ils arriuerent par terre le premier Nouembre, & vinrent au bord prés d'vn vieux fort ruiné, nommé *Ferstat*.

Détroit de Calmer.

NOVEMBRE.

Estant arriués à Calmer nous renuoyasmes vn page & vn laquais à Gottorp, querir d'autres lettres de Creance, parce que la mer auoit entierement gasté les premieres. Nous y mismes aussi en deliberation, s'il seroit à propos de prendre nostre chemin par terre, en trauersant la Suede, ou si nous continuerions nostre voyage par mer. On prit le dernier party comme le meilleur; & afin de le pouuoir faire auec moins de danger, nous fismes chercher vn bon contre-maistre, pour nous seruir sur la mer Balthique; mais n'en pouuans point trouuer, nous nous contentasmes de prendre deux Pilotes, qui nous conduisirent vne demy-lieuë par les bancs, iusques en pleine mer.

Le troisiéme nous reprismes nostre route, & passasmes pardeuant vn escueil, que l'on appelle *la Damoiselle de Suede*, que
nous

nous laissasmes au bas bord. On compte de Calmer iusqu'icy huit lieuës.

1635.

Sur le midy nous eusmes à Tienbord le Chasteau de *Bornholm*, dans l'Isle de Oeland. Sur le soir nous doublasmes la pointe de l'Isle, auec vne si horrible tourmente du Nordest, que la prouë se trouuoit plus souuent dans l'eau que dehors, & les coups de mer lauoient à tous moments nos voiles.

Le malheur voulut aussi que nostre pompe se trouua en desordre; de sorte qu'en attendant qu'on la pûst faire joüer, il fallut employer tous nos chauderons & autres vases à vuider l'eau. Cette tourmente dura iusqu'au lendemain midy, auec tant de danger pour nous, que si le vent n'eust point changé, il nous eust esté impossible d'éuiter le naufrage. Mais le vent estant deuenu vn peu plus fauorable, nous continuasmes nostre route, & arriuasmes sur le soir à la veuë de la *Gotlande*.

L'Isle de Gotlande est située vis à vis la Prouince de Scandinauie ou de Schonen, qui a le mesme nom, à 58. deg. de latitude. Elle a 18. lieuës d'Allemagne de long sur trois ou quatre de large. Le païs est plein de rochers, de bois de sapin & de geniévre; ayant vers le Leuant plusieurs Haures assez commodes; comme ceux d'*Ostergaar*, *Sliedhaf*, *Sanduig*, *Naruig*, & *Heiligholm*. *Ostergaar* est vne petite Isle située quasi en égale distance des deux pointes de la grande, formant vn Haure assez commode pour ceux qui sçauent éuiter les bancs de sable, qui y auancent assez loin dans la mer. *Sliedhaf* est plus haut vers le Nort qu'*Ostergaar*, & a vn Haure tres-commode contre toutes sortes de vents; les nauires s'y mettans à l'abry de quatre petites Islettes, ou plûtost collines de sable, qui rompent la violence des flots. Il n'y a qu'vne seule ville en toute l'Isle; mais il s'y trouue plus de 500. Fermes, & les Eglises y sont bâties à vne lieuë de distance les vnes des autres, comme dans l'Isle d'Oeland; de sorte que le clochers donnent beaucoup d'adresse aux nauires qui prennent cette route. Les habitans sont Danois, & l'Isle a esté sujette aux Rois de Dannemarck, iusqu'à ce qu'en suitte d'vne fascheuse guerre elle ait esté cedée à la Couronne de Suede, à laquelle elle paye tous les ans 100. last de gouldran. Tout leur trafic est de bestail & de bois, à bastir & à brûler, & c'est de là que l'on apporte les meilleures planches de sapin. I'eus la curiosité d'aller voir, auec quelques-vns de

L Isle de Gotlande.

mes Camarades, la ville de *Wisby*. Elle est bastie sur la pente d'vn roc sur le bord de la mer, ceinte d'vne bonne muraille, & fortifiée de quelques bastions. Les ruines de quatorze Eglises, & de plusieurs maisons, portes & murailles de pierre de taille & de marbre que nous y vismes, font iuger qu'elle estoit autrefois fort grande. On dit qu'elle eut son commencement vers la fin du huitiéme siecle, & que depuis ce temps-là elle a esté si peuplée, que l'on y a souuent compté iusqu'à douze mille habitans, dont la plus part estoient marchands ; sans les Danois, Suedois, Vandales, Saxons, Moscouites, Iuifs, Grecs, Prussiens, Polonois, & Liuonois qui y auoient leur commerce. L'on dit que c'est là que l'on a fait les premieres ordonnances de la marine, dont la ville de Lubek & les autres villes Anseatiques se seruent encore: mais le port est presentement entierement ruiné ; de sorte que les nauires n'y peuuent plus entrer.

Le cinquiéme, le vent recommença auec plus d'impetuosité qu'auparauant, en sorte qu'à tous coups de mer le vaisseau se trouuoit couuert d'eau. Sur les dix heures du soir nous jettasmes la sonde, & ne trouuasmes que douze brasses ; c'est pourquoy nous changeasmes de route, & prismes la pleine mer, de peur de donner contre terre, & de faire naufrage, qui eust esté ineuitable.

Le sixiesme nous rencontrasmes vn nauire Hollandois, qui nous enseigna la route de l'Isle de *Tageroort*, où nous arriuasmes sur le soir ; mais la mesme nuit la tourmente nous repoussa en pleine mer.

Le septiéme, nous nous trouuasmes sur le midy à la pointe de *Tageroort* ; mais le Contre-maistre se trompa, & croyant que le vent nous eust portés vers le Nort, nous voulut persuader, que c'estoit *Oetgensholm*, & sur cette opinion il s'engagea imprudemment à vn tres-dangereux passage, nommé le *Hondeshüig*. Il ne s'apperceut point de son erreur, qu'il ne reconnust le clocher de l'Eglise ; si bien que nous fusmes contraints de retourner en pleine mer, auec bien plus de risque que nous n'auions couru en y entrant. Ce iour-là nous rencontrasmes vne barque qui s'estoit égarée ; laquelle ayant appris que nous allions à *Reuel*, nous suiuit quelque temps, mais elle nous quitta sur le soir, & moüilla deuant *Tageroort* ; & à ce que nous sceusmes depuis, elle arriua le lendemain heureusement à Reuel. Toute l'apresdisnée nous ne perdisines point la coste de Liuonie de veuë, & sur le soir nous nous trouuasmes à vne lieuë de l'Isle de *Narga*, qui est à l'entrée du Havre de *Reuel*. Nostre Capitaine & le contre-maistre n'y oserent pas entrer, ny mouïller deuant Tageroort; aymans mieux choisir la pleine mer, quoy qu'auec vne horrible tourmente, qui nous fit passer vne tres-mauuaise nuit, & nous fit perdre nostre grand mast, auec celuy de mizaine d'vn coup de mer, qui emporta tout le chasteau: & ce fut comme par miracle qu'il nous laissa la boussole; sans laquelle il nous eust esté impossible de sçauoir la route, que nous estions obligez de tenir.

Le huitiéme nous reconnusmes que nous auions passé le Havre de Reuel, & sur les dix heures le temps grossit tellement, qu'il ressembloit à vn tremblement de terre, qui alloit bouleuerser tout l'Vniuers, plûtost qu'à vn orage. Il redoubla nostre peril & nos craintes, iusques sur les trois heures apres disner, qu'vn de nos matelots, qui estoit monté dans la hune du Beau-pré, nous dist qu'il voyoit l'Isle de *Hoglande*. Nous y arriuasmes sur les sept heures du soir, & mouïllasmes à dix-neuf brasses d'eau. Nous y demeurasmes le neufiéme, & resolusmes que cy-apres nous ferions la priere deux fois le iour, & que de temps en temps nous rendrions à Dieu des actions de graces pour nous auoir deliurés le iour precedent d'vn peril, que nous croyions ineuitable, sinon en donnant auec nostre vaisseau à trauers les rochers, qui sont sur les costes de Finlande; comme nous auions resolu de faire, si Dieu ne nous eust fait découurir cette Isle. Les Ambassadeurs mirent pied à terre, pour reconnoistre l'assiette du pays, & pour se rafraischir. Sur le soir il fut mis en deliberation, sçauoir si l'on acheueroit le voyage par mer iusques à Narua, ou si l'on retourneroit à Reuel: mais la diuersité des opinions fut si grande que l'on ne pût rien resoudre. Sur les neuf heures du soir le Capitaine vint au logis des Ambassadeurs, leur dire, que le vent estant tourné vers l'Est, & poussant le nauire à terre, il ne voyoit point d'apparence de le pouuoir sauuer, sinon en reprenant le chemin de Reuel. Les Ambassadeurs luy répondirent qu'il fist ce qu'il iugeroit à propos, & se rembarquerent; mais au mesme temps que l'on trauailloit à leuer l'ancre, le vent s'aug-

I ij

menta si fort, qu'il fut impossible de prendre ce party ; de sorte que le Capitaine & son Conseil changerent de dessein, & trouuerent bon que l'on demeureroit à l'ancre, de peur d'eschoüer. Mais cette preuoyance ne seruit de rien ; parce que la terre estant trop proche, les ordres ne purent pas estre executés auec assés de diligence pour éuiter le naufrage. Tout ce que l'on pût faire, ce fut de mettre la barque en mer, & les Ambassadeurs à terre, auec quelques-vns de leur suitte. Apres quoy le nauire donnant contre les grosses pierres, dont toute la coste est couuerte, il se brisa enfin & alla à fonds. On eut le loisir de sauuer tous les hommes, vne bonne partie des hardes, & sept cheuaux, dont les deux moururent le lendemain.

Nous nous retirasmes en des cabanes de pescheurs, sur le bord de la mer, où nous trouuasmes quelques païsans Liuonois, qui ne parloient que le jargon du pays. Cette retraitte acheua de conseruer ceux qui s'estoient sauués du naufrage, parce qu'ayans leurs habits moüillés sur le corps, la plus part fussent morts de froid, dans la neige qui tomba la nuit suiuante.

Le lendemain dixiéme, nous voulusmes voir s'il y auoit moyen de tirer encore quelques hardes du nauire ; mais la tourmente continuant tousiours, personne n'osa se hazarder d'en approcher auec la barque : toutesfois le temps s'estant vn peu adoucy apres midy, l'on en retira encore quelque chose, & nous mismes à l'air nos habits, les liures & le bagage, que l'eau de la mer auoit en partie gastés, ou entierement perdus.

La plus grande perte que nous fismes ce fut d'vne horloge de la valeur de quatre mil escus, que les cheuaux auoient mis en pieces, en faisant effort pour se détacher.

Au sortir de ce danger nous nous trouuasmes dans vn autre, qui pour n'estre pas si present, n'estoit pas moins fascheux. C'estoit l'incommodité des viures. La mer auoit gasté les nostres, & nous apprehendions que les glaces nous enfermans le reste de l'Hyuer dans l'Isle, nous ne mourussions de faim, ou ne fussions exposés aux extremités de nous nourrir d'escorces d'arbres, comme auoient esté contraints de faire ceux d'vn autre nauire, qui y auoit fait naufrage quelques années auparauant. Il nous restoit peu de pain, & le biscuit estoit telle-

ment détrempé, que nous fufmes contraints de le faire boüillir 1635.
dans de l'eau fraifche auec vn peu de cumin, ou de fenoüil, &
le faifions ainfi manger à nos valets en potage. Vn iour nous
prifmes dans vn torrent, qui defcend des montaignes, affez de
petits poiffons, pour en faire deux bons repas à nos gens.

L'Ifle de *Hoglande* tire fon nom de la hauteur de fon affiette, L'Ifle de Ho-
qui paroit fort dans la mer, & a trois lieuës de long fur vne de glande.
large. L'on n'y voit que des rochers, des fapins & des broffail-
les. Nous y vifmes bien quelques lievres, qui y deuiennent
blancs l'Hyuer, comme par tout ailleurs en Liuonie, mais nos
chiens ne les pouuoient pas fuiure par les bois & par les rochers;
parce que tout le païs eftant rude & couuert, ils ne les vouloient
pas feulement faire leuer.

Le bruit couroit cependant à Reuel que nous eftions tous
perdus ; tant parce que l'on auoit trouué fur la cofte de Liuonie
des corps morts, veftus de rouge, qui eftoit noftre liurée, que
parce que la barque, dont nous auons parlé cy-deffus, auoit rapporté, qu'elle nous auoit veu emporter par la tourmente au de
là de la Baye de Reuel. D'ailleurs on fut huiċt iours entiers fans
apprendre de nos nouuelles ; de forte que les gens que nous y
auions laiffés au retour de noftre premier voyage de Mofcouie,
commençoient defia à chercher maiftre, quand le fieur d'Vchterits, alors Chambellan des Ambaffadeurs, & auiourd'huy Gentilhomme de la Chambre de S. Alteffe de Holftein à Gottorp, y
porta de nos nouuelles peu de iours apres. Nous auions eu
moyen de l'y enuoyer dans vne des deux barques Finlandoifes,
que la tempefte pouffa à l'Ifle le 3. Nouembre.

Le dix-feptiéme les Ambaffadeurs s'embarquerent chacun Eftrange na-
auec vne fuitte de cinq perfonnes dans deux barques de pef- uigation.
cheurs, pour paffer en terre ferme, de laquelle cette Ifle eft éloignée de douze grandes lieuës. Cette nauigation n'eftoit gueres
moins dangereufe que la premiere ; en ce que ces barques,
qui eftoient fort petites & vfées, n'eftoient point calfeutrées,
& n'eftoient liées par en haut que de cordes, faites d'efcorces
d'arbres. La voile eftoit faite de plufieurs vieux lambeaux, &
dreffée en forte qu'elle ne pouuoit feruir qu'auec le vent ar-
riere ; fi bien que le vent commençant à biaifer tant foit peu,
apres auoir fait cinq lieuës, les pefcheurs luy voulurent prefenter la poupe ; mais nous les exhortafmes d'amener la voile,

I iij

1635. & de se seruir de la rame, pour tascher de gagner vne Isle, qui estoit à nostre veuë à vne demy-lieuë de nous, & où nous arriuasmes sur le soir. Nous n'y trouuasmes que deux cabanes desertes, & basties moitié en terre. Nous fismes du feu, & y passasmes la nuict; mais n'ayans ny pain ny viande, nous fismes nostre souper d'vn morceau de fromage de Milan, qui nous estoit demeuré de reste.

Le lendemain nous continuasmes nostre voyage à la faueur d'vn fort bon vent, & d'vn assés beau temps, quoy que la mer fust encore fort émeuë. A peine auions nous fait deux lieuës qu'vn tourbillon venant de l'Est, bien que le vent fust du Nort, accueillit la barque où i'estois, à la suite de l'Ambassadeur *Brugman*, & la fit coucher sur le costé, si fort qu'elle prit eau, faisant en mesme temps éleuer les flots de la mer d'vne demy-aulne pardessus le bord. Tout ce que les pescheurs peurent faire ce fut d'abattre la voile, & de se ietter contre l'autre bord, pour redresser la barque. L'orage estant passé nous reprismes nostre route, iusqu'à ce qu'vn second tourbillon nous mist en la mesme peine. Nous l'eusmes trois fois en moins de deux heures. Et ie croy que ce fut là le plus grand danger que nous eussions encore couru en tout nostre voyage; parce que la barque estant vieille, & chargée de huict personnes, de toute la vaisselle d'argent & d'autre bagage, qui nous laissoit fort peu de bord, vn coup de mer l'eust pû remplir, & nous abismer tous. Mais apres cela quand les pescheurs voyoient venir le tourbillon, ils presentoient le costé au vent, afin que la vague ne pût frapper qu'en glissant, & par ce moyen nous éuitions le peril, dont nous estions menacés. A trois lieuës de terre nous eusmes aussi vne furieuse gresle; mais ce qu'il y eut de plus admirable en tout cela, ce fut que la barque de l'Ambassadeur *Crusius*, qui nous suiuoit de pres, à la portée du pistolet, n'en sentit rien, & eut tousiours beau temps.

Les Ambassadeurs arriuent en Liuonie.

Nous n'estions qu'à vne demy-lieuë de terre, quand le vent se mettant tout à coup au Sud, nous deuint entierement contraire, & eust obligé nos païsans à retourner, si l'esperance d'vn flacon d'eau de vie de trois pintes, que nous leur promîmes, ne leur eust donné le courage d'abattre les voiles, & de nous mener à terre à force de bras. Nous y abordasmes sur le soir du 18. Nouembre, & mismes pied à terre en *Esthonie*, apres auoir rodé vingt deux iours sur la mer Balthique, auec tout le danger, dont cet element peut menacer ceux qui s'y fient en cette saison-là.

Le 22. arriuerent dans l'Isle de *Hoglande* deux autres barques que la tempeste y auoient iettées. Les gens, que nous auions laissés dans l'Isle, s'en seruirent pour passer en terre ferme, où ils arriuerent le vingt-quatriesme, auec les cheuaux & le reste du bagage. Nous allasmes de là à *Kunda*, maison appartenante à feu Iean Muller, mon beaupere, éloignée de la mer de deux lieuës, où nous demeurasmes trois sepmaines, pour nous refaire des fatigues que nous auions souffertes sur la mer. Nous y tombasmes quasi tous malades, mais il n'y en eut pas vn qui gardast le lict plus de trois iours. Nous allasmes de là à *Reuel*, où nous arriuasmes le deuxiesme Decembre, à dessein d'y seiourner quelque temps, pour faire remettre en estat nos hardes & les presents qui auoient esté gastés par les desordres de nostre naufrage.

Les Ambassadeurs se trouuans à Reuel auec toute leur suitte, jugerent à propos de leur faire publier l'ordre que le Duc vouloit estre obserué en tout le voyage. Ils l'auoient apporté auec eux en bonne forme, & scellé du grand sceau de S. Altesse; mais ils y ajousterent vn reglement particulier de leur part, afin de preuenir par ce moyen les desordres, qui ne sont que trop frequents parmy vn si grand nombre de domestiques. Mais dautant que l'vn & l'autre ne contiennent que des choses fort ordinaires, nous ne les insererons pas icy, & nous nous contenterons de dire qu'ils furent fort mal obseruez ; parce que l'Ambassadeur *Brugman* ayant armé les Laquais de haches, dont les manches auoient vn canon, en sorte qu'ils pouuoient seruir de fusil, & leur ayant donné ordre de ne rien souffrir des habitans de Reuel, il ne se passoit gueres de iour, pendant les trois mois que nous y demeurâmes, en attendant d'autres lettres de Creance, qu'il n'y eust quelque querelle & batterie. Mesmes l'onziéme Février Isaac Mercier, François de nation, valet de chambre de l'Ambassadeur *Brugman*, d'ailleurs fort bon garçon & de fort bonne humeur ; ayant oüy le bruit d'vne batterie entre les domestiques des Ambassadeurs & les garçons de boutique de la ville, & voulant aller au secours des nostres, fut blessé d'vn coup de barre, qu'on luy déchargea sur la teste, &

1635.

DECEMBRE.
A Reuel.

1635.

qui luy brisast tout le test, en sorte qu'il en mourut le lendemain. Le Magistrat fit toutes les diligences possibles pour découurir l'autheur du meurtre, mais en vain ; de sorte que toute la reparation que l'on en eut, ce fut l'honneur que le Senat nous fit d'assister à son enterrement, coniointement auec les Ambassadeurs & ceux de la suitte.

Description de la ville de Reuel.

Pour ce qui est de la ville de *Reuel*, elle est située à 50. degr. 25. minut. de latit, & à 48. degr. 30. min. de longit. sur la mer Balthique, au Cercle de *Wirlande*, en la Prouince d'*Esthonie*. *Waldemar* ou *Volmar* II. Roy de Dannemarc, en ietta les premiers fondemens enuiron l'an 1230. Volmar III. la vendit en l'an 1347. auec les villes de Narva & de Wesenberg à *Gosüin d'Eck*, Maistre de l'Ordre de Liuonie, pour dix-neuf mille marcs d'argent. Il y a enuiron cent ans, que la Liuonie estant trauaillée d'vne tres-facheuse guerre contre le Moscouite, cette ville se mit en la protection d'Eric Roy de Suede. Elle estoit si forte dés ce temps-là, qu'elle soustint vn grand siege en l'an 1570. contre Magnus Duc d'Holstein, qui commandoit l'armée du Grand Duc ; & vn autre en 1577. contre les mesmes Moscouites, qui furent contraints de se retirer auec perte. L'assiette de son chasteau est d'autant plus aduantageuse, que le roc sur lequel il est basty, est escarpé de tous costés, sinon vers la ville : laquelle estant fortifiée à la moderne, n'est gueres moins considerable que celle de Riga : & c'est pourquoy elle a eu pendant plusieurs années la direction du College de Nouogorod, coniointement auec la ville de Lubec. Il y a plus de trois cens ans que les villes Anseatiques l'ont receuë en leur societé ; mais elle ne commença d'estre bien marchande qu'enuiron l'an 1477. & en ce temps-là elle n'eut pas beaucoup de peine à se conseruer le trafic, particulierement celuy de Moscouie, parce que son beau port & sa bonne rade rendent la situation si aduantageuse, qu'il semble que Dieu & la nature l'ayent fait pour la commodité du commerce. Si elle ne l'eut point conuerty en Monopole, elle seroit encore en la mesme consideration ; mais ayant rompu auec les autres villes Anseatiques en l'an 1550. & le Grand Duc ayant pris la ville de *Narva* quelque temps apres, les Moscouites y establirent en cette derniere ville le commerce qu'ils auoient auparauant à Reuel. Elle ioüit encore du droit d'Estappes, & ses habi-

tants

tans ont, auec la preference des marchâdiſes qui ſe déchargent
en ſon port, le pouuoir d'empécher le trafic de Liuonie en
Moſcouie, ſans ſa permiſſion. Ces priuileges luy ont eſté confirmez par tous les Traitez qui ont eſté faits entre les Roys de
Suede & les Grands Ducs de Moſcouie, comme en 1595. à
Teuſina, en 1607. à Wibourg, & en 1617. à Stolüoüa. Il eſt
vray que ces auantages luy ont eſté en partie oſtez depuis la derniere guerre de Moſcouie ; de peur qu'à l'exemple de pluſieurs autres villes Anſeatiques, elle ne tâchaſt de ſe ſou-
ſtraire de l'obeïſſance de ſon Prince; mais elle ne laiſſe pas de
jouïr encore de pluſieurs autres priuileges, qui luy ont eſté
confirmez de temps en temps par les Maiſtres de l'Ordre, lors
qu'ils eſtoient Seigneurs du Pays, & enſuite par les Roys leurs
ſucceſſeurs. Elle ſe ſert des coûtumes de la Ville de Lubec,
& a vn Conſiſtoire, & vn ſur-Intendant pour les affaires Eccleſiaſtiques, faiſant profeſſion de la Religion Proteſtante,
de la confeſſion d'Augſbourg, & vne fort belle école, d'où
il ſort de fort bons Eſcoliers, que l'on enuoye acheuer leurs
Eſtudes à Derpt, ou dans les autres Vniuerſitez de ces quartiers-là. Le gouuernement de la Ville eſt Democratique, le
Magiſtrat étant obligé d'appeler les Doyens des meſtiers,
& les plus anciens Habitans aux déliberations des affaires importantes. On voit encore aujourd'huy à vne demy-lieüe de
la Ville, du côté de la Mer, les ruïnes d'vn tres-beau Conuent,
qu'vn Marchand de la Ville fonda au commencement du
quinziéme ſiecle, par vne deuotion particuliere qu'il auoit
pour ſainte Brigitte, ſous *Conrad de Iungingen*, Grand Maî-
tre de Pruſſe, & *Conrad de Vitingohf*, Maiſtre Prouincial de
Liuonie. Il eſtoit compoſé de Religieux & de Religieuſes,
& le liure que i'ay vû de la fondation de ce Conuent, remarque plaiſamment, que les freres & les ſœurs auoient trouué
le moyen de ſe parler par ſignes, & en fait vn petit Diction-
naire aſſez diuertiſſant.

La *Liuonie* a du côté du Leuant la *Moſcouie*, vers le Nort vn
golfe de la mer Baltique, qui la ſepare de la *Suede* & de la
Finlande, vers le Ponant la méme mer Balthique, & vers le
Midy *la Samogitie, la Lituanie* & *la Pruſſe*. Elle a plus de ſix-vingt
lieües d'Allemagne le long de la coſte, & enuiron quarante
de large, & eſt diuiſée en *Eſthonie, Lettie* & *Courlande*. La Pre-

1635.

Deſcription
de la Liuonie.

miere de ces trois Prouinces est subdiuisée en cinq Cercles, que l'on nomme *Harrie*, *Wirlande*, *Allentaken*, *Ierue* & *Wiech*, & a pour ville Capitale *Reuel*, comme la *Lettie Riga*, & la *Curlande Goldingen*.

La *Liuonie* & ses Seigneurs, les Maistres de l'ordre, dont nous parlerons cy-aprés, estoient sujets à l'Empire d'Allemagne ; non-seulement depuis que cette Prouince fut conquestée sur les Infidelles par des Allemans ; mais aussi, & particulierement depuis qu'en l'an 1513. l'Archeuesque de Riga, auec ses suffragans, & le Maistre de l'ordre, qui s'estoit racheté de la suiettion de celuy de Prusse, furent receus au nombre des Princes de l'Empire. Voyons de quelle façon elle en a esté détachée. Le Moscouite, qui trouuoit cette belle Prouince fort à sa bien-seance, y entra en l'an 1501. auec vne puissante armée; mais *Gaultier de Plettenberg*, Maistre de l'ordre, luy donna la bataille, en laquelle plus de quarante mille Moscouites furent tuez sur la place. Cette défaite produisit vne tréfue de cinquante ans. En l'an 1558. *Iean Basilouitz*, Grand Duc de Moscouie, ayant joint à ses autres Estats les Tartares de Cassan & d'Astrachan, & voulant profiter des diuisions qui auoient armé le Maistre de l'ordre côtre l'Archeuesque de Riga, entra en Liuonie, & ayant fait des courses dans l'Euesché de Derpt, & en Wirlande, il se retira en Moscouie. Pendant ces desordres les Liuonois presserent les Estats de l'Empire de leur enuoyer du secours contre vn ennemy si crüel & si barbare : mais n'en pouuant point esperer, la ville de Reuel, qui se voyoit exposée au premier peril, s'offrit au Roy de Dannemarc, & à son refus elle s'adressa à Eric Roy de Suede, & luy demanda vn secours considerable d'hommes & d'argent. Il leur fit réponse, que son Royaume n'estoit point en estat de faire ny l'vn ny l'autre ; mais que si la Ville se vouloit mettre en sa protection, il luy conserueroit tous ses Priuileges, & la défendroit contre le Moscouite : surquoy la Ville aprés auoir pris l'aduis de la Noblesse du voisinage, renonça au deuoir qu'elle auoit au Maistre de l'ordre, & se mit en la protection du Roy de Suede en l'an 1560. Dés l'année precedente 1559. l'Archeuesque de Riga & le Coadiuteur de l'ordre, auoient prié Sigismond Auguste, Roy de Pologne, de les secourir contre le mesme ennemy, & luy auoient promis vne somme de six cens

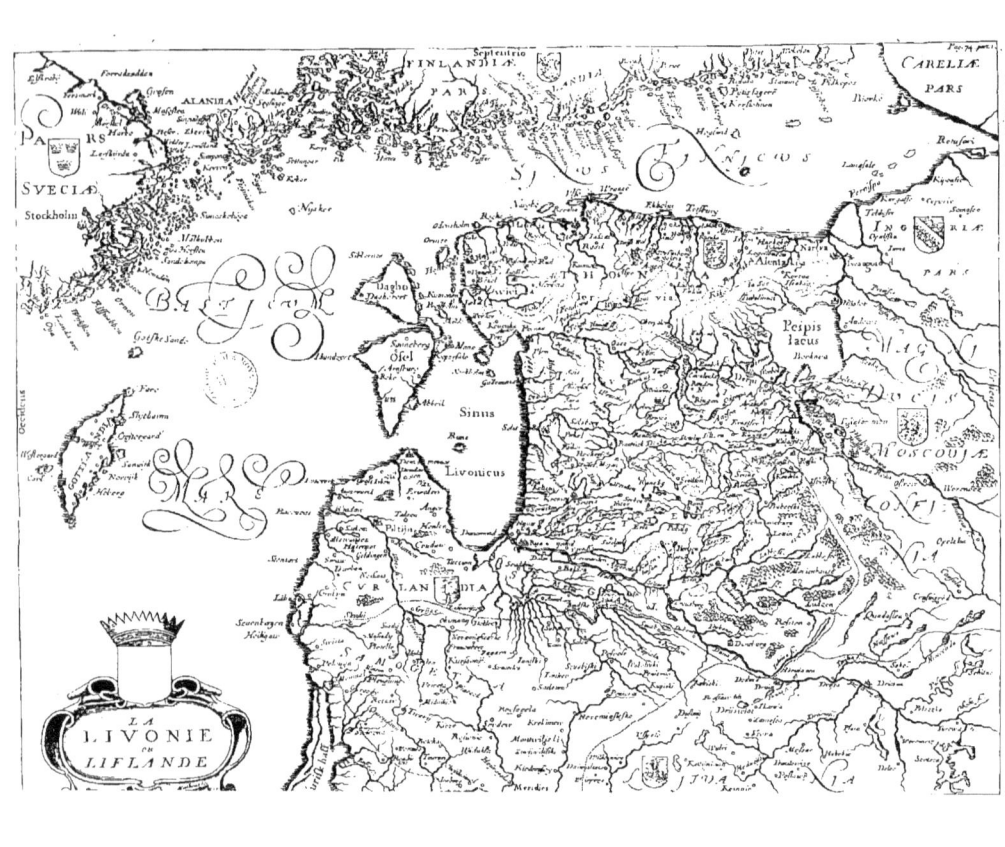

mille ducats pour les frais de la guerre, luy engageans pour cét effet neuf des meilleurs Baillages du païs. Mais en l'an 1561. le Roy de Pologne voyant que toute la Liuonie s'alloit perdre par les diuisions qui déchiroient la Prouince, & que la ville de Reuel, auec vne partie de l'Esthonie, s'estoit jettée entre les bras du Roy de Suede, il refusa d'executer le traitté, & d'enuoyer le secours qu'il auoit promis, si l'Archeuesque & le Maistre de l'ordre ne reconnoissoient la Souueraineté de la Couronne de Pologne. Cette necessité les contraignit de remettre tous les Actes & Priuileges qu'ils auoient obtenus de l'Empire & du Pape, auec le sceau & les autres marques de Souueraineté, entre les mains du Prince de Radziuil, Commissaire de Pologne, auquel ils presterent aussi le serment de fidelité. Ensuitte de cela le Roy de Pologne donna la Curlande en tiltre de Duché à *Godard Ketler*, Maistre de l'ordre, qui presta le serment de fidelité à la Couronne de Pologne le 5. Mars 1562.

Par le traité qui fut fait entre le Roy de Pologne & le Grand Duc de Moscouie, le 15. Ianuier 1582. le Duc restitua à la Couronne de Pologne toutes les places de Liuonie, à la reserue de celles que le Roy de Suede possedoit en Esthonie. Aujourd'huy elle est quasi entierement occupée par les armes Suedoises.

Toute la Liuonie est tres-fertile, & particulierement en bled. Car encore qu'elle ait esté fort ruinée par les Moscouites, l'on ne laisse pas de la défricher petit à petit, en mettant le feu aux forests, & en jettant la semence dans les cendres, qui pendāt les trois ou quatre premieres années produisent de fort bon bled, & en tres-grande abondance ; sans qu'il soit besoin d'y mettre du fumier. Ce qui est d'autant plus admirable, que l'on sçait qu'il ne reste point de qualité generatiue dans les cendres : Si bien qu'il faut croire que le soulfre & le salpestre, qui demeurent auec le charbon sur la terre, y laissent vne chaleur & vne graisse capable de produire, aussi-bien que le fumier. Ce qui se rapporte aux sentimens de *Strabon*, à la fin de son cinquiéme Liure, où il parle de la fertilité des terres situées dans le voisinage du mont-Vesuue, & du mont-Gibel en Sicile. Il y a grande quantité de bestail, & le gibier y est à si bon marché, que bien souuent nous n'achetions vn leuraut que

sa fertilité.

K ij

quatre fols, vn coq de bruyere fix, & ainfi du refte; de forte que l'on y vit à bien meilleur compte que l'on ne fait en Allemagne.

Ses habitans. Ses habitans ont efté fort long-temps Payens, & ce ne fut qu'au douziéme fiecle qu'vn rayon du Soleil de Iuftice commença à les éclairer ; à l'occafion du commerce que quelques Marchands de Breme vouloiët établir en ces quartiers-là. Dés l'an 1158. vn de leurs Nauires ayant efté jetté par la tépefte dans le Golfe de Riga, que l'on ne connoiffoit pas encore, les Marchands trouuerent fi-bien leur cõpte auec les habitans du Pays, qu'ils refolurent de continuer leur nauigation ; & ce auec d'autant plus d'apparence de fatisfaction, que le peuple étant fort fimple, ils croyoient que l'on n'auroit pas beaucoup de peine à l'amener au Chriftianifme. *Menard*, Moine de Segeberg, fut le premier qui leur prêcha l'Euangile, & qui fut fait premier Euefque de Liuonie par le Pape Alexandre III. en l'an 1170. *Bertold*, Moine de l'Ordre de Cifteaux, fucceda à Menard en l'Euefché de Liuonie ; mais dautant qu'il ne fe feruoit pas fi bien de la parole de Dieu que des armes, pour la reduction de ces peuples, il y reüffit fort mal, & les irrita tellement, qu'ils le tuerent en l'an 1186. auec onze cens Chreftiens.

Ord. des Cheualiers de Liuonie. *Albert*, Chanoine de Breme, fucceda à Berthold en l'Euefché. C'eft luy qui jetta les premiers fondemens de la ville de Riga, & de l'Ordre des Freres de l'Efpadon, de l autorité du Pape Innocent III. & en vertu du pouuoir qu'il luy auoit donné de leur ceder la troifiéme partie des conqueftes qu'ils feroient fur les Barbares. Ils viuoient fous la regle des Templiers, & on les appeloit Freres, ou Cheualiers de l'Efpadon, parce qu'ils portoient fur leurs manteaux blancs vn efpadon rouge, auec vne étoile de la mefme couleur, qu'ils conuertirent depuis en deux efpadons mis en fautoir. Mais dautant que cette nouuelle Religion ne fe trouua pas affez bien établie, elle fut jointe à l'Ordre de fainte Marie de Ierufalem, en la perfonne de Herman Balk, Grand-Maiftre de Pruffe, en l'an 1238. Et c'eft depuis ce temps-là que le Maiftre de Liuonie a efté dans la dépendance du Grand Maiftre de Pruffe, iufqu'à ce que Sigifmond Augufte, Roy de Pologne, changea cette qualité en celle de Duc de Curlande, en la perfonne de *Godard Ketlers* ainfi que nous venons de dire.

Tout le plat païs de ces deux Prouinces de *Letthie* & d'*Esthonie*, est encore presentement peuplé de ces barbares, qui ne possedent rien en propre ; mais ils sont esclaues, & seruent la Noblesse à la campagne, & les Bourgeois à la ville. On les appele *Vnteutsche*, c'est à dire non Allemans ; parce que leur langue n'est pas intelligible aux Allemans, qui sont allez demeurer en ces quartiers-là ; bien que celle de Litthie n'ait rien de commun auec celle d'Esthonie, non plus que leurs habits & leur façon de viure. Les femmes d'Estonie portent des juppes fort étroites & sans plis, comme des sacs, garnis en haut sur le derriere de plusieurs petites chaînes de cuiure, ayans au bout des jettons du méme metail, & par embas des chamarures de verre jaune. Les plus accommodées portent au col vn rang de plaques d'argent de la largeur d'vn écu, & d'vne piece de trente sols ; & au milieu sur l'estomach vne de la largeur d'vne assiette, mais gueres plus épaisse que le dos d'vn coûteau.

Les filles ne se coiffent point ny Hyuer ny Esté, & se font couper les cheueux de la mesme façon que les hommes, les laissant negligemment flotter à l'entour de la teste. Les hommes & les femmes s'habillent d'vne vilaine étoffe de laine, ou bien d'vne grosse toile. Ils ne sçauent pas encore l'vsage de la tennerie, de sorte que l'Esté ils se chaussent d'écorces d'arbres, & l'Hyuer de cuir crû, taillé dans vne peau de vache. Les vns & les autres portent ordinairement sur eux toutes les richesses qu'ils possedent.

Les ceremonies de leurs mariages sont toutes particulieres. Quand vn Paysan épouse vne fille d'vn autre village, il la va querir à cheual, la met derriere luy en croupe, & s'en fait embrasser du bras droit. Il tient à la main vn bâton fendu par le bout, où il met vne piece de monnoye de cuiure, qu'il donne à celuy qui luy ouure le guichet par où il doit passer. Il a deuant luy vn homme à cheual, qui jouë de la musette, & deux de ses amis qui ont l'espée nuë à la main, dont ils donnent deux coups d'estramaçon en croix dans la porte du logis où le mariage doit estre consommé, & ensuitte ils poussent l'espée par la pointe dans vne poutre sur la teste du marié, afin de rompre les charmes, que l'on dit estre fort ordinaires en ce pays-là. C'est en cette mesme intētion que la mariée jette des pieces de

Ceremonies des Mariages des Liuonois.

1635.

drap ou de ferge rouge par le chemin ; mais particulierement aux carrefours, auprés des croix, & fur les fepulcres des enfans morts fans baptême, qu'ils ont accoûtumé d'enterrer auprés du grand chemin. Elle a vn voile fur le vifage, pendant qu'elle eſt à table ; mais elle n'y demeure pas long-temps. Car on fait leuer les mariez dés le commencement du repas, & on les fait coucher. Au bout de deux heures on les fait leuer, & remettre à table ; jufqu'à ce qu'aprés auoir bien beu & bien danſé, la biere, l'eau de vie, & la laſſitude les faſſe tomber à terre, où ils demeurent endormis les vns parmy les autres.

Ils ſont mauuais Chrétiens.

Nous venons de dire que l'Euangile fut prefché en Liuonie dés le douzième fiecle ; mais les Liuonois ne font pas meilleurs Chreſtiens pour cela. Ils ne le font la pluſpart que de nom, & ne fe peuuent pas encore entierement défaire de leurs fuperſtitions Payennes. Car encore qu'ils faſſent profeſſion de la Religion Lutherienne, & qu'il n'y ait prefque point de village qui n'ait ſon Temple & ſon Miniſtre ; ſi eſt-ce qu'ils font ſi peu inſtruits & ſi peu regenerez, que l'on peut dire, qu'à la referue du Baptefme, ils n'ont aucun caractere du Chriſtianifme. En effet, ils vont fort rarement au Prêche, & ne communient quaſi jamais. Ils s'excufent de cette irreuerence enuers les Sacrements, fur la dureté de leur feruitude, laquelle ils difent eſtre tellement infupportable, qu'elle ne leur permet point de s'appliquer à la deuotion. S'ils vont quelquefois au Prêche, ou à la Communion, ce n'eſt que par contrainte, ou pour d'autres confiderations particulieres. C'eſt à ce propos qu'André Beſiq, Preuoſt de l'Eglife de Lukenhaufen, me conta vn jour, qu'ayant efté appellé pour confoler & communier vn de ces Payfans qui étoit malade à la mort, il luy demanda ce qui l'auoit obligé à enuoyer querir ſon Paſteur en l'état où il étoit, veu que pendant vne longue fuitte d'années il ne s'étoit point aviſé de fe reconcilier auec Dieu. Le Payfan luy répondit ingenuëment, qu'il n'y auroit pas fongé encore ; mais qu'il auoit bien voulu fuiure le confeil d'vn de fes amis, qui luy auoit dit que fans cela il ne pourroit pas eſtre enterré au Cimetiere, ny eſtre porté en terre auec les ceremonies ordinaires. Il eſt vray que la craſſe & inexcufable ignorance de la pluſpart des Paſteurs de ces quartiers-là, qui bien fouuent auroient eux-mefmes befoin d'être catechifez, a beaucoup contribué à l'endurciſſement de ces pauures gens : Mais le feu Roy de Suede y a pourueu, en enjoignant par vne ordonnance tres-ſeuere à l'Euefque de la Prouince, qui a ſa reſidence en l'Egliſe Cathedrale de Reuel, de conuoquer tous les ans vn Synode pour le reglement des affaires de leurs Egliſes, & d'y examiner, non-ſeulement les Recipiendaires ; mais auſſi les Paſteurs des villages meſmes ; afin de les obliger par ce moyen à s'appliquer auec aſſiduité à l'Eſtude de l'Eſcriture Sainte.

Leur ſeruitude.

Il eſt vray que la ſeruitude de ces peuples eſt tres-dure, & tout à fait inſupportable ; mais il eſt vray auſſi qu'on ne leur ſçauroit tant ſoy peu lâcher la bride, qu'ils ne s'émancipent, & qu'ils ne ſe diſpenſent de leur deuoir ; juſques-là qu'étans perſuadez que leurs Predeceſſeurs ont autrefois eſté maiſtres du Pays, & que ce n'eſt que la force qui les a aſſujettis aux Allemans, ils ne ſe peuuent pas empeſcher d'en témoigner leur reſſentiment, & de faire connoiſtre, ſur tout quand ils ont beu, que ſi l'occaſion ſe preſentoit de ſe pouuoir remettre en liberté, ils ne manqueroient pas de s'en ſeruir. L'on en vit vne preuue bien éuidente, quand lors de l'irruption du *Colonel Bot*, les Payſans voulurent fauoriſer les ennemis, & faire trouppe, pour tâcher de ſe ſaiſir de leurs Maiſtres, & de les mettre entre les mains des Polonois.

L'opinion qu'ils ont de la vie eternelle.

Il croyent en effet vne autre vie aprés celle-cy ; mais ils ont ſur cela des penſées fort extrauagantes ; juſques-là qu'vn iour vne femme Liuonoiſe, qui ſe trouuoit à l'enterrement de ſon mary, mit du fil & vne éguille dans la biere ; diſant pour ſa raiſon, qu'elle auroit honte de ſçauoir, que ſon mary ayant à ſe trouuer en l'autre monde en la compagnie de force honneſtes gens, y auroit eſté veu auec des habits déchirez. Et de fait, ils ſe ſoucient peu de l'auenir, & de ce qu'il leur peut arriuer en l'autre monde, qu'au ferment qu'on leur fait faire en Iuſtice, au lieu d'y intereſſer leur ſalut & la conſeruation de leur Ame, on les oblige à conſiderer les biens preſents & temporels, & pour cét effet on les fait iurer en la maniere ſuiuante. Ie N. N.

Leur ſerment en Iuſtice.

ſuis icy deuant toy preſentement ; puis que tu deſires ſçauoir, mon iuge, & me demandes, ſi cette terre, ſur laquelle ie me tiens maintenant, eſt à Dieu & à moy à bon titre, ie iure à Dieu & à ſes Saints, & ainſi me iuge Dieu au dernier iour, que cette terre m'appartient de droit, qu'elle eſt à Dieu & à moy, & que mon pere l'a poſſedée, & en a jour il y a long-temps. Et s'il se trouue que le serment que je f[ai]s soit faux, je consens que la malediction de Dieu passe sur mon corp[s] sur mon ame, sur mes enfans, & sur tout ce qui m'appartient, ju[s]qu'à la neufiéme generation. Et afin que l'on voye que leur lan[g]ue n'a rien de cõmun auec toutes celles dont les plus Sçauan[s] peuuent auoir quelque connoissance, nous adioûterons icy [le] mesme serment de la façon qu'ils le font mot à mot.

Nucht seisen minna N. N. Sihn. Kui sinna sandia minust taha[s]
eht minna se Kockto perrast tunnis tama pean, eht sisinnanc mah[l]
Kumba pehl minna seisan, iumla ninck minnu verteeniiut mahon, Ku[m]
ba pehl minna minno eo aial ellanut ninck prukinu tollen seperast si[t]
manrut an minna iumla ninck temma poha de eest. Ninck kui nu[e]
jummalpeph sundina sehl wihmb sel peh wal; eht ses in nane Mah iu[m]
mla ninck minnu verteenitut permahon, Kumba minna ninck minn[u]
issa igkas prukinut ollemei, kus ma vlle Kocksu wannutan, sils tulk
sedda minno iho ninck hinge pehl, minno ninck Keick minno lapso[a]
pehl, ninck keick minnu onne pehl emmis se vdaya pelwe tagk[e]

Et c'est ce qui s'obserue en Esthonie : mais auprés de Rig[a] quand les paysans font serment en iustice, ils mettent vne tour[be] sur la teste, & prennent vn bâton blanc à la main, pou[r] faire entendre qu'ils consentent qu'eux, leurs enfans & leu[r] bestail seichent comme cette tourbe & comme le bâton, s'il[s] iurent à faux.

On voit en tout cela des marques de leur ancienne idola[-] trie. Les Ministres font tout ce qu'ils peuuent pour l'arrach[er] petit à petit, & nous vîmes mesmes à Narua le Catechism[e] les Euangiles & les Epistres, auec leurs explications, que *Hen[-]* *ry Stahl*, Surintendant des affaires Ecclesiastiques en ces quar[-] tiers-là, qui se faisoit cõsiderer par sõ sçauoir & par le soin qu'[il] auoit eu d'instruire ces Barbares, auoir fait traduire & imprime[r] en leur langue; afin de leur donner quelque connoissance de l[a] religion Chrestienne. Mais l'idolatrie & la superstitiõ y ont jet[-] té de trop profondes racines, & leur stupidité & opiniâtreté e[st] trop grãde, pour pouuoir esperer qu'ils se rendẽt capables d'in[-] struction. Ils font leurs deuotions le plus souuent sur des col[-] lines, ou auprés d'vn arbre qu'ils choisissent pour cela, & o[ù] ils font plusieurs incisions, les bandent de quelque étoffe rou[-] ge, & y font leurs prieres, qui ne tendent qu'à attirer sur eu[x] des benedictions temporelles. A deux lieües de *Kunda*, entr[e]

Keue

Renel & Narua, il y a vne vieille chapelle ruinée, où les païsans vont tous les ans faire leur pelerinage, le jour de la Visitation de Nostre-Dame. Il y en a qui se deshabillent, & s'estans mis en cét estat à genoux auprés d'vne grosse pierre, qui est au milieu de la chapelle, ils sautent à l'entour, & luy offrent des fruits & de la viande, luy recommandans la conseruation de leur santé & de celle de leur bestail pour cette année-là. Cette deuotion s'acheue en mangeries & beuueries, & en toutes sortes de dissolutions, qui ne finissent quasi iamais sans querelles, meurtres, & autres desordres semblables.

Ils ont tant d'inclination pour le sortilege, & ils le croyent si necessaire pour la conseruation de leur bestail, que les peres & les meres l'enseignent à leurs enfans; de sorte qu'il ne se trouue quasi point de païsan qui ne soit sorcier. Ils ont tous certaines ceremonies superstitieuses, par lesquelles ils croyent pouuoir empescher le sort; c'est pourquoy ils ne tuent point de beste, qu'ils n'en iettent quelque chose, & ne font point de brassée dont ils ne versent vne partie, afin que le sort tombe là-dessus. Ils ont aussi la coustume de rebaptizer leurs enfans, quand pendant les six premieres semaines aprés leur naissance, ils les voyent malades ou trauaillez d'inquiétudes, qu'ils croyent proceder de ce qu'on leur a donné vn nom qui ne leur est point propre. C'est pourquoy ils leur en font donner vn autre; mais d'autant que ce n'est pas seulement vn peché, mais aussi vn crime que le Magistrat punit seuerement en ce païs-là, ils s'en cachent.

Ils sont sorciers.

S'ils sont opiniastres en leurs superstitions, ils ne le sont pas moins en l'exacte obseruation de leurs anciennes coustumes; & c'est à ce propos que l'on nous conta chez le Colonel de la Barre vne histoire fort plaisante, mais tres-veritable, d'vn vieux païsan. Ce bon homme, ayant esté condamné, pour des fautes assez énormes, à estre couché par terre pour estre foüetté, & Madame de la Barre, qui auoit pitié de son âge quasi décrepit, ayant intercedé pour luy, à ce que sa peine fust commuée en vne amé de pecuniaire, d'enuiron quinze ou seize sols, il l'en remercia, & dist, que sur ses vieux iours il ne vouloit rien introduire de nouueau, ny souffrir que l'on changeast les coustumes du Païs, mais qu'il estoit prest de receuoir le châtiment que ces predecesseurs n'auoient point dédaigné : se des-

Leur opiniâtreté.

L

1635. poüilla en mesme temps, se coucha par terre, & receut le coups qui luy auoient esté destinez.

Ce n'est pas vn supplice, mais vn chastiment ordinaire [de] Liuonie. Car le peuple estant d'vne humeur incorrigible, l'o[n] est contraint de le traitter auec des rigueurs qui seroient i[n]supportables par tout ailleurs. On ne leur permet point de fai[re] aucune acquisition, & afin de leur en oster tous les moyen[s] on les empesche de labourer qu'autant de terre qu'il fa[ut] pour les nourrir & faire subsister : mais ils ne laissent pas [de] chercher l'occasion de couper le bois en quelques endroi[ts] des forests, & d'y faire du bled, qu'ils mettent dans des pui[ts] en terre, pour le vendre en cachette. Quand on les surpren[d] en cette supercherie, ou en quelque autre faute, on les oblig[e] à se dépouiller iusqu'aux hanches, & à se coucher par te[r]re, ou à souffrir qu'on les attache à vn poteau, tandis qu'vn [de] leurs camarades les bat à coups de houssines, iusqu'à ce que [le] sang en ruisselle de tous costez : particulierement quand [le] maistre dit : *Selke nack maha pexema.* Bats-le iusqu'à ce que [la] peau quitte la chair.

On ne leur laisse point d'argent. Car dés que l'on sçait qu'i[ls] en ont, les Gentilshommes & leurs Officiers, qui se font paye[r] de leurs gages par les païsans, se le font donner, & mesme le[s] contraignent de donner ce qu'ils n'ont point. Ce n'est pas qu[e] cette dureté des maistres ne jette quelquefois ces pauure[s] gens dans le desespoir ; car nous sçauons le triste exemple d'v[n] païsan, lequel se voyant pressé par l'Officier de son Gentil[s]homme, de payer ce qu'il n'auoit, & ne deuoit point, & qu'o[n] luy ostoit les moyens de faire subsister sa famille, estrangl[a] sa femme & ses enfans, & se pendit ensuitte auprés d'eux. L'Officier en entrant le lendemain dans la maison, où il pen[s]soit receuoir de l'argent, donna de la teste contre les pied[s] du pendu, & apperceut cette miserable execution, dont [il] estoit la cause.

La Noblesse de Liuonie.   Pour ce qui est de la Noblesse de Liuonie, & particulierement de celle d'Esthonie, elle est exempte de toute[s] charges & coruées. Son courage, & les seruices qu'elle [a] rendu contre les Infideles & contre les Moscouites, luy ont acquis cette liberté, & la plus part de ses priuileges[.] Volmar II. Roy de Dannemarc, luy donna les premier[s]

roits de fief, qui furent depuis confirmez par Eric VII. 1635.
ui les fit mettre par escrit, & leur en donna ses Lettres Paten-
:s. Les Maistres de l'Ordre de l'Espadon, & les Grands
Maistres de l'Ordre de Prusse les augmenterent. Conrad de
ungingen estendit la succession des fiefs en *Harrie* & *Wirlande*
ux filles & aux femelles iusqu'au cinquiéme degré : & *Gau-*
er de Plettenberg, qui fut éleu Grand-Maistre en l'an 1495. &
:connu Prince de l'Empire en 1513. acheua d'affranchir la
Joblesse d'Esthonie de toute autre sujetion ; à la reserue du
eruice que les Gentilshommes sont obligez de rendre en per-
onne, à cause de leurs fiefs. On en fait la reueuë tous les ans,
& l'on considere le corps de cette Noblesse, comme vne pepi-
iere, qui a fourny, & fournit encore tous les jours vn grand
ombre d'Officiers, & mesmes plusieurs Generaux à l'armée de
uede ; outre la belle Caualerie qu'elle peut mettre sur pied, &
nuoyer au seruice de la Couronne. Cette mesme Noblesse ne
'est point mise en la protection du Roy de Suede, que lors que
e voyant abandonnée de tous ses voisins, & ne pouuant plus
esister à ses Ennemis, elle fut contrainte par la derniere ne-
essité d'auoir recours à vne Couronne estrangere, qui luy a
romis de luy conseruer tous les priuileges, que son coura-
e luy a acquis.

Le Gouuernement Politique du païs & la Iustice, sont entre Le Gouuer-
nement de la
Liuonie.
es mains de la Noblesse, qui en commet l'administration à
louze d'entr'eux, qui composent le Conseil du païs, & ont
our President celuy qui est Gouuerneur de la Prouince pour
a Couronne de Suede. Lors de nostre ambassade *Philippes*
Scheiding y presidoit, auquel a succedé depuis Eric Oxen-
tiern, Baron de Kimitho, Conseiller de la Couronne de Sue-
e, & à luy Henry, Comte de la Tour.

Ils s'assemblent tous les ans au mois de Ianuier, & vuident
lors tous les differents entre les parties ; qui pour toutes procedures ne peuuent employer autres escritures que la deman-
e & la deffense, sur lesquelles on iuge sur le champ. On élit
our cela vn Gentilhomme, qui a la qualité de Capitaine de
a Prouince, & represente au Gouuerneur & au Conseil du
aïs les plaintes du peuple s'il y en a, & cét employ change de
rois en trois ans. Et dautant que pendant les guerres auec les
Moscouites & Polonnois, les bornes des heritages particuliers

L ij

dans les Prouinces de Harrie, wirlande & wiech ont esté quasi toutes confonduës, & que les procez qui en naissent ne peuuent pas estre iugez sommairement, l'on nomme de trois ans en trois ans des Iuges, qui en prennent connoissance; & si quelqu'vn se trouue greué par leur iugement, il en peut appeller au Gouuerneur & au Conseil du païs, qui nomment des Commissaires, lesquels aprés auoir fait la visite sur les lieux, cassent ou confirment le premier iugement. Ils ont aussi des Iuges particuliers pour les chemins, qui y sont tres-fascheux, à cause de la quantité des marais, ponts & chaussées que l'on trouue par tout le païs.

Continuation du voyage. Fevrier.

Continuons maintenant nostre voyage. Nous auons dit cy-dessus que les Ambassadeurs estans à *Calmer* au commencement de Nouembre, auoient renuoyé vn Page & vn Laquais à *Gotturp*, querir d'autres lettres de creance, au lieu de celles que la mer auoit gastées. L'on auoit aussi enuoyé *Iean Arpenbeck*, nostre interprete, à Moscou, pour y faire entendre la cause de nostre retardement, & les particularitez de nostre naufrage. Dés que les vns & les autres furent arriuez à *Reuel*, nous nous preparasmes pour la continuation de nostre voyage, & le 24. Feurier les Ambassadeurs firent partir le controlleur de leur maison, auec trente & vn traisneaux, pour vne partie du train & du bagage. Nous partismes auec le reste. Le 2. Mars

Mars. Les Ambassadeurs partent de Reuel.

vne partie du Magistrat & quelques-vns de nos amis nous conduisirent iusqu'à vne lieuë de la ville. Nous couchasmes cette premiere nuict à *Kolka*, maison appartenante au Comte de la Garde, Connestable de Suede, à sept lieuës de Reuel. Le lendemain 3. Mars nous arriuasmes à Kunda, dont nous auons parlé ailleurs, & le quatriéme à vne maison appartenante au sieur Iean Fock, à cinq lieuës de celle du Comte de la Garde.

Arriuent à Narua.

Le cinquiéme Mars, aprés auoir fait encore cinq lieuës, nous arriuasmes à *Narua*. Cette ville est petite, mais forte, & accompagnée d'vn fort bon chasteau. Sa situation est à 60. degrez de la ligne equinoctiale, au cercle d'*Allentaken*, & elle est ainsi nommée de la riuiere de *Narua* ou *Nerua*. Cette riuiere sort du lac de *Peipis*, & entre dans le Golfe de Finlande, à deux lieuës au dessous de la ville. Elle est quasi aussi large que l'Elbe, mais beaucoup plus rapide, & ses eaux sont fort bru-

nes : Elle a vn fault à vne demy-lieuë au dessus de la ville, où 1636.
les eaux tombent auec vn bruit effroyable dans le precipice, &
auec tant de violence, que les flots venans à se briser contre
les rochers se reduisent comme en poudre ; laquelle remplissant l'air fait vn effet admirable ; parce que le Soleil y donnant
le matin, y fait voir vn arc en ciel aussi agreable que celuy qu'il
a accoustumé de former dans les nuës. Ce sault fait que l'on
est contraint de descharger en cét endroit-là toutes les marchandises, que l'on enuoye de Plescou & de Derpt à Narua,
pour estre chargées sur le Golfe de Finlande. L'on tient que
Volmar II. Roy de Dannemarc, la bastit en l'an 1213. *Iean*
Basilouits, Grand Duc de Moscouie la prit en l'an 1558. &
Pontus de la Garde, General de l'armée de Suede, la reprit sur
les Moscouites le 6. Septembre 1581. & c'est depuis ce temps-
là que les Suedois la possedent. *Nielis Asserson* y commandoit lors de nostre voyage, auquel a succedé depuis *Eric Gyl-*
lens tierna, Gouuerneur & Lieutenant General pour la Couronne de Suede en Ingermanie. Elle a fort long temps joüy
des priuileges des autres villes Anseatiques ; mais les guerres
entre la Moscouie & la Suede, y auoient tellement ruiné le
commerce, que ce n'est que depuis fort peu d'années que
l'on commence d'en esperer le restablissement, à mesure que
celuy de Reuel se diminuë. La guerre entre les Anglois & les
Hollandois luy a esté d'autant plus fauorable, que la nauigation & le commerce d'Archangel ayant esté par ce moyen in-
terrompu, les nauires qui auoient accoustumé d'aller en
Moscouie, se seruirent du Havre de Narua ; où aborderent
en l'an 1654. plus de soixante nauires, & y chargerent pour
plus de cinq cens mil escus de marchandises. Ensuitte de cela
on a commencé de nettoyer & d'agrandir la ville, d'y faire des
ruës neufues & regulieres, pour la commodité des marchands
estrangers, & de r'accommoder le Havre, pour faciliter l'abord
des nauires. La Reine Christine de Suede a retiré cette ville
de la Iurisdiction generale du Gouuerneur de la Prouince,
& luy a donné vn Vicomte particulier, pour iuger les affaires Seculieres & Ecclesiastiques en dernier ressort.

Le Chasteau est de deçà la riuiere, & de delà est celuy d'*Iuano-* Iuanogorod.
gorod, que les Moscouites ont basty sur vn roc escarpé, dont la
riuiere de Narua fait vne peninsule ; de sorte que la place a

1635. esté iugée imprenable, iusqu'à ce que le Roy Guſtaue Adolfe l'euſt priſe en l'an 1617. Au pied de ce Chaſteau ſe voit vn bourg que l'on nomme la *Nerua Moſcouite*, pour la diſtinguer d'auec la *Nerua Teutonique*, ou Allemande, dont nous venons de parler. Ce bourg eſt habité par des Moſcouites naturels, mais ſujets à la Couronne de Suede, à laquelle le Roy Guſtaue Adolfe a joint auſſi le Chaſteau d'*Iuanogorod*, où *Nicolas Gallen* commandoit lors de noſtre paſſage, en qualité de Lieutenant du Roy.

Le païs entre Reuel & Nerua, comme auſſi generalement toute l'Ingermanie & la Liuonie, nourrit dans ſes bois vn grand nombre de beſtes fauues & noires, & entr'autres vne ſi grande quantité de loups & d'ours, que les païſans ont de la peine à en deffendre leur beſtail, & meſmes leurs perſonnes. L'hiuer, lors que la terre eſt couuerte de neige, les loups, qui ne trouuent rien à manger à la campagne, entrent en plein iour dans les baſſes cours, d'où ils enleuent les chiens qui les gardent, & percent les murailles, pour entrer dans les eſtables.

Histoire remarquable d'vn loup.

On nous conta que le 24. Ianuier 1634. vn loup, quoy qu'il ne fuſt pas des plus grands, auoit attaqué douze païſans Moſcouites qui menoient du foin à la ville; il prit le premier à la gorge, l'abatit & le tua, & en fit autant au ſecond. Il eſcorcha toute la teſte au troiſieſme; arracha le nez & les jouës au quatrieſme, & en bleſſa encore deux autres. Les ſix reſtants firent troupe, ſe mirent en défenſe, abattirent le loup & le tuerent. L'éuenement fit connoiſtre qu'il eſtoit enragé, veu que tous les bleſſez moururent enragez. Le Magiſtrat de Narua en auoit fait preparer & conſeruer la peau, que l'on nous monſtra, comme vne choſe fort remarquable.

On nous conta de meſme d'vn ours; lequel ayant trouué vn caque d'harangs, qu'vn païſan auoit deſchargé à la porte d'vn cabaret, ſe mit à manger, & entra enſuitte dans l'eſcurie, où les païſans le ſuiuirent; mais il en bleſſa quelques-vns, & les obligea à ſe retirer. De là il entra dans la braſſerie, où il trouua dans vne cuue de la bierre nouuelle, dont il s'enyura ſi bien, que les païſans voyans qu'il chancelloit à chaque démarche, & qu'il eſtoit demeuré endormy par le chemin, le ſuiuirent & l'aſſommerent.

Vn autre païſan qui auoit laiſſé la nuit ſon cheual à l'herbe,

le trouua le lendemain matin mort auprés d'vn ours, qui en a- 1635.
uoit fait defia vn bon repas. Mais dés que l'ours apperceut
le païfan, il quitta la proye qui luy eftoit affurée, fe faifit du païfan, & l'emporta entre fes pattes vers fon fort; mais le chien du
païfan qui le mordoit au pied, luy fit lafcher prife, & donna le
loifir à fon Maiftre de monter fur vn arbre, & de fe fauuer.

En l'an 1634. vn ours deterra treize cadaures au cimetiere
d'vn village auprés de Narua, & les emporta auec les bieres,
& il n'y a pas long-temps qu'vne Dame de qualité de ces quartiers-là, en rencontra vn, qui emportoit vn cadaure auec fon
linceul, qui traifnoit aprés luy, dont le cheual qui tiroit le
traifneau de cette Dame, prit fi fort l'efpouuente, qu'il entraifna la Dame auec le traifneau à trauers champs, au grand
peril de fa vie. L'on nous conta plufieurs autres hiftoires femblables, comme d'vn ours qui auoit gardé vne femme 15. iours
dans fon fort, & de la façon qu'elle en auoit efté déliurée:
mais dautant qu'elles feroient partie de l'hiftoire naturelle plûtoft que de noftre voyage, nous nous difpenferons pour cette
fois de cette forte de digreffion. Seulement adioufteray-je
icy que les païfans qui ne font pas en feureté de ces animaux en allant aux champs, particulierement la nuit, croyent
que le bruit d'vn bafton qu'ils attachent au traifneau, fait peur
aux loups & les fait fuïr.

Le feptiéme Mars nous partifmes de Narua, & couchafmes *Les Ambaffadeurs partent* le foir à Lilienhagen, qui en eft éloigné de fept lieuës. Le *de Narua.* huictiéme nous fifmes fix lieuës iufqu'à *Sarits*. Le neufiéme
nous fifmes deuant midy quatre lieuës iufqu'à *Orlin*, où le truchement, que nous auions enuoyé deuant, pour donner aduis de noftre départ de Reuel, vint nous rejoindre, & dire
qu'vn *Priftaf* nous attendoit fur la frontiere. Et dautant que
plufieurs defordres s'eftoient gliffez parmy ceux de noftre
fuitte; en forte que quelques-vns perdoient le refpect qu'ils
deuoient à leurs Superieurs, les Ambaffadeurs les firent venir tous en leur prefence, & leur remonftrerent, qu'eftans fur
le point d'entrer en Mofcouie, où l'on iuge de la qualité de
l'Ambaffade, & de la grandeur du Prince qui l'enuoye, par
l'honneur que les domeftiques rendent aux Ambaffadeurs,
il feroit neceffaire de n'y pas manquer. Nous promifmes tous,
que nous n'y manquerions point; pourueu que l'on nous trai-

1636. taſt auec douceur, & auec quelque difference, ſelon la qualité de ceux dont leur ſuitte eſtoit compoſée. Ce que les Ambaſſadeurs ayans auſſi promis de faire, nous partiſmes gayement pour aller au deuant du *Priſtaf*. Nous le trouuaſmes dans vn bois à vne lieuë d'*Orlin*, où il nous attendoit dans la neige auec vingt-quatre *Strelits*, ou mouſquetaires, & 90. traineaux. Dés que le *Priſtaf*, qui s'appelloit *Conſtantino Iuanoüits Arbuſou*, nous euſt apperceus, & veu que les Ambaſſadeurs mettoient pied à terre, il deſcendit de ſon traineau. Il eſtoit veſtu d'vne tunique de velours verd à fleurs, qui luy deſcendoit iuſqu'à my-jambe, auec vne groſſe chaiſne d'or en croix ſur la poitrine, & vne ſurueſte fourée de martres. A meſure que les Ambaſſadeurs s'auançoient, il faiſoit auſſi quelque pas ; iuſqu'à ce que s'eſtans approchez, & les Ambaſſadeurs ayans mis la main au chapeau, le *Priſtaf* diſt. *Ambaſſadeurs, découurez-vous*. Les Ambaſſadeurs luy firent dire par le truchement, qu'il voyoit bien qu'ils eſtoient découuerts, & alors le Priſtaf leut dans vn billet, Que *Knez Pieter Alexandrouits Repnin*, *Weiüode de Nouogorod*, l'auoit enuoyé par ordre du Grand Seigneur, *Czaar* & *Grand-Duc*, *Michel Federoüits*, *Conſeruateur de tous les Pruſſes*, &c. Pour receuoir les Ambaſſadeurs *Philippes Cruſius* & *Otton Brugman*, & pour les pouruoir de cheuaux, de voiture, de viures, & des autres choſes neceſſaires pour la continuation de leur voyage, iuſqu'à *Nouogorod*, & de là iuſques à Moſcou. Aprés que nous l'euſmes remercié, il nous donna la main, s'enquit de l'eſtat de noſtre ſanté, & des particularitez de noſtre voyage, & faiſant mettre les cheuaux aux traineaux, il nous fit encore faire ce iour-là ſix lieuës, iuſqu'à vn village nommé *Tsüerin*.

Le dixiéme Mars, ſur le midy, nous arriuaſmes à *Deſan*, & ſur le ſoir au village de *Mokriza*, à huict lieuës de Tsüerin.

Arriuent à Nouogorod.

Le onziéme nous arriuaſmes à *Nouogorod*. A l'entrée de la ville, le *Priſtaf* fit effort pour prendre la main ſur les Ambaſſadeurs : & de fait il la prit, quoy que les Ambaſſadeurs tachaſſent de l'en empeſcher. Mais dés que nous fuſmes logez, il pria le truchement d'excuſer l'inciuilité qu'il auoit faite, & d'aſſeurer les Ambaſſadeurs, qu'il auoit eſté contraint d'en vſer ainſi, par l'ordre exprés du weiüode, qui luy euſt ſans doute rendu vn tres-mauuais office auprés du Grand-Duc, s'il euſt manqué de luy obeïr.   On

On compte de *Narua* à *Nouogorod* quarante lieuës d'Allemagne, de là à *Plescou* 36. & à *Moscou* 120. lieuës. La ville de *Nouogorod* est située sur la riuiere de *Wolgda*, à 58. degr. 23. min. l'eleuation. *Lundorp* en la continuation de Sleidan, la met à 62. & *Paul Ioue* à 64. degrés; mais en l'exacte obseruation que i'en fis le 15. Mars 1636. ie trouuay qu'à midy le Soleil estoit éleué sur l'horison de 33. degr. 45. minut. & que la declinaison du Soleil, à cause du bissexte, à raison de 55. degr. estoit de 2. degr. 8. minut. lesquels estant desduits de l'eleuation du Soleil, celle de la ligne équinoctiale ne pouuoit estre que de 31. degr. 27. minut. lesquels ostés de 90. degrés, il n'en peut demeurer que 58. degr. 23. minut. Ce qui s'accorde à peu prés auec la calculation qu'en a faite le sieur *Bureus*, cy-deuant Ambassadeur de Suede en Moscouie, qui en sa carte Geographique de Suede & de Moscouie, met la ville de *Nouogorod* à 58. degr. 13. minut. Son assiette est dans vne grande plaine sur le bord de la riuiere de *Wolgda* ou *Wolchou*: laquelle sort du lac d'Ilmen, à vne demy-lieuë au dessus de la ville, & trauersant le lac de *Ladoga*, coupe en passant la riuiere de *Niena*, auprés de *Notebourg*, & entre par le Golfe de Finlande dans la mer Balthique. Elle est tres-abondante en toutes sortes de poissons, & particulierement en Bresmes, qui y sont tres-excellentes & à tres-grand marché. Mais le plus grand aduantage que la ville tire de cette riuiere, est celuy du commerce. Car estant nauigable depuis sa source, & le païs estant riche en bled, lin, chanvre, miel, cire, & cuir de Russie, que l'on prepare mieux à *Nouogorod*, qu'en aucune autre ville de Moscouie, la facilité du transport de ses marchandises y attiroit autrefois, non seulement les Liuonois & Suedois, ses voisins, mais aussi les Danois, Allemans & Flamans, qui y ont autrefois fait vn si bel establissement, que l'on ne luy pouuoit point disputer la qualité de la première ville de tout le Septention, pour le negoce. Les villes Anseatiques y auoient leur bureau, ou, comme ils disent, leur comptoir, & la ville qui iouissoit de plusieurs grands priuileges sous son Prince, qui ne recounoissoit point le Grand-Duc, estoit deuenu si puissante, qu'il estoit passé en prouerbe, *Ochto moschet stoiati protif Bocho dai Welik Nouogorod?* qui est-ce qui se peut opposer à Dieu & à la grande ville de *Nouogorod?*

1636.

Description de la ville de Nouogorod.

Il y en a qui la veulent mettre en parallele, pour sa grandeur, auec la ville de Rome : mais ils se trompent. Car encore qu'on l'appelle communement *Weliki Nouogorod*, c'est à dire le grand Nouogorod ; si est-ce qu'elle ne peut pas entrer en comparaison auec la ville de Rome. Il y a beaucoup d'apparence qu'autrefois elle estoit bien plus grande qu'elle n'est auiourd'huy; non seulement parce que c'estoit la premiere ville de tout le Septentrion pour le commerce, comme nous venons de dire; mais aussi parce que l'on voit dans son voisinage les restes des murailles, & de plusieurs clochers qui faisoient sans doute partie de la ville. Le nombre de ses clochers promet quelque chose de plus beau & de plus grand, que ce qu'elle est en effect ; puis qu'en approchant de la ville l'on n'y voit que des murailles de bois, & des maisons basties de poutres & de soliues de sapins, entassées les vnes sur les autres.

Vithold, Grand-Duc de Lithuanie, & General de l'armée de Pologne, fut le premier qui l'obligea en l'an 1427. à payer vn tribut considerable, que l'on fait monter à cent mille Roubles, qui font deux cens mil escus, & dauantage. Le Tyran *Iean Basili Grotsdin*, ayant, apres vne guerre de sept ans, obtenu vne tres-grande victoire sur vne armée que cette ville auoit mise sur pied au mois de Nouembre l'an 1477. contraignit les habitants de se rendre, & de receuoir vn Gouuerneur de sa part ; mais considerant qu'il n'y estoit pas asses absolu, & qu'il seroit bien difficile de s'y establir par force, il s'aduisa d'y aller en personne, se seruant du pretexte de la Religion, & de les vouloir empescher d'embrasser la Catholique Romaine. L'Archeuesque Theophile, qui y auoit le plus d'authorité, fut celuy qui fauorisa le plus son dessein, & qui en fut le premier payé. Car le tyran ne fut pas si-tost entré dans la ville, qu'il ne la pillast ; en sorte qu'en partant de là, il emmena auec luy trois cens chariots chargés d'or, d'argent, & de pierreries, sans les riches estoffes, & les beaux meubles qu'il fit charger sur plusieurs autres chariots, & porter à Moscou ; où il transporta aussi les habitans, & enuoya des Moscouites en leur place. Mais il n'y a rien qui ait plus ruiné cette grande ville que la brutale cruauté de *Iean Basiloüits* Grand Duc de Moscouie. Ce Tyran, emporté par le seul soupçon qu'il auoit de la fidelité des habitans de *Nouogorod*, ntra dans la ville en l'an 1569. & y fit tuer, ou ietter dans la riuiere deux mille sept cens soixante dix personnes, sans aucune distinction de qualité, de sexe ou d'âge, y non compris vn nombre infiny de pauures gens, qui furent escrasés par la caualerie, qu'on lascha sur eux. Vn Gentil-homme, que le Roy de Dannemarc enuoya à ce Tyran huict ans apres la prise de cette ville, rapporte en son Itineraire, que des personnes de condition l'auoient asseuré, que l'on ietta tant de corps dans le Wolgda, que la riuiere ne pouuant pas continuer son cours, déborda sur toute la campagne voisine. La peste, dont la ville fut infectée en suitte de ce desordre, fut si furieuse, que personne ne voulant se hazarder d'y porter des viures les habitans mangeoient les corps morts. Le Tyran prit pretexte de cette inhumanité, de faire tailler en pieces tous ceux qui s'estoient sauués de la peste, de la famine & de la premiere cruauté de ce Tyran, qui estoit sans comparaison plus épouuantable que tous les autres fleaux de Dieu. Ie me contenteray d'en alleguer icy deux exemples, qui seruent au suiet de la ville de *Nouogorod*, dont nous faisons icy la description : L'Archeuesque de *Nouogorod*, qui s'estoit sauué de la premiere fureur des Soldats, voulant reconnoistre cette grace, ou bien flatter le Tyran, luy fit vn grand festin en son Palais Archiepiscopal, où le Duc ne manqua point de se rendre auec ses satellites & ses gardes : mais pendant le disner il enuoya piller le riche Temple de Sainte Sophie, & tous les thresors des autres Eglises, que l'on y auoit retirés, comme dans vn lieu de seureté. Apres disner il fit aussi piller l'Archeuesché, & dist à l'Archeuesque, qu'il auroit mauuaise grace de faire le Prelat, n'ayant plus de bien ; mais qu'il estoit en humeur de luy en faire. Qu'il falloit quitter les riches habits, qui ne luy pouuoient plus estre qu'à charge, & qu'il luy feroit donner vne musette & vn Ours, pour le mener, & pour le faire danser pour de l'argent. Qu'il falloit qu'il se mariast, & que tous les autres Prelats & Abbés, qui s'estoient refugiés dans la ville, fussent des nopces ; ordonnant à chacun la somme dont il vouloit qu'ils fissent present aux nouueaux mariés. Il n'y en eut pas vn qui n'apportast ce qu'il auoit pû sauuer ; croyant que le pauure Archeuesque dépoüillé en profiteroit. Mais le Tyran prit tout l'argent, & ayant fait amener vne caualle blanche, il dist à

1636.

Exemple de cruauté.

M ij

l'Archeuesque; voila ta femme, monte-là, & va à Moscou, où ie te feray receuoir au meftier des violons, afin que tu apprennes à faire danfer l'Ours. L'Archeuesque fut contraint d'obeïr, & dés qu'il fut monté, on luy lia les iambes fous le ventre du cheual; il luy fit pendre au col des flageolets, vne viele & vn ciftre, & voulut qu'il iouaft du flageolet. Il en fut quitte pour cela, mais tous les autres Abbés & Moines furent taillés en pieces, ou chaffés à coups de piques & de hallebardes dans la riuiere.

Il en vouloit particulierement à l'argent d'vn riche marchand nommé *Theodore Sircon*. Il le fit venir au Camp auprés de *Nouogorod*, & luy ayant fait attacher vne corde au milieu du corps, il le fit ietter dans la riuiere, le faifant paffer fous l'eau d'vn bord à l'autre, iufqu'à ce qu'il fut preft d'expirer. Alors il le fit retirer, & luy demanda ce qu'il auoit veu dans l'eftat où il s'eftoit trouué. Le Marchand refpondit, qu'il auoit veu vn fort grand nombre de diables, qui s'eftoient affemblés pour attendre l'ame du tyran, afin de l'entraifner auec eux dans l'abyfme des Enfers. Le tyran luy dift : tu as raifon. Mais il eft raifonnable auffi que ie te faffe payer ta prophetie, & ayant fait apporter de l'huile boüillante, il luy fit mettre les pieds dedans iufqu'à ce qu'il euft promis de payer dix mil efcus. Apres cela il le fit tailler en pieces, auec fon frere Alexis.

Le *Baron d'Herberftain*, qui auoit fait le voyage de Mofcouie du temps de l'Empereur Maximilian I. & pour fes affaires, dit qu'autrefois, deuant que la ville de *Nouogorod* euft efté conuertie au Chriftianifme, il y auoit vn Idole que l'on appelloit *Perun*, c'eft à dire le Dieu du feu; le mot de *Perun*, fignifiant feu en la langue Mofcouite. On reprefentoit ce Dieu tenant le foudre à la main, & l'on entretenoit auprés de luy vn feu perpetuel de bois de chefne, qui ne s'efteignoit qu'aux defpens de la vie de ceux qui le gardoient. Le mefme Autheur y adioufte que les habitans de *Nouogorod*, apres auoir receu le Baptefme, ietterent l'Idole dans l'eau, qu'il nagea contre le cours de la riuiere, & qu'eftant proche du pont, il appella les habitans de la ville, & ietta au milieu d'eux vn bafton & leur dift, qu'ils euffent à le garder pour l'amour de luy, Que de fon temps l'on y entendoit encore à vn certain iour de l'année la voix de *Perun*, & qu'alors les habitans se mettoient à se battre à coups de bastons, auec tant d'obstination, que le Weiuode auoit de la peine à les separer. Aujourd'huy l'on n'en parle plus, & il ne reste plus de memoire de ce *Perun* qu'au Conuent que l'on appelle *Perunski monastir*, que l'on dit auoir esté basty au lieu où estoit autrefois le Temple de l'Idole.

Hors de la Ville, & de l'autre costé de la riuiere, l'on voit vn Chasteau ceint de murailles de pierre, où demeurent le *Weiuode* & le Metropolitain, ou l'Archeuesque, qui a la direction des affaires Ecclesiastiques par toute la Prouince. Ce chasteau est ioint à la Ville par vn grand pont, duquel le Duc *Iuan Basiliuits* fit ietter grand nombre d'habitans dans la riuiere, lors qu'il entra dans la ville, de la façon que nous venons de dire. Vis-à-vis du Chasteau, du costé de la Ville, se voit vn Conuent dedié à saint Antoine. Les Moscouites disent qu'il estoit venu de Rome en ces quartiers-là, sur vne pierre de moulin, auec laquelle il descendit par le Tibre, passa la mer, & monta la riuiere de *Wolgda* iusqu'à *Nouogorod*. Ils y adioûtent qu'il rencontra en arriuant quelques pescheurs, auec lesquels il fit marché de tout ce qu'ils prendroient du premier iet. Qu'ils amenerent vn grand coffre plein d'habits à dire la Messe, de Liures & d'argent, appartenans à ce Saint, & qu'il y bastit en suitte vne Chappelle, en laquelle ils disent qu'il est enterré, & que son corps s'y voit encore aussi entier, qu'il estoit le iour de sa mort. Il s'y fait à leur dire beaucoup de miracles, mais ils ne permettent pas aux Estrangers d'y entrer; se contentans de leur monstrer la pierre de moulin, sur laquelle le Saint a fait le pretendu voyage, & que l'on y auoit couchée contre la muraille. Ce sont les deuotions qui s'y font, qui ont fourny de quoy bastir vn tres-beau Convent en ce lieu-là.

Conuent de S. Antoine.

Nous demeurâmes à *Nouogorod* cinq iours, pendant lesquels le *Weiuode* nous enuoya vn present de vingt-quatre sortes de viandes, accommodées à leur mode, & de seize diuerses sortes de boissons. Le Chancelier *Bogdan Fœdorouitz Obeburou*, qui nous auoit seruy de *Pristaf* au premier voyage, nous enuoya aussi plusieurs rafraichissemens. Les Ambassadeurs firent present au *Weiuode* d'vn carosse neuf.

Le seiziéme Mars l'on nous fournit six vingts neuf cheuaux frais pour nos traineaux, & nous fismes ce iour-là quatre lieuës,

Les Ambassadeurs partët de Nouogorod.

iusqu'à *Brunits*, où nous eûmes encore des cheuaux frais, auec lesquels nous fismes le lendemain, dix-septiéme, deuant midy huit lieuës iusqu'à *Miedna*, & apres disner quatre lieuës & demie iusqu'à *Kreſſa*. Le dix-huitiéme nous fismes deuant disner six lieuës, iusqu'à *Iaſelbitza*, & apres-disner quatre, iusqu'à *Simnagora*. Le dix-neufiéme neuf lieuës iusqu'à *Columna*, & le vingtiéme cinq lieuës iusqu'à *Wiſna Wolloka*, où l'on nous fit voir vn ieune homme de douze ans, qui estoit déja marié. A *Tuere* l'on nous auoit fait voir vne femme qui n'en auoit qu'onze ; & cela est assez ordinaire en Moscouie, comme aussi en Finlande. Le soir du mesme iour, nous arriuasmes à *Windra Puſck*, apres auoir fait cette apres-disnée sept lieuës. En tout ce lieu-là nous ne trouuasmes que trois maisons, & les poisles si sales & si puants, que nous en eûmes vne tres-fascheuse nuit ; quoy que par tout ailleurs les poisles ne soient gueres plus propres que chez nous les estables.

Le vingt-vniéme nous fismes sept lieuës iusqu'à la ville de *Torſock*. Le vingt-deuxiéme six lieuës, iusqu'à *Troitska Miedna*, & le vingt-troisiéme autres six lieuës iusqu'à *Tuere*, dont il a esté parlé cy-dessus. Et dautant que la neige commençoit à fondre en quelques endroits, en sorte que nous n'eussions pas pû nous seruir de traineaux, nous nous mismes sur le *Wolgda* qui estoit encore glacé, & fismes ce iour-là six lieuës iusqu'à *Gorodna*. Le vingt-quatriéme nous reprismes la terre, parce que la glace commençoit à se fondre, & allâmes à *Sawidoua*, & de là à *Saulkaſſas*, sept lieuës de nostre dernier giste ; apres auoir passé quelques torrents, qui pour n'estre pas tout à fait pris, ny aussi entierement degelés, nous rendoient les passages fort difficiles. Le vingt-cinquiéme nous passâmes par vn grand village nommé *Klin*, derriere lequel est le torrent *Seſtrea*, qui tombe dans la riuiere de *Dubna*, & auec elle dans le *Wolgda*. Nous fusmes contraints d'arrester les glaces auec des pieux, que nous fismes enfoncer dans le torrent, pour empescher qu'elles ne nous emportassent. Le lendemain nous la passâmes encore vne fois, parce qu'elle serpente fort en ces quartiers-là, & demeurâmes le soir à *Beſchick*, à sept lieuës de *Klin*. Le vingt-septiéme nous passâmes encore deux petits torrents, & fismes six lieuës, iusqu'à *Zerkizoüo*. Le vingt-huitiéme nous ne fismes que trois lieuës, & arriuâmes à *Nicola-Darebna*, que

Autheur nomme au premier Liure *Nicola-Nachinski*, à deux 1636. eües de *Moscou*, où les Ambassadeurs ont accoustumé d'attendre la volonté du Grand-Duc, & l'ordre qu'il desire donner pour leur entrée. Nous ajustasmes cependant nos liurées, & nous nous mismes en ordre pour nostre caualcade, laquelle nous fismes le lendemain sur le midy, en l'ordre suiuant.

Premierement alloient les vingt-quatre mousquetaires, qui nous auoient conduits depuis la frontiere, & estoient tous Cosaques. Apres eux marchoit nostre Mareschal seul.

Entrée à Moscou.

En suitte les Officiers & les Gentils-hommes, trois de front, & les principaux aux premiers rangs.

Trois Trompettes, auec leurs trompettes d'argent.

Ceux-cy estoient immediatement suiuis des Ambassadeurs, chacun en son traineau, ayans deuant eux six Gardes auec leurs Carabines, & aux costés d'autres auec des Pertuisanes. Les Pages marchoient apres les traineaux, & apres eux le reste de la suitte à cheual, & le bagage en fort bon ordre. Le *Pristaf* auoit pris la main sur les Ambassadeurs. Estans arriuez à vne demi-lieuë de la Ville, il vint au deuant de nous plusieurs trouppes de Cauallerie, Moscouites, Tartares, & mesmes quelques Allemans, qui firent le tour de nostre caualcade, & retournerent apres à la ville. Apres ceux-cy vinrent plusieurs autres troupes, qui se separerent, & prirent nos deux costés, pour nous conduire.

A vn bon quart de lieuë de la Ville nous rencontrasmes deux *Pristafs*, auec vne tres-belle suitte, & auec le mesme équipage, qu'ils auoient amené lors de nostre premiere reception. Estans à vingt pas de nous, ils firent dire aux Ambassadeurs, qu'ils prissent la peine de descendre de leurs traineaux, & de venir à eux. Et de fait, les *Pristafs* ne mirent point pied à terre, & ne se découurirent point qu'apres que les Ambassadeurs eurent fait l'vn & l'autre. Ils sont obligez d'y proceder auec cette retenuë, & de ménager la grandeur & la reputation du Czaar, à peine de disgrace, laquelle est bien souuent accompagnée du foüet, ou des étriuieres.

La reception se fit en la mesme maniere qu'au premier voyage. Le plus ancien *Pristaf* commençant en ces termes ; *Le Grand-Seigneur, Czaar & Grand-Duc, Michel Federoüits*, &c. adjoûtant tous les titres, *nous a commandé de receuoir icy Philip-*

La reception des Ambassadeurs.

1636.

pes Crufius & moy Otton Brugman, grands Ambassadeurs du Grand-Seigneur Frideric, Duc de Holstein, & de vous conduire en sa Ville capitale de Moscou. A quoy l'autre adiousta, Sa Majesté a nommé ces Tuoronins, ou Gentils-hommes de sa suitte, icy presens, Paul Iuaniosia Salmanou, & moy André Iüanoüitz Zabarou, pour vous seruir de Pristafs, pendant le seiour que vous y ferez. Apres cela l'Escuyer s'auança, fit aussi son compliment, & presenta aux Ambassadeurs deux fort beaux & grands cheuaux blancs, & douze autres pour les principaux de leur suitte. Nous passasmes depuis la porte iusqu'à nostre logis, le long d'vne double haye de mousquetaires, au nombre de plus de trois mille, & fusmes logez en l'endroit de la Ville, nommé *Kataigorod*, gueres loin du Chasteau, en vne maison de pierre, bastie par vn Archeuesque nommé *Sufinsky*, qui auoit esté disgracié quelques années auparauant, & enuoyé en exil.

Leur ordinaire.

A peine auions-nous mis pied à terre, que l'on nous apporta de la cuisine, & de la caue du Grand-Duc toutes sortes de viandes & de breuuages. Et depuis ce temps-là, pendant tout le seiour que nous fismes à *Moscou*, l'on nous fournist tous les iours soixante-deux pains, vn quartier de bœuf, quatre moutons, douze poules, deux oyes, vn liévre, ou vn coq de Bruuere alternatiuement, cinquante œufs, dix sols pour la chandelle, & cinq pour le menu de la cuisine, vn pot de vin d'Espagne, huit pots d'hydromel, trois pots de biere, & trois petits pots d'eau de vie. Outre cela pour le commun vn tonneau de biere, vn petit tonneau d'hydromel, & vn baril d'eau de vie. Auec cela on nous fournissoit vn *poude*, c'est à dire quarante liures de beure, & autant de sel, trois sceaux de vinaigre, deux moutons, & vne oye d'extraordinaire par sepmaine. On nous doubla cette quantité le iour de nostre arriuée, à Pasques Fleuries, à Pasques, & le iour de la naissance du ieune Prince: mais nous les faisions accommoder par nos cuisiniers à nostre mode. La porte de l'Hostel estoit gardée par vn *Desetnik* ou Caporal, commandant vne escoüade de neuf mousquetaires; mais les *Pristafs* ne manquoient pas de nous venir voir tous les iours, pour nous entretenir, & pour nous diuertir: & incontinent apres nostre premiere audiance publique, ou dés que nous fusmes assez heureux *pour auoir veu les clairs yeux de sa Majesté Czaarique*, comme ils disent; l'on nous donná la mesme me liberté que l'on nous donna lors de nostre premier voyage.

Le troisiéme Avril nous eusmes nostre premiere Audiance publique, à laquelle nous fusmes conduits auec les mesmes ceremonies que cy-deuant, & en nostre caualcade nous gardasmes le mesme ordre que nous auions obserué à nostre entrée ; sinon que le Secretaire marchoit immediatement deuant les Ambassadeurs, portant les lettres de Creance sur vne grande piece de taffetas cramoisi. Les mousquetaires auoient fait haye depuis nostre logis iusqu'au Chasteau, mais cela n'empescha pas que le peuple n'y accourust en foule pour nous voir.

Les Courriers alloient & venoient comme de coustume, pour regler nostre marche ; afin que le Grand-Duc se pust mettre sur son throne au mesme moment de nostre arriuée.

Les Ceremonies de l'Audience estoient toutes semblables à celles dont nous auons parlé cy-dessus. Et la proposition ne contenoit que des complimens, des remercimens de ce qu'il auoit plû à sa Majesté accorder aux Ambassadeurs le passage en Perse, & des instances pour quelques conferences secretes.

Incontinent apres nostre retour au logis arriua vn des Escuyers tranchants du Grand-Duc, nommé *Knez Simon Petrouits Liuou*, auec quarante plats de la table de sa Majesté, tous de poisson, fritures & legumes, à cause de leur Caresme, & douze pots de toutes sortes de breuuages.

Apres que l'on eust mis la nappe, & que l'on eust seruy, il presenta de sa main aux Ambassadeurs, & à ceux de leur suitte, à chacun vn gobelet plein d'vne tres forte eau de vie, prit luymesme vn grand vase de vermeil doré, & beut à la santé du Grand-Duc, à celle du jeune Prince, & en suitte à celle de son Altesse ; obligeant toute la compagnie à luy faire raison. On luy fit present d'vn vase de vermeil doré, & à ceux qui auoient apporté la viande, à chacun deux escus.

Nous nous mismes à table ; mais dautant que la plufpart des viandes estoient apprestées auec de l'ail & de l'oignon, nous n'en mangeasmes que fort peu, & enuoyasmes le surplus à nos amis à la Ville. Nous fismes selon le prouerbe, à peu manger bien boire ; & c'est à quoy nous animerent les Ambassadeurs de Perse, qui estoient logés en nostre voisinage, par le bruit de leurs musettes & hautbois, dont ils nous voulurent don-

1636.
AVRIL.

Cette proposition se trouue de mot à mot en l'Original, mais é-tât impossible d'exprimer les complimens Allemars en nostre Langue, nous auons trouué à propos d'en due seulement le contenu.

N

1636. ner le diuertiffement,, & par les excellens vins, que le Grand-Duc nous auoit enuoyés.

Le cinquiéme Avril nous fufmes à noftre premiere Audience fecrette, auec les ceremonies ordinaires, & eufmes pour Commiffaires les mefmes Bojares & Seigneurs qui auoient negocié auec nous au premier voyage; à la referue du Chancelier *Iuan Taraffoüitz Grammatin*, qui auoit refigné fa charge à caufe de fon aage, & auoit eu pour fucceffeur *Fedor fedorouffi Lichozou*. Pendant cette audience mourut au logis vn de nos Laquais, qui en verfant auec le traifneau, quelques iours auparauant auoit efté bleffé de la caffette de l'Ambaffadeur *Brugman*, qui luy eftoit tombée fur l'eftomach : & dautant qu'il auoit fait profeffion de la Religion reformée, l'on fit porter le corps au Temple de ceux de la Religion, où l'on luy fit vn Sermon Funebre, apres lequel on l'enterra au cimetiere des Allemans. Le Grand-Duc nous enuoya pour le Conuoy vn *Priftaf*, & quinze cheuaux blancs de fon efcurie.

Le neufiéme nous eufmes noftre deuxiéme Audience particuliere.

Proceffion de Pafques Fleuries.

Le dixiéme, qui eftoit le iour de Pafques Fleuries, les Mofcouites firent vne belle Proceffion, pour reprefenter l'entrée de noftre Seigneur dans Ierufalem; Et afin que nous la puffions voir à noftre aife, parce que nous auions témoigné du defir pour cela, le Grand-Duc enuoya aux Ambaffadeurs leurs deux cheuaux ordinaires, & quinze autres pour leur fuite Il nous fit auffi garder vn lieu vn peu éleué aupres de la porte du Chaufteau, d'où l'on fit retirer le peuple, qui s'y trouuoit au nombre de plus de dix-mille perfonnes. Les Ambaffadeurs de Perfe eurent leur place derriere nous, fur le petit theatre, dont nous auons parlé cy deffus.

Le Grand-Duc, apres auoir affifté au feruice de l'Eglife Noftre-Dame, fortit du Chafteau auec le Patriarche, en fort bon ordre.

Premierement marchoit vn tres-grand chariot, fait d'ais cloüez enfemble, mais bas monté, trainant vn arbre, duquel pendoient force pommes, figues, raifins, fur lequel eftoient affis quatre garçons auec leurs furplis, qui chantoient le *Hofanna*.

Apres cela fuiuoient plufieurs Preftres auec leurs furplis &

chasubles, portant plusieurs Croix, Bannieres & Images, sur
de longues perches; dont les vns chantoient, & les autres encensoient le peuple. En suitte de cela marchoient les principaux *Gosts*, ou Marchands; apres eux les Diacres, Commis,
Secretaires, Knez & Bojares, tenant la plusparc des palmes à
la main, & precedans immediatement le Grand-Duc, qui estoit
tres-richement vestu, ayant la Couronne sur la teste, & estoit
mené sous les bras par les deux principaux Conseillers d'Estat,
Knez Iuan Borisouts Cyrcaski, & *Knez Alexey Michaëloüits L'Wou*,
& tenoit luy-mesme par la bride le cheual du Patriarche qui
estoit couuert de drap, & desguisé en asnet Le Patriarche qui
le montoit, auoit sur la teste vn bonnet rond de satin blanc,
en broderie de tres-belles perles, & par dessus vne tres-riche
Couronne. Il tenoit de la main droite vne Croix de Diamans,
dont il se seruoit pour benir le Peuple, qui receuoit sa benediction auec beaucoup de soumission, baissant la teste & faisant
incessamment le signe de la Croix. Il auoit aupres & derriere
luy les Metropolitains, Euesques & autres Prestres, dont les
vns portoient des Liures & les autres des encensoirs. Il s'y trouua prés de cinquante ieunes garçons, la plusparc vestus de rouge, qui estoient leurs casaques, & les mettoient sur le chemin : les autres auoient des pieces de drap d'vne aulne de long,
de toutes sortes de couleurs; qu'ils couchoient par terre, pour
y faire passer le Grand-Duc & le Patriarche. Le Grand-Duc
estant arriué vis-à-vis du lieu où nous estions, s'arresta, & nous
enuoya son premier truchement, *Iean Helmes*, pour nous demander l'estat de nostre santé, & ne fit continuer la procession
que l'on ne luy eust porté nostre response. Apres cela, il entra
dans l'Eglise, où il demeura enuiron vne demi-heure. Au retour, il s'arresta encore au mesme lieu, pour faire dire aux
Ambassadeurs qu'il leur enuoyeroit à disner de sa table: ce qu'il
ne fit pas pourtant, mais au lieu de cela, l'on nous doubla
nostre ordinaire.

L'honneur que le Grand-Duc fait au Patriarche, de luy
mener son cheual, luy vaut quatre cens escus, que le Patriarche est obligé de luy donner. Les mesmes ceremonies se font
le iour de Pasques Fleuries par toute la Moscouie, où les Metropolitains & les Euesques representent la personne du Patriarche, & les *Weiuodes*, ou Gouuerneurs, celle du Grand-Duc

1636.

Les Moscouites celebrent la feste de Pasques.

Le dix-septiéme Auril estoit leur Pasque. C'est la plus grande de toutes leurs festes, & ils la celebrent auec beaucoup de ceremonies, & y font de grandes réjouyssances, tant en memoire de la Resurrection de nostre Seigneur, que parce que c'est là la fin de leur Caresme. On ne voyoit autre chose par les ruës que des Merciers, qui vendoient des œufs de toutes sortes de couleurs, dont les Moscouites se font des presents les vns aux autres, toute la premiere quinzaine apres Pasques; pendant laquelle, quand ils se rencontrent ils s'entre-baisent: & se saluënt de ces paroles: *Christos Wos Chrest*, c'est à dire, Christ est resuscité, à quoy l'autre répond, *Wostin Wos Chrest*, c'est à dire, veritablement il est ressuscité. Il n'y a personne, de quelque condition, sexe ou qualité qu'il puisse estre, qui ose refuser ces baisers, ou les œufs qu'on luy presente. Le Grand-Duc mesme en fait present à ses principaux Conseillers, & aux Seigneurs de sa Cour. Il a aussi accoustumé le iour de Pasques, de visiter de grand matin les prisonniers deuant que d'aller à l'Eglise, & de leur faire distribuer à chacun vn œuf, & des fourrures de peaux de mouton, les exhortant de se réjouyr, puis que Christ est mort pour leur pechés, & que presentement il est veritablement resuscité. Cela estant fait, il fait refermer la prison, & va à ses deuotions. Leurs plus grandes réjoüissances consistent en des festins, & en bonne chere ; mais particulierement en des débauches qu'ils font dans les cabarets, qui sont pleins de toutes sortes de personnes, d'hommes & de femmes, d'Ecclesiastiques & de Seculiers, qui s'enyurent tellement, que les ruës sont toutes jonchées d'yurognes. Le Patriarche d'auiourd'huy les a defenduës, & a voulu que le iour de Pasques l'on fermast les cabarets: mais il n'est pas fort bien obey.

Audiance particuliere de Brugman.

Le vingt-neufiéme Avril l'Ambassadeur *Brugman* demanda, & eût vne Audience particuliere des Bojares ; où il fut seul, sans son Collegue, & auec vne suitte de peu de personnes. Elle luy fut donnée dans la Chambre du Tresor, & dura deux bonnes heures, sans que nous ayons pû sçauoir les affaires qu'il y negocia, que par l'instruction du procés qui luy fut fait au retour de voyage.

M A Y.

Le sixiéme May, les Ambassadeurs furent ensemble à la troisiéme conference auec les Bojares, le 17. à la quatriéme & le

27. à la cinquiéme & derniere audiance particuliere.

Le trentiéme May, le Grand-Duc permit au Gouuerneur du ieune Prince de faire voler l'oyseau, & de conuier à ce diuertissement les Gentils-hommes de nostre suitte. Il nous enuoya ses cheuaux, & nous mena à deux lieuës de la ville, dans vne tres-belle prairie. Apres auoir chassé deux ou trois heures, l'on nous donna la collation sous vne tente, que l'on y auoit fait dresser exprés. Le traitement fut à l'ordinaire, d'eau de vie, d'hydromel, de pain d'épices & de cerises confites.

Le premier Iuin, les Moscouites celebrerent auec beaucoup de solemnitez, le iour de la naissance du ieune Prince *Knez Iuan Michaëloüits*. Nous y eusmes part, parce que l'on nous doubla l'ordinaire de nos viures.

Le troisiéme, l'Ambassadeur *Brugman* eut en son particulier pour la deuxiéme fois, vne conference secrette auec les Bojares. Le quatriéme Iuin, qui estoit la veille de la Pentecoste, le Grand-Duc donna Audiance publique de congé à tous les Ambassadeurs, qui se trouuoient alors à *Moscou*. Celuy de Perse fut le premier à l'Audiance. C'estoit vn *Cupzin*, ou Marchand, & en reuenant de l'Audiance il auoit mis sur son habit, suiuant la coustume de Perse, vne veste de satin rouge cramoisy, doublée de fort belles martres, dont le Grand-Duc luy auoit fait present.

Iuin.

Apres luy furent à l'Audiance les Grecs, les Armeniens & les Tartares, qui au retour faisoient porter deuant eux leurs lettres & les presents qu'on leur auoit faits.

Le douziéme arriua nostre Controlleur, qui estoit demeuré à Dantziq, où il auoit fait acheuer quelques ouurages, & presens, que nous deuions emporter en Perse. Le Grand-Duc estoit allé en pelerinage hors de la Ville, & le Chancelier n'osoit pas permettre au Controlleur d'y entrer, sans l'ordre exprés de sa Maiesté ; ce qui fut cause qu'il demeura trois iours entiers aux fauxbourgs.

Le quinziéme le Grand-Duc & la Duchesse sa femme, reuinrent à *Moscou*. Le Grand-Duc auoit vne longue suitte de Seigneurs. La Duchesse auoit apres elle trente-six Dames, ou Damoiselles. Elles estoient toutes à cheual, iambe deçà, iambe delà, habillées de rouge, & le chappeau blanc sur la teste, auec de grands cordons rouges battans sur le dos,

Caualcade de la Grand' Duchesse.

1636.
Audiance du Secretaire de l'Ambassade.

l'écharpe blanche au col, & elles estoient fort vilainement fardées.

Le dix septiéme ie fus enuoyé au Chancelier, pour luy parler de nos expeditions. Il me voulut faire l'honneur entier, & ordonna qu'vn *Pristaf* m'introduisist à l'Audiance. Cette ciuilité importune me cousta deux heures de patience, qu'il fallut prendre dans l'antichambre, iusqu'à ce que l'on eust trouué vn Pristaf. Le Chancelier & le Vice-Chancelier me receurent fort bien, & me renuoyerent fort satisfait. La table de la chambre de l'Audiance estoit couuerte d'vn tres-beau tapis de Perse, sur lequel y auoit vne escritoire d'argent, mais sans ancre : & l'on me dit, que l'vn & l'autre n'y auoit esté mis que par parade, & pour le temps que j'auois à demeurer auec eux. I'ay suiet de croire que l'on me fit attendre principalement, afin d'auoir le loisir d'accommoder la chambre, laquelle n'estoit pas fort propre sans cela.

Le vingtiéme les *Pristafs* & les Commis nous vinrent dire, que nous pourrions continuer nostre voyage de Perse, quand il nous plairoit, & qu'au retour nous aurions l'honneur de baiser la main à sa Maiesté Czaarique. Qu'il ne seroit pas à propos de le faire presentement, puisque les Ambassadeurs ne prenoient pas congé pour s'en retourner chez eux, & qu'en la derniere Audiance publique le Grand-Duc seroit obligé de leur donner la réponse aux lettres de Creance qu'ils auoient apportées; ce qui ne seroit pas dans la bien-seance.

Nous nous resolûmes donc au voyage, fismes mettre en ordre quelques barques, pour descendre la riuiere iusqu'à *Nisa*, & nous prismes à nostre seruice trois Lieutenans, quatre Sergens, & vingt-trois Soldats, Escossois & Allemans. Le Grand-Duc nous permit de les choisir dans ses Gardes, pour nostre seureté contre les courses des Tartares, qui rendent le chemin sur le *Wolga* fort dangereux. Nous loüasmes aussi quelques Moscouites, pour le trauail ordinaire. Nous employasmes le 24. & 25. Iuin à embarquer, & à faire partir quelques petites pieces de fonte, que nous auiõs amenées d'Allemagne, quelques pierriers que nous auions achettés à *Moscou*, & vne partie de nostre bagage; auec ordre au conducteur de nous attendre à *Nisa*.

Entrée des Ambassadeurs de Pologne.

Le vingt-sixiéme arriuerent des Ambassadeurs; où pour parler à la mode des Moscouites, des Courriers de considera-

ET DE PERSE, LIV. II.

tion, de la part du Roy de Pologne. Nous fortifmes de la ville pour voir leur entrée. Dés qu'ils nous apperceurent, ils nous faluërent fort ciuilement, en fe découurant, mais ils traittoient les Mofcouites auec beaucoup de fierté, & ne fe découuroient point. Ils obligerent aufsi les *Priftafs* à defcendre de cheual, & à fe découurir les premiers; difans qu'ils n'eftoient pas-là pour faire honneur aux Mofcouites, mais pour en receuoir d'eux. Aufsi n'y eut-il point de cheuaux de l'efcurie du Grand-Duc pour l'entrée des Ambaffadeurs; parce que peu de iours auparauant vn autre Ambaffadeur de Pologne les auoit refufez, & s'eftoit voulu feruir des fiens.

1636.

Cét autre Ambaffadeur Polonois, afin que j'en die encore vn mot en paffant, auoit efté enuoyé au Grand-Duc, incontinent apres la deffaite des Mofcouites deuant *Smolensko*, & fe fçeut, fi bien feruir de cét aduantage là, qu'il ne leur en laiffa aucun pendant le feiour qu'il fit à *Mofcou*. Il voulut eftre affis en faifant fa propofition, & quand en prononçant le nom & les titres de fon Roy, il voyoit que les Bojares n'oftoient point leurs bonnets, il s'arreftoit, iufqu'à ce que le Grand-Duc leur eut fait figne & commandé de fe découurir. Le Roy de Pologne n'auoit point enuoyé de prefens au Grand-Duc; mais l'Ambaffadeur luy donna, pour luy en fon particulier, vn fort beau caroffe, & neantmoins quand le Grand-Duc luy enuoya vn riche prefent de martres, il le refufa. C'eft pourquoy le Grand-Duc luy renuoya fon caroffe, & l'Ambaffadeur qui ne cherchoit qu'vn pretexte pour s'emporter, en prit fuiet de faire ietter le *Priftaf* du haut en bas de la montée. Le Grand-Duc s'en trouua tellement offenfé, qu'il fit dire à l'Ambaffadeur, qu'il ne fçauoit pas fi c'eftoit de l'ordre de fon Roy, qu'il en vfoit ainfi, ou fi c'eftoit de fon mouuement qu'il commettoit ces excez. Que fi fon Roy luy auoit commandé de l'outrager de la forte, il falloit auoir patience, iufqu'à ce que Dieu luy euft donné le moyen de s'en reffentir. Que l'euenement des armes eftoit en fa main, & qu'il le pouuoit efperer en fa faueur. Mais que s'il l'auoit fait fans ordre & de fon mouuement, il s'en plaindroit au Roy fon Maiftre, & luy en demanderoit juftice.

Fierté d'vn Ambaffadeur Polonois.

Le 26. Iuin le Priftaf nous vint apporter le paffeport du Grand-Duc, lequel pour eftre d'vn ftile affez extraordinaire, nous auons voulu inferer icy, ainfi que l'Autheur nous le don-

Paffeport du Grand-Duc.

1636.

Passeport du Grand-Duc.

ne, traduit mot à mot du Moscouite, en ces termes :

» De la part du Grand-Seigneur, & Grand-Duc de tous les
» Russes *Michel Federoüitz*, il est enjoint à tous nos Bojares
» weiüodes & Diaken, & à tous nos gens de commandement
» depuis la ville de *Moscou*, iusqu'à *Columna*, & delà à *Pereslaf*,
» *Resansky*, & *Kasimoüa* à *Murama* & à *Nise-Nouogoroa*, à *Casanet*,
» *Astracham* : de laisser passer *Philippes Crusius & Otton Brug-*
» *man*, Ambassadeurs & Conseillers du Duc Frideric de
» Holstein que nous auons permis de partir de Moscou pour
» aller en Perse, au Schach Sefi de Perse, en vertu du trai-
» té fait pour le passage & le commerce des marchands de
» Holstein. Nous leur auons aussi permis d'emmener auec
» eux leurs Allemans de Holstein, au nombre de 85. person-
» nes, & pour leur escorte trente Soldats, pris de nostre con-
» sentement parmy les Allemans, qui seruent en Moscouie;
» dont ils pourront augmenter le nombre, pour la seureté de
» leur voyage de Perse à *Nise*, *Cassan* ou *Astracham*, d'onze
» hommes, Allemans ou Moscouites volontaires. Nous leur
» permettons aussi de loüer à Nise deux pilotes, qui sçachent
» le cours du Wolga. Nous consentons & permettons pareil-
» lement ausdits Ambassadeurs de Holstein, si à leur retour
» du voyage de Perse ils ont besoin d'escorte, ou d'autres
» gens pour le trauail, de prendre à *Cassan* ou à *Astrachan*, & par
» tout ailleurs où il leur plaira, quarante hommes, ou tel au-
» tre nombre, qu'ils iugeront necessaire pour l'auancement
» de leur voyage ; à la charge que ceux de nos gens, qui se
» loüeront ausdits Ambassadeurs, feront connoistre leurs noms
» aux Bojares, weiüodes & Diaken, du lieu de leur demeure,
» tant en partant, qu'au retour : afin qu'il en soit tenu registre.
» Et s'ils reuiennent de Perse pendant l'Hyuer, ils pourront
» pour leur argent prendre à leur seruice tel nombre d'hom-
» mes & de traineaux; qu'ils iugeront necessaire pour la conti-
» nuation de leur voyage,

» Nous auons aussi nommé *Rodiüon Gabato*, Gentilhomme
» d'Astrachan, pour conduire lesdits Ambassadeurs depuis
» Moscou iusqu'à Astrachan. C'est pourquoy nous vous
» commandons, nos *Bojares*, *Weiuodes*, *Diaken*, & gens de com-
» mandement, de laisser passer ledit *Rodiüon*, auec les Ambas-
» sadeurs de Holstein, sans leur donner aucun empeschement.

» Et

Et que si apres auoir fait le voyage de Perse, à leur retour ils «
veulent repasser par le païs de nostre obeïssance, vous leur «
permettiez de prendre à leur seruice, pour le trauail ou «
pour l'escorte sur le water, quarante hommes, ou tel autre «
nombre, dont ils auront besoin, lesquels ils prendront en vertu «
du present passeport, à Astrachan, à Cassan, ou en tel autre «
lieu qu'il leur plaira. Et lesdits nos sujets seront obligés de «
faire enregistrer leurs noms, tant en partant qu'au retour; «
afin que l'on voye s'il ne s'y mesle point de voleurs, & de *Go-* «
lops, ou d'Esclaues fugitifs. De mesme au retour de leur voya- «
ge, en passant par la Moscouie pendant l'hyuer, ils pourront «
loüer pour leur argent tel nombre de traincaux qu'il leur plai- «
ra; sans qu'on leur puisse donner aucun empeschement, ou «
apporter aucun retardement à la continuation de leur voyage, «
tant dans les villes qu'à la campagne. Voulans que l'on respe- «
cte les Ambassadeurs de Holstein, & que l'on témoigne de l'a- «
mitié à leurs gens, tant en allant qu'en venant; sans souffrir «
qu'on leur fasse aucune violence, ou qu'on les vole : comme «
eux de leur costé ne prendront point des viures par force de «
qui que ce soit; mais il leur sera permis d'en acheter pour leur «
argent de ceux qui leur en voudront vendre volontairement, «
tant en allant qu'en venant. Escrit à Moscou l'an 7144. le 20. «
Iuin, & estoit signé, *Le Czaar & Grand-Duc de tous les Russes Michel Federoüits*, & plus bas, *Deak Maxim Matuskin*, & estoit scellé du grand Sceau.

Dés que le Pristaf nous eust deliuré nostre passeport, nous prismes iour pour nostre depart, & le fixasmes au 30. Iuin. Le sieur *Dauid Rutz* nous fit encore vn grand festin ce iour-là, & nous entretint iusqu'à ce que la derniere heure du iour, que les Moscouites commencent auec le Soleil leuant, & acheuent quand il se couche, estant sonnée, le Pristaf nous fit amener les cheuaux du Grand-Duc, & nous fit partir en la compagnie de plusieurs personnes de condition, qui nous firent l'honneur de nous conduire iusqu'au Convent de *Simana*, à trois lieuës de Moscou, où nostre barque nous attendoit, parce que nous voulions éuiter les tours & détours, que la riuiere fait depuis la ville de Moscou iusqu'en ce lieu-là.

Mais il n'est pas iuste de partir de Moscou, sans faire connoître cette grande ville, qui est la capitale de toute la *Moscouie*, à la-

Les Ambassadeurs partent de Moscou.

Description de la ville de Moscou.

quelle elle donne le nom; comme elle tire le sien de la riuiere de *Moska*. Cette riuiere qui trauerse & separe tout le reste de la ville d'auec le quartier que l'on appelle *Strelitza Slauoda*, sort de la Prouince de *Tuere*, & apres auoir ioint ses eaux à celles de *l'Occa* aupres de *Columna*, elle entre auec elle à vne demy-lieuë de là dans le Wolga. La ville est située à 55. degrés 36. minut. d'éleuation, & à 66. degr. de longitude, au milieu de tout le païs, & dans vne distance quasi égale de toutes les frontieres, dont elle est éloignée de plus de six vingt lieuës d'Allemagne. Elle en a enuiron trois de tour, & il est certain qu'autrefois elle estoit sans comparaison plus grande qu'elle n'est auiourd'huy. *Mathias de Michou*, Chanoine de Cracouie, qui viuoit au commencement du dernier siecle, dit que de son temps elle estoit deux fois plus grande que la ville de Prague. Les Tartares de *Crim* & de *Precop* la brûlerent en l'an 1571. & le feu que les Polonnois y mirent en l'an 1611. ne laissa de reste que le chasteau seul, & neantmoins l'on y compte presentement plus de quarante mille maisons, & il est certain, que c'est auiourd'huy vne des plus grandes villes de l'Europe.

Ses maisons sont de bois.

Il est vray, qu'à la reserue des hostels des grands Seigneurs, & des maisons de quelques marchands aisés, qui en ont basty de pierre ou de briques, toutes les autres sont de bois, & qu'elles sont basties de plusieurs poutres & soliues de sapin, arrangées les vnes sur les autres. Les toicts sont d'escorces d'arbres, qu'ils couurent quelquefois de gazons. La negligence des Moscouites, & le peu d'ordre qu'ils ont en leur menage, fait qu'il ne se passe point de mois, ny mesme presque point de sepmaine, que le feu ne s'y prenne : & que cét Element, rencontrant vne matiere fort combustible, ne reduise en vn moment plusieurs maisons, & si le vent l'anime, mesmes des ruës entieres en cendres. Peu de iours deuant nostre arriuée le feu auoit consumé la troisiéme partie de la ville, & il y a cinq ou six ans qu'vn semblable accident faillit de la détruire entierement. Pour preuenir ces desordres, il est enioint aux Strelits, ou Mousquetaires de la garde, & aux archers du Guet, de porter la nuit des haches, auec lesquelles ils abbatent les maisons, que le voisinage du feu menace d'vn semblable accident; dont ils empeschent par ce moyen le progrés auec bien plus de succés que s'ils entreprenoient de l'esteindre

Et afin qu'il ne prenne point aux autres bastiments plus solides, 1636. l'on en fait les ouuertures & fenestres fort petites, & on les garnit de volets de fer blanc, pour empécher que les esclats & estincelles n'y entrent point. Ceux qui font ces pertes s'en consolét en quelque façon, par la facilité qu'ils ont de trouuer des maisons neuues toutes basties, au marché destiné pour cela hors de la muraille blanche, où l'on achette pour fort peu de chose vne maison entiere que l'on fait démonter, transporter & rebastir en fort peu de temps au lieu où estoit la premiere.

 Les ruës de la ville de Moscou sont belles & fort larges, mais si crottées, quand la pluye a détrempé tant soit peu la terre, qu'il seroit impossible de se tirer de la bouë, sans les rondins joints ensemble, que l'on y a mis, & qui y font vne espece de pont, à peu prés de la façon de celuy du Rhin auprés de Strasbourg, qui seruent de paué dans le mauuais temps.

 Toute la ville est diuisée en quatre quartiers ou cercles, Kataygorod. dont le premier est nommé *Kttaigorod*, c'est à dire ville du milieu; parce qu'il est situé au milieu des autres. Ce quartier est ceint & separé des autres par vne bonne muraille de briques, que les Moscouites appellent *Crasne Stenna*, c'est à dire pierre rouge. La *Mosca* la laue du costé du Midy, & la riuiere de *Neglina*, qui se joint à l'autre derriere le chasteau, vers le Nort. Le Palais du Grand-Duc, que l'on nomme *Cremelena*, & qui a Cremelena. plus d'étenduë que plusieurs autres villes mediocres, en occupe quasi la moitié, & est fortifié de trois bonnes murailles, & d'vn bon fossé, & est garny d'vne merueilleusement belle artillerie. L'on voit au milieu de la Cour du Chasteau deux clochers, dont l'vn est fort haut & couuert de cuiure doré, ainsi que tous les autres clochers du chasteau. On appelle ce clocher *Iuan Welike*, c'est à dire le Grand-Iean. L'autre est considerable pour sa cloche, que le Grand-Duc *Boris Gudenou* a fait fondre, du poids de trois cens trente-six quintaux. On ne la sonne qu'aux grandes festes, ou pour honnorer l'entrée, & l'audiance des Ambassadeurs, & elle ne peut estre ébranlée que par vingt-quatre hommes, qui la tirent par vne corde qui passe dans la Cour, pendant que quelques autres se tiennent auprés du battant pour le pousser. Le Palais du Grand-Duc est sur le derriere du chasteau, & est accompagné de l'hostel du Patriarche, & de ceux de plusieurs

O ij

Bojares qui ont des charges à la Cour. Depuis peu l'on y a bas[ti] vn fort beau Palais de pierre, à l'Italienne, pour le ieune Princ[e] mais le Grand-Duc continuë tousiours de demeurer dans so[n] Palais de bois, comme estant plus sain que les bastimens de pie[r]re. L'épargne & les magazins des poudres & des viures sont au[s]si enfermés dans l'enceinte du chasteau.

On y voit aussi deux fort beaux Convents, l'vn de Moines [&] l'autre de Religieuses, & plus de cinquante Eglises, & Chap[p]elles, toutes basties de pierre : Entr'autres celles de la Saint[e] Trinité, de Sainte Marie, de S. Michel, où sont les tombeau[x] des Grand-Ducs, & de S. Nicolas.

A la porte du Chasteau, mais hors de ses murailles, du cost[é] du midy, se voit la belle Eglise, dediée à la Trinité & commu[n]nément appellée *Ierusalem*. Quand elle fut acheuée le Tyra[n] *Iuan Basilouits* trouua son bastiment si magnifique, qu'il fit cre[u]er les yeux à l'architecte; afin qu'il ne fist plus de bâtiment, qu[i] pût estre mis en parallele auec celuy-cy. Auprès de cette Egli[se] sont deux grosses pieces d'Artillerie, qui ont la bouche tour[n]née vers la ruë, par laquelle les Tartares ont accoustumé d[e] faire leurs irruptions : mais ces canons sont démontés, & ain[si] hors d'vsage.

La place qui est deuant le chasteau fait le premier marché d[e] la ville, & on le voit tout le long du iour fourmiller de mon[de], mais principalement d'Esclaues & de faineans. Tout l[e] marché est plein de boutiques, aussi bien que toutes les ruë[s] qui y aboutissent; mais chaque mestier a la sienne, & son quar[tier; en sorte que les marchands de soye ne se meslent poin[t] auec les marchands de drap, ou de toile, ny les orfeures auec les selliers, cordonniers, tailleurs, pelletiers ou autres artisans; mais chaque profession & chaque mestier a sa ruë. Ce qui est d'autant plus commode qu'en vn moment on descouure de l'œil tout ce que l'on desire. Les lingeres ont leurs boutiques au milieu du marché, où il se trouue encore vne autre sorte de marchandes, qui tiennent des bagues en la bouche, & debitent auec leurs rubis & leurs turquoises, vne autre marchandise que l'on ne voit point. Il y a aussi vne ruë particuliere, où l'on ne vend que des Images de leurs Saints. Il est vray que cela ne passe point pour marchandise chez les Moscouites, qui feroient conscience de dire qu'ils ont achetté vn

Sainct; mais ils difent qu'ils les troquent auec de l'argent, & en 1636. les acheptant ils ne marchandent point, mais ils en payent ce que le peintre demande.

Il y a encore vn autre lieu en ce quartier-là qu'ils appellent le marché poüilleux; parce que les habitans s'y font faire le poil, dont toute la place est tellement couuerte, qu'il semble que l'on y marche sur des mattelats. La plusart des principaux *Goses* ou Marchands, comme aussi plusieurs Knez & Seigneurs Moscouites ont leurs maisons en ce premier cercle.

Le second quartier s'appelle *Czaargorod*, c'est à dire ville du Czaargorod. Czaar, ou ville Royale, & enferme le premier comme dans vn demy cercle. La petite riuiere de *Neglina* y passe au milieu, & il a sa muraille particuliere qu'ils appellent *Biela-Stenna*, c'est à dire muraille blanche. C'est en ce quartier-là où est l'Arsenac, & le lieu où l'on fond le canon & les cloches, qu'ils appellent *Poggana-brut*, dont le Grand-Duc a donné la direction à vn tres-habille homme, nommé *Iean Valk*, natif de Nuremberg, qu'il a fait venir exprés de Hollande, à cause du moyen qu'il a trouué le premier, de tirer vn boulet de canon de seize liures de calibre auec cinq liures de poudre. Les Moscouites qui ont trauaillé sous cet homme, ont si bien appris la fonte, que presentement ils y reüssissent aussi bien que les plus sçauans Allemans.

En ce mesme quartier demeurent plusieurs *Knez*, Seigneurs, *Sinbojares*, ou Gentils-hommes, & vn grand nombre de marchands qui trafiquent par tout le païs, & d'artisans, mais sur tout des boulangers. On y voit aussi des boucheries, des cabarets à biere, à hidromel & à eau de vie, des greniers à bled, & des marchands de farine, & l'escurie du Grand-Duc.

Le troisiéme quartier de la ville de Moscou s'appelle *Skora-* Skoradom. *dom*, & enferme le quartier que l'on nomme *Czaargorod*, depuis le Leuant, en tirant par le Nort iusqu'au Ponant. Les Moscouites disent que ce quartier auoit 5. lieuës d'Allemagne de tour, auant que les Tartares eussent bruslé la ville en l'an 1571. La petite riuiere de *Iagusas* y passe, & y entre dans la Mosca. C'est en ce quartier là où est le marché au bois & aux maisons, dont nous auons parlé cy-dessus; où l'on trouue des maisons toutes dressées, que l'on démonte, transporte & redresse en fort peu de temps, & auec peu de peine & de dépense; puisque l'on se contente de mettre les poutres, & les rondins les vns sur les au-

O iij

tres, & de remplir les ouuertures de mousse.

1636.
Strelitza Slaoda.

On appelle le quatriesme quartier *Strelitza Slawoda*, à cause des strelits ou mousquetaires de la garde du Grand-Duc qui ont leur demeure. Il est situé vers le Midy du quartier de *Kitay gorod*, de delà la *Mosca*, sur les aduenuës des Tartares. Ses remparts & bastions sont de bois. Le Grand-Duc *Basili Iuanoüit*. pere de *Iean Basiloüits*, qui fit bastir ce quartier, les destina pour le logement des Soldats estrangers, comme Polonois, Alleman & autres; nommant ce lieu-là *Naeilki*, ou le quartier des yurognes, du mot *Nali* qui signifie verse; parce que ces estranger estans plus suiets à l'yurognerie que les Moscouites, il ne vouloit point que leur exemple fist vn mauuais effet dans l'esprit de ces gens, qui sans cela ne sont que trop portés à la debauche Au reste, il n'y a dans ce quartier-là, auec les Soldats, qu'vn partie du menu peuple.

Il y a dans la ville de Moscou, & dans ses faux-bourgs, vn tres grand nombre d'Eglises, de Conuents & de Chappelles. Nou auons dit en la premiere impression de ce voyage, qu'elles passoient celuy de quinze cens: mais dautant que *Iean Loüis Godefroy*, Auteur de l'*Archontologia Cosmica*, trouue ce nombre si excessif, qu'il ne craint point d'en parler, comme d'vne chose qu n'a point d'apparence de verité, ie me trouue obligé de dire, qu ie m'y suis trompé en effet, & qu'il est certain qu'il y en a plu de deux mille. Il n'y a point de Moscouite, qui ait demeuré Moscou, ny mesme point d'estranger, qui ait tant soit peu de connoissance de cette ville, qui ne confirme cette verité, & qui ne sçache qu'il n'y a point de Seigneur qui n'ait sa Chappelle particuliere, ny de ruë qui n'en ait plusieurs. Il est vray qu'elles sont la pluspart fort petites, & qu'elles n'ont que quinze pieds en quarré; mesmes qu'autrefois auant que le Patriarche eust ordonné qu'on les bastist de pierres, elles estoien toutes de bois; mais cela n'empesche pas qu'il n'y en ai beaucoup, & que le nombre ne monte à ce que nous venon de dire.

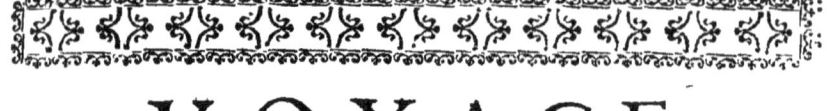

VOYAGE DE MOSCOVIE ET DE PERSE.

LIVRE TROISIESME.

A ville de *Moscou*, que ceux du païs appellent *Moskwa* donne le nom à la Prouince en laquelle elle est située, & à toute la *Moscouie*, que l'on connoissoit autrefois sous celuy de *Russie* ou de *Russie blanche*. C'est sans doute le plus grand de tous les Estats de l'Europe ; puis qu'elle occupe en son estenduë plus de trente degrés, où quatre cens cinquante lieuës, & en sa largeur seize degrés, ou deux cens quarante lieuës d'Allemagne. Ses frontieres s'estendent vers le Nord au delà du cercle arctique, iusqu'à la mer glaciale. Du costé du Leuant elle a la riuiere d'Oby, vers le Midy les Tartares de Crim & de Precop, & vers le Ponant la Pologne, la Liuonie & la Suede.

1636.
Description de la Moscouie.

La Moscouie est diuisée en plusieurs grandes Prouinces, que nous auons la pluspart nommées ailleurs, auec les tiltres du Grand-Duc. Celle de *Wolodimer* ou *Vladimer*, estoit autrefois la premiere de toutes. Sa ville capitale, qui luy donne le nom, a esté bastie par le Prince *Wolodimer*, qui viuoit enuiron l'an 928. Elle est située à trente six lieuës de la ville de Moscou, vers le Leuant, entre les riuieres, d'*Occa* & de *Wolga*, dans vn païs si fertile, qu'vn boisseau de bled y en rend iusqu'à vingt-cinq & trente. La riuiere de *Clesma*, qui laue ses murailles, entre

La Prouince de Vvolodimer.

dans l'*Occa* auprés de la ville de *Murom*. Les Grand-Ducs l'auoient choisie comme le lieu le plus commode pour leur residence, iusqu'à ce que le Prince *Danilou Michaelouïtz* eust transferé le siege de l'Empire à *Moscou*.

Smolensko. La Prouince de *Smolensko* a du costé du Leuant la Prouince de *Moscouie*, vers le Nort la *Siberie*, vers le Midy la *Lithauie*, & vers le Ponant la *Liuonie*. La ville de *Smolensko*, capitale de la Prouince, est située sur la riuiere de *Nieper*, que l'on dit estre le *Boristhenes* des anciens; quoy que ce nom se rapporte mieux à celuy de la *Berezine*. Ses autres principales Villes sont *Prohobus* sur le Nieper, *Wezma* sur la riuiere du mesme nom, & *Mosaysko*. La ville de *Smolensko* a de l'autre costé de la riuiere vne citadelle fortifiée de grosses chesnes, & de tres-bons fossés, auec vne bonne contrescarpe, bien palissadée. Les Moscouites prirent cette Ville sur la Couronne de Pologne en l'an 1514. *Sigismond*, Roy de Pologne, la reprit en l'an 1611. & le deffunct Grand Duc *Michaël Federoüits* l'assiegea en l'an 1633. mais il contraint de leuer le siege, ainsi que nous aurons occasion de dire cy-apres. Le Grand Duc qui regne auiourd'huy la prit par composition en l'an 1654. & la possede encore presentement.

Rhesan. La Prouince de *Rhesan* est située entre les riuieres de *Don* & d'*Occa*; ayant vers le Ponant la *Moscouie*, de laquelle elle est separée par la riuiere d'*Aka*. Cette Prouince est sans doute la plus fertile de toute la Moscouie, & produit vne tres-grande quantité de bled, de miel, de poisson, & de toutes sortes de venaison & de gibier. Outre sa ville capitale, qui est sur la riuiere d'*Occa*, elle a encore celles de *Corsira* & de *Tulla*, sur la riuiere du mesme nom.

Permie. La *Permie* est vne des grandes Prouinces de Moscouie, & est éloignée de la ville de Moscou de 250. ou de 300. lieuës d'Allemagne, vers le Leuant & le Nort. Sa ville capitale, qui luy communique son nom, est située sur la riuiere de *Vischora*, qui entre dans le *Kam* à quinze lieuës de là. Les habitans de cette Prouince ont vne langue & des caracteres tout particuliers. Ils mangent des legumes au lieu de pain, & au lieu de tribut ils enuoyent au Grand Duc des cheuaux & des fourrures. Elle a pour voisins vers le Leuant les *Tartares de Tumen*.

Iugarie. Le *Baron de Herberstein* dit, que la Prouince de *Iugarie* est
celle

celle dont les Hongrois sont sortis, pour occuper le païs qu'ils possedent auiourd'huy sur le Danube.

La Prouince de *Wiathka* est à cent cinquante lieuës d'Allemagne de la Ville de Moscou, vers le Leuant, de delà la riuiere de *Kam*. La riuiere de *Wiathka* luy donne le nom, & se va descharger dans le *Kam*, qui entre dans le *Wolga* à douze lieuës au dessous de *Casan*. Le païs est marescageux & sterile, & fort sujet aux courses des *Tartares Czeremisses*, qui en ont esté les maistres, iusqu'à ce que *Basili*, Grand Duc de Moscouie, l'ait vnie à sa Couronne.

Vviathka.

La Principauté de *Bielske* tire son nom de *Byela*, sa ville capitale, comme la Prouince de *Rschouie* de celuy de la ville de *Rshewa*, & celle de *Twere*, de la ville du mesme nom.

Bielske.
Rschouie.
Tvvere.

La ville & Duché de *Plescou* auoit ses Princes particuliers, iusqu'à ce que le Grand Duc *Iean Basiloüits* eust reüny l'vne & l'autre à sa Couronne, en l'an 1509. Les Moscouites l'appellent *Pskow* du lac sur laquelle la ville capitale est située, & d'où sort la riuiere du mesme nom, qui trauerse la ville.

Plescou.

La *Siberie* est grande & vaste, & a eu fort long-temps ses Princes particuliers, qui payoient tribut aux Rois de Pologne, à cause de la Lithuanie, dont ils releuoient en quelque façon. Ils se reuolterent contre *Casimir*, fils de *Iagellon*, Roy de Pologne, & se donnerent au Grand Duc de Moscouie. Le *Czaar Basili* chassa le Duc de *Siberie*, & vnit cette Prouince à sa Couronne. La ville capitale de cette Prouince est *Nouogorod*, mais afin de la distinguer d'auec les autres qui ont le mesme nom, on l'appelle *Nouogorod Siebersky*, c'est à dire *Nouogorod* ou *Villeneufue de Siberie*. Ses autres principales villes sont *Starodub*, *Potiuolu*, *Czernigou* & *Bransko*.

Siberie.

Les Duchés de *Iaroslaf*, de *Rosthou* & de *Sufdal* estoient autrefois des apanages des puisnés de Moscouie, qui les ont possedées long-temps, iusqu'à ce que *Iean Basiloüits* les ait prises sur leurs descendans, & reünies à la Couronne en l'an 1565.

Ioroslaf.
Rosthou,
Sufdal.

La Prouince de *Dwina* est la plus grande & la plus Septentrionale de toute la Moscouie, & dependoit autrefois du Duc de Nouogorod. La riuiere de *Dwina*, qui luy donne le nom, entre dans la mer blanche auprés *d'Archangel*. Il n'y pas long-temps, que cette Prouince, qui a plus de cent lieuës d'étenduë, n'auoit qu'vne seule ville, du mesme nom, située au mi-

Dvvina.

P

1636.

lieu du pays; mais depuis que les Moscouites ont transferé en ces quartiers là le negoce, que les Anglois, Hollandois & les villes Anseatiques auoient accoustumé de faire à *Narua*, elle est deuenuë vne des plus considerables Prouinces de toute la Moscouie. La ville où le commerce se fait s'appelle *Archangel*, Archangel. de l'Archange S. Michel, & est située à l'embouchure de la *Dwina*, au lieu où elle forme l'Isle de *Podesemski*. La ville n'est pas bien grande, mais fort marchande, par l'abord d'vn grand nombre de Vaisseaux, qui y arriuent tous les ans, & qui conuient les marchands Moscouites, & particulierement les Etrangers, qui demeurent à Moscou, à s'y transferer auec les marchandises du pays, pour acheter celles qu'on leur apporte. Le Grand Duc en tire de tres-grands aduantages : mais les droits qu'il y leue sont si grands, & chargent tellement les marchandises, qu'il y a lieu de croire que les Estrangers pourront bien retourner à Narua, où le Roy de Suede ne fait leuer que deux pour cent, & où la nauigation n'est pas si dangereuse.

On voit dans vn Golfe que la mer forme aupres de l'emboucheure de la *Dwina*, trois Isles, appellées *Soloska*, *Anzer* & *Coloua*. Dans la premiere estoit autrefois le sepulcre d'vn Saint Moscouite: mais il y a trois ou quatre ans que le Grand Duc fit enleuer le corps delà, & le fit porter à Moscou. Il y en a qui disent, que les Grands Ducs, Predecesseurs de celuy qui regne auiourd'huy, y auoient caché vn grand tresor, comme dans vn lieu inaccessible, à cause de ses rochers hauts & escarpés.

Vstiugha.

La Prouince d'*Vstingha* est voisine de celle de *Dwina*, mais plus meridionale, & dependoit autrefois auec celle de *Dwina* du Duc de Nouogorod. Sa ville capitale, qui a le mesme nom, & qui le donne à toute la Prouince, est ainsi appellée du mot *Vst*, qui signifie emboucheure d'vne riuiere, comme le mot Latin *Ostium*, & de *Iugh*, parce qu'elle estoit située au lieu où la riuiere de *Iugh* entre dans la *Suchana*; dont elle est auiourd'huy éloignée d'vne demy lieu'. Ses habitans ne mangent point de pain, mais se contentent de poisson & de venaison sechée au Soleil, & c'est delà que l'on apporte les plus beaux renards noirs.

Vologda.

La ville de *Vologda*, en la Prouince du mesme nom, est la seule de toutes celles de Moscouie, qui se trouue ceinte d'vne muraille de pierre; parce que le Grand Duc a accoustumé d'y enuoyer vne partie de ses tresors en temps de guerre. Elle releuoit autrefois du Duc de *Nouogorod*, & a esté reünie auec cette Prouince à la Moscouie. La riuiere de *Vologda*, qui luy donne le nom, entre auec la *Dwina* dans la mer blanche.

1636.

La Duché de *Bielieczoro* est aussi vne des Prouinces Septentrionales de ce grand Estat, & si marescageuse & pleine de bois & de riuieres, qu'elle en est comme inaccessible; sinon lors que le froid a glacé les marais & les riuieres.

Bielejezore.

La Prouince de *Petzora* s'estend le long de la mer glaciale, vers le Leuant & le Septentrion. La riuiere de *Petzora*, qui luy donne le nom, entre dans la mer auprès du détroit de *Weigats*, au dessous de la ville de *Pusteoziero*, par six embouchures. Les montagnes, que les Moscouites appellent *Zimnopoias*, c'est à dire la ceinture de la terre, que l'on croit estre les monts *Riphées* & *hyperborées* des anciens couurent ses deux riues, & nourrissent les plus belles zoblines, & les meilleurs oyseaux de proye de tout le monde. La ville est fort petite, & le froid est si grand en cette Prouince, que les riuieres, qui n'y dégellent qu'au mois de May, commencent à regeler en Aoust. Dans le voisinage de cette Prouince sont les *Samoiedes*; dont nous aurons occasion de parler cy-apres.

Petzora.

La Prouince d'*Obdorie* tire son nom de la riuiere d'*Oby*, laquelle sortant du grand lac de *Kataisko*, & coulant du Leuant vers le Nort, entre dans la mer glaciale, & est si large à son embouchure, que de mesmes auec vn vent fauorable on ne sçauroit en deux iours passer d'vn bord à l'autre.

Obdorie.

Nous ferons connoistre les Prouinces Tartares, qui sont suiettes au Grand-Duc, en la suitte de nostre voyage, le long de la riuiere de *Wolga* : de laquelle nous dirons en passant ; qu'en la Prouince de *Rschouie*, à deux lieuës de sa ville capitale, & dans la grande forest de *Wolkovvskiles*, est le lac de *Wronow*, d'où sort vne riuiere, laquelle entre à deux lieuës de là dans le lac de *Wolgo*, dont elle prend le nom, & s'appelle au sortir de la *Wolga*. Les Tartares l'appellent *Edel*, & l'on tient que c'est le *Rha* de Ptolomée. C'est sans doute la plus grande riuiere de toute l'Europe; veu que depuis la ville *Nisenouogorod*, auprès de laquelle nous y entrasmes auec la riuiere d'*Occa*, iusqu'à la

Source de la riuiere de Vvolga.

P ij

1636.

mer *Caspie*, nous auons compté plus de cinq cens lieuës d'Allemagne, & n'y auons point compris plus de cent lieuës, qu'elle fait depuis sa source, iusqu'au Conflans de *l'Occa*.

Borilthenes.

Le *Boristhenes*, que ceux du pays appellent *Dnieper*, sourd dans la mesme Prouince, à dix lieuës du lac de *Fronowo*, aupres d'vn village nommé *Dniepersko*. Elle separe la Lituanie de la Moscouie, & apres auoir pris son cours vers le Midy, où elle passe aupres de *Wiesma*, & de là vers le Leuant, en baignant les villes de *Progobus*, *Smolenko*, *Orscha*, *Dubrouwna* & *Mohilouw*, elle retourne encore vers le Midy, & passant par *Kiouie*, par les *Circasses*, & de là vers *Otzakow*, ville de Tartares de *Precop*, elle se descharge dans le *Pont Euxin*.

Dwina.

Il y a deux riuieres en Moscouie qui ont le nom de *Dwina*: la premiere sort du lac du mesme nom, à dix lieuës du lac de *Fronowo*, & de la source du *Dnieper*, & entre dans la mer Balthique au dessous de Riga. L'autre, qui se forme du Conflans des deux riuieres de *Iagel* & de *Suchana*, donne le nom à la Prouince, dont nous auons parlé cy-dessus, & entre en la mer blanche aupres d'Archangel. Les riuieres de *Mosca* & d'*Occa* sont belles & fort considerables, mais elles se perdent auec leur nom, & auec toutes les autres riuieres du païs, dans celles que nous venons de nommer.

Il est bien facile de iuger que dans la vaste estenduë, que nous venons de donner à la Moscouie, il est impossible qu'en des Prouinces si éloignées, & situées en de si differents climats, les qualités de l'air & de la terre soient semblables par tout. Pour ce qui est de la ville de *Moscou* & de ses Prouinces voisines, l'air y est bon & sain; en sorte que l'on n'y entend presque iamais parler de peste, ou d'aucune autre maladie epidemique. C'est pourquoy quand en l'an 1654. au commencement de la guerre de *Smolensko*, la contagion fit de si estranges rauages en cette grande Ville, l'on en fut d'autant plus surpris, que de memoire d'homme l'on n'auoit rien veu de semblable. Elle estoit si grande que l'on y voyoit des personnes expirer dans la ruë, qui n'auoient point senty le mal en sortant de chez eux, & toute la Moscouie en fut tellement estonnée que l'on defendit le commerce auec la ville de Moscou, dont l'on fit garder toutes les auenuës.

L'air de Moscouie est sain.

Le froid y est grand.

Le froid y est si violent, qu'il n'y a point de fourrure qui puisse empescher que le nez, les oreilles, les pieds, & les mains ne gelent, & ne tombent. Lors de nostre premier voyage en l'an 1634. le froid estoit si aspre, que nous vismes au grand marché, qui est deuant le Chasteau, la terre s'ouurir de plus de vingt brasses de long, & d'vn pied de large. Nous ne pouuions pas faire cinquante pas, que nous ne fussions transis de froid, & au hazard de perdre quelques-vns de nos membres. I'y vis aussi par experience ce que les autres ont laissé par escrit, que le crachat se geloit deuant qu'il fut à terre, & que l'eau se glaçoit en degouttant.

1636.

Auec tout cela i'ay trouué que la terre ne s'y r'ouure pas plus tard qu'en Allemagne, & que les fruits printanniers y viennent quasi en mesme temps; parce que plus la terre est couuerte de neige, plus elle conserue la chaleur necessaire pour pousser l'herbe dés que la neige acheue de se fondre. La mesme neige & la glace vnissent tellement le chemin, qui n'a point de bosse quasi par toute la Moscouie, que l'on y fait voyage auec vne facilité, qui ne se trouue point ailleurs. Les Moscouites se seruent pour cela des traisneaux, qui sont fort bas montés, faits d'escorces de tillot, & doublés d'vn gros feutre. Nous nous y couchions tout du long, & nous faisions couurir de peaux de mouton, & le traisneau d'vne couuerture de feutre ou de gros drap, non seulement nous ne sentions point le froid, mais aussi nous suïons au plus fort de l'Hyuer.

Les cheuaux Moscouites sont de fort petite taille, mais ils ne laissent pas d'estre fort propres pour cette sorte de voiture; parce qu'estant vistes & infatigables, ils font huict, dix, & bien souuent douze lieuës d'vne traitte. Ce que ie sçay par l'experience que i'en ay faite moy-mesme; ayant fait deux fois le chemin de *Tuëre* à *Tarsock* sans débrider. Cela fait que l'on y voyage à si bon marché, qu'vn païsan entreprendra de vous mener cinquante lieuës pour trois ou quatre escus au plus.

Si le froid y est incómode l'hyuer, la chaleur ne l'est pas moins l'esté : pas tant à cause des ardents rayons que le Soleil, qui y paroist quasi toûjours sur l'horison, & qui y forme vn iour de dix-huict heures, darde auec beaucoup de violence, qu'à cause des mouches, cousins, guespes & autres insectes, que le Soleil engendre dans les estangs & les marais, qui occupent vne bonne partie du païs, en si grande quantité, que iour & nuict l'on a

La chaleur n'y est pas moins.

P iij

de la peine à s'en deffendre; ainsi que nous auons dit cy-dessus, au premier Liure de nostre voyage.

La fertilité de la Moscouie.

Mais nonobstant les marais & les forests, dont quasi toute la Moscouie est couuerte, les terres que l'on cultiue ne laissent pas d'estre extremement fertiles. Car à la reserue du terroir de la ville de Moscou, qui est sablonneux & sterile, l'on ne sçauroit donner si peu de façon aux autres, qu'elles ne produisent plus de bled & de fourage que le pays ne sçauroit consumer. Les Hollandois aduoüent que la Moscouie leur est ce que la Sicile estoit autrefois à la ville de Rome. Aussi n'y entend-on iamais parler de cherté; quoy que dans les Prouinces éloignées des riuieres, qui pourroient faciliter le transport du bled, les habitans ne labourent qu'autant de terre qu'il faut pour les faire subsister le long de l'année, sans se soucier de l'auenir; parce qu'ils sçauent que l'ordinaire ne leur manquera point. C'est pourquoy l'on y voit tant de belles terres abandonnées, qui ne produisent que de l'herbe, laquelle mesme l'on neglige de couper; parce que leur bestail en a de reste.

La Moscouie est plus fertile que la Liuonie.

Il y a vne si grande difference de ce terroir à celuy de la Prouince d'*Alentaken* en Liuonie, quoy qu'elles ne soient separées que par la riuiere de *Narua*, que l'on ne l'a pas si-tost passée, que l'on ne s'en apperçoiue. La Moscouie, & les Prouinces les plus Septentrionales de Liuonie, ont cela de commun auec l'*Inguermannie*, & la *Carelie*, que l'on y fait les semailles qu'enuiron trois sepmaines deuant la saint Iean; parce que le froid penetrant, par maniere de dire, iusqu'au centre de la terre, il luy faut donner le loisir de degeler: mais aussi le bled n'est pas si-tost en terre qu'il ne germe, & que la chaleur du Soleil, qui paroist incessamment sur l'horison, comme nous venons de dire, ne le pousse, & ne le fasse meurir: en sorte qu'en moins de deux mois l'on y fait la semaille & la recolte. En quoy les Moscouites ont cét aduantage sur les Liuonois, qu'ils serrent leur bled sec, & en estat d'estre battu, au lieu que les Liuonois sont contraints de le faire secher au feu, par le moyen d'vn grand four, basty au milieu d'vne grange, où ils mettent leurs gerbes sur des poutres, ou sur des soliues, iusqu'à ce que la chaleur les ait si bien seichées, qu'en les battant d'vne baguette l'on en fait sortir le grain, sans qu'il soit besoin de le battre ou le faire fouler, comme l'on fait en Leuant. Ce qui est d'autant plus incommode, que ce bled ainsi seché n'est pas si bon pour seruir de semence, & que bien souuent le feu le consume auec les granges, & auec les maisons qui sont dans le voisinage.

1636.

Dans les Prouinces qui ne sont pas fort aduancées vers le Nort, & particulierement aupres de la ville de *Moscou*, il y a de fort excellents fruits : entr'autres des pommes, des cerises, des prunes & des groseilles. I'y ay veu des pommes presque semblables en beauté & en couleur à celles d'Apie, & tellement diaphanes, qu'en les regardant au soleil l'on y comptoit facilement les pepins. Il est vray, que le fruit n'ayant pas le loisir de se cuire au soleil; parce que l'humeur superfluë se consume bien mieux par vne chaleur lente que par vne ardeur excessiue, il n'est pas de garde, comme en Allemagne & aux pays plus meridionaux; mais cela n'empesche pas que le Commentateur des cartes de l'Atlas ne se trompe, quand il dit, apres le *Baron de Herberstein* & apres *Guagnin*, que le froid est si grand en Moscouie, que la terre y est incapable de produire des pommes, ou d'autres fruits bons à estre seruis: Ils ont aussi toutes sortes de legumes, des herbes potageres, des asperges, de l'oignon, de l'ail, des racines, des concombres, des citroüilles & des melons : & de ceux-cy en tres-grande quantité, tres-excellents, & d'vne grosseur si extraordinaire, qu'au voyage que ie fis à *Moscou* en l'an 1643. par l'ordre du Prince, mon maistre, vn de mes amis me fit present d'vn melon qui pesoit vn *pudde*, c'est à dire quarante liures. Les Moscouites ont vne addresse toute particuliere pour cultiuer les melons. Ils font tremper la graine deux fois ving-quatre heures dans du laict de vache, ou dans du fumier de brebis destrempé auec de l'eau de cisterne, & ils font leurs couches de bon fumier de cheual, tel qu'on le tire de l'escurie, de la profondeur de six pieds, & les couurent de la meilleure terre, dans laquelle ils font des fosses plattes, de la largeur d'vn pied & demy. Ils enfoncent la graine si auant dans la couche, que non seulement elle puisse estre à couuert du froid, & neantmoins receuoir les rayons du Soleil, mais aussi qu'elle puisse iouyr de la chaleur que le fumier enuoye par dessous : la couurant la nuict & quelquefois aussi le long du iour auec des cloches de verre du pays, ou de talc. Ils ne les replantent point, mais ils sont soigneux de chastrer les reiets, & d'arrester la plante sur chaque iet, en la rognant, ainsi que l'on fait par tout ail-

Les fruits de Moscouie.

Melons extraordinaires.

1636.

Boranez.

leurs, où l'on ne se met point en pleine terre.

On nous asseura qu'auprés de *Samara*, entre le *Wolga* & le *Doa*, il se trouue vne sorte de melons, ou plustost de citroüilles, faite comme vn agneau, dont ce fruit represente tous les membres; tenant à la terre par la souche, qui luy sert de nombril. En croissant il change de place, autant que sa souche le luy permet, & fait seicher l'herbe par tout, vers où il se tourne. Les Moscouites appellent cela paitre ou brouter : & ils y adjoustent, que quand il est meur la souche se seiche, & le fruit se reuest d'vne peau velüe, que l'on peut preparer, & employer au lieu de fourrure. Ils appellent ce fruict-là *Boranez*, c'est à dire agneau. L'on nous fit voir quelques peaux, que l'on auoit deschirées d'vne couuerture de lict, & l'on nous iuroit que c'estoit de ce fruict ; mais nous auions de la peine à le croire. Elle s'estoient couuertes d'vne laine douce & frisée, comme celle d'vn agneau nouuellement né, ou tiré du ventre de la brebis. *Iul. Scaliger* en fait mention en son exercit. 181. & dit que ce fruict croist tousiours, iusqu'à ce que l'herbe luy manque & qu'il ne meurt que faute de nourriture. Il y adiouste qu'il n'y a point de beste qui en soit friande, sinon le loup, & que l'on s'en sert pour l'attraper : & c'est ce que les Moscouites en disent aussi.

Des fleurs.

Il n'y a pas long-temps que l'on y voit des fleurs, & des herbes fortes, & c'est le Grand Duc *Michel Federoüits* qui a commencé à faire de la despense pour le jardinage, où il a assez bien reüssi. Il n'y a pas long-temps aussi, que l'on n'y connoissoit que des roses sauuages. *Pierre Marcellis*, Commissaire du Roy de Dannemarck, & du Duc de Holstein à Moscou, est celuy qui y a porté les premieres roses de Prouins.

Des asperges.

Les Marchands Hollandois & Allemans y ont depuis peu planté des asperges, qui y viennent auiourd'huy en abondance, & de la grosseur d'vn bon poulce. Il n'y a pas long-temps que les Moscouites ne sçauoient pas encore ce que s'estoit que de laictuë ny de salade, & se mocquoient des Estrangers qui en mangeoient : mais auiourd'huy ils commencent à y prendre goust. Il n'y a point de noyers ny de vignes en Moscouie, mais les Hollandois y apportent tant de vin tous les ans par la voye d'Archangel, & de tant de sortes, qu'il n'y en manque point. Depuis quelques années l'on y en apporte aussi d'Astrachan, par la voye du *Wolga*.

La Moscouie abonde en chanvre & en lin, & l'on y trouue 1636.
tant de miel & de cire, mesme dans les bois, qu'outre la quantité qu'ils employent en leur hydromel, & à faire des cierges & de la bougie, cette denrée fait la meilleure partie du commerce que les Moscouites ont auec les Estrangers; ausquels ils vendent plus de vingt-mille quintaux de cire tous les ans.

Toute la Moscouie n'estant qu'vne forest continuelle, à la reserue des lieux où l'on a mis le feu dans le bois, pour le conuertir en terre labourable, il faut croire qu'elle est extrememẽt peuplée de toute sorte de venaison & de gibier: c'est pourquoy les coqs de bruyere, les faisans, les gelinottes & les perdrix y sont à fort bon marché, aussi bien que les oyes & les canards sauuages. L'on n'y estime point les herons, ny les cygnes, & encore moins les tourdes, les griues, les cailles, les allouëttes & les autres petits pieds; iusques-là que les païsans ne veulent pas prendre la peine de les tirer; tant il les mesprisent. En Moscouie l'on ne voit point de cigognes, non plus qu'en Liuonie; mais bien grand nombre d'oyseaux de proye: comme des Faucons, des Tiercelets, &c. Et dans ses Prouinces les plus Septentrionales il s'en trouue de blancs, qui sont beaucoup estimés, à cause de leur rareté.

Venaison & gibier.

Il n'y a point de venaison qui ne s'y trouue, excepté des cerfs. Les élands & les sangliers y sont en tres-grand nombre. Les lievres y sont gris, mais en quelques Prouinces ils deuiennent blancs L'hyuer, comme en liuonie, quoy qu'en Courlande, qui est contiguë à cette derniere Prouince, dont elle n'est separée que par la riuiere de Dune, les lievres ne changent point de couleur. Il n'est pas bien difficile de trouuer la cause de ce changement, qui ne procede certainement que du froid exterieur; veu que ie sçay, que mesme pendant l'Esté les lievres changent de couleur, quand on les garde quelque temps dans la cave.

Il n'y a point de cerfs.

Les mesmes forests nourrissent un nombre innombrable d'ours, de loups, de linx ou de loups ceruiers, de tigres, de renards, de martres & de zobelines, dont les peaux sont le plus considerable commerce du païs; veu qu'il y a des années, où les Moscouites en vendent aux Estrangers pour plus d'vn million d'or; sans celles que l'on consumme dans le païs, ou que l'on donne ou Grand Duc. Les plus precieuses fourrures sont

Fourrures.

Q

les peaux de renard noir, de zobeline, de castor, d'ours blanc, d'hermines, & d'escureuls, que l'on appelle en France du petit gris.

Les ours & les loups y font d'estranges rauages, & ils ne rendent pas les chemins moins dangereux que les voleurs. Car ce que nous auons dit de la Liuonie, n'est pas moins veritable en Moscouie; sçauoir que l'Hyuer ils entrent dans les maisons, en percent les murailles, & en enleuent le bestail, qui se trouue dans les estables. Les grands chemins en sont tout couuerts, & les païsans ne s'en defendent, que par le moyen d'vn baston qu'ils attachent à la queuë de leurs traineaux, & qu'ils laissent trainer au bout d'vne longue corde.

Loup enragé. Le ving-quatriesme Ianuier 1634. vn loup, d'assez petite taille, mais enragé, rencontra à vne lieuë & demie de *Narua* douze païsans, conduisans autant de traineaux chargez de foin. Il attaque le premier, luy saute à la gorge, l'abbat, & le tuë. Il en fait autant au second, escorche toute la teste au troisiesme, arrache le nez & les joües au quatriesme, & en blesse encore deux autres. Les six restans, se voyans menacé du mesme danger font trouppe, employent leurs fourches, attaquent le loup & le tuent. J'eus la curiosité d'aller auec nostre Medecin voir vn de ces blessez, que ie trouuay en vn pitoyable estat. Il mourut peu de iours apres enragé, aussi bien que tous les autres blessez. Le Magistrat de *Narua* voulut auoir la peau du loup, & la fit remplir de foin, pour en conseruer la memoire.

Rauages que font les ours. Estant à *Ermes* en Liuonie, vn chasseur me raconta qu'en l'an 1630. vn ours, d'vne grandeur extraordinaire, estant sorty du bois, & ayant trouué vn caque. d'harang, qu'vn chartier auoit deschargé à la porte d'vn cabaret, il en mangea vne bonne quantité. Apres cela il entra dans l'escurie parmy les cheuaux, & en blessa plusieurs, aussi bien que les païsans qui vinrent au secours. Apres auoir bien rodé par les maisons, il bût dans vne cuue de brasseur tant de bierre, tout fraischement faite, qu'il s'en enyura: de sorte que voulant reprendre le chemin du bois, il chanceloit & tomboit à chaque demarche. Les païsans le voyans en cét estat, le suiuirent, & l'ayans trouué endormy l'assommerent.

Vn autre païsan, ayant laissé son cheual dans le bois, & le

voulant aller querir le lendemain, trouua qu'il auoit esté tué 1636. par vn ours, qui en auoit desia fait vn bon repas, & le gardoit encore ; mais dés qu'il eut apperceu le païsan, il quitta la charogne, courut apres luy, le saisit au corps & l'emporta. Le bon-heur du païsan voulut que son chien suiuit l'ours, & luy donnant des atteintes aux iambes, l'obligea à quitter le païsan pour se deliurer de cette importunité. Le païsan trouua cependant moyen de se sauuer sur vn arbre. Les Elans en sont souuent deuorez, parce qu'ils ont de la peine à s'eschapper, à cause de leur lenteur. Ils en veulent aussi aux corps morts, qu'ils déterrent, & remuent quelquefois des cimetieres entiers ; ainsi qu'il arriua à *Haghof* auprés de *Narua*, où ils deterrerent en l'an 1634. treize corps morts, qu'ils emporterent auec leurs bieres.

L'on nous raconta plusieurs autres histoires assez estranges; sçauoir d'vn ours qui auoit gardé vne femme quinze iours dans son fort : De leur rage, quand ils se sentent blessez : du mauuais party qu'ils font aux chasseurs, quand ils les peuuent attraper, & autres semblables. Mais dautant qu'elles pourroient trouuer peu de creance en l'esprit de ceux qui n'ont iamais oüy parler de ces choses, i'ay fait difficulté d'en faire icy le recit. Quand les Moscouites en trouuent de petits ils les appriuoisent, leur enseignent mille tours, & s'en seruent pour gagner leur vie.

Les lacs, les estangs, & les riuieres fournissent toutes sortes de poissons : mais il n'y a point de carpes en toute la Moscouie, non plus qu'en Liuonie. A *Astrachan* nous en trouuasmes quantité, & de fort grosses, mais dures & insipides ; c'est pourquoy les Moscouites ne les estiment point.

<small>Point de carpes en Moscouie.</small>

Cy-deuant il n'y auoit point de mines en Moscouie : mais depuis quelques années, l'on en a commencé vne auprés de *Tula*, sur les frontieres de Tartarie, à vingt-six lieuës de la ville de Moscou, qui ne donne que du fer, & le Grand Duc y fait trauailler par des ouuriers, que l'Electeur de Saxe luy a enuoyés à sa priere. *Pierre Marcellis*, marchand natif de Hambourg en a la direction, & ayant fait faire vne forge dans vne vallée fort agreable à la faueur d'vn torrent qui la trauerse, il en a traitté auec le Grand Duc ; auquel il fournit tous les ans vn certain nombre de barres de fer, de pieces d'artillerie & de boulets

1636.   Il y a enuiron quinze ans, que l'on donna aduis au Grand Duc *Michaël Federowits*, qu'en vne certaine Prouince de Moscouie l'on trouueroit de l'or, si on vouloit faire la despése de faire ouurir la terre; mais celuy qui en donna l'aduis, au lieu de s'enrichir, acheua de se ruiner. Autrefois les Moscouites estoient assez simples pour escouter ces aduis, & pour auancer de l'argent, sur les propositions qu'on leur faisoit. Mais depuis quelques années, ils se contentent de les escouter: ou s'ils font des auances d'argent, ce n'est qu'en donnant par l'entrepreneur bonne & suffisante caution. I'en ay veu vn exemple en la personne d'vn Marchand Anglois, qui s'estoit persuadé qu'infailliblement il trouueroit de l'or: & sur cette imagination il engagea quelques-vns de ses amis à respondre pour luy au Grand Duc, de l'argent qu'il luy auanceroit. Mais apres auoir fait beaucoup de frais inutilement, il fut arresté prisonnier, & ses amis furent contraints de payer ce qu'il auoit emprunté.

Samoiedes   Il est vray que n'ayant point veu les Prouinces plus Septentrionales de Moscouie, comme la *Dwina*, la *Iugarie*, la *Permie*, la *Siberie* & la *Samoiede*, ie deurois me contenter de ce que i'en ay dit à l'entrée de ce liure: Mais d'autant que cette derniere Prouince est entierement inconnuë à tout le reste de l'Europe, & que i'ay eu l'occasion d'entretenir quelques *Samoiedes*, & d'apprendre de leur bouche les particularitez de leur païs, i'espere que l'on ne trouuera pas mauuais que ie fasse icy vne petite digression, & que ie die; Que me trouuant en la ville de Moscou en l'an 1643 & estant dans l'antichambre du Grand Duc, ou dans le *Posolse-pricas*, en attendant qu'vn Ambassadeur Persan fust sorty de l'audiance, pour prendre la mienne, i'eu le loisir de parler à deux deputez Samoiedes, qui auoient esté enuoyez au Grand Duc auec vn present de plusieurs peaux d'éland, & d'ours blanc dont les Seigneurs Moscouites se seruent pour parer leurs traisneaux. Ie me seruis de cette occasion pour m'enquerir d'eux d'vne partie de ce que ie desirois sçauoir touchant leur façon de viure: à quoy ie trouuay d'autant plus de facilité, qu'ils entendoient tous deux la langue Moscouite.

Il est certain que ces peuples ont esté anciennement compris sous le nom de ceux que l'on nommoit *Schites*, & *Sarmates*, & que l'on ne les appelle *Samoiedes*, ou *Samogedes*, que depuis qu'ils reconnoissent la domination du Grand Duc ; parce que ce mot est Moscouite, & signifie *mangeurs de soy-mesme*, comme estant composé de celuy de *Sam*, soy-mesme, & *Geda*, ie mange. Ils vouloient marquer par là, que ces peuples estoient *Antropophages* ; parce qu'en effet ils mangeoient de la chair humaine, & mesmes celle de leurs amis trespassez, qu'ils mesloient & mangoient auec la venaison, qui estoit & est encore leur nourriture ordinaire. Ce que nous venons de dire fait connoistre la difference qu'il y a entre cette Prouince & celle de *Samogitie*, que les Moscouites appellent *Samotska Sembla*, laquelle est située entre la Lituanie & la Liuonie, & fait partie du Royaume de Pologne ; au lieu que la *Samoiede* est située vers les monts hyperboreens de deçà & delà la riuiere d'*Oby*, sur la mer de Tartarie, & vers le détroit de *Weigats* ; ainsi que nous auons dit cy-dessus. I'ay de la peine à me persuader que ce soit de ces *Samoiedes* que *Q. Curce* entend parler, quand il dit que les *Abij* enuoyerent leurs Ambassadeurs à Alexandre le Grand, & qu'au lieu d'*Abij* il y faut lire *Obij*, parce qu'ils demeuroient sur la riuiere d'*Oby* ; mais bien des Tartares, qui sont voisins de la riuiere de *Don* ou du *Tanais*, qui separe l'Asie de l'Europe. Ces d'eux plustost que des *Samojedes*, que *Q. Curce* pouuoit dire, qu'ils n'auoient point de villes ny de demeure fixe, mais qu'ils faisoient leur retraite dans les bois, & dans les deserts, esloignez de la conuersation des hommes, & que si Alexandre y alloit, il auroit à combattre les forests impenetrables, les riuieres, les glaces, & les neiges, apres qu'il auroit triomphé des habitans. Car encores que les *Samoiedes* n'ayent point de villes, ils ne sont point *Nomades* pourtant, & ils ne changent point de demeure, comme les Tartares. Au contraire, leurs cabanes, qui sont couuertes en forme de voute, sont basties moitié dans la terre, & ont au milieu vn tuyau, qui ne leur sert pas seulement de cheminée, mais aussi de porte, quand la neige est si haute, qu'ils sont contraints de se seruir de cette ouuerture pour prendre l'air ; puis que le païs estant situé dans la Zone froide, la neige qui y tombe bien souuent de la hauteur d'vne picque, leur oste l'vsage de la porte. Ils ont des allées sous leurs cabanes, par lesquelles ils se peuuent visiter & communiquer. Et cette façon de viure leur est d'autant plus supportable, que le Soleil se retirant au delà la ligne, &

les laissant dans vne nuict continuelle six mois entiers, la liberté qu'ils auroient de sortir, leur seroit inutile. Pendant cette longue nuict ils n'ont point d'autre clarté, que celle qu'ils empruntent de leurs lampes, où ils nourrissent vne lumiere triste & sombre, d'vne huile de poisson, dont ils font prouision pendant l'Esté. Cette saison commence chez eux dés que le Soleil atteint la ligne equinoctiale, & entrant dans les signes Septentrionaux du Zodiaque, fait fondre les Neiges, & leur fait vn iour aussi long que la nuict a esté incommode. C'est sur cette particularité qu'*Olaus Magnus*, *Alexandre Guagnin* & autres, ont fondé la fable des peuples, qui dorment six mois l'année, ou qui meurent comme les hirondelles & les grenoüilles au commencement de l'Hyuer, & resuscitent au Printemps. Ils ne labourent point la terre, & ne nourrissent point de bestial; sans doute parce que la terre ne respondroit point au labour, & qu'elle est incapable de produire de l'herbe. C'est pourquoy n'ayant point de bled, ils n'ont garde de faire du pain, & faute de laine ils sont contraints de se vestir de ce que le pays & la nature leur fournit. Ils se nourrissent de poisson seché au vent & au Soleil, de miel & de venaison. Ils sont de fort petite taille, & ont le visage large & plat, les cheueux fort longs, les yeux petits, les jambes courtes, & ne ressemblent pas mal aux *Groenlandois*, que nous auons veu chez nous, & dont nous dirons tantost vn mot en passant.

Leur nourriture.

Leur taille.

Leurs habits. Les habits des *Samoiedes*, sont fait de peaux de Renes, qui se trouuent en grande quantité en ce pays-là aussi bien que par tout le Septentrion. Cét animal, que l'on croit estre le *Tarandius* des anciens, est appellé par les Latins modernes *Rangifer*, du mot *Keen*, dont les Laponnois se seruent, pour nommer cette beste, que l'on ne connoist point en ces quartiers icy. Elle a la taille du cerf, mais vn peu plus forte, le poil gris ou blanc, comme en Samoiede, l'estomach releué & couuert d'vn poil long & rude; les jambes veluës, les pieds fourchus, & la corne si dure, que pouuant faire impression dans la glace, cét animal y marche aussi seurement que sur la terre, & auec tant de vitesse, qu'il fait en vn iour plus de trente lieuës d'Allemagne. Son bois est plus haut que celuy de l'Eland, & plus large que celuy du cerf, poussant deux andoüilliers sur le front, dont il rompt la glace pour trouuer de l'eau l'Hyuer.

C'est vne beste de compagnie, & qui paist par troupeaux. On le dompte sans peine, & on en tire de tres-grands seruices, particulierement aux voyages, en les attellant à de petits traisneaux faits en forme de barque, qu'ils tirent auec vne force & vne vitesse incroyable.

Les Samoiedes portent de fort grands bonnets larges, faits de fourrure ou bien de plusieurs pieces de drap de diuerses couleurs, qu'ils acheptent des Moscouites, & sont si amples, qu'ils viennent descendre par dessus l'oreille iusques sur le col. Leurs chemises sont de peaux de jeunes renes qui sont fort douces & ont le poil fort court. Ils portent des caleçons sous la chemise, & sur la chemise des vestes qui leur vont jusqu'à my-jambe, bordée par le bas d'vne fourrure fort longue. Ces vestes sont faites comme celles que l'on appelle cosaques, & n'ont autre ouuerture qu'au col. Leurs mitaines sont attachées au bout des mâches, & la fourrure de tous leurs habits est tournée dehors. Quand le froid est extraordinairement grand ils passent la cosaque sur la teste, & laissent pendre les manches, & ne monstrent le visage que par la fente qui est au col. Ce qui a apparemment donné suiet à quelques vns d'escrire qu'en ces païs Septentrionaux, il se trouue des peuples sans teste, & qui portoient le visage sur l'estomach. Comme aussi qu'il y en a qui ont le pied si grand, qu'il peut faire ombre à tout le corps, & qu'en se couurant du pied ils se peuuent mettre à l'abry du Soleil & de la pluye. Mais cette erreur procede de ce que l'on a veu aux *Samoiedes*, & aux Laponnois & Filandois des souliers, ou plustost des patins, dont ils se seruent l'Hiuer pour aller sur la neige, & qui n'ont pas moins d'vne aulne & demie de poinct. Les Finlandois & Laplandois les allongent du costé du talon autant que vers les doigts, & les appellent *Sakfit*, mais les *Samoiedes* ne leur donnét point de longueur vers le talon, & les appellent *Nartes*. Les vns & les autres les font d'escorces d'arbres, ou d'vn bois fort mince, & s'en seruent auec vne adresse admirable. Le Colonel Port, Gouuerneur de Narua, qui auoit beaucoup de Finlandois parmy les soldats de sa garnison, nous en voulut donner le diuertissement lors que nous y passasmes, en les faisant descendre d'vne colline proche de la ville, auec vne si grande vitesse qu'vn cheual courant à bride abbatuë, eust eu de la peine à les atteindre.

1636.

Erreur de quelques Geographes.

Les nerfs & les veines des renes seruent au lieu de fil, à coudre les habits des *Samoiedes*, qui font leurs bottes de la mesme estoffe & de la mesme façon. Ils raclent la partie interieure de l'escorce de hestre, & cette raclure, qui est aussi fine que celle de parchemin ou d'iuoire, & fort douce, leur sert de mouchoir. Ils en prennent vne poignée, & s'en mouchent, & en essuyent le nez & le visage.

La relation du second voyage, que les Hollandois firent vers le Nort en l'an 1595. parle des *Samoiedes* en mesmes termes que nous, & dit que leurs gens, ayans mis pied à terre le 31. Aoust, auprés de *Waigats*, apres auoir fait enuiron vne lieuë de chemin, ils apperceurent vingt ou vingt-cinq de ces *Samoiedes*, en l'equipage que nous venons de descrire. Ils les prenoient d'abord pour des sauuages, & ils furent confirmez en cette opinion par la posture où les *Samoiedes* se mirent, d'adiuster leurs arcs & leurs fleches pour tirer sur les Hollandois, mais le truchement Moscouite que les Hollandois auoient auec eux, leur ayant fait entendre, qu'ils estoient amis, & qu'ils ne deuoient rien apprehender d'eux, ils mirent les armes bas, s'approcherent & leur dirent toutes les particularités du païs. Ils furent fort satisfaits de la ciuilité des Hollandois, & l'vn d'entre eux prit vn biscuit qu'on luy presenta; mais en le mangeant il tesmoigna tant de défiance qu'il n'y auoit pas moyen de l'asseurer; particulierement lors qu'ils oüirent tirer vn coup de Mousquet du costé de la mer, & assez loin d'eux, ils en prirent tellement l'espouuante, que l'on eust de la peine à les remettre.

I'eus la curiosité de demander à vn de ces *Samoiedes* ce qu'il disoit de la Moscouie, & s'il ne trouuoit pas le pays plus beau que le leur, & la façon de viure des Moscouites plus agreable. Il me respondit que la Moscouie auoit quelque chose de beau & d'agreable, & que les viures n'y estoient pas mauuais: mais que leur patrie auoit des commoditez & des douceurs qui ne se trouuent point ailleurs, & qui sont si charmantes, qu'il estoit asseuré, que si le Grand-Duc les auoit goustées, il quitteroit aussi-tost la ville de Moscou pour aller chez eux jouir du repos & de la douceur de leur vie. Il n'y a pas long-temps qu'ils estoient encore payens & idolatres; de sorte que lors du voyage des Hollandois, dont ie viens de parler, ils trouuerent

uerent toute la mer bordée d'idoles, pour lesquels les *Samoiedes* tesmoignerent tant d'affection, qu'ils ne pûrent pas souffrir que l'on en emportast vn, que l'on auoit arraché. Mais depuis quelques années ils ont esté baptisés, & ont embrassé la Religion Chrestienne, par le moyen de l'Euesque de Vladimer, que le defunt Grand-Duc y enuoya, auec quelques Prestres, pour les instruire à leur mode.

L'Autheur, qui a fait icy vne digression en parlant des *Samoiedes*, quoy que hors du suiet de son voyage, dit qu'il croit en pouuoir faire vne autre pour la *Groenlande* ; tant à cause du rapport que les peuples de ces pays-là ont auec ceux dont il vient de parler, & auec les Tartares, dont il aura occasion de parler cy-apres ; que parce qu'il a veu & entretenu des *Groenlandois*, qui luy ont dit des particularités, qui ne seroient point desagreables, si M. de la Pereire n'eust épuisé cette matiere, & s'il n'eût dit quasi tout ce que l'on peut d'vn païs, qui n'est pas moins inconnu que les parties du monde, qui n'ont pas encore esté découuertes. Le traitté qu'il a publié sur ce suiet, nous dispensera de repeter icy ce qu'il en a dit en termes clairs & elegans, à son ordinaire, & nous nous contenterons d'y adioûter auec l'opinion de nostre Autheur, qui croit que la *Groenlande* est terre ferme, & qu'elle confine auec la Tartarie vers le Leuant d'vn costé, & auec l'Amerique vers le Ponant de l'autre : Que Frideric III. Roy de Dannemarc, estant paruenu à la Couronne en l'an 1648. y apporta auec toutes les autres vertus Royales, la curiosité de faire continuer la nauigation de *Groenlande*. Henry Muller, Fermier general des traittes foraines de Dannemarc, homme riche & curieux, l'entreprit, & equippa pour cét effet en l'an 1652. vn naüire, dont il donna la conduite au Capitaine Dauid Dannel, vn des experimentés Pilotes de son temps. Le premier voyage ayant eu le succés qu'il s'en estoit promis, le sieur Muller le renuoya en *Groenlande* l'année suiuante 1653. mais comme les gens d'affaires, quelque curiosité qu'ils ayent, sont emportés par vne autre passiõ predominante, l'on n'apprit rien du du tout en ces deux voyages : au moins ceux qui les ont faits ont negligé d'en faire vne relation qui ait esté veuë : mais en l'an 1654. l'on equippa vn nauire, lequel estant party de Coppenhaguen au commencement du Printemps, n'arriua sur les co-

1636.

Ils sont Chrestiens depuis quelques années.

Description de la Groenlande.

stes de *Groenlande* que le 28. Iuillet, dans vn lieu où les montagnes estoient encore couuertes de neige, le bord glacé, & le fond si dur, qu'estant impossible que l'ancre y mordist, l'on fut contraint de laisser nager le nauire sur l'eau; parce que l'on trouuoit du roc par tout. Dés que ce nauire parut sur les costes de *Groenlande*, les habitans du pays mirent plus de cent barques en mer, & vinrent reconnoistre ce bastiment, qui estoit bien different de ceux qu'ils auoient accoustumé de voir chez eux. D'abord ils n'oserent pas approcher, mais voyans qu'on les conuioit d'entrer dans le nauire, ils aborderent enfin, & se rendirent dans peu de iours si familiers, qu'en apportant leurs marchandises, qu'ils troquoient auec nos bagatelles, ils y amenoient aussi leurs femmes, à dessein d'en tirer du profit par vne autre espece de commerce, qui pour n'estre pas moins connu ailleurs, n'y est pas si public neantmoins que chez eux, où la paillardise n'est ny peché ny crime.

Les Danois se seruirent de cette belle humeur des *Groenlandois*, pour tascher d'en emmener quelques-vns. Car le nauire estant prest de faire voile pour le retour, & les Sauuages continuans d'y apporter leurs marchandises, vne femme, qui auoit enuie de deux coustcaux, qu'vn matelot portoit à la ceinture dans vne seule gaisne, luy offrit en eschange la peau d'vn chien marin, & sur ce que le matelot luy tesmoigna qu'il n'y trouuoit pas son compte, elle luy offrit la sienne par dessus le marché. Le Matelot n'eust pas si-tost tesmoigné que le marché luy plaisoit, qu'elle se mit en deuoir de dénoüer l'éguillette, car elles portent des caleçons aussi bien que les hommes, & voulut se coucher sur le tillac. Mais le Matelot luy fit connoistre par signes, qu'il ne vouloit point que tout l'equippage fust témoin de cette action: & qu'il falloit descendre en bas. La femme apres en auoir obtenu la permission de son pere, suiuit le matelot auec deux femmes âgées, vn ieune garçon, & vne fille de douze à treize ans, qui deuoient estre presents à l'execution du marché. Mais dés qu'ils furent descendus, on ferma la trappe, l'on se saisit en mesme temps encore d'vn homme, & l'on mit les voiles au vent. Dés que les Sauuages se virent attrapés, il se leua dans le nauire vn bruit épouuantable. Ceux qui estoient demeurés sur le tillac gagnerent aussi-tost leurs nasselles, & suiuirent le nauire bien auant dans la mer; pour tascher de recouurer les prisonniers. Le garçon, qui estoit descendu auec les femmes, fut assés adroit pour se ietter dans la mer par vne des ouuertures, qui seruent à faire passer les cables, & pour se sauuer à la nage. On leur renuoya aussi vne femme, que l'on trouuoit trop âgée pour estre transferée ; si bien que l'on ne garda en tout que quatre personnes, sçauoir vn homme, deux femmes, & vne fille. Leur affliction de se voir ainsi parmy des gens inconnus fut extreme, mais ils se rendirent enfin aux caresses, & à la bonne chere qu'on leur faisoit, aussi bien qu'à l'esperance qu'on leur donnoit, qu'on les rameneroit dans peu de temps en leurs pays : de sorte que lors qu'ils arriuerent à *Bergues en Norwegue*, ils estoient si bien remis, qu'il sembloit qu'ils ne se souuinssent plus de leur ennuy : & mesmes l'homme trouuoit les femmes du pays si bien faites, & se mit de si belle humeur, qu'il voulut porter la main au ventre d'vne Dame de condition, qui auoit eu la curiosité de venir voir ces Sauuages. Cét homme mourut dans le nauire, en passant de *Norwegue* en Dannemarc. Sa fille le voyant dans l'agonie, luy lia la teste dans sa casaque, & le laissa ainsi mourir. Il s'appelloit *Ihiob*, & auoit enuiron quarante ans. Les deux femmes & la fille arriuerent à bon port. La plus âgée qui auoit enuiron quarante-cinq ans, s'appelloit *Kuneling*, celle qui auoit fait prendre les autres, en auoit vingt-cinq & elle s'appelloit *Kabelau*, & la ieune fille *Sigoka*. La peste, qui rauageoit en ce temps-là tout le Royaume de Dannemarc, auoit obligé le Roy à se retirer à Flensbourg, en la Duché de Holstein, où ces *Groenlandoises* luy furent presentées. Il les fit mettre en pension chez vn Chirurgien, & voulut qu'elles fussent si bien traitées, qu'à leur retour en *Groenlande*, où il auoit dessein de les renuoyer à la premiere commodité, elles eussent suiet de se loüer de la liberalité de sa Majesté, & de la ciuilité de ses suiets. Le Roy fit l'honneur au Duc de Holstein, mon maistre, de les luy enuoyer à *Gottorp*, où elles furent logées en ma maison pendant quelques iours, que i'employay à estudier leur humeur & leur façon de viure.

Elles estoient toutes trois de fort petite taille, mais elles estoient fortes, & auoient tout le corps fort bien proportionné ; sinon qu'elles auoient le visage vn peu trop large, & les yeux petits, mais noirs & vifs au possible ; particulierement la

La taille des Groenlandoises.

plus âgée des deux femmes & la fille, les pieds & les mains courts; ressemblans au reste aux *Samojedes* ou aux *Tartares de Nagaia*, sinon qu'elles estoient sans comparaison plus noires; leur couleur estant d'vn oliuastre brun, & le corps beaucoup plus bazané encore que le visage, & elles auoient la peau bien plus douce que ces autres peuples, dont nous venons de parler. La troisiéme, que l'on appelloit *Kabelau*, n'estoit pas si noire que les deux autres. Elle auoit aussi les yeux plus gros, & tesmoignoit auoir plus d'esprit, plus d'adresse & plus de complaisance que ses compagnes. On s'imaginoit qu'elle étoit descenduë de ces anciens Chrestiens, qui ont autrefois demeuré en *Groenlande*; parce que l'on remarquoit en elle vne Religion, ou plûtost vne superstition particuliere, par l'auersion qu'elle auoit pour les viandes que les deux autres mangeoient: comme celles des bestes que nous tenons pour immondes, & que l'on ne mange point en Europe. Elles auoient les cheueux plus noirs que du jais, & les releuoient de tous costés, & les lioient ensemble au sommet de la teste. Dés que les filles commencent d'atteindre l'âge nubile, elles se font faire plusieurs rayes bleuës au visage, tout de mesme que les femmes Americaines. Ces rayes se font depuis la levre iusqu'au menton, où elles s'élargissent au bout, & au dessus du nez entre les deux yeux, il y en a vne qui se separe & va gagner par dessus les sourcils les deux temples, où la raye se fourche encore en finissant. Elles se font ces marques auec vn filet bien délié, détrempé dans de l'huile de Balene, ou dans quelqu'autre graisse noire, qu'ils passent entre le cuir & la chair, où il laisse vne marque qui paroist bleuästre à trauers la peau à peu prés comme les veines dans vn teint net & delicat. Elles me monstrerent aussi qu'elles auoient les oreilles percées, & qu'elles auoient accoustumé d'y porter des pendants. Elles auoient le sein fort mal fait, le bout noir comme vn charbon, & les tetons mols & battans iusques sur le ventre; en quoy la ieune fille n'auoit pas plus d'aduantage que les deux autres. Aussi donnent-elles à tetter à leurs enfans, qu'elles portent ordinairement sur le dos, pardessus l'espaule. I'ay appris de ceux qui les ont long-temps obseruées, qu'elles n'ont du poil que sur la teste, & qu'elles ne sont point sujettes aux maladies, dont les femmes sont incommodées tous les mois.

ET DE PERSE, LIV. III.

Les *Groenlandois* parlent viste & du gosier, à peu prés comme les Tartares; particulierement ils prononcent fort rudement les mots où se trouuent des *G*. Ils n'ont point de *R* en toute leur langue, & quand on les veut obliger à le prononcer ils le conuertissent en *L*. Il est vray que parmy tant de mots, dont leur langue est composée, il s'y en trouue de Danois, mais ils sont en fort petit nombre, & tous les autres n'ont rien de commun auec les langues que l'on parle, ou que l'on apprend, & mesme que l'on connoist en Europe: si ce n'est que l'on vueille dire que le mot de *Keileng* descend de celuy de *Cælum*, celuy d'*Iliout* ou *Ilioun* du mot Grec ἥλιος, parce qu'ils signifient la mesme chose. On pourroit dire aussi que le mot d'*Igne* est Latin; mais parmy tous les autres à peine en trouuera-on trois ou quatre, qui ayent tant soit peu de rapport aux autres langues. Et afin que le lecteur en puisse iuger luy-mesme, nous mettrons icy quelques-vns de ceux qui sont les plus communs dans la conuersation ordinaire.

1636.
Leur langage.

Keileng, le Ciel,   *Iliout* ou *Ilioun* le Soleil,   *Aningang* la Lune.
Vbleisin Estoile,   *Vblau* le iour,   *Vnuwoa* la nuict.
Agakwugoo hier.   *Akaggoo* auiourd'huy,   *Itaguptaa* demain.
Petting vn homme,   *Kona* vne femme,   *Pannien* vn enfant.
Kajoctuinas jeune,   *Kannoctuina* vieux,   *Pinallu* beau.
Ekinkin laid,   *Vbia* pere,   *Nulia* mere.
Niakau la teste,   *Isikin* vn œil,   *Keinga* le nez.
Siuta vne oreille,   *Kanexua* la bouche,   *Kiguting* vne dent.
Vkang la langue,   *Vimixüin* la barbe,   *Akscita* la main.
Tikagga vn doigt,   *Kublun* le poulce,   *Kuggie* l'ongle.
Nasekka le ventre,   *Kana* jambe,   *Sikadin* pied.
Ennowan vne camisole,   *Neizin* pourpoint,   *Naglein* chausses.
Karlein bas de chausses, *Kaming* botte,   *Pisikse* arc.
Kaksua vne fleche,   *Iugeling* cousteau,   *Keyuta* cueiller.
Kalipsi vn pot,   *Æmeisa* vne tasse,   *Tukto* de la chair.
Vglessin vn oyseau,   *Kachstuton* vn canard,   *Kalulia* mouluë.
Kalulisa mouluë seiche,   *Towak*, le poisson qui porte la corne
qu'on appelle de Licorne.
Touwaksen la corne mesme,   *Mingakeisin* poisson.
Kapissiling vn saulmon,   *Nau* barque,   *Kajakka* nasselle.
Pauting vne rame,   *Iglun* maison,   *Keisuin* bois.
Vgaggan pierre,   *Suwigming* du fer,   *Ipssau* la terre.

134 VOYAGE DE MOSCOVIE,

1636. *Ipgin* de l'herbe, *Nidlong* glace, *Apon* neige. *Siruk sua* pluye, *Imé* l'eau, *Imak* la mer, *Igne* feu, *Igga* fumée, *Kisakaun* chaud, *Keigenakaun* froid, *Vangga* ie, *Ibling* tu. *Ab* oüy, *Nagga* non, *Pistak* vn chien, *Amiga* peau. *Mekkone* éguille, *Mikakkaun* petit, *AngeWo* grand. *Agnessui* haut, *Eipa* bas, *Kachain* affamé, *Kassilakaun* faoul. *Kapziun* manger, *Iemiktaun* boire, chanter, *Keigerson* pleurer. *Iglakton* rire, *Aliasukton* s'affliger, *Tabation* se réjoüir. *Ieptone* apporte, *Nikatin* va t'en, *Kia meble* que fignifie. *Suna* qu'eft-ce, *Sua* que veux-tu, *Taussi* vn, *Magluna* deux. *Pingegua* trois, *Sissema* quatre, *Tellima* cinq, *Akbukmen* fix. *Arleng* fept, *Pingenguen* huict, *Sissemen* neuf, *Tellimen* dix.

Leurs habits. Les *Groenlandois* appellent ceux de leur païs *Inguin*, & les Eftrangers *Kablunassuin*, & s'habillent de peaux de chiens & de veaux marins & de renes, quafi de la mefme façon que les *Samoiedes*. Ils portent fous leurs habits, des camifolles de peaux d'oyfeau, comme de cygne, d'oyfon, de canard, & de cercelle, tournans les plumes vers le corps ou dehors, felon les faifons. On a de la peine à diftinguer le fexe par les habits, finon que l'on connoift les femmes par vn bout de peau qui leur pend deuant & derriere, iufqu'à my-jambe, & par le capuchon de leur jufte-au-corps, qui eft fait à peu pres comme celuy de Recollets, affez large pour cacher leurs cheueux, au lieu que celuy des hommes eft plus eftroit, & coupé comme celuy des Cordeliers. Les chauffes des hommes vont iufqu'aux genoux, & mefme quelquefois plus bas, mais celles des femmes font plus courtes, & ne couurent à peine que la moitié de la cuifle.

Leurs exercices ordinaires. Ils ne viuent que de la chaffe, & de la pefche, & n'employent à ces deux exercices que l'arc & la flefche, qui font quafi les feules armes qu'ils ayent. Ils fe feruent auffi de l'hameçon, qu'ils appellent *Karlusa*, & le font de l'os ou de la dent du poiffon *ToWak*, que l'on veut faire accroire eftre la corne de Licorne; & de cet os ils font auffi leurs harpons, pour la pefche de la balene, pour laquelle ils ont vne adreffe toute particuliere, & ils prennent cette befte d'vne autre façon que ne font les Bafques, & les autres qui fe meflent de ce meftier. Pour cet effet ils ont vne tres-longue courroye, coupée dans la peau d'vne balene, & attachent à l'vn des bouts vn harpon, qu'ils dardent dans la balene, & à l'autre vne peau de veau ou de chien marin enflée; laquelle nageant sur l'eau marque la trace de la balene blessée. Si elle ne l'est pas assés pour en mourir promptement, ils la suiuent, & luy dardent encore deux ou trois de ces harpons, iusqu'à ce que le sang & la force manquans à la balene, ils s'en approchent, acheuent de la tuer, la tirent à terre, & la partagent entr'eux. Le lard de la balene est vn de leurs delices, mais particulierement l'huile qu'ils en tirent, qui est leur meilleure saulce, & le breuuage qu'ils aiment le plus. Ils ne boiuent ordinairement que de l'eau, & les femmes que j'ay veuës, n'ont iamais voulu boire du vin, ny manger du pain, ny de nos saulces, parce que n'ayans point de sel, ny d'espice, ny de succre en leur païs, non plus que du vinaigre il ne faut pas s'estonner de ce que nous ne les auons pas pû accoustumer à nos ragousts. Ce n'est pas pourtant qu'ils mangent leurs viandes cruës, comme quelques-vns ont voulu faire accroire, mais ils les mangent cuites, & les font boüillir ou rostir. Il est vray qu'ils aiment la mouluë seche, ou le *Stocfis*, & qu'ils le mangent quelquefois creu; Mais cela n'est pas bien extraordinaire en Allemagne mesme, où j'ay veu seruir parmy le dessert du Duc de Wolfembuttel du iambon & du saulmon fumé cru. Leurs viandes ordinaires sont les chiens & les veaux marins, les renes, les renards, les chiens domestiques & du poisson. En mangeant ils portent d'vne main vne piece de chair à la bouche, & la coupent de l'autre, de sorte que les bouchées estans aussi grandes que la bouche mesme, ils se defigurent si fort qu'ils font peur.

Leur façon de viure est si esloignée de ce que l'on voit par tout ailleurs, qu'on ne leur fait point de tort, quand on leur donne la qualité de sauuages. Ils n'ont point d'esprit, point de ciuilité, point de vertu, point de pudeur. Ils ont le visage refroigné, & ils rient fort rarement; ils sont craintifs, & defiants, & auec cela insolens, obstinez, & indisciplinables. Ils sont sales & puans, & la langue leur sert de mouchoir & de seruiette, pour les habits aussi bien que pour le corps; de sorte que l'on peut bien dire qu'ils viuent en bestes. En quoy neantmoins il faut faire quelque distinction, selon la differente situation du païs; estant certain que le pilote Anglois, qui partit de Dannemarc auec *Godtzke Lindenau*, dõt parle M. de la *Pereire*, & qui prit

1636.

Ils sont sauuages.

1636. son cours plus vers le Sudoüest, y trouua vn peuple beaucoup plus docile & moins sauuage que celuy que *Lindenau* rencontra vers le Nort. Nos trois femmes, dont ie parle, qui auoient esté prises à l'entrée du destroit de Dauis, sont assez raisonnables, & apprennent facilement ce qu'on leur enseigne. Il y en auoit vne qui imitoit fort bien vne teste ou vne main que ie designois auec le crayon, & l'autre apprit en fort peu de temps les petits exercices, qui occupent ordinairement les femmes & les filles en nos quartiers. Elles dansoient d'vne façon fort extraordinaire, mais auec tant de iustesse, que le Roy de Dannemarc faisans danser vn ballet à Flensbour, y fit vne entrée particuliere pour ces trois *Groenlandoises*, qui n'y reüssirent pas mal: mais elles n'ont iamais voulu apprendre nostre langue, quelque peine que l'on y ait prise ; quoy qu'elles prononçassent fort distinctement les mots Danois & Allemans qu'on leur dictoit.

Les Groenlandois ne connoissent point l'or ny l'argét. Il n'y a point de monnoye dans le pays, & ils sont assez heureux pour ne sçauoir pas encore la valeur de l'or & de l'argent. Le fer & l'acier est ce qu'ils estiment le plus, & ils aiment bien mieux vne espée ou vne hache qu'vne coupe de vermeil doré, vn clou qu'vn escu, & vne paire de ciseaux ou vn cousteau qu'vne pistole. Pour faire leur commerce ils mettent en vn bloc ce qu'ils ont à vendre, & ayans pris parmy les marchandises qu'on leur apporte, celles qui leur plaisent le plus, ils en font aussi vn bloc, & souffrent que de part & d'autre l'on diminuë & augmente, iusqu'à ce que l'on soit d'accord. Celles qu'ils aiment le plus sont des cousteaux, des ciseaux, des éguilles, des miroirs, du fer & de l'acier, & celles qu'ils vendent sont du lard & de l'huile de balene, des peaux de chien & de veau marin, & des cornes, ou plustost des dents du poisson *Touwak*, dont Monsieur *Pereire* fait vne ample & veritable description en sa *Groenlande*. On demeure d'accord que c'est vn excellent antidote contre le poison, mais il y a long-temps que l'on s'est détrompé de l'opinion que l'on en auoit. Le Duc de Holstein en a vne qui a huit pieds & deux poulces de long, & pese dix-huit liures: mais celle du Roy de Dannemarc a six poulces dauantage. On trouue aussi en *Groenlande* du talc & du marbre blanc, de toutes sortes de couleurs, & l'on a iugé par les vapeurs que l'on vit sortir de la terre, au lieu où le pilote Anglois aborda,
qu'il

qu'il y a des mines de souffre. L'on dit aussi que du temps de Frideric II. Roy de Dannemarc, l'on en apporta de la miniere, dont le quintal rendoit ving-six onces d'argent ; ce qui est d'autant plus croyable, qu'il est certain que les pays les plus Septentrionaux produisent aussi de l'or & de l'argent ; puisque l'on a veu chez le Roy de Dannemarc vne masse d'argent de soixante marcs, qui auoit esté tirée des mines de *Norwege*.

Pour ce qui est de la Religion des *Groenlandois*, i'aduouë que ie n'en ay rien pû apprendre : mais il y a grande apparence qu'ils sont payens & idolatres ; parce que nous auons entre les mains vn idole, que nous auons achetté du cabinet du *Docteur Paludanus* Medecin à *Enck-huisen*, qui y auoit attaché vn billet, portant qu'il auoit esté trouué au destroit de Dauis. Et de fait nos *Groenlandoises* le reconnurent aussi-tost, & l'appelloient *Nalim-qui-sang*. Il estoit grossierement fait, d'vne piece de bois d'vn pied & demy, couuert de plumes & d'vne peau veluë, ayant vn colier de dents de chiens marins. Ces femmes me firent entendre que les enfans ont accoustumé de danser autour de ces idoles, & l'on a veu nos *Groenlandoises* aux belles matinées se prosterner & pleurer au Soleil leuant : ce qui fait croire que ces peuples adorent le Soleil ? *Zeiler* dit en son Itineraire, que les *Groenlandois* sont la pluspart tous sorciers, & qu'ils vendent le vent comme les Laplandois ; mais c'est ce que les Danois n'ont point remarqué en leurs voyages. Seulement a-on obserué parmy ceux qui ont esté en Dannemarc, que quand quelqu'vn d'eux tomboit malade, vn des camarades se couchoit sur le dos aupres de luy, & le malade se mettant en son seant bandoit la teste de celuy qui se portoit bien, luy passoit vn baston entre le front & le bandeau, & sousleuoit ainsi la teste, que le malade sentoit legere d'abord, & en suite pesante, prononçant & marmottant quelques paroles. Apres cela il recommençoit, & celuy qui auoit la teste bandée l'appesantissoit fort d'abord, puis apres il la faisoit sentir plus legere, le malade continuant toûjours ses prieres ou imprecations ; sans que l'on ait pû sçauoir le mystere de cette ceremonie. Au reste ils n'ont point de Magistrat ny de superieur parmy eux. Leur condition est égale en tous, & celuy qui a le plus d'enfans, plus d'arcs & de flèches, & qui abbat plus de gibier, est le plus riche & le plus consideré.

S.

1636.
Septentrio-
naux bazanés.

Pour ce qui est de la couleur de ces peuples, il y auroit de quoy s'estonner de ce que dans le climat le plus froid du monde, l'on voit des hommes oliuastres, ou plustost bazanés, si ce que Pline dit en son Histoire naturelle, Liure 2. Chap. 78. est vray, que c'est l'ardeur du Soleil qui brûle la peau, & qui frise les cheueux, & que c'est le froid qui la blanchit, & qui teint les cheueux d'vne couleur cendrée. Mais l'experience nous fait voir le contraire; non seulement aux peuples, dont nous venons de parler, mais aussi en ceux qui demeurent au détroit de Magellanes, qui sont blancs, quoy qu'ils ayent le Soleil aussi voisin que les Negres d'Afrique. Les habitans du Cap de Bonne-Esperance sont noirs, & les Espagnols & les Italiens, & mesmes les Perses, qui sont au mesme degré, sont blancs. Les Ethiopiens ne sont que bruns, & les Malabares & les habitans de l'Isle de Ceilon, qui sont également éloignés de la ligne, sont noirs. De mesme en toute l'Amerique il ne se voit point de noirs, sinon à Quareca; quoy que cette vaste partie de l'Vniuers estende ses Prouinces d'vn cercle à l'autre, par tous les climats du monde. Ce ne sont que des conjectures, quand on dit que cette diuersité de couleurs procede de certaines qualités du païs & de l'air dont la cause nous est inconnuë. On n'asseure rien aussi, bien que l'on die quelque chose, quand on soûtient que c'est la constitution du corps qui donne ce teint à la peau, puis qu'en quelque climat que l'on se trouue, le mélange d'vn homme noir & d'vne femme blanche produira vn bazané, ou de la couleur de ceux que les Espagnols appellent *Mulatas*: en quoy il y a d'autant plus de probabilité, que le Soleil ne noircit pas tousiours; mais au contraire il blanchit la cire, & le linge : Et l'on sçait que le mesme Soleil esclaircit le teint d'vn portrait, & que les Portugaises mesmes y exposent leurs cheueux, pour les déteindre. Pour en parler en Chrestien, l'on peut dire auec le sçauant *M. Bochart*, en son incomparable *Phaleg*, que la couleur noire est vne marque de malediction, en la posterité de Cham, qui s'est espanduë en Asie & en Afrique, aux lieux, où demeurent les Negres.

Mais il est temps de retourner à nos Moscouites; dont nous considererons premierement la taille & les habits, & en suitte l'humeur & la façon de viure.

Pour ce qui est de leur taille, ils sont d'ordinaire gros & gras, forts & robustes, & de la mesme couleur que les autres Europeens. Ils estiment beaucoup les grandes barbes, dont les moustaches couurent la bouche, & les gros ventres; de sorte que ceux qui sont bien barbus, & bien chargés de cuisine passent pour des gens d'importance parmy eux. Les *Gozes*, ou marchands du Grand Duc, que nous trouuions dans l'antichambre, quand on nous donnoit audience publique, auoient esté principalement choisis à cause de ces deux qualités, pour faire plus d'honneur à leur Prince.

1636.
La taille des Moscouites.

Les Grands Seigneurs se font raser la teste: les personnes de moindre condition se font couper les cheueux, & les Prestres & les gens de l'Eglise les laissent croistre, en sorte qu'ils leur vont iusques sur le dos, & sur les espaules. Les Seigneurs, qui ne sont pas bien à la Cour les laissent croistre aussi, & pendre negligemment à l'entour de la teste témoignans par là leur affliction: sans doute à l'exemple des anciens Grecs, que les Moscouites affectent d'imiter en toutes leurs actions.

La taille des femmes n'est ny trop grande, ny trop petite, mais fort bien proportionnée. Elles ont le visage beau & fort raisonnable, mais elles se fardent si grossierement, que quand elles auroient appliqué la couleur auec vn pinceau, & jetté vne poignée de farine sur le visage, elles ne pourroient pas estre plus défigurées, qu'elles le sont par le fard. Et cette coustume y est si generale, que les plus belles mesmes n'oseroient pas s'en dispenser, de peur d'effacer la beauté artificielle des autres; dont nous auons veu vn exemple à la femme du *Knez Iuan Borissowitz Circaski*, qui estoit la plus belle Dame de Moscouie, & ne pouuoit se resoudre à détruire par le fard, ce que par tout ailleurs celles de son sexe prennent tant de soin de conseruer; mais les autres femmes la quererent, & voulurent que leurs maris contraignissent ce Caualier de souffrir ce plastre sur le teint de sa femme. De fait l'vsage du fard est si commun en Moscouie, qu'il ne se fait point de mariages dans les villes, que le fiancé n'en enuoye parmy les autres presens à sa fiancée, ainsi que nous verrons cy-apres, quand nous parlerons de leurs mariages.

Les femmes se fardent.

Les femmes mariées serrent les cheueux dans leurs bonnets, mais les filles les laissent traisner en deux tresses, sur le dos, &

S ij

les noüent au bout d'vne houpe de foye cramoifie. On coupe les cheueux aux enfans au deffous de l'âge de dix ans, tant aux filles qu'aux garçons, à la referue des deux mouftaches qu'on leur laiffe aux temples; de forte que n'eftans point diftingués par les habits, l'on ne peut connoiftre la difference du fexe, que par les bagues d'argent, ou de cuiure, que les filles portent aux oreilles.

Leurs habits. Leur habit a quelque chofe de celuy des anciens Grecs. Leurs chemifes font larges, mais fi courtes qu'à peine couurent-elles les feffes. Elles font vnies & fans plis vers le collet, & doublées d'vne piece de toile triangulaire depuis les efpaules iufqu'aux reins, que l'on coud de foye cramoifie platte. Il y en a qui mettent fous les aiffelles & aux fentes, des bouts de taffetas de la mefme couleur. Les plus riches font border le collet de leur chemife, qui a vn poulce de large, les poignets ou bouts des manches, & l'ouuerture fur l'eftomach, de foyes de plufieurs couleurs, & quelquefois d'or & de perles, & les font paffer pardeffus la camifolle, afin que l'on voye cette broderie, auffi bien que les deux groffes perles, ou agraffes d'or & d'argent, dont ils ferment le deuant de la chemife. Leurs chauffes font fort larges, & pliffées vers la ceinture, en forte qu'on les peut élargir ou ferrer, de la mefme façon que l'on fait nos caleçons. Sur cela ils portent vne efpece de camifolle, qu'ils appellent *Kaftan*, mais elles vont iufqu'aux genoux, & les manches en font fi longues que l'on n'y fçauroit paffer la main, fi l'on ne les repouffe en plufieurs plis fur le bras. Le collet de cette camifolle a plus d'vn demy quartier de haut & de large, en forte qu'il couure toute la tefte par derriere. Et dautant que cela paroift extremement, les plus aifés le doublent de velours ou de brocard. Ils portent fur le *Kaftan* vn iufte au corps, ou hongreline, qui leur va iufqu'au gras de la jambe, & ils l'appellent *Feres*. Ceux-cy font garnis de cotton, & l'on fait les *Kaftans* & les *Feres* de toile de cotton, de taffetas, de damas ou de fatin, felon la qualité des perfonnes qui les portent. Quand ils fortent ils mettent fur les habits vne vefte, qui va iufqu'au talon, & on les fait de drap violet, tané ou verd brun, auec des boutons à queuë aux extremités. Celles des *Knes* & des *Bojares* font de damas, de fatin ou de brocard, & de cette derniere eftoffe font toutes les veftes, que l'on tire du trefor du Grand-Duc, pour les perfonnes, dont il fe fait accompagner aux ceremonies publiques.

1636.

Leurs *Feres*, ou Hongrelines, ont vn collet fort large, qui leur bat fur les efpaules; & aux ouuertures de deuant, & aux coftés de gros boutons à queuë, d'or & d'argent, ou mefmes en broderie de perles. Les manches en font auffi longues que l'hongreline mefme, mais eftroites; c'eft pourquoy en les veftant, elles paffent la main de beaucoup, & il y en a qui prennent aduantage, pour y cacher des baftons & des pierres, dont ils furprennent & affomment bien fouuent ceux qu'ils ont deffein de voler.

Tous les Mofcouites portent des bonnets au lieu de chapeaux. Les *Knez*, *les Boiares* & les Miniftres d'Eftat en portent aux ceremonies de renard noir, ou de martre zobeline, de la hauteur d'vne demy-aulne, mais dans le logis, & par la ville ils en ont de velours, doublés de la mefme fourrure, mais auec fort peu de bord, & chamarrés aux coftés de boutons à queuë d'or & d'argent, ou en broderie de perles. Le commun peuple fe couure l'Efté de bonnets de feutre blanc, & l'Hyuer de bonnets de drap, fourrés de peau de mouton, ou de quelque autre pelleterie commune. Leurs bottines font courtes, comme celles des Polonois, & pointuës vers les doigts des pieds, & ils ne les font que de cuir de Ruffie, ou de maroquin de Leuant, qu'on leur apporte de Perfe. Ils n'ont pas encore l'inuention de preparer le maroquin commun, ny de tanner les peaux de vache autrement que pour les femelles. Les fouliers des femmes ont le talon de la hauteur d'vn demy quartier, garny de petits clous; de forte que c'eft tout ce qu'elles peuuent faire que d'appuyer le bout du pied, & ont de la peine à marcher.

Les femmes Mofcouites s'habillent de la mefme façon que les hommes, finon que leurs hongrelines font plus larges, & de la mefme eftoffe que les camifoles. Les riches les font chamarer fur le deuant de paffements d'or & d'argent, ou de foye, & fe feruent de boutons à queuë de la mefme eftoffe, ou bien de gros boutons d'argent ou d'eftain, pour les fermer. Les manches tiennent au corps, en forte qu'elles les peuuent veftir, ou bien les laiffer pendre. Elles ne portent point de *Kaftan*,

S iij

& encore moins de ces collets hauts, dont les hommes se parent. Les manches de leurs chemises ont quatre ou cinq aulnes de long, & se rangent en plusieurs petits plis sur le bras. Elles portent de grands bonnets larges, de damas, de satin, ou de brocard, chamarrés ou en broderie d'or & d'argent, & fourrés de Castor, dont le poil leur couure quasi tout le front. Les filles qui sont en âge d'estre mariées, se couurent la teste d'vn bonnet de drap, doublé d'vne peau de renard.

Il n'y a pas long-temps que les Medecins & les Marchands estrangers, François, Anglois, Hollandois & Allemans s'habilloient à la Moscouite, de peur de s'exposer à la risée & à l'insolence du peuple, qui prenoit bien souuent suiet de les outrager de la diuersité de leurs habits. Mais le Patriarche, qui vit auiourd'huy, ayant remarqué dans vne procession, où il se trouuoit en personne, que les Allemans, qui s'estoient meslés auec les Moscouites, pour la voir passer, témoignoient quelque irreuerence pour leurs ceremonies, & particulierement pour la benediction qu'il donnoit au peuple, s'en fascha, & dist, que ces estrangers ne meritans point de participer à la benediction que l'on ne donnoit qu'aux Fidelles, il falloit que le Grand Duc fist publier vne ordonnance, par laquelle il commandast aux Estrangers de quitter les habits Moscouites, & de s'habiller à la mode de leurs païs. Le mespris de la Loy se punit fort seuerement en Moscouie : mais l'execution de celle-cy fut trouuée d'autant plus difficile, que faute de tailleur il estoit comme impossible de changer d'habits dans le temps porté par le reglement. Il fallut obeïr neantmoins, & cette obeïssance produisit vn fort plaisant effet ; en ce que ceux qui estoient au seruice du Grand Duc, estans obligés de se trouuer tous les iours à la Cour, & n'osans y paroistre en des habits Moscouites, ils furent contraints de mettre ceux qu'ils rencontroient, & de se seruir de ceux que leurs ayeuls & bisayeuls portoient, lors que le Tyran *Iuan Basilouits* les contraignit de sortir de Liuonie, pour aller demeurer à Moscou. Ce fut vne chose bien grotesque de les voir tous vestus d'habits, qui estoient ou trop larges ou trop estroits, pour n'auoir point esté faits pour eux, sans qu'il y eust aucun rapport entre les pourpoints & les chausses, ou de la mode du temps qu'ils auoient esté faits, auec celle du siecle où nous viuons.

Depuis ce temps-là chaque nation s'y habille à sa mode.

Les Moſcouites ne changent jamais la leur, & ie ne me ſouuiens que d'vn ſeul Seigneur qui ait eu la curioſité de s'habiller à la Françoiſe. Il s'appelle *Knez Mikita Iuanowits Romano*, & eſt fort riche, & proche parent du Grand Duc, qui aime ſon humeur agreable & complaiſante. Ce Seigneur a vne affection particuliere pour les Eſtrangers, & ſe plaiſt à s'habiller à la Françoiſe & à la Polonoiſe, particulierement quant il va à la campagne ou à la chaſſe. Mais le Patriarche, qui ne pouuoit point approuuer cette liberté, non plus que celle que ce Prince prenoit quelquefois de parler auec peu d'auantage de leur Religion, luy fit dire, qu'il euſt à s'abſtenir de parler de la Religion. Il n'y a rien de ſi pauure que les habits des païſans. Leurs habits ne ſont que de groſſe toille, & leurs ſouliers d'eſcorce d'arbre, qu'ils ſçauent noüer & entrelaſſer comme des paniers, auec vne induſtrie merueilleuſe. Il n'y a preſque point de Moſcouite qui ne ſçache ce meſtier, & qui ne l'exerce ; de ſorte que l'on peut dire que la Moſcouie a autant de Cordoniers qu'elle a d'hommes, ou au moins qu'il n'y a point de famille, qui n'ait ſon cordonnier particulier. Et c'eſt par la meſme raiſon, que l'on dit que l'Electeur de Brandebourg a vn Baillage en la Duché de Pruſſe, qui eſt celuy d'Inſterbourg, où il ſe trouue plus de quinze mille Cordonniers ; parceque tous les païſans de ce Baillage font eux-meſmes leurs ſouliers.

Si l'on veut conſiderer l'humeur & la façon de viure des Moſcouites, l'on ſera contraint d'auoüer qu'il n'y a rien de ſi barbare que ce peuple. Ils ſe vantent d'eſtre deſcendus des anciens Grecs : mais pour dire la verité, il n'y a non plus de comparaiſon de la brutalité de ces barbares à la ciuilité des Grecs, à qui tout le reſte du monde eſt obligé de tout ce qu'il y a de poly & de beau parmy les hommes, que du iour à la nuict. Ils n'apprennent point d'art ny de ſcience, & ils n'appliquent point l'eſprit à l'eſtude : au contraire ils ſont ſi ignorans, qu'ils croyent qu'il faut eſtre ſorcier pour faire vn Almanach, & que l'on ne ſçauroit predire les reuolutions de la Lune, ny les éclipſes, que l'on n'ait communication auec les diables. C'eſt pourquoy tous les Moſcouites murmurerent de la reſolution que le Grand Duc auoit priſe de m'arreſter à ſon ſeruice, en qualité d'Aſtronome & de Mathematicien, au retour de noſtre

Leur façon de viure.

voyage de Perse, & firent courir le bruit que leur Prince alloit establir vn Magicien en sa Cour. L'auersion que ie reconnus aux Moscouites acheua d'effacer le peu d'inclination que j'auois pour cet employ; que l'on m'offrit sans doute, pas tant à cause que ie sçauois l'astronomie, qu'afin d'auoir suiet de me retenir dans le païs; parce qu'ils sçauoient, que j'auois exactement obserué, & mis sur le papier tout le cours de la riuiere de Wolga; dont ils ne vouloient point que les Estrangers eussent connoissance. Au voyage que ie fis par l'ordre du Duc de Holstein, mon Maistre, à Moscou en l'an 1643. ie leur fis voir sur la muraille d'vne chambre fort obscure, à trauers d'vn petit trou, que j'auois fait dans vn volet sur vn verre poly, & taillé pour l'optique, tout ce qui se faisoit dans la ruë, & les hommes marchans sur la teste; mais apres cela il me fut impossible de leur oster l'opinion qu'ils auoient de moy, & de l'intelligence qu'ils croyoient que j'eusse auec le diable.

Ils ayment les Medecins, & ils ont vne grande estime pour la Medecine, mais ils ne veulent point permettre que l'on se serue des moyens, que l'on employe ailleurs pour se rendre parfaits en cette science. Ils ne veulent point souffrir que l'on ouure les corps, pour tascher de penetrer dans les causes des maladies, & ils ont vne estrange auersion pour les squeletes. Ie raconteray à ce propos vne histoire assez plaisante d'vn chirurgien Hollandois, qui demeuroit à Moscou, il y a quelques années. Il s'appelloit *Quirin*, & estoit agreable au Grand Duc, à cause de sa belle humeur, & de l'experience qu'il auoit acquise en son art. Il arriua vn iour que cet honneste-homme, estant dans sa chambre, & se diuertissant à iouër du luth, les *Strelits*, qui ont accoustumé de se fourrer par tout, s'approcherent du lieu où cette musique les appelloit: mais voyans par la serrure vn squelete pendu derriere luy à la muraille, que le vent de la fenestre agitoit, ils s'en effrayerent, & allerent publier que ce Chirurgien estranger auoit vn cadaure qui se mouuoit au son de sa musique. Le Grand Duc & le Patriarche voulurent s'esclaircir de la verité de ce rapport, & l'enuoyerent obseruer par d'autres; qui ne confirmerent pas seulement ce que les premiers auoient dit, mais ils y adiousterent, qu'ils auoient veu danser le squelete au son du luth du Chirurgien. L'affaire fut jugée assés importante pour en parler au Conseil, où il ne se

troupa

trouua personne qui ne soûtinst, que c'estoit vn effet de la magie: qu'il falloit que le Chirurgien fust Magicien, & que comme tel, il falloit le brusler auec le squelete. Dés que le Chirurgien fut aduerty de cét Arrest, il pria vn marchand de ses amis qui auoit beaucoup de credit à la Cour, de representer au *Knez Iuan Borissowitz Circaski*, qu'il n'y a quasi point de Medecin, ny de Chirurgien en Allemagne, qui ne se serue de ces squeletes; afin d'apprenpre par là la constitution du corps, & la jointure des ossements, afin de reüssir mieux en la cure des accidens qui peuuent arriuer en ces parties. Sur la remonstrance de ce Seigneur l'on changea bien le iugement, mais Quirin fut contraint de sortir du pays & le squelete fut entraisné & brûlé au de là la riuiere de Mosca. Vn peintre Alleman courut le mesme risque il y a six ans. Car les *Strelits*, qui entrerẽt chez luy, à dessein d'abattre la maison, pour empescher le progrés du feu, qui auoit desia fait de grands rauages, y ayans trouué vne teste de mort, ils voulurent ietter l'vn & l'autre dans le feu: & l'eussent fait, si ses amis ne l'eussent sauué des mains de ces Barbares, & s'ils n'eussent fait connoistre l'vsage innocent de cette teste, en l'art dont il faisoit profession.

Il est vray que les Moscouites ne manquent point d'esprit; mais ils l'employent si mal, qu'il n'y a pas vne de leurs actions, qui ait pour le but la vertu, & la gloire, qui en est inseparable. Le Gentilhomme Danois, qui a publié l'Ambassade qu'il a faite en Moscouie, au nom du Roy Frideric II. fait le veritable Eloge des Moscouites en deux lignes; quand il dit qu'ils sont fins, rusés, contredisans, opiniastres obstinés, insolens & impudents, qu'ils reglent la raison sur leur pouuoir, & qu'ils ont renoncé à toutes sortes de vertus, pour s'embourber en toutes sortes de vices.

Leur industrie & la subtilité de leur esprit paroist principalement en leur trafic, où il n'y a point de finesse, ny de tromperie dont ils ne se seruent, pour fourber les autres plustost, que pour se defendre de l'estre. Ie m'estonnois de voir qu'ils donnoient à trois escus & demy vne aulne de drap, qu'ils auoient achetée des Anglois quatre escus: mais on me dit qu'ils ne laissoient pas d'y gagner beaucoup; parce qu'en achetant le drap à vn an de terme, & le vendant comptant, quoy qu'à plus vil prix, ils se seruent de l'argent, & l'employent en

Les Moscouites ne manquẽt point d'esprit.

1636.

d'autres choses, dont ils tirent beaucoup plus de profit, qu'ils ne feroient s'ils vendoient le drap à terme, quoy que beaucoup plus cher, qu'il ne leur couste. Ils ne laissent pas de faire conscience de retenir ce qu'on leur paye de trop, & sont assés gens de bien pour renuoyer ce qu'on leur a donné par mégarde: mais ils ne croyent pas qu'il y ait du mal à surprendre dans le negoce ceux qui trafiquent auec eux, & disent pour leur raison, qu'il faut que le Marchand se serue de l'esprit & de l'industrie que Dieu luy a donnée, ou qu'il ne se mesle point de trafiquer. Et de fait vn certain marchand Hollandois, ayant vilainement trompé plusieurs Moscouites, ces Messieurs au lieu de s'en offenser, en parloient comme d'vn habile homme, & le firent prier de les associer auec luy, dans l'esperance qu'ils auoient qu'il leur enseigneroit quelque bon tour de son mestier.

Sont défians & menteurs.

Et doutant que la tromperie ne s'exerce point sans fausseté, sans menteries & sans défiances, qui en sont inseparables, ils sçauent merueilleusement bien s'ayder de ces belles qualités, aussi bien que de la calomnie; laquelle ils employent le plus souuent contre ceux dont il se veulent vanger pour le larcin, qui est parmy eux le plus enorme de tous les crimes, & que l'on y punit le plus seuerement. Pour cét effet ils ont l'adresse de mettre en gage, ou de porter secretement au logis de ceux qu'ils veulent accuser, les choses qu'ils veulent faire croire leur auoir esté volées, ou de les fourrer dans les bottes de leurs ennemis; parce que c'est là où les Moscouites portent ordinairement leur argent & leurs lettres. Pour en retrancher en partie les occasions, le Grand Duc fit vn Edit en l'an 1634. par lequel il ordonna qu'à l'auenir toutes les promesses ou obligations, pour emprunt ou pour gage, quand ce seroit mesme entre le pere & le fils, se feroient par escrit, & seroient signées des deux parties; à peine de nullité & de perte de leur deu. Cy-deuant, & particulierement sous le regne du Tyran *Iuan Basilouits*, il suffisoit d'accuser quelqu'vn de crime de leze Maiesté, pour le faire condamner à la mort, ou au bannissement, sans autre forme de procez, sans preuues, sans deffenses, & mesme sans aucune distinction de sexe, d'âge ou de qualité. Les calomnies & les trahisons estoient si communes sous ce Prince, que plusieurs estrangers, & des personnes

publiques mefmes, fe trouuoient fouuent engagées en ces mal- 1636.
heurs ; fans que le Tyran confideraft leur caractere d'Ambaffadeurs, ou celuy des Princes qui les auoit enuoyés. Il relegua en
Siberie l'Ambaffadeur de l'Empereur, & le fit fi maltraitter, que
le pauure homme fe refolut enfin de changer de Religion, afin
de trouuer en fa reuolte quelque foulagement à fon mal. Le
Grand Duc *Michel Federoüits*, n'eut pas plus de refpect pour
le Roy defunt, quand il enuoya le Marquis d'Exidueil en
Siberie, où il fouffrit à la fufcitation de Iaques Rouffel, fon
Collegue, vne captiuité de trois ans; ainfi que nous auons dit
ailleurs.

A ce propos *Martin Baar*, Pafteur de Narua, qui demeuroit *Hiftoire plai-*
defia à Mofcou fous le regne du Grand Duc *Boris Gudenow*, *fante.*
nous conta vn iour, que de fon temps le Grand Duc fe
trouuant fort affligé de la goutte, fit promettre de tres-grandes recompenfes à toutes fortes de perfonnes, de quelque
qualité ou condition qu'elles fuffent, qui luy indiqueroient
vn remede capable de foulager fon mal. La femme d'vn *Bojare*, outrée du mauuais traitement qu'elle receuoit de fon
mary, alla declarer que le Bojare fçauoit vn fort bon remede
pour la goutte : mais qu'il auoit fi peu d'affection pour fa Majefté, qu'il ne le vouloit point communiquer. On enuoya querir l'homme ; qui fut bien eftonné, quand il fceut la caufe de
fa difgrace : mais quelque excufe qu'il puft alleguer on l'at-
tribuoit à la malice : on le fit foüetter iufqu'au fang, & on le
mit en prifon : où il ne pût pas s'empefcher de s'emporter, & de
dire, qu'il voyoit bien que c'eftoit fa femme qui luy auoit joüé
ce tour, & qu'il s'en vangeroit. Le Grand Duc, s'imaginant
que ces menaces ne procedoient que du defpit que le Bojare
auoit de voir que fa femme auoit reuelé fon secret, le fit
foüetter plus cruellement que la premiere fois, & luy fit dire
qu'il employaft fon remede, ou qu'il fe difpofaft à mourir pre-
fentement. Le pauure diable voyant fa perte ineuitable, dift
enfin dans le dernier defefpoir, qu'en effet il fçauoit quelque
remede ; mais que ne le croyant pas affés certain, il ne l'auoit
pas ofé employer pour fa Majefté : & que fi on luy vouloit donner quinze iours de temps pour le preparer, il s'en feruiroit.
Apres auoir obtenu ce delay, il enuoya à *Czirlack*, à deux
iournées de Mofcou, fur la riuiere d'*Occa*, d'où il fe fit amener

T ij

vn chariot plein de toutes sortes d'herbes, bonnes & mauuaises, & en prepara vn bain pour le Grand Duc, qui s'en trouua bien. Car soit que le mal fust au declin, ou que parmy vne si grande quantité de toutes sortes d'herbes il s'en trouuast de propres pour son mal, il en fut soulagé. Ce fut alors que l'on se confirma dans l'opinion que l'on auoit euë, que le refus du *Bojare* n'estoit procedé que de sa malice; c'est pourquoy on le foüetta encore plus fort que les deux premieres fois, & apres on luy fit vn present de quatre cens escus, & de dix-huict païsans, pour les posseder en propre, auec deffenses bien expresses & tres-rigoureuses de s'en ressentir contre sa femme; qui en profita si bien, que depuis ce temps-là ils vescurent ensemble en vne tres-parfaite amitié.

Aujourd'huy l'on y procede auec vn peu plus de retenuë, & l'on ne condamne personne qu'apres vne information bien exacte. Et afin de déraciner entierement la calomnie, il faut que le delateur se resolue à souffrir le premier la question; en laquelle s'il persiste en son accusation, l'on y applique aussi l'accusé, & bien souuent on le condamne sans l'ouyr. Nous en vismes vn exemple en la femme d'vn piqueur de l'escurie du Grand Duc; laquelle se voulant défaire de son mary, l'accusa d'auoir voulu empoisonner les cheuaux, & s'il en eut pû trouuer l'occasion, la personne mesme du Grand Duc. Elle souffrit la question sans varier en son accusation, & fit confiner son mary en *Siberie*. On nous monstra la femme, qui jouïssoit encore de la moitié des gages de son mary. De cette façon d'agir des Moscouites, & du peu de fidelité qu'ils ont

Les Moscouites sont indiscrets.

entr'eux, l'on peut iuger de ce que les Estrangers en peuuent esperer, & iusqu'à quel point l'on s'y peut fier. Ils n'offrent iamais leur amitié, & n'en contractent iamais, que pour leur interest particulier, & à dessein d'en profiter. La mauuaise nourriture qu'on leur donne en leur ieunesse, en laquelle ils n'apprennent au plus qu'à lire & escrire, & quelques petites prieres vulgaires, fait qu'ils suiuent aueuglement ce que l'on appelle aux bestes l'instinct; De sorte que la nature estant en elle mesme déprauée & corrompuë, leur vie ne peut estre qu'vn debordement & dereglement continuel. C'est pour quoy l'on n'y voit rien que de brutal, & des effets de leurs passions & appetits desordonnés, à qui ils laschent la bride, sans aucune retenuë.

ET DE PERSE, LIV. III. 149

1636.

La fierté de toutes les autres Nations, si l'on en excepte celle de quelques Insulaires, est noble & spirituelle, mais la gloire & la suffisance des Moscouites est grossiere, sotte & impertinente : & l'orgueil de ceux qui se sentent tant soit peu aduantagés en honneurs & en biens, est insupportable. Ils ne se dissimulent point, mais toutes leurs mines, leurs paroles & leurs actions font connoistre ce qu'ils sont en effet. C'est sur ce principe qu'ils fondent l'opinion aduantageuse qu'ils ont de la grandeur, de la puissance, & des richesses de leur Prince, qu'ils preferent à tous les autres Monarques de l'Europe, Et c'est pourquoy ils ne souffrent point que les Princes estrangers luy donnent des qualités, qui puissent faire croire qu'ils pretendent entrer en competence auec luy. Ils commandent sottement & insolemment aux Ambassadeurs de se découurir les premiers, & prennent par force toutes sortes d'auantages sur eux ; s'imaginans qu'ils se feroient beaucoup de tort, & à leur Prince, s'ils traittoient les Estrangers auec quelque ciuilité. Les particuliers mesmes escriuent & parlent aux Estrangers en des termes indiscrets, mais d'autant moins offensans, qu'ils souffrent que l'on en vse de mesme auec eux, & qu'on les traitte comme ils meritent. Il est vray qu'ils commencent à apprendre la ciuilité, depuis qu'ils connoissent l'auantage qu'ils tirent du commerce qu'ils ont auec les estrangers ; & il y en a parmy eux, qui en vsent auec quelque discretion ; mais ils sont en fort petit nombre, & à la reserue de *Nikita*, dont nous venons de parler, & de deux ou trois autres, l'on auroit de la peine à en trouuer autant à qui l'on puisse donner cét Eloge.

Ils n'ont pas plus de complaisance les vns pour les autres, qu'ils ont de déference pour les Estrangers : car au lieu de se faire ciuilité, ils prennent les vns sur les autres la main, & tous les autres aduantages qu'ils peuuent : lors que nous estions à *Nisenouogorod* le Maistre d'Hostel du Chancelier de Moscouie, qui estoit vn homme de parfaitement bonne mine, nous vint voir, & les Ambassadeurs le conuierent de disner auec eux : mais quand il fallut se mettre à table, le *Pristaf* ne luy voulut point ceder ; & sur cela ils entrerent en contestation sur leurs qualités. L'vn comme *Sinbojar*, ou Gentilhomme, pretendoit preceder le *Pristaf*, qui n'auoit point de naissance : & celuy-cy, qui

Ils n'ont point de ciuilité.

T iij

estoit là de la part du Prince, ne vouloit point permettre que l'autre fit comparaison auec luy. Les titres de fils de putain, & de chien estoient les moindres iniures qu'ils se disoient pendant vne bonne demy-heure, & sans aucun respect pour les Ambassadeurs : qui leur firent dire enfin, qu'ils les auoient priés de disner auec eux, afin de se réjoüir, & non pour estre importunés de leur querelle : qu'ils les prioient encore de manger & de boire, & de vuider leur different ailleurs. Ils suiuirent ce conseil, & mesmes entrerent en vne si grande confidence, qu'il sembloit que le festin ne fust fait que pour leur reconciliation, qui parut fort sincere dans le vin, dont ils s'enyurerent à l'ordinaire.

Ils sont querelleux. Ils sont tous fort querelleux, de sorte qu'on les voit çà & là dans la ruë se prendre de paroles, & se chanter des iniures comme des harangeres, & auec tant d'animosité, que ceux qui ne les connoissent point croyent qu'ils ne se separeront iamais sans se battre ; & neantmoins ils en viennent bien rarement à ces extremités : ou s'ils se battent, c'est à coups de poing ou de foüet, & leurs derniers efforts se font à coups de pieds, qu'ils se donnent dans le ventre & dans le costé. L'on n'a pas encore veu que les Moscouites se soient battus entr'eux à l'espée & à coups de pistolet, ou qu'ils se piquent de cette brauoure en laquelle plusieurs font consister faussement le veritable courage. Les grands Seigneurs & les Knez & Bojares mesmes, se battent à cheual à beaux coups de foüet, & vuident ainsi leurs querelles sur le champ.

Insolens en paroles. En se querellant ils ne s'emportent point contre Dieu, en jurant, blasphemant & reniant, mais ils se disent des iniures, & proferent des paroles si infames & si horribles, que la France n'en ayant pas encore oüy de semblables, ie me dispenseray de les porter aux chastes oreilles de ceux qui liront cette relation ; quoy que l'auteur en ait voulu faire vn present à sa Patrie, où l'on n'en sçauoit desia que trop, & où les injures sont plus communes qu'en aucun autre lieu du monde. Ie diray seulement qu'elles ne le sont pas moins en Moscouie ; puis que les peres & les meres disent à leurs enfans, & ceux-cy à leurs peres & meres, des choses que l'on auroit horreur de prononcer icy, & que les personnes les plus prostituées ne voudroient pas auoir dites. Il y a quelques années que le Grand Duc fit defendre ces excés & ces infolences, à peine du foüet, & le Magiſtrat auoit le ſoin de faire mesler des *Strelits* & des Sergents auec le peuple, pour ſurprendre les coupables ou les malheureux, & les faire punir ſur le champ. Mais l'experience fit bien-toſt connoiſtre que ce remede eſtoit inutile, & que le mal eſtoit trop enraciné, & ſi vniuerſel, qu'il n'eſtoit pas ſeulement difficile, mais abſolument impoſſible d'executer les deffenſes. Neantmoins pour mettre les perſonnes de condition à couuert de ces inſultes, l'on a fait vn reglement, qui porte que celuy qui outrage vne perſonne de qualité, ou vn Officier du Grand Duc, de paroles ou de fait, doit reparer l'iniure d'vne amende pecuniaire, qu'ils appellent *Biſceſtia*, & monte quelquefois iuſqu'à deux mil eſcus, ſelon la qualité de la perſonne offenſée. Si c'eſt vn Officier du Grand Duc, qui s'en plaint, on luy paye autant d'amende, qu'il a d'appointement de la Cour. On la double pour vne Dame, on l'augmente du tiers pour le fils, & on la diminuë d'autant pour vne fille, & l'on fait payer l'amende autant de fois qu'il ſe trouue de perſonnes offenſées par les injures, quand meſmes elles ſeroient decedées pluſieurs années auparauant. Si le criminel n'a pas dequoy payer, on le met entre les mains de ſa partie, qui en diſpoſe, ou pour en faire ſon eſclaue, ou pour le faire foüetter par le bourreau. Le bon homme Iean Barnley, marchand Anglois, dont nous parlerons ailleurs, fut condamné à payer la *Bſceſtia* à vn autre Anglois, nommé le *Docteur Dey*, Medecin du Grand Duc, & le Capitaine *de la Coſte*, Gentilhomme François, trouua moyen de faire faire vne compenſation de l'amende en laquelle il auoit eſté condamné enuers vn Colonel Alleman, auec celle que ce meſme Colonel deuoit à vn autre François, nommé Antoine le Groin, qui voulut en cela obliger la Coſte, ſon amy.

1636.

Il n'y a rien de poly en leur conuerſation ; au contraire ils ne craignent point de laſcher les vents que l'eſtomach renuoye, quelque part qu'ils ſe trouuent, ſans honte & ſans retenuë : en quoy ils ſont d'autant plus incommodes, que meſme ſans cela ils ont l'haleine puante, à cauſe de l'ail & de l'oignon qu'ils mangent auec toutes leurs viandes. Ils s'eſtendent & rottent en toutes les compagnies, & à la reſerue du Grand Duc, il n'y a perſonne pour qui ils ayent aſſés de reſpect pour s'en empeſcher.

1636.
Ils n'ont point d'estude.

Ils n'ont point d'estude, ils ne s'appliquent point aux sciences, & n'ont point de connoissance des affaires estrangeres; de sorte qu'ils ne s'en peuuent pas entretenir en leurs conuersations particulieres: mais aussi se pourroient-ils bien dispenser de parler des vilenies & des brutalités, dont ils se diuertissent en leurs débauches. Ie ne parle point des festins des grands Seigneurs, mais des escots ordinaires des Moscouites; où l'on n'entend parler que des choses abominables, qu'ils ont faites eux mesmes, où qu'ils ont veu faire à d'autres: faisans gloire de se vanter des crimes que l'on expieroit icy par le feu, & dont on enseueliroit la memoire dans leurs cendres. Mais comme ils s'abandonnent à toutes sortes de dissolutions, & mesmes à des pechez contre nature, non seulement auec les hommes, mais aussi auec les bestes, celuy qui en sçait faire le plus de contes, & qui les accompagne de plus de gestes, passe parmy eux pour le plus habile homme. Les vieleurs en font des chansons, & leurs Charlatans & Saltinbanques les representent publiquement, & ne craignent point de se découurir le derriere, & quelquefois tout ce qu'ils portent, deuant tout le monde. Les meneurs d'ours, qui se font accompagner de joüeurs de gobelets, & de marionnettes, qui dressent leur theatre en vn moment, par le moyen d'vne couuerture de lict, laquelle ils se lient au milieu du corps, & la poussant de toute son estenduë au dessus de la teste, ils y font paroistre leurs poupées, & y representent leurs brutalités & leurs sodomies, en donnent le diuertissement aux enfans, qui apprennent par ce moyen dés leur premiere jeunesse à renoncer à la pudeur & à l'honnesteté.

Ny d'honnesteté.

Et de fait les Moscouites n'en ont point du tout. Les postures de leurs danses, & l'insolence de leurs femmes sont des marques infaillibles de leur mauuaise inclination. Nous auons veu à Moscou des hommes & des femmes sortir des estuues publiques tout nuds, de s'approcher de nostre ieunesse, & de les agasser par des mots sales & lascifs. L'oisiueté, qui est la mere de tous les vices, & qui semble estre donnée en partage à ces barbares, est celle qui les porte à ces excés; aussi bien que l'yurognerie: parce qu'estans naturellement portés à la luxure, ils s'y abandonnent entierement apres le vin. Ie me souuiens à propos d'vne histoire, que le truchement du Grand Duc me conta lors que nous estions à *Nouogorod*: sçauoir qu'en cette

Ville

ville il se fait tous les ans de grandes deuotions; où il se trouue 1636. vn grand nombre de Pelerins. Celuy qui a le droit de tenir cabaret, obtient du Metropolitain la permission de dresser plusieurs tentes, pour la commodité des Pelerins & des Pelerines, qui ne manquent pas de s'y rendre dés le grand matin deuant le seruice, & d'y prendre quelques gobelets d'eau de vie. Il y en a mesme, qui au lieu de vaquer à leurs deuotions, passent toute la iournée à la tauerne: dont il s'ensuit de si estranges desordres, qu'il nous dit auoir veu vne femme, qui s'y estoit tellement enyurée, qu'au sortir de la tente elle tomba, & demeura découuerte & endormie en pleine ruë, & en plein iour. Ce qui donna occasion à vn Moscouite, qui estoit yure aussi, de se coucher aupres d'elle, & s'en estant seruy il y demeura couché & endormy à la veuë de tout le monde; qui ayant fait cercle autour n'en faisoit que rire, iusqu'à ce qu'vn vieillard, qui auoit horreur de ce spectacle, les couurist de sa veste.

Il n'y a point de lieu au monde où l'yurogierie soit si commune qu'en Moscouie. Toutes les personnes, de quelque condition ou qualité qu'elles soient, Ecclesiastique & Laïcs, hommes & femmes, ieunes & vieux, boiuent de l'eau de vie à toute heure, deuant, pendant & apres le repas. Ils l'appellent *Tzarkowino*, & ne manquent iamais d'en presenter à ceux qui les visitent. Les gens de basse condition, les païsans & les esclaues ne refusent point les tasses d'eau de vie qu'vne personne de condition leur presente; mais ils en prennent iusqu'à ce qu'ils demeurent couchés, & bien souuent morts sur la place. Les grands Seigneurs mesmes ne sont point exempts de ce vice: ainsi que l'on vit en cét Ambassadeur Moscouite, qui fut enuoyé à Charles, Roy de Suede, en l'an 1608. Ce galant homme au lieu de mesnager sa qualité d'Ambassadeur, & les affaires que son Maistre luy auoit confiées, prit tant d'eau de vie la veille sa premiere audiance, que le lendemain matin ayant esté trouué mort dans son lict, l'on fut contraint de le porter en terre, au lieu de le conduire à l'audiance.

Ils sont yurogues.

Les gens de basse condition ne se contentent pas de demeurer au cabaret, iusqu'à ce qu'ils y ayent laissé le dernier coste de leur bourse, mais ils y engagent bien souuent mesmes leurs habits iusqu'à la chemise; & c'est ce que l'on voyoit tous les iours pendant nostre sejour à Moscou. Estant logé à l'Hostel

V

1636. de Lubec, en passant à Nouogorod, au voyage que ie fis en Moscouie en l'an 1643. ie voyois souuent sortir d'vn cabaret, qui estoit dans nostre voisinage, de ces yurognes, les vns sans bonnet, les autres sans bas & sans souliers, & mesme sans camisole, & en chemise. I'en vis vn entr'autres, qui en sortit premierement sans Kaftan & en chemise ; mais ayant rencontré vn de ses amis, qui prenoit le chemin du cabaret, il y retourna auec luy, & n'en sortit point qu'il n'y eust aussi laissé la chemise. Ie l'appellay, & luy demanday ce qu'il auoit fait de sa chemise, & s'il auoit esté volé, il me respondit auec la ciuilité ordinaire des Moscouites. *Ia but fui matir* : va te promener, c'est le cabaretier, & son vin qui m'ont mis en estat ; mais puis que la chemise y est demeurée, i'y veux aussi laisser les caleçons ; il ne me l'eust pas si-tost dit, qu'il retourna au cabaret; d'où ie le vis sortir incontinent apres, nud comme la main, couurant ses parties honteuses d'vne poignée de fleurs, qu'il auoit cueillies aupres de la porte du cabaret : & s'en alla ainsi gay & content chez luy.

Estant en la mesme ville de *Nouogorod*, lors de nostre seconde Ambassade, i'y vis vn Prestre sortir du cabaret, lequel en approchant de nostre logis voulut donner la benediction aux Strelits, qui estoient en garde à la porte : mais en leuant la main, & en faisant l'inclination, la teste qui estoit chargée des fumées du vin, se trouua si pesante, qu'elle emporta le reste du corps, & fit tomber le *Pope* dans la boüe. Nos *Strelits* le releuerent auec respect, & ne laisserent pas de receuoir cette benediction crotée ; comme vne chose qui est fort ordinaire parmy eux.

Le Grand Duc *Michaël Federoüits*, qui estoit fort sobre & ennemy de l'yurognerie ; considerant qu'il estoit impossible d'abolir entierement ces excés, fit de son temps plusieurs reglements pour les moderer ; faisant fermer les cabarets, & faisant faire des defenses de vendre de l'eau de vie ou de l'hydromel, sans sa permission expresse, & ailleurs que dans des tauernes priuilegiées ; où l'on n'en vend qu'à pot & à pinte, & on n'y donne point à boire. Ce qui fait vn assés bon effet, en ce que l'on ne voit plus des nudités par les ruës, mais cela n'empesche pas qu'elles ne soient jonchées d'yurognes ; parce que les voisins & les amis, qui ont dessein de s'enyurer, enuoyét querir vn ou plusieurs pots d'eau de vie à la tauerne, & ne se séparent point qu'ils ne les ayent vuidés.

Les femmes ne font pas plus de difficulté de s'enyurer que les hommes. I'en vis à Narua vn assez plaisant exemple en la maison où i'estois logé; où plusieurs femmes Moscouites vinrent vn iour trouuer leurs maris, pour estre de l'escot, s'assirent & firent raison de bonne grace. Les hommes estans yures, voulurent aller chez eux; mais les femmes tesmoignerent qu'elles n'estoient pas encore en humeur de se retirer, quoy qu'on les y conuiast par bon nombre de grands soufflets, & obligerent leurs maris à se r'asseoir, & à boire de plus belle: iusqu'à ce que les hommes estans tombés endormis à terre, les femmes s'assirent sur eux, comme sur des bancs, & continuerent de boire; iusqu'à ce qu'elles demeurassent couchées à terre auec eux. *L'hyurognerie des femmes.*

Iacques de Cologne, qui me logeoit à Narua, me conta qu'il auoit veu vne semblable comedie à ses nopces, où les Moscouites, apres auoir bien étrillé leurs femmes à coups de foüet, s'estoient remis à boire auec elles, iusqu'à ce qu'estans couchés yures à terre, les femmes s'assirent sur eux, & s'enyurerent tellement qu'elles demeurerent couchées parmy les hommes.

Le tabac y estoit autrefois si commun, que l'on en voyoit prendre par tout, en fumée ou en poudre. Pour y remedier, & pour éuiter les desordres qui en naissoient; non seulement parce que les paures gens se ruinoient, en ce que dés qu'ils auoient vn sol, ils l'employoient en tabac, plûtost qu'en pain: mais aussi parce qu'ils mettoient souuent le feu à la maison, & se presentoient auec l'haleine puante & infecte deuant leurs images, le Grand Duc & le Patriarche iugerent à propos en l'an 1634. d'en defendre absolument la vente & l'vsage. Ceux qui sont conuaincus d'en auoir pris ou vendu, sont fort rigoureusement punis. On leur fend les narines, ou on leur donne le foüet: ainsi que nous l'auons veu souuent, de la façon que nous dirons cy-apres, quand nous parlerons de l'administration de la Iustice en ce païs-là. *Le tabac y est defendu.*

Le naturel peruers des Moscouites, & la bassesse en laquelle ils sont nourris, joint à la seruitude, pour laquelle ils semblent estre nés, font que l'on est contraint de les traiter en bestes, *Ils sont nés pour la seruitude.*

plûtoſt qu'en perſonnes raiſonnables. Et ils y ſont ſi bien accoûtumés, qu'il eſt comme impoſſible de les porter au trauail, ſi l'on n'y employe le foüet & le baſton: dont ils ne ſe plaignent pas beaucoup; parce qu'ils ſont endurcis aux coups par la coûtume que les ieunes gens ont de s'aſſembler les iours de feſte, & de ſe diuertir à coups de poing & de baſton, ſans qu'ils s'en faſchent. Ceux qui ſont nés libres, mais pauures, eſtiment ſi peu cét aduantage, qu'ils ſe vendent auec toute leur famille pour peu de choſe, & ils ont ſi peu de ſentiment pour la liberté, qu'ils ne font point de difficulté de ſe vendre encore, après l'auoir recouurée par la mort de leur maiſtre, ou par quelque autre occaſion.

Les ſoûmiſſions qu'ils rendent à leurs Superieurs ſont les marques de la baſſeſſe de leur naturel, & de leur ſeruitude. Ils ne ſe preſentent iamais deuant les perſonnes de condition, qu'ils ne s'inclinent iuſqu'à terre, à laquelle ils touchent & la battent du front, & il y en a qui ſe iettent aux pieds de leurs Seigneurs, meſmes pour les remercier apres en auoir eſté bien battus. Il n'y a point de Moſcouite, de quelque condition ou qualité qu'il puiſſe eſtre, qui ne tienne à gloire de ſe pouuoir dire *Golop*, ou eſclaue du Grand Duc: & pour faire connoiſtre leur humilité ou abiection, meſmes aux moindres choſes, ils conuertiſſent leur nom en diminutifs, & ne luy parlent ny ne luy eſcriuent point qu'au lieu de *Iwan ou de Iean*, ils ne diſent *Iwantske* c'eſt à dire *Ieannot*, & qu'ils ne ſignent *Petruske Twoy Golop*, Pierrot voſtre eſclaue. Le Grand Duc en parlant à eux, en vſe de meſme, & les fait traitter au reſte en Eſclaues, à coups de foüet & de baſton: puis qu'auſſi bien ils aduoüent que leurs perſonnes & leurs biens ſont à Dieu & au Grand Duc.

La condition des Eſtrangers n'y eſt pas meilleure.

Les Eſtrangers, qui s'eſtabliſſent en Moſcouie, ou qui ſe reſoluent d'entrer au ſeruice du *Czaar*, ſe doiuent auſſi reſoudre à luy rendre les meſmes ſoûmiſſions, & à receuoir de luy le meſme traitement. Car quelque part qu'ils ayent en ſes bonnes graces, il faut ſi peu de choſe pour meriter le foüet, qu'il n'y a perſonne qui ſe puiſſe vanter d'en eſtre exempt. Autrefois il n'y en auoit point qui y fuſſent plus ſuiets que les Medecins; parce que les Moſcouites eſtoient perſuadés, que cét art eſtoit infaillible, & que l'euenement de la maladie dépendoit de la volonté de ceux qui faisoient profession de guerir les malades. C'est pourquoy quand en l'an 1602. *Iean Duc* de *Holstein*, frere de Christian IV. Roy de Dannemarc, qui auoit épousé la fille du Grand Duc *Boris Gudenou* tomba malade, le *Czaar* fit dire aux Medecins, que s'ils ne le guerissoient point, leur vie respondroit de celle du Prince : de sorte qu'eux voyans que la force du mal éludoit l'effet des remedes, & qu'il estoit impossible de sauuer le Prince, ils se cacherent, & n'oserent point se presenter deuant le Grand Duc, iusqu'à ce que les douleurs de la goute l'obligeassent à les faire chercher. Il y en auoit entr'autres vn Alleman, lequel, apres auoir exercé quelque temps la medecine en Moscouie, s'aduisa de vouloir aller querir ses licences en Allemagne : mais le Grand Duc, qui voulut sçauoir le sujet de son voyage, pour lequel il estoit obligé de demander congé, ayant sceu qu'il s'y alloit faire examiner, pour receuoir en suitte le degré de Docteur, que la Faculté de Medecine donne & confirme par ses Lettres Patentes, il luy dist, qu'ayant esté souuent soulagé de ses douleurs, par le moyen de ses remedes, il estoit asseuré de sa suffisance : & pour ce qui est des Lettres, s'il en auoit besoin, il luy en feroit donner d'aussi authentiques, qu'il en pourroit auoir d'vne des Vniuersités d'Allemagne, & ainsi qu'il se passeroit bien de la peine qu'il se donneroit, & de la dépense qu'il feroit en ce voyage.

Ce mesme Medecin estoit du nombre de ceux qui s'estoient cachés apres la mort du Duc de Holstein, & croyant que le Grand Duc l'enuoyoit querir pour le faire mourir, il mit vn meschant habit rompu, & ayant les cheueux negligemment abbatus sur les yeux & sur tout le visage, il se presenta en cét estat à la porte de la chambre du Grand Duc : où il entra à quatre pattes : & s'estant approché du lict, il dist qu'il ne meritoit point de viure, & encore moins de se trouuer en la presence de sa Maiesté, puis qu'il estoit assez malheureux, pour auoir attiré sur luy sa disgrace. Sur cela vn des *Knez*, qui estoit aupres du Duc, croyant faire plaisir au Prince, le traitta de *saback*, ou de chien, & luy fit sortir du sang de la teste d'vn coup qui luy donna du bout de sa botte. Mais le Medecin, ayant apperceu que le Grand Duc le regardoit de bon œil, en voulut faire son profit, & se r'asseurant il dist : Grand Prince, ie sçay que ie suis vostre esclaue : mais ie vous supplie de me

1636.

permettre de dire, que ie ne suis que le vostre. Ie sçay que i'ay merité la mort, & ie m'estimerois heureux de la receuoir de vos mains: mais il me fasche de me voir outragé par ce *Knez*, qui est vostre esclaue aussi bien que moy; & ie ne croy point que vostre intention soit, qu'autre que vous ait pouuoir sur ma personne.

Ces paroles, & le besoin que le Grand Duc auoit du Medecin, obtinrent pour luy vn present de mil escus, le pardon pour ses Collegues, & des coups de baston pour le Bojar.

Ils ont grand nombre d'Esclaues.

Pour ce qui est des esclaues, le nombre n'en est point reglé. Il y a des Seigneurs qui en ont plus de cent en leurs maisons de campagne, & en leurs mestairies. Ceux qu'ils gardent pour leur seruice à la ville, ne sont pas nourris dans le logis; mais ils ont leur argent à despendre, & si petitement, que c'est tout ce qu'ils peuuent faire que de viure de leur ordinaire. Ce qui est vne des principales causes de tant de desordres qui se font à Moscou; où il ne se passe quasi point de nuict qu'il ne s'y commette plusieurs meurtres & violences. Les grands Seigneurs, & les Marchands aisés, ont des gardes dans leurs cours, qui veillent toute la nuict, & qui sont obligés de faire connoistre leur vigilance par le bruit qu'ils font, en frappant à toutes les heures de la nuict d'vn baston sur vn aix, de la mesme façon que l'on bat les timbales, & apres cela ils y frappent autant de coups qu'il a sonné d'heures. Mais d'autant que ces gardes veilloient plus souuent au profit des voleurs, que pour celuy de leurs maistres, l'on n'y en employe point, & mesme l'on ne se charge point de domestique, qui n'ait bonne & suffisante caution Bourgeoise.

Les desordres qui se font la nuict à Moscou.

Ce grand nombre d'esclaues fait que dans la ville de Moscou il n'y a point de seureté à aller la nuict, sans armes & sans compagnie. Nous en fismes l'experience en quelques-vns de nos domestiques, en plusieurs occasions. Nostre Escuyer de cuisine, qui auoit trauaillé chez vne personne de condition, où les Ambassadeurs auoient disné, en se retirant la nuict fut tué, aussi bien que le Maistre d'Hostel du sieur Spiring, l'vn des Ambassadeurs de Suede. Le Lieutenant qui auoit commandé nos Mousquetaires Allemans & Escossois au voyage de Perse, fut aussi tué la nuict, dans l'impatience, qu'il auoit euë d'attendre ses camarades, qui auoient esté auec luy aux nopces de la fille d'vn Marchand Alleman. Et quoy qu'il ne se passast presque point de nuict sans meurtre, ainsi que nous venons de dire; si est-ce qu'il sembloit que ces desordres se multiplioient à mesure que l'on s'approchoit de quelque Feste: mais particulierement pendant les iours gras, qu'ils appellent *Maslouitzo*. La veille de la saint Martin nous comptâmes iusqu'à quinze corps morts dans la cour de *Semskoy*; où on les expose, afin que les parens & amis les reconnoissent, & les fassent enterrer. Si personne ne les reclame, on les entraisne, comme des charognes, dans vne meschante fosse, sans aucunes ceremonies.

L'insolence de ces voleurs est si grande, que mesme ils ne craignirent point d'attaquer le premier Medecin du Grand Duc en plein iour. Ils l'arresterent dans la rue en allant chez luy, l'abbatirent de son cheual, & luy alloient couper le doigt, où il portoit son cachet dans vne bague d'or, sans le secours qui luy fut enuoyé bien à propos par vn Knez de ses amis, qui logeoit dans le voisinage, & qui l'auoit veu attaquer. Le mal est que la nuict il n'y a point de Bourgeois qui vueille mettre la teste à la fenestre, tant s'en faut qu'il ose sortir de sa maison, pour aller au secours de ceux que l'on outrage; de peur de voir le feu chez luy, ou de se trouuer dans le mesme malheur, dont ils voudroient garantir les autres. Depuis nostre voyage l'on y a estably quelque ordre; en ce que l'on met des corps de garde aux carrefours, qui arrestent ceux qui vont la nuict sans flambeau, ou sans lanterne, & les conduisent aux *Strelitse Priscas*, où on les punit le lendemain.

Quand les Seigneurs font faire leurs foins, ces esclaues, que l'on y employe en grand nôbre, rendent le chemin entre *Moscou* & *Twere* fort dangereux: parce qu'ils se seruent de l'aduantage d'vne montagne voisine, d'où ils découurent l'estat des passants, qu'ils volent & tuent; sans que l'on en puisse tirer raison de leurs maistres, qui ne fournissants point dequoy viure à leurs esclaues, sont contraints de dissimuler le mal, & de conniuer à leurs crimes.

Les maistres disposent de leurs esclaues comme de leurs autres meubles, & mesme vn pere peut vendre son fils & l'aliener à son profit. Mais les Moscouites sont si glorieux, que non seulement ils n'en viennent pas volontiers à ces extremités, mais aussi qu'ils aiment mieux voir leurs enfans mourir de faim chez eux, que souffrir qu'ils aillent seruir ailleurs. Il n'y a que les debtes qui les obligent bien souuent à engager leurs enfans à leurs creanciers ; les garçons à dix, & les filles à huict escus par an : puis qu'aussi bien les enfans sont obligés aux debtes de leurs peres, & de souffrir le cruel traitement que l'on fait aux mauuais payeurs, ou de se vendre aux creanciers pour les acquiter.

Ils sont bons Soldats. La suiection en laquelle ils sont nés, & la nourriture grossiere qu'on leur donne dés leur premiere ieunesse, où on leur enseigne à se passer de peu de chose, font que l'on y trouue de fort bons soldats, & capables de rendre de fort bons seruices sous des Chefs Estrangers. Car encore que la discipline militaire des Romains ne permist point que l'on enrollast des esclaues en leurs legions, les Moscouites, qui le sont tous, ne laissent pas d'estre employés fort vtilement à la guerre, & ils sont fort bons dans vne place assiegée ; où ils tesmoignent auoir du cœur, & se defendent merueilleusement bien. Dont nous auons veu vn exemple au siege de Notebourg : où deux hommes firent la capitulation en l'an 1579. Les Polonois, qui auoient assiegé le chasteau de *Suikols*, y mirent le feu pendant qu'ils y donnoient l'assaut ; mais les Moscouites ne laissoient pas de se presenter à la breche, & de la defendre ; quoy que le feu se prist mesmes à leurs habits. Et au siege de l'Abbaye de *Padis* en Liuonie, ils le soustinrent, iusqu'à ce que faute de viures ils se trouuassent tellement affoiblis, qu'ils n'auoient pas la force d'entrer en garde, n'y d'aller au deuant des Suedois iusqu'à la porte.

Il est vray qu'ils ne reüssissent pas si bien à la campagne & aux batailles, & qu'ils en ont rarement gagné contre les Polonois, & contre les Suedois, leurs voisins, qui ont presque tousiours eu de l'auantage sur eux ; en sorte que l'on a eu plus de peine à les poursuiure qu'à se sauuer de leurs coups : mais il est vray aussi que ces malheurs leur arriuent à cause du peu d'experience & de conduite de leurs generaux, plûtost que faute de courage en leurs Soldats.

Siege de Smolensko. Car pour ce qui est de l'affront que les Moscouites receurent au siege de *Smolensko* en l'an 1633. ce fut vn effet de la perfidie du General, qui paya son maistre de son imprudence,

d'auoir

d'auoir confié le commandement de son armée à vn estranger. Il estoit Polonois, & s'appelloit *Herman Schein*, qui pour s'establir dauantage dans l'esprit du Grand Duc, auoit eu la lascheté de se faire rebaptiser. L'armée, dont on luy donna la conduite, estoit composée de plus de cent mil hommes, entre lesquels on comptoit plus de six mille Allemans, & plusieurs Regimens Moscouites, exercés à l'Allemande & commandés par des Officiers estrangers, François, Allemans & Escossois ; de trois cens pieces de canon, & de toutes les autres choses necessaires pour le siege de la place, que les Polonois auoient depuis quelque temps prise sur les Moscouites. La reduction en eust esté d'autant plus facile, que la ville n'est ceinte que d'vne simple muraille, sans fossé & sans defenses. C'est pourquoy les Allemans, qui y auoient fait vne bresche raisonnable, se faisoient forts de l'emporter du premier assaut. Mais le general s'y opposa, & dist, qu'il ne permettroit pas que l'on pût reprocher au Prince, son Maistre, d'auoir leué vne si puissante armée pour le siege d'vne ville, qu'vne poignée d'Allemans auroient prise en si peu de iours, & pour la licentier aussi-tost. Les Colonels estrangers de leur costé, considerans que la reputation du Grand Duc se ruinoit au siege de cette ville, aussi bien que l'armée mesme, si l'on ne l'employoit point, resolurent de donner l'assaut, & estoient quasi maistres de la bresche, quand le General faisant pointer l'artillerie contre eux, les contraignit de se retirer. Ils en firent leurs plaintes, & firent connoistre le suiet qu'ils auoient de soupçonner sa fidelité; mais il leur fit dire que s'ils ne demeuroient dans l'obeïssance, & dans le respect qu'ils deuoient à leur General, il trouueroit bien le moyen de les chastier, & qu'il les feroit traitter à la Moscouite. De sorte que n'osans plus rien entreprendre, l'armée demeura là quelque temps sans rien faire, & donna le loisir au Roy de Pologne d'assembler vn petit corps de cinq mil hommes, auec lequel il se saisit si bien de toutes les auenuës, par lesquelles les Moscouites estoient obligés de faire venir leurs viures, que dans peu de iours leur armée demeura plus estroitement assiegée que la ville mesme. Il eust esté bien facile au General Moscouite d'empescher d'abord les Polonois de prendre ces postes, mais il leur donna le temps de s'y retrancher si bien, qu'il luy eust esté impossible de les forcer en leurs

X

1636. quartiers, quand mesme il en auroit eu la volonté. L'armée Moscouite estant ainsi reduite à la derniere extremité, le General, pour ne la laisser pas perir de faim, fut contraint de capituler auec les Polonois, de se rendre à discretion auec toute son armée, & de leur laisser auec toute cette belle artillerie, des ôtages pour la rançon de tous les Officiers & soldats, laquelle le Grand Duc fut obligé de payer. Le General eut l'impudence de retourner à Moscou apres cela, & de se presenter à la Cour: où il trouua assés d'amis pour se maintenir, nonobstant les plaintes, que les Officiers & les soldats faisoient contre luy; mais le peuple tesmoigna tant de ressentiment de cette lasche perfidie, que pour empescher le souleuement, dont la ville & tout l'Estat mesme estoit menacé, l'on fut contraint de le faire executer en plein marché.

La plus part des Grands auoient trempé en ses trahisons: mais de peur qu'il ne les accusast, on luy fit accroire qu'il ne se deuoit point estonner de toutes ces procedures: que l'on n'en feroit que la mine, pour donner quelque satisfaction au peuple, & que sur le point de l'execution on luy enuoyeroit sa grace. Ce qu'il crût d'autant plus facilement, que par le changement de sa Religion il s'estoit acquis l'affection & les bonnes graces du Patriarche: mais il n'eut pas si-tost couché la teste sur le bloc, que l'on fit signe à l'executeur de la couper. Le mesme iour on executa son fils, qui auoit cōmandé au siege de Smolensko sous son pere. On le conduisit en la plaine deuant le chasteau, où il fut dépoüillé tout nud, & foüetté iusqu'à ce qu'il eust rendu l'esprit sur le lieu. Tous ses autres parents furent relegués en Siberie; & ainsi cette execution s'acheua au mois de Iuin 1634.

Leur ménage. Les Moscouites reglent leur mesnage sur le bien qu'ils possedent; mais ils n'y font pas grande despense: les Bojares non plus que les personnes de condition mediocre. Ce n'est que depuis trente ans que les Grands Seigneurs, & les principaux marchands bastissent des maisons de pierre: Car deuant ce temps-là ils n'estoient pas mieux logés que les plus paures, dans de meschans bastimens de bois. Leurs meubles ne sont pas plus precieux que leurs appartemens, & ne consistent le plus souuent qu'en trois ou quatre pots, & en autant d'escuelles de bois & de terre. Il y en a qui en ont d'estain, mais fort peu, à la reserue de quelques tasses & gobelets, & il n'y en a point d'argent du tout. Ils ne sçauent ce que c'est que d'escurer, & la vaisselle d'argent du Grand Duc mesme n'estoit pas mieux fourbie que les pots de tauerne, que l'on ne nettoye qu'vne fois l'an. Les plus aisés ne garnissent les murailles que de nattes, & ne les ornent que de deux ou trois meschantes images. Ils n'ont presque point de licts de plumes, & ils ne couchent que sur des matelats ou sur des paillasses, & mesme sur de la paille, ou sur leurs habits qu'ils accommodent l'Esté sur vn banc, ou sur vne table, & l'Hyuer sur les poisles, qui sont plats comme en Liuonie. Et c'est là où l'on trouue le maistre & la maistresse, les seruiteurs & les seruantes, les vns auec les autres, & i'ay veu qu'à la campagne les poules & les pourceaux se retiroient ordinairement dans vne mesme chambre auec le maistre du logis.

Ils ne connoissent point nos ragouts, & ils ne sont point accoustumés à nos viandes delicates. Ils ne viuent d'ordinaire que de gruau, de nauets, de choux & de concombres frais & confits au sel & au vinaigre. Ils font particulierement leurs delices de poisson salé, qui pour ne l'estre pas assés, est tellement puant, qu'il infecte tout l'air voisin ; de sorte que l'on sent leur poissonnerie de bien loin, encore que l'on ne la voye point.

Ils ne peuuent pas manquer de bœuf ny de mouton, à cause des bons pasturages qui se voyent par toute la Moscouie, & les forests y nourrissent vne si grande quantité de pourceaux, qu'il ne se peut qu'ils ne soient à bon marché ; mais d'autant qu'ils craignent la dépense, & que d'ailleurs leur année est cōposée de plus de iours maigres que de gras, ils se sont si bien accoustumés au poisson & aux legumes, qu'ils mesprisent la viande. Et de fait les ieûnes continuels leur ont enseigné l'industrie de donner tant de façon à leur poisson, à leurs herbes & aux legumes, que l'on se passe aisément des viandes que l'on estime le plus en Allemagne. Nous auons dit cy-dessus, que le Grand Duc nous voulant regaler des mets de sa table, nous enuoya plus de quarante plats, la plus-part de légumes & d'herbes. Ils font entr'autres vne certaine sorte de patisserie, qu'ils appellent *Piroguen*, de la grandeur & de la forme d'vn pain à la mode de deux sols. Ils garnissent la paste de poisson, ou de chair hachée, dont ils releuent le goust de ciboulette & de poiure, & les font frire dans vne poisle dans du

Leur nourriture.

1636

beurre, & en Caresme dans l'huile. Ce n'est pas vn mauuais manger, & c'est la bisque de ces quartiers-là.

Cauayar. Ils preparent les œufs de poisson, & particulierement ceux d'esturgeon, de cette façon. Ils en ostent la peau bien proprement, & les salent. Aprés qu'ils ont pris leur sel, pendant huit ou dix iours, & qu'ils sont reduits en paste, on les coupe menu par tranches ; l'on y adiouste de l'oignon & du poiure, & on les mange auec de l'huile & du vinaigre en salade. Le goust en est bien plus releué, quand au lieu de vinaigre l'on y met du ius de citron. Pour aimer ce ragoust il y faut estre accoustumé ; quoy qu'ils croyent qu'il excite l'appetit & qu'il fortifie la Nature. Les Moscouites l'appellent *Ikary* & les Italiens *Cauayars*; & c'est vne grande manne par l'Italie, où l'on en mange vne tres-grande quantité en Caresme, au lieu de beure. Le meilleur se fait sur le *Wolga*, & aupres d'Astracan, d'où on l'enuoye dans des tonneaux de sept ou de huit quintaux, par l'Angleterre & la Hollande en Italie. Mais dautāt que le Grand Duc s'est reserué ce trafic, il le donne à ferme, & en tire vne somme fort considerable tous les ans. Pour dissiper les vapeurs qui montent à la teste apres la debauche, ils se seruent de veau rosty froid, qu'ils coupent en quareaux, & y meslent des concombres salez, & y font vne saulce de poiure, de vinaigre & du ius des concombres salés, qu'ils mangent auec la cuciller. Elle fait reuenir l'appetit, & ce ragoust n'est pas mauuais.

Le mesme peuple ne boit ordinairement que d'vne certaine petite biere, qu'ils appellent *Zuas*, ou de l'hidromel, mais ils ne font point de repas qu'ils ne commencent & finissent auec de l'eau de vie commune. Les personnes de condition font leur prouision de bonne biere double, de vin d'Espagne & de toutes autres sortes de vin. La bonne biere se brasse au mois de Mars, & ils la conseruent l'Esté dans des glacieres, où ils font vne couche de glace & de neige, meslée ensemble, & en suitte vne rangée de tonneaux, & ainsi de suitte vne couche de glace & vn rang de tonneaux alternatiuement ; les couurant de paille & de planches, qui leur seruent de voute : parce que leurs caues ne sont point couuertes.

L'hidromel. Les Moscouites n'estiment point le vin du Rhin, ny celuy de France, parce qu'ils ne le trouuent pas assés fort ; mais ils ayment l'hidromel, qu'ils preparent auec des cerises, des fraises, des meures ou des framboises. Celuy qu'ils font auec des framboises est le plus agreable de tous. Pour le bien faire, ils laissent tremper les framboises dans de l'eau fraische, pendant deux ou trois nuits, & iusqu'à ce qu'elle en ait attiré le goust & la couleur. Ils demeslent dans cette eau du miel vierge, mettant sur chaque liure de miel trois ou quatre liures d'eau, selon que l'on veut l'hidromel doux ou fort. L'on y iette vne rostie frotée de lie ou de leuure de bierre, que l'on oste des que l'hidromel commence à cuuer; de peur qu'il n'en prenne vn mauuais déboire. Si l'on desire qu'il cuue long-temps, on le laisse dans vn lieu chaud, mais si on le veut boire promptement, on le met dans vn lieu frais, où il cesse aussi-tost de cuuer, & alors on le tire de dessus la lie pour le faire boire. Pour luy donner vn goust releué, l'on y met, dans vn linge, vn peu de canelle & de cardamom, auec quelques cloux de girofle. Il y en a qui au lieu d'eau font destremper les framboises vingt-quatre heures dans de l'eau de vie commune, qui donne vn goust merueilleux à l'hidromel.

 L'hidromel commun se fait auec du miel, où la cire est encore attachée, qu'ils battent dans de l'eau tiede, le remuent fort, & apres l'auoir laissé reposer pendant sept ou huict heures, ils le passent dans vn sas, le font boüillir, l'escument, & sans y apporter autre façon, ils l'exposent ainsi en vente.

 Les personnes de condition sont obligées de paroistre en leur suitte & en leur dépense ; mais elle n'est pas si grande que l'on se pourroit bien imaginer. Car encore qu'ils ayent quelquesfois iusqu'à cinquante ou soixante esclaues & plus, que l'escurie soit fort bien garnie, & mesme que souuent ils fassent de grands festins, où ils font seruir grande quantité de viandes, & toutes sortes de biere, de vin, d'hidromel, & d'eau de vie ; si est-ce qu'outre que leurs maisons de campagne & leurs mestairies fournissent quasi tout ce qu'il faut pour la table, & qu'ils n'acheptent quasi rien, ils se seruent de ces festins, comme d'hameçons, pour attraper les presents qu'ils tirent de ceux qui ne sont point de leur qualité, & qui sont obligés de payer bien cherement l'honneur que les Knez & Bojares leur font en ces rencontres. Les Marchands estrangers sçauent particulierement ce que cét honneur leur doit couster, & ne l'affectent que pour s'acquerir la bien-veillance des Seigneurs,

1636.

La dépense des personnes de condition.

qui les peuuent feruir de leur credit. Les Weiuodes ne manquent pas de faire de ces feſtins deux ou trois fois l'an dans leurs Gouuernemens.

Le plus grand honneur qu'vn Moſcouite croit pouuoir faire à ſon amy, c'eſt de luy faire voir ſa femme, de luy faire preſenter vne taſſe d'eau de vie par elle, & de ſouffrir qu'il la ſaluë d'vn baiſer. Le *Comte Leon Alexandre de Slakou* me le fit bien connoiſtre, lors du voyage que ie fis en Moſcouie en l'an 1643. Apres m'auoir donné à diſner, il me fit retirer dans vne autre chambre, où il me diſt, qu'au lieu où j'eſtois ie ne pouuois point receuoir vne plus grande preuue de l'eſtime, qu'il auoit pour moy, & de l'obligation qu'il reconnoiſſoit auoir à ſon Alteſſe, que de me faire voir ſa femme. Ie la vis entrer incontinent apres fort ſuperbement veſtuë de ſes habits de nopces, & ſuiuie d'vne Damoiſelle, qui portoit vne bouteille d'eau de vie & vne taſſe d'argent. La Dame s'en fit verſer, & apres auoir porté la taſſe à la bouche, elle me la donna, & m'obligea à la vuider; ce qu'elle fit trois fois de ſuite. Apres cela le Comte vouloit que ie la baiſaſſe : dont ie fus d'autant plus ſurpris, que meſme au païs de Holſtein l'on ne connoit pas encore cette ciuilité. C'eſt pourquoy ie me voulus contenter de luy baiſer la main, mais il me força ſi obligeamment à la baiſer à la bouche, qu'il me fut impoſſible de m'en deffendre. Elle me fit preſent d'vn mouchoir, brodé aux extremités d'or, d'argent & de ſoye, & garny d'vn grande frange, de la façon de ceux dont on fait preſent à la mariée le iour de ſes nopces. Et de fait j'y trouuay attaché vn billet, portant le nom de *Streſnof*, oncle paternel de la Grand'Ducheſſe.

Les *Knez* & les *Bojares* n'ont pas ſeulement des penſions & des appointements fort conſiderables ; mais auſſi de grands reuenus en fonds de terre. Les Marchands & les Artiſans s'entretiennent de leur commerce & de leur meſtier ; Ceux qui peuuent ſortir de l'eſtat, & qui ont permiſſion de trafiquer en Perſe, en Pologne, en Suede & en Allemagne y portent des zobelines & d'autres fourrures, du lin, du chanvre & du cuir de Ruſſie.

Les Artiſans n'ont pas beaucoup de peine à gagner dequoy faire ſubſiſter leur famille, dans la grande abondance de toutes ſortes de viures. Ils ſont fort habiles de la main, & imirent facilement ce qu'ils voyent faire; quoy qu'ils ne soient point si riches en inuentions que les Allemans, ou les autres peuples de l'Europe: car i'ay veu leurs ciseleures aussi bien & mieux poussées que les plus belles qui se fassent en Allemagne; de sorte que les Estrangers, qui se veulent conseruer le secret de leur art, se doiuent soigneusement garder des Moscouites. Iean Valck, dont nous auons parlé cy-dessus, ne faisoit iamais sa fonte en leur presence. Auiourd'huy ils fondent du canon, & le disciple de Valck auoit fait vne cloche, lors que nous y estions, qui pesoit sept mille sept cens pudes, qui font trois mille quatre-vingts quintaux: mais on ne s'en seruit pas long-temps qu'elle ne creuast, & l'on a acheué de la rompre pour en faire vne autre, qui doit estre encore plus pesante que la premiere.

Il n'y a point de Moscouite, de quelque condition ou qualité qu'il puisse estre, qui ne dorme apres disner; ce qui fait que sur le midy l'on trouue quasi toutes les boutiques fermées, & les Marchands, ou leurs garçons endormis deuant la boutique; si bien qu'à ces heures l'on ne parle non plus aux personnes de qualité, ny aux Marchands, qu'à l'heure de minuict. *Ils dorment apres disner.*

Ce fut vne des marques qui leur fit reconoistre la fourberie du faux *Demetrius*. Nous verrons tantost en l'histoire que nous en ferons, que cét imposteur ne dormoit point apres le disner, & que les Moscouites iugerent par là qu'il estoit Estranger, aussi bien que par l'auersion qu'il témoignoit pour les bains; qui sont si communs en Moscouie, qu'il n'y a point de Ville, ny de Village qui n'ait ses estuues publiques & particulieres, en grand nombre. Ils n'ont que cette seule proprieté, laquelle ils iugent mesme necessaire en plusieurs rencontres, & particulierement aux mariages, apres le premier congrés.

Estant à Astrachan, i'eus la curiosité d'y entrer sans me faire connoistre, & i'y trouuay les estuues separées d'vne cloison d'ais. Mais outre que l'on voyoit aisément de l'vne à l'autre par les ioinctures, les hommes & les femmes entroient & sortoient par vne mesme porte, & ceux & celles qui auoient le plus de modestie, se couuroient d'vne poignée de fueilles qu'ils font seicher l'Esté, & l'Hyuer on les détrempe dans de l'eau chaude pour les faire reuenir; mais les autres estoient tous nuds, & les femmes ne craignoient point de venir parler *Leurs estuues.*

en cét estat leurs maris, en la presence des autres hommes.

C'est vne chose merueilleuse de voir à quel poinct ces corps accoustumés & endurcis au froid, peuuent souffrir la chaleur, & comment, apres qu'ils n'en peuuent plus, ils sortent de ces estuues, nuds comme la main, tant les hommes que les femmes, & se iettent dans l'eau froide, ou s'en font verser sur le corps, & comment en Hyuer ils se veautrent dans la neige. Nostre ieunesse prenoit quelquefois plaisir à s'aller promener deuant ces estuues publiques, pour voir les diuerses postures des femmes qui en sortoient, & qui se diuertissoient dans l'eau, & qui au lieu d'en auoir honte, se plaisoient à leur dire des mots de gueule, & ne se faschoient point quand quelqu'vn de nos gens se iettoit dans l'eau, pour se baigner auec elles. Ce que nous n'auons pas seulement veu en Moscouie, mais aussi en Liuonie, où les habitans, mais particulierement les Finlandois, qui y sont habitués, en sortant de ces estuues au plus froid de l'Hyuer, se iettent dans la neige, & s'en frottent le corps comme de sauon : puis rentrent aux estuues pour joüir d'vne chaleur plus moderée; sans que l'on voye que ce changement de qualités contraires au dernier degré, fasse tort à leur santé. On n'en sçauroit trouuer la cause qu'en l'accoustumance ; parce qu'y ayans esté nourris dés leur premiere jeunesse, & cette habitude s'estant conuertie comme en nature, ils s'endurcissent au froid & au chaud indifferemment.

A Narua nous auions de ieunes garçons Moscouites, de huict, neuf & dix ans, qui nous seruoient à la cuisine, & à tourner la broche. Ces petits frippons s'arrestoient souuent plus d'vne demy-heure sur la glace, les pieds nuds, comme les oyes, au plus froid de l'Hyuer, sans qu'ils tesmoignassent d'en estre incommodés. Les estuues des Allemans, qui demeurent en Moscouie & en Liuonie, sont fort belles, & l'on s'y baigne fort agreablement. Le paué est couuert de fueilles de pins battuës & réduites en poudre, de toutes sortes d'herbes & de fleurs, qui rendent vne fort bonne odeur, aussi bien que la lessiue qu'ils font fort odoriferante. Le long des murailles il y a des bancs, où l'on se couche pour suer, & pour se faire frotter ; & il y en a de plus hauts les vns que les autres ; afin de prendre tel degré de chaleur que l'on veut, & ils sont tous couuerts de linceuls blancs &
d'orelliers

d'oreillers remplis de foin. On donne à chacun vne feruãte, qui se met en chemise pour frotter, lauer, baigner, essuyer, & rendre pour tous les autres seruices necessaires. En entrant elle vous offre sur vne assiette quelques tranches de refort, auec vn peu de sel, & si vous estes des amis de la maison, la maistresse mesme, ou la fille vous vient presenter vne certaine composition, meslée de vin & de biere, dans laquelle on met du pain esmieté, du citron par petits carreaux, du sucre & vn peu de muscade. Quand on manque à cette ciuilité, il faut croire que le maistre du logis ne fait pas beaucoup d'estat de son hoste. Apres le bain on se couche dans le lict, puis on se leue pour manger, & apres le repas on se recouche pour dormir.

Les Moscouites sont d'vne complexion forte & robuste, ils viuent ordinairement long-temps, & ils sont fort rarement malades. Quant ils le sont on ne leur donne presque point d'autre remede, mesmes dans les fieures chaudes, que de l'ail & de l'eau de vie. Les personnes de condition se seruent des Medecins depuis quelques années, & sont persuadés que les remedes les soulagent.

La paillardise y est fort commune, & neantmoins l'on n'y souffre point les bordels publics, que plusieurs autres Princes Chrestiens ne permettent pas seulement, mais autorisent aussi, & en tirent du tribut, pour les proteger. Le mariage est honorable parmy eux, & la polygamie y est defenduë. Vn homme veuf, & mesme vne veufue, se peut marier deux ou trois fois, mais l'on ne permet point que l'on passe à des quatriémes nopces & le Prestre qui les auroit benites seroit chassé.

Ils obseruent en leurs mariages les degrés de consanguinité, & ils ne se marient pas volontiers à de proches parents ou alliés. Ils ne permettent point non plus que les deux freres épousent les deux sœurs, & ils respectent aussi l'alliance spirituelle, ne souffrans point que les parains & les maraines se marient entr'eux. Les solemnités de leurs mariages se font de cette façon.

L'on ne permet en aucune façon aux garçons & aux filles de se voir, & encore moins de se parler de mariage, ou d'en faire aucune promesse entr'eux de bouche ou par escrit. Mais quand ceux qui ont des enfans à marier, particulierement des filles, ont trouué vn party raisonnable, ils parlent aux pa-

Ceremonie de leurs mariages

1636.

rens du garçon, & leur témoignent le defir qu'ils ont de faire alliance auec eux. Si les autres agréent la propofition, & fi celuy que l'on recherche demande à voir la fille, on le refufe abfolument; toutesfois fi elle eft belle, on confent que la mere, ou quelqu'autre parente la voye; & fi on la trouue fans deffauts, c'eft à dire, qu'elle ne foit ny aueugle, ny boiteufe, les parens traitent entr'eux des conditions du mariage, & en demeurent d'accord, fans que les accordés fe voyent. Car ils nourriffent leurs filles dans des chambres fort retirées, particulierement les perfonnes de condition, où ils les enferment, en forte que mefme le marié ne voit point fon époufe, que lors qu'on la luy amene dans la chambre : & ainfi il arriue quelquefois que tel, qui penfe auoir époufé vne belle fille, en a vne contrefaite, & mefme qu'au lieu de la fille de la maifon, on luy donne vne autre parente, ou bien vne feruante; dont ie fçay plufieurs exemples. De forte que l'on ne fe doit point eftonner du mauuais ménage que l'on voit fouuent entr'eux.

Quand les grands Seigneurs, Knez & Bojares marient leurs enfans, l'on nomme de la part du marié vne femme, qu'ils appellent *Suacha*, & vne autre de la part de la mariée, qui donne conjointement les ordres neceffaires pour les nopces. Celle de la mariée va le jour des nopces au logis du marié, & y dreffe le lit nuptial. Elle fe fait accompagner de plus de cent feruiteurs, qui font tous en hongreline, & portent fur la tefte les chofes neceffaires pour le lit, & pour la chambre des mariez. Le lict fe dreffe fur quarante gerbes de feigle, que le marié fait coucher par ordre, & les fait entourer de plufieurs tonneaux pleins de froment, d'orge & d'auoine.

Le lit des nouueaux mariés.

Tout eftant en ordre, le marié part de chez luy fur le tard, accompagné de tous fes parens, ayant deuant luy à cheual le Preftre qui le doit marier. Il trouue à l'entrée du logis de fa fiancée tous les parens, qui le reçoiuent auec les fiens, que l'on conuie de fe mettre à table. L'on y fert trois plats, mais perfonne n'en mange, & on laiffe au haut bout de la table vne place vuide pour le marié : mais pendant qu'il s'entretient auec les parens de la mariée, vn ieune garçon l'occupe, & ne s'en ofte point que le marié ne l'en faffe fortir à force de prefens. Apres que le marié a pris fa place, l'on amene la mariée, fuperbement parée, ayant le vifage couuert d'vn voile. On la fait asseoir auprès du marié; mais afin qu'ils ne se puissent point voir, on les separe d'vne piece de taffetas rouge cramoisi, que deux ieunes garçons tiennent tandisqu'ils sont assis. Apres cela la *Suacha* de la mariée s'approche d'elle, la peint, trousse ses cheueux en deux nœuds, luy met la couronne sur la teste, & acheue de l'habiller en espousée. La couronne est de fueilles d'or ou d'argent doré, battu fort mince, doublée d'vne étoffe de soye, & elle a deuers les oreilles cinq ou six rangs de grosses perles, qui luy pendēt iusques sur le sein. La robbe, ou surueste, qui est à manche larges d'vne aune & demie, est brodée d'or & de perles aux extremités, sur tout au collet, qui est large de trois doigts, & tellement rehaussée de broderie, qu'il semble plûtost à vn collier à chien, qu'à autre chose : & cette sorte de robbe reuient à plus de mille écus. Le talon des souliers, tant des fiancées, que de la pluspart des femmes & filles, a plus d'vn demi pied de haut ; de sorte qu'à peine se peuuent elles appuyer sur le bout des pieds. L'autre *Suacha* peint le marié, & cependant les femmes montent sur les banc, & chantent mille sottises. Apres cela entrent deux ieunes hommes richement vestus, portans vn tres-grand fromage, & quelques pains sur vne ciuiere, de laquelle pendent plusieurs peaux de martres. On en apporte autant de la part de la mariée, & le Prestre, apres les auoir benits, les enuoye à l'Eglise. Enfin on met sur la table vn grand bassin d'argent, plein de petits morceaux de satin & de taffetas, de la grandeur qu'il faut pour faire des bourses, de petites pieces d'argent carrées, du houblon, de l'orge & de l'auoine, tout meslé ensemble. La *Suacha*, apres auoir recouuert le visage de la mariée, en prend quelques poignées, & les iette sur ceux de la compagnie, qui disent cependant vne chanson, & ramassent ce qu'ils trouuent à terre.

 Cela estant fait les peres des mariés se leuent, & changent entr'eux les bagues. Apres ces ceremonies la *Suacha* conduit la mariée dans vn traineau à l'Eglise, accompagnée de ses amis & esclaues, qui font par le chemin mille impertinences & vilenies. Le marié la suit auec le Prestre, qui prend ordinairement si bien sa part du vin de la nopce, qu'il le faut tenir à deux, tant à cheual qu'à l'Eglise pendant qu'il benit le mariage.

 Dans l'Eglise, où la benediction se doit faire, on couure vne partie du paué de taffetas rouge cramoisi, & pardessus d'vne

Les ceremonies qui se fōt à l'Eglise.

autre piece de la mesme estoffe, sur laquelle les mariez se tiennent debout. Auant que de les marier le Prestre les fait aller à l'offrande, qui consiste en poissons, fritures & patisseries. Aprés cela on benit les mariés, en leur tenant des images au dessus de la teste, & le Prestre prenant la droite du marié & la gauche de la mariée entre ses mains, leur demande trois fois, si c'est de leur bon gré qu'ils consentent au mariage, & s'ils s'aimeront l'vn l'autre comme ils doiuent. Apres qu'ils ont répondu qu'oüy, tous ceux de la compagnie se prennent par la main, & le Prestre chante le Pseaume 128; à quoy les autres respondent par couplets, dansans cependant de la mesme façon que l'on danse icy aux chansons. Le Pseaume estant acheué, il leur met vne guirlande de ruë sur la teste, ou sur l'espaule, si c'est vn veuf, ou vne veufue, disant, *Croissez & multipliez*, & apres cela il acheue de les marier, en prononçant ces paroles: *Ce que Dieu a conjoinct, l'homme ne le separera point*. Pendant que le Prestre prononce ces mots, ceux qui sont de la nopce allument tous de petites bougies, & l'vn d'entreux donne au Prestre vne tasse de bois, ou bien vn verre plein de vin clairet, qu'il boit, & apres que les mariés luy ont fait raison, en le vuidant chacun trois fois, le marié jette la tasse à terre, & luy & la mariée la foulent aux pieds, & la brisent en pieces, auec ces paroles; *Ainsi puissent tomber à nos pieds, & estre brisés, ceux qui tascheront de semer de la diuision ou de l'inimitié entre nous*. Apres cela les femmes jettent sur les mariez de la graine de lin & de chanvre, & leur souhaittent toute prosperité. Elles tirent aussi la mariée par la robbe, comme si elles la vouloient arracher au marié, mais elle se tient si bien à luy, que leurs efforts demeurent inutiles. Les ceremonies du mariage, estans ainsi acheuées, la mariée se remet en son traineau, qui est enuironné de six cierges, & le marié remonte à cheual, pour retourner au logis du marié, où se font les nopces.

Dés qu'il y arriuent, le marié, & ses parens & amis, se mettent à table pour faire bonne chere, mais les femmes emmenent la mariée dans la chambre, la des-habillent & la couchent. Cela estant fait, on fait leuer le marié de table, & six ou huit ieunes hommes, qui portent chacun vn flambeau, le conduisent dans la chambre. En entrant ils mettent les flambeaux dans les tonneaux pleins de froment & d'orge, & se retirent. On leur fait present à chacun de deux peaux de martres. Dés que la mariée voit venir le marié, elle se leue du lict, s'enuoloppe d'vne cimarre fourrée de martres, va au deuant de luy, & le reçoit auec submission, en luy faisant la reuerence d'vne profonde inclination de teste : & c'est alors que le marié la void pour la premiere fois au visage. Ils se mettent ensemble à table, où on leur sert entr'autres viandes vne volaille rostie, que le marié déchire, & jette la partie qui luy demeure entre les mains, la cuisse ou l'aisle, par dessus l'épaule, & mange l'autre. Apres ce repas les mariés se couchent, & tout le monde se retire, à la reserue d'vn des anciens seruiteurs de la maison, qui se promeine deuant la porte de la chambre, pendant que les parents & amis font toutes sortes de charmes à l'aduantage des nouueaux mariés.

Ce seruiteur s'approchant de temps en temps de la porte, demande si l'affaire est faite. Dés que le marié répond qu'oüy, on fait sonner les trompettes & les tymbales, qui ne font qu'attendre ce mot, pour faire beau bruit ; iusqu'à ce qu'on ait preparé les estuues, où les deux mariés se baignent, mais séparement. On les laue d'eau d'hidromel & de vin, & la mariée enuoye au nouueau marié vne belle chemise brodée d'or & de perles, au collet & aux extremitez, & vn bel habit. Les deux iours suiuans se passent en festins, danses & autres diuertissemens ; où les femmes se seruent de l'occasion, pendant que leurs maris sont yures, & s'émancipent bien souuent de leur deuoir aux dépens de leur honneur.

Aux nopces des Bourgeois, & des gens de moindre condition, on ne fait pas tant de ceremonies. La veille du mariage le marié enuoye à sa fiancée vn habit, vn bonnet fourré, & vne paire de bottes, vne cassette auec des bijoux, la toilette, vn peigne & vn miroir. Le lendemain on fait venir le Prestre, qui porte vne petite Croix d'argent, & se fait conduire par deux garçons portans des cierges allumez. En entrant dans la maison il donne la benediction de sa Croix, premierement aux deux garçons, & en suite aux conuiez. Apres cela on met les mariés à table, les deux garçons tenans vne piece de taffetas entre-deux, mais lors que la *Suacha* coëffe la mariée, on leur presente vn miroir, & les mariez approchans leurs joües l'vn de prés de l'autre, se voyent, & rient l'vn à l'autre. Les deux *Sua-*

1636.

Y iij

cha jettent cependant du houblon sur les mariez. Apres cela on les conduit à l'Eglise, où les ceremonies se font de la mesme façon que pour les gens de qualité.

Dés que les nopces sont acheuées, il faut que les femmes se resoluent à la retraite, & à ne sortir de la maison que bien rarement, souffrans plus souuent les visites de leurs parens & amis, qu'elles n'en font. Et comme les filles des grands Seigneurs & des bons Marchands ne sont pas instruites au ménage, aussi s'en meslent-elles fort peu, quand elles sont mariées. Leur principale occupation est de coudre, ou de broder des mouchoirs de taffetas blanc, ou de toile, ou de faire de petites bourses, ou quelqu'autre gentillesse. Les habits qu'elles portent au logis sont d'estoffe commune & vile, mais quand elles sortent pour aller à l'Eglise, ou bien quand les maris les produisent pour faire honneur à vn amy, elles se parent magnifiquement, & n'oublient point de se farder le visage, le col & les bras.

Les femmes des Knez, des Bojares & des autres grands Seigneurs, se seruent l'Esté de chariots couuerts d'vne housse de drap rouge, dont elles couurent l'Hyuer leurs traisneaux, ayans à leurs pieds vne esclaue, & autour d'elles grand nombre de valets & d'estafiers, souuent iusqu'au nombre de 30. ou de 40. Le cheual qui les traisne a plusieurs queuës de renards au col & au crin, ce qui le déguise d'vne estrange façon; & neantmoins les Moscouites trouuent cét ornement si beau, que non-seulement les Dames & grands Seigneurs s'en seruent, mais bien souuent le Grand Duc mesme, quoy qu'au lieu de queuës de renard, ils se seruent quelquefois de peaux de martres.

Les femmes estans ainsi oysiues, ne faisans point ou fort rarement des visites, & ne se meslans point du ménage, elles cherchent à se diuertir chez elles auec leurs seruantes. Elles couchent au trauers d'vn bloc vne grande planche, & se mettans sur les deux bouts elles se donnent le bransle, & se bercent, & par vn mouuement violent elles se iettent & sautent bien haut en l'air. Elles ont aussi des cordes pour se brandiller, & i'ay veu dans les petites Villes & Villages des bandilloires publiques, faites en potence double, & puis repotencées, en sorte qu'il y auoit dequoy donner du diuertissement à trois ou quatre à la fois. Elles ne craignent point de le prendre en pleine ruë, pour deux ou trois fols qu'elles donnent à des garçons qui y tiennent des sieges prests. Leurs maris sont bien aises de leur donner ce diuertissement, & mesme aident quelquefois à les brandiller.

Il ne faut pas s'estonner du mauuais traictement qu'elles reçoiuent souuent de leurs maris, parce qu'elles ont la pluspart vne méchante langue, qu'elles sont fort subjettes au vin, & qu'elles ne laissent pas passer l'occasion de faire plaisir à vn amy. Et parce qu'elles possedent bien souuent ces trois belles qualités ensemble, & parfaitement, elles ne se peuuent pas beaucoup offenser des coups de foüet, dont leurs maris les gratifient de temps en temps : mais elles s'en consolent par l'exemple de leurs voisines & amies, qui ne sont pas mieux traictées, & qui ne se gouuernent pas mieux qu'elles. Mais ie ne me sçaurois persuader ce que Barclay dit en son tableau des Esprits, que les femmes Moscouites ne croyent pas que leurs maris les aiment, si elles n'en sont bien battuës; au moins ie puis dire que ie n'en ay point veu, qui ayent tesmoigné de la ioye quand on les battoit. Elles ont les mesmes passions & les mesmes inclinations que l'on voit aux autres femmes. Elles sont sensibles au bien & au mal, & il n'y a point d'apparence, que les effets de la haine & de la colere passent dans leur esprit pour des espreuues d'vne bonté & d'vne amitié obligeante.

Il se peut faire que quelque folle l'ait dit à son mary en riant, ou que quelque enragée ait demandé à estre battuë, comme celle dont parle *Petrejus* en sa Chronique de Moscouie ; laquelle ayant vescu plusieurs années en vne parfaite amitié auec son mary, qui estoit Italienne, à ce qu'il dit, quoy que le *Baron d'Herberstein* dit qu'il estoit Alleman, & Mareschal ferrant, & s'appelloit *Iordain*, s'auisa vn iour de luy dire qu'elle ne pouuoit pas croire qu'il l'aimoit, puis qu'il ne l'auoit pas encore battuë. Le mary luy voulant temoigner qu'il l'aimoit effectiuement, la foüetta bien fort, & voyant qu'elle y prenoit plaisir, retourna si souuent à cét exercice, qu'enfin elle en mourut. Mais quand ce ne seroit pas vn conte, à quoy neantmoins il y a beaucoup d'apparence, l'on ne peut pas iuger de l'humeur de toutes les femmes Moscouites, par ce seul exemple, qui est vnique en son espece.

1636.

Ils ne croyent point commettre adultere, que lors que quelqu'vn épouse la femme d'vn autre ; tout le reste n'est que simple paillardise, & quand vn homme marié y est surpris, il en est quitte pour le fouet, & pour quelques iours de prison, où on le fait ieusner au pain & à l'eau. Apres cela on le remet en liberté, & on luy permet de se ressentir des plaintes que sa femme en a faites. Vn mary qui peut conuaincre sa femme d'vne faute de cette nature, la peut faire raser, & enfermer dans vn Conuent. Ceux qui se trouuent ennuyés de leurs femmes se seruent bien souuent de ce pretexte, accusent leurs femmes d'adultere, & subornent des faux témoins, sur la deposition desquels on la condamne, sans l'oüir, & on luy enuoye des Religieuses dans le logis, qui luy donnent l'habit, la rasent & l'emmenent par force dans le Conuent ; dont elle ne sort jamais, depuis qu'elle a souffert que le rasoir luy ait passé sur la teste.

La cause la plus ordinaire du diuorce, ou au moins le pretexte le plus plausible, c'est la deuotion. Ils disent qu'ils aiment plus Dieu que leurs femmes, quand ils les quittent par caprice, pour entrer dans vn Conuent, sans leur consentement, & sans pouruoir à la subsistance de leurs enfans communs. Et cette retraitte est tellement approuuée parmy eux, quoy que S. Paul mette ces gens là au nombre de ceux qui sont pires que les payens & les infidelles, que si la femme se remarie, ils ne font point de difficulté de donner l'ordre de Prestrise à ce nouueau proselyte ; quand mesme il auroit fait auparauant le mestier de Tailleur ou de Cordonnier. La sterilité est aussi vne cause suffisante de diuorce en Moscouie. Car celuy qui n'a point d'enfans de sa femme la peut enfermer dans vn Conuent, & se remarier au bout de six sepmaines.

Les Grands Ducs se seruent mesmes de cette liberté, quand ils n'ont que des filles. Il est vray que le Grand Duc *Basili* n'enferma la Princesse *Salome* sa femme dans le Conuent, & espousa *Helene* fille de *Michaël Linsky* Polonois, que lors qu'il se vit sans enfans, apres vingt & vn an de mariage ; mais il est vray aussi que peu de iours apres elle accoucha d'vn fils ; & neantmoins il fallut y demeurer ; parce que le rasoir auoit passé sur sa teste.

Nous en vismes vn exemple en vn Polonois, lequel ayant
embrassé

embrassé la Religion Grecque, pour épouser vne belle fille 1636. Moscouite, fut obligé de faire vn voyage en Pologne, où il demeura plus d'vn an. La ieune femme, ennuyée de l'absence de son mary, chercha à se diuertir ailleurs, & y reüssit si bien qu'elle augmenta cependant sa famille d'vn enfant ; mais apprehendant le retour de son mary & sa colere, elle se retira dans vn Conuent, & se fit raser. Le mary fit ce qu'il pût pour l'en faire sortir, luy promettant de luy pardonner sa faute, & de ne luy reprocher iamais l'affront qu'elle luy auoit fait. La femme de son costé eust bien voulu sortir, & retourner auec son mary, mais on ne le voulut iamais permettre ; parce que leur Theologie enseigne, que c'est vn peché contre le S. Esprit, qui ne peut estre pardonné en ce monde icy ny en l'autre. Ce fut l'artifice dont se seruit autre-fois *Boris Federoüits Gudenou*, lequel ayant acquis beaucoup de reputation en l'administration des affaires de l'Estat, pendant la minorité *de Fædor Iuanoüits*, & voyant que les Moscouites n'estoient pas bien resolus encore dans le dessein qu'ils auoient de le faire Grand Duc ; afin de leur en donner plus d'enuie, il fit semblant de se vouloir faire Moine, & s'enferma dans vn Conuent, où sa sœur estoit Religieuse. Dés que les Moscouites le sceurent, ils coururent en foule au Conuent, se ietterent à terre, s'arracherent les cheueux, comme dans vn dernier desespoir, le prierent de ne se faire point raser, mais de permetre, qu'ils l'éleussent en la place de leur defunt Prince. Il n'y voulut point consentir d'abord ; mais enfin il fit mine de se rendre à leurs prieres, & à l'intercession de sa sœur : se faisant par le moyen de cette inuention offrir & donner en vn moment, ce qu'il souhaitoit auec tant de passion, & ce qu'il eust eu de la peine peut-estre à obtenir apres plusieurs deliberations.

L'emportement & la brutalité des Moscouites pour les femmes est grande, & neantmoins ils ne voudroient pas connoistre vne femme, qu'ils n'eussent auparauant osté la petite croix, qu'on leur pend au col lors qu'on les baptise, ny en lieu où il y eust des images de leurs Saints qu'on ne les eust couuertes. Ils ne vont point à l'Eglise le iour qu'ils ont couché auec vne femme, qu'ils ne se soient laués, & qu'ils n'ayent changé de chemise. Les plus deuots n'y entrent pas seulement, mais se contentent de s'arrester au

Leur superstition.

1636.

portail, pour y faire leurs prieres. Les Prestres ont bien la permission d'entrer dans l'Eglise le mesme iour, pourueu qu'ils se soient laués au dessus & au dessous du nombril, mais ils n'oseroient pas s'approcher de l'Autel. Les femmes sont estimées moins pures que les hommes; c'est pourquoy elles demeurent ordinairement auprés de la porte pendant que l'on dit le Seruice. Celuy qui connoist sa femme en Caresme ne peut pas communier de toute l'année, & si vn Prestre fait cette faute, on le suspend de sa charge pour vn an, mais si vn pretendant au Sacerdoce estoit assez malheureux pour tomber en cette faute, il ne s'en pourroit pas releuer, & seroit descheu de sa pretention.

Leur remede contre cette souillure est le bain plutost que la repentance; c'est pourquoy ils s'en seruent à toutes les occasions. Et parce que Demetrius qui vouloit que l'on crût qu'il estoit fils du Grand Duc *Iüan Basilouits*, quoy que ce fils eust esté tué à *Vglits*, il y auoit long-temps, ne se baignoit iamais, il se rendit d'abord suspect aux Moscouites; qui iugerent de là, qu'il estoit estranger. Et de fait quand ils virent, qu'il ne se vouloit point seruir d'vn bain, que l'on luy tint prest les premiers huit iours de son mariage, ils en eurent horreur, comme d'vn Payen, & d'vn profane, chercherent plusieurs autres pretextes, l'attaquerent dans le chasteau, & le tuerent le neufuiéme iour apres ses nopces, ainsi que nous dirons cy-aprés.

L'Estat Politique de Moscouie.

Le gouuernement Politique de l'Estat de Moscouie est Monarchique & Despotique. Le Grand Duc en est Seigneur hereditaire, & tellement absolu, qu'il n'y a point de *Knez*, ou de Seigneur en tout l'Estat, qui ne se croye faire honneur, en prenant la qualité de *Golop*, ou d'esclaue de sa Majesté. Et de fait il n'y a point de maistre, qui ait plus de pouuoir sur ses esclaues, que le Grand Duc a sur ses suiets, de quelque condition ou qualité qu'ils puissent estre. De sorte que l'on peut dire que la Moscouie est du nombre de ces Estats, dont parle Aristote, quand il dit, qu'il y a vne espece de Monarchie chez les barbares, qui approche de la Tyrannie. Car puis qu'il n'y a point d'autre difference entre le gouuernement legitime & la tyrannie, sinon qu'en l'vn on a principalement pour but la conseruation des suiets, & en l'autre le seul profit & aduantage du Prince, il faut croire que celuy de Moscouie tient beaucoup de la tyrannie. Nous auons dit cy-dessus, que les plus grands

Seigneurs n'ont point de honte de mettre leurs noms en diminutif, & de s'appeller *Ieannot, Pierrot*, &c. Et il n'y a pas long-temps que pour fort peu de choses on les foüettoit comme des esclaues; mais auiourd'huy l'on se contente de chastier les moindres fautes de deux ou trois iours de prison.

Ils donnent à leur Souuerain la qualité de *Welikoi Knez*, c'est à dire Grand Seigneur, de *Czaar*, & de *Majesté Czaarique*. Depuis que les Moscouites ont sceu que l'on appelle *Kayser*, celuy qui tient le premier lieu entre les Princes Chrestiens de l'Europe, & que ce mot descend du nom propre de celuy qui changea le premier l'estat populaire de Rome en Monarchie, ils ont voulu faire accroire, que leur mot de *Czaar* a la mesme signification, & la mesme etymologie. C'est pourquoy ils veulent aussi imiter les Empereurs d'Allemagne en leur grand sceau; où l'on voit vn aigle à deux testes, mais auec des aisles moins déployées que celles de l'Aigle de l'Empire, ayant sur l'estomach dans vn Escusson vn Caualier, qui combat vn dragon, representant l'Archange S. Michel, ou bien S. George. Les trois couronnes que l'on voit sur & entre les testes de l'Aigle, signifient la Moscouie, & les deux Royaumes de Tartarie, Cassan & Astrachan. Le tyran *Iuan Basiloüits* fut le premier qui se seruit de ces armes; parce qu'il vouloit que l'on crust qu'il estoit descendu des anciens Empereurs Romains. Les truchemens du Grand Duc, & les Allemans qui demeurent à Moscou, l'appellent en leur Langue *Kaysar*, c'est à dire *Cesar ou Empereur*. Mais il est certain que le mot de *Czaar* signifie Roy, & pour tesmoignage de cela, l'on voit dans leur Bible, que quand les Moscouites parlent de Dauid, & de ses successeurs, Rois de Iuda & d'Israël, ils leur donnent la qualité de *Czaar*. Pour dire la verité le Grand Duc est Roy en effet, puis que les Princes estrangers ne font point de difficulté de le traiter de Majesté, & la qualité de Grand Duc est au dessous de ce que merite ce grand Prince. Aussi il ne prend point la qualité de Grand Duc, quand il se donne celle de *Welikoy Knez*, mais de *Grand Seigneur*, aussi bien que l'Empereur des Turcs, auec lequel il peut estre mis parallele; non seulement à cause de l'estenduë de son Empire, mais aussi à cause de la puissance absoluë qu'il a sur ses Sujets.

Il n'y a point de peuple qui ait plus de veneration pour son

1636.

La vraye signification du mot Czaar.

Les armes de Czaar.

1636.

Prince que les Moscouites, qui apprennent dés leur enfance à parler du *Czaar*, comme de Dieu mesme; non seulement en leurs actes & dans leurs assemblées publiques, mais aussi en leurs festins, & en leurs discours ordinaires. C'est de là que procedent leurs façons de parler respectueuses, *Qu'ils auront l'honneur de voir la clarté des yeux de sa Majesté Czaarique. Il n'y a que Dieu & le Czaar qui le sçachent, & que tout ce qu'ils possedent appartient à Dieu & au Czaar.* C'est le Grand Duc *Iuan Basilouits*, qui les a accoustumés à cette soûmission.

Les Moscouites ne sçauent ce que c'est que de la liberté.

Et afin de les entretenir en cette bassesse, & de les empescher de voir la liberté dont les autres peuples iouïssent dans leur voisinage, il est defendu aux Moscouites, sur peine de la vie, de sortir de l'Estat, sans la permission expresse du Grand Duc. *Iean Helmes*, truchement du Grand Duc, qui mourut il y a trois ans, en l'âge de nonante-sept ans, auoit obtenu permission d'enuoyer son fils en Allemagne, pour y estudier en Medecine, où il y a fort bien reüssi; mais ce ieune homme, apres auoir pendant dix ou douze ans, qu'il a voyagé en Allemagne & en Angleterre, gousté la douceur du climat & de la liberté, il n'a pas voulu se resoudre à retourner en Moscouie. C'est pourquoy quand *Pierre Miklaf*, marchand de Nouogorod, que le Grand Duc enuoya en Allemagne il y a trois ans, en qualité de *Poslanik*, supplia sa Majesté de luy permettre de laisser son fils en Allemagne, ny le Czaar, ny le Patriarche n'y voulurent iamais consentir. Et de fait ce gouuernement despotique semble estre la plus propre à leur humeur & à leur naturel, qui est incapable de gouster la liberté, laquelle ils ne connoissent point, & de posseder vn bien dont ils n'ont iamais oüy parler.

Au reste il ne faut point rapporter au temps present ce qu'on lit dans le *Baron de Herberstein*, dans *Paul Ioue* & dans *Guagnin*, du gouuernement violent & tyrannique du Grand Duc: car ils escriuoient pendant le regne de *Iuan Basilouits*, dont le sceptre estoit de fer, & dont le gouuernement a esté plus cruel & plus violent que d'aucun autre Prince dont les Histoires parlent. Mais le Grand Duc qui vit auiourd'huy, est vn fort bon Prince, qui à l'exemple de son pere, au lieu de prendre le bien de ses sujets, les soulage, & fait fournir de son Espargne de quoy remettre ceux qu'vne mauuaise année, ou quelqu'autre malheur à ruinés. Il a mesme la bonté de pouruoir à ce que ceux que l'on relegue en Siberie pour crime, quoy que cela n'arriue pas souuent sous ce regne, ayent dequoy subsister ; en faisant donner de l'argent aux personnes de qualité, de l'employ à ceux qui en sont capables, & vne place de morte-paye aux Soldats : de sorte que ce qu'il y a de fascheux en leur disgrace, c'est qu'ils n'ont pas l'honneur de voir les clairs yeux de sa Majesté Czaarique. Car sans cela cette peine est deuenuë si douce, que plusieurs ont ramassé en leur exil des richesses, qu'ils n'eussent pas osé esperer auparauant.

1636.

Quand nous auons dit que l'Estat de la Moscouie est Monarchique, nous presupposons que son Prince est Monarque, & qu'il possede seul les droits de Souueraineté. Et de fait il n'est point suiet aux Loix, & il n'y a que luy en toute la Moscouie qui en fasse, & tous les Moscouites luy obeïssent auec vne si grande deference ; que tant s'en faut que l'on s'oppose à sa volonté, qu'ils disent que la iustice & la parole de leur Prince est sacrée & inuiolable.

La puissance absoluë du Grand Duc.

Il crée seul les Magistrats, & les depose, les chasse & les fait punir mesme, auec vn pouuoir si absolu, que l'on peut dire du Grand Duc ce que le Prophete Daniel dit de ce Roy de Babilone ; qu'il faisoit mourir ceux qu'il vouloit, & sauuoit la vie à ceux qu'il vouloit. Qu'il éleuoit ceux qu'il vouloit, & abbaissoit ceux qu'il vouloit. Il nomme les Gouuerneurs & les Lieutenans dans les Prouinces, pour l'administration du domaine & de la Iustice, conjointement auec vn *Deak*, ou Secretaire ; qui prennent connoissance de toutes les affaires, jugent toutes les causes en dernier ressort, & font executer leurs Sentences, nonobstant l'appel.

En quoy le Grand Duc suit le sentiment des plus prudens politiques, qui bien loin de conseiller de donner la suruiuance des Gouuernemens, veulent qu'vn Souuerain, pour se reseruer le pouuoir de punir les maluersations, que les grands commettent en leurs Gouuernemens, & pour les empescher de faire leurs cabales, & de trauailler à leur establissement dans les Prouinces, change les Gouuerneurs de trois en trois ans.

Il change les Gouuerneurs de trois en trois ans.

Il a seul le droit de declarer la guerre aux Princes ses voisins, & de faire la paix auec eux. Car encore qu'il prenne pour cela le Conseil de ses Knez & Bojares, si est ce qu'il ne le suit pas tousiours : mais il leur fait connoistre, qu'en leur donnant

1636. la liberté de dire leur aduis, il se reserue celle d'executer sa volonté, & le pouuoir de se faire obeïr.

C'est luy seul qui confere les dignités en tous les lieux de son obeïssance, & qui pour reconnoistre les seruices des Seigneurs, les fait *Knez*, Ducs, Princes ou grands de son Royaume. Et d'autant que les Moscouites ont oüy dire, que c'est vn droit de Souueraineté en Allemagne, de faire des Docteurs, le Grand Duc s'en mesle aussi, & en donne des lettres à des Medecins, & à des Chirurgiens estrangers.

La monnoye de Moscouie. Quasi toute la monnoye du Grand Duc, qui a seul droit d'en faire battre, est d'argent, petite & ouale. La plus grosse ne vaut qu'vn sol, & l'on l'appelle *Copec*, ou *Denaing*. Car encore que dans le commerce les Moscouites se seruent des mots d'*Altin*, de *Grif*, & de *Rouble*, dont le premier vaut trois, le second dix, & le troisiesme cent *copecs*, tout ainsi qu'en France on ne parle que par escus ou par pistoles; si est-ce que cette monnoye ne s'y trouue point en espece, & l'on ne se sert de ces mots, que pour la facilité du commerce, & pour éuiter la multiplication du nôbre des *copecs*, qui ne valent que quinze deniers, monnoye de France, puisque le Rouble ne vaut que deux escus. Le *Poluske* vaut la moitié, & la *Muskofske* le quart d'vn copec. Mais cette petite monnoye, qui est aussi d'argent, est si incommode, & si malaisée à manier, que les Moscouites se la fourent à poignées dans la bouche, de peur qu'elle ne leur eschappe des mains; sans que cela les embarasse, ou empesche de parler. Toute leur monnoye est marquée à vn mesme coin ayant d'vn costé les armes de Moscouie, dont nous auons parlé cy-dessus, à l'occasion du grand sceau du Royaume, & qui estoient autrefois particulieres à la ville de Nouogorod, & de l'autre le nom du Grand Duc qui regne, & celuy de la ville, où la monnoye a esté battuë. Il n'y a que quatre villes dans toute la Moscouie où l'on en batte; sçauoir à *Moscou*, à *Nouogorod*, à *Twere* & à *Plescou*, & le Grand Duc donne la monnoye à ferme à des Marchands de ces lieux-là. Les *Rixdalers*, ou comme on les appelle en France les *Richedales*, ont aussi cours en Moscouie; mais d'autant qu'il s'en faut deux gros que les cent copecs ne pesent deux Rixdalers, les Moscouites en sçauent bien faire leur profit, & les portent à la monnoye, aussi bien que les Reaulx d'Espagne. Ils appellent les Rixdallers *Iafismke*, du mot Latin moderne *Ioachimicus*, que l'on a donné à cette monnoye, tant à cause de Saint Ioachim, de l'effigie duquel elle estoit autrefois marquée, que de la ville de *Iochimsthal* en Boheme, où cette monnoye fut premierement battuë, en l'an 1519. Le Grand Duc ne bat point de monnoye d'or; si ce n'est que pour conseruer la memoire de quelque grand aduantage qu'il a obtenu sur ses ennemis, il fasse faire des medailles, pour en faire present aux Officiers estrangers, ou pour les distribuer parmy les Soldats de l'armée victorieuse.

1636.

Le Grand Duc establit & leue seul des tailles & des impôts, & les reigle à sa fantaisie ; iusques-là qu'il prend cinq pour cent de toutes les marchandises sur les frontieres de son Royaume, tant en entrant qu'en sortant.

C'est de son autorité particuliere qu'il enuoye des Ambassadeurs à l'Empereur, aux Rois de Pologne, de Dannemarc & de Suede, ou au Roy de Perse & aux autres Princes & Estats ses voisins. Ces Ministres sont ou *Welikoi Posol*, c'est à dire grands courriers, ou bien *Poslanik*, ou enuoyés. Autrefois, & particulierement du temps de *Iuan Basilouits*, l'on traittoit les estrangers, & mesmes les Ministres des Princes, auec beaucoup de mépris ; mais auiourd'huy l'on en vse tout autrement. On reçoit les Ambassadeurs auec grande ciuilité, & on les deffraye depuis le iour qu'ils entrent dans les Estats du Grand Duc, iusques au iour qu'ils en sortent ; On les regale de festins, & on leur fait de beaux presens. C'est pourquoy les autres Princes de l'Europe ne craignent point d'y enuoyer leurs Ambassadeurs, & il y en a mesme qui y ont leurs Residents ordinaires, comme les Roys d'Angleterre & de Suede. Tous les presents que le Grand Duc fait consistent en fourrures, & il n'enuoye point d'Ambassade solemnelle, qui n'en emporte de tres-considerables pour le Prince auquel elle est destinée. On remarque entr'autres ceux que le Grand Duc *Fedor-Iuanouits* enuoya en l'an 1595. à l'Empereur Rodolfe II. dont la valeur excedoit vn million de liures, sçauoir mille trois zimmers (nous auons dit ailleurs qu'vn zimmer fait vingt paires, & vaut enuiron cent escus en Moscouie) de zobelines: cinq cens dix-neuf zimmers de martre commune : six vingts peaux de renard noir. Trois cens trente-sept mille peaux de renard commun ; trois mille Castors. Mille

Ambassadeurs Moscouites.

Present considerables.

peaux de loup, & soixante-quatre peaux d'Elant. Les *Poſtanik* ne font point de preſens de la part du Grand Duc, mais ils en font en particulier, pour taſcher d'en attraper d'autres : & ſi l'on manque de leur en donner, ils ne manquent pas de les demander. On ne defraye pas ſeulement les Ambaſſadeurs eſtrangers de viures, mais auſſi de voiture, & il y a ſur le chemin des relais eſtablis pour l'auancement de leur voyage, par le moyen des païſans, qui ſont obligés de ſe tenir preſts auec vn certain nombre de cheuaux, & de marcher au premier ordre qu'on leur enuoye. Ces païſans ne ſont point du tout foulés par ces coruées. Car outre les gages de ſoixante eſcus par an, dont ils ſont fort bien payés, on leur donne aſſés de terre pour en pouuoir ſubſiſter. Ils ſont exempts des tailles, & de toutes les autres charges, & ont encore quelques altins de chaque voyage. Par ce moyen l'on fait le chemin de Nouogorod à Moſcou. c'eſt à dire plus de ſix vingt lieuës d'Allemagne, en ſix ou ſept iours, & l'Hyuer en quatre ou cinq. Il eſt vray que les maiſons où on loge les Ambaſſadeurs ſont ſi mal meublées, que ſi l'on ne veut point coucher à terre ou ſur vn banc, il y faut apporter des licts : mais les Moſcouites n'en vſent point autrement pour eux-meſmes. Cy-deuant on enfermoit les Ambaſſadeurs & leurs gens dans le logis, on les gardoit comme des priſonniers, & l'on mettoit des corps de garde aux portes pour les empeſcher de ſortir, ou ſi l'on permettoit à leurs gens d'aller par la ville, on les faiſoit accompagner de *Strelits*, qui obſeruoient toutes leurs actions : mais auiourd'huy on ne les oblige à cette retraitte, que iuſqu'à la premiere audiance, & cependant on les fait viſiter & entretenir par deux *Priſtaſs*, qui ont le ſoin de leur faire fournir les choſes neceſſaires. Ces Meſſieurs là ne feignent point de demander aux Ambaſſadeurs le ſuiet de leur Ambaſſade, & le contenu de leurs lettres de creance ; de s'informer d'eux s'ils ont des preſents pour le Grand Duc, & en quoy ils conſiſtent, & s'ils n'en ont point auſſi pour eux. Dés que les Ambaſſadeurs ont déliuré leurs preſens, le Grand Duc les fait eſtimer par des perſonnes qui s'y connoiſſent. On auoit accouſtumé cy-deuant de regaler les Ambaſſadeurs apres leur premiere audiance publique, dans la chambre du Grand Duc, & meſmes à ſa table ; mais depuis quelques années on a changé cette couſtume, me, & l'on se contente de leur enuoyer chez eux la viande destinée pour leur traitement. Tous les Ambassadeurs, qui y portent des presens, en remportent aussi pour eux & pour leurs gens: on en donne mesmes aux Gentils-hommes enuoyés, & à tous ceux qui n'apportent que quelque lettre de ciuilité d'vn Prince estranger. Pour acheuer de faire connoistre l'estat politique de Moscouie, il ne sera pas hors de propos de faire icy vne digression, & de nous éloigner encore vn peu de nostre chemin, afin de le representer mieux dans l'abregé de l'histoire de ce qui s'y est passé depuis enuiron cent ans.

Le Grand Duc *Iuan Basilouitz*, fils de *Basili* estoit encore fort ieune quand il paruint à la Couronne, en l'an 1540. Il n'y a point d'histoire de son temps, qui ne parle de ses guerres, & des cruautés inoüies qu'il a exercées contre toutes sortes de personnes, pendant tout le cours de son regne. Elles sont si horribles, qu'il n'y a point de tyran, qui en ayt iamais fait de semblables: de maniere que *Paul-jouc*, qui estoit Euesque, eust bien pû se dispenser de luy donner cette belle qualité de bon & de deuot Chrestien; puis que pour dire la verité, il ne merite pas seulement qu'on le mette au nombre des hommes. Il est vray qu'il affectoit d'aller souuent à l'Eglise, de dire luy mesme le seruice, de chanter, de se trouuer aux ceremonies Ecclesiastiques, & de faire les fonctions des Moines & des Prestres: mais il se moequoit de Dieu & des hommes, & n'auoit pas mesme des sentimens d'humanité; tant s'en faut qu'il eust aucun mouuement de pieté. Il eut sept femmes legitimes, & de la premiere il eut deux fils *Iuan* & *Fædor*, c'est à dire, *Iuan* & *Theodore*. Il s'emporta contre l'aisné de colere, & luy donna vn coup d'vn baston ferré à la teste, dont il mourut cinq iours apres. Il eut de la derniere *Demetrius*, & il mourut le 28. Mars 1584. sentant dans l'extremité de sa vie vne partie des douleurs, qu'il auoit fait souffrir à vn nombre infiny de personnes innocentes.

Fedor Iuanoüits, qui estoit devenu l'aisné par la mort de son frere, fut couronné le dernier iour de Iuillet de la mesme année. Il auoit vingt-deux ans quand il succeda à son pere, mais il auoit si peu d'esprit, qu'estant incapable d'affaires, il fut trouué bon que l'on en donneroit l'administration, auec la Regence de l'Estat, à *Boris Gudenou*, Grand Escuyer de Moscouie, & beau-frere du Grand Duc. *Salomon Henning* dit en Chronique de Liuonie, que ce *Fedor* estoit si simple, qu'il n trouuoit point de plus grand diuertissement, qu'à sonner le cloches aux heures du seruice.

Boris Gudenou au contraire sceut si bien répondre à la bône opnion, que l'on auoit conceuë de luy, & eut tant d'adresse à me nager l'affection du peuple, que l'on ne craignoit point de dire que si Dieu disposoit des deux Princes heritiers de la Couronne il ne falloit point douter, que l'on n'y appellast celuy qui donno tant de preuues d'vne si grande conduite. Pendant la Regence, *Boris* voyant que *Demetrius* estoit celuy qui s'opposoit l plus à la grandeur, que l'affection des Moscouites luy faisoi esperer, resolut de s'en défaire. Ce ieune Prince n'auoit qu neuf ans, & on l'éleuoit en la ville d'*Vglitz*, où vn des Gen tilhommes de la suitte de Boris l'alla tuer de sa main. Mais a lieu de iouïr des grandes recompenses qu'on luy auoit fait espe rer, *Boris* le fit tuer auec les complices, dés qu'il fut de retour Moscou. En faisant mourir de cette façon les meurtriers, i cacha pour quelque temps le veritable auteur du meurtre; mai afin d'oster au peuple le sentiment qu'il en pouuoit auoir, par v déplaisir plus sensible, il fit mettre le feu à plusieurs maisons, & consuma ainsi vne bonne partie de la ville, pendant que d l'autre costé il fit raser le chasteau d'*Vglitz* & chasser les habi tans, comme s'ils eussent fauorisé l'assassinat, & donné retraitte aux meurtriers. La foiblesse de *Fedor Iuanoüits* laissoit cependant la conduite des affaires à *Boris*; lequel estant en effet ce que l'autre n'estoit que de nom & en apparence, il ne iugea point à propos de rien precipiter, mais il laissa passer quelques années, au bout desquelles *Fedor* tomba subitement malade, en l'an 1597. & mourut sans enfans; apres auoir regné douze ans.

<small>Boris Gudenon.</small>

On ietta aussi-tost les yeux sur *Boris*, qui eut assez d'adresse, pour refuser en apparence la dignité Royale, pour couurir son ieu, & pour s'enfermer dans vn Conuent, ainsi que nous venons de dire, pendant qu'il faisoit presser son élection par quelques vns de ses amis, à l'instante supplication desquels il fit semblant de se laisser vaincre, & d'accepter la Couronne.

Sous le regne de *Boris* il arriua vne chose fort remarquable, par l'imposture d'vn Moine Moscouite, nommé *Griska Vtro*-

poja, natif de *Gereslau*, de maison noble, mais mediocrement riche; qui auoit esté fourré dans le Conuent pour ses débauches, & pour sa mauuaise vie. Il auoit le corps fort bien fait & l'esprit subtil; qualités dont vn vieux Moine du mesme Conuent se seruit, pour pousser cét imposteur dans le monde, & pour le porter sur le Thrône. Pour mieux acheminer son dessein il le fit sortir du Conuent, & l'enuoya en Lithuanie, au seruice d'vn Seigneur de grande qualité, nommé *Adam Wesnewetsky*, dont il gagna en peu de temps les bonnes graces, par son adresse, & par l'assiduité de ses seruices. Vn jour son maistre s'estant fasché contre luy, l'appella *bledinsin* ou fils de putain, & le frappa. *Griska*, tirant aduantage de cette disgrace, se mit à pleurer, & dist à son maistre, que s'il sçauoit qui il estoit, il ne l'appelleroit pas fils de putain, & ne le traiteroit point de la sorte. La curiosité du Seigneur Polonois fut assez grande pour presser *Griska* de dire qui il estoit: l'imposteur répond qu'il est fils legitime du Grand Duc *Iuan Basilouïts*; que *Boris Gudenou* l'auoit voulu faire assassiner, mais que le malheur estoit tombé sur le fils d'vn Prestre, qui luy ressembloit beaucoup, lequel ses amis auoient substitué en sa place, pendant qu'ils l'auoient fait éuader. Il monstre en mesme temps vne Croix d'or garnie de pierres precieuses, qu'il disoit luy auoir esté penduë au col, lors qu'il fut baptisé. Il y adiouste que l'apprehension de tomber entre les mains de *Boris Gudenou* l'auoit empesché de se declarer iusqu'alors. Se jette aux pieds du Seigneur, & le coniure de le prendre en sa protection; accompagnant son recit de tant de circonstances, & ses actions de tant de mines, qu'il auoit eu le loisir d'estudier, que son maistre en estant entierement persuadé, luy fait en mesme temps donner des habits, des cheuaux & vn équippage respondant à peu prés à la grandeur d'vn Prince de cette qualité. Le bruit s'épand aussi-tost par tout le païs, trouue de la croyance par tout, & se fortifie d'autant plus, que le Grand Duc *Boris Gudenou* fit offrir vne bonne somme de deniers à celuy qui representeroit ce faux *Demetrius*, vif ou mort. Son maistre croyant qu'il ne seroit pas en seureté chez luy, l'enuoya en Pologne, où le *Weiuode de Sandomirie* le receut, & luy promit vn secours suffisant, pour le remettre sur le Thrône; à la charge qu'il souffriroit en Moscouie l'exercice de la Religion Catholique Romaine, dés qu'il seroit remis en ses Estats. *Demetrius* n'accepta pas seulement la condition, mais se fit secretement instruire, changea de Religion, & promit d'épouser la fille du *Weiuode*, incontinent apres son restablissement. L'esperance d'vne alliance si aduantageuse, & le zele que le *Weiuode* auoit pour sa Religion, l'obligerent à employer son credit & ses amis, par le moyen desquels il dressa vne armée raisonnable, entra en Moscouie, & declara la guerre au Grand Duc. Il prit d'abord plusieurs villes, débaucha grand nombre d'Officiers, que *Boris* employoit contre luy, & obtint tant d'auantages sur luy, que le déplaisir que *Boris* en eut, le toucha si sensiblement, qu'il en mourut le treiziéme Avril 1605. Les Knez & les Bojares, qui se trouuoient à *Moscou*, firent bien aussi-tost couronner son fils *Fædor Borissoüits*, qui estoit encore fort ieune: mais considerans la continuelle prosperité des armes de *Demetrius*, ils changerent bien-tost d'auis, & tirant de ses victoires vn mauuais prognostique contre le nouueau Grand Duc, ils conclurent que ce deuoit veritablement estre *Demetrius*, fils legitime de *Iuan Basilouïts*, & qu'ils auroient tort de prendre les armes contre leur Seigneur naturel. Ils n'eurent pas beaucoup de peine à le persuader au peuple, qui cria aussi tost, *Viue Demetrius, vray heritier de l'Estat, & meurent tous ses ennemis*. Apres cela ils coururent au Chasteau, mirent la main sur le ieune Grand Duc, l'arresterent prisonnier, pillerent, outragerent & chasserent tous les parens & amis de *Boris Gudenou*, & enuoyerent en mesme temps conuier *Demetrius*, de venir au plûtost prendre possession du Royaume de ses peres; le prierent de leur pardonner ce qu'ils auoient fait par ignorance, à l'instigation de *Boris*, l'asseurerent de leur affection & de leur obeïssance, & pour preuue de leur fidelité, ils offrirent de luy mettre entre les mains le fils du defunt fils, sa mere & toute sa famille, pour en disposer à sa volonté. Sur ces bonnes nouuelles *Demetrius* enuoya vn *Deak*, ou Secretaire, nommé *Iuan Bogdanow*, auec ordre d'étrangler la mere & le fils, & de faire courir le bruit qu'ils s'estoient empoisonnez. Ce qui fut executé le dixiéme Iuin 1605. au second mois du regne de *Fædor Borissoüits*.

Le 16. du mesme mois Demetrius arriua à *Moscou*, auec son armée, qui s'estoit merueilleusement grossie par le chemin.

Toute la ville fut au deuant de luy, & luy fit des prefens. Son couronnement fe fit le 21. Iuillet, auec beaucoup de ceremonies. Et afin qu'il n'y euft rien, qui puft faire douter de la verité de fa naiffance, il enuoya querir la mere du veritable *Demetrius*, que *Boris Gudenou* auoit releguée dans vn Conuent, fort éloigné de *Mofcou*. Il fut au deuant d'elle auec vn grand cortege, & la logea au Chafteau, où il la faifoit traitter auec beaucoup de magnificence ; la vifitant tous les iours, & luy rendant tous les honneurs, qu'vne mere euft pû defirer de fon fils. La bonne Dame fçauoit fort bien, que *Demetrius* fon fils auoit efté tué, mais elle le diffimuloit adroitement ; tant à caufe du reffentiment qu'elle auoit contre la memoire de *Boris Gudenou*, & de peur d'eftre maltraitée par ce faux *Demetrius* ; que parce qu'elle eftoit bien-aife de fe voir honorée de la forte, & de jouir de la douceur d'vne vie plus heureufe, apres les ennuis qu'elle auoit foufferts, depuis la mort de fon fils, dans le cloiftre.

1636.

Mais quand les Mofcouites virent fa façon de viure, toute autre que celle des Grands Ducs fes Predeceffeurs, fon deffein d'époufer vne femme Catholique Romaine ; fçauoir la fille du *Weiuode de Sandomirie*, & qu'il pilloit les Trefors du Royaume, pour luy enuoyer dequoy fe mettre en équipage, ils commencerent à le foupçonner, & à s'apperceuoir qu'ils auoient efté trompés. Vn des principaux Knez, nommé *Vafili Zuski*, fut le premier qui en ofa parler à quelques autres Seigneurs, tant Ecclefiaftiques que feculiers, & leur remonftrer le danger, où l'Eftat & la Religion fe trouuoient expofés, par l'alliance que cét affronteur alloit faire auec vne femme eftrangere, & de Religion contraire ; y adjouftant qu'il eftoit conftant, que c'eftoit vn impofteur & vn traiftre. Sur cela il fut refolu que l'on s'en déferoit ; mais la conjuration ayant efté découuerte, & *Zuski* pris, *Demetrius* le fit condamner à la mort. Toutefois il luy enuoya fa grace fur le poinct de l'execution ; efperant gagner par cette douceur l'affection des Mofcouites. Et de fait tout fut paifible iufqu'au iour de fes nopces, qui fut le huictiefme May 1606. La fiancée eftant arriuée auec vn grand nombre de Polonois armez, & en eftat de fe rendre maiftre de la Ville, les Mofcouites recommencerent à ouurir les yeux. *Zusky* raffembla chez luy plufieurs

Coniuration contre le faux Demetrius.

1636. Knez & Bojares, leur fit confiderer l'eftat prefent des affaires, leur remonftra la ruine ineuitable de l'Eftat & de la Religion, & offrit pour la conferuation de l'vn & de l'autre, d'expofer encore fa perfonne & fa vie, comme il auoit déja fait. Les autres le remercierent, & promirent de le fecourir de leurs biens & de leurs perfonnes, quand il jugeroit l'occafion propre pour l'execution. Elle fe prefenta belle le dernier iour des nopces, qui fut le neufiéme du mariage, & le dix-feptiéme du mois de May. Le Grand Duc, & ceux de fa compagnie, eftans yures & endormis, les Mofcouites firent fur la minuict fonner le tocfain de toutes les cloches de la ville, fe mirent auffi-toft en armes, & attaquerent le Chafteau; où ils défirent d'abord les Gardes Polonoifes, & apres auoir forcé les portes, ils entrerent dans la chambre du Grand Duc; lequel voyant fa mort prefente, crût la pouuoir éuiter, en fautant par la fenestre dans la cour, à deffein de fe fauuer parmy les Gardes, qui y eftoient encores fous les armes; mais il fut pris & mal-traité. Tout le Chafteau fut pillé. Zuski, s'addreffant à la pretenduë mere de *Demetrius*, l'obligea à jurer fur la Croix, fi ce *Demetrius* eftoit fon fils; fur quoy ayant refpondu que non, & qu'elle n'auoit iamais eu qu'vn feul fils, qui auoit efté malheureufement affaffiné, l'on donna d'vn coup de piftolet dans la tefte de ce faux *Demetrius*. On mit la pretenduë Grand' Ducheffe fa veufve, auec fon pere & fon frere en prifon, auffi bien que l'Ambaffadeur de Pologne. Les Dames & les filles furent outragées & violées, & plus de dix-fept cens hommes tués; parmy lefquels fe trouuerent plufieurs Marchands Iouailliers, chargés de quantité de pierreries. Le corps de *Demetrius* fut dépoüillé tout nud, & entraifné iufques dans la place deuant le Chafteau, où il demeura expofé trois iours entiers, à la veuë de tout le monde. En fuitte de cela on le mit en terre, mais on le deterra auffi-toft, pour le brûler & pour le reduire en cendres.

Demetrius tué.

Cette conjuration ayant eu le fuccés que nous venons de dire, les Mofcouites éleurent en la place de *Demetrius*, *Knez Bafiloüits Zuski*, chef de toute cette entreprife, qui fut couronné le premier iour de Iuin 1606. Mais à peine eftoit-il monté fur le thrône, qu'vn autre impofteur luy en difputa la poffeffion. Il s'appelloit *Knez Gregori Schacopski*; lequel ayant

IuanBafiloüits Zuski Grand Duc.

Vn fecōd faux Demetrius.

pendant le desordre, trouué dans le pillage du Chasteau les sceaux du Royaume, s'associa de deux Polonois, & se sauua en Pologne. Il se seruit de la mesme inuention de son predecesseur, & prit le nom de *Demetrius* ; disant par tout où il passoit, qu'il s'estoit sauué du massacre à la faueur de la nuict, que l'on auoit tué vn autre pour luy, & qu'il alloit en Pologne, leuer vne autre armée, pour se vanger de l'infidelité, & de l'ingratitude des Moscouites.

1636.

Dans le mesme temps parut en la ville de Moscou, vn troisiéme *Demetrius*. C'estoit vn Commis d'vn Secretaire d'Estat, qui se mit à la campagne, s'aida de la mesme imposture que les deux autres, & trouua de la suitte; auec laquelle il se rendit maistre de plusieurs bonnes villes du Royaume. Ce bruit fut cause de plusieurs autres desordres, que les Polonois fomenterent, pour se ressentir de l'affront qu'ils auoient receu des Moscouites. Les succez de la guerre, qui en nasquit, furent si funestes & si malheureux, que les Moscouites en prirent suiet, ou pretexte, de se degouster de *Zuski*, & de le considerer comme la seule cause de toutes leurs disgraces. Ils disoient, que sa domination deuoit estre iniuste, puis qu'elle estoit malheureuse, & qu'il y deuoit auoir quelque chose de funeste en sa personne, puis qu'il sembloit que la victoire s'enfuyoit de luy, pour se ranger du costé des ennemis. Trois Seigneurs Moscouites, *Zacharie Lippanow*, *Michaël Molsaneck*, & *Iuan Kesefski*, furent les premiers qui firent courir ces bruits parmy le peuple, & voyans qu'ils estoient bien receus, ils passerent outre, dépoüillerent *Zuski* de sa dignité, l'enfermerent dans vn Conuent, & le firent raser.

Vn troisiéme imposteur.

Apres cela les Knez & les Bojares demeurerent d'accord, que pour éuiter la jalousie que l'Election pourroit faire naistre entr'eux, ils appelleroient à la Couronne vn Prince estranger. Les Polonois fauorisoient tousiours les Armes du second *Demetrius*; jusques-là qu'ils auoient contraint la veufue du premier à le reconnoistre pour son mary, & ils vouloient qu'on leur donnast satisfaction de l'outrage qu'ils pretendoient auoir receu à Moscou, au mariage de *Demetrius* ; de sorte que les Moscouites voulans contenter les Polonois, & ne trouuans point de Prince dans le voisinage, qui eust tant de grandes qualitez, qu'*Vladislas*, fils aisné de Sigismond, Roy de Pologne, ils firent prier le Roy

Vladislas Prince de Pologne éleu Czar de Moscouie.

son pere, de trouuer bon qu'il acceptaſt la Couronne de Moſcouie. Le Roy y conſentit; mais le traitté qui fut fait pour cel portoit entr'autres choſes, que *Iuan Baſilouits Zuski* ſeroit tiré du Conuent, & qu'il ſeroit mis, auec quelques autres Seigneurs ſes parens, entre les mains du Roy de Pologne; qui les fit long-temps garder priſonniers à *Smolensko*, où *Zuski* mourut enfin, & ſon corps fut enterré auprés du grand chemin, entre Thorn & Warſauie. *Staniſlas Solkouski*, general de Pologne, s'eſtoit cependant auancé auec ſon armée, iuſqu'aux portes de la ville de Moſcou, auec ordre de venger la mort de *Demetrius*, & des Polonois, qui auoient eſté maſſacrés auec luy. Mais dés que l'on eut aduis de la concluſion de ce traitté, on mit les armes bas, & *Stanislas* eut ordre de receuoir au nom du Prince la foy & l'hommage des Moſcouites, & de demeurer à Moſcou, iuſqu'à ce que le Prince s'y ſeroit rendu en perſonne. Les Moſcouites le trouuerent bon, & apres luy auoir preſté le ſerment de fidelité, ils prirent reciproquement le ſerment de luy, & luy permirent d'entrer auec mille Polonois dans le Chaſteau, pour y tenir garniſon. Le reſte de l'armée demeura hors de la ville, n'entreprenant rien, qui puſt donner tant ſoit peu d'ombrage aux Moſcouites. Au contraire l'on n'y voyoit que des teſmoignages d'amitié & de bonne volonté de part & d'autre; iuſqu'à ce que les Polonois, s'eſtans petit à petit gliſſés dans la ville, & s'y trouuans au nombre de plus de ſix mille, ſe ſaiſirent des auenuës du Chaſteau, & commencerent à incommoder les Bourgeois par leurs logemens, & à deuenir inſupportables par les inſolences, & par les violences qu'ils commettoient tous les iours contre les femmes & contre les filles, & meſmes contre les Saints des Moſcouites, contre leſquels ils tiroient des coups de piſtolet. Si bien que les Moſcouites, ne les pouuans plus ſouffrir, & eſtans ennuyés du retardement de la venuë du Grand Duc, s'aſſemblerent le vingt-quatrieſme Ianuier 1611. dans la place deuant le chaſteau, où ils firent du bruit, & ſe plaignirent des outrages qu'ils receuoient iournellement des Polonois; diſans qu'il leur eſtoit impoſſible de nourrir & d'entretenir vn ſi grand nombre de Soldats, que leur trafic ſe ruinoit, & qu'on les épuiſoit, iuſqu'à la derniere goutte de leur ſang. Que le nouueau Grand Duc ne venoit point. Que cela leur donnoit

Mécontentement des Moſcouites contre les Polonois.

donnoit suiet de soupçonner quelque chose de sinistre. Qu'ils ne pouuoient plus viure de la sorte, & qu'ils seroient contrains d'employer les moyens, que la nature leur auoit donnez pour leur conseruation, si l'on n'y donnoit ordre.

1636.

Le General des Polonois fit tout ce qu'il pust pour les appaiser, & fit mesme chastier bien seuerement quelques-vns des plus criminels; mais les Moscouites ne s'en voulurent pas contenter. Les Polonois de leur costé, apprehendans vn souleuement general, doublerent leurs gardes, se saisirent des principales auenuës des ruës, & firent defenses aux Moscouites de s'attrouper, & de porter des armes. Ce qui les irrita tellement, qu'ils se souleuerent tous, & firent des assemblées en plusieurs endroits de la ville, à dessein d'obliger les Polonois de separer leurs troupes. Les Polonois ne se contenterent pas de se tenir sur la deffensiue, mais ils mirent le feu en trois ou quatre quartiers, obligeans par ce moyen les Moscouites de courir au secours de leurs femmes & de leurs enfans ; & faisans leur profit de ce desordre, ils attaquerent les Moscouites par tout où ils les rencontroient, & en firent vn si horrible carnage ; que l'on dit que le fer & le feu consumerent, pendant ces deux iours plus de deux cens mille personnes, & toutes les maisons de la ville; à la reserue du Chasteau, des Eglises, & de quelques autres bastimens de pierre. Le tresor du Grand Duc fust pillé, aussi bien que les Eglises & les Conuents, dont les Polonois tirerent & enuoyerent en Pologne vne incroyable quantité d'or & d'argent, & de pierres precieuses ; parmy lesquelles les Moscouites regretent encore auiourd'huy vne certaine corne de Licorne, enrichie de diamants. L'on dit que les soldats y firent tant de butin, qu'il y en eut qui chargerent leurs pistolets de grosses perles rondes.

Desordre à Moscou.

Quinze iours apres ce desordre arriua *Zacharias Lippenow*, auec vne bonne armée, & assiegea les Polonois dans le chasteau, leur tua plusieurs hommes en diuerses attaques, & les contraignit enfin de venir à vn accord, & de sortir du Royaume.

Les Moscouites, voyant l'Estat en repos, apres tant de desordres, procederent à l'election d'vn nouueau Grand Duc, & nommerent en l'an 1613. *Michail Federouits*, fils de *Fedor Nikitis*; qui estoit parent, mais fort éloigné, de *Iuan Basi-*

Michaël Federouits est éleu Grand Duc.

loüits. Ce bon homme auoit quitté sa femme, pour l'amour de Dieu, comme ils disent, & auoit pris l'habit de Religieux. Il fut en suitte de cela éleu Patriarche, & en cette dignité il changea le nom *de Fedor* en celuy de *Philaretes.* Le fils, qui estoit bon, & qui auoit beaucoup de disposition à la deuotion, a tousiours vescu dans vn profond respect pour le Pere; se seruant de ses aduis aux deliberations des affaires importantes, & luy faisant l'honneur de le conuier à toutes les audiances & à toutes les ceremonies publiques; où il luy faisoit tousiours prendre la premiere place. Il mourut en l'an 1633. peu de iours deuant nostre premiere ambassade.

La premiere chose que le nouueau Grand Duc fit à son aduenement à la Couronne, ce fut de faire la Paix auec les Princes ses voisins, & d'abolir la memoire des cruautés de ses predecesseurs, par vn gouuernement si doux, que l'on demeuroit d'accord, que depuis plusieurs siecles la Moscouie n'auoit point eu de Princes, dont les suiets eussent eu plus de suiet de se loüer. Il mourut le 12. Iuillet 1645. en la quarante-neufuiéme année de son âge, & en la trente-troisiéme de son regne. La grand' Duchesse sa femme, mourut huit iours apres luy, & son fils *Knez Alexei Michaëloüits* succeda à la Couronne.

Le regne de *Michaël Federoüits* a esté fort paisible. Mais comme du temps de *Boris Gudenou,* & de *Iuan Basiloüits Zuski* l'on a veu des faux Demetrius, ainsi s'est-il trouué sous *Michaël Federoüits* vn imposteur, qui a eu l'audace de prendre le nom & la qualité de *Basili Iuanoüits Zuski,* fils du Grand Duc *Iuan Basiloüits Zuski.* Il s'appelloit *Timoska Ankudina,* & estoit natif de la ville de Vologda, en la Prouince du mesme nom, & estoit fils d'vn marchand linger, nommé *Demko,* ou *Dementi Ankudina.* Le pere ayant remarqué quelque lumiere d'esprit en luy, eut le soin de luy faire apprendre à lire & à escrire; où il reüssit si bien, qu'il passoit pour habille homme, parmy ceux qui n'ont point d'autre science. Sa voix & l'agréement, auec lequel il chantoit les Hymnes dans les Eglises, luy donnerent accés aupres de l'Archeuesque du lieu, qui le prit à son seruice: dont *Ankudina* s'acquitta si bien, que l'Archeuesque l'ayant pris en affection, luy fit espouser sa petite fille. Cette alliance, dont il pouuoit tirer de si grands aduantages, fut la

Le faux Zuski.

Fils d'vn marchand linger.

Sa premiere fortune.

premiere cause de sa perte: Car il commença dés lors à prendre, en ses lettres, la qualité de gendre du *Weüode* de *Vologda* & de *Vellikopermia*. Apres auoir dissipé tout le bien de sa femme, apres la mort de l'Archeuesque, il se retira auec sa famille à Moscou; où il trouua de l'employ, par la recommandation d'vn des amis de l'Archeuesque, dans le *Nouazetuert*, c'est à dire, au bureau où les Tauerniers sont obligez de prendre l'eau de vie, le vin & l'hidromel qu'ils vendent en détail, & où ils rendent compte du debit qu'ils en ont fait. On luy donna la recepte de ces deniers; mais il en vsa si mal, qu'au premier compte qu'il en deuoit rendre, il s'en fallut plus de deux cens escus, que le Prince n'y trouuast le sien; Et dautant qu'en Moscouie l'on est fort exact pour ces choses, il se seruit de toutes sortes de moyens, pour tascher de trouuer cette somme. Il s'addressa pour cet effet à vn de ses Collegues, nommé *Basili Gregoriuits Spilki*, qui estoit son compere, & qui luy auoit rendu de fort bons offices aux occasions, & luy dist: qu'vn des principaux marchands de *Vologda*; à qui il estoit obligé, estant arriué à la ville, il l'auoit conuié à disner, & seroit bien-aise de luy presenter sa femme; le priant de luy prester les perles & les bagues de la sienne, afin de la pouuoir faire voir en vn estat digne de l'employ qu'il auoit. L'autre n'y fit point de difficulté, & les luy donna sans aucune asseurance; quoy qu'elles valussent plus de mil escus. Mais *Timoska* au lieu de mettre les bagues en gage, pour remplacer ce qu'il auoit pris sur les deniers du Roy, les vendit, détourna l'argent, & osa soustenir à son Collegue, qu'il ne luy auoit rien presté. *Spilki* le fit arrester prisonnier; mais n'ayant point de preuues pour le conuaincre, il ne pust pas empescher qu'il ne fust mis en liberté. *Timoska* ne viuoit pas bien auec sa femme, laquelle luy reprochoit si souuent sa perfidie, & ses autres vices, particulierement sa Sodomie, que craignant d'vn costé la recherche de ses maluersations au maniement des deniers du Roy, & de l'autre que sa femme ne fust la premiere à l'accuser, s'aduisa vn iour d'enuoyer son fils chez vn de ses amis, d'enfermer sa femme dans vn poisle, & de mettre le feu dans sa maison, où sa femme fut brûlée. Il se retira apres cela en Pologne, si secretement que l'on croyoit à Moscou, que le mesme feu l'eust consumé auec le reste de sa famille.

1636.

Affronte son Collegue.

Fait brusler sa femme.

Timoska fit sa retraite vers la fin de l'année 1643. mais ayant sceu en 1645. que le Grand Duc enuoyoit vn Ambassadeur au Roy de Pologne, & que l'on sçauoit en Moscouie qu'il s'estoit retiré à la Cour de Warsauie, il alla en l'an 1646. trouuer *Chmielnski*, General des Cosaques, & le pria de le proteger contre les persecutions, qu'il estoit contraint de souffrir ; parce que le Grand Duc sçauoit qu'il estoit proche parent du Prince, *Iuan Basilouits Zusky*. Il auoit assez d'esprit pour faire valoir sa fourberie, & sçeut si bien manier celuy de *Chmielnsky*, que l'on commençoit à le considerer ; quand vn *Poslanik* Moscouite, nommé *Iacob Koslou*, qui auoit esté enuoyé à ce General Cosaque, le reconnut, & l'exhorta de retourner à Moscou, de rentrer en son deuoir, & de tascher de se faire remettre la somme dont il estoit demeuré reliquataire au Grand Duc ; laquelle n'estoit pas si considerable, que par l'intercession de ses amis il ne pust facilement obtenir sa grace ; car l'on ne sçauoit pas encore, qu'il auoit fait entendre, qu'il estoit fils du Grand Duc *Iuan Basilouits Zusky*. Mais il ne s'y voulut pas fier, & apprehendant, que l'on ne luy mist la main sur le collet, il se retira en l'an 1648. à Constantinople, où il abiura le Christianisme, & se fit circoncire. Il n'y demeura pas long-temps ; mais craignant d'estre puny de quelques excés, qu'il y auoit commis, il passa en Italie, & alla à Rome, où il se fit Catholique Romain. De là il alla en l'an 1650. à Vienne en Austriche, & en suitte en Transiluanie, aupres du Prince Ragotsky, qui luy donna des lettres de recommandation à la Reine Christine de Suede. Cette Princesse le receut fort bien, se laissa surprendre aux beaux contes que cét affronteur luy faisoit, & luy donna dequoy subsister honorablement. Les marchands Moscouites, qui se trouuoient à Stockholm en ce temps-là, donnerent aussi-tost aduis au Grand Duc de l'imposture de cét homme, qui publioit par tout qu'il estoit fils de *Iuan Basilouits Zusky*. Le Grand Duc y enuoya incontinent le mesme *Koslou*, qui l'auoit rencontré aupres de *Chmielniski*, & pria la Reine de luy mettre cét homme entre les mains ; mais *Timoska*, qui sçauoit bien que l'on ne manqueroit pas de l'enuoyer chercher, s'estoit desia retiré. Son valet qui s'appelloit *Kosika*, ou *Constantin*, & qui estoit demeuré à Stockholm, pour quelques affaires, fut pris, & enuoyé bien lié & garotté à Moscou, où l'on rechercha aussi la mere & les parens de *Timoska*, dont quelques-vns furent appliquez à la question, & executés. *Timoska* mesme fut arresté à Reuel en Liuonie, par l'ordre de la Reine de Suede ; mais il trouua le moyen de se sauuer de la prison, & alla par la Hollande à Bruxelles, où il vit l'Archiduc Leopold. De là il alla à Witteberg, & à Leipsig, où il fit profession de la Religion Lutherienne, & escriuit luy mesme sa confession de foy en Latin. De là il alla à Neustat en la Duché de Holstein, où *Pierre Miklaf*, qui auoit apporté des lettres du Grand Duc au Duc de Holstein, le fit arrester. On le transfera de là à Gottorp, où il fut soigneusement gardé; jusqu'à ce que le Grand Duc eust enuoyé ordre exprés pour la conduite de sa personne en Moscouie. Les lettres que le Czaar escriuit sur ce suiet sont conceuës en des termes, qui meritent bien qu'on les fasse voir icy, pour faire connoistre l'élegance du stile Moscouite.

1636.

Va à Bruxelles.

Se fait Lutherien.

Lettres du Grand Duc au Duc de Holstein.

« De par le Dieu Tout-puissant, & œuurant tout en tous, « & protegeant tous les peuples en bonnes consolations, « & par celuy qui a esté éleu par la grace, direction, puis- « sance, vertu, operation & bon plaisir de Dieu, magnifi- « que en la Sainte Trinité, & glorieuse en toute éternité, « & qui tient en sa main le sceptre de la vraye Foy Chre- « stienne, pour gouuerner & conseruer, auec l'aide de Dieu, « en paix & en repos, sans troubles, le grand Empire des « Russes, auec toutes les Prouinces qui y ont esté annexées, « par conquestes ou autrement. Nous Grand Seigneur, Czaar « & Grand Duc, *Alexei Michaëlouits*, conseruateur de tous les « Russes, &c. Au tres-puissant *Frideric*, heritier de Norwegue, « Duc de Slesuic, de Holstein, de Stormarie & de Dtimar- « se, Comte d'Oldembourg & de Delmenhorst, salut. En l'an « 1644. où selon le Calendrier Moscouite l'an 7152. le nom- « mé *Timoska Ankudina* & *Kostka Konichou*, apres auoir volé « nostre tresor, pour éuiter la mort qu'ils auoient meritée, « se retirerent hors du païs de nostre obeissance, pour aller à « Constantinople ; où ils firent profession du Mahometisme. « Ils y firent en peu de temps tant de mal, que pour éuiter « la mort ils furent contrains de s'enfuir, & de se retirer en « Pologne & en Lithuanie ; où ils tascherent de semer de la « diuision entre les Princes voisins. Pour cét effet ils fu- «

1636. » rent trouuer *Theodat Chmielnisky*, general des Cosaques *Zaporofsky*, auquel le Roy Iean Casimir de Pologne, nostre
» frere, commanda de mettre ces voleurs & traistres entre les
» mains du sieur *Germolitzowi*, Gentilhomme de sa chambre,
» qui auoit ordre de les enuoyer en Moscouie, sous la conduite
» du sieur *Ieter Protesiowi*, Gentilhomme de nostre suitte,
» ainsi que le dit *Chmielnisky* l'auoit fait sçauoir à nostre Maje-
» sté Czarique. Mais ces voleurs & traistres se sauuerent à
» Rome, où ils embrasserent la religion Latine. Apres cela ils
» ont passé par plusieurs autres Prouinces de l'Europe, où ils
» ont changé de nom ; en sorte que *Timoska* a pris tantost celuy
» de *Zuiski*, & tantost celuy de *Sinensis*, pendant que *Koska* luy
» seruoit de vallet; iusqu'à ce que l'vn & l'autre ayans esté re-
» connus à Stockholm, par quelques-vns de nos marchands de
» Nouogorod, & d'ailleurs, & en suitte arrestés, l'vn à Reuel &
» l'autre à Narue; les Gouuerneurs de ces deux places ont fait
» difficulté de nous deliurer, sans ordre exprés de la grande Rei-
» ne de Suede. Mais apres auoir prié ladite grande Reine de
» Suede, de mettre ces traistres entre les mains du Gentilhom-
» me que nous luy auions dépesché exprés pour cela, il s'est trou-
» ué qu'à son arriuée à Reuel, auec les ordres de ladite grande
» Reine, le Gouuerneur auoit desia fait éuader l'vn; de sortequ'il
» n'a pû amener que ledit *Koska*. Nous auons sceu depuis, que
» l'autre a esté arresté & mis prisonnier au païs de Holstein, c'est
» pourquoy nous auons trouué bon d'enuoyer à V. Altesse no-
» stre *Poslanik Basili Spilik*, accompagné de quelques-vns de
» nos suiets, auec des lettres de nôtre Majesté Czarique, pour
» vous prier, qu'il vous plaise leur deliurer, & nous enuoyer ces
» traistres.

Ces lettres estoient du dernier iour d'Octobre 1652. apres
lesquelles le Grand Duc en enuoya encore vne autre, du cinquiéme Ianuier 1653. conceuë en mesmes termes ; sinon qu'à
» la fin de la lettre l'on auoit adiousté les lignes suiuantes. De-
» puis cela est arriué auprés de nous, au mois de Decembre der-
» nier, Pierre *Miklaf*, de Nouogorod ; qui nous a rapporté, com-
» ment en suitte de vos ordres ledit traistre auoit esté arresté
» en nostre ville Ducale de Neustat, & que sur la remon-
» strance, que ledit Miklaf vous auoit faite, vous l'auiez fait
» transferer à Gottorp, pour y estre tenu sous bonne &

seure garde. C'est pourquoy nous vous renuoyons ledit «
Miklaf, auec des lettres de nostre Majesté Czaarique, «
pour vous prier de luy deliurer, & à *Basili Spilki*, ledit «
traistre, afin qu'il n'ait plus moyen de se sauuer, & de sus- «
citer de nouueaux troubles dans le monde. En reconnois- «
sance dequoy nostre Maiesté Czaarique seruira vostre de- «
lection aux occasions qui se presenteront. Ce voleur & trai- «
stre de nostre Majesté Czaarique, nommé *Timoska*, est de fort «
basse naissance, fils d'vn marchand de grosse toile, nommé «
Demki Ankudina, du fauxbourg de *Vologda*. Sa mere se nom- «
me *Salmaniska*, & son fils, qui est encore viuant, *Sereska Ti-* «
moska estoit commis au bureau de *Noua Zctuert*, & il a vo- «
lé nostre thresor, il a tué sa femme, & a brûlé auec sa maison «
plusieurs autres de son voisinage, dont plusieurs de nos su- «
jets ont esté ruinés. C'est pourquoy sçachant qu'il ne pou- «
uoit pas éuiter la mort que par la fuite, il s'est retiré de la «
façon que nous venons de dire. Donné en nostre residen- «
ce *Czaarique* de Moscou, le 3. Ianuier, l'an de la creation «
du Monde 7161. & de la naissance de Nostre Seigneur 1653. «
Apres cela il escriuit encore vne troisiesme lettre le 17. Octobre de la mesme année; ensuitte de laquelle le prisonnier fut
mis entre les mains de ceux, que le Grand Duc auoit nommés
pour cela.

L'vn de ces deputez estoit le mesme *Spilky*, que *Timoska*
auoit affronté, en empruntant de luy le collet & les perles de
sa femme. Le comperage est vne grande alliance en Moscouie, & ils auoient esté collegues dans vn mesme employ; c'est
pourquoy il pria son Altesse de luy permettre de voir le prisonnier, & de luy parler en la presence de quelques Officiers
de la Cour. Mais *Timoska* vint au deuant de luy, fit le froid,
comme ne le connoissant point, & refusa de luy parler Moscouite, mais voulut parler Polonois, pour embarasser l'autre,
qui ne sçauoit pas bien cette Langue. *Spilky* luy demanda, s'il
ne s'appelloit point *Timoska Ankudina*, & s'il n'auoit pas volé le tresor du Grand Duc, & commis plusieurs autres crimes
enormes, *Timoska* luy respondit, qu'il se pouuoit faire qu'vn
nommé *Timoska Ankudina* eust volé le tresor du Grand Duc,
ou détourné les deniers de son épargne, mais que cela ne le
touchoit point qu'il s'appelloit *Iohannes Sinensis*, & en Po-

1636. lonois *Zuisky*: éuitant adroitement de toucher à ce qu'il auoit dit auparauant; sçauoir qu'il estoit fils du Grand Duc *Iuan Basiloüitz Zusky*. Mais quand *Spilki* luy demanda, s'il ne se souuenoit point de sa vie passée; l'autre se mocqua de luy, luy dist des injures, & y adjousta, qu'il ne le pouuoit pas reconnoistre en qualité de *Poslanik*; veu qu'il n'estoit qu'vn mercier & vendeur d'espingles; faisant allusion au nom de *Spilki*, qui signifie espinglier. *Timoska* s'aduisa vn jour de supplier le Duc de Holstein, de commettre son Chancelier, & quelques autres de son Conseil, pour ouïr de sa bouche l'estat de ses affaires. Il luy demanderent de quelle famille & maison il estoit, & s'il estoit parent du Grand Duc? pourquoy le Grand Duc le persecutoit? & en quoy il luy pouuoit nuire? Il respondit, que l'on sçauoit qu'il s'appelloit *Iohānes Siaensis*, & en Polonois *Zuski*. Qu'au baptesme il auoit esté nommé Timothée: qu'il estoit fils de *Basile Domitian Suisky*, & qu'il auoit esté ainsi surnommé d'vne ville de Moscouie, nommée *Suia*. Qu'il estoit Moscouite d'origine, mais qu'il estoit Polonois de naissance; comme ayant esté né & éleué en Pologne, en la Prouince de *Nouogaiki Seuerskhio*, & qu'il estoit Seigneur hereditaire de *Hukragini Seuerska*, sur les frontieres de Moscouie. Que le Grand Duc n'estoit pas son parent; parce que le pere du Grand Duc n'auoit esté que Gentilhomme, mais que le sien estoit Prince de naissance, & que c'estoit à cause de cela que le Grand Duc le persecutoit. Que le Cham de Tartarie, qui faisoit alors la guerre au Roy de Pologne, l'auoit voulu obliger de faire la guerre au Grand Duc; mais qu'il auoit eu trop de tendresse pour la Patrie de ses predecesseurs, pour en vouloir troubler le repos. Qu'il auoit esté en son pouuoir d'enuoyer plus de cent mil hommes en Moscouie; mais que le bon Dieu luy auoit osté ces mauuaises pensées. Il auoit escrit en mesmes termes au Patriarche. Car le Poslanik, qui estoit venu de Suede, ayant fait confidence auec luy, & luy ayant conseillé d'escrire au Patriarche, comme à celuy qui auoit assez de credit aupres du Grand Duc, pour luy obtenir son abolition; il resolut de luy escrire, & bailla la lettre au Poslanik; en laquelle il mandoit au Patriarche, qu'en effet qu'il estoit Moscouite, & qu'il auoit esté nommé au Baptesme *Timothée*, dont le mot de *Timoska* est le diminutif. Qu'il auoit en enuie d'entrer en Moscouie

couie auec vne armée de plus de trois cens mil hômes;mais qu'il
auoit esté détourné de ce pernicieux dessein par l'Ange tutelaire de Moscouie. Que sur cela il estoit reuenu à luy, & qu'il
auoit resolu de retourner en sa Patrie;en sorte que s'il eust voulu continuer sa mauuaise vie, il luy eust esté bien aisé de se
sauuer de la prison de Neustat, mais que son dessein estoit de
retourner en Moscouie volontairement, auec ceux que le
Grand Duc auoit nommés pour sa conduite. Le *Poslanik*, qui
ne doutoit point, qu'il ne fist en cette lettre vne espece de confession, qui fust capable de le conuaincre, l'ouurit, & la leut
en sa presence. Mais il auoit à faire à vn homme, qui ne se
défaisoit pas pour si peu de chose. Il voulut faire passer le *Poslanik* pour vn affronteur, & dist, que c'estoit vne lettre supposée,
qu'il ne l'auoit point escrite: & pour soustenir ce qu'il en dit, il
écriuit vne autre lettre d'vn stile & d'vn caractere, si different
de celuy de la lettre, que le Poslanik, enragé de se voir affronté de la sorte, la luy ietta au visage. Timoska s'en saisit aussitost, & la deschira.

1636

Mais la mauuaise disposition de sa conscience ne paroissoit
que trop en la varieté de ses depositions, & aux declarations
qu'il auoit faites, tant de bouche que par escrit. Car tantost il
se disoit fils du Grand Duc *Basili Iuanouits Zusky*, & tantost
il disoit que son pere s'appelloit *Basile Domitian*; quoy que l'on
sceust qu'en ce temps-là il n'y auoit eu que trois Seigneurs de
la maison de *Zusky*, & que pas vn d'eux n'auoit eu ce nom là.
Tantost il vouloit, que l'on crust qu'il estoit Polonois, & osoit
soustenir, qu'il auoit dequoy faire voir à l'œil, qu'il n'estoit point
Moscouite, & qu'il n'y auoit rien en sa personne, en sa langue, ny en sa façon de viure, qui pust faire croire qu'il le fust.
Et de fait il auoit la barbe tout autrement faite que les Moscouites ne l'ont ordinairement. Il auoit assez bien appris le Latin,
l'Italien, l'Allemand & le Turc, pour se faire entendre en ces
Langues, & il sçauoit si bien contrefaire toutes sortes d'escritures, qu'il estoit bien difficile de le conuaincre par celle, dont
ils estoit serui en son premier employ. Il vouloit mesme faire soupçonner de fausseté les lettres, que le Grand Duc auoit
escrites à nostre Prince; parce qu'il ne les auoit point signées:
& il nous eust pû surprendre par cette ruse, si nous n'eussions
appris en Moscouie, que le Grand Duc ne signe iamais les ex-

Timoska varie en ses depositions.

C c

peditions, & qu'il laiſſe cette fonction aux Secretaires d'Eſtat.

Se veut faire mourir.

Timoſka donc voyant que ces fineſſes eſtoient incapables de le ſauuer, ſe ietta dans le deſeſpoir, & voulut ſe tuer. Car eſtant en chemin pour eſtre embarqué à Trauemunde, & proche de la ville de Neuſtad, il ſe ietta embas du chariot, la teſte la premiere, & ſe roula ſous la rouë; à deſſein de ſe la faire paſſer ſur le corps, mais le terrain eſtant mol & ſablonneux, il ne ſe bleſſa point en tombant, & l'on fit auſſi-toſt arreſter le chariot; de ſorte que l'on eut le loiſir de le remettre, & on l'attacha ſi bien que l'on ne pouuoit plus apprehender qu'il ſe precipitaſt. Il ne laiſſoit pas d'eſtre de bonne humeur par le chemin, quoy qu'en effet il rechercháſt tous les moyens imaginables pour ſe faire mourir; mais on l'obſeruoit de ſi prés, qu'il en perdit toute l'eſperance, & auec elle la ioye qu'il auoit témoignée iuſqu'alors, & arriuant à Nouogorod, il tomba dans vne ſi profonde triſteſſe, qu'il en deuint inconſolable. Ce qui n'empeſcha pas pourtant, que dans les plus grandes douleurs de la queſtion, il ne teſmoignaſt vne conſtance admirable, au moins ſi l'on peut donner ce nom à l'obſtination determinée, auec laquelle il perſiſta en ſes premieres depoſitions : ſoit qu'il vouluſt par là laiſſer dans l'eſprit des eſtrangers l'opinion qu'il auoit taſché d'y imprimer, ou

Eſt appliqué à la queſtion

qu'il conſideraſt, que ſa confeſſion ne le ſauueroit point de la mort, & ne ſoulageroit point ſon mal. En entrant dans la ville de Moſcou, on l'appliqua tout auſſi-toſt à la queſtion, en la preſence de pluſieurs perſonnes de qualité : mais il dit effrontement, qu'entre tous les *Bojares* il n'y en auoit point à quil vouluſt faire l'honneur de parler, ſinon au *Knes Nikita Iuanouits Romanow*; parce que le connoiſſant de reputation, à cauſe de ſa bonté & de ſon courage, il ſeroit bien-aiſe de l'entretenir. Pendant que deux *Bojares* alloient querir *Nikita*, *Timoſka* demanda à boire. On luy preſenta du *Quas* dans vne eſcuelle de bois, mais il voulut qu'on luy donnaſt de l'hydromel, & qu'on le ſeruiſt dans vne taſſe d'argent, mais apres que l'on euſt eu cette complaiſance pour luy, il n'en voulut point boire, & ſe contenta de le porter à la bouche. Voyant entrer *Nikita* auec les deux autres Bojares, il luy fit ciuilité : mais il ſouſtint touſiours qu'il eſtoit fils de *Baſili Iuanouits Zuski*; nonobſtant qu'on luy prouuaſt, qu'il eſtoit fils de *Dementi Anku-*

dinou, Marchand linger de Vologda, & que le Grand Duc Bafili n'auoit point eu d'enfans, mais feulement deux freres, sçauoir *Knez Demetri Iuanoüits* & *Iuan Iuanoüits Zuski*, qui estoient aussi decedez tous deux sans enfans masles. Car de ces trois freres, qui furent enuoyez prisonniers en Pologne, lors de l'Election du Prince Vladislas, en l'an 1610. auec les autres parens du Grand Duc, les deux aisnez y moururent, & le troisiéme fut relasché & renuoyé en Moscouie, où il estoit decedé peu d'années deuant l'execution de *Timoska*. Il est vray qu'il y auoit eu encore vn Seigneur de la mesme famille, nommé *Basili Federoüits*, oncle des trois autres : mais il n'auoit aussi laissé qu'vn fils, nommé *Michaël Basiloüits Zuski Scapin*, qui mourut sans enfans, lors que les Suedois prirent la ville de Nouogorod, en l'an 1616.

On luy confronta à la question sa mere, qui l'exhorta à reconnoistre sa faute. Il sembloit qu'il fust touché de sa presence, mais il persista à dire qu'il ne la connoissoit point, non plus qu'*Iuan Peskou*, à qui il auoit confié son fils, lors qu'il partit de Moscou. Ce dernier luy remonstra le tort qu'il auoit d'en vser ainsi, en l'estat où il se trouuoit, & luy dit, qu'il falloit enfin s'arracher le masque, dont il s'estoit seruy pendant tant d'années pour tromper le monde, & pour troubler le repos de l'Estat. Qu'il reconnust son fils, & qu'il cessast de s'amuser à des fourberies & à des impostures, qui ne feroient qu'aggrauer son mal, & appesantir la main de Dieu & de sa Iustice sur luy. Il en fut tellement touché, que depuis ce temps-là il ne voulut plus dire vn seul mot; quoy qu'on luy presentast plusieurs personnes, qui l'auoient connu pendant son employ au bureau des Tauernes. On le visita aussi, & l'on trouua qu'il s'estoit fait circoncire. Le lendemain on l'appliqua encore à la question; mais il ne voulut plus parler du tout: de sorte qu'on le conduisit aussi-tost au grand marché : où on luy prononça sa sentence, qui fut executée en mesme temps. On luy coupa d'vne hache, premierement le bras droit au dessous du coude, puis la jambe gauche au dessous du genoüil, & en suite le bras gauche & la jambe droite, & enfin la teste. Ses membres furent attachés à des paux, & le tronc demeura à terre : mais les chiens le mangerent la nuict, & le lendemain matin les vallets du bourreau entraisnerent les membres à la voirie.

1636.

Et executé.

Koſtka, qui luy auoit ſeruy de valet, obtint grace de la vie, pour auoir confeſſé la verité ; mais d'autant qu'il auoit manqué de fidelité à ſon Prince, il fut condamné à perdre les trois doigts de la main droite. Le Patriarche fit encore moderer cette peine ; parce que la Religion des Moſcouites les obligeant à faire le ſigne de la Croix de la main droite, qui ne doit point eſtre eſtropiée, on luy fit ſouffrir la peine à la main gauche, & on le relegua en Siberie ; où l'on pourueut à ſa ſubſiſtance pour le reſte de ſes iours. En ce temps-là il eſtoit arriué vn enuoyé Polonois à la Cour de Moſcou. On luy donna audiance le meſme iour que l'on fit mourir *Timoska*, & l'on prit adroitement l'heure de l'execution, pour le faire paſſer par le marché, afin qu'il en fuſt teſmoin oculaire, & qu'il puſt faire rapport en Pologne de la fin de cette impoſteur ; qui s'y eſtoit fait conſiderer en qualité du fils du Grand Duc *Baſili Iuanoüits Zuski*.

Nous auons dit cy-deſſus, que le Grand Duc *Michaël Federoüits* mourut le 12. Iuillet 1645. Dés le lendemain 13. les *Knez* & les *Bojares* firent les ceremonies du Couronnement de ſon fils *Alexis Michaëloüits*, qui n'auoit pas encore ſeize ans accomplis. C'eſt celuy qui regne auiourd'huy, & qui ſe fait connoiſtre par la guerre qu'il a fait en Pologne, auſſi bien que par celle dont il menace auiourd'huy la Suede. Il naſquit le 17. Mars 1630. & le *Knez Boris Iuanoüits Moroſou*, apprehendant que ſes ennemis ne priſſent aduantage de la jeuneſſe du Prince, preſſa ſi fort ſon Couronnement, que l'on n'y pût pas appeller tous ceux qui ont droit d'y aſſiſter, n'y l'accompagner des ceremonies ordinaires du ſacre de leurs Princes : qui ſe fait en la maniere ſuiuante.

Ceremonies du Sacre du Czaar.

On fait venir à Moſcou, non ſeulement tous les Metropolitains, Archeueſques, Eueſques, Knez & Bojares, mais auſſi les principaux Marchands de toutes les Villes du Royaume. Le iour ayant eſté pris pour le Couronnement, le Patriarche, ſuiuy de tous les Metropolitains, conduit le nouueau Grand Duc à l'Egliſe du Chaſteau ; où l'on fait vne tribune, éleuée de trois marches, & couuerte d'vn riche tapis de Perſe, ſur laquelle on poſe trois chaiſes de brocard, éloignées les vnes des autres en diſtance égale. L'vne eſt pour le Grand Duc, l'autre pour le Patriarche, & ſur la troiſiéme l'on met le bonnet & le manteau Ducal. Le bonnet eſt en broderie de perles & de diamants, ayant au milieu vne houpe, de laquelle pend vne petite Couronne toute chargée de diamants, & le manteau eſt d'vn riche brocard, doublé de la plus belle martre Zobeline. On dit que le Grand Duc *Demetri* Monomach le trouua à la priſe de Kaffa en Tartarie, & qu'il le deſtina auſſi-toſt pour le couronnement des Princes, ſes ſucceſſeurs.

1636.

Dés que le Czaar entre dans l'Egliſe, le Clergé commence ſes Hymnes ; leſquels eſtans acheués, le Patriarche fait la priere à Dieu, à ſaint Nicolas, & aux autres Saints, pour les conuier d'aſſiſter à la ſolemnité du iour. Apres la priere, le premier Conſeiller d'Eſtat ; prenant le Grand Duc par la main, le preſente au Patriarche, & luy dit. Puis que les *Knez* & les *Bojares* reconnoiſſent le Prince icy preſents pour le plus proche parent du feu Grand Duc, & pour l'heritier legitime de la Couronne, ils deſirent, que comme tel, vous le couronniez preſentement. Sur cela le Patriarche fait monter le Prince ſur la Tribune, & l'ayant fait aſſeoir dans vne des trois chaiſes, il luy porte au front vne petite Croix de diamants, & le benit. Apres cela vn des Metropolitains prononce la priere ſuiuante. Seigneur noſtre Dieu, Roy des Roys, qui as « éleu ton ſeruiteur Dauid par ton Prophete Samuel, & qui « l'as fait ſacrer Roy ſur ton peuple Iſraël, exauce noſtre « priere, que nous te preſentons, quoy qu'indigne. Regarde « du haut des Cieux ce tien fidelle ſeruiteur, qui eſt icy « aſſis ſur cette chaiſe, & que tu as exalté, pour eſtre Roy ſur « ton peuple, que tu as racheté pas le ſang de ton Fils. Oins « le d'huile de lieſſe. Protege-le de ta vertu. Mets ſur ſon « chef vn diadême precieux Donne luy vne vie longue & « heureuſe. Mets en ſa main vn Sceptre Royal, & le fais aſ- « ſeoir ſur le thrône de Iuſtice. Aſſujettis luy toutes les lan- « gues barbares. Que ſon cœur & ſon entendement demeu- « rent conſtamment en ta crainte. Qu'en tout le cours de ſa « vie il rende vne obeïſſance continuelle à tes commandemens. « Eſloigne de ſa perſonne & de ſon regne toute hereſie & tout « ſchiſme. Enſeigne-luy à proteger & à obſeruer tout ce que la « Sainte Egliſe Grecque commande & ordonne. Iuge ton « peuple en Iuſtice, & fais miſericorde aux pauures, afin qu'au « ſortir de cette vallée de larmes, ils puiſſent eſtre receus «

Cc iij

aux joyes éternelles. Le Patriarche conclut la priere par ces paroles. Car à toy est le regne, la puissance, & la gloire. Dieu le
Pere, Dieu le Fils, & Dieu le Saint Esprit demeure auec nous.

 La priere estant acheuée, le Patriarche ordonne à deux
Metropolitains de prendre le bonnet & le manteau, & ayant
fait monter quelques Bojares sur la Tribune, il leur ordonne
d'en reuestir le Grand Duc, qu'il benit encore, en luy touchant le front de la petite Croix de dimants. Apres cela il
leur fait aussi donner le bonnet Ducal, pour le luy mettre sur la
teste, pendant qu'il dit au nom du Pere, du Fils, & du Saint
Esprit: & apres cela il le benit pour la troisiéme fois. En suite
de cela le Patriarche fait approcher tous les Prelats, qui donnent la benediction au Grand Duc, mais de la main seulement.
Cela estant fait, le Grand Duc & le Patriarche s'asseent, mais
ils se leuent aussi-tost, pour faire chanter la Litanie, dont tous
les versets finissent par *Gospedi pomiluy.* Seigneur ayez pitié de
nous; y meslans tousiours le nom du Grand Duc. Apres la Litanie ils se r'asseent, & vn des Metropolitains s'approche de
l'Autel, & dit en chantant: *Dieu conserue nostre Czaar & Grand
Duc de tous les Russes, que Dieu nous a donné en son amour, en bonne santé & en vne longue & heureuse vie.* Tous ceux qui s'y trouuent presens, tant Ecclesiastiques que Seculiers, repetent les
mesmes paroles, & font retentir l'Eglise de cris de joye. Les
Bojares s'approchent alors du Grand Duc, se battent le front
en sa presence, & luy baisent la main. Cela estant fait le Patriarche se presente seul deuant le Grand Duc, & luy dit;
" Que, puis que par la prouidence de Dieu tous les Estats du
" Royaume, tant Ecclesiastiques que Seculiers, l'ont establi
" & couronné Grand Duc sur tous les Russes, & luy ont con-
" fié vn gouuernement & vne conduite de si grande impor-
" tance, il doit appliquer toutes ses pensées à aimer Dieu, à
" garder ses commandemens, à administrer la Iustice, & à
" proteger & conseruer la vraye Religion Grecque. Apres
cela le Patriarche luy donne la benediction, & toute la Compagnie sort de l'Eglise, pour entrer en celle de saint Michel
l'Archange, qui est vis à vis de l'autre, où l'on recommence les
Litanies, comme aussi en suitte en l'Eglise de saint Nicolas,
où l'on acheue les Ceremonies, pour aller disner dans la grand'
salle du Pallais Ducal.

Apres le couronnement *Alexei Michaeloüits Morofou* changea la qualité de Gouuerneur en celle de Fauory & de premier Miniftre, & prit le mefme pouuoir dans les affaires qu'il auoit eu fur la perfonne du Prince, pendant la vie du Pere. Il commença fon eftabliffement par les grands emplois, qu'il fit donner aux parens de la grand' Ducheffe mere, pour laquelle le Prince auoit beaucoup de veneration: mais fous ce pretexte il les éloignoit de la Cour, laquelle il rempliffoit cependant, auffi bien que les principales charges de l'eftat de fes parens, & de fes creatures, qui n'auoient point d'autre attachement qu'à fa fortune. Il ne fouffroit pas, que les autres approchaffent de la perfonne du Prince, lequel il faifoit fouuent partir de la ville capitale, fous pretexte d'aller à la chaffe, ou pour quelque autre diuertiffement; afin de luy donner de l'auerfion pour les affaires, & de s'en rendre luy mefme le maiftre. Il croyoit que le feul moyen de s'affeurer de fon efprit, c'eftoit de le marier, & pour cét effet, il luy fit connoiftre la fille d'vn Gentilhomme, dont la beauté eftoit extreme, mais la naiffance fort mediore. Son deffein eftoit d'efpoufer la fœur de cette Damoifelle, & d'intereffer par ce moyen le Grand-Duc plus auant en fa conferuation. Le Pere de ces filles s'appelloit *Ilia Daniloüits Miloslausky*, & poffedoit les bonnes graces du Fauory; non feulement à caufe de fes deux belles filles; mais auffi à caufe de l'affiduité, auec laquelle il paroiffoit à fa fuitte. De forte que croyant pouuoir s'affeurer de fon affection & de fa fidelité, il en parla vn iour au Grand Duc, & auec tant d'auantage pour la beauté de ces Damoifelles, qu'il luy fit venir l'enuie de les voir. Le Grand Duc les enuoya querir, fous pretexte de venir voir les Princeffes fes fœurs, & les ayant veuës, il fe prit fi bien de la beauté de l'aifnée, que dés le iour mefme il fit dire à *Miloslausky*, qu'il le vouloit honorer de fon alliance, & efpoufer vne de fes filles. Le Gentilhomme receut ce meffage auec grand refpect, & remercia le Grand Duc de la grace qu'il luy vouloit faire. Incontinent apres on porta chez luy de riches prefents pour l'accordée, & vne bonne fomme d'argent pour le Pere; qui auoit befoin de ce fecours, auffi bien que fes parents, qui eftoient tous pauures, pour fe mettre en eftat de paroiftre au mariage de fa fille. Il fut celebré le Dimanche gras l'an 1647.

1636.

mais sans bruit : de peur que l'on en empeschast l'effet par des charmes. Huit iours apres se firent les nopces de Morosou, auec la seconde fille *Miloslausky*, & ainsi il deuint beaupere du Grand-Duc.

Ilia Daniloüits Miloslausky ne se vit pas si-tost estably en cette nouuelle grandeur, qu'il la voulut faire paroistre aux yeux de tout le monde. Il fit abbatre vne maison de bois qu'on luy auoit donnée aupres du Palais du Grand Duc dans le chasteau, & fit éleuer en la place vn superbe bastiment de pierre. Il chassoit petit à petit les vieux Officiers de la maison, & y faisoit entrer ses parents & ses creatures : lesquels pour estre aussi affamez que le chef de leur famille, qui les produisoit, ne perdoient point d'occasion de faire leurs affaires. Il establit entr'autres en la charge de premier Iuge de la ville de Moscou, vn nommé, *Leponti Steppanoüits Plesseou*, en la Iurisdiction qu'ils appellent *Semskoy Duor*. Il n'y auoit point de concussion, dont cét homme ne s'aduisast. Il ne se contenoit point de prendre des presents, mais il reduisoit toutes les parties à la derniere misere. Il subornoit des delateurs, qui accusoient de diuers crimes ceux qui auoient dequoy se redimer de ses vexations, les faisoit arrester prisonniers, & les persecutoit cruellement, pour les obliger à faire negocier leur liberté, auec des gens apostés pour cela ; & entr'autres auec vn certain *Pierre Tichonoüits Trochaniotou*, son beau frere. Ce dernier estoit de la qualité de ceux, que l'on appelle en Moscouie *Ocolnits*, parmy lesquels on choisit ceux que l'on veut faire *Bojares*, & il auoit la direction du *Puskarse Pricas*, c'est à dire sur les armuriers, les Canoniers, & sur tous les ouuriers de l'Arsenac, qui en estoient fort mal traités. Car au lieu de les payer tous les mois, ainsi que l'on a accoustumé de faire en Moscouie, où l'on paye tous ceux qui sont au seruice du Grand Duc, auec tant d'exactitude, que s'ils manquent d'aller querir leur argent le premier iour du mois, on le leur enuoye chez eux ; celui-cy au contraire les laissoit languir plusieurs mois, les contraignoit de venir à composition, & de donner quittance de toute la somme, bien qu'ils n'en receussent qu'vne partie. Auec cela on ruinoit le commerce, l'on faisoit des Monopoles, & l'on ne donnoit point de charge ny d'employ, que l'on n'eust achetté l'agreément du fauory *Boris Iuanoüits Morosou*. Il y eut vn

malvotier,

maltottier, qui donna l'inuention de faire defendre les aulnes, dont l'on se seruoit ordinairement, & d'obliger le peuple d'achetter certaines aulnes de fer qui estoient estalonnées de la marque du Grand Duc; mais au lieu de les vendre huit ou dix sols, l'on en faisoit payer vn escu : de sorte que l'on en fist vne somme immense par le debit necessaire qui s'en fit par tout le Royaume. Vn autre donna l'inuention de faire charger la pudde, qui est le poids de quarante liures, de sel, que l'on n'achetoit auparauant que vingt sols, de dix sols de gabelle. Et ce droit fut effectiuement estably : mais au lieu d'en tirer vn grand aduantage, il se trouua au bout de l'an, que la cherté du sel en auoit tellement empesché la vente, que non seulement le reuenu du Grand Duc en estoit visiblement diminué, mais aussi il s'estoit gasté vne si grande quantité de poisson, ou l'on auoit espargné le sel, qui descheoit & se gastoit cependant dans les magazins, que si l'on eust autant aimé le seruice du Prince, que l'on auoit dessein d'opprimer le peuple, l'on eust bien tost reuoqué cette nouuelle imposition. Les habitans de Moscou, qui auoient vescu sous vn gouuernement plus doux, pendant le regne du dernier Grand Duc, ne pouuoient pas s'empescher d'en murmurer. Ils faisoient des assemblées aupres des Eglises, aux heures que leurs deuotions les y appelloient, & resolurent enfin de presenter leur requeste au Grand Duc. Et dautant que personne ne voulut, ou osa, s'en charger, ils prirent iour pour la luy donner eux mesmes, & de luy remonstrer l'extreme necessité du peuple, lors qu'il sortiroit du chasteau, pour aller à ses deuotions, ou à ses diuertissemens. Ils en vouloient particulierement à *Leponti Steppanoüits Pleskeou*, & ils auoient dessein de supplier le Czaar de mettre sa charge entre les mains d'vn homme d'honneur, dont ils pussent esperer plus de iustice. Ils tinrent leur requeste preste, & chercherent deux ou trois fois l'occasion de la presenter au Prince: mais les Bojares, qui ont accoustumé de l'accompagner aux ceremonies, la leur osterent, & se contentans d'en faire le rapport, suiuant l'ordre qu'ils prenoient de Morosou, la requeste demeura sans response, & le peuple sans soulagement. Cecy arriua si souuent, que le peuple resolut enfin d'en vser autrement, & de faire ses plaintes de bouche, à la premiere occasion qui se presenteroit. Ce fut le 6. Iuillet 1648. qu'ils se ser-

1636.

Dd

uirent de celle d'vne procession, que le Grand Duc fit au Conuent de *Stretenskoy*, dans la ville. Le peuple s'estoit assemblé au grand marché deuant le chasteau, pour le voir passer, comme de coustume: mais au retour ils fendirent la presse de ceux qui accompagnoient le Grand Duc s'approcherent de luy, saisirent son cheual par la bride, l'arresterent, & le prierent d'oüir les plaintes qu'ils auoient à luy faire, des iniustices & des violences de *Plesseou*; le suppliants d'établir en sa place vn homme de bien, qui se peust mieux acquitter de cette importante charge. Le Grand Duc, quoy, que surpris de ce procedé, ne perdit point le iugement; mais témoignant d'estre touché des plaintes de ses bons sujets, promit qu'il s'informeroit de l'estat de l'affaire, & qu'il leur feroit donner satisfaction. Le peuple n'en demandoit point d'autre, & s'alloit separer, fort content de cette responsse, quand quelques *Bojares*, des amis de *Plesseou*, dirent des iniures au Peuple, pousserent leurs cheuaux dans la foule, & battirent quelques-vns à coups de foüet: dont le peuple se sentit tellement outré, qu'il y en eut qui amasserent des pierres, & en ietterent vne si grande quantité, que les Seigneurs, se sentans chargés d'vne graisle de cailloux, furent contrains de se sauuer à bride abatuë au chasteau; où le peuple les poursuiuit si vigoureusement, que tout ce que les mousquetaires de la garde purent faire, ce fut de l'arrester, iusqu'à ce que les autres eussent gagné la chambre du Grand Duc. La resistance des Strelits ne seruit qu'à irriter la rage du peuple, qui menaça de forcer l'appartement du Prince, & de faire main basse à tout ce qu'ils y trouueroient, si l'on ne leur mettoit presentement *Plesseou* entre les mains. *Morosou* sortit sur vn balcon, & tascha d'appaiser le peuple, en l'exhortant au nom de sa Majesté Czaarique, de se separer, & de faire cesser la mutinerie. Mais on luy dit, qu'on luy en vouloit aussi bien qu'à l'autre. Et de fait vne partie alla droit à son Hostel, qui fut forcé, pillé & demoly en vn moment, & l'on ietta par la fenestre vn de ses domestiques, qui s'estoit mis en deuoir de s'opposer à ce desordre. Leur animosité fut si grande, qu'ils n'espargnerent pas mesmes les Images de leurs Saints, pour lesquelles ils ont accoustumé d'auoir d'ailleurs beaucoup de veneration. Seulement eurent-ils quelque respect pour la femme de Morosou, & se contenterent de luy arracher ses perles, & ses pierreries, qu'ils 1636. ietterent dans la ruë, & de luy faire peur; en luy disant, qu'ils la consideroient comme la belle-sœur du Grand-Duc, mais que sans cela ils la tailleroient en pieces. Ils briserent entr'autres son beau carosse garny de brocard, houssé de mesme & estoffé d'argent, mesme aux roües. Il y en eut qui se ietterent dans la caue, & ils y enfoncerent les tonneaux d'eau de vie, où le feu se prit, & consuma tous ceux qui s'y estoient enyvrez. Ce pillage, & le butin qu'ils y firent, ne leur seruit que de curée, pour plusieurs autres maisons, qui furent pillées ensuite: comme celles de *Plesseou* de *Tichonoüits*, du Chancelier, & de tous les autres partisans de la faueur, & ils y trouuerent tant de richesses, qu'ils vendoient les perles à poignées, & à si bon marché, que l'on en achetoit plein vn bonnet trente escus; vn renard noir, ou vne paire de zobelines trente sols, & les estoffes d'or & d'argent, & de soye se donnoient quasi pour rien.

Nazari Iuanoüits Tzistou, Chancelier de Moscouie, estoit celuy qui auoit pris la ferme de la gabelle, & il se trouuoit malade au lict d'vn accident qui luy estoit arriué trois iours auparauant, par la rencontre d'vn bœuf enragé, dont son cheual auoit pris l'espouuante, & auoit ietté son maistre à terre, auec tant de violence qu'il en estoit en danger de sa vie; mais quand il sceut que la maison de Morosou auoit esté pillée, & croyant bien que l'on ne manqueroit point de venir chez luy, il se cacha sous le boulleau, dont on fait prouision pour toute l'année pour les estuues; & afin que l'on n'en soupçonnast rien, il se fit couurir de quelques fleches de lard; si bien qu'il se fut indubitablement sauué, sans l'infidelité d'vn de ses valets, qui faisant son profit du malheur de son maistre, le trahit, & se saisist d'vne bonne quantité de ducats, auec laquelle il se retira à Nisenouogorod. Ce peuple enragé le tira par les pieds de dessous le boulleau, & le traisna le long de la montée iusques dans la Cour, où il fut acheué à coups de baston. Le corps fut ietté sur le fumier, & la maison pillée, en sorte qu'il n'y resta rien d'entier. Pendant que ces desordres se faisoient dans la Ville, l'on eut le loisir de se barricader dans le Chasteau, contre l'insolence du peuple, qui demeura toute la nuict, du six au 7. Iuillet sous les armes; faisant bien connoistre par sa contenance

Dd ij

1636. qu'il ne faifoit qu'attendre le iour, pour recommencer. C'e[ſt] pourquoy l'on donna ordre aux Officiers & aux foldats Allemans, de fe donner plufieurs rendez-vous dans la ville, & d[e] venir fecourir le Grand Duc au chafteau. Ils y allerent aue[c] le drapeau, tambour battant ; & les Mofcouites, au lieu de s'y oppofer, leur firent place, les faluerent, & leur dirent, qu[e] ce n'eftoit pas à eux à qui ils en vouloient, & qu'ils les connoiffoient pour gens d'honneur, qui n'approuuoient point le[s] fripponeries & les violences du gouuernement. Dés que le[s] Allemans furent entrés au chafteau, ils prirent leurs pofte[s] pour la garde, & le Grand Duc en fit fortir *Knez Nikita Iuanoüits Romanou*, qu'il fçauoit eftre fort agreable au peuple, pour tafcher de diffiper leur affemblée. Il fe prefenta au peuple le bonnet à la main, & leur dift, qu'il croyoit qu'ils deuroient eftre fatisfaits de l'affeurance que le Grand Duc leur auoit donnée le iour precedent, qu'il remedieroit aux defordres dont ils fe plaignoient. Que fa Majefté luy auoit ordonné de leur porter la mefme parole, & de les exhorter de fe retirer chez eux; afin de luy donner d'autant plus de moyen d'executer ce qu'il leur auoit promis. Cette harangue fut fort bien receuë, & le peuple luy refpondit, qu'ils ne fe plaignoient point du Grand Duc ; mais bien de ceux qui fe feruoient de fon nom, pour abufer de fon autorité, & qu'ils ne fe retireroient point, qu'on ne leur euft mis entre les mains *Boris Iuanoüits Morofou, Steppanoüits Leponti Pleffeou*, & *Pierre Tichonoüits Trachaniftou* pour fe venger fur eux du mal qu'ils auoient fait à tout le Royaume. *Romanou* les remercia de la fauorable refponfe, qu'ils auoient faite à fa propofition, & leur dit, qu'il ne manqueroit point de faire rapport au Grand Duc, du zele & de l'affection qu'ils tefmoignoient pour fon feruice. Qu'il ne doutoit point, qu'il ne fift executer les trois Seigneurs qu'ils demandoient; mais qu'il leur pouuoit iurer, que *Morofou* & *Trachaniftou* s'eftoient fauuez, & que pour le troifiéme, l'on ne feroit point de difficulté de le faire mourir. Et de fait *Romanou* ne fut pas fi-toft de retour aupres du Grand Duc, que l'on fi[ſt] dire au peuple, qu'on leur alloit facrifier *Pleffeou*, & que l'on feroit autant des deux autres, dés qu'on les auroit trouuez, & que pour cét effet ils enuoyaffent querir le bourreau, pour l'execution. Il ne fe fit pas long-temps chercher, mais fe presenta aussi-tost auec ses valets à la porte du chasteau ; d'où on le vit sortir au bout d'vn quart d'heure, amenant *Plesseou*, au marché, pour luy couper la teste. Mais le peuple ne luy en donna pas le loisir, ny au Greffier de celuy de luy lire sa sentence. Ce fut à qui l'arracheroit des mains du bourreau, pour luy donner le premier coup de baston, dont il fut assommé en moins de rien, auec tant de rage, que la teste ne ressembloit plus à ce qu'elle estoit auparauant. Apres cela ils traisnerent le corps par la bouë, & le chargerent de toutes les maledictions imaginables ; iusqu'à ce qu'vn Moine, à qui le defunt auoit autrefois fait donner des coups de baston, en coupast la teste. *Morosou* s'estoit sauué en effet ; mais ayant rencontré des charretiers, & vne partie de la populace, qui le cherchoient, il fut assez heureux pour se sauuer encore de leurs mains, & pour se retirer par des routes secretes au chasteau. Et afin que le peuple ne crust point que le Grand Duc eust contribué à l'euasion des autres, on enuoya aussi-tost apres *Trachanistou*, que l'on attrappa aupres du Conuent de *Troiza*, à douze lieuës de Moscou. On le ramena le huictiéme au *Semsky Duor*, c'est à dire au lieu où son maistre auoit accoustumé de rendre la iustice : & dés que le Duc en eust aduis, il commanda qu'on luy tranchast la teste. Cette execution fit vn si grand effet, que le peuple ayant sceu que *Morosou* auoit esté en effet rencontré à la campagne, sans que l'on sceust ce qu'il estoit deuenu, iugea qu'il ne falloit point presser le Grand Duc de leur donner ce qu'il n'auoit point, & se separa enuiron sur les onze heures du matin. Incontinent apres midy on vit le feu en plusieurs maisons, aux quartiers de *Metrofski* & de *Twerski* ; où le peuple, qui ne s'estoit pas encore retiré, accourut, pour dérober plûtost, que pour aider à esteindre le feu Il fit en fort peu de temps tant de progrez, qu'il consuma tout le quartier de Zaargorod; reduisant en cendres toutes les maisons comprises dans la muraille blanche, iusqu'à la riuiere de Neglina : & passant au delà de la riuiere dans les tauernes du Grand Duc, il alluma celles à l'eau de vie, & fit vn si horrible embrasement, que l'on croyoit qu'il enseueliroit mesme le chasteau dans ses cendres. Il ne s'y trouua personne, qui voulust aller au secours, & ceux qui y estoient obligez, n'estoient pas en estat de le pouuoir faire ; s'estans tellement enyurez, qu'estans demeurez endormis dans la ruë, les vapeurs du feu, qu'ils auoient dans le corps, les eſtouffoit, auſſi bien que la fumée de celuy qui acheuoit de brûler toute la ville. Sur les onze heures du ſoir quelques eſtrangers, s'amuſans à regarder auec eſtonnement le feu dans la maiſon, où l'on auoit ſerré l'eau de vie pour la prouiſion du Grand Duc, apperceurent de loin vn Moine, chargé d'vn fardeau, qu'ils ne purent pas bien reconnoiſtre d'abord, ſinon qu'à l'oüir ahanner, ils jugerent bien qu'il deuoit eſtre bien peſant. En approchant il pria que l'on vint à ſon ſecours, & qu'on luy aidaſt à jetter dans le feu le corps du meſchant *Pleſſcou*, qu'il traiſnoit apres luy; parce que c'eſtoit là le ſeul moyen à ce qu'il diſoit, de l'eſteindre: mais voyant que les Allemans n'y vouloient point mettre la main, il ſe mit à jurer & à blaſphemer, iuſqu'à ce que quelques Moſcouites luy euſſent rendu cét office, & qu'ils luy euſſent aidé à jetter le cadaure dans le feu; qui de l'heure meſme commença à ſe diminuer, & à s'eſteindre quelque temps apres, en leur preſence.

Quelques jours apres cét accident, le Grand Duc fit regaler les Strelits d'eau de vie & d'hydromel, & ſon beau-pere, *Ilia Daniloüitz Miloſlansky* conuia pluſieurs bourgeois de chaque meſtier à diſner chez luy, & employa pluſieurs iours de ſuitte à leur faire bonne chere. Le Patriarche exhorta auſſi les Preſtres & les Moines de taſcher de ramener les eſprits eſgarés à leur deuoir, & de leur remonſtrer le reſpect & l'obeïſſance, à laquelle la conſcience les obligeoit. Ce qui acheua de calmer les eſprits; de ſorte que le Grand Duc ayant remply les charges des executés de perſonnes capables & approuuées, il ſe ſeruit de l'occaſion d'vne proceſſion, pour parler au peuple en la preſence de *Nikila Iuanoüits Romanou*, & dit, qu'il auoit vn regret extreme d'apprendre les injuſtices & les violences, que *Pleſſlou*, & *Trechamſtou* auoient faites ſous ſon nom, mais contre ſon intention. Qu'il auoit eſtably en leur place des perſonnes de probité, & agreables au peuple, qui ne manqueroient pas d'adminiſtrer la iuſtice gratuitement, & également à tous; à quoy il auroit luy-meſme l'œil. Qu'il reuoquoit l'Edit de la gabelle du ſel, & qu'il ſupprimeroit au premier iour tous les monopoles. Qu'il leur conſerueroit tous les priuileges, & qu'il les augmenteroit aux occaſions. Surquoy le peuple s'eſtant battu le front, & ayant remercié ſa Majeſté; le Grand Duc continua, & dist, qu'il estoit vray qu'il auoit promis de leur mettre entre les mains la personne de *Boris Iuanouitz Morofou*, & qu'il aduoüoit, qu'il ne le pouuoit pas entierement justifier ; mais qu'il ne se pouuoit pas resoudre à le condamner aussi. Bien vouloit-il esperer, que le peuple ne rejetteroit point la premiere priere qu'il luy vouloit faire, de pardonner à *Morofou*, pour cette fois seulement, ce en quoy il leur auoit depleu : qu'il respondroit pour luy, & qu'il osoit asseurer le peuple, que Morofou, se gouuerneroit si bien à l'aduenir, qu'il auroit suiet d'estre satisfait de sa conduite. Que si l'on ne vouloit point qu'il continua de prendre sa place au Conseil d'Estat, il le congedieroit ; mais qu'il supplioit le peuple de considerer ce Seigneur, comme celuy qui auoit seruy de pere au Prince, & comme celuy, lequel ayant espousé la sœur de la Grand' Duchesse, ne pouuoit pas ne luy estre point extremement cher, & ainsi qu'il auroit de la peine à consentir à sa mort. Les larmes, auec lesquelles le Grand Duc finist ce discours, firent bien connoistre l'affection qu'il auoit pour ce Fauory, & toucherent si bien le peuple, qu'ils s'écrierent tous. Dieu donne vne longue vie & heureuse à sa Majesté. La volonté de Dieu & du Grand Duc soit faite. Le Czaar en sentit vne joye extreme, en remercia le peuple, & loüa hautement le zele & l'affection, qu'il venoit de témoigner pour son Estat, & pour sa personne. Peu de jours apres *Morofou* parut en public à la suite du Grand Duc, & à l'occasion d'vn pelerinage, qu'il fit au Conuent de *Troitza*. Il ne se couurit point depuis le Chasteau iusqu'à la porte de la Ville, saluant le peuple de l'vn & de l'autre costé de profondes reuerences : & depuis ce temps il ne perdit point l'occasion de gratifier & d'aider de son credit ceux qui s'adressoient à luy, pour les affaires qu'ils auoient à la Cour.

L'histoire que nous venons de raconter, confirme la verité de ce que nous auons dit ailleurs, que les Moscouites, tout soûmis & esclaues qu'ils sont, ne laissent pas de s'emanciper, quand le gouuernement leur deuient insupportable, & les jette dans le desespoir. I'y adiousteray encore vn exemple plus recent, & dont le recit sera d'autant moins ennuyeux, qu'il a quelque dependance auec celuy dont nous venons de parler, & qu'il a beaucoup de rapport à ce que l'on a veu en mesme temps quasi en tous les autres Estats de l'Europe.

1636. Le Grand Duc de Moscouie enuoya en l'an 1649. vn ambaſſade ſolemnelle à la Reine de Suede, dont eſtoit le chef *l'Ocolniza Boris Iuanoüits Puskin.* Il auoit ordre, entr'autres choſes d'accommoder le different, qui ſembloit menacer ces deux Eſtats voiſins d'vne guerre inéuitable; à cauſe des ſuiets de l'vne & de l'autre Couronne, qui quittoient le païs de leur demeure, & qui ſe retiroient chez leurs voiſins, pour éuiter le payement de leurs debtes. Et dautant que depuis trente-deux ans ce compte n'auoit point eſté liquidé, & qu'il ſe trouuoit plus de Suedois en Moſcouie que de Moſcouites en Suede, il fut dit par le traitté, que *Puskin* fit à Stockholm, que l'on feroit vne compoſition des trente premieres années, & que pour les deux autres, le Grand Duc feroit payer à la Reine & à la Couronne de Suede cent quatre-vingt dix mille Roubles, qui font trois cens quatre-vingt mil eſcus; partie en argent, partie en ſeigle, & que le payement ſe feroit au Printemps de l'an 1650. Et de fait Iean de Rodes eſtant en ce temps-là arriué à Moſcou, en qualité de Commiſſaire de la Reine de Suede, on luy paya, en copecs & en ducats, trois cens mil eſcus, & l'on donna ordre à *Fedor Amilianou*, marchand de Pleſcou, de fournir du ſeigle, iuſqu'à la valeur de quatre-vingt mil eſcus. Cét homme intereſſé fit auſſi-toſt ſaiſir tous les ſeigles, & ne voulut pas permettre que les particuliers en achetaſſent vn ſeul boiſſeau, ſans ſa permiſſion; laquelle on eſtoit contraint d'acheter bien cherement. Les habitans de Pleſcou ſouffrirent cette oppreſſion ſi impatiemment, que non contens de s'en prendre à l'auarice des Suedois, ils accuſoient *Puskin* de preuarication en ſon employ, & de trahiſon contre ſon Prince. Ils diſoient que *Morofou* eſtoit d'intelligence auec les eſtrangers, & ſe perſuadans que cette negociation s'eſtoit faite contre l'intention du Grand Duc, ils taſchoient d'intereſſer la ville de Nouogorod en leur querelle; & ils y trauaillerent ſi bien, que quelques-vns des principaux marchands, s'eſtans declarez pour eux, le weiüode eut de la peine, à empeſcher le ſoûleuement de toute la ville. Les vns & les autres reſolurent, qu'ils arreſteroient l'argent lors qu'on le voudroit tranſporter en Suede, & qu'ils ne permettroient point la traitte du ſeigle, parce qu'elle ſeroit capable d'affamer tout le païs. Auec cette intention ils enuoyerent trois deputez à Moſcou;

ſçauoir

sçauoir vn Marchand, vn Cosaque, & vn Strelits; auec ordre de sçauoir si ce traitté s'estoit fait, & s'il s'executoit du consentement du Grand Duc. Et cependant, sans attendre le retour de leurs deputez, ils pillerent la maison d'*Amilianou*, & donnerent la question à sa femme, pour la contraindre de découurir l'argent de son mary, qui s'estoit sauué. Le Weiüode y accourut, à dessein d'empescher le desordre; mais on le chassa de la Ville, & l'on conuia la Noblesse du voisinage d'y venir, & de se ioindre à eux, contre les Monopoleurs & contre les Maltottiers. Ces trois venerables deputez ne furent pas si-tost arriuez à Nouogorod, que le Weiüode les fit mettre aux fers, & les enuoya en cét estat à Moscou; où arriuerent en mesme temps le weiüode de Plescou, & le Marchand *Amilianou*. L'on y eut aussi aduis, que ceux de Plescou auoient volé & mal-traitté vn Marchand Suedois; c'est pourquoy le Grand Duc y renuoya le weiüode, & le fit accompagner d'vn Boiare, pour tascher d'arrester le progrez de ses desordres. Ceux de Plescou, qui ne le vouloient point receuoir d'abord, leur ouurirent enfin les portes; mais ce ne fut que pour mettre le weiüode en prison, & pour faire violence au Boiare; qui fut assez imprudent pour les vouloir traiter, hors de saison, auec tant de seuerité, que le peuple le chargea de coups de baston, & le poursuiuit iusques dans vn Conuent où il fut forcé, & mal-traité, en sorte que l'on croyoit qu'il en deust mourir.

Le Grand Duc ne laissa pas d'executer le traité que l'on auoit fait auec la Suede, & acheua de payer en argent le seigle que l'on auoit promis de fournir; le faisant conduire auec le Commissaire Suedois, par vne bonne escorte de Strelits; iusques sur les frontieres de Suede. Il donna en mesme temps ordre à *Iuan Nikitoüits Gauensky* d'assembler la Noblesse des Prouinces voisines, & les Regimens d'Infanterie des Colonels Kormichel & Hamilton, qui faisoient plus de quatre mil hommes, & d'assieger la ville de Plescou. Les habitans firent d'abord mine de se vouloir defendre, mais le courage leur manqua bien-tost, aussi bien que la force; de sorte qu'ils furent contraints de faire leur accommodement aux dépens des auteurs de la sedition, qui furent executés à mort, ou relegués en Siberie.

Les desordres dont nous venons de parler, ont apporté vn

E e

grand changement aux affaires & au gouuernement de Moscouie. Car encores que *Miloslauski* & *Morosou* ayent beaucoup de credit, & que le Patriarche mesme ait vne tres-grande autorité auprés du Grand Duc, les autres *Knez* & *Bojares* ne laissent pas d'auoir bonne part aux affaires, & de faire les fonctions de leurs charges, chacun selon sa naissance & selon son employ. Les Bojares se trouuent ordinairement à la Cour au nombre de trente; quoy que du temps de *Zusky* l'on y en comptast iusques à soixante-dix. Quand en l'an 1654. il falut resoudre la guerre de Smolensko, il se trouua aux deliberations de cette importante affaire vingt-neuf Bojares, dont voicy les noms.

Boris Iuanoüits Morosou, fauory du Czaar.
Boris Nikita Iuanoüits Romanou, grand oncle du Czaar.
Iuan Basiloüits Morosou.
Knez Iuan Andreoüits Gallizin.
Knez Nikita Iuanoüits Odoouski.
Knez Iacob Kudenieteüits Tzerkaski.
Knez Alexei Nikitoüits Trubetskoi.
Gleeb Iuanoüits Morosou.
Wasili Petroüits Tzemeretou.
Knez Boris Alexanderoüits Reppenin.
Michaël Michaëloüits Soltikou.
Basili Iuanoüits Streesnou.
Knez Wasili Simonoüits Posorouski.
Knez fedor Simonoüits Kurakin.
Knez Gregori Simonoüits Kurakin.
Knez Iurgi Petroüits Buynessou Rostouki.
Iuan Iuanoüits Sollikou.
Knez Iurgi Alexeoüits Dolgorusky.
Gregori Basiloüits Puskin.
Knez Fedor Fedroüits Volchanski.
Laurenti Demitrioüits Soltikou.
Ilia Daniloüits Miloslauski, beau pere du Grand Duc.
Basili Basiloüits Butterlin.
Knez Michaël Petroüits Pronski.
Knez Iuan Nikitoüits Gauenski.
Knez Fedor Iurgioüits Chworostini,
Basili Borissoüits Tzemeretou.
Nikita Alexeoüits Susin.

ET DE PERSE, LIV. III.

Les *Ocolnits*, ou les Seigneurs, du nombre desquels on choisit les *Bojares*, sont,

Ocolnitza Knez André Federoüits Litwinou Masalskoy.
Knez Iuan Federoüits Chilkou.
Mikifor Sergeoüits Zabackin.
Knez Demetri Petroüits Lewou.
Knez Basili Petroüits Lewou.
Knez Simon Petroüits Lewou.
Knez Iuan Iuanoüits Romadanouski.
Knez Basili Grigoriüits Romadanousky.
Knez Steppan Gabriëloüits Puskin.
Knez Simon Romanoüits Posarski.
Bogdan Mattheoüits Chytrou.
Peter Petroüits Gowowin.
Iuan Andreoüits Miloslauski.
Knez Iuan Iuanoüits Labanou Rostouski.
Knez Demetri Alexeoüits Dalgaruski.
Simon Lukianoüits Stresnou.
Iuan Fedroüits Bolskoi Stresnou.
Michaël Alexoüits Artischo.
Precossi Fedroüits Sochounin.
Knez Boris Iuanoüits Troikurou.
Alexei Demetrioüits Collitziou.
Wasili Alexandrioüits Zioglockou.
Iuan Basiloüits Alferiou.

Les plus qualifiez aprés les *Bojares*, & les *Ocolnits*, sont ceux qu'ils appellent *Dumeny Duorainy*, & *Simboiarski*; c'est à dire, fils de *Bojar*, & ils sont au nombre de six; sçauoir,

Iuan Offonassinoüits Gabrienou.
Fedor Cusmits Iellissariou.
Bogdan Fedroüits Narbickou.
Sdan Basiloüits Conderou.
Basili Fedroüits Ianou.
Offonassei Ossipoüits Prontzissou.

Le Chancelier & les Secretaires d'Estat sont,
Almas Iuanoüits Chancelier.

Simon Iuanoüits Saborouski.
Lariouon Demetrioüits Prontziſſou.

Ce ſont là les noms des Seigneurs qui ont aujourd'huy les principales Charges, & qui gouuernent tout le Royaume de Moſcouie; tant au Conſeil d'Eſtat, que pour les affaires particulieres; ainſi que nous verrons incontinent.

Les principaux Officiers de Moſcouie & leur rang.

La premiere dignité du Royaume eſtoit autrefois celle du *Sudarſtreuoi Coiniſche*, c'eſt à dire de grand Eſcuyer de Moſcouie : mais cette charge demeure ſupprimée depuis que *Zuski*, qui la poſſedoit, fut appellé à la Couronne. Celle qui la ſuit, ou qui eſt auiourd'huy la premiere, eſt celle de *Duoretskoy*, ou de Grand-Maiſtre, qui a l'intendance & la direction de toute la maiſon du Grand Duc. Apres luy ſuit le *Oruſnitschei*, qui a l'intendance des armes & des cheuaux, qui ſont pour le ſeruice particulier de la perſonne du Czaar, comme auſſi des harnois & des autres ornemens, dont l'on ſe ſert aux entrées & aux ceremonies publiques. Ces trois officiers precedent tous les autres *Bojares*, *Ocolnits*, *Dumeni-Diaki*, & les Secretaires d'Eſtat; qui a leur tour precedent le *Poſtilnizei*, ou celuy qui fait le lict du Grand Duc, le *Comnutnoy Klutziom*, c'eſt à dire le Chambellan, le *Craftzei*, ou Eſcuyer tranchant, les *Stolniki*, ou Gentilshommes ſeruans, les *Strapſi*, ou Gentils-hommes de la Chambre, & les *Duoraini*, ou Gentils-hommes ordinaires. Les *Silzi* ou Pages, les *Diaki*, ou Secretaires, & les *Poddiotzei*, ou les Commis, qui ſont les derniers en dignité & en fonction.

Les Bojares ſont obligez de ſuiure la Cour.

Tous les *Knez* & les *Bojares*, qui ont du bien, ſont obligez de donner leurs terres à ferme, & de demeurer en perſonne à Moſcou; où ils ſont obligez d'aller tous les iours à la Cour, & de ſe frapper le front en la preſence du Grand Duc : qui s'aſſeure par ce moyen de leur fidelité, & affermit le repos de ſon Eſtat, qui pourroit eſt alteré par l'autorité, que les Grands pourroient s'acquerir dans les Prouinces, pendant le ſeiour qu'ils y feroient.

Leur dépenſe.

Leurs Hoſtels ſont grands & magnifiques, & ils paroiſſent extremement, tant en leur depenſe dans le logis, qu'en leurs habits, & en leur ſuite, quand ils ſortent de chez eux. Quand ils vont à cheual ils portent à l'arçon de la ſelle vne petite timbale, d'vn pied de diametre, où ils donnent de temps en temps des coups du manche de leur foüet, pour ſe faire faire place dans la

presse, qui se trouue ordinairement au marché, & dans les ruës. 1636.
Les Knez, qui n'ont point d'employ à la Cour, & qui n'ont pas le moyen d'y faire la dépense, se retirent à la campagne; ou leur façon de viure n'est pas fort differente de celles des païsans.

Ils ne se mesallient point, & ils font estat de l'ancienne No- *Ils estiment la* blesse; non seulement de celle de leur païs, mais aussi de l'e- *Noblesse.* strangere: dont ils s'informent bien particulierement, & sur tout de la naissance des Ambassadeurs que l'on enuoye en Moscouie.

Ces Bojares ne seruent pas seulement aux ceremonies & aux audiances publiques, mais ils ont effectiuement part au ministere, & ils sont employez aux affaires & à la decision des procez, où ils se trouuent, en qualité de Presidens. Les Conseils pour les affaires d'Estat se tiennent ordinairement la nuict, & les Conseillers se rendent au Conseil à vne heure apres minuict, & y demeurent iusqu'à neuf ou dix heures du matin.

Nous parlerons de l'employ particulier des Bojares, quand nous aurons dit vn mot du reuenu du Grand Duc: lequel ayant vn Estat d'vne vaste estenduë, & côposé d'vn tres-grand nombre de Prouinces, il ne se peut qu'il ne soit tres-riche & tres-puissant, tant en domaine, qu'à cause du profit qu'il tire du trafic qu'il fait faire par ses facteurs, & des tailles, droits & impositions qu'il leue sur ses suiets. En temps de paix les impositions ne sont point excessiues, mais les contributions sont si grandes en temps de guerre, que lors que le Grand Duc, *Michaël Federoüits* voulut assieger la ville de Smolensko en l'an 1632. il obligea tous les suiets à luy payer la *Pettina*, c'est à dire le cinquiéme denier de leur bien ; mais celuy-cy s'est contenté au commencement de la presente guerre, du dixiéme. Les Knez, les Bojares & les Gentils-hommes sont exempts de ces taxes, mais ils sont obligez aussi bien que les Conuens des Religieux, de leuer & d'entretenir vn certain nombre d'hommes, à pied & à cheual, à proportion de leur reuenu.

La traite Foraine rend vne somme si considerable, qu'il y a des années où le bureau de la seule ville d'Archangel fournit plus de six cens mille escus. Les *Crucisnoud-ior*, c'est à dire, les tauernes, où le grand Duc fait vendre du vin, de la biere, de l'hidromel & de l'eau de vie, payent vne somme immense;

E e iij

1636.

puis qu'il tire de trois tauernes de la seule ville de Nouogorod plus de douze mille escus, & que depuis que ce droit n'appartient qu'au Souuerain, il y a plus de mille maisons où le Grand Duc fait seul vendre le vin & l'eau de vie, & en tire seul le profit.

Les Martres Zobelines, & les autres fourures luy donnent aussi beaucoup; parce qu'il s'en est reserué le trafic à luy seul, aussi bien que celuy du Cauayar, & de plusieurs autres marchandises. Le reuenu de l'argent qu'il fait valoir par ses facteurs, n'est pas si certain; tant parce que le profit du Marchand ne l'est pas toûjours également asseuré, que par ce qu'on luy fait quelquefois banqueroute, aussi bien qu'à des particuliers. Lors de nostre ambassade, il auoit confié quatre mille escus à vn Marchand, nommé *Sauelli*; qui au lieu de faire profiter cette somme la dissipa entierement en moins de trois ans, qu'il fut en Perse. Le Grand Duc donna ordre au *Poslanik Alexei Sawinoüits Romanitzikou*, qui fit le voyage de Perse auec nous, de le faire prendre, & de le ramener en Moscouie. En arriuant à Schamachie, nous sceusmes qu'il estoit dans la ville : mais d'autant que le truchement du Poslanik estoit mort, il ne fit point semblant d'auoir ordre de le faire prendre, mais il le pria de luy seruir de truchement en sa negotiation; à dessein de le ramener sous ce pretexte iusques sur la Frontiere, & de le faire enleuer ensuite. L'autre qui se tenoit sur ses gardes, seruit fort bien le *Poslanik* pendant le seiour qu'il fit à Ispahan; mais le voyant prest de partir, pour retourner en Moscouie, il se sauua dans l'*Allacapi*, se fit circoncire, se mit sous la protection de Mahomet, & demeura en Perse.

Sa dépense.

Le Grand Duc donne tout son domaine à ferme, mais le reuenu qu'il en tire est la pluspart employé à la subsistance des Strelits, dont il est obligé d'entretenir continuellement vn tres-grand nombre; tant dans la ville de Moscou, où il y en a plus de seize mille, que sur les frontieres; de sorte que le nombre de la milice ordinaire monte à plus de cent mille hommes. Et pour dire la verité, si la recepte est grande, la dépense ne l'est pas moins. Il n'y a quasi point d'année, qu'il ne soit contraint d'achepter la paix des Tartares à force d'argent & de presens. Il ne fait pas ses guerres à si bon marché qu'on les fait ailleurs. Car appellant à son seruice grand nombre d'Officiers

& de soldats Allemans, & d'autres estrangers, il ne les y arreste, 1636. qu'en leur donnant des gages extraordinaires, & en les payant fort exactement, & bien souuent par auance. Les Ambassades qu'il reçoit, ne luy coustent pas moins que celles qu'il enuoye; parce qu'il defraye toutes les personnes publiques, & leur fait des presens fort considerables. La dépense de sa table & du reste de sa Cour est fort grande, comme estant composée de plus de mille personnes, qui ont bouche en Cour.

A l'heure du disner, ou de souper, l'on n'y sonne point de la trompette, comme l'on fait chez les Princes d'Allemagne; mais vn des Officiers va à la porte de la cuisine & de la caue, & crie, *Godusar Kuschenung*, c'est à dire, le Grand Seigneur veut que l'on serue, & aussi-tost on porte la viande. Le Grand Duc se met au milieu de la table & seul : s'il prie le Patriarche, ou quelqu'autre grand Seigneur, de disner auec luy, il fait dresser vne autre table au bout de la sienne, & on leur sert de la viande qui a esté presentée au Grand Duc : ie dis presentée, parce que tout le repas n'estant que d'vn seul seruice, d'enuiron cinquante plats, les Gentils-hommes ne les posent pas tous sur la table, mais ils les tiennent à la main, iusqu'à ce que l'Escuyer tren-chant les ait monstrez au Prince, & iusqu'à ce que le Duc ait demandé ceux dont il desire manger. Si personne ne disne auec luy, il enuoye les plats, où il n'a point touché, à quelques Seigneurs à la Ville, ou à ses medecins. Le Grand Duc d'auiourd'huy n'en a qu'vn seul, qui est celuy qui a fait le voyage de Perse auec nous. Il n'est point du nombre de ceux qui s'attachent superstitieusement aux maximes de Gallien; mais il employe souuent & fort heureusement des remedes chimiques, où il reüssit si bien, que le Prince ne s'en sert pas moins vtilement que les Bojares & les grands Seigneurs de la Cour. Il a six-vingt quatre escus de gage par mois, & outre cela vne pension de six cens escus par an, & plus de bled, d'orge, de miel, & de plusieurs autres prouisions, qu'il ne sçauroit consumer en sa famille. On ne purge point le Grand Duc, & l'on ne le fait point saigner, que l'on ne fasse au medecin vn present de cent escus, & d'vne piece de satin ou de velours, ou d'vn Zimmer de martre Zobeline, qui vaut pour le moins autant. Les *Bojares* ne donnent point d'argent aux medecins, mais bien vne certaine quantité de lard, de jambons, de Zobelines, d'eau

Sa table.

Ses Medecins.

1636.

de vie, & d'autres denrées. Ils font obligez d'aller tous les iours à la Cour, & de se battre le front en la presence du Grand Duc, ou au moins deuant ceux qui ont l'intendance de son apotheque.

Ses truchemens.

Il a plusieurs truchemens pour les langues estrangeres particulierement pour l'Alleman, le Polonois, le Suedois, le Turc & pour le Persan. Celuy dont il se sert principalement en ses plus importantes affaires, est Danois, & a vne connoissance si generale de toutes les langues de l'Europe, qu'ayant esté enuoyé à la Cour de Vienne depuis trois ans, auec *Iuan Iuanoüits Boklakouskoy* & *Iuan Polycarpousin Michailou*, l'Empereur le gousta si bien, qu'il luy donna des lettres de Noblesse de son mouuement. Au reste, la Cour du Grand Duc a cela de commun auec celle de tous les autres Princes, que le vice en bannit la vertu, pour y establir mieux son thrône. Ceux qui ont l'honneur de l'approcher de plus prés, sont aussi plus adroits, plus fourbes, plus infidelles & plus insolens que les autres. Ils sçauent merueilleusement bien faire valoir la faueur du Prince, & se font rendre les derniers respects & les plus basses soumissions, par ceux qui les recherchent, plustost pour éuiter le mal qu'ils pourroient faire, que pour le bien qu'on en espere.

Le Conseil du Grand Duc.

Le Conseil du Grand Duc est diuisé en six departemens, ou selon leur façon de parler, en six Chanceleries. Dans le premier on parle des affaires estrangeres. Dans le deuxiesme de celles de la guerre. Au troisiéme l'on traite du domaine & des finances du Prince. Dans le quatriesme on reçoit les comptes des facteurs & de ceux qui ont l'intendance des tauernes. Dans le cinquiéme on prend connoissance par appel des procés ciuils, & dans le sixiéme des procés criminels.

Nous auons dit cy-dessus, que les Bojares ne sont pas seulement employés aux affaires d'Estat, mais aussi au iugement des affaires particulieres, où ils president auec d'autres Iuges, où ils y iugent seuls les procés, selon la nature des affaires qui se presentent.

Ils appellent *Pololskoy Pricas* le lieu, où l'on regle les affaires des Ambassadeurs, des postes du Royaume & des Marchands estrangers. *Almas Iuanoüitz* est Secretaire de cette Chambre.

En la seconde Chambre, qu'ils appellent *Roseradni Pricas*, l'on tient registre de la qualité, & de la famille des Bojares & de tous

tous les Gentilshommes de Moscouie, comme aussi de tous les exploits de guerre, & des aduantages que le Grand Duc en tire, ou des pertes qu'il y fait. *Iuan Offonasinouitz Gabrienou* a la direction de cette chambre.

Dans le *Pomiestnoi Pricas*, qui est la troisiesme Chambre, l'on tient registre de tous les fiefs, & l'on y vuide les procés qui les regardent. L'on y reçoit aussi les droits que les fiefs doiuent au Grand Duc, sous la direction de *Fedor Cusmits Iellisariou*.

Dans le *Kasanskoy & Siberskoy Pricas*, c'est à dire dans la quatriéme & la cinquiéme Chambre, se iugent les procez des Prouinces de Casan & de Siberie, & l'on y tient registre des pelleteries, que ces Prouinces fournissent au Grand Duc. Le President de ces deux Chambres est le *Bojar Knez Alexei Nikitoüits Touboltskoi*. Dans le *Duorouoi Pricas* se iugent les procez des commensaux du Grand Duc, & les affaires qui regardent sa maison; sous le *Bojar Basili Basilouïts Iutterlin*.

L'*Inasemskoi Pricas* est pour les Officiers de guerre estrangers, qui y ont leurs causes commises, & qui en temps de paix y reçoiuent leurs ordres, d'*Ilia Danilouïts Miloslausky*, beau pere du Grand Duc, qui en a la direction.

Reitarskoi Pricas est pour le iugement des procez de la Cauallerie Moscouite, & c'est là où en temps de paix ils reçoiuent leurs ordres & leurs gages; sçauoir soixante escus pour chaque Cauallier par an, sur l'ordonnance du mesme *Ilia Miloslauski*. Cette Cauallerie est la plus-part composée de Gentilshommes qui ont peu de bien, mais qui ne laissent pas de posseder des fiefs.

Dans le *Boschoi Prichod* tous les Receueurs des droits du Grand Duc rendent leurs comptes tous les ans. Le *Bojar Knez Michaël Petrouïts Pronski*, qui a la direction de ce *Pricas*, taxe aussi le pain, & le vin estranger, & il a la sur-intendance des poids & des mesures par tout le Royaume. Il a aussi le soin de faire payer les estrangers, qui sont au seruice du Grand Duc.

Les *Sudnoy Wolodimirskoy* & le *Sudnoy Moscauskoy Pricas*, ont pour President, le *Boiar Knez Gregori Simonouits Kurakin*, qui iuge les Knez & les Boiares en la premiere Chambre, & les Gentilshommes & Officiers de la Cour en l'autre. Le *Bojar Knez Boris Alexandrouits Reppenin* preside dans le *Rosboinoy*

Pricas, où l'on iuge les vols fur vn grand chemin, les affaffinats, & les autres cas Preuoftaux.

Peter Tychonoüits Trachanitzou eftoit Prefident dans le *Puskarskoy Pricas*, & auoit l'intendance fur les fondeurs, fourbiffeurs, cannoniers, armuriers, marefchaux & charpentiers, qui trauaillent dans l'Arfenac; mais l'on a eftably en fa place le *Bojar Knez Iurgi Alexoüits Dolgaruskoy*; non feulement pour iuger les procez entr'eux, mais auffi pour receuoir leurs ouurages, & pour les faire payer.

Le *Iamskoy Pricas* eft eftably pour regler les coruées, & pour payer les gages & les appointemens des maiftres des poftes, & pour donner des paffeports à ceux qui en demandent, pour fe feruir de la voiture du Grand Duc, fous la direction de l'*Ocolnitza Iuan Androwitz Miloslauski*.

Les Diacs, les Secretaires, les Commis, les Capitaines des portes, & les Huiffiers des Pricas ont leur iuge particulier, qui eft l'*Ocolnitza Peter Petrowitz Gollowin*, dans le *Tzialobitnoi Pricas*.

Le *Semskoy Duor* ou le *Semsko Pricas*, eft comme le Chaftellet; où fe iugent toutes les autres caufes ciuiles des Bourgeois de la ville de Mofcou. L'on y paye auffi les droits que doiuent les places & les maifons que l'on vend, comme auffi les taxes dont l'on charge les maifons, pour l'entretien des ponts, des portes, des ramparts, & des autres baftimens publics, fous la direction de l'*Ocolnitza Bogdan Mattheowitz Chytrou*.

Les *Golops*, c'eft à dire, les efclaues ont leur bureau particulier, où ils font leur declaration quand ils fe vendent, & où ils prennent vn certificat, quand ils fe rachettent, ou quand ils recouurent leur liberté par d'autres moyens. L'on appelle ce lieu là *Choloppi Pricas*, & *Steppan Iuanouitz Isleniou* en a la direction.

Le lieu où l'on fournit, & où l'on tient regiftre de toutes les eftoffes de brocard, de velours, de fatin, de damas, &c. dont l'on fe fert à la Cour, & dont on fait des veftes, que le Grand Duc donne aux Ambaffadeurs des Princes eftrangers, & aux autres perfonnes de qualité, s'appelle le *Bolschikafni Pricas*.

Sous ce Magazin eft le lieu du trefor, ou de l'efpargne, où l'on serre tout l'argent qui se trouue de reste au bout de l'an dans les coffres du Roy, & dans les receptes generales, sous l'intendance d'*Ilia Danilowitz Misiolauski*, beau pere du Grand Duc, qui preside aussi en la Chambre, où l'on iuge les procez des *Goses*, c'est à dire des principaux marchands, & des facteurs du Grand Duc, que l'on appelle *Casannoi Pricas*.

L'*Ocolnitza Knez Iuan Fedroüits Chilkou* iuge les Ecclesiastiques, tant les Prestres Seculiers que les Moines, qui sont obligez de reconnoistre la Iurisdiction seculiere, hors les cas priuilegiez, dans le *Monasterski Pricas*.

Le Grand Duc a vn bastimét fort vaste, destiné pour les pierres, la chaux, le bois & les autres materiaux, que l'on employe pour son seruice, que l'on appelle *Camenoi Pricas*: & c'est là où le *Duorainin Iacob Iuanoüits Sagraiskoi* iuge les differens entre les charpentiers, les maçons & les autres ouuriers, & où il a le soin de les faire payer de leurs iournées.

Le reuenu de *Nouogorod & de Nisonouogorod* se paye au *Pricas*, que l'on appelle *Nouogorod Zetwert*, où les receueurs particuliers de ces deux villes rendent leurs comptes. L'on y iuge aussi quelque fois les procez des habitans de ces deux places. Car encore que les *Weiuodes* iugent les procés en denier ressort, & sans appel, si est-ce que ceux qui ont suiet de douter de l'euenement de leur affaire, par le peu d'inclination qu'ils remarquent au *Weiuode*, ont la voye de l'euocation, & font renuoyer leurs causes à Moscou. Le Chancelier *Almas Iuanowits* preside en ce *Pricas*.

Les Prouinces de *Gallitz* & de *Volodimer* ont aussi leur *Pricas* particulier, pour le mesme effet, que l'on appelle *Galliazko Volodomirsky Pricas*: où preside l'*Ocolnitza Peter Petroüits Gollowin*.

Les receptes de toutes les tauernes & des Kabacs de Moscouie se fait au lieu, que l'on appelle *Noua Zetwert*; où tous ceux qui tiennent tauerne sont obligez de venir prendre l'hidromel, le vin & l'eau de vie qu'ils debitent, & d'y rendre compte de la vente qu'ils en ont faite. L'on y punit aussi ceux qui en ont vendu sans permission, ou qui ont pris ou debité du tabac, qui est seuerement defendu aux Moscouites, bien que l'on en permette le trafic & l'vsage aux Allemans, & aux autres estrangers. L'*Ocolnitza Bogdan Mattheowits Chytrou* a la direction de ce *Pricas*.

Le Bojar & Grand Maistre de l'artillerie *Gregori Basilowits Puskin*, qui a le departement de *Castrom*, de *Iareslou*, & des autres villes de ces quartiers-là, reçoit leurs comptes, & fait vuider leurs affaires dans le *Castromskoi Pricas*, comme l'*Ocolnitza Knez Demetri Basiloüits Lewou* ceux d'*Vstoga* & de *Colmogorod*, dans l'*Vstogskoi Pricas*.

Le mesme *Gregori Basilowits Puskin* a la garde des bagues de la Couronne, & l'intendance sur les Orfévres Allemans, qui trauaillent en vaisselle d'or & d'argent, & qui vendent des pierreries, & il a son bureau pour cela dans le *Solotoya Almasnoy Pricas*. Il a aussi la clef du cabinet d'armes du Grand Duc, & l'administration de la Iustice pour ceux qui trauaillent aux armes pour son vsage particulier, & les paye dans le *Rusiannoy Pricas*.

Les Medecins, les Apothicaires, les Chirurgiens, les Operateurs, & tous ceux de cette profession, sont obligez de se battre le front en la presence d'*Ilia Danisloüits Miloslausky*, qui en a l'intendance, & ils doiuent dire ce qui manque dans l'apotheque du Grand Duc.

Tamosini Pricas est le bureau, & la recepte des droits d'entrée de la ville de Moscou, laquelle se fait par vn des Goses, accompagné de deux ou trois Assesseurs, qui en rendent compte à vne chambre, qu'ils appellent *Bolschoi Prichod*: & ces Goses changent tous les ans.

La recepte du dixiéme denier pour la guerre se fait par le *Bojar Knez Michaël Petrowitz Pronsky*, & par l'*Ocolnitza Iuan Basiloüitz Alferiou*, au *Sboru de zatti dengi Pricas*.

Les affaires qui n'ont point de *Pricas* affecté, en ont vn general, que l'on appelle *Siskoi Pricas*, sous la direction du *Knez Iurgi Alexeiwitz Dolgaruskoi*.

Le Patriarche à ses *Pricas* particuliers; sçauoir celuy de *Roscrad*, où l'on tient regitre de tous les biens d'Eglise, & où sont les Chartres & les Archiues; celuy de *Sudny*, où le Patriarche a sa iurisdiction spirituelle; & celuy de *Casannoy*, où l'on garde le reuenu & le tresor du Patriarche, qui a ses Officiers & Iuges Ecclesiastiques, qui luy rendent compte de toutes leurs actions.

Il n'y a point de *Pricas*, qui n'ait son *Diak*, ou Secretaire, & plusieurs commis & copistes, qui sçauent tous fort bien es-

crire, & font sçauans en l'arithmetique à leur mode; où ils se 1636.
seruent de noyaux de prunes, au lieu de jettons. C'est pourquoy il n'y a point d'Officier, qui n'en porte vne certaine
quantité dans vne petite bourse. Il leur est defendu sur peine du foüet, de prendre *Poschul*, ou des presents; mais ils ne
laissent pas d'en prendre: mesme leur auarice est si grande, que
bien souuent ils offrent de leur propre mouuement copie
des depesches & des resolutions secretes, dans l'esperance
d'en tirer quelque aduantage. Toutesfois ces offres doiuent
estre d'autant plus suspectes, que ie sçay par experience, que
ces gens ont bien rarement ce qu'ils font esperer : ou s'ils l'ont
en leur pouuoir, il y a tant de danger à le communiquer, que
le plus souuent ils ne debitent que des pieces fausses & supposées. Car en l'an 1643. le Ministre d'vn Prince estranger,
ayant enuie d'auoir copie de la depesche que l'on me donna,
vn des commis du Conseil l'a luy vendit bien cherement. On
me la fit voir, mais quand à mon retour en Holstein l'on eut
traduit les lettres, ie n'y trouuay rien d'approchant de ce que
j'auois veu en la copie.

Ils ne tiennent point de registre, ou de protocolle de leurs
actes dans des liures, mais ils les escriuent sur des roulleaux de
papier, qu'ils font de plusieurs fueilles coupées en bandes,
& collées ensemble, de la longueur de vingt cinq ou trente
aulnes, dont tous leurs Greffes sont pleins.

Lors que nous arriuasmes à Moscou, l'on nous fit accroire
qu'il n'y auoit rien que l'on ne pust obtenir de la Cour, par
le moyen des presens. Et de fait i'ay connu des Seigneurs,
qui quoy qu'ils n'en prissent point eux mesmes, n'estoient
pas marris que l'on en enuoyast à leurs femmes; mais j'en
connois aussi, qui ont bien témoigné qu'ils estoient tout à fait
incorruptibles, & que leur fidelité au seruice de leur Prince
estoit à l'espreuue des presens; au grand regret de ceux qui
considerent, que là où l'on ne donne rien, l'on n'obtient rien
aussi.

La Iustice se rend dans les *Pricas*, dont nous venons de parler. L'administration de leur Iustice.
Le Bojar, qui preside, a son Secretaire & ses Assesseurs, & Iuge
souuerainement toutes les affaires qui se presentent deuant
luy. Autrefois les Moscouites n'auoient que fort peu de Loix,
& quelque peu de Coustumes, sur lesquelles on jugeoit tous les

procez. Elles ne parloient que des attentats contre la personne du Grand Duc, des trahisons contre l'Estat, des adulteres, des larcins, & des debtes entre les particuliers. La decision de toutes les autres affaires dependoient de la fantaisie du iuge. Mais en l'an 1647. le Grand Duc fit vne grande assemblée des Notables de son Royaume, & fit rediger par escrit, & publier plusieurs loix & ordonnances, qui doiuent seruir de regle aux iuges. Elles furent imprimées in folio, sous le tiltre de *Soborna Vlosienia*, c'est à dire, le Droit vniuersel & general, pour seruir de modelle aux Bojares.

Cy-deuant l'on obseruoit aux procedures l'ordre suiuant. Aux causes, où les parties n'estoient point d'accord du fait, & faute de preuues, le iuge deferoit le serment au défendeur, & luy demandoit, s'il vouloit faire le serment sur son ame, ou s'il le vouloit deferer au demandeur. Celuy qui offroit de prêter le serment, estoit amené trois sepmaines consecutiues, vne fois la sepmaine, deuant le iuge, qui luy remonstroit à chaque fois l'importance du serment, & le peché dont il alloit charger sa conscience, s'il croyoit iurer à faux : si nonobstant ces remonstrances il persistoit à vouloir faire le serment, quoy qu'il fust bon & veritable, l'on ne laissoit pas de le tenir pour infame, de luy cracher au visage, & de le chasser hors de l'Eglise, où il n'estoit plus receu apres cela, & encore moins à la Communion, sinon à l'article de la mort. Auiourd'huy l'on n'y procede plus auec tant de rigueur; mais on se contente d'amener celuy qui doit faire le serment deuant l'image d'vn de leurs saints, où on luy demande, s'il veut prester le serment sur le salut de son ame. S'il y persiste, on luy donne à baiser vn petit crucifix, & ensuite l'image du Saint, que l'on prend pour cét effet à la muraille. Si le serment se trouue bon, l'on se contente de faire abstenir de la Communion trois ans durant celuy qui l'a fait, & si on ne le traitte point en infame, les gens d'honneur ne laissent pas d'auoir de la peine à le souffrir en leur compagnie : mais le pariure se punit seuerement, du foüet & du bannissement. C'est pourquoy les Moscouites taschent d'en éuiter les occasions; quoy que d'ailleurs en toutes les rencontres, & particulierement dans le commerce, ils iurent à tous momens, & ont incessament dans la bouche leur *Po Chrestum*, par Christ ; se signans cependant de la Croix : mais il ne se faut pas beau-

ET DE PERSE, LIV. III.

coup fier en cette sorte de sermens, qui sont le plus souuent faux & temeraires. Ils permettent aux estrangers de faire le serment en iustice, selon les regles de leur Religion.

Il n'y a point d'inuention, dont ils ne se seruent pour donner la question, & pour tascher d'extorquer la verité par la gehenne. L'vne des plus cruelles, à mon aduis, c'est l'estrapade: laquelle ils donnent fort souuent de cette façon. Le criminel, ayant les mains liées sur le dos, est guindé en l'air, & demeure ainsi pendu, ayant attaché à ses pieds vne grosse poultre, sur laquelle le boureau saute de temps en temps, pour redoubler les douleurs, & pour acheuer de disloquer les membres; pendant que la fumée & le feu, qu'on luy fait sous les pieds, le brusle & l'estouffe. Quelque fois on fait raser la teste du criminel, & pendant qu'il est ainsi suspendu, on luy verse de l'eau froide sur le sommet goutte à goutte: ce qui est tellement sensible, qu'il n'y a point de douleur qui en approche, non pas mesme celle du foüet, qu'on luy donne quelquefois en cét estat, quoy que l'on passe bien souuent le fer chaud sur les playes.

La quest.on.

Aux querelles ordinaires celuy qui frappe le premier a le tort.

Le meurtre qui se commet sans necessité de defense se punit de mort. Le criminel est gardé six sepmaines dans vne prison fort estroite, où on le nourrit au pain & à l'eau ; apres cela on le communie, & on luy tranche la teste.

L'on applique les larrons à la question, tant pour sçauoir les complices, que pour les obliger à confesser leurs autres crimes. Si c'est le premier larcin qu'il ait commis, on luy donne le foüet, depuis la porte du Chasteau iusqu'au grand Marché, ou on luy coupe vne oreille, & on l'enferme deux ans dans la prison. S'il retombe dans la mesme faute, on le chastie de la mesme façon, & on le garde dans la prison, iusqu'à ce qu'il y ait compagnie, pour l'enuoyer en exil en Siberie. Le larcin ne se punit iamais de mort en Moscouie, mais on n'y traitte pas moins mal les receleurs que les voleurs mesmes ; ce qui est vne des plus fortes brides, dont l'on se sert, pour retenir les mauuaises inclinations de ce peuple.

Les supplices les plus ordinaires sont, de fendre les narines, le foüet & les *Battoki*. Le dernier n'est pas tousiours infame & public ; mais il n'y a point de pere de famille, qui ne le fasse donner à ses enfans & à ses seruiteurs. Celuy qui doit receuoir ce

Leurs supplices.

chaſtiment oſte ſon *Kaftan*, & n'eſtant couuert que de ſa chemiſe, ſe couche le ventre à terre, & alors deux hommes ſe mettent ſur luy, jambe deçà jambe delà, l'vn ſur le col, & l'autre ſur les pieds, ayans chacun vne baguette à la main, dont ils luy battent le dos, de la meſme façon que les pelletiers battent les fourures, pour en chaſſer les vers. On fend ordinairement les narines à ceux qui ont pris du tabac en poudre, contre les défenſes que le Grand Duc en a faites.

Le foüet, de la façon qu'on le donne en Moſcouie, eſt vn des plus barbares ſupplices, dont l'on ait iamais oüy parler. Le 24. Septembre 1634. ie le vis donner à huit hommes, & à vne femme, qui auoient vendu du tabac & de l'eau de vie. Ils ſe mettoient l'vn apres l'autre ſur le dos du valet du bourreau, ayans le corps nud iuſqu'aux hanches, & les pieds attachez enſemble d'vne corde, laquelle paſſoit entre les jambes de ce valet, qui les tenoit par les bras, qu'ils auoient à ſon col, pendant qu'vn autre valet tenoit la corde, en ſorte qu'ils ne pouuoient pas ſe remuer. Le maiſtre bourreau eſtoit à trois pas delà, auec vn grand foüet de nerf de bœuf, ayant au bout trois éguillettes de cuir d'Eland, cru & non tanné, & partant gueres moins tranchant qu'vn raſoir; dont il leur donnoit ſur le dos de toute ſa force, & en faiſoit ruiſſeler le ſang à chaque coup. Les hommes en eurent chacun vingt-cinq ou vingt-ſix, iuſqu'à ce que le Clerc du Greffier, qui auoit dans vn billet le nombre des coups, à quoy ils auoient eſté condamnez, criaſt *Polno*, c'eſt à dire, *c'eſt aſſez*. La femme n'en eut que ſeize, mais elle ne laiſſa pas de tomber en défaillance. En cét eſtat, & quoy qu'ils euſſent tout le dos decoupé, on les attacha tous par les bras, deux à deux; ceux qui auoient vendu du tabac ayans vn cornet plein de cette drogue, & ceux qui auoient debité de l'eau de vie, vne petite bouteille au col, & on leur donna le foüet par la ville; & apres leur auoit fait faire vne bonne demy lieüe de tour, on les ramena au lieu de l'execution, ou on les laiſſa aller. Ce ſupplice eſt ſi cruel, qu'il y en a qui en meurent; ainſi que nous auons dit cy-deſſus du fils du General Herman Schein. Il y en a qui apres auoir eſté traittés de la ſorte, s'enueloppent d'vne peau de mouton fraiſchement tué.

Cy-deuant ces ſupplices n'eſtoient point infames, & ceux
qui

qui auoient passé par les mains du bourreau, ne laissoient pas d'estre receus dans les meilleûres compagnies, non plus que le bourreau mesme : dont le mestier estoit si honorable, que les marchands mesmes quittoient quelquefois leur premiere profession, pour seruir le Magistrat aux executions, & pour acheter cét employ, qu'ils reuendoiët à d'autres au bout de quelques années. Cette charge est d'autant plus profitable, que le bourreau ne se fait pas seulement payer par le Iuge, mais il tire aussi de l'argent du criminel; qui luy en donne, pour en estre plus doucement traité, quoy qu'il fasse sans comparaison plus de profit de l'eau de vie, qu'il vend sous-main aux prisonniers. Ce mestier n'est plus si honorable, ny si fort recherché auiourd'huy, depuis que les Moscouites commencent à apprendre la ciuilité de leurs voisins: aussi ne permet-on plus au bourreau de vendre son Office; mais il faut qu'il demeure dans sa famille: laquelle venant à s'esteindre, les bouchers sont obligez d'en fournir vn de leur Corps.

Tout ce que nous venons de dire de la cruauté de leurs supplices, n'approche point de celuy que l'on fait souffrir aux mauuais payeurs. Celuy qui ne paye point dans le terme porté par son obligation, se met dans la maison d'vn Sergent, iusqu'à ce qu'il ait satisfait dans le temps, qu'on luy donne pour cela. S'il y manque, on le mene dans la prison, d'où on le tire tous les iours, pour estre conduit en la place deuant la Chancellerie ; ou le bourreau le bat sur l'os de la jambe, auec vne baguette, de la grosseur du petit doigt, vne heure durant. Apres cela on le ramene dans la prison; si ce n'est qu'il puisse donner caution, qui promette de le representer le lendemain à la mesme heure, pour estre traité de la mesme façon, iusqu'à ce qu'il ait payé. Et cela s'execute auec beaucoup de rigueur contre toutes sortes de personnes, de quelque condition ou qualité qu'elles puissent estre, regnicoles & estrangers, hommes & femmes, Prestres & seculiers. Il est vray qu'en faisant quelque present au bourreau, il permet que le debiteur fasse couler du fer blanc dans la botte, pour receuoir les coups, ou bien il frappe plus doucement. Si le debiteur n'a pas dequoy payer, il faut qu'il se vende, auec sa femme & ses enfans, à son creancier.

Pour ce qui est de la Religion des Moscouites, nous dirons à La Religiõ des Moscouites.

l'entrée du discours, que nous en ferons, qu'il s'est trouué des Docteurs Lutheriens ; en Suede & en Liuonie, qui ont osé rendre problematique la question ; sçauoir si les Moscouites sont Chrestiens ou non. Ils eussent pû par mesme moyen disputer en leurs actions publiques, si les Moscouites sont hommes: puis qu'il n'y a pas vne si grande difference de leur Religion auec celle de quelques autres Chrestiens, que de leur Morale & de leur façon de viure, auec celle de plusieurs autres hommes ; mais comme ils sont hommes par les ris & par la parole, aussi sont-ils Chrestiens par le Baptesme, & par la profession exterieure qu'ils font de la Religion Chrestienne. Si on les en veut croire, il n'y a qu'eux de veritables Chrestiens au monde ; puis qu'il n'y a qu'eux qui ayent esté baptisez, & que tous les autres Chrestiens n'ont esté qu'arrosés ; & c'est la raison pourquoy ils ne reçoiuent point de proselyte à leur mode, qu'ils ne rebaptisent. Ils fondent leur Religion sur les Liures du vieil & du nouueau Testament, & ils ont l'vsage des Sacrements. Ils se seruent de la Bible de la version, que l'on appelle des Septante, qu'ils ont depuis quelques années fait traduire & imprimer en leur Langue. Ils ne souffrent point que l'on porte toute la Bible à l'Eglise ; de peur de la profaner par plusieurs passages peu modestes qu'ils trouuent dans le vieux Testament ; c'est pourquoy l'on n'y porte que le Nouueau, & quelques textes tirés des Pseaumes & des Prophetes ; mais on permet de lire toute la Bible dans la maison. Ils donnent beaucoup d'autorité, en l'explication de l'Escriture Sainte à Cyrille, Euesque de Ierusalem, qu'ils appellent *Quirila Ierusalimski*, & qui a escrit vn Catechisme sous l'Empereur Theodose. Il viuoit sur la fin du quatriéme siecle, & ne doit point estre confondu auec Cyrille d'Alexandrie, dont les Grecs celebrent la memoire le 9. Iuin, au lieu qu'ils chomment la feste de l'autre le 18. Mars ; ainsi que l'on peut voir en leurs Menologes. Les autres Peres, dont ils suiuent l'autorité, sont *Iuan Domaskin*, Ioannes Damascenus, *Grigori Bogosloua*, S. Gregoire de Nazianze, *Iuan Solottauska*, saint Iean Chrysostome, ou bouche d'or, & *Ephrem Syrin*, Ephraëm, Diacre de l'Eglise d'Edessa en Syrie. Ils content de luy, aussi bien que Gerard Vossius, qui l'a traduit en Latin, qu'vn Ange luy ayant presenté vn Liure escrit en caracteres d'or, que personne ne pouuoit ouurir, il en tira aussi-tost des lumieres, qui paroissent encore auiourd'huy dans les Liures qu'il a publiés. Ils ont outre cela encore vn Docteur particulier, nommé *Nicola Sudatworits*, qui a escrit quelques traittés spirituels. Sa memoire est en si grande veneration parmy les Moscouites, qu'il n'y a pas long-temps, que l'on voyoit encore des bougies allumées à son effigie, pour laquelle on auoit basty vne Chappelle particuliere, en la grande ruë, qui va à la porte de *Twere*; mais l'vn & l'autre est pery dans le dernier incendie.

Le Symbole de saint Athanase sert de regle à leur creance. Ils croyent en *Dieu le Pere*, comme au Createur de tout le monde: en *Iesus-Christ*, comme au Sauueur & Redempteur de tout le genre humain: & au *S. Esprit*, comme à celuy qui sanctifie tous les Fideles.

Il est vray que leur Religion n'est point si espurée, qu'elle ne soit corrompuë par vne infinité de superstitions: en ce qu'ils considerent la Vierge Marie, les Euangelistes, les Apostres, & vn nombre infiny d'autres saints, non seulement comme des simples intercesseurs, ainsi que disent les plus entendus, mais aussi comme des causes & des cooperateurs de leur salut. Il n'y a point de Moscouite, qui ne rende à ses Saints, & à leurs Images, l'honneur qui n'est deu qu'à Dieu; qui tesmoigne en estre si jaloux, qu'il traitte ce faux culte de paillardise spirituelle. L'ignorance du petit peuple est si grossiere, qu'il fait consister toute la Religion aux honneurs, & en la veneration qu'ils rendent à ces images: Aussi est-ce la seule instruction qu'ils donnent à leurs enfans, qui pour toute deuotion n'apprennent qu'à se tenir auec grand respect deuant ces images, pour faire leur priere. Leurs bonnes œuures, qu'ils croyent meritoires, sont, de bastir des Conuents & des Eglises, & de donner l'aumosne; sans qu'au reste l'on puisse iuger de leur foy par leurs œuures.

Ils se vantent d'estre membres de l'Eglise Grecque, & leurs Histoires & Annales disent, que la Religion Chrestienne a eu son commencement en Russie dés le temps des Apostres. Que saint André, en partant de Grece, s'embarqua sur la riuiere de Boristhene, & vint par la mer de Ladoga à Nouogorod, où il prescha l'Euangile. Que depuis ce temps-là la Religion Chrestienne auoit esté entierement abolie par les Tartares & par les autres Payens, qui s'estoient rendus les maistres de toute la Moscouie, & qu'enuiron l'an 989. *Wolodimer*, Grand Duc de Russie, ayant remporté de tres-grandes victoires sur ses voisins, & ayant reüny plusieurs Prouinces à sa Couronne, deuint si considerable, que Basile & Constantin Porphirogennetes, Empereurs de Constantinople, l'enuoyerent complimenter par vne ambassade solemnelle. Ce fut à cette occasion qu'il eut la premiere connoissance de la Religion Chrestienne, laquelle il embrassa en suite, & se fit baptiser. Les Euesques & les Prestres, que le Patriarche de Constantinople y enuoya, acheuerent d'instruire & de baptiser le peuple, qui depuis ce temps-là a fait profession de la Religion Grecque.

Iohannes Curopalates, qui a escrit vne partie de l'histoire Byzantine, & qui viuoit enuiron ce temps-là, dit que cette conuersion ne se fit point sans miracle, & que l'effet de la foy de l'Euesque toucha plus efficacement l'esprit de ces barbares, que la predication de l'Euangile. Car ayans de la peine à comprendre les merueilles, dont toute la vie de N. Seigneur est composée, ils demanderent vne preuue de la promesse qu'il fait aux fidelles, de leur faire donner par le Pere tout ce qu'ils demanderont en son nom. L'Euesque s'y offrit, & leur dit, qu'il auoit tant de confiance en la parole de Dieu, qu'ils ne pourroient rien demander, que sa priere n'obtinst de Dieu. Ils dirent donc, que puisque Dieu auoit bien conserué les compagnons de Daniel dans la fournaise, il pourroit bien empescher que la Bible, qui est remplie de toutes ces merueilles, fust consumée par le feu. l'Euesque ne leur refusa point cette espreuue, mais ietta la Bible dans vn grand feu, où il la laissa iusqu'à ce qu'estant tout reduit en cendre, le Liure en fut tiré aussi entier qu'il estoit lors qu'on l'y ietta. *Cedreaus* & *Zonaras* confirment la verité de cette histoire, & disent que *Wolodimer* fut tellement touché de ce miracle, qu'il abolist aussi-tost toute l'idolatrie, & la bannit de tous ses Estats.

C'est à cause de cela que les Moscouites aiment les Grecs, & qu'ils leur font du bien, quand l'occasion s'en presente. En l'an 1649. le Patriarche de Ierusalem vint à Moscou, & apporta au Grand Duc de la terre du Sepulcre de nostre Seigneur, quoy que l'on sçache qu'il fut taillé dans le roc, & de l'eau benite du

Iordain. Il y fut fort magnifiquement receu, & il fut conduit 1636. par tout le Clergé à l'audiance du Grand Duc, qui luy fit vn present de plus de cent mille ducats; mais il fut si malheureux, qu'à son retour il tomba entre les mains de quelques Turcs, qui luy osterent tout ce qu'on luy auoit donné. Il ne se passe quasi point d'année, que l'on ne voye à la Cour du Czaar de ces Prestres ou Moines Grecs, qui y debitent leurs Reliques, dont ils se font fort bien payer.

Les Moscouites font tous profession d'vne mesme Religion, laquelle leur estant comme particuliere, l'on peut dire qu'elle a la mesme estenduë que l'Empire du Grand Duc; sinon qu'elle s'exerce aussi à Narua, sous la domination du Roy de Suede, & que les Tartares ont aussi leur Religion Mahometane & Payenne le long du Wolga, & au delà d'Astrachan, sur la mer Caspie. Il n'y en a quasi point mesmes parmy leurs Moines & leurs Prestres, qui puissent rendre raison de leur foy; parce qu'ils n'ont personne qui leur presche la parole de Dieu: c'est pourquoy le Patriarche ne souffre point qu'ils disputent de la Religion, ou qu'ils s'informent de celle des estrangers. Il y a quelques années qu'vn Moine de Nisonouogorod eut quelques conferences auec vn Ministre Protestant; mais dés que le Patriarche le sceut, il l'enuoya querir, & le mit en prison; où il eust esté fort mal traitté, s'il n'eust eu l'adresse de dire, que le Ministre luy auoit tesmoigné de l'inclination pour la Religion Moscouite, & qu'il auoit dessein de se conuertir.

Ils ont pris leurs caracteres des Grecs, aussi bien que leur Religion: mais comme ils ont fort alteré l'vne, aussi ont-ils changé & augmenté les autres, de la façon que nous les representons en la table suiuante.

Les caracteres Moscouites.

G g iij

Characteres linguæ Rutenicæ

А α J	Aas	A	О о о	On	o	Ѣ ѣ	Jet	ie
Б Ь	Buki	b	П п л	Pokoi	p	Е е	ie	ueh
В Ѣ б △	Wedi	w	Р р	Ertzi	r	Ю ю	Ju	iu
Г г	glagol	g	G с	Slowo	s	Ѫ ѫ	ius	ius
Д д q	dobro	d	Т τ т	Twerdo	t	Я я	Aa	æ
Є э	jest	e	У у оу	Jik	u	Ѯ ѯ	ksi	ks
Ж ж	Schiwet	sch	Ф Δ	phert	ph	Ѱ ѱ	psi	ps
Ѕ ѕ	Sielo	S	Х х	Chir	ch	Ѳ ѳ	phita	
З з ȷ	Zemla	Z	Ѡ ѡ	ot	ot	Ѵ ѵ	ischilza	u
И и n	Jsche	i	Ц ц	Zi	z			
І і	Ji	ij	Ч ч	Tzerf	tz			
К к п	kakoi	k	Ш ш	Scha	sch			
Л λ	ludi	l	Щ щ	Tscha	tsch			
М м ⁊	Musleri	m	Ъ ъ	Jer	j			
Н н	Naas	n	Ы ы	Jeri				

Numeri

1	2	3	4	5	6	7
А	Б	Г	Д	Є	Ѕ	З

8	9	10	11	12	20	30
И	Ѳ	І	АІ	ВІ	К	Л

40	50	60	70	80	90	100	200
М	N	Ѯ	О	П	Ч	Р	С

Го́сподн поми́лоѵ

Leur Langue. Ils se seruent de ces caracteres, tant en leurs Liures imprimés, qu'en leurs escritures, où ils employent vne Langue qui leur est toute particuliere ; mais tellement approchante de la Slauonne, & de la Polonoise, que celuy qui sçait l'vne, n'a pas beaucoup de peine à apprendre l'autre. Elle n'a rien de commun auec la Grecque, quoy qu'en leur Liturgie il se rencontre des mots qu'ils ont empruntés des Grecs, mais ils ne seruent qu'à cela. Nous auons dit ailleurs, que les Moscouites n'apprennent en leurs escoles qu'à lire & escrire en leur Langue, & qu'ils n'en apprennent point d'autre : mais depuis quelques années ils ont ouuert vne escole, du consentement du Patriarche, où l'on enseigne le Grec & le Latin, sous la direction d'vn Grec naturel, nommé Arſenius. L'on ne ſçait pas encore ce que l'on en doit eſperer: mais il eſt certain qu'il y a des Moſcouites, qui ne manquent point d'eſprit, qui ont de l'affection pour l'eſtude, & qui ſont fort capables d'apprendre, quand ils rencontrent quelqu'vn qui leur enſeigne. *Almas Iuanoüitz*, qui fait auiourd'huy la charge de Chancelier, ou de premier Secretaire d'Eſtat, a eſté aſſez heureux en ſa ieuneſſe, pour auoir voyagé en Turquie, & en Perſe; où il a ſi bien appris l'vne & l'autre Langue, qu'il ne ſe ſert point de truchement auec les Miniſtres du Grand Seigneur, & du Roy de Perſe. Le truchement Danois, dont nous auons parlé cy-deſſus, a traduit en leurs Langues quelques Liures Latins & François, où ils ont ſi bien pris gouſt, qu'il faut eſperer que ceux de la Cour voudront vn iour s'appliquer à l'eſtude des Langues, qui leur pourront faire connoiſtre de ſi belles choſes.

Tout l'exercice de leur Religion conſiſte principalement au Baptesme, en la lecture de la parole de Dieu dans l'Egliſe, à ſe trouuer à la Meſſe, à faire des prieres aux Saints, à faire des reuerences & des inclinations deuant les Images, à faire des Proceſſions & des pelerinages, à ieuſner à certains iours de l'année, à ſe confeſſer & à communier.

Ils tiennent le baptesme d'autant plus neceſſaire, qu'ils croyent que c'eſt la ſeule porte, par laquelle on entre dans l'Egliſe de Dieu, & par laquelle on va en Paradis. Ils reconnoiſſent qu'ils ſont conceus & nez en peché, & que Dieu a inſtitué le baptesme pour les regenerer, & pour les nettoyer par l'eau, de leurs ordures originelles. C'eſt pourquoy ils font baptiſer les enfans dés qu'ils ſont nez. S'il eſt malade on le baptiſe incontinent, ailleurs pourtant que dans la chambre de l'accouchée; mais s'il ſe porte bien on le fait porter à l'Egliſe, par le parain & par la maraine. Le Preſtre les reçoit à la porte, les ſigne de la croix au front, & leur donne la benediction, en diſant: *Le Seigneur garde voſtre entrée & voſtre ſortie*. Les parains donnent neuf bougies au Preſtre, qui les allume, & les attache en croix à la cuuette dans laquelle le baptesme ſe doit faire, & qui eſt au milieu de l'Egliſe. Il donne de l'encens aux parains, & conſacre l'eau auec beaucoup de ceremonies. Apres cela il fait la proceſſion auec les parains, qui portent des bougies à la main, à l'entour de la cuuette. Le Clerc marche deuant, portant l'I-

1636.

Leur baptesme.

mage de Saint Iean, & ils en font le tour trois fois; le Preſtre liſant cependant dans vn liure. Cela eſtant fait le Preſtre demande le nom de l'enfant aux parains, qui le luy donnent par eſcrit. Il met ce billet ſur vne Image, qu'il tient ſur l'eſtomach de l'enfant, & apres auoir marmotté quelques prieres, il demande au Parain, ſi l'enfant croit en Dieu le Pere, au Fils & au Saint Eſprit. Apres cela ils tournent tous le dos à la cuuette, afin de teſmoigner qu'ils ont de l'auerſion, & de horreur des trois demandes que le Preſtre va faire en ſuite: ſçauoir ſi l'enfant renonce au diable; s'il renonce à ſes Anges; & s'il renonce à ſes œuures. Les parains reſpondent à chaque demande, qu'oüy, & crachent à chaque fois à terre. Apres cela ils ſe tournent encore vers la cuuette, & alors le Preſtre, apres leur auoir demandé s'ils promettent d'eſleuer l'enfant en la vraye Religion Grecque, il l'exorciſe, en impoſant les mains à l'enfant, en diſant: *ſors de cet enfant eſprit immonde & fait place au S. Eſprit*, & en ſoufflant trois fois en croix ſur l'enfant pour chaſſer le diable; dont ils croyent que les enfans ſont poſſedés effectiuement deuant le bapteſme. On m'a aſſeuré que preſentement l'exorciſme ſe fait deuant la porte de l'Egliſe, de peur que le diable, en ſortant du corps de l'enfant, ne la profane. Apres cela il coupe vn peu de cheueux de l'enfant, & les met dans vn liure, & ayant demandé aux parains s'ils preſentent l'enfant pour eſtre baptiſé, il le prend tout nud d'entre leurs bras, & le plonge trois fois dans l'eau; prononçant les paroles ordinaires du Sacrement. *Ie te baptiſe au nom du Pere, du Fils & du Saint Eſprit.* Apres le bapteſme il met vn grain de ſel dans la bouche de l'enfant, luy fait le ſigne de la croix aux front, au mains, à l'eſtomach & au dos, d'vne huile que l'on conſacre expreſſement pour cet vſage, & luy mettant vne chemiſe blanche, il dit, tu n'es pas moins blanc ny moins net de ton peché originel que cette chemiſe. Les ceremonies s'acheuent par vne petite croix d'or, d'argent, ou de plomb, ſelon la qualité & les facultés du pere de l'enfant, de la forme de celles que portent nos Eueſques, que le Preſtre pend au col de l'enfant: auec vne obligation ſi eſtroitte de la porter toute ſa vie, que ſi on ne la luy trouuoit point apres ſa mort, l'on ne l'enterreroit point; mais on l'entraiſneroit à la voyrie. Le Preſtre donne auſſi vn Saint particulier à l'enfant, dont il donne l'Image aux parains,

& leur

& leur recommande d'obliger l'enfant, quand il sera paruenu 1636. en l'aage de connoissance, d'auoir vne deuotion particuliere pour son Patron. Apres cela il embrasse & baise l'enfant, & les parains, & les exhorte de s'entr'aimer; mais sur tout de prendre garde de ne se point marier ensemble. S'il arriue que l'on vueille baptiser plusieurs enfans en mesme temps, l'on vuide la cuvette autant de fois que l'on presente d'enfans, & l'on benit d'autre eau ; parce qu'ils croyent, que la premiere estant chargée des ordures du peché originel de l'enfant, qui y a esté baptisé, est incapable de nettoyer vn second, & encore moins vn troisiéme. Ils font conscience de faire chauffer cette eau au feu; c'est pourquoy quand il fait froid ils la mettent dans vn lieu chaud, pour la faire tiedir. Les personnes aagées, qui se font baptiser, comme les Chrestiens Apostats, les Turcs & les Tartares, reçoiuent le baptesme dans vn torrent, ou dans la riuiere, où on les plonge iusques par dessus la teste, quelque froid qu'il fasse; en sorte que bien souuent l'on casse la glace, pour les y faire entrer. L'on en vse ainsi, particulierement auec ceux qu'ils appellent *Caldeens*. Ce sont des hommes de neant, qui obtiennent du Patriarche la permission de se masquer, & de courir les ruës, depuis le 18. Decembre iusqu'aux Roys, auec du feu d'artifice, dont ils brûlent les cheueux & la barbe des passans. Ils persecutent particulierement les païsans, & les contraignent de se redimer à chaque rencontre d'vn copec, qu'ils exigent auec tant d'insolence, que ie leur ay vû mettre le feu à vne charrette de foin, & brusler la barbe & le visage d'vn païsan, qui s'y vouloit opposer. Ils sont tous déguisez, & se couurent la teste de grands chappeaux de bois, bizarrement peints, & se frottent la barbe de miel, de peur que le feu qu'ils lancent, ne s'y prenne. Ils font ce feu d'artifice d'vne poudre, qu'ils appellent *Plaun*, laquelle ils font d'vne certaine herbe, que l'on ne connoist point ailleurs. Elle iette vne fort belle flamme, & fort diuertissante, particulierement la nuict. Mais c'est dont nous parlerons en la suitte de cette Relation, quand nous aurons occasion de traitter des feux d'artifice des Persans. Seulement adjousterons nous icy, que ces hommes representent à leur dire ceux qui allumerent le feu de la fournaise, où l'on fit entrer Sadrac, Mesac & Abednego, par le commandement de Nebucadnezar.

Leurs Caldeens.

1636.

On traitte ces gens-là comme des profanes, & on les met au nombre des Payens & des Infidelles; de sorte qu'estans en estat d'estre infailliblement damnés, il faut necessairement les reconcilier auec Dieu, & les faire rentrer dans l'Eglise par le Baptesme. Ils choisissent pour cela le iour des Roys ; comme celuy auquel se fit autrefois la premiere vocation des Gentils, & apres cela ils sont aussi nets, & ils deuiennent aussi Saints que les meilleurs Chrestiens. qui ordinairement ne se font baptiser qu'vne seule fois ; là où il y a tel Caldeen, qui se fait baptiser dix ou douze fois. Les insolences que ces gens là faisoient, ont esté cause des defenses que le Patriarche deffunt fit faire de nostre temps, de se masquer.

Leurs proselytes.

Ceux qui veulent faire profession de la Religion Moscouite, sont obligez de s'enfermer six sepmaines dans vn Conuent, où les Moines les instruisent, & leur enseignent leurs prieres, la façon d'honnorer les Saints, de faire la reuerence aux Images, & de faire le signe de la Croix. Apres cela on les meine au lieu, où ils doiuent estre baptisés ; où on les oblige à abiurer leur premiere Religion, à la detester comme heretique, & à cracher toutes les fois qu'on la nomme. Apres le Baptesme on les habille à la Moscouite, & on leur fait present d'vne belle veste de la part du Grand Duc, qui leur donne aussi vne pension, proportionnée à leur qualité.

On voit vn tres-grand nombre de ces Apostats à Moscou, où plusieurs Soldats estrangers, la plus part François, se firent rebaptiser apres la guerre de Smolensko, il y a vingt-cinq ans ; encore qu'ils ne sceussent point la langue du païs, & qu'ils n'eussent aucune connoissance de la Religion des Moscouites. Ce que l'on pouuoit en quelque façon excuser aux Soldats, qui n'ont point d'instruction : mais ie ne sçay comment des personnes de condition, & qui ne manquent point d'esprit ny de iugement, ont pû se resoudre à se reuolter, & à embrasser vne Religion contraire, seulement pour y trouuer moyen de viure, comme le *Biron de Raymond*, & le *sieur de Groin* Gentils-hommes François, le Colonel *Alexandre Lesley* & le *Comte Slackhif*. Ce dernier vint en l'an 1640. en Holstein, & en suitte en Dannemarc, où il dit, qu'il estoit de la maison de Slick en Boheme, & qu'il auoit esté chassé de ses biens à cause de la Religion : ce qu'il persuada si bien au Roy & au Duc, qu'ils ne firent point de difficulté de luy donner les lettres de recommandation qu'il leur demandoit pour le Grand Duc de Moscouie. Il ne fut pas si-tost arriué à Moscou, qu'il fit dire, qu'il y estoit venu à dessein de changer de Religion, & de demeurer à la suite de sa Majesté Czaarique. Cette acquisition fut d'autant plus agreable au Patriarche, & aux Seigneurs Moscouites, qu'il passoit parmy eux pour vn homme d'illustre naissance, & du grand merite qui se trouuoit en luy, releué par la connoissance qu'il auoit de plusieurs langues, & particulierement par celle de la Latine & de la Polonoise. Ils le receurent donc à bras ouuerts; le firent baptiser, & le Grand Duc luy donna auec le nom de *Leo Alexandre Slik*, & la qualité de Knez, vne pension de deux cens escus par mois. Ses pretentions allerent iusques à la Princesse *Irene Michaëlouna*, & il croyoit que le Grand Duc ne luy refuseroit point sa sœur; de sorte qu'il fit le mescontent, quand il sceut que l'on auoit fait partir deux personnes de condition, pour negotier le mariage de la Princesse auec vn autre Prince estranger; & il ne reuint point de son mécontentement, que l'on ne luy eust donné la fille d'vn des premiers Bojares du Royaume. Le Roy de Dannemarc ayant sceu la conduite de cét homme, & ayant appris, que bien loin d'estre de l'illustre maison de Slick, il estoit suiet du Comte Gaspar de Denhof en Pologne, & qu'il l'auoit surpris en ses lettres de recommandation, il en donna aduis au Grand Duc qui luy fit reprocher son mauuais procedé, & son imposture: mais il ne laissa pas de luy faire continuer ses gratifications; dont il joüit encore presentement, sous le nom de Knez *Leon Alexandrouits Slakoufesky*.

Le Colonel Lesley tomba dans ce malheur par sa foiblesse: Il auoit en cette qualité seruy le Grand Duc, pendant la premiere guerre de Smolensko, dont il auoit remporté vne tres-considerable somme d'argent. Mais comme ceux de son mestier ne sont pas tousiours fort bons ménagers, il trouua bien-tost le fond d'vn bien, qui diminuoit tous les iours par la dépense, que sa qualité l'obligeoit de faire. Pour reparer les bresches de sa fortune, il resolut de retourner en Moscouie, à l'occasion d'vne Ambassade que la Reine de Suede enuoya il y a quelque temps au Grand Duc; dont Eric Gollenstiern, Senateur du Royaume, estoit le chef. Mais d'autant qu'en ce temps là il n'y auoit point d'apparence de guerre en Moscouie, & que le Grand Duc faisoit difficulté de se charger de pensions. Lesley luy fit dire, qu'il se contenteroit de quelque domaine, qu'il tascheroit de faire valoir, & obtint vne belle terre sur le Wolga. Il y auoit dequoy viure en grand Seigneur le reste de ses iours, si l'humeur trop ménagere de sa femme n'eust jetté les païsanes dans le desespoir. Elle les traittoit auec tant de dureté, que ne la pouuant plus souffrir, elles s'en plaignirent, & dirent qu'elle les contraignoit de manger de la chair les jours de jeusne, qu'elle ne leur donnoit point le loisir de faire leurs inclinations deuant leurs images, & encore moins d'aller à l'Eglise, & qui pis est, qu'elle auoit arraché les images de la muraille, pour les jetter au feu. Il n'en falloit pas dauantage pour la rendre odieuse à toute la Nation. On enuoya aussi-tost querir Lesley auec toute sa famille, & l'on confronta les païsanes auec la femme du Colonel, laquelle aduoüoit bien qu'elle auoit obligé cette canaille au trauail; mais elle nioit tout le reste. Tous les domestiques estrangers déposerent à sa décharge, & neantmoins les autres offrans de soustenir leur accusation, & de souffrir pour cela la question, elle ne se pust pas bien iustifier, que le Patriarche n'y interuinst, & n'obligeast le Grand Duc à retirer cette terre des mains de ces estrangers, & à faire vne declaration; par laquelle il affectoit cette sorte de domaine à ceux qui seroient Moscouites, sinon de naissance, au moins de Religion. Lesley se voyant par ce moyen reduit à la derniere extremité, & n'ayant plus de quoy faire subsister sa famille & ses enfans, fit entendre, que si le Grand Duc luy vouloit laisser le domaine, il changeroit de Religion auec toute sa famille. On le prend au mot, on l'enferme auec sa femme & auec ses enfans dans vn Conuent, on les instruit, & on les rebaptise. *Ilia Danilowits Miloslausky* & sa femme, voulurent estre leur parains, & faire les frais de leurs nopces, parce qu'il falloit les remarier de nouueau. Le Grand Duc leur fit de grands presens, & leur donna entr'autres vne somme de six mil escus en argent. Mais dés que les païsans sceurent que par le moyen de ce changement de Religion, ils alloient rentrer dans leur ancienne seruitude, ils presenterent leur Requeste à sa Majesté, & demanderent vn autre Seigneur, & luy nommerent particulierement le Sieur Groin, qui s'estoit reuolté au mesme temps, & qui pretendoit cette terre, parce

qu'on luy en auoit promis vne de cette nature. De sorte que 1636.
Lesley fut contraint de se contenter d'vne pension de quatre-
vingts dix escus par mois, qui est la solde ordinaire des Colonels, en temps de paix, & d'vne autre plus mediocre pour son
fils.

Qu'il me soit permis de faire icy vne digression en faueur *Constance ad-*
d'vne Dame, qui a fait connoistre par vne constance admira- *mirable d'vne*
ble, que si les hommes sont souuent sujets aux deffauts des fem- *Dame Angloi-*
mes, les femmes ont aussi quelquefois des vertus, qui peuuent *se.*
seruir d'exemple aux hommes. Les Moscouites ont cela de bon,
qu'ils ne contraignent iamais personne de faire profession de
leur Religion, si ce n'est que dans vne famille le mary ou la femme en soit, auquel cas ils ne permettent point à l'autre de demeurer dans la sienne. Nous venons de dire que le Baron de
Raymond, Gentilhomme François, estoit du nombre de ceux
qui changerent de Religion, apres la premiere guerre de Smolensko. Il auoit espousé la fille d'vn Gentilhomme Anglois, qui
demeuroit à Moscou depuis plusieurs années, nommé *Guillaume Barneslei*, laquelle estoit sans doute la plus belle de toutes les
estrangeres; & il changea de Religion par legereté, & pour com-
plaire au Grand Duc, plustost que par aucun mouuement de
conscience; se faisant rebaptiser, & se faisant donner le nom d'*I-
uan* au lieu de celuy de *Pierre*, qu'on luy auoit donné à son premier baptesme. La loy du païs vouloit que sa femme suiuist son
exemple, & le mary employa tous les moyens imaginables,
pour la luy persuader; mais il y trouua vne si grande resistance,
qu'il fut contraint d'auoir recours à l'autorité du Grand Duc,
& du Patriarche. Ceux cy se seruirent d'abord de la douceur,
luy offrans de tres-grands aduantages en leur Religion, & en
suite ils luy firent de tres-seueres menaces : mais cette jeune
femme, qui n'auoit que quinze ans, demeura inflexible,
se ietta aux pieds du Grand Duc, & le supplia de luy ordonner de receuoir le dernier supplice, plustost que d'embrasser
vne croyance, dont elle n'estoit point persuadée. Le pere luy fit
les mesmes soûmissions, mais le Patriarche le repoussa à coups
de pied, & luy dist qu'il l'a falloit traitter comme vn enfant,
qu'elle ne connoissoit point ce qui estoit du salut de son ame,&
qu'il la falloit baptiser malgré elle. Et de fait, on la mit entre
les mains de certaines Religieuses, qui l'entraisnerent auec

Hh iij

violence au ruisseau, où elle fut rebaptisée; nonobstant les protestations qu'elle fit, que ce pretendu baptesme, qu'on luy donnoist sans son consentement, ne pouuoit pas effacer le caractere que son premier & veritable baptesme auoit imprimé dans son ame. Lors qu'on la plongea dans l'eau, elle entraisna vne de ces Religieuses auec elle, & quand on la voulut obliger à detester sa Religion, elle leur cracha au visage, & ne voulut iamais abjurer. Apres le baptesme on l'enuoya à *Siüatka*, où son mary estoit *Weüode*, & où elle demeura, iusqu'à ce que les trois ans de son gouuernement furent expirés. Le mary estant decedé incontinent apres son retour à Moscou, elle croyoit pouuoir reprendre ses habits estrangers, & faire profession de sa premiere Religion, qui estoit la Reformée; mais on s'y opposa, on luy osta ses deux fils, & on l'enuoya auec sa petite fille au Conuent de *Belossora*, à dix ou douze lieuës de Moscou; où elle vescut cinq ans entiers parmy les Religieuses, sans qu'on luy permist de parler à des personnes, qui luy pussent dire des nouuelles de ses parens, ou de ses enfans. Pendant tout ce temps-là elle n'en eut qu'vne seule fois, par le moyen d'vn coureur Alleman, qui sous pretexte d'appeller son garçon, & de luy montrer les ardoises qu'il demandoit, enseigna à cette paure-desolée le lieu où elle trouueroit des lettres. Elle y fit réponse, & apres la mort du Patriarche elle sortit du Conuent, & son successeur luy permit de joüir de sa liberté de conscience chez elle, de faire & de receuoir des visites; mais elle ne pût iamais obtenir la permission d'aller au Presche.

Ie l'ay souuent visitée en cét estat, & j'ay sceu que cette vertueuse Dame est decedée depuis deux ans, ferme & constante en la profession de la Religion, iusqu'au dernier soûpir de sa vie. A quoy j'adiousteray en passant, qu'il n'y a pas long-temps que *Guillaume Barnesley*, son pere, est decedé en Angleterre, âgé de six vingt six ans, apres s'estre remarié en secondes nopces en l'âge de cent.

Les Moscouites qui changent de Religion hors du païs, & qui veulent retourner à leur Communion, sont obligés de se faire rebaptiser, quoy que la Religion Grecque, encore qu'elle ne reçoiue point le baptéme de l'Eglise Latine, semble neantmoins se contenter du premier, que l'on peut auoir receu en leur Eglise; sans qu'il soit besoin de se faire rebaptiser apres le changement.

ET DE PERSE, LIV. III. 247

Ils ont leurs festes reglées, & leurs ieusnes, qu'ils obseruent exactement. Il n'y a pas long-temps que les Moscouites croyoient auoir bien chommé la feste, quand ils auoient esté le matin à la Messe, quoy qu'ils employassent le reste du iour à leurs vacations ordinaires; de sorte que mesme lors de nostre Ambassade, nous voyons le Dimanche & les iours de Feste les boutiques ouuertes, & les Marchands & les Artisans trauailler à leur mestier: parce que, disoient-ils, il n'appartient qu'aux grands Seigneurs de se donner du bon temps les iours de Feste. Mais le Patriarche, qui vit auiourd'huy a changé cela, & veut que l'on ferme les boutiques; non seulement le Dimanche, mais aussi le Mercredy & le Vendredy, qui sont leurs iours de ieusne; ne permettant pas mesme que pendant le seruice on vende du vin, ou de l'eau de vie à la tauerne.

1636.

Leurs grandes Festes, outre le Dimanche, sont au nombre de treize, & suiuent selon leur année, laquelle ils commencent du premier iour de Septembre, en cet ordre.

Le 8. Septembre *Prasnick rosostua prizifte bogorodice*, c'est à dire, la Feste de la Natiuité de la Sainte Mere de Dieu.

Le 14. Septembre *Vzemirna Wosdui senja Chresta*. L'Exaltation de la Croix.

Le 21. Nouembre *Vedenja Pricifte Bogorodice*. L'Oblation de la Sainte Mere de Dieu.

Le 25. Decembre *Rosostua Chriftoua*. La Natiuité de Nostre Seigneur.

Le 6. Ianuier *Boie jaulenia*, ou *Creschenia*. L'Epiphanie, ou la Feste des Rois.

Le 2. Feurier *Stretenia Gospoda Boga*. La Chandeleur.

Le 25. Mars *Blagauesenia Pricifte Bogorodice*. L'Annonciation de Nostre-Dame.

Werbna Woscreschenia. Pasques Fleuries.

Welikoi Den, ou *Woscreschenia Chriftowa*; Le iour de Pasques, ou la Resurrection de Christ.

Wosnescenia Chriftowa, L'Ascension de Christ.

Schieftuie Swetaga Ducha. La Pentecoste, ou l'enuoy du Saint Esprit.

Le 6. Aoust *Preobrosienia gospodo Chriftoua*. La manifestation de la gloire de Iesus-Christ sur la montagne.

Le 15. Aoust *Vspenia Pricifte Bogorodice*. L'Ascension de la

Mere de Dieu. Ils celebrent la feste de la Trinité le lendemain de la Pentecoste, & celle de tous les Saints le Dimanche suiuant.

Au reste il n'y a point de iour en toute l'année, où il ne se rencontre quelque feste particuliere de Saints, & quelquesfois de deux ou de trois; mais le peuple ne les chomme point. Il n'y a que les gens d'Eglise, qui soient obligez de dire l'Office de ces iours là. Ils ont leur Almanach perpetuel, selon le vieux stile, où ils trouuent sans peine toutes les Festes, tant mobiles qu'immobiles.

Leur seruice Diuin.

Aux grandes Festes & le Dimanche ils vont trois fois à l'Eglise, premierement le matin deuant le iour, à Matines, qu'ils appellent *Sasterini*; sur le midy à l'*obedny*; & sur le soir à *Wodschemi*, ou à Vespres. Tout le seruice consiste en la lecture, que le Prestre fait, de quelques Chapitres de la Bible, de quelques Pseaumes, & du Symbole de saint Athanase; à quoy ils adjoutent quelquesfois vne Homelie de saint Chrysostome, & quelques prieres qu'ils chantent quasi de la mesme façon que l'on chante les Antiphones; y meslant de temps en temps le *Gospodi Pomilui*. Dieu ayes pitié de moy, que le peuple repete trois fois, en faisant le signe de la Croix. Apres cela le Prestre s'approche de l'Autel, suiuy d'vn Chapelain, & dit l'Office, selon la Liturgie de Basile le Grand. Il verse du vin claret & de l'eau dans le Calice, & y iette quelques morceaux de pain, le consacre, & dit quelques prieres, lesquelles estant acheuées, il le prend auec vne cueiller, mais n'en donne à personne, si ce n'est qu'on luy apporte quelque enfant malade, lequel il fait communier auec luy. Si ce iour là le Prestre a veu sa femme, il ne peut point approcher de l'Autel, mais il est obligé de faire dire la Messe par vn autre. Le peuple se tient debout durant le seruice, & fait incessamment de grandes inclinations deuant les images, en prononçant le *Gospodi Pomilui*. Ils se contentent de la seule lecture du texte de la Bible, & de quelques homelies, ainsi que nous venons de dire; & ils disent pour leur raison, que le Saint Esprit ayant fondé l'Eglise sur la seule parole de Dieu, sans autre explication, (en quoy ils se trompent neantmoins,) ils s'en peuuent bien passer aussi; puisqu'aussi bien les diuerses interpretations qu'on luy donne, sont en partie cause des erreurs & des heresies, qui déchirent l'Eglise.

Il y a cinq ans que le *Protopope* de *Morum*, s'eſtant amuſé à preſ-cher, & à ſe ſeruir de la parole de Dieu, pour exhorter le peuple à la pieté, le Patriarche le depoſa auec les autres Preſtres, qui auoient voulu ſuiure ſon exemple, les excommunia & les relegua en Siberie.

Ils ont compoſé vn Liure, où ils traittent les Hiſtoires de l'Euangile d'vne eſtrange façon, & les accompagnent de tant de circonſtances impertinentes, fabuleuſes & impies, qu'il ne ſe faut point eſtonner de voir regner le vice & le peché parmy ceux, qui en trouuent les exemples en leurs Liures de deuotions. Ie me ſouuiens à ce propos d'vne hiſtoire, que le Gentil-homme Danois, dont nous auons parlé ailleurs, raconte en la relation de ſon voyage de Moſcou: ſçauoir que s'entretenant vn iour auec ſon *Priſtaf*, des choſes de la Religion, ce Moſcouite, qui s'appelloit *Fedor*, & eſtoit deſia fort aagé, luy dit, qu'il n'y auoit pas beaucoup de mal à contracter vne habitude de pecher iournellement; pourueu que l'on euſt l'intention de s'en repentir vn iour, & à l'article de la mort, & allegua pour ſa raiſon l'exemple de la Magdelaine. Cette Marie Magdelaine, dit-il, faiſoit profeſſion d'eſtre courtiſane; de ſorte qu'il ne faut point douter qu'elle n'offenſaſt Dieu à toute heure. Neantmoins il luy arriua vn iour, de rencontrer vn homme ſur le grand chemin, qui la pria de luy accorder ce qu'elle n'auoit iamais refuſé à perſonne: mais comme les femmes de ſon métier ne ſont pas touſiours d'humeur fort eſgale, elle n'en voulut rien faire; iuſqu'à ce que l'homme la priaſt pour l'amour de Dieu, de ne le point refuſer. Qu'alors elle s'accommoda à la volonté du galád, & qu'en faiſant pour l'amour de Dieu, ce qu'elle n'auoit pas voulu faire par complaiſance, ſon action eſtoit deuenuë ſi meritoire, qu'elle n'auoit pas ſeulement expié tous ſes autres pechés par cette charité, mais qu'elle auoit auſſi merité d'eſtre eſcrite en lettres rouges au Liure des Saints. Il n'y a point d'hiſtoire Euangelique, qu'ils n'ayent falſifiée de la ſorte, & qu'ils n'accompagnent de circonſtances auſſi abominables que celles-cy.

Ils ſont tous deſcouuerts dans les Egliſes, & le Grand-Duc meſme ne s'y couure point. Il n'y a que les Preſtres, qui laiſſent ſur la teſte la *Skufia*, ou la callotte, qu'on leur donne quand on les conſacre. En faiſant leurs inclinations deuant les ima-

I i

Reliure serrée

1536.

ges, ils font fouuent le figne de la Croix, des trois doigts de la main droite, qu'ils portent prémierement au front, & de là à la poitrine, puis apres à l'efpaule droite, & enfin à l'efpaule gauche. Et afin que l'on ne croye point que cela fe faffe fans myftere, ils difent, que les trois doigts fignifient la Trinité. En le portant au front, ils veulent dire que Noftre Seigneur eft monté au Ciel; qu'ils fe touchent à la poitrine, pour marquer que c'eft de cœur qu'il faut aimer Dieu, & qu'en le paffant de l'efpaule droite à la gauche, ils fe reffouuiennent du iour du iugement, où Dieu mettra les bons à fa main droite, & les méchans à la gauche; les premiers pour eftre appellés au falut éternel, & les autres pour eftre abifmés dans les enfers.

 Les Mofcouites n'entreprennent quoy que ce foit, qu'ils n'ayent fait le figne de la Croix, au boire & au manger, & en toutes leurs actions ciuiles.

Leurs Images. Pour ce qui eft des Images, ils aduoüent que l'on n'en a point veu dans les Eglifes pendant les trois premiers fiecles, & iufques au temps de Conftantin le Grand: ou s'il y en a eu, qu'on ne les a point honorez d'aucun culte; mais que l'on ne s'en eft feruy, que pour reprefenter les Hiftoires de la Bible. Ils difent, qu'ils fuiuent en cela le fentiment de *Ioannes Damafcenus*: mais il y a grande apparence qu'ils l'ont pris de l'Eglife Grecque, auec laquelle ils ne fouffrent point de figure de relief, comme eftant defenduë par le Decalogue: mais ils ont des Images peintes en l'huile fur du bois, d'vn tres-mauuais coloris, & fans proportion, de la grandeur d'vn pied, & vn peu plus longues que larges. Ils n'en veulent point, fi elles ne font faites de la main d'vn homme de leur Religion; quand mefmes elles feroient de la maniere du meilleur peintre de l'Europe. Dans la ville de Mofcou il y a vn marché particulier pour les Images, où l'on ne vend que cela; quoy qu'ils appellent cette efpece de commerce, troquer auec de l'argent, dans la croyance qu'ils ont que les noms d'achat & de vente, ne font pas affez refpectueux pour les chofes Saintes. Cy-deuant ils vouloient que les Eftrangers en euffent en leurs maifons, afin que leurs domeftiques Mofcouites y euffent dequoy faire leurs deuotions; mais le Patriarche d'auiourd'huy ne veut plus permettre, qu'elles foient profanées par les Allemans: iufques là que Charles du Moulin, Marchand Hollandois, ayant achepté vne maifon de ierre, celuy qui la luy auoit venduë, racla la muraille, à l'endroit où l'on auoit peint l'image, & emporta la raclure. Les païans ne vouloient pas permettre que nous y touchaßions, ou que nous tournaßions les pieds de ce costé-là, en nous couchant. Il y en auoit mesmes qui les faisoient encenser, pour les purifier, apres que nous estions sortis de chez eux.

Les murailles de leurs Eglises en sont toutes couuertes, & elles representent la pluspart, Nostre Seigneur, la Vierge Marie, Saint Nicolas, Patron de Moscouie, ou les Saints particuliers, qu'ils se choisissent, pour le principal obiet de leurs deuotions. Ceux qui commettent des pechez, pour lesquels ils meritent d'estre excommuniez, sont obligez de faire oster leur Saint, que l'on ne souffre point dans l'Eglise, non plus que leurs personnes. Les grands Seigneurs & les Marchands, qui ont du bien ornent leurs images de perles, & d'autres pierreries, & tous les Moscouites les considerent comme vne chose si necessaire, que sans les images ils ne pourroient pas faire leurs prieres; lesquelles ils ne font iamais, qu'ils n'attachent des cierges à leur Saint, & qu'ils ne le regardent fixement, tant que la deuotion dure.

Quand vn Moscouite entre dans vne maison, ou dans vne chambre, il ne dit mot, iusques à ce qu'il ait découuert de la veuë le Saint qu'il cherche, & qu'ils pendent ordinairement dans vn coin, derriere la table: & s'il ne le trouue point, il demande, *Iest le Boch*, où est le Dieu. Dés qu'il l'apperçoit, il luy fait vne tres-profonde reuerence, & prononce à chaque fois son *Cospodi Pomilui*: Et apres cela il se trouue vers la compagnie & la saluë.

Les Moscouites respectent leurs images, comme ayans quelque chose de diuin, & leur attribuent la vertu des miracles; iusques-là qu'en l'an 1643. vne vieille image commençant à changer de couleur, & à deuenir vn peu rougeastre au visage, l'on se mit à crier au miracle. Le Grand Duc & le Patriarche s'en effrayerent, comme si cette couleur rouge presageoit quelque chose de funeste, & comme si elle menaçoit l'Estat, ou la personne du Prince d'vn malheur ineuitable: & il fut sur le point de faire publier des jeûnes extraordinaires, & des prieres publiques par tout le Royaume, si les peintres, que l'on fit venir, pour auoir leur aduis sur cette affaire, n'eussent asseuré tous, qu'il n'y auoit rien, dont l'on se deust allarmer; veu qu'il n'y auoit rien d'extraordinaire, mais que le temps, qui auoit mangé le coloris, auoit découuert la premiere couche du tableau, qui estoit rouge.

 Leurs Moines & leurs Prestres ne manquent pas de leur faire faire des miracles, ou d'y faire remarquer des choses qui obligent le peuple à des deuotions extraordinaires; qui sont tousiours accompagnées d'offrandes, au profit du Prestre. La ville d'Archangel en fournit vn bon exemple en deux Prestres de ce lieu-là: qui apres auoir amassé vne bonne somme d'argent par leurs impostures, se prirent de paroles, quand il fallut faire le partage, & se reprocherent si bien leurs fourberies, que le Magistrat en ayant esté aduerty, ils eurent chacun vne trentaine de coups de nerfs de bœuf, de la façon que nous auons dit cy-dessus. Ces affronteurs iettent ces pauures gens dans des frayeurs continuelles, & leur donnent vne si grande veneration pour leurs images, qu'ils n'ont recours qu'à elles en leurs plus grands dangers. Iacob de la Gardie, general de l'Armée de Suede, ayant en l'an 1610. pris la ville de Nouogorod, le feu s'y mit, & vn des habitans voyant sa maison en flamme, y presenta vne image de S. Nicolas, & la pria d'arrester le progrez de ce furieux element, qui l'alloit ruiner. Mais voyant que le feu ne laissoit pas de consumer tout, il y ietta son image, & luy dit, que puis qu'il ne le vouloit point secourir, qu'il s'aidast luy mesme, & qu'il esteignist le feu, s'il vouloit. On remarqua aussi en ce temps-là, que les soldats Suedois, qui ne trouuoient rien dans les maisons, s'aduiserent d'emporter les images des Moscouites, & les obligerent par ce moyen à les suiure, & à racheter leurs Saints bien cherement.

 La premiere chose qu'ils enseignent à leurs enfans, c'est de faire des reuerences aux images, & de faire de profondes inclinations deuant elles. Ie logeois à Ladoga chez vne femme qui ne vouloit point donner à déjeuner à son enfant, qui ne pouuoit pas encore bien parler, ny se tenir debout, qu'il n'eust fait neuf inclinations deuant le Saint, & qu'il n'eust autant de fois begayé son *Gospodi*.

 Ce n'est pas que parmy vn si grand nombre d'innocens, il ne se trouue des personnes assez bien instruites, & qui dans ces espaisses tenebres de l'ignorance, ne voyent vn rayon de la lumiere de la verité. Car ie me souuiens auoir connu dans la Narua Russique vn riche marchand, qui vit encore auiourd'huy, & qui voyoit souuent nos Ambassadeurs, & disnoit auec eux. Son entretien estoit fort agreable, & il ne craignoit point de dire, qu'il ne pouuoit pas approuuer l'opinion que les autres Moscouites ont de leurs Saints, ny le culte qu'ils rendent à leurs images, & qu'il ne se pouuoit pas fier de son salut à des couleurs, qu'il pouuoit effacer de son mouchoir, & au bois qu'il pouuoit ietter au feu. Qu'il trouuoit en la Sainte Escriture, qu'il auoit leuë auec attention, des consolations bien plus solides, & des fondemens de son salut inesbranslables. Que leu ieûne ne seruoit de rien, quand au lieu de viande l'on se rassasioit du meilleur poisson, & quand on s'enyuroit du plus delicieux hydromel, & de la plus forte eau de vie. Que le pain & l'eau suffisoient à ceux qui veulent ieusner, & que la priere faisoit la meilleure partie de cette mortification.

1636.

Les Ambassadeurs luy demanderent, pourquoy auec ces bons sentimens, il n'auoit pas aussi la charité de les inspirer à ses compatriotes? Il leur répondit, que ce n'estoit point sa vocation & qu'il n'y reüssiroit point, puisqu'il passoit déja parmy eux pour heretique Qu'il souffroit les images dans sa maison, mais seulement pour l'honneur de Dieu, & pour honnorer la memoire des Saints. Qu'il gardoit chez luy le portrait du deffunt Roy de Suede, à cause des actions heroïques de ce Prince; & qu'il croyoit pouuoir en vser de mesme de ceux de Iesus-Christ, & des Saints, qui n'auoient pas seulement fait de grandes actions, mais aussi des miracles. Il nous fit connoistre par la suite de son discours, qu'il sçauoit toutes les raisons que les Grecs alleguerent au Concile de Constantinople, contre ceux qu'ils appelloient Iconomaques en l'an 787. contre lequel Charlemagne assembla en l'an 797. celuy de Francfort; où la doctrine des Grecs touchant les images fut condamnée & anathematisée.

Depuis peu vn *Casansky Protopope*, nommé *Iuan Neronou*, s'est auisé de faire des assemblées, où il declamoit contre l'honneur, que l'on rend aux images; traittant l'idolatrie le culte que l'on rend à des couleurs & à du bois. Il disoit, que s'il falloit auoir de la veneration pour les Images, que l'on pouuoit admirer en l'homme celle de Dieu, & honnorer le peintre pluftoft que l'image qu'il a faite ; mais le Patriarche y donna bien-toft ordre, en degradant ce Preftre, qui fut enfermé dans le Conuent de *Cameno Monaftir*, fur la riuiere de Wolga.

Quand le bois de leurs images fe pourrit de vieilleffe, ils ne les jettent point, mais ils les mettent fur la riuiere, afin que le courant les emporte ; ou bien ils les enterrent dans quelque jardin, ou au cimetiere.

Les Saints de Mofcouie ne font point fans miracle, non plus qu'ailleurs. *Poffeuin* dit, que ce ne font que des fables, & que les contes que l'on en fait, font ridicules. Ils en ont vn de nouuelle datte, nommé *Sudarworets Philip Metropolite*, de la maifon de *Collitziou*. Il viuoit du temps du Tiran *Iuan Bafiloüits*, & fe faifoit côfiderer par les remonftrances qu'il faifoit à ce Prince fur fa mauuaife vie. Le Tyran s'en trouuant importuné, le relegua dans vn Conuent, fi éloigné de la ville de Mofcou, qu'il ne pouuoit plus apprehender fes reproches : mais l'autre fit faire à la plume ce que la langue ne pouuoit plus executer, & reprefentoit de temps en temps le jugement de Dieu aux yeux du Grand Duc, auec des couleurs fi viues, que l'autre ne pouuant plus fouffrir cette liberté, l'enuoya eftrangler par vn de fes domeftiques. Ce bourreau trouua fon homme tout preft de mourir ; mais il le pria qu'au lieu de l'eftouffer auec vne corde, il luy vouluft donner d'vn coufteau dans le cœur ; ce qu'il fit. Les Moines du mefme Conuent le mirent au nombre des Saints Martyrs, & enuoyerent enterrer fon corps dans l'Ifle de *Solofka* en la mer blanche, auprès d'Archangel ; où l'on dit qu'il a fait beaucoup de miracles. Le Patriarche d'auiourd'huy a perfuadé au Grand Duc, qu'eftant encore Metropolitain de *Roftou* & de *Iariflau*, il auoit fceu, que plufieurs malades y auoient efté gueris, & que le corps de ce Saint fe trouuoit encore auffi entier, qu'il eftoit le iour qu'il fut tué, & l'a obligé à l'enuoyer enleuer de *Solofka*, pour le faire transferer à Mofcou. Les miracles, que l'on fçait certainement auoir efté faits à cette tranflation, font : que le *Knez Michaël Leuontgewits*, qui fut deputé pour cét effet, y eftant allé auec vn Diak & auec fes deux fils, & s'eftant embarqué auec quelques-vns de fes gens dans vne grande barque ouuerte, il arriua heureufement dans l'Ifle ; mais l'on n'a iamais pû fçauoir ce que font deuenus les trois autres, auec leur fuite. L'autre miracle, fut que le Grand Duc, le Patriache &

toute la Cour, estans allez au deuant de ce Saint, iusqu'à vne lieuë de la ville de Moscou, le Metropolitain de *Rostou* & de *Iaroslau*, nommé *Warlam*, qui estoit fort gros & gras, & âgé de plus de soixante dix ans, ne pouuant supporter la fatigue de cette coruée, tomba roide mort, en arriuant auprés de la sainte Chasse. Ce qui est pour le moins aussi certain, que ce que les Moscouites disent du grand nombre d'aueugles, de muets, de sourds, de boiteux, de febricitans, & de paralitiques que ce corps guerist, dés qu'on l'eust porté dans la grande Eglise du Chasteau. Dans cette noueauté il ne passoit point de sepmaine, qu'il ne fist cinq ou six miracles. Mais auiourd'huy il ne s'en fait plus du tout, & l'on dit, que c'est à cause de l'incredulité du peuple, que cette vertu est esteinte au corps de ce Saint ; que l'on dit estre tousiours entier : mais il est defendu sur peine de la vie de souleuer le drap, dont il est couuert.

Dans le Conuent de *Troitza*, à douze lieuës de Moscou, ils ont encore vn autre Saint, nommé *Serge*. C'estoit vn homme de tres-grande taille, pour laquelle les Moscouites ont de la veneration, & il auoit autrefois fait le mestier de Soldat ; mais les desordres qu'il auoit commis en sa ieunesse, luy donnerent de si sensibles remords de conscience, qu'ils l'obligerent à sortir du monde pour viure en Hermite. Il se retira de la solitude dans le Conuent de *Troitza*, où il fut bien-tost esleu *Igumene*, ou Abbé, & il y fit tant de miracles, auec son disciple *Nikon*, qu'estant decedé en l'an 1563. l'on canonisa l'vn & l'autre. L'on dit que leurs testes s'y voyent encore toutes entieres, & que lors que les Polonois assiegerent ce Conuent, la seule teste de *Serge* les repoussa de l'assaut, & leur fit tourner leurs armes contre eux-mesmes. Ce que neantmoins l'on ne trouue point dans l'histoire du temps, qui ne parle que d'vn seul siege de *Troitza*, sous Iean Sapiha, General des Polonois; qui fut contraint de le leuer; non point par la vigoureuse resistance des Moines, ou par l'aide de *Serge*, mais par l'armée de Suede, qui vint au secours des Moscouites.

Ils appellent ce Conuent *Zergeofski Troitza*, depuis que ce Saint y est enterré, quoy qu'il soit proprement dedié à la Trinité. Le Conuent est si riche, qu'il nourrit plus de trois cens Moines, & son reuenu s'augmente encore tous les iours, par la liberalité du Grand Duc, & par les aumosnes des passans,

1636.

1636.

qui s'y acquittent des vœux qu'ils ont fait en leurs voyages, ou en leurs maladies, & y font des fondations, pour des seruices apres leur mort. Le Grand Duc, qui y va deux fois l'an en pelerinage, descend du cheual à vne demy-lieuë du Conuent, & acheue le reste du chemin à pied. Apres auoir acheué ses deuotions, il s'y diuertit quelques iours à la chasse, pendant laquelle l'Abbé le defraye, auec sa suite, de viures & de fourrage.

Il y a quelques années que les Moscouites trouuerent vne image de la Vierge Marie à Casan, dont ils enuoyerent vne copie à Moscou, où on luy a basty vne Eglise au grand marché, aupres de la ruë, où les Marchands Coustelliers ont leurs boutiques. Ils appellent cette Eglise *Precista Cazanska*, la sainte Mere de Casan, & il s'y fait beaucoup de pelerinages. Ils en font aussi au Conuent de *Chutina*, à vne lieuë & demie de Nouogorod, au sepulcre de leur saint *Warlam*, qui estoit natif de Nouogorod, & fut enterré à *Chutina*; & c'est pourquoy l'on appelle sa feste *Prafnick Warlama Chutinskoga*.

Leurs Eglises.

Pour ce qui est de leurs Eglises, nous auons dit cy-dessus, qu'il y a plus de deux mille Eglises & Chapelles dans la ville, & dans les fauxbourgs de Moscou, & qu'il n'y a presque point de Seigneur, qui n'ait la sienne. Celles qui sont de pierre, sont rondes, & toutes voûtées; parce que les maisons où Dieu habite, doiuent en quelque façon representer le Ciel, qui est son Thrône. Elles n'ont point de bancs ny de sieges; parce que personne ne s'y assied, mais tout le monde se tient debout, ou se met à genoux, pour faire sa priere. Le defunt Grand Duc, qui estoit fort deuot, se couchoit tout de son long à terre, quand il faisoit sa priere. Ils ne souffrent point d'orgues ny d'autres instrumens de musique en leurs Eglises, & disent, que les choses inanimées ne sont pas capables de glorifier Dieu. Qu'on les auoit soufferts sous la Pedagogie de la Loy; mais que depuis le nouueau Testament, ils ne doiuent plus estre dans l'vsage de l'Eglise, non plus que les autres Ceremonies Iudaïques. Le Patriarche, qui vit auiourd'huy, est allé bien plus auant, & a fait defendre tous instrumés du musique, dont les Moscouites auoient accoustumé de se seruir en leurs escots, & en leurs assemblées. Il y a quatre ou cinq ans qu'il en fit faire vne recherche tres-exacte par toutes

les

s maisons particulieres, & en ayant fait charger cinq grands
hariots, il les fit mener au delà de la riuiere de Moscou, où il
es fit brusler. On a laissé aux Allemans leur musique, & l'au-
orité du Patriarche n'a pas esté assez grande, pour obliger le
Bojar Boris Nikita Iuanoüits Romonou, à chasser ses musiciens. Il
y a point d'Eglise de pierre, qui n'ait au milieu de quatre tou-
elles vne tour, dont le bout se forme de la mesme façon que
ont les pommes de nos licts, ayans au dessus vne croix triple;
ar laquelle ils disent qu'ils representent Nostre Seigneur,
omme Chef de l'Eglise, & disent que la croix estant la marque
u Christianisme, il faut necessairement que l'Eglise de Christ
e fasse connoistre par là. Ils croyent que leurs Eglises sont pro-
anées par les estrangers, c'est à dire par ceux qui ne sont point de
leur communion: c'est pourquoy quand au commencement de
nostre voyage nous y entrions, l'on nous prenoit par les bras,
pour nous en faire sortir, & bien souuent on ballayoit apres
nous. S'il arriue que par mesgarde vn chien y entre, ils ne se
contentent pas de ballayer le paué; mais ils l'encensent, & le
purifient auec de l'eau benite. Ils ont aussi beaucoup de respect
pour les cimetieres, & ne permettent point que l'on y lasche
l'eau.

Les cloches ne sont point dans des clochers, mais dans vne   *Leurs cloches.*
certaine machine auprés de l'Eglise, au cimetiere, & elles sont
la plusdart si petites, qu'à peine pesent-elles cent cinquante,
ou deux cens liures. On les sonne quand on va commencer le
seruice, & à l'éleuation du Calice; car le Pain y estant mis immediatement apres la consecration, ils ne font qu'vne seule eleuation. La corde ne tient point à la cloche, mais au battant: de sorte qu'vn seul homme peut faire sonner trois ou quatre cloches à
la fois, en tenant la corde attachée aux deux coudes, & aux
mains, & faisant ainsi par de diuers mouuemens vn carillon,
qui ne desplaist point aux Moscouites: mais celuy du grand
nombre des cloches, qui sonnent bien souuent toutes à la fois
en toutes les Eglises, fait vne estrange bruit aux oreilles de ceux
qui n'y sont point accoustumez.

Ils croyent que cette sonnerie est si necessaire, que sans cela
leur Liturgie seroit imparfaite. Et de fait, vn certain Pristaf,
qui conduisoit des Ambassadeurs de Suede, ayant sceu qu'ils
vouloient faire leurs deuotions, à cause de la Feste de S. Mi-

K k

chel, il dit, qu'il ne pouuoit pas comprendre comment ils fe
roient; veu qu'en ce grand voyage ils n'auoient pû apporte
de cloches.

Il n'y a point d'Eglife qui n'ait vne image fur la porte, fembla
blement à tous les coins de ruë quafi, & à toutes les portes de
ville il y a des images, où les Mofcouites s'arreftent pour dir
leur *Gofpodi*. Ils adreffent auffi ce *Gofpodi* aux croix, qui font fu
les Eglifes; de forte qu'il n'y a point de ruë, où l'on ne les voy
arreftez, pour faire leurs deuotions.

Le gouuernement Ecclefiaftique eft compofé d'vn Patriar
che, de plufieurs Metropolitains, Archeuefques, Euefques
Archidiacres, Protopopes, & Popes. Le Chef de leur Hierarchi
eft le Patriarche, qui a chez eux la mefme authorité, que l
Pape fe donne dans l'Eglife Latine. Le Patriarche de Conftan
tinople en auoit autrefois la nomination. Auec le temps o
ne luy laiffa que la confirmation; mais depuis quelques année
on luy a ofté l'vne & l'autre. *Filarete Nikitits*, pere du deffun
Grand Duc, a efté le dernier, qui ait demandé la confirmatio
au Patriarche de Conftantinople. Auiourd'huy l'election d
Patriarche de Mofcouie fe fait par les autres Prelats, qui s'af
femblent dans la grande Eglife du Chafteau, qu'ils appellen
Sabor, & nomment deux ou trois Prelats de leur Corps, des plu
confiderez pour leur fçauoir, & pour la probité de leur vie, &
les prefentent au Grand Duc, qui apres en auoir communiqu
auec les Prelats, procede auec eux à l'election; fi ce n'eft que le
qualitez des nommez rende le choix que l'on en pourroit fai
re fi difficile, que l'on foit obligé d'auoir recours au fort. L'o
en vfa ainfi en l'election du dernier Patriarche. C'eftoit vr
Prelat du fecond Ordre, & on l'auoit nommé, auec deux au
tres Metropolitains, à caufe de la reputation que fa bonne
vie luy auoit acquife. Le fort eftant tombé fur luy, tous ceu
du premier Ordre en tefmoignerent du mefcontentement
de forte que l'on y retourna pour la feconde fois, qui luy fut
auffi fauorable que la premiere: mais l'ambition des autre
Candidats paroiffant encore fur leurs vifages, le Grand Duc
eut la complaifance de faire reïterer le fort, qui reuffit encore
à fon aduantage; fi bien qu'il n'y eut plus moyen de s'en dedire.
Celuy qui vit auiourd'huy, s'appelle *Nicon*, & eftoit cy-deuant
Metropolitain de *Roftou* & de *Iaroflou*, & eft aagé d'enuiron

quarante cinq ans. Il demeure dans le Palais, où il a fait baſtir 1636.
vn bel Hoſtel de pierre. Il tient bonne table, & eſt de ſi bonne
humeur, qu'il la fait paroiſtre meſmes aux actions les plus ſe-
rieuſes. Car vne belle fille s'eſtant preſentée à luy, pour receuoir ſa benediction, apres auoir eſté rebaptizée, auec quelques-
vns de ſes parents, il luy diſt, qu'il eſtoit en doute s'il deuoit
commencer par le baiſer que l'on donne aux proſelytes apres le
bapteſme, ou par la benediction.

L'autorité du Patriarche eſt ſi grande, qu'il partage en quelque façon la ſouueraine auec le Grand Duc. Il Iuge ſouuerai-
nement toutes les cauſes Eccleſiaſtiques, & diſpoſe abſolument
des affaires de la Religion : auec tant de pouuoir, qu'il reforme
meſme dans la police ce qu'il croit eſtre contre les bonnes
mœurs, ou contre la modeſtie Chreſtienne ; ſans que le Grand
Duc s'en meſle ; ſinon pour faire executer, ſans aucune conteſtation, tout ce que le Patriarche ordonne ſur ce ſuiet. Il a
ſous luy quatre Metropolitains, ſept Archeueſques & vn Eueſque. Les Metropolitains ſont ceux de

Nouogorodskoi & *Welikolukskoy*, qui demeure à *Nouogorod*.
Roſtoufskoi & *Iaroſlauskoy*, à *Roſtof*.
Caſanskoi & *Swiatskoi*, à *Caſſan*.
& *Saraskoi* & *Pondonskoi*, demeure dans le Chaſteau de *Moſcou*.

Les Archeueſques ſont ceux de *Wologdskoy* & *Wiliko Premskoi*, demeure à *Wologda*.
Reſanskoy & *Moromskoi*, à *Reſan*.
Suſdalskoy & *Torruskoy*, à *Suſdal*.
Twerskoi & *Caſſinskoi*, à *Twere*.
Sibirskoy & *Tobolskoy*, à *Toboleska*.
Aſtrachanskoi & *Terskoi*, à *Aſtrachan*.
Pleſcouskoi & *Sborskoi*, à *Pleſcou*.

Il n'y a qu'vn ſeul Eueſque en toute la Moſcouie, qui eſt
celuy de *Colmenskoy* & *Caſſieskoy*, & demeure à *Colomna*. Le Patriarche a aupres de luy vn Archidiacre, qui eſt comme ſon
Vicaire, & au Chaſteau de Sabor il a vn Protodiacre. Les autres ordres Eccleſiaſtiques ſont diſtinguez en *Protopopes*, en *Pe-
pes* & en Diacres. Ils appellent *Panna mari* ceux qui ont le ſoin
de nettoyer & de fermer les Egliſes, & de ſonner les cloches.
Ils ont dans les Cloiſtres des *Archimandrites*, des *Kilari* & des

Igumeni, qui sont leurs Abbés, leurs Prieurs & leurs Gardiens.

{Leurs Prelats ne se marient point.} Le Patriarche, les Metropolitains, les Archeuesques & les Euesques ne se marient point, & font vœu de chasteté, pour le temps qu'ils sont constitués en cette dignité, qui ne leur imprime point vn caractere indelebile, comme ailleurs. Il leur est defendu de porter des bagues aux doigts. Il ne portent point de chausses, ny de chemises de toile, mais de laine seulement, & ne couchent point sur des licts.

{La façon de viure de leurs Moines.} Les Religieux ne mangent point de viande, ny mesme de poisson frais, & ne boiuent point de vin, d'eau de vie ou d'hidromel, mais ils sont obligés de se contenter de leur *quas*; quoy que hors du Conuent ils se dispensent de la seuerité de cette loy, & mangent de tout ce qu'on leur donne; se seruans souuent si bien de l'occasion, qu'il les faut remporter à quatre au Conuent.

{L'habit des Ecclesiastiques.} L'habit ordinaire du Patriarche, aussi-bien que des Metropolitains, des Archeuesques, des Euesques, comme aussi de leurs Moines, est vne espece de sottanelle noire, sur laquelle ils mettent vne veste de la mesme couleur, & à peu prés de la mesme façon de celles des autres Moscouites. Leur coiffure ou chaperon, a pour le moins vne aulne & demie de diametre, & au milieu vn rond, de la largeur d'vne assiette, qui leur pend derriere la teste. En allant par la ville ils portent à la main vn baston crochu au bout, en forme d'angle droit, qui leur sert de crosse, & ils l'appellent *Posok*.

On peut iuger du nombre des Popes ou des Prestres, que l'on trouue dans la ville de Moscou, par celuy des Eglises, parmy lesquels il n'y en a point, qui soient vn peu plus grandes que leurs Chappelles ordinaires, qui n'en ayent trois ou quatre, & dauantage. Ceux qui veulent embrasser cette sorte de vie, s'adressent au Patriarche, ou au premier Metropolitain qu'ils rencontrent, qui les examine, & s'il trouue qu'ils sçachent mediocrement bien lire & escrire, & chanter dans l'Eglise, il leur donne l'Ordre & vne attestation. En les consacrant, on les habille de la façon que nous venons de dire, & on leur coupe les cheueux au haut de la teste, que l'on couure d'vn petit bonnet, en forme de callotte; qui est le seul caractere de leur Prestrise. Car ils ne l'ostent iamais, que pour se faire couper les cheueux, & celuy qui en battant vn Prestre luy feroit tomber 'a callotte à terre, feroit bien feuerement puny, & obligé de luy payer la biceftie; là où d'ailleurs on peut outrager vn homme de cette profeffion, auec la mefme impunité qu'vn autre : mais pour le faire feurement, on luy ofte fa callotte deuant que de le battre, & apres cela on la luy remet refpectueufement fur la tefte.

1636.

Les Protopopes, & les fimples Preftres, font obligez de fe marier; mais il ne fe peuuent pas remarier en fecondes, ou en troifiémes nopces, s'ils ne renoncent à la Preftrife. Ils alleguent pour cét effet le texte de faint Paul, en la premiere Epiftre à Timothée, chapitre troifiéme ; où l'Apoftre dit, qu'il faut que l'Euefque foit mary d'vne feule femme. Ce qu'ils n'entendent point ny des Euefques, quoy que le texte y foit formel, ny de la Polygamie ; mais feulement de la neceffité qu'ils impofent au Preftre de fe marier, pour deuenir mary d'vne femme. Et ce poinct du mariage des Preftres fait vn des principaux differens, que les Mofcouites, & toute l'Eglife Grecque, ont auec celle de Rome, qui défend le mariage aux Preftres. Ils fortifient leur opinion, principalement par le quatriéme Canon du Concile, qui fut tenu à Gangres en Paphlagonie, peu de temps apres celuy de Nicée; qui anathematife ceux qui font difficulté de communier de la main d'vn Preftre marié. Mais les Preftres Mofcouites ont cela de particulier, qu'ils font obligés de fe marier, deuant que de receuoir les Ordres, & d'efpoufer vne fille, & non pas vne vefue, ou vne femme de mauuaife vie : en quoy ils font fi exacts, que fi vn Preftre trouue fon efpoufe défleurée la premiere nuict de fon mariage, il faut qu'il faffe diuorce auec elle, ou auec la Preftrife. Le Preftre qui s'eft approché de fa femme la nuict, ne s'approche point de l'Autel le iour fuiuant, & vn Preftre veuf ne peut plus adminiftrer les Sacremens. Il peut bien affifter aux Offices de *Fafterini* & de *Vetzerni*; mais il n'eft point admis à celuy d'*Obedni*, où l'on communie, & ne peut plus benir les mariages. Ceux qui ne veulent point viure en cét eftat, & qui s'ennuyent du Celibat, changent de meftier, & fe font Marchands ou Artifans, & fe remarient : & pour cét effet ils n'ont qu'à quitter leur vefte & leur callote : s'ils font trop vieux pour fe marier, ils fe retirent dans vn Conuent ; & acheuent leur vie dans la retraitte.

Les Preftres font obligez de fe marier.

K k iij

1636.
Leurs Conuents.

Ils ont vn tres-grand nombre de Conuens de Religieux & de Religieuses, tant dans les Villes qu'à la Campagne, & ils suiuent quasi tous la Regle de Basile le Grand. La pauureté l'âge, les infirmitez, l'ennuy du mesnage, & la violence remplissent les Conuens, plûtost que la deuotion. Quand elle est volontaire, l'on permet à ceux qui ont dequoy, de porter vne partie de leur argent au Conuent ; mais ils sont obligés de laisser le reste à leurs heritiers. Autrefois les superstitieux y donnoient tout leur bien, & l'on voyoit que cette manie s'estoit si bien saisie de l'esprit de plusieurs, qu'auec le temps les Moines eussent occupé vne bonne partie de la Moscouie, si l'on n'y eust donné ordre. Ils ont leures heures reglées pour le Seruice, & ils disent la plusspart de leurs prieres au Chapelet. L'austerité de leur vie est grande, en ce qu'ils ne viuent que de poisson salé, de miel, de laict, de fromage, d'herbes & de legumes, & particulierement de concombres, frais & confits au sel & au vinaigre, qu'ils coupent en quarreaux, & les mangent auec la cuiller dans du Quas. Ils ont cela de commun auec quasi tous les autres Moscouites, qu'à peine sçauent-ils lire & escrire. De dix il n'y en a pas vn qui sçache l'Oraison Dominicale, & il n'y en a quasi point, qui sçache le Symbole des Apostres, & les Commandemens de Dieu. Ces Moines ne sont pas si fort retirez, que l'on n'en voye par tout en grand nombre, à la ville & à la campagne, où ils font les mesmes fonctions que les païsans, dont ils ne sont distinguez que par l'habit. Il est vray qu'il y a aussi force Anachoretes, qui bastissent des Chapelles sur le grand chemin, & qui demeurent dans les bois comme des Hermites, où ils ne subsistent que des aumosnes qu'ils tirent des passans.

Leur ieusne.

Ils ieusnent le Mercredy & le Vendredy, & s'abstiennent si fort de toutes sortes de viandes, & mesmes d'œufs & de laict, que depuis quelques années les plus deuots ne voudroient point auoir mangé du sucre ; parce qu'ils sçauent que l'on se sert de blancs d'œufs, pour le clarifier.

Leur année est composée de plus de iours maigres que de gras. Car outre les deux iours de chaque sepmaine, & les veilles des grandes Festes, ils ieusnent pendant le Caresme sept sepmaines entieres ; quoy qu'en la premiere ils mangent du beurre, du laict & des œufs, & c'est-là leur Carnaual, où ils font des excés incroyables à boire, & des infolences, aufquelles le Patriarche n'a pas encore pû remedier. La fepmaine fuiuante ils ne mangent que du miel, des herbes & des legumes, & ne boiuent que du *quas* & de l'eau : ils fe baignent & fe nettoyent des ordures, qu'ils ont contractées dans les defordres de leurs débauches. Tout le refte du Carefme ils viuent fort fobrement, & les plus deuots ne mangent point de poiffon, finon le Dimanche. Leur fecond Carefme commence huit iours apres la Pentecofte, & dure iufqu'à la Saint Pierre. Le troifiéme depuis le premier d'Aouft iufqu'au 16. & le quatriéme depuis le 12. Nouembre iufqu'à Noël. Il eft vray qu'il y en a qui fe relâchent quelquefois de cette grande aufterité ; mais ie n'ay point connu de Mofcouite, qui n'ait exactement obferué l'abftinence pendant le Carefme ; mais comme ils ne s'en difpenfent point, mefmes en leurs plus grandes maladies, auffi ne les pourroit-on pas obliger à manger du poiffon le Dimanche,& les Feftes hors du Carefme; parce qu'ils croyent que c'eft de l'inftitution Apoftolique de manger de la chair le Dimanche, & qu'ils font obligez d'obferuer la Regle qui fe trouue fous le nom de S. Clement, aux Tomes des Conciles, de l'impreffion de Venife ; qui dit qu'vn Ecclefiaftique qui ieufne le Dimanche, ou le Samedy, doit eftre degradé, & fi vn Laïc fait la mefme faute, il doit eftre excommunié. La mefme Regle, qui leur ordonne de s'abftenir de viande le Carefme, leur défend auffi de toucher leurs femmes pendant ce temps-là, fur des peines bien expreffes.

Leur confeffion.

Les perfonnes qui font paruenuës en âge de connoiffance, font obligez de fe confeffer deuant la Communion. Cette deuotion eft fort volontaire parmy eux ; mais il n'y a quafi point de Mofcouite, qui ne communie à Pafques. Ils s'y preparent par vne mortification extraordinaire, huict iours durant ; pendant lefquels ils ne mangent que du pain dur, & ne boiuent que de l'eau & du *quas*, fi aigre, qu'il leur donne des trenchées au ventre, & les abbat entierement. Ils font leur confeffion de bout, au milieu de l'Eglife, & deuant vne Image, fur laquelle ils tiennent les yeux arreftez pendant la confeffion ; recitans tous leurs pechez par le menu, & témoignans à chaque peché leur repentance, & promettans de s'amender. Le Preftre, en leur donnant l'abfolution, leur donne auffi des penitences à faire, qui confiftent principalement, à prononcer plufieurs fois le *Gofpodi Pomiluy*, ou de faire vn certain nombre de reuerences deuant les Saints, de s'abftenir des femmes pendant vn certain temps, de fe tenir à l'entrée de l'Eglife : ou fi les pechez font énormes, de fe feruir d'eau benifte, qu'ils confacrent le iour des Roys, & que les Preftres gardent le long de l'année pour cet vfage, qui n'eft iamais gratuit. Ils eftiment que cette eau eft capable de les nettoyer de tous leurs pechez, & de les mettre en l'eftat de grace.

Leur Communion.

Ils communient ordinairement la veille de Pafques ; au moins ils choififfent pour cela vn iour de ieufne : ce qu'ils obferuent fi exactement, que quand mefme quelqu'vn communieroit le Dimanche, il ne pourroit point manger de la viande ce iour-là. Ils communient fous les deux efpeces, & meflent mefme de l'eau auec du vin. Ils y mettent auffi le pain, & en prennent vn morceau auec le vin dans vne cueiller. Le pain eft leué, & doit auoir efté peftry & cuit par la veufue d'vn Preftre ; ce qu'ils croyent eftre tellement de l'effence du Sacrement, qu'vne des principales caufes du Schifme entre l'Eglife Grecque & la Latine, eft, que celle-cy fe fert du Pain fans leuain, contre l'inftitution expreffe de Noftre Seigneur, qui pour abolir la ceremonie des Iuifs, qui fe feruoient d'Azyme, a voulu prendre du pain cōmun. On le confacre, ou le iour mefme de la Communion, ou le Ieudy deuant Pafques : l'vn pour les communiants qui fe prefentent, & l'autre pour les malades, & on garde celuy-cy le long de l'année. Ce pain eft enuiron deux fois plus grand & plus efpais qu'vne piece d'vn efcu, & a au milieu la figure du Crucifix. Apres que le Preftre l'a confacré, il en enleue cette figure auec vn inftrument fait en forme d'vn fer de lance, & l'enferme dans vn pigeon de bois : que l'on pend au deffus de l'Autel, afin d'empefcher que les fouris ne le mangent. Quand on veut communier vn malade, l'on en prend vn miette, fur laquelle on verfe trois gouttes de vin clairet, on le met dans le Calice, où l'on mefle quelquefois vn peu d'eau, & on le donne ainfi au malade dans vne cueiller. Mais s'il n'eft pas en eftat de pouuoir aualer le pain, on ne luy donne que du vin confacré. Pour la Communion ordinaire, ils fe feruent d'vn pain confacré, de la mefme forme que l'autre ; mais pas plus grand qu'vn demy efcu, dont ils enleuent auffi le Crucifix,

cifix, & le rompent en autant de pieces qu'il y a de communiants, les iettent dans du vin clairet, & y meſlent vn peu d'eau tiede: parce que ſans doute le ſang & l'eau qui ſortirent du coſté de Noſtre Seigneur l'eſtoient. Ils croyent la tranſſubſtantiation, & en adminiſtrant le Sacrement le Preſtre prononce ces paroles: *Cecy eſt le vray Corps, & le vray Sang de Noſtre Seigneur Ieſus-Chriſt, qui a eſté donné pour toy, & pour pluſieurs, en remiſſion de tes pechez, lequel tu prendras en memoire de luy. Dieu te benie.* Les plus deuots dorment apres la Communion, afin de ne point pecher ce iour-là. Le reſte du pain conſacré ſert de pain benit. Ils l'appellent *Kutja*, & le Preſtre en donne vn morceau le Dimanche ſuiuant à ceux qui ont communié dans la ſepmaine. Il n'y a point d'enfant ſi jeune, qu'ils ne faſſent communier; mais ce n'eſt que quand il eſt malade, & on ne luy donne qu'vne des eſpeces, iuſqu'à l'âge de ſept ans, & alors on le communie comme les autres: parce qu'ils diſent qu'en cét âge là on commence à pecher mortellement. Ils ont ſans doute pris cette couſtume de ce qui ſe faiſoit dés le troiſiéme ſiecle, où S. Cyprian dit, que l'on communioit les enfans immediatement apres le Bapteſme; ce qui eſtoit encore en vſage du temps de S. Auguſtin. Mais auec le temps l'on a changé cette couſtume: puiſqu'à ce que dit *Nicephore*, fils de Caliſte, qui viuoit au quatorziéme ſiecle, de ſon temps l'on ne donnoit aux enfans, qui apprenoient les premiers rudimens des ſciences, que le pain conſacré, qui eſtoit demeuré de reſte, apres la communion. En Moſcouie l'on communie auſſi les inſenſez; mais l'on ne fait que leur toucher les levres du pain détrempé dans le vin.

Le Preſtre qui a baiſé vn corps mort, ou qui a aſſiſté à l'enterrement, ne peut point conſacrer, ny adminiſtrer le Sacrement ce iour-là; parce qu'on le tient pour ſoüillé. Il ne luy eſt point permis non plus de communier vne accouchée dans la meſme chambre où elle a accouché; mais elle eſt obligée de ſe faire porter dans vn autre departement, & de ſe faire lauer. Autrefois ils enuoyoient le pain conſacré à la campagne, aux lieux qui n'auoient point de Preſtre, & meſme ils en donnoient à ceux qui alloient faire voyage, ou qui alloient à la guerre; qui ſe confeſſoient deuant que partir, & communioient de leurs mains, quand ils en auoient la commodité, ou quand ils ſe voyoient en danger de mort, pour leur seruir de Viatique. Cette coustume de prendre le vin consacré dans l'Eglise, & d'emporter le pain, pour le prendre au logis, & mesme celles des Anachoretes, qui emportoient l'vn & l'autre en leur retraitte, est si ancienne, que *S. Cyprian*, & *Tertullien* mesme, en parlent, comme d'vne chose, qui estoit fort commune en ce temps-là; mais cette façon de communier a esté entierement abolie en Moscouie, aussi bien qu'ailleurs. Ceux qui ont fait serment en Iustice, ou qui ont commis meurtre, ou quelque autre peché enorme, ne peuuent communier qu'à l'article de la mort. On communie tous les malades qui sont en cét estat là, & on leur donne en mesme temps l'Extreme Onction: mais apres cela on ne leur fait plus rien prendre, non pas mesme de la nourriture; si ce n'est que l'on apperçoiue visiblement qu'il reprend ses forces, & qu'il promet vne reconualescence asseurée. Deuant la communion ils donnent quelquesfois aux malades de l'eau ou de l'eau de vie, où ils font détremper des reliques. Il y en a, qui estans en cét estat là se font raser, prennent l'habit de Moine, & le deuiennent effectiuement: Car apres cela il ne leur est point permis de prendre quoy que ce soit pendant huit iours: parce qu'ils disent, que ceux qui prennent cét habit, qu'ils appellent *Seraphique*, ne sont plus au nombre des hommes, mais sont deuenus Anges. Et si nonobstant cette abstinence de huit iours ils reuiennent à reconualescence, ils sont obligez de s'acquitter de leur vœu, & d'entrer dans le Conuent; parce que le rasoir leur a passé sur la teste.

Leurs enterremens. Pour ce qui est des enterremens des Moscouites, ils les font auec beaucoup de ceremonies, comme toutes les autres actions publiques. Dés que le malade est decedé, l'on enuoye querir les parents & les amis du defunt, qui s'estans rendus au logis, se rangent à l'entour du corps, s'excitent à pleurer, afin d'aider les femmes, & demandent au defunt, pourquoy il s'est laissé mourir? si ces affaires n'estoient pas en bon estat? s'il manquoit de manger & de boire? si sa femme n'estoit pas assez belle & assez ieune? si elle luy a manqué de fidelité? &c. L'on enuoye aussi-tost vn present de biere, d'eau de vie & d'hidromel au Prestre, afin qu'il fasse des prieres pour l'ame du defunt. On laue bien le corps, & apres l'auoir reuestu d'vne chemise blanche, ou d'vn linceul, on luy chausse des souliers, faits d'vn cuir de Ruſſie fort delié, & on le met dans le cercueil, ayant les bras poſés ſur l'eſtomach, en forme de croix. Ils creuſent leurs bieres dans le tronc d'vn arbre, & c'eſt vne marchandiſe que l'on trouue en grande quantité expoſée en vente par toute la Moſcouie. On la couure d'vn drap, ou bien de la caſaque du defunt, on le porte à l'Egliſe, & ſi c'eſt vne perſonne riche, & que la ſaiſon le permette, on ne l'enterre pas auſſi-toſt, mais on le laiſſe-là huit ou dix jours; pendant leſquels le Preſtre luy donne de l'encens & de l'eau benite tous les iours.

1636.

L'ordre du conuoy ſe fait en la maniere ſuiuante. A la teſte marche vn Preſtre, qui porte l'image du Saint, qui a eſté donné au deffunt à ſon baptefme, pour luy ſeruir de Patron. Apres cela ſuiuent quatre filles, des plus proches parentes du deffunt, qui ſeruent de pleureuſes, & qui rempliſſent l'air de leurs cris & de leurs lamétations effroyables, d'vn ton concerté & ſi iuſte, qu'elles ceſſent toutes à la fois, pour recommencer en meſme temps, par interualles. Apres cela ſuit le corps, que ſix hommes portent ſur les eſpaules: & ſi c'eſt vn Religieux, ou vne Religieuſe, ſes Confreres ou ſes compagnes luy rendent cet office. Les Preſtres marchent auprés du corps de tous coſtez, & l'encenſent, pour en eſloigner les mauuais eſprits, & chantent quelques Pſeaumes. Les parents & amis ſuiuent le corps, & marchent en confuſion, tenans chacun vn cierge à la main.

Eſtans arriués auprés de la foſſe, l'on deſcouure la biere, & l'on tient l'image de ſon Saint ſur luy, tandis, que le Preſtre fait quelques prieres, où il meſle ſouuent ces paroles. *Seigneur regarde cette ame en iuſtice*, & quelques paſſages de leur Liturgie, pendant que la veufue continuë ſes pleurs, & continuë les demandes, qu'elle luy a deſia faites. Apres cela les parents & amis prennent congé du deffunt, en le baiſant, ou en baiſant ſeulement le cercueil: & finalement le Preſtre approche, & luy met entre les doigts vn billet, ſigné du Patriarche, ou du Metropolitain du lieu, & du Confeſſeur, qui le vendent ſelon la qualité des perſonnes qui l'achettent. Ce billet, qui doit ſeruir de paſſe-port pour le voyage de l'autre monde, eſt conceu en ces termes. *Nous ſoubs-ſignez Patriarche, ou Metropolitain, & Preſtre de cette ville de N. reconnoiſſons & certifions par ces preſentes, que N. porteur de nos lettres, a touſiours veſcu parmy nous en* bon Chrestien, faisant profession de la Religion Grecque: Et bien qu'il ait quelquefois peché, qu'il s'en est confessé, & qu'ensuite il a receu l'absolution & la Communion, en remission de ses pechez. Qu'il a reueré Dieu & ses Saints. Qu'il a fait ses prieres, & qu'il a ieusné aux heures & aux iours ordonnez par l'Eglise, & qu'il s'est gouuerné si bien auec moy qui suis son Confesseur, que ie n'ay point de suiet de me plaindre de luy, ny de luy refuser l'absolution de ses pechez. En témoin dequoy nous luy auons fait expedier le present Certificat, afin que saint Pierre, en le voyant, luy ouure la porte à la ioye eternelle. Dés qu'on luy a donné ce passeport on ferme la biere, & on le met dans la fosse, le visage tourné vers l'Orient. Ceux qui l'ont accompagné, font leurs deuotions aux images, & s'en retournent au logis du deffunt, où ils trouuent le disner prest, & où ils noyent bien souuent leur affliction, auec tous leurs autres sentimens, dans l'hidromel, & dans l'eau de vie. Leur dueil dure quarante iours, pendant lesquels ils font trois festins aux parents, & aux amis du deffunct; sçauoir le troisiesme, le neufiesme & le vingtiesme iour apres l'enterrement. En quoy ils imitent les Grecs modernes, quoy que ceux-cy, au lieu du vingtiesme iour, prennent le quarantiesme; parce que vers ce temps-là, le cœur se corrompt, comme le corps commence à pourrir vers le neufiesme, & le visage se défigure le troisiesme.

Il y en a qui font bastir vne hutte sur leur tombeau, qu'ils couurent de nattes, pour le Prestre qui y fait soir & matin, six sepmaines durant, des prieres pour le deffunt. Car encore que les Moscouites ne croyent point qu'il y ait vn Purgatoire; si est-ce qu'ils disent, qu'il y a deux diuers lieux, où les ames se retirent au sortir des corps, & où elles attendent le iour du Iugement; les vnes dans vn lieu plaisant & delicieux, en la conuersation des Anges, & les autres dans vne vallée sombre & noire, en la compagnie des Diables. Que les ames estans encore en chemin, peuuent estre destournées du mauuais par les prieres des Prestres & des Moines; & mesme que ceux-cy ont assez de credit auprés de Dieu, pour soulager l'ennuy de celles qui sont auec les diables, & pour l'appaiser pour le iour du Iugement. Les plus accommodés font des aumosnes tous les iours, pendant les six sepmaines: ce qui est assez ordinaire parmy les Moscouites, qui ne font point de difficulté d'acquerir du bien par toutes sortes de moyens, & croyent pouuoir expier ce peché ar des aumofnes. C'eſt pourquoy il n'y a quaſi point de Moſcouite, qui en allant le matin à l'Egliſe, ou à ſes affaires, n'achet[e] du pain, pour le diſtribuer aux pauures; qui bien qu'en tres-grand nombre, en font vn ſi grand amas, que ne pouuans conſumer tout, ils font ſecher le reſte au four, & en font vne eſpece [d]e biſcuit, qu'ils appellent *Suchari*, & le vendent au marché à [c]eux qui font voyage.

1636.

Au reſte les Moſcouites permettent à toutes ſortes de nations [&] de Religions de demeurer parmy eux, comme des Reformés, [d]es Lutheriens, des Armeniens, des Tartares, des Turcs & des [P]erſes, mais ils ne veulent point ſouffrir les Iuifs ny les Catholiques Romains. Il y a vn fort grand nombre de Proteſtans [p]ar toute la Moſcouie, & en la ſeule ville de Moſcou il y en a [p]lus de mille, qui ont l'exercice libre de leur Religion. Les Reformés & les Lutheriens auoient cy-deuant leurs Temples dans le Cercle de Zaargorod: mais il y a enuiron vingt-ans, que [l]es Lutheriens perdirent le leur par l'imprudence de leurs femmes: parce que celles des Marchands ne voulans point ceder aux femmes des Officiers, qui n'eſtoient la pluſpart que des ſeruantes reueſtuës, elles entrerent enſemble en conteſtation, & en vinrent des paroles aux mains, dans le Temple, auec tant de ſcandale, que le Patriarche, qui y paſſoit par hazard, ayant ſceu le ſuiet de leur querelle, commanda qu'on démoliſt le Temple: Ce qui fut executé à l'heure meſme. Mais on leur a permis d'en baſtir vn autre au quartier de *Bolſoigorod*. On oſta aux Reformés leur Temple, parce que non contens de la Chapelle de bois, qu'on leur auoit donnée dans le quartier de la muraille blanche, ils y voulurent faire vn baſtiment de pierre; qui eſtoit quaſi acheué, quand le Patriarche, qui n'y auoit point conſenty, fit abbatre l'vn & l'autre. Auiourd'huy les Eſtrangers n'ont point de Temple, ny meſme de maiſons, dans la ville. Car les Allemans ſe voyans expoſés à la riſée des Moſcouites, depuis que la fantaiſie du Patriarche les a obligés à ſe diſtinguer par les habits d'auec les habitans du païs, pour ſe deliurer de cette perſecution, ſupplierent le Czaar de les proteger contre les outrages, & contre les inſultes qu'on leur faiſoit tous les iours. D'ailleurs les Preſtres ſe plaignoient, de ce que les Eſtrangers baſtiſſoient ſur leur fonds, & diminuoient le reuenu de leurs Cures; de ſorte que le Grand Duc pour faire plaiſir aux vns

Les Moſcouites ne ſouffrēt point les Catholiques.

& aux autres, leur donna hors de la ville auprés de la porte *Pokrofky*, vn lieu capable de contenir toutes les maisons des estrangers, qui firent aussi-tost démolir celles qu'ils auoient dans la ville, & firent en fort peu de temps vn Fauxbourg, que l'on nomme *Noua Inafemska Sloboda*; où les Lutheriens ont deux Temples, & les Reformez deux autres; l'vn pour les Hollandois, & les autres pour les Anglois, & où ils ont d'autant plus de satisfaction, qu'ils sont comme hors du commerce des Moscouites, & hors du danger des frequentes incendies, qui commencent ordinairement dans les maisons de ces barbares.

Les Lutheriens & les Reformez viuent en fort bonne intelligence entr'eux, & les Moscouites se plaisent à trafiquer auec les vns & les autres; mais ils ont vne si puissante auersion pour les Catholiques Romains, qu'ils n'ont iamais voulu permettre qu'ils ayent estably l'exercice de leur Religion en Moscouie. En l'an 1627. le Roy defunct fit proposer vn traitté par Loüis des Hayes, pour le reglement du commerce auec les François, & par mesme moyen pour vne Eglise, où ils pussent faire dire la Messe; mais il en fut refusé. Et lors de la premiere guerre de *Smolensko*, l'on ne se voulut point seruir de Soldats Catholiques. Et mesmes par le traitté, que nous fismes auec eux pour le passage de la Perse. Ils stipulerent bien expressement, que nous n'aurions point de Catholiques à nostre suitte. De sorte qu'il y a dequoy s'estonner, de ce qu'en l'an 1610. ils appellerent à la Couronne *Vladislas*, Prince de Pologne & de Suede; bien que cette Election n'eust point d'effet, pour des raisons qui sont hors du suiet de nostre Relation, aussi bien que celles de l'animosité que les Moscouites ont contre l'Eglise Romaine; dont il faut chercher le fondement dans l'Histoire Ecclesiastique, qui n'a rien de commun auec la Relation de nostre voyage; laquelle nous continuerons au Liure suiuant.

VOYAGE DE MOSCOVIE ET DE PERSE.

LIVRE QVATRIESME.

AV sortir de la ville de Moscou, nous allasmes par terre, iusqu'au conuent de *Simana*, où nous nous embarquasmes, apres auoir pris côgé des amis qui nous auoient accompagnés iusqu'en ce lieu-là, sous la conduite d'vn *Pristaf*, nommé *Rodiwon Matfeowitz*, qui auoit ordre d'auoir soin des Ambassadeurs iusqu'à *Astrachan*. A peine auions nous quitté là riue, que le Gouuerneur du Peuple, *Boris Iuanoüitz Morosou*, y parut auec ses trompettes, & nous pria d'aborder, & de souffrir qu'il nous donnast à souper ce soir-là: mais les Ambassadeurs, qui ne vouloient point retarder leur voyage, s'en excuserent, & luy enuoyerent presenter vne coupe d'argent. Il la receut dans vne petite barque, auec laquelle il costoyoit la nostre, & témoigna sa reconnoissance par la fanfare de ses trompettes. Mais l'impatience le prit enfin, & il passa dans nostre barque, où il demeura toute la nuict à boire auec les Gentils-hommes, dont il eut de la peine à se separer le lendemain matin sans larmes.

Nos Matelots Moscouites, qui estoient frais & gaillards, de l'eau de vie qu'on leur auoit donnée, trauaillerent cependant si bien toute la nuit, en se relayans de temps en temps, tirans tousiours huit à la rame, que le lendemain matin au leuer du soleil, nous nous trouuasmes à vne maison de plaisance, nom-

IVIN. 1636.

IVILLET.

1635.

mée *Duoreninou*, située sur la riue gauche de la riuiere, à quatre vingts werstes qui font seize lieuës d'Allemagne, de *Simana*. Sur le soir nous arriuasmes à quarante werstes, ou huit lieuës, de *Duoreninou*, à vn village nommé *Mortschuck*: de sorte qu'en vingt-quatre heures nous auions fait autant de lieuës d'Allemagne.

Le lendemain deuxiéme Iuillet, nous rencontrasmes sur le midy, aupres du village & Conuent de *Porsenis*, plusieurs grands bateaux chargés de miel, de sel & de poisson salé, qui venoient la plufpart d'*Astrachan*, & alloient à Moscou.

Columna.
Sur le soir nous arriuasmes deuant la ville de *Columna*. Elle est située sur la riue droite de la riuiere de *Moska*, à cent quatre-vingts werstes, ou trente six lieuës d'Allemagne de la ville de Moscou; quoy que par terre il n'y en ait pas plus de dix-huict, que l'on peut faire en fort peu de temps; particulierement l'hyuer sur la neige. La ville est assez grande, & paroist fort belle par dehors, à cause de ses tours & de ses murailles de pierre, qui sont rares en Moscouie. Comme de fait elle est si considerable, que le Grand Duc y a son *Weüode*, que l'on ne voit que dans les capitales des Prouinces. Nous luy enuoyasmes nostre passeport par le *Pristaf*, & incontinent nous vismes le pont de bois chargé de peuple : & d'autant que la couuerture de nostre bastiment estoit trop éleuée pour passer sous le pont, l'on abattit en moins de rien vne de ses arches, pour nous faire passage. Nous auons dit au Liure precedent, qu'il n'y a qu'vn seul Euesque en toute la Moscouie, & qu'il reside en cette ville de *Columna*.

A trois werstes au dessus de la Ville, aupres du Conuent de *Kolutin Serge Monastir*, qui est de la fondation d'vn certain saint *Serge*, dont nous auons parlé ailleurs, & qui est enterré au Conuent de Troitza, la Mosca entre dans la riuiere d'Occa; laquelle est sans comparaison plus belle & plus large que l'autre. Elle vient du costé du Midy, & arrose des deux costez vn fort beau païs, fort peuplé & tres-fertile. Ses deux riues sont bordées de chesnes, qui sont assez rares en ces païs-là, & nous fismes faire le Presche sous vn grand arbre, capable de faire ombre à toute l'assemblée.

Nous nous rembarquasmes incontinent apres disner, & nous laissasmes à vne demy-lieuë de là à nostre main gauche, vne grande Isle, au milieu de la riuiere. Nous passasmes en suitte

plusieurs

ısieurs villages, nommément ceux de *Seelsa* & *Moroso*, qui ıt plus grands que les autres, & tous deux sur le bord de la ııere, à nostre droite.

Le 4. nous arriuasmes sur le midy vers la ville de *Peresla*, si- ée sur le bord de la riuiere, à la droite, à vingt-deux lieuës & mie de *Columna*, & à 54. degrés 42. minuttes d'éleuation. lle a son weiuode particulier.

Le 5. nous laissasmes à nostre main droite le Bourg de *Rhe-* ʒ. C'estoit autrefois vne fort belle ville, qui donnoit le nom toute la Prouince, mais les Tartares de Crim la ruinerent ec toute la Duché en l'an 1568. Le Grand Duc, considerant fertilité du païs, qui s'estend depuis la riuiere d'*Occa*, jus- ues au retranchement, que l'on a fait contre l'irruption des artares, rassembla les habitans, que l'inuasion de ces barba- es auoient dissipés, & ayant fait porter ses materiaux à huit ieuës de-là, il y fit bastir la ville, que l'on appelle encore ujourd'huy *Peresla Resanski*, parce que l'on y fait aller plusieurs abitans de la ville de *Peresla*, qui est esloignée en distance es- ale de celle de Moscou vers le Nort, que celle-cy l'est vers e Midy. Le bourg de *Rhesan* s'est tousiours conseruè l'honneur de la residence de l'Archeuesque: mais il faut corriger l'erreur de ceux qui disent, que la Prouince de *Rhesan* est située vers l'Occident de la ville de Moscou; veu qu'eux mesmes confessent qu'elle est entre les riuieres de *Don* & d'*Occa*, qui ne sont point à l'esgard de Moscou vers l'Occident, mais vers l'Orient; de sorte que *Rhesan* doit estre necessairement placée dans la car- te au Midy à l'esgard de la ville de Moscou.

Le mesme iour nous vismes en passant plusieurs Conuents & villages, comme ceux de *Seloy* aupres de *Rhesan* à nostre main gauche, & à 7. w. de là *Kystrus*, comme aussi de l'autre costé, & 13. w. de là le Conuent d'*Oblozitza*, & à 2. w. de là *Lippono- Issido*, à 2. w. *Muratou* à 1. w. *Kallionino*, & à 2. w. *Schilko*. Au- pres du premier village nous trouuasmes vn cadauer qui nageoit sur l'eau, & il y auoit grand apparence que les Cosaques l'eussent jetté dans la riuiere depuis plusieurs iours, puis que le Soleil l'a- uoit tellement haslé, qu'il en estoit tout noir. Nous fismes apres disner pres de quatre lieuës.

Le lendemain 6. nous en fismes deux, iusqu'au Conuent de *Tericho*, à gauche: de là deux autres lieuës, iusqu'à *Tinersko Slowo-*

La ville de Pe- resla.

da, à droite, en suitte 8. w. iusqu'à Swintzus & 2. w. à *Kopanowo*, où nous trouuasmes encore vn corps mort: mais les Cosaques & les Esclaues fugitifs, qui se retirent en ces quartiers là y commettent tant de desordres, que les Moscouites, à qui ces rencontres sont fort ordinaires, ne s'estonnerent point de celle-cy.

Le 7. Iuillet de grand matin, nous laissasmes à nostre droit vne Isle, nommée *Dobrin Ustrow*, à six lieuës, ou 30. w. du dernier village, & ensuite *Seloy Rubets* à 7. w. & à *Kurman* aussi à 7. w. du mesme costé. A six W. de là nous eusmes à nostre gauche la riuiere de *Gufreka*, & plusieurs autres villages, & à droit *Moleowa* 8. W. *Gabiloska* 2. W. & *Babino* 3. W. Apres cela nous

Cassinogorod. fismes encore 3. W. & arriuasmes sur le soir à *Cassinogorod*. Cette ville est située sur la riue gauche de la riuiere d'Occa, en la Principauté de *Cassinou* en Tartarie, & ce fut là où nous vismes les premiers Mahometans. Auprés de la ville demeuroit dans vn vieux Chasteau de pierre, qui auoit autrefois seruy de Fort aux Tartares, vn ieune Prince du païs, nommé *Res kitza* auec sa mere & auec son ayeul, qui depuis quelques années s'estoit mis sous la protection du Moscouite. L'on nous dit, que le Grand Duc l'auoit voulu obliger à se faire baptiser, par l'esperance qu'il luy auoit donnée du mariage de sa fille; mais que ce ieune Prince, qui n'auoit que douze ans, luy auoit fait dire, que n'estant pas encore en âge où il pust faire choix d'vne Religion, il ne pouuoit pas encore prendre vne resolution de cette importance. Les Ambassadeurs l'enuoyerent complimenter par deux Gentils-hommes de leur suite, & luy firent present d'vne liure de tabac, & d'vne bouteille d'eau de vie de France. Il le receut de fort bonne grace, & répondit au compliment auec grande ciuilité; s'excusant de ce qu'il ne pouuoit point receuoir les Ambassadeurs chez luy; parce qu'il apprehendoit de donner de l'ombrage aux Weiuodes des villes voisines, qui troueroient mauuais qu'il eust receu des estrangers dans sa maison, sans leur permission. Il se contenta de nous enuoyer quelques-vns de ses domestiques, qui pour estre Tartares, ne se pouuoient faire entendre qu'à nostre truchement Perse, qui sçauoit aussi leur Langue. Il nous enuoyà vn present de deux moutons, d'vn baril d'hidromel, d'vn autre de biere, & d'vn troisiesme d'eau de vie, auec quelques morceaux de glace, de la cresme & du beure frais, que la mere du Prince auoit pris la peine de battre elle mesme.

La nuit suiuante, & le lendemain neufiesme, nous vismes en passant plusieurs villages, Conuents & tauernes, la pluspart fort agreablement situés, & enfoncés dans le bois ; entr'autres à nostre droite *Potsinok Tatarsko*, à 3. W. de *Cassinogorod*, & à 7. w de là *Seloy Petiowo*. Apres cela vne tauerne, ou Cabak à 8. W. & *Brooth* à 5. W. l'vn & l'autre à nostre gauche, & ensuite à droite la riuiere de *Moksche* 8. W. à G. vne autre tauerne 2. W. *Sateowa* 13. W. le Conuent d'*Adrianou Pustino* 13. W. *Ickatma* 3. W. C'est vn grand village d'enuiron trois cés feux, & appartient au Bojar *Fedor Iuanoüits Sheremetou*, & de là nous fismes encore 20. W. iusqu'à la bruyere de *Rusbonor*.

Le 9. nous fismes dix werstes iusqu'à l'Eglise de *Woskressenja*, vulgairement nommé *Woskressenskimehl*, à G ; de là 5. W. iusqu'à vn grand village, nommé *Lechi*, appartenant au *Knez Boris Michaeloüits Lykou*, du mesme costé, ensuitte 10. W. iusqu'à *Pretziste Resensko* à d. finalement à la ville de *Moruma* à nostre gauche.

<small>La ville de Moruma.</small>

Auant que d'arriuer aupres de la Ville, nous vismes de l'autre costé de la riuiere vne troupe de Tartares & Crim, qui se cacherent aussi-tost dans le bois, d'où ils nous tirerent quelques coups de fuzil ; mais nous leur respondismes à coups de mousquet, & les obligeasmes par ce moyen à se retirer. Ils parurent encore au dessous de la ville, ce qui nous fit croire qu'ils nous attaqueroient la nuit suiuante ; c'est pourquoy nous nous mismes à couuert de l'Isle de *Zwchtsko Ostrou*, & nous fismes fort bonne garde ; mais nous ne vismes plus personne.

La ville de Moruma est la premiere des Tartares de *Mordwa*, & est habitée par des Moscouites & par des Tartares ; mais elle est sujette au Grand Duc. Nous enuoyasmes nostre truchement au marché, achetter quelques raffraischissemens necessaires, pour la continuation de nostre Voyage.

<small>Tartares de Mordvva.</small>

Le dixiéme nous passasmes pardeuant le bourg de *Prewospalo*, appartenant au *Knez Iuan Barissoüits Circaski*, Conseiller d'Estat, & laissasmes, tant à droite qu'à gauche, plusieurs petits villages, & la riuiere de *Morsna Reka* à droite, & à 8. W. delà à gauche celle de *Klisna*, qui vient du costé de *Wladimer*. Apres cela la riue commence à s'éleuer petit à petit du costé droit, à vne hauteur si extraordinaire, qu'à la voir de bas en haut, il semble, que ce ne soit qu'vne seule montagne, de plus de cent lieuës d'Allemagne, le long de la riuiere de Wolga. Et de fait en cette saison là, & aux plus grandes chaleurs de l'année nous y voyions encore de la neige & de la glace ; quoy que d'ailleurs le païs y soit vny, bon & tres propre pour le labourage, ayant plus de cent lieuës de large vers le Sudest, & que de l'autre costé il soit fort bas, sterile & marescageux.

L'onziéme Iuillet, apres auoir passé pardeuant les beaux villages de *Isbuilets*, de *Troitska*, *Slowoda*, du Conuent de *Dudina*, & de *Nosimki*, nous arriuasmes sur le soir deuant la grande & belle ville de *Nise* ou *Nisonouogorod*; où nous trouuasmes le nauire, nommé *Frideric*, que nous auions fait bastir, par le Capitaine *Michel Cordes*, dont nous auons parlé au commencement de nostre relation. Il n'estoit pas encore entierement en estat, parce que les Charpentiers Moscouites, que le Capitaine auoit employez à cét ouurage, auoient assez mal secondé ses bonnes intentions, mais cela n'empescha point les Ambassadeurs d'y coucher, au lieu d'aller loger dans la ville. Ce bastiment estoit fait de bois de sapin, & auoit six vingt pieds de long sur quarante de large, ayant trois masts & le fond si plat, qu'il ne prenoit que sept pieds d'eau. Son chasteau estoit composé de plusieurs chambres & cabinets, pour la commodité des Ambassadeurs & des Officiers & Gentilhommes de leur suitte, & le nauire estoit armé de plusieurs pieces d'artillerie, de fer & de fonte, & de grand nombre de pierriers, de grenades, & d'autres armes à feu. Et dautant que nostre dessein estoit de nous en seruir principalement sur la riuiere de *Wolga*, qui est pleine de bancs & de sables mouuants, on l'auoit fait bastir en sorte, que faute de vent il pouuoit aussi aller à la rame : & pour cét effet nous l'auions fait faire de douze bancs, à deux rames chacun. Nous auions fait faire vne double chaloupe, pour seruir de decharge au grand nauire, aux lieux où il prendroit fonds, pour porter les ancres, les cables, les voiles & les anchres, dont nous pourrions auoir besoin en ce grand voyage, & pour descouurir dans la mer Caspie, les bans & les sables, qui le pourroient empescher ou retarder.

Nous demeurasmes prés de trois sepmaines deuant la ville de *Nisonouogorod*, en attendant que l'on acheuast de mettre le nauire en estat : & pendant ce temps-là nous nous diuertissions à voir nos amis dans la ville ; où les principaux marchands Fla-

mans firent plusieurs festins, pour l'amour de nous, & les rece- 1636.
uoir chez nous dans la tente, que nous auions fait dresser sur le
bord de la riuiere.

Le sejour que nous fismes en ce lieu-là, me donna la com- Nisenoue-
modité d'y obseruer l'eleuation, & ie trouuay que la ville, au gorod.
lieu où la riuiere d'Occa entre dans le wolga, est à 56. degrez
28. minutes, & que l'esguille de la boussolle y declinoit de plus
de neuf degrez vers le west. Le Grand Duc Basile la fit bastir
sur le conflans de ces deux belles riuieres, & luy donna le nom
de *Nisonouogorod*, à cause du nombre des habitans de la grande
ville de *Nouogorod*, qu'il fit transferer en ce lieu-là. Celle-cy
n'est pas si grande; mais elle ne laisse pas d'auoir ses tours & ses
murailles de pierre. L'on compte depuis la ville de *Moscou* iusqu'à *Nise*, cinq cens werstes, ou cent lieuës d'Allemagne, par
terre; mais par eau il y en a cent cinquante. Les Fauxbourgs
sont sans comparaison plus grands que la Ville mesme, & ont
plus d'vne demy lieuë d'estenduë. Ses habitans sont Tartares,
Moscouites & Hollandois: dont il y a en cette Ville vn assez
grand nombre, pour former vne Eglise Protestante d'enuiron
cent personnes. *Iean Bernarts* nostre Facteur, estoit celuy qui
auoit le plus d'autorité parmy eux, qui n'estoient la pluspart que
des Officiers de guerre, des Marchands & des Viuandiers. La
Ville est commandée par vn weiüode, & lors de nostre passage
Basili Petrowits y estoit Gouuerneur pour le Grand Duc. Les
viures y estoient à si bon marché, qu'vn poulet ne se vendoit
qu'vn sol, vn quarteron d'œufs autant, & vn mouton douze à
quinze, ou au plus dix-huit sols.

Le 24. Iuillet les Ambassadeurs enuoyerent le sieur de Mandeslo, leur Escuyer, & moy, en la compagnie de nostre truchement Moscouite, & du Pristaf, au weiüode, pour le remercier
des bons offices qu'il auoit rendus à nos gens, pendant le sejour
qu'ils auoient fait dans la Ville depuis vn an, tandis que l'on
trauailloit au nauire, & pour luy faire present d'vn bijou de la
valeur de cent escus. La reception qu'il nous fit, fist bien connoistre la magnificence auec laquelle il viuoit chez luy. Car des
qu'il sçeut que nous approchions de son logis, il enuoya deux
hommes fort bien faits au deuant de nous, iusqu'à la porte de
la ruë. Ils nous conduisirent par vne fort longue gallerie, & à
l'entrée du corps de logis, nous rencontrasmes deux Vieillards

de fort bonne façon, & en fort bon ordre, qui nous firent entrer dans la chambre du *Weiiiode*, qui estoit couuert d'vne veste de brocard, & accompagné d'vn tres-grand nombre de personnes de qualité. La chambre estoit garnie de tapis de Turquie, & ornée d'vn grand buffet, chargé de vaisselle d'argent. Il nous receut fort ciuilement, & apres auoir accepté le present, & respondu à nostre compliment, il nous conuia de nous asseoir, pour faire collation : pendant laquelle il nous entretint de plusieurs beaux discours, qui marquoient en luy des lumieres d'autant plus surprenantes, que les Moscouites ont bien rarement dequoy fournir à la conuersation. Il nous demanda entr'autres choses, si nous n'apprehendions point la rencontre des Cosaques, qui ne manqueroient point de nous attaquer sur le Wolga, & il nous dit, que c'estoient des gens barbares & inhumains & plus cruels que des Lyons ; nous montrant en mesme temps dans vn tableau le combat de Samson. Nous luy respondismes que le mesme tableau nous estoit vn fort bon augure, parce que si les Cosaques auoient vn courage de Lyon, nous les combattrions en Samson, & n'aurions pas beaucoup de peine à nous en defendre. Le Weiüode repliqua, qu'il auoit cette bonne opinion de nous, & mesme qu'il croyoit, que la reputation que nostre nation auoit acquise aux seruices, qu'elle auoit rendus à sa Maiesté Czaarique, estoit assez grande pour faire peur aux Cosaques, & les empescher de nous attaquer.

La riuiere de Wolga a quatre mille six cens pieds geometriques de large aupres de Nise, au conflans de deux riuieres, & d'autant que ses eaux grossissent aux mois de May & de Iuin, apres que le Soleil a fondu les neiges, & dégelé les riuieres qui s'y déchargent, les battelliers qui vont de *Moscou* à *Astrachan*, partent le plus souuent en cette saisõ là, en laquelle les batteaux trouuent assez d'eaux, pour passer par dessus les bancs de sable, & mesmes par dessus les Isles, dont toute la riuiere est parsemée. Cette consideration, & l'exemple du malheur de ceux dont les batteaux estoient eschoüés, & paroissoient encore à demy pourris sur les sables, nous fit resoudre de partir au pluftost, auant que les eaux qui commençoient à baisser à veuë d'œil, nous manquassent entierement. Ce qui a fixé le iour de nostre depart au trentiesme Iuillet.

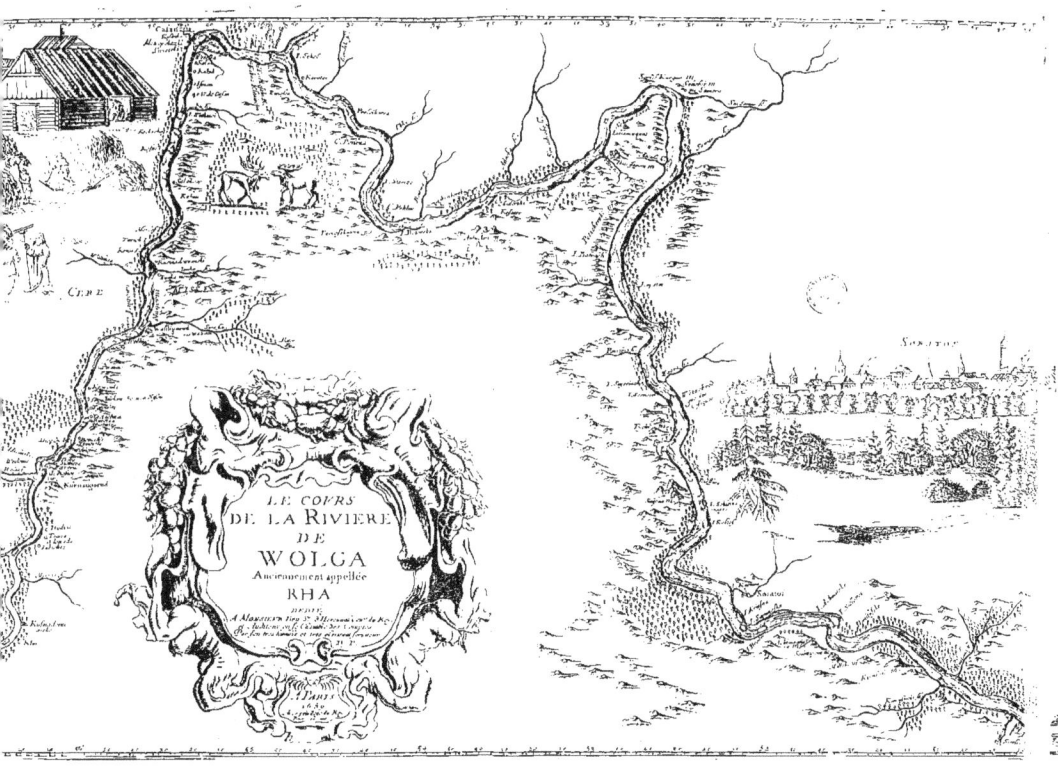

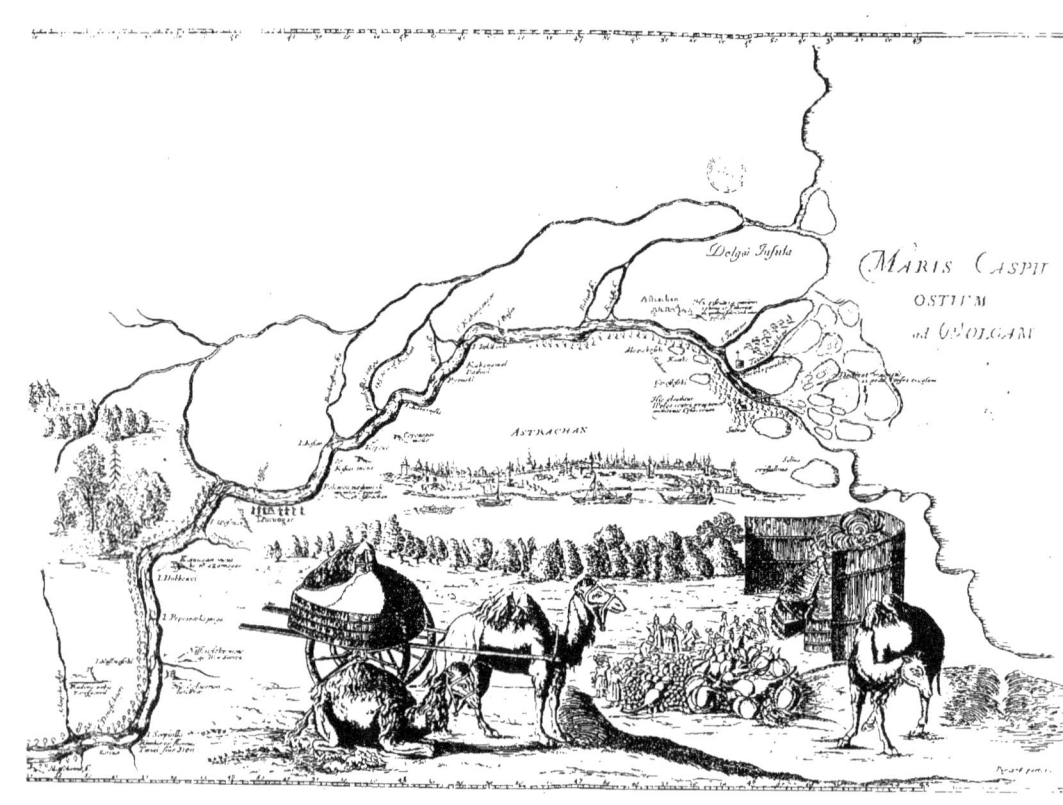

Le Wolga, dont nous auons dit vn mot au liure precedent, est à mon aduis, vne des plus belles & des plus grandes riuieres du monde, & dont le cours a le plus d'estenduë, depuis la source iusqu'à son embouchure, au dessous d'Astrachan. C'est pourquoy j'ay pris plaisir d'en obseruer toutes les particularitez de lieuë en lieuë, & de werste en werste, auec toute l'exactitude possible, & auec l'aide d'vn contre-maistre Hollandois, nommé *Corneille Nicolas*, qui est vn des habilles hommes, que i'aye connu pour cette science, & de quelques Pilotes Moscouites, i'en ay fait vne carte fort exacte, laquelle i'auois fait esperer il y a quelques années, mais ie la donne presentement, si bien faite, & si iuste, que i'espere que le lecteur iudicieux y trouuera sa satisfaction.

1636.
Le Vvolga.

Apres auoir fait achepter les prouisions necessaires, pour la cōtinuation de nostre voyage iusqu'à Astrachan, & auoir mis le nauire en estat, nous partismes au iour nommé de Nise; aimans mieux partir auec vn vent contraire, & aller à la bouline, que laisser perdre le beau temps. Le sieur *Balthasar Moucheron*, Commissaire, ou Agent de son Altesse aupres du Grand Duc, le Secretaire du weiuode de Nise, le Pasteur de l'Eglise Lutherienne du mesme lieu, & nostre Facteur, *Iean Bernarts*, nous voulurent accompagner quelques werstes, pour voir le commencement de cette longue nauigation : Mais à peine auions nous fait deux werstes, que nous trouuasmes fonds, aupres du Conuent de *Petzora*, & nous fusmes contrains de moüiller l'ancre, en attendant que l'on trauaillast à faire flotter le nauire; à quoy il fut employé prés de quatre heures.

Le lendemain 31. Iuillet, apres auoir auancé enuiron vne werste, le nauire s'arresta encore sur le sable; mais nous nous desgageasmes bien-tost, & nous eussions continué nostre voyage, si le vent contraire, venant du Sud-sud-est, acompagné d'vn grand orage, ne nous eust contraint de moüiller. Nous nous seruismes de cette rencontre pour faire nos deuotions, & pour rendre graces à Dieu, pour nous auoir si miraculeusement sauuez l'année passée, lors de nostre naufrage sur la mer Baltique. Apres disner, & apres la musique, dont nous regalasmes nos amis, qui nous auoient conduits iusqueslà, ils prirent congé de nous, & s'en retournerent sur le soir à *Nise*.

Le premier iour d'Aoust les Ambassadeurs firent vn reglement pour la garde, que l'on jugeoit necessaire, pendant la nauigation sur le wolga. L'on distribua ceux qui estoient capables de porter les armes, tant Soldats que domestiques, en trois compagnies: Sous le commandement des deux Ambassadeurs, & du Mareschal ou Maistre d'Hostel de l'Ambassade. Ces deux auoient chacun leur Capitaine Lieutenant ; sçauoir le sieur *Crusius* l'Escuyer, & le sieur *Brugman* le Secretaire de l'Ambassade, qui entroient tous les iours en garde alternatiuement, à la teste de la compagnie, faisoient poser les sentinelles à la prouë & au Chasteau, & auoient vn corps de garde au Grand Mast. Le mesme iour nous nous voulusmes seruir des rames, pour essayer si l'on pourroit vaincre l'opiniastreté du vent, qui continuoit tousiours de nous donner en prouë, mais à peine auions nous fait cinq cens pas, que le nauire fut encore arresté sur le sable. La pluspart de nos Gentils-hommes mirent pied à terre, où ils se diuertirent à tirer aux oyseaux, dont toute la riue estoit comme couuerte. Car toute le haut Pays, depuis *Nise* iusqu'à Cassan, estant garny de bois & de verdure, tout estoit peuplé de gibier.

Le deuxiéme, le vent s'estant vn peu appaisé, nous leuâmes l'ancre, & nous nous mismes en deuoir de continuer nostre voyage: mais à peine auions nous fait vn quart de lieuë, que nous rencontrasmes encore des sables, auprés de l'Isle de *Tletinski*, & incontinent aprés encore d'autres, auprés de l'Isle de *Subsinski* : où nous vismes eschoüé vn grand bateau pour auoir voulu passer à la faueur de la grand' eau, mais il y estoit demeuré. Ces mauuaises rencontres, les neuf heures entieres que nous employasmes à nous dégager de ce dernier banc, ioint à l'ignorance de nostre pilote ; qui aduoüoit, qu'il y auoit huit ans qu'il n'auoit point fait ce voyage, abbatirent le courage à ceux, qui considerans, que depuis quatre iours l'on n'auoit fait que deux lieuës, & qu'il en restoit encore cinq cens cinquante à faire, iusqu'à la mer Caspie, commençoient à desesperer de pouuoir acheuer cette nauigation.

Mais dés le troisiéme nous fismes vn peu plus de chemin, & passasmes par deuant les villages de *Stolbiza* & de *Stoba*, qui sont à trois lieuës de *Nise*. Nous vismes en suitte à nostre droite, dans vn fonds entre deux montagnes, le village de *Welikofrat*, celuy de de *Tsimonski*, sur vne colline, & l'Isle de *Diploi*, à 20. werstes, ou quatre lieuës de Nise. Nous rencontrasmes auprés de ce village vn grand batteau, qui auoit deux cens hommes d'équippage, pour aider à le faire monter. Il venoit d'Astrachan, & estoit chargé de poisson salé. Ce grand nombre de matelots leur est tres-necessaire; parce qu'au lieu d'aller à la bouline, ou à la rame, quand ils ont le vent contraire, ils enuoyent ietter l'ancre à vn quart de lieuë deuant eux, & estans dans le batteau tous ces hommes tirent la corde, où l'ancre est attachée; & c'est ainsi qu'ils auancent petit à petit, & auec beaucoup de temps & de peine: ne pouuant faire par ce moyen que deux lieuës par iour au plus; à cause de la grandeur de ces bateaux, qui chargent aussi pesant, que les plus grands vaisseaux de la mer Oceane, de huit à neuf cens & de mille tonneaux. L'apresdinée nous laissasmes plusieurs autres villages à nostre droite, comme *BezWodna*, *Kasniza*, où ie trouuay l'eleuation de 56. degrés 21. minutes *Rubotka*, *Tzetschina*, *Targinitz* & *Iurkin*, où nous passasmes entre deux Isles, à vingt & vn pied d'eau. Ce dernier village est à dix lieuës de Nise: & dautant que le soir le vent commença d'estre plus fauorable, nous nous seruismes de nos voiles. Le lendemain le vent continuant de nous fauoriser, nous fismes bien du chemin, & passasmes pardeuant plusieurs petits villages, laissans derriere nous à nostre droite les bourgs de *Masa* & de *Kremonski*, auprés duquel nous demeurasmes à l'ancre la nuit du quatriéme; à cause que la riuiere y estant fort basse, nous ne voulions pas nous engager dans les bancs de sable, dans l'obscurité.

Le 5. nous arriuasmes de grand matin deuant vn petit village, nommé *Pannino*; d'où les païsans nous apporterent des poulets & d'autres viures à vendre, à fort bon marché. Apres cela nous passasmes entre deux Isles, dont l'vne est appellée *Spassabelka*, & sur le soir nous arriuasmes à la veuë de la ville de *Basiligorod*; où nous demeurasmes la nuit, à cause des sables. Nous y receusmes par vn courrier, que l'on nous auoit despesché exprés de Moscou, des lettres d'Allemagne, datées du mois de May, qui soulagerent pour quelque temps le déplaisir, que nous donnoit la mauuaise humeur d'vn des principaux de la compagnie, aussi bien que l'ennuy de cette longue, & fascheuse nauigation. La ville de *Basiligorod* n'a point de murailles, & toutes

Basiligorod.

1636. ses maisons, mesmes les bastimens publics, estans de bois, l'on peut dire que ce n'est proprement qu'vn village. Elle est située au pied d'vne montagne sur la riue droite du *Wolga*, à 55. degrés & 51. min. d'éleuation : au conflans de la petite riuiere de *Sura*, qui seruoit autre fois de frontiere commune aux Tartares de Casan & aux Moscouites. Le Grand Duc *Basile* la bâtit contre les courses des Tartares, & la fortifia; mais depuis que les Moscouites ont estendu leur domination bien plus loin, l'on n'a pas iugé necessaire d'y tenir garnison.

Le 6. nous eusmes bien de la peine à passer les sables, que nous rencontrions à toute heure; en sorte qu'il estoit plus de Midy quand nous arriuasmes auprés de la ville, laquelle nous saluasmes d'vne volée de canon. Nous fismes le mesme honneur à toutes les autres villes sur la mesme riuiere.

Tartares Ceremisses.

Les Tartares, dont nous venons de parler, sont ceux que l'on appelle *Ceremisses*, & occupent beaucoup de païs, bien au delà de *Casan*, de l'vn & de l'autre costé de la riuiere de *Wolga*. Ils n'ont point de maisons, mais seulement quelques meschantes petites huttes, & ils ne viuent que de miel, & du gibier, qu'ils trouuent dans le bois, & du laict, que leur pasturage leur fournit. C'est vne nation vrayement barbare, infidelle, & cruelle, fort adonnée au sortilege & au vol. On appelle ceux qui demeurent du costé droit du Wolga *Nagorni*, ou montagnard, du mot *na*, qui signifie en Langue Moscouite sur, & *gor* montagne : & ceux du costé gauche *Lugowi* ou *Lugowizenne*, c'est à dire prairies, ou prez à foin : à cause du foin, que ce païs-là produit, & en si grande quantité, que les *Nogorni* mesmes en nourrissent leur bestail. *Guagnin* dit qu'ils sont en partie Mahometans, en partie payens : mais ie sçay qu'auprés de *Casan* ils sont tous payens, qui ne sçauent ce que c'est ny de baptesme ny de circoncision. Toutes les ceremonies qu'ils font, pour donner le nom à vn enfant, consistent à nommer vn certain iour au bout des six mois, auquel ils luy donnent le nom de celuy qu'ils rencontrent le premier en leur chemin.

Ils croyent la pluspart qu'il y a vn Dieu, qui est immortel, qui est autheur de tout ce qu'il arriue de bien aux hommes, & qui veut & doit estre adoré : mais c'est là tout ce qu'ils en sçauent. Car ils ne croyent point l'immortalité de l'ame, ny par consequent la resurrection des morts, mais que les hommes

& les beftes ont vn mefme principe & vne mefme fin de vie. Ie rencontray vn de ces Tartares Ceremiffes en la maifon où j'eftois logé à Cafan. C'eftoit vn homme de l'aage d'enuiron quarante cinq ans, & qui ne manquoit point d'efprit, mais quand il entendit que ie m'entretenois auec mon hofte de quelques points de la Religion, & que ie parlois de la refurrection des morts, il s'en mocqua, & me dift; ceux qui font morts font bien morts, & n'ont garde de reuenir, non plus que mes cheuaux & mes vaches, qui font pourris il y a long-temps. Ie luy demanday, s'il me pouuoit dire qui eft le Createur de cette Vniuers, & qui a fait le Ciel & la Terre: mais il me refpondit en fon jargon *Tzort Sneit*; le Diable le peut fçauoir. Ils ne croyent point qu'il y a vn enfer, mais ils ne laiffent point de croire, qu'il y a des Diables, & des mauuais efprits, qui affligent & qui tourmentent les hommes en cette vie; & c'eft pourquoy ils tafchent de les appaifer, & de fe les rendre fauorables pour leurs facrifices.

Il y a entr'autres vn certain endroit, à quarante lieuës de *Cafan*, qu'ils nomment *Nemda*, dans vn lieu marafcageux, où ces Tartares font leurs pelerinages & leurs deuotions, & ils croyent que ceux qui y vont les mains vuides, & qui ne portent point de prefent au diable, tombét en langueur, & periffent d'vn mal lent & incurable. Ils croyent particulieremét, que le diable a fa principale demeure fur le torrent de *Schockschem*, à dix werftes de *Nemda*: & dautant que cette petite riuiere, qui n'a pas plus de quatre pieds d'eau, ne gele iamais, parce que ces eaux font trop viues, & parce que fon cours eft trop violent entre deux montagnes, ils croyent que cela ne fe fait point fans myftere, & ils ont vne fi grande veneration pour elle, qu'ils font perfuadés, qu'ils n'en pourroient pas approcher, fans s'expofer à vn peril euident de la mort, quoy que les Mofcouites la paffent tous les iours, fans aucun danger.

Aux facrifices qu'ils font à Dieu, ils tuent vn cheual, vn bœuf, ou vn mouton, dont ils font roftir la chair, & en prennent vne tranche dans vne efcuelle, & tenans dans l'autre main vne autre efcuelle, pleine d'hidromel, ou de quelque autre liqueur, ils verfent l'vn & l'autre dans vn feu, qu'ils font deuant la peau de l'animal, qui fert de facrifice, laquelle ils eftendent fur vne perche couchée de trauers entre deux arbres. Ils prient cette peau de prefenter leurs prieres à Dieu; ou bien ils s'adreffent à

Dieu directement, & le prient d'augmenter le nombre de leur bestail, ou les autres commoditez de la vie presente, qui sont le seul objet de leurs vœux, & de toutes leurs deuotions. Ils adorent aussi le Soleil & la Lune, comme auteurs de toutes les belles productions de la terre, & leur superstition va mesme iusqu'à auoir de la veneration pour tout ce qui se presente à eux la nuit, en resuant, qu'ils adorent le lendemain, comme vn cheual, vne vache, le feu, l'eau, &c. Ie dis au Tartare, dont ie viens de parler, qu'il y auoit de l'extrauagance à rendre ce culte sacré à des creatures, & des bestes, dont la vie est en nostre disposition; mais il me respondit, qu'il valoit bien mieux adorer les choses animées, que les Dieux de bois & de couleurs que les Moscouites ont à leurs murailles. Ils n'ont ny Eglises, ny Prestres, ny Liures, & le langage des Ceremisses leur est tout particulier; n'ayant presque rien de commun auec celuy des autres Tartares, ny auec le Turc; quoy que ceux qui sont sujets au Czaar, & qui sont obligez de conuerser auec les Moscouites, se seruent aussi de leur langue.

Ils font toutes les ceremonies Religieuses, & leurs sacrifices auprès de quelque torrent, où ils s'assemblent; particulierement quand après la mort de quelqu'vn de leurs amis, qui a laissé du bien, ils font bonne chere du meilleur de ses cheuaux, qu'ils font mourir auec luy.

La Polygamie est si commune parmy eux, qu'il n'y en a quasi point, qui n'ayent quatre ou cinq femmes, dont ils prennent bien souuent deux ou trois dans vne mesme maison, & ne font point de difficulté d'espouser les deux ou trois sœurs en mesme temps. Leurs femmes & leurs filles sont toutes habillées d'vne grosse toile blanche, dont elles sont tellement enueloppées, qu'elles n'ont rien de descouuert que le visage. Les fiancées ont leur coiffure particuliere, & pointuë comme vne corne, qui semble sortir de la teste, de la longueur d'vne demy aulne. Au bout de cette corne tient vne houppe de soye de diuerses couleurs, à laquelle pend vne petite clochette. Les hommes sont vestus d'vne longue robbe ou veste de toile, sous laquelle ils portent des chausses. Ils se font tous raser la teste; mais les hommes qui ne sont point encore mariés, laissent croistre sur la teste vne longue tresse de cheueux, que les vns serrent dans vn nœud contre la teste, & les autres la laissent traisner sur le dos. Ce

que nous eufmes le loifir de remarquer mieux en paffant à Ca- 1636.
fan à noftre retour, qu'en allant. Quand ils nous virent fur la
riuiere, en vn equippage fi different du leur, ils eurent peur, &
il y en eut qui s'enfuirent: d'autres demeurent fur le bord de la
riuiere; mais il n'y en eut pas vn qui vouluft venir à nous, dans le
nauire. Eftans arriués fur le foir à la riuiere de *Weiluga* auprés du
Conuent de *Iunka*, il y en eut qui fe hazarda de nous apporter vn
efturgeon à vendre, qu'il fit d'abord vn efcu; mais il le laiffa enfin à quinze fols.

Le feptiéme Aouft nous arriuafmes deuant la ville de *Kufma-* Kufmade-
demiansky, à quarante werftes de *Bafiligorod*, fituée à noftre droite miansky.
au pied d'vne montagne. Nous vifmes en ces quartiers-là des fo-
refts entieres d'ormes, dont ils vendent l'efcorce par tout le païs,
pour en faire des traineaux. Les arbres bien fouuent font fi gros,
que le bois eftant coupé en cylindre, ils en font des cuuettes, des
barils, des tonneaux & des bieres tout d'vne piece, qu'ils portent
vendre aux villes voifines.

Nous mouillâmes à trois werftes de là, auprés de l'Ifle de
Krius, où nous fifmes nos deuotions, & celebrafmes la Cene du
Seigneur. Les païfans de ce quartier-là nous apporterent forces rafraifchiffemens à vendre. A vne lieuë de là nous fufmes
accueillis d'vn orage, qui nous obligea à mouiller encore, & à
y paffer la nuit.

Le huitiéme, le vent eftant fauorable, nous arriuâmes fur
le midy vers l'Ifle de *Turich*; mais apres le difner le mefme vent
nous pouffa à pleines voiles fur vn banc de fable, auprés de
l'Ifle de *Maflof*; auec tant de violence, que les mafts en penfe-
rent rompre, & nous engagea fi auant, que nous fufmes plus
de quatre heures à nous en tirer. Nous y vifmes à noftre droite
vn grand nombre de Iartares, à pied & à cheual, qui venoient de
faire leurs foins. Nous arriuâmes fur le foir deuant la ville de *Sa-* La ville de Sa-
bakzar, fituée à quarante werftes de *Kufmademianski*, & fur la bakzar.
mefme riue. Cette ville eft baftie de bois, comme les autres, mais fon affiette eft fans comparaifon plus agreable que
celle de toutes les autres villes de Tartarie. Les habitans,
voyans de loin noftre grand Nauire, ne fçauoient d'abord
qu'en iuger; c'eft pourquoy le *Weiüode* enuoya quelques moufquetaires dans vn bateau iufques à l'Ifle de *Makrits*, pour nous
reconnoiftre, à trois werftes de la ville. Ce batteau n'ofant

Nn iij.

pas approcher, tournoyoit de loin au tour de noſtre Nauire, & s'en retourna à la ville ; mais l'on n'euſt pas ſi toſt appris dans noſtre paſſeport, noſtre qualité, & le ſuiet de noſtre voyage, que le riuage ſe remplit de plus de trois cens perſonnes, pour nous voir.

Le neufiéme nous laiſsâmes à noſtre gauche l'Iſle de *Koſin*, à douze werſtes de *Sabakzar*. Puis encore à la meſme main vn Village, nommé *Sundir*, & nous arriuâmes en ſuite à vne petite Ville nommée *Kokſchaga*, ſur la riue gauche du *Wolga*, & à vingt-cinq werſtes de *Sabakzar*. La riuiere eſt ſi baſſe en cét endroit-là, qu'à peine y auoit-il aſſez d'eau pour noſtre Nauire ; ce qui nous donna beaucoup de peine tant ce iour-là que le lendemain ; en ſorte que l'on n'entendoit autre choſe dans le Nauire, que *tenni, kribbi, naſar*, c'eſt à dire, tire, nage, tourne, &c.

La ville de Kokſchaga.

Le vnziéme, le courant de l'eau ayant ietté le Nauire contre la riue, où nous demeurâmes pluſieurs heures, ſans nous pouuoir dégager, le ſieur de *Mandeſlo* & moy, nous miſmes pied à terre, à deſſein de nous diuertir, & de chercher quelques fruicts dans le bois. Ce qui nous penſa faire perdre : parce que le vent, donnant en poupe, auoit conuié nos gens à faire voile ; ſi bien qu'à noſtre retour à la riuiere, nous n'y trouuâmes plus perſonne, & n'apperceûmes pas meſme noſtre Nauire, quoy que nous fiſſions grande diligence à marcher le long de la riuiere, pour tâcher de l'atteindre. Nous viſmes en fin vn batteau venir au deuant de nous, où nous creûmes d'abord rencontrer des Coſaques ; mais nous reconnûmes bien-toſt ceux que l'on nous enuoyoit, pour nous ramener à noſtre bord. Le vent contraire auoit arreſté le Nauire à vn détour de la riuiere, & l'orage s'augmentant de plus en plus, nous fûmes contrains d'y moüiller & d'y paſſer la nuict.

Le douziéme nous fiſmes tous nos efforts, pour tâcher de gaigner le détour, par le moyen d'vn ancre que nous y fiſmes ietter, mais le malheur voulut qu'il s'engagea à vn arbre qui ſe trouua au fond, & qui fit rompre le cable.

La riuiere eſt toute pleine de ces arbres, qu'elle entraiſne de la riue quand elle déborde, & ces accidens arriuent ſi ſouuent que le fond de la riuiere eſt tellement parſemé d'ancres, que les Moſcouites diſent, qu'il y en a dans la riuiere aſſez pour achepter vn Duché.

Le treiziéme Aouſt, deuant midy, nous viſmes en paſſant 1636. eux *Cabaques*, ou tauernes, & vn village nommé *Weſofka*, à noſtre droite, & arriuaſmes en ſuitte deuant la ville de *Süiatski*. La ville de Elle eſt ſituée ſur vne tres-agreable colline à gauche, ayant vn Süiatski. Chaſteau, & quelques Egliſes baſties de pierre; mais les autres baſtimens, comme auſſi les tours & les remparts de la Ville, ſont de bois. Nous y moüillaſmes, à cauſe d'vn banc de ſable que nous auions à paſſer. Le peuple accourut cependant en fou-e ſur le bord de la riuiere, pour nous voir, & parce qu'vne peti-te colline ſablonneuſe leur en oſtoit la veuë, il y en eut pluſieurs qui vinrent en batteau à noſtre bord. Les autres paſſerent la riuiere à nage iuſques à la colline. Apres auoir paſſé deuant quelques montagnes blanches, les vnes de craye, les autres de ſable, nous arriuaſmes ſur le ſoir deuant la ville de *Caſan*, vingt wer- La ville de ſtes de *Swiatski*. Nous y trouuaſmes la Carauane de Perſe Caſan. & de Circaſſie, & auec elle vn *Coptzi*, ou Marchand de tare. Perſe, qui auoit eſté en qualité d'Ambaſſadeur à *Moſcou*. Il y auoit auſſi vn Prince Tartare, de *Terki*, nommé *Muſſal*, qui auoit ſuccedé à ſon frere en la Principauté, & auoit eſté faire hommage au *Czaar* à *Moſcou*, d'où il eſtoit party quelques iours deuant nous.

Pour ce qui eſt de la ville de *Caſan*, elle eſt ſituée dans vne plaine, à 7. werſtes du *Wolga*, ſur la riuiere de *Caſanka*, qui luy donne le nom, auſſi bien qu'à tout le païs. I'y trouuay 55. degrez, 38.min. d'éleuation Elle eſt aſſez grande; mais toutes ſes maiſõs, comme auſſi ſes tours & remparts, ſont de bois. Il n'y a que le Chaſteau, qui a ſes remparts & fortifications reueſtuës de pierres, & eſt fort bien munie de canon & de garniſon. le lict de la riuiere luy ſert de foſſé, & rend la fortereſſe tres-conſiderable. Le Chaſteau a ſon *Weiuode*, & la Ville ſon Gouuerneur particulier, pour commander & rendre Iuſtice aux Habitans, qui ſont Moſcouites & Tartares: mais dans le Chaſteau il n'y a que des Moſcouites, & il eſt defendu aux Tartares d'y entrer, ſur peine de la vie.

La Prouince de *Caſan* eſt ſituée du coſté gauche du *Wolga*, s'e- Prouince de ſtendant vers le Nord iuſques à la *Siberie*, & vers le Leuant iuſ- Caſan. qu'aux Tartares de *Nagaja*. Elle eſtoit autrefois ſubjette au Cham de Tartarie, & tellement peuplée, qu'elle mettoit ſans peine ſoixante mille hommes en campagne. C'eſt pourquoy

1636. sa conqueste a cousté beaucoup de sang au Moscouite, & son histoire est assez memorable, pour meriter icy vne petite digression. *Basili Iuanoüits*, pere du Tyran *Iuan Basilouits*, ayant obtenu vne tres-signalée victoire sur ces Tartares, il leur donna pour chef vn nommé *Scheale*, Tartare de naissance, mais si malfait de sa personne, que ses sujets qui l'auoient pris en auersion, s'estans liguez auec les Tartares de *Chrim*, qui sont Mahometans comme eux, se soûleuerent, le surprirent & le chasserent. Ce succez donna aux Tartares de *Chrim*, qui auoient fait vn puissant corps d'armée, le courage d'entrer en Moscouie, sous la conduite de deux freres *Mendligeri* & *Sapgeri*; qui contraignirent le Moscouite, qui auoit amassé quelques troupes, & qui estoit campé sur la riuiere d'*Occa*, de se retirer à *Nouogorod*.

Reduction de la Prouince de Casan par les Moscouites.

Apres cela, les Tartares assiegerent, prirent & pillerent la ville de *Moscou*, & presserent si fort le Chasteau, que les Moscouites furent contrains de demander la paix. Les Tartares presterent l'oreille à vn accommodement, & apres auoir tiré des presens fort considerables de ceux qui defendoient le chasteau, auec plus de courage que de succez, ils firent la paix: à la charge que le grand Duc, & tous ses sujets, seroient à iamais leurs tributaires. *Basili* eut de la peine à se resoudre à receuoir des conditions si honteuses; mais il fut contraint de ceder à la necessité, & de confirmer l'accord par ses Lettres patentes, qu'il fit expedier pour cét effet en bonne forme.

Les Tartares se rendent maistres de la ville de Moscou.

Mendligeri, pour faire connoistre qu'il estoit Seigneur souuerain de *Moscou*, fit dresser sa statuë au milieu de la ville, & voulut que le Grand Duc, pour tesmoigner sa submission, frappast la terre de sa teste deuant cette statuë, toutes les fois qu'il payeroit le tribut aux Tartares. Apres cette victoire les deux freres se separerent. *Sapgeri* establit le siege de sa domination à *Casan*, & *Mendligeri*, comme l'aisné, demeura à la ville de *Chrim*. Mais celuy cy voulant joindre à ses conquestes celle de la ville de *Resan*, il resolut d'en assieger le Chasteau, & pour cét effet il fit dire au *Weiüode Ican Kowar*, qui y commandoit, que c'estoit vne folie à luy de s'opiniastrer à la deffense de la place, & qu'il ne deuoit point faire de difficulté de la luy rendre, puisque le Grand Duc estoit deuenu son sujet. Le *Weiüode* luy répondit, que c'estoit vne chose qu'il trouuoit si estrange, qu'il ne la pouuoit pas croire,

Le Grand Duc tributaire du Tartare.

Fidelité du Weiüode de Resan.

oire, s'il ne luy enuoyoit des preuues, capables de luy oster 1636.
ut ſuiet de doute.

Mendligeri, ſe perſuadant qu'il n'y en auoit point de plus conuaincantes, que les lettres patentes meſmes, il les luy enuoya ar quelques Officiers, en la meſme forme, que le Grand Duc s auoit fait expedier. Mais le Weiiode, bien-aiſe d'auoir en ſon pouuoir l'original de ces Lettres, mande à Mendligeri, qu'il es garderoit fort ſoigneuſement, auſſi bien que la place, laquelle il pretendoit deffendre iuſques à la derniere goutte de ſon ſang. Il auoit dans ſa place vn canonier Italien, nommé Iean Iordain, fort connu en ces quartiers-là, à cauſe de ſa femme, qui vouloit que ſon mary luy témoignaſt ſon affection à coups de nerfs de bœuf. Celuy-cy luy rendit de tres-bons ſeruices, & tua tant de monde au Tartare, qu'vn iour voyant qu'vn coup de canon luy auoit emporté vn pan de ſa robbe, il eut peur, & offrit de leuer le ſiege, ſi on luy rendoit les lettres du Grand Duc. Mais le Weiiode n'en voulut rien faire, & ayant obligé Mendligeri à ſe retirer, il enuoya les lettres à la Cour de ſon Prince; où elles furent receuës auec vne ioye vniuerſelle de tout le peuple, qui abattit auſſi-toſt, & foula aux pieds la ſtatuë de Mendligeri. Le Grand Duc meſme en reprit tant de courage, qu'ayant mis vne armée de vingt-cinq mille hommes ſur pied, il declara la guerre à Sapgeri, Prince de Caſan; luy faiſant dire qu'en le ſurprenant & l'attaquant ſans luy declarer la guerre, il y auoit procedé en voleur & en aſſaſſin, mais que luy, comme Seigneur & conſeruateur des Ruſſes, y procedoit en homme d'honneur, & luy declaroit la marche de ſon armée, & le ſiege de la ville de Caſan. Ce ſiege fut ſanglant, & opiniaſtré de part & d'autre, mais malheureux aux Moſcouites, qui furent contraints de le leuer. Et ce fut-là la fin de la guerre, que Baſili Iuanoüits fit aux Tartares.

Le Grand Duc ſe reſtablit à Moſcou.

Son fils Iean Baſiloüits, ſe voulant reſſentir de l'affront que les Moſcouites auoient receu deuant Caſan, commença ſon regne par le ſiege de cette place. Apres l'auoir battuë deux mois entiers, apprehendant que Mendligeri ne vint au ſecours de ſon frere, auec ſes Tartares de Chrim, & irrité du refus que les aſſiegez auoient fait d'accepter des conditions raiſonnables, il s'auiſa de faire miner toutes les murailles, & d'y faire donner l'aſſaut general. Les mines firent leur effet, & enle-

Iean Baſiloüits aſſiege Caſan.

Oo

uerent vn grand nombre de Tartares. L'assaut fut donné, & la place emportée de force, le neufiéme Iuillet 1552. Les Tartares, voyans les ennemis dans la place, prirent ce party, qu'apres auoir fait vne vigoureuse resistance en deux endroits de la ville, où ils s'estoient fortifiez, & voyant leurs principaux Chefs, ou tuez ou blessez à mort, ils sortirent par vne des portes, passerent au trauers des Moscouites, & gagnerent l'autre bord de la riuiere de *Casanka*. C'est depuis ce temps-là, que la Ville & la Prouince de *Casan* sont sous la domination du Moscouite; qui fit reparer les bréches, renouueller les fortifications, & rendit le Chasteau en l'estat où on le voit auiourd'huy, auec ses quatre bastions, reuestus de pierre, garny de force tours, & d'vn tres-bon fossé.

Celuy qui y commandoit lors de nostre passage, estoit frere du *Weiuode* de *Nise*. Les Ambassadeurs luy enuoyerent vn fort beau rubis, par le sieur d'*Vchterits*, leur Chambellan. Le sieur de *Mandeslo* & moy, croyans que nostre Nauire y demeureroit à l'anchre tout ce iour là, & aussi le lendemain, nous mismes pied à terre, tant pour voir & pour prendre le plan de la ville, que pour y acheter quelques rafraischissemens. Nous n'y trouuasmes que du fruit, entr'autres des melons, de la grosseur de nos citroüilles, & du poisson salé; mais tellement puant, que nous fusmes contraints de nous boucher le nez, pour nous garentir de l'infection. Au sortir de la ville nous rencontrasmes plusieurs Tartares, qui nous firent entendre que nostre Nauire estoit party; ce qui nous obligea à prendre vn chariot, & ensuitte le batteau de nostre *Prislaf*, pour nous ramener à nostre Nauire; que nous trouuasmes sur le soir à l'ancre, à deux lieuës au dessous de *Casan*, où il deuoit passer la nuit.

Le cours de la riuiere de *Wolga*, depuis *Nise* iusques à *Casan*, tire vers l'*Est* & le *Sud-est*; mais depuis *Casan* iusqu'à *Astrachan* & à la mer *Caspie*, il va du *Nord* au *Sud*. Le païs est beau & fertile, mais il est quasi desert, à cause des Cosaques, & l'on y voit fort peu de villages.

Le quinziéme Aoust, nous continuasmes nostre chemin auec le courant de l'eau, lequel estant tres-fort en cet entrée, parce que la riuiere y est fort étroite, nous porta ce iour-là iusqu'au village de *Klitsischa*, qui est à vingt-six werstes de *Casan*; au milieu de plusieurs bancs de sable, qui nous donnerent beaucoup

ET DE PERSE, LIV. IV. 291

1636.

le peine à passer. Nous y employasmes vne partie de ce iour-là & du suiuant, à degager nos anchres, dont les cables estoient rompus; nous retirasmes enfin le grand, & abandonnasmes le petit, de peur de perdre nostre temps. Nous passasmes en suitte pardeuant vne tauerne nommée *Kabak Tenkofsky*, à trente verstes de *Casan*; où nous rencontrasmes de grands bancs de sable, à vne demy-lieuë de là encore vn autre, auprés d'vne tauerne nommée *Keschofska*, où nous eusmes de la peine à passer.

Le dix-septiéme nous passasmes pardessus vn grand banc, qui a donné le nom à la tauerne, où nous auions passé le iour precedent. Apres cela nous vismes vne riue fort haute, dont vne partie estoit tombée il n'y auoit qu'vn mois, & auoit accablé vn bateau plein de monde, qui y estoit allé cueillir des cerises, dont il y a abondance en ces quartiers-là. Le nouueau Pilote, que nous auions pris à *Casan*, nous disoit, qu'en venant d'*Astrahan*, il auoit rencontré plusieurs de ces corps morts, que la riuiere charioit vers la mer *Caspie*. Nous trouuasmes icy au bord de la riuiere, à nostre droite, quantité de glace, qui nous seruit à boire frais.

De la glace au mois d'Aoust.

Sur le soir nous arriuasmes au lieu, où la grande riuiere de *Kama* entre dans le *Wolga*. Elle vient du *Nord-est*, de la Prouince de Permie, & se degorgeoit dans le *Wolga* à nostre gauche, à soixante werstes de *Casan*. Ses eaux sont noires, & sa largeur approche de celle du *Weser* en Allemagne. A son emboucheure on voit deux Isles, dont la plus grande s'appelle *Sokol*, & en terre ferme vn beau village, nommé *Pagantzina*, & à trois werstes de là vn autre, nommé *Korotai*, d'où nous fismes encore sept verstes iusqu'au village, nommé *Kirieska*; où nous passasmes la nuit.

La riuiere de Kama.

Le dix-huitiéme nous eusmes le vent si fauorable, que nous nous seruismes de tous nos voiles, qui nous porterent sur le Midy iusques deuant la riuiere *Zerdik*, qui entre aussi dans le *Wolga* au costé gauche, & n'est proprement qu'vn bras de la riuiere de *Kama*; formant vne espece d'Isle, pour faire encore vne emboucheure à trente werstes de la premiere. Nous apperceusmes en mesme temps à nostre droite, sur vne eminence, la ville de *Tetus*, laquelle est éloignée de *Casan* de six-vingts werstes, auec ses bastimens, tant publics que particuliers, mal agencez, & dispersez çà & là, sans aucun ordre. Depuis ce lieu-là

La ville de Tetus.

O o ij

1636. jusqu'à la mer *Caspie* il ne se trouue plus de villages du tout.

Apres disner nous rencontrasmes aupres d'vne Isle, nommée *Proleskarsa*, le *Weiüode* de *Terki*. Cette ville est située sur la mer *Caspie*, aupres d'*Astrachan*, & le *Weiüode* apres auoir fait les trois années de son Gouuernement, s'en retournoit à *Moscou*, pour faire place à son successeur. Il estoit fort bien accompagné, & escorté de huit bateaux chargez de mousquetaires Nous ne sçauions d'abord quelles gens c'estoient; c'est pourquoy nous les fismes éloigner, & les menaçasmes de tirer sur eux s'ils approchoient. Ils nous dirent qu'il y auoit trois mille Cosaques, qui nous attendoient au passage; partie sur la riuiere, partie sur la mer *Caspie*, qu'ils auoient veu proche delà, sur le bord de la riuiere, soixante & dix cheuaux que les Tartares auoient détachez pour prendre langue de nous, & qu'ils ne manqueroient pas de nous attaquer; taschant de nous faire peur par leurs contes. Nous les saluasmes d'vn coup de canon, & passasmes outre, à la faueur du vent, qui nous fit faire soixante & dix werstes ce iour là. Nous laissasmes cependant à nostre droite la riuiere d'*Vtka*, qui prend sa source proche de la ville de *Bulgara*, à 25. westes de *Tetus*. Nous voulusmes voir la nuit suiuante ce que nous nous pouuions promettre de nos gens, en cas d'attaque; c'est pourquoy les Ambassadeurs iugerent, qu'il estoit à propos de faire donner vne fausse alarme; faisans crier & tirer la sentinelle, & ensuitte battre le tambour, crier aux armes, & tirer la mousquetterie & l'artillerie. Nos gens firent fort bien, & se rendirent chacun à son poste, témoignans beaucoup de resolution. Nous en fismes autant au retour de nostre voyage de Perse.

La riuiere d'Vtka.

L'Isle de Sat-itzo.

Le dix-neufiéme nous arriuasmes à l'Isle de *Staritzo*, qui a quinze werstes de long. I'y trouuay l'éleuation du Pole de 54. degrez 31. minutes. Derriere cette Isle, à nostre droite, nous trouuasmes quantité de pierres rondes, en forme de citrons & d'oranges, lesquelles estans cassées par le milieu, representoient vne étoile de diuerses couleurs, dont les vnes auoient la couleur & l'éclat de l'or ou de l'argent, & les autres brune ou iaune. Nous en chargeâmes vne bonne quantité, pour nous en seruir en nos pierriers. Apres cela nous arriuasmes à vn lieu fort agreable, où l'on a veu autrefois vne ville de Tartarie: nommée *Vnerofskora*. Il s'y voit la sepulture d'vn de leurs Saints, pour laquelle ceux du voisinage ont encore beaucoup de deuotion. On compte de là à a ville de *Tetus* enuiron soixante-cinq werstes. Nous y vismes sous quelques arbres, sur le bord de la riuiere, deux Caualiers, qui se déroberent aussi-tost à nostre veuë; c'est pourquoy nous fismes monter vne sentinelle dans la hune du grand mast, mais ils ne parurent plus.

Le vingtiéme, nous eusmes dans nostre bord plusieurs pescheurs de *Tetus*, qui nous apporterent à vendre cinquante cinq belles & grosses bresmes, qu'ils auoient peschées en ces quartiers-là, & qu'ils nous vendirent cinquante sols. Leur façon de pescher est toute particuliere. Car ils attachent au bout d'vne longue corde vne grosse pierre, qui la tire à fond, & à l'autre bout plusieurs grosses pieces de bois qui nagent sur l'eau: au milieu ils attachent plusieurs petites cordes, qui ont chacune vn hameçon amorcé d'vne espece de poisson, qui n'est point des plus petits, mais dont les autres plus gros sont fort friands. Ceux-cy ont dix ou douze pieds de long, la chair blanche, ferme & fort delicate. Au retour de nostre voyage de Perse l'on nous en apporta vn au bateau, où j'estois alors auec M. Crusius, qui estoit si gros, qu'encore que l'on ne mangeast d'autre chose, parce qu'on le trouua fort bon, toute la compagnie ne laissa pas de s'en rassasier, & auec cela il en resta dequoy saler plein vn baril.

Quand les Moscouites voyagent pour leurs affaires particulieres, ils se seruent d'vne autre inuention. Ils mettent vn hameçon au bout d'vne corde, qu'ils attachent à vne planche de la largeur de la main, bien vnie & estamée, & la traisnent derriere le bateau, en sorte que le courant de l'eau, qui la fait incessamment tourner au Soleil, la fait reluire comme les escailles d'vn poisson; & attirant ainsi les grands poissons, elle en fournit aux voyageurs plus qu'ils ne sçauroient consumer. Tellement que les Moscouites, en ne portant pour toute prouision que du pain, recuit ou seché au four, n'ont pas beaucoup de peine à trouuer de quoy viure; puis qu'aussi bien leurs abstinences continuelles, & leurs ieusnes les ayant accoustumés à se contenter de peu, & à se passer de chair, ils subsistent aisément de ce qu'ils rencontrent par tout, & mesmes, en cas de necessité, de la liqueur que la nature leur fournit.

Nous laissasmes en cét endroit aller le basteau, qui auoit porté nos viures depuis Nise, & qui pour estre vuide, ne nous pouuoit estre vtile; mais l'on y fit mettre le feu, de peur qu'il ne tombaſt entre les mains des Coſaques, qui euſſent pû s'en ſeruir contre nous, pour nous ſurprendre. Sur le midy nous paſſaſmes pardeuant l'Iſle de *Botenska*, qui a trois werſtes de long, & n'eſt ſeparée que par vn petit canal d'vne eſpece de cap ou de promontoire, qu'ils appellent *Polibno*. Le vent contraire nous contraignit de moüiller derriere l'Iſle, aupres de la riuiere de *Beitma*, laquelle, à ce que l'on dit, eſt auſſi vne branche de la grande riuiere de *Kama*.

Le vingt-vniéme nous laiſſaſmes à noſtre droite deux lieux fort agreables, que l'on dit auoir eſté autrefois autant de grandes villes, & que *Tamerlan* les a ruinées; dont l'vne s'appelloit *Simberska-gora*.

Le vingt-deuxiéme nous paſſaſmes, auec vn peu de peine, ſur trois bancs de ſable, dont l'vn eſt au deſſus, & l'autre au deſſous l'endroit, où l'on voit la montagne d'*Arbeuchim*, qui eſtoit à noſtre droite. Elle tire ſon nom d'vne ville, dont l'on y voit encore auiourd'huy les ruines.

On découure depuis la riuiere vne groſſe pierre, de plus de vingt pieds de long, & de quaſi d'autant de large, qui eſt couchée entre deux collines, & l'on y trouue graués les mots ſuiuans, *Budeſch time dobro tobæ budet*; c'eſt à dire, *ſi tu me leues tu t'en trouueras bien*. On nous dit, que depuis quelque temps vn grand bateau Moſcouite, ayant eſté contraint par le vent contraire de s'y arreſter, cinquante paſſagers ſe mirent à leuer cette pierre, mais apres l'auoir ſouſleuée auec beaucoup de peine, ils n'y trouuerent rien, ſinon que de l'autre coſté l'on auoit graué ces mots. *Tſto tſches netſebo poloſchen*; c'eſt à dire, *en vain cherches-tu ce que tu n'y as point mis*. A noſtre droite nous découurions vne fort belle campagne, vne grande plaine, ſans aucun couuert, & vn fort bon terroir, pouſſant l'herbe fort haut; mais il eſtoit tout à fait inhabité, & l'on n'y voyoit que les veſtiges & les ruines des villes & des villages, que *Tamerlan* auoit autrefois deſtruites.

Le vingt-troiſiéme, le vent contraire nous contraignit de moüiller aupres de la riuiere d'*Adrobe*, où ie trouuay l'eleuation du pole à 53. degr. 48. minutes. Apres diſner nous voulûmes eſſayer d'aller à la bouline, mais à peine puſmes nous faire vne demy lieuë de chemin.

Le vingt-quatriéme, le vent contraire, qui continuoit tou-

...urs de la mesme force, nous poussa deux fois contre la riue, & ...tarda bien fort nostre nauigation. Les autres iours suiuants ...ous eusmes la mesme incommodité; à cause des bancs de sable; ... de l'inconstance du vent, qui ne se leuoit que sur les neuf ...eures du matin, & sur les cinq heures du soir l'on n'en sentoit ...as la moindre haleine; nous empeschant par ce moyen de pro-...ter de la plus belle partie du iour, & contribuant beaucoup ...u chagrin, dont nous auions que trop de suiet d'ailleurs. Car ...utre que la maladie de la pluspart de nos gens augmentoit l'en-...uy de cette déplaisante nauigation, les veilles continuelles, & ...e trauail insupportable acheuoit de les consumer. Ceux qui ...uoient esté en faction la nuict, bien que ce ne fust pas leur me-...tier de porter les armes, estoient contrains le iour de tirer à la ...ame. Les viandes fumées & salées ne donnoient point de nour-...iture, & les fâcheries que l'on auoit d'ailleurs, à cause de la ...nauuaise humeur de l'vn des Ambassadeurs, nous abattoit en-...tierement, & acheuoit de nous oster le courage de resister aux ...grandes commoditez de ce long voyage.

Le vingt-cinquiéme nous vismes à nostre droite vne monta-...gne, d'où les Moscouites tirent du sel, qu'ils font cuire dans ...des huttes, que l'on a basties pour cét effet au pied de la mon-...tagne, l'exposent ensuite au Soleil, & le portent par le *Wol-*...*ga* à Moscou. Vis à vis de cette montagne est l'Isle de *Kostowata*. ...La riuiere est fort large en cét endroit-là, parce que les deux ...riues y sont fort basses. Proche delà on voit encore vne autre ...montagne; au pied de laquelle coule la riuiere d'*Vsa*, que le ...*Wolga* y forme, en poussant vne branche de ce costé-là, pour se ...là reünir à soixante werstes au dessous de Samara. La riuiere ...y est bordée d'vne tres-agreable verdure; mais l'espaisseur de ...les bois, accompagnée de la hauteur de la montagne, d'où ...les voleurs decouurent les passans de fort loin, rend le che-...min fort dangereux. Les Cosaques en sçauent bien faire leur ...profit, & il n'y auoit pas encore vn an, lors que nous y passas-...mes, qu'ils y auoient pris vn grand bateau chargé appartenant ...à vn des plus riches Marchands de Nise. Nous auions aupres de ...cette riuiere 60. pieds d'eau; côme aussi aupres de la Montagne ...de *Diwisagora*. Ce mot signifie la montagne aux filles, & les ...Moscouites disent qu'elle a son nom de quelques filles qui y ...auoient autrefois esté gardées par vne Nain. Nous la laissâmes à noſtre droite ; Elle eſt fort haute , & eſcarpée du coſté de la riuiere, d'où on la voit diſtinguée en pluſieurs terraſſes, égayant la veuë par la diuerſité de ces couleurs, bleuë, rouge, jaune &c. & repreſentant de loin les ruines de ce grand & magnifique baſtiment. Sur chaque terraſſe ſe voit vne rangée de pins, ſi regulierement plantez, que l'on pourroit douter ſi c'eſt vn ouurage de la nature, ſi la mōtagne n'eſtoit point inacceſſible de tous coſtés. Au pied de cette montagne il s'en eſleue vne autre, qui borde la riuiere juſqu'à prés de huit lieuës de là. La vallée, qui eſt entre ces deux montagnes, s'appelle *Iabla neu-quas*, c'eſt à dire breuuage de pomme à cauſe du grand nombre des pommiers, qui ne produiſent que des pommes propres à faire du cidre.

Le meſme iour nous receuſmes des lettres de Moſcou, par vn Courrier exprés, que noſtre Facteur nous auoit dépeſché. Il nous apporta auſſi des lettres de Niſe, par leſquelles l'on nous aduertiſſoit, que nous auions parmy nos Matelots quatre Coſaques, qui auoient pris ſeruice à noſtre ſuitte, pour nous mettre entre les mains de leurs camarades. Nous ne negligions rien ſans cela, & nous obſeruions toutes les actions de nos gens: mais cét aduis nous fit redoubler nos ſoins & noſtre vigilance.

Sur le ſoir, apres Soleil couché, nous apperceuſmes deux grands feux à l'entrée d'vn bois, à noſtre main droite; & d'autant que nous auions ſuiet de croire que c'eſtoient des Coſaques, qui nous attendoient au paſſage, on les enuoya reconnoiſtre par cinq ou ſix mouſquetaires : mais dés qu'ils eurent tiré trois coups de mouſquet, les autres reſpondirent au ſignal, trois autres coups, & firent connoiſtre que c'eſtoient des Strelits, qui auoient eſcorté la Carauane de Perſe, & qui s'en retournoient en leurs garniſons. Le ſieur Brugman, qui s'ennuyoit du retardement de nos gens, & qui eſtoit dans l'impatiance de ſçauoir leur rapport crioit inceſſamment apres eux, mais le vent contraire l'empeſchoit de les entendre, & dans cette incertitude il vouloit que l'on enuoyaſt vne volée de canon à ces feux ; mais le ſieur Cruſius s'y oppoſa, & luy dit, que leur qualité les obligeant à ſe tenir ſur la defenſiue, il n'y conſentiroit point.

La nuict du 26. au 27. nos ſentinelles apperceurent dans vn petit bateau, deux hommes, qui penſans deſcendre auec la riuiere le long de noſtre nauire, pour le reconnoiſtre, furent arreſtez

estez & contrains de venir à bord. Ils disoient qu'ils estoient pescheurs, & que les Moscouites, qu'ils appelloient leurs freres, ne les empeschoient point de passer le long de leurs batteaux, de iour & de nuict, mais sur ce que l'on nous aduertit que les Cosaques auoient accoustumé d'en vser ainsi, & de s'approcher des vaisseaux, pour en couper les cables, nous les examinasmes chacun en particulier, & voyant qu'ils varioient fort à leurs réponses, en ce que l'vn disoit que cinq cens Cosaques nous attendoient dans vne Isle aupres de *Soratof*, ce que l'autre nioit, on les garda toute la nuict, & le lendemain matin on les enuoya par nostre *Pristaf*, au *Weiuode* de *Samara*.

Le vingt-septiéme nous vismes à nostre gauche, dans vne grande plaine, quasi sur le bord de la riuiere, vne colline de sable comme vne dune. Les Moscouites l'appellent *Sariol Kurgan*, & disent qu'vn certain Empereur Tartare, nommé *Momaon*, qui auoit dessein d'entrer en Moscouie auec sept Roys de la mesme nation, mourut en ce lieu là, & que ses Soldats, qui estoient en fort grand nombre, au lieu de l'enterrer, remplirent leurs casques & leurs escus de sable, & en couurirent si bien le corps, qu'il s'en fit vne montagne.

A vne lieuë de cette colline, & du mesme costé, commence la montagne de *Soccobei*, qui s'estend le long de la riuiere iusqu'à *Samara*, qui en est éloignée de quinze werstes. Elle est fort haute, presque tout roc, couuert d'arbres, sinon au sommet, où il est tout nud. Les Moscouites remarquent cét endroit, à cause d'vn tres-mauuais passage, que l'on y trouue dans la riuiere. Nous en approchasmes sur le midy, mais le vent contraire nous obligea à demeurer à l'ancre. Tandis que nous estions là, nous vismes partir du bord deux couleuures rouges, qui se coulerent le long de nos chables dans le nauire. Dés que les Moscouites les apperceurent, ils nous prierent de ne les point tuer, mais de leur donner à manger, comme à des animaux innocens, que S. Nicolas nous enuoyoit, pour nous apporter vn vent fauorable, & pour soulager leur trauail.

Superstitions des Moscouites.

Le vingt-huictiéme nous partismes de grand matin, & arriuasmes deuant le iour aupres de la ville de *Samara*, qui est à trois cens cinquante werstes de *Casan*. Elle est située à la gauche, & à deux werstes de la riuiere. La forme de la ville est quarrée, & tous ses bastimens sont de bois, à la reserue de quelques Eglises,

P p

& de deux ou trois Conuens. La riuiere de *Samar*, qui luy donne son nom, pousse vne petite branche, que l'on appelle *Sin-samar*, dans le *Wolga*, à trois werstes au dessous de la ville; mais elle ne s'y vnit entierement qu'à trente werstes plus bas.

Nostre dessein estoit de nous arrester auprés de la ville, afin de sçauoir de nostre *Pristaf* ce que nos prisonniers auoient deposé; mais le vent deuint si bon, que nous ne voulusmes point perdre l'occasion de faire la plus grande iournée, que nous eussions encore faite en tout nostre Voyage. Et de fait, sur le soir nous nous trouuasmes à la montagne des Cosaques, qui est à cent quinze werstes de *Samara*, & ainsi nous vismes vn effet du prognostique de nos Matelots Moscouites. Depuis la ville de *Samara* iusqu'au conflans de la riuiere de *Samar*, l'on ne voit qu'vne seule montagne. Quasi au mesme lieu, mais de l'autre costé de la riuiere, l'on void le conflans de la riuiere d'*Ascula*, où le dégorgement de toutes ces eaux enflent tellement le *Wolga*, qu'il a en cét endroit-là prés de deux lieuës de large.

Apres cela on voit à la droite la montagne de *Petscherski*, qui n'est quasi qu'vn seul rocher, & fort peu reuestu, s'estendant prés de quarante werstes le long de la riuiere.

A cent werstes de *Samara* l'on rencontre au milieu de la riuiere l'Isle de *Batrach*, & à dix werstes plus bas celle de *Lopatin*, qui en a cinq de long, & est vis à vis la riuiere de *Lissan*, qui y entre dans le *Wolga*, du costé droit. Apres cela nous passasmes encore pardeuant plusieurs autres petites Isles, & arriuasmes au soir fort tard à la montagne des Cosaques. Elle est toute nuë & sans bois. Les Cosaques, qui demeurent sur la riuiere de *Don*, & qui auoient leur retraitte en cette montagne, d'où ils découuroient les bateaux de loin, & y faisoient leurs parties pour les voler, luy ont donné le nom. Mais depuis que le *Weiuode* de *Samara* y a surpris vn grand party de Cosaques, dont il y eut cinq ou six cens de tués sur la place, ils n'ont plus osé s'y assembler en si grand nombre, & ils n'y paroissent plus qu'en de petits partis. Toutes ces montagnes s'élargissent quelquesfois bien auant dans le païs, & quelquesfois elles ne font que border la riuiere, à laquelle elles seruent de leuée. Nous demeurasmes la nuict à l'anchre, au lieu où cette montagne commence, & le lendemain 29. nous acheuasmes de la passer, aussi bien que la riuiere de *Pantzina*, qui entre dans le *Wolga* du costé droit : & ayant fait ce iour là quarante-cinq werstes, nous moüillasmes sur le soir aupres de l'Isle de *Zagerinsko* ; où nous demeurasmes la nuict à l'anchre. Quelques pescheurs, qui vinrent à nostre bord, nous donnerent aduis qu'ils auoient veu proche de là quarante Cosaques, qui auoient paru sur le bord de la riuiere. Nous y fismes aussi entendre à nos gens, que là biere commençant à manquer, ils seroient obligez de se contenter à l'aduenir d'eau, où ils pourroient mettre vn peu de vinaigre, pour en faire de l'oxicrat.

Le trentiéme Aoust nous arriuasmes de grand matin à l'embouchure de la riuiere de *Zagra*, qui entre dans le *Wolga*, du costé droit, aupres de l'Isle de *Zagerinsko*, à laquelle elle donne le nom. A quarante werstes de là nous passâmes deuant l'Isle de *Sosnou*, où l'on nous auoit dit que nous trouuerions les 500. Cosaques, dont l'vn des pescheurs de *Samara*, nous auoit donné l'allarme ; c'est pourquoy nous fismes mettre tous nos gens sous les armes, & nostre artillerie en estat : mais nous n'y vismes personne. Vers le midy nous costoyasmes la montagne de *Tichy*, qui auance si fort du costé droit, qu'à la voir de loin, il semble qu'elle bouche toute la riuiere ; laquelle toutesfois est si basse en cét endroit là, que l'on nous asseura, que les Cosaques y passent à gué : dont ils se seruent auec d'autant plus d'aduantage, qu'vn grand banc de sable, qu'ils appellent *Owetzebrot*, & plusieurs petites Isles couuertes de buissons & de bois taillis, y fauorisent merueilleusement leurs entreprises. Nous y rencontrasmes deux pescheurs, qui nous dirent, qu'il n'y auoit que huict iours, que les Cosaques leur auoient pris vn grand bateau, & leur auoient dit, que dans peu de iours ils verroient vn grand nauire Alleman en ces quartiers-là. Sur le soir nous fismes aborder deux autres pescheurs, & nous leur demandasmes des nouuelles des Cosaques. Le plus vieux eut beaucoup de retenuë d'abord, & ne voulut rien dire : mais voyant que l'autre, qui estoit beaucoup plus ieune, n'auoit point eu la mesme discretion, il confirma ce que son camarade nous auoit dit, & nous asseura qu'il auoit veu quarante Cosaques se retirer dans le bois, que nous pouuions descouurir de nostre nauire, & qu'ils auoient six bateaux, qu'ils auoient tirés sur la terre, pour s'en seruir contre nous. Ils nous supplierent tous deux de bien ménager cét aduis, qui leur coufteroit la vie, fi les Cofaques le fçauoient, & de les emmener comme prifonniers, pour les mettre à terre à quelques werftes de là. Ce que nous fifmes, mais nous les fifmes bien garder toute la nuict, & nous fifmes doubler nos gardes ; parce que nous n'auions pas plus de confiance en eux, qu'aux Cofaques mefmes : & le lendemain fur le poinct du iour nous les congediafmes. Ce iour là nous fifmes foixante werftes.

Le dernier iour d'Aouft, nous eufmes le vent fi fauorable, que nous fifmes fix-vingts werftes entre deux Soleils. L'Ifle d'*Oßino*, qui eft éloignée de cent werftes de la ville de *Soratof*, fut la premiere chofe que nous vifmes ce iour-là. Le banc de fable, qui en cét endroit s'eftend bien auant dans la riuiere nous fit apprehender ce paffage. Et de fait, le nauire y heurta plufieurs fois, mais il ne laiffa pas d'y paffer, fans s'arrefter. A vingt werftes de là l'on rencontre vne autre Ifle, nommée *Schifmamago*, & en fuitte celle de *Koltof*, qui eft à cinquante werftes de *Soratof*, où nous trouuions tantoft 16. & tantoft 20. 30. & quelquesfois iufques à 40. pieds d'eau. Nous rencontrafmes entre ces deux Ifles deux grands bateaux, équippés de quatre cens matelots chacun. L'vn appartenoit au Patriarche, & portoit des prouifions, & l'autre, qui eftoit chargé de *Cauayar*, qui eft vne pafte d'œufs d'efturgeon falés, ainfi que nous auions dit ailleurs, appartenoit au Grand Duc. Il nous faluèrent de plufieurs décharges de leurs fuzils, & nous refpondifmes à leur ciuilité d'vn coup de canon. Aupres de l'Ifle de *Koltof* nous vifmes encore quatre autres bateaux, qui venoient d'*Aftrachan*, chargez de fel & de poiffon falé, pour le compte de *Gregori Mikitof*, vn des plus riches Marchands de *Mofcou*. Les Bateliers nous dirent, qu'ils auoient veu aupres d'*Aftrachan*, en plufieurs bateaux, enuiron deux cens cinquante Cofaques, qui les auoient laiffé paffer, fans leur rien dire. Gueres loin de cette Ifle fe voit à la main droite, la montagne de *Smiowa*, qui a plus de quarante werftes d'eftenduë. Ce mot de *Smiowa* fignifie ferpent, & l'on a donné ce nom à cette montagne, parce qu'elle ferpente tantoft bien auant dans le païs, tantoft elle ne fait que border la riuiere. Les Mofcouites veulent qu'elle ait efté ainfi nommée d'vn ferpent, ou dragon, qui apres auoir fait de grands dégafts dans le voifinage, fut enfin

ET DE PERSE, LIV. IV.

tué par vn Heros, & coupé en trois pieces, qui changerent auſſi- 1636.
toſt en autant de pierres, que l'on monſtre encore auiourd'huy
aux paſſans. Depuis cette montagne, le long de la plaine, qui
s'eſtend iuſques à *Soratof*, ſe voyent pluſieurs Iſles, que l'on
nomme *Sorok Oſtrowe*, c'eſt à dire les quarante Iſles.

Le premier iour de Septembre nous rencontraſmes de SEPTEMBRE.
grand matin trois grands bateaux, de cinq à ſix cens tonneaux
chacun, qui ne prenoient neantmoins que douze pieds d'eau.
Ils remarquoient pluſieurs petits bateaux apres eux, pour la
deſcharge des grands, aux lieux où la riuiere eſt baſſe. Le plus
grand portoit des prouiſions pour le Conuent de *Troitz*, qui
eſt à douze lieuës de Moſcou, & dont nous auons parlé ſouuent cy-deſſus. La ſalue ſe fit de part & d'autre de la meſme
façon, que nous auions fait à la rencontre des autres. Sur les
neuf heures du matin nous paſſaſmes à la veuë de la ville de
Soratof. Elle eſt ſituée à 52. degrés 12. min. d'eleuation, dans La ville de
vne grande plaine, à quatre werſtes de la riuiere, & ſur vne Soratof.
branche que le *Wolga* pouſſe de ce coſté-là. Tous les Habitans
ſont Mouſquetaires Moſcouites, ſous le commandement d'vn
Weiuode, que le Grand Duc y enuoye, pour la conſeruation
du païs, contre les *Tartares Kalmuckes*, qui occupent vne grande eſtenduë de païs, depuis ces quartiers-là iuſqu'à la mer
Caſpie, & à la riuiere de *Iaika*. Ces gens font ſouuent des
courſes iuſques ſur la riuiere de *Wolga*, & ne ſont pas ſi peu
conſiderables, qu'ils ne declarent meſme la guerre au Grand
Duc. L'on compte depuis *Samara* iuſqu'à *Soratof* trois cens
cinquante werſtes.

Le 2. nous paſſaſmes auec vn vent fauorable à la veuë des
Iſles de *Kriuſna* & de *Sapunofka*, qui ſont aſſez proches l'vne de
l'autre, & nous arriuaſmes enſuitte à la montagne d'*Achmats
Kigori*, qui finit à vne ville du meſme nom, à cinquante werſtes de *Soratof*. Cette montagne forme vne tres-agreable perſpectiue; en ce que ſon ſommet eſtant reueſtu d'vne parfaitement belle verdure, & la croupe bigarrée d'vn terrain de
pluſieurs diuerſes couleurs, le bas finit en vne fort grande
terraſſe, ſi bien vnie, qu'il ſemble qu'elle ait eſté faite à la
main. A vingt werſtes de l'Iſle d'*Achmatzko*, nous viſmes celle
de *Solotoi*, & enſuitte la montagne de *Sallottogori*, ou Mont-
d'or. Les Moſcouites nous diſoient, qu'on luy auoit donné ce

nom, parce qu'autrefois les Tartares y auoient surpris vne *Staniza*, ou flotte Moscouite, si richement chargée, qu'ils partagerent l'or & l'argent à boisseaux. L'on n'a pas si-tost passé cette montagne, que l'on en voit vne autre, qu'ils appellent *Millobe*, c'est à dire craye. Elle borde la riuiere quarante werstes de long, & son sommet, qui est aussi vny, que si on l'auoit applany au niueau, se baisse insensiblement le long de la riuiere, & au pied se voyent plusieurs arbres plantés en échiquier. Apres cela nous vismes vne autre montagne, à laquelle nous donnasmes le nom du Mont aux pilliers; parce que les pluyes ayans laué la terre sur la croupe, les veines des carrieres paroissent comme des pilliers hors d'œuure, de plusieurs couleurs, bleu, rouge, jaune & vert. Nous y rencontrasmes encore vn grand batteau, dont le Pilote nous enuoya aduertir, qu'il auoit veu auprés d'*Astrachan* soixante-dix Cosaques, qui les auoit laissé passer, sans leur dire mot; mais que depuis quatre iours dix de ces voleurs l'auoient rançonné de cinq cens escus: non en attaquant le batteau, où ils eussent trouué de la resistance, parce qu'ils se seroient defendus, mesme contre vn plus grand nombre d'ennemis; mais ils auoient pris le bateau & l'anchre, dont les Moscouites ont accoustumé de se seruir pour monter la riuiere, & auoient gardé l'vn & l'autre iusqu'à ce qu'on leur eust enuoyé la somme qu'ils auoient demandée. Sur le soir, dés que nous eusmes moüillé l'anchre, nous vismes venir à nous dix Cosaques, qui entrerent dans vn bateau, & passerent de l'autre costé de la riuiere. Le sieur Brugman commanda aussi-tost huict Mousquetaires, tirés tant de la milice, que de la suite des Ambassadeurs, & leur ordonna de suiure les Cosaques, de prendre langue d'eux, & de tâcher de les amener à bord. Mais les Cosaques auoient cependant eu le loisir de mettre pied à terre, & de se retirer dans le bois, où ils auoient aussi porté leur bateau; de sorte que nos gens ne reuinrent qu'à la nuict toute noire. Nostre Maistre d'Hostel s'en fâcha, & representa à Brugman le danger qu'il y auoit à commander des gens à ces heures induës, & dans vn lieu, où l'on ne les pourroit point secourir; mais l'autre s'offensa de cette remonstrance, & traitta le Maistre d'Hostel fort mal de paroles.

Le 3. Septembre nous vismes à nostre gauche la riuiere de *Rustana*, & vis à vis, à nostre droite, la montagne d'*Vrakofs Ka*-

rul, qui eſt à cent cinquante werſtes de *Soratof.* L'on dit qu'vn Prince Tartare, nommé *Vrak*, qui donna la bataille aux Coſaques en ce lieu là, où il fut tué & enterré, a donné le nom à cette montagne. Apres cela nous arriuaſmes à la montagne de *Kamuſchinka*, & à la riuiere du meſme nom. Elle ſourd dans le torrent d'*Iloba*, lequel entre dans le *Don*, qui tombe dans le *Pont Euxin*, & ſepare l'Aſie de l'Europe. Les Coſaques paſſent cette riuiere dans de petits batteaux, & font ainſi leurs courſes iuſques ſur le *Wolga*; de ſorte que cét endroit là eſt le plus dangereux de tout le chemin, que nous auions à faire. Nous y viſmes ſur le bord de la riuiere, à noſtre droite, pluſieurs Croix de bois, pour marquer les ſepulcres d'vn grand nombre de Moſcouites, qui y auoient eſté tués par les Coſaques.

1636.

Apres auoir paſſé cét endroit, nous apperceuſmes la Carauane de Perſe & de Tartarie. Elle eſtoit compoſée de ſeize grands bateaux, & de ſix petits. Dés qu'elle nous viſt, ſes Matelots ceſſerent de tirer à la rame, & ſe laiſſerent aller au courant de la riuiere, pour nous donner le loiſir de les joindre; ce qui nous obligea à mettre toutes nos voiles, & à redoubler nos efforts, en ſecondant le vent à force de bras, iuſqu'à ce que nous les euſſions atteints. Nous temoignaſmes d'abord noſtre ioye par le bruit de nos trompettes, & nous ſaluaſmes la Carauane de quatre coups de canon; elle y reſpondit de toute ſa mouſqueterie; ce qui obligea la noſtre à luy faire auſſi vne ſalue.

Carauane de Perſe & de Tartares.

Les principaux Chefs de cette Carauane, qui n'auoit pû s'aſſembler toute qu'à *Samara*, eſtoient vn Prince Tartare, nommé *Muſſal*, le Marchand, ou *Cuptzi* du Roy de Perſe, dont nous auons parlé cy-deſſus, vn *Poſlanik* Moſcouite, nommé *Alexei Sauinowitz Romantzikou*, que le Grand Duc enuoyoit au Roy de Perſe, vn Ambaſſadeur Tartare de Crim, le Marchand, ou facteur du Chancelier de Perſe, & deux autres Marchands de la Prouince de *Kilan* en Perſe.

Incontinent apres ces premieres réjoüiſſances generales, nous viſmes arriuer vn Officier Moſcouite, ſuiuy d'vn bon nombre de Mouſquetaires, qui nous vint ſaluër, & demander des nouuelles de noſtre ſanté, de la part du Prince de Tartarie. En approchant de noſtre nauire, les *Strelits* firent leur dé-

1636.

charge, & apres cela l'Officier y monta seul, & fit son compliment. Dés qu'il fut party les Ambassadeurs renuoyerent à ce Prince le sieur d'*Vchterits*, qui se fit accompagner de Thomas de Melleuille, & de nostre truchement Moscouite, & ordonnerent au Secretaire de l'Ambassade, qui prit auec luy le truchement Perse, d'aller en mesme temps complimenter le *Cuptzi*, qui auoit cependant enuoyé quelqu'vn de sa suitte, pour faire le mesme office auec les Ambassadeurs.

Le Secretaire, en abordant le nauire du *Cuptzi*, y voulut monter du costé du bas bord: mais ses domestiques luy firent entendre, que la femme du Patron ayant son appartement de ce costé-là, on ne luy feroit pas plaisir de s'y presenter; de sorte que le batteau fit le tour du nauire, & aborda de l'autre costé.

Le Cuptzi du Roy de Perse. En montant nous trouuasmes plusieurs valets bien faits, qui nous prirent sous les bras, pour nous aider à monter, & qui nous conduisirent dans la chambre du *Cuptzi*. Nous le trouuasmes assis sur vn estrade, qui estoit éleué de deux pieds, & couuert d'vn beau tapis de Perse. Il auoit sous luy vn gros tapis de Turquie blanc, ayant les jambes croisées sous luy, à la mode de son païs, & le dos appuyé sur vn carreau de satin rouge cramoisy.

Il nous receut auec grande ciuilité, en portant les mains à l'estomach, & en faisant vne profonde inclination de la teste, qui sont les ceremonies ordinaires, auec lesquelles ils reçoiuent les personnes à qui ils veulent faire honneur. Il nous conuia de nous asseoir aupres de luy; ce que nous fismes par complaisance, mais non point sans beaucoup de peine, comme n'estans point accoustumés à nous tenir long-temps en cette posture. Nous luy fismes nostre compliment, qu'il receut de bonne grace, & y respondit en des termes si obligeans, que nous auions suiet d'estre satisfaits de sa ciuilité. Il nous dit entr'autres choses: Qu'il auoit vne passion extreme de reuoir la Perse, sa chere Patrie, & qu'il languissoit apres sa maison; mais la ioye qu'il auroit en voyant l'vne & l'autre, n'approcheroit point de celle, qu'il auoit euë en voyant paroistre nostre nauire. Il y adiousta, que dés nostre entrée en Perse nous verrions bien-tost la rusticité & la barbarie des peuples, parmy lesquels nous viuions alors, changées en vne ciuilité obligeante, en vne conuersation agreable, & en vne façon de viure tout à

fait

fait charmante, & accompagnée d'vne liberté, qui nous seroit commune auec tous les Habitans du païs. Qu'il esperoit, qu'en arriuant à la Cour, il ne luy seroit point difficile d'obtenir, par le moyen de ses amis, la charge de *Mehemandar*: ou de conducteur pour nostre ambassade; puis qu'il auoit eu le bon-heur d'acquerir nostre connoissance par le chemin: qu'alors il tascheroit de nous obliger en toutes les occasions, qui s'offrioient, & que cependant il nous prioit, de disposer de sa personne, & de tout ce qui estoit en son nauire. Il nous fit apporter la collation, qui fut seruie en de la vaisselle de vermeil doré, & ne consistoit qu'en fruits, en raisins, & en pistaches, seches & salées. L'on n'y beut que d'vne tres-bonne eau de vie de Moscouie, en laquelle il beut premierement la santé de deux Ambassadeurs, & en suitte celle de chacun d'eux en particulier; au mesme temps que l'on beuuoit la sienne dans nostre nauire; ce que nous connusmes aussi-tost par la descharge de toute nostre artillerie, & de toute la mousqueterie. En prennant congé de luy, il nous dist, comme en confidence, qu'il auoit vn aduis à donner aux Ambassadeurs, & qu'il auoit sceu de bonne part, que le Roy de Pologne auoit enuoyé vn Ambassadeur au *Schach Sefi*, qu'il auoit pris son chemin par Constantinople & par Bagdet, qu'il se trouuoit presentement sur son retour à *Astrachan*, & qu'il auoit ordre de voir en passant le Grand Duc; mais que le *Weiuode* ne l'auoit pas voulu laisser passer, qu'il ne sceust l'intention de la Cour auparauant. Que c'estoit là tout ce qu'il en sçauoit, & que c'estoit aux Ambassadeurs à deuiner le reste, & à sçauoir quel pouuoit estre le suiet de son Voyage, & de sa Negotiation. Les autres Chefs de la Carauane nous enuoyerent aussi complimenter, & offrir leur seruice; nous prians de demeurer en leur compagnie, & nous asseurans de leur secours ou besoin. Ainsi apres vne salue generale de toute la Carauane, nous partismes ensemble, pour continuer nostre Voyage. Sur le soir nous eusmes vn grand orage, accompagné de deux furieux coups de tonnerre, & de quelques éclairs, mais le temps se remit bien-tost au beau, & nous amena vn grand calme.

Le 4. Septembre, iour de Dimanche, au mesme moment que nostre Pasteur voulut commencer le Presche, nous vismes arriuer plusieurs Tartares, que *Mussal*, Prince Tartare de

Circaſſie, nous enuoyoit, pour nous dire, que ſon indiſpoſition l'empeſchoit de rendre la viſite aux Ambaſſadeurs en perſonne; mais que dés que ſa ſanté luy permettroit de prendre l'air, il ne manqueroit pas de s'acquitter de ce deuoir. L'équipage de celuy qui porta la parole, comme Chef de cette deputation, merite bien que l'on en die vn mot. Pour ce qui eſt de ſa perſonne, la taille eſtoit plûtoſt grande que mediocre, ſon teint oliuaſtre, ſes cheueux longs, gras & noirs comme geais, & ſa barbe de la meſme couleur & de la meſme façon. Il auoit ſur ſa veſte vne peau de mouton noir, la laine au dehors, vne callote ſur la teſte, & ſa mine aſſez bonne pour ſeruir de modelle à vn peintre, qui auroit entrepris de repreſenter le diable. Tous ceux de ſa ſuite n'eſtoient pas mieux en ordre, & n'auoient pour tout ornement, que des tuniques, ou veſtes d'vn gros drap, brun ou noir. Nous leur fiſmes donner quelques gobelets d'eau de vie, & nous les renuoyaſmes yures à leur nauire.

Sur le midy nous arriuaſmes à la riuiere de *Bolloclea*, à moitié chemin de *Kamuschinka* & de *Zariza*, & à quatre-vingt dix werſtes de l'vne & de l'autre. Apres auoir fait encore ſeize werſtes nous arriuaſmes à vne fort haute colline de ſable, que l'on appelle *Strehlne*, auprés de laquelle nous paſſaſmes la nuict.

Le 5. Septembre, à peine euſmes nous leué l'anchre, que le courant de l'eau nous porta ſur vn banc de ſable, où nous ne trouuâmes que cinq pieds & demy d'eau. Pendant que nous trauaillions à remettre le nauire en pleine eau, la Carauane prit le deuant, & alla gagner *Zariza*: à deſſein d'y prendre d'autres Mouſquetaires pour ſon eſcorte, iuſques à *Aſtrachan*. Sur le midy nous nous trouuaſmes en vn lieu d'où nous euſſions pû aller en moins d'vn iour iuſqu'à la riuiere de *Don*, que Ptolomée, & les autres Geographes anciens nomment *Tanais*, qui s'auance en cét endroit là iuſques à ſept lieuës prés du *Wolga*, prenant ſon cours vers le Leuant. Vn peu plus bas auprés d'*Achiebska Vtsga*, le *Wolga* ſe ſepare en deux branches; dont l'vne, qui prend à la gauche dans le païs, a ſon cours tout contraire à celuy de la grande riuiere, tirant vers l'Eſt-Nort-eſt; mais au bout d'vne werſte, elle reprend ſon premier cours, & retourne vers le Sudeſt, pour entrer dans la mer Caſpie. Ie trouuay en ce lieu là 48. degr. 51. minutes d'éleuation.

Premiere branche du Wolga.

A cinq werftes de la riuiere, & à fept de *Zariza*, l'on voit encore les ruines d'vne ville, que l'on dit auoir efté baftie par Tamerlan. On l'appelloit *Zaarefgorod*, c'eft à dire ville Royale, & fon Palais, & fes murailles eftoiét de briques, qui feruent encore auiourd'huy au baftiment des murailles, & de plufieurs Eglifes & Conuens à *Aftrachan*; & mefme de noftre temps l'on y chargeoit encore plufieurs bateaux de briques, pour porter à la ville.

1636.

Nous vifmes en ce lieu là vn pefcheur, prendre aupres de noftre nauire vn *Bieluga*, vn poiffon blanc, qui auoit plus de huict pieds de long, & plus de quatre de large. Il reffembloit à vn efturgeon, finon qu'il eftoit beaucoup plus blanc, & qu'il auoit la bouche plus fenduë. Ils l'affommerent de la mefme façon que l'on tuë icy les bœufs, en l'eftourdiffant premierement d'vn coup de marteau: & ils nous le vendirent cinquante fols.

Le fixiéme Septembre nous rejoignifmes la Carauane à *Zariza*; où les paffagers auoient la plufpart mis pied à terre, & s'eftoient logés fous des tentes, fur le bord de la riuiere, en attendant l'efcorte, qu'il falloit faire venir des garnifons voifines: mais d'autant que le vent continuoit de nous fauorifer, nous ne laiffafmes pas de paffer outre, & de continuer noftre voyage. La ville de *Zariza* eft éloignée de celle de *Soratof* de 350. werftes, & eft située fur la riue droite de la riuiere, au pied d'vne colline, où elle eft fortifiée de cinq baftions, & d'autant de tours de bois: Elle n'a pour tous Habitans qu'enuiron quatre cens *Strelits*, ou Moufquetaires, qui feruent contre les courfes des Tartares & des Cofaques, & font obligez d'efcorter les bateaux, qui montent & defcendent la riuiere. I'y trouuay 49. degrés & 42. minutes d'éleuation.

La ville de Zariza.

Depuis la ville de *Zariza*, iufques à *Aftrachan*, & iufqu'à la mer *Cafpie*, il n'y a que des Landes & des bruyeres, & vn terroir fi ingrat, qu'eftant incapable de produire du bled, tout ce païs, & la ville d'*Aftrachan* mefme, eft obligé d'en faire venir de *Cafan*; l'on y en apporte en fi grande quantité, qu'il y eft à meilleur marché qu'en la ville de *Mofcou*.

Au deffous de *Zariza* eft l'Ifle de *Zerpinske*. Elle a douze werftes de long, & les Soldats de la garnifon de *Zariza* y enuoyent paiftre leur beftail. Les Cofaques de ces quartiers là, ayans remarqué, que les femmes & les filles de ces Soldats y paffoient fouuent fans efcorte, y entrerent vn iour apres elles,

Qq ij

les furprirent, les violerent, & les renuoyerent ainſi à leurs maris; ſans leur faire d'autre mal. Derriere cette Iſle il entre dans le *Wolga* vne petite riuiere, qui ſort du *Don*, mais à peine porte-elle de fort petits bateaux, ce qui me fait croire que c'eſt à cauſe de cela, que les Geographes ne la repreſentent point en leurs cartes; puis qu'il n'y a qu'*Iſaac Maſſa* ſeul qui la mette en la ſienne, & qui la nomme *Kamous*. Les chaleurs y eſtoient encore ſi grandes au mois de Septembre, que celle des iours Caniculaires ne ſont pas plus inſuportables en Allemagne; & neantmoins les Moſcouites nous aſſeuroient, qu'elles n'eſtoient que fort ordinaires.

Le ſeptiéme Septembre le temps changea, & l'orage nous empeſcha de faire beaucoup de diligence. Apres auoir fait dix werſtes, nous viſmes vn gibet à noſtre droite, ſur vne colline haute & rougeaſtre. C'eſtoit le premier que nous auions veu en ces quartiers là: & l'on nous diſt, que le *Weiuode* de la prochaine ville y faiſoit pendre les Coſaques, qu'il pouuoit faire prendre dans ſon Gouuernement, & qu'il ne leur donnoit point d'autre quartier; mais que leurs Camarades n'y laiſſoient point les corps plus de cinq ou ſix iours.

Le meſme iour il prit vne fantaiſie au ſieur *Brugman* de faire venir deuant luy tous les domeſtiques; auſquels il dit, qu'il auoit ſuiet de croire, qu'il y en auoit parmy eux pluſieurs qui auoient fort peu de bonne volonté pour luy, & qui en vn beſoin luy rendroient de tres-mauuais offices, & partant qu'il vouloit que les Muſiciens, les Gardes & les Laquais luy preſtaſſent le ſerment de fidelité. On luy répondit, que ſon ſoupçon eſtoit fort mal fondé, qu'ils ne ſçauoient point pourquoy on les vouloit obliger à vne choſe ſi extraorninaire, & que tant s'en faut qu'ils euſſent aucun mauuais deſſein contre luy, qu'au contraire ils eſtoient tout preſts d'expoſer leur vie pour ſon ſeruice; mais qu'ils le prioient auſſi de les eſpargner, & de les traitter plus doucement qu'il n'auoit fait; ce qu'il promit de faire, mais il s'acquitta fort mal de ſa promeſſe.

Nous rencontraſmes le meſme iour vn grand bateau, dont le Maiſtre enuoya quelques Matelots à noſtre nauire, nous prier d'auoir pitié d'eux, & de les ſecourir d'vn peu de pain, contre la faim qu'ils enduroient, n'ayans rien mangé depuis quatre iours. Ils nous dirent qu'il y auoit trois ſepmaines, qu'ils estoient partis d'*Astranchan*, & qu'ils auoient esté volés en chemin par trente Cosaques, qui leur auoient osté tous leurs viures. Nous leur donnasmes vn sac plein de bribes, dures & moisies, dont ils nous remercierent auec leurs ceremonies ordinaires, en baissant la teste iusqu'à la terre.

1636.

A quarante werstes de *Zariza* est l'Isle de *Nassonofsko*, & vis à vis à la droite, vne grande montagne platte du mesme nom. Entre l'Isle & la montagne est vne espece de grotte, dans laquelle les Cosaques auoient depuis quelques années tué vn grãd nombre de Moscouites, qui s'y estoient mis en embuscade, à dessein de surprendre les autres. Sur le soir vn pescheur nous apporta vne espece de poisson, que nous n'auions pas encore veuë. Les Moscouites l'appelloient *Tziberika*, & il auoit plus de cinq pieds de long, le museau long & large, comme vn canard, & le corps plein de taches noires & blanches, comme les chiens de Pologne, mais beaucoup plus regulieres, sinon au ventre, où il estoit tout blanc. Le goust en estoit fort bon, & pour le moins aussi agreable que celuy du Saumon. Il nous vendit encore vne autre sorte de poisson, fait à peu prés comme vn esturgeon, mais beaucoup plus petit, & sans comparaison plus delicat, dont le *Wolga* produit vne grande quantité.

Le huitiéme la Carauane, que nous auions laissée à *Zariza*, nous réjoignit auprés d'vn cap, que l'on nomme *Popowitska Iurka*; parce que le fils d'vn Pope, ou Prestre Moscouite, qui s'estoit autrefois mis à la teste des Cosaques, & des Bandits, auoit accoustumé d'y faire sa retraitte, & d'y tenir son rendez-vous. L'on compte de *Zariza* iusqu'à ce lieu là soixante-dix werstes, & de là iusqu'à la montagne de *Kamzagar*, que nous auions à nostre droite, quarante. La riuiere est toute pleine d'Isles & de bancs de sable en ces quartiers-là, dont la Carauane ne fut pas moins incommodée que nous, quoy que leurs bastiments fussent beaucoup plus petits que le nostre. A vingt werstes plus bas est vne Isle fort éleuée, & de quatre werstes d'estenduë, que l'on appelle *Wesowoi*, auprés d'vne riuiere du mesme nom, qui entre dans le *Wolga* du costé droit. A trente werstes plus bas le vent nous poussa dans vn coin, où la riuiere *Wolodinerski Vtsga* entre dans le *Wolga*. Mais dautant que nous apprehendions de perdre l'occasion de faire vne grande iournée, que le bon vent nous faisoit esperer, nous fismes vn effort ex-

1636.

traordinaire, pour en sortir: comme nous fismes; & nous passâmes en suite auec vn vent fauorable deuant le païs de *Stupin*, à trente werstes de la ville de *Tzornogar*, qui estoit la premiere où nous deuions arriuer le lendemain. A dix westes plus bas le *Wolga* poussa encore vne branche du costé gauche, que l'on appelle *Achtobenisna Vtsga*, & qui ioint ses eaux à celles de *Achtobska*,, dont nous auons parlé cy-dessus. Nous fismes apres cela encore cinq werstes, & toute la flotte moüilla aupres de l'Isle d'*Ossino*, qui est à sept werstes de *Tzornogar*: de sorte que ce iour là nous fismes six-vingt quinze werstes, ou vingt-sept lieuës d'Allemagne, c'est à dire pour le moins autant de chemin, qu'il y de Paris à Saumur.

Seconde branche du Vvolga.

Depuis ce païs-là iusqu'à *Astrachan*, de l'vn & de l'autre costé de la riuiere, vient la reglisse en tres-grande abondance, poussant vne tige de la grosseur du bras, & de la hauteur de plus de quatre pieds. Sa graine ne ressemble pas mal à la vesse, & se conserue dans des gousses, que la nature produit au bout du bois. Les campagnes de Mede en sont toutes couuertes, particuliérement vers la riuiere d'*Araxe*, mais son suc est beaucoup plus doux, & sa racine bien plus grosse que de celle qui vient en Europe.

La ville de Tzornogar.

Le neufiéme iour de Septembre il se leua vn vent, qui forma bien-tost vn grand orage, & nous porta sur le midy deuant la petite ville de *Tzornogar*, où nous nous arrestasmes. Il n'y auoit que neuf ans, que le Grand Duc auoit fait bastir cette ville, qui est à deux cens werstes de *Zariza*, vne demy lieuë plus bas qu'elle n'est auiourd'huy: mais les grandes eaux ayans fait ébouler la terre le long du bord, en si grande quantité, qu'il sembloit que le cours de la riuiere en fust en quelque façon détourné, & que l'on auroit de la peine à y aborder, l'on transfera la ville au lieu, où elle est encore auiourd'huy. Elle est située sur vne riue fort éleuée, du costé droit de la riuiere, & elle est fortifiée de huict tours de bois, & d'vn rempart de grosses planches: n'ayant point d'autres Habitans, que trois ou quatre cens Soldats, que l'on y entretient pour la conseruation du païs, contre les courses des Cosaques, & des *Tartares Kalmukes*. Il y auoit à chaque coin de la ville, qui est quarrée, vne guerite, posée sur quatre grosses perches, pour les sentinelles, qui découurent de là vne grande plaine à perte de veuë, sans bois & sans aucune eminence.

Ce qui a obligé le Grand Duc à faire baſtir cette ville, ce ſont les deſordres que les Coſaques y commettoient, mais principalement la défaite d'vne Carauane de quinze cens Moſcouites, qu'ils y ſurprirent, il y auoit alors enuiron dix ans. Elle eſtoit fort bien eſcortée; mais la riuiere eſtant extremement rapide en cét endroit, & l'eſcorte ayant pris le deuant; les Coſaques, qui auoient laiſſé paſſer les Soldats, ſortirent de leur embuſcade, attaquerent la Carauane, en tuerent ſept ou huict cens hommes, & la pillerent toute, auant que l'eſcorte la puſt rejoindre : parce que la rapidité de la riuiere l'empeſchoit de remonter, auec la diligence neceſſaire pour le ſecours. Depuis ce lieu-là iuſqu'à *Aſtrachan*, l'on ne voit plus d'arbres ſur le bord de la riuiere.

1636.

Le dixiéme nous partiſmes de *Tzornogar*; mais le vent changea auſſi-toſt, & deuint ſi contraire, qu'à peine pûmes nous faire dix werſtes ce iour là. Sur le midy quelques peſcheurs nous apporterent vne tres-belle carpe, qui peſoit pour le moins trente liures, auec huict autres poiſſons, qu'ils appellent *Sandates*, des plus belles que nous euſſions encore veuës en tout noſtre Voyage. Nous les voulûſmes payer, mais ils refuſerent de prendre l'argent, & nous dirent, qu'ils peſchoient là pour des Marchands de Moſcou, qui tenoient la peſche à ferme du Grand Duc, & qui ne manqueroient point de les faire chaſtier, s'ils ſçauoient qu'ils euſſent vendu du poiſſon. Nous reconnuſmes bien-toſt, que leur deſſein eſtoit de ſe faire payer en eau de vie; c'eſt pourquoy on leur en fit donner vne pinte, dont ils témoignerent eſtre fort ſatisfaits.

L'onziéme Septembre, le temps s'eſtant remis au beau, & le vent eſtant bon, nous fiſmes ſix-vingt werſtes; mais ſans aucune rencontre, qui merite d'eſtre remarquée : ſinon que ſur le midy nous paſſaſmes deuant la montagne de *Polowon* : que l'on a ainſi nommée, parce qu'elle eſt à moitié chemin entre *Aſtrachan* & *Zariza*, à deux cens cinquante werſtes de l'vne & de l'autre. Nous paſſaſmes la nuict aupres de l'Iſle de *Kiſſar*; où le ſieur Brugman, qui eſtoit de garde, ayant ſceu que la ſentinelle auoit découuert vn grand bateau, que le courant de la riuiere faiſoit paſſer aſſez prés de noſtre vaiſſeau, & que perſonne ne répondoit au cry, fit faire vne décharge de quinze mouſquets, & en meſme temps tirer vn coup de canon. Tout

1636.

le monde en prit l'allarme : mais à peine chacun se trouuoit-il à son poste, que l'on vit aborder vn tres-petit bateau, conduit par vn seul homme, qui nous dist que son bateau estoit chargé de sel, & que ses sept camarades, ayans trouué de la connoissance parmy ceux de la Carauane, auoient esté si bien regalés d'eau de vie, que s'estant tous endormis, il auoit esté contraint de laisser aller le bateau au courant de la riuiere. Nostre pilote reconnut cét homme, pour estre de Nise ; c'est pourquoy on luy fit donner quelques gobelets d'eau de vie, & on le renuoya dans son bateau. Le lendemain il nous vint tesmoigner sa reconnoissance, par vn present de quelques esturgeons, qu'il nous apporta.

La nuit suiuante, le vent continuant de nous fauoriser, nous ne voulusmes pas perdre vne si belle occasion d'acheuer nôtre nauigation, & nous fismes voile dés les trois heures du matin, du douziéme Septembre. Nous rencontrasmes bien-tost *Troisiéme branche du Vvolga.* à nostre gauche vne troisiéme branche du *Wolga*, que l'on appelle *Buch Wostowa*, & elle se perd dans les deux precedentes: Apres cela nous arriuasmes à l'Isle de *Copono*, qui donne le nom de *Coponogar* au païs, qui est vis à vis de là, du costé droit de la riuiere. De là il y a encore cent cinquante werstes iusques à la ville d'*Astrachan*. A vingt werstes plus bas le *Wolga* fait vne *Quatriéme branche de Vvolga.* quatriesme branche du costé gauche, que l'on appelle *Danilofska Vtsga*, qui ne se mesle point auec les trois autres, mais elle a son emboucheure particuliere dans la mer Caspie. A quinze werstes de là se voit au milieu de la riuiere, l'Isle de *Katarinsky*, qui est petite, mais fort agreable, à cause du bois & de la verdure, dont elle est reuestuë. Aupres de là nous apperceusmes sur vn banc de sable les restes d'vn bateau, qui y estoit eschoüé, & estoit à moitié pourry. On croyoit d'abord, à le voir de loin, que ce fust vn fort, que les Cosaques y eussent basty, & mesmes l'on s'imaginoit que l'on en auoit veu quelques-vns ; c'est pourquoy l'on commanda que l'on tirast quelques coups dans le bois; mais cela se fit auec precipitation, qu'vn des mousquets s'estant creué entre les mains d'vn de nos cuisiniers les esclats luy emporterent le poulce de la main gauche, & le blesserent au front & à l'estomach. Nous nous arrestasmes la nuit suiuante aupres de l'Isle de *Pirusky*, à quatre vingt werstes d'*Astrachan*, aprés en auoir fait cent ce iour là.

Le

Le treiziéme Septembre, au mesme temps que l'on lisoit quelques chapitres dans la Bible, apres les prieres du matin, & que la suite de nostre lecture nous auoit fait rencontrer le treiziéme chap. du 4. Liure de Moïse, où il parle de la fertilité de la terre de *Canaan*, & de la beauté des fruits; & entr'autres de la grape de raisin, que les espions en auoient apportée; voicy arriuer deux bateaux d'*Astrachan*, qui nous apporterent du fruict du païs à vendre. Nous en fusmes d'autant plus surpris, que ie ne sçay si celuy de la Terre Sainte pouuoit estre plus beau: tant les melons & les pesches estoient belles, & le raisin auoit les grains plus gros qu'vne noix. Ce iour là nous vîmes dés le grand matin à nôtre gauche vne cinquiéme branche du *Wolga*, que l'on nôme *Mituska*, & en s'éloignant de la riuiere, elle se separe en deux autres branches; dont l'vne s'vnit auec la *Danilofski-Vtsga*, dont nous venons de parler, & l'autre va rejoindre la grande riuiere, à quelques Werstes de là. L'on nous dist, que c'estoit là le lieu le plus dangereux de toute la riuiere, à cause de la retraite que les voleurs y font. Et de fait, nous y vismes entre deux Isles vn grand nombre de Cosaques, sur lequel l'Ambassadeur Brugman fit tirer vn coup de canon. A cinq werstes plus bas, & à soixante-dix d'*Astrachan*, l'on rencontre le dernier banc de sable, que l'on appelle *Kabangameel*. A cinq werstes de là le promontoire de *Kabangengar*; & encore autres cinq Werstes plus bas l'Isle de *Itziburki*; où nous nous arrestasmes la nuict suiuante, à cinquante werstes d'*Astrachan*.

Cinquiéme branche du Wolga.

Nous vismes en ces quartiers-là, comme aussi depuis aupres d'*Astrachan*, & sur la mer *Caspie* vne sorte d'oyes, ou plustost de Cormorás que les Moscouites appellent *Babbes*, dôt le bord de la riuiere estoit tout couuert; mais nous en parlerons plus amplemêt tantost, en la description de la ville, & en celle du païs de *Nagaïa*.

Le quatorziéme nous fusmes arrestés par le vent contraire, & par vn orage venant du Sud-est; en sorte qu'à peine auions nous fait deux werstes, qu'il nous contraignit de moüiller l'anchre, & d'y demeurer iusqu'au lendemain. Nous y auions iusqu'à quatre-vingt pieds d'eau. Le Prince Tartare nous enuoya vn present de biere, d'hidromel, & d'eau de vie, & nous fit dire, que si nous le trouuions à nostre goust, il nous en enuoyeroit dauantage.

Le quinziéme Septembre, le vent estant changé, nous fis-

VOYAGE DE MOSCOVIE,

1635.

Sixiéme branche du Vvolga.

mes voile dés les quatre heures du matin, prenans nostre cour[s] vers le Sud, & nous passasmes de grand matin deuant l'Isle d[e] *Busan*, à vingt-cinq werstes d'*Astrachan*, & en suitte deuant v[ne] sixiéme branche du *Wolga*, que l'on nomme *Baltzik*, & elle est [à] quinze werstes de la ville. La plaine qui s'estend depuis ce lie[u] là iusqu'à *Astrachan*, nous fit voir la ville dés les huit heures d[u] matin. A trois werstes plus bas, & à douze de la ville, le *Wolg[a]*

Septiesme branche du Vvolga.

pousse vne septiéme branche, nommée *Knilusse*; qui forme l'Isl[e] de *Dilgoi*, en laquelle *Astrachan* est situé, & ayant fait le tour de l'Isle, elle entre dans la mer Caspie par plusieurs embouscheures.

Les Ambassadeurs arriuent à Astrachan.

Nous arriuasmes à *Astrachan* sur le Midy; & dautant que la ville est située au delà de la riuiere, qui separe en cét endroit là l'Europe de l'Asie, nous pouuons dire, que par ce moyen, en sortant de cette partie du monde, que nous pouuons en quelque façon appeller nostre Patrie, nous fismes nostre premiere démarche dans l'autre. Nous nous arrestasmes deuant la ville, au milieu de la riuiere, & la saluasmes de toute nostre artillerie, & de la descharge de la mousqueterie; dont les habitans, qui estoient accourus en tres-grand nombre au bord de la riuiere, furent d'autant plus estonnez, qu'ils n'estoient point accoustumés au bruit de ce tonnerre.

Description de la ville d'Astrachan.

Il ne sera pas hors de propos de faire icy vne petite digression, pour dire vn mot de la situation de la ville d'*Astrachan* des qualitez du païs, & de la façon de viure de ses habitans. Les anciens Geographes, comme Ptolomée, Strabon, & les autres, qui les suiuent, n'ont point connu ces Tartares, non plus que leurs voisins, & n'en ont point parlé, que sous le nom general de Scythes & de Sarmates; quoy qu'il semble qu'on les doiue distinguer en autant de Nations differentes, qu'il y a de diuersité en leur nõ, en leur Langue & en leur façon de viure; en quoy ils n'ont rien de cõmun les vns auec les autres. *Matthias de Michou* Medecin & Chanoine de Cracouie, qui viuoit au commencement du dernier siecle, dit, que ceux qui confondent les Tartares auec les peuples, que les anciens appelloient *Getæ*, *Scythæ*, & *Sarmatæ*, se trompent ; en ce que l'on ne connoist point les Tartares que depuis le commencement du treiziéme siecle. Car au mois de May de l'an 1211. il parut vn Comete, lequel poussant sa queuë vers l'Occident, & menaçant le *Don* & la *Russie*, presageoit l'inuasion que les Tartares y firent l'année suiuante.

C'estoient des Seigneurs Indiens, qui apres auoir tué leur Roy Dauid, se retirérent d'abord sur le *Pont Euxin*, vers les *Palus Meotides*, où demeuroient les anciens *Getes* ; d'où ils auancerent en suitte vers le *Don*, & sur la riuiere de *Wolga*, où ils demeurent encore auiourd'huy. Le mesme auteur les separe en quatre hordes principales ; sçauoir en *Zauolhenses*, qu'il appelle aussi *Czahadai*, *Precopenses*, *Cosanenses*, & *Nohacenses*, & dit, que ce sont les Tartares qui demeurent sur le *Wolga*, qu'il nomme *Volha*, ceux de *Precop*, ceux de *Casan*, & ceux de *Nagaia* ; qui sont ceux qui font proprement icy à nostre suiet. *Alexandre Guagnin*, Veronois, les diuise en huit hordes, & leur donne d'autres noms : mais nostre dessein est de n'entretenir le lecteur que de ce que nous auons veu, & de faire connoistre cette partie de la Tartarie, où nous auons passé. Et partant nous disons, que l'on appelle *Nagaia* cette partie de Tartarie, qui est située entre les riuieres de *Wolga* & de *Iaika*, iusqu'à la mer *Caspie*, dont la ville d'*Astrachan* est la principale. L'on tient qu'vn Roy Tartare, nommé *Astra-Chan* l'a bastie, & qu'il luy a donné son nom ; mais le Baron d'Herberstein se trompe quand il dit, en sa Relation de la Moscouie, qu'elle est éloignée de la riuiere de quelques iournées ; veu qu'elle est située sur le bord de la riuiere, & dans l'Isle de *Dolgoi* ; que ses deux branches y forment. 1636.

Description de la Nagaia.

Apres plusieurs obseruations bien exactes j'y ay trouué l'éleuation du Pole de 26. degr. 22. minuttes, & le climat si chaud, qu'aux mois de Septembre & d'Octobre les chaleurs estoient aussi grandes, qu'elles sont en Allemagne au plus fort de l'Esté ; particulierement quand le vent souffloit du costé de *Wolga*, Est ou Nort-Est. Il est vray que le vent du Sud y estoit plus froid, & nous amenoit les incommodités, & mesme la senteur de la mer voisine, dont il infectoit tout l'air. A nostre retour nous y seiournasmes aux mois de Iuin, de Iuillet & d'Aoust, & neantmoins les chaleurs n'estoient point tout à fait insupportables ; parce qu'elles estoient moderées par les fraischeurs, que le vent du Sud nous enuoyoit continuellement. Mais il y a dequoy s'estonner, de ce qu'en ce climat chaud pendant l'Hyuer, qui n'y dure gueres plus de deux mois, le froid est si grand, que la riuiere y gele, & porte des traisneaux. Ce qui est contraire à ce que tous les autheurs en escriuent ; mais il ne laisse pas d'estre tres-vray.

L'Isle de Dulgoi.

L'Isle de *Dulgoi* est toute sablonneuse & sterile ; de sorte qu'à la referue de quelques jardins & terres, que les Habitans d'*Aftrachan* cultiuent, elle ne produit rien du tout; non plus que la terre ferme à la main droite; mais à gauche, vers la riuiere de *Iaika*, elle a de tres-bons fourages. Au deça du *Wolga*, vers le couchant, s'eſtend une longue bruyere, de plus de ſoixante dix lieuës d'Allemagne, iuſqu'au Pont-Euxin, & vers le Midy vne autre de plus de quatre-vingt lieuës le long de la mer Caſpie: ainſi que nous euſmes le loiſir d'en prendre la meſure, pendant onze tres-faſcheuſes iournées de chemin, à noſtre retour de Perſe. Mais ces deſerts ne ſont point ſi ſteriles, qu'ils ne produiſent du ſel en plus grande quantité que les marais de France & d'Eſpagne. Ceux de ces quartiers-là les appellent *Mozakofski*, *Kainkowa*, & *Gwoſtſki*, qui ſont à dix, quinze & trente Werſtes d'*Aftrachan*, & ont des veines ſalées, que le Soleil cuit & fait nager ſur l'eau, de l'épaiſſeur d'vn doigt, comme vn criſtal de roche, & en ſi grande quantité, qu'en payant deux liards d'impoſt de chaque poude, c'eſt à dire, du poids de quarante liures, l'on en emporte tant que l'on veut. Il ſent la violette comme en France, & les Moſcouites en font vn grand trafic, en le portant ſur le bord du *Wolga*, où ils le mettent en de grands monceaux, iuſques à ce qu'ils ayent la commodité de le tranſporter ailleurs. *Petreius* dit en ſon Hiſtoire de Moſcouie, qu'à deux lieuës d'*Aftrachan* il y a deux montagnes, qu'il nomme *Buſin*, qui produiſent du ſel de roche en ſi grande abondance, que quand trente mille hommes y trauailleroient inceſſamment, ils n'en pourroient pas tarir les ſources. Mais ie n'ay rien pû apprendre de ces montagnes imaginaires: Bien eſt-il certain que le fonds des veines ſalées, dont nous venons de parler, eſt inépuiſable, & que l'on n'en a pas ſi toſt enleué vne crouſte, qu'il ne s'y en faſſe auſſi-toſt vne nouuelle. Le meſme *Petreius* ſe trompe auſſi, quand il dit, que ces montagnes fourniſſent de ſel la Mede, la Perſe & l'Armenie; puis que ces Prouinces ne manquent point de Marais ſalans, non plus que la Moſcouie; ainſi que nous verrons en la ſuitte de noſtre Relation.

Il y a douze lieuës depuis *Aftrachan* iuſqu'à la mer Caſpie, & en cét endroit la riuiere eſt ſi abondante en poiſſon, que nous y achettions douze belles carpes deux ſols, & deux cens petits eſturgeons, qui y ſont forts delicats, vn demy eſcu. Elle produit aussi des escreuisses, qui multiplient quasi à l'infiny ; parce que les Moscouites & les Tartares ne les mangent point. Les Isles, qui sont dans la riuiere, au dessous de la ville, donnent retraite à toutes sortes d'oyseaux, & particulierement à vn nombre incroyable d'oyes, & de canards sauuages, que les Tartares prennent auec le Faucon, & auec l'Esperuier; qu'ils sçauent merueilleusement bien dresser pour cette sorte de chasse. Ils ont aussi vne adresse admirable pour la chasse du sanglier ; mais d'autant que leur Religion ne leur permet point d'en manger, ils les vendent pour fort peu de chose aux Moscouites.

Pour ce qui est des fruicts de ces quartiers là, il est certain qu'ils ne cedent point en bonté ny en beauté à ceux de Perse : particulierement les pommes, les coins, les noix, les pesches, & les melons ; mais sur tout cette espece de melons, ou plûtost citroüilles, que les Moscouites appellent *arpus*, les Turcs & les Tartares *Karpus*, parce qu'ils raffraischissent extremement, & les Perses *Hinduanes* ; parce que la premiere graine leur est venuë des Indes. Ce fruict est bon par excellence, & tres-agreable au goust, aussi bien qu'à la veuë ; ayant l'escorce d'vn beau vert, la chair d'vn nacarat pasle, & la graine noire. Les Tartares, qui en apportoient à la ville à charetées, en donnoient deux ou trois pour vn sol.

Les fruits de Nagaja.

Il n'y a pas long-temps que l'on y voit du raisin, & les Habitans d'*Astrachan* en ont l'obligation aux Marchands de Perse, qui y ont porté les premiers plans, qu'vn vieux Moine d'vn Conuent du Fauxbourg fit venir dans son Iardin. Le Grand Duc ayant sceu, qu'il y auoit reüssi, & ayant gousté du raisin qu'il auoit produit, ordonna en l'an 1613. à ce Moine, de trauailler à le faire prouigner, comme il fit, & auec tant de succez, que de nostre temps il n'y auoit quasi point de maison qui n'eust sa treille : & auec tant d'auantage pour ceux qui auoient le soin de les cultiuer, que mon hoste m'asseura, que la sienne luy auoit valu la derniere année plus de cent escus. L'on enuoyoit ce raisin, auec d'autres fruits, au Grand Duc, ou on le vendoit aux *Weiuodes* dans le voisinage : mais depuis quelques années l'on y a planté vne vigne, qui a donné en vne seule année plus de soixante pipes d'excellent vin.

Le Moine, dont ie viens de parler, viuoit encore de nostre temps, & estoit alors âgé de cent cinq ans. Il estoit Alleman,

Rr iij

1636.

& Autrichien de naiſſance, & auoit eſté emmené priſonnier, eſtant encore fort ieune, par des Soldats Turcs, qui l'auoient vendu en Moſcouie; où il auoit changé de Religion, & où il s'eſtoit fait Moine. Il auoit en ce temps-là la direction de tout le Conuent, & il ſçauoit encore quelques mots Allemans, mais trop peu, pour ſe faire entendre. Il eſtoit de bonne humeur, & faiſoit connoiſtre le plaiſir qu'il prenoit en noſtre conuerſation, par les frequentes viſites qu'il nous rendoit; mais dés qu'il auoit pris vn gobelet ou deux d'eau de vie, il tomboit dans les foibleſſes ordinaires de ceux de ſon âge, il quittoit ſon baſton, & ſe mettoit à danſer, quoy qu'auec des démarches fort mal aſſeutées.

Ses Habitans.

Autrefois toute la *Nagaja* n'eſtoit habitée que par des Tartares, qui auoient leur Roy particulier, & viuoient dans vne parfaite bonne intelligence auec leurs voiſins de *Caſan* & de *Crim*; auec leſquels ils coururent vne meſme fortune apres leur défaite. Car le Grand Duc *Iean Baſilouits*, ayant reduit en ſon obeïſſance les Tartares de *Caſan* en l'an 1552. il attaqua ceux de *Nagaja* deux ans apres, & prit la ville d'*Aſtrachan* d'aſſaut, le premier iour d'Aouſt 1554. Il en chaſſa les Tartares, & ayant peuplé la ville de Moſcouites, il la ceignit d'vn rempart reueſtu de pierre, & y adjouſta quelques fortifications; mais c'eſt le Grand Duc *Michaël Federoüits*, qui l'a augmentée, & qui y a adiouſté cette partie, que l'on appelle *Strelitza-gorod*; des Mouſquetaires Moſcouites, qui y ont leur quartier. La ville a huit mille pieds Geometriques de circuit, & du coſté de la riuiere, laquelle a en cét endroit là deux mille deux cens ſoixante pieds de large, elle paroiſt fort belle à cauſe du grand nombre de tours de pierre & de clochers, qui font vn fort bel effet de loin, mais le dedans n'y reſpond point du tout; parce que toutes les maiſons ſont de bois & aſſez mal baſties. L'on nous aſſeura qu'il y auoit dans la ville plus de cinq cens pieces de canon de fonte, & entr'autres pluſieurs pieces de batterie. Sa Garniſon eſt compoſée de neuf *Pricaſes*, ou regiments, de cinq cens Mouſquetaires chacun; ſous le commandement de deux *Weüodes*, d'vn *Diak*, & de pluſieurs Capitaines & autres Officiers; qui veillent inceſſamment ſur les actions des Tartares; dont ils ont ſuiet de ſe défier.

L'aſſiette de la ville, qui ſe trouue ſituée ſur les dernieres frontieres des deux plus confiderables parties du monde, fait, que non feulement les Tartares de *Crim*, de *Precop*, de *Buhar*, & de *Nagaja*, & les Mofcouites, mais auffi les Perfes, les Armeniens, qui font Chreftiens, & mefme les Indiens y ont leur commerce: & ces derniers y ont mefme vn marché particulier pour eux. Ce qui rend la ville tellement marchande, que les droits de traitté, qui y font fort mediocres, neantmoins montent à plus de vingt-cinq mil efcus par an.

1636.

L'on ne permet point aux Habitans du pays, qui font Tartares de *Crim* ou de *Nagaja*, de demeurer dans la ville, mais ils fe tiennent tous, ou dans vn lieu fermé de hayes & de paliffades hors de la ville, ou bien dans des huttes qu'ils dreffent çà & là, en pleine campagne; parce qu'on les empefche de baftir des villes, ou de fortifier leurs bourgs ou villages de murailles. Leurs huttes ne font bafties que de joncs ou de cannes, ayans enuiron deux toifes de diametre, rondes & comme voutées de la mefme façon que l'on voit en Europe les muës, dont l'on fe fert pour la conferuation des pouffins. Au milieu de l'endroit qui leur fert de toict, elles ont vne ouuerture, par laquelle ils paffent vn bafton, ayant au bout vn lambeau de feutre, qu'ils tournent au vent pour faciliter la fortie de la fumée, & qu'ils abattent, quand la tourbe, ou la fiente de vache, qu'ils brûlent, eft reduite en braize ou en cendre: & au grand froid ils courent toute la hutte d'vne grande couuerture de feutre; par le moyen dequoy ils conferuent fi bien la chaleur, qu'au plus grand froid, ils y paffent des iours entiers auec leurs femmes & leurs enfans; fans qu'ils fe fentent incommodés de la rigueur de la faifon. Ils n'ont point de demeure fixe l'Efté, mais ils s'arreftent aux lieux qu'ils trouuent les plus propres pour le pafturage, & pour la fubfiftance de leur beftail. Quand ils en manquent, ils chargent leurs huttes fur des charettes, & leurs femmes, enfans & meubles fur des chameaux, fur des bœufs, & fur des cheuaux, & ainfi ils fe promenent par le pays: & c'eft pourquoy les Mofcouites les appellent *Poloutski*, c'eft à dire des vagabonds.

Au commencement de l'hyuer ils fe rendent tous auprés d'*Aftrachan*, & fe logent en plufieurs hordes, ou troupes, qui ne font point fi efloignées, qu'elles ne fe puiffent fecourir les vns les autres, contre les Tartares *Kamulkes*, que l'on appelle les

1636.

Tartares de *Buchar*, leurs ennemis communs & irreconciliables, qui courent tout le païs depuis *Astrachan* & la mer Caspie jusqu'à *Soratof*. Les Tartares d'auprés de la riuiere *Iaika*, ne leur donnent pas moins de peine, mais ils troublent leur repos par des allarmes continuelles, quand la riuiere est gelée. C'est pourquoy les Moscouites, pour leur donner le moyen de se défendre contre les courses de ces gens, leur fournissent des armes du magazin du Grand Duc; où ils sont obligez de les rapporter, dés que la riuiere & les chemins sont dégelés; parce que l'on ne permet point qu'ils ayent aucunes armes offensiues ou défensiues pendant l'esté.

Il est vray qu'ils ne payent point des tailles ny d'imposts au Grand Duc; mais ils sont obligez de le seruir contre ses ennemis: ce qu'ils font auec d'autant plus de ioye, que mesme sans aucune obligation, ils ne vont à la guerre, que pour y faire du butin, aussi bien que ceux de *Daguesthan*, dont nous aurons occasion de parler cy-apres.

Ces Tartares ne laissent pas d'auoir leurs Princes, leurs Chefs de guerre, & leurs juges particuliers, & de leur nation: mais afin qu'ils ne se débauchent point de l'obeïssance qu'ils doiuent au Grand Duc, il y a tousiours quelques-vns de leurs *Myrses* ou Princes en ostage au Chasteau d'Astrachan.

Les Tartares de *Nagaya* & de *Chrim*, sont la pluspart petits & gros, & ont le visage large, les yeux petits, & la couleur oliuastre. Les hommes ont ordinairement le visage aussi ridé qu'vne vieille, peu de barbe, & la teste toute rase.

Ils n'ont pour tout habit qu'vne casaque ou veste, d'vn gros drap gris, sur laquelle ceux de *Nagaya* portent la pluspart vne mandille de peaux de mouton noir, & le bonnet de la mesme estoffe, la laine tournée dehors. Les femmes, qui ne sont point laides, s'habillent communement de toile blanche, & se couurent la teste d'vn bonnet de la mesme estoffe, plissé & rond, en forme de ces pots, dont l'on se sert à la guerre, ayant au milieu vn tuyau propre à mettre vne pannache. Elles y appliquent & il en pend des deux costés plusieurs copels, ou sols Moscouites.

Habillement de leurs femmes.

Ils voüent bien souuent leur premier né, ou quelqu'vn de leurs autres enfans, à Dieu, ou à quelque *Imam*, ou Sainct. Et afin que l'on connoisse ces *Nazareens*, si c'est vne fille, elle porte vne bague de rubis, de turquoise, ou de corail dans la narine,

arine, & c'est vn garçon, il la porte à l'oreille droite. Les 1636.
Perses ont la mesme coustume; c'est pourquoy nous prendrons
occasion d'en parler plus amplement cy-apres. Les enfans vont
tous nuds, sans chemise, & ont tous le ventre fort gros.

Les Tartares ne viuent que de ce que leur bétail, la chasse, *Leur nourri-*
ou la pesche leur fournit. Leur bétail est grand & beau, comme *ture.*
celuy de Pologne; leurs moutons, comme aussi ceux de Perse,
ont vne grosse queuë, qui n'est que graisse, de 20. à 30. liures
pesant, les oreilles pendantes, comme nos barbets, & le nez
camus. Leurs cheuaux sont petits, chetifs & mal taillés; mais
ils sont forts & de tres-grand trauail. Ils ont aussi des chameaux; mais ils ont la plufpart deux bosses qu'ils appellent
Buggur: les autres qui n'en ont qu'vne, & qu'ils nomment *Towe*,
y sont plus rares.

Leur nourriture ordinaire, c'est du poisson seché au Soleil dont
ils se seruent au lieu de pain. Ils font des gasteaux de farine, de
ris & de millet, frits à l'huile ou au miel. Ils mangent de la chair
de chameau ou de cheual, & boiuent de l'eau & du laict. Celuy
de jumét est vne de leurs delices; aussi en regalerent-ils nos Ambassadeurs, quand nous les fusmes voir en leur horde, le tirant
d'vn vilain sac de cuir, pour nous le presenter.

Ils sont la plufpart Mahometans, de la secte des Turcs, *Leur Religiõ.*
haïssans celle des Perses. Il y en a qui ont fait profession de la
Religion Moscouite, & qui se sont faits baptiser. Ils nous receurent auec ciuilité, au moins autant que cette nation en est capable. Et il y eut vn de leurs Princes, qui voulut donner à nos Ambassadeurs le diuertissement de la chasse de l'oiseau; mais le *Weiuode* ne le voulut pas permettre.

Le seiour que nous fismes à *Astrachan*, fut employé à faire
les prouisions necessaires pour la continuation de nostre voyage. Les Perses de la Carauane, & le Prince Tartare ne manquoient pas cependant de nous enuoyer souuent complimenter par leurs gens, de nous faire des presens, & de nous visiter
en personne. Car à peine auions nous moüillé deuant *Astrachan*,
& fait connoistre nostre arriuée par la décharge de nostre artillerie, que le *Cuptzi*, & les autres marchands Persans, qui ne faisoient qu'arriuer aussi bien que nous, nous enuoyerent vn beau
present de toutes sortes de fruits, comme d'arpus, de melons,
de pommes, d'abricots, de pesches & de raisins, s'excusans de ce

S f

qu'eſtans eſtrangers en ce païs-là, comme nous, ils ne nous pouuoient pas faire de meilleurs preſens ; mais que lors que nous ſerions en Perſe, tout ce qui ſe trouueroit en leur pouuoir ſeroit en noſtre diſpoſition. Les Ambaſſadeurs leur rendirent le compliment, & les enuoyerent regaler, comme auſſi le Prince Tartare, de toutes ſortes d'eaux diſtillées, & de confitures.

Couſtume de Perſe de faire des preſens aux perſonnes de qualité.

Le lendemain de nôtre arriuée nous fûmes viſitez de pluſieurs marchands de Perſe, qui auoient enuie de voir noſtre nauire. Il n'y en eut pas vn ſeul, qui n'apportaſt quelque preſent de fruit: ſuiuant la couſtume du païs, qui ne leur permet pas de ſe preſenter deuant des perſonnes de qualité les mains vuides. Ils nous traitterent auec beaucoup de ciuilité & de familiarité ; ce qui nous ſurprit d'autant plus agreablement, que nous venions de quitter vne nation, qui n'en a point du tout, & qui eſt toute barbare. Et parce que nous auions à viure & à negocier auec celle-cy, nous prenions plaiſir à laiſſer à ces Perſes toute la liberté qu'ils ſe voulurent donner dans noſtre Nauire, & fuſmes rauis de les voir enyurer, tous de ſi bon cœur, qu'il y en eut, qui en ſe retirant tomberent dans l'eau: & meſme vn de leurs marchands, homme d'âge, s'eſtant endormy ſur le tillac, y demeura toute la nuict. Ce bon-homme deuint de ſi bonne amitié dans le vin, qu'en prenant de la main de l'vn des Ambaſſadeurs vn verre de vin de France, & voyant qu'on luy faiſoit compliment, & qu'on luy diſoit, qu'apres les excellents vins de ſon païs, il ne pourroit pas gouſter le noſtre, il reſpondit, que quand ce ſeroit du poiſon, venant de la main de l'Ambaſſadeur il ne laiſſeroit pas de le boire.

Preſens de Cuptzi.

Le dix-ſeptiéme le *Cuptzi* Perſan nous fit preſent de deux ſacs de ris, dont le grain eſtoit fort blanc & fort gros, & d'vn vaſe d'ail confit, qui eſtoit tres-agreable au gouſt. Nous dirons cy-aprés de quelle façon les Perſes le confiſent. Pluſieurs domeſtiques du *Cuptzi* nous vinrent voir auſſi, & auoient en leur cōpagnie des gens de marine, qui eſtoient bien eſtonnez de voir la grandeur de noſtre Nauire, & diſoient tous, qu'il ne ſeroit pas propre ſur la mer *Caſpie*, dont les vagues hautes & comme contiguës le feroient abyſmer, & qu'il faudroit neceſſairement baiſſer les maſts. Ils diſoient tous que *Kulſum* (c'eſt ainſi qu'ils appellent la mer *Caſpie*) n'auoit iamais porté vn ſi grand

Nauire: ce qu'ils difoient à l'égard des leurs, qui ne font en effet que de petites barques, faites comme les cuues, dont l'on se fert en Europe pour le bain, ayans beaucoup de bord; parce qu'ils ne prennent que deux ou trois pieds d'eau, mais point de tillac ny de pompe: en forte qu'il en faut tirer l'eau auec des peles. Ils n'ont qu'vne grande voile, comme les Mofcouites, & ne fçauent ce que c'eft que d'aller à la bouline; fi bien que quand l'orage les furprend, ils font contrains de fe laiffer aller au gré du vent, ou de moüiller l'ancre; mais ils ne s'éloignent pas volontiers de la terre, que de la portée du piftolet.

Apres que les Perfes fe furent retirés, les Ambaffadeurs enuoyerét au premier *Weiüode*, qui s'appelloit *Fedor Vafilouits*, vn prefent d'vn grand vafe à boire de vermeil doré, & le firent prier de les affifter de fon aduis pour la continuation de leur voyage, & de nous mander s'il nous confeilloit de l'acheuer par mer ou par terre. Le *Weiüode* nous fit prier de luy donner vn iour ou deux, afin de pouuoir prendre l'aduis des gens de marine; mais nous n'attendifmes point fa refponfe, & nous refolufmes pour plufieurs raifons, de continuer noftre voyage par mer.

Le dix-neufiéme Septembre le Prince Tartare, nous ayant fait aduertir, qu'il nous vouloit rendre vifite dans noftre Nauire, nous l'enuoyafmes prendre à terre dans noftre chaloupe, qui eftoit couuerte d'vn tapis de Turquie, pour l'amener à noftre bord. Il auoit en fa compagnie vn autre Prince Tartare, & en fa fuitte enuiron quarante perfonnes, fans les gens d'*Alexei Sañinoüits*, *Poslanik* du Grand Duc. Il eftoit habillé d'vne vefte à la Mofcouite, toute en broderie d'or & de perles, & ne démentoit point en fa perfonne l'aduantage de fa naiffance: Car il auoit parfaitement bonne mine, le teint fort blanc, & le poil noir, & eftoit âgé d'enuiron vingt-huit ans, de tres-bonne humeur & éloquent. En entrant dans le Nauire, il fut receu au bruit de nos trompettes, & de la décharge de trois pieces d'artillerie, & paffa iufques dans la chambre des Ambaffadeurs, à trauers des gardes & des foldats en haye, & fous les armes.

Apres vn entretien de deux heures, pendant lefquelles on luy donna la mufique, il demanda à voir le Nauire: On le conduifit par tout iufques dans la fale, où il trouua la colla-

1636.

Le Cuptzi visite les Ambassadeurs.

tion preste ; mais il ne se voulut point asseoir, & prit cong[é] des Ambassadeurs, pour s'en retourner à la ville. On luy fit à son depart les mesmes honneurs, qu'on luy auoit faits à son arriuée.

Le vingtiéme de Septembre, les Ambassadeurs enuoyerent complimenter le Seigneur *Naurus*, *Cuptzi* du Roy de Perse, & le firent prier de leur faire l'honneur de les venir voir dans leur Nauire; ce qu'il promit de faire. Et de fait, il vint dés le lendemain, accompagné d'vn autre riche marchand, nommé *Noureddin Mahomet*, & du *Pristaf*, que le *Weiuode* luy auoit donné pour le conduire. On le receut en la mesme façon que l'on auoit fait le Prince Tartare. Apres la collation, qui fut accompagnée de plusieurs bons discours, & de nostre musique, ils nous prierent de trouuer bon, qu'ils fissent aussi venir la leur, qui estoit composée de haut-bois & de tymbales.

Leurs tymbales estoient faites de terre, & ne ressembloient pas mal à nos pots à beure; rendans vn son assez estrange, quoy que la batterie fût assez reglée & fort bien conduite. La collation les auoit mis de si belle humeur, qu'en retournant à la ville, ils ne laisserent pas de faire entendre leur musique, mesme bien long-temps apres qu'ils y furent entrés.

Presens du Vveüoded'Astrachan.

Le vingt-deuxiéme le *Weiuode* regala les Ambassadeurs de ses presens, qui consistoient en vingt fléches de lard, douze gros poissons fumez, vn baril de cauajar, vn tonneau de biere, & vn tonneau d'hydromel. Sur le midy nous eusmes à nostre bord deux domestiques de l'Ambassadeur de Pologne, dont le *Cuptzi* nous auoit parlé, pour complimenter les Ambassadeurs au nom de leur Maistre, & de la part de l'Ambassadeur, que le Roy de Perse enuoyoit au Roy de Pologne, accompagnans leur deputation du present d'vne bouteille de *Scharab*, ou de vin de Perse. L'Ambassadeur Polonois estoit vn Moine Iacobin, nommé Frere *Iean de Lucca*, & celuy de Perse estoit vn Archeuesque Armenien, nommé *Augustinus Basecius*. Les deputez qu'ils nous enuoyerent, estoient deux Capucins, dont l'vn estoit Italien, & l'autre François. Ils nous dirent qu'il y auoit cinq mois, qu'ils estoient à *Astrachan*, & ils se plaignoient fort du mauuais traittement qu'ils y receuoient, en ce qu'on les retenoit comme prisonniers ; sans qu'on leur voulust permettre de passer outre.

ET DE PERSE, LIV. IV.

Le mesme iour les Ambassadeurs firent sçauoir au *Weiiude* le 1636. dessein qu'ils auoient d'aller rendre la visite au Prince Tartare, le priant de les accommoder pour cét effet de quelques cheuaux pour leurs personnes, & pour leur suite : ce qu'il fit de bonne grace, nous enuoyant le lendemain par son Escuyer iusques à la riuiere, le nombre de cheuaux que nous auions desiré.

Estans arriuez dans vn logis, que l'on nous auoit preparé hors la ville, & ayant fait sçauoir nostre arriuée au Prince Tartare, nous nous acheminasmes vers son logis, où il nous attendoit auec impatience. Le Prince en ayant esté aduerty, vint au deuant d'eux iusques au pied de la montée dans la Cour, où il receut les Ambassadeurs fort ciuilement, & les conduisit dans vne belle chambre tapissée. Il auoit auec luy le *Poslanik Alexei*, & vn Ambassadeur Tartare de *Chrim*, qui auoit vne mine aussi fiere & barbare, que le Prince estoit ciuil & poly. La collation estoit magnifique, & des plus beaux fruicts du pays, en tres-grande abondance. Le breuuage estoit de vin, de biere, d'hydromel & d'eau de vie, qu'il faisoit verser en quantité, faisant cependant sonner les trompettes, que le *Weiiode* luy auoit prestez, & l'autre musique. En beuuant à la santé du Grand Duc, & de son Altesse, nostre maistre, il se tenoit debout, & presentoit luy-mesme à boire à toute la suite, iusques aux Pages. *Alexei* nous contoit cependant des meruueilles de la naissance & des hautes qualitez de *Mussal*, taschant de nous persuader, qu'il ne le falloit point mettre au rang des autres *Myrses*, ou Princes Tartares ; mais qu'il le falloit considerer comme vn tres-grand Prince, & comme le nepueu de *Knez Iuan Borisüits Circaski*, estant fils de son frere, qui est vn des grands Seigneurs de la Cour du Grand Duc. Et il nous dit que lors qu'il auoit fait l'hommage, le *Zaar* luy auoit fait des graces tres-particulieres, & luy auoit fait des presens tres-considerables. Qu'il auoit encore vn frere à la Cour, qui estoit en faueur : que sa sœur alloit épouser le Roy de Perse, & qu'il nous pouuoit seruir en l'vn & l'autre Royaume.

Les Ambassadeurs rendent la visite au Prince Tartare.

Nous employasmes plusieurs heures à ce festin, apres lequel les Ambassadeurs voulurent encore aller voir la demeure des Tartares, hors de la Ville : mais les Moscouites nous firent l'affront de nous fermer la porte au nez ; ce qui nous obligea à retourner au Nauire.

Inciuilité des Moscouites.

Sf iij

1636.

Le vingt-quatriéme le *Poſlanik Alexei* rendit la viſite aux Ambaſſadeurs en ſon particulier. On le receut fort bien, & apres qu'il eut eſté magnifiquement traitté à diſner, nous le fiſmes conduire iuſques dans ſon logis par douze perſonnes de noſtre ſuitte; qui eurent chacun vn preſent d'vne peau de martre zobeline. Ce Moſcouite, qui pouuoit auoir enuiron 50. ans, eſtoit homme d'eſprit, & auoit grande inclination pour les Lettres, côtre l'humeur ordinaire de ceux de ſa nation. Il ſçauoit quelques mots Latins, & il aimoit les Mathematiques; c'eſt pourquoy il cherchoit noſtre conuerſation, à deſſein d'en profiter dans l'auancement de ſes eſtudes. Et de fait, il fit ſi bien, qu'en moins de cinq mois, que nous fuſmes de compagnie, tant en Perſe qu'en chemin, il en apprit aſſez pour ſe faire fort bien entendre en Latin. Il eſt vray que ce n'eſtoit pas auec toute la congruité que l'on eût pû deſirer; mais tant y a que cela eſtoit bien rare à vn Moſcouite. Il apprit auſſi l'vſage de l'Aſtrolabe, tant pour prendre la hauteur du Soleil, & apprendre les heures du iour, que pour s'en ſeruir à la Geometrie. Il s'en fit faire vn par noſtre Horologier, & dés qu'il arriuoit en quelque ville ou village, il ſortoit à la ruë pour prendre l'éleuation du Pole; ce que les Moſcouites, peu accouſtumez de voir leurs compatriotes occupez à ces exercices, trouuoient aſſez eſtrange.

Feſtin du Cuptzi.

Le vingt-cinquiéme le *Cuptzi* enuoya conuier les Ambaſſadeurs à vn feſtin pour le lendemain, & les fit prier de luy enuoyer le nom & les titres de ſon Alteſſe noſtre maiſtre, comme auſſi les noms & les qualitez des Ambaſſadeurs, qu'il auoit deſſein d'enuoyer par vn exprés au *Chan*, ou Gouuerneur de *Scamachie* en *Mede*; afin qu'en arriuant ſur les frontieres de Perſe, nous trouuaſſions toutes les choſes preſtes, pour la continuation de noſtre voyage.

Le vingt-ſixiéme il enuoya ſept cheuaux ſur le bord de la riuiere, pour la monture des Ambaſſadeurs, qui ſe ſeruirent des deux meilleurs, & firent mener les autres en main; & firent marcher les Gentilshommes, & les Officiers de leur maiſon deuant eux à pied, ſuiuant la couſtume d'Allemagne. Il auoit fait appreſter le feſtin dans vne grande maiſon, qu'il auoit pour cét effet empruntée du *Weiuode*, & vis à vis il auoit loüé vn autre logis, où il auoit placé ſur vn theatre, couuert de tapis de Perse, trois tymbales, & plusieurs haut-bois, qui continuerent leur musique par parties, depuis le moment de nostre arriuée iusqu'à celuy de nostre depart.

1636.

La maison du festin estoit toute tenduë de tapis de Turquies & de Perse. Le *Cuptzi* vint au deuant des Ambassadeurs iusques dans la court, les receut auec grande ciuilité, & les conduisit par deux belles chambres tapissées de tous costez, dans vne troisiéme, qui l'estoit de brocard d'or & d'argent.

Nous trouuasmes dans toutes les chambres des tables & des sieges, couuerts de beaux tapis de Perse, que le *Cuptzi* auoit fait faire exprés, pour nostre commodité; parce qu'il sçauoit que nous n'estions pas encore accoustumés à la mode de Perse, où l'on s'assit à terre pour manger. Les tables estoient chargées de toutes sortes de fruits & de confitures, comme de raisins, de pommes, de melons, de pesches, d'abricots, d'amandes, de raisins secs, dont les vns estoient petits & sans pepin, de cerneaux, de pistaches, & de plusieurs fruits des Indes, confits au sucre & au miel, & par dessus il y auoit des tauayolles de satin ou de taffetas.

A peine estions nous assis, que nous vismes entrer les deux Ambassadeurs de Perse & de Pologne, qui auoient par dessus leurs habits ordinaires de vestes de brocard, dont le Roy de Perse leur auoit fait present, & le Moine Iacobin auoit arboré vne Croix d'or sur l'estomach, aussi bien que l'Archeuesque Armenien. Ils prirent place aupres des Ambassadeurs, & d'autant qu'ils sçauoient le Latin, l'Espagnol, l'Italien & le François, ils les entretinrent sans peine, & fort agreablement.

C'est la coustume de Perse de commencer leurs festins par le fruict & par les confitures. Nous fusmes deux heures entieres à ne manger que de cela, & à boire de la biere, de l'hydromel & de l'eau de vie. Apres cela on seruit les viandes en de grands plats d'argent, ou de cuiure étamé. Ils estoient pleins de ris de diuerses couleurs, & par dessus il y auoit plusieurs sortes de viandes bouillies & rosties, comme du bœuf, du mouton, de la volaille, des canards, du poisson & d'autres choses, toutes fort bien apprestées & fort delicates.

Les Perses ne se seruent point de cousteaux à table, mais les cuisiniers, en dressant, coupent la viande en morceaux; de sorte que nous n'eûmes pas beaucoup de peine à nous accou-

Façon de seruir en Perse.

stumer à leur façon de manger. Le ris leur sert de pain. Ils en prennent vne bouchée auec les deux premiers doigts & le poulce, & quelquefois à pleine main, y mettent vn morceau de chair, & la portent ainsi à la bouche. A chaque table il y auoit vn Escuyer trenchant, qu'ils appellent *Suffretzi*, qui prend la viande, que l'on sert dans de grands plats, pour la mettre en de plus petits, qu'il remplit de trois ou quatre sortes de viandes, pour faire seruir chaque plat à deux, ou au plus à trois personnes. L'on beut assez sobrement pendant le repas, mais vers la fin on vint iusqu'à l'excez, & l'on conclut le disner par vne porcelaine pleine d'vn breuuage chaud & noirastre, qu'ils appellent *Kahawa*, dont il y aura occasion de parler plus amplement cy-apres.

Ciuilité des Perses. Les Perses nous témoignent tant d'amitié en ce festin, de parole & en effet, qu'à peine en eussions-nous pû desirer dauantage en nostre Patrie. Apres auoir pris congé, tant de nostre hoste, que du reste de la compagnie, & des Ambassadeurs de Perse & de Pologne, ce qui se fit auec beaucoup d'honneur & de ciuilité de part & d'autre, nous nous retirasmes au son des tymbales & des haut-bois, qui sonnoient la retraitte d'vne façon tres-agreable. Deux des principaux de la compagnie nous conduisirent iusques à la porte de la ville, où ils recommencerent leurs ciuilités, & nous remercierent encore de l'honneur que les Ambassadeurs leur auoient fait, & nous renouuellerent les protestations de leur amitié, & les offres de leur seruice. Au mesme temps que les Ambassadeurs entrerent dans la chaloupe, l'on fit tirer quelques coups de canon du Nauire; ce que l'on auoit aussi fait lors que les Ambassadeurs en estoient sortis, pour aller au festin.

Le vingt-septiéme les Ambassadeurs allerent auec peu de personnes à la promenade, & ayans fait le tour de la Ville, ils furent à vne lieuë de-là voir la demeure des Tartares. Par le chemin nous vismes qu'en ces quartiers-là les bœufs & les cheuaux foulent le grain, au lieu qu'en Allemagne on le bat: ce qui nous seruit d'explication à la loy, qui defend d'emmusceler le *Les Tartares nourrissent des* bœuf, qui foule le grain. Il n'y auoit point de hutte qui n'eust *oyseaux pour* son aigle, ou son faucon, dont les Tartares se seruent à la *la chasse.* chasse, & au retour nous rencontrasmes vn de leurs Princes, qui en reuenoit; ayant son oyseau sur le poing, & sa peau de mouton

mouton sur le dos, comme tous les autres. Il nous fit dire qu'il 1636. estoit bien marry, de ce qu'il ne s'estoit point trouué au logis, où il eust pû receuoir les Ambassadeurs.

Le mesme iour partit le *Poslanik*, *Alexei Sawinoüits*, prenant le deuant, & continuant son voyage de Perse par la mer Caspie.

Le 28. nous fûmes au festin, que l'autre marchand Perse, nom- Festin d'vn au-mé *Noureddin Mahumed*, fit aux Ambassadeurs, auec la mesme tre marchand magnificence, & auec les mesmes ceremonies que le premier; si- de Perse. non que le theatre pour les Musiciens, auoit esté dressé dans la Cour vis à vis de la table, & estoit bien plus richement paré que celuy du *Cuptzi*. Il y auoit aussi conuié les Religieux, dont nous venons de parler, quelques Indiens, & deux Moscouites, qui s'y Imprudence trouuerent de la part du *Weiüode*, & qui entendoient la Langue. d'vn des Am-Le sieur *Brugman* se trouuant engagé de discours auec eux, se bassadeurs. laissa emporter à des paroles assez offensantes contres les Turcs; lesquels quoy qu'ennemis des Perses, ne l'estoient point alors des Moscouites; c'est pourquoy les premiers apprehendans que l'on ne s'en prist à eux, comme aux maistres du festin, ils prierent l'Ambassadeur de ne plus parler d'affaires, de se réjoüir, & de s'as-seurer que les témoignages qu'ils nous rendoient icy de leur af-fection, n'estoient que des preuues bien legeres de l'amitié, que nous nous deuions promettre d'eux, quand nous serions arriués en Perse.

Le vingt-neufiéme nous fusmes visitez par le *Myrsa*, ou Prince Tartare, que nous auions rencontré deux iours aupa-rauant, reuenant de la chasse. Il nous fit present de quelques oyes sauuages, qu'il auoit prises, & nous conuia de nous trou-uer à la chasse, dont il nous vouloit donner le diuertissement: mais le *Weiüode* ne le voulut pas permettre, ainsi que nous venons de dire.

Le dernier de Septembre, le *Weiüode* nous enuoya vn pre- Vn autre Prin-sent de confitures du païs; sçauoir du pain d'épice, & du jus site les Ambas-de groseilles en paste, qui estoit partie en forme de gros fro- sadeurs. mages, partie plat & en roulleaux, de la mesme façon que les taneurs roulent le gros cuir à faire de semelles. Le goust en est aigret, & assez agreable. Les Moscouites ne font presque point de saulse, où ils n'en mettent.

Le premier iour d'Octobre l'on donna ordre au Secretaire de OCTOBRE.

Tt

1636. l'Ambassade d'aller, auec deux autres Officiers de nostre suitte, trouuer le *Weivode*, pour quelques affaires. Il me receut assez ciuilement, me fit l'honneur de me faire asseoir auprés de luy, & me donna vne audience fort fauorable : mais auant que de respondre aux propositions que nous luy auions faites, il nous fit de grandes plaintes du mauuais traitement, que le sieur *Brugman* auoit fait par le chemin, à Rodinon, nostre *Pristaf*, que le Grand Duc nous auoit donné pour nous conduire iusques à *Astrachan*. Il luy auoit dit injures, & il l'auoit traité de *Bledirsin*, de *Sab k*, &c. sans considerer que c'estoit l'homme du Grand Duc. Qu'il connoissoit le *Pristaf* pour homme d'honneur, & sage : mais que ce n'estoit pas à *Brugman* d'en vser de la sorte, quand mesme *Rodixon* n'eust point fait son deuoir, & qu'il en eust pû faire ses plaintes à sa Majesté Zaarique, ou bien à ceux qui representent la personne du Prince *Astrachan*; qui n'eussent pas manqué de luy faire raison. Qu'il ne croyoit pas que le Duc de *Holstein* trouuast bon, non plus que le Grand Duc, que l'on traitast de la sorte vn de ses Officiers dans son païs. Que sa charge l'obligeoit à nous tenir ce langage ; mais qu'il n'estoit point iuste que toute la compagnie en souffrist, & que cela ne l'empescheroit pas de nous expedier promptement ; ainsi qu'il fit aussi-tost.

Prouisions pour la continuation du voyage.

Nous employasmes les iours suiuans à faire porter au Nauire les prouisions, que nous auions achetées pour la continuation de nostre voyage. Nos gens auoient cuit du pain & du biscuit, & auoient brassé de la biere. Nous auions acheté des Tartares vingt bœufs, bien gras, de huit à quatorze escus la piece, & plusieurs barils de poisson salé, à dessein de nous mettre en mer au premier iour. Et dautant que nous n'entendions rien à la nauigation de la mer Caspie, que l'on nous representoit fort difficile, parce qu'auprés de l'emboucheure de *Wolga* elle est fort basse, pendant plusieurs lieuës, nous ne nous contentasmes point de nostre Pilote Moscouite ; mais nous loüasmes encore quelques Tartares du païs, qui nous promirent d'aller deuant dans vne barque, pour nous seruir de Pilotes, & pour mettre le Nauire en pleine mer. Nous partismes donc d'*Astrachan* le dixiéme d'Octobre, sur le midy, auec vn tres-beau temps ; tenans nostre cours au *Sud* & *Sudoüest*. Mais nous n'auions pas encore fait vne lieuë quand le vent contraire se le-

Les Ambassadeurs partent d'Astrachan.

ET DE PERSE, LIV. IV. 331

1636.

tant, & s'augmentant petit à petit, nous porta à terre, où il nous arresta tout ce iour-là, & le lendemain. Nous y receusmes la visite d'vn *Myrsa*, ou Prince Tartare, de fort bonne mine, & des plus consideres de ces quartiers-là, qui nous fit present d'vn mouton, & d'vn baril de laict.

Nous remarquasmes qu'aupres d'*Astrachan*, & communément le long de la riuiere de *Wolga*, la terre produit les simples en grande quantité, & d'vne grosseur incroyable, l'herbe que les Latins appellent *Esula*, y croissoit de la hauteur d'vn homme, & la racine d'Angelique de la grosseur du bras. *Simples de grosseur extraordinaire.*

L'orage estant cessé le 12. nous nous remismes à la mer, mais nous ne fismes pas plus d'vne lieuë ce iour-là. Nous n'auançasmes gueres plus le treiziéme, & nous mouillasmes aupres d'vne petite montagne ronde, qui estoit à nostre gauche à quinze werstes d'*Astrachan*.

Les Moscouites appellent cette montagne *Tomanoi-gor*. Nous luy donnasmes le nom de la montagne aux coleuures, à cause de la quantité de serpens que nous y trouuâmes. Tout y estoit plein de capriers, & de l'herbe que l'on appelle *semper viuum*, de plusieurs sortes, comme de la ioubarbe, de la tripe-madame, &c. La plaine qui est au pied de cette colline, fait que l'on y a vne des plus belles veuës du monde, & de plusieurs lieuës d'étenduë. Nous vîmes le soir dãs vne barque les Strelits, qui auoient escorté le *Poslanik* iusques à *Terki*. Ils nous dirent qu'il n'y auoit point de danger sur le chemin, & qu'ils l'auoient fait en 24. heures. *Coleuures.*

Le quatorziéme nous eusmes le vent Nord-Nord-est; de sorte que nous continuasmes nostre voyage, & arriuasmes apres disner vis à vis d'vne Chapelle nommée *Iuantzuk*, à trente werstes d'*Astrachan*. En cét endroit-là est la meilleure pesche de tout le païs: Les Tartares l'appellent *Vtschu*, & elle appartient au Conuent de *Troitz* ou de la Trinité à *Astrachan*. La riuiere de *Wolga* fait en ce lieu là plusieurs canaux, formans autant d'Isles, qui sõt toutes couuertes de buissons, de cannes & d'ozier, aussi bien que la coste de la mer Caspie, iusques à la riuiere de *Koisu*. Il y a entr'autres vne Isle nommée *Perul*, à quinze werstes d'*Vtschu*, dans laquelle nous vismes vne maison de bois, assez haute, poussant du milieu de son toict vne grande perche, ayãt au bout vne teste de mouton; & l'on nous disoit que c'estoit-là le sepulchre d'vn Saint Tartare, aupres duquel ceux du païs, cõme aussi *Sepulchre d'vn S. Tartare*

Tt ij

1636.

Sacrifice des Tartares.

Chiens marins.

quelques-vns des Perses, quand ils partent pour faire voyage, ou quand ils en sont heureusement reuenus chez eux, sacrifient vn mouton ; dont vne partie sert au sacrifice, l'autre au festin qu'ils font à leurs amis, apres le sacrifice. Apres auoir acheué leurs prieres & leurs deuotions, l'on met la teste du mouton au bout d'vne perche, où elle demeure iusques à ce qu'vne autre la releue, ou iusques à ce que le temps la fasse tomber. Les Moscouites appellent ce lieu-là *Tatarski Molobitza*, c'est à dire le sacrifice des Tartares. Derriere cette Isle à main gauche, il y auoit sur vne fort grande colline, mais fort vnie, vn tres-grand nombre de huttes. Sur le soir nous arriuasmes à vne autre pesche à quinze werstes de la mer, où la riuiere est fermée d'vne palissade, & gardée par cent mousquetaires Moscouites, qui y font garde contre les Pyrates Cosaques. Nous y passasmes la nuit dans vn détroit entre deux Isles. Nous vismes en ce lieu-là vn grand nombre de chiens marins, & de cette sorte d'oyseaux, que Pline appelle *Onocratalus*, qui ont le bec long, rond & plat à l'extremité, comme vne cueiller applattie. En mettant le bec dans l'eau il fait vn bruit, qui ne ressemble pas mal à celuy de l'asne, qui luy a donné le nom, mais particulierement d'vne espece d'oyes, ou plûtost de Cormorans, dont nous auons touché vn mot cy-dessus. Les Moscouites les nomment *Babba*, les Perses *Kutham*, & les Maures de Guinée *Bombu*. Elles ont les pieds, les cuisses, le col & la couleur comme les autres oyes, mais le corps plus gros qu'vn Cygne. Elles ont le bec de plus d'vn pied & demy de long & de deux doigts de large, & crochu au bout. Sous le bec elles ont vn grand sac de peaux ridées, qu'elles estendent & élargissent en sorte, qu'il est capable de tenir plus de dix pintes de liqueur, & elles s'en seruent comme de reseruoir, pour le poisson qu'elles prennent, en attendant qu'elles les puissent aualer. Car elles ont le gosier si large, que non seulement l'on est obligé de le serrer, quand on s'en sert à la pesche, comme l'on fait souuent ; mais aussi, s'il faut croire *Franciscus Sanctius*, l'on a trouué, qu'vn de ces oyseaux, qui fut pris pour auoir trop chargé sa bourse, auoit aualé vn enfant Maure sur les costes d'Afrique. Les Perses sçauent preparer ces peaux, & en font des tambours de Biscaye, & en couurent leurs autres instruments de musique. Le sieur Crusius en tua vn sur le bord de la mer Caspie,

qui auoit plus de deux aulnes & demie entre les deux extremi- 1636.
tez des aisles, & plus de sept pieds, depuis la teste iusqu'aux
pieds. *Franciscus Hernandez* en son Histoire des animaux & des
plantes de Mexico, dit qu'il s'en trouue en ces quartiers-là, qui
lui ont le bec garny de dents : mais ce n'est pas nostre dessein
de sortir de l'Asie, pour entrer en l'Amerique.

Nous y vismes aussi vne autre espece d'oyseaux, faits comme des canards ; sinon qu'ils sont vn peu plus gros, & noirs
comme des corbeaux, & qu'ils ont le col plus long, & le bout
du bec crochu. Les Moscouites les nomment *Baclan*, & ils ne
paroissent quasi que la nuict, leurs plumes sont plus dures &
plus grosses que celles des corbeaux, & sont fort propres pour
ceux qui dessignent.

Le quinziéme nous arriuasmes à l'emboucheure de la riuiere Emboucheure
de *Wolga*, & à l'entrée de la mer *Caspie*, qui est à douze lieuës du Vvolga.
d'*Astrachan*, & est toute parsumée de petites Isles, qui sont couuertes de roseaux & de cannes, iusqu'à six lieuës auant dans la
mer. Il y en a qui donnent au *Wolga* autant d'emboucheures,
qu'ils comptent icy d'Isles, mais ils se trompent ; parce que c'est
la mer qui les forme plûtost que la riuiere.

Le fonds est tout boüeux, n'ayant que quatre à quatre pieds
& demy d'eau ; ce qui nous donna des peines qui ne sont point
conceuables, & nous amusa en sorte, qu'à peine pusmes nous
faire quatre lieuës en sept iours. Les plus fâcheuses iournées
furent celles du 18. & du 19. d'Octobre. Le dix-huictiéme nous
nous trouuasmes sur vn banc à cinq pieds d'eau, & apres auoir
employé autant d'heures à en sortir, il s'y trouua bien six pieds
d'eau ; mais l'on apperceut aussi-tost que ce n'estoit qu'vn petit
trou, qui auoit de tous costez des bancs à quatre pieds, ou à
quatre pieds & demy d'eau.

Apres auoir regagné auec la mesme peine le banc à cinq
pieds d'eau, le vent s'estant tourné du *Nord-oüest*, l'eau baissa
en vn moment à veuë d'œil, si fort, qu'il ne nous resta que
trois pieds d'eau ; le Nauire demeura comme enfoncé dans
la boüe. Nous deschargeasmes vne partie de nos prouisions
dans la barque des Tartares, qui nous conduisoient, & nous
employasmes tout ce que nous auions de gens, à faire trauailler tout le iour auec des peines indicibles à nous tirer de là,
sans se donner le loisir de boire & de manger ; mais l'on n'a-

Tt iij

uança rien du tout : de sorte qu'il fallut nous resoudre à attendre-là auec patience le retour de l'eau, lequel nous ne pouuions esperer que du changement du vent. Ce qui ennuyoit bien ceux, qui consideroient que nous estions-là à la discretion des Cosaques, qui nous y pouuoient retenir, & nous rançonner comme des prisonniers, sans beaucoup de peine. Auec cela il y suruint vn broüillard si épais, qu'il nous ostoit la veuë depuis la poupe iusques à la prouë, & nous fit faire vne grande faute, en tirant, de l'ordre du sieur *Brugman*, vn coup de canon sur vne barque Moscouite, qui passoit proche de nostre bord. Ceux qui estoient dans la barque nous renuoyerent forces injures, & nous dirent, que la nauigation leur deuoit estre aussi libre qu'à nous, qui estions Estrangers, & qui ne passions là qu'auec la permission du Grand Duc, que nous estions obligez de connoistre pour Seigneur de cette mer-là, & pour leur Prince souuerain. Que puisque nous auions si grande enuie de tirer, nous n'auions qu'à garder nostre poudre, pour nous en seruir contre les Cosaques, qui nous attendoient gueres loin de là. Ce reproche fit que l'on traitta mieux deux autres barques, que nous vismes en suitte, & qui nous enuoyerent au lieu d'injures, des fruits de Circassie, sçauoir de belles poires, des noix & des nefles.

Sur le soir du vingt-vniéme d'Octobre, nous commençasmes à nous apperceuoir que l'eau croissoit iusqu'à cinq pieds ce qui nous faisoit esperer que nous pourrions facilement nous mettre en pleine mer. L'orage, qui se leua le lendemain vingtdeuxiéme, auec vn vent de *Sud Sud-Est*, la fit croistre iusqu'à neuf pieds ; mais il estoit si violent, que n'osans point nous seruir de nos voiles, nous fusmes contrains de demeurer là à l'anchre, & d'attendre le beau temps, qui ne vint qu'au bout de cinq iours.

Le vingt-troisiéme du matin, le Ciel estant serein, j'obseruay le Soleil à son leuer, & remarquay qu'à l'égard de la Boussole il se leuoit vingt-deux degrez plus vers le Midy, qu'il ne falloit ce qui nous fit connoistre qu'en ce lieu-là l'éguille declinoit de 22. degrez du Nord vers le Ponant.

Nauigation penible. Le vingt-septiéme l'orage estant cessé, nous rechargeasmes nostre Nauire, & nous congediasmes nostre barque, & ayans mis les voiles au vent, nous prismes la haute mer ; mais à peine

auions nous fait vne lieuë, que nous nous trouuasmes encore   1636.
dans la bouë, & obligez de renuoyer querir la barque. Toutefois nous trouuans en pleine eau le vingt-huictiémedu matin,
& voyans derriere nous treizes voiles sortir du *Wolga*, que nous
iugions estre la Carauane, nous contremandasmes la barque.
C'estoit le Prince Tartare, deux Marchands de Perse, & cinq
cens Mousquetaires Moscouites, auec leur Colonel, qui alloient
raffraichir la garnison de *Terki*: mais ce qui nous estonna le plus,
ce fut que voyans le Pilote Moscouite, que nous auions pris à
Astrachan, tout à fait ignorant en la nauigation, & les cartes,
sur lesquelles nous pretendions prendre nostre route, toutes
fausses, nous ne sçauions à quoy nous resoudre.

Nous nous aduisasmes enfin de nous addresser à l'Officier
qui commandoit ces cinq cens Mousquetaires, & de l'envoyer
prier sur le soir, pendant que tous les vaisseaux estoient à l'anchre, de nous faire la faueur de nous assister de son conseil en
cette rencontre, & de nous donner vn habile homme, pour
nous seruir de Pilote sur la mer *Caspie*. Il vint dans nostre Nauire, & apres auoir bien beu, il se mit à nous faire les plus bel- Foutberie
les protestations d'amitié du monde; & nous dit, que l'inquie- d'vn Officier
tude où il auoit esté de nous voir en ces peines, luy auoit osté Moscouite.
le sommeil: qu'il estoit rauy de nous voir en bonne santé, &
qu'il ne manqueroit point d'en donner adius au *Weiuode* par vn
exprés. Que tous ses gens estoient à nostre service, & que dés
qu'il seroit à son bord il nous enuoyeroit vn Pilote, dont nous
nous pourrions asseurer. Mais le gaillard ne fut pas si-tost à son
Nauire qu'il fit faire voile, & se mocqua de nous. Ie croy qu'il
estoit fasché de ce que nous ne luy auions point fait de present,
suiuant la coustume du païs; mais il se soucia si peu d'auoir donné cette bourde aux Ambassadeurs, qu'il eut l'impudence de
les venir voir dans leur Nauire, en la compagnie de plusieurs
Seigneurs Tartares, apres que nous fusmes ariuez à *Terki*, & ne
fit autre réponse aux reproches qu'on luy en fit, sinon *Ia Winouat*, voila bien dequoy!

Nous voyans donc mocquez de la sorte, nous enuoyasmes Bonté d'vn pi-
prier le maistre d'vn Nauire Perse, de nous assister de son con- lote Persan.
seil en cette conjoncture. Cét homme, qui estoit patron du
Nauire, & proprietaire des marchandises dont il estoit chargé,
vint en personne en nostre bord, s'offrir de nous seruir de Pi-

1636.   lote, auec plus de bonté que nous n'eussions pû esperer d'v[n] Chrestien, & ayant recommandé son Nauire à ses valets, il de[-]meura auec nous. Il estoit habile homme, & n'entendoit pa[s] seulement cette nauigation, mais aussi la boussole; contre l'or[-]dinaire des Perses, qui ne se hazardent pas volontiers bien auan[t] dans la mer, & ne quittent pas la terre de veuë. De sorte qu[e] voyant le vent propre, il fit leuer l'ancre sur les onze heures d[u]

Mauuais au-gure.   soir, prenant son cours vers le *Sud*, auec vn vent d'*Est*. Nous re[-]marquasmes que ce fut au mesme iour que nous estions parti[s] de *Trauemonde* vn an auparauant : & aussi eusmes nous le mesm[e] succés en ce second voyage. Nous n'eusmes toute cette nuict-l[à] que dix pieds d'eau, mais vers le iour nous en eusmes iusques [à] dix-huict. Le païs qui estoit à nostre droite, qu'ils appellen[t] *Suchater*, nous découuroit quatre collines, faisant aduancer v[n] grand promontoire bien auant dans la mer : & depuis ce cap ius[-]qu'à *Astrachan* l'on compte cent werstes, & 200. iusques à *Terki* mais les vnes & les autres sont fort petites.

Le vingt-neufiéme nous continuasmes nostre chemin auec v[n] fort beau temps, prenant nostre route le matin vers le *Sud*, auec vn vent *Sud-est*, & apres disner vers le *Sud-oüest*, ayans quas[i] par tout enuiron vingt pieds d'eau, & le fond graueleux, & meslé de coquillages. Nous ne vismes point de terre ce iour-là, & demeurasmes la nuict suiuante à l'ancre en pleine mer. L'é[-]guille declinoit icy de vingt degrez du *Nord* à l'*Oüest*.

La Circassie.   Le 30. Octobre nous fismes voile à la pointe du iour, & in[-]continent apres Soleil leué, nous découurismes le pays de *Cyr[-]cassie*, qui est situé le long de la mer, du *Sud-oüest* au *Nord-est*, l'a[-]bordant en forme de croissant, & formant vne tres-grande baye.

Nostre dessein estoit de gagner la pointe du Golfe; mais le vent se mettant *Sud-est*, nous pensa pousser dedans, ce qui nous obligea à moüiller sur le midy à l'entrée du Golfe à trois brasses & demie d'eau, le fond estant de terre grasse, enuiron à six lieu[ë]s de *Terki*. Nous vismes dans la baye enuiron vingt ou vingt-cinq barques, & nous crusmes d'abord que c'estoient des Cosaques, mais nous sçeusmes bien-tost que c'estoient des pescheurs Tar[-]tares de *Terki*, qui nous apporterent du poisson à vendre. Nous leur payasmes quinze sols de la piece, mais ils estoient fort gros, & auoient quasi tous l'estomach plein d'écreuisses, parmy les[-]quelles il y en auoit plusieurs qui estoient encore en vie.

Nous

ET DE PERSE, LIV. IV. 337

1636.

Nous employâmes le reste du iour à rendre graces solemnelles à Dieu, de ce que l'année precedente, & à pareil iour, il nous auoit heureusement sauuez, en nous tirant des dangers où nous nous trouuions, au milieu des rochers & des escueils d'*Oeland*. Nostre Pilote Perse alla ce iour-là à son Nauire, qui estoit demeuré derriere, pour donner ses ordres à ses gens, nous laissant persuadez qu'il nous joüeroit le méme tour qu'auoit fait le Moscouite; mais il fit connoistre que ceux de sa nation ne payent pas tousiours de compliments : car il reuint le lendemain de grand matin, apres qu'il eut fait partir son bateau deuant nous, pour nous seruir de guide.

Le dernier iour d'Octobre nous eusmes au matin vn grand broüillard, accompagné d'vn grand calme. Le Soleil ayant dissipé l'vn sur le midy, & le vent s'estant mis au Nord, nous trauaillasmes à sortir du Golfe, allans à la bouline & gagnans la pointe, vers laquelle nous nous arrestasmes à l'anchre iusques apres minuit, & arriuasmes le premier iour de Nouembre de bon matin deuant la ville de *Terki*. Nous y moüillasmes à vn quart de lieuë de la Ville; parce que nous n'en pouuions pas approcher plus prés, à cause de l'eau qui y est trop basse. La nuict precedente, les Cosaques auoient fait dessein de nous attaquer; mais ils nous manquerent dans l'obscurité, s'adressans à la petite flotte, qui portoit le Prince Tartare, & le bruit des *Strelits*, ou mousquetaires Moscouites, leur ayant fait connoistre qu'ils s'estoient trompez, & qu'ils y trouueroient vne vigoureuse resistance, ils se retirerent, & ne dissimulerent point, que c'estoient les Allemans qu'ils cherchoient.

NOVEMBRE.

Terki ville capitale de Circassie.

Les nouuelles de cette entreprise des Cosaques ayans esté sur le matin portées à la ville, y donnerent vne chaude allarme; parce que l'on sçauoit que *Mussal*, leur Prince y, estoit, & qu'il pouuoit estre en danger. Les habitans se confirmerent en cette opinion, quand ils entendirent la salue de nostre artillerie, à quoy l'on n'est point accoustumé en ces quartiers-là; de sorte qu'ils commençoient de s'allarmer & de nous considerer comme des ennemis, quand ils furent deliurez de cette apprehension par l'arriuée de leur Prince, lequel nous ayant saluez en passant, & conuiez à luy faire l'honneur de le visiter au logis de sa mere, fit connoistre aux habitans, qu'il n'y auoit rien à craindre ny pour eux, ny pour luy.

Vu

1636.

La ville de *Terki* est située à vne bonne demy-lieuë de l[a] mer, sur la petite riuiere de *Timenski*, qui sort de la grand[e] riuiere de *Bustro*, & facilite la communication de la me[r] auec la ville ; laquelle est inaccessible par tout ailleurs, [à] cause des marais qui l'enuironnent, à vn bon quart de lieuë de tous costez. Elle est dans vne grande plaine, où la veuë n'a point de bornes : ce qu'il faut remarquer contre la cart[e] de *Nicolas Ianßon Piscator*, ou *Visscher*, quoy qu'en effet l[a] meilleure & la plus exacte de toutes celles que i'aye veuës qui met la ville de *Terki* sur vne montagne, confondan[t] par ce moyen la ville de *Terku*, en la Prouince de *Dagesthan* auec celle de *Terki* en *Circassie*. Le Pole y est à quarante-troi[s] degrez, vingt-trois minutes d'éleuation. Elle est éloignée d'*Astrachan* de soixante lieuës par mer, & de soixante-dix par terre, & c'estoit la derniere place de la suietion du Grand Duc de Moscouie. Sa longueur est de deux mille pieds, & sa largeur de huict cens, & elle est toute bastie de bois, mesme les tours & les remparts ; quoy que d'ailleurs elle soit bien pourueuë d'artillerie : entre laquelle se trouuoient alors deux pieces de batterie, que nous vismes sur leurs affuts deuant la maison du Gouuerneur

Garnison de Terki.

Le Grand Duc l'a depuis peu fait fortifier à la moderne, de remparts & de bastions de terre, par vn Ingenieur Hollandois, nommé *Cornille Nicolas*, qui nous auoit seruy de contre-maistre au voyage de Perse. Sa garnison ordinaire est de deux mille hommes ; dont les quinze cens sont sous le commandement d'vn *Weiuode*, ou Colonel, & ils l'ont distribué en trois *Pricaßis*, ou regimens, chacun de cinq cens hommes. Le Prince a les autres cinq cens pour sa garde, qui sont entretenus par le Grand Duc : mais ils sont obligez de se joindre aux autres en cas de besoin. Les Tartares de *Circassie* ont leur demeure particuliere deça la riuiere. Nous aurons occasion de parler de leur Religion, & de leur façon de viure, au retour de nostre voyage ; où nous eusmes plus de loisir de les considerer.

Le lendemain de nostre arriuée, le *Cuptzi*, & les autres marchands Perses enuoyerent aux Ambassadeurs vn présent de quantité de beaux fruits, & leur firent demander s'ils estoien[t] resolus de continuer leur voyage par mer ou par terre, & firen[t]

dire, que s'ils se pouuoient resoudre à aller par terre, il se presentoit vne tres-belle occasion de le pouuoir faire auec commodité; en ce que dans trois iours l'on attendoit à vn *Terki* Ambassadeur Moscouite, qui reuenoit de Perse, & qui ameneroit auec luy iusques sur les frontieres, deux cens chameaux, & assez grand nombre de mulets, pour porter tout nostre bagage. Ils y adjousterent, que par ce moyen nous pourrions passer seurement au trauers des Tartares de *Dagisthan*, & nous sauuer des mains de leur *Schemkal*, ou Capitaine, vn des grands voleurs du monde: & pour nous faire voir qu'il n'y auoit point de danger, ils offrirent de nous accompagner en ce voyage. Cette proposition fut si bien receuë par les Ambassadeurs, qu'ils firent en mesme temps prier le *Weiüode*, de leur donner passage, & enuoyerent *Rustan*, nostre truchement Perse, iusques sur les frontieres de *Dagesthan*, à six lieuës de *Terki*, pour y donner les ordres necessaires pour la continuation de nostre voyage par terre; mais il trouua que les chameaux, & les autres bestes de charge, s'en estoient déja retournez.

Le *Weiüode* nous auoit d'abord refusé le passage absolument; mais dés qu'il sçeut qu'il n'y auoit plus de commodité pour le faire, ils nous enuoya dire par vn Officier; que quoy qu'il n'eust point d'ordre du Grand Duc pour cela, il ne laisseroit pas de nous accorder le passage, & mesme de nous y seruir en tout ce qu'il luy seroit possible.

La nuict suiuante les matelots se mutinerent contre *Michel* *Cordes*, nostre patron, & le bruit fut si grand, que l'on fut contraint d'en mettre vne bonne partie aux fers. Le iour estant venu, l'on informa de tout ce qui s'estoit passé la nuict, & *Anthoine Manson*, faiseur de voiles, ayant esté trouué le plus coupable, on le condamna à tenir prison à *Terki*, iusques à nostre retour de Perse. Le *Weiüode* l'enuoya querir, à la priere des Ambassadeurs, par deux de ses Officiers; dont l'vn auoit vne cotte de maille sous sa casaque, & vn gantelet de fer blanc, & l'autre, qui auoit la qualité de *Rnez*, auoit vne veste de velours rouge cramoisi.

L'equippage du Nauire se mutine.

Le quatriéme Nouembre deuant iour il y eut musique, pour seruir d'aubade au iour de la naissance du sieur *Brugman*, l'vn de nos Ambassadeurs, en suitte de laquelle on tira le canon. La mere du Prince Tartare enuoya le mesme matin complimenter les Ambassadeurs, & les remercier de l'amitié qu'ils auoient témoignée à son fils, pendant le voyage; les faisant prier de luy faire l'honneur de la visiter dans son logis, & de venir receuoir sa benediction. Apres disner nous fusmes visitez dans nostre bord par vn Seigneur Perse, qui auoit à sa suitte vn grand nombre de domestiques. C'estoit vn chastré, & le *Schach* l'auoit enuoyé exprés, pour venir querir la sœur de ce Prince Tartare, qu'il auoit demandée en mariage. Il fit force offres de seruice aux Ambassadeurs, & il trouua nostre boisson si bonne, qu'ils s'en enyura tout à fait; jusques à ne sçauoir comment il pourroit sortir du nauire. Ceux de sa suitte s'enyurerent à son exemple, & il y en eut vn qui se saoula tellement, qu'il le fallut deualer auec vne corde dans la chaloupe.

Le cinquieme, les Ambassadeurs enuoyerent le sieur de *Mandeslo*, le Pasteur & le Secretaire de l'ambassade, auec nos truchemens Tartare & Perse, au *Weüode*, pour luy faire present d'vn grand vase de vermeil doré, & pour donner vn rubis à chacun des deux Chanceliers, ou Secretaires. On leur donna charge de saluër la mere du Prince Tartare, & de la complimenter sur l'heureux retour du Prince son fils. Nous fusmes fort bien receus par tout, & traittez de collations de fruict, de biere, d'hydromel, d'eau de vie & de vin. Le *Weüode* se fit voir en la mesme magnificence, que nous auions veu celuy de *Nise*, & nous entretenant de l'humeur & de la façon de viure des Perses, il nous dit, qu'ils ne manqueroient pas de nous donner de fort belles paroles, mais qu'il suffiroit d'en croire la moitié; parce que les effets n'y répondroient pas toûjours.

Le Prince *Mussal* nous receut en personne, auec beaucoup de tesmoignages d'affection, à l'entrée de la cour, & nous conduisit dans vne grande salle haute, dont les murailles estoient de terre, & bastie en sorte, que l'on voyoit de tous costez, en distance égale, des niches voûtées, dans lesquelles il y auoit, ou des beaux licts, auec leurs couuertures de soye ou de cotton, ou plusieurs beaux tapis de Perse, & couuertures ouuragées, ou brodées d'or & de soye, de plusieurs diuerses couleurs; auec des coffres couuerts de mesme.

Le long de la muraille, au dessous du plancher, pendoient deux rangs d'écuelles, de bois & de terre, de diuerses couleurs, & les pilliers, qui soustenoient le bastiment, estoient entou-

ET DE PERSE, LIV. IV. 341

...ez de beaux cimeterres, de carquois & de fléches, en grand nombre. La Princesse estoit assise dans vne chaise, habillée d'vne cimarre noire, doublée de martres zobelines, & faite comme vne robbe de chambre.

Elle s'appelloit *Bika*, & auoit la taille fort belle, & parfaitement bonne mine, & pouuoit estre âgée de quarante cinq à cinquante ans. Elle auoit derriere la teste vne vessie de bœuf enflée, qui estoit envelopée, vers les cheueux d'vne riche écharpe, en broderie d'or & de soye, & autour du col vne autre écharpe, dont les deux bouts pendoient sur les épaules. Derriere sa chaise estoit debout vne Dame, qui auoit aussi vne vessie derriere la teste, & l'on nous disoit que c'estoit vne marque de vefuage. Elle auoit à sa droite ses trois fils ; dont les deux puisnez n'estoient pas mieux mis que les derniers faquins du pays. Ils auoient derriere eux quelques valets, qui portoient encore sur le front, qu'ils s'estoient égratignez auec les ongles, les marques du dueil qu'ils auoient mené sur la mort du frere aisné, qui auoit esté executé à Moscou. A sa gauche estoient en haye plusieurs Tartares, qui estoient tous fort âgés, & representoient le Conseil & les Officiers de la Cour. Apres que la Princesse eut répondu à nostre compliment, elle fit apporter des sieges, & vne petite table chargée de fruits, pour la collation, où l'on seruit de l'hydromel & de l'eau de vie. Nous conuiasmes les Princes de prendre place aupres de nous ; mais ils s'en excuserent ; disans que ce n'estoit pas la coustume du pays, & que le respect qu'ils deuoient à leur mere, ne leur permettoit pas de s'asseoir en sa presence.

Apres auoir fait collation, & que la Princesse & la compagnie nous eurent bien considerez, & manié nos habits de tous costez, la Princesse presenta à chacun de nous vn grand gobelet plein d'vne sorte d'eau de vie, tirée de millet, que nous trouuasmes aussi forte que l'esprit du vin. Les trois Princes nous presenterent aussi chacun vn gobelet, & nous prierent de trouuer bon, qu'ils fissent le mesme honneur à nos vallets. L'on ouurit cependant derriere la Princesse la porte d'vne chambre, à l'entrée de laquelle se firent voir plusieurs Dames, dont la principale estoit la fille de la Princesse, qui estoit fiancée au *Sofi* de Perse.

Elle pouuoit auoir enuiron seize ans, & estoit fort belle,

1636.

La Princesse reçoit les enuoyés.

Leur donne la collation.

Curiosité des Dames Tartares.

V v iij

1636. ayant la blancheur du teint d'autant plus brillante & viue, que la couleur de ses cheueux, qui estoient noirs comme jays, en releuoit l'éclat merueilleusement. Ces Dames ne témoignoient pas moins de curiosité de voir nos habits, que ceux qui estoient dans la salle, se pressans les vnes les autres pour estre à la porte, qu'elles fermoient bien viste au moindre signe que la Princesse leur faisoit: mais elles la r'ouuroient aussi-tost; afin d'auoir le loisir de nous considerer. Elles firent approcher vn de nos vallets, pour regarder ses habits de prés, dont elles admirerent la façon, aussi bien que celle de son espée, & le prierent de la tirer, pour faire voir la lame. Mais l'enuoyé de Perse qui ne manquoit point de visiter la Princesse tous les iours, estant suruenu à ce diuertissement, l'on ferma aussi-tost la porte de la chambre, & nous prismes congé de la Princesse, & des Princes ses fils, pour aller voir la Ville. Nous y rencontrasmes plusieurs femmes, belles, ieunes & bien-faites, auec des chemises de diuerses couleurs, qui ne faisoient point de difficulté de nous arrester; iusques à ce qu'elles eussent bien consideré & regardé nos habits.

Le sixiéme Nouembre le *Cuptzi* nous enuoya vne lettre du Gouuerneur de *Derbent*, en responce de celle qu'il luy auoit écrite d'*Astrachan* le vingt-cinquiéme Septembre; témoignant de la ioye de nostre arriuée, & portant ordre au *Cuptzi*, de ne partir point sans nous, mais de nous amener auec luy par mer.

Le septiéme nostre truchement *Rustan* reuint des frontieres de *Dagesthan*, auec des nouuelles, que ceux qui auoient conduit l'Ambassadeur Moscouite iusques sur la frontiere, s'en estoient retournez, & qu'ils ne s'estoient point contentés de ramener les chameaux & les autres bestes de somme, mais qu'ils auoient mesme remporté le bois & les fascines, sans lesquelles il est impossible de passer les mauuais chemins : surquoy il fut aussi-tost resolu, que nous continuërions nostre voyage par mer.

Present de la Princesse Tartare.

Le huictiéme, la Princesse enuoya aux Ambassadeurs vn present de deux moutons, de cinquante poules, & de plusieurs autres viures. Le premier Chancelier Moscouite nous enuoya vn mouton, vn baril de biere, & vn d'hydromel. Apres disner le Prince *Mussal* nous vint voir, pour nous dire adieu.

Prince Tartare de Dagesthan.

Il auoit en sa compagnie vn *Myrsa* de *Dagesthan*, frere du Prinde *Tarku*; qui nous fit accroire qu'il estoit venu exprés pour conduire les Ambassadeurs iusques au lieu de la residence de son frere. Il n'estoit pas mieux vestu que les autres Tartares, ayant sur ses vieux habits vn manteau, qui estoit d'vn gros vilain feutre, mais au reste bien plus fier & glorieux; faisant connoistre qu'il estoit fasché, de ce que nous témoignions plus d'amitié à *Mussal* qu'à luy, & refusant de se tenir debout pour boire à la santé du Grand Duc. Et sur ce que *Mussal* le pria de considerer le lieu où il estoit, il respondit auec audace, qu'il ne sçauoit, si le païs où il estoit, appartenoit au Grand Duc ou à luy, & se mit à le quereller; luy reprochant, qu'auec tous ses beaux habits il n'estoit qu'esclaue du Moscouite, là où luy, auec ses vieux haillons, ne laissoit pas d'estre Prince libre, qui ne reconnoissoit point d'autre superieur que Dieu; & s'emportant enfin, il se fascha tout de bon, & il ne voulut point boire à la santé du *Zaar*, & s'en alla. Ses vallets dérobérent à nostre Pasteur vne cueiller d'argent, & vn cousteau, & couperent vne manche de mon pourpoint, qu'ils n'auoient pû emporter, l'ayans trouué engagé sous d'autres hardes.

1636.

Tartares larrons.

Le Prince *Mussal* continua de faire bonne chere auec les Ambassadeurs, ausquels il demanda la grace de ce matelot, que nous auions enuoyé prisonnier à *Terki*. Les Ambassadeurs la luy accorderent de bonne grace, & enuoyerent sur le soir bien tard vn des Gentils-hommes suiuans & le Secretaire de l'ambassade, au *Weiuode*, pour le prier de nous remettre le prisonnier entre les mains, & pour luy demander iustice contre le Pilote Moscouite, qui s'estoit enfuy deux iours auparauant. On enuoya bien auant dans la nuict vn laquais aprés nous, pour nous presser de retourner au Nauire, qui alloit partir, pour ne perdre pas l'occasion du vent, qui s'estoit rendu fauorable depuis quelques heures. Nous auions fait nos affaires, quand le laquais nous rencontra; mais quelque diligence que nous pûssions faire, nous trouuasmes déja le Nauire sous la voile, laquelle n'estoit pas encore bien déployée quand le vent, qui s'estoit encore rendu directement contraire, nous contraignit de demeurer au mesme lieu.

Les Ambassadeurs partent de Terki.

Le *Weiuode* nous enuoya cependant son present; sçauoir cent pieces de bœuf fumé, quatre tonneaux de biere, vn muid de vin de France, vn tonneau d'hydromel, vn muid de vinai-

Present du Vveiüode de Terki.

gre, deux moutons, quatre grands Pains d'épices, & plusieur autres pains. On donna à ceux qui apporterent le present, vn vingtaine d'écus, & de l'eau de vie en bonne quantité; de sort qu'ils s'en retournerent fort contens.

Le dixiéme Nouembre le vent estant *Sud-Oüest*, nous nou remismes à la voile à la pointe du iour, faisans dessein de prendre la route de la ville de *Derbent*, qui est la plus prochaine de cette frontiere. Sur le midy nous vismes vne barque, laquelle prit d'abord son cours, comme si elle nous eust voulu passer à la droite, puis apres fit mine de venir droit à nous, & ne sçachant quel party prendre, elle ne faisoit que hausser & baisser les voiles; de sorte qu'ayant fait connoistre que ceux qui y estoient auoient peur de nous, le sieur *Brugman* commanda qu'on prist le cours droit à la barque, fit mettre les soldats sous les armes, & tirer vne volée de canon en l'air, pour leur donner la peur entiere. Les pauures gens baisserent aussi-tost leur voile & aborderent. C'estoient des Perses, marchands de fruits, & la barque estoit chargée de pommes, de poires, de coins, de noix & d'autres fruits. Le maistre, qui estoit frere de nostre Pilote, l'ayant reconnu parmy des gens qu'il n'auoit iamais veu, & croyant qu'il fust prisonnier entre nos mains, se mit à faire des lamentations, & des cris horribles sur le malheur de son frere, aussi bien que sur le sien propre, ne se pouuant consoler, quoy qu'il luy criast plusieurs fois *Korchma duschman lardckul; ne crains point, ce sont des amis, auec lesquels ie suis volontairement*; mais l'autre n'en croyoit rien, s'imaginant qu'on le forçoit de parler ainsi, & ne reuint de sa peur, que quand son frere luy dit l'occasion, qui l'auoit amené en nostre Nauire. Alors il resolut d'entrer luy mesme dans nostre Nauire, auec vn present de toutes sortes de fruits d'Automne; dont il vendit aussi vne bonne quantité à si bon marché, que le quarteron de grosses pommes ne reuenoit point à vn sol. On le regala d'eau de vie; & ainsi il s'en retourna dans son bord fort content.

Isle dans la mer Caspie.

Nous arriuâmes en mesme temps aupres de l'Isle, que les Moscouites nomment *Tzetlan*, & les Perses *Tzenzeni*, à huit lieuës de *Terki*, à nostre gauche. Nous y mouillâmes à trois brasses & demie d'eau, & y demeurâmes vingt-quatre heures, suiuant la coustume des Perses. Nous auions deuant nous le

liure

ture de *George Deëtander*, qui' auoit fait le voyage de Perse en 1636.
l'an 1602. auec l'Ambassadeur de l'Empereur *Rodolfe* II. qui
parlant de cette Isle, dit, qu'estant demeuré seul en vie, à son
retour, & se trouuant arresté par le froid en ce lieu-là, auoit esté
contraint de tuer les cheuaux, que le *Sofi* luy auoit donnez,
apres auoir consumé tous les autres viures. Nous auions encore beaucoup de iour de reste; c'est pourquoy les Ambassadeurs voulurent descendre dans l'Isle, pour voir si ce qu'ils y
trouueroient, se rapporteroit à ce que l'autre en auoit écrit;
mais nous n'y trouuasmes autre chose, sinon trois grandes
perches liées ensemble, qui estoient dressées à vne des pointes de l'Isle, chargées de racines & de branchages, pour seruir de fanal aux mariniers : & deux grandes fosses, où l'on
auoit autrefois fait du feu. Il y a grande apparence, que
c'estoit l'ouurage des Cosaques, qui font souuent leur retraitte
en cette Isle.

Elle est à quarante-trois degrez, cinq minutes d'éleuation,
& elle s'estend de la longueur de trois lieuës d'Allemagne du
Nord-Est au *Sud-Est*. La terre est la pluspart sablonneuse &
sterile, & vers les bords, ou couuerte de coquilles, ou marescageuse, & c'est la seule Isle, que l'on rencontre en allant à
Kilan, vers l'*Ouest* de la route ordinaire.

De là on pouuoit voir en terre ferme vers le *Sud-Oüest* vne
si haute montagne, que nous les prenions d'abord pour des
nuës. Nos gens l'appellerent les monts de *Circassie*; mais les Le mont Caucasus.
Moscouites, & ceux de *Circassie* mesme la nomment le mont
Salatto, & c'est proprement la montagne que les anciens appellent *Caucasus*, en la Prouince de *Colchis* : qui est celle que Mengrelie.
l'on nomme aujourd'huy la *Mengrelie*, & qui est si celebre
dans l'antiquité, par l'expedition fabuleuse de *Iason* pour la
toison d'or. Sa hauteur, qui est extraordinaire, parce qu'il semble qu'elle pousse son sommet iusques aux Astres, a donné sujet
aux Poëtes de dire, que ce fut-là que *Promethée* déroba le feu
au Soleil, pour en donner l'vsage aux hommes. *Quinte-Curce*
dit, qu'elle trauerse toute l'*Asie*. Et de fait les monts d'*Ararat*
& de *Taurus* sont si voisins, & la joignent de si prés, qu'il
semble que çe ne soit qu'vne mesme montagne, qui s'estende
par toute l'*Asie*, depuis la *Mengrelie* iusques aux Indes. Depuis la mer *Caspie* vers le Pont *Euxin* & vers l'*Asie* mineure,

1636

elle a prés de cinquante lieuës de large. Mais voyons ce qu'en dit Q. Curce au liure 7. de son Histoire ; où il en parle en ces termes, selon la traduction de M. de *Vaugelas*. Ils tirerent, dit-il, de là vers le Mont *Caucase*, qui coupe l'*Asie* en deux, & laisse la mer de *Cilicie* d'vn costé, & de l'autre la mer *Caspenie*, le fleuue *Araxe*, & les deserts de la *Scythie*. Le Mont *Taurus*, qui tient le second lieu en hauteur, se joint au *Caucase*, & commençant dans la *Cappadoce*, trauerse la *Cilicie*, & passe jusqu'en *Armenie*. C'est comme vne chaine continuelle de montagnes, d'où sortent quasi tous les fleuues de l'*Asie*, dont les vns se deschargent dans la Mer rouge, & les autres dans celle d'*Hircanie*, ou dans celle de *Pont*. L'armée passa le *Caucase* en dix-sept iours, & vit la roche, qui a dix *Stades* de tour, & plus de quatre de hauteur, où fut attaché *Promethée*, si nous en croyons les Poëtes.

Le mont Ararat.

Le mont *Ararat*, sur lequel l'Arche de Noë s'arresta apres le Deluge, & que les Armeniens appellent *Messina*, les Perses *Agri*, & les Arabes *Subeilahn*, est sans comparaison plus haut que le *Caucase*, & n'est proprement qu'vne grande roche noire, sans aucune verdure, & couuerte de neiges au sommet en Esté aussi bien qu'en Hyuer ; par lesquelles elle se fait connoistre iusques à quinze lieuës auant dans la mer *Caspie*. Les Armeniens, & mesme les Perses, croyent qu'il reste encore vne partie de l'Arche sur cette montagne, mais que le temps l'a tellement endurcie, qu'elle semble estre conuertie en pierre. A *Scamachie* en *Mede* l'on nous fit voir vne Croix, d'vn bois noir & dur, que l'on disoit auoir esté faite du bois de l'Arche : & à cause de cela on la consideroit aussi comme vne Relique tres-precieuse, & comme telle on l'auoit enueloppée d'vn taffetas rouge cramoisi. La montagne est auiourd'huy tout à fait inaccessible, à cause des precipices dont elle est enuironnée de tous costez.

Imaniculi Sultan, que le *Sofi* enuoya en qualité d'Ambassadeur au Duc de *Holstein*, nostre maistre, & qui a ses terres en ces quartiers-là, au païs de *Karabath*, nous en dit plusieurs particularitez assez remarquables. Ces hautes montagnes fauorisent merueilleusement ceux qui n'ont point de boussole sur la mer *Caspie* ; parce que changeans tousiours de forme, selon les differents points de veuë, les Pilotes reconnoissent facilement par là les endroits où ils se trouuent.

L'onziéme nous continuasmes nostre voyage incontinent apres le Soleil leué, prenans nostre route le long de l'Isle vers le *Sud*. Tout au bout de l'Isle se forme vn détroit, aupres d'vn cap, ou promontoire, que la terre ferme pousse dans la mer, quasi au mesme lieu, où du costé de l'Isle vn grand banc de sable auance vers la terre, & n'y laisse qu'vn fort petit passage. Ce qui nous obligea à moüiller l'anchre, pour nous donner le loisir de faire sonder le fond, afin d'éuiter les basses qui y rendent la nauigation tres-dangereuse. Nous trouuasmes d'abord deux brasses d'eau, mais incontinent apres nous eusmes iusqu'à six & sept brasses ; de sorte que le vent estant fauorable, nous prismes le cours *Sud Sudouest*, droit vers *Derbent*, le long de la coste, & à sa veuë. Apres minuict le vent estant deuenu moins fauorable, nous fusmes contrains d'aller le reste de la nuict à la bouline ; mais il estoit si grand & si diametralement contraire, que nous n'auançasmes quoy que ce soit ; de sorte que l'orage se renforçant toûjours, nous resolusmes enfin de moüiller à douze brasses d'eau. Nous demeurasmes à l'anchre tout le iour du douziéme, iusqu'à neuf heures du soir, & alors le vent s'estant tourné au Nord, nous fismes voile, singlans auec le vent en poupe, & prenans nostre cours au *Sud Sud-Est*.

Sur les onze heures nous trouuasmes iusqu'à vingt & trente brasses d'eau, & vne heure apres nous ne trouuasmes plus de fond, si bien que le vent s'estant encore changé en vn orage formé, nous iugeasmes que nous ne pouuions sans danger porter nos voiles, sur vne mer que nous ne connoissions point, & dans la derniere obscurité de la nuict. C'est pourquoy nous les pliasmes toutes, & laissasmes aller le Nauire au gré du vent ; qui nous fit faire deux lieuës en moins d'vne heure. Apres minuit nous perdismes nostre plomb ; car la corde, qui se trouuoit embarassée sous le Nauire, fut arrachée par la violence des vagues, qui l'emporterent. Nous auions auec nostre chaloupe renforcée, deux barques, dont l'vne, que nous auions achetée des Moscouites, seruoit à ceux qui sondoient le fond, & l'autre seruoit de décharge à nostre Nauire, qui remorguoit l'vn & l'autre. Il y auoit deux matelots à la conduite de la chaloupe, laquelle, pour estre chargée de quelques pier-

1636.

Orage.

1636. riers, de boulets, de chaifnes, de cables, de gouldron, & autres chofes neceffaires à la nauigation, auoit fi peu de bord, que fe rempliffant d'eau à tous momens, les matelots, qui ne fe fentoient plus capables de la gouuerner, vinrent à noftre bord, & attacherent la chaloupe au Chafteau du Nauire. Les barques fe remplirent incontinent d'eau, & fe perdirent. La chaloupe refifta quelque temps, mais elle fuiuit bien-toft les autres; & ce fut auffi là le commencement de noftre naufrage fur la mer *Cafpie*. Noftre Nauire, qui n'eftoit bafty que de fapin, & qui auoit déja beaucoup fouffert fur les bancs du *Wolga*, ployoit fous les hautes & violentes vagues de cette mer, comme vne couleuure, & s'entr'ouuroit en tant d'endroits, que nous n'ofafmes pas quitter la pompe d'vn feul moment, ny ceffer de vuider l'eau de tous coftez. Noftre Pilote Perfe eut fa bonne part de la peur, & fouhaitoit bien fort d'eftre dans fon Nauire, ou plus proche de la terre; parce qu'en cas de naufrage il n'y auoit perfonne qui n'eût pû efperer de fe fauuer.

Le Nauire ne peut pas gagner la rade de Derbent.

Le treiziéme Nouembre à l'aube du iour nous nous apperceufmes, que nous n'auions pas perdu la terre de veuë, & nous reconnufmes mefme la montagne de *Derbent*, laquelle à noftre aduis, ne pouuoit eftre éloignée de nous que de dix lieuës, ou enuiron. L'orage eftant vn peu ceffé, nous mifmes la mizaine, & nous déployafmes en fuite la grande voile, à deffein d'aller droit à terre. Mais dautant que la nuict precedente nous auions pris noftre cours trop haut, & que le vent continuoit du *Nord-Oüft*, nous fufmes contrains de le fuiure, & de paffer à noftre grand regret, au delà de la ville de *Derbent*, le long de la cofte de Perfe; qui s'étend en cét endroit là du *Nord* au *Sud*, fans que nous trouuaffions aucun port ou vne rade, où nous euffions pû nous fauuer: parce que le fonds à fix lieuës auant dans la mer n'eftant que roche, il eft impoffible d'y faire mordre l'anchre. Enfin fur les quatre heures du foir nous moüillafmes à quatre braffes, deuant le village de *Niafebeth*, que nos Autheurs appellent *Nifauay*, dans vn fonds boüeux; mais nous ne trouuafmes pas plus de feureté à l'anchre, qu'en voguant en pleine mer. Les flots continuels de la mer, qui eftoit extremement agitée, rompit d'abord les gonds qui tenoient le gouuernail; ce qui nous obligea à le détacher

ET DE PERSE, LIV. IV.

1636.

entierement, & à le laisser traisner à vn cable derriere le Nauire, de peur qu'en battant contre le Château il ne l'abattist tout à fait; le Nauire se remplissant cependant d'eau si fort, que nous fusmes contrains d'employer ce qui nous restoit de jour, & toute la nuict suiuante, à la vuider.

L'orage cessa tant soit peu le lendemain matin, quatorziéme Nouembre, & nous conuia au debarquement, mais nous n'auions ny barque ny chaloupe, pour nous mettre à terre ; & quoy que nous tirassions plusieurs coups de mousquet & de canon, pour obliger ceux du païs à venir à nostre secours, nous n'apperceusmes personne ; mais à peine auions nous fait vn radeau de plusieurs aix, à dessein d'enuoyer deux Moscouites à terre, que nous vismes venir deux barques, que le *Kaucha*, ou Iuge du village, auoit enuoyées, pour nous debarquer.

Ils nous apporterent vn present de deux sacs de pommes, & l'accompagnerent d'vn compliment fort obligeant, & protesterent, qu'ils n'auoient pas moins de ioye de nostre arriuée, que nous en pourrions auoir de la leur ; exhortans les Ambassadeurs de sortir du Nauire le plûtost qu'il leur seroit possible, auec ce qu'ils auoient de plus precieux, & de ne se point fier au calme, qui sans doute ne seroit que de fort peu d'heures. Les Ambassadeurs les crûrent, & apres auoir chargé dans les barques le plus important du bagage, ils y firent entrer vne partie de leur suite, & quelques Soldats auec leurs Officiers ; laissans dans le Nauire le sieur d'*Vchterits*, leur Maistre d'Hostel, & le Secretaire de l'ambassade, à dessein de les enuoyer querir dés qu'ils seroient à terre.

Les Ambassadeurs debarquent auec vne partie de leurs gens.

Le *Kaucha* estoit à cheual sur le bord de la mer, & voyant que les barques ne pouuoient pas aborder, parce que l'eau y estoit trop basse, il mit pied à terre, & enuoya son cheual aux Ambassadeurs, pour faciliter leur débarquement. Et c'est ainsi que les Ambassadeurs prirent terre en Perse. Mais ils n'y eurent pas si-tost mis le pied, que la tempeste recommençant plus fort qu'auparauant, il leur fut impossible de renuoyer les barques : Ce qui nous mit dans le dernier peril du naufrage & de la vie. Le Nauire, qui n'auoit plus sa charge, bondissoit sur les flots comme vn balon, la mer le poussant tantost iusques aux nuës, tantost le renuoyant iusques aux abysmes. Il

1636.

y auoit quasi tousiours sur le tillac plus d'vn pied d'eau, ce q[ui] nous empescha de nous y tenir, & le Nauire mesme s'ouura[nt] par le haut tout au milieu, nous commençasmes d'en apprehender la dissolution entiere. Nous remarquasmes aussi au[x] arbres, qui sont sur le bord de la mer, que l'anchre ne teno[it] plus, & que le vent nous auoit entraisnez à plus d'vn quart d[e] lieuë du lieu du debarquement des Ambassadeurs; c'est pou[r]quoy nous en iettasmes encore deux autres, qui se perdire[nt] toutes deux sur les onze heures de nuict, aussi bien que nostr[e] gouuernail. La maistresse anchre tint bon, mais le vaissea[u] tira tant d'eau, que la pompe ne seruant plus de rien, nou[s] fusmes contraints de la puiser, & de la vuider auec des chau[derons. Sur la minuict le vent tourna *Est*, & rompit nostr[e] grand mast, auec la mizaine, & les renuersa dans la mer, l[e] Nauire branslant cependant auec tant de violence, qu'à tou[s] momens les bords se trouuoient à fleur d'eau. Les matelot[s] prierent le Secretaire de leur permettre de couper les corde[s] qui le tenoient encore, afin de nous deliurer tous de cet embaras; ce qu'il n'eut point de peine à leur accorder. Il y auoi[t] trois iours que nous n'auions point mangé, & les veilles auec le trauail continuel, nous auoient tellement abattus qu'ayans perdu le courage, auec l'esperance de nous pouuoi[r] sauuer, nous ne songions plus qu'à nous disposer à la mort. I[l] n'y auoit que nostre Charpentier, qui eut le cœur de descendre en bas, & de prendre tant d'eau de vie, qu'estant remont[é] sur le tillac, il tomba à nos pieds comme vne homme mort. E[t]

Estrange resolution dans vn dernier peril.

de fait, il nous eust esté impossible d'en iuger autrement, si le[s] halenées de l'eau de vie, que son estomach renvoyoit, n'eusse[nt] découuert la qualité de son mal. Les matelots ne cessoien[t] point de trauailler cependant, & exhortoient les autres de prendre courage, nous faisans esperer que dans peu d'heures ou le temps changeroit, ou qu'infailliblement les Ambassadeurs ne manqueroient point de nous secourir : comme e[n] effet, & l'vn & l'autre faisoient tout ce qui se pouuoit faire pour nostre soulagement.

Le sieur *Brugman* voulut mesme contraindre à coups d'épée quelques-vns de nos gens de s'embarquer; pour nous venir querir, mais il luy fut impossible de les y disposer : De sorte que voyant passer le iour sans aucune esperance de secours, & ap-

rehendant que la tempeste ne se renforçaft la nuict fuiuante, 1636.
e tiray le contre-maiftre à part, & voulus fçauoir de luy, si l'o-
rage continuant de la façon, il ne seroit pas à propos de faire
eschoüer le Nauire, pour sauuer les personnes. Il me répondit
qu'il ne croyoit pas que le Nauire puft encore faire grande resi-
ftance, & que ie ne ferois pas mal de prendre l'aduis des autres
officiers, & d'en parler au Capitaine & au Maistre: qui nous
aduoüerent tous deux, que le Nauire estoit en si mauuais estat,
qu'ils ne doutoient point que Monsieur *Brugman* mesme ne
leur commandaft de le faire échoüer, s'il y estoit present; &
neantmoins qu'ils croyoient aussi, qu'en continuant encore le
trauail pendant quelques heures, on le pourroit sauuer. Mais
ils firent bien connoistre par leurs discours, qu'ils apprehendoient, que quand il n'y auroit plus de Nauire, on les considereroit comme des personnes inutiles, qu'ils croiroient estre
miserables, & mesme qu'on leur pourroit disputer leurs gages,
pour le reste du voyage. C'est pourquoy ils ne vouloient point
que l'on fist eschoüer le vaisseau. Toutesfois le sieur d'*Vchterits*
& le Secretaire, voyans les grandes instances que le reste de l'é-
quippage faisoit pour cela, & l'ardeur auec laquelle on les prioit
de permettre qu'on fist eschoüer le Nauire, en cette derniere
extremité, le Capitaine & le contre-maistre y consentirent enfin, pourueu qu'on leur promist par écrit de les en décharger
enuers les Ambassadeurs ; ce que l'on fit, & le Secretaire en
dressa vn acte, qu'ils signerent tous. Mais sur ce que le Capitaine & le Maistre commencerent encore à faire de nouuelles
difficultez, apres auoir tiré de nous leur décharge, tous nos gens
se voulurent mutiner, & se mirent à crier, que si l'on differoit
encore à faire échoüer le Nauire, ils les assigneroient deuant
le Tribunal de Dieu, pour rendre compte de tout ce qui en
pourroit arriuer. Le Capitaine voulut s'en excuser; disant que
quand mesme il feroit eschoüer le Nauire, il luy seroit impossible de faire sauuer tous nos gens ; mais on luy respondit,
que l'on estoit resolu d'en courir le risque, & on le pressa tant
qu'il y consentit, apres auoir obligé le sieur d'*Vchterits* & le Secretaire de donner les premiers coups dans les cables ; ce
qu'ayans fait, les matelots acheuerent, &, ayans baissé la seule voile qui nous estoit demeurée de reste, nous allasmes droit Le Nauire
à terre, où nous échoüasmes à enuiron trente toises loin des eschoüe.

Ambaſſadeurs, & de tous nos amis, qui n'eſtoient pas moins e[n] peine de nous, que nous-meſmes. Il y en eut, qui pour témoi[g]ner leur affection, entrerent bien auant dans l'eau, & nou[s] porterent à terre.

Nous n'euſmes pas beaucoup de peine à iuſtifier la reſolu[-]tion que nous auions priſe, de faire échoüer le Nauire; parc[e] que le ſieur *Brugman* nous preuint, & nous dit qu'il y auoi[t] long-temps qu'il auoit deſſein d'en donner l'ordre au Capi[-]taine; mais qu'il n'auoit pû trouuer perſonne, qui s'en voulu[ſt] charger pour le porter.

Pour ce qui eſt de la mer *Caſpie*, elle n'a pas touſiours l[e] meſme nom, mais elle le change, ou ſelon la diuerſité de[s] peuples qui la connoiſſent, ou ſelon les Prouinces qui lu[y] ſont voiſines. Anciennement on l'appelloit la mer de *Choſa[r]* du nom du fils aiſné de *Thogarma*, qui eſtoit le fils de *Gomer*, & petit-fils de *Iaphet*, troiſiéme fils de Noé. La Geographie d[e] Nubie l'appelle la mer de *Tauiſthan*. Les Maures appellen[t] cette mer, auſſi bien que le Golfe d'Arabie, *Bohar Corſuin*, & le[s] Perſes l'appellent *Kulſum*, qui eſt le meſme nom qu'ils donnen[t] à la mer Rouge. Les auteurs Grecs & Latins l'appellent l[a] mer d'*Hircanie*, & la mer *Caſpie* ou *Caſpienne*. Les Perſes l'ap[-]pellent auſſi la mer de *Baku*, de la ville de *Bakuje*, en la Pro[-]uince de *Schirwan*, & les Moſcouites *Gualenſkoi-more*. Mais i[l] faut bien s'empeſcher de croire ce que diſent *Dionyſius Afe[r]* *Pomp Mela*, *Pline*, *Solin*, & ceux qui les ſuiuent, comm[e] *Strabon*, *Martianus Capella*, *Baſile le Grand*, *Macrobe*, & les au[-]tres, que ce n'eſt qu'vn ſein, ou Golfe de la grande mer d[e] Indes, ou de la mer de *Tartarie*: ou bien qu'elle ſe communi[-]que auec le *Pont-Euxin*, & auec les *Palus Meotides* par la ri[-]uiere de *Tanais*; parce qu'il eſt certain, qu'elle n'a point d[e] communication du tout auec les autres mers; mais elle eſt d[e] tous coſtez tellement bordée de terre, qu'on la peut appelle[r] *Mediterranée* à bien meilleur titre, que celle qui n'eſt connu[ë] que ſous ce nom là. *Herodote* & *Ariſtote* ſont bien plus ve[-]ritables, quand ils diſent, que la mer *Caſpie* eſt vne mer par[-]ticuliere, qui n'a point de communication auec les autres: & c'eſt ce que les habitans de *Kilan*, qui demeurent ſur cett[e] mer, du coſté du Leuant, nous ont ſi bien confirmé, qu'il n'[y] a plus de lieu d'en douter. Au contraire il y a dequoy s'eſton[-]ne[r]

Deſcription de la mer Caſpie.

C'eſt vne mer particuliere.

mer, de ce qu'encore qu'il y ait vn si grand nombre de riuieres, qui y deschargent leurs eaux incessamment, l'on ne sçauroit dire neantmoins ce qu'elles deuiennent. Nous auions d'abord de la peine à croire ce que l'on nous disoit de toutes ces riuieres ; mais quand en reuenant de Perse, depuis *Rescht* iusques à *Scamachie*, pendant vingt iournées de chemin, nous vismes, que nous en auions passé plus de quatre-vingts, tant grandes que petites, nous ne fismes point de difficulté d'acquiescer à ce que l'on nous en auoit dit. Les plus considerables de celles que nous auons veuës, sont le *Wolga*, l'*Araxis* ou *Aras*, qui se joint au *Cyrus*, que l'on appelle auiourd'huy *Kur*, le *Kisilosein*, le *Bustrow*, l'*Aksai* & le *Koisu*. Vers le Nort sont les riuieres de *Iaika*, & de *Iems*, & vers le *Sud* & l'*Est* le *Nios*, l'*Oxus* & l'*Orxentes*, que Q. Curce nomme *Tanaïs*.

Auec tout cela cette mer n'en enfle pas dauantage, & neantmoins l'on ne sçauroit dire, par où toutes ces riuieres s'écoulent. Il y en a qui estiment, qu'elle les enuoye par des canaux fousterrains dans l'Ocean. Les Perses nous disoient, qu'auprès de *Ferebath*, entre les Prouinces de *Tauristan* & de *Mesanderan*, il y a vn gouffre, où toutes ces eaux se perdent, comme dans vne abysme, sous les montagnes voisines. Mais dautant qu'il faudroit, que ce gouffre fust quasi aussi grand que toute la mer, pour engloutir les eaux de tant de riuieres, j'ay de la peine à me ranger du côté de ceux qui ont cette opinion. Au contraire, ie me persuade aisement, que l'on peut alleguer pour la mer *Caspte* les mesmes raisons, qui empeschent l'Ocean de déborder, encore qu'il y entre vne infinité de riuieres. Sçauoir, qu'outre les brouillards, qui y regnent, & qui en consument vne bonne partie, le reste retourne par des conduits secrets aux sources des fontaines & des riuieres : suiuant le dire du Sage, que toutes les riuieres viennent de la mer, & y retournent : soit que la pesanteur de l'eau de la mer, qui n'est pas toute dans son centre, pousse celle qui est plus bas, dans les fentes de la terre, iusques aux sources, & que cela se fasse auec tant de violence, qu'en sortant elle jette plus haut que la mer mesme ; ou qu'il y ait des veines dans la terre, qui attirent l'eau, & qui la distribuent aux fontaines & aux riuieres. Le premier raisonnement est celuy de *Iul. Scaliger*, en l'Exercit. 46. où il dit, qu'il ne croit point,

1656.

que l'argument, que l'on tire de la difference des qualitez des eaux, puisse détruire la force du sien ; parce que l'on voit par l'experience, que l'eau, en passant par la terre, se defait de sa crasse, & laisse son sel au fonds, dont elle se separe de la mesme façon, que si on la faisoit passer par vn alambic. Ce qui se voit éuidemmét, en ce que plus les sources sont éloignées de la mer, plus ses eaux sont douces. L'on sçait aussi qu'il n'y a point de montagne, qui soit plus haute que la mer ; laquelle ne faisant qu'vne partie de la rondeur du Globe terrestre, les bosses, qui se rencontrent sur la terre, ne sont pas plus eminentes que la mer. Ce qui est tellement vray, que me trouuant en reuenant de Perse, entre *Scamachie* & *Derbent*, au village de *Soray*, j'eus la curiosité de monter sur vne montagne voisine, d'où ie pris l'Horison auec mon Astrolabe, & y ayant mis la Dioptre, ie me tournay du costé de la mer, qui estoit éloignée de deux lieuës de là, & la découurois fort aisément de la veuë.

Les auteurs, qui ont escrit de la mer *Caspie*, disent, qu'elle a quinze iournées de chemin de long & huict de large : Bien entendu si dans vn grand calme, l'on entreprenoit de la passer à force de bras, & à la rame, sans aucune aide du vent. Surquoy ie diray, qu'il faut premierement remarquer, contre l'opinion commune de tous les Geographes, tant anciens que modernes, que la longueur de la mer *Caspie* ne s'estend point du Leuant au Ponant, ainsi qu'on la voit couchée en toutes les cartes, mesme en celles que l'on a publiées depuis la premiere impression de cette Relation, où i'ay condamné cette erreur ; mais qu'il la faut prendre du Midy au Septentrion, & que c'est sa largeur au contraire, qui s'estend du Ponant au Leuant. Ce que ie sçay, non seulement par vne obseruation tres-exacte que j'en ay faite ; mais aussi par vne recherche tres-curieuse de la situation de toutes les Prouinces Maritimes, selon le Catalogue, ou registre des longitudes & des latitudes, que les Perses m'ont donné, & mesme, conformement aux fragments Astronomiques du docte Iean Grauc. Car il est certain que la veritable longueur de la mer *Caspie* est depuis l'embboucheure de la riuiere de *Wolga*, au dessous d'*Astrachan*, iusques à *Ferabath*, en la Prouince de *Mesanderan*, de huict degrez de l'Equateur, qui font six vingts lieuës d'Allemagne ; & que sa largeur, depuis la Prouince de *Chuaresm*, que

La longueur & la largeur de la mer Caspie.

ET DE PERSE, LIV. IV.

les autres nomment *Karragan*, iusques aux montagnes de 1636. *Circassie*, ou à *Schirwan*, est de six degrez, qui ne font que quatre-vingts dix lieuës d'Allemagne. Et c'est surquoy il faut corriger toutes les cartes Geographiques, encore que l'opinion que nous voulons establir, soit nouuelle, & directement contraire à celle, qui a esté reçeuë depuis tant de siecles.

Il ne faut point croire non plus ce que dit Q. Curce, que les eaux de la mer *Caspie* sont plus douces que celles de l'Ocean; si ce n'est que l'on le vueille entendre seulement de la coste d'*Hircanie*, que l'on appelle aujourd'huy *Kilan*, où en effect l'eau n'est ny salée ny douce, mais bracque, comme en plusieurs endroits de Hollande, à cause du meslange des eaux de plusieurs riuieres, qui entrent dans la mer de ce costé-là. Car en la pleine mer l'eau est aussi salée qu'en aucune autre, où ie me sois iamais trouué. *Polibe* & *Arrian* disent la mesme chose du *Pont-Euxin*, & *Ouide* le confirme par ce distiche,

Son eau est salée.

> *Copia tot laticum, quas auget adulterat aquas;*
> *Nec patitur vires aquor habere suas.*

Nostre dessein n'est point d'entrer en la discussion de la These de Scaliger, qui dit en l'Exercit. 53. que l'eau de toutes les mers est douce au fonds, non plus que dans l'examen des raisons qu'il allegue pour cela, comme estant hors du sujet de nostre Relation. Mais nous croyons pouuoir dire, que la mer *Caspie* estoit fort peu connuë aux Grecs du temps d'Alexandre; veu qu'*Arrian* dit, au septiéme Liure de son Histoire, que ce grand Conquerant commanda, que l'on coupast du bois dans les montagnes voisines, pour le bastiment d'vne flotte, qu'il vouloit employer à descouurir cette mer. Il est certain aussi, que Q. Curce n'en parle que selon la connoissance que l'on en auoit, dans vn temps, où celle des Romains ne passoit point l'Euphrate, non plus que leurs armes. Car encore que Pline die au Liu. 6. c. 17. de son Histoire naturelle, que *Seleuchus* & *Antiochus*, successeurs d'Alexandre, firent reconnoître cette mer par Patrocle, leur Amiral, si est-ce qu'il est contraint d'auoüer, qu'il y auoit encore bien des choses à descouurir : ainsi que nostre intention aussi estoit de faire seruir à cela nostre Nauire & nostre chaloupe, pendant le sejour que nous ferions à la Cour de Perse, si nostre naufrage n'eust point fait eschoüer nostre dessein. Il est certain que cette mer n'a

Yy ij

1636. point de flux ny de reflux, & mesme qu'elle n'en peut poin-
Elle n'a point auoir; puis qu'elle n'a point de communication auec celle, qu-
de flux ny de suit en cela le mouuement de la Lune.
reflux.

Les Perses, les Tartares, & les Moscouites ne vont su-
cette mer que l'Esté, & encore ne se hazardent-ils point e-
pleine mer; parce que n'ayans que des meschantes petite-
barques, ils ne vont que le long de la coste, laquelle ils ne perdent point de veuë. Elle n'a presque point de ports ny de ra-
des asseurées. La meilleure est celle dont nous auons parlé cy-
deuant, auprés de *Terki*, entre l'Isle de *Tzenzeni* & la terre
ferme; où les Perses ont accoustumé de moüiller, & de s'arrester la nuict. Celle de *Baku*, de *Lenkeran*, & de *Ferabath* ne
sont pas mauuaises; mais elles ne sont point tout à fait seures,
& le meilleur havre de toute cette mer est du costé de la
Grande Tartarie, & auprés de la ville de *Minkischlak*, que
l'on trouue dans l'Itineraire d'*Antoine Ienkinson*, sous le nom
Manguslaue; mais mal nommée.

Au reste, nous auons esté assez long-temps sur la mer *Caspie*,
& sur ses costes, pour pouuoir détromper ceux qui seroient
capables de croire ce que dit *Petrejus*, en son Histoire de
Moscouie, que ses eaux sont plus noires que de l'ancre, & qu'elle est pleine d'Isles, qui sont fort peuplées, & où il se trouue vn
tres-grand nombre de Villes & de villages. Nous pouuons
dire auec verité, que l'vn & l'autre est absolument faux. Car
ses eaux sont de la mesme couleur que celle de toutes les autres mers; & encore que nous n'ayons pû reconnoistre qu'vne
partie de la mer *Caspie*; si est-ce que m'estant tres-particulie-
rement informé de ce qui en estoit, tous les Perses, Tartares,
& Moscouites m'ont constamment asseuré, que dans toute
cette mer il n'y a pas vne Isle, où y il ait, ie ne dis point de ville
ou de village, mais vne seule maison; sinon en celle d'*Ensil*
auprés de *Ferabath*, où les pasturages se trouuans fort bons, les
Pastres y ont dressé quelques cabanes, contre l'injure du
temps plûtost, que pour leur demeure.

Ie voulus sçauoir aussi des habitans de *Kilan*, si la mer
Caspie nourrit vn si grand nombre de gros serpens, comme Q. Curce veut faire accroire: mais ils m'asseuroient
tous qu'ils n'en auoient point veu, & que c'estoit vne chose,
dont ils n'auoient iamais oüy parler, non plus que d'vn cer-

ain gros poisson rond & sans teste, dont *Ambroise Contarin* 1636.
arle en la relation de son Voyage, que *P. Bizarrus* a fait imrimer auec son Histoire de Perse. Il dit que ce poisson a vne ulne & demie de diametre, & qu'on en tire vne certaine queur, dont les Perses se seruent en leurs lampes, & à graisr les chameaux. Mais les Perses me disoient, qu'ils n'aoient pas besoin de cette sorte d'huile, pour brûler ; puis u'aupres de la ville de Baku, sous la montagne de *Barmach*, y a des sources inespuisables d'vne certaine liqueur, qu'ils ppellent *Nefta*, dont ils se seruent en leurs lampes ; & dont on tire tous les iours vne si grande quantité, que l'on en ransporte par tout le Royaume.

Il est vray qu'il s'y trouue vne certaine espece de poisson, u'ils appellent *Naka*, c'est à dire glouton ; qui a le museau fort ourt, & la teste comme enfoncée dans le ventre, la queuë ronle, & de sept à huict pieds de large, & gueres moins longue; auec aquelle il s'attache au bord des bateaux des pescheurs, & les enuerse, si l'on n'y prend garde. Les Perses nous dirent aussi, ue les poissons blancs, dont nous auons parlé cy-dessus, le ont aussi : & que c'est la cause pourquoy, mesme dans le plus rand calme, les pescheurs n'osent pas se hazarder bien auant ans la mer. C'est ce seul animal, qui peut iustifier ce que *omponius Mela* dit en sa Geographie, que la mer *Caspie* nourit vn si grand nombre de grands poissons, qu'il appelle *Bestes* Bellue. roces, que c'est vne des principales causes pourquoy elle n'est oint nauigable. Ce poisson aime le foye & la chair de bœuf & de mouton, c'est pourquoy les habitans de *Kilan*, particuierement ceux qui demeurent vers la montagne de *Sahebelan*, ui en sont les plus incommodez en leur pesche, en font de amorce, dont ils couurent des hameçons forts & perçants, ttachez à des grosses cordes, auec lesquelles ils les tirent à erre. Aussi ne faut-il pas s'arrester à ce que les mesmes *Biarro* & *Contarin* disent, qu'il n'y a point d'autre poisson dans a mer *Caspie :* car il est certain qu'elle est fort poissonneuse, & qu'il s'y trouue des saulmons, & des esturgeons en tresrande quantité, comme aussi vne espece de harengs ; & mes-e des poissons qui passent par tout ailleurs pour des poisons d'eau douce, & qui en effet ne se trouuent que ou dans s estangs, comme des bresmes, qu'ils appellent *Chascham*,

Y y iij

1636.

& des barbeaux, qu'ils nomment *Schwit* : mais ces dernie[rs] sont durs & insipides, quand ils ont plus de deux pieds d[e] long. L'on y trouue aussi vne espece de truites, qu'ils appe[l]lent *Suggaht* ; qu'ils ne mangent point frais, mais ils les sa[l]ent, & les mettent à la fumée, & pour les faire cuire, ils le[s] couchent sur l'atre, enveloppées d'vn linge blanc, & les cou[u]urent de cendres chaudes, iusqu'à ce qu'elles soient cuites [:] & estans preparées de cette façon, elles sont tres-agreable[s] à manger & tres-delicates. Mais il n'y a point de brochet[s] ny d'anguilles en toute la Perse : si bien que les Perses, que le Roy enuoya auec nous en Allemagne, nous voyans manger de l'anguille, en auoient horreur, parce qu'ils les prenoient pour des couleuures. Le Roy de Perse donne la pesche de la mer *Caspie*, vers l'embouchure des rivieres, à ferme; dont i[l] tire des sommes tres-considerables, & bien souuent plus qu'il n'en reuient aux Fermiers : ainsi que nous en vismes vn exemple en la ville de *Kesker* ; où vn Fermier nommé *Schemsi*, payoit huict mil escus de la ferme de cinq riuieres, & n'en auoit tiré cette année-là que six mille. La pesche ne dure que depuis le mois de Septembre iusqu'en Auril, & pendant ce temps-là l'on fait vne palissade dans la mer, à l'embouchure de la riuiere, pour empescher ceux qui n'y ont point de droit de pescher dans ce retranchement : mais elle est permise à tout le monde indifferemment tout le reste de l'année, & en tout temps, en la pleine mer.

Le païs de Muskur.

Le païs, où nous abordasmes, ou plûtost où le naufrage nous mit à terre, s'appelle *Muskur*, & fait partie de la Prouince de *Schirwan*, ou de l'ancienne *Mede*, dans le gouvernement du Sultan de *Derbent*, & contient en son estenduë, depuis la ville de *Derbent* iusques à la Prouince de *Kilan*, environ deux cens villages. Mais deuant que de continuer nostre Relation, & deuant que de parler de ce que nous auons veu de la Perse, il sera necessaire de faire icy vne description generale de cét Estat & de ses Prouinces : parce qu'il n'y a presque point d'auteur, qui ait reüssi iusqu'icy, qui n'ait confondu les noms anciens des villes & des riuieres auec les modernes, & qui n'en parle presque dans les mesmes termes, que l'on trouue dans les Histoires Grecques & Latines, qui traitent de l'ancienne Perse. La carte Geographique, que l'on a

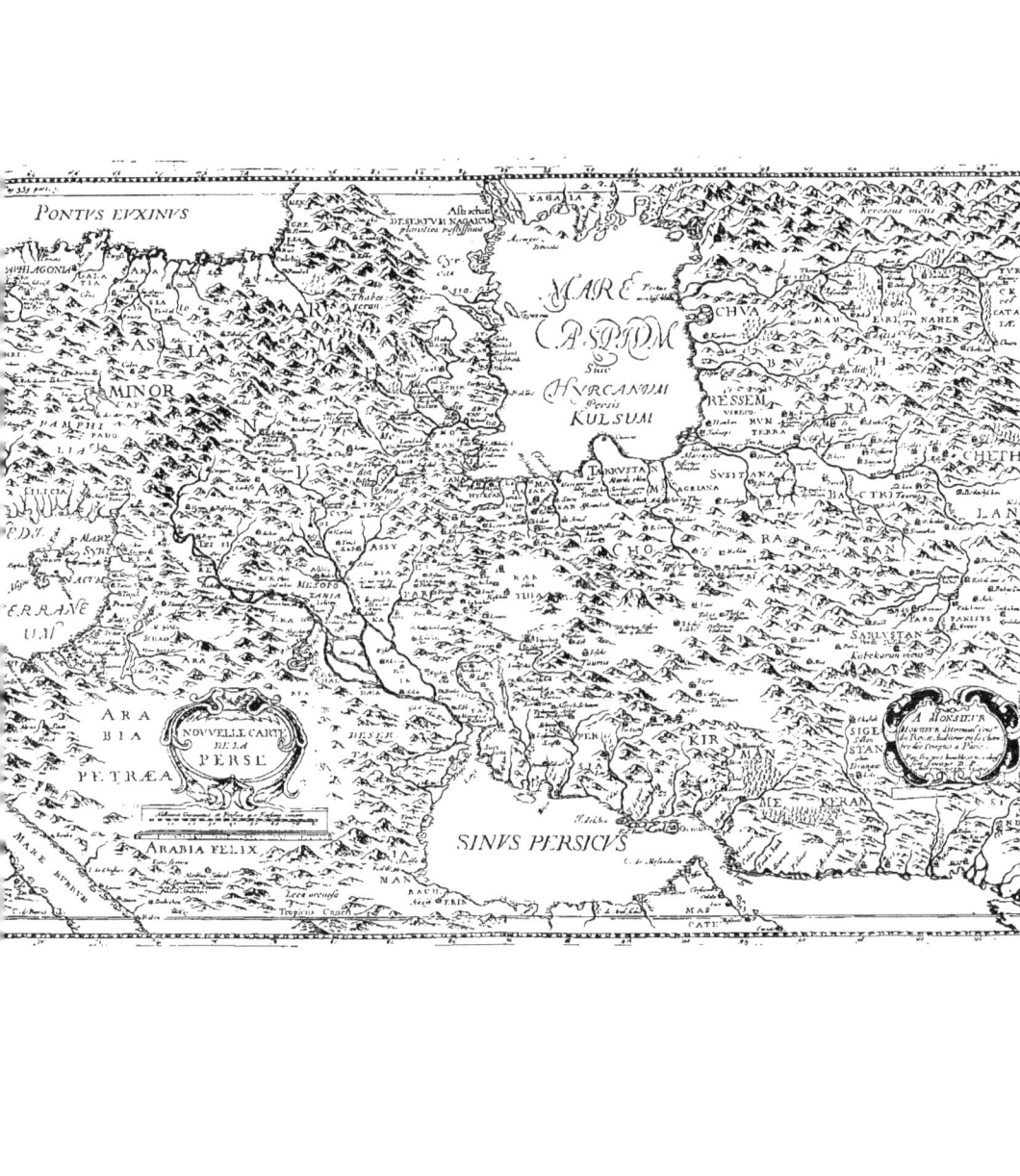

depuis quelques années publiée à Paris, est sans doute la plus 1636. exacte de toutes celles que l'on ait veuës iusqu'icy: Mais si l'on veut prendre la peine de confronter les noms, qu'elle donne aux villes & aux Prouinces de Perse, auec ceux que l'on verra dans la carte, que nous auons voulu adjouster à cette Relation, l'on n'aura point de peine à descouurir la difference qu'il y a de l'vne & de l'autre.

Pour ce qui est du nom de Perse; *Herodote* au liu. 7. de son Histoire, dit que l'Ambassadeur, que Xerxes, Roy de Perse, enuoya aux Grecs, leur voulut faire accroire, qu'il tiroit son origine de *Perses*, fils de Perseus & d'Andromede. *Ammian Marcellin* dit, que les Perses sont Scythes d'origine; & si nous voulons croire Pline, les Scythes les appellent *Chorsari*. L'Escriture sainte les appelle *Elamites*, & ils se donnent eux-mesmes le nom de *Schai*, pour se distinguer en la Religion d'auec les Turcs, qui se donnent, pour la mesme raison, celuy de *Sunni*. Et comme les mesmes Turcs se plaisent à se faire appeller *Musulmans*, ainsi les Perses ne sont pas marris qu'on les appelle *Kisilbachs*, c'est à dire *testes rouges*. Mais nous parlerons de l'etymologie de ce mot cy-apres, quand nous traitterons des habits des Perses.

Le nom de Perse.

Il est certain que la *Parthe* & la *Perse* estoient autrefois deux Royaumes differens, & que le nom de *Perse* n'a esté rendu commun à l'vn & à l'autre, que parce que tous deux ont esté souuent sujets à vn mesme Roy, & habitez par vn mesme peuple. Cette mesme raison fait, que nous comprenons auiourd'huy sous le nom de *Perse*, non seulement le seul Royaume de Perse, mais aussi toutes les autres Prouinces, qui y ont esté annexées, par conqueste, ou autrement, & qui sont auiourd'huy sous la domination de son Monarque. C'est pourquoy, quand nous parlons de la *Perse*, nous entendons y comprendre tout le païs, qui s'estend du Nort au *Sudwest*, depuis la mer *Caspie* iusqu'au *Golfe de Perse*, & du Leuant au Ponant, depuis l'*Euphrate*, que les Turcs nomment *Moratsu*, iusqu'à la ville de *Candahar*, sur les frontieres des Indes. En luy donnant pour frontiere la mer *Caspie*, nous entendons y comprendre presque la moitié de cette mer, le long des montagnes d'Armenie, qui s'estend vers le Ponant iusqu'à la riuiere de *Ruth Chane Kurkahn*, que les anciens appelloient *Oxus*, qui separe les Perses d'auec les *Vsbeques*, qui sont les peuples que l'on appelle les Tartares de *Buchar*, & sont en partie tributaires du Roy de Perse.

La grandeur d'Royaume de Perse.

Surquoy il faut remarquer icy en passant l'erreur de *Botero*, qui dit en sa *Politia Regia*, que la Perse a dix-huict degrez d'estenduë du Nort au *Sud*; En quoy il se trompe d'autant plus, qu'à peine y en a-il douze, depuis la premiere ville de Perse, du costé de la mer *Caspie*, iusques à ses dernieres frontieres, du costé du Golfe Persique. Et de fait, en passant la veuë, non seulement sur la carte, que nous donnons icy, mais aussi sur celle du sieur Samson, & particulierement sur celle que le Docte Iean Graue a depuis peu publiée en Angleterre, l'on verra, que la ville de *Husum*, que les habitans du païs appellent *Rescht*, à deux petites lieuës de la mer *Caspie*, est situeé à 37. degrez, & que la ville d'*Ormus*, sur le Golfe Persique, n'est qu'à vingt-cinq, qui n'en font que douze en tout. Nous aduoüons bien qu'elle contient plus de vingt degrez en sa longueur, depuis l'Euphrate iusques aux Indes; mais il faut considerer aussi, qu'vn degré de longitude sous le trente troisiéme degré de latitude, sous lequel la Perse est situeé, n'est composé que de cinquante minutes, au plus.

Les principales Prouinces de la Perse Moderne sont celles d'*Erak*, de *Fars*, de *Scirwan*, d'*Adirbeitzan*, de *Kilan*, de *Thabristan*, ou *Mesanderan*, d'*Iran*, ou *Karabag*, de *Cherasan*, de *Sablustan*, de *Sitzestan*, de *Kirman*, de *Chusistan*, & de *Tzisire*, ou *Diarbek*.

La prouince d'Erak.

Le nom d'*Erak*, ou d'*Hierak*, est commun à deux diuerses Prouinces; sçauoir à celle dont la ville de *Babilone*, ou de *Bagdad* est la Capitale, que l'on appelle communément *Erakain*: Et c'est sans doute l'ancienne Assirie. Mais ce n'est pas de cette Prouince, que nous pretendons parler icy. Nostre Prouince d'*Erak*, que l'on nomme aussi *Erak atzem*, pour la distinguer d'auec celle d'*Erakain*, est situeé au milieu de nostre Perse, auprès de la Prouince de *Fars*, & est l'ancienne Parthe. L'*Archontologie*, que l'on a imprimée depuis quelques années à Francfort, luy donne le nom de *Charassen*; mais elle confond cette Prouince auec celle de *Chuaresm*, qui est situeé sur la mer *Caspie*, du costé du Leuant, & est habitée par les *Tartares Vsbeques*. Les principales villes de la Prouince d'*Erak*, outre celle d'*Ispahan*, qui est la Capitale de tout le Royaume, sont *Caswin, Solthanie, Senkan, Sewa, Kom, Kaschan, Rhey, Scaherrisur, Ebbeher, Hemedan, Derkasin, Theheran,* & *Kulpajan*; où se font les meilleurs arcs de toute la Perse.

La Prouince de *Fars*, que de *Laet*, en sa description de l'Estat de Perse, nomme *Farc* ou *Parc*, mais mal à propos, est proprement l'ancienne *Perse*, dont *Persepolis* estoit la ville capitale. Alexandre le Grand y fit mettre le feu, par vne sotte complaisance pour vne putain, auec laquelle il s'estoit enyuré. L'on dit que les ruines de cette ville ont serui de fondement à celle de *Sciras*, sur la riuiere de *Bendimir*, que Q. Curce appelle *Araxes*. Ses principales villes, outre celle de *Sciras*, dont nous aurons occasion de parler en la seconde Partie de cette Relation, sont *Kasirun, Bunitzan, Firusabath* & *Astar*: à quoy l'on adjouste encore la ville de *Lahor*, auec la petite Prouince, à laquelle elle donne son nom.

La Prouince de Fars.

La Prouince de *Sciruan* est connuë dans les cartes sous le nom de *Seruan*, & est sans doute celle, que les anciens nommoient *Media Atropatia*; bien que *Ienkinson*, en son Itineraire, soustienne que c'est l'ancienne *Hyrcania*. C'est effectiuement la partie plus Septentrionale de l'ancienne *Mede*, laquelle *Herodote* & *Strabon* disent estre montagneuse & froide. Et de fait, nous en fismes bien l'experience en nostre voyage, quand nous partismes de *Scamachie*; ainsi que nous dirons cy-apres. C'est la ville Capitale de toute la Prouince, laquelle a encore les villes de *Bakuje*, qui est située au pied d'vne montagne sur la mer *Caspie*, que l'on appelle de son nom la mer *de Baku*. Celle de *Derbend*, qui est vn des passages, que les anciens nommoient *Pyla Caspia*, & c'est celle qu'Alexandre le Grand fit bastir, & qu'il nomma Alexandrie : raison pourquoy les habitans l'appellent encore souuent *Seacher Iunan*, c'est à dire la ville des Grecs. Celle de *Schabran*, au païs de *Muskur*, aupres du lieu où le naufrage nous obligea de prendre terre. La ville d'*Eres* ou *Aras* n'est plus; mais l'on y voit encore les restes de ce qu'elle estoit autrefois, sur la riuiere d'*Aras*, que l'on appelle auiourd'huy *Arisbar*.

La Prouince de Sciüan.

La Prouince d'*Iran*, que ceux du païs appellent communément, & le plus souuent *Karasbag*, est située entre les deux celebres riuieres d'*Araxes* & de *Cyrus*, que l'on appelle au-

La Prouince d'Iran.

Z z

iourd'huy *Aras* & *Kur*, & comprend vne partie des deux Prouinces, d'*Armenie* & de *Georgie*, que les Perses appellent *Armenieh* & *Gurtz*. C'est vne des plus belles, & des plus riches Prouinces de toute la Perse, & qui produit particulierement le plus de soye. Elle est subdiuisée en plusieurs autres petites Prouinces ; sçauoir en celles de *Kapan*, de *Tzulfa*, de *Scabus*, de *Sisan*, de *Keschtas*, de *Sarsebil*, d'*Eruan* ou *Iruan*, de *Kergbulag*, d'*Agstawa*, d'*Aberan*, de *Scorgel*, de *Saschat*, d'*Intze*, de *Thabak-melek*, de *Thumanis*, d'*Alget* & de *Tzilder*: dont les principales villes, Forts, & bourgs sont *Berde*, *Bilagan*, *Schemkur*, *Kentze*, *Berkuschat*, *Nchtschuan*, *Ordebad*, *Baiesied*, *Maku*, *Magasburt*, *Tiflis* & *Tzilder*. Cette grande Prouince meriteroit bien que l'on en parlast plus amplement; mais dautant qu'elle est voisine du Turc, & que i'ay esté assez heureux, pour auoir trouué vne carte tres-curieuse de ce païs, auec vne Relation fort particuliere de tout ce qui s'y est fait de plus memorable, nous tascherons de trouuer ailleurs l'occasion de parler d'vne chose, qui feroit icy vne trop grande digression.

La Prouince d'Ardirbeitzan.

Adirbeitzan, que les Europeens ont accoustumé de nommer *Aderbajon*, ou *Adarbigian*, est la partie Meridionale de l'ancienne *Mede*, c'est à dire cette partie, que les anciens appelloient *Media Major*. Et parce qu'il est certain, que la Prouince de *Kurdesthan* est celle que les anciens nommoient *Assiria*, l'on peut en quelque façon acquiescer à ce que la Geographie de *Nubie* dit, que c'est la partie Septentrionale d'*Assirie*, puis qu'elles ont leurs frontieres communes, & comme confonduës. Elle est separée de la Prouince de *Schirvan* par les deserts de *Mokan*, & de celle de *Karabag* par la riviere d'*Aras*, & elle a du costé du Leuant la Prouince de *Kilan*. L'*Adirbeitzan* est aussi subdiuisée en plusieurs autres petites Prouinces, comme en celle d'*Erschée*, de *Meschkin*, de *Kermeruth*, de *Serab*, de *Chalcal*, de *Tharumat*, de *Suldus*, d'*Vizan*, &c. Ses principales villes sont *Ardebil* & *Tauris*. La premiere est illustre par la naissance de *Schich Sfi*, auteur de la secte des Perses, qui a vescu & est decedé en cette ville : où l'on voit encore son tombeau : aussi bien que celuy de plusieurs Roys de Perse, dont nous aurons occasion de parler cy-apres. La ville de *Tauris* ou de *Tabris*, que l'on croit estre celle de *Gabris* de Ptolomée, & qu'*Ortelius* dit estre l'ancienne *Ecbatana*, autrefois la plus considerable de tout l'Orient, & le sejour ordinaire des Roys de Perse, est située au pied du mont *Oroxtes*, à huict iournées de la mer *Caspie*, & est vne des plus riches & des plus peuplées villes de Perse. Les autres sont *Merragne*, *Salmas*, *Choi*, *Miane*, *Kerniatug*, *Thesu*, *Thel*, & *Tzeuster*. *Tzors* & *Vrumi* sont deux places parfaitement bien fortifiées, & en la derniere se voit le sepulchre de *Burla*, femme du Roy *Casan* : lequel s'il a de la proportion auec la taille de cette femme, il faut que ç'ait esté vne geante, d'vne grandeur monstrueuse; parce que le tombeau a plus de quarante pieds de long.

La Prouince de *Kilan* tire son nom du peuple qui l'habite, & que l'on nomme *Kilek*. C'est l'ancienne *Hircania*. Car sa situation s'accorde entierement auec celle que luy donne Q. Curce : qui dit, que cette Prouince est située le long de la mer *Caspie*, & qu'elle est ceinte en forme de croissant, d'vne montagne couuerte d'arbres. Son terroir est gras & fertile, & est arrosé de plusieurs petites riuieres. Elle comprend plusieurs autres Prouinces, au nombre desquelles plusieurs mettent mesme celle de *Thabristan* ou *Masanderan*, laquelle est celle, dont les habitans, du temps d'Alexandre le Grand, estoient appellés *Mardi*. Les autres sont *Kisilagas*, *Deschteüend*, *Maranku*, *Maschichan*, *Lengerkunan*, *Astara*, *Buladi*, *Schigkeran*, *Nokeran*, *Kilikeran*, *Hoüe*, *Lemur*, *Disekeran*, *Lissar*, *Tzeulandan*, *Rihk*, *Kesker*, *Rescht*, *Lahetzan*, & *Astarabath*, contenans quarante-six villes, & vn tres-grand nombre de villages. Les principales villes sont *Astarabath*, capitale de la Prouince du mesme nom, & *Firuscu*, où se trouuent les plus belles turquoises du Royaume. En *Mesanderan* sont *Amul*, *Funkabun*, *Nei*, *Sarou*, *Nourketzour*, & la belle & agreable ville de *Ferabath*. On l'appelloit autrefois *Tahona*, mais *Scach Abas* l'a trouua tellement à son gré, qu'il y passoit le plus souuent l'Hyuer, & luy fit donner le nom qu'elle a encore auiourd'huy, du mot *Ferath*, qui signifie agreable. Tout le païs l'est, de sorte que ceux qui disent qu'elle est si froide, que les fruits ont de la peine à y meurir, luy font grand tort : si ce n'est qu'ils entendent parler de ses montagnes, qui sont en effet inhabitables, mais la plaine est fort peuplée & tres-fertile, & si agreable, que les Perses disent que c'est le Iardin du Royaume, comme la Touraine l'est de la France.

Zz ij

C'est pourquoy le *Hakim*, ou Poëte *Fardausi* a eu raison de dire
Tschu Mesanderan, Tschu Kulkende Sar?
Nikerem we nesert, henis che besar?

C'est à dire : Qu'est-ce que *Mesanderan* ? N'est-ce pas vn lieu planté de roses ? ny trop chaud, ny trop froid, mais vn Printemps perpetuel ? *Lahetzan* est renommée à cause de la soye, qui y est meilleure qu'ailleurs, & ses principales villes sont *Lenkeru*, *Kutsesbar*, & *Amelikende*. En la Prouince de *Rescht*, outre la ville capitale du mesme nom, sont *Kisma, Fumen, Tullum, Scheft, Dilum* & *Massula*. Cette derniere est bastie dans la montagne, à cause de la mine de fer, dont les habitans, qui sont la plufpart, mareschaux ou serruriers, s'entretiennent. On a aussi en ces quartiers là forces noyers, dont se font presque toutes les escuelles de bois, que l'on voit par toute la Perse. En *Kesker* sont les villes de *Kesker, Scaherruth, Kurab, Enseli, Dulab, Schal,* & vers le Nort *Ruesseru, Miunscaker, Senguerhasara, Hoie, Choschkaderene, henkelan* & *kisilagats*. On n'entre dans la Prouince de *Kilan*, que par les quatre passages, dont nous parlerons cy-apres, en la seconde Partie de ce Voyage, aussi bien que des portes *Caspie*, de l'insolence des peuples, qui demeurent entre *Mesanderan* & *kesker*, & de l'histoire de *karib-Scach*.

Chorasan, où l'ancienne *Bactriana*, a du costé du Ponant *Mesanderan*, & comprend aussi plusieurs autres petites Prouinces en son estenduë ; dont la premiere est celle de *Heri*, qui a pour capitale la ville *Herat*. Cette Prouince est vne des plus grandes, des plus fertiles & des plus marchandes de toute la Perse. La ville de *Mesched*, que l'on trouue au catalogue ou regiftre de leurs villes, sous le nom de *Thus*, est sans doute la plus considerable de toutes. Elle est ceinte d'vne fort belle muraille, & ornée de plusieurs beaux bastimens, & entr'autres de deux cens, ou si l'on veut croire *Teixera*, de trois cens tours, éloignées les vnes des autres de la portée du mousquet. En cette ville se voit le sepulchre d'*Iman Risa*, l'vn des douze Saints de Perse, de la Famille d'*Aly*, qui ne cede en rien, tant en bastiment, qu'en reuenu & en richesses à celuy d'*Ardebil*, & l'on y fait les mesmes ceremonies. L'on y fait aussi les mesmes deuotions qu'au tombeau de *Schieh Sefi*. Dans le voisinage de *Mesched*, aupres de la ville de *Nisabur*, est vne montagne, où l'on trouue de si belles turquoises, que le Roy ne veut point que l'on les vende

Prouince de Rescht.

La Prouince de Kesker.

La Prouince de Chorasan.

à d'autres qu'à luy. La ville de *Herath* est la seconde de la Prouince, & c'est là où se font les plus beaux tapis de Perse. Les Indiens y ont leur trafic, & c'est vn passage necessaire pour ceux qui vont de *Candahar à Ispahan*. Aussi fut-ce là que l'on arresta les cheuaux de l'Ambassadeur du *Mogul*, dont nous parlerons ailleurs. *Thun, Thabes-kileki, Thabes-Messinan*, sont des villes assez considerables, tant à cause de leur grandeur, qu'à cause de la quantité des manufactures de soye qui s'y font, & dont l'on y fait vn grand trafic. Toutes les autres villes, comme *Sebsüar, Turschis, Kain, Puschentz, Badkis, Meru, Merüerud, Tzurtzan, Fariab, Asurkan, Belch, Bamian, Semkan, Thalecan & Sus*, sont aussi fort peuplées & marchandes, & en ces lieux-là il se trouue la meilleure manne du monde.

La Prouince de *Sablustan* est située plus vers l'Orient. Q. Curce appelle ses habitans *Paropamisila*, de la montagne voisine, nommée *Paropamisus*, qui est vne branche du mont *Taurus*, & elle est toute couuerte de bois. Le peuple y est encore aujourd'huy grossier & barbare, aussi bien que du temps d'Alexandre. C'est sur cette montagne que *Goropius Becanus* veut, que l'Arche de Noé se soit arrestée apres le deluge, contre le sentiment de la plus part des Peres; qui disent quasi tous qu'elle se posa sur la montagne d'*Ararat*, dans l'Armenie. Les villes de cette Prouince sont *Beksabath, Meimine, Asbe, Bust* & *Sarents*. La Prouince de Sablustan.

S'tzistan, par les autres nommée *Sagestan, Sigestan*, & *Siston*, est située vers le Midy de la Prouince *Sablustan*, & est la demeure des peuples, que l'on nommoit autrefois *Drangæ*. Elle est ceinte de tous costés d'vne haute montagne, & c'est la Patrie du Grand Rustam, qui n'est pas seulement connu par leurs Histoires; mais est aussi le seul heros presque de tous leurs Romans. Les principales villes de cette Prouince sont *Sistan, Chaluk* & *Ketz*, &c. La Prouince de Strzistan.

La Prouince de *Kirman* est aussi vne des plus grandes du Royaume de Perse. Elle est située entre celles de *Fars* & de *Sigesthan*, & s'estend jusques à la mer & à l'Isle d'*Ormus*. Le païs y est vn peu bossu; mais ses valons sont tres-fertiles & fort agreables, tres-abondants en fruits, & par tout couuerts, & comme tapissés de fleurs, particulierement de roses; dont cette Pro- La Prouince de Kirman.

uince produit vne si grande quantité, qu'vn de ses plus considerables reuenus est celuy de l'eau, qu'ils en tirent. Ils l'appellent *Gulap*, qui pourroit bien seruir d'etimologie au mot de *Iulep*, & ils en font vn tres-grand commerce: sur tout à *Ispahan*. Ceux qui en trafiquent le plus sont les *Lur*, qui est vn peuple tout particulier, que l'on distingue d'auec les autres Perses par la coiffure, qui est plus longue & plus estroitte que les Tulbans ordinaires, & l'on y voit attachée vne houpe qui pend sur le dos. On y trouue vne drogue fort souueraine contre les vers, que l'on appelle *Daru Kirman*; tant à cause de la Prouince, que parce que le mot de *Kirman* signifie ver. Et à ce propos ils font vn conte d'vn de leurs Roys, lequel estant à cheual à la campagne, entendit qu'on l'appelloit par son nom. Il voulut regarder derriere luy, & ne voyant qu'vne teste de mort, à moitié pourrie, à terre, & se doutant que la voix en fust sortie, il luy demande, qui il estoit. La teste luy respondit, que c'estoit vn reste de ce qu'il auoit esté autrefois. Qu'il auoit porté vne Couronne aussi bien que luy, & qu'il auoit conquis plusieurs grandes Prouinces: mais que voulant aussi conquerir *Kirman*, il en auoit esté vaincu & mangé. L'exhortant de songer à luy, & de faire son profit de cette Philosophie. La Prouince est assez sterile vers le Nort, où sont forces bruyeres, mais vers la mer elle est tres-fertile. Ses principales villes sont *Bersir*, *Bermasir*, *Bem*, *Chabis*, *Tzirest*, *Kamron* & *Ormus*. *Kamron*, est vn port de mer; c'est pourquoy on l'appelle souuent *Bender*, ou *Bender Kamron*. *Ormus*, que les Perses appellent *Hormous*, est vne Isle éloignée de trois lieuës de la terre ferme: mais nous parlerons de l'vne & de l'autre cyapres en la seconde Partie de cette Relation. L'on comprend aussi sous la Prouince de *Kirman*, celle de *Mekeran*, où sont les villes de *Firh*, de *Kitz*, & de *Chalak*.

La Prouince de Chusistan.

Chusistan est la mesme que l'on appelloit autrefois *Susiana*, & du temps des Hebreux *Elam*. Elle est située entre la Prouince de *Fars* & la riuiere de *Ditsel*, & sa ville capitale estoit *Suse*; renommée par la vision, que le Prophete Daniel y eut touchant la fin de la Monarchie des Perses, & le commencement de celle des Grecs. On l'appelle auiourd'huy *Desu*. C'est aussi en ces quartiers là, où estoit le Palais de *Suse*, sur la riuiere d'*Vlai*, où le Roy Assuerus, Roy de six vingts sept Prouinces, fit vn grand festin. Les principales villes sont *Ahawas*, 1636. *Ramehormus*, *Scabur*, *Arker* & *Arhan*. Les chaleurs y sont si grandes, particulierement vers le Midy de la montagne, que les habitans sont contrains de quitter les villes, pour se retirer dans la montagne pendant l'Esté.

Tzisire se trouue dans le registre des villes de Perse, & c'est La Prouince de l'ancienne *Mesopotamie*. Auiourd'huy on l'appelle communé- Diarbek. ment *Diarbek*, & elle est située entre les riuieres d'*Euphrates* & de *Tigris*, que les Turcs nomment *Digel*. Cette Prouince a esté souuent reprise & reprise par eux sur les Perses ; de sorte qu'elle n'est pas tousiours sous l'obeïssance du *Schach*, mais lors seulement qu'il est maistre de *Bagdat* ou de *Babilone* & de *Mosul*, que l'on dit estre l'ancienne *Niniue*. Il est vray que *Bagdat* n'est pas proprement en la Prouince de *Diarbek*, mais en celle d'*Eracain*, aussi bien que les villes de *Wasith*, *Besre*, *Kufa* & *Medain*.

Pour ce qui est de la ville de *Bagdat*, il est certain qu'elle a esté bastie des ruines de l'ancienne Babylone, mais non point au mesme endroit : dautant que Babylone estoit sur l'Euphrate, qui la trauersoit, ainsi que *Strabon* le dit expressément, & *Bagdat* est située sur le Tigris, qui se joint à l'Euphrates, à vne lieuë au dessous de la ville. Les Perses croyent, que les habitans de Babylone auoient autrefois leurs maisons de plaisance & leurs jardins, au lieu où est aujourd'huy *Bagdat* ; de sorte qu'apres la destruction de la ville, ils n'eurent pas beaucoup de peine à y transferer leur demeure. Et de fait, le mot de *Bag*, qui signifie jardin, & *Bagdat* vn lieu plein de jardins, confirme en quelque façon leur opinion.

Au reste le païs où nous abordasmes est fort beau, il estoit en- La Prouince core tout verd lors que nous y arriuasmes, & les oyseaux, qui de Schiruan. ne sentoient point encore en cette saison le froid ordinaire de nos quartiers, continuerent leur chant iusques à bien auant dans le mois de Decembre. Le terroir y est fort bon, produisant du ris, du froment & de l'orge en tres-grande abondance. Ils ne font point de foin, parce que leur bétail va aux champs Hyuer & Esté, & le peu qu'ils en font, n'est que pour la commodité des passans. Leurs vignes estoient çà & là, plantées sans soin & sans labour, le long des hayes, où elles estoient attachées à des arbres, en sorte qu'elles se couloient iusques

1636. aux extremitez des branches, desquelles le sarment pendoit de la longueur de trois ou quatre aulnes. Toute la Prouince de *Kilan* en est pleine, & à nostre retour nous en vismes de tres-belles & d'extraordinairement grosses à *Astora*. Le païs est abondant en gibier, particulierement en faisans & en lievres, dont la chasse nous donnoit du diuertissement, pendant le sejour que nous fusmes obligés d'y faire. Il s'y trouue aussi vne certaine sorte de renards, qu'ils appellent *Schakal*, de la mesme grandeur de ceux de l'Europe (qui y sont aussi en grande quantité, & les habitans les appellent *Tulki*) mais au lieu de poil ils sont couuerts de laine, & ils ont le ventre blanc, les oreilles toutes noires, & la queuë plus petite que ceux de nos quartiers. Nous les entendions la nuict roder en troupes autour du village, & nous estions fort importunez de leurs cris, qu'ils font incessamment, d'vne voix trainante, & comme dolente.

Les païsans se seruent plus de buffles que de cheuaux, mais au lieu de les charger, on leur fait traisner du bois, ou les autres choses pesantes. Leur nourriture ordinaire est du senegié, dont ils sement des champs entiers, de la maniere de nos vesses & lentilles, & ils le coupent pendant qu'il est encore vert, l'herbe & la graine ensemble, & le donnent ainsi à manger à ces animaux. Le laict, ie parle de celuy des femelles, est si gras, qu'elle fait de la créme épaisse de deux doigts, dont l'on fait de fort bon beure. Ils ne font iamais du fromage de laict de vache, & n'y employent que du laict de brebis.

Les maisons de Perse

Le village de *Niasabath* est à quarante-vn degré, quinze minutes d'éleuation, & n'a qu'enuiron quinze ou seize meschantes maisons, qui sont dispersées çà & là, toutes basties d'argile & quarrées par tout; ayans le toict plat, & couuert de gazons: en sorte que l'on s'y peut promener sans danger & sans incommodité. Aussi est-ce la coustume des Perses d'y dresser des tentes, d'y manger, & mesme d'y coucher l'Esté, pour ioüir de la fraischeur de l'air. Ce fut là, où ie commençay à entendre ce que l'Euangile dit du Paralytique, que l'on descendit par le toict, & l'aduis que Nostre Seigneur donne à ceux qui sont sur le toict, de ne descendre point dans la maison, parce que par tout l'Orient l'on ne bastit point d'autre façon. On nous logea d'abord dans les maisons; qui estoient fort propres

pres par dedans, & la pluspart des planchers des chambres couuerts de tapis, & nos hostes nous receurent, & nous traitterent le premier iour fort bien. Mais le village estant petit, les logis incommodes pour toute la compagnie, & nostre sejour ayant à estre trop long, pour obliger ces pauures gens à nous défrayer, nous fismes dresser des tentes aupres du logis des Ambassadeurs; où nous demeurasmes iusques à ce que la Cour de Perse eust enuoyé les ordres necessaires pour nous faire partir. Nous n'auions point de pain, nostre biere s'estoit perduë auec le Nauire, & le Village n'auoit point de source d'eau claire; de sorte que nous estions contraints de rechercher nos vieilles bribes moisies, & de nous contenter de l'eau trouble d'vn petit torrent, qui couloit aupres du village, pendant que nostre Nauire nous fournissoit de bois pour la cuisine, & pour le chauffage.

1636.

Le dix-neufiéme Nouembre *Schachevuirdi*, Gouuerneur de *Derbent*, nous enuoya complimenter sur nostre arriuée, par deux personnes de fort bonne façon, dont l'vn estoit frere du *Kaucha* de *Niasabath*. Ils rendirent aux Ambassadeurs la lettre du Sultan, qui estoit accompagnée d'vn present de deux cheuaux, d'autant de bœufs, de douze moutons, de vingt poules, de trois grandes cruches de vin, d'vne cruche d'eau, de deux paniers de pommes, & de trois sacs de farine de froment.

Mais les Ambassadeurs, ayans sçeu que la lettre du Sultan ne faisoit mention que d'vn cheual, ils refuserent de receuoir l'autre; quoy que les Perses protestassent, que l'erreur ne procedoit, que de ce que le Sultan, croyāt qu'il n'y eust qu'vn Ambassadeur, n'auoit aussi enuoyé qu'vn cheual, & qu'eux, apres auoir apris qu'il y en auoit deux, auoient encore acheté vn cheual, parce qu'ils sçauoient que c'estoit l'intention du Sultan: mais quelque instance qu'ils fissent, le sieur *Brugman* refusa de l'accepter; sans doute, parce que le sien n'estoit pas si beau que celuy de son collegue. Les Perses n'en furent pas trop satisfaits, & protesterent de l'affront que l'on faisoit au Sultan; qui depuis s'en ressentit si bien, qu'il ne s'offrit point d'occasion de nous rendre de mauuais offices, qu'il ne le fit: se sentant outre cela fort offensé, de ce que contre la coustume de Perse & de Moscouie, la mauuaise humeur de *Brugman* auoit fait renuoyer ses gens sans presens.

Inciuilité de Brugman.

1636.

grenadiers, qui auoient meslé leur verd auec celuy des vignes, nous conuioient à nous repofer à leur ombre, & à nous diuertir dans le fouuenir de noftre chere Patrie : à quoy le Docteur *Graman*, noftre Medecin, contribua beaucoup, par la bonne chere qu'il nous fit de jambons, de langues de bœuf, & de deux ou trois fortes de vin d'Efpagne & d'eau de vie, dont il auoit encore bonne quantité de referue. Nous trouuafmes ce diuertiffement fi doux, que nous retournions fouuent à cette promenade.

Le Prince Tartare de Dagefthan rend vifite aux Ambaffadeurs.

Le neufiéme Decembre les Ambaffadeurs furent vifitez par le mefme Prince Tartare de *Tarku*, qui nous auoit rendu vifite à *Terki*. Il eftoit accompagné de fon frere, & d'vne fuite de vingt perfonnes. Apres la vifite il alla chercher logis au plus prochain village, parce qu'il n'en trouuoit point au noftre, & nous enuoya le lendemain faire prefent d'vn bœuf, de quelques moutons, & de deux grands paniers de pommes. Celuy que les Ambaffadeurs luy renuoyerent, fut de quelques aulnes de drap, & de fatin, d'vn baril d'eau de vie, & d'vn rouleau de tabac. Et fur ce qu'il leur fit entendre, qu'on luy feroit plaifir de luy donner vn peu de poudre à canon, parce qu'il vouloit fe vanger des courfes, que *Sultan Mahomet*, *Schafkal de Dageftan*, auoit faites fur fes terres, les Ambaffadeurs luy en enuoyerent vn baril de 80. liures pefant.

Le retour de noftre *Mehemandar*, qui reuint le mefme iour, nous donna d'autant plus de joye, qu'il nous affeura, que dans quinze iours l'on nous ameneroit de *Scamachie* & de *Derbent*, fi grand nombre de chariots, de chameaux & de cheuaux, qu'il n'y auroit plus rien qui pût retarder noftre voyage.

Et de fait, le douziéme il arriua quelques cheuaux & chameaux, mais dés le lendemain l'on ne vit plus rien. Le *Mehemandar* s'en excufa fur la neige, qui eftoit tombée la nuict precedente, & dît que les Perfes n'eftoient pas accouftumez de voyager par le froid, & que les chameaux qui n'ont pas le pied fi plat que les autres animaux, n'euffent pas pû marcher; parce que le degel auoit rendu le chemin trop gliffant & trop mauuais. Que mefme il s'eftoit veu, que des carauanes entieres eftoient peries de froid dans les montagnes, faute de bois & de logemens, qui font fort rares fur cette route, quoy qu'il n'y ait que vingt lieuës, ou *farfangues*, de *Niafabath* à *Scamachie*. Il eft vray que pendant quelques nuicts nous eufmes de la neige, mais le Soleil la faisoit fondre dés qu'il commençoit à paroître fur noftre horifon. Cependant nous y demeurafmes encore dix jours; ce qui nous faifoit croire que c'eftoit à deffein que l'on differoit de nous faire partir; afin qu'ils fe puffent donner le loifir d'attendre les ordres, que le *Sofi* enuoyeroit touchant noftre fubfiftance; parce que iufques alors nous auions vefcu à nos dépens.

Pendant le fejour que nous fifmes à *Niafabath*, le fieur *Brugman*, s'aduifa de faire couper quelques poutres, que le *Sofi* auoit fait porter, à grands frais, iufqu'au bord de la mer, pour les employer au baftiment de fes Nauires, & en fit faire des affufts pour noftre artillerie; nonobftant les remonftrances des Perfes, qui luy firent connoiftre, que fi nous prenions ces poutres, le *Sofi* ne pourroit pas baftir fes Nauires cette année-là. L'Ambaffadeur ne laiffoit pas d'executer fon deffein, & dit à ceux de la compagnie, qui luy en parloient, que c'eftoit l'humeur de cette nation, de ne rien faire que par force, & qu'il la falloit gourmander. Mais les Perfes eurent l'auantage de fe mocquer de nous, en nous amenant fi peu de cheuaux, que ne pouuans faire traifner noftre artillerie, nous fufmes contraints de laiffer nos affufts, & de charger noftre canon fur des chameaux.

Le 21. Decembre arriuerent deux *Mehemandars*; l'vn de *Scamachie*, & l'autre de *Derbent*; amenans auec eux enuiron quarante chameaux, trente chariots, traifnés par des buffles, & quatre-vingt cheuaux, qui chargerent le bagage, & prirent le deuant, auec quelques-vns de nos valets. Mais quand les Ambaffadeurs voulurent partir, & faire charger la chambre & la cuifine, l'on ne trouua que foixante cheuaux pour tout le refte de la fuitte qui eftoit de 94. perfonnes. Le *Mehemandar* iura *par la tefte de fon Roy*, qui eft le plus grand ferment des Perfes, qu'il luy eftoit impoffible d'en trouuer dauantage, & dit, que tant que nous ferions dans le Gouuernement du *Sultan* de *Derbent*, que l'on auoit pris plaifir d'offenfer, il ne falloit pas efperer d'en pouuoir tirer raifon; mais que nous ne ferions pas fi-toft arriuez dans le Gouuernement de *Scamachie*, que l'on ne fift l'impoffible pour nous, & que l'on ne nous fournift tout ce qui feroit neceffaire pour l'auancement

Le vingt-deuxième les Ambassadeurs enuoyerent *François Meurier*, nostre Sommelier, auec nostre truchement Perse au *Chan*, ou Gouuerneur general de la Prouince de *Schiruan*, qui a sa demeure ordinaire à *Scamachie*; pour luy donner aduis de nostre arriuée, & pour le prier de nous fournir les choses necessaires pour la continuation de nostre voyage. Le Gouuerneur, qui l'auoit desia sçeu d'ailleurs, nous auoit en mesme temps enuoyé vn *Mehemandar*, c'est ainsi que l'on appelle en Perse ceux que les Moscouites appellent *Pristaf*, & seruent à la conduite des Ambassadeurs, pour les pouruoir de viures & de monture; mais nos gens l'auoient manqué en chemin.

Ce *Mehemandar* arriua en nostre quartier le 29. Nouembre. Il estoit superbement habillé, & tres-auantageusement monté sur vn tres-beau cheual, dont le harnois estoit tout couuert & chargé de turquoises. Son abord & son compliment se fit de bonne grace, auec force offres de seruice, qu'il promettoit de nous rendre pendant le voyage que nous aurions à faire sous sa conduite, iusques à *Scamachie*. Apres que nous eusmes respondu à son compliment, nous le conuiasmes, & ceux de sa suitte, de gouster de nostre fruict, & de toutes sortes d'eaux de vie, dont nous auions bonne prouision. Nous fismes aussi tirer le canon, & nous leur donnasmes le diuertissement de nostre musique; où ils témoignerent prendre grand plaisir. Dés que le *Mehemandar* fut de retour en son logis, il nous enuoya vn present de cinq moutons, de trois cruches de vin, & de quelques grenades.

Le trentiéme Nouembre reuint nostre Sommelier auec le truchement, rapportant que le *Chan* n'estant pas à *Scamachie*, lors qu'ils y estoient arriuez, ils auoient esté obligez de le suiure à la campagne; où ils l'auoient trouué campé sous des tentes auec vne suite d'enuiron quatre cent personnes. Qu'il les auoit bien receus, & qu'il les auoit asseurés, qu'il auoit desia enuoyé vn *Mehemandar*, qui auroit soin de faire fournir aux Ambassadeurs, toutes les choses dont ils auroient besoin pour la continuation de leur voyage. Qu'il leur auoit aussi dit, qu'il auoit sçeu, que les Ambassadeurs auoient vne suitte d'enuiron trois cens hommes; mais qu'ils seroient tous les bienvenus, quand mesme le nombre seroit deux fois plus grand. Qu'il y auoit long-temps qu'il auoit oüy parler de cette ambaſſade, & qu'il auoit grande paſſion de nous voir. Le truchement y adiouſta, qu'il s'eſtoit en particulier informé de luy, de la qualité & de l'humeur des Ambaſſadeurs, de celle des perſonnes dont leur ſuitte eſtoit compoſée, & de noſtre façon de viure.

1636.

Le premier déplaiſir que nous receuſmes du *Sultan* de *Derbent*, ce fut qu'il refuſa de donner vn nombre ſuffiſant de cheuaux & d'autres beſtes pour noſtre montura, & pour le bagage : c'eſt pourquoy noſtre *Mehemandar* retourna à *Stamachie*, où il employa plus d'vn mois à aſſembler le nombre neceſſaire de beſtes de monture & de ſomme, & pendant ce temps-là nous fuſmes contraints de demeurer au village de *Niaſabath*.

Reſſentiment du Gouuerneur de Derbent.

Pendant ce temps-là debarqua au meſme lieu le *Cupizi*, ou marchand Perſe, dont nous auons ſouuent parlé cy-deſſus, apres auoir couru ſur la mer *Caſpie* le meſme peril, dont nous auions eu tant de peine à nous ſauuer. Le vingt-quatriéme Nouembre arriua vne petite barque, auec cinq perſonnes, qui eſtoient ſeules demeurées de reſte de cinquante, qui auoient fait naufrage auec leur Nauire, qui alloit en *Kilan*, la nuict du treiziéme de ce mois. Ces pauures gens auoient eſté dix iours à combatre les vents & les flots, auant que de pouuoir arriuer à terre.

Le Cupizi arriue à Niaſabath.

La joye, que nous auions de nous voir en Perſe, apres vn ſi penible voyage, où nous auions eſſuyé tant de dangers, ſe trouua bien-toſt alterée, par les déplaiſirs que nous cauſa la mauuaiſe humeur & le caprice d'vn des principaux de la compagnie : mais c'eſt dont ie n'entretiendray pas le lecteur, qui ne doit rien rencontrer icy, qui puiſſe troubler le diuertiſſement, que nous pretendons luy faire trouuer en la relation de ce voyage. Pour chaſſer l'ennuy que nous en receuions tous, nous fiſmes vne petite ſocieté entre nous autres, qui eſtions de *Miſnie*, & nous ſeruans de l'occaſion du beau temps, que nous euſmes le premier Decembre, nous allaſmes de compagnie à vn quart de lieuë du Village ; où nous trouuaſmes vn petit lieu, dont le ruiſſeau forme vne peninſule, tellement charmante, que les plus belles campagnes de l'Europe ne fourniſſent rien de ſi agreable, en la plus belle ſaiſon de l'année. L'eau arroſoit cette petite portion de terre quaſi de tous coſtez, & les

Decembre.

Aaa ij

vray que pendant quelques nuicts nous eufmes de la neige, mais le Soleil la faifoit fondre dés qu'il commençoit à paroître fur noftre horifon. Cependant nous y demeurafmes encore dix jours; ce qui nous faifoit croire que c'eftoit à deffein que l'on differoit de nous faire partir, afin qu'ils fe puffent donner le loifir d'attendre les ordres, que le *Sofi* enuoyeroit touchant noftre fubfiftance; parce que iufques alors nous auions vefcu à nos dépens.

Pendant le fejour que nous fifmes à *Niafabath*, le fieur *Brugman*, s'aduifa de faire couper quelques poutres, que le *Sofi* auoit fait porter, à grands frais, iufqu'au bord de la mer, pour les employer au baftiment de fes Nauires, & en fit faire des affufts pour noftre artillerie ; nonobftant les remonftrances des Perfes, qui luy firent connoiftre, que fi nous prenions ces poutres, le *Sofi* ne pourroit pas baftir fes Nauires cette année-là. L'Ambaffadeur ne laiffoit pas d'executer fon deffein, & dit à ceux de la compagnie, qui luy en parloient, que c'eftoit l'humeur de cette nation, de ne rien faire que par force, & qu'il la falloit gourmander. Mais les Perfes eurent l'auantage de fe mocquer de nous, en nous amenant fi peu de cheuaux, que ne pouuans faire traifner noftre artillerie, nous fufmes contraints de laiffer nos affufts, & de charger noftre canon fur des chameaux.

Indifcretion de Brugman.

Le 21. Decembre arriuerent deux *Mehemandars*; l'vn de *Scamachie*, & l'autre de *Derbent* ; amenans auec eux enuiron quarante chameaux, trente chariots, traifnés par des buffles, & quatre-vingt cheuaux, qui chargerent le bagage, & prirent le deuant, auec quelques-vns de nos valets. Mais quand les Ambaffadeurs voulurent partir, & faire charger la chambre & la cuifine, l'on ne trouua que foixante cheuaux pour tout le refte de la fuitte qui eftoit de 94. perfonnes. Le *Mehemandar* iura *par la tefte de fon Roy*, qui eft le plus grand ferment des Perfes, qu'il luy eftoit impoffible d'en trouuer dauantage, & dit, que tant que nous ferions dans le Gouuernement du *Sultan* de *Derbent*, que l'on auoit pris plaifir d'offenfer, il ne falloit pas efperer d'en pouuoir tirer raifon ; mais que nous ne ferions pas fi-toft arriuez dans le Gouuernement de *Scamachie*, que l'on ne fift l'impoffible pour nous, & que l'on ne nous fournift tout ce qui feroit neceffaire pour l'auancement

Serment des Perfes.

1636.

Les Ambassadeurs partent de Niasabath.

de noſtre voyage ; ſi nous eſtions capables de prendre vne bonne reſolution, & de nous mettre en chemin.

De ſorte qu'il fallut partir le 22. Decembre, partie à cheual, partie en croupe, & le reſte, ſçauoir les laquais, les gardes & les ſoldats, à pied. Noſtre chemin alloit vers le midy, le long de la mer *Caſpie*, paſſans ce iour-là quatre petites riuieres. Noſtre premier giſte fut au village de *Mordou*, dans le Gouuernement de *Scamachie*, à quatre grandes lieuës de *Niaſabath*. Les maiſons y eſtoient toutes rondes, & baſties d'ozier & de cannes, comme celles des Tartares. Ceux du païs les nomment *Ottak*. Les nuicts eſtoient aſſez froides, & il n'y auoit point de bois dans le Village ; de maniere que nous y paſſaſmes aſſez mal noſtre temps, particulierement ceux qui s'eſtoient moüillez en paſſant l'eau à pied.

Le mot de *Mordou* ſignifie marais, & le Village tire ſon nom des lieux mareſcageux, qui ſont dans ſon voiſinage ; où il y a quantité de ſources, qui pouſſent leurs eaux auec tant de force, qu'il n'y a point de froid ſi grand qui les puiſſe faire geler. C'eſt pourquoy il s'y aſſemble quantité de Cygnes, meſme en Hyuer, dont on amaſſe le duuet, pour les licts & les oreillers du *Soſi*. Ce Village eſt habité par vn certain peuple, qu'ils appellent *Padar*, qui a ſon langage particulier, quoy qu'auec quelque rapport au Turc & au Perſan. Leur Religion eſt Mahometane, tenant de la Turque, & d'ailleurs accompagnée d'vne infinité de ſuperſtitions. Ils ont entr'autres celle-cy ; qu'ils laiſſent morfondre la viande cuitte iuſques à vne chaleur moderée, & s'il arriue que quelqu'vn, ignorant leur couſtume ſouffle deſſus, ils la jettent comme impure.

Padar, peuple.

Le ſieur *Brugman* ayant fait venir le *Kaucha*, ou Bailly de *Niaſabath*, ſe plaignit à luy du mauuais procedé du *Sultan* de *Derbent*, qui luy auoit refuſé la monture neceſſaire pour la continuation de ſon voyage ; en ſorte qu'il auoit eſté obligé de voir vne partie de ſa ſuitte, qu'il aymoit toute comme ſes yeux, aller à pied, & en danger de demeurer par le chemin, dont il ne manqueroit pas, en arriuant à la Cour, de faire ſes plaintes au *Soſi*. Le *Kaucha* luy reſpondit, qu'aſſeurément le *Sultan* n'auoit point crû que nous euſſions tant de bagage ; mais auſſi qu'il ne ſçauoit pas quel plaiſir nous prenions à nous charger de voiles, de canon, & d'affuſts de pierriers, qui ne fai-

foient que nous embaraffer, & retarder noftre voyage, & que fi 1636.
l'Ambaffadeur en faifoit des plaintes, le *Sultan* de fon cofté ne
manqueroit point de trouuer de quoy fe iuftifier. Le lendemain
noftre *Mehemandar* nous fit encore amener vingt cheuaux; de
forte qu'apres auoir diminué noftre bagage de quelques caiffes
& tonneaux inutiles, que l'on fit rompre, nous trouuafmes dequoy monter tout noftre monde. Nous fifmes ce iour-là trois
lieuës, & arriuafmes le foir au village de *Tachoufi*, qui eft fitué dans vn fond, & a d'affez jolies maifons.

Le vingt-quatriéme nous fifmes encore trois lieuës, iufques Ils logent dans
à la haute montagne de *Barmach*, au pied de laquelle nous lo- vn Carauanfe-
geafmes, dans vne grande cour, qui eftoit toute ouuerte, & ra.
n'auoit que les quatre murailles. Les Perfes nomment ces lieux-
là *Carauanfera*, & ils font comme les Ventas en Efpagne, pour
feruir d'hoftellerie fur le grand chemin, dans les deferts de
Perfe. Ils font à vne iournée les vns des autres, pour la commodité des paffans; qui font obligez de porter auec eux des
viures & du fourage, puis que l'on n'y trouue tout au plus que
des chambres & des falles voûtées, mais toutes nuës, pour le
couuert feulement.

Les charetiers & muletiers de *Derbent* firent mine de s'en
vouloir retourner, & de nous laiffer-là, en attendant que l'on
euft enuoyé d'autre monture & voiture de *Scamachie* : mais
voyãs que les Ambaffadeurs de leur cofté faifoiët batre le tambour, pour affembler toute la fuite, & que l'on alloit donner ordre à tous de partir à pied, & d'abandonner le bagage, aux perils
& fortunes de ceux qui refuferoient de continuer de leur donner la monture neceffaire, ils fe rauiferent & demeurerent.

Ce *Carauanfera* eftoit vn tres-vieux baftiment, bafty par
tout de groffes pierres de taille, ayant quarante-deux pas en
quarré. Il y auoit fur la porte deux chambres, où nous trouuâmes quelques infcriptions & lettres Hebraïques, & certains
caracteres, que perfonne de la compagnie ne fceut lire ny comprendre.

Le vingt-cinquiéme, qui eftoit le iour de Noël, nous fifmes nos deuotions dans la grande étable aux chameaux, &
apres cela quelques-vns de noftre fuite eurent la curiofité d'aller voir la montagne, à caufe des merueilles que les Perfes nous
en auoient contées par le chemin.

Montagne de Barmach.

Elle est située à vn quart de lieuë de la mer *Caspie*, & se voit de fort loin, à cause de sa hauteur extraordinaire. Elle est quasi ronde, poussant du haut de son sommet vne grande roche fort droite & fort escarpée de tous costés ; ce qui luy a donné le nom de *Barmach*, c'est à dire doigt ; parce qu'elle paroist comme vn doigt estendu par dessus les autres montagnes voisines. Nous sçeûmes depuis, qu'elle a vne route qui conduit assez commodement iusques en haut, mais nous ne le sçauions pas ; de sorte que nous nous hazardâmes d'y monter par des precipices effroyables.

Il faisoit si froid sur la montagne, que l'herbe, qui y estoit assez grande, estoit toute couuerte de glace, comme de sucre candis, là où au pied de la montagne, aupres du *Carauansera*, le temps estoit beau & doux. Sur la croupe de la montagne, & au pied de la roche, il se voit vne plaine de cinquante toises en carré ; qui a au milieu vn merueilleusement beau puits, reuestu de pierre, & à l'entour de ce puits l'on voit les ruines d'vne tres-grosse muraille, flanquée aux coins de quelques tours & bouleuarts, dont ce bastiment a esté autrefois fortifié, comme aussi de deux bons fossés, à fonds de cuue, & reuestus de pierre de taille, qui faisoient connoistre que c'estoient les restes d'vne forteresse imprenable. Vers la partie Septentrionale de la montagne nous trouuâmes encore d'autres ruines, qui ne pouuoient estre que des restes d'vn autre fort. Elles nous faciliterent l'accez à vne montée, qui estoit taillée dans le roc, & qui nous conduisit quasi iusques à son sommet, où nous vîmes vne voûte, & les restes d'vn troisiéme bastiment, qui auoit autrefois pû seruir de donjon, ou de retraitte, apres la perte des deux autres forts.

Ruine des forteresses.

Opinion des Perses touchât ces forteresses.

Ie m'imagine que ce peut estre vne de ces fortifications que les anciens appelloient *Porta Caspie* ou *ferrea*, dont on a la description dans l'histoire Grecque & Latine. Les Perses croyent que ces bastimens ont esté faits par *Iskander*, c'est ainsi qu'ils appellent Alexandre le Grand, & que c'est *Tamerlan* qui les a demolis. Nous nous reposâmes sur le rocher, où nous chantâmes le *Te Deum*, & renouuellâmes entre nous, l'amitié que nous nous estions cy-deuant promise, par des protestations tres-sinceres : & apres auoir cueilly quelques figues sur les arbres, que la roche poussoit hors de ses fentes ou creuasses, nous descendîmes cedifmes auec moins de peine&de peril,par la route ordinaire.

Le vingt-fixiefme nous partifmes de *Barmach*, auec vn fort beau temps,le Soleil eftant plus chaud qu'il n'eft chez nous au mois de May. Les chariots, auec le bagage, prirent le chemin de la plaine vers *Bakure*; & les Ambaffadeurs, auec ceux de la fuitte, qui eftoient à cheual, prirent celuy de la montagne. Nous fifmes ce iour-là cinq lieuës,& arriuafmes le foir à vn village nommé *Chanega*, dans les montagnes mefmes. Nous y trouuafmes force bons fruicts, & du miel en abondance, mais l'eau y eftoit trouble, croupie & puante.

Le lendemain vingt-feptiefme Decembre nous fifmes encore cinq lieuës, iufqu'à vn village nommé *Pyrmaraas*, à trois lieuës de *Scamachie*. Ce lieu-là eft fort celebre, à caufe d'vn de leurs Saincts, nommé *Seid-Ibrahim*, dont l'on voit là le fepulchre. Les Perfes difent qu'il eft fort ancien, & qu'il eft tellement reueré, que *Tamerlan* qui ne refpectoit rien, ne voulut point toucher à fon fepulchre, quoy qu'il ruinaft tout ce qu'il rencontroit en fon chemin. Ce baftiment a fes murailles & fes deux cours, comme vn Chafteau. Nos Ambaffadeurs firent prier le Gardien par ce *Mehemandar*,qu'on leur permift d'y entrer, mais tout ce qu'ils pûrent obtenir,ce fut de voir la premiere cour, qui eftoit pleine de pierres quarrées, qui eftoient dreffees debout pour diftinguer les foffes des particuliers.

I'auois enuie d'en approcher de plus prés, & s'il eftoit poffible,de voir mefme le fepulchre du Sainct; c'eft pourquoy i'y retournay fur le foir, & me mis à efcrire fur mes tablettes les infcriptions Arabes, que ie trouuay çà & là grauées aux murailles. Les Perfes, qui croyoient que ie le fiffe pour l'honneur de leur Saint, me laifferent faire. Ie me feruis de cette liberté, pour me gliffer par la porte dans la feconde cour, où ie trouuay plufieurs autres infcriptions. Ie m'y occupay enuiron vne demie heure à les copier,& voyant que l'on ne m'obferuoit plus, ie me hazarday d'ouurir la porte qui mene dans le baftiment laquelle n'eftant fermée que d'vne cheuille, il me fut bien facile de l'ouurir & d'y entrer. Il eftoit compofé de plufieurs diuers appartemens voutez, qui n'admettoient le iour que par de petites feneftres; ce qui me donna quelque efpece de frayeur. Dans le premier appartement il y auoit vis à vis de la porte vn tombeau éleué de deux pieds,ayant autant

1636.
Ils partent de Barmach.

Sepulchre d'vn Saint Perfan.

Defcription du fepulchre.

Bbb

1636. de degrez pour y monter, & il estoit clos d'vne balustrade, ou plutost d'vne grille de fer.

A la main gauche on entroit par vne porte dans vne grande gallerie, bien claire, dont les murailles estoient blanchies, & le plancher couuert de deux tapis. A la droite il y auoit dans vn autre appartement vouté huict tombes éleuées, & ce fut par cette derniere voute, que l'on passoit dãs vne troisiéme, où estoit le sepulchre de *Seid-Ibrahim*. Le tombeau estoit éleué de deux pieds de terre, & estoit couuert d'vn tapis de damas jaune. A la teste & aux pieds, comme aussi aux deux costez, estoient plusieurs cierges & lanternes, sur de grands chandeliers de cuiure, & à la voute pendoient quelques lampes. En sortant de là ie rencontray nostre Ministre, qui me témoigna tant d'enuie d'y entrer, que ie hazarday encore vne fois auec luy : & luy y rentra aussi encore vne fois pour l'amour de nostre Medecin. A deux portées de mousquet du village, vers le Leuant, se voit dans vn roc le sepulchre d'vn autre Sainct, fort bien basty.

Autre sepulchre de Saint. Les Perses nomment le Saint qui y est enterré, *Tiribabba*, & ils disent qu'il estoit Precepteur de *Seid-Ibrahim*, qui auoit tant d'affection, & vne veneration si particuliere pour luy, qu'il pria Dieu de luy accorder, que mesme apres sa mort on le pust voir en la posture en laquelle il auoit accoustumé de se mettre en faisant ses deuotions pendant sa vie ; & qu'en effet, on le voit encore auiourd'huy habillé d'vne robbe grise, & à genoux, en l'estat où il se mettoit en faisant sa priere, lors qu'il estoit encore en vie. Ce que l'on n'aura pas beaucoup de peine à croire, s'il faut adiouster foy à ce que dit *Camerarius* en ses Meditations historiques, apres *Varron* & *Amm. Marcellin*, que les corps des Perses ne se corrompent point, & qu'ils se desseichent seulement. Mais mon opinion est, que cela ne se doit point entendre, sinon des corps que l'on n'enterre point, & que l'on laisse à l'air, & encore faut-il que ce soient des corps fort extenuez, ou par l'âge, ou par la maladie ; car les corps replets sont sujets à la corruption, en Perse aussi bien qu'ailleurs.

Ces deux lieux sont fort celebres, à cause des pelerinages que les Perses y font, particulierement vers le temps que l'on couure *Tiribabba* d'vne robbe neufue, & que l'on met la vielle en pieces pour la diſtribuer aux Pelerins. Ceux du pays diſent des choſes eſtranges des miracles de ces Saints ; mais comme ce ne peuuent eſtre que des fables, ou des effets de leurs ſortileges, & que les Perſes s'amuſent fort à des contes, & ont beaucoup d'inclination pour la ſorcellerie, ie n'ay pas voulu remplir le papier de leurs impertinences.

1636.
Miracles des Saints de Perſe.

Sur la porte de ce ſepulchre il y auoit vne inſcription en lettres Arabeſques, *Alla Mufethi hil ebnad*, c'eſt à dire, *ô Dieu ouure cette porte*. L'on a taillé dans le roc pluſieurs chambres, niches & cauernes, où les pelerins logent, & font leurs deuotions ; & il y en a de ſi hautes, qu'il faut des echelles de douze ou quinze pieds, pour y monter.

Nous fuſmes trois qui montaſmes iuſques ſur le haut du roc, par des precipices effroyables, nous entr'aidans les vns les autres. Nous y trouuaſmes quatre grandes chambres, & au dedans pluſieurs niches taillées dans le roc, pour ſeruir de lict. Mais ce qui nous ſurprit le plus, ce fut que nous trouuaſmes dans cette voute ſur le haut de la montagne des coquilles de moules, & en quelques endroits en ſi grande quantité, qu'il ſembloit que toute cette roche ne fuſt compoſée que de ſable & de coquilles. En reuenant de Perſe, nous viſmes le long de la mer *Caſpie*, pluſieurs de ces montagnes de coquilles, dont nous parlerons plus amplement cy-apres.

Coquilles dans des montagnes éloignées de la mer.

Les habitans de ce village de *Pyrmaraas* ne boiuent iamais de vin, de peur, diſent-ils, qu'en violant les loix de Mahomet, & les ordonnances de l'Alcoran, la ſainteté du lieu ne ſoit prophanée. A l'entrée du village, auprés du ſepulchre de *Seid-Ibrahim*, il ſe voit vne grande voute, ou ciſterne de cinquante-deux pieds de long ſur vingt de large, reueſtuë de pierre de taille, laquelle ils rempliſſent d'eau, de neige, & de glace l'Hyuer, pour s'en ſeruir pendant les chaleurs & la ſeichereſſe de l'Eſté, tant pour eux que pour leur bétail.

Le vingt-neufieſme le *Chan* nous fit dire que nous pouuions enuoyer noſtre fourrier à *Scamachie*, pour y marquer les logis, & que nous le pouuions ſuiure au ſortir du diſner. Mais apres auoir fait charger vne partie de noſtre bagage, & au meſme moment que nous allions monter à cheual, le *Chan* nous enuoya prier par vn exprés, de demeurer encore cette nuict-là à *Pyrmaraas*. Et afin de nous faire connoiſtre, que ce n'eſtoit

Bbb ij

pas à dessein de nous desobliger, il nous enuoya plusieurs rafraischissemens, & entr'autres quatre grandes cruches, & deux sacs de cuir pleins de vin, quantité de grenades, de pommes, de poires, de coins, & de chastaignes, & à chacun des Ambassadeurs vn beau cheual, sellé & bridé. Nous ne pûmes pas deuiner alors le sujet de ce retardement ; mais l'on nous dit depuis, que le *Minatzim*, ou l'Astrologue du *Chan*, luy auoit fait entendre, que ce iour-là n'estoit pas bien propre à receuoir des estrangers.

Le lendemain trentiéme Decembre, nous partismes de *Pyrmaraas* sur les huict heures du matin, tirans droit à *Scamachie*, où l'on nous fit vne tres-belle entrée. A deux lieuës de la ville nous rencontrasmes vn homme à pied, qui nous dit de la part du *Chan* que nous serions les bien-venus, & qu'il viendroit en personne nous receuoir hors de la ville. Cet homme marchoit tousiours à la teste de nostre Caualcade. A vne lieuë de la ville nous rencontrasmes enuiron trente Caualiers fort bien montez, qui ne vinrent que pour voir nostre équipage, & s'en retournerent aussi-tost à toute bride. En suite de cela nous trouuasmes auprés d'vn village, enuiron cent Caualiers, qui s'ouurirent, pour nous laisser passer.

A deux portées de mousquet de là nous rencontrasmes vne autre trouppe de Caualiers, parmy lesquels il y en auoit douze, qui estoient coëffez d'vne façon toute particuliere, ayans leurs turbans pointus, comme l'aiguille d'vn clocher, qu'ils appellent *Takia*, & l'on nous disoit, que c'estoit par vn priuilege particulier ; pour faire connoistre qu'ils estoient de la posterité & de la parenté de leur Prophete *Aaly*. Ceux-cy nous salüerent d'vne profonde inclination de teste, & nous donnerent la bien-venuë, en nous salüant de leur *Chosekildi*, en langue Turquesque, dont ils se seruent plus volontiers que de la Persane

Apres auoir fait enuiron vne demie lieuë en cette compagnie, nous apperceusmes à nostre droite vne troupe d'enuiron cinq mille hommes : & sur ce que l'on nous dit, que le *Chan*, & son *Calenter*, ou Lieutenant, s'y trouuoient en personne, il fut mis en deliberation si nous continuërions de tenir le grand chemin, ou si nous nous détournerions, pour aller à eux. Le sieur *Brugman* vouloit, que nous continuassions

ET DE PERSE, LIV. IV.

noſtre chemin, qui menoit droit à la ville, & diſoit que c'eſtoit au *Chan*, qui nous receuoit, & qui deuoit faire les honneurs chez luy, à venir à nous: Mais ſur ce que noſtre *Mehemandar*, & les autres de la compagnie, nous remonſtrerent que le grand chemin eſtoit tout boüeux, & que la campagne eſtoit plus propre pour la reception & pour les complimens, nous nous laiſſaſmes perſuader, & nous allaſmes droit au *Chan*, qui s'eſtoit arreſté ſur vne colline, & qui s'auança vers les Ambaſſadeurs, dés qu'il les vit approcher. Il auoit à ſa droite ſix eſtaffiers fort bien faits, armez d'arcs & de fleches dorez ; à ſa gauche autant de gardes auec leurs mouſquets, & à ſa ſuite vn tres-grand nombre de Caualiers fort bien montez, & couuerts de veſtes de brocard, & de mendils ou bonnets en broderie d'or & d'argent. En abordant il voulut faire l'honneur entier à noſtre Nation, en touchant en la main aux Ambaſſadeurs, contre la couſtume des Perſes. Apres le premier compliment il fit verſer du vin dans vn vaſe d'argent, beut aux Ambaſſadeurs, & les obligea chacun à luy faire raiſon deux fois.

Le Chan de Scamachie va au deuant d'eux.

Le *Calenter*, & le *Piſtanik* Moſcouite, *Alexei Sauineüits*, qui ſe trouuoient auprés du *Chan*, nous firent auſſi grand chere, & nous toucherent en la main.

En marchant, nous auions deuant nous leur Muſique, qui conſiſtoit en haut-bois, tymbales, cornets à bouquin & tambours de biſcaye, mais particulierement en vne ſorte d'inſtrumens, qu'ils appellent *Kerrenai*. Ils ſont faits à peu prés comme nos haut-bois, ſinon qu'ils ſont de cuiure, & qu'ils ont plus de huict pieds de long, & au bout plus de deux de diametre. Il y en auoit quatre de cette façon, & ceux qui en joüoient s'arreſtoient de temps en temps, pour faire cercle, comme nos trompettes, tenans le bout vers le Ciel, & faiſant vn bruit, qui non ſeulement n'a rien d'harmonieux, mais qui reſſemble à vn hurlement effroyable, pluſtoſt qu'à vne muſique. Il y auoit auſſi des hauts bois communs, qu'ils appellent *Surnaizi*, & des tymbales de terre, faites comme des pots à beure. Apres auoir fait vn peu de chemin en cette compagnie, le *Chan* fit encore arreſter la trouppe, pour faire boire les Ambaſſadeurs ; faiſant cependant faire mille poſtures & grimaſſes à vn bouffon, de ceux qu'ils appellent *Tzauſch*, qui ſe ſeruoit de cliquettes, & diſoit des chanſons aſſez plaiſantes.

Bbb iij

A vn quart de lieuë de la Ville estoit vn corps, ou bataillon, de plus de deux mille hommes de pied, la pluspart Armeniens. Ce bataillon estoit composé de cinq Regimens, distinguez entr'eux par autant de drapeaux, qui estoient attachez au bout d'vne grosse & longue perche; en sorte que c'estoit tout ce qu'vn homme pouuoit faire que de la porter. Ils auoient leur musique particuliere, de flageolets, & d'autres instrumens, dont il y en auoit vn qui estoit assez remarquable, & estoit composé de deux bassins de cuiure, qu'ils battoient l'vn contre l'autre. Tous ces gens nous faisoient grand'-chere, & témoignoient de la ioye, les vns en se frappant dans la main, les autres en tournant leurs bonnets autour de la teste, ou les jettans bien haut en l'air pour les reprendre. Ce fut-là où le Gouuerneur nous fit arrester pour la troisiéme fois, pour boire auec les Ambassadeurs. En approchant de la porte de la Ville, nous y trouuasmes encore vne autre musique de tymbales, de hauts-bois, de trompettes & d'autres instrumens, lesquels en se meslant auec ceux qui estoient en nostre compagnie, faisoient vn bruit, qui nous eust empesché d'oüir le tonnerre.

Il fait festin aux Ambassadeurs.

Le *Chan* conuia les Ambassadeurs, & les principaux de la compagnie, à souper chez luy, & leur fit trauerser la cour à cheual iusques au corps de logis: mais les Gentilshommes & le reste de la suite, furent obligez de mettre pied à terre à la porte de la ruë. Le plancher de toutes les chambres estoit couuert de fort beaux & riches tapis. Les Perses ostoient leurs souliers deuant que d'entrer dans les chambres; ce qui nous embarassa d'autant plus, que n'ayans tous que des bottes de campagne, nous n'osions pas nous hazarder d'entrer; iusqu'à ce que quelques-vns des domestiques du *Chan* prirent les plus auancez par la main, pour les faire entrer, sans nous donner la peine de nous déchausser.

Nous passasmes par trois belles chambres, pour entrer dans vne grande salle, fort richement meublée, & ornée de beaux tableaux, representans la pluspart des nuditez, & d'autres choses bien moins honnestes. Il y auoit au milieu de la salle vne fontaine, dont le jet representoit la forme d'vn verre, & on auoit mis à l'entour de la fontaine raffraischir plusieurs flacons d'argent, & bouteilles de vin, & plusieurs tables chargées de toutes sortes de confitures. Le Gouuerneur sçachant que nous n'eſtions pas accouſtumez de nous ſeoir à la mode de Perſe, auoit fait faire des ſieges, & pour faire plaiſir aux Ambaſſadeurs, il s'aſſit luy-meſme à noſtre mode vis-à-vis de la fontaine, faiſant aſſeoir à ſa droite les Ambaſſadeurs, & à ſa gauche, mais à terre, le *Calenter* ou Lieutenant, le *Miratſchim*, ou Aſtrologue, ſon Medecin, & pluſieurs autres perſonnes de qualité. Les Gentilshommes & les Officiers des Ambaſſadeurs s'aſſirent ſur le plancher, de l'autre coſté de la ſalle.

1636.
Leur fait donner des ſieges contre la couſtume.

Les Muſiciens ſe tenoient deuant le *Chan*. A l'entrée de la ſalle eſtoient pluſieurs ieunes hommes de fort bonne mine, auec des veſtes de brocard, tenans leurs arcs & fléches en poſture de tirer. Tous ceux qui eſtoient dans la ſalle, debout ou aſſis, auoient tous le dos tourné vers la muraille, & le viſage vers le *Chan* & vers la compagnie, en ſorte qu'il n'y en auoit pas vn qui tournaſt le dos à l'autre; ſuiuant la couſtume ordinaire qu'ils obſeruent en toutes leurs aſſemblées.

On porta à la compagnie pluſieurs petites tables, couuertes de fruicts & de confitures, pour eſtre ſeruis à deux à la fois, pendant que deux Pages faiſoient le tour de la ſalle, pour verſer à boire; ne faiſans autre choſe, ſinon de recommencer le tour quand ils l'auoient acheué. Apres auoir mangé vn peu de confitures on les oſta, & l'on couurit les petites tables d'vne fort belle toile de cotton de pluſieurs couleurs, pour ſeruir la viande. Au bout d'vne heure l'on oſta la viande, & l'on ſeruit encore des confitures, & apres cela l'on commença les preparatifs pour le ſouper. On oſta ces petites tables, pour couurir toute la ſalle par deſſus le tapis, de grandes pieces de toiles, qui deuoient ſeruir de nappe. Apres que le ſommelier eut fait ſa charge, l'Eſcuyer trenchant entra, chargé d'vne grande écuelle de bois, pleine d'vne certaine paſte cuite, comme celle d'oublies ou de petit meſtier. Les Perſes l'appellent *jucha*, & chaque morceau a plus de trois pieds en quarré. Il en ietta vne à chacun de la compagnie, pour tenir lieu de ſeruiette. Apres cela on ſeruit la viande en de grands plats de cuiure eſtamé, que l'on poſoit au milieu de la ſalle, où le *Suffretzi*, ou l'Eſcuyer trenchant, ſe mit à genoux pour la découper, & la mettre en de petites écuelles, dont on ſeruit à chacun vne.

Les ſeruiteurs du feſtin.

Plaiſantes ſeruiettes.

Tous les conuiez auoient auprés d'eux chacun vn *Tulfdan*, ou pot à cracher, fait comme nos pots de chambre; ſinon que l'ou-

Propreté des Perſes.

uerture en est plus petite, & l'on s'en sert au lieu de bassin à cracher, & pour y mettre les os, la peleure des fruicts, & les autres immondices, qui pourroient gaster le tapis ou le plancher.

L'on nous donna la musique pendant le repas, laquelle estoit composée de Luths & de violes assez mal touchées, de tambours de biscaye & de voix, qui faisoient vne harmonie bien mal concertée. Les deux Pages qui auoient seruy à boire à la collation, dansoient au son de tous ces instrumens ; de sorte qu'il sembloit que l'on eust fait dessein de nous faire gouster les delices d'vn Paradis terrestre, apres les fatigues que nous auions souffertes depuis nostre partement de Moscou. L'Hostel du Gouuerneur estoit situé sur la pente d'vne colline, d'où l'on découuroit toutes les maisons de la ville ; & il auoit fait commander à tous les habitans de mettre vne rangée de lampes aux fenestres, qui representoient à nos yeux plus de vingt mille estoiles, capables de dissiper les plus époisses tenebres de la nuict, & augmentoient de beaucoup le diuertissement que l'on taschoit de donner à tous nos sens, pendant que la musique des hauts-bois, & des tymbales, faisoit resonner tous les ramparts de la ville.

Adresse du Chan.

Le Gouuerneur voulant faire voir son adresse aux Ambassadeurs, leur dit, qu'ils luy marquassent vne des lampes du voisinage pour la tuër du premier coup de mousquet : ce qu'il fit deux fois de suite sans manquer. Ce festin ayant duré bien auant dans la nuict, & iusqu'à ce que nous commençassions à sentir le froid, le Gouuerneur nous conduisit dans vne autre chambre auprés du feu ; où il fit encore apporter des confitures, du vin, & de l'eau de vie, dont les Perses se saoulerent si bien, qu'vn d'entr'eux, homme de qualité, qui n'en auoit iamais beu, & qui voulut auoir cette complaisance pour nous, en prit tant, que le lendemain on le trouua mort dans son lict.

Vn de la compagnie meurt pour auoir beu de l'eau de vie.

Apres ce traittement, qui dura iusques à minuict, le *Chan* nous permit de nous retirer, & nous fit loger chez des Armeniens, parce qu'ils estoient Chrestiens ; mais dautant que l'on n'auoit point aduerty nos hostes, & que nostre bagage n'estoit pas encore arriué, nous n'y trouuasmes ny licts, ny bancs, ny tables ; de sorte qu'apres vn si bon souper, nous passasmes vne tres-mauuaise nuict.

Present du Chan.

Le dernier iour de Decembre, le *Chan* enuoya aux Ambassadeurs

sadeurs plusieurs rafraischissemens, de vin, de gibier, & d'autres viures. Le *Calenter*, ou Lieutenant, ordonna aussi, que l'on nous donnast tous les iours pour nostre prouision, dix-sept moutons, vingt poules, cent œufs, vne certaine quantité de sel & de pain, cinquante pintes de vin, & vingt charges de bois. Ce qui s'executa assez bien les quatre ou cinq premiers iours; mais parce que le *Mihemandar* estoit obligé d'enuoyer querir ces viures aux villages voisins, en sorte que nous ne les receuions quelquefois que deux ou trois iours apres; le *Chan* nous fit dire, que nous ferions mieux pour nostre commodité, d'enuoyer acheter les viures au marché, & que nous nous pouuions asseurer, qu'il nous feroit rembourser de ce qui se treuueroit auoir esté dépensé, quand nous serions prests de partir. Il fit pour cet effet publier à son de trompe, que l'on eust à vendre aux *Frenqui*, (c'est ainsi qu'ils appellent les Allemans, aussi bien que les François, les Italiens & les Espagnols) les viures à prix raisonnable.

Nous demeurasmes trois mois entiers à *Scamachie*, en attendant les ordres de la Cour pour nostre dépense, & pour nostre voyage. Le Gouuerneur & le *Calenter* taschoient cependant de charmer l'ennuy de ce long sejour par des festins continuels, & par le diuertissement de la chasse, par les visites qu'ils rendoient souuent aux Ambassadeurs, & mesmes par les rafraischissemens de vin, de gibier, & du fruict, dont ils leur faisoient present.

ANNEE M. DC. XXXVII.

NOvs commençasmes cette année par les ceremonies de l'enterrement du Gentilhomme Persan qui s'estoit tué à force de boire de l'eau de vie, au premier festin que le Gouuerneur nous auoit fait le iour de nostre arriuée. Nous aurons cy-apres occasion de parler des ceremonies de leurs enterremens, & nous nous contenterons de dire icy, que l'on porte ordinairement les corps dans vne *Metzit*, *Mosquée* ou Eglise; d'où on les transporte en suite à *Babylone*, à *Kufa*, ou à *Netschef*, pour estre enterrez auprés de leur Prophete *Aaly*, ou auprés de quelqu'autre de leurs *Imans*, ou Saints.

IANVIER.

Le deuxiéme Ianuier le Gouuerneur & le *Calenter* visiterent les Ambassadeurs, & firent apporter auec eux des confitures & du vin pour la collation. Le dessein du *Chan* estoit d'entendre nostre Musique, dont il auoit oüy parler: & de fait elle luy pleut si bien, qu'il pressa les Ambassadeurs d'aller souper auec luy au Chasteau, & de la mener auec eux. Elle estoit composée d'vn violon, d'vne viole, d'vne mandore & d'vne voix. Ils s'en voulurent excuser d'abord, mais il fut impossible de se deffendre de ses ciuilitez ; de sorte que nous passasmes le reste de ce iour-là dans les mesmes diuertissemens, qu'il nous auoit donnez le iour de nostre arriuée.

Le Gouuerneur y en adiousta vn autre ; car il fit tirer de son escurie quelques-vns de ses plus beaux cheuaux, au nombre de vingt-sept, entre lesquels il y en auoit trois, que le *Sofi* luy auoit depuis peu enuoyez, comme des témoignages de sa bien-veillance. Il les fit monter tous par vn de ses valets de chambre, qui leur fit faire plusieurs tours dans la salle, quoy que le plancher fust tout couuert de beaux & riches tapis.

Le cinquiéme Ianuier le *Chan* fit dire aux Ambassadeurs, que s'ils vouloient se trouuer le lendemain aux ceremonies, que les Armeniens feroient à la consecration de leur eau-beniste, où il assisteroit en personne, il leur feroit garder place.

Les Armeniens benissent l'eau le iour des Rois.

Les Armeniens appellent cette Feste *Chasicha Schuran*, c'est à dire le Baptesme de la Croix.

Les ceremonies se firent hors de la ville, auprés d'vn pont nommé *Puli Amberi*. Les Armeniens chomment cette Feste, aussi bien que les Moscouites, & les autres Chrestiens le sixiéme Ianuier, & c'est proprement celle des Rois. Ils la commencerent par la Messe, qui fut dite dés le grand matin, & deuant le iour. Le Sermon fut dit en suitte, à peu prés auec les mesmes ceremonies que les Catholiques Romains le disent en Europe. Les Ambassadeurs qui auoient leur logis auprés de la Chappelle des Armeniens, ne firent point de difficulté d'assister à l'vn & à l'autre, & apres le Sermon ils furent complimentez par l'Euesque qui l'auoit fait, & qui estoit venu là exprés du lieu de sa demeure.

Les Ambassadeurs assistent à leur seruice.

Il leur fit entendre par vn truchement, la ioye qu'il auoit de voir leurs deuotions honorées de la presence de personnes de cette qualité ; veu que ce ne leur estoit pas vne petite consolation, de voir en leurs Eglises des Chrestiens Européens, qui n'y estoient iamais venus auparauant. Il y adiousta, que Messieurs les Ambassadeurs ne sçauoient pas qui il estoit, mais qu'vn iour il le leur diroit: ce qui nous fit croire que c'estoit quelque Missionnaire du Pape, enuoyé en ces quartiers là, pour trauailler à la reünion de l'Eglise Grecque auec la Romaine.

1637.

Il pria aussi les Ambassadeurs, de faire instance auprés du Gouuerneur, à ce qu'il leur fust permis d'acheuer le bastiment du Conuent, que les Armeniens auoient commencé; ce qu'ils promirent de faire.

Sur le midy les Armeniens, par l'ordre du *Chan*, nous amenerent quinze cheuaux, dont nous nous seruismes pour aller à la riuiere, qui est éloignée de la ville d'vne demy-lieuë. Ces pauures gens qui s'estoient rendus à la ville de tous les villages circonuoisins, en partirent en Procession, auec quantité d'Images, Croix & Bannieres, escortez iusques à la riuiere de bon nombre de gens de guerre, que le Gouuerneur leur auoit donnez, pour les proteger contre les iniures & insultes des *Mussulmans*, ou *Mahometans*, qui prennent plaisir à se mocquer d'eux. Le Gouuerneur auoit fait dresser vne tente vis à vis du lieu où la consecration se deuoit faire, fort richement tapissée, & y auoit fait apprester vne superbe collation. Il auoit à sa gauche le *Poslanik* Moscouite, & vn grand nombre de Gentilshommes, & auoit laissé la droite vuide pour les Ambassadeurs, & pour quelques-vns de leur suite. Apres qu'il nous eut receus, & fait asseoir, il commanda aux Armeniens de commencer leurs ceremonies. Dés que l'on eut commencé à lire sur le bord de la riuiere, il y eut quatre hommes tous nuds qui sauterent dans l'eau, & nagerent quelque temps çà & là, pour ouurir l'eau qui estoit toute glacée. Vn de nos barbets qui auoit accoustumé d'aller à l'eau s'y ietta apres eux: ce qui donna bien du plaisir aux Perses, qui considerent les chiens comme bestes tellement immondes, que mesmes ils ne veulent pas qu'ils les touchent; de sorte qu'ils rioient de voir toutes les ceremonies des Armeniens prophanées par nostre barbet: bien que d'ailleurs ils regardent tout ce que ces pauures gens-là font, comme vne farce. Il n'y a que le *Chan*, qui pour la peine qu'il se donne

Ceremonies des Armeniens pour benir l'eau.

de s'y trouuer, pour les proteger, tire tous les ans vn present de mille escus de leurs Eglises.

Apres que l'Euesque eut leu pendant vne bonne heure, & que l'assemblée eut acheué de chanter, & de iouër des tymbales, il versa vn peu d'huile consacrée dans l'eau, où il trempa en suitte vne petite Croix, garnie de quantité de pierres precieuses, & finalement tenant sa Crosse au dessus de l'eau, il la benit.

Tous les Armeniens en prirent, les vns pour en boire, & les autres pour s'en lauer le visage. Il y en eut mesme qui s'y ietterent ; mais la plusPart ne fit qu'en prendre quelques gouttes, pour se les ietter au visage. Quelques-vns des domestiques du Gouuerneur prenoient plaisir à moüiller les Prestres & les femmes, & il y en eut qui les traiterent si mal, que le *Chan* mesme en eut honte, & fut obligé de les faire retirer ; quoy que luy-mesme fist danser son bouffon, & son maistre d'Hostel, pour se mocquer des Armeniens qui dansoient à l'entour de leur Euesque. Le Medecin du Gouuerneur, qui estoit Arabe, & homme sans Religion, eut l'impudence de demander aux Ambassadeurs ce qu'ils croyoient de IESVS-CHRIST, & s'ils le reconnoissoient pour Fils de Dieu. On luy respondit, qu'on le croyoit vray Dieu ; mais qu'il n'auoit que faire de se mocquer de leur Religion, & qu'ils n'estoient pas-là pour disputer auec luy.

Apres que les ceremonies furent acheuées, l'on se mit à boire d'autant, & le Gouuerneur en prit si bonne part, que s'estant bien enyuré il se retira, & monta à cheual, sans dire mot à la Compagnie. Tous les autres Perses le suiuirent ; ce qui nous surprit d'autant plus, que ne sçachans point leur coustume, nous ne pouuions pas deuiner la cause de cette retraite. Estans montez à cheual, pour reprendre le chemin de la ville, nous trouuasmes le Gouuerneur, qui attendoit les Ambassadeurs proche de la tente. Nous sceusmes depuis, & nous l'apprismes mesme par l'experience, que les Perses ne font point de difficulté de se leuer de table, & de se retirer, sans faire aucun compliment à l'hoste, qui se sert du mesme priuilege enuers les conuiez ; quand il ne se sent plus en estat de leur pouuoir faire compagnie : dont nous auons veu plusieurs exemples pendant le sejour que nous auons fait en Perse, & mesme à la table du *Schach*.

1637.

Le neufiéme Ianuier, l'Euesque rendit visite aux Ambassadeurs, il y vint auec la Croix & la Banniere, ayant plusieurs Prestres deuant luy, qui estoient tous Pontificalement vestus, & auoient tous vn cierge à la main. En entrant dans la cour ils se mirent à chanter, & à iouër de leurs tymbales, de haut-bois & de sonnettes, & nous apporterent vn present de deux cruches de vin, & d'vn plat de pommes, au milieu duquel on auoit planté vne bougie allumée. Ils s'entretinrent plus de trois heures auec les Ambassadeurs sur le sujet de leur Religion, & en prenant congé d'eux, ils leur reïtererent la priere, qu'ils leur auoient desia faite, d'interceder auprés du Gouuerneur pour le bastiment de leur Eglise.

Visite de l'Euesque.

Le dixiéme Ianuier le *Calenter*, ou Lieutenant du Roy, regala les Ambassadeurs, & toute leur suitte, d'vn tres-magnifique festin : mais auant que de nous mettre à table, il nous voulut donner la satisfaction de nous faire voir son Hostel, qui estoit sans comparaison mieux basty & meublé que celuy du Gouuerneur. La salle, où le disner se deuoit faire, estoit toute voutée, & ornée d'vn certain ouurage de plastre à feüillages, d'vne tres-jolie inuention. La veuë de la salle donnoit sur vn tres-grand & tres-beau iardin, dont nous trouuions l'assiette d'autant plus aduantageuse, que la salle estant haute, & le jardin fort bas, on le découuroit tout de ses fenestres. A costé de la salle il y auoit vne gallerie, d'où sortoit vne belle fontaine, laquelle poussant d'abord d'vn jet fort haut, nous charmoit d'vn bruit sourd, mais agreable, que ses eaux faisoient, en tombant dans vn autre bassin plus bas, qui estoit vis à vis d'vne chamére sous la salle, & de là dans vn troisiéme qui estoit au milieu du jardin. Le Gouuerneur qui se trouua aussi à ce festin, auec les principaux de ses Courtisans, y auoit amené le Mareschal de la Cour du *Sofi*; qui venoit d'arriuer d'*Ispahan*. Le festin dura iusques à la nuict, à l'entrée de laquelle les Perses nous ramenerent aux flambeaux iusqu'en nostre quartier ; quoy qu'en l'estat où ils estoient, ils eussent besoin de conducteurs, pour le moins aussi bien que nous.

Festin du Calenter.

Le dix-huitiéme, les Ambassadeurs ennoyerent le Maistre d'Hostel, le Secretaire de l'Ambassade, & le Controlleur, au

Present des Ambassadeurs.

1637.

Chan, pour luy faire le present ordinaire, qui estoit de dix aulnes d'ecarlatte, de cinq aulnes de satin bleu, d'vn baril d'eaude vie, d'vne caisse, dans laquelle on luy enuoyoit deux douzaines de bouteilles de toutes sortes d'esprits de vin, & de deux paires de couteaux, dont les manches estoient d'ambre. Ce present le mit en si bonne humeur, que nous nous voulusmes seruir de l'occasion, pour luy presenter la requeste des Armeniens touchant le bastiment de leur Eglise.

Le Gouuerneur permet aux Armeniens de bastir vne Eglise.

Il nous dit, qu'encore que depuis l'établissement de la Religion Mahometane en Perse, les Chrestiens n'eussent iamais eu aucune Eglise dans *Scamachie*, & que iamais aussi il n'eust eu dessein de permettre aux Armeniens d'en bastir; neantmoins qu'il faisoit tant d'estat de l'intercession des Ambassadeurs, qu'ils pouuoient s'asseurer qu'il ne l'empescheroit plus; & afin qu'ils n'eussent plus de suiet de douter de sa bonne volonté, il voulut que l'on expediast les ordres pour cela en leur presence.

Les Armeniens en eurent tant de ioye, que non contens d'en remercier les Ambassadeurs, ils promirent de faire en sorte que leur bastiment feroit connoistre à la posterité, auec leurs noms, les bons offices qu'ils leur auoient rendus en cette occasion.

Le vingtiéme reuint le Courrier, que le *Chan* auoit depesché à *Ispahan*, dés lors que nous estions encore à *Niasabath*; ce qui obligea les Ambassadeurs de l'enuoyer prier de leur faire sçauoir les ordres que la Cour auoit donnez pour la continuation de nostre voyage. Il nous répondit, qu'il n'en auoit point de nouuelles du tout; & que si nous voulions, nous pouuions entendre la lecture de la lettre, laquelle il mit en mesme temps entre les mains de son Medecin pour la lire. Cet homme, qui estoit fait au badinage, apres auoir baisé la lettre, se la porta au front, & la leut en suite. Le contenu de la lettre, au moins ce qu'il nous leut, portoit, que le Courrier du *Sultan de Derbent*, estant arriué à la Cour plutost que celuy du *Chan de Scamachie*, l'on n'en auoit appris autre chose; sinon qu'il estoit arriué à *Derbent* vn Enuoyé, ou *Poslanik* du Grand Duc de Moscouie, qui auoit dit, que dans peu de iours l'on verroit en ces quartiers-là des Ambassadeurs d'vn Prince d'Allemagne. Que le *Schach*, qui n'auoit point eu d'autres nouuelles de leur arriuée, s'estoit contenté d'ordonner au Gouuerneur de *Der-*

bent, de les receuoir, de les faire bien traiter pendant le sejour qu'ils y feroient, & de leur faire donner la monture necessaire pour la continuation de leur voyage, iusqu'à *Schamachie*, & que lors qu'ils y seroient arriuez, le *Chan* de *Schamachie* dépescheroit vn exprés pour en donner aduis à la Cour; laquelle luy enuoyeroit alors les ordres necessaires pour ce qu'il auroit à faire, tant pour la subsistance des Ambassadeurs que pour leur marche. Le *Chan* nous demanda vn memoire des noms, & des qualitez de tous ceux qui composoient nostre suitte. Il vouloit particulierement que l'on y specifiast les mestiers, & que l'on ne manquast point d'y marquer, qu'il y auoit en nostre suite vn Medecin, vn Chirurgien, vn Peintre, & des Musiciens : ce que nous ne voulusmes pas faire; mais nous nous contentasmes de leur donner par escrit les noms de nos gens, & de leur marquer l'employ qu'ils auoient à la suite de l'Ambassade. Nous soupçonnasmes d'abord que cette lettre n'estoit point du style de la Cour, & qu'il y auoit quelque chose de plus ou de moins, & afin de nous en éclaircir, nous fismes le lendemain venir le Courrier chez nous.

Le vin qu'on luy fit prendre, & les petits presens que nous luy fismes donner sous-main, nous découurirent tout le secret. Il nous dit en confidence, que le frere du *Chan* ayant esté depuis peu executé, & ce malheur ayant enueloppé toute la famille en la disgrace du deffunct, il ne s'estoit trouué personne, qui osast se charger de cette lettre, dont l'on ne sçauoit point le contenu, pour la rendre au *Sofi*: mais qu'enfin au bout d'vn mois, vn des Chambellans du Roy s'estant hazardé de la mettre aux pieds de sa Majesté, le *Sofi* n'y auoit pas voulu faire response ; mais qu'il luy auoit fait escrire par vn autre, & qu'il luy auoit fait mander, qu'il n'y auoit point de response à faire à sa lettre, veu les ordres que l'on auoit donnez au *Sultan* de *Derbent*, qui estoient contenus dans la lettre, dont l'on nous auoit fait la lecture. Que l'on n'y auoit voulu rien adiouster, sinon vn commandement bien exprés au *Chan*, de faire tailler en pieces en sa presence tous les Perses, qui oseroient offenser ces estrangers Allemans, pendant le sejour qu'ils feroient dans son gouuernement. De sorte que nous fusmes contraints de nous resoudre

Ordres du Schach pour les Ambassadeurs.

1637.

de demeurer-là, & d'attendre les ordres, que le *Sofi* donneroit, sur les depesches que le *Chan* enuoyoit à la Cour, par vn exprés.

Le vingt-cinquiéme le *Chan*, accompagné du *Peslanik*, & de grand nombre de Courtisans, rendit visite aux Ambassadeurs; mais dautant que leur Carême estoit commencé, il refusa de faire collation, & s'en retourna chez luy, apres auoir pris le diuertissement de nostre Musique.

L'Enuoyé Moscouite part de Schama-chie.

Le vingt-huitiéme Ianuier le *Peslanik* partit pour *Ispahan*, fort peu satisfait du traitement qu'il auoit receu du *Chan*, & du *Calenter*. Il s'en ressentit sur le *Mehemandar*, qu'on luy auoit donné pour le conduire; l'offensant & le mal menant à toute heure, & hors de propos. Quelques-vns de nostre suitte l'accompagnerent iusques à vne lieuë de la ville; où ils prirent congé de luy.

FEVRIER.
College pour l'instruction de la ieunesse.

Le cinquiéme Fevrier, m'estant allé promener de compagnie auec quelques-vns des nostres, nous entrasmes dans vn grand hostel, auprés du marché, qu'ils appellent *Bazar*. Le bastiment estoit fort beau, estant accompagné de plusieurs galeries & chambres, comme vn College; & parce que nous y voyions plusieurs personnes aagées & ieunes, les vns se promenans, & les autres assis, auec vn Liure à la main, nous eusmes la curiosité de nous enquerir du lieu où nous estions, & nous apprismes que c'estoit en effet vne Escole ou vn College, qu'ils appellent *Madresa*, dont il y a vn grand nombre par toute la Perse.

Pendant que nous nous amusions à considerer le bastiment, vn de leurs *Maderis*, ou Regents, qui faisoit des leçons publiques, nous conuia de nous approcher de luy, & voyant que i'auois fait mettre sur la canne, que ie portois à la main, ces paroles Arabes, *Bismi alla rahmam rachim*; c'est à dire, *Au nom du Dieu misericordieux, faisant misericorde*, (ce que les Perses mettent au commencement de tous leurs écrits) il me pria de la luy donner, & me promit de m'en donner vne autre plus belle le lendemain: mais voyant que i'en faisois difficulté, il en coupa le mot *alla*, qui est en leur langue le propre nom de Dieu, & en serra les coupeaux dans vn morceau de papier blanc, bien proprement, & me dit qu'il ne falloit pas que le nom de Dieu fust écrit sur vn baston que l'on portoit dans la bouë. Ie retournay le lendemain au mesme College, où ie fis porter vn beau Globe celeste, mais j'entray par mesgarde dans vn autre auditoire, où l'on ne laissa pas de me receuoir fort bien: Les Precepteurs & Regents, aussi bien que les disciples, furent bien estonnez de voir entre mes mains vn si beau Globe, & d'apprendre par-là que l'Astrologie, & les Mathematiques estoient bien mieux enseignées chez nous qu'en Perse, où ils n'ont pas encore l'inuention des Globes, & ne se seruent quasi que de l'Astrolabe, pour l'instruction de leur jeunesse. Ils prenoient plaisir à considerer mon Globe, & ils me nommoient en Arabe tous les signes du Zodiaque, & mesme me firent connoistre, qu'ils sçauoient tous les noms & toutes les qualitez de la plus part des autres Astres.

1637.

Vn autre iour j'allay dans vn *Metzit*, ou Eglise, de nostre quartier, voir de quelle façon ils instruisent les enfans. Ils estoient tous assis contre la muraille, à la reserue du *Molla*, ou Maistre d'école, qui estoit auec quelques personnes âgées assis au milieu de la salle. Dés qu'ils me virent entrer, ils me conuierent de m'asseoir auprés d'eux. Le *Molla*, qui tenoit vn *Alcoran* à la main, escrit en fort beaux caracteres, souffrit que ie le fueilletasse quelque temps, puis apres il le reprit, le baisa au commencement du texte, & me le bailla aussi à baiser; mais ie me contentay de baiser vn liure que j'auois à la main, & ie luy dis que connoissant celuy que ie tenois, ie ne faisois point de difficulté de le baiser, mais que ne sçachant point ce que son Liure contenoit; ie ne croyois pas le deuoir baiser. Il se mit à rire, & me dit que j'auois fort bien fait. Il y auoit auec eux vn Arabe, nommé *Chalil*, qui estoit *Minatsim* ou Astrologue, natif de *Hetsas* aupres de la *Meque*, âgé d'enuiron 65. ans. Il entendoit l'Astrologie, & expliquoit l'Euclide à quelques-vns de ses disciples. Ie reconnus aussi-tost le liure par les figures, & ie me mis à luy faire quelques demonstrations, autant que le peu de connoissance, que j'auois de la langue Persane, me permettoit de m'expliquer; à quoy le bon vieillard prit si grand plaisir; que m'en voulant donner à son tour, il tira de son sein vn petit Astrolabe de cuiure, & me demanda si j'en auois veu autrefois de semblables, & si j'en sçauois l'vsage: & sur ce que ie luy fis connoistre, que ie l'entendois fort bien, & que i'en auois vn chez moy, il témoigna auoir grand desir de le voir; ce qui m'obligea à l'aller

Escole pour les enfans.

Les Perses ont l'Euclide.

Se seruent de l'Astrolabe.

Ddd

querir chez moy, auec le Globe : dont ils demeurerent bien surpris, particulierement quand ils sçeurent que ie l'auois fait moy-mesme. Le bon-homme Arabe me pria de luy faire voir comment j'auois pû mettre les degrez dans leur iustesse, & si proprement comme j'auois fait, parce qu'ils n'ont point d'instrumens propres à faire leurs cercles & leurs degrez. Ie luy en enseignay l'inuention, & comment en peu de temps, & auec peu de peine il y pouuoit reüssir, dont il témoigna m'estre si fort obligé, que depuis ce temps-là il ne perdit point d'occasion de me donner des preuues de son amitié ; tant par ses frequentes visites, qu'il accompagna vn iour de force fruicts & viandes cuites, pour disner chez moy à ses despens, que par des offres de toutes sortes de seruices. Il me communiqua les longitudes & les latitudes des principales villes & places de toute l'Asie; que ie conferay auec les obseruations, que i'en auois faites, & les trouuay fort iustes.

Le *Molla*, ou Maistre de ce *Metzit*, s'appelloit *Maheb Aaly*, & estoit encore ieune, mais fort honneste homme, & de tres-bonne humeur, qui faisoit tout ce qu'il pouuoit pour me seruir, & qui me rendoit de tres-bons offices en toutes les occasions & particulierement en l'estude où ie m'appliquay de la langue Arabe. Il m'acquit aussi l'amitié d'vn sien amy, nommé *Imanculi*, qui estoit *Ohnbaschi*, ou Capitaine d'vne compagnie de Caualerie. Ces deux me venoient voir presque tous les iours alternatiuement, tant pour m'enseigner leur langue, que pour apprendre la mienne. Ce qu'ils firent auec assez de succez, & particulierement *Imanculi*, qui y faisoit des progrez si considerables, qu'il y eust sans doute reüssi, sans la jalousie de quelques-vns des nostres ; qui fut assez grande pour rendre ces pauures gens suspects, comme s'ils eussent eu dessein de changer de Religion ; de sorte qu'ils furent contraints de s'en cacher, & de faire la pluspart de leurs visites la nuict : iusques-là qu'vn iour, sçauoir l'onziéme Feurier, comme i'estois allé au *Metzit*, pour y prendre vne leçon en la langue, il y vint vn valet Persan, dire au *Molla* de la part du *Chan*, qu'il s'estonnoit de ce qu'il souffroit que ces Chrestiens entrassent dans leur temple : qu'ils n'y auoient que faire, & qu'il les fist retirer. Le *Molla* en fut surpris d'abord ; mais reuenant aussi-tost à luy, & considerant que les Perses ne deffendent iamais la compagnie ny la conuerfation des Chreftiens, il fe douta auffi-toft de quelque fourbe, & ayant tiré ce valet à part, il fçeut de luy, que ce n'eftoit pas le *Chan*, mais noftre truchement qui l'auoit enuoyé là, pour troubler mon contentement. Le lendemain on nous enuoya encore vn femblable meffage, mais nous en fçauions defia l'auteur & le fujet, c'eft pourquoy nous nous en mocquafmes. Quelque temps apres noftre truchement, eftant mal auec le fieur *Brugman*, nous aduoüa que c'eftoit par fes ordres qu'il auoit enuoyé ce valet, pour m'empefcher d'apprendre la langue. Ce fut à ce mefme deffein, que le mefme *Brugman* m'ordonna de reduire fur vne feule fueille la Perfe & la Turquie, afin de m'appliquer à l'eftude de la langue, pendant que ie ferois occupé à ce long & fafcheux trauail.

Le feptiéme les Ambaffadeurs furent vifitez par vn Moine Catholique Romain, nommé *Ambrofio dos Anios*, natif de Lifbonne en Portugal. Il nous dît qu'il venoit de *Tiflis* en *Georgie*, qui eft à dix iournées de *Schamachie*, où il eftoit Prieur d'vn Conuent de l'Ordre de S. Auguftin, & qu'il n'auoit entrepris ce voyage, que parce qu'il auoit oüy dire qu'vn trespuiffant Prince d'Allemagne auoit enuoyé vne Ambaffade folemnelle en Perfe, & qu'il eftimoit que ce ne pouuoit eftre qu'à deffein d'auancer la Religion Chreftienne en ces quartiers-là. Qu'ainfi il auoit bien voulu prendre cette peine, dans l'efperance qu'il auoit, que Meffieurs les Ambaffadeurs ne trouueroient pas mauuais, qu'il fe fuft donné la liberté de les venir faluer, non feulement pour les complimenter fur leur heureufe arriuée en Perfe; mais auffi pour les feruir, en tout ce qu'ils pourroient defirer de luy. Qu'il y auoit vingt-fept ans qu'il eftoit dans le Royaume, & que pendant ce temps-là il ne s'eftoit point acquis vne fi petite connoiffance des affaires du pays, & de l'humeur de la nation, qu'il ne leur pût eftre vtile en leur negotiation.

On ne fçauoit d'abord que iuger de l'intention de ce Religieux; c'eft pourquoy nous nous tinfmes en quelque façon fur nos gardes, iufques à ce qu'apres vne conuerfation de dix iours, nous reconnufmes en effet qu'il n'y auoit que de la fincerité en fon procedé: de forte que nous ne fifmes point de difficulté de nous fier entierement en luy. Il fçauoit, outre sa langue maternelle, & la langue Latine ; dont il se seruoit pour entretenir les Ambassadeurs, la Georgique, la Turque & la Persane, pour laquelle il me donna plusieurs bonnes instructions.

En ce temps-là la fiévre chaude commença à attaquer plusieurs de nos gens, en suite du grand vin qu'ils beuuoient, apres l'eau qu'ils auoient beuë au voyage. Le vin de Perse est bon, mais fort, & nos gens en beuuoient en si grande quantité, que les Ambassadeurs se trouuerent obligez d'en faire deffendre l'vsage, par vne Ordonnance tres-seuere. Il s'en trouua iusques à vingt-deux tout à la fois au lict malades, mais par la grace de Dieu, & par les soins extraordinaires du Medecin, il n'en mourut pas vn.

Feste en memoire d'Haly.

Ce mesme iour, qui est selon le compte des Perses le vingtvniéme de *Ramesan*, ils chommerent leur *Auschur*, ou leur Feste solemnelle, en memoire de *Haly* leur grand Saint & leur Patron. Les ceremonies & deuotions se firent dans vne maison, que l'on auoit bastie expres pour cela hors de la ville. Le *Chan*, son *Calenter*, & les autres principaux Officiers se tenoient dans vne gallerie de la mesme maison, & vis-à-vis de la gallerie il y auoit vne chaise à iour, de la hauteur de huict pieds, que l'on auoit posée à l'ombre d'vne toile qui y estoit tenduë, pour la commodité du *Chathib*, ou de leur Prelat, qui estoit assis dans la chaise, couuert d'vne veste bleuë, qui est le dueil de ce pays-là.

Equipage plaisant d'vn Predicateur Perse.

Il leut plus de deux heures dans vn Liure, qu'ils appellent *Machtelnama*, contenant la vie & les actions de *Haly*, en chantant d'vne voix & haute & lamentable, mais claire & intellible, & ce sans aucune intermission ; sinon quand il rencontroit quelque passage remarquable, ou quelque sentence morale, dont il ne disoit que le premier mot, pour le faire acheuer par les autres Prestres, qui estoient en grand nombre assis au bas de sa chaise. L'vn de ces Prestres crioit tousiours à la fin de chaque passage, *Laanet Chudaiber Kuschendi Aalybad* ; c'est à dire, *maudit de par Dieu soit celuy qui tua Haly*; à quoy toute l'assemblée répondoit, *bisch bad Kem bad* ; c'est à dire, *plûtost plus que moins*. Lorsqu'il arriue à l'endroit, où *Hali* dit à ses enfans (il y en a qui croyent que la connoissance qu'il auoit de l'Astrologie iudiciaire, luy auoit fait preuoir sa mort) qu'il ne viura plus gueres, & qu'il sera bien-tost tué par vn de ses domestiques, faisant connoistre que ce sera *Adurraman ibni Meltzem*, sur quoy les enfans le conjurent la larme à l'œil, de prendre garde à sa personne, & de preuenir *Abdurraman*, plustost que de permettre que sa mort les laisse orphelins, destituez de toute consolation, & exposez à la discretion de leurs ennemis, quand le *Chathib* en est là, dis-je, l'on voit les Perses pleurer à chaudes larmes, & iusqu'aux sanglots; comme aussi quand le *Chathib* represente, comment *Haly* fut tué dans leur *Metzit*, en faisant sa priere, & le dueil que ses enfans menerent sur sa mort. Apres que le *Chathib* eut acheué sa lecture, le *Chan* luy enuoya vne veste de soye, qu'il mit aussi-tost, & apres cela l'on fit passer en Procession trois chameaux portans des bieres, couuertes d'vn drap noir, qui representent celles du *Haly*, & de ces deux fils *Hassan* & *Hossein*. Apres cela suiuirent deux caisses ou chasses, couuertes d'vn drap bleu, dans lesquelles estoient les liures & les traictez spirituels que *Haly* a escrits. En suitte de cela deux beaux cheuaux, ayans aux arçons & sur la selle plusieurs arcs, flesches, turbans & drapeaux. Apres cela marchoit vn homme seul, portant au bout d'vne perche vne espece de tout ou de clocher, dans lequel estoient fourrez quatre cimeterres, mais ils estoient couuerts de tant de rubans & de babioles, qu'à peine les pouuoit-on apperceuoir: & en fin plusieurs hommes portans sur la teste de petits coffrets couuerts de plumes, galans & fleurs de diuerses couleurs, dans lesquels est l'Alcoran ouuert.

1637.

Procession apres le Sermon.

Ces derniers dansoient & sautoient en cadence sur vne certaine musique dolente, de haut-bois, de tymbales, de flageolets & de tambours de biscaye. D'vn autre costé plusieurs garçons dansoient aux chansons, se frappans les vns les autres sur l'épaule, & crians *Heder, Heder*, qui est le nom de *Haly*, *Hassan*, *Hossein*; & auec ces ceremonies ils reprenoient le chemin de la ville. Toute la Perse celebre la mort de *Haly* ce iour-là: mais Mahomet leur grand Prophete n'a point de Feste particuliere.

Au quatorziéme Février se rencontra la nouuelle Lune, à laquelle deuoit finir le Caresme des Perses, qui auoit commencé le seiziéme Ianuier, qui est à leur compte le premier *Ramesan*; mais dautant qu'ils estoient à la veille de leur sabbath, qui est le Vendredy, leurs gens d'Eglise iugerent qu'il estoit à propos de continuer le ieusne iusqu'à ce iour-là. Le

1.6 3 7.
Le Chan fait festin aux Ambassadeurs.

Ordre de la Cour pour les faire partir.

lendemain de la Feste le *Chan* fit vn grand festin à tous les Grands de sa Cour, où il conuia aussi les Ambassadeurs auec leur suite, & les traitta splendidement.

Le vingt-septiéme reuint le Courrier, que le *Chan* auoit depesché dés le vingt-vniéme Ianuier, auec ordre & commandement exprés de nous faire partir au plûtost vers *Ispahan*. Cette bonne nouuelle donna l'enuie à quelques-vns de nous d'aller à la chasse. Le *Chan* nous enuoya faire ses excuses, de ce que ses affaires l'empeschoient de nous faire compagnie ; mais il nous donna ses chasseurs, sa meutte & ses oyseaux, comme aussi vn Leopard, lequel estant fort bien dressé, partoit de la main bien plus viste qu'vn leurier, & nous donnoit tout le plaisir, que l'on peut prendre à la chasse, Il ne descouuroit point de lieures qu'il ne prist, & reuenoit au forhu bien mieux que le meilleur chien courant, sautant en croupe derriere l'homme qui le gouuernoit. Le *Chan* nous auoit cependant fait apprester vne superbe collation en son jardin, hors de la ville ; mais celuy qu'il nous auoit enuoyé, pour nous conuier d'y passer, nous auoit manqué, & ne nous trouua qu'à l'entrée de la ville, de sorte que ne pouuans nous resoudre à retourner à la campagne, il nous enuoya chez nous vne partie des viandes, qui auoient esté apprestées pour nous traitter.

MARS.

Le premier iour de Mars, qui est selon leur Almanach, qu'ils appellent *Tagüim*, le quatorziéme de *Scheüal*, les Perses chommerent encore vne Feste, qu'ils appellent *Chummekater*, en memoire du iour, auquel *Haly* se mit en possession de la succession de son cousin & beau-pere Mahomet. Le *Chan* nous traitta encore ce iour-là fort magnifiquement, auprés de la riuiere, sous vne tente ; où il nous donna pendant le festin le diuertissement de plusieurs sortes de danses, & entr'autres celuy d'vn garçon de vingt-ans, qui dansoit à la cadence de deux petites cimbales, qu'il manioit auec beaucoup de justesse, & d'vn Maure, ou Arabe noir, qui sautoit & faisoit des demarches entre les vases de porcelaine, que l'on auoit seruy, auec tant d'adresse, qu'il n'en cassa pas vn seul. Il sembloit que tout le peuple voulut contribuer à nostre diuertissement, par les resiouïssances publiques, que l'on faisoit en toutes les ruës : & le *Chan* mesme nous fit encore voir sa justesse à tirer de l'arc. Il nous dit, qu'autrefois il coupoit de sa flesche vn cheueu, dans vne di-

ftance affez éloignée, & qu'il vouloit effayer, s'il en feroit bien 1637.
encore autant en l'âge où il eftoit de quarante-cinq ans. Ayant
donc fait attacher à vn crin de cheual vne de ces bagues, dont
les Perfes fe feruent pour bander leurs arcs, & les portent ordinairement au pouce, & ayant fait éloigner de fix grands pas
le garçon qui le tenoit, il le coupa deux fois de fuite d'vn coup
de fleche. Il perça auffi d'vn coup de fuzil vne pomme qu'il
auoit fait jetter en l'air.

En retournant à la ville, apres vn repas, qui auoit duré fix
heures, tous les Officiers nous firent voir dans vne grande
plaine, la viftesse de leurs cheuaux. Il faut auoüer qu'elle eft
extreme, & qu'il n'y a point de cheual Anglois, qui en approche, mais auffi eft-ce le feul maneige qu'ils apprennent. Ils
nous donnerent auffi le diuertiffement de leurs combats à cheual, & de leur façon d'efcarmoucher auec les ennemis, & nous
firent voir vne adreffe merueilleufe & inconceuable, non feulement en jettant leurs baguettes, dont ils fe feruoient en ce
diuertiffement au lieu de jauelots, ou d'azagayes, en courant à
bride abattuë contre ceux qu'ils pourfuiuent; mais auffi en les
prenant de la main quand on les leur jettoit, & en les dardant
en mefme temps contre ceux qui les pourfuiuoient. L'efcuyer du *Chan* fut celuy, qui fit le mieux en cette occafion,
& eut pour recompenfe vn des beaux cheuaux de l'efcurie de
fon maiftre.

Le troifiéme de Mars les Perfes celebrerent encore vne fefte, Autre Fefte.
qu'ils appellent *Tzar Schembefur*, c'eft à dire le quatriéme Sab-
bat trifte, & c'eft le prochain Mercredy deuant l'Equinoxe
vernal, par où ils commencent leur année. Ils eftiment que
ce Mercredy en eft le plus mal-heureux iour. Ce qu'ils difent
fçauoir, non feulement par tradition, mais auffi par experience, qui leur a fait connoiftre qu'à ce iour-là il ne leur eft
iamais arriué que du mal-heur. C'eft pourquoy ils ne font rien
ce iour-là, ils tiennent leurs boutiques fermées, ils ne iurent
point, & ne font point de débauches : mais ils fe donnent
bien de garde particulierement de faire des payemens, de peur
d'eftre obligez de ne faire autre chofe tout le long de l'année.
Il y en a qui l'employent entierement à compter l'argent qu'ils
ont chez eux; d'autres vont, fans dire mot, à la riuiere, prendre de l'eau, pour arrofer leurs maifons & leurs meubles; afin

d'en détourner les mal-heurs. S'ils rencontrent quelqu'vn de connoissance, ils luy en jettent au visage auec la main, ou bien ils versent toute la cruchée sur luy: mais ils ne font cela qu'à leurs meilleurs amis; parce qu'ils croyent que ceux qui sont surpris de cette galanterie, & qui en sont tres-bien moüillez, ne peuuent pas manquer d'estre heureux le reste de l'année. Les jeunes gens, qui ne sont pas encore mariez, y trouuent aussi leur diuertissement, en se promenant par les ruës, ou le long de la riuiere, & joüans de certaines tymbales de terre cuitte, qu'ils portent sous les bras. Les autres portent de gros bastons à la main, & se mettent dans la riuiere iusques aux genoux, pour moüiller ceux qui viennent querir de l'eau, en leur en jettant auec les mains, ou en se mettant eux-mesmes sur eux, pour les moüiller, & leur frotter le visage du bord de leurs habits détrempez, ou bien cassent les cruches auec leurs bastons. Ces derniers sont comme des oyseaux de mauuais augure; de sorte que ceux qui se peuuent sauuer de leurs mains, croyent estre eschappez de plusieurs mal-heurs cette année-là. C'est pourquoy il y en a, qui pour éuiter leur rencontre, vont à l'eau deuant le iour: mais toutes ces farces ne se joüent que le matin; car dés que le Soleil passe le midy ils se vont diuertir à la promenade, & à leurs autres exercices ordinaires L'autheur de la Preface sur la traduction Allemande du *Kulusthan*, dit, que cette feste est dediée à saint Iean Baptiste, & que c'est en memoire de son Baptesme, que les Perses font toutes ces ceremonies. Il est vray que les Perses ont de la veneration pour ce Saint, & qu'il font encore aujourd'huy des Pelerinages à son sepulchre à Damas, & il se peut faire que ç'ait esté l'intention de celuy qui a institué cette feste; mais auiourd'huy il n'en paroist aucun vestige.

Leur premier iour de l'an.

Le dixiéme Mars, c'est à dire le vingtiéme selon nostre style (car l'auteur employe par tout le vieil) ils celebrerent leur premier iour de l'an, qu'ils appellent *Naurus*, auec de grandes réjoüissances. Car encore qu'ils comptent communement leurs années de l'*Hegire*, ou du iour de la fuite de Mahomet, de la *Meque* à la *Medine*, qui leur sert d'Epoque, & qui se rencontre auec le 16. Iuillet de nostre Almanach; si est-ce que leur année

Leur année est de douze mois Lunaires.

n'estant composee que de douze mois Lunaires, & ainsi de onze iours plus courte que la nostre, ils prennent vn iour certain

pour

pour le commencement de leur année ; qui est celuy auquel le Soleil entre au signe du Belier, à l'Equinoxe vernal, en quelque Lune qu'il se rencontre : mais c'est dont nous parlerons plus amplement ailleurs.

Les Ambassadeurs enuoyerent quelques-vns de nous au Chasteau, pour complimenter le *Chan* au commencement de l'année. Nous le trouuasmes à table, ayant auprès de luy le *Minatzim*, ou Astrologue, qui se leuoit de temps en temps, & prenant son Astrolabe, alloit obseruer le Soleil, & au mesme moment que le Soleil attaignit l'Equateur, il publia le nouuel an ; que l'on commença par la décharge de quelques pieces d'artillerie, tant du Chasteau que des murailles de la ville, & en mesme temps l'on oüit par tout vne musique de toutes sortes d'instrumens. Vis à vis du *Chan* estoit assis vn de leurs Orateurs, qu'ils appellent *Kasiechuan*, qui fit vn discours, accompagné de plus de mines & de gestes, que n'en fait *Scaramuzza*, sur le theatre, ne parlant que des victoires que les Roys de Perse ont remportées sur les Turcs, sur les *Vsbeques*, & sur les autres ennemis de l'Estat. Le reste de la iournée s'acheua en bonne chere & à boire : à quoy nous, qui auions esté deputés pour le compliment, eusmes nostre bonne part ; parce que le *Chan* nous conuia de nous mettre à table auprès de luy. La Feste continua le lendemain, & le *Chan* fit alors vn grand festin aux Ambassadeurs, où il conuia aussi le Moine, dont ie viens de parler.

Le vingtiéme Mars le *Chan* & le *Calenter* vinrent voir les Ambassadeurs. Ils estoient tous deux fort yures, & le sujet de leur visite estoit le voyage, que le *Chan* vouloit faire croire qu'il estoit obligé de faire ; & dautant qu'il ne pourroit pas estre de retour auant nostre depart, il dît qu'il ne croyoit pas deuoir partir sans prendre congé d'eux. Il auoit auec luy son *Hakim*, ou Medecin, qui se mesloit aussi de l'Astologie, comme la pluspart de ceux de ce mestier, qui luy dît, après auoir quelque temps regardé le Ciel, que les astres marquoient vne heure trop malheureuse pour entrer au logis des Ambassadeurs, c'est pourquoy ils s'assirent dans la cour, où ils se mirent à boire. Le *Chan* ayant apperceu vn des Pages du sieur *Crusius*, beau garçon & bien fait, il le fit approcher de luy, & s'adressant au Medecin il luy demanda, s'il ne le trouuoit pas bien agreable, & dît qu'il voudroit bien qu'il

1637.

Le moment auquel l'année commence.

fuſt ſon fils. Le Medecin, apres auoir obſerué le Ciel, quoy qu'il fuſt tout couuert, & qu'il fuſt encore grand iour, reſpondit; que ſi apres auoir fixement regardé ce garçon, & apres auoir bien imprimé ſon idée en ſa fantaiſie, il alloit coucher auec vne femme, il ne manqueroit pas de faire vn auſſi beau garçon que celuy-là. Ce que le *Chan* & ſa compagnie crurent comme vn Oracle; de ſorte qu'apres auoir quelque temps bien conſideré le Page, il remonta à cheual, & s'en alla.

Il y auoit à *Scamachie* vn Eſclaue Perſe, nommé *Faruch*; lequel eſtant Moſcouite de naiſſance, auoit eſté enleué & vendu en Perſe, où il auoit eſté circoncis eſtant encore fort ieune. Il ſe plaiſoit chez nous, parce qu'il trouuoit en noſtre ſuite des perſonnes, qui le pouuoient entretenir en ſa langue; de ſorte que s'y eſtant rendu aſſez familier, il nous vint donner aduis, que nous euſſions à prendre garde à noſtre truchement Perſe, nommé *George Ruſtan*: parce qu'il ſçauoit qu'il auoit écrit à ſes parens à *Iſpahan*; que quoy qu'il euſt long-temps veſcu parmy les Chreſtiens, ils ne deuoient pas croire, que pour cela il euſt quitté la Religion Mahometane, mais qu'il ſeroit bien-toſt aupres d'eux pour leur donner des preuues du contraire. *Ruſtan* eſtoit Perſe de naiſſance, & auoit depuis quelques années fait le voyage d'Angleterre, à la ſuite d'vn Ambaſſadeur, que le *Sofi* y auoit enuoyé. Le mauuais traittement qu'il receuoit de ſon maiſtre, l'obligea à le quitter pour demeurer en Angleterre, où il s'eſtoit fait baptiſer. Au bout de quelques années il s'en alla en Moſcouie, où nous le trouuaſmes, à la ſuite du Reſident d'Angleterre, qui eſtoit ſon compere; & ayant ſçeu que nous allions faire le voyage de Perſe, il employa tant d'amis, & pria auec tant d'inſtance le Reſident, qu'il luy permit enfin de faire le voyage auec nous; où il promit de nous ſeruir de truchement. Ce ne fut neantmoins qu'apres qu'il ſe fut obligé par écrit de reuenir auec nous, & apres des proteſtations bien ſolemnelles, qu'il ne vouloit faire le voyage que pour aller querir ce qui luy reſtoit de patrimoine; afin d'auoir dequoy ſe mettre dans le trafic à ſon retour. Et de fait, dés que nous arriuaſmes à *Ardebil*, nous trouuaſmes que l'aduis de *Farruch* n'auoit eſté que trop certain : Car *Ruſtan* ne fut pas ſi-toſt en lieu, où il pût expier ſon pretendu peché, & faire ſa declaration seurement, qu'il n'allaſt au ſepulchre de leur grand Saint *Schich* *Sefi*, où il fit ſes deuotions en vray Mahometan; dont il ſe fit donner vne atteſtation en bonne forme. Nous l'arreſtaſmes priſonnier à *Iſpahan*, mais il ſe ſauua, & ſe retira dans l'Azile, qu'ils appellent *Alla Capi*. Il ſe jetta en ſuite aux pieds du Roy & du *Seter*, ou Chef de leur ſecte, témoigna ſa repentance par ſes larmes, en demanda pardon, ſe mit en la protection du Roy, & demeura en Perſe.

Le vingt-deuxiéme Mars le *P. Ambroſio*, vint prendre congé de nous, pour retourner à ſon Conuent à *Tiflis*.

Le vingt-quatriéme Mars le *Chan* fit partir les étreines, que les Gouuerneurs ont accouſtumé d'enuoyer au Roy au commencement de l'année, & qui eſtoient d'autant plus beaux, que la diſgrace & la mort de ſon frere luy impoſoit la neceſſité de rechercher les bonnes graces de ſon Prince. Ce preſent conſiſtoit en pluſieurs beaux cheuaux, en de riches harnois, en quelques chameaux chargés de cuirs de *Ruſſie*, de pluſieurs autres belles eſtoffes, & de trente coëttes, remplies de duuet de cygne: mais ce qui augmentoit le prix de ce riche preſent, ce fut la beauté d'vn bon nombre de ieunes garçons & de belles filles, qu'il y auoit adiouſté. Le *Chan* ſortit luy-meſme de la ville, à deſſein, comme l'on diſoit, de conduire le preſent à deux ou trois lieuës delà; mais il ne reuint point, afin de ſe décharger ſur ſon *Calenter* des preparatifs de nôtre voyage. Incontinẽt apres le depart du *Chan*, l'on enuoya chez nous vne ſomme de ſoixante *Tumains*, qui font enuiron mil eſcus monnoye de France, pour le remburſement de la dépenſe, que nous pouuions auoir faite pendant noſtre ſeiour à *Scamachie*.

Mais dautant que ce n'eſtoit que la moitié de ce que nous auions à pretendre, ſur le pied que l'on auoit pris lors de nôtre arriuée, le ſieur *Brugman* nous donna charge, en nous enuoyant au *Calenter* pour d'autres affaires, de ſçauoir en paſſant, ſi c'eſtoit par l'ordre du Roy, ou du mouuement du *Chan*, que l'on nous auoit enuoyé cette ſomme, & de luy faire entendre, que quoy que l'intention des Ambaſſadeurs ne fuſt pas de prendre de l'argent; neantmoins, puiſque le *Calenter* l'auoit enuoyé ſous ſon cachet, ils le porteroient ainſi cacheté à *Iſpahan*. Mais qu'ils ne pouuoient pas empeſcher de ſe plaindre du tort qu'on leur auoit fait, en les amuſant ſi long-temps, contre les ordres

1637.

Le Chan en-uoye les preſens au Sofi.

Remburſement de la dépenſe des Ambaſſadeurs.

404　VOYAGE DE MOSCOVIE,

1637. qu'ils auoient receus, de nous faire partir promptement. Le *Calenter* respondit, que ce n'estoit point à luy à nourrir les Ambassadeurs, & à leur donner de l'argent. Que ce n'estoit pas à luy non plus que leur maistre les auoit enuoyez, mais au Roy, & que c'estoit de l'ordre de sa Maiesté qu'il leur auoit enuoyé cette somme. Qu'il ne les pouuoit pas empescher de s'en plaindre, mais qu'ils n'y gagneroient rien : que de son costé il enuoyeroit leur quittance à la Cour, & que c'estoit le *Chan* & luy, qui auoient fourny du leur à ce que nous auions despensé, auant que l'ordre du Roy fust arriué.

Qu'il estoit bien marry de l'incommodité que les Ambassadeurs auoient receuë, pendant le long sejour qu'ils auoient fait en cette ville ; mais que ce n'estoit point leur faute : veu qu'il auoit esté impossible de trouuer en si peu de temps assez de cheuaux & de chariots, pour tant de gens & pour tant de bagage : nous priant qu'auant que de partir, nous luy voulussions faire l'honneur de disner encore vne fois chez luy, ce que nous fismes.

Description de la ville de Scamachie.

Le vingt-septiéme de Mars l'on nous amena soixante chariots pour le bagage, & pour les malades, & six vingt-dix cheuaux de selle. Nous fismes encore le mesme soir partir le Maistre d'hostel auec tout le bagage. Mais deuant que de nous mettre en chemin auec luy, il ne sera pas hors de propos de dire icy vn mot de la ville de *Scamachie*. P. *Bizarro* en son Histoire de Perse, & *Ioseph Barbaro* en son voyage, l'appellent tantost *Summachia*, tantost *Sumachia*, ou *Samachia*, & les Espagnols l'escriuent *Xamachi*. Il y a des Geographes qui la mettent en leurs cartes ou dessous de *Derbent*; mais les autres la placent au dessus, & il y en a aussi qui la mettent deux fois, de peur d'y manquer. Son veritable nom, selon la prononciation des Perses est *Scamachié*, & elle est à quarante lieuës d'Allemagne, ou à six grandes journées de *Derbent*. Bien entendu quand l'on prend le chemin de la montagne, où il faut faire vn grand tour. Car en allant à pied, ou à cheual, le long de la mer *Caspie*, par la ville de *Bakuie*, & par le mont *Lahatz*, où le Roy de Perse a vn bureau pour la traite foraine, l'on fait le chemin aisemēt en deux iours. Les Chameaux prennent ordinairement le dernier chemin, & le font en quatre ou cinq, & au plus en six ou en sept iours, selon la charge qu'ils portent. C'est la ville capitale de la bel-

le Prouince, que les anciens nommoient *Media Atropatia*, ou 1637.
Media Minor; & que l'on appelle auiourd'huy *Schiruan* Ce qu'il
faut remarquer contre l'erreur de ceux, qui mettent cette ville en *Hircanie*. Sa situation est à cinquante-quatre degrez,
quarante minutes de longitude, & à quarante degrez, cinquante minutes de latitude, dans vn vallon entre deux montagnes; où elle est tellement cachée, que l'on ne la voit presque
point, que l'on ne soit à la porte. Les Perses disent qu'elle a
esté bastie par *Schiruan Schach*, & qu'elle estoit autrefois beaucoup plus grande qu'elle n'est aujourd'huy, parce que l'on y
comptoit plus de cinq mille feux. Elle a esté ruinée par les
Turcs du temps du Roy *Abas*; lequel voyant que l'Empereur
des Turcs n'en vouloit qu'aux places fortes, pour asseurer ses
conquestes, & qu'il ne se soucioit point des places ouuertes, &
considerant d'ailleurs, que tant de villes closes & fortifiées luy
estoient inutiles, & de trop grande garde au milieu du Royaume, il fit abattre les murailles de la partie Meridionale de la
ville, qui estoient les plus fortes. Il en fit autant aux villes de
Tauris, de *Nachtzuan*, de *Kentza* &c.

Cette partie Meridionale de *Scamachie* forme comme vne
ville particuliere; parce qu'elle est separee de la Septentrionale, laquelle est encore auiourd'huy ceinte d'vne bonne muraille, par vne petite plaine, qui sert de marché commun à l'vne &
à l'autre. Les Perses disent, que le grand Seigneur, apres auoir
pris la ville de *Scamachie*, fit descouurir tous les sepulchres; &
en osta les pierres, pour les faire employer à la reparation de
ses murailles. La partie Septentrionale de la ville est située au
pied d'vne petite montagne, & est tant soit peu plus petite
que l'autre, n'ayant qu'enuiron huict ou neuf cens feux. Elle
n'a qu'vne simple muraille; laquelle estant fort basse, & n'e-
stant accompagnée que d'vn meschant fossé, elle ne peut pas
empescher que l'on n'entre dans la ville à toute heure. La ville Ses ruës & mai-
a cinq portes. Ses ruës sont estroites, & ses maisons basses, & sons.
la pluspart basties de mortier & d'argile. Il y en a fort peu de
brique, ou de pierre de taille. Ses habitans sont en partie
Armeniens & Georgiens, qui ont chacun leur langue par- Ses habitans,
ticuliere; en sorte qu'ils ne s'entendroient pas entr'eux, s'ils leur langue &
ne s'aidoient de la Turque, qui est commune à tous, & fort ce.
familiere; non seulement en *Schiruan*, mais aussi par toute la

Perse. Leur plus grand commerce est d'estoffes de soye & de cotton ; dont il s'y fait vne grande quantité, que les femmes & les enfans mesmes y trouuent de quoy gagner leur vie, en filant & en preparant la soye & le cotton pour les ouuriers. La plufpart de leurs boutiques sont dans la partie Meridionale de la ville ; où il y a aussi vn *Bazar*, ou marché, auquel aboutissent plusieurs ruës, qui sont toutes couuertes, pour la commodité des Marchands. L'on voit aupres de ce marché deux grands magazins, accompagnez de plusieurs chambres & galeries, pour le logement des Marchands forains, qui vendent en gros, & pour la retraitte de leurs marchãdises. L'on appelle l'vn *Schath Caruansera*, & il est destiné pour les Moscouites, qui y deschargent de l'estain, du cuir de Russie, du cuivre, des fourures, & d'autres marchandises. L'autre que l'on appelle *Losgi Caruansera*, a esté basty pour les Tartares de Circassie, qui n'y apportent point leurs marchandises, mais ils les y amenent : ce ne sont que des cheuaux, des femmes, des jeunes garçons, & des belles filles ; dont ils font trafic entr'eux en leur païs, où ils les dérobent sur les frontieres de Moscouie. Les Iuifs, qui ont aussi leur retraitte en ce dernier magazin, par ce que les Moscouites ne les veulent point souffrir en leur compagnie, y apportent de *Tabesserahn*, les plus beaux tapis de laine de tout le païs ; dont l'on n'apporte en Europe que le rebut. Les estoffes de soye & de cotton, & mesme les brocards d'or & d'argent, comme aussi les arcs, les fléches & les cimeterres s'y vendent à vn prix fort raisonnable.

En reuenant de Perse, l'Enuoyé de Moscouie, *Alexei Sauuinouitz* eut enuie d'entrer dans le Magazin des Tartares, & comme il estoit de bonne humeur, il voulut marchander vn garçon de quinze ou seize ans, qui estoit assez bien fait, & en demanda le prix à vn Tartare, qui le luy fit cent escus. *Alexei*, qui n'auoit point de dessein d'achepter, luy en offrit trente-deux ; mais le Tartare s'en mocqua, & donnant de la main sur les fesses du garçon, dit au Moscouite, que cette partie seule luy deuoit valoir dauantage.

Il y a aussi dans la ville trois *Hamams*, c'est à dire des bains où des estuues publiques ; dont l'vsage n'est pas moins ordinaire en Perse qu'en Moscouie. Il y en a deux, qui sont communs aux hommes & aux femmes ; mais auec cette distinction, que les

femmes n'y vont que de iour, & les hommes la nuict. La troisiéme, qu'ils appellent *Hamam Schech* est particuliere aux hommes. L'on voit aupres de cette troisiéme estuue deux gros arbres, que les Perses ont en grande veneration ; pour auoir esté
plantés par vn de leurs Saints, nommé *Schich Marith*, qui est
enterré proche de là dans vn *Metzid*, ou Eglise, où la deuotion
est plus frequente qu'en aucun autre *Metzid* de la ville ; qui en
a six en tout. Le reuenu de cette estuue est employé à l'entretien
des luminaires, des draps & des autres choses necessaires pour
le saint Sepulchre.

Le Gouuerneur, ou *Chan* de la ville de *Scamachie*, commande
aussi par toute la Prouince, conjointement auec le *Calenter*,
ou Lieutenant du Roy. Le Gouuerneur dispose des affaires de
la Iustice, de la Police & de la guerre ; pour laquelle il est obligé d'entretenir mil hommes du reuenu de son gouuernement,
& de se tenir prest de marcher, au premier ordre qu'on luy enuoye. Le Lieutenant du Roy a la direction des Finances & l'administration du Domaine, mais il n'est point obligé d'aller
à la guerre : au contraire on le laisse exprés dans la Prouince,
pour y commander en l'absence de l'autre. Le *Chan* s'appelloit
Ared, & auoit vne fort belle Cour; quoy qu'il fust de tres-basse
naissance, fils d'vn païsan du village de *Seerab*, entre *Tauris* &
Ardebil; mais la bassesse de son extraction se trouuoit bien re-
leuée par les hautes qualités qu'il possedoit. Les Perses considerent fort peu la naissance, pourueu que d'ailleurs l'on ait du
cœur & du merite, & *Areb* en auoit beaucoup, & auoit acquis
tant de reputation par sa valeur, que le *Schach Sefi* luy donna le
commandement de l'artillerie, lors qu'il rassiegea *Eruan*, que
les Turcs auoient pris sur les Perses. Il s'acquitta si bien de cét
employ, & respondit d'ailleurs si parfaitement à la bonne opinion que le Roy auoit conceuë de luy, qu'il luy donna dés lors
le Gouuernement de *Scamachie*, qui venoit de vacquer par la
mort de *Terruch chan*, qui fut tué au siege, dont nous venons de
parler. *Areb* prenoit plaisir à nous faire voir les playes qu'il auoit
receuës en cette guerre, & à nous conter combien de testes de
Turcs il auoit apportées aux pieds de son Roy, qui l'enuoyoit
incessamment en party contre l'armée, qui s'estoit approchée,
pour secourir la place.

Le Gouuerneur & son Lieutenant auoient tous deux vne mi-

1637.

Fonction du
Gouuerneur.

ne fort aduantageufe, & auec cela toutes les bonnes qualités d'vn Commandant, finon qu'ils eftoient tous deux tellement fujets au vin, qu'on les rencontroit bien rarement à jeun; mais le Gouuerneur auoit encore cét aduantage fur fon Lieutenant, qu'il s'en gaftoit encore plus que luy.

Ie puis dire auecque verité, qu'en toute cette ville, ie n'ay point trouué le moindre veftige de l'Antiquité. Car quelque peine que i'aye prife à chercher cette groffe tour, dont *Iean Cartvurigt*, Gentil-homme Anglois, parle en la relation de fon voyage de Perfe, où il dit, qu'elle eft baftie de cailloux & de pierres de taille, & que l'on y a meflé plufieurs teftes de morts auec la pierre, il m'a efté impoffible de la trouuer, ou d'en apprendre aucunes nouuelles. Il eft vray que ie trouuay deux teftes d'hommes taillées dans la pierre en vn endroit des murailles de la ville; mais perfonne ne me pût dire ce qu'elles reprefentoient. Il eft vray auffi que l'on void dans le voifinage de la ville, des ruïnes d'vn chafteau, qui eftoit autrefois fortifié; ainfi que le mefme auteur dit ailleurs. Car il eft certain que l'on trouue les reftes d'vne tres forte place à vne demy lieuë de la ville, & vers la partie Septentrionale, fur vne fort haute montagne, & fort efcarpée, que l'on appelle *Kale Kuleſthan*.

I'eus la curiofité d'y monter, & ie n'y trouuay rien d'entier qu'vne belle grande caue, & proche de là vn des plus profonds puits qui fe voyent, l'vn & l'autre reueftu de la plus belle pierre de taille que l'on ait iamais employée. L'on nous dit, que cette Prouince auoit autrefois eu fes Rois particuliers, & que *Schiruā Schach* auoit fait baftir ce chafteau, pour l'amour d'vne de fes *chaffes*, ou concubines, qui luy auoit donné le nom, & que ce fut Alexandre le Grand, qui fit abattre ce beau baftiment; où l'on n'a pas voulu toucher depuis. Mon opiniō eft, que la vallée prochaine a donné le nom à ce chafteau: parce qu'eftant arrofée d'vn torrent, qui en fait vn des plus beaux lieux du monde, & qu'eftāt au Printemps couuerte d'vne infinité de belles tulipes, que la nature prend plaifir d'y produire, il ne faut pas s'eftonner fi l'on a donné à ce lieu le nom de *Kale Kuleſthan*, c'eft à dire le fort, ou le chafteau aux Rofes; puis que les Perfes donnent le nom de *Kuleſthan*, ou de val aux rofes, à tous les lieux, où ils veulent faire trouuer quelque agréement extraordinaire. De forte qu'il n'eft point neceffaire de chercher l'etymologie de ce nom dans les fables, ou dans les choses qui peuuent estre arriuées deuant le temps d'Alexandre le Grand, dont les Perses n'ont point de memoire.

Aupres de *Kulustahn*, entre ce fort & la ville de *Scamachie*, il y a aussi deux Chapelles sur vne autre montagne plus haute, que celle dont nous venons de parler. Dans la plus grande, qui est bastie en forme de parallelogramme, il se voit vn sepulchre fort éleué, & à l'entour plusieurs pieces de drap, & des guenilles de toutes sortes de couleurs, auec des verges de fer, qui ont le bout en forme de fléches, & sont attachées ou liées au sepulchre auec vn cordon de soye. Dans l'autre il y auoit deux sepulchres, ornez de la mesme façon que les deux autres. Ce sont des tombeaux de quelques-vns de leurs Saints, aupres desquels ils font souuent leurs deuotions.

De cette derniere Chapelle l'on peut descendre dans vne grande voute, où se voit le sepulchre d'vne fille d'vn de leurs Roys, nommé *Amelek Kanna*; de laquelle ils content qu'elle auoit vne si forte auersion pour le Mariage, que son pere la voulant obliger d'épouser vn Prince Tartare, elle aima mieux se tuer, que consentir au mariage. Le mesme *Cartvurigt* dit, que les filles de ces quartiers-là vont tous les ans au sepulchre de cette Princesse, pleurer sa mort. Il se peut faire que de son temps elles en vsoient de la sorte; mais ie puis asseurer que presentement cette coustume est entierement abolie, & que ce n'est point la deuotion, mais la chaleur qui oblige les habitans à se retirer, au plus fort de l'Esté, vers cette montagne, comme aussi vers *Kulustahn*, pour y joüir de la fraischeur de l'air; & que c'est par cette occasion qu'il font leurs deuotions aupres de ces Saints, plus frequemment en cette saison là que le reste de l'année. Les gens de mestier, & de basse condition, n'y demeurent que le iour, & se retirent la nuict à la Ville; mais le *Chan*, le *Calenter* & les personnes de qualité y font dresser des tentes, & y font leur demeure pendant les trois mois, que les plus grandes chaleurs regnent, pendant ce temps-là ils menent aussi leur bétail vers la montagne d'*Elbours*, où ils ne trouuent pas seulement vn air plus tempere, mais aussi d'aussi bonnes prairies, qu'il y en ait en toute la Perse. Cette montagne est vne partie du mont *Caucase*, & elle est si haute, que quoy qu'elle soit fort éloignée de là, en ce qu'elle tire du cô-

F f f

1637.

Sepulchres de Saints.

Tombeau d'vne Princesse de Perse.

té du *Thrabiſtan* vers la *Georgie*, on ne laiſſe pas de la deſcouurir du *Kale Kuluſthan*, & des autres montagnes voiſines de *Scamachie*. C'eſt ſur cette montagne d'*Elbours*, à ce que l'on dit, que les Perſes gardoient, & adoroient anciennement leur feu perpetuel; mais aujourd'huy l'on n'en voit aucune trace, ny là ny auprés de *Ieſcht*, bien que *Teixera*, & ceux qui le ſuiuent, nous vueillent faire croire le contraire. Il eſt certain neantmoins que l'on trouue encore dans les Indes des Religieux, qui ont de la veneration pour le feu & qui le gardent auec le meſme ſoin, que les Perſes en auoient autrefois; ainſi que nous dirons en la ſeconde partie de cette Relation.

Mais continuons noſtre voyage. Le bagage eſtant party le ſoir du vingt-ſeptiéme Mars, les Ambaſſadeurs ſuiuirent le lendemain, & ſe mirent en chemin deux heures deuant le iour. Le ſieur *Brugman*, qui n'eſtoit point ſatisfait du traitement, que nous auions receu à *Scamachie*, ne voulut point que le *Calenter* nous fiſt l'honneur de nous conduire; mais donna ordre à ce que l'on délogeaſt ſans bruit, & que l'on allaſt à la faueur de la nuict à pied, iuſques hors de la porte, où nous montaſmes à cheual. Apres auoir enuiron fait deux lieuës, nous trouuaſmes vn Eſcoſſois de noſtre ſuite, nommé *Alexandre Chambre*, aſſis dans vn chariot, roide mort, quoy que lors que le bagage fut chargé, il ſemblaſt qu'il ſe portoit beaucoup mieux, & qu'il eſtoit en eſtat de pouuoir faire le voyage.

Ce qui nous obligea à nous arreſter là pour luy rendre les derniers honneurs. Nous l'enterraſmes au pied d'vne colline, toute couuerte d'hiacinthes; auprés du chemin, à la main gauche. Apres cela nous fiſmes encore vne demy-lieuë, iuſqu'au ſepulchre d'vn autre Sainct, nommé *Pyr Mardechan*, au païs de *Fakerlu* où nous fuſmes contrains de camper à l'air, & ſans tentes, eſſuyans ainſi vne des plus faſcheuſes nuicts que nous euſſions euës en tout le voyage; à cauſe de l'orage qui nous enuoyoit en meſme temps des éclairs, des tonnerres, des vents, des pluyes, de la neige, & de la glace: Le ſieur *Brugman* encheriſſant ſur le bruit des tonnerres auec l'artillerie, qu'il fit tirer pluſieurs fois. Le lendemain le meſme *Brugman*, s'eſtant apperceu que pluſieurs pieces de canon eſtoient demeurées, parce qu'il n'y auoit pas aſſez de chameaux pour la porter, & que les cheuaux eſtoient trop foibles pour les traiſner, ſe mit à quereller le *Mehemandar*, & s'emporta si fort, qu'il en vint iusqu'aux iniures, & iusqu'à cracher quand il nommoit le *Chan*, & le *Calenter* & à dire que le *Chan* luy auoit manqué de parole, & qu'il auoit menty en tout ce qu'il luy auoit dit ; mais qu'il s'en ressentiroit, qu'il auroit sa vie, ou que l'autre auroit la sienne.

1637. Comportemēt d'vn des Ambassadeurs.

Il y en auoit qui estoient d'aduis, que l'on demeurast-là, iusqu'à ce que l'on eust fait venir le canon, qui estoit demeuré à *Scamachie* ; mais sur ce que l'on remonstra, que le lieu estoit trop incommode : qu'il n'y auoit point de couuert, que l'on manquoit de bois & de viures, & que les malades ne pourroient plus souffrir le froid, il fut resolu que l'on passeroit outre ; ce que nous fismes, & arriuasmes à deux lieuës de là à vn *Caruansera*, nommé *Tachtsi*, & apres auoir fait encore deux autres lieuës, nous vinsmes à la fin de la montagne de *Scamachie*.

Le haut de cette montagne forme vne belle plaine, & vn païs vny & fertile, quoy qu'en Hyuer, & au commencement du Printemps la pluye, la neige & le mauuais temps y regnent, & fassent sentir leurs incommoditez aussi bien qu'en Allemagne. Mais dés que nous eusmes gagné la croupe de la montagne, nous vismes vn Ciel serein, vn Soleil riant, & nous descouurismes vne campagne toute verte, dans vne grande plaine ; laquelle ayant plus de dix lieuës d'estenduë, sans aucune bosse, non pas mesme de la hauteur de deux pieds, nous representoit, comme dans vne carte Geographique, le cours & la conjonction de ces deux riuieres, d'*Araxe* & de *Cyrus*, que les escrits des anciens Historiens & Geographes ont rendu si celebres. Cette descente estoit d'vne bonne demy-lieuë, mais fort douce & peu escarpée ; de sorte que ceux qui auoient pris le deuant, en regardant derriere eux, voyoient les derniers de nostre troupe sortir comme des nuës. Nous prismes nostre giste cette nuict-là en certaines *Ottak*, ou cabanes, que les Bergers Tartares y auoient dressées aupres de leurs troupeaux.

Belle perspectiue.

Le trentiéme Mars nous fismes quatre lieuës, par la plaine, iusqu'au village de *Kasilu*. Nous rencontrasmes en nostre chemin vne troupe de Bergers & de Pastres, qui marchoient auec leurs maisons & auec tout leur ménage, femmes & enfans, comme emballez sur des chariots, sur les cheuaux, & em-

Nomades.

paquetez fur des vaches, fur des afnes, & fur d'autres montu-res, d'vne façon affez bizarre, & qui reprefentoit vne tranf-migration fort crotefque.

Depuis ce iour-là nous n'eufmes que du beau temps, le Ciel ferein & fans nuages, finon qu'en paffant quelquesfois dans les montagnes nous en voyïons leuer le matin, mais ils eftoient auf-fi-toft diffipés par le Soleil.

Le conflans des riuieres de Cyrus, & d'Araxis.

Le dernier iour de Mars nous fifmes deux lieuës, le long de la riuiere, iufques à vn village nommé *Tzauat*, fur le bord droit du *Kur*, ou de la riuiere que les anciens appelloient *Cyrus*, dont toutes les maifons eftoient bafties de rofeaux & de cannes, & couuertes de terre. Le conflans de cette riuiere auec celle d'*A-raxis*, qu'ils appellẽt *Aras*, eft à vn quart de lieuë au deffus de ce village, à trente-neuf degrez, cinquante-quatre minutes d'é-leuation: le *Cyrus* venant du *Oueft*, *Nort-oüeft*, & l'*Aras* du *Su-doüeft*. Le lict de ces deux riuieres a enuiron cent quarante pas de large. Leurs eaux font noires & profondes, & leurs bords af-fez releuez. Ceux de la riuier, & toutes les prairies de la Pro-uince de *Mokan*, eftoient couuertes de regaliffe, qui a bien fou-uent la tige groffe comme le bras, & le fuc fans comparaifon plus doux & plus agreable, que de celle de noftre Europe.

AVRIL.
Frontiere des Prouinces de Schiruan & de Mokan.

La riuiere de *Kur* fert de frontiere commune aux deux Pro-uinces de *Schiruan* & de *Mokan*, & a vn pont de batteaux au-prés de *Tzauuat*. Nous y paffafmes le deuxiéme Auril, & trou-uafmes de l'autre cofté de la riuiere vn autre *Mehemandar*, que le *Chan*, ou Gouuerneur d'*Ardebil*, auoit enuoyé audeuant de nous, pour nous feruir dans la fuite de noftre voyage, iuf-qu'à la ville capitale de fon gouuernement. Il auoit fait ame-ner pour noftre monture, & pour le bagage, quarante cha-meaux & trois cens cheuaux; parce que tout le refte du che-min eftant tres-difficile, à caufe des montagnes & des vallées continuelles, le charroy nous eut efté entierement inutile. Il nous fournit auffi des viures en abondance, ordonnant que l'on nous donnaft dix moutons, trente *batmans* de vin par iour, & du ris, du beurre, des œufs, des amendes, des raifins, des pommes & de toutes fortes d'autres fruits, à difcretion. Ainfi nous partifmes le Dimanche apres le Prefche prenant nô-tre chemin le long de la riuiere d'*Aras*, pendant vne bonne lieuë. Nous logeafmes ce foir-là à vne demy lieuë de la riuiere, à l'entrée d'vne grande bruyere, dans des huttes, que le *Mehemandar* auoit fait dresser exprés, pour nostre commodité.

Le troisiéme Auril nous passasmes la bruyere, qui a quatre farsangues, ou lieuës de Perse d'estenduë, & nous couchasmes encore cette nuict-là dans des huttes, comme nous auions fait la nuict precedente. Nous auions veu tout le iour en tres-grand nombre, vne espece de cerfs, que les Turcs appellent *Tzeiran*, & les Perses *Ahu*; qui ressemblent en quelque façon à nos dains, sinon qu'ils sont plustost roux que fauues, & leur bois n'a point d'andoüiller; mais il est vny & couché sur le dos, comme les cornes des chevreuls. Ils sont fort vistes, & l'on n'en voit, à ce que l'on nous dit, qu'en la Prouince de *Mokan*, & auprés de *Scamachie*, de *Karrabach* & de *Merragé*.

Le quatriéme d'Auril nous fusmes obligez de quitter le chemin de la bruyere, quoy que ce fust le plus court, pour en prendre vn autre, qui nous conduisit, par vn grand detour de plus de six lieuës, à vn Torrent nómé *Balharu*, parce qu'en allant par la bruyere, nous n'eussions point trouué d'eau, ny pour nous ny pour nos cheuaux. Nous trouuasmes en ce lieu-là quantité de tortuës, qui auoient fait leurs nids le long du bord, & dans le sable des collines: mais tous exposez au Soleil du midy, afin de donner plus de chaleur à leurs œufs, qu'ils ne font esclorre que dans le sable chaud, ou plûtost ardent. Nous apperceusmes quelques hommes de l'autre costé du Torrent; ce qui donna à quelques-vns de nos gens la curiosité de le passer, pour voir leur façon de viure. Leurs enfans estoient tout nuds, & les personnes âgées n'auoient pour tout habit qu'vne chemise de cotton. Les paures gens nous firent grand chere, & nous apporterent du laict. Ils croyoient que le Roy de Perse nous auoit fait venir, pour le seruir en la guerre contre le Turc; c'est pourquoy ils nous donnerent leur benediction, & souhaittoient que Dieu fist fuir leur ennemy, & le nostre deuant nous iusqu'à *Stampol*; c'est à dire iusqu'à Constantinople.

Le cinquiéme Auril nous acheuasmes de passer la bruyere de *Mokan*, & arriuasmes à la montagne & au Païs de *Beizirnan*, apres auoir passé douze fois vne seule petite riuiere, qui fait autant de tours sur ce chemin là. Nous fismes ce iour-là cinq lieuës, & logeasmes la nuict dans vn village, nommé

1637.

Ahu espece de cerf.

Quantité de tortuës.

Habitans de ce païs-là.

Païs de Beizirvan.

Fff iiij

Schechmurat. Toutes les maisons estoient basties au pied de la montagne, & partie dans la montagne mesme, & couuertes de roseaux : mais nous n'y trouuâmes personne; parce que ceux qui conduisoient le present du *Chan* de *Scamachie* à *Ispahan*, auoient fait accroire aux païsans, en passant par-là, que nous estions des barbares, qui ne nous contentions point de prendre & de piller tout, mais qui outragions & battions encore nos hostes; c'est pourquoy ils s'estoient allé cacher dans les rochers de la montagne voisine. Il y eut quelques-vns de la compagnie, qui monterent sur vne fort haute montagne, pour y chercher des simples & pour découurir le païs voisin; mais l'on n'y en trouua point du tout, & mesmes les autres montagnes plus proches, qui estoient encore plus hautes nous osterent entierement la veuë de la campagne.

On n'y vit rien de remarque; sinon qu'au haut de la montagne il sourdoit vne tres-belle fontaine, aupres de laquelle nous vismes sortir de la creuasse d'vn rocher vn cancre, ou vne espece de *Krabbe*, que quelques-vns d'entre nous, qui n'en auoient iamais veu, prenoient pour vn animal venimeux. L'auteur croit que c'est vn poisson de mer : mais il se trompe; car ce n'est proprement que l'animal que l'on appelle en Latin *Cancer*, qui se trouue dans les riuieres, & est d'vne espece differente de l'escrevisse commune, que l'on appelle *Acastus*. Nous nous assismes aupres de la fontaine, & beusmes à la santé de nos amis d'Allemagne, de ce que la nature nous fournissoit sur le lieu.

Le sixiéme Avril, il nous fut impossible de faire plus de deux lieuës, par des montagnes & par des rochers, où nous vismes grand nombre de figuiers, que la terre y produisoit sans aucune culture. Nous arriuasmes sur le soir à vn village ruiné, nommé *Disle*; mais à peine auions nous pris nos quartiers, & fait décharger le bagage, que l'on nous vint dire que c'estoit la peste, que le precedent Automne auoit consumé tous les habitans du lieu; ce qui nous le fit abandonner aussi-tost. Les Ambassadeurs se firent dresser vne tente à la campagne, mais toute la suite n'eut d'abord autre couuert que le Ciel; iusqu'à ce que le *Mehemandar* eût enuoyé querir quelques huttes Tartares, que l'on nous apporta sur le soir bien tard chargées sur des bœufs. Cette sorte de huttes se fait de plusieurs pieces

---

1637.

Village desert à cause de la peste.

Huttes Tartares.

de bois, qui tiennent toutes enſemble par vn des bouts, en ſorte qu'elles peuuent eſtre dreſſées & ſerrées en vn moment. Le ſieur d'*Vchteritz*, qui s'étoit vn peu amuſé dans le village, pour faire recharger le bagage, en arriuant à la tente des Ambaſſadeurs, fut ſi mal traité de paroles par le ſieur *Brugman*, qui luy reprocha qu'il venoit d'vne maiſon infectée, pour leur donner la peſte, qu'il en prit la fiévre.

1637.

Il y en eut, qui voyans le temps fort couuert & froid, ne laiſſerent pas de s'enfermer dans vne maiſon, où il firent bon feu & grand chere, du vin qu'ils auoient gardé du iour precedent, & paſſerent toute la nuict à ſe diuertir, & à chanter pour charmer la melancolie, & pour s'éloigner de la mauuaiſe humeur de *Brugman*, qu'ils n'apprehendoient pas moins que le mauuais air. Les Indiens auoient commencé à baſtir en ce lieu-là vn *Caruanſera*, pour la commodité du commerce, qui eſtoit deſia bien auancé, mais la peſte auoit fait ceſſer l'ouurage.

Le ſeptiéme nous euſmes vne grande & faſcheuſe iournée; faiſans au grand trot par la montagne dix bonnes lieuës, ſans repaiſtre, dans le froid, le vent & la neige, qui n'oſterent pas ſeulement le courage & la force à nos gens, dont pluſieurs deuinrent malades, mais qui trauaillerent auſſi les chameaux en ſorte, qu'il y en eut pluſieurs qui s'abattirent ſous leurs charges. Il y a quantité d'abſynthe en tous ces quartiers-là, & l'on nous dît, que l'herbe y eſt tellement venimeuſe, que ſi les cheuaux, ou les autres beſtes en mangent, ils meurent auſſitoſt; ce qui nous obligea à faire cette traitte ſans débrider. Nous paſſaſmes ſur le midy à la veuë d'vn *Caruanſera*, nommé *Aggis*, dont le baſtiment eſt des plus grands que nous ayons veu. Nous rencontraſmes proche de là vn Perſe, qui eſtoit fort leſte, & parfaitement bien monté, ſuiuy de deux valets, qui nous dît, que le Roy l'auoit enuoyé pour nous ſeruir de *Mehemandar*, pour donner ordre à noſtre ſubſiſtance, & pour nous conduire au pluſtoſt à la Cour. Nous logeaſmes ce ſoir là dans vn village, nommé *Tzanlu*, au pied d'vne montagne; où nous trouuaſmes de fort beaux jardins, & quantité d'arbres fruictiers, mais point de bois pour nous chauffer; c'eſt pourquoy nous fuſmes contrains de nous ſeruir de la fiente de vache, de cheuaux & de chameaux. Nous fiſmes cette

Faſcheux téps.

Herbe venimeuſe.

Le Roy de Perſe enuoye vn autre conducteur au deuant des Ambaſſadeurs.

nuict-là partir noftre Fourrier, pour faire les quartiers à Ardebil.

Le huictiéme nous remontafmes à cheual apres le déjeuner, & apres auoir fait trois bonnes lieuës par la montagne de *Tzizetlu*, nous trouuafmes au pied la riuiere de *Karafu*, qui fourd en la montagne de *Bakru*, au païs de *Kilan*. Nous la paffafmes aupres du village de *Samaian*, fur vn beau pont de pierre, ayant fix belles arcades fur trente-huict toifes de longueur. Nous acheuafmes noftre journée à vne demy lieuë de là, dans vn village, nommé *Thabedar*, à deux petites lieuës d'*Ardebil*, où nous paffafmes la nuict. Le lendemain, qui eftoit le iour de Pafques, nous y vifmes de quelle façon les habitans couurent les murailles des maifons de fiente; pour la faire feicher au Soleil, & la rendre combuftible : mais nous y fouffrifmes auffi vne horrible perfecution de poux & de puces, & d'autres vilainies, dont nous fufmes tous couuerts.

Le neufiéme nous celebrafmes noftre Pafque, commençans la Fefte par le bruit de noftre artillerie & moufqueterie, que nous fifmes décharger trois fois. Apres cela nous fifmes faire le Prefche, & nous fifmes nos deuotions.

Sur le midy nous fufmes vifitez par noftre nouueau *Mehemandar*, qui s'appelloit *Netzefebek*, & eftoit homme de tres-bonne humeur. Il nous vint faire compliment fur la Fefte, & nous apporta vn prefent de cinq poiffons fechez au Soleil, d'vn plat plein de pain, de grenades, de pommes, & d'vne forte de poires que ie n'auois encore veuë, faites comme vn citron, & pleines d'vn jus de tres-bon gouft, & de tres-agreable odeur, des concombres falés, de l'ail confit, & du vin de *Schiras*, qui eft celuy que l'on eftime le plus en Perfe.

Le dixiéme Auril, lendemain de Pafques, nous fifmes noftre entrée à *Ardebil*, quafi auec les mefmes ceremonies, mais auec plus de pompe & de magnificence, que nous n'auions fait à *Scamachie*. Sur le midy nous rencontrafmes vne troupe de Caualiers qui s'en retournerent auffi-toft, apres nous auoir reconnus & faluez.

Entrée des Ambaffadeurs à Ardebil.

Auprés du Village de *Kelheran*, qui eft fi beau, qu'à voir de loin fes clochers, ou tours, qui y font en grand nombre, & qui paroiffent fort; parce qu'ils font baftis de pierres de plufieurs couleurs,

couleurs, nous croyïons d'abord que ce fuſt la ville meſme, quoy qu'il en ſoit éloigné d'vne demy lieuë, nous trouuaſmes à la teſte d'vne grande troupe de Caualerie, le *Calenter* d'*Ardebil*, nommé *Taleb Chan*, homme âgé & fort maigre. Il saluä les Ambaſſadeurs, & ſe mit à leur coſté. Apres auoir paſſé le villa-ge, nous viſmes dans vne grande plaine quantité de gens de pied & de cheual, qui s'ouurirent pour nous faire paſſage. A quelques pas de là, nous viſmes venir à trauers champ, à la te-ſte d'vn gros de plus de mille cheuaux, le Gouuerneur d'*Arde-bil*, nommé *Kelbele Chan*. C'eſtoit vn petit homme, mais de bonne mine & d'agreable humeur. Apres les premiers compli-mens, il ſe mit au milieu des Ambaſſadeurs. Deuant noſtre trou-pe marchoient deux garçons, ayans des peaux de mouton de pluſieurs couleurs ſur des chemiſes blanches, & portans cha-cun au bout d'vne longue perche & fort menuë vne orange, & l'on diſoit que ces perches eſtoient de bois de datte.

Ils liſoient & chantoient dans vn Liure des vers fait à l'hon-neur de *Mahomet*, d'*Aly*, & de *Schäh Sofi*. Ils eſtoient fils ou diſ-ciples d'vn certain *Abdalla*, dont nous parlerons cy-apres. En ſuitte de ceux-cy venoient d'autres qui eſtoient habillez de blanc, & imitoient le chant du roſſignol & des autres oyſeaux, à merueille. Aux deux coſtez marchoient les tymbales & les haut-bois ; en quelques endroits on danſoit à la ronde aux chanſons, & en d'autres l'on danſoit d'vne autre façon. Il y en auoit qui jettoient leurs bonnets en l'air, & les reprenoient auec des cris & auec des exclamatiõs de joye. Il y en auoit d'au-tres qui ſautoient auec des petites Chapelles ſur la teſte, de la meſme façon que ceux que nous auions veus à *Scamachie*, lors que l'on y celebroit la memoire de la mort d'*Aly*. Aupres de la ville eſtoit vne double haye de gardes, qui auoient leurs arcs & leurs fléches à la main, la cotte de maille au corps, & la te-ſte couuerte de petits bonnets, en forme de calotte, qu'ils ap-pellent *Aratskin*, dans leſquels ils auoient planté forces plu-mes, dont le bout paſſoit à quelques-vns par le bonnet iuſques dans la peau meſme. Pluſieurs d'entr'eux auoient le corps nud iuſqu'à la ceinture, & bien qu'ils euſſent la chair des bras & de l'eſtomach meſme percée de bayonnettes, ou de poignards, ils n'en témoignoient aucun ſentiment de douleur ; ce qui nous faiſoit croire qu'il y auoit du charme, & que c'eſtoient des sorciers, dont le nombre est fort grand par toute la Perse. Il y auoit aussi vne bande d'Indiens, qui en passant nous saluerent à leur ordinaire, d'vne profonde inclination de la teste, & en portant les mains à l'estomach. En approchant de la ville il y eut vne si grande affluence de peuple, que nous ne pouuions pas auancer cent pas, sans faire halte ; de sorte que l'on fut contraint de la chasser à coups de fouët, & de nerfs de bœuf, pour l'obliger à faire place : & dans la ville, toutes les fenestres, les toicts, les clochers, les arbres se fondoient sous le monde, qui estoit accouru de tous costez pour nous voir passer.

Le Gouuerneur leur donne la collation.

Le Gouuerneur nous fit entrer par vn grand iardin, dans vne belle maison de plaisance, où il fallut monter par dix degrez, & nous traitta d'vne superbe collation dans vne tresbelle gallerie, faisant l'honneur à tous ceux qui estoient montez auec les Ambassadeurs, de leur presenter de sa main vn vase plein de vin, pendant que le reste de la suite estoit traitté en bas dans vne tente, que l'on auoit dressee exprés pour cét effet. La collation estoit accompagnée de la meilleure musique que le païs auoit pû fournir, & d'vne danse de leurs *Ochizi*, ou Archers, qui dansans à la cadence leurs arcs à la main, representoient vne espece de ballet, que leur iustesse rendoit bien plus agreable, que le chant de ces deux garçons, fils d'*Abdalla*, qui auec leurs oranges à la main, chantoient fort serieusement les loüanges de leur Prophete. Apres la collation & le diuertissement, l'on conduisit les Ambassadeurs en vn fort grand logis, qu'on leur auoit marqué en vn des beaux endroits de la ville ; appartenant autrefois à *Saru Chutza*, Chancelier de Perse. Ceux de la suite furent logez dans le voisinage, où leurs hostes eurent le soin de les accommoder.

Description de la maison du Chan.

Cette maison de plaisance, estant vn des beaux bastimens que i'aye veus, merite bien que j'en fasse icy vne description plus particuliere. *Sulfagar Chan*, Predecesseur de *Kelbels-Chan* au Gouuernement d'*Ardebil*, & homme puissamment riche, l'auoit fait bastir sur vn modele, qu'il auoit fait apporter de Turquie. Son bastiment estoit en forme d'octagone, & auoit ses trois estages, éleuez en sorte, que l'art n'y auoit laissé rien à desirer. Il n'y en auoit point, qui ne fust accompagné de ses fontaines, dont le jet passoit la hauteur de toute la maison. Les murs estoient reuestus de pierres luisantes, de toutes sortes de couleurs, bleuë, verte, rouge, & de toutes sortes de figures, & tous ses planchers couuerts de riches tapis du païs. Tout autour de la maison regnoit vne grande gallerie toute bastie de marbre, & embellie d'vne peinture à fleurs & feüillages. A vn des coins de cette gallerie se voyoit vn petit estrade, de quatre pieds en quarré, couuert d'vn tapis en broderie, ayant au milieu vn petit matelas ouuragé d'or & de soye ; pour faire connoistre que le Roy, en passant vn iour à *Ardebil*, y auoit esté assis, ce qui rendoit le lieu si venerable, qu'afin que personne n'en approchast, on l'auoit fermé d'vne balustrade de fer. Le mesme *Sulfagar Chan* auoit fait bastir encore vne autre maison de plaisance, dans vn grand jardin, aupres d'vn pont de pierre, hors de la ville : mais lors de nostre passage elle estoit toute deserte, depuis la mort de *Sulfagar*, qui auoit esté executé, à l'instigation de *Kartzogar Chan*, General de l'armée de Perse. L'autre maison, qui estoit dans la ville, auoit esté donnée par le Roy à *Kelbele-Chan*, pour en joüir sa vie durant.

Veneration des Perses pour leur Prince.

Le lendemain de nostre arriuée, qui estoit l'onziéme d'Auril, l'on apporta aux Ambassadeurs de la cuisine de *Schich Sefi le Thaberik* ; qui est vne certaine quantité de viande, que l'on y fournit pour trois repas, aux grands Seigneurs & aux autres personnes de qualité, qui passent en cette ville ; par vne institution deuotieuse que l'on a faite aupres du corps de *Schich Sefi*, auteur & fondateur de la Religion des Perses, & aupres de celuy du deffunct Roy, dont les sepulchres sont à *Ardeb.l*. Nostre *Thaberik* nous fut apporté en 32. grands plats ou bassins, pleins de ris, de toutes sortes de couleurs, sur lequel estoit la viande; qui consistoit en boüilly & en rosty, en des aumelettes & en de la patisserie, à leur mode. Ceux qui estoient destinez pour nous seruir ce disner, portoient les plats sur la teste, & les mirent sur vne nappe, que l'on auoit mise à terre.

Thaberik.

La chere que nous fismes fut assez mediocre, tant à cause de la peine que nous auions à nous asseoir à la mode des Perses, que parce qu'il nous estoit defendu de boire du vin au festin de ce *Thaberik*. Nous ne laissasmes pas de faire oüir nostre artillerie & nos trompettes, & voulusmes mesme faire vn petit present à

Se sert sans vin.

ceux qui nous l'apporterent; mais ils s'en excuserent, & nous dirent, que la deuotion du lieu leur deffendoit de receuoir aucuns presents.

Les iours suiuans l'on donna si bon ordre aux prouisions de la cuisine, que nous auions suiet d'en estre satisfaits. L'on nous fournissoit tous les iours seize moutons, deux cens œufs, quatre batmans (qui font 26. liures) de beurre, treize liures de raisins secs, six liures & demie d'amendes, cent batmans de vin, deux batmans de syrop, de la farine, du miel & de la volaille en abondance, sans les presents extraordinaires, que le Chan nous faisoit de iour à autre : de sorte que la despense, qui se fit pendant nostre seiour à *Ardebil*, monta à 1960. batmans de pain, à 6250. batmans de vin, à 9300. œufs, à 477. moutons & à 472. agneaux.

Depense à Ardebil.

Le douziéme Avril nous receusmes la premiere visite du Gouuerneur, qui vint offrir son seruice aux Ambassadeurs de fort bonne grace, dont il nous fit voir en suite les effets dans les occasions. Il depescha le mesme iour vn extraordinaire à la Cour, pour y donner aduis de nostre arriuée, & pour y prendre les ordres pour la continuation de nostre voyage; lesquels n'arriuerent neantmoins qu'au bout de deux mois.

Visite du Gouuerneur.

Le vingt-vniéme Avril vn Euesque Armenien vint voir les Ambassadeurs. Il estoit depuis peu arriué de la ville d'*Eruan*, & estoit homme de fort bon entretien, & nous dît plusieurs particularitez touchant l'estat des Eglises Chrestiennes en Asie. Il nous conta entr'autres, qu'il y auoit aupres d'*Eruan* vn Conuent de plus de quatre cens Religieux, & qu'il y auoit dans les montagnes, entre l'*Aras* & le *Kur*, plus de mille villages, habitez par des Chrestiens, & qu'il y auoit encore outre cela aupres de *Casvuin* & de *Tauris*, plus de deux mille familles, qui composoient en tout plus de cinq cens Eglises. Il y adiousta, que les Turcs auoient depuis peu emmené plus de quinze cens Chrestiens, & se loüa fort du Roy de Perse, & du soin qu'il auoit de leur faire conseruer leurs priuileges, & ne les charger point de tailles, comme fait le Turc; nous priant de recommander leurs interests au Roy, quand nous serions arriuez à la Cour.

Visite d'vn Euesque Armenien.
Eglises Chrestiennes en Perse.

Le vingt-cinquiéme Avril, qui est selon les Arabes le dixiéme iour du mois *Silhotza*, estoit le grand *Bairam*, ou la Feste

Kurban, ou sacrifice des Perses.

qu'ils appellent *Kurban*, c'est à dire Sacrifice ; en memoire du Sacrifice qu'Abraham voulut faire de son fils Ismaël, par le commandement de Dieu : car c'est ainsi qu'ils tournent l'Histoire du Sacrifice d'Abraham. Toute leur ceremonie consiste à faire tuer deuant le iour vn mouton, ou agneau dans la ruë, à leur porte, lequel estant decoupé en pieces, ils le distribuent aux pauures, qui se trouuent à ces aumosnes en grand nombre. Ils n'en remportent pas seulement la peau : ce qu'ils font, à ce qu'ils disent, à l'exemple d'Abraham, qui ne reserua rien du Bouc, qu'il sacrifia au lieu de son fils.

C'est en cette saison là que les Perses vont faire leurs deuotions à la *Meque*, aussi bien que les Turcs. Ils disent, que quand Noé entra dans l'Arche, il y fit entrer auec luy soixante & douze personnes, & que c'est à cause de cela qu'il faut que les Pelerins de la Meque s'assemblent au nombre de soixante & douze mille personnes ; & ce nombre doit estre si iuste, que s'il y en auoit ou plus ou moins, ils n'y seroient point receus cette année là. Sur tout prennent-ils bien garde, à ce que ce grand nombre soit bien complet ; car, à ce qu'ils disent, les Anges seroient obligez de s'y mettre, pour suppléer à ce qui y manqueroit, & ces deuots ne voudroient pas les en importuner. Les hommes se coëffent tous pour ce voyage, d'vn turban de laine blanche ; parce que leur loy défend d'en porter de couleur ou de soye. Ils appellent cette sorte de coëffure *Ehharan*, & ils s'en couurent la teste, en allant seulement ; en sorte qu'vne partie de la coëffure descendant d'vn costé de la teste, passe par dessous le menton à l'autre costé.

Ils prennent ordinairement leur chemin par la ville de *Ierusalem*, où ils font leurs premieres deuotiõs. De là ils passent par *Medine*, où ils les continuent, aupres du sepulchre de *Mahomet*, qu'ils baisent auec vne profonde veneration, & apres cela ils les vont acheuer à la *Meque*, au mont d'*Arafit*. Depuis *Medine* iusques à la *Meque*, ils ne sont couuerts que d'vne chemise, & il y en a mesme, qui se descouurent le corps iusqu'aux hanches. Estant en cét estat ils marchent continuellement, & d'vne façon toute particuliere. Car ils sont obligez d'aller le train d'vn cheual qui trotte, ou bien celuy d'vn chameau qui galoppe ; & ce auec tant d'empressement, qu'à peine se donnent-ils le temps de manger & de boire, ou de se reposer pour dormir :

1637.

Pelerinage des Perses & des Turcs.

Particularitez du voyage de la Meque.

422 VOYAGE DE MOSCOVIE,

1637. parce qu'ils s'imaginent, que la sueur, que ce mouuement violent excite, & fait sortir du corps, emporte tous leurs pechés & les nettoye de toutes leurs ordures. Les femmes, qui pourroient estre incommodées de cette marche, ont la liberté de se trousser le sein d'vne escharpe, qui a vn nom particulier, & on l'appelle *Scamachize*.

Le dixiéme iour du mois de *Silhatza* est celuy de leur grande deuotion. Ce iour là tous les Pelerins se rendent au mont d'*Arafat*; qu'ils disent estre le lieu où le Patriarche Abraham deuoit sacrifier son fils, & ils y passent toute la nuict en prieres. Vers l'aube du iour ils descendent à la ville de la *Meque*, où leur *Hetzas*, ou grand Sacrificateur, fait vne procession, en conduisant par les principales ruës le Chameau, que l'on a destiné pour le sacrifice. Le poil de ce chameau leur est vne relique bien pretieuse; c'est pourquoy les Pelerins se pressent fort pour s'approcher de cét animal, & luy en arrachent quelquesvns, qu'ils s'attachent au bras, comme vne chose tres-sainte. Le *Hetzas*, apres auoir bien fait promener cette beste, la meine au *Maidan*, c'est à dire au grand marché, & la met entre les mains du Bailly, ou du Iuge de la ville, qu'ils appellent *Daroga*, qui se fait assister de quelques autres Officiers, & la tuë à coups de hache, en luy en donnant plusieurs au dessous de la teste, dans la gorge & dans la poitrine.

Dés que le Chameau est mort, tous les Pelerins taschent d'en emporter vn lopin, & s'y fourrent auec tant d'empressement & de desordre, le cousteau à la main, que ces deuotions ne se font iamais, qu'il n'y ait plusieurs Pelerins de tuez & de blessés, qui trouuent apres cela place dans leur Martyrologe. Apres toutes ces ceremonies ils vont en procession à l'entour de la Mosquée, ils baisent vne pierre, qui est demeurée de reste du bastiment, & ils prennent de l'eau, qui passe par vn canal doré par dessus la Mosquée, & l'emportent comme vne relique, auec vne petite piece d'vn certain bois noirastre, dont l'on a accoustumé de faire les cure-dents. Quand les Pelerins sont de retour de leur voyage, on les appelle *Hatzi*, & ils sont comme des Nazareens, voüés à Dieu; parce qu'il leur est deffendu de boire du vin le reste de leurs iours.

Fausse histoire du sacrifice d'Abraham.

C'est à l'occasion de ce pelerinage, & du sacrifice qui se fait à la *Meque*, que nous dirons icy ce que les Perses & les Turcs content de celuy d'*Abraham*, de la façon que Mahomet l'a escrite, en alterant la verité de son histoire en toutes ses circonstances. Ils disent premierement, qu'Abraham estoit fils d'*Azar*, qui estoit sculpteur de Nemroth, Roy d'Egypte, & qu'il auoit espousé *Sara*; laquelle estoit si belle, que le Roy ayant jetté les yeux sur elle, Abraham en deuint jaloux, & l'emmena en Arabie: mais voyant qu'elle ne faisoit point d'enfans, il y acheta vne esclaue, nommé *Hagar*, auec laquelle il coucha, & en eut *Ismael*. *Hagar* estant proche de son terme, & ne pouuant plus souffrir le mauuais traittement, qu'elle receuoit de *Sara*, resolut de se retirer. Abraham ayant sceu son desespoir, & apprehendant qu'elle ne se défist de son enfant, en accouchant sans aucun secours à la campagne, la suiuit, & trouua qu'elle estoit desia accouchée d'vn fils; qui en trepignant des pieds à terre, en auoit fait sortir vne fontaine. Mais la source poussoit ses eaux en si grande abondance, & auec tant de force, que *Hagar* ne s'en put pas seruir, pour estancher sa soif, qui estoit extreme. Abraham y estant suruenu, commanda à la fontaine de couler plus doucement, & de souffrir que l'on en puisast pour boire, & l'ayant arrestée par le moyen d'vne petite chaussée de sable, il en tira dequoy abbreuuer *Hagar*, & son enfant. L'on appelle encore aujourd'huy cette fontaine *Sm-fim*; parce qu'*Abraham* se seruit de ce mot, pour la faire arrester. Apres cela *Sara* pria Dieu auec tant de ferueur, qu'il luy donna son fils *Isaac*.

Quelque temps apres la naissance d'*Ismaël*, l'Ange Gabriel apparut à Abraham, & luy dit, que Dieu luy ordonnoit de bastir vne maison sur la riuiere qu'*Ismaël* auoit fait naistre; & sur ce qu'Abraham luy representa, qu'il luy estoit absolument impossible de faire vn bastiment au milieu d'vn desert, où il n'y auoit que du sable, l'Ange luy respondit, qu'il ne s'en mist point en peine, & que Dieu y pouruoiroit. Et de fait, *Abraham* ne se fut pas si tost rendu au lieu que l'Ange luy auoit designé, que le mont d'*Arafat* fit sortir de ses quarrieres vn grand nombre de pierres, qui roulerent du haut de la montagne, jusques sur le bord de la petite riuiere; où il fit vne maison, que l'on a depuis conuertie en vne Mosquée, qui est celle où les Pelerins de la *Meque* font leurs deuotions. Apres que le bastiment fut acheué, il se trouua vne seule pierre de reste; qui se mit à parler, & à se plaindre de ce qu'elle auoit esté assez malheureuse, pour n'auoir point esté employée à ce saint Edifice. Mais Abraham luy dit, qu'elle auoit dequoy se consoler; parce qu'vn iour elle seroit en plus grande veneration que toutes les autres ensemble, & que tous les Fideles, qui arriueroient en ce lieu-là, la baiseroient. C'est la pierre dont nous venons de parler. Ces gens-là disent qu'elle estoit autrefois toute blanche, & qu'elle n'est deuenuë noire, qu'à force d'auoir esté baisée depuis tant de siecles.

Au bout de quelques années le mesme Ange Gabriel apparut à Abraham, qui estoit deuenu fort riche & fort puissant, & luy dit, que Dieu luy demandoit vne derniere preuue de sa reconnoissance, & qu'il vouloit, qu'en consideration de tant de benedictions, il luy sacrifiast son fils. Abraham y consentit aussi-tost, & estant retourné au logis, dit à *Hagar*, qu'elle fist leuer son fils; qu'elle le leuast bien, & qu'elle luy mist ses beaux habits; afin de paroistre plus propre aux nopces, où il auoit dessein de le mener. Ils partirent le lendemain dés le grand matin, & prirent le chemin du mont d'*Arafat*; Abraham emportant auec luy vn bon cousteau & des cordes. Mais dés qu'ils furent partis, le *Sceithan*, c'est à dire le Diable, se presenta à *Hagar* en forme d'homme, luy reprocha la facilité auec laquelle elle auoit consenty au voyage de son fils *Ismaël*, & luy dit que tout ce qu'Abraham luy auoit conté des nopces où il l'alloit mener, n'estoit que des mensonges, & qu'il le conduisoit droit à la boucherie. *Hagar* luy demanda, pourquoy Abraham auoit voulu en vser ainsi, veu qu'il auoit tousiours tesmoigné beaucoup d'affection pour ce fils. Le Diable luy respondit que Dieu l'auoit ordonné ainsi; surquoy *Hagar* repliqua, que puis que c'estoit la volonté de Dieu, il y falloit acquiescer; & parce que le Diable continua de la presser en termes plus forts, & à la traiter de mere desnaturée, pour tascher de la porter à la rebellion contre Dieu, elle le chargea à beaux coups de pierre. Le Diable n'ayant point fait de fortune de ce costé-là, & n'ayant pû vaincre l'opiniastreté d'vne femme, s'adressa à Abraham, resueilla en luy les tendresses de pere, luy representa l'horreur du parricide, qu'il alloit commettre, & luy remontra le peu d'apparence qu'il y auoit, que

Dieu

Dieu fust autheur d'vne action si barbare & si detestable. Mais *Abraham*, qui connoissoit les ruses & les artifices du galand, le renuoya, & pour s'en défaire, luy jetta aussi vne pierre. Le dernier effort que le Diable fit, ce fut, en representant à Ismaël l'horreur de la mort, & le procedé brutal de son pere: mais il le traitta de la mesme façon qu'auoient fait les deux autres, & luy jetta aussi vne pierre. Le pere & le fils estans arriuez au haut de la montagne, Abraham prit la parole, & dit à Ismaël. Mon fils, ie ne croy pas que tu sçaches le sujet de nostre voyage, & pourquoy ie t'ay amené en ce lieu. C'est que Dieu m'a commandé de te sacrifier: à quoy Ismaël respondit; puis qu'il plaist ainsi à Dieu, sa volonté soit faite: seulement te veux-je prier, mon pere, que tu m'accordes trois choses. La premiere, que tu ayes soin de me lier si bien, que les douleurs de la mort ne me puissent pas emporter à quelque effort ou rebellion contre toy. L'autre, que tu aiguises bien ton cousteau, & qu'apres me l'auoir porté à la gorge, tu l'appuyes bien fort, & que tu fermes les yeux; de peur que l'atrocité de cette action ne t'oste le courage de l'acheuer, & qu'ainsi ie ne languisse long-temps. Et la troisiéme, qu'estant de retour au logis, tu fasses mes recommandations à ma mere.

Abraham, apres luy auoir promis tout cela, & apres auoir bien aiguisé son cousteau, garotte beau son fils, luy porte le cousteau à la gorge, & en fermant les yeux, l'appuye de toute sa force: mais voyant, en ouurant les yeux, que le cousteau n'auoit point fait ouuerture, il se despite, & s'en va auec son cousteau à vne pierre, qu'il coupe en deux. Il en fut tellement surpris, qu'il s'adressa au cousteau, & luy demanda, pourquoy ayant le trenchant assez bon pour couper vne pierre, il n'auoit pas voulu couper la gorge à son fils. Le cousteau luy respondit, que Dieu ne l'auoit point voulu. Sur cela l'Ange Gabriël prend *Abraham* par la main, & luy dit. Arreste-toy: Dieu a voulu mettre ta foy à l'espreuue. Délie ton fils, & sacrifie ce bouc: & en mesme temps il luy presenta vn bouc, qu'*Abraham* offrit à Dieu en holocauste.

Ils disent que les trois pierres, que *Hagar, Abraham & Ismaël* jetterent apres le diable, se voyent encore aujourd'huy aupres du grand chemin, entre *Medine* & la *Meque*: & qu'il s'en est formé d'eux gros monceaux de cailloux, par le soin des Pelerins, qui se chargent chacun de trois pierres, pour les jetter au diable, au mesme lieu où sont ces monceaux ; afin qu'il ne trouble point leurs deuotions.

Prieres pour les morts.

Nous vismes aussi le mesme iour plus de cinq cens femmes, qui alloient deuant le iour au cimetiere pleurer sur le tombeau de leurs maris & parents. Il y en auoit qui ne laissoient pas de manger, les autres se faisoient lire quelques passages de l'Alcoran, & celles qui estoient de qualité auoient fait dresser des tentes, pour n'estre point exposées à la veuë des passans.

Cette sorte de deuotion pour les morts se fait ordinairement au temps de leur *Orut*, ou Caresme.

Les Ambassadeurs furent encore ce iour-là traictez de la cuisine de *Schach-Sefi*. La viande fut apportée en six grands vases de cuiure estamé qu'ils appellent *Lenkeri*, & les confitures en neuf grands vases de porcelaine.

Le Gouuerneur traite les Ambassadeurs. Leur fait sçauoir la mort violente du grand Seigneur.

Le lendemain le *Chan* les traitta magnifiquement à disner, qu'il auoit fait apprester dans vne maison de plaisance.

Le vingt-septiéme sur le soir, le Gouuerneur fit part aux Ambassadeurs des bonnes nouuelles qu'il auoit receuës de *Chan Rustan*, General de l'armée du Roy de Perse, qui luy auoit mandé, que les Iannissaires, qui s'estoient mutinez à Constantinople, auoient tué le grand Seigneur, & fait prisonniers les plus considerez Ministres de sa Cour. Les Perses en témoignerent leur joye par les feux d'artifice, que le Gouuerneur fit allumer, & par la musique qui retentissoit par toute la ville. Les Ambassadeurs en firent autant de leur costé, en faisant ouïr leur artillerie, dont on fit six fois la décharge, & sonner la trompette & battre le tambour, pendant que du toict de leur logis ils voyoient tous les feux de la ville.

Le Gouuerneur fut si aise de voir que les Ambassadeurs prenoient si bonne part à cette joye publique, qu'il leur enuoya deux flacons de vin de *Schiras*, auec vn vase de verre plein de sucre candis.

Le premier iour de May nous celebrasmes le iour de la naissance du sieur *Crusius*, que l'on finit sur le soir par vn magnifique souper, où se trouua nostre *Mehemandar*, *Netzefbek*.

Le fils du Chancelier de Perse rend la visite aux Ambassadeurs.

Le quatriéme, les Ambassadeurs receurent la visite du fils de *Saru-Taggi*, Chancelier de Perse, qui estoit venu exprés d'*Ispahan*, accompagné de quelques personnes de condition,

pour voir les Ambaſſadeurs. Nous luy donnaſmes la muſique, 1637.
où il témoigna de prendre grand plaiſir, & vne ſuperbe collation, à laquelle on fit tirer le canon, toutes les fois que l'on
beuuoit quelque ſanté d'importance.

 Le quatorziéme May les Perſes commencerent à celebrer   *Feſte particu-*
vne Feſte lugubre, qu'ils appellent *Aſchur*, qui ſignifie dix, *liere aux Per-*
parce qu'elle dure dix iours, & commence auec la Lune du *ſans.*
mois *Maheram*. Il n'y a que les Perſes ſeuls de tous les Mahometans, qui chomment cette Feſte, en memoire de *Hoſſein*,
fils puiſné de *Haly*, qu'ils tiennent pour vn de leurs plus grands
Saincts. Leurs legendes diſent, qu'il fut tué dans la guerre
qu'il eut contre le *Calif Ieſied*. Il fut d'abord (à ce qu'ils content) trauaillé d'vne ſoif extraordinaire, parce qu'on luy auoit
oſté l'eau: Apres cela, il fut bleſſé de ſoixante & douze coups
de fléches, & enfin *Senan ben Aneſſi* luy donna vn coup d'épée
à trauers le corps, & *Schemr Sultzauſen* acheua de le tuer. Cette Feſte dure dix iours, parce que *Hoſſein* eſtant party de *Medina*, pour aller à *Kufa*, fut pourſuiuy dix iours durant par
ſes ennemis, qui le traitterent de la façon que nous venons de
dire. Pendant tout ce temps-là les Perſes s'habillent de dueil,
font les triſtes, ne permettent point que le raſoir s'approche
de leur teſte, quoy qu'en d'autres temps ils s'en ſeruent tous
les iours, viuent fort ſobrement, ne boiuent point de vin, &
ſe contentent d'eau. Toute la ville d'*Ardebil* eſtoit lors occupée en des deuotions & en des ceremonies eſtranges. Le iour
les enfans & les jeunes garçons s'aſſembloient par troupes
dans les ruës, portans à la main de grandes bannieres, au bout
deſquelles vers le bout il y auoit des couleuvres de carton,
entortillées de la meſme façon que l'on en voit au caducée
de Mercure. Les Perſes les appellent *Eſchder*. Ils ſe mettoient
aux portes de leurs *Metzits*, ou *Moſquées*, & cryoient les vns
apres les autres *ja Hoſſein, ja Hoſſein*, c'eſt à dire ô *Hoſſein*. Sur
le ſoir, particulierement les trois derniers iours de la Feſte,
apres le coucher du Soleil, l'on voyoit auſſi les hommes d'âge
s'aſſembler en pluſieurs endroits ſous des tentes, auec quantité de flambeaux & de lanternes, ayans au bout de leurs perches des oranges, comme les enfans d'*Abdalla*, chantans, &
crians auſſi à pleine teſte, leur *ja Hoſſein*, & auec tant d'effort, *Eſtrange deuo-*
qu'ils en changeoient de couleur. Apres auoir chanté ainſi *tion.*

Hhh ij

enuiron vne heure, ils s'en retournoient à la ville, & paſſoient en Proceſſion auec leurs bannieres & leurs torches par les principales ruës. Le dixiéme jour l'on acheua les deuotions de la Feſte. Dés le matin l'on fit vne Harangue à l'honneur de *Hoſſein*, à peu pres les meſmes ceremonies, que nous auions veuës à la Feſte d'*Aly* à *Scamachie*. Elles ſe firent dans la Cour du *Meſar* de *Schich-ſefi*, où l'on auoit arboré aupres de la Chancellerie vne banniere, qui a eſté faite, à ce que l'on dit, par la fille de *Fatima*, fille de *Mahomet*, qui en fit faire le fer, d'vn fer

Faux miracle. du cheual d'*Abas*, oncle paternel de *Mahomet*, que *Schich Sedredin*, fils de *Schich Seſi*, auoit apporté de *Medina* à *Ardebil*. Ils content, que cette banniere s'ébranle d'elle-meſme toutes les fois que l'on prononce le nom de *Hoſſein*, pendant le Sermon que l'on fait à ſon honneur, & que lors que le Preſtre recite les particularitez de ſa mort, de quelle façon il fut bleſſé de ſeptante deux coups de fléche, & comment il tomba du haut en bas de ſon cheual, on la voit agitée par vn mouuement ſecret, mais ſi violent, que le baſton ſe rompt, & qu'elle tombe à terre. I'aduoüe que ie ne l'ay point veu; mais les Perſes le diſent tous ſi affirmatiuement, qu'ils croyent que l'on n'en doit point douter.

Le vingt-quatriéme May, ſur l'heure du diſner, le Gouuerneur fit ſçauoir aux Ambaſſadeurs, que ce ſoir-là ils acheueroient leur Feſte, & que s'ils ſe vouloient trouuer aux ceremonies qui ſe feroient, ils ſeroient les biens venus, & luy feroient beaucoup d'honneur; mais que ce ſeroit à condition, que s'accommodans à la loy des *Muſulmans*, ils ne boiroient point de vin à la collation.

Dernieres ceremonies de la Feſte. Les Ambaſſadeurs ſe rendirent à l'entrée de la nuict au logis du Gouuerneur, qui vint au deuant d'eux iuſqu'à la porte de la ruë. Et dautant que la ceremonie ſe deuoit faire dans la cour, ils furent conuiez d'y prendre place du coſté gauche, où l'on auoit preparé des ſieges couuerts de tapis, pour eux & pour leur ſuite, qui euſſent eſté incommodés, en s'aſſeant à la mode des Perſes. L'on auoit mis deuant eux ſur vne nappe, dont l'on auoit couuert la terre, pluſieurs vaſes de porcelaine, auec des eaux ſuccrées & muſquées, & aupres de la table des chandeliers de cuiure, de la hauteur de quatre pieds, auec de la groſſe bougie : comme auſſi des lampes rem-

plies de haillons, detrempez dans du suif & de la nafte. Le 1637.
Gouuerneur prit sa place à l'entrée de la cour, du costé droit
de la porte, & s'assit à terre. Nos gens auoient deuant eux de
grands chandeliers de bois, chargez chacun de vingt ou trente bougies. On auoit attaché aux murailles plusieurs milliers
de lampes de plastre, toutes remplies de suif & de nafte, qui
jettoient vne si grande lumiere, qu'il sembloit que toute la
maison fust en feu. L'on auoit tendu au trauers de la cour des
cordes, chargées de lanternes de papier de diuerses couleurs,
qui rendoient vne lumiere bien moins éclatante, mais sans
comparaison plus agreable que celle des lampes & des falots.
Les habitans d'*Ardebil* sont distinguez en cinq quartiers, ou
mestiers, qui s'assemblent chacun à part, & prient quelques
Poëtes, dont le nombre est fort grand en Perse, de leur faire Poëtes Perses.
des vers à la loüange d'*Aly*, & de *Hossein*, faisans choix de ceux
de parmy eux qui chantent le mieux, ils vont donner la sere-
nade au Gouuerneur, qui caresse, & regale d'vn present d'eau
sacrée, la bande qui a le mieux reüssi en son inuention & en sa
musique.

Ces Musiciens estans arriués, se rangerent en cinq troupes,
en autant d'endroits de la cour, & se presenterent les vns apres
les autres deuant le *Chan*, mais ils crioient à haute voix, plûtost qu'ils ne chantoient, plus de deux heures durant : & apres
cela elles vinrent toutes par l'ordre du Gouuerneur, faire compliment aux Ambassadeurs, & leur souhaitterent vn bon voyage, & vn bon succez de leur negotiation à la Cour.

On voyoit cependant à vn endroit de la cour danser sept
jeunes garçons, tout nuds, à la reserue des parties que la honte
oblige de cacher. Ils appelloient cette sorte de gens *Tzatzaku*,
& auoient tout le corps, depuis la teste iusques aux pieds, frot-
té de suye & de nafte, en sorte que leur noir estant luisant comme du gés, ils ne ressembloient pas mal à des diablotins. Ils
portoient en leurs mains des cailloux, qu'ils frappoient les vns
contre les autres, & quelquefois ils s'en battoient la poitrine,
pour témoigner leur dueil de la mort de *Hossein*. Ces *Tzatzaku*
sont des pauures, qui se déguisent de la sorte pour en tirer
quelque petit profit, parce qu'on leur permet de demander
l'aumosne pendant la Feste, pour l'amour de *Hossein*. La nuict
ils ne couchent point chez eux, mais dans les cendres que l'on

Hhh iij

1637.

vuide de la cuisine du *Schich Sefi*. Il y en a, qui au lieu de suye frottent de vermillon, afin de mieux representer le sang d *Hossein*; mais nous n'en vismes point cette fois là. Apres ce ceremonies, le Gouuerneur donna aux Ambassadeurs le plaisi d'vn tres-beau feu d'artifice; ce qui depleut à la pluspart de Perses, qui murmuroient de ce qu'il s'amusoit à donner du diuertissement aux Chrestiens pendant le temps de leur *Af chur*, qui ne doit representer que des choses tristes & fascheuses.

Feu d'artifice.
Ce feu estoit composé de plusieurs jolies & belles inuentions, de petits chasteaux, de tourelles, de lances & de girandelles, de fusées & de petards. Le chasteau, où l'on mit le feu le premier, auoit trois pieds en quarré, & auoit ses murailles de papier, de toutes sortes de couleurs. L'on alluma d'abord plusieurs petites bougies sur le bord de son fossé, qui faisoient voir les figures qui estoient peintes sur le papier. On en vit sortir des petards & des fusées pendant vne bonne heure & demie, auant que le chasteau allast en l'air. Apres cela on mit le feu à vne autre inuention, qu'ils appellent *Derbende*. C'estoit comme vne saulcisse, espoisse de six bons pouces, & de trois pieds de long, jettant premierement par deux ouuertures vne pluye de feu, & en suite plusieurs petards & serpenteaux, qui tōbans parmy le peuple, mettoient le feu à leurs vestes de cotton, pendant que l'on tiroit toutes sortes de fusées, qui formoient des estoiles, & plusieurs autres figures en l'air. L'on mit aussi le feu à plusieurs boüettes; mais ce que nous y admirions le plus, ce fut vne grosse bombe qui tenoit par de grosses chaisnes de fer à la terre, & vomissoit du feu par son ouuerture, auec vn bruit si effroyable, que nous apprehendions qu'elle ne creuast enfin, & n'enuoyast ses esclats à toute la compagnie. Ils appellent ce feu d'artifice *Kumbara*.

Il y auoit des hommes, qui portoient des lanternes de papier à de grandes perches, qui estoient aussi remplies de petards; mais ce qu'il y eut de plus diuertissant, ce fut que de ces lanternes sortoit vn morceau de linge, qui enueloppoit entortillés de plusieurs neuds plusieurs petards, fusées & serpenteaux, qui ayans de la peine à se degager, faisoient vn effet admirable, par les destours que le feu faisoit par tous les replis de ce lambeau. D'autres portoient dans leurs tabliers vne certaine composition, où quelqu'vn des passans mettoit le feu comme par mégarde, & celuy qui la portoit en secoüant son tablier, en faisoit sortir vn grand nombre d'estoiles, qui brusloient long-temps à terre.

Les Perses se seruent pour ces feux d'artifice de la nafte blanche, qui est vne espece de *Petroleum* : mais dautant que cette drogue ne se trouue que bien rarement en Europe, l'on se peut seruir pour le mesme effect de l'esprit de terebentine rectifié. Nous y vismes aussi de loin dãs l'air des flammes, qui disparoissoient en mesme temps qu'elles estoient allumées. I'estime que ces flammes se formoient d'vne drogue, que les Moscouites appellent *Plaun:* qui n'est proprement qu'vne poudre jaune, que l'on tire d'vne certaine herbe, qui se trouue ordinairement à terre dans les forests, qui sont plantées de pins ou de boulleau, & que l'on appelle proprement en Latin *Acanthus*, & en François *branche orsine*. Chaque tige de cette herbe pousse deux boutons, qui meurissent au mois d'Aoust, & alors les Moscouites ont grand soin de les cueillir, de les faire secher au four, de les battre, & de conseruer la poudre, qui en sort, dans des vessies de bœuf, pour la vendre à la liure. Elle a aussi son vsage en la medecine, parce qu'elle desseiche, & l'on s'en sert vtilement aux playes & à la gratelle. Mais les Moscouites s'en seruent principalement à leurs diuertissements, la mettans dans vne boüette de fer blanc, faite en pyramide, dans laquelle ils poussent vn flambeau par le bout qui n'est point allumé, & en font par ce moyen sortir cette poudre, laquelle pour estre fort menuë, gagne aussi-tost la flamme, & s'allume & disparoist en mesme temps ; de sorte qu'en poussant continuellement le flambeau, l'on fait à tous moments vne nouuelle flamme, qui est fort gaye, & fait vn fort bel effet, parce qu'elle ne fait point de fumée. Cette poudre ne s'allume point, si on ne l'agite de la façon que nous venons de dire : car mesme en la versant sur de la braise, ou en y fourant vne chandelle allumée, elle ne prendroit point feu.

Ce feu nous amusa fort long-temps ; de sorte qu'il estoit plus de minuict auant que nous nous pussions rendre au logis, où nous ne trouuasmes rien de si froid que l'âtre ; parce que dans la croyance que nous auions, que le Gouuerneur nous donneroit à souper, l'on n'auoit point donné ordre à la cuisine.

1637.

Representation de l'enterrement de Hoffein.

Le lendemain dés le grand matin, auant que le Soleil parust sur l'horizon, les Perses firent vne Procession, qui deuoit representer l'enterrement de *Hoffein*. On y portoit force *Eschder* & bannieres, & l'on menoit en main plusieurs beaux cheuaux & chameaux, couuerts d'vn drap bleu, dans lequel on voyoit grand nombre de flêches, picquées comme si elles y auoient esté tirées à dessein, representans celles que les ennemis auoient tirées sur *Hoffein*. Ces cheuaux estoient montez par des garçons, qui auoient deuant eux des cercueils vuides, sur lesquels on auoit jetté vn peu de paille ou de foin, & ils representoient l'extreme affliction des enfans de *Hoffein*. Sur quelques-vns de ces cheuaux l'on auoit mis de beaux turbans, des cimeterres, des arcs, & des carquois pleins de flêches.

Deuotion sanglante.

Dés que le Soleil fut leué, l'on vit dans la basse-cour vn fort grand nombre d'hommes, qui se faisoient saigner au bras, en si grande quantité, qu'il sembloit qu'on y eust assommé plusieurs bœufs. Les ieunes garçons se faisoient faire des estafilades au dessus du coude, & en frappant de la main sur les playes, en faisoient jallir le sang sur tout le bras, & sur le corps, & en cét estat ils couroient par toute la ville. Ce qu'ils font en memoire de l'effusion du sang innocent de *Hoffein*; croyans expier par cette action vne partie de leurs pechez : preoccupés qu'ils sont de l'opinion qu'ils ont, que ceux, qui meurent pendant cette Feste, sont infailliblement sauuez. Ils parlent aussi auec la mesme asseurance du salut de ceux qui meurent pendant la Feste d'*Aly*, & pendant leur Caresme.

Description de la ville d'Ardebil.

Pour ce qui est de la ville d'*Ardebil*, que les Turcs nomment *Ardeuil*, & que l'on trouue dans les cartes Geographiques sous le nom d'*Ardonil*, elle est située dans la Prouince *Adirbeitzan*, par les anciens appellée *Media Major*, dont les principales villes sont *Ardebil*, *Tabris* ou *Tauris*, *Merragué*, *Natschuan*, *Miane*, *Vrumi*, *Choi* & *Salmas*, &c. Ardebil est vne des plus anciennes & des plus celebres villes de tout le Royaume, non seulement à cause du sejour que plusieurs Roys de Perse y ont fait, mais aussi particulierement, parce que *Schich-Sefi* autheur de leur secte y a vescu, & y est decedé. Il y en a qui croyent que l'on peut conjecturer de l'Histoire de Q. Curce que c'est la ville qu'il appelle *Arbela*. On y voit les tombeaux
de

des Roys de Perse, & le commerce y est si grand, que cette ville peut sans difficulté estre mise au nombre des plus considerables de tout l'Orient. La langue Turque y est beaucoup plus commune parmy les habitans que la Persane. I'y trouuay l'éleuation du Pole de 38. degrez cinq minutes, & la longitude de 82. degrez 30. minutes.

1637.

Sa situation est au milieu d'vne grande pláine, qui a plus de trois lieuës d'estenduë, & est enfermée de tous costés d'vne grande montagne comme vn Amphitheatre ; dont la plus haute, nommée *Sebelahn,* qui est vers le Ponant de la ville, est toûjours couuerte de neige. Vers le *Sud-sud-est* est la montagne de la Prouince de *Kilan,* que l'on nomme *Bakru.* C'est à cause de ces montagnes que l'air y est tantost extremement chaud, tantost extremement froid ; en sorte que dés le mois d'Aoust l'on commêce desia à y sentir les incommoditez de l'Automne, aussi bien que les maladies epidimiques, qui y regnent tous les ans, & qui emportent ordinairement grand nombre de personnes. Nostre maison n'en fut point exempte. Car outre le grand nombre de domestiques, qui tomberent malades, le sieur *Brugman* & nostre Medecin eurent la fiévre, auec des redoublements fascheux, mais particulierement le dernier, qui fut reduit dans vn estat, où l'on n'esperoit plus rien de sa vie. En la plus grande chaleur du iour, & iustement à l'heure de midy, il ne mâquoit pas de s'y leuer vn grand tourbillon, qui remplissoit toute la ville de poussiere, mais il ne duroit qu'enuiron vne heure : Le reste du iour & de la nuict estoit calme ; ce qui a donné lieu au prouerbe Persan, qui dit,

Saba Ardebil, Nimrus Kardebil, c'est à dire *le matin Ardebil, & à midy pleine de poussiere.*

Sa situation.

Ce n'est pas pourtant la qualité froide de son climat, mais sa situation qui y empesche la terre de produire du vin, des melons, des citrôs, des oranges, & des grenades, que l'on trouue quasi en toutes les autres Prouinces de Perse. Les pommes & les poires, & mesmes les pesches y viennent fort bien. Ce qu'il faut entendre de la ville mesme, & de la plaine, en laquelle elle est située. Car l'air est sans comparaison plus chaud & plus temperé au pied de la montagne ; c'est pourquoy l'on y trouue aussi toutes sortes de fruicts, & les arbres, qui ne commençoient qu'à pousser leurs boutons à la fin d'Avril aux enuirons d'*Ardebil,*

L'air y est moins chaud qu'ailleurs.

Fertilité de son terroir.

434 VOYAGE DE MOSCOVIE,

1637. estoient déja bien aduancez au village d'*Alaru*, au pied du mont *Bakru*. Autrement le terroir y est fort bon, tant pour le labour que pour le pasturage ; en sorte que la plaine, qui n'est pas fort grande, est capable de nourrir les habitans de plus de soixante villages, que l'on peut tous descouurir de la ville. Outre cela le reuenu, que le Roy tire des Bergers Arabes & Turcs, est fort considerable ; à cause de la liberté qu'on leur donne, d'y faire paistre leur bestail, & de faire leur commerce en ces quartiers là, apres qu'ils ont acheté la protection du *Schach* ou embrassé la Religion des Perses. Le Commis du Fermier m'asseura, que depuis quinze iours il estoit passé plus de cent mille moutons sur le pont de la Ville, & chaque mouton paye quatre *Kasbeki*, ou deux sols monnoye de France, pour le droict du pasturage, & autant quand le proprietaire les vend. Ce dernier droit s'appelle *Tzaubanbeki*, & l'autre *abschur eleschur*, ou droit d'eau & d'herbe, que les Turcs appellent en vn mot *Othbasch*.

Elle n'a point de murailles, mais beaucoup de jardins.

La ville est tant-soit peu plus grande que celle de *Scamachie*, mais elle n'a point de murailles. Il n'y a point de maison qui n'ait son jardin ; c'est pourquoy, à la voir de loin, elle ressemble à vne forest plûtost qu'à vne ville. Neantmoins ce ne sont que des arbres fruictiers, parce que le païs ne produisant point de bois à bastir, ny mesme à brûler, les habitans sont obligez d'en faire venir de la Prouince de *Kilan*, qui en est éloignée de six bonnes iournées. A vne lieuë de la ville, vers le *Sud*, est vn village nommé *Scamasbu*, d'où sourd vne petite riuiere nommée *Balachlu*. Deuant que d'entrer dans la ville elle se separe en deux branches, dont l'vne coupe la ville, & l'autre en fait le tour, pour se rejoindre au sortir delà, & pour se décharger ensemble dans la riuiere de *Karasu*. Elle s'enfle si fort au mois d'Auril, lors que les neiges se fondent aux montagnes, que si les habitans de la plaine n'auoient l'industrie de la détourner, par des chaussées qu'ils leuent du costé de la ville, elle seroit capable de la noyer.

L'on en eut vn exemple du temps de *Schach Abas*, lors que la violence des eaux ayant rompu les digues, détrempa & abattit en moins de rien vn fort grand nombre de maisons ; parce que les murailles n'estans basties que de mortier & de briques cuites au Soleil, il n'y en a point, qui puisse resister au moindre debordement : de sorte que la riuiere emporta les meubles, &

ET DE PERSE, LIV. IV. 435

mesmes plusieurs enfans dans le berceau, comme aussi de nostre temps, le douziéme d'Avril, nous vismes employer plus de mil hommes, qui trauailloient incessamment à des canaux, & à la détourner par le moyen d'vne chaussée, que l'on fit dans la plaine sur le bord de la riuiere, qui la fit déborder, & inonder toute la campagne voisine. La ville, outre vn grand nombre de petites ruës, en a cinq fort grandes & fort larges, nommées *Dervuana*, *Tabar*, *Niardovuer*, *Kumbalan*, & *Kasirkuste*, que l'on a pris soin de border des deux costez d'ormes & de tils, afin d'auoir de l'ombre contre les excessiues chaleurs du climat.

Son marché, ou *Maidan*, est grand & beau, ayant plus de trois cens pas de long sur cent cinquante de large, & de tous costez des boutiques si bien rangées, qu'il n'y a point de marchandise, ny de mestier qui n'ait son quartier particulier. A la main droite en entrant l'on trouue derriere le sepulchre de *Schich-Sefi*, & des derniers Roys de Perse, vne *Metsid*, ou *Mosquée*, dans laquelle est enterré vn *Iman Sade*, ou vn des enfans de leur douze Saints. Les criminels s'y peuuent retirer pour quelque temps, & de là se sauuer auec facilité au tombeau de *Schich-Sefi*, qui est leur grand azile. Au sortir du marché l'on entre dans vn lieu qu'ils appellent *Basar*, où l'on rencontre d'abord vn grand bastiment quarré & vouté, qu'ils appellent *Kaiserie*; qui est comme vne halle, où se vendent les plus precieuses marchandises du païs, comme des brocards d'or & d'argent, de toutes sortes de pierres precieuses & d'estoffes de soye. Au sortir de là l'on entre par trois portes en autant de ruës couuertes, qui sont bordées de boutiques, où l'on vend toutes sortes de marchandises. On y voit aussi çà & là plusieurs *Caruanseras* ou magazins, bastis pour la commodité des marchands forains, comme Turcs, Tartares, Indiens &c. Nous y vismes aussi deux Chinois, qui y auoient apporté à vendre de la porcelaine, & plusieurs ouurages de lacque.

Il y a aussi dans la ville vn fort grand nombre d'estuues publiques, & de *Metsids*, dont la principale est celle qu'ils appellent *Metsid Adiné*, qui est située sur vne colline, quasi au milieu de la ville, & ornée d'vn beau clocher. C'est-là où se font les plus grandes deuotions les iours de Feste, & le Vendredy, dont elle tire aussi son nom. A la porte de la *Metsid*, ou Eglise, est vne fontaine, que le deffunct *Saru Chotze*, autre-

1637.

Ses ruës.

Son marché.

Sepulchre de Schich Sefi.

Qui sert d'azile.

Ses Metsids ou Mosquées.

Iii ij

ment nommé *Mahomet Rifa*, Chancelier de Perſe, a fait conduire iuſques en ce lieu-là, par le moyen d'vn canal ſoûterrain, depuis ſa ſource; qui eſt dans vne montagne éloignée de la ville de plus d'vne lieuë, vers le *Sudeſt*.

Les beaux tombeaux de *Schich-Sefi*, & des derniers Roys de Perſe, ſont auprés du *Meidan*. Les Perſes nomment ce lieu-là *Meſar*, & *Kebel-Chan* Gouuerneur de la ville nous fit la faueur de nous y faire entrer le lendemain de la Pentecoſte. Il nous fit dire auparauant, que puiſque nous voulions aller voir le ſaint Sepulchre, nous ſerions obligez de nous abſtenir de vin ce iour-là, & que l'on nous apporteroit à ſouper de la cuiſine de *Schich-Sefi*.

Les Ambaſſadeurs vont voir le ſepulchre de Schich Sefi.

Les Ambaſſadeurs y allerent au ſortir du diſner, accompagnez de toute leur ſuite & de leurs gardes. La porte, qui nous donnoit entrée dans la premiere cour, eſt fort grande, & l'on voyoit au deſſus vne groſſe chaiſne d'argent, qui eſtoit tenduë d'vn coſté à l'autre, & y en auoit vne autre penduë perpendiculairement au milieu. C'eſt vn preſent que la deuotion d'*Aga Chan*, Gouuerneur de *Merragué*, auoit fait au ſaint Sepulchre. Cette premiere cour eſt fort grande, & toute pauée de grandes pierres larges, ayant des deux coſtez de grandes voutes, où il y a pluſieurs boutiques, & ſur le derriere vn tres-beau jardin public, & ouuert à tout le monde.

Poſent les armes à l'entrée.

Apres que le Gouuerneur nous eut receus dans la baſſecour, il nous mena à vne autre porte, ſur laquelle nous viſmes encore vne chaiſne d'argent, ſemblable à la premiere, & c'eſtoit vn effet de la deuotion de *Mahomed-Chan*, Gouuerneur de *Kentza*. A l'entrée de cette porte l'on nous demanda nos armes; parce qu'il n'eſt pas permis d'en porter au lieu de ce Sepulchre, de quelque nature qu'elles puiſſent eſtre : de ſorte que ſi vn Perſe auoit eſté trouué ſaiſi ſeulement d'vn couteau, il luy couſteroit la vie. Le pas de cette porte, comme auſſi ceux de toutes les autres ſuiuantes, eſtoit de marbre blanc & arrondy, & l'on nous aduertit de ne point marcher deſſus, mais de paſſer pardeſſus, le pied droit deuant, parce qu'eſtant baiſé par tant de milliers de perſonnes, il n'eſtoit pas raiſonnable, diſoient-ils, que nos pieds le prophanaſſent. De là nous entraſmes dans vne autre cour, qui eſtoit pour le moins auſſi longue que la premiere, mais beaucoup plus étroite, pauée de mesme, & ayant des voutes & boutiques des deux costez comme l'autre. A la droite sortoit de la muraille, par vn robinet de cuiure, vne tres-belle fontaine, dont les eaux viennent d'vne lieuë loin, abbreuuer ceux que la deuotion a fait retirer en ce lieu-là. Au bout de cette cour, à la main droite, l'on nous monstra vne belle & grande voute, bastie en dome, reuestuë par dehors de pierres vertes & bleuës, & par dedans de tapis. Au milieu de cette voute estoient deux beaux chandeliers de cuiure, auec leurs luminaires. Le long des murailles estoient assis plusieurs Prestres, habillez de blanc, qui chantoient en criant de toute leur force, témoignans vne grande humilité, & vne deuotion extraordinaire, par vn mouuement continuel d'vn costé à l'autre ; qu'ils faisoient tous en mesme temps, & d'vn mesme bransle, & auec tant de iustesse, qu'il sembloit, qu'ils fussent tous attachez à vne mesme corde, & qu'on les eust tirez tous à la fois. Ce lieu-là s'appelle *Thschillachanc*, parce que *Schich-Sefi* se retiroit-là tous les ans, pour jeusner, ne mangeant quarante iours durant qu'vne amande par iour, & ne beuuant que fort peu d'eau pendant tout ce temps-là ; au moins s'il faut croire ce qu'ils en content. De là nous passasmes par vne troisiéme porte, sur laquelle pendoit aussi vne chaisne d'argent, qu'*Alli-Chan*, Gouuerneur de *Kappan*, y auoit donnée, dans vne autre cour, qui estoit plus petite que les deux premieres, & toute pauée de petits carreaux de diuerses couleurs. Nous entrasmes au lieu du sepulchre par vne porte, qui estoit bastie comme vne grosse tour, dont les battans estoient tous couuerts de lames d'argent, & ornés de plusieurs anneaux de mesme étoffe, qui nous conduisit dans vn grand bastiment. Le paué de deuant la porte estoit couuert de tapis, qui marquoient la sainteté du lieu, & l'on nous dît, qu'il falloit qu'à cause de cela nous ostassions nos souliers.

Les Ambassadeurs firent d'abord quelque difficulté de rendre ce respect à vn lieu, pour lequel ils ne pouuoient point auoir de veneration ; mais voyans que sans cela on ne leur permettroit pas d'y entrer, ils s'y resolurent enfin. Les Perses, pour leur faire entendre, qu'ils ne faisoient rien qui pût faire tort à la dignité de leur caractere, dirent, que *Schach Abas* mesme, quand il venoit voir le sepulchre, se déchaussoit bien souuent à

1637.

Ieusne de quarante iours de Schich Sefi.

Description de son sepulchre.

vne demy lieuë de la ville, & acheuoit le reste du chemin nuds pieds: mais qu'ils n'osoient pas esperer cette deuotion de nous autres. Nous passasmes de là dans vne grande gallerie fort belle, tenduë & couuerte de tapisserie; & en suite nous entrasmes par vne autre porte couuerte de lames d'or, dans vn autre beau bastiment vouté. *Scach Abas*, estant sur le point de partir, pour faire la guerre aux Tartares *Vsbeques*, fit vn vœu, & promit de donner vne porte d'or au sepulchre de *Schich Sefi* à *Ardebil*, & vne autre à *Iman Risa*, en *Chorasan*, si le succés de ses armes respondoit à ses esperances: dont il s'acquitta fort religieusement dés qu'il fut de retour, apres auoir remporté sur ses ennemis tous les aduantages, qu'il en pouuoit esperer. Cette voute auoit enuiron quatre toises en quarré, & estoit esclairée de grand nombre de lampes d'or & d'argent, parmy lesquels il y en auoit qui auoient plus de trois pieds de diametre. Des deux costez estoient assis douze *Hasifahns*, ou Prestres, ayans deuant eux, sur de petits sieges plians, de grands liures de parchemin, où estoient écrits en lettres capitales Arabes, quelques Chapitres de l'*Alcoran*, qu'ils chantoient quasi de la mesme façon que nos Moines disent leurs Vespres, mais auec le mesme mouuement que nous auions veu en *Tschllachane*. Apres auoir trauersé cette voute, nous arriuasmes à vn autre appartement, qui n'en estoit separé que d'vne grille d'argent, quoy qu'exhaussé de trois marches d'argent, par où il fallut monter pour y entrer. Apres que le Gouuerneur & nostre truchement *Ruflan*, eurent baisé ces degrez, il y entra auec les Ambassadeurs, qui y firent entrer quatre personnes de leur suite. Cét appartement estoit plus richement paré qu'aucun des autres, & auoit au bout vn autre retranchement éleué de terre d'vn pied, dont les grilles estoient d'or massif. C'est derriere ce retrãchement que l'on voit le sepulchre de *Schich-Sefi*, qui est basty de marbre blanc, mais non point d'or, ainsi que quelques-vns ont écrit. Il estoit couuert d'vn tapis de veloux rouge cramoisi, & éleué de terre de trois pieds, & auoit enuiron neuf pieds de long sur quatre de large. De la voute pendoient quelques lampes d'or & d'argent, & aux deux costez estoient deux fort grands chandeliers d'or massif, où l'on allume des cierges la nuict.

La porte de cette grille d'or estoit fermée, & quelque instancé que les Ambassadeurs fissent pour la faire ouurir, ils ne le pûrent pas obtenir ; les Perses disans que l'entrée de ce lieu estoit deffenduë aux Laïcs, & au Roy mesme. Dans ce mesme appartement où nous estions, l'on voyoit à la main gauche, dans vne voute separée, le sepulchre du *Schach Ismael*, premier de ce nom, de la femme de *Schich-Sefi*, & de quelques autres Reines de Perse : mais nous n'en pûmes voir autre chose, que ce que nous en découuroit l'ouuerture des rideaux qui en fermoient l'entrée ; & à ce que nous en pûmes juger, il n'y auoit rien de remarquable. Nous auions tousiours à nos costez vn bon vieillard, qui auec l'encensoir à la main purifioit les lieux, par où nous auions passé.

1367.

Les Laïcs ne se peuuent pas approcher du sepulchre.

Apres auoir consideré tout ce qu'il y auoit à voir en ce lieulà, l'on nous conduisit par la mesme gallerie, vers la main droite, dans vn autre grand appartement, qui estoit tout voûté & doré ; où nous admirâmes d'abord la côstruction du bastiment, lequel approchant de la grandeur d'vne assez belle Eglise, ne se soustenoit neantmoins que par la force de sa voûte, & sans pilliers. Cette salle s'appelle *Tzenetsera*, & sert de Bibliotheque. Les liures y estoient enfermez en des armoires, couchez les vns sur les autres, sans rang & sans ordre, mais d'ailleurs parfaitement bien conditionnez. Ils estoient tous écrits à la main, les vns sur du parchemin, les autres sur du papier, la plufpart en Arabe, & quelques-vns en Persan & en Turc, mais tous fort bien peints, reliez en maroquin de leuant, & couuerts de lames d'or & d'argent ciselé & à feüillages. Les Liures d'Histoire sont enrichis de plusieurs representations en miniature. Dans les niches de la voûte se voyoient plus de trois ou quatre cens vases de porcelaine, & quelques-vns de si grande capacité, qu'ils tenoient plus de quarante pintes de liqueur.

Voute admirable.

Bibliotheque.

L'on n'en employe point d'autres aux repas, que le sepulcre fournit au Roy & aux grands Seigneurs qui y passent ; parce que la sainteté du lieu ne permet point, que l'on s'y serue de vaisselle d'or ou d'argent. Mesme l'on dit que *Schich-Sefi* ne se seruoit, par grande humilité, que d'écuelles de bois. Delà l'on nous mena à la cuisine, dont la porte estoit aussi couuerte de lames d'argent, & au dedans la batterie estoit si belle, & rangée en vn si bel ordre, que ce n'estoit pas le moindre ornement du lieu. Les grandes marmites estoient toutes d'vn mesme rang,

La cuisine de ce bastiment.

1637. & ſeellées dans la muraille, le long de laquelle paſſoit vn tuyau, qui par diuers robinets de cuiure fourniſſoit de l'eau à toute la cuiſine.

Les cuiſiniers & les marmitons auoient chacun leur place, ſelon les fonctions de leurs charges. Cette cuiſine nourrit tous les iours plus de mille perſonnes, tant de ceux de la maiſon, que des pauures, auſquels on diſtribuë trois fois le iour du potage, du ris & de la viande; ſçauoir le matin à ſix heures, & à dix, & apres diſner à trois. Les deux repas du matin ſe font aux dépens de *Schich-Seſi*, qui pour cét effet a fait vne fondation de cinquante eſcus par iour, & le troiſiéme eſt vne aumoſne que le Roy de Perſe y fait faire. Il s'y fait outre cela tant d'aumoſnes, que pluſieurs particuliers y font diſtribuer, qu'elles ne ſont pas ſeulement capables de nourrir les pauures, mais il y en a de reſte, que l'on vend à ceux qui ont honte d'en aller demander. Aux heures de ces repas l'on ſonne deux timbales, qui ont eſté apportées de *Medine*, à ce que l'on dit, auec la banniere de *Fatima*, par *Schich Sedredin*. Au ſortir de la cuiſine nous entraſmes dans vn tres-beau jardin, où nous viſmes les tombeaux de *Sultan Aider*, de *Schach Tamas* & de pluſieurs autres Roys de Perſe, à l'air, & ſans aucun ornement, ou autre couuerture, que de celle d'vne pierre toute vnie. Les principaux Seigneurs, dont les ſepulchres ſe voyent en ce *Meſchaich* ſont:

Charité qui s'y fait.

Tombeaux des Roys de Perſe.

1. *Schich-Seſi*, fils de *Seid Tzeibrail*.
2. *Schich Sedredin*, fils de *Seſi*.
3. *Schich Tzinid*, fils de *Sedredin*, que les Auteurs Europeens nomment par erreur *Guined*.
4. *Sultan Aider*, fils de *Tzhinid*, qui fut eſcorché vif par les Turcs.
5. *Schich Aider*, fils de *Sultan Aider*.
6. *Schach Iſmaël*, fils de *Schich Aider*.
7. *Schach Tamas*, fils de *Schach Iſmaël*.
8. *Schach Iſmaël* deuxiéme du nom, fils de *Schach Tamas*.
9. *Schach Mahomed Choddabende*, fils de *Schach Iſmaël*.
10. *Iſmaël Myrſa*.
11. *Hemſa Myrſa*. } Frere, & fils de *Choddabende*.
12. *Schach Abas*.

Schich

Schich Sedredin fit faire ce tombeau apres la mort de son pere, par vn Architecte, qu'il auoit amené de *Medine*, & sur le dessein qu'il en fit luy-mesme par miracle, (car les Perses content que luy & son pere en ont fait plusieurs) en ce qu'ayant commandé à l'Architecte de fermer les yeux, il le rauit en extase; pendant laquelle il luy fit voir le modele, sur lequel il vouloit que ce bastiment fust fait, & sur lequel il le fit en effet. *Schich Tzinid*, en y adioustant la grande cour, & plusieurs maisons, l'agrandit en sorte, qu'il paroist auiourd'huy comme vn fort beau & grand chasteau, où il se rend tous les iours vn si grand nombre de personnes, pour se parler, ou pour se promener, qu'il n'y a gueres de cours de Prince, où il s'envoye dauantage. Les fondations de plusieurs Rois, ses grands reuenus, & les presens que l'on y fait tous les iours, augmentent ses richesses, tellement que l'on tient, que son tresor est de plusieurs millions d'or, & qu'au besoin ce *Mesar* pourroit leuer & entretenir vne puissante armée, & qu'il fourniroit plus d'argent comptant que ne sçauroit faire le Roy mesme. Outre les fermes & les mestairies qui en dépendent, il a dans *Ardebil* deux cent maisons, neuf estuues publiques, huict *Carauanseras* ou magasins, cette grande voute, que l'on appelle la *Kaiserie*, tout le *Maidan*, auec ses voutes & auec ses boutiques, cent autres boutiques dans le *Basar*, & les marchez au bétail, au bled, au sel, & à l'huile. Les *Aftasnischin* ou les regratiers, & ceux qui vendent en plein marché, sans boutiques ou estaux, y doiuent aussi certains droits. Il possede encore aux enuirons d'*Ardebil* trente-trois bourgs ou villages, & en la Prouince de *Serab* cinq villages. Dans la ville de *Tauris* soixante maisons & cent boutiques, & deux villages hors de la ville, plusieurs *Carauanseras* & estuues dans la ville de *Kasuan*, & dans les Prouinces de *Kilan* & d'*Astara*. Les droits de *Abschur* & d'*Eleschur* dans la Prouince de *Mokan* luy appartiennent, & la moitié de ceux de *Chalchal*, de *Kermeruth* & de *Haschteruth*, sans ce que les Tartares & les Indiens, qui font profession de la Religion de Perse, y enuoyent, & sans les presens que l'on apporte de tous costez, en suite des vœux qu'ils ont accoustumé de faire dans les longs voyages, dans leurs maladies, & mesme en d'autres affaires d'importance, dont ils s'acquittent fort religieusement. Outre cela l'on y fait tant d'autres dons,

1637.

Fable.

Son tresor & son reuenu.

1637.

Commiſſaires pour la recepte.

Azyle.

donations & legs, qu'il ne ſe paſſe point de iour, que l'on n'y voye arriuer des cheuaux, des aſnes, des chameaux, des moutons, de l'argent, & d'autres choſes. La recepte de toutes ces choſes ſe fait par deux perſonnes, qui ont ſerment à ce ſaint lieu, & on les appelle *Neſſurizchan*, du mot *Neſur*, qui ſignifie vœu, & ils ſont entretenus du reuenu d'vn beau village, qui eſt à vne demie lieuë de la ville, appellé *Sultanabath*, que *Schich Iſmaël* a donné pour cét effet. Ces Commiſſaires ſe trouuent tous les iours dans vn appartement qui eſt ſitué à la main gauche en entrant dans le *Metzid Tzillachane*, & ſont aſſis aux deux coſtez d'vn tronc, ou coffre, qui eſt couuert de velours rouge cramoiſi, dans lequel ils mettent l'argent qu'on leur apporte, comme auſſi celuy qui reuient de la vente des cheuaux, chameaux & aſnes que l'on y donne : car l'on tuë les bœufs & les moutons, & on les diſtribuë aux pauures. Ils donnent à ceux qui leur apportent des preſens, vne poignée d'anis. Et on leur fait entendre par là que leurs ames gouſteront vne douceur admirable en l'autre monde.

On donne auſſi aux Pelerins, qui y vont faire leurs deuotions, vn certificat de leur voyage, & des prieres qu'ils y ont faites, qui ne ſert pas ſeulement de témoignage de la profeſſion de leur Religion, mais auſſi comme de ſauue-garde, pour ſe mettre à couuert de pluſieurs diſgraces, & meſme pour leur ſauuer la vie. Et de fait, noſtre truchement *Ruſtam*, ayant deſſein de nous quitter, & apprehendant d'eſtre mal-traité, en ſuite de la plainte que les Ambaſſadeurs en pourroient faire au Roy, en prit trois copies authentiques, dont les deux furent trouuez parmy ſes hardes, apres ſa retraite, & preſentées à noſtre retour par l'Ambaſſadeur *Cruſius* à ſon Alteſſe, qui les fait garder dans ſa Bibliotheque.

Les Perſes appellent ces certificats *Sijaretname*, & l'on en donne, non ſeulement en ce lieu icy, auprés du ſepulchre de *Schich-Seſi*, mais auſſi à *Meſchet*, auprés de celuy d'*Iman Riſa*, & ceux-cy ont la meſme force & la meſme authorité que les premiers. Or afin que l'on ſçache comment ces certificats ſont capables de ſauuer la vie à vn criminel, ou aux diſgraciés de la Cour, ie vous en raconteray vn exemple. Peu de temps auant noſtre voyage il arriua, que *Tzirra-Chan*, qui eſtoit hôme de qualité, & qui poſſedoit parfaitement les bonnes graces de

Schich-Sefi, en sorte qu'il luy auoit fait épouser vne Dame de son serrail, estant vn iour venu disner bien tard, le Roy luy en demanda la cause, & luy dit en riant, que sans doute les caresses de sa nouuelle mariée l'auoient amusé. Il eut l'audace de répondre que sa Majesté auoit bien rencontré, qu'il s'e- stoit en effet diuerty auec vne femme, mais que ç'auoit esté auec celle d'*Agasi-Beg*; qui estoit là present, & qui faisoit sa charge de Maistre d'Hostel, lors que *Tzirra-Chan* fit ce conte. Le Roy fut tellement surpris de cette insolence, que rougissant de honte & de colere, il n'eut pas le cœur de leuer les yeux, pour regarder l'vn & l'autre, & *Tzirra Chan*, voyant qu'il en auoit trop dit, se leua de table, & s'en alla chez luy. Dés que le Roy se fut apperceu de cette retraite, il appella *Agasi*, & luy dit; Tu as veu, *Agasi*, de quelle façon *Tzirra*, non content d'auoir deshonoré ta maison, a fait gloire de te reprocher ton opprobre, & a eu l'audace de le faire en ma presence. Va-t'en, & apporte-moy sa teste. *Agasi* obeït, & y alla; mais au bout de deux heures, le Roy estonné de voir qu'*Agasi* ne reuenoit point, enuoye apres luy, sçauoir ce qu'il estoit deuenu. On rapporte au Roy, que l'on auoit trouué *Tzirra* & *Agasi*, comme bons amis, se réjoüissans & beuuans ensemble. A ce rapport le Roy, s'écria en riant de dépit, *ja kurrum-sak, ô le pauure cocu*; mais faisant en mesme temps reflexion sur leur procedé, & se persuadant, que ces deux hommes luy auoient voulu faire l'affront entier, & qu'ils se mocquoient de luy, il commanda à *Alliculi Chan*, frere de *Rustan*, *Chan* de *Tauris*, *Diuanbeg*, ou Iuge de la Prouince, d'aller querir la teste de l'vn & de l'autre. Cependant *Agasi* estant reuenu à luy, & considerant que le Roy ne se railloit point de ces choses, & qu'il se pourroit bien repentir de s'estre si mal acquitté de sa commission, prit congé de la compagnie, & se retira; mais *Tzirra*, qui se fioit en la faueur du Roy, & à la familiarité, dans laquelle il viuoit auec luy, fut assez imprudent pour attendre l'effet de la colere de son Prince, & eut la teste coupée. *Agasi*, faisant son profit de la mort de *Tzirra*, s'en alla cependant au sepulchre d'*Iman Kisa*, d'où il rapporta vn de ces certificats, auec lequel il se presenta au bout de quelques mois deuant le Roy: lequel l'apperceuant de loin, ne se pût empescher de ri- re, & luy dit: Tu as bien de l'esprit, mon bon cornard, va, ie

1637.

Insolence d'vn Fauory.

L'insolence chastiée.

KKK ij

1637. te fais grace pour l'amour d'*Iman Kifa*, vien, baife-moy le pied. On nous affeura, que quand mefme le Roy euft eu deffein de le mal-traiter, les Seigneurs de fa fuite ne l'euffent pas souffert. Ainfi ce *ijaretname* fauua la vie à *Agafi-bek*, qui r'entra mefme au feruice du *Schach*, non point en qualité de Maiftre d'Hoftel, mais en celle de Gentilhomme feruant feulement.

Ce n'eft pas que les Secretaires, qui ont l'expedition de ces certificats, n'y commettent plufieurs fraudes & fupercheries, en les deliurant fignez & feellez en blanc, pour les remplir des noms de ceux qui en peuuent auoir affaire ; ainfi que l'on voit par l'exemplaire que fon Alteffe fait garder en fa Bibliotheque à *Gottorp*. Nous parlerons de *Schich-Sefi*, de fa vie & de fes miracles cy-apres, quand nous traiterons de la Religion des Perfes.

Autre fepulchre de Saint. Dans le mefme village de *Kelheran*, à vne demie lieuë d'*Ardebil*, fe voit encore vn autre beau tombeau, que l'on fait à l'honneur de *Seid Tfebrail*, pere de *Schich-Sefi*. C'eftoit vn pauure païfan, lequel n'ayant rien de particulier en fa condition, qui le pût faire diftinguer des autres habitans du lieu, eut auffi fa fepulture commune auec eux. Mais *Sedredin*, voyant la reputation de la fainteté de fon pere fi bien eftablie, qu'elle eftoit deuenuë comme hereditaire en fa perfonne, il la voulut faire remonter iufqu'à fon aycul, & fit pour cet effet déterrer fes Relliques, qu'il honora d'vne tombe, au lieu où on la voit auiourd'huy. Il y en a qui difent, que dans le mefme tombeau font gardez les offemens de *Seid fala*, & de *Seid-kudbedin*, pere & ayeul de *Tzeidbrail* ; mais les autres fe contentent de referuer cét honneur à *Seid Tfelrail* feul. Et ils pourroient bien fe tromper tous ; eftant bien difficile, qu'apres tant d'années l'on ait pû reconnoiftre leurs offemens & leurs cendres parmy tant d'autres.

Defcription du tombeau. Le tombeau mefme eftoit au milieu d'vn grand jardin, & eftoit bafty en rond, efleué de terre de dix marches, orné par tout de vitres de toutes fortes de couleurs, qui font confernées par des grilles de fer, & faifant fortir du milieu de fa voute vne groffe tour ronde, ou vne efpece de dome baftie de pierres bleuës & vertes. Ceux de la compagnie qui y voulurent entrer, furent contraints de laiffer leurs fouliers & leurs bottes à la porte, auec leurs efpées & leurs cannes. Le baftiment par dedans estoit fait d'vne architecture admirable. La 1637. voute, qui estoit dorée & azurée, se ioignoit par des arcs-boutans, faits à iour. Le paué estoit couuert de beaux tapis, & les murailles, qui estoient ouuertes de tous costez, poussoient hors d'œuure d'autres petites voutes, où l'on enseignoit la ieunesse à lire, & à chanter l'Alcoran, pour estre capables de seruir vn iour de *Hafifan*, ou gardiens de ce Saint Sepulchre. Nous vismes çà & là, sur de petits sieges, des Liures ouuerts, pour seruir au chant du seruice, tout de mesme que nous auions veu au sepulchre de *Schich-sefi*. Le tombeau estoit de la hauteur d'vn homme, & d'vne aulne & demie de large, d'ouurage de menuiserie, auec des pieces de rapport, dont les iointures estoient liées de petites lames de cuiure, & estoit couuert de velours verd. Au dessus du tombeau pendoient quatre lampes, dont les deux estoient d'or, & les deux autres d'argent, que deux *Tziragts-Chihan*, ou moucheurs, sont obligez d'allumer sur le soir, & d'entretenir toute la nuict. Vis à vis du tombeau estoit vne petite Chappelle, pour la sepulture de plusieurs autres personnes de la mesme famille de *Schich-sefi*.

La sainteté du lieu fait que le *Chan d'Ardebil* preste le serment de fidelité aux Religieux du lieu, aussi bien qu'au Roy, estant obligé de seruir ce Saint Sepulchre, & le Roy coniointement ; c'est pourquoy il a la iurisdiction spirituelle aussi bien que la temporelle. En reconnoissance dequoy, & en consideration de l'assiette de sa ville, qui n'est point frontiere, ny par consequent suiette à l'inuasion du Turc, on décharge le Gouuerneur de l'entretien de grand nombre de gens de guerre, que les autres Gouuerneurs sont obligez de leuer & de faire subsister du reuenu de leur gouuernement.

Le Gouuerneur d'Ardebil preste serment aux Religieux du sepulchre.

Sa suite estoit fort reglée, ne montant qu'à enuiron cinquante personnes, ausquelles la retenuë de sa vie seruoit d'exemple. Il nous traita trois fois, mais il ne fit point d'excés, & paroissoit fort sobre ; sinon qu'il prenoit beaucoup de tabac, le faisant passer par le moyen d'vne pipe de canne à trauers vn verre d'eau, à la mode des Perses, & beuuoit de l'eau de *Cahwa* en grande quantité, pour esteindre les chaleurs & les aiguillons de la chair.

Ce qu'il y a de plus remarquable dans le voisinage d'*Ar-* *Eaux medecinales.*

debil, ce sont les sources d'eaux Medecinales, dont il y a vn grand nombre, & de toutes sortes; soit pour le plaisir, soit pour la santé, où le *Chan*, ou Gouuerneur, offroit de nous mener, & l'eust fait sans l'indisposition du sieur *Brugman* qui estoit malade.

Ce que nous en pouuons dire sur le rapport des Perses, est qu'au pied du mont *Sebelan*, il y a vne source nommée *Serdebe*, que *Sulfakar Chan*, dont nous auons fait mention cy-dessus, a fait couurir d'vn grand appartement vouté; en sorte que ses eaux, qui sont tiedes, & claires au possible, y forment vn bain tres delicieux.

A trois lieuës de là, du costé droit de la mesme montagne, il y a vne autre source, dont les eaux sont si souphreuses & si puantes, qu'elles infectent tout l'air circonuoisin. Elle est fort propre pour la gale, c'est pourquoy on l'appelle *Abkotur*; mot Persan, qui signifie sa proprieté. De la mesme montagne, mais d'vn autre endroit, sourdent trois autres fontaines d'eau boüillante, nommées *Meul*, *Daudau* & *Randau*. La premiere sourd d'vne petite colline, entre deux sources d'eau froide. *Daudau* se trouue aussi accompagnée d'vne source froide, dont l'on se sert pour temperer les qualitez contraires, par le meslange de leurs eaux, que l'on meine par diuers conduits au lieu du bain. *Daudau* se rend admirable par la diuersité des effets qu'elle produit, estant tantost tres-salubre, tantost tout à fait inutile. Pour marque que l'on s'en peut seruir auec succez, l'on y voit des serpens, qui ont sur la teste d'autres petits serpenteaux blancs, couchez en rond, en forme de couronne. Quand il n'y en paroist point, les eaux n'ont point de vertu, & l'on n'a que faire de s'y baigner. A vne demie lieuë de la ville, & à la main droite du grand chemin, se voit vn estang, ou plutost vne grande mare, nommé *scherkol*, qui est tout couuert de grandes pieces de salpestre & de sel, comme d'vne crouste de glace, où les galeux se vont aussi baigner.

Apres auoir sejourné deux mois entiers à *Ardebil*, il y arriua le premier iour de Iuin vn *Mehemandar*, nommé *Abasculi Beg*, auec ordre du Roy de nous faire partir, & de nous conduire dãs six semaines à la Cour, où il disoit que l'on attendoit les Ambassadeurs auec impatience. Mais dautant que son aage aduancé ne luy permettoit point de faire beaucoup de diligence, il

nous donna son fils, pour nous conduire iusques à *Ispaham*. Ces 1637.
nouueaux ordres obligerent *NetZefbeg*, qui nous auoit seruy
de *Mehemandar* depuis *Scamachie*, à prendre congé de nous.
Nous reconneusmes les seruices qu'il nous auoit rendus, d'vn
present de quatre paires de martres zibelines, de cinq aunes de
drap gris brun, de quatre aunes de satin verd, d'autant de satin bleu de Gennes, & de quatre bouteilles d'eau de vie.

Abasculi fit bien tout ce qu'il pût pour nous faire partir, &
y proceda auec tant d'empressement, qu'il nous fit amener
les cheuaux & chameaux iusques deuant nostre logis, pour
nous obliger à charger le bagage. Mais *Brugman*, qui estoit
resolu de faire partir les canons de fonte que nous auions conseruez iusqu'alors, s'opiniastra à vouloir faire faire des affuts:
à quoy le *Mehemandar* fut contraint d'employer mesmes quelques arbres, qui seruoient d'ornement à la ville; sans auoir
egard à l'impossibilité, qu'il nous disoit que nous rencontrerions par le chemin, de traisner de l'artillerie apres nous. De
sorte que nous nous trouuasmes insensiblement engagez à vn
seiour plus grand, que nous n'auions pensé; parce que toute
la diligence que l'on y apporta, ne pût pas empescher, que le
voyage ne fust encore differé de huict iours.

Enfin toutes les choses prestes pour le voyage, l'on regala le
Chan d'vn present de trois paires de belles martres zibelines,
dont les Perses font grand estat, d'vne horologe sonnante, d'vne caisse auec douze bouteilles de ros solis, & de deux tableaux,
de la façon de nostre Peintre, representans vn Caualier & vne
Dame habillez à la Françoise. Il renuoya à chacun des Ambassadeurs vn beau cheual, auec leurs selles & brides, garnies de
lames d'argent, deux pieces de satin, l'vne rouge, & l'autre
bleuë, vne piece de brocard d'or & d'argent, vne piece d'vne
estoffe de cotton à fleurs de soye, & vne piece de gaze à fleurs
d'or & d'argent.

Le dixiesme Iuin le *Mehemandar* fit amener cent soixante dix Ils partent
cheuaux & douze chameaux, tant pour le bagage que pour les d'Ardebil.
six pieces d'artillerie. Nous fismes partir l'vn & l'autre dés le
lendemain onziesme du mois, & nous suiuismes le douziesme.
Le sieur *Brugman*, qui estoit encore bien foible, se seruit de la
litiere, & partit dés les cinq heures du matin, accompagné de
trente personnes de nostre suite. La plufpart des habitans,

1637. qui n'auoient point esté aduertis de nostre depart, & qui n'auoient iamais veu de littiere, la voyans couuerte de drap, & enuironnée de gens de cheual, croyoient que nous allions celebrer quelque Feste à la campagne, & que la littiere couuroit les mysteres de nostre Religion. Le sieur *Crusius* partit sur les huict heures, auec le reste de la suite. *Kelbel Chanu* estoit allé dans vn jardin hors de la ville, attendre les Ambassadeurs, pour leur dire adieu ; parce que leur coustume n'est pas, non plus qu'ailleurs, de conduire les étrangers auec les mesmes ceremonies auec lesquelles ils les reçoiuent ; parce que ce seroit vne inciuilité, à ce qu'ils disent, de mener leurs hostes hors du logis. Et de fait, aprés auoir fait enuiron vne lieuë,

Preuost des bandes de Perse.

nous le rencontrasmes à la campagne, & auec luy vn certain *Sultan* de *Tabris* ; lequel faisant la charge de grand Preuost dans les armées de Perse, auoit à sa suite bon nombre de gens, qui estoient tous couuerts de peaux de tygres & de linx, & auoiét assez mauuaise mine, pour faire connoistre la qualité de leur maistre. Le *Chan* emmena le sieur *Crusius* dans des *Ottakes* ou cabanes de Bergers Tartares, auprés du grand chemin. où il auoit fait porter force viandes froides, du fruict & des

Le Chan prend congé des Ambassadeurs.

confitures. Apres auoir pris congé, nous continuasmes nostre voyage par vne haute & fascheuse montagne, iusques au village de *Busum*, qui est situé dans vn fond, à quatre lieuës d'*Ardebil*. Nous y treuuasmes nostre bagage & nostre artillerie, mais toutes les rouës des affuts estoient en si mauuais estat, que l'on persuada au sieur *Brugman*, qu'il seroit à propos de laisser là les six plus grosses pieces ; sur la promesse que le *Mehemandar* fit qu'il obtiendroit ordre du Roy au Gouuerneur d'*Ardebil*, pour les faire suiure ; & pour cet effet il en fit prendre la grandeur & le calibre. Nous emportasmes auec nous deux petites pieces de fonte, de trois cens pesant chacune, & quatre pierriers : & nous continuasmes le treiziéme nostre voyage par vn tresfascheux chemin, & par des montagnes entre-coupées de tant de precipices, que n'osans pas confier la littiere aux bestes, nous la fismes porter par des hommes. Dans les vallées nous voyions plusieurs grands villages & cabanes, & de belles prairies, toutes couuertes d'vn tres-beau bétail. Apres auoir fait cinq bonnes lieuës ce iour-là, nous arriuasmes sur le soir en vn village nommé *Sengoa*, où nous trouuasmes vn *Melik*, ou Receueur

ceueur general de toute la Prouince de *Chalcal*, laquelle com- 1637.
mence depuis ce village, & s'estend iusques à la riuiere de *Kisi-* La Prouince de
losein. Il s'appelloit *Baindur*, & auoit succedé en cette charge Chalcal.
à son pere, par la faueur qu'il auoit euë auprés de *Schach Abas*,
qui l'auoit marié à vne femme du serrail, & luy auoit donné
deux ou trois belles terres.

 Le quatorziéme nous continuasmes nostre chemin par de
hautes montagnes, & passasmes par trois villages, où nostre Concussions de
Mehemandar ne manqua pas, suiuant sa coustume, de prendre l'Officier Per-
des cheuaux, faisant semblant de s'en vouloir seruir pour no- san.
stre voyage, afin d'obliger les païsans à les racheter. Apres auoir
fait quatre *farsangues*, ou lieuës, nous arriuasmes dans vne tres-
agreable vallée, où nous nous logeasmes auprés d'vne belle
fontaine. Et dautant que nous y demeurasmes iusques au midy
du lendemain, i'eus le loisir d'y obseruer la hauteur du Soleil,
& trouuay que nous estions à trente-sept degrez, vingt-huict
minutes de la ligne. Nous vismes en ce lieu des sauterelles ver- Sauterelles.
tes, qui auoient plus de trois poulces de longueur, & vn & demy
de grosseur.

 Le quinziéme apres disner nous continuasmes nostre voyage, & l'Ambassadeur *Brugman*, sentant sa santé vn peu fortifiée,
monta à cheual, comme les autres. Auant que d'arriuer à
l'effroyable montagne de *Taurus*, que les Perses nomment
Perdclis, nous descendismes dans vn fonds, qui se presenta
à nous comme vn abisme. Nous mismes deux bonnes heures à y descendre, & plus de trois à en sortir, quoy qu'il semblast
qu'entre les pointes des deux montagnes il n'y eust pas vne
demie lieuë de distance. C'est vn tres-dangereux passage pour
les voyageurs, qui se trouuent obligez de faire bonne troupe,
pour se defendre contre les voleurs, qui découurent de loin le
nombre des passans, & iugent par là s'ils les peuuent attaquer,
ou s'ils seront contraints de les laisser passer.

 Le fond est coupé par la riuiere de *Kisilosein*, qui y tombe Kisilosein
par des rochers & des precipices, auec vne rapidité inconceua- riuiere.
ble, & auec vn bruit qui estourdit & estonne les passans. Ses
eaux sont blanchastres, c'est pourquoy dans la Prouince de
Kilan, où elle entre dans la mer *Caspie*, on l'appelle en Talisman *Isperuth*. *Schach Tamas* a joint ses deux riues d'vn beau
pont, basty de briques sur neuf arcades. Le chemin estoit tout

1637.

Chemin difficile.

bordé d'amandiers sauuages, de cyprés & d'arbres de sené Apres que l'on a passé la riuiere, l'on trouue le chemin de la montée qui est fort escarpée, quoy qu'il aille tousiours en serpentant iusques au haut de la montagne, & il estoit si difficile que pour aduancer vn pas, il falloit bien souuent que nous montassions comme à vn escalier : voyans cependant à nostre gauche des precipices & des abismes si effroyables, que depuis quelques années vn mulet d'vn Ambassadeur de Moscouie s'y estāt laissé tomber, il ne fut plus trouué ny veu : de sorte que ne nous osans pas fier à nostre monture, nous mismes pied à terre, & menasmes nos cheuaux par la bride. Nous n'arriuasmes au haut de la montagne qu'à l'entrée de la nuict, dont l'obscurité nous fit égarer, en l'absence de nostre *Mehemandar*, qui s'estoit amusé dans le fonds en quelques villages. Nous nous trouuasmes dans des chemins tres-dangereux, & marchasmes tousiours à pied, quoy que le trauail, qui nous auoit tous mis en sueur, la lassitude & le froid qui nous donnoit au visage, nous conuiassent de prendre la commodité de nostre monture. Nous fusmes trois heures entieres à combattre les tenebres de la nuict, la difficulté du chemin, & toutes les autres incommoditez imaginables, iusques à ce que sur la minuit nous arriuasmes au village de *Keintze*, à quatre lieuës du dernier giste. Nous y demeurasmes tout le lendemain, tant pour attendre nostre *Mehemandar*, & pour donner vn peu de repos à nos cheuaux, que pour nous rafraischir apres la fatigue du iour precedent, dans le diuertissement, que le vin, nostre musique, & le bruit de nostre artillerie nous pouuoient donner. Nous nous mismes en deuoir de crier nostre *Mehemandar*, & de luy reprocher sa negligence : mais il nous ferma bien-tost la bouche, & nous dit que veritablement le seruice des Ambassadeurs luy auoit esté si fort recommandé, & qu'il n'y oseroit pas auoir manqué ; mais qu'il n'auoit pas le cœur d'oüir les paroles offensantes, & les blasphemes, qui sortoient à toute heure de la bouche de l'Ambassadeur *Brugman*, qui toutefois ne l'empescheroient pas de donner les ordres necessaires, à ce que les viures nous fussent fournis en abondance ; à quoy il ne manqua pas en effet, & ne contribua pas peu à la bonne chere que nous fismes ce iour-là.

Plaintes du Mehemandar.

Le dix-septiesme nous partismes de *Keintze*, apres que les

plus grandes chaleurs du midy furent passées; mais nostre *Mehemandar*, au lieu de nous conduire par le grand chemin, nous fit détourner à la droite, & nous logea dans vn village, nommé *Hatzimir*, situé dans vn fonds, qui estoit de tous costez enuironné de rochers. Le *Melik*, ou Receueur du lieu, nous regala de quelques bassins de fruicts, d'abricots & de raisins, qui n'estoient pas encore bien meurs, & d'vn sac de vin, dont nous fismes collation, au lieu de souper; parce que le cuisinier, qui croyoit que nous prendrions le grand chemin, auoit gagné le deuant auec toutes les prouisions.

Le dix-huitiéme Iuin nous montasmes à cheual apres le Presche, & apres le disner, marchans quasi tousiours au grand trot, entre deux collines fort escarpées, & nous arriuasmes sur la minuict au village de *Kamahl*, qui estoit éloigné de deux bonnes lieuës du grand chemin, & de six du dernier giste, & nous logeasmes en plusieurs maisons, dispersées çà & là sur trois collines. L'on auoit marqué pour les Ambassadeurs vne grande maison vuide, à l'entrée du village, mais voyans qu'il n'y auoit point de commodité du tout, ils refuserent d'y loger, & ayans laissé deux de leurs gardes aux aduenuës, pour enseigner le quartier au reste de la suitte, ils prirent d'autres logis, & nous à leur exemple; quoy que les païsans, qui furent surpris par nostre arriuée inopinée, & qui ne pouuoient si tost faire retirer leurs femmes & leurs filles, nous refusassent l'entrée, & nous missent en necessité de prendre quartier par force, transis que nous estions de froid, & fatiguez du chemin. Mais à peine estions-nous couchez, auec l'esperance de gouster le repos le reste de la nuict, quand nostre trompette sonnant à cheual, nous fit bien-tost sortir du lict, pour nous rendre auec nos armes auprés de luy. Il nous conduisit au logis des Ambassadeurs, où nous apprismes, que vingt Perses du mesme village, estans montez à cheual, auoient attaqué, mal-traité, outragé, & desarmé les gardes, que les Ambassadeurs auoient laissez sur les aduenuës du village, & qu'ils les eussent tuez, si nostre Maistre d'Hostel, auec l'interprete Moscouite, qui n'auoit pas pû suiure, à cause de sa maladie, n'y fussent suruenus, & n'eussent fait retirer les Perses, qui craignoient qu'il n'en vint encore d'autres à la file. L'on commanda vn Lieutenant auec vingt mousquetaires, pour

Mauuais giste.

Les Perses attaquent la garde des Ambassadeurs.

Lll ij

batre le chemin de tous costez, & on logea toute la suite dans le voisinage des Ambassadeurs.

Le dix-neufiéme nous sejournasmes au mesme lieu, où nous fismes dresser nos tentes. Nostre Secretaire y fut attaqué d'vne grosse fiévre chaude. Le lendemain vingtiéme nous partismes à deux heures apres minuict, & marchasmes tout le matin, qui fut extremement chaud, par vne grande plaine, où nous ne vismes que des landes & des bruyeres continuelles. Sur le midy nous arriuasmes en la petite ville de *Senkan*, à six lieuës de *Kamahl*. Cette ville n'est point close, mais elle est d'ailleurs assez bien bastie A vne demie lieuë de la ville nous receusmes de la part du Gouuerneur de *Sulthanie*, qui estoit dans la ville, vn present de quelques bassins d'abricots & de concombres; qui nous seruirent de raffraischissement en ces grandes chaleurs.

La ville de Senkan.

A l'entrée du bourg nous fusmes rencontrez par trente Caualiers bien montez, qui nous receurent au nom du Gouuerneur de *Sulthanie*, qui s'appelloit *Sewinduk Sulthan*. Entre ces Caualiers il s'en trouua vn, qui encore qu'il n'eust ny pieds, ny mains, ne laissoit pas de manier son cheual, auec autant d'adresse que les autres. Il estoit fils d'vn des principaux habitans de la ville, qui s'estoit autrefois acquis les bonnes graces de *Schach Abas*, ayeul de *Schach Sefi*, par ses Poësies & par les autres jolies productions de son esprit, qui l'auoient rendu si agreable à la Cour, que le Roy luy accorda non seulement la vie de son fils, qui auoit merité la mort par ses crimes, mais aussi il luy voulut conseruer ses bonnes graces, contre la coustume du païs, où tous les parens ont part à la disgrace d'vn criminel, ou d'vn mal-heureux. Les débauches auoient porté le fils à des excez, qui passans iusques à forcer les filles & femmes dans leurs maisons, deuinrent enfin insuportables ; de sorte que le *Schach* luy fit couper les pieds & les mains, & fit mettre les bouts des bras & des jambes dans du beurre boüillant, pour arrester le sang. Il auoit au bout des bras des mains de bois, crochuës aux extremitez, dont il se seruoit pour tenir la bride de son cheual.

Vn Caualier sans pieds & sans mains.

La ville de *Senkan* a esté autrefois assez grande, & fort marchande, auant que *Tamerlan* l'eust ruinée ; mais ce qui l'a reduite en l'estat, où on la voit auiourd'huy, c'est le Turc,

Senkan détruite par Tamerlan.

qui l'a prise & pillée plusieurs fois. Il ne laisse pas d'y auoir   1637.
d'assez iolies maisons & bien meublées, où nos hostes nous receurent auec beaucoup de ciuilité, & accommoderent fort
bien nos malades. Le *Sultan* vint voir les Ambassadeurs incontinent apres leur arriuée, & s'excusa de ce qu'il n'estoit pas
allé au deuant d'eux : parce qu'ayant esté blessé à l'espaule
au siege d'*Eruan*, & la playe s'estant ouuerte depuis peu,
il n'auoit pas pû leur rendre ses deuoirs en personne. Nous
luy enuoyasmes nostre Medecin & nostre Chirurgien, qui le
penserent : dont il se sentit tellement obligé, qu'il ne se contenta pas de nous enuoyer vn present de plusieurs excellens fruits ; mais il fit aussi doubler l'ordinaire de nos prouisions.

Aux enuirons de cette ville il n'y a que des landes, & du sable, où il ne croist que des ronces de la hauteur de la main.

A vne demie lieuë de là paroist vne branche du mont *Taurus*, Branche du
qu'ils appellent *Keider Peÿamber*, & s'estend du *Nort* au *Sud*, mont Taurus.
vers *Kurdesthan*, où l'on voit, à ce qu'ils disent, le sepulchre
d'vn de leurs plus anciens Prophetes, qui a donné le nom à la
montagne. Au pied de cette montagne il y a vne tres-belle va-
lée, parsemée de grand nombre de villages.

Le vingt-vniesme Iuin, nous laissasmes passer les grandes
chaleurs du iour, & ne partismes de *senkan* qu'apres le Soleil
couché, continuans nostre chemin au clair de la Lune, par vne
plaine de six lieuës, au bout de laquelle nous arriuasmes auec le
Soleil leuant, à *Sultanie*. Le froid & le serein auoient esté si Sultanie.
grands la nuict, que nous en estions tous transis, tellement que
nous eusmes de la peine à descendre de cheual. Ce changement soudain, d'vn froid extréme à des chaleurs excessiues du
iour suiuant, fut cause que quinze personnes de nostre suite
tomberent malades à la fois, d'vne violente fievre chaude, accompagnée de grands redoublemens, & d'vne lassitude vniuer-
selle par tous les membres ; mais cette incommodité ne les dis-
pensoit point de monter à cheual, & la continuation de la fatigue acheuoit de les abattre, encore que pour éuiter les chaleurs
du iour, nous ne marchassions plus que de nuict. Deux de nos
gardes prirent querelle en ce lieu-là, & se battirent en
duel ; où l'vn des deux, qui estoit Escossois, nommé *Thomas
Craig*, fut blessé d'vn coup dans les poulmons, auprés du

cœur, dont il fut long-temps malade, mais il en fut enfi
guery.

Sa situation.

Pour ce qui est de la ville de *Sultanie*, elle est située à quatre
vingt quatre degrez, cinq minutes de longitude, & à trente
six degrez, trente minutes de latitude, dans vne grande plaine
laquelle n'est pas, comme écrit *Cartwrigt*, entierement ceint
d'vne grande montagne; mais elle a des deux costez, & part
culierement du costé droit, la montagne de *Keider*. Elle paroi
fort belle de loin, à cause de quelques beaux bastimens,
d'vn grand nombre de clochers & de grandes colomnes, qu
font vn bel effet à la voir par dehors, mais au dedans elle e
quasi toute deserte, & en l'approchant l'on trouue mesme
les murailles quasi toutes abbatuës. C'estoit autrefois vne de
grandes & des belles villes de toute la Perse, ayant plus d'vn
demie lieuë de longueur, ainsi que l'on en voit encore les mar
ques sur le chemin de *Hamedan*, à vne bonne demie lieuë de l
Ville, en vne porte, qui est accompagnée d'vne tour, que l'o
dit auoir autrefois esté des murailles de la Ville. *Sulthan Ma*

Bastie par Chodabende.

homet Chodabende, apres auoir joint à ses Estats vne partie de
Indes, des *Vsbekes* & de la Turquie, la fit bastir, des ruine
de l'ancienne ville de *Tigranocerta*, & en fit le siege de so
Empire, dont elle tire le nom de *Sultanie*: parce qu'autrefoi
les Rois de Perse ne se faisoient point appeller *Schach*, comm
ceux d'auiourd'huy, mais ils prenoient la qualité de *Sultan*
comme le Grand Seigneur. *Chotza Reschid*, Roy de Perse, qu
Ios. Barbarus nommé *Giausam*, destruisit la ville de *Sultanie* e
partie, à cause de la rebellion des habitans, & c'est *Tamerla*
qui a acheué de la ruiner. Nous y vismes les restes d'vn bea
Chasteau, qui auoit serui de demeure au Roy, & de Citadelle
la ville, ayant encore vne partie de ses murailles toutes bastie
en quarré de pierres de taille, & garnie de grand nombre d
tours quarrées. Le plus beau bastiment, ou *emarat*, c'est l
Metschid, ou la *Mosquée*, où l'on void le sepulchre de *Mahume*
Chodabende. Elle est ornée de trois portes, sans comparaison plu
hautes que celles de sainct Marc de Venise, & ne sont poin
d'airain ou de cuiure, comme dit *Bizarrus*, mais d'acier, pol
& damasquiné.

La grande, qui est vis-à-vis du *Meidan*, ou marché, ne s'ou
ure point, à ce qu'ils disent, quand mesme vingt hommes, de

plus robustes, y feroient tous leurs efforts, si l'on ne prononce ces mots, *Beask Aïy bukscha*: c'est à dire, ouure-toy pour l'amour d'*Aly*; & alors cette porte roule sur ses gonds, auec tant de facilité, qu'il n'y a point d'enfant qui ne la puisse ouurir. Toute la voute, qui s'eleue petit à petit en forme de Dome, estoit reuestuë de pierres blanches & bleuës, qui ont en plusieurs endroits de fort beaux caracteres, & de tres-belles figures. Vne belle grille de cuiure retranchoit vne partie du bastiment, pour le sepulchre de *Mahomed Chodabende*, faisant comme vn Chœur: où nous vismes plusieurs vieux Liures Arabes, de plus d'vne demie aune en quarré, ayans des lettres de la longueur d'vn doigt, & les lignes noires, & dorées alternatiuement. Ie fus assez heureux pour en attraper quelques feüillets, que ie conserue encore soigneusement en la Bibliotheque du Prince. C'est vne partie de la paraphrase de l'*Alcoran*, qu'ils appellent *Seratz Elkulub*, ou chandelle du cœur, & commence par vne fable, dont le récit sera peut-estre trouué assez agreable, pour ne donner point d'ennuy au Lecteur. Il dit donc, qu'apres que Dieu eut chassé les diables, & qu'il eut fermé la porte du Ciel sur eux, ils ne laisserent pas d'auoir la curiosité de vouloir sçauoir ce que les Anges faisoient, & ce qu'ils disoient de la bonne & mauuaise fortune des hommes, afin d'auoir moyen de les en aduertir, par l'entremise des sorciers & des deuins. Pour penetrer dans ces secrets, ils s'aduiserent de monter les vns sur les épaules des autres, iusques à ce que le dernier pust porter l'oreille à la porte du Ciel. Dieu s'estant apperceu de leur entreprise temeraire, lança sur la teste du premier vne Estoille, que l'on appelle en Arabe *Schihab*, qui perça tous les diables en vn moment & les reduisit tous en cendres. Mais que cela n'empesche pas, que de temps en temps les diables ne se seruent des mesmes moyens, pour tascher de penetrer dans les secrets du Paradis, quoy qu'ils en soient souuent chastiez C'est pourquoy quand les Perses voyent vn de ces Meteores, qui paroissent à nostre veuë comme des Estoilles, & semblent se détacher du Ciel, pour tomber à terre, ils s'en réjoüissent, & prononcent ces paroles:

1637.
Beau conte.

Paraphrase de l'Alcoran.

Superstition des Perses.

Choda nike dascht mara es scheitan
Heme busuchtend we machalas schudim.

1637.

C'est à dire, le bon Dieu nous garde du diable: ils s'en vont tous estre reduits en cendre, & nous en serons deliurez.

On void le tombeau de *Sultan Mahomed Chodabende* à trauer d'vne belle grille, au bout du Temple, du costé de *Mcherab*, ou Autel. Cette grille est certainement vne des plus belles choses qui se voyent dans toute la Perse, estant faite d'acier d'Inde poly & damasquiné, de la grosseur du bras, & si bien trauaillée que les iointures en sont comme imperceptibles.

Aussi disent-ils qu'elle est toute d'vne piece, & que c'est vn trauail de sept ans, au bout desquels *Chodabende* la fit transporter des Indes, auec les portes de la *Mosquée*, iusqu'au lieu où on les voit auiourd'huy.

Artillerie.

Nous vismes dans le mesme *Emarat* vingt pieces de canon de fonte, & vn mortier, & entr'autres quatre pieces de batterie; les autres estoient coulevrines, qui estoient toutes montées sur leurs affuts à quatre rouës. Le mortier estoit marqué d'vn aigle à deux testes, au dessus duquel estoient ces deux lettres A. Z. & au dessous A. les boulets estoient de marbre. Le bastiment de la tour estoit en octogone, & elle estoit ceinte en haut d'vne grande gallerie, qui auoit huict petites tourelles, ausquelles on montoit par autant de petits degrez. A l'entrée de la *Mosquée* se voit vne grande fontaine quarrée, dont l'eau tire sa source de la montagne de *Kuder*. Elle est accompagnée d'vn tres-beau iardin, & d'vne maison de plaisance.

Il y a dans la mesme ville encore vne autre belle *Mosquée*, de la fondation de *Schach Ismael*, premier de ce nom. L'on y entre par vne tres-belle & grande porte, au dessus de laquelle est vne tour ronde: & d'abord l'on y rencontre vne belle pyramide, qui est vn peu gastée par la pointe, & est accompagnée de huict beaux pilliers de marbre. Apres cela on entre dans la *Mosquée* mesme, qui est fort haute & bien voutée, ayant vn grand nombre de pilliers qui soustiennent ses arcs-boutans, auec de tres-belles galleries, & au milieu vne fort belle chaire à prescher. Elle est aussi accompagnée d'vn beau iardin, au milieu duquel se void vne tour, dont la pointe finit en pyramide.

Tamerlan respecte les Mosquées.

Ces bastimens nous obligent de croire ce que *Paul Ione* dit, au quatorziéme Liure de son Histoire, & ce que P. Perodin confirme en la vie de *Tamerlan*, que ce barbare, qui rauageoit,

comme

comme vne riuiere débordée, tout ce qu'il rencontroit en son chemin, ne laissoit pas d'auoir du respect pour les choses, que la superstition croyoit estre saintes.

1637.

Auprés de cette *Mosquée* se voit encore vne autre fort grande porte de pierre de taille, entre deux pilliers, de la hauteur de vingt toises, qui semble estre antique, & auoir autrefois seruy aux ceremonies de quelque triomphes; mais elle commence à estre ruinée.

La ville a enuiron six mille habitans, qui s'estonnoient de ce que nous leur disions, que quelques-vns de ceux, qui ont écrit les voyages de Perse, vouloient faire acroire que le froid les contraignoit l'Hyuer de quitter la ville, & de changer de demeure. Et de fait, tant s'en faut qu'il y ait des lieux en Perse, où le froid les puisse obliger à changer de demeure, qu'au contraire, c'est vn effet que la chaleur y produit ordinairement.

Il est vray qu'il y a des lieux, où le froid est bien incommode, parce qu'il y a peu de bois, comme auprés d'*Eruan*, au lieu qu'ils appellent *Deralekes*, parce qu'il est situé entre deux montagnes, & particulierement dans le village d'*Arpa*; mais auec tout cela il n'y est pas assez grand pour obliger les habitans à changer de demeure : car ils ne font que quitter leurs chambres, pour se retirer dans les caues, qui sont basties bien auant dans la terre ; non seulement pour leur seruir de retraite l'Hyuer, contre le froid, mais aussi l'Esté contre la chaleur.

Nous partismes de *Sultanie* le vingt-cinquiéme Iuin, apres y auoir demeuré trois iours, que l'on fut obligé d'employer à chercher à la campagne des cheuaux & chameaux frais. Les malades, que la foiblesse empeschoit de monter à cheual, furent mis dans des caisses, dont leurs femmes se seruent aux voyages. Les Perses les appellent *Ketzavueha*, & les chargent sur des chameaux, comme des ballots. Le Medecin & moy, nous nous trouuasmes chargez sur vn mesme chameau, où nous souffrismes deux grandes incommoditez ; l'vne du mouuement violent, causé par la démarche de cette grande beste, qui à chaque pas nous donnoit vn furieux branfle, & l'autre par la puanteur insuportable des chameaux, dont les huict ou dix n'estans gouuernez que par vn seul garçon, estoient accouplés ensemble, & marchoient à la file, & nous renuoyoient

Les femmes se mettent dans des caisses, quand elles voyagent.

l'odeur infecte de tous ceux qui marchoient deuant.

Nous partîsmes deux heures deuant le Soleil leué, & fîsmes ce iour-là six lieuës, par vn tres-beau païs, de terres labourables & de prairies, laissans à main gauche les petites montagnes, qu'ils appellent *Tzikitziki*, dans lesquelles le Roy de Perse a ses meilleurs haras. Sur le midy nous nous logeasmes au village de *Choramdeh*, situé sur le bord d'vne petite riuiere, & parmy tant d'arbres & de jardins, que ce n'est pas sans sujet qu'on luy a donné ce nom; qui signifie lieu de plaisance.

Le vingt-sixiéme nous partîsmes la nuict, & fîsmes cinq bonnes lieuës, par des montagnes & par des vallées.

Le vingt-septiéme nous partîsmes à minuict, & apres auoir fait cinq lieuës, nous nous trouuasmes auec le Soleil leuant deuant la ville de *Casuin* ou *Cashan*; mais afin de donner au *Daruga*, qui y commandoit, le loisir de disposer les affaires pour nostre entrée, nostre *Mehemandar* nous mena à vn village, où nous attendîsmes deux bonnes heures, iusques à ce que le *Daruga* vint au deuant de nous, pour nous receuoir. Cette entrée ne se fit pas auec les mesmes ceremonies, que nous auions veuës ailleurs; dautant que le Gouuerneur, qui n'a pas la qualité de *Chan*, ne la pouuoit pas faire auec le mesme éclat: mais elle ne laissa pas d'estre bien jolie; parce que le *Daruga*, s'y trouua accompagné de cinq à six cens hommes, tant à pied qu'à cheual. Il vint aussi au deuant de nous vn Prince Indien, accompagné de quelques caualiers de son païs, & suiuy de bon nombre d'estaffiers. Il estoit luy deuxiéme assis dans vn chariot, qui estoit traisné par deux bœufs blancs, qui auoient le col fort court, & vne bosse entre les deux espaules; mais ils estoient au reste aussi vistes, & aussi adroits que nos cheuaux. Ce chariot estoit couuert d'vne Imperiale, & couché sur deux roues, qui au lieu d'aissieu rouloient sur vn fer, tellement courbé au milieu, qu'il soustenoit tout le chariot. Le cocher estoit sur le deuant, & gouuernoit les bœufs attelez à vn timon, qui tenoit aux cornes par vne corde qui leur passoit par les narines.

A cinq cens pas de la ville nous rencontrasmes quinze jeunes Dames, fort bien montées, tres-richement vestuës, de toutes sortes de velours à fonds d'or, & de toile d'or & d'argent, ayans des colliers de grosses perles au col, des pendants d'oreille & quantité d'autres bagues. Elles auoient le visage découuert, contre la coustume des honnestes femmes de Perse. Aussi sçeusmes nous bien-tost, tant par leur mine resoluë, que parce que l'on en dit, que c'estoient des principales courtisanes de la ville, qui venoient au deuant de nous, pour nous donner le diuertissement de leur musique. Elles marchoient deuant nous, & chantoient, mêlans leurs voix au son des haut-bois & des musettes, qui les precedoient, & faisans vne harmonie assez extrauagante. Et afin que nous pussions voir la Ville, où nous la fit trauerser toute, pour nous loger à l'autre extremité.

En passant par le *Meidan*, nous y vismes plusieurs timbalistes, & joüeurs de haut-bois, qui se joignirent auec les joüeurs de gobelets aux autres Musiciens, & nous accompagnerent iusqu'à nostre logis. Le peuple y accouroit en foule, parce qu'on leur auoit fait croire, que les *Kestzauneha* cachoient quelques belles filles, que nous allions presenter au Roy; mais quand ils en virent sortir des personnes malades & barbuës, ils furent bien mocqués, & se retirerent bien viste.

Ie trouuay que cette ville est située, conformement au calcul des Perses & des Arabes, à 85. degrez de longitude & à 36. degrez, quinze minutes de latitude. C'est vne des principales de la Prouince d'*Erak*, qui est l'ancienne *Parthe*, dans laquelle elle est comprise, aussi-bien que *Sultanie*, & toutes les autres villes, depuis ce lieu-là iusques à *Ispahan*. Anciennement on l'appelloit *Arsacia*, & son assiette est dans vne grande plaine sablonneuse, ayant à vne demy iournée de là, vers le Ponant, la grande montagne d'*Elvuend*, qui s'etend vers le *Sud-uuest* iusques à *Bagdet* ou *Babylone*. La ville a vne *farsague*, ou bonne lieuë d'Allemagne de tour, mais elle n'a point de murailles ny de garnison; parce qu'elle est fort éloignée des frontieres. Mais auec tout cela elle a plus de cent mille habitans, dont en cas de besoin l'on pourroit armer vne bonne partie pour la guerre. Leur langue est Persane, mais auec quelque difference de dialecte de la commune, qui la rend moins intelligible aux autres Perses, quasi comme l'Alleman aux Hollandois. Les maisons sont toutes basties de briques, cuites au

en marge: 1637. Courtisanes. Situation de Casvuin. C'est l'ancienne Arsacia. Elle a plus de cent mille habitans. Leur langage.

Soleil, à la mode de Perſe, ſans façon par dehors; mais par dedans elles ſont fort bien accommodées, de voutes, de lambriſſeures, de peintures & de meubles.

Les ruës ne ſont point pauées, ce qui fait que le moindre vent remplit toute la Ville de pouſſiere. Elle n'a point d'autre eau que celle que l'on conduit par des acqueducts du mont *Elvuend* dans des ciſternes, où elle ſe conſerue. Il n'y a quaſi point de maiſon auſſi qui n'ait ſa glaciere, où l'on garde de la neige & de la glace pour l'Eſté. Nous nous y retirions, pour nous mettre à couuert des grandes chaleurs.

Ancienne demeure des Rois de Perſe.

Autrefois les Roys de Perſes y faiſoient leur demeure ordinaire, au moins depuis que *Scach Tamas* eut transferé le ſiege de l'Empire de *Tauris*, en cette ville. Il y en a qui attribuent ce changement à *Schach Iſmaël*, quoy que les guerres continuelles, qu'il eut ſur les bras, ne luy permiſſent pas de faire long ſejour en vn meſme lieu. Neantmoins l'on croit certainement que c'eſt luy qui a baſty le beau Palais, que l'on y void proche du *Maidan*, accompagné d'vn grand jardin, & orné, tant par dehors que par dedans, de dorures & autres embelliſſemens, & meſme de fueillages, & de figures en demy relief, quoy que fort groſſiers, & aſſez mal proportionnés, comme tous les autres ouurages des Perſes.

Le Palais.

Il y auoit vn autre jardin, vis-à-vis de ce Palais, qui auoit vne bonne demy lieuë de tour, & eſtoit accompagné de pluſieurs petits baſtimens. C'eſtoit vn des beaux jardins que j'aye jamais veus, non ſeulement à cauſe du grand nombre de toutes ſortes d'arbres, comme de pomiers, poiriers, peſchers, abricotiers, grenardiers, amandiers, & autres arbres fruicliers; mais auſſi à cauſe des belles allées de cyprés & d'arbres *Zinnar*, qui nous repreſentoient vne perſpectiue tres-agreable.

Ses marchez.

Cette ville a deux grands marchez. *Cartvurigt* nomme le plus grand *Atmaidan*, & dit qu'il ſignifie en langue Perſane, marché aux cheuaux. Ie n'ay point veu en toute la Perſe, qu'il y euſt aucun marché, qui fuſt particulierement affecté aux cheuaux; c'eſt pourquoy conſiderant que les Perſes, qui donnent le nom general de *Maidan*, à tous les marchez, où l'on vend indifferemment toutes ſortes de choſes, i'ay crû que l'Autheur, qui ignoroit l'Arabe, a leu *Atmaidan*, pour *Almaidan*; parce qu'*Al* eſt l'article, ſans lequel les Perſans & Arabes ne prononcent iamais le mot de *Maidan*. Le plus grand de ces *Maidans*, ou marchez, est vn peu plus long, mais non pas si large, que celuy d'*Ardebil*, & a du costé du midy plusieurs grands Palais, bastis par plusieurs *Chans*, & Seigneurs Perses. On y remarque entr'autres ceux d'*Allavuerdi-Chan*, Gouuerneur de *Schiras*, d'*Alliculi-Chan*, President de la Iustice, de *Mahomet-Chan*, *Chan* ou Gouuerneur de *Kenize*, & de *Schid-Achmed Chan*, qui estoit grand Preuost, sous le regne de *Schach-Abas*. L'autre marché est nommé *Senke maidan*, & est vers le *vuest* de la ville. Dans l'vn & l'autre marché, comme aussi dans les *Bazars*, ou boutiques & magazins, qui sont dans les ruës couuertes, l'on voit grand nombre de marchands & quantité de marchandises, que l'on y achete à prix fort raisonnable.

I'y ay moy mesme acheté des turquoises, qu'ils appellent *firuse*, & se trouuent en grande quantité aupres de *Nisabur* & *frusku*, de la grosseur d'vn pois, & quelques-vnes de la grosseur d'vne feuerolle, pour vingt ou trente sols au plus. Les rubis & les grenats y estoient aussi à fort bon marché.

Turquoises & rubis à bon marché.

Le soir, apres que les boutiques sont fermées, l'on expose du costé du Leuant, vn autre sorte de marchandise; sçauoir bon nombre de *Cahbeha* ou garces, qui s'y prostituent au premier venu. Elles sont toutes assises de rang, ayans le visage couuert d'vn voile, & derriere elles vne maquerelle, qu'ils appellent *Delal*, qui est chargée d'vn matelas, & d'vne couuerture piquée, & tient à la main vne chandelle esteinte, laquelle elle allume quand il se presente quelque marchand, pour la faire regarder au visage, pour faire suiure celle qu'il trouue le plus à son gré.

Du costé Oriental de la Ville est le cimetiere; où se voit dans vne belle *Mosquée*, le sepulchre de *Schahesade Hossein*, vn des fils de *Hossein*, aupres duquel on a accoustumé de faire les sermens, que l'on exige en iustice: ce qui s'obserue par tout ailleurs en Perse, aux lieux où il y a des sepulchres de Saincts, ou de leurs parents. C'est pourquoy quand les Perses doutent de ce qu'on leur dit, ils demandent aussi-tost *Scahe Sade Hossein, pile Musef?* C'est à dire: Oserois-tu affirmer cela sur le tombeau du Sainct, ou sur l'*Alcoran?* Outre cette *Mosquée*, ou *Metzid*, il y en a encore enuiron cinquante autres; don la principale est celle qu'ils appellent *Tzame Metzid*, où

Sepulchre du fils de Hossein.

1637.

ils s'assemblent le Vendredy, pour faire leurs prieres. Il y a aussi dans la ville de *Casvuin* plusieurs *Carauanseras*, pour la commodité des marchands forains, & vn grand nombre d'estuues publiques. Il y en a vne derriere le jardin du Palais du Roy, qu'ils appellent *Hamam Charabe*. Elle est à demy ruinée, & l'on en fait vn conte, qui est assez plaisant, pour meriter place en cette relation. Ils disent qu'à *Casvuin* demeuroit autrefois vn fort celebre Medecin, nommé *Locman*, Arabe noir; qui auoit acquis tant de reputation, non seulement par les liures, qu'il a escrits en la Medecine, mais aussi par plusieurs autres belles productions de son esprit, que sa memoire est encore en grande veneration parmy eux. Mesme l'on trouue dans leur *Kulusthan*, qu'ils luy donnent le surnom de sage, quand au liu. 2. c. 16. ils disent. *Lokman Hakimra Kuftendi, Ædebeski amuchti? Kust; es biedbahn. Herstze ischan Kerdend, men pertis Kerdem*. C'est à dire, *que le sage Locman, ayant vn iour esté interrogé par quel moyen il s'estoit rendu si sçauant & si capable, il respondit, que c'estoit par le moyen des ignorans & inciuils, parce qu'il auoit toûjours fait le contraire de ce qu'il leur auoit veu faire.*

Histoire fabuleuse de Locman.

Ce *Locman* estant desia fort âgé, & se trouuant au lict de la mort, fit venir son fils, & luy dit, qu'il luy vouloit laisser vn tresor inestimable, & s'estant fait apporter trois phioles pleines de certaines eaux medecinales, il y adjousta qu'elles auoient la vertu de ressusciter vn mort, pourueu que le corps ne commençast point à se corrompre. Qu'en versant l'eau de la premiere phiole sur le deffunct, l'ame retournoit au corps, qu'apres la seconde, le corps se redressoit, & qu'apres la troisiéme il retournoit tout à fait en vie, & en faisoit toutes les fonctions comme auparauant. Que toutesfois il n'auoit pas voulu s'en seruir que bien rarement; de peur de commettre vn peché, en entreprenant sur ce qui n'est reserué qu'à Dieu seul, & que par la mesme raison, il l'exhortoit d'en vser auec beaucoup de retenuë, en admirant ce secret plustost, qu'en voulant souuent faire l'experience. Sur cela *Locman* estant decedé, son fils se souuint fort bien de l'exhortation que son pere luy auoit faite, & prenant son pretexte sur la mesme tendresse de conscience, que son pere luy auoit témoigné, il reserua les phioles pour le besoin qu'il en pourroit auoir pour sa personne. Et de fait, estant à l'article de la mort, il commanda à son valet de chambre, de se seruir de ces phioles, de la façon que son pere luy auoit enseignée: & le valet ayant fait porter le corps de son Maistre en l'estuue dont nous parlons, il y versa les deux premieres phioles dessus, qui firent l'effet que *Locman* en auoit fait esperer; de sorte que le Maistre s'estant mis en son seant, & impatient de retourner en vie, se mit à crier *bris*, *bris*, c'est à dire verse, verse: Ce qui surprit tellement le valet, qu'il laissa tomber la troisiéme phiole à terre; si bien que le pauure *Locman sade* fut contraint de se recoucher, & de prendre le chemin des autres mortels. Les Perses affirment constamment, qu'auprés de cette estuue ruinée, cette voix de *bris*, *bris*, s'entend encore souuent. Ils font plusieurs autres contes de ce *Locman*, dont ie ne juge pas à propos de remplir ce Liure; me contentant d'en auoir fait vn, pour faire connoistre la vanité de tous les autres.

1637.

Il y a quelques années, que du temps du Roy *Abas*, vn certain homme, nommé *Risa*, commença à prendre la qualité de *Schich*, ou de Prophete, & à enseigner vne doctrine nouuelle; pensant s'acquerir le mesme credit & la mesme authorité, qui auoit autrefois mis *Schich-Sefi* en si haute reputation. L'humeur des Perses, qui est fort portée à la nouueauté, luy donna en peu de temps vne suite de plus de trente mil hommes, qui s'estoient laissé piper par la sainteté apparente de ce nouueau Prophete. *Schach Abas*, apprehendant que cette nouueauté troublast le repos de son Estat, fit venir *Risa*, luy faisant accroire, qu'il desiroit estre instruit des particularitez de sa doctrine; mais quand il fut arriué, le Roy luy commanda de la confirmer par des miracles; ce que *Risa* ne pouuant pas faire, il le fit mourir comme vn affronteur.

Risa faux Prophete.

Il ne sera pas hors de propos de dire icy la raison, pourquoy ce Prince Indien demeuroit à *Casuuin*, lors que nous arriuasmes en ce païs-là. Le grand *Mogul*, qui viuoit du temps de *Schach Abas*, laissa en mourant deux fils. L'aisné, qui succeda au pere, mourut bien-tost apres; ne laissant apres luy que ce *Myrsa Polagi*, que nous trouuasmes à *Casuuin*, qui estoit fort jeune lors de la mort de son pere. *Choram*, fils puisné de ce *Mogul*, & oncle du jeune *Polagi*, se seruit de cette occasion, pour se saisir de la Couronne; & en effet il estoit encore Roy d'*Indostan*, lors de nostre voyage de Perse. La seuerité du re-

Histoire du Prince Indien.

gne de *Choram*, & les bonnes inclinations de *Polagi*, qui estoit cependant paruenu en vn âge raisonnable, attirerent l'affection du peuple, & la haine de son oncle sur luy. De sorte que *Choram*, voyant que le dessein des Indiens estoit de restablir son nepueu au thrône, il les voulut preuenir, en se défaisant de *Polagi*; qui fut aduerty de la mauuaise volonté de son oncle, & se retira en Perse, sous la protection du *Schach*. Il auoit tousiours demeuré à *Ispahan*, où le Roy luy donnoit vne pension de douze mille escus par an; mais il fut obligé de se retirer à *Casuuin*, à cause d'vne ambassade solemnelle, que le *Mogul* enuoya au Roy de Perse exprés pour le demander; quoy que depuis trois ans, que l'Ambassadeur y estoit arriué, il n'eust encore rien obtenu.

Les Roys de Perse viuent dans vne jalousie continuelle auec les Indiens, auec lesquels ils n'ont iamais vne paix bien asseurée, à cause des frontieres de *Candahar*, qui donnent de l'exerc[ice] aux vns & aux autres, comme celles de Babylone du costé du Turc: de sorte qu'il ne se trouue point d'occasion dont les Perses ne se seruent, pour tascher de fomenter les mescontentements des grands, aussi bien que toutes les autres semences d'vne guerre ciuile. C'est pourquoy aussi ils ne refusent iamais leur protection aux Princes Indiens, qui se veulent retirer en Perse; afin d'obliger par là le *Mogul* à les assister contre le Turc, & afin de se conseruer le commerce, que les Perses ont auec les Indiens, dont la Perse tire de si grands aduantages, qu'elle ne s'en peut point passer. On a plusieurs exemples de cette protection sous *Schach Ismaël*, & *Schach Tamas*. Sous le regne de ce dernier il arriua, que *Selim*, qui comme l'aisné de la maison auoit succedé à son pere, mourut quelque temps apres, ne laissant qu'vn seul fils en fort bas âge, nomme *Humajun*. *Tzelaledin Ekber*, frere puisné du defunct, mesprisant l'enfance de son neueu, se saisit du sceptre, & pour s'en asseurer la possession, il tascha de faire tuer l'heritier de la Couronne. *Humajun* en eut aduis, & se retira en Perse. *Tzelaledin* l'ayant sçeu, l'enuoya demander, & fit dire au Roy de Perse, que s'il ne le renuoyoit, il l'iroit querir auec toutes les forces de son Royaume. *Schach Tamas*, qui estoit en guerre ouuerte auec les Turs, n'osant pas irriter vn ennemy si redoutable, fit cacher *Humajun*, & afin de ne point faire de faux

Adresse de Schach Tamas.

serment

ferment lors qu'il feroit responſe à l'Ambaſſade de *Tzelaledin*, il le fit mettre dans vne cage, & le fit pendre à vn arbre au meſme temps qu'il voulut donner audience à l'Ambaſſadeur; auquel il proteſta, que *Humajun niſader chakimen*, *Humajun n'eſt pas ſur mes terres*, & renuoya l'Ambaſſadeur auec cette reſponſe. Mais ayant fait la paix auec le Turc, il enuoya *Humajun* auec vne puiſſante armée, commandée par *Mehediculi Sultan*, contre *Tzelaledin*, qui fut tellement ſurpris de ſe voir attaqué par vn ſi puiſſant ennemy, qu'il fut contraint de s'enfuir. *Humajun* voulant reconnoiſtre les ſeruices de *Mehediclui*, luy donna des terres & de grandes richeſſes dans la Prouince de *Kulkende*; où il s'eſtablit du conſentement de *Schach Tamas*, & où ſa poſterité vit encore auiourd'huy en grand credit, & en grande authorité.

1637.

Les Ambaſſadeurs enuoyerent ſalüer le Prince *Polagi*, qui receut les enuoyez, eſtant aſſis ſur vn quarreau de velours, aupres d'vne fontaine, qui auoit les bords de ſon baſſin couuerts de tapis à fonds d'or & d'argent, & il eſtoit accompagné de grand nombre de ſeruiteurs & de domeſtiques. Cette ciuilité luy fut ſi agreable, qu'il ne ſe contenta pas de le témoigner par ſes paroles, mais il regala auſſi les enuoyez d'vne collation de vin & de fruits, & leur dît, que ſa mauuaiſe fortune l'empeſchant de les regaler de ſon bien, il eſtoit obligé d'emprunter des bien-faits du Roy, dequoy leur faire cette chere. Le deſſein des Ambaſſadeurs eſtoit de luy rendre viſite en perſonne: mais les Perſes ne le voulurent pas permettre; diſans que c'eſtoit contre la couſtume du païs, où l'on ne fait point de viſite, que l'on n'ait eu audience du Roy.

Les Ambaſſadeurs enuoyent viſiter le Prince Indien.

Le deuxiéme Iuillet le *Daruga* conuia les Ambaſſadeurs à vne aſſemblée, qu'il auoit faite exprés pour les diuertir. Elle ſe fit ſur le grand *Meidan*, ou marché, où il auoit fait tendre des toiles, contre l'ardeur du Soleil, & en auoit fait arroſer vne partie, pour nous oſter l'incommodité de la pouſſiere. Apres auoir fait ranger le peuple en cercle, & fait aſſeoir les Ambaſſadeurs ſur des ſieges fort hauts, il fit entrer quelques bateleurs, qui firent pluſieurs ſaults perilleux, & des tours de paſſe-paſſe. Apres cela il fit venir trois paires de luiteurs tout nuds, n'ayans rien de couuert que ce que la nature meſme a accouſtumé de cacher. Il n'y en auoit que deux parmy eux auec

IVILLET
Le Gouuerneur donne le diuertiſſement aux Ambaſſadeurs.

des caleçons de cuir, graissez d'huile, qui faisoient voir vne adresse & force de corps admirable. En suite de cela on fit entrer deux beliers, qui se choquerent furieusement, comme aussi deux oiseaux, vn peu plus gros que des perroquets, qui se batirent auec grande animosité. Apres cela entrerent, au bruit de plusieurs tymbales, huict loups, d'vne grandeur extraordinaire, attachez à de longues cordes, qu'on laschoit cinq ou six fois les vns apres les autres parmy le peuple, & on les retiroit aussi-tost, & enfin on leur presenta vn homme couuert d'vn matelas fort espais lequel estant fait à cela, alla audeuant du loup, le prit au milieu du corps & l'emporta. Le Prince *Polagi* nous voulut donner le diuertissement de son elephant, qu'il enuoya querir; mais dautant qu'il estoit à l'herbe, l'on tarda tant à l'amener, que les Ambassadeurs, qui estoient desia bien ennuyez d'vn diuertissement qui n'auoit que trop duré, & qui se sentoient incommodez de la grande chaleur, se retirerent chez eux. Nous vismes quelques jours apres cét elephant au logis du Prince, & sa taille monstrueuse, qui excedoit la hauteur de deux hommes, nous surprit merueilleusement; aussi estoit-il sans comparaison plus grand que tous ceux que nous vismes depuis à *Ispahan*, où il y en auoit grand nombre. Ses jambes estoient plus grosses que le corps d'vn homme, & les oreilles luy descendoient le long de la teste, de la longueur d'vne bonne demi-aulne. Il sçauoit plusieurs petites gentillesses, & se laissoit gouuerner par vn petit garçon, qui en luy touchant le front d'vn petit marteau d'armes, fort pointu, le conduisoit, & le faisoit coucher & leuer à sa volonté. Ce qui pourra facilement conuaincre l'erreur des anciens, qui croyoient que l'elephant ne se pouuoit pas coucher, parce qu'il n'auoit point de jointures aux jambes, & que l'on se seruoit de ce defaut pour le prendre, quand venant à s'appuyer contre des arbres à demy sciez, pour se reposer, ils les faisoient tomber par leur pesanteur, & qu'estans tombez auec eux ils ne se pouuoient plus releuer. Ceux qui ont escrit les affaires des Indes, ont dit la maniere auec laquelle on les prend, c'est pourquoy nous n'en ennuyerons point icy le Lecteur.

La ville de *Caswin* a vers le *Sud-Sud-Est* la montagne d'*Elwend*, qui est vn rejetton du mont *Taurus*, & la plus considerable de toute la Perse; à cause de ses grandes & belles carrieres, dont on tire tant de marbre blanc, qu'il y en a dequoy fournir aux bastimens de tout le Royaume. Les Perses font vn plaisant conte d'vne chose, qui seroit fort remarquable, si elle estoit vraye; mais encore qu'elle ne le soit point, nous ne laisserons pas de la conter icy apres eux, à l'occasion de cette montagne.

Ils disent donc, qu'autrefois vn Roy de Perse, nommé *Suhak Maran*, qui se plaisoit à faire souuent des voyages, cherchoit auec passion le moyen de faire faire à la campagne des *Iaucha*, qui est vne espece de paste cuite, dont les Perses se seruent au lieu de seruiette. Le diable, voulant profiter du desir dereglé du Roy, se presenta à luy en la forme d'vn homme, luy fit vn four, qu'vn chameau pouuoit aisement porter & ne demanda point d'autre recompense, sinon qu'il luy fust permis de baiser le Roy à l'espaule. L'on n'eut point de peine à luy accorder vne chose si peu d'importance: mais le diable, au lieu de baiser l'espaule du Roy, y applique les dents, en arrache vn morceau, & disparoist en mesme temps. De cette playe sortirent aussi-tost deux serpents; qui se portoient incessamment aux oreilles & à la teste de ce miserable Prince, pour tascher d'en tirer la ceruelle, & bien qu'on les coupast plusieurs fois, il en naissoit incessamment d'autres. Le diable, qui auoit fait le mal, s'estant deguisé en *Hakim*, ou Medecin, alla offrir son seruice à la Cour, & indiqua vn remede, qui n'estoit pas moins fascheux que le mal mesme. Il dît, que puis que ces serpents estoient friands de ceruelle d'homme, & puis qu'il paroissoit qu'ils ne se nourrissoient que de cette viande, il falloit necessairement tuer tous les iours deux hommes, pour leur en donner la ceruelle. Vn des principaux ministres de la Cour, touché de compassion, de voir tous les iours respandre tant de sang innocent, & considerant que par le moyen de ces meurtres le nombre des sujets du Roy diminueroit notablement, s'aduisa de se faire amener tous les iours deux hommes, comme de coustume, mais il n'en faisoit tuer qu'vn, & mesloit auec la ceruelle de l'homme celle d'vn mouton, qu'il faisoit tuer en mesme temps, & en nourrissoit ainsi les serpents. En quoy il reüssit si bien, que voyant que les serpents ne s'en apperceuoient point, il fit enfin cacher les deux hommes, & ne se seruoit plus que de la ceruelle de mouton. Parmy ceux qui auoient le plus contribué à la nourriture de ces bestes, il se trouuoit vn Mareschal, nommé *Churdek*, qui auoit esté contraint de donner quasi tous ses enfans; en sorte que de soixante & seize fils qu'il auoit eu, il ne luy en restoit que deux. Cette perte l'ayant jetté dans le desespoir, il representa aux autres habitans de sa ville, qu'il estoit impossible de souffrir plus long-temps cette tyrannie; qu'il n'y auoit point d'apparence, que la nature les eust fait naistre tous pour estre sacrifiés à l'appetit d'vn seul homme; qu'il falloit se défaire du tyran, & dautant que l'Estat ne pouuoit demeurer sans chef, que son aduis estoit, que l'on r'appellast *Kechosrou ben Fridun*, qui auoit esté chassé par *Suhak*, & qui viuoit encore dans les deserts de la montagne d'*Eluuend*. Ce Conseil trouua de l'approbation parmy le peuple, qui le voulant faire executer par celuy là mesme, qui l'auoit donné, confia la conduite de cette importante entreprise au Mareschal; lequel ayant attaché son tablier à vn croc, se mit à la teste de la troupe, & se saisit de la personne de *Suhak*. Ils allerent de là à la montagne d'*Eluuend*, où ils trouuerent *Kechosrou* parmy les bestes sauuages, & le restablirent sur le throne. La premiere priere que *Kechosrou* fit au peuple, ce fut de donner la vie à *Suhak*; ce que l'on fit: mais on le conduisit dans la montagne de *Demavuend*, que celle d'*Eluuend* pousse comme vn bras du costé de *Teh ran*, où ils le firent entrer dans vne cauerne, & le pendirent par les pieds. L'on dit qu'il y vit encore, & que l'on connoist le lieu de son supplice, par la puanteur soulfreuse qui en sort. L'on y ajouste, que quand on jette vne pierre dans cette cauerne, il en sort vne voix, qui dit *Tzira Miseni me,a?* c'est à dire, pourquoy me jette-tu des pierres? Ils disent aussi que *Kechosrou* regla si bien sa dépense, pendant tout le temps de son regne, qu'il amassa des tresors immenses, & qu'il l'enferma dans le mont *Bakru*, en la Prouince de *K lan*, le cachant si bien par le moyen d'vn *Thelesmat*, ou *Talisman*, que sans le rencontre de la conjoncture des mesmes Astres, l'on ne les découurira iamais. Ils disent que l'on en sçait l'endroit, mais quand on en veut approcher, il s'y leue des vents, qui esteignent toutes les lumieres, & qui renuersent mesmes les hommes.

Mais la verité de tout cecy est, qu'il y a plusieurs mines de foûfre en ces montagnes, & que les vents qui y regnent, font fort naturels, & y font ordinaires, comme en plufieurs autres Prouinces de Perfe ; ainfi que nous auons veu cy-deffus à *Ardebil*. Il y a de l'apparence auffi, que le fens de ce conte eft myftique, & que les Perfes, qui fe plaifent à enfeigner leur morale fous des fables, ont voulu condamner par cette hiftoire fabuleufe, les Princes, qui pour fatisfaire à leurs paffions déreglées, écoutent les donneurs d'auis, qui, pour eftre mal intentionés, n'en donnent iamais de bons, & qui pour empefcher les defordres qui en peuuent naiftre, y appliquent des remedes, qui font beaucoup plus dangereux que le mal, & qui ne ruinent pas feulement le peuple, mais auffi, qui en le mettant au defefpoir, le font foûleuer contre fon Prince, qui par ce moyen fe trouue feul chargé de tous les malheurs de l'Eftat.

1637.

Nous partîmes de *Cafuin* le treiziéme Iuillet : les malades & le bagage commencerent à marcher fur le foir, & les Ambaffadeurs fuiuirent la nuict. Le lendemain quatorziéme nous arriuâmes, par vne plaine de trois lieuës, au village de *Memberé*, dont toutes les maifons eftoient ouuertes en forme de voute, de forte qu'à les voir de loin, il fembloit que tout le village ne fuft compofé que de fours. Le fieur *Crufius*, chef de l'Ambaffade, commença à fe trouuer mal en ce lieu-là ; de forte que ne pouuant plus monter à cheual, il fe faifoit porter les jours fuiuans dans vn brancart. Noftre Miniftre fe trouua fi foible, que ne pouuant plus fouffrir la fatigue du cheual, il defcendoit de temps en temps, & fe couchoit à terre, pour tafcher d'y trouuer quelque foulagement. Il n'y eut que le fieur de *Mandeflo*, qui n'eut point d'atteinte de maladie, en tout le voyage ; c'eft pourquoy il eut plus de commodité d'en remarquer toutes les particularitez ; auffi l'a-il fait auec tant d'exactitude, que l'on en pourroit compofer vn gros volume.

Les Ambaffadeurs partent de Cafvum.

Nous fifmes cette nuict là fept lieuës, & nous arriuafmes le lendemain quinziéme dés le grand matin à vn beau village, nommé *Arafeng*. Nous y trouuafmes dans vn jardin, qui eftoit fitué fur le bord d'vn Torrent, force grenades & amandes ; qui nous feruirent de rafraîchiffement. Sur le foir nous continuâmes noftre voyage, & fifmes fix lieuës, par vne montagne fort vnie, & nous logeâmes le 16. du matin dans vn *Caruanfera*, nômé *Cheskeri*. Il eftoit tout bafty de pierres de taille, & auoit

N nn iij

1637.
plusieurs voutes & chambres, à l'entour d'vne grande cour, au milieu de laquelle se void vn puits, enfermé d'vne balustrade de fer. Aux murailles des chambres se voyent des noms & des deuises de plusieurs personnes, de toutes sortes de Nations, qui y auoient voulu laisser des marques de leur passage. Nous en partismes sur les quatre heures du soir, & nous fismes cette nuict-là neuf lieuës.

Le dix-septiéme nous arriuasmes dés le grand matin à la veuë de *Saba*; mais dautant que le Soleil n'estoit pas encore leué, nous fismes halte à la campagne ; en attendant que l'on sortit de la Ville, pour nous venir receuoir.

Situation de Saba.

Les Perses mettent cette Ville à 85. degrez de longitude, & à 35. de latitude : mais ie trouuay sa latitude à 34. degrez 56. minutes. Elle est située dans vne grande plaine, à la veuë de la montagne d'*Elwend*, que l'on descouure d'icy, à cause de sa hauteur, laquelle elle pousse iusques dans les nuës. Les ruines de la ville de *Rhei* se trouuent sous vn mesme paralele auec celle de *Saba*, d'où elle est éloignée d'vne bonne iournée, vers le Leuant. La terre y est rougeastre, & ne produit ny herbe ny fruict.

Ils en attribuent la cause à la malediction, qui fut prononcée contre elle, en consideration d'*Omar Saad*, qui estoit vn des premiers chefs de guerre du temps de *Hossein*. Cét *Omar*, qui auoit d'abord fait profession d'amitié auec *Hossein*, fut le seul, qui voulut seruir *Iesid-Peser* contre luy ; parce que *Hossein* estant du sang de Mahomed, & en grande reputation de saincteté, il ne se trouua point de Capitaine à Medine, qui voulust prendre les armes contre luy, sinon le seul *Omar*, qui se laissa persuader de luy faire la guerre ; pource qu'on luy promettoit la ville de *Rhei*, en proprieté, auec tout son territoire, dont il auoit enuie il y auoit long-temps ; mais la mort de *Hossein*, qui fut tué en cette guerre, attira sur ce païs la malediction, qui, à leur dire, y paroist encore dans la couleur, & dans la sterilité de la terre.

Beaux fruits à Saba.

La ville de *Saba* n'est pas fort grande, quoy qu'elle soit du nõbre de celles, qui paroissent le plus par dehors, à cause de ses tours, & de ses autres bastiments publics. Ses murailles ne sont que de terre, & ses maisons sont quasi toutes detruites ; mais elle a en recompense de tres-beaux jardins, & des fruicts tresrares & exquis, particulierement des grenades & des amandes. Auprès de la Ville, au pied de la montagne, il vient quantité de cotton & de ris, dont ils font leur principal commerce. Nous n'y demeurasmes que ce iour-là, & en partismes sur le soir, faisans la nuict suiuante six grandes lieuës; de sorte que nous arriuasmes le dix-huictiésme, auec le Soleil leuant, à vn *Carauansera*, nommé *Schach Ferabath*. La chaleur fut si grande ce jour là, que quoy que nous fussions tous en caleçons, il nous fut impossible de trouuer le moindre soulagement contre cette incommodité.

1637.

Nous fismes dresser nos tentes à la campagne, afin de joüir de la fraischeur & du vent, que la prochaine montagne nous enuoyoit; mais sur le midy le Soleil échauffa tellement le vent mesme, que la chaleur qui sort d'vn four, n'est pas plus ardente; de sorte que nous fusmes contraints de nous retirer dans le *Carauansera*, où la chaleur estoit vn peu plus tolerable. La terre mesme, qui n'est que sable & bruyere en ces quartiers-là, estoit si chaude, qu'il estoit impossible d'y faire cinq ou six pas, sans se brûler les pieds. Les deux Ambassadeurs estoient fort malades en ce temps-là; mais le mal leur donnant quelque relasche alternatiuement, celuy des deux qui estoit le plus foible, se seruoit du brancart, & l'autre montoit à cheual.

Chaleurs excessiues.

Le dix-neufiéme nous fismes cinq lieuës, & arriuasmes le matin deuant la ville de *Kom*. Le *Daruga* nous receut à cinq ou six cens pas hors la ville, accompagné de cinquante Caualiers, & de quelques batteleurs; parmy lesquels il y en auoit quelques-vns, qui marchoient sur des échasses deuant le sieur *Brugman*, qui estoit seul à cheual ce iour-là, & faisoient mille tours de souplesse, iusqu'au logis des Ambassadeurs. En passant par le marché, nous y trouuasmes grand nombre de tymbales, de haut-bois & de fifres, qui nous donnerent la musique à leur mode, & les habitans auoient eu le soin d'arroser les ruës; lesquelles n'y estans point pauées, non plus que celles de *Caswin*, & de plusieurs autres villes de Perse, la poussiere nous eust sans cela fort incommodez.

La ville de Kom.

Les Perses mettent cette ville à 85. degrez 40. minutes de longitude, & à 34. degrez 45. minutes de latitude: mais apres que j'en eus fait vne obseruation plus exacte, ie trouuay le 20.

Sa situation.

1637.

Iuillet, à l'heure du midy, que le Soleil estoit eleué de 74. degrez 8. minutes sur l'horizon, & que la declinaison, prise sur le mesme Meridian, estoit de 18. degrez 35. minutes; de sorte que l'éleuation du Pole ne pouuoit estre que de 34. degrez 17. minutes.

C'est la Guriana de Ptolomée.

La ville de *Kom*, est fort ancienne. Ptolomée la nomme *Guriana*, & autrefois elle a esté fort grande, ainsi qu'il se void par les ruines de ses murailles & de ses bastimens, qui se trouuent aujourd'huy hors de son enceinte moderne.

Elle est située dans vne plaine, à la main droite de la montagne d'*Eluuend*, qui se fait connoistre de loin par la blancheur de son sable, & par la hauteur de ses pointes. Dans cette montagne il sort de deux sources vne petite riuiere, qui ne faisant qu'vn canal à l'entrée de la ville, en trauerse vne partie, & fait vne de ses principales commoditez; mais depuis trois ans cette petite riuiere estant enflée des neiges, que les premieres chaleurs du Printemps auoient fait fondre, auoit abbatu & emporté plus de mille maisons.

Ses fruicts.

Vne espece de melons.

Il se trouue dans les jardins, qui y sont en grand nombre, tant dedans que hors de la ville quantité de beaux fruicts; entr'autres vne sorte de melons qu'ils appellent *scammame*, & sont de la grosseur d'vne orange. Ils ont la peau tachetée de diuerses couleurs, & vne odeur admirable; mais ils ont le goust plus fade que les autres melons; qui y passent en douceur tous ceux que j'aye iamais mangez.

Il se trouue aussi de cette sorte de melons à *Ardebil*, où on les porte à la main à cause de l'odeur; mais l'on nous dit qu'on les apporte du village d'*Alaru*, qui en produit vne tres-grande quantité. Le docte Golius, Professeur dans les langues Orientales en l'Vniuersité de Leiden, en parle amplement en son Lexicon Arabe, page 1309. Il s'y trouue aussi vne sorte de concombres d'vne grandeur extraordinaire, ayans plus de deux pieds de long, & de la grosseur du bras, qu'ils appellent *Schunshiar*, c'est à dire concombres courbez, parce qu'ils ont la forme d'vn bras courbé.

Les Perses les conseruent dans du vinaigre, sans sel, mais le goust n'en est pas bien agreable; sur tout à ceux qui n'y sont point accoustumez. La terre de ces quartiers là est fort propre pour le labourage, & produit toutes sortes de grains & de ton en abondance, mais le principal trafic des habitans est de poterie & de lames d'épées. Celles qui se font en cette ville sont estimées les meilleures de tout le païs, & se vendent iusques à vingt escus piece. L'acier, dont on les forge, vient de la ville de *Niris*, à quatre iournées d'*Isfahan*, où l'on trouue dans la montagne de *Demawend*, de tres-riches mines de fer & d'acier. La poterie de la ville de *Kom* est fort estimée, & particulierement ses cruches; tant à cause de la beauté de l'ouurage, que parce que l'on croit qu'aux plus grandes chaleurs de l'Esté, l'eau s'y conserue fraische.

Les habitans de cette ville ont beaucoup d'inclination au larcin. A peine auions nous mis pied à terre, que l'on prenoit nos pistolets, & tout ce qui ne se trouuoit point enfermé sous la clef, s'éuanoüissoit incontinent. Nos gens commencerent en cette ville d'estre trauaillez de la dissenterie, qu'ils se donnoient en mangeant des melons, & toutes sortes d'autres fruits auec excés, & en beuuant de l'eau apres le fruict, & dans les plus grandes chaleurs.

Le vingt-vniéme Iuillet nous partismes de *Kom*, vne heure apres Soleil couché, & fismes cette nuict-là cinq lieuës. Nous demeurasmes le iour suiuant, vingt-deuxiéme, dans vn grand village nommé *Kasmabath*, où toutes les maisons d'vne ruë entiere estoient basties en sorte, qu'elles ne faisoient ensemble qu'vne seule voute continuelle.

Le vingt-troisiéme nous fismes sept lieuës, iusques au village de *Sensen*; où nous trouuasmes quantité de viures, & de fruits, que le *Mehemandar* auoit eu soin d'y faire apporter de *Kaschan*, qui n'en est éloigné que de cinq lieuës. En ce village mourut vn de nos truchemens pour la langue Perse, nommé *Gregori*. Il estoit Moscouite de naissance, mais il s'est fait circoncire; c'est pourquoy nous laissasmes le corps à ceux de sa religion, pour le faire enterrer à leur mode.

Nous partismes le soir du vingt-troisiéme; & perdismes la nuict suiuante vn valet Moscouite, qui mourut de dissenterie par le chemin. Nous gardasmes le corps pour le faire enterrer à *Kaschan*, auec encore vn autre valet Moscouite, qui mourut deux heures apres. Nous y arriuasmes le vingt-quatriéme, mais de si grand matin, que nous fusmes obligez d'attendre plus de deux heures, auant que le *Daruga*, pût venir audeuant de nous, pour nous receuoir. Il eſtoit accompagné de cinquante caualiers, & faiſoit mener en main pluſieurs beaux cheuaux, couuerts de peaux de lynx, & leur muſique ordinaire ne manqua pas de s'y trouuer. A l'entrée de la ville il nous fit voir deux bœufs d'Inde, fort noirs, & de grande taille, qui auoient des ſonnettes au col & des plumes ſur la teſte & ſur la croupe. Ce *Daruga* auoit autrefois ſeruy de valet de pied à *Schach-Sefi*, lors qu'eſtant encore jeune, l'on fut contraint de le cacher de ſon ayeul, *Schach Abas* & *Schach-Sefi* ſe trouuant ſans argent pour viure, le vendit quinze *Tumains*, qui font ſoixante quinze piſtoles. Mais eſtant paruenu à la Couronne, il le fit racheter auſſi-toſt, & luy donna auec la qualité de *Sulthan*, le gouuernement de *Kaſchan*.

Les Perſes mettent la ville de *Kaſchan* à quatre-vingt cinq degrez de longitude, & à trente-quatre de diſtance de la ligne. Apres vne obſeruation exacte de trois iours, ie trouuay qu'elle en eſt éloignée de trente-trois degrez cinquante-vne minutes, c'eſt à dire, de neuf minutes moins. La ville eſt fort longue, ayant du Leuant au Ponant plus d'vne demy-lieuë d'Allemagne d'eſtenduë. Ses murailles & ſes baſtions ſont d'argile, & ſa ſituation eſt dans vne grande plaine de bonne terre labourable, découurant à la droite le mont *Taurus*, que les Perſes appellent *Elwend*. En arriuant à la ville on paſſe par vne grande carriere à courir la bague, qui a des deux coſtez pluſieurs piliers, & au milieu vne grande perche, pour tirer à l'oyſeau. On laiſſe à la gauche de cette carriere le jardin du Roy, qui eſt accompagné de deux maiſons de plaiſance, dont l'vne eſt ſur le grand chemin, & l'autre au milieu du jardin. L'on nous dit que cette derniere a mille portes, y compris les feneſtres, par leſquelles on paſſe aux galleries & aux balcons. Il faut auſſi remarquer, qu'il n'y a point de porte qui n'ait ſa contre-porte, & parce que la muraille ayant plus de deux pieds geometriques d'épaiſſeur, elle a des portes des deux coſtez: de ſorte que le nombre n'en eſt pas ſi grand, qu'il ſemble d'abord. C'eſt en cette maiſon là que le Roy loge, quand il vient à *Kaſchan*.

Cette ville eſt ſans doute vne des plus peuplées, & des plus marchandes de toute la Perſe, & la mieux baſtie de toutes celles que nous euſſions encore veuës; tant en maiſons parti-

culieres, qu'en Palais & en *Carauanseras*: mais le *Basar*, & le
Maidan & les autres bastimens publics, qui sont tous accompagnez de magazins, de galleries & de chambres, pour les
marchands, tant regnicoles que forains, sont des plus beaux
que j'aye veus en tout le voyage. Il s'y trouue en tout temps vn
tres-grand nombre de marchands estrangers, & sur tout d'Indiens, qui y ont vn lieu particulier pour leur demeure, & pour
leur trafic; aussi bien que tous les autres marchands. Les artisans, & particulierement les ouuriers en estoffes de soye, & en
brocards d'or & d'argent, y trauaillent dans les lieux ouuerts,
où tout le monde les peut voir.

1637.

Ses bastimens publics.

Le plat païs est tres-fertile en bled, en vin & en fruits, qui y
viennent en si grande abondance, que ie n'ay point de peine
à croire ce que *Cartwrigt* en dit; sçauoir que les plus pauures,
& les plus incommodez des habitans n'y ont pas seulement le
necessaire, mais aussi le delicieux; & qu'il ne leur manque que
de l'eau fraische. Car l'on n'en peut auoir, qu'apres auoir fouy
bien auant en la terre, & encore la trouuasmes nous tres-mauuaise à nostre goust, & tellement corrompuë, que sans vne
derniere necessité, nous eussions bien eu de la peine à l'aualer.
J'aduouë que ie n'y ay pas pû descouurir ce bel ordre, & cette
bonne police, que *Cartwrigt* dit y auoir veuë, en l'institution
de la jeunesse, ny que l'on y ait plus de soin qu'ailleurs, de l'accoustumer au trauail de bonne heure; afin d'euiter l'oisiueté,
& les inconueniens, dont elle est ordinairement suiuie. Il est
vray que le grand nombre d'enfans, que l'on y voit dans les familles; qui à cause de la polygamie sont fort nombreuses, les
oblige de songer à leur subsistance; mais les Perses ont ordinairement si peu d'inclination pour le trauail, que le plus souuent on les voit se promener au *Maidan*, ou s'entretenir dans
les boutiques, pendant qu'ils laissent le trauail le plus penible
aux esclaues; parce qu'estans fort sobres, & se contentans de
fort peu de chose, & d'ailleurs les viures y estans à fort bon
marché, ils estiment qu'ils ne se doiuent pas donner beaucoup de peine pour le superflu, & pour les choses qui leur sont
moins necessaires. C'est pourquoy il s'y trouue des faineans &
des gueux aussi bien qu'ailleurs.

Ce qu'il dit des scorpions, & des autres bestes venimeuses,
est tres-vray; Car il s'en trouue aupres de *Kaschan*, en plus

Bestes veni-
meuses.

O o o ij

grande quantité qu'en aucun autre lieu de Perse, & de si dangereux, qu'ils ont donné lieu à cette malediction. *Akrab-Kaschan be deſtet ſenet; que le ſcorpion de Kaſchan te perce la main.* Nous en trouuions en nos logis de noirs comme charbons, de la longueur & groſſeur d'vn droigt, & nous diſoit-on que c'eſtoient-là les plus dangereux de tous.

Ils reſſemblent à nos eſcreuiſſes, ſinon qu'ils ont le corps plus court, qu'ils marchent plus viſte, & qu'ils ont touſiours la queuë dreſſée. C'eſt pourquoy les habitans ne mettent pas leurs matelats à terre, comme l'on fait ailleurs, mais ils les mettent ſur vne eſpece de treteaux, qu'ils appellent *Tzarpai*. Ils diſent auſſi que ces beſtes ont du reſpect pour les eſtrangers, & que pour ſe garantir de leurs piqueures, ils n'ont qu'à prononcer ſeulement ces mots *men karibem, Ie ſuis eſtranger.* Mais pour moy, ie me perſuade, que les eſtrangers, qui les apprehendent plus que les habitans du lieu, en ſont obligez au ſoin qu'ils apportent à leur conſeruation; quoy que ie n'aye point oüy dire,

Remede contre les ſcorpions. que ceux qui en ſont piquez en meurent. Car ils ont contre ce venin vn remede preſent & facile, en appliquant ſur ſa piqueure vne piece de cuiure; à quoy ils employent ordinairement leur monnoye, qu'ils appellent *Pul*, & c'eſt à cauſe de cela qu'ils en portent touſiours ſur eux, & apres y auoir laiſſé cette piece vingt-quatre heures, ils mettent ſur la playe vne emplaſtre, compoſée de miel & de vinaigre.

L'Autheur piqué d'vn ſcorpion. I'ay eſté aſſez malheureux pour auoir eſté ſeul de toute la compagnie, qui en ait eſté incommodé; & pour en auoir fait d'experience en ma perſonne. Car eſtant couché dans mon lict à *Scamachie*, au retour d'*Iſpahan*, vn ſcorpion me piqua à la gorge, où il ſe fit auſſi-toſt vne enfleure de la longueur d'vn doigt, auec des douleurs inſupportables.

Le bon-heur voulut que noſtre Medecin, qui eſtoit couché dans la meſme chambre, y mit auſſi-toſt de l'huile de ſcorpion, me donna de la Theriaque, & me fit ſuer: ce qui m'oſta bien les plus grandes douleurs, au bout de trois heures, mais ie ne laiſſay pas d'en ſentir encore les deux iours ſuiuans, mais par interualles, & comme ſi l'on m'euſt piqué d'vne éguille: & meſme pluſieurs années depuis i'ay ſouuent ſenty les meſmes douleurs, particulierement dans l'Automne, quaſi au meſme temps que le Soleil entroit dans le ſigne du ſcorpion.

ET DE PERSE, LIV. IV. 477

Il s'y trouue encore vne autre sorte d'insecte, faite à peu prés comme vne araignée, de la grosseur de deux pouces, & marquetée de diuerses taches. Elle se tient d'ordinaire en des lieux pierreux, sous vne espece d'herbes, que les Perses nomment *tremne*, & les Turcs *iauchschan*, qui ressemble à l'absinthe, mais ses fueilles sont plus larges, & l'odeur en est plus forte. Les Perses appellent cette insecte *Enkurek*: & c'est l'animal que l'on appelle en Latin *Stellio*, & vne espece d'insecte que les Italiens & Espagnols appellent *Tarantola*. Cette beste, au lieu de picquer ou de mordre, laisse tomber son venin, comme vne goutte d'eau, laquelle cause aussi-tost des douleurs insupportables en la partie où il s'attache, & penetrant en vn moment iusques à l'estomach, il enuoye des vapeurs à la teste, qui renuoyent vn si profond sommeil à tous les membres du malade, qu'il est impossible de le réueiller, sinon par vn seul remede, qui est d'écraser vn de ces animaux sur la playe; dont l'on attire par ce moyen tout le venin.

Si on n'en peut point auoir, l'on se sert d'vne autre remede; Car l'on couche le malade sur le dos, pour luy faire aualer le plus de laict que l'on peut; apres cela on le met dans vne biere que l'on suspend par des cordes attachées aux quatre coins à vne poutre, & on la tourne, jusques à ce que ces cordes se trouuans toutes entortillées, on la lasche tout d'vn coup, afin que les cordes venans à se démesler auec vn mouuement violent, luy fasse tourner la teste, & fasse sortir de l'estomach tout le laict qu'on luy a fait aualer. Il le rend tout verdatre, aussi bien que le laict caillé qui luy sort par la verge, mais auec de grands efforts & auec des douleurs extremes. Ce remede guerit le malade en quelque façon; mais il n'empesche pas que de temps en temps, & particulierement en la mesme saison de l'année, il n'ait des douleurs bien sensibles. Cét animal ne se trouue qu'à la campagne; de sorte que ceux de la ville ne l'apprehendent point, si ce n'est que par mégarde, l'on y en apporte auec le chaume, dont ils couurent les maisons. Mais ce qu'il y a d'admirable en cét animal, c'est que les brebis le cherchent & le mangent.

Les habitans de *Kaschan* racontent, qu'*Omar ben Alchitabi*, troisiéme successeur de Mahomet, voulant vn iour aller voir son moulin à *Medina*, le meusnier, nommé *Schutza Adin*, le pria

1637.
Autre insecte venimeuse.

Son venin.

Son effet.

Le remede.

Les brebis mangent ces insectes.

Fable de Schurza Adin.

de benir son trauail, & son moulin, en mettant les deux mains sous la pierre, qui estoit leuée; ce qu'*Omar* ayant fait, le meunier lascha le ressort de la pierre, & apres luy auoir fait écraser les mains, il acheua de le tuer. Puis estant allé trouuer *Aly*, qui par cette mort succedoit à l'Empire, il luy demanda recompense de son assassinat. *Aly* luy donna vne lettre adressante au *Casi* de *Kaschan*, portant ordre de luy donner sa fille en mariage. Le meunier, quoy que fort content de cette recompense, ne se put pas resoudre à faire vn si grand chemin à pied; de sorte qu'*Aly* voulant acheuer de l'obliger, luy presta son cheual *Duldul*, qui le porta en vne nuit depuis *Medina* iusques à *Kaschan*, qui en est esloigné de plus de deux cens lieuës, & disparut aussi-tost. Le meunier espousa la fille du *Casi*, mais il mourut bien-tost apres, & fut enterré hors de la ville, au lieu où l'on voit aujourd'huy plusieurs colines de sable, que le conte dit auoir esté formées par le vent, depuis la mort du meunier; de peur que les parens & amis d'*Omar* ne le deterrassent, pour le brûler. *Molla Hassan Kaschi*, qui a escrit ce conte, en a fait vn prouerbe, qu'il a inseré auec plusieurs autres adages spirituels au *Kulusthan*, où il dit, *Men besanem, ohn schahemsiha, Kickscheb duldulisch es Medine Ascabani bekaschan aured*. C'est à dire, ie sers le Roy des Roys, le *Du'dul* duquel a porté en vne *nuict* le meunier depuis *Medina* iusqu'à *Kaschan*. *Tzurzei Elmakin*, ou *George Elmacini*, autre historien Arabe, dit au liu. 1. chap. 3. de son histoire, qu'*Omar* fut tué, pendant qu'il faisoit la priere, par *Abululu*, valet de *Mukir*, qui le haïssoit à cause de sa tyrannie.

La chaleur estoit grande à *Kaschan*; mais de peur de trauailler trop les malades, nous ne laissasmes pas d'y demeurer quelques iours, & n'en partismes que le vingt-sixesme Iuillet, au clair de la Lune, qui estoit alors pleine. Nous fismes cette nuict là six lieuës, & arriuasmes le lendemain matin à vn *Caruansera*, nommé *Chotza Kassim*: mais dautant qu'il est fort petit & fort sale, nous nous logeasmes dans vn jardin proche de là, à l'ombre de quantité de cyprés, & de grenadiers, sur le bord d'vn beau ruisseau, lequel se trouuant entre-coupé de plusieurs cascades naturelles, contribuoit beaucoup au repos, auquel le trauail de la nuict precedente nous conuioit. Sur le soir nous continuasmes nostre voyage, & fismes la nuict six bonnes lieuës, par des deserts & par des landes, & arriuasmes le vingt-

[marginalia:]
1367.

Hassan Kaski autheur Arabe.

Elmacini autre Autheur Arabe.

Les Ambassadeurs partent de Kaschan.

ET DE PERSE, LIV. IV. 479

huictiéme, à quatre heures du matin, à vne petite ville, nommée par ceux du païs *Natens*, & par *Contarini* en son voyage, *Nithas*. Nous prismes pour nostre logement vn *Carauansera*, dans la ville ; qui est belle, arrosée de plusieurs eaux viues, & tres-abondante en toutes sortes de fruits. En arriuant à la ville on laisse à la droite deux hautes montagnes & fort pointuës, dont l'vne a sur son sommet vne grosse tour, que *Schach Abas* a fait bastir, en memoire de l'auantage, qu'vn de ses faucons eut en ce lieu là sur vn aigle, qu'il attaqua, abattit & tua, apres vn combat fort opiniastré. Tous ceux de nostre compagnie estans ou malades, ou fatiguez, il n'y eut que le sieur de *Mandesto* seul, qui eut la curiosité d'y monter auec ses deux valets, & de considerer ce bastiment. Il trouua qu'il estoit fait de briques, & que par en bas il estoit de forme octogone, ayant enuiron huict pas de diametre ; mais qu'en montant il perdoit petit à petit cette forme & sa grosseur, & qu'en haut il estoit percé de tant de fenestres, que le iour y entroit de tous costez. Il y a dequoy s'estonner, comment on a pû porter tant de materiaux en vn lieu si haut, où ce Gentilhomme mit plus de trois heures à monter, & pour le moins autant à descendre, auec beaucoup de peine & de peril.

1637. Arriuent à Natens.

Le vingt-neufiéme nous fismes quatre lieuës ; passans vne grande montagne, & logeasmes dans vn *Carauansera*, nommé *Dombi*, où quelques habitans d'*Ispahan* nous vinrent visiter, à ce qu'ils disoient, de la part du Chancelier. Il y vint aussi quelques marchands Hollandois, traueftis en Perses ; mais ils ne se firent point connoistre.

Continuent leur voyage.

La nuict du dernier iour de Iuillet au premier d'Aoust, nous fismes encore quatre lieuës, & arriuasmes le lendemin à vn village nommé *Ruk*. On nous logea dans la maison du *Kanka*, ou Iuge du lieu, où nous demeurasmes ce iour là, & la nuict suiuante.

AOVST.

Le deuxiéme d'Aoust nous partismes deux heures deuant le iour, au clair de la Lune, & ne fismes que deux lieuës, iusques à vne maison Royale, où nous logeasmes dans vn beau jardin, qui fut le dernier logement que nous fismes, en allant à la ville d'*Ispahan*. Car dés le lendemain matin troisiéme Aoust, l'on nous enuoya des cheuaux, pour faire nostre entrée en la ville capitale du Royaume. A vn quart de lieuë de la Ville nous trouuasmes vn des principaux Officiers de la Cour, nommé *Isachan beg*, à la teste de deux cens cheuaux, & à quelques pas de là deux grands Seigneurs Armeniens, nommez *Sefaras beg* & *Elias beg*, qui conduisirent les Ambassadeurs iusques à leur logis. La poussiere, que la caualerie & le peuple, qui estoit venu au deuant de nous, auoit fait leuer, estoit si épaisse, que nous nous trouuasmes à la porte de la Ville, auant que nous le crussions, ou que la pûssions voir. Non seulement les ruës & les fenestres estoient remplies de monde, que la curiosité auoit attirés au spectacle de nostre entrée; mais aussi les toicts des maisons en estoient tout couuerts.

Sont logez chez les Armeniens.

L'on nous fit passer par plusieurs ruës, par le *Maidan*, & deuant le Palais du Roy, iusques au fauxbourg de *Tzulfa*, où l'on nous logea au quartier des principaux marchands Armeniens, qui sont Chrestiens, & qui y ont leur demeure. A peine estions nous descendus de cheual, quand l'on nous apporta de la part du Roy, des presens de viures, pour nostre bien venuë. On estendit sur le plancher de la chambre des Ambassadeurs vne belle nappe de soye, que l'on couurit de trente vn vases de vermeil doré, remplis de plusieurs sortes de confitures, seiches & liquides, & de fruicts cruds, comme de melons, de citrons, de coings, de poires, & de quelques autres, que l'on ne connoist point en Europe. Peu de temps apres l'on osta la nappe pour en mettre vne autre, que l'on chargea de ris de toutes sortes de couleurs, & de toutes sortes de viandes, boüillies & rosties, sçauoir de mouton, de volaille, de poisson, d'œufs, & de patisserie, en plus de cinquante plats de vermeil doré, sans les saucieres, les écuelles à oreille, & les autres petits vases. Incontinent apres disner le Commis du comptoir de Hollande, nommé *Nicolas Iacobs Ouerschle*, qui fut depuis Gouuerneur de *Zeilan*, pour la Compagnie des Indes Orientales, vint voir les Ambassadeurs, qui estant occupé à faire déballer leur bagage, quoy que ce ne dût estre que l'employ d'vn Maistre-d'hostel, voulurent se dispenser de cette visite sous ce pretexte. Mais le Hollandois ne laissa pas d'acheuer sa visite, en laquelle il ne dissimula point, qu'il auoit ordre de ses superieurs de s'opposer à leur Negotiation: mais que cela n'empescheroit point, qu'en leur particulier, il ne leur rendist tous les seruices, qu'ils pourroient desirer de luy.

Visite du facteur de Hollande.

témoign

témoigna auoir enuie de boire, & nous eufmes affez de com- 1637.
plaifance pour l'enyurer: mais ce fut là toute la fatisfaction
qu'il remporta de chez nous.

La ioye que nous auions de nous voir au lieu où nous efpe- Querelle auec
rions acheuer noftre negociation, fut bien-toft troublée par les domefti-
vn accident tres-funefte, & les diuertiffemens que l'on taf- baffadeur
choit de nous donner, fe changerent dés les premiers iours de Indien.
noftre arriuée en vne tres-fafcheufe conteftation auec les Indiens, à l'occafion de l'infolence de quelques-vns des domeftiques de l'Ambaffadeur du *Mogul*, qui eftoit logé dans le mefme fauxbourg, auec vne fuite de trois cens perfonnes, qui
eftoient la plufpart *Vsbeques*. Vn de leurs domeftiques s'amu-
fant à regarder décharger & ferrer noftre bagage, le valet de
noftre *Mehemandar* nommé Willichan, luy dit par raillerie, qu'il
auoit mauuaife grace de fe tenir ainfi les bras croifez, & qu'il
feroit mieux de leur aider; Et fur ce que l'autre luy répondit
auec trop de fierté, à fon aduis, le Perfan luy donna de la canne fur la tefte L'Indien piqué de cet affront, courut à quelques-vns de fes camarades, qui eftoient couchez là auprés à
l'ombre d'vn arbre, fe plaignit à eux de l'outrage qu'on luy
auoit fait, & les fit leuer pour fe venir ietter fur Willichan,
qu'ils abatirent fous eux, & le blefferent à la tefte de plufieurs
coups de pierre.

Nos domeftiques voyans cette violence, en aduertirent noftre Maiftre d'Hoftel, qui fortit auec cinq ou fix de nos foldats,
& auec quelques autres vallets, qui chargerent fi bien les Indiens, dont le nombre s'eftoit augmenté iufques à trente,
qu'ils en blefferent vn à mort, & chafferent les autres iufques à
leur quartier: mais ce qui fafcha le plus les Indiens, ce fut
qu'en ce combat ils perdirent vne épée, & vn poignard, où
l'on auoit attaché vne bourfe, auec quelque petite monnoye,
que les noftres emporterent, comme dès marques de leur victoire. Les *Induſthans* fe contenterent de dire qu'ils fe reffen-
tiroient de cet affront, & qu'ils trouueroient l'occafion de
venger le fang de leur camarade. Et de fait, les Ambaffadeurs ayans refolu de changer de logis, parce que l'incommodité qu'ils receuoient de l'éloignement de leurs domeftiques,
qui eftoient écartez en diuers endroits du fauxbourg, fort loin
les vns des autres, eftoit trop grande, & ayans pris iour pour cela

Ppp

au septiéme d'Aoust, les Indiens se seruirent de cette occasion pour tirer raison de l'affront qu'ils croyoient auoir receu.

On auoit enuoyé le laquais du Maistre d'Hostel, & quelque matelots, auec vne partie du bagage, pour le conduire au logis que nous allions occuper, qui estoit dans la ville, & esloigné du premier d'vn bon quart de lieuë. Quelques Indiens qui estoient couchez sous des tentes, pour garder les cheuaux de leur Maistres, qui paissoient entre la Ville & le Fauxbourg, le reconnurent pour l'auoir veu au premier combat, l'attaquerent, & quoy qu'il se defendist vaillamment à coups de pistolet & d'épée, ils le tuërent enfin à coups de fléches : luy couperent la teste, qu'ils balotterent quelque temps en l'air, & attacherent le corps à la queuë de son cheual, qui l'entraisna dans vn lieu où les chiens le mangerent, L'aduis que nous eusmes de ce meurtre, nous fit bien connoistre, que les *Indosthan* n'en demeureroient pas là, mais que leur dessein estoit de nous attaquer auec toutes leurs forces. C'est pourquoy les Ambassadeurs enuoyerent aussi-tost commander à tous ceux de leur suite de se tenir sur leur garde, & de se rendre en diligence auprés d'eux. Mais auant que cét ordre pust estre executé, les Indiens auoient desia occupé toutes les aduenuës du logis, qu'ils tenoient comme inuesty, si bien que l'on n'y pouuoit plus entrer, sans s'exposer au hazard d'estre tué. Neantmoins la consideration du peril eminent & ineuitable, qu'il y auoit à demeurer separez en diuers quartiers, obligea la pluspart des domestiques à se ietter dans la maison des Ambassadeurs, qui estoit située au coin d'vne petite ruelle. La pluspart se sauuerent des mains des Indiens ; mais quelques-vns furent blessez à mort, & moy-mesme ie l'échappay belle ; en ce qu'à peine m'estois-ie ietté dans la porte, qu'vne fléche me vint friser les cheueux, & donna dans vn des poteaux. Toutes leurs fléches estoient de canne, garnies d'vn fer trenchant des deux costez, & si legeres, que la moindre force les faisoit partir auec vne vistesse incroyable, & faisoit faire des ouuertures aussi bien qu'vne balle de fuzil. Ce qu'il faut remarquer contre le passage de Q. Curce, qui dit au 8. liu. de son Histoire *Binûm cubitorum sunt sagitta (Indis,) quas emittunt maiore nisu quàm effectu, quippe telum, cuius in leuitate vis omnis est, inhabili pondere oneratur.* Ils se seruoient auec cela de mousquets, &

d'arquebuſes à la Perſienne, qui ſont d'vn fort petit calibre, dont ils tiroient fort iuſte.

1637.

Nos Lieutenans firent bien tout ce que l'on pouuoit deſirer de gens de cœur, mettans leurs ſoldats en ordre de bataille à la porte du logis, & faiſans charger les Indiens à coups de mouſquet ; mais les Indiens ſe ſeruoient de l'auantage d'vne muraille qui les couuroit comme vn rampart, & pour cet effect ils l'auoient percee en pluſieurs endroits, afin de pouuoir tirer plus ſeurement, & auec plus de iuſteſſe. Les noſtres au contraire, au lieu de ſuiure l'exemple de ces gens, que l'on veut faire paſſer pour des barbares, mais qui ne le ſont point du tout, & au lieu de ſe couurir des coffres & du bagage, qui eſtoit dans la ruë, faiſoient parapet de leur eſtomach, & s'expoſoient à l'eſcopeterie à découuert. Vn de nos Canonniers voulant poincter vn pierrier contre les Indiens, y fut tué.

Le Sergent *Morrhoy*, Eſcoſſois, voyant le Canonnier tomber à ſes pieds, prit le mouſquet du defunct, & ſe mit en deuoir de venger la mort de ſon camarade. Il y reüſſit ſi bien, qu'il tua cinq ou ſix Indiens de ceux qui ne ſe pouuoient pas mettre à couuert de la muraille, iuſqu'à ce qu'vne de leurs flèches luy vint donner droit dans l'eſtomach. Il ne s'en eſtonna pas, mais apres l'auoir arrachée, il chargea encore ſon mouſquet, dont il tua vn homme, & apres cela il tomba mort ſur la place.

Courage d'vn Sergent.

Les Armeniens du voiſinage, qui eſtoient ſpectateurs de ce combat, ne nous fauoriſoient que de leurs larmes, par leſquelles ils témoignoient la douleur qu'ils ſentoient de la mort de tant de pauures Chreſtiens. Enfin le nombre des Indiens s'augmentant touſiours, la mouſqueterie commença d'eſtre ſi furieuſe, que les Ambaſſadeurs furent contraints d'ordonner à leurs gens de ſe retirer dans le logis, & de ſe tenir dans la cour, pour diſputer l'entrée de la maiſon aux Indiens. Mais ceux-cy prenans auantage de noſtre retraite, ſe ietterent ſur noſtre bagage & le pillerent, & non contens de cela, ils forcerent la plus prochaine maiſon, & parce que le Maiſtre du logis les vouloit empeſcher d'entrer, ils luy couperent la main, & acheuerent apres de le tuër. Et eſtans apres cela montez ſur la plate forme, dont ils pouuoient découurir toute noſtre cour, ils contraignirent nos gens de l'abandonner. Quelques-vns

Ppp ij

1637.
Le Chef des Indiens tué.

des noſtres monterent ſur le toict de noſtre maiſon, & ſe ſeruans de l'aduantage du parapet, ils ne voyoient point paroiſtre d'Indien qu'ils ne tiraſſent, & ils ne tiroient quaſi point de coup qui ne portaſt. Le ſieur de *Mandeſlo*, qui manioit parfaitement bien les armes à feu, tua d'vn coup de piſtolet le Chef de cette canaille. Cette mort acheua de mettre les Indiens en fureur, de ſorte qu'ils ſortirent du lieu où ils eſtoient, à deſſein de forcer noſtre porte: Ce qui obligea les Ambaſſadeurs à ſonger à la retraite, & à faire percer les murailles qui donnoient dans les maiſons voiſines, où les Armeniens qui y eſtoient, nous receurent auec ioye, & nous apporterent des échelles, pour nous donner le moyen de nous ſauuer dans vn fort beau iardin. Nous y deſcendiſmes tous, mais la beauté du lieu ne nous charmoit non plus, que les viandes les plus delicieuſes pourroient ragouſter vn criminel que l'on va conduire au ſupplice, parce que nous ne faiſions qu'y attendre la mort de moment à autre.

Le Roy fait intervenir ſon authorité.

Ce fut en cette conſternation qu'vn des Mareſchaux de la Cour nous vint trouuer de la part du Roy, pour faire la paix. Il y eſtoit deſia venu auec les meſmes ordres; mais la chaleur du combat nous auoit empeſchez, auſſi bien que les Indiens, de luy donner audience; mais les habitans d'*Iſpahan*, voyans que le bruit s'augmentoit touſiours, & apprehendans vn plus grand deſordre, qui pourroit auoir de dangereuſes ſuites parmy vn peuple qui n'auoit iamais rien veu de ſemblable, le Roy y enuoya cent ſoldats bien armez, à la teſte d'vne bonne partie des habitans: mais dés que les Indiens apperceurent cette troupe,

Les Indiens ſe retirent du combat.

qui les alloit enuelopper, ils s'écarterent & ne parurent plus. L'on nous dit, que le Roy ayant ſçeu cét aſſaſſinat, & que l'Ambaſſadeur Indien y auoit conniué, auoit commandé qu'on luy apportaſt ſa teſte; mais que le Chancelier auoit moderé ce premier mouuement, en luy remonſtrant, que les deux Ambaſſadeurs eſtans eſtrangers, & ſes hoſtes, c'eſtoit à leurs Maiſtres, & non pas à luy à les chaſtier.

Cette paix nous rendit la liberté de ſortir dans la ruë, où nous trouuaſmes tous nos coffres rompus, & tout le bagage pillé, à la reſerue de quelques ſauciſſons, langues de bœuf, & jambons, que les Indiens, comme Mahometans auoient iettez. Cette perte nous reuint à plus de quatre mille eſcus. Le Roy en demanda le memoire, & nous voulut dédommager, mais cette bonne volonté n'eut point d'effet, pour des raisons que toute la compagnie ne sçauoit que trop. En ce combat, qui fut de plus de quatre heures, nous perdismes cinq hommes, & en eusmes dix de blessez. Les Indiens, à ce que nous disoient les Persans, y perdirent enuiron vingt-quatre hommes, & eurent beaucoup plus de blessez : mais l'Ambassadeur Indien eut bien-tost apres son congé, & ordre de partir dans peu de iours. Ce fut là le plus fascheux accident que nous eusmes en tout nostre voyage : car apres auoir éuité tous les dangers, que nous auions à apprehender par le chemin, des peuples les plus cruels, & les plus sauuages, nous eusmes cette malheureuse rencontre dans la ville capitale du Royaume, où nous pensions trouuer le repos de tous nos trauaux passez.

1637.

L'Ambassadeur Indien congedié.

Pour ce qui est de cet Ambassadeur, il estoit *Myrsa* ou Prince Indien, & auoit esté enuoyé à la Cour de Perse par *Choramscha*, Roy des Indes, qu'ils appellent le *Grand Mogul*, & non, comme l'on dit communément, *Mogor*. Il auoit vne fort belle suite, & se faisoit ordinairement porter dans vne litiere à l'Indienne, plus propre à se tenir couché qu'assis, que plusieurs esclaues portoient penduë à vne grosse barre de fer, courbée au milieu. Le Roy de Perse, qui sçauoit le sujet de son Ambassade, le fit attendre trois ans entiers; auant que de luy donner audience, le faisant cependant magnifiquement traiter : en sorte que peu de iours deuant nostre arriuée, le Roy luy auoit encore enuoyé vn present de 3000. *Tumains*, qui font cinquante mille escus monnoye de France : parce qu'il faisoit luy-mesme faire la dépense de sa maison.

Le sujet de son Ambassade.

Son sejour à Ispahan.

L'Ambassadeur de son costé répondoit fort bien à cette magnificence : car il n'auoit employé les trois premiers iours apres son audience, qu'à faire les presens qu'il auoit apportez. Le premier iour il en fit au nom du grand *Mogul*, le second au nom du Prince son fils, & le troisiéme pour luy en son particulier. L'on nous asseura qu'ils excedoient la valeur de cent mille escus. Il auoit charge de prier le Roy de Perse, de luy mettre entre les mains le *Myrsa Polagi*, Prince du sang, & Neueu du *Mogul*, qui auoit esté contraint de se retirer en Perse pour sauuer sa vie, laquelle il couroit risque de perdre, comme il auoit perdu son Royaume. Le Roy s'en excusa, & répondit

Les presens.

Le sujet de son Ambassade.

Ppp iij

1637.

Son congé.

genereusement, que ce seroit violer les droits d'hospitalité, de rendre ce Prince, qui auoit pris confiance en son amitié, & qui auoit cherché retraite en son Royaume; que son honneur l'obligeoit à le traiter en amy, & en hoste, & de le souffrir chez luy, tant qu'il auroit agreable d'y demeurer.

Ce fut-là la réponse que l'Ambassadeur remporta; mais pour luy faire connoistre, que l'on n'auoit point de dessein de l'obliger, l'on fit dire sous main à *Hassan-Chan*, Gouuerneur de *Herath*, qui est la plus considerable place frontiere du costé des Indes, qu'il arrestast au passage quatre ou cinq cens cheuaux, que l'Ambassadeur auoit fait acheter, & partir deuant luy à petites iournées. afin de les trouuer sur la frontiere: parce que les cheuaux des Indes estans petits & mal-faits, les Indiens taschent d'en auoir de la race Persane. L'Ambassadeur fit grand bruit, allegua sa qualité, & se plaignit de l'outrage que l'on faisoit à son Maistre en sa personne, & dit que le Roy qui sçauoit qu'il les auoit achetez, & qui ne l'auoit pas empesché, vouloit sans doute bien qu'il les emmenast. Mais *Hassan-Chan* luy répondit, qu'il estoit Roy en sa Prouince, que sa vie répondoit de ce qui s'y faisoit contre le seruice du Roy, & qu'il ne permettroit pas que l'on fist sortir du païs des cheuaux, dont l'on se pourroit vn iour seruir pour faire la guerre au Roy, son Maistre, auquel il sçauroit bien rendre compte de ses actions. De sorte que l'Ambassadeur fut contraint de laisser ses cheuaux, & de les vendre au prix que les Perses les voulurent acheter. Au reste les Indiens sont assez bonnes gens, ciuils & de fort bonne conuersation & amitié, pourueu qu'on ne les offense point; mais aussi sont-ils tellement sensibles aux affronts & aux injures, qu'ils croyent auoir receus, qu'ils ne s'en satisfont iamais, que par le sang de ceux qui les ont offensez. Nous le sçauons autrement que par ouïr dire.

Le lendemain de ce combat, sçauoir le 8. Aoust, nous changeasmes de logis, & pour éuiter le desordre, qui eust pû recommencer auec les Indiens, le Roy fit faire defenses sur peine de la vie, non seulement à ceux de la suite de l'Ambassadeur, mais aussi à tous les autres Indiens, & mesmes aux Marchands, qui sont au nombre de plus de douze mille dans *Ispahan*, de se trouuer dans la ruë, lors que nous ferions nostre entrée dans la Ville. Et afin de nous asseurer entierement, nous trouuasmes au sortir de nostre logis vne partie des gardes, qui nous escorterent iusques au lieu de nostre nouuelle demeure; laquelle on nous permit de fortifier aux endroits les plus foibles, & de les garnir de pierriers & d'harquebuses à croc, contre les Indiens, qui eussent pû attaquer nostre quartier auec auantage, parce qu'il estoit d'vne fort vaste estenduë, & qui nous en auoient menacez assez ouuertement.

1637.

Le bastiment en soy comprenoit quatre grandes cours, dont les deux estoient coupées d'vn ruisseau de vingt-cinq pieds de large, ayant sur ses deux bords de fort beaux arbres, qu'ils appellent *Tzinnar*, qui formoient deux allées fort agreables. Le mesme ruisseau coupoit quelques salles & galleries, & se perdoit sous le corps du logis, qui estoit destiné pour l'appartement des Ambassadeurs. Il auoit au milieu & en bas vne grande salle, qui estoit bastie en octagone, auec vne belle fontaine, & à chaque face vne porte, qui donnoit entrée en plusieurs chambres. Le premier estage auoit les mesmes appartemens, mais il auoit cela de particulier, que les fenestres seruans aussi de portes, qui donnoient partie sur des galleries & sur des balcons du costé du jardin, partie du costé de la salle, il n'y auoit point de chambre d'où l'on ne pust vôir tout ce qui se faisoit dans la salle. Les murailles estoient ornées de plusieurs figures d'oiseaux & de feüillages, taillées dans le plastre, assez mal-faites, mais dorées, & rehaussees d'vn fort beau coloris, qui reparoit le defaut de la proportion, & representoit vne tapisserie fort bizarre, mais tres-agreable. Au milieu de la salle il y auoit vne fontaine, dont le bassin estoit de pierre de taille.

Les Ambassadeurs changent de logis.

Pendant le sejour que nous fismes à *Ispahan*, l'on ne manqua pas de nous fournir tous les iours, de la part du Roy, seize moutons, cent pieces de volaille, deux cens œufs, & cent *batmans* de vin, auec du fruict & des espices en si grande abondance, que nous eussions eu dequoy faire grand'chere, sans la mauuaise conduite de ceux, qui en auoient la direction, & qui dissipoient les viures; non seulement par conniuence, mais aussi par ordre exprés d'vn des Ambassadeurs, ie parle de celuy de *Hambourg*, qui les enuoyoit chez les Armeniens, & bien souuent à des garces. Ce qui fut cause que bien souuent nos gens ne faisoient qu'vn repas. & il y auoit mesmes des iours, où la

Le Roy les traite tousiours.

table du commun n'estoit point seruie du tout.

Le dixiéme Aoust les Ambassadeurs enuoyerent quelques vns à *Alexis sawinoüits*, Ambassadeur de Moscouie, pour traiter auec luy de leurs affaires communes : & dautant que les Persans ne nous voyoient pas volontiers en nos habits, nous nous habillasmes à la Moscouite, comme plus rapportante à leur mode. Ces iours icy moururent encore quelques-vns de nos blessez, & entr'autres vn des gardes, qui auoit esté blessé au genoüil d'vne fléche empoisonnée. Nostre fourrier mourut aussi ce iour-là, mais ce fut de dissenterie, qui l'attaqua au sortir d'vne fiévre tierce, & l'emporta en fort peu de iours. Nous les fismes enterrer tous deux au Cimetiere des Armeniens, au fauxbourg de *Tzulfa*.

Le seiziéme les Ambassadeurs eurent leur premiere audience du Roy, qui leur fit dire, qu'ils auroient aussi l'honneur de disner auec luy, & leur enuoya pour cet effet quarante beaux cheuaux de son escurie, dont les selles & les harnois estoient garnis de grandes plaques d'or.

Les Ambassadeurs se seruirent de deux, & firent aussi monter les Gentilshommes & les principaux Officiers à cheual, mais le reste du train marcha à pied, en l'ordre suiuant.

Premierement marchoient trois hommes à cheual, dont les deux portoient des armes complettes fort bien faites, & à fleurs & feüillages d'or & d'argent de rapport. Le troisiéme n'auoit que des armes d'vn carabin, le deuant & le derriere, auec le pot, aussi fort riches.

Apres luy marchoient quarante personnes, portans autant de paires de pistolets, des plus beaux que l'on auoit pû trouuer en Hollande, auec les fourreaux, dont les chappes estoient richement brodées.

Apres cela quatre hommes, portans deux beaux cimeterres, dont les fourreaux estoient d'ambre iaune, garnis d'or, dans de parfaitement beaux estuis.

Apres cela deux hommes, auec des bastons tout reuestus d'ambre, que les Persans estiment plus que l'or, dans de fort beaux estuis.

Quatre hommes, portans autant de grands chandeliers d'ambre.

Deux autres, portans vn cabinet d'ambre blanc & iaune.

Quatre

ET DE PERSE, LIV. IV. 489

1637.

Quatre autres portans vn cabinet d'ebene, garny d'argent, ayant au dedans dans des boüettes d'or, plusieurs drogues, essences & magisteres, & le couuercle chargé de pierres fines, qui marquoient le magistere qui estoit dans chaque boüette.

Et dautant que selon la coustume du païs, les Ambassadeurs sont obligez de faire aussi des presents en leur particulier, le sieur *Crusius* fit porter vne arquebuse, dont le bois estoit d'ebene, & qui se bandoit en baissant seulement le chien. Vn vase de crystal de roche, garny d'or, & enrichy de rubis & de turquoises. Vn cabinet d'ambre, & vne petite horloge sonnante. Le sieur *Brugman*, donna vn chandelier de cuiure doré à trente branches, ayant vne monstre sonante dans le pomeau, vne paire de pistolets dorez dans de beaux fourreaux. Vne fort belle horloge de sable. Vne montre dans vne boëte de topaze. Vne enseigne de diamans & de rubis, & dans vn billet, le present des deux pieces de canon, que nous auions laissées à *Ardebil*.

En leur particulier.

L'on auoit reglé à chacun son rang, afin que toutes ces choses pussent estre presentées au Roy, auec quelque ordre; mais les Perses n'en gardent point en aucune ceremonie; de sorte qu'à peine furent-ils dans la ruë, qu'ils se mirent tous en desordre, & marcherent auec autant de confusion, que la suite des Ambassadeurs apporta d'exactitude, à garder l'ordre de sa procession.

Les Perses aiment la confusion.

Premierement marchoient trois Sergens auec la hallebarde, à la teste de quinze mousquetaires. Apres eux le Mareschal ou maistre d'Hostel seul, à la teste des Gentils-hommes, qui alloient trois de rang. En suite trois Trompettes auec leurs trompettes d'argent, & apres eux marchoient les gardes, quatre de front, immediatement deuant les Ambassadeurs; qui auoient à leurs costez huict hallebardiers, & derriere eux les deux truchements. Les huict Pages suiuoient à cheual, dans de fort belles liurées, & à la queuë le reste des gens, marchans trois de front, & huict de hauteur.

Les Ambassadeurs estans arriuez en cét équippage, & auec vne suite d'vn grand nombre de *Kisilbachs*, & de Caualiers Persans, que le Roy leur auoit enuoyés, par le *Meidan*, à la porte du Palais Royal, ils y furent receus par le *Iesaül Senhobet*, qui est comme l'Introducteur, ou le Maistre des ceremonies.

Reception des Ambassadeurs.

Q q q

1637.

Il commanda à ceux qui portoient les presents, de faire place aux Ambassadeurs ; qu'il fit entrer dans vne salle, où les *Diuanbeki*, ou les Iuges, ont accoustumé de s'assembler pour rendre la Iustice, & les conuia de se reposer, en attendant qu'il aduertiroit le Roy de leur arriuée. Au bout d'vne demy heure plusieurs grands Seigneurs vinrent aduertir les Ambassadeurs, que le Roy les attendoit. On nous fit passer par vne grande cour, qui estoit plus longue que large, & en laquelle il y auoit des deux costez, à six pas de distance d'vne muraille, vne autre muraille plus basse, que l'on a tirée au pied d'vn grand nombre d'arbres de *Tzinnar*, & le long de cette petite muraille estoient les mousquetaires & les autres gardes en haye des deux costés.

On reconnoissoit les gardes parmy les mousquetaires par leur coëffure, qui estoit pointuë, & garnie de plumes de plusieurs couleurs. Ils appellent cette sorte de cours, ou d'allées, *Cheiwan*, & elles font vn tres-bel effet pour la veuë. Au bout de cette cour l'on voyoit vne grande salle, toute percée à iour, destinée pour l'Audience. On l'appelle *Diwan Chané*, parce que c'est le lieu où le Roy rend iustice en personne : La coustume de Perse ne se rapportant point à celle de Moscouie, où le Grand Duc a vne salle destinée pour les Audiences des Ambassadeurs ; au lieu que le Roy de Perse se sert des departements où il se trouue par hasard, pour ses affaires, ou pour le diuertissement. Proche de cette salle, & sous ces arbres, on voyoit entre les deux murailles enuiron cinquante beaux cheuaux, auec leurs couuertures de brocard, ou en broderie d'or & d'argent, & parmy eux quelques cheuaux Arabes prests à monter, auec leurs selles & leurs harnois, tout couuerts de lames d'or, & chargez de quantité de pierreries. Tous les cheuaux estoient exposez à l'air, attachez par vn des pieds de derriere à terre à vn posteau, & ils estoient quasi tous peints de couleur Isabelle, aux jambes & au ventre. Il y auoit auprès d'eux des seaux de vermeil doré, dont l'on se seruoit pour les abreuuer. Là auprès on voyoit deux grandes cuues, de quatre pieds en quarré, qui seruoient à rafraischir le vin.

Cette salle de plaisance estoit plus exhaussée que la cour de trois marches, & auoit huict toises de large sur douze de longueur : l'exhaussement estoit de six toises. Il y auoit sur le deuant vn retranchement comme vn alcoue, fermé de rideaux

Salle d'Audience.

Des seaux de vermeil doré pour abreuuer les cheuaux.

de toile de cotton rouge, que l'on hauſſoit & baiſſoit auec des cordons de ſoye. Quand ils eſtoient leuez, ils repoſoient ſur les chapiteaux de certains pilliers de bois, faits en cylindre, & embellis de fueillages peints & dorez, auſſi bien que les murailles. A main gauche en entrant, l'on voyoit trois grands tableaux, qui auoient eſté faits en Europe, & repreſentoient des hiſtoires. Tout le plancher eſtoit couuert de tapis à fonds d'or & d'argent, & au milieu de la ſalle l'on voyoit vne fontaine, & dans ſon baſſin quantité de fleurs de citrons, d'oranges, de grenades, de pommes & d'autres fruits, qui nageoiẽt ſur l'eau. Le baſſin eſtoit bordé de bon nombre de flacons d'or & d'argent, & de bouteilles, de la façon de celles que l'on appelle en Languedoc & en Prouence caraffes, qui eſtoient toutes chargées de guirlandes de fleurs, ou auoient vn bouquet dans le goulet.

1637.

Le Roy eſtoit aſſis à terre ſur vn carreau de ſatin, derriere la fontaine, contre la muraille. Il eſtoit de l'âge de vingt-ſept ans, fort bien fait de ſa perſonne, ayant le viſage beau, & le tein blanc & vny; le nez vn peu aquilin, comme la pluſpart des Perſes, vn peu de poil noir aux léures de deſſus. Ses habits n'auoient rien d'extraordinaire, ſinon qu'ils eſtoient de brocard, & qu'à ſon mendil, ou coiffure, il y auoit vne belle aigrette, attachée auec vne enſeigne de diamans. Il auoit auſſi ſur le *Kurdi*, c'eſt à dire au jupon, ou rochet, qui eſt vne ſorte d'habits ſans manches, que les Perſes portent ſur la veſte, deux peaux de martres zobelines penduës au col; mais à ce que nous viſmes depuis, cela luy eſtoit commun auec pluſieurs autres grands Seigneurs de Perſe, qui s'en ſeruoient auſſi.

L'âge du Roy, ſa taille.

Son habillement.

Le cimeterre qu'il auoit au coſté, brilloit d'or & de pierreries, & derriere luy on voyoit à terre vn arc & des fleches.

A ſa droite eſtoient vingt Pages, la pluſpart, à ce que l'on nous dit, enfans de *Chans* & de *Sultans*, Gouuerneurs de Prouince, parmy leſquels il y en auoit de chaſtrez.

Ils eſtoient tous fort bien-faits; mais il ſembloit que l'on euſt choiſi le plus beau, pour tenir l'éuantail, dont il faiſoit inceſſamment du vent au Roy. Ils font ces éuentails d'vn certain animal marin, qu'ils appellent *Maherikutas*, & reſſemble à vne queuë de cheual. Les Pages auoient aupres d'eux le *Me-*

492 VOYAGE DE MOSCOVIE,

1637.

Le Grand Maiſtre de la maiſon.

beter, ou valet de chambre, qui les gouuerne. Deuant le Roy ſe tenoit *Eiſchikagaſi baſchi*, ou le grand Maiſtre de la maiſon, tenant à la main vn baſton, qui eſtoit tout couuert d'or, auſſi bien que le gros bouton, ou la pomme qui eſtoit au bout. A quatre pas du Roy, & à ſa main gauche, eſtoit aſſis le Chancelier, qu'ils appellent *Ethemad Dowlet*, & auprés de luy les *Chans* & les grands Seigneurs du Conſeil Priué du Roy. A l'entrée de la ſalle, à main gauche, eſtoient aſſis les Ambaſſadeurs d'vn Prince Arabe, qui les auoit enuoyés, pour demander la pretention du Roy contre le Turc, & le *Poſlanik* Moſcouite, *Alexi Sawinoüits*, & plus bas eſtoit la muſique du Roy.

Les Ambaſſadeurs ſont introduits à l'Audience.

Les Ambaſſadeurs furent receus à l'entrée de la ſalle par le Prince *Tzani-Chan*, *Kurtzi-baſſchi*, dont nous auons parlé cy-deſſus, & par *Alicubi-bek*, *Diuanbeki*, qui les prirent ſous les bras, l'vn apres l'autre, & les menerent au Roy. Ces conducteurs en conduiſant les Ambaſſadeurs, ſe ſaiſirent ſi bien de leurs mains, qu'ils leur en oſterent tout l'vſage.

Cette ceremonie eſt tres neceſſaire, & paſſe auiourd'huy pour vn honneur particulier que l'on fait aux Ambaſſadeurs, quoy que l'on diſe, & auec beaucoup d'apparence, que par meſme moyen l'on aſſeure auſſi la vie du Prince, contre les deſſeins que l'on pourroit auoir ſur ſa vie. Mais il ne faut point croire ce que l'on y adiouſte, que l'on n'en vſe ainſi en Perſe, que depuis le regne de *Schach Abas*, & à l'occaſion de quelques Ambaſſadeurs Turcs, qui auoient deſſein de le tuer. Car cette couſtume eſt eſtablie à la Cour du Grand Seigneur, auſſi bien qu'en Perſe : Et meſme j'eſtime que c'eſt pour la meſme raiſon que le Roy ne donne pas la main, mais le genoüil, à baiſer aux eſtrangers, & qu'il preſente le pied à ſes ſuiets.

Les Ambaſſadeurs, en approchant du Roy, firent vne profonde reuérence, à laquelle il reſpondit auec ciuilité, d'vne petite inclination de teſte, qu'il accompagna d'vne mine riante & obligeante. On les ramena auſſi-toſt, & on les conuia de s'aſſeoir ſur des ſieges bas, que l'on auoit placés auprés des Seigneurs du Conſeil. On fit le meſme honneur à quinze des principaux de la ſuite, mais on les fit aſſeoir vn peu plus à la main gauche, & à terre. Les Pages & le reſte de la ſuite, furent conduits dans la cour, où ils s'aſſirent aupres de treize

belles danseuses, qui estoient parfaitement bien couuertes, & 1637.
estoient assises sur des tapis à fonds d'or & d'argent.

Quelques-vns des nostres se sont persuadés, que c'estoient Courtisanes.
des danseuses ordinaires de la Cour, & en parlent en ces termes
dans les Relations qu'ils ont faites de ce voyage ; mais il est certain, que c'estoient des plus belles Courtisanes de la ville, qui
outre le tribut, qu'elles payent tous les ans au Roy, sont obligées de se trouuer à la Cour, pour diuertir le Prince quand il
les mande. L'on nous asseura que l'on en pouuoit auoir le choix
pour vn *Tumain*.

Apres que les Ambassadeurs se furent vn peu reposez, le
Roy leur enuoya demander par le grand Maistre le nom du
Prince qui les auoit enuoyez, & le suiet de leur ambassade. Ce
qui les obligea à se leuer, & à se raprocher du Roy auec leur
truchement, pour deliurer leurs lettres de creance, qu'ils
accompagnerent d'vn petit compliment, qui fut d'autant
plus court, que les Perses qui n'aiment point les harangues,
veulent que l'on s'approche de leur Roy auec respect, &
qu'on le témoigne par vn discours de peu de paroles. Le Chancelier se chargea des lettres, & apres que les Ambassadeurs
se furent r'assis, le w*akae nuis*, ou Secretaire de la Chambre, leur vint dire, que le *Schach* feroit traduire leurs lettres
de creance, qu'en suite de cela il leur donneroit vne seconde
Audience, pour leurs affaires, & que cependant ils taschassent
à se diuertir. Apres cela on fit entrer les presens, que l'on fit
passer pardeuant le Roy, & on les porta dans vn appartement,
destiné pour les tresors, à costé de la salle de Iustice, à l'entrée
du Palais.

Tandis que l'on faisoit passer les presents, l'on mit la nappe, Vaisselle d'or.
& l'on couurit la table, c'est à dire tout le plancher de la salle,
d'vne piece de toille de cotton, que l'on charga de toutes
sortes de fruicts & de confitures, toutes dans de grands bassins
d'or, qui y estoient en si grand nombre, qu'il n'y restoit de
place que pour enuiron trois cens flacons de la mesme estoffe,
que l'on mit çà & là, seulement pour seruir de parade : si bien
que de quelque costé que l'on jettast la veuë, on ne voyoit que
de l'or. Toute la vaisselle estoit vnie, & sans façon, sinon que
le flacon & la tasse destinez pour le vin du Roy, que les Perses
appellent *Sarahi* & *Piali*, qui estoient chargez de rubis & de

Q q q iij

turquoifes. Auec ces confitures l'on nous feruit d'vn tres-excellent vin de *Schiras*, & l'on nous donna le diuertiffement d'vn joüeur de gobelets, des plus adroits que i'aye iamais veus. Au bout d'vne heure l'on ofta les confitures pour feruir la viande. On couurit le plancher d'vne autre nappe, qui eftoit de brocard d'or, & l'on vit entrer dix hommes chargez de viandes dans de grands vafes d'or, de la façon de nos pots à laict, que les vns portoient fur la tefte, les autres fur des ciuieres, qui eftoient auffi couuertes de lames d'or.

Le *Suffretz*, c'eft à dire l'Ecuyer trenchant, apres auoir placé la viande, fe mit au beau milieu de la table, ou du plancher de la fale, tira les viandes de ces vafes, & les feruit dans des plats: premierement au Roy, puis aux Ambaffadeurs, & en fuite aux Seigneurs, & au refte de la compagnie. Ils ne fçauent ce que c'eft de traiter à plufieurs feruices, mais ils mettent tout à la fois fur table, dequoy ils pretendent faire bonne chere à leurs hoftes. Tous les plats eftoient remplis de ris, de toutes fortes de couleurs, & le trenchant mettoit la viande fur le ris, fçauoir du mouton boüilly & rofty, de la vollaille & du gibier, des aumelettes, de la patifferie, des efpinars, de l'ofeille, & du laict caillé aigre; de forte que bien fouuent il fe trouuoit dans vn mefme plat cinq ou fix fortes de viandes. Ils font cela à deffein, & pour la commodité: parce que n'eftant pas affis à table vis à vis les vns des autres, mais tous d'vn mefme cofté, comme les Moines, & ainfi vn mefme homme ne pouuant pas atteindre à plufieurs plats, on les en fert dans vn mefme plat.

Au refte fi nous eftions affis comme des Moines, nous demeurions auffi dans le filence comme eux: car il fut obferué pendant tout le repas fort religieufement. Perfonne n'y dit mot, & mefme le Roy ne parla point; finon que deux ou trois fois il dît vne parole ou deux au Chancelier. Mais cette retenuë ne fe vit plus dans les autres repas que nous fifmes à la Cour apres cela; où le Roy fe plaifoit à fe faire entretenir par les Ambaffadeurs des affaires de l'Europe, & particulierement des guerres d'Allemagne.

Le diuertiffement que l'on nous donna pendant le difner, fut de la mufique, & de l'adreffe de ces courtifanes. La mufique eftoit compofée de luths, de violons, de flageolets,

ET DE PERSE, LIV. IV. 495

1637.

de haut-bois & de tymbales, que le Tymbaliste accompagnoit d'vne voix pitoyable & irreguliere, qui acheuoit de déconcerter le peu d'accord, & le peu d'ordre qu'il y auoit en leur pretendu concert. La danse des femmes estoit plus reglée, & quoy qu'elle ne se rapportast point à la musique, ny à la façon de danser des Europeens, elle ne laissoit pas d'estre fort diuertissante, & d'auoir ses agreémens & sa iustesse, aussi bien que la nostre.

Pendant le disner l'on auoit caché dans vne porte, qui estoit couuerte d'vn tapis, à l'endroit où les Ambassadeurs estoiēt assis, vn Perse, qui entēdoit le Portugais & l'Italien, afin de les obseruer, & de remarquer l'entretien qu'ils auroiēt auec leur truchement, pour faire rapport de ce qu'ils diroient de la façon de viure de cette Cour. Et de fait, celuy qu'il fit au Roy, de ce que *Brugman* auoit dit des tableaux, & des festins, & de la façon de viure des Perses, ne luy fut pas fort aduantageux. Nostre truchement estoit Portugais, Moine de l'Ordre de sainct Augustin, âgé d'enuiron quarante ans, il s'appelloit *P. Ioseph du Rosaire*, & estoit fort bon homme, seruiable & complaisant : & auec cela assez entendu ; parce que depuis vingt-quatre ans qu'il estoit en Perse, il auoit acquis vne tres-parfaite connoissance de la langue, de l'honneur & de la façon de viure de cette Nation. En parlant auec le sieur *Crusius*, il se seruoit de la langue Latine, & parloit Portugais auec le sieur *Brugman*.

On demeura enuiron vne heure & demie à table, & apres cela on osta la nappe, & l'on seruit de l'eau chaude, pour lauer les mains. Ce qu'estant fait, le grand Maistre cria: *suffre Hakine, scahe douletine, Kasilir Kuwetine, alla dielum* : c'est à dire, *Recompense ce repas, fais prosperer les affaires du Roy, donne force à ses soldats & seruiteurs. C'est ô Dieu, ce que ie te prie*, à quoy tous les autres répondirent leur *Alla, Alla*. Graces estant dites de cette façon, l'on commença à se leuer, & à s'en aller les vns apres les autres, sans dire mot, selon la coustume du païs. Nostre *Mehemandar*, nous vint dire aussi, que nous nous pouuions retirer, quand il nous plairoit : comme nous fismes, en faisant vne profonde reuerence au Roy.

Apres cette premiere Audience, l'on nous permit de receuoir les visites de toutes les Nations, qui ont leur commerce à *Ispahan*, comme les François, les Espagnols, les Italiens ; les

1637.

Anglois & les Hollãdois. Depuis ce temps-là ils nous voyoient souuent & contribuoient beaucoup à nostre diuertissement, pendant le sejour que nous fismes en cette Ville. Les Anglois furent les premiers qui nous rendirent la visite. Leur facteur, nommé *François Haniwood*, y vint le dix-huictiéme d'Aoust, accompagné de bon nombre de Marchands, qui pour l'amour de nous s'estoient tous habillez à l'Allemande, quoy qu'autrement ils le fussent à la mode du païs. C'estoit vn fort honneste homme, & fort ciuil. Il s'offrit à nous seruir, comme il fit depuis en toutes les occasions, & il nous fit compagnie vne bonne partie de la journée.

Le vingt-deuxiéme le Roy enuoya aux Ambassadeurs vn present de fruicts, comme de melons, de pommes, de poires, de raisins, de coings & d'autres, & auec cela enuiron trente gros flaçons d'vn tres-excellent vin de *Schiras*.

Leur premiere Audience particuliere.

Le vingt-quatriéme les Ambassadeurs eurent leur premiere Audience particuliere pour les affaires; à laquelle se trouua le Roy en personne, assisté du Chancelier, & de bon nombre de Seigneurs du Conseil. Cette conference ne se fit point dans le *Diuan Chané*, mais dans vn autre appartement, dans lequel l'on nous conduit par vne grande gallerie, & en suite par vn fort beau jardin, où ceux de la suite trouuoient leur diuertissement, pendant que les Ambassadeurs, auec leur truchement, parloient d'affaires. Le Roy eut la patience d'y demeurer deux bonnes heures, & au sortir de là on seruit à disner, auquel on conuia toute la compagnie, qui fut placée & traittée de la mesme façon que nous auons dit cy-dessus.

Se trouuent à la Feste de S. Augustin.

Le vint-huictiéme d'Aoust les Augustins prierent les Ambassadeurs de se trouuer le lendemain à la Feste de saint Augustin leur Patron. Ils y prierent aussi le *Poslanik Moscouite*, vn Archeuesque Armenien, & mesmes les Marchands Anglois, lesquels bien que de Religion contraire, & qu'en Europe ils feroient grande difficulté d'assister aux ceremonies de l'Eglise Catholique Romaine, ne laissent pas de viure en freres, & en vrais Chrestiens, parmy leurs ennemis communs.

Tout ce Conuent n'estoit composé que de six Moines Espagnols, & neantmoins ils n'auoient pas laissé de faire vn bastiment fort vaste, accompagné d'vne tres-belle Eglise, qui estoit ornée de deux clochers, mais vn peu bas, d'vn beau cloistre, de

ET DE PERSE, LIV. IV. 497

1637.

de plusieurs cellules,& d'vn fort grand iardin.

Les Ambassadeurs y allerent à cheual, parce qu'encore que le Conuent fust dans la ville, il y auoit vne bonne lieuë de là au logis, & les Religieux qui les receurent à l'entrée du Conuent, les conduisirent droit à l'Eglise, qui estoit parée de quantité de tableaux & de dorures. L'on commença aussi-tost la Messe, pendant laquelle nous eusmes vne musique assez raisonnable ; parce qu'vn de leurs Moines touchoit fort bien les orgues, & nos Musiciens y auoient apporté leurs luths & leurs violons. Apres la Messe l'on nous mena au jardin, auprés d'vne fontaine, & à l'ombre d'vn arbre, dont les branches chargées de feüilles, estoient entre-lassées en sorte qu'elles faisoient tout le tour de la fontaine, & descendans par plusieurs tours à terre, elles formoient des sieges qui n'estoient pas incommodes. L'heure du midy estant sonnée, l'on nous fit entrer dans vne belle salle, où l'on nous fit asseoir à trois tables, qui estoient dressées le long des murailles, de la mesme façon qu'aux Conuents des Religieux en Europe.

Disnent au Conuent.

Elles estoient chargées de toutes sortes de fruits dans des plats & des tasses de porcelaine, & la nappe estoit toute couuerte de fleurs. Chacun des conuiez auoit ses petits plats & sa viande, qui estoit fort bien apprestée, & en assez bonne quantité ; mais qui marquoit neantmoins la frugalité de nos hostes. Apres le disner, qui ne dura pas si long-temps que chez les Perses, ou chez les Marchands estrangers, nous retournasmes au iardin, à l'ombre du mesme arbre, où nous passasmes le reste de la iournée.

Dés le commencement du mois de Septembre nous commençasmes à sentir du changement au temps. Les grandes chaleurs diminuerent si fort, que les nuicts en deuinrent fort incommodes ; particulierement pour ceux qui n'auoient point eu le soin de se pouruoir de bonnes couuertures.

Septembre.

En ce temps-là *Seferas-beg*, Gouuerneur d'Armenie, accompagné de ses deux freres, vint voir les Ambassadeurs, à dessein de faire connoissance particuliere, & de contracter amitié auec eux. Ils estoient tous trois de fort bonne humeur, francs & ciuils, & le sieur *Brugman*, qui aimoit cette sorte de gens, & qui estoit d'humeur liberale, fit present aux deux aisnez à chacun d'vn beau fusil, & au cadet d'vne paire de pisto-

Deux Seigneurs Armeniens visitent les Ambassadeurs.

Rr r

498　VOYAGE DE MOSCOVIE,

1637.　lets. Ce prefent leur fut fi agreable, que pour témoigner leur reconnoiffance, ils refolurent de faire vn grand feftin aux Ambaffadeurs, pour lequel ils nommerent le dix-huictiefme Septembre, & les prierent d'y amener toute leur fuitte. Ils nous enuoyerent des cheuaux pour noftre monture, & quelques-vns des principaux Marchands Armeniens pour nous faire compagnie.

Patriarche Armenien.　Nous amenafmes auec nous deux Moines Portugais, le Prieur des Auguftins, & noftre Interprete ordinaire. Seferas-beg receut les Ambaffadeurs à l'entrée de l'Eglife, au Fauxbourg de *Tzulfa*, où il fit dire le feruice par le Patriarche du lieu, qui eftoit couuert d'vne chappe de toile d'argent à fleurs d'or, parfemée de groffes perles, & d'vne Mitre de la mefme eftoffe, & toute couuerte de perles rondes. La nef de l'Eglife eftoit parée de plufieurs grands tableaux, le bas eftoit couuert de tapis du païs, & l'on auoit mis des fieges le long de la muraille, pour noftre commodité. Ils auoient auffi leur mufique, mais affez mauuaife. Apres auoir acheué les deuotions, nous remontafmes à cheual pour nous rendre au logis, où l'on auoit preparé le feftin. *Seferas-beg*, apres auoir receu les Ambaffadeurs auec beaucoup de refpect, & apres auoir fait ciuilité aux principaux de la fuite, les conduifit par vne fort belle gallerie voutée, dans vn grand jardin; au bout duquel nous trouuafmes vne belle falle percée à iour, à la mode du païs, où l'on nous conuia de nous affeoir à terre. La nappe, qui eftoit de brocard d'or & d'argent, fut chargée de toutes fortes de fruits & de confitures, & l'on nous donna à boire d'vne certaine eau preparée, comme le ros folis; mais fans

Feftin à plufieurs reprifes.　comparaifon plus delicate & plus precieufe. Apres le fruict l'on mit vne nappe de toile de cotton d'Inde, & l'on feruit la viande en des plats d'argent. Elle eftoit fort bien accommodée à la Perfane, finon que l'on y feruit auffi du porc, & d'autres viandes, pour lefquelles les Perfes ont de l'auerfion. A peine en auions-nous affez mangé, pour appaifer la premiere faim, quand l'on nous fit leuer, pour nous faire paffer par vn tres-bel appartement, dans vne grande falle ouuerte, qui auoit veuë fur le jardin. Elle eftoit toute voutée, & l'on voyoit aux murailles plufieurs tableaux, reprefentans des femmes de toutes les Nations du monde, & habillées à la mode de leur païs. Le plancher estoit couuert d'vn beau tapis, & par dessus de carreaux de velours à fleurs, à fonds d'or & d'argent. Au milieu de la salle estoit vne fontaine, dont le bassin estoit de marbre blanc, l'eau estoit entierement couuerte de fleurs, & le bord tout chargé à l'entour de flacons & de bouteilles de vin.

1637.

On nous conuia de nous asseoir, & de manger du fruict & des confitures que l'on auoit seruies, pendant que l'on nous donneroit le diuertissement de la musique & de la danse. Et pour nous faire plus d'honneur, l'on fit venir le Patriarche, que nous vismes entrer en mesme temps, vestu d'vne sottane de camelot ondé violet, & suiuy de deux Prestres vestus de noir, qui auoient le chaperon sur la teste. Sa conuersation n'estoit point desagreable : mais le second des freres, nommé *Eliasbeg*, se mit tout à fait de belle humeur. Car afin qu'il ne manquast rien au diuertissement des Ambassadeurs, il joüa de la *Tamera*, qui est vn instrument, dont les Perses se seruent au lieu de luth, & apres cela il se fit apporter sept tasses de porcelaine, pleines d'eau, & en les frappant de deux petits bastons, il les accorda auec le luth. Pendant cette musique *Seferasbeg* nous fit dire, qu'il nous en vouloit donner vne, qui ne seroit par moins agreable que l'autre, & s'estant leué, il fit apporter par deux Pages, dans deux grands plats de bois, plusieurs verres de crystal, qu'il fit distribuër à toute la compagnie, à laquelle il porta la santé du *Schach*. Tout le iour fut employé à ces diuertissemens, iusqu'à ce que les Ambassadeurs voyans venir la nuict, prirent congé de leurs hostes : Mais ceux-cy sous pretexte de nous conduire, nous firent passer de l'autre costé du jardin dans vne gallerie, où nous trouuasmes la nappe mise, & chargée de toutes sortes de viandes, de poisson, de patisserie, de fruicts & de confitures, pour la collation. Nous nous remismes à table, mais ce ne fut que par complaisance ; parce qu'apres vn si grand repas, il nous fut impossible de manger. Aussi crois-ie que nostre hoste n'auoit autre dessein, que de nous faire connoistre sa magnificence, & son humeur liberale & galante, particulierement au grand iour qu'il fit paroistre au plus fort de la nuict. Toute la salle estoit pleine de lampes, qui pendoient à vn cordon attaché à la voute, en si grande quantité, & si prés les vnes des autres, qu'elles confondoient leurs lumieres, pour n'en faire qu'vne seule. Il y auoit dans le jardin aussi grand nombre de flambeaux &

Le diuertissement de la Musique.

Musique de porcelaine.

Magnificence de ce Seigneur Armenien.

1637. de chandelles, qui faifoient le mefme effect.

Apres les cōplimens de congé, il nous fut impoſſible d'empeſ-cher le ſecond frere de nous accompagner iuſques au logis, où il acheua de s'enyurer d'eau de vie & de ros ſolis; & c'eſt ainſi que s'acheua cette iournée, qui fut en effet vne des plus agreables que nous ayons euës en tout noſtre voyage, & où nous fuſmes mieux traitez, que nous ne l'auions eſté chez le Roy meſme.

Seconde Audience particuliere.

Le 19. les Ambaſſadeurs eurent leur ſeconde Audience particuliere, laquelle le Roy leur donna dans vn autre appartement au bout d'vn iardin, & ne dura pas plus d'vne demie heure: parce que le Conſeil prit du temps, pour deliberer ſur le memoire qu'ils donnerent par eſcrit. C'eſtoit l'ordinaire de demeurer à diſner à la Cour apres les Conferences; c'eſt pourquoy ie ne m'amuſeray point à en repeter les circonſtances, ſi ce n'eſt qu'il y ait quelque choſe de particulier qui m'y oblige: comme ce iour-là le Roy ayant ſceu que les Ambaſſadeurs auoient des Muſiciens dans leur ſuite, il leur témoigna qu'il ſeroit bien aiſe de les entendre. Elle eſtoit compoſée d'vne viole, d'vn violon & d'vne mandore, qui iouërent enuiron vne heure, & iuſqu'à ce le Roy nous fit dire, que cette Muſique n'eſtoit pas mauuaiſe, mais qu'il trouuoit celle du païs bien auſſi bonne.

Le vingt-cinquiéme les Anglois firent vn feſtin aux Ambaſſadeurs, & à toute leur ſuite qui ſurpaſſa en magnificence tous les autres. Ils auoient leur maiſon au *Baſar*, auprés du *Maidan*. Le baſtiment eſtoit fort grand, & accompagné de pluſieurs appartemens, & d'vn fort beau iardin. On nous fit d'abord entrer dans vne gallerie, où nous trouuaſmes les fruicts & les confitures ſur vn tapis à terre, à la mode du païs, & apres cela nous paſſaſmes dans vne grande ſalle, où nous trouuaſmes la table dreſſée, & ſeruie à l'Angloiſe.

On n'y oublia pas de boire les ſantez de la pluſpart des Rois & Princes de l'Europe, & l'on nous donna le diuertiſſement de l'épinette. Apres diſner on nous fit paſſer dans vne ſalle ouuerte, qui auoit veuë ſur le iardin, où nous trouuaſmes la collation de confitures, accompagnée du meilleur vin du païs. Et dautant que nous auions veu aſſez ſouuent les danſeuſes du païs, ils enuoyerent querir des Indiennes. C'eſtoient ſix ieunes femmes, dont les vnes eſtoient accompagnées de leurs maris, qui ſe meſloient du meſme meſtier, ou

Danſeuſes Indiennes.

estoient violons ; les autres y vinrent seules. Elles estoient toutes de couleur oliuastre, mais auoient auec cela les traits beaux, la peau delicate, & tout le corps merueilleusement bien proportionné. Elles auoient le col chargé d'or & de perles, & les oreilles de pendans d'or ou d'argent, pleins de brillans & de papillottes.

Qui sont belles & bien faites.

Les vnes auoient des brasselets de perles, les autres d'argent: mais elles auoient tous les doigts chargez de bagues, & entr'autres, elles en auoient vne au poulce, dont le chatton estoit d'acier, de la largeur d'vn écu blanc, & si bien poly, qu'il leur seruoit de miroir. Elles estoient habillées d'vne façon toute particuliere, & d'vne estoffe si déliée, qu'il n'y auoit partie du corps qui ne s'exposast à la veuë de la compagnie, sinon celles que cachoient les calleçons qu'elles portoient sous la juppe. Les vnes auoient la teste couuerte d'vn bonnet, les autres de gaze, & il y en auoit qui portoient des écharpes de soye, ouuragées d'or & d'argent, qui leur prenoient depuis les épaules iusques aux pieds. Les vnes estoient pieds nuds, & les autres estoient chaussées d'vne façon fort bizarre. Elles auoient au dessus de la cheuille du pied des bandeaux chargez de sonnettes, par lesquelles elles faisoient remarquer la iustesse de leurs pas, & corrigeoient mesme la cadence de la musique, aussi bien que des *Tzarpanes*, ou castagnettes, qu'elles auoient aux mains, & dont elles se seruoient auec beaucoup d'auantage. Leur musique estoit composée de tymbales à l'Indienne, de tambours de Biscaye & de flageolets.

Leurs habits.

Leur iustesse à danser.

Leur Musique.

Les tymbales des Indiens ont deux pieds de long, mais elles sont plus larges au milieu qu'aux extremitez, & de la façon presque de nos barils. Ils les pendent au col, & les touchent auec les doigts. Les postures que ces Indiennes font en dansant sont admirables. Les mains & les pieds sont tousiours en action, aussi bien que tout le corps: & bien souuent elles s'addressent à vn seul de la compagnie, ou par inclination, ou pour auoir le petit present, qu'elles sçauent demander de fort bonne grace, en estendant la main, sans qu'il y paroisse de l'affectation, mais comme si c'estoit par vne suite necessaire de la danse. Elles ont incomparablement plus de grace que les femmes du païs, & l'air bien plus gay & plus engageant. Toutes ces danseuses sont femmes publiques, qui ne craignent point de faire toutes sortes de postures pour de l'argent, & mesmes de faire au delà de ce que l'on pourroit desirer d'elles. Nous ne nous retirasmes que bien tard dans la nuict, & les Anglois nous firent compagnie iusques au logis.

Les Marchands François traiterent aussi en ce temps-là les principaux de nostre suite, & quelques Marchands Anglois dans vn *Caruansera*, & leur firent grand' chere.

<small>OCTOBRE. Festin des Ambassadeurs.</small>

Le premier iour d'Octobre, les Ambassadeurs firent vn tresmagnifique festin à l'Ambassadeur de Moscouie, au Gouuerneur d'Armenie, & à ses deux freres, aux principaux Marchands Anglois & François, aux Moines Espagnols de l'Ordre de Sainct Augustin, & à quelques Carmes Italiens. Ils les traiterent à l'Allemande à trois seruices, chacun de quarante plats. La musique estoit de violons, de trompettes & de tymbales, qui faisoient beau bruit, aussi bien que le canon, quand on beuuoit la santé des Princes.

Le Gouuerneur d'Armenie y admira particulierement certains seruices de paste & de succre, que l'on y seruit à la mode d'Allemagne, pour prendre haleine, & pour diuertir la veuë plutost que pour chatoüiller le goust: Et les trouua si plaisans, qu'en ayant parlé à la Cour, le Roy en voulut voir: c'est pourquoy les Ambassadeurs luy en firent faire quelques-vns par nostre cuisinier, comme aussi des tourtes, & d'autres pieces de four de nostre façon, dont il se sentit fort obligé, & en fit present aux Dames de la Cour, qui les trouuerent fort bonnes.

<small>Course de bague.</small>

Apres disner l'on courut la bague, où le sieur de *Mandeslo* emporta le premier prix, qui estoit vn grand gobelet d'argent, & le sieur *Brugman* le second, sçauoir vn vase à boire de vermeil doré: A chaque fois que l'on mettoit dedans l'on tiroit vn coup de canon.

<small>Vie scandaleuse d'vn des Ambassadeurs.</small>

Le lendemain le Prieur des Augustins vint trouuer le Secretaire de l'Ambassade, pour luy faire des plaintes de la vie débauchée de quelques-vns de nostre compagnie, & mesme d'vn des premiers, marquant nommément le sieur *Brugman*, & fit connoistre qu'il y en auoit parmy nous, qui à l'exemple des Armeniens, auoient épousé des femmes du païs. Il luy dit, qu'ils s'estoient réjoüis & consolez, aux premieres nouuelles de nostre Ambassade, dans l'esperance qu'ils auoient conceuë, que nostre vie seruiroit d'exemple aux Chrestiens du païs, qui viuans parmy les Mahometans, se soüilloient le plus souuent de leurs vices & de leurs ordures: mais qu'à son grand regret il voyoit tout le contraire; conjurant le Secretaire d'en parler à ceux qui y pouuoient remedier; afin d'oster le scandale que l'on donnoit, l'injure que l'on faisoit au nom de Christ, & l'infamie qui en rejallissoit sur le Prince, qui enuoyoit cette ambassade. Le Secretaire en voulut parler à *Brugman*, & le prier de donner ordre à ce que les domestiques changeassent de façon de viure; mais le malheur voulut, qu'en entrant dans la chambre de l'Ambassadeur, il le trouua en la compagnie d'vne femme Armenienne, nommée *Tulla*. Car le sieur *Brugman* croyant que le dessein du Secretaire estoit de le surprendre, s'en trouua tellement offensé, qu'ayant iuré qu'il se ressentiroit de cet affront, le Secretaire, qui connoissoit son humeur vindicatiue, & irreconciliable, se retira au Conuent des Augustins, à dessein de quitter la compagnie entierement, & d'accepter l'offre que les Carmes luy firent, de luy donner toute l'addresse necessaire pour le conduire par Babylone, & par Aleppe en Italie, & de là en Allemagne. Mais *Brugman* ayant sceu son dessein, luy fit dire, que s'il l'entreprenoit, il le feroit tuër, quelque part qu'il fust. Ce qui luy eust esté d'autant plus facile, que les *Carauanes*, ayans leurs iournées & gistes reglez, il eust pour peu de chose trouué quelque Persan qui l'eust assassiné. Cette apprehension, & le conseil de ses amis obligerent le Secretaire à employer l'entremise du Prieur des Augustins, qui fit sa paix auec *Brugman*; si bien qu'il retourna au logis, apres auoir demeuré treize iours au Conuent.

En ce temps-là i'allay au fauxbourg de *Tzulfa*, à dessein de visiter quelques Marchands Armeniens, auec lesquels i'auois eu occasion de faire connoissance, aux festins où nous nous estions trouuez. En arriuant auprés de leur Eglise, i'y vis amener vn marié, que i'eus la curiosité de suiure, pour voir les ceremonies du mariage. A la teste de la procession marchoit leur musique ordinaire, de tymbales & de tambours de Biscaye, & apres cela vn garçon de douze à quinze ans, qui tenoit vne bougie à la main. Le marié, qui suiuoit ce garçon immediatement, estoit à cheual, vestu de satin à fleurs de plusieurs couleurs, & auoit à ses costez deux hommes fort bien faits, & fort richement vestus, aussi bien que les quatre autres

Ceremonie du mariage des Armeniens.

qui les suiuoient, en deux rangs. On portoit apres eux deux plats de viande, deux cruches de vin, & autant de plats de pommes. Le marié estant arriué à l'Eglise, s'assit auec sa compagnie, & se fit seruir la viande & le fruict, mais il n'en mangea point. Ceux qui l'auoient accompagné en mangerent, mais fort peu, & l'on garda le reste pour le Prestre, qui deuoit benir le mariage, à la reserue du vin qui fut beu. Le marié m'ayant apperceu, se leua, & ayant pris à sa droite vn ieune garçon, & à la gauche vn de ces hommes, qui l'auoient accompagné, vint droit à moy, me fit ciuilité, versa luy-mesme du vin dans vne tasse de terre, & me conuia de boire, mais il n'en voulut point gouster, La mariée entra cependant dans l'Eglise, accompagnée à sa droite d'vne ieune fille, & à sa gauche d'vne femme mariée, & auoit le visage couuert d'vn crespe, aussi bien que les deux autres. Le Prestre, apres les auoir fait approcher de l'Autel, leut plusieurs prieres, & benit le mariage, en faisant tenir vne Croix de bois au dessus des mariez, qui se donnoient cependant la main, & ioignoient leurs testes, en sorte que celle de la mariée touchoit l'estomach du marié, auquel elle faisoit ses submissions par cette action, se promettans fidelité & loyauté l'vn à l'autre, sous la Croix; c'est à dire dans l'affliction. Apres cela le Prestre les fit communier, en donnant à chacun vne partie de l'Hostie consacrée, détrempée dans le vin.

Ie parle de l'Hostie, parce que le pain de leur Eucharistie n'est point leué comme en Moscouie, & ailleurs dans l'Eglise Grecque, mais est fait d'vne paste sans leuain, de la grandeur & épesseur d'vn escu blanc. On chantoit pendant la communion, & l'on iouoit de certaines grosses cimbales, que les Armeniens appellent *Hambarzon*. Ils ne communient iamais sans cette Musique; laquelle ils croyent estre d'autant plus necessaire, qu'ils disent que Nostre Seigneur voulant nourrir quatre mille hommes de sept pains, monta premierement en la montagne, où il offrit ses prieres en sacrifice à Dieu, & que pendant la priere deux Anges descendirent du Ciel, & iouèrent de cette sorte de cimbales. Apres la Communion l'on ietta de l'eau rose aux mariez, & à toute la compagnie, & l'on attacha vne escharpe à la main droite de la mariée, auec laquelle le marié l'entraisna apres luy iusqu'à la porte de l'Eglise, où toute la compagnie

pagnie remonta à cheual, pour aller au logis où le festin les attendoit. Les nouueaux mariez ne se touchent point les trois premieres nuicts de leur mariage.

Au sortir de cette Eglise i'entray dans vne autre, où ie me rendis au bruit que l'on y faisoit, en frappant d'vn gros baston sur vn aix, qui estoit suspendu en l'aïr, & dont les Armeniens se seruent au lieu de cloches, parce que les Perses ne leur en veulent point permettre l'vsage. Ie vis que cette ceremonie se faisoit pour le Baptesme d'vn enfant que l'on y portoit. Il n'y auoit dans l'Eglise que le Curé & son Vicaire, vne femme d'âge, qui auoit porté l'enfant, mais qui se tenoit éloignée dans vn coin de l'Eglise, & vn ieune homme de dix-huict ans, qui presentoit l'enfant au Baptesme. Apres que le Curé eut prononcé plusieurs prieres, & fait plusieurs demandes au parain, celui-cy porta l'enfant à la femme, qui le démaillotta, & apres cela le Curé, le Vicaire & le parain entrerent dans la Sacristie, où le fonds destiné pour le Baptesme estoit seellé dans la muraille, & estoit fait comme vne jatte, ayant vne demie aulne de long, & enuiron vn quartier de large. Le Prestre, apres auoir consacré l'eau, & apres y auoir meslé de l'huile consacrée, mit l'enfant nud dans le Baptistaire, & le baptisa au nom du Pere, du Fils, & du Sainct Esprit, en luy versant trois fois de l'eau sur la teste. Apres cela il luy en versa sur tout le corps, & luy fit le signe de la Croix au front, auec de l'huile consacrée. Les Armeniens ne baptisent point les enfans s'ils n'ont huict iours accomplis, si ce n'est qu'ils soient malades: Car en ce cas-là ils anticipent sur ce temps, parce qu'ils croyent que les enfans qui meurent sans Baptesme, sont damnez, c'est pourquoy ils ne les enterrent point au Cimetiere, non plus que ceux qui ont esté vn an sans communier.

Le troisiéme Octobre l'on arresta prisonnier vn Horloger Alleman, seruiteur domestique du Roy de Perse. Il s'appelloit Iean Rodolphe Stailer, natif de Zurich en Suisse. Il estoit aagé d'enuiron 38. ans, & auoit épousé la sœur de cette Tulla dont nous venons de parler. Il y auoit cinq ans qu'il estoit au seruice du Roy, & ennuyé de se voir si long-temps parmy les Infideles, il se vouloit seruir de l'occasion de nostre voyage, pour s'en retourner chez luy. Il auoit pour cét effet demandé son

1637.

Baptesme des Armeniens.

Histoire tragique d'vn Horloger Suisse.

1637.

congé, & le Roy qui l'aimoit, luy auoit promis vn present de quatre cens escus, pour l'obliger à demeurer encore deux ans en Perse : mais il ne s'y pouuoit pas resoudre, ains au contraire, il continuoit ses instances pour le congé, & y employoit mesme le credit des Ambassadeurs. Cependant vn voleur estant entré chez luy la nuict, pensant y attraper les quatre cens escus, l'Horloger, qui l'apperceut, se ietta sur luy, le porta par terre, & l'ayant blessé en plusieurs endroits du corps, le poussa hors du logis. Puis se r'auisant, & regrettant de l'auoir ainsi laissé échapper, il prit vn pistolet, courut apres luy dans la ruë & le tua. Les parens du mort allerent aussi-tost au Iuge Ecclesiastique, se plaindre de l'assassinat commis par vn estranger & infidele, en la personne d'vn fidele, en demanderent iustice, & qu'on leur mist le meurtrier entre les mains, pour en faire l'execution. L'Horloger, qui ne croyoit pas qu'on le deust rechercher pour la mort d'vn voleur, ne laissa pas le lendemain de monter à cheual, pour aller à la Cour ; mais il fut pris dans la ruë, & à l'instant mis au *Palenk*, qui est vn instrument de bois, qui enserre les bras & le col, que l'on appelle vne chevre en quelques lieux de France, & fut fort mal traité. Les Ambassadeurs solliciterent fort en sa faueur ; mais l'animosité des parens, & l'authorité du Iuge d'Eglise, qu'ils appellent *Mufti*, l'emporterent, & le firent condamner à la mort ; auec cette reserue neantmoins, que s'il se vouloit resoudre à se faire circoncir, & à embrasser la Religion Musulmane, le Roy luy feroit grace de la vie.

On le presse de renier.

La pluspart des Seigneurs, qui le consideroient à cause de son art, où il excelloit, le pressoient fort de changer de Religion, au moins en apparence, & pour vn temps, & luy faisoient esperer des auantages, qu'il n'eust iamais pû esperer en Allemagne. On le conduisit mesme deux fois au lieu du supplice, au *Maidan*, deuant la porte du Palais, pour luy faire voir l'horreur de la mort deuant les yeux, & pour l'obliger par là à renier: mais il méprisoit également les promesses & les menaces, sa constance ne pût pas estre ébranlée, & il opposoit à tout ce qu'on luy disoit vne fermeté de courage si determinée, qu'il ne faut point douter qu'elle ne fust surnaturelle, & que sa mort ne fust vne espece de Martyre. Il disoit que la grace du

Roy ne luy feroit iamais perdre celle que Iesus-Christ luy auoit faite, en le rachetant de la mort eternelle par son sang. Qu'estant au seruice du Roy, sa Majesté pouuoit disposer de son corps, mais qu'il rendroit l'ame à celuy qui l'auoit creée, pour le glorifier en ce monde & en l'autre. Les Moines Augustins & Carmes firent de grands efforts, pour l'obliger à faire profession de la Religion Catholique Romaine; mais il demeura ferme en sa premiere resolution, & voulut mourir dans la Religion Reformée, de laquelle il faisoit profession, & en laquelle il estoit parfaitement bien instruit.

Enfin les Perses voyans qu'il estoit impossible de vaincre ce courage, l'abandonnerent aux parens du defunct, qui en firent eux-mesmes l'execution. Celuy qui sortit de la troupe, pour luy donner le premier coup de cimeterre, le manqua, & blessa son voisin à la jambe : le second donna dans le *Palenk*, que l'on luy auoit laissé au col. Le troisiéme l'atteignit au col, & abbattit ce Martyr de Christ, qui receut apres cela encore trois autres coups auant que d'expirer : le premier à la teste, & les deux autres au visage.

Est executé.

Le sieur *Brugman*, lequel, comme ie viens de dire, entretenoit la belle-sœur de cét Alleman, entra en telle rage de cette execution, qu'en ayant perdu le iugement, & ne sçachant que faire, de dépit il se mit à courir la bague en la presence de deux ou trois Gentilshommes, & du Canonnier, faisant cependant tirer plus de cent coups de canon. Le corps demeura tout le iour exposé à la veuë des passans, au lieu où l'execution s'étoit faite, iusques à ce que sur le soir *Brugman*, auec la permission du Roy, le fit porter au logis des Ambassadeurs, à dessein de le faire enterrer dés le lendemain. Mais la chasse que le Roy fit le mesme iour, & à laquelle les Ambassadeurs furent conuiez, l'en empescha; de sorte que les ceremonies de l'enterrement ne se pûrent faire que le vingt-deuxiéme : Et alors on les fit auec beaucoup de ceremonie. L'Ambassadeur de Moscouie, le Gouuerneur d'Armenie & ses freres, la plusp art des Armeniens, & de ceux de la secte de *Nessera*, de laquelle la veufue du defunct estoit, & dont nous parlerons cy-apres, aussi bien que les autres Chrestiens Européens, honorerent les funerailles de leur presence.

Son enterrement.

La chasse, dont nous venons de parler, commença le 17.

1637.
Le Roy donne le diuertissemẽt de la chasse aux Ambassadeurs.

Dés le soir precedent le *Mehemandar* vint dire aux Ambassadeurs, de la part du Roy, que sa Majesté vouloit faire vne chasse de plusieurs iours pour l'amour d'eux, & qu'il auoit bien voulu leur en faire donner aduis, afin qu'ils se tinssent prests pour le lendemain matin. L'on croyoit que cela se faisoit à dessein, afin que les Ambassadeurs ne se trouuassent point en personne à l'enterrement de l'Horloger ; mais cela ne l'empescha pas, parce que *Brugman* fit garder le corps iusqu'à leur retour.

Le dix-septiesme dés le grand matin, l'on amena des cheuaux pour la monture, & des chameaux pour le bagage. Les Ambassadeurs monterent à cheual, auec le Pere Ioseph, & auec enuiron trente personnes de leur suite. Le *Mehemandar* les conduisit dans vne grande plaine, où le Roy se rendit bientost apres, suiuy de plus de trois cens Seigneurs, tous aduantageusement montez, & superbement vestus. Le Roy mesme estoit vestu de brocard d'argent, ayant le *mendil*, ou tulban, garny de tres-belles plumes d'aigrette, & faisant mener en main quatre cheuaux, dont les selles, les harnois, & les couuertures estoient chargées d'or & de pierreries. En abordant, le Roy saliia les Ambassadeurs fort ciuilement, & les fit marcher à sa main gauche auprés de luy.

Les autres *Chans* & grands Seigneurs marchoient apres le Roy, tous sans ordre & en troupe, les valets se meslans bien souuent parmy les Maistres. Il y auoit entr'autres dans la suite du Roy, vn Astrologue, qui ne le quittoit quasi point, & qui obseruoit à tous momens la constitution du Ciel, pour en faire de bons ou de mauuais prognostiques. On croit cette sorte de gens comme des oracles. Nous fismes ce iour-là plus de trois lieuës, pendant lesquelles le Roy changeoit souuent de cheual & de veste, & en vsoit ainsi tous les iours, tant que la chasse dura. Nous eusmes tout le matin le diuertissement du vol de l'oiseau, les faucons partoient incessamment sur des herons, sur des gruës, sur des canards, & mesmes sur des corbeaux, qui se trouuoient par rencontre, ou que l'on laschoit à dessein. Nous arriuasmes sur le midy à vn village Armenien, où nous trouuasmes plusieurs tentes de diuerses couleurs dressées d'vne façon bizarre, qui y formoiét vne veuë fort agreable. Apres que le Roy eut esté conduit par les Grands en sa tente, l'on vint

Astrologue.

querir les Ambassadeurs, & quelques-vns des Gentilshommes & des Officiers, qui disnerent auec luy. On y seruit à l'ordinaire les fruits & confitures les premieres, & en suite l'on apporta la viande, sur vne ciuiere qui estoit toute couuerte de lames d'or, & on la seruit dans des plats de la mesme estoffe.

1637.

Apres le disner le *Mehemandar* mena les Ambassadeurs loger dans vn autre village, à vn quart de lieuë du quartier du Roy. Les habitans de ces villages sont Armeniens, & on les appelle *Desach* & *Werende* du païs, où ils demeuroient auparauant auprés d'*Iruan*, d'où *Schach-Abas* les a autrefois transferez, pour les faire demeurer auprez d'*Ispahan*, afin de les employer aux vignes. Dés qu'ils sceurent que nous estions Chrestiens, il nous firent grande chere, & nous firent plusieurs presens de fruits & de vin. *Seferas-beg*, & quelques autres Seigneurs rendirent visite aux Ambassadeurs, pour les diuertir, & pour faire collation auec eux. Ils leur firent apporter deux de ces dains que les Perses appellent *Ahu* & quelques herons, que nous enuoyasmes à *Ispahan*. Le Roy ayant sceu que le *Mehemandar* nous auoit logez dans vn autre village, s'en fascha fort, & commanda que l'on nous fist reuenir encore le mesme soir, pour faire nostre quartier dans vne maison proche de la sienne ; ce qui fut fait, & l'on nous seruit à souper de la cuisine du Roy, dans de la vaisselle d'or.

Le dix-huitième dés le grand matin le Roy fit dire aux Ambassadeurs qu'il iroit auec fort peu de gés à la chasse des gruës, les priant de n'y venir qu'auec leur truchement, afin que les gruës ne fussent point effarouchées par le grand monde, & que le plaisir de la chasse ne fust troublé par le bruit, les Ambassadeurs y allerent seuls auec le P. Ioseph, mais la chasse ne fut pas si tost commencée auec le iour, que l'on enuoya querir toute la suite. On auoit fait vn chemin couuert sous terre, au bout duquel il y auoit vn champ, où l'on auoit ietté du bled, les gruës y vinrent en grande quantité, & l'on en prit plus de quatre-vingts. Le Roy en prit quelques plumes pour mettre sur son mendil, & en donna deux à chacun des Ambassadeurs, qui les mirent sur leur chapeau. Apres cela, l'on se promena par la campagne, & l'on fit voler l'oiseau, iusques à ce que l'heure du disner estant venuë, le Roy alla prendre son repos dans la mesme maison où il auoit disné le iour precedent, & fut de

Chasse de gruës.

Sff iij

tres-bonne humeur. On y auoit fait venir sa Musique.

Sur le soir il fit prier les Ambassadeurs de se trouuer, auec six personnes seulement, à la chasse du Canard & de l'Oye sauuage, à vne demie lieuë du village. Ils mirent tous pied à terre à deux cens pas de la canardiere, dans vne grande hutte de terre, auprés de laquelle on auoit caché des filets sur le bord d'vn petit Torrent, où il se trouue vne grande quantité d'oiseaux de riuiere. Le Roy nous fit tous asseoir le long de la muraille, & nous obligea à vuider auec luy plusieurs bouteilles de bon vin, qui fut tout le diuertissement que nous eusmes ce iour-là: car pas vn oiseau ne se faisant voir, nous retournasmes au quartier, où le Roy nous enuoya du mouton boüilly & rosty, froid, du laict de brebis aigre, dont ils font leur delice, du fromage, plusieurs vases d'or pleins de citrons & de fruits, cruds & confits.

Le lendemain se fit la grande chasse, à laquelle le Roy fit porter grand nombre de faucons, & trois leopards dressez, mais l'on y mena fort peu de chiens. Apres auoir quelque temps battu la campagne, où nous ne trouuasmes rien, le Roy entra dans vn grand parc, qui auoit plus de deux lieuës d'enclos. Les Perses le nomment *Hazartziñib*, c'est à dire, vn lieu où l'on peut semer mille boisseaux de bled. Il auoit dans l'enceinte de ses hautes murailles, trois retranchemens. Dans le premier estoient nourris des cerfs, des cheureüils, des lievres, & des renards. Dans l'autre des dains, qu'ils appellent *Ahu*, & au troisiéme des asnes sauuages, qu'ils appellent *Kouhrhan*. Le Roy fit d'abord lascher les leopards parmy les dains, & ils en prirent chacun vn. Apres cela nous allasmes chercher les asnes sauuages, & le Roy, en voyant vn arresté, dit au sieur *Brugman* qu'il luy tirast vn coup de pistolet, & ayant veu qu'il l'auoit manqué, il prit vne fléche, & courant à bride abbatuë en donna droit dans l'estomach de la beste.

A vn autre il donna droit au front, & en suite il en tira encore plusieurs autres. Aussi ne tiroit-il iamais qu'en courant à bride abbatuë, & ne manquoit iamais. Il n'estoit pas moins adroit à manier l'épée qu'à tirer de l'arc: car apperceuant vn asne sauuage, qui auoit de la peine à marcher, il mit pied à terre, & marchant droit à cet animal, il luy donna vn coup d'estramaçon sur le dos, duquel il le fendit iusqu'au ventre. Il donna vn coup de cimeterre fur le col d'vn autre, auec tant de force & d'addreffe, qu'il ne s'en falloit pas vn poulce qu'il ne luy abbatift la tefte. Vn des *Chans* prit l'épée du Roy, l'effuya, & la remit au fourreau. Apres cela nous allafmes tous à vn autre petit retranchement au milieu du parc.

1637.

A l'entrée de ce clos le Roy commanda à l'vn des deux chaffeurs, qui portoient fes fufils apres luy, de tirer fur vn afne fauuage, qui auoit defia efté bleffé d'vne fleche. Le plus âgé de ces deux, eftant jaloux de ce que ce commandement s'addreffoit au plus ieune, le voulut preuenir, tira fur la befte & la manqua. La compagnie fe mocqua de luy ; ce qui le mit tellement en colere, qu'ayant laiffé partir le Roy, il retourna fur fes pas, tira l'épée fur fon camarade, & luy coupa le poulce de la main droite. Le bleffé en fit fes plaintes au Roy, qui commanda auffi-toft qu'on luy apportaft la tefte de l'autre, mais à la priere de la plufpart des Grands il luy donna la vie, & fe contenta qu'on luy coupaft les oreilles.

Le bourreau, ie ne fçay par quel mouuement, n'en coupa qu'vne partie, & le grand Maiftre, *Mor. ufaculi Chan*, s'eftant apperceu de la tricherie, mit pied à terre, tira fon coûteau, & acheua de luy couper le refte, au grand eftonnement de nous tous, qui n'eftions pas accouftumez de voir des perfonnes de cette condition faire le meftier de bourreau.

Vn Seigneur Perfe fait le meftier de bourreau.

Il y auoit en ce retranchement, dont ie viens de parler, vn petit baftiment, en forme de theatre, où le Roy nous fit monter auec luy, pour faire collation de fruits & de confitures. Apres cela l'on y fit entrer trente-deux afnes fauuages, fur lefquels le Roy tira quelques coups de fuzil & de fléches, & permit apres cela aux Ambaffadeurs, & autres Seigneurs de tirer.

Ce n'eftoit pas vn petit diuertiffement de voir courir ces afnons, chargez qu'ils eftoient quelquefois de plus de dix fléches, dont ils incommodoient & bleffoient les autres quand ils fe mefloient auec eux, de forte qu'ils fe mettoient à fe mordre, & à ruer les vns contre les autres d'vne eftrange façon. Apres qu'on les eut tous abatus: l'on fit entrer trente dains, qui furent auffi tuez, & puis couchez de rang deuant le Roy, pour eftre enuoyez à *Ifpahan*, à la cuifine de la Cour. Les Perfes font fi grand eftat de la chair de ces afnes fauuages, qu'ils en ont fait vn prouerbe dans leur *Kulufthan*, & ils ont donné le

La chair des afnes fauuages en eftime en Perfe.

1637.

Prefent de l'vn des Ambaffadeurs au Roy.

second de ce nom, ils ont donné le surnom de *Kouhr*.

Cette chasse estant acheuée, l'on seruit à disner au mesme lieu. Ce fut là que le sieur *Brugman* en son propre nom, fit present au Roy du portraict de son Altesse, dans vne boëste de diamans, & d'vn tres-beau miroir d'acier, poly des deux costez, & embelly de plusieurs figures, grauées par ce celebre Auguste de *Iohn* de *Dresde*, & d'vne façon particuliere, dont il estoit l'inuenteur.

Apres disner nous nous retirasmes dans quelques maisons du voisinage, pour prendre le repos du midy. Le Roy nous y enuoya dix *Ahus*, ou dains, & vn fort beau cerf, dont le bois auoit douze andoüillers, mais à peine nous estions-nous couchez, que l'on nous vint dire que le Roy estoit remonté à cheual. Nous le suiuismes incontinent, & le trouuasmes à la campagne faisant voler le faucon. Il quitta aussi-tost ce diuertissement, & entra auec neuf personnes de sa suite & six de la nostre, dans vne grande allée basse & voutée, au bout de laquelle il y auoit vne canardiere, mais au lieu de chasser, il luy prit enuie de boire, & se mit de si bonne humeur, que le bruit que l'on y faisoit, empescha les canards & les oyes de s'en approcher.

Le Roy se met à boire.

Le Roy fit la grace au sieur de *Mandeslo*, de souffrir qu'il luy donnast à boire, & apres qu'il eut bû, & que *Mandeslo* luy eut baisé le genoüil, il luy fit present d'vne pomme, qui est vne marque d'vne faueur si particuliere, que toute la Cour commença à le considerer de ce temps-là comme vne personne qui auoit grande part aux bonnes graces du Roy.

Le *Kerekjerak*, ou Maistre d'Hostel ordinaire, nommé *Mahumed Aly-beg*, qui auoit seruy le Roy à boire pendant cette débauche, & qui ne s'estoit point oublié, s'enyura si fort, que s'estant assis à l'entrée de l'allée, il y fit tant de bruit, que le Roy luy fit dire qu'il s'ostast de là, & voyant qu'il n'en vouloit rien faire, il commanda qu'on l'entraisnast, & qu'on le mist à cheual.

Aly-beg ne put pas empescher que l'on ne l'entraisnast, mais on ne le put iamais mettre à cheual, il chanta injures, & frapa ceux qui l'y vouloient mettre de force. Le Roy sortit de la gallerie, & luy voulut persuader de monter à cheual, mais il ne fut pas mieux traité que les autres, de sorte qu'ayant mis la main à l'épée, il se mit en posture de luy couper la teste. La

peur

peur que le Maistre d'Hostel en eut, le fit crier si haut, que toute la compagnie eut part à son apprehension. 1637.

Il possedoit parfaitement les bonnes graces de son Prince, mais il le connoissoit pour homme qui n'entendoit pas raillerie, & il en auoit deuant les yeux de si terribles exemples, que les frayeurs de la mort dissiperent en vn moment les vapeurs qui luy auoient barboüillé le cerueau, & donnerent des aisles à ses pieds, ausquels le vin auoit osté l'vsage de marcher. Il fut en vn moment à cheual, & s'enfuit à bride abbatuë, & ainsi il en fut quitte pour cette fois. Le Roy qui auoit voulu rire, rentra auec vn visage gay; mais il se retira bien-tost apres, & nous nous allasmes coucher en nostre quartier.

Le vingtiéme l'on ne chassa point. Nous allasmes disner chez le Roy, qui se fit ce iour-là seruir par cent ieunes hommes bien-faits & richement vestus, qui se tenoient tousiours debout auprés de luy. Plusieurs de nostre suite eussent mieux aimé faire compagnie à ces Messieurs-là qu'estre du festin, à cause de la peine qu'ils auoient à s'accoustumer à s'asseoir à la mode du pays. Ce disner se fit dans vne fort belle maison de plaisance, situèe au milieu d'vn grand iardin, sur le bord de l'eau. Apres disner l'on alla à vn autre village, à vne lieuë & demie de la ville, & en chemin l'on prit vn heron blanc.

Le vingt-vniéme le Roy nous enuoya dés le grand matin conuier à la chasse des pigeons. L'on nous fit monter sur vne haute tour, au dedans de laquelle estoient plus de mille nids. On nous rangea par dehors, apres nous auoir mis à la main des petits bastons fourchus par le bout. Le Roy commanda à nos Trompettes de sonner la charge, & en mesme temps l'on fit sortir du colombier vn grand nombre de pigeons, qui furent quasi tous tuez par le Roy, & par ceux de la compagnie. Ce fut là la fin de la chasse, apres laquelle nous reprismes le chemin de la Ville; mais deuant que d'y entrer, le Roy nous mena dans vn de ses iardins, que l'on nomme *Tzarbach*, & qui est sans doute le plus beau que nous ayons veu en Perse, où nous fusmes encore magnifiquement traitez. Incontinent apres nostre arriuée au logis, l'on y apporta de la part du Roy douze canards sauuages, & autant de pigeons; mais il n'y eut que les Dames du sieur *Brugman* qui en profiterent.

Chasse de pigeons.

Quelques iours apres l'on fit publier par le *Tzarizi*, ou crieur

Ttt

1637.

Le Roy donne le diuertissemét de la chasse aux Dames.

public, par toute la ville, que l'on eust à se tenir au logis, & que personne ne fust si hardy de se trouuer dans les ruës, parce que le Roy vouloit sortir, pour donner le diuertissement de la chasse aux Dames de la Cour.

C'est la coustume du païs, que les femmes & les concubines du Roy ne sortent iamais, sinon dans des caisses que l'on couure de tous costez, & que l'on fait porter par des chameaux. Et auec cela l'on ne souffre point, que lors qu'elles passent, qui que ce soit se trouue dans la ruë, ou que les hommes en approchent à la campagne de la portée du mousquet; à peine d'estre tuez sur le champ. Le Roy prend le deuant, & les Dames suiuent au bout d'vne demie heure, accompagnées de leurs femmes de chambre, & d'vn grand nombre d'Eunuques. Quand elles sont à la campagne elles montent à cheual, ont l'oiseau au poing, & se seruent de l'arc & de la flèche, comme les hommes.

Il n'y a que le Roy & les Eunuques, qui demeurent parmy les femmes, tous les autres hommes s'en éloignent d'vne demie lieuë, & quand la chasse commence, il n'y a personne qui en ose approcher de deux lieuës, & iusqu'à ce que le Roy les fasse rappeller par vn Eunuque. Les Seigneurs de la Cour chassent cependant d'vn autre costé. Le Roy reuint de cette chasse le vingt-sixiesme Nouembre, tellement yvre, aussi bien que la pluspart des Seigneurs de sa suite, qu'à peine se pouuoient-ils tenir à cheual. Il s'estoit arresté à cette maison de *Tzarbach*, dont ie viens de parler, & auoit fait la débauche sur vn grand pont, qui est à l'entrée du parc, où les grands Seigneurs auoient dansé en sa presence, & l'auoient si agreablement diuerty, que ceux qui y auoient le mieux reüssi, en auoient remporté de grands presens.

Est liberal dans la débauche.

C'estoit son humeur d'estre liberal dans la débauche, & bien souuent de donner tant, qu'il s'en repentoit le lendemain.

Nous en vismes vn exemple huict iours apres cette chasse. Car vn iour ayant enuie de boire apres disner, & la pluspart de la compagnie s'estant retirée, à la reserue du *Eahtemad Dowlet*, & de quelques Eunuques, il fit remplir vn tres-grand vase, qu'il fit donner au Chancelier, & luy fit dire qu'il le beust à sa santé. Le Chancelier qui n'aimoit point ces excez, s'en excusa, mais le Roy tira son épée, la mit auprés du vase,

& luy dit, qu'il euſt à choiſir l'vn ou l'autre, de boire, ou de mourir.

Le Chancelier, voyant qu'il n'y auoit pas moyen de s'en dédire, prend le vaſe, & le porte à ſa bouche; mais ayant apperceu que le Roy auoit le viſage tourné, il ſe leue & ſe ſauue. Le Roy en fut fort en colere, & l'enuoya chercher, mais ſur ce qu'on luy rapporta qu'il n'y auoit pas moyen de le trouuer, il ſe contenta de faire donner le vaſe à vn *Achta*, ou Eunuque. Celui-cy ſe voulut excuſer, alleguant que depuis quelque temps il ne beuuoit point de vin, & que s'il vuidoit ce vaſe, il en mourroit infailliblement; mais le Roy ne ſe contenta pas de ſes excuſes, & ſe iettant à ſon épée l'alloit tuër, ſi vn *Meheter*, ou valet de chambre, ne l'en euſt empeſché; toutefois il ne pût pas ſi bien faire qu'il ne fuſt luy-meſme bleſſé à la jambe, & l'Eunuque à la main. Le Roy, qui vouloit que ſa volonté fuſt executée, ne voyant plus perſonne auprés de luy, s'adreſſa en ſuite à vn de ſes Pages, fils d'*Alymerdon Chan*, Gouuerneur de *Candahar*, qui eſtoit fort beau garçon, & luy demanda s'il auoit le courage de vuider le vaſe. Ce ieune garçon répondit, qu'il ne ſçauoit pas ce qu'il pourroit faire, mais qu'il feroit ſes derniers efforts, & s'eſtant mis à genoux deuant le Roy, il en beut pluſieurs fois. Enfin, ayant de la peine à acheuer, & ſe trouuant animé par le vin, & par les obligeantes paroles du Roy, qui l'exhortoit inceſſamment à boire, il prend courage, ſe leue, ſe iette au col du Roy, le baiſe, & luy dit *Patſcha humſe alla taal menum itzun d'Iſchock jaſch werſun*. C'eſt à dire, ie prie Dieu qu'il donne longue & heureuſe vie au Roy; & le Prince prit tant de plaiſir à cette action, qu'il enuoya querir dans ſon Treſor vne épée, dont la garde, le fourreau, & le baudrier eſtoient chargez de pierreries, & luy en fit preſent, & donna encore à vn autre Page, qui auoit aidé à boire à celui-cy, vne autre belle épée & vne grande taſſe d'or. Mais le lendemain on le vit ſi défait, & ſi melancholique, qu'en allant à la campagne, il n'auoit pas le courage de tenir la bride de ſon cheual. On le remit en bonne humeur, en retirant des Pages la plus belle épée & la taſſe, en leur donnant la valeur de quelques *Tamains* en argent.

Le dixneufiéme Nouembre l'*Eahtemad Doulet*, ou Chancelier, fit vn grand feſtin aux Ambaſſadeurs, dans vne tres-bel-

1637.

Et cruel.

Heureuſe hardieſſe d'vn Page.

Le Chancelier traite les Ambaſſadeurs.

1637.

Salle de miroirs.

le salle, laquelle dés son entrée charmoit merueilleusement la veuë. Car au milieu du vestibule l'on voyoit vne grande fontaine, qui poussoit plusieurs beaux jets d'eau. La grande salle estoit toute bordée par en haut de plusieurs portraicts, ou tableaux de femmes, vestuës de diuerses façons, & toutes à l'Européenne, & au dessous il n'y auoit que des miroirs, au nombre de plus de deux cens, tant grands que petits. De sorte que quand on estoit au milieu de la salle, l'on s'y voyoit representé de tous costez.

On nous dit, que dans le Palais du Roy, dans l'appartement de ses femmes, il y a aussi vne salle de miroirs, mais sans comparaison plus grande, & plus belle que celle-cy. Le festin que le Chancelier nous fit estoit magnifique, & toute la viande fut seruie en vaisselle d'argent. La Musique & les danseuses du Roy nous donnoient le diuertissement pendant le disner, où elles de demeurerent pas dans le mesme respect, qu'elles auoient eu pour la presence du Roy, lors que nous y disnasmes, & elles y firent bien d'autres tours qu'elles n'auoient fait à la Cour. J'en remarquay entr'autres vn admirable. Vne de ces danseuses ayant mis au milieu de la salle vn vase de porcelaine, de la hauteur de deux pieds, apres auoir fait plusieurs passages, le prit enfin entre ses jambes, si subtilement, que pas vn de nous ne s'en apperceut, & elle ne laissa pas de continuër sa danse auec la mesme facilité, & remit le pot en la mesme place auec la mesme addresse, & sans faire vne seule fausse demarche.

Les Perses font chere entiere à leurs hostes.

On appelle ces femmes-là Kichbcha, & elles ne seruent pas seulement à ce diuertissement, mais aussi à tous les autres que l'on peut prendre auec les femmes. Ceux qui donnent à disner à leurs amis, de quelque qualité qu'ils soient, ne veulent pas qu'il manque rien à la chere qu'ils leur veulent faire; & les Perses qui aiment les femmes, & qui n'en voyent iamais d'honnestes dans les compagnies, n'ont garde d'oublier à leurs festins celuy de tous les diuertissemens, qui leur est le plus agreable: c'est pourquoy il ne se fait point de festin en Perse, où l'on ne voye de ces danseuses. Le Maistre du logis les offre à ses hostes, & celuy qui s'en veut diuertir se leue de table, se retire dans vne chambre particuliere auec celle qui luy plaist le plus, & apres cela se remet à sa place, & la femme retourne à la danse, sans honte & sans vergogne. Ceux qui n'aiment point les femmes publiques,se contentent de remercier l'hoste de l'honneur qu'il leur fait. Il n'y a en toute la Perse que la ville d'*Ardebil*,où l'on ne souffre point cette coustume, à cause de la saincteté du lieu, qui est si grande, qu'elle obligea *Schach-Abas* à en chasser mesmes toutes les femmes publiques.

1637.

Apres que le disner fut acheué, les Musiciens & les femmes se retirerent,& les Ambassadeurs s'enfermerent auec le Chancelier pour trauailler, & cependant l'on nous mena à la promenade au jardin, où l'on nous traita cependant de fruict & de confitures.

Cet *Eahtemad Doulet* s'appelloit *Tagge*, & estoit aagé d'enuiron soixante ans, ayant vne prunelle noire & l'autre bleuë, le visage plein, mais jaunastre ou oliuastre, & haut en couleur : c'est pourquoy on l'appelloit d'ordinaire *Saru Tagge*. Il n'auoit point de barbe, parce qu'il estoit chastré : & à cette occasion nous dirons icy vn mot des particularitez de sa fortune, qui meritent bien d'estre icy inserées,quoy qu'on les raconte assez diuersement. L'on dit donc, que *Saru Tage* estant encore ieune, & faisant le mestier de copiste en la ville de *Kentze*, il se prit d'amour d'vn ieune garçon, & ne pouuant l'obliger à consentir à ses appetits brutaux,il le força. Le pere de ce garçon en fit ses plaintes à *Schach Abas*, qui regnoit alors, qui commanda que l'on coupast à *Saru Tagge* le *syk*, c'est ainsi qu'ils appellent les parties honteuses, auec toutes ses dépendances. Les autres disent que *Schach Abas* le condamna à la mort, & que *Tagge* en ayant eu le vent, se coupa luy-mesme les parties auec vn rasoir, les enuoya au Roy,& luy fit dire,qu'ayant luy mesme fait iustice des parties qui auoient peché, il supplioit sa Majesté de luy laisser la teste, qui n'auoit point fait de mal, & qui luy pourroit vn iour rendre seruice, & que le Roy estonné de la resolution courageuse de cét homme, le prit en affection, & ayant gousté son esprit, le fit Secretaire en sa Chancellerie. *Schach-Sefi*, apres auoir tué de sa main *Talub Chan*, predecesseur de celui-cy, enuoya à *Tagge* l'escritoire d'or, qui est la marque de la dignité de Chancelier.

Le nom & l'age du Chancelier.

Sa fortune.

Le vingt-vniéme le mesme Chancelier conuia les Ambassadeurs pour la seconde fois,par ordre exprés du Roy, afin d'acheuer leur affaire.Ils eurent ensemble vne longue cõference, apres laquelle nous fusmes traitez à disner; mais non pas auec

Seconde Conference auec le Chancelier.

Ttt iij

1637. la mesme magnificence que la premiere fois.

Le vingt-neufiéme, les deux freres, *Seferas* & *Elias Beg*, rendirent visite aux Ambassadeurs, qui les retinrent à disner. *Elias Beg* fit tout ce qu'il pût pour se mettre en humeur de rire, mais nous reconnusmes bien qu'il se faisoit violence, & que le cœur n'y répondoit point. Nous en sceusmes le sujet de son aisné, qui nous dit, que le Roy auoit beaucoup de bonté pour eux, & qu'il leur faisoit du bien ; mais qu'il estoit bien dangereux de rire auec luy, & qu'il en auoit vne preuue tres-fascheuse en son frere, lequel estant fort agreable à la Cour, à cause de sa bonne humeur, le Roy luy dit vn iour, qu'il ne luy manquoit rien, sinon la Religion Musulmane, & qu'il ne luy pourroit faire vn plus grand plaisir que de se faire circoncir. A quoy *Elias Beg* répondit en riant, que cela se pourroit faire quelque iour : suppliant le Roy de ne point parler d'affaires serieuses, mais de continuer ses diuertissemens. On ne luy en auoit rien dit pendant quelque temps, mais à l'occasion de la constance de l'Horloger, le Roy luy fit dire qu'il se souuint de la promesse qu'il luy auoit faite de se faire circoncir. Il s'en voulut défendre, & alleguer que ce n'auoit esté qu'en riant : mais ceux que le Roy y auoit enuoyez, ne se payerent point de cette réponse, le prirent & le circoncirent de force. Le frere confirma ce que son aisné nous auoit dit : Mais il protesta qu'il ne laissoit pas d'estre Chrestien dans l'ame, & qu'il mourroit en la profession, qu'il en auoit tousiours faite.

DECEMBRE.
Presens du Roy aux Ambassadeurs.

Le deuxiéme Decembre *Abasculi Beg*, nostre *Mehemandar*, nous vint apporter les presens du Roy, sçauoir pour chaque Ambassadeur vn cheual, auec la selle toute couuerte de lames d'or, & la bride chargée de boucles de la mesme étoffe. Deux vestes à la Persane, accompagnées du *mendil* & du *mianbend*, c'est à dire du turban & de la ceinture, de brocard d'or, de la façon du païs. De plus, pour eux deux cent cinq pieces de quinze sortes d'estoffe de soye, de satin, de damas, de *dirai*, ou de taffetas renforcé, de cotton, &c. & deux cens Tumains en argent, qui valent iustement trois mille trois cens soixante-dix piastres, ou mille pistoles, pour la dépense du voyage dans le retour. Les cinq principaux de la suite eurent chacun vne veste de satin, & vne autre de taffetas à fleurs d'or & de soye, Les autres Gentilshommes en eurent chacun vne de tabis à fleur d'or, mais le reste de la suite n'eut rien. Le sieur *Brugman* se saisit de l'argent, en donna vne partie à ceux de nos gens qui en auoient besoin, pour acheter les choses necessaires pour le voyage, & le reste à quelques-vns de ses amis Armeniens.

Le lendemain troisieme Decembre, le Roy enuoya prier les Ambassadeurs à disner pour la derniere fois. Le *Mehemandar* leur dit, qu'il falloit qu'ils missent sur leurs habits la plus belle des vestes que le Roy leur auoit enuoyées. Les Ambassadeurs eurent d'abord de la peine à s'y resoudre, mais quand on leur eut dit que c'estoit la coustume de tous les Ambassadeurs, & que le Roy s'offenceroit sans doute, s'ils se presentoient deuant luy, sans les marques de sa liberalité, ils le firent enfin, & tous ceux de la suite à leur exemple. Le disner se fit en la salle de *Diuan Chané*, & auec les mesmes ceremonies, que la premiere fois; ce qui nous oblige à les passer sous silence. Nous dirons seulement, que pendant que le fruict estoit encore sur la table, le Chancelier fit passer deuant le Roy le present, qu'il a accoustumé de faire tous les ans vne fois, & quelquefois deux, pour des raisons que nous toucherons cy-apres. Ce present consistoit en douze beaux cheuaux, fort richement couuerts, en quarante-neuf chameaux chargez de tapis de Turquie, & d'autres belles estoffes de laine, en quinze mulets, en mille Tumains, ou cinquante mille liures en argent, en quarante pieces de brocard d'or & d'argent, & plusieurs autres estoffes & marchandises, qui estoient en si grande quantité, qu'on employa vne heure & demie à faire passer le tout, pour le faire entrer dans le Tresor : parce que chaque *Tumain* auoit son homme, qui la portoit à la main, dans vne bourse de soye de plusieurs couleurs.

Le present du Chancelier au Roy.

Apres disner le *Kurtzi-baschi*, ou grand Maistre, vint prendre les Ambassadeurs pour les mener au Roy, duquel ils prirent congé. Le Roy leur rendit luy-mesme la réponse qu'il faisoit aux lettres qu'ils luy auoient apportées, auec des recommandations à son Altesse, & promit qu'il l'enuoyeroit visiter par vne Ambassade expresse. Les Ambassadeurs respondirent au compliment, & remercierent le Roy de l'honneur qu'il leur auoit fait, & du bon traitement qu'ils auoient receu pendant le sejour qu'ils auoient fait dans le Royaume, & se retirerent au logis dans le mesme ordre qu'ils estoient venus.

Les Ambassadeurs prennent congé du Roy.

1637.

Présens des Seigneurs de la Cour aux Ambassadeurs.

Le quatriéme le *Poſlanik*, ou Ambaſſadeur Moſcouite, *Alexei Sawinoüits*, fut voir le Chancelier, qui le congedia au nom du Roy, afin qu'il s'en puſt retourner en noſtre compagnie. Les iours ſuiuans, les Seigneurs qui auoient eu des preſens de nos Ambaſſadeurs, leur enuoyerent les leurs.

Le cinquiéme Decembre, *Chofrou Sultan* leur enuoya deux cheuaux.

Le ſixiéme *Tzanichan Kurtſibaſchi*, enuoya ſon preſent, mais dautant qu'il le fit faire par ce Perſe fugitif, *Ruſtan*, qui auoit quitté les Ambaſſadeurs, pour changer de Religion, ils ne le voulurent point accepter, & luy firent dire, qu'ils eſtoient eſtonnez, de ce que ſon deſſein eſtant de leur faire honneur, & de les obliger par le preſent qu'il leur faiſoit, il le leur enuoyoit par vne perſonne, pour laquelle ils ne pouuoient auoir que de l'auerſion, & qu'ils ne pouuoient point voir. Trois iours apres il leur enuoya par vn autre homme deux cheuaux, vn mulet, & dix huict pieces d'eſtoffes, qu'ils accepterent, & donnerent cinq piſtoles à celuy qui les leur preſenta de ſa part.

Le dixiéme le grand Maiſtre leur enuoya deux cheuaux, le Chancelier deux cheuaux, vn mulet, & quarante-cinq pieces d'étoffes, parmy leſquelles il y en auoit pluſieurs à fonds d'or.

Le meſme iour le *Mehemandar* nous vint dire, que le Roy iroit dans huict iours à *Kaſchan*, & que ſi nous pouuions eſtre preſts pour ce temps-là, nous nous pourrions ſeruir de la commodité de ſon voyage, iuſques à cette ville-là. Ce qui nous obligea à diſpoſer les affaires pour le voyage, & le douziéme nous fiſmes le feſtin du congé aux meſmes perſonnes qui s'eſtoient trouuées au premier, ſinon que la connoiſſance que le ſieur *Brugman* auoit faite dans le fauxbourg de *Tzulfa*, l'obligea à y conuier pluſieurs Armeniens, qui n'y auoient point eſté auparauant.

Apres diſner l'on courut la bague, où ſe trouua auſſi l'Agent Portugais, qui faiſoit les affaires du Viceroy de *Goa* à la Cour, & vn riche Iuif, qui faiſoit grand commerce des Indes à Conſtantinople. Les murailles, les feneſtres, & les toicts des maiſons voiſines eſtoient tout chargez de Perſes, & d'Armeniens, qui eſtoient accourus pour voir ce diuertiſſement.

Le bruit des trompettes & des tymbales ne ceſſoit point,

non plus que celuy du canon, que le sieur *Brugman* faisoit tirer à toutes les santez, que l'on beuuoit, & si souuent, que le Pere Ioseph, nostre truchement, qui sçauoit que l'on pouuoit oüir tous les coups au Palais Royal, apprehēdant que le Roy ne s'en trouuast offensé, fut contraint de luy representer l'humeur tyrannique de ce Prince, & le dāger où il exposoit non seulement sa personne apres que les Ambassadeurs seroient partis; mais aussi toutes celles de l'Ambassade. Il luy dit, que ce n'estoit pas chose extraordinaire de voir ce Prince exercer sa cruauté sur toutes sortes de personnes, sans aucune consideration de leur qualité, ou de leur caractere, & le pria de faire cesser les coups de Canon. Mais cela n'empescha point *Brugman* de faire continuer le bruit des trompettes & de l'artillerie. Nous sçeusmes depuis, que le Roy auoit esté tellement en colere contre *Brugman*, tant pour cette action, que pour vne autre, dont ie parleray presentement, qu'il fut sur le poinct de le faire tailler en pieces, & peut-estre nous tous auec luy: si la prudence & la moderation du Chancelier ne l'en eust empesché: en luy remonstrant que l'iniure rejailliroit sur le Prince; lequel n'ayant point de part aux insolences de cét Ambassadeur, ne manqueroit pas de les chastier, quand il en seroit aduerty.

Or ce qui le fascha le plus, ce fut l'action suiuante. *Léon Bernoldi*, qui auoit la qualité de Gentilhomme à la suite des Ambassadeurs, fut mis aux fers, par l'ordre du sieur *Brugman*: parce qu'estant natif de la ville d'Anuers, d'où il s'estoit retiré en Hollande, il donnoit de l'ombrage par les frequentes visites qu'il rendoit à l'Agent de Hollande, qui luy faisoit mille petites ciuilités. Neantmoins afin de n'offenser point l'Agent, & afin de ne faire point paroistre la jalousie, l'on fit accroire, qu'il auoit volé les Ambassadeurs. Il trouua moyen de se sauuer, & de se jetter dans l'azile des Perses, qu'ils appellent *Alla-Capi*, qui fait partie du Palais Royal. Les Ambassadeurs enuoyerent prier le Roy de leur faire rendre leur domestique; mais il leur fit dire, que si le fugitif se trouuoit saisi de la chose, que l'on disoit auoir esté volée, il la feroit restituer; mais pour ce qui estoit de la personne, qu'il n'estoit pas en son pouuoir de le tirer de l'azile, quand mesme il auroit commis vn crime contre sa personne Royale. *Brugman* s'emporta tellement sur cette response, qu'il dît tout haut, qu'il l'auroit, & qu'il le tueroit,

1637.
imprudence de Brugman.

Vn Gentilhōme de la suite des Ambassadeurs se retire dans l'Azile.

1637.

Insolence de Brugman.

La patience du Roy.

Qui s'emporte enfin.

quand mesme il se trouueroit entre les bras du Roy.

Et non content de cét emportement, il suborna vn Armenien, qui persuada *Lion* de sortir de nuict de l'azile, & de se sauuer ailleurs, pendant qu'il enuoyoit plus de vingt personnes à pied & à cheual, armés de fuzils & de mousquets, la méche allumée, à la porte du Palais, auec ordre exprés de le tuer s'il en sortoit, ou de l'en tirer par force. Son Collegue fit tout ce qu'il pût pour empescher cette violence, & les gardes du Roy s'y opposerent, mais l'insolence de ces gens, qui firent mesme plus qu'on ne leur auoit commandé, fut si grande, que faisans teste aux gardes, qui les voulurent repousser, le Roy s'éueilla au bruit, & voulant éuiter vn plus grand desordre, commanda que l'on fermast la porte, par laquelle on entre dans l'azile; ce qui ne s'estoit point veu de memoire d'homme: parce que l'on veut que les miserables y puissent auoir leur retraite à toute heure.

Le Roy s'en fascha si fort, que dés qu'il fut leué le lendemain, il dît aux Seigneurs de son Conseil, que n'estant plus en seureté mesme dans son Palais, à cause des Allemans, qui troubloient mesme son repos, il falloit qu'ils sortissent de la ville, ou qu'il en sortist. *Brugman* se mesla encore d'vne autre meschante affaire, qui estoit dautant plus dangereuse, qu'il y engageoit tous les Chrestiens du fauxbourg. Le Roy fait tous les ans faire vne recherche de toutes les belles filles qui se trouuent parmy les Armeniens, & en choisit celles, qui luy plaisent le plus. Nostre truchement pour la langue Armenienne, nommé *Seran*, homme de tres-mauuaise vie, s'adressant à *Brugman*, luy dît, qu'en cette recherche il couroit risque de perdre vne tres-belle fille, qu'il aimoit, & luy demanda son conseil & sa protection. Surquoy *Brugman* luy conseilla de s'opposer aux Commissaires, & d'appeller à son secours les domestiques des Ambassadeurs, & l'asseura qu'ils ne manqueroient point de luy prester main forte. Ce procedé, & plusieurs autres, eussent enfin emporté le Roy à vne resolution plus seuere contre cét Ambassadeur, & peut-estre contre toute la compagnie, si le Chancelier n'eust moderé sa colere.

VOYAGE DE MOSCOVIE ET DE PERSE.

LIVRE CINQVIESME.

DEvant que de partir de la ville d'*Ispahan*, qui est aujourd'huy la capitale de tout le Royaume de Perse, il ne sera pas hors de propos, d'entretenir le Lecteur de tout ce que i'y ay veu de remarquable, pendant le sejour de prés de cinq mois que nous y auons fait, & d'en faire icy vne description d'autant plus particuliere, qu'il n'y a point d'autheur, qui en ait escrit auec vne exactitude assez grande, pour contenter seulement vne curiosité bien mediocre.

1637.

L'on dit que la ville d'*Ispahan* est celle que l'on nommoit autrefois *Hecatompolis*, & que deuant le temps de *Tamerlan*, on la connoissoit sous le nom de *Sipahan*; tant à cause du nombre de ses habitans, qui estoit assez grand, pour fournir dequoy faire vne armée raisonnable, que parce qu'en ce lieu-là on donnoit rendez-vous aux armées: de l'ancien mot Perse & Vsbeque *Sipe*, dont *Sipahan* est le pluriel, & signifie la mesme chose que *Lesker*, c'est à dire vne armée: d'où vient le mot de *Sipes-alar*, dont les Perses se seruent encore quelquefois, pour signifier vn chef, ou vn general d'armée. *Tamerlan* a esté le premier, qui, en transposant les deux premieres lettres de ce nom, l'a appellée *Ispahan*. *Ahmed, Bin Arebscha*, qui a escrit la vie & les actions de *Tamerlan*, nomme tousiours cette ville

Description de la ville d'Ispahan.

Vuu ij

Isbahan, auec vn *Be*, & les Perses modernes l'escriuent tousjours *Isfahan* auec vn *Fe*, d'vn mot Arabe, qui signifie rang, ou bataillon ; quoy qu'ils le prononcent indifferemment, tantost *Isfahan*, tantost *Ispahan*. *Ios. Barbaro* l'appelle tousiours *Spaham*, & *Ambr. Contarin*, qui fut enuoyé Ambassadeur par la Republique de Venise à *Vsum Cassan*, Roy de Perse, en l'an 1473. l'appelle *Spaa*, *Spaam*, & *Aspacham*. Mais comme nous venons de dire, son vray nom est *Ispahan*.

Cette ville est située dans la Prouince d'*Erak* ou d'*Hierack*, qui est l'ancienne *Parthe*, dans vne grande plaine, ayant de tous costés, à trois ou quatre lieuës de distance, vne haute montagne, qui la ceint en forme d'amphitheatre, à 32. degrés, 16. minuttes du Nort de la ligne, & à 86. degrés, 40. minuttes de longitude : & i'ay obserué que l'éguille y declinoit de dix-sept degrez du Nort vers le *west*. Elle a vers le *Sud* & le *Sud-west* la montagne de *Demawend*, & du costé du *Nort-est*, vers la Prouince de *Mesanderan*, le mont de *Ieilak Perjan*. L'auteur du liure intitulé *les Estats & Empires*, le met dans la Prouince de *Chuaressen* ; mais il se trompe : car *Chuaressin* est vne Prouince des Tartares Vsbeques, à 43. degrez de latitude, & bien éloignée de celle d'*Erack*.

Sa grandeur. Si l'on y comprend ses grands fauxbourgs, l'on trouuera qu'elle contient plus de huict lieuës d'Allemagne ; en sorte que c'est tout ce que l'on peut faire, que d'en faire le tour en vn iour. La ville a douze portes, dont il n'y en a que neuf d'ouuertes, plus de dix-huict mille maisons, & enuiron cinq cens mille habitans. Les remparts sont de terre, bas & foibles, ayans par embas deux toises & par en haut seulement vn pied d'espaisseur, & ses bastions sont de briques, & si peu flanqués, qu'ils ne fortifient point la ville, non plus que son fossé, qui est tellement ruiné, que l'on y passe à pieds secs, Hyuer & Esté. *P. Bizarro*, & quelques autres disent, que les murailles sont de craye ; mais c'est ce que ie n'ay pas pû voir, sinon qu'au chasteau, qui a ses murailles separées de celles de la ville, il y a des endroits, qui peuuent faire croire qu'elles ont esté autrefois blanchies, ou enduites de craye ou de chaulx.

La riuiere de Senderut. La riuiere de *Senderut*, qui sourd dans la prochaine montagne de *Demawend*, laue ses murailles vers le *Sud* & vers le *Sud-West*, du costé du fauxbourg de *Tzulfa*. Deuant que d'entrer dans la ville, elle se sepàre en deux branches, dont l'vne passe dans le parc de *Hasart Zerib*, où le Roy fait nourrir toutes sortes de bestes fauues, & de l'autre l'on tire vn courant d'eau, que l'on fait passer par des canaux sousterrains dans le jardin de *T Zarbagh*. Cette riuiere fournit d'eau toute la ville, où il n'y a presque point de maison qui n'en ait vn filet, & dequoy remplir leurs cisternes, qu'ils appellent *Haws* & *Burke*: bien qu'ils ayent auec cela des puits, dont l'eau est aussi bonne que celle de la riuiere. *Allawerdi-Chan*, cy-deuant Gouuerneur de *Schiras*, a fait bastir à ses despens le beau pont de pierre, que l'on voit entre le jardin de *T Zarbagh* & la ville, sur cette riuiere, qui est aussi large à cét endroit-là, que la Tamise à Londres.

Schach Abas voulut entreprendre de faire entrer dans la riuiere de *Senderut* celle d'*Abkuren*, qui prend sa source de l'autre costé de la mesme montagne de *Demawend*; & dautant que pour joindre ces deux riuieres il falloit couper la montagne: il employa quatorze ans durant plus de mille pionniers à cet ouurage. Et quoy qu'il y rencontrast des difficultez insurmontables, non seulement en ce qu'on n'y trouuoit que du roc, qui en quelques endroits a plus de deux cens pieds de haut, mais aussi parce que la montagne estant couuerte de neige prés de neuf mois de l'année, ils n'en auoient que trois pour trauailler, si est-ce qu'il ne laissa pas de faire continuer le trauail auec tant de passion, que tous les Chans & grands Seigneurs y enuoyans des ouuriers à leurs dépens, l'on ne doutoit quasi plus du succés de cette grande entreprise; puis qu'il ne restoit pas plus de deux cens pas à percer, quand *Schach Abas* mourut, laissant le soin de cet ouurage imparfait à son successeur, qui ne l'a pas voulu faire continuer.

Si le patron & le grand Saint des Perses, *Aaly*, eust encore vescu en ce temps-là, il eust pû rendre vn seruice fort considerable à *Schach Abas*, en ouurant cette roche d'vn seul coup d'épée, pour donner passage à la riuiere; ainsi qu'il a fait autrefois, à ce que les Perses disent, en la Prouince de *Karabach*, où il fit vn passage à la riuiere d'*Aras*, au trauers de la montagne, qu'il coupa de son espée, & laquelle on appelle encore auiourd'huy, à cause de cet *Aaly*, *Deressi*, c'est à dire, les destroits d'*Aaly*.

1637.
Ispahan détruit par Tamerlan.

La ville d'*Ispahan* a esté destruite deux fois par *Tamerlan*: la premiere, lors qu'il la prit sur le Roy de Perse; & l'autre, lors qu'elle se voulut soustraire de son obeïssance, pour rentrer en celle de son Prince legitime. *Ios. Barbaro*, qui fit le voyage de Perse en l'an 1471. dit, qu'enuiron vingt ans auparauant, *Chotza*, qu'il appelle *Giausa*, Roy de Perse, voulant chastier la rebellion de cette ville, commanda à ses Soldats, de n'en reuenir point, qu'ils ne luy apportassent la teste d'vn habitant d'*Ispahan*; & que les soldats qui ne rencontroient pas tousiours des hommes, coupoient mesme la teste aux femmes, la rasoient, & l'apportoient ainsi à *Chotza*, & que par ce moyen la ville fut tellement depeuplée, qu'il n'y auoit pas dequoy en peupler la sixiéme partie. Elle commença à se remettre sous *Schach Ismaël II*; mais ce fut *Schach Abas*, qui en transferant le siege de son Empire de *Caswin* en cette ville, la remit en l'estat, où elle est auiourd'huy: non seulement en l'embellissant de plusieurs grands bastimens, publics & particuliers, mais aussi en la peuplant d'vn tres-grand nombre de familles, qu'il auoit tirées de plusieurs autres Prouinces du Royaume.

Ce qui contribuë le plus à la grandeur de cette ville ce sont les *Metschid*, ou les mosquées, les marchés, le Basar, les bains publics, & les Hostels des Seigneurs de la Cour; mais particulierement les beaux jardins, qui y sont en si grand nombre, qu'il y a plusieurs maisons qui en ont deux ou trois, mais il n'y en a point qui n'en ait pour le moins vn.

Ses jardins.

La despense que les Perses font en leurs jardins, est celle où ils paroissent le plus. Ce n'est pas qu'ils se soucient beaucoup de les embellir de fleurs, comme l'on fait en Europe; car ils mesprisent ce que la nature leur donne par excés, en couurant toute la campagne d'vn nombre infiny de tulipes, & d'autres belles fleurs: mais ils se contentent d'auoir en leurs jardins du meilleur muscat, & de toutes sortes d'arbres fruictiers, tant en buissons, qu'en espaliers, & principalement d'y faire des allées d'vne espece de plane ou de peuplier, que nous ne connoissons point en Europe, & que les Perses appellent *Tzinnar*. Ces arbres sont de la hauteur du pin, & ont la fueille fort large, & presque semblable à celle de la vigne. Son fruict ressemble au maron, quand il a encore son brou, mais il n'a point d'amende; de sorte qu'il n'est pas mangeable,

Son bois est fort brun, & plein de veines, & les Perses l'employent à faire des portes & des volets de fenestres, lesquelles estans frottées d'huile sont sans comparaison plus belles, que n'est la menuiserie, que l'on fait icy de bois de noyer, & mesme de racine, que l'on estime tant auiourd'huy.

Il n'y a rien en leurs jardins qui ne soit beau, mais il n'y a rien aussi qui y paroisse plus que les fontaines. Les bassins en sont grands, & leurs bords larges, & la pluspart de marbre, ou de pierre de taille. Elles sont accompagnees de plusieurs canaux reuestus de la mesme pierre, qui conduisent les eaux d'vn bassin à l'autre, & seruent à arroser le jardin. Les personnes de condition, & mesmes les plus riches marchands, y font bastir vne maison de plaisance, ou vne espece de gallerie ou de salle, qui n'est fermée que d'vne balustrade, à laquelle ils adjoustent aux quatre coins du corps de logis autant de pauillons, pour y prendre le frais, selon le vent qui regne. Et ils se plaisent si fort à cela, que bien souuent ces maisons sont plus adjustées, & mieux meublées que celle où ils demeurent ordinairement. Il est vray, que leurs Hostels & leurs Palais ne laissent pas d'estre fort magnifiques par dedans; mais il n'y a rien de si vilain par dehors; parce que la pluspart de leurs maisons ne sont basties que d'argile, ou de brique cuite au Soleil.

Ses fontaines.

Leurs maisons sont presque toutes quarrées, & elles ont la pluspart quatre estages, y compris le bas. Ils appellent la caue, & les offices qui sont sous terre, *Sirsemin*: le bas du logis *Chane*, le premier estage *Kuschk*, le second *Tzauffe*, & le troisiéme *Kesser*, & ils appellent les salles ouuertes *Eiwan*. Leurs fenestres sont ordinairement aussi grandes que leurs portes: & dautant que les bastimens ne sont pas fort exhaussés, les chassis sont ordinairement de la hauteur de la chambre. Ils n'ont pas encore l'vsage des vitres, mais l'Hyuer ils couurent leurs chassis, qui sont faits comme des jalousies, de papier huilé.

Les maisons.

Il y a si peu de bois en Perse, au moins en la pluspart de ses Prouinces, que ne pouuans pas faire grand feu ils se seruent de poësles; mais ils sont tout autrement faits que ceux d'Allemagne. Ils font au milieu de leurs chambres basses vn creux dans la terre, de la capacité d'vne marmite, qu'ils remplissent de braise, ou de charbons, & y mettent par dessus vn siege ou

Leurs poësles.

vne petite table basse, couuerte d'vn grand tapis. Et comme ils s'asseent tousiours à terre, ils poussent les pieds sous la table, & se couurent le corps du tapis, iusqu'à la ceinture, si bien que la chaleur s'y conserue. Il y en a mesme, qui s'estans accommodés de la sorte, passent toute la nuict en cét estat, & ainsi ils font vne chaleur fort naturelle auec tres-peu de feu, & ils la croyent d'autant plus saine, qu'elle n'incommode point la teste, laquelle ne laisse pas de respirer cependant vn air frais & salubre. Ils appellent cette sorte de poësles *Tenuer* & afin que le cerueau ne soit point offensé par les vapeurs, que le charbon a accoustumé d'enuoyer à la teste, ils ont certains soufpiraux & conduits sous terre, par lesquels l'air les attire. Les personnes de condition mediocre & mesnageres, font aussi leur cuisine à ces *Tenurs*, & s'en seruent au lieu de four, pour y faire cuire du pain & des gasteaux. Au reste il n'y a quasi point de maison à *Ispahan*, qui n'ait sa cour, que l'on est obligé de trauerser, pour aller au corps du logis.

L'on dit qu'autrefois les ruës d'*Ispahan* estoient si larges & si belles, que vingt hommes de cheual y pouuoient aller de front Mais auiourd'huy, & particulieremēt depuis que la ville a commencé à se repeupler, du temps de *Schach Abas*, l'on a esté obligé de mesnager les places; sur tout au cœur de la ville, auprès du *Maidan*, & du *Basar*; en sorte que les ruës sont si estroites, que quand l'on y rencontre vn muletier, qu'ils appellent *Charbende*, c'est à dire vn valet à asne, qui conduit bien souuent vingt mulets chargez, & dauantage, l'on est contraint de se retirer dans quelque boutique, & de s'y arrester, iusques à ce que ce train soit passé. Toutes les ruës, qui aboutissent au *Maidan*, sont fort estroites; mais le *Maidan*, ou le marché, quoy qu'il soit bordé de boutiques de tous costés, est si grand & si large, que ie ne pense pas, qu'il y en ait vn en toute l'Europe, qui en approche.

Il a sept cens pieds de long sur cens cinquante de large. Toutes les maisons du *Maidan* sont d'vne mesme hauteur, & sont toutes basties de briques ayans leurs boutiques voutées: où l'on voit du costé du Palais du Roy des orfevres, des marchands lapidaires, & des droguistes, & vis à vis des marchands, qui vendent toutes sortes d'estoffes de soye, de laine & de cotton, & des tauernes, où l'on fait gargotterie, & où

l'on

l'on vend toutes fortes de viures. Toutes ces maifons ont deux eftages, & font accompagnées de leurs *Fiwans*, ou falles ouuertes. Le marché eft bordé de tous coftez d'vne forte d'arbres, qu'ils appellent *Scimfcad*, qui reffemblent au boüis, mais ils font bien plus hauts, & fes branches ne faifans qu'vne verdure continuelle, on les a coupés en forte, que l'on voit les boutiques entre les arbres, comme vne tres-belle perfpectiue. Mais ce n'eft pas vn des moindres ornemens de leur *Maidan*, que le ruiffeau d'eau viue, qui coule au pied de ces arbres, dans vn canal de pierre de taille, éleué de la terre de deux pieds, tout à l'entour du marché, & qui s'affemble dans deux grands baffins aux deux coins, pour fe perdre dans des conduits fous terre.

1637.

Les gens de meftier ne trauaillent point; mais ils ont leurs efclaues & leurs apprentifs, qui font la plus groffe befogne au logis, pendant que le maiftre vend fa marchandife dans des boutiques deftinées pour cela au *Maidan*, dans vne grande gallerie voutée, & baftie en arcades, ou bien dans les ruës qui y aboutiffent; où chaque meftier a fon quartier particulier, ou bien vne ruë affectée à fa marchandife, & où l'on n'en vend que de cette feule forte. Ce qui fait vn fi bel effet, parce que les Perfes font fort propres en tout ce qu'ils font, que ie n'ay iamais rien veu de fi beau, pour ce qui eft de l'ordre. Au bout de cette gallerie font deux grands balcons couuerts, vis à vis l'vn de l'autre, où leur mufique, qui eft compofée de timbales, de haut-bois, & d'vne autre forte d'inftrumens, qu'ils appellent *Kerenei*, fe fait entendre tous les foirs, au coucher du Soleil, ou quand le Roy en fortant de la ville, ou en y entrant, paffe le *Maidan*. L'on entend cette mufique en toutes les villes de Perfe, qui font gouuernées par vn *Chan*, & l'on dit que c'eft *Tamerlan*, qui a introduit cette couftume, que l'on a toufiours obferuée depuis.

Le Roy a fon Palais fur le *Maidan*; les Perfes l'appellent *Dowlet Chané*, ou *Der Chané Schach*, & l'on voit deuant la porte plufieurs pieces de canon, de toute forte de calibre, mais la plufpart de 56. & 48. liures de balle, fort groffierement faites, fans affufts, & couchées fur des poutres, en forte qu'elles font hors d'eftat de feruir. *Nicolas Hem*, Hollandois, qui a fait le voyage de Perfe en l'an 1623. & 24. dit, que cette artillerie y a

Le palais du Roy.

esté apportée d'*Ormus*, & qu'elle defend là les auenuës du Palais: mais comme ie viens de dire, il est impossible qu'on la puisse tirer. Le Palais mesme n'a point de fortifications, & n'est ceint que d'vne haute muraille, sans defenses. De iour l'on n'y voit que trois ou quatre gardes, & la nuict il y en a quinze à la porte, & enuiron trente deuant l'appartement du Roy. Ces derniers sont tous des personnes de condition, & des fils de *Chans*; dont les vns sont en sentinelle, & les autres font la patroüille, & ils couchent tous sur la terre à l'air. Cette garde à son *Kischiktzi*, ou Capitaine particulier, qui porte tous les soirs au Roy les noms de ceux qui sont de garde; afin qu'il sçache en qui il se peut confier, & de quelles personnes il est seruy.

Sur la premiere porte, il y a vn grand bastiment quarré, percé de grandes fenestres de tous costez, & l'on nous disoit que tout le dedans estoit enrichy d'vn ouurage de relief, & à fueillages dorés. Les autres principaux appartemens de ce grand Palais sont, le *Tab-Chane*, qui est vne grande salle, en laquelle le Roy regale tous les grands Seigneurs de la Cour, & les fait disner auec luy, le iour de leur *Naurus*, qui est le premier de l'an. Le *Diuan-Chané*, qui est le lieu ordinaire où se iugent les appellations, & où le Roy donne ordinairement audience aux Ambassadeurs des Princes estrangers, ainsi que nous auons dit cy-dessus: parce que ce bastiment estant accompagné d'vne grande cour, sur laquelle il a veuë, le Roy y peut faire voir aux Ambassadeurs vne partie de ses plus beaux cheuaux, & ses autres magnificences: comme il fit lors de nostre premiere audiance. Le *Haram-Chane*, qui est vne salle, dans laquelle les *Casseha*, c'est à dire les concubines du Roy, qui sont toûjours enfermées dans des appartemens separés, se rendent, pour danser deuant luy, & pour le diuertir auec leurs musiciens, qui sont tous chastrés. Le *Deka*, où est le lieu de sa demeure ordinaire, où il couche, & où il prend ses repas auec ses femmes legitimes. Toutes ces salles sont accompagnées de plusieurs chambres, cabinets, galeries & autres appartements necessaires, pour le logement, & pour le diuertissement d'vn si puissant Prince, & d'vn si grand nombre de Dames, qui sont toutes auec luy dans vn mesme Palais; dans lequel il n'y a point de corps de logis, ny de pauillon, qui n'ait son jardin particulier.

A l'entrée du Palais du Roy, & à quarante pas, ou enuiron de la porte, à la main droite, l'on voit vne autre porte, qui donne dans vn grand jardin, au milieu duquel est vne chappelle, qui affranchit toute son enceinte, & qui fait l'azile, dont nous auons parlé cy-dessus, que les Perses appellent *Alla capi*, c'est à dire, la porte de Dieu. Tous ceux qui peuuent apprehender la prison, soit pour le ciuil ou pour le criminel, y ont vn refuge asseuré, mesmes contre la colere du Roy, & y peuuent demeurer iusques à ce qu'ils ayent accommodé leurs affaires auec les particuliers, ou qu'ils ayent obtenu leurs grace du Roy ; pourueu qu'ils ayent dequoy viure. Les meurtriers, & mesmes les assassins y sont soufferts, mais les Perses ont tant d'auersion pour le larcin, parce qu'ils estiment que c'est vn crime lasche & infame, comme il l'est en effet, qu'ils ne permettent point que les voleurs s'y retirent ; si ce n'est que pour fort peu de iours. De nostre temps nous y vismes vn *Sultan*, lequel ayant perdu les bonnes graces du Roy, ou par malheur, ou par sa mauuaise conduite, & ayant sujet d'apprehender pour sa vie, s'estoit retiré là dedans auec toute sa famille, & viuoit sous des tentes, qu'il auoit fait dresser dans le jardin.

Derriere le Palais du Roy est le chasteau, qu'ils appellent *Taberik Kale*. Il sert comme de citadelle;& ce que signifie le mot de *Kale*, & il est en effet fortifié d'vn rempart & de plusieurs bastions de terre, lesquels estans fort pointus par en haut, ont paru aux yeux de *Nicolas Hem*, que i'ay trouué d'ailleurs le plus veritable de tous ceux qui ont escrit de la ville d'*Ispahan*, comme des tours. Le Roy n'y demeure point, mais il y a vn Gouuerneur, qui y commande vne forte garnison, pour la garde du tresor, & des armes & des munitions de guerre, que l'on y conserue : bien que toute l'artillerie ne consiste qu'en quelques pieces de campagne.

De l'autre costé du *Maidan*, dans vne ruë destournée, il y a encore vn autre azile, que l'on appelle *Tschehil Sutun*, à cause des quarante poutres, qui soustiennent le toict du bastiment, & qui aboutissent toutes sur vne mesme colomne, qui est au milieu du *Methzid*, ou de la *Mosquée*. En cet azile se retirerent plusieurs habitans d'*Ispahan*, lors que *Tamerlan* chastia la rebellion de cette ville : Car encore qu'il n'eust point de sentiments

1657.

Azile.

La Citadelle.

Autre azile.

1637.

de pieté, il ne laiſſoit pas de teſmoigner quelque reſpect pour les lieux qu'il eſtimoit Saincts; & il eſpargna en effect ceux qui s'eſtoient refugiez dans la *Moſquée*, mais il fit tailler en pieces tous les autres, & fit abattre les murailles qui enfermoient la Cour. C'eſt *Schach Iſmael*, qui l'a fait rebaſtir, & qui en a fait vn azile.

La premiere Moſquée de la ville.

Vers la partie Meridionale du *Maidan* eſt cette riche & ſuperbe Moſquée, que *Schach Abas* a fait commencer, & qui eſtoit preſque acheuée quand il mourut: mais *Schach-Seſi* y faiſoit encore trauailler de noſtre temps, en faiſant enduire les murailles de marbre. Elle eſt dediée à *Mehedi*, qui eſt le douzième *Iman* ou Saint, de la poſterité d'*Aaly*: pour lequel *Schach Abas* auoit vne deuotion ſi particuliere, qu'il a pris plaiſir à faire baſtir pluſieurs autres Moſquées de la meſme façon, quoy que plus petites, à *Tauris*, & ailleurs, à l'honneur du meſme Saint; y employant le marbre, qu'il faiſoit apporter d'*Eruan*, qui eſt auſſi blanc que la craye, & plus vny qu'vn miroir. Mais le marbre dont l'on a baſty le grand *Metſchia* d'*Iſpahan*, vient de la montagne d'*Elwend*. Les Perſes veulent que l'on croye, que *Mehedi* n'eſt point mort, mais qu'il eſt caché dans vne grotte aupres de *Kufa*, & qu'il en ſortira deuant le iour du iugement, pour monter le cheual d'*Aaly*, qu'ils appellent *Duldul*; ſur lequel il doit aller par tout le monde, pour le conuertir à la Religion de Mahomed. C'eſt pourquoy l'on appelle cette Moſquée *Metzid Mehedi Sahebeſeman*.

En allant du *Maidan* à cette Moſquée l'on paſſe par vne grande cour, pauée de pierres de taille, au bout de laquelle on voit ſous vn arbre vne belle ciſterne, où ſe lauent & purifient ceux qui vont faire leurs deuotions dans la Moſquée. Derriere cét arbre eſt vn eſcalier, par lequel on monte au quarré, qui eſt plus petit que la premiere platte forme, & de là l'on fait encore vn pas pour entrer dans la Moſquée. *Iean de Laet* dit, apres *Nicolas Hem*, que l'on monte à la Moſquée par vn degré de treize marbres, & que ce degré eſt taillé dans vne ſeule piece de marbre: mais cela n'eſt point. Le portail eſt de marbre blanc, & pour le moins auſſi haut que celuy du *Meſchaich Chodabende*, à *Solthanie*. La porte eſt toute couuerte de lames d'argent, qui ſont dorées en pluſieurs endroits.

En paſſant par la porte l'on entre dans vne grande cour,

accompagnée d'vne fort belle gallerie voutée, qui fait le tour de toute la cour, & au milieu l'on voit vne grande cisterne de pierre de taille, qui est bastie en octagone, & est pleine d'eau. Au dessus de cette galerie est encore vne autre, plus basse, qui a du costé du *Hejat*, ou de la cour, vne balustrade, dont les piliers sont de marbre, & dorés en quelques endroits. Il faut trauerser cette cour, pour entrer dans la Mosquée mesme, où sont le *Meherab* & le *Cathib*, c'est à dire l'Autel & la Chaire à prescher, à leur mode. En entrant l'on passe sous vne voute d'vne hauteur extraordinaire, reuestuë de pierres luisantes, bleuës & dorées. Le bastiment est fort vaste, & est accompagné de plusieurs niches & chapelles, hors d'œuure, qui sont toutes soustenuës par des pilliers de marbre. Mais ce qu'il y a de plus remarquable en tout cét *Emerat*, c'est que toutes les murailles, tant de la galerie qui est dans la cour, que de la Mosquée mesme, sont reuestuës de marbre, à la hauteur de quinze ou seize pieds, & qu'il n'y a point de piece de marbre, qui est la pluspart blanc, & extremement bien poly, qui n'ait cinq ou six pieds en quarré, & elles sont si bien enchassées les vnes dans les autres, que les jointures estans comme imperceptibles, l'on ne se peut pas empescher d'admirer l'art de l'ouurier, & d'auoüer que l'ouurage est inimitable. Le *Meherab*, ou l'Autel, est d'vne seule piece de marbre, & a de chaque costé vn pillier de la mesme estoffe, & aussi d'vne seule piece. Outre cette Mosquée, qui est la premiere de la ville, & la plus belle de tout le Royaume, il y en a plusieurs autres dans *Ispahan*, mais elles sont sans comparaison plus petites, & en trop grand nombre, pour nous obliger à en faire icy vne description plus particuliere.

L'on voit aussi au milieu du *Maidan* vne grande perche, de la façon de celles que l'on dresse en plusieurs villes de l'Europe, pour tirer au papegay; mais au lieu d'vn oyseau, ils y mettent vn petit melon, vn arpus, ou vne pomme, ou bien vne assiette chargée d'argent; & l'on n'y tire qu'à cheual, & en courant à bride abattuë.

Les exercices des grands de la Cour.

Le Roy mesme se plaist à se mesler quelquefois auec les habitans, quand ils font ces parties, ou y fait entrer les principaux Seigneurs de la Cour; & l'on y parie des sommes fort considerables. L'argent qui tombe auec l'assiette appartient aux valets de pied du Roy, & celuy qui gagne le prix est obli-

534 VOYAGE DE MOSCOVIE,

1637.
gé de faire vn festin à toute la compagnie, & mesme au Roy, quand il a tiré auec les autres. L'on y jouë aussi à vn certain jeu que les Perses appellent *Kuitscaukan*, qui est vne espece de jeu de mail ou de crosse: mais ils y joüent aussi à cheual, & poussent la boule vers le but, en courant à toute bride. Ils s'exercent aussi souuent au *Tzirid*, ou au jauelot, de la façon que nous auons dit cy-dessus. Et dautant que la Perse nourrit les meilleurs cheuaux du monde : & que les Perses en sont fort curieux, ils parient souuent pour la vitesse, & les font courir entre les deux piliers, que l'on voit aux deux bouts du *Maidan*. Quand le Roy ne fait que regarder le jeu, il se sert d'vne petite maison de bois, qu'ils appellent *Scanescin*, qui est à vn des bouts du *Maidan*, posée sur quatre roües, pour la facilité du transport d'vn lieu à l'autre.

Cabarets à vin.
De l'autre costé du Maidan, vis à vis de la grande Mosquée, sont les tauernes & les cabarets, dont nous auons parlé cy-dessus. Il y en a de plusieurs sortes. Dans les *scire Chane* l'on vend du vin; mais ceux qui ont leur honneur tant soit peu en recommandation, ne se trouuent point en ces lieux-là, qui sont infames, & seruent de retraitte à des gens, qui s'y diuertissent à la musique & à la danse de quelques bardaches; qui apres auoir réueillé la brutalité de leurs spectateurs par leurs gestes, les attirent dans quelque coin de la maison, ou les entraisnent auec eux en des lieux publics, où l'on souffre ces abominations, aussi bien que les pechez ordinaires.

Cabarets à Thé.
Dans les *Tsai Chattai Chane* l'on prend du *Thé*, que les Perses appellent *Tzai*, quoy que le *Tzai*, ou le *Cha* ne soit proprement qu'vne espece de *Thé*, & *Chattai*, parce qu'on le leur apporte du *Chattai*: nous aurons occasion d'en parler plus amplement cy-apres. Ce ne sont que les honnestes gens qui en prennent, & qui frequentent ces tauernes; où il se diuertissent cependant à vn certain jeu, qui a du rapport à nostre tric-trac. Mais ils joüent le plus souuent aux eschets, où ils excellent, mesmes pardessus les Moscouites, qui sont sans doute les meilleurs joüeurs d'eschets de l'Europe. Les Perses appellent ce

Le jeu des eschets.
jeu *Sedrentz*, c'est à dire, cent soucis; parce que ceux qui y joüent, y doiuent appliquer toutes leurs pensées: & ils l'aiment, parce que le mot de *Schach*, qui luy a donné le nom, fait croire qu'il est de leur inuention. L'on a publié depuis quel-

ques années en Allemagne vn gros volume sur le jeu des eschets, où l'auteur, s'amusant au dire d'*Olaus Magnus*, veut faire accroire que les anciens Gots & Suedois faisoient joüer aux eschets ceux qui recherchoient leurs filles en mariage, afin de descouurir par ce jeu, qui ne doit rien à la fortune, l'esprit & l'humeur de leurs pretendus gendres. Mais ce ne sont que des contes, aussi bien que celuy que l'on fait d'vn certain *Elmaradab* Roy de Babylone. Le gouuernement de ce Prince estoit si tyrannique, à ce que l'on dit, que personne n'osant luy remonstrer le danger, où ses cruautés exposoient son Estat & sa personne, vn Seigneur de son Conseil, nommé *Philometer*, s'aduisa de faire le jeu des eschets; qui au lieu de combattre ouuertement les sentimens du tyran, luy faisoit connoistre le deuoir d'vn Prince enuers sa famille & enuers ses sujets, en luy faisant entendre les demarches de toutes les pieces, par la representation de deux Roys, campés l'vn contre l'autre, auec leurs Reynes, & auec leurs Officiers & soldats : & que cela fit plus d'impression dans l'esprit du Roy, que toutes les remonstrances qu'il luy eust pû faire.

Les *Chawa Chane* sont des lieux, où l'on prend du tabac, & d'vne certaine eau noire, qu'ils appellent *Chawa*: mais nous traitterons de l'vn & de l'autre dans ce mesme Liure, au lieu où nous parlerons de la façon de viure des Perses. Leurs Poëtes, & leurs Historiens, ne manquent point de se trouuer en ces tauernes, pour diuertir la compagnie. Ils se mettent dans vne chaise fort éleuée, au milieu de la salle, d'où ils haranguent, & content des sornettes à leurs auditeurs, badinans cependant auec vn petit baston, auec les mesmes gestes, & de la mesme façon, que font icy les joüeurs de gobelet.

Aupres de ces tauernes sont les boutiques des chirurgiens & des barbiers, dont les mestiers sont fort differents en Perse, ainsi qu'ils commencent de l'estre depuis quelques années en France. Les premiers, qu'ils appellent *Tzerrach*, ne se meslent que de guerir les blessures & les playes, & les autres, que l'on nomme *Dellak*, ne font que le poil, & sont aussi employez pour la circoncision. Ces barbiers sont fort occupés ; parce qu'il n'y a point d'homme, qui ne se fasse raser dés que le poil commence à paroistre : mais il n'y en a point aussi qui ne porte son rasoir sur luy, de peur de gagner la verole ; qu'ils

1367.

Cabarets à Tabac & à Chavva.

Barbiers & Chirurgiens.

apprehendent extremement, parce qu'elle y est fort commune, & fort contagieuse.

Le Basar.

En sortant du *Maidan* du mesme costé, & en tournant à la main droite, l'on trouue le *Basar*, ou le veritable marché, & au milieu du marché la *Kaiserie*, ou vne espece de halle, dans laquelle se vendent les plus riches estoffes & marchandises, qui se trouuent dans tout le Royaume. Sur la porte de ce grand bastiment l'on voit vne horloge sonante, qu'vn certain Anglois, nommé *Festi*, auoit fait du temps de *Schach Abas*, & dautant qu'alors il n'y auoit encore que fort peu de Seigneurs qui eussent des monstres, les Perses consideroient les mouuements de cét ouurage, comme vne chose miraculeuse & surnaturelle. Cét horloger Anglois auoit couru la mesme fortune de *Rodolfe Stadler*, & auoit esté taillé en pieces par les parents d'vn Persan, qu'il auoit tué, & depuis sa mort l'horloge estoit demeurée en desordre.

Ce marché est composé de plusieurs ruës couuertes, & est tellement remply de boutiques de toutes sortes de marchandises, qu'il n'y a rien de si rare au monde, qui ne s'y trouue, & à vn prix fort raisonnable. Comme en effet il n'y a rien de cher à *Ispahan*, que le bois & les viures ; parce qu'il n'y a point de forests dans le voisinage, ny de prez pour la nourriture du bestail.

De toutes les boutiques que i'ay veuës à *Ispahan*, il n'y en auoit point qui me plust dauantage, que celle d'vn droguiste, qui demeuroit au *Maidan*, à la main gauche, en allant au *Metzid*; à cause de la quantité des plus rares herbes, semences, racines & mineraux, dont elle estoit remplie. La *radix TZina* ou *China*, que les Perses appellent *Bich TZini*, & la rhubarbe, qu'ils appellent *Rawendet Zini*, que l'on y apporte de la Chine & de la grande Tartarie, n'y valoient que trois *abas*, ou vn escu la liure.

La ville d'Ispahan fort marchande.

Il n'y a point de nation en toute l'Asie, ny mesmes en l'Europe presque, qui n'enuoye ses marchands à *Ispahan*, dont les vns vendent en gros, & les autres en détail, à l'aulne & à la liure. Il y a ordinairement plus de douze mille Indiens dans la ville ; qui ont la pluspart leurs boutiques aupres de celles des Perses au *Maidan*, & leurs marchandises dans les *Caruanseras*, où ils ont leur demeure, & où ils establissent leurs magazins. Leurs estoffes sont sans comparaison plus belles, & leurs marchandises

chandises plus precieuses que celles de Perse ; parce qu'outre le musc & l'ambre gris, ils y apportent des perles & des diamans en grande quantité. Ie remarquay que la plufpart de ces Indoſthans auoient ſur le nez vne marque de ſaffran, de la largeur d'vn doigt, mais ie n'ay iamais pû apprendre ce que pouuoit ſignifier ce myſtere. Ils ſont tous Mahometans ou Payens : ils bruſlent les corps de leurs parens & amis trépaſſez, & ils n'employent à cette ceremonie que du bois de *Meſch-Meſch*, ou d'abricotier. Mais c'eſt dont nous parlerons plus amplement en la ſeconde partie de cette Relation. Outre les Indiens l'on voit à *Iſpahan* vn fort grand nombre de Tartares de *Chuareſſem*, de *Chattai* & de *Buchar*, des Turcs, des Iuifs, des Armeniens, des Georgiens, des Anglois, des Hollandois, des François, des Italiens, & des Eſpagnols.

1637.

Les autres Prouinces du Royaume fourniſſent la ville de viures. De celle de *Kirman* l'on y ameine pendant l'Hyuer des moutons gras, & l'Eſté des agneaux, que l'on y vend neuf ou dix *abas* ; parce que la peau ſeule en vaut cinq ou ſix, à cauſe de la fourrure, qui y eſt precieuſe. La Prouince de *Kilan* luy enuoye du ris, & celles de *Kendeman*, de *Taſum*, d'*Eberku* & de *Ieſchi*, quoy qu'elles ſoient fort éloignées, du bled & de l'orge. Le bois & le charbon s'y vendent au poids, le bois prés de deux liards, & le charbon vn ſol la liure, parce que l'on eſt contraint de le faire apporter de *Meſanderan* & de *Ieilax Perjan*.

Les viures ſont chers.

La monnoye ordinaire de Perſe eſt d'argent ou de cuiure, & l'on y en fait fort peu d'or. Les *Abas*, les *Garem abas*, ou demy *Abas*, qu'ils appellent communément *Chodabende*, les *Scahi* & *Biſti* ſont d'argent. Les premiers ont eſté ainſi nommez de *Schach-Abas*, qui en a fait battre le premier, de la valeur du tiers d'vne Richedale, ou d'vn eſcu : de ſorte qu'ils valent vingt ſols monnoye de France, quoy qu'ils ne peſent en effect que le quart d'vn eſcu blanc. *Schach Chodabende* a donné ſon nom au demy *Abas*. Les *Scahi* valent le quart d'vn *abas*, & deux *biſti* & demy font vn *Scahi*. *Scach Iſmael* fit battre de ſon temps vne eſpece de monnoye, que l'on appelloit *Lari*, & elle eſtoit faite de la façon de gros fil d'archal, platte au milieu, pour y receuoir l'impreſſion des caracteres, qui ſignifioient la valeur de la piece. Les Perſes appellent toutes ſor-

La monnoye de Perſe.

Yyy

1637.

tes de monnoye de cuiure *Pul* ; mais il y a vne espece particuliere, qu'ils appellent *Kasbeki*, dont les quarante valent vn *abas*. Quand ils ont de grandes sommes à nommer, ils comptent par *Tumains*, qui valent cinquante *abas* chacun. Ce n'est pas qu'il s'y trouue vne monnoye qui vaille cette somme, mais ce n'est que pour la facilité du compte, ainsi qu'en Moscouie l'on compte par Roubles, & en Flandres par liures de gros. Ils ne prennent des estrangers que des Rixdalers, ou des reaulx d'Espagne, qu'ils conuertissent aussi-tost en *abas*, & y profitent ainsi d'vn quart sur la monnoye. Le Roy de Perse donne la monnoye à ferme à des particuliers, qui sont ceux qui y profitent le plus, & qui partagent le profit auec les Changeurs, qu'ils appellent *seraf*, qui ont aussi leurs bureaux au *Maidan*, & qui sont obligez de porter tout l'argent estranger à la monnoye publique, qu'ils appellent *Scrab-chane*.

Leur monnoye de cuiure.

Ils ont cela de remarquable pour la monnoye de cuiure, que chaque ville a sa monnoye & sa marque particuliere, laquelle on change tous les ans, & qu'elle n'a point de cours sinon au lieu où elle a esté faite. De sorte qu'à leur premier iour de l'an, qui commence à l'Equinoxe du Printemps, l'on décrie toute la monnoye de cuiure, & l'on en change la marque ; qui est, ou vn cerf, vn chevreüil, vn bouc, vn satyre, vn poisson, vn serpent, ou autre chose semblable. Lors de nostre voyage les *Kasbeki* estoient marquez à *Ispahan* d'vn Lyon, à *Scamachie* d'vn diable, à *Kaschan* d'vn cocq, & en *Kilan* d'vn poisson. Le Roy de Perse tire d'vn costé vn grand aduantage de cette monnoye de cuiure, parce qu'il n'achete la liure de ce metal qu'vn *abas*, qui ne vaut que vingt sols, & il en fait faire soixante & quatre *Kasbeki*, & de l'autre il empesche par ce moyen que l'on remplisse le Royaume de billon.

Carauanseras, ou hostelleries publiques.

Le grand trafic qui se fait à *Ispahan*, a obligé le Roy à y faire faire vn tres-grand nombre de *Carauanseras*. Ce sont des magazins fort vastes, bastis en quarré, & clos de tous costez d'vne haute muraille, pour la seureté des Marchands forains qui y logent, & pour celle des marchandises qu'ils y retirent. Ils ont deux ou trois estages, & ont par dedans beaucoup de commoditez, de cours, de chambres, de salles & de corridors.

Entre les autres bastimens publics, sont remarquables les deux Conuents des Moines Italiens & Espagnols, qui sont dans le quartier le plus Septentrional de la ville,& esloignez de mille pas l'vn de l'autre. L'vn est d'Augustins, dont nous auons parlé cy-dessus; mais l'autre est de Carmes, qui sont tous Italiens: & bien qu'ils ne fussent que dix en tout, ie puis dire que ceux de cet Ordre n'ont point de plus beau Conuent en toute l'Europe. Leur Prieur s'appelloit le P. Timas, & estoit de ce temps-là fort âgé, bon homme & franc, aussi bien que les autres Moines: qui viuent parmy les Infidelles auec beaucoup plus d'ordre qu'ils ne font ailleurs. Nous auons suiet de nous loüer de leur ciuilité, particulierement ceux d'entre nous, qui pouuions ioüir de leur conuersation, à cause de la connoissance que nous auions de la Langue Latine. Nous ne leur rendions point de visite, qu'ils ne nous donnassent la collation, & que nous ne sortissions de chez eux fort satisfaits de leur bonté, & parfaitement instruits de plusieurs choses necessaires, pour la conduite, que nous auions à tenir pendant nostre seiour en Perse. Ils firent present au sieur *Hierosome Imhof*, Patrice de Nuremberg, & vn des premiers Gentilshommes de l'Ambassade, qui se trouue presentement en Allemagne, dans vne Cour bien differente de celle de *Schach Sefi*, d'vn fort beau Lexicon Italien & Persan, qu'il promet de mettre au iour, auec la version Latine, qu'il y a adioustée. Ils me firent la faueur en mon particulier, de me donner retraite dans leur Conuent, contre les violences du sieur *Brugman*, & de faire tenir mes lettres en Allemagne, auec vne fidelité & vne diligence incroyable.

L'on commençoit aussi en ce temps-là à bastir vn Conuent pour des Capucins François, qui auoient achetté vne place à vn quart de lieuë du Conuent des Augustins. Ils n'estoient que trois en tout, qui paroissoient assez bonnes gens, & auoient quelque teinture des lettres. Ils auoient desia acheué de bastir vne petite Chappelle, & trauailloient au dortoir, qui estoit accompagné d'vn iardin potager, & d'vne vigne, auec beaucoup d'apparence qu'ils n'en demeureroient pas-là. *Capucins François.*

Entre ce dernier Conuent & celuy des Carmes, est l'Escurie du Roy, auprés de laquelle l'on voit vne assez haute tour, qui n'est bastie que de cornes de cerfs & d'*Ahu*, & de terre. L'on dit que *Schach Tamas* I, ayant abbattu deux mille de ces *L'Escurie du Roy.*

1637. bestes en vne seule chasse, employa leur bois à ce bastiment ; en memoire d'vne si notable défaite, & qu'il en fit faire cette tour qu'ils appellent *Keleminar.*

Son jardin.

Les dehors de la ville ne répondent pas mal à la beauté de ses bastimens, & à la grandeur de la capitale du Royaume. Le jardin du Roy, qu'ils appellent *Tzarlagh*, est sans doute vn des plus beaux de tout le monde. Il a vne bonne demie lieuë en quarré, & la riuiere *Senderut*, qui a à ses deux costez de grandes allées, le coupe en croix, si bien qu'il semble qu'elle en fasse quatre grands jardins. A vne de ses extremitez, vers le Midy, est vne petite montagne, coupée en plusieurs terrasses, qui ont des deux costez des cascades perpetuelles; parce que la riuiere que l'on a conduite iusques sur le haut de la montagne, y descend continuellement par des canaux en des bassins que l'on a taillez dans le roc. Les canaux auoient enuiron trois pieds de large, & estoient coupez sur chaque terrasse, en sorte que l'eau tombant à plomb, & auec vn grand bruit, dans son bassin, faisoit vn merueilleux effect, tant pour l'œil, que pour l'oreille. Il n'y auoit point de bassin qui n'eust son jet, & sur chaque terrasse il y auoit vn bassin de marbre blanc, qui poussoit l'eau en plusieurs & diuerses figures. Toutes les eaux du jardin se rendoient dans vn estang, qui poussoit de son milieu vn jet de quarante-huict pieds. Cet estang auoit aux quatre coins autant de grands pauillons, dont les appartemens estoient dorez par dedans & faits à feüillages, & se communiquoient par des allées bordées d'arbres de *Tzinnar*, qui y estoient à milliers, & formoient le lieu du monde le plus beau & le plus delicieux.

Les arbres fruitiers.

Les arbres fruitiers y estoient sans nombre, & de toutes les especes, que *Schach Abas*, qui a commencé ce jardin, auoit fait chercher, non seulement par toutes les Prouinces du Royaume, mais aussi en Turquie, & dans les Indes. L'on y voyoit toutes sortes de pommes, de poires, d'amandes, d'abricots, de pesches, de grenades, de citrons, d'oranges, de chastaignes, de noix, de noisettes, de groseilles, & mesmes de plusieurs autres fruits que nous ne connoissons point en Europe. Nous y vismes entr'autres vne espece de raisins, qu'ils appellent *Hallagué*, de la grosseur d'vn bon poulce, qui n'auoit point de pepin, mais la peau & la chair ferme, & d'vn goust merueil-

ET DE PERSE, LIV. V.

jeux. Ce jardin est entretenu par dix maistres jardiniers, qui ont chacun dix hommes qui trauaillent sous eux; & il a cela de commode, que lors que les fruits sont bons à manger, il est permis à tout le monde d'y entrer, & de se rassasier de fruits, en payant quatre *Kasbeki*, ou deux sols chacun; mais il est defendu d'en emporter.

La ville est ceinte de tous costez de plusieurs grands fauxbourgs, qu'ils appellent *abath*, dont le plus beau & le plus considerable est celuy de *Tzulfa*, qui a douze Eglises & plus de trois mille maisons, aussi bien basties que les meilleures de la ville. Ses habitans sont Chrestiens Armeniens, & la plus part Marchands & riches, que *Schach Abas* a transportez de la grande Armenie en ce lieu-là. Ils ne payent au Roy que deux cens Tumains, qui valent dix mille francs, de tribut, que leur *Daruga*, qui s'appelloit en ce temps-là *Chosrou Sultan*, & le *Calenter Seferas-bek*, sont obligez de porter aux coffres du Roy.

Au delà de la riuiere de *Senderut* est le Fauxbourg de *Tabrisabath*; où demeurent ceux qui ont esté transferez en ce lieu-là de la Prouince de *Tauristhan*, par *Schach Abas*: ce qui est cause qu'on le nomme aussi quelquefois *Abasabath*.

Le fauxbourg de *Hasenabath*, est la demeure ordinaire des *Tzurtzi*, c'est à dire des Georgiens, qui sont aussi Chrestiens, & la plus part Marchands, & riches, comme les Armeniens; à cause du grand commerce qu'ils font, tant dans le Royaume, que par tout ailleurs. Ils se plaisent fort à voyager, particulierement aux Indes & en Europe, & la plus part des Marchands que l'on voit à Venise, en Hollande, & ailleurs, & que l'on y appelle Armeniens, sont de cette nation. Ce n'est pas que l'on empesche les Chrestiens, Armeniens & Georgiens, de demeurer dans la ville, mais ce n'est que parce qu'ils sont bien aises d'auoir leur demeure particuliere, dans vn lieu où ils puissent viure en repos, & ioüir de la liberté de la Religion. Car les Perses ne les souffrent pas seulement par tout, puis que mesmes ils ont vn quartier particulier dans la ville d'*Ispahan*, derriere le *Metzid Mehedi*, au lieu qu'ils appellent *Nessera*: mais ils les aiment aussi, tant à cause du profit qu'ils font en trafiquant auec eux, & du tribut qu'ils payent, que particulierement à cause de leurs vignes. La loy de Mahomet defend à ceux qui en font profession de boire du vin, & par consequent de cultiuer la

1637.

Les faux bourgs d'Ispahan, Tzulfa.

Tabrisabath.

Hasenabath.

Yyy iij

vigne. Mais les Perses, qui aiment si fort le vin, qu'il leur est impossible de s'en abstenir, croyent qu'ils ne pechent qu'à demy en beuuant du vin, mesme auec excez, pourueu qu'ils laissent le soin des vignes aux Chrestiens. Les Armeniens s'y prennent assez bien, pour donner les façons necessaires à la vigne; mais ils n'entendent rien à faire du vin, ny à le conseruer. Ils n'aiment point le vin blanc, de sorte que quand il n'a pas assez cuué, ou quand il n'est pas assez haut en couleur, ils luy en donnent auec du bois de Bresil, ou auec du saffran. Ils ne le gardent point dans des muids, ou dans des tonneaux, mais dans des cruches de terre, ou bien ils le versent dans la caue mesme.

Kebrabath. Il y a encore vn beau Fauxbourg vers la partie Occidentale de la ville, nommé *Kebrabath*, d'vn certain peuple que l'on appelle *Kebber*, c'est à dire, Infidelle, du mot Turc *Kiaphir*, qui signifie Renegat. Ie ne sçay si ie dois dire qu'ils sont Perses d'origine, puis qu'ils n'ont rien de commun auec eux sinon la langue. On les distingue d'auec les autres Perses par la barbe, qu'ils portent fort grande, & par l'habit, qui est tout a fait different de celuy des autres. Ils portent sur la camisolle àne casaque, ou vne veste qui leur va iusques à la my-jambe, & n'est ouuerte qu'au col & aux espaules, où ils la ferment auec des rubans. Leurs femmes ne se couurent point le visage, comme celles des autres Perses, & on les voit par la ruë & ailleurs, contre la coustume de celles, qui font profession de viure dans l'ordre, mais elles ne laissent pas de se conseruer vne haute reputation de chasteté.

La Religion de Kebber. I'ay pris de la peine à m'informer quelle estoit leur Religion, mais ie n'en ay rien pû apprendre; sinon qu'ils sont Payens, qui n'ont ny Circoncision, ny Baptesme, ny Prestres, ny Eglises, ny aucuns Liures de deuotion ou de moralité. Il y a des Autheurs qui disent, qu'ils ont de la veneration pour le feu, comme les anciens Perses; mais cela n'est point. Ils croyent neantmoins l'immortalité de l'ame, & quelque chose d'approchant de ce que les anciens Payens ont escrit de l'Enfer, & des champs Eliséens. Car quand quelqu'vn d'eux meurt, ils laschent vn coq de la maison du defunct, & le chassent vers la campagne, & si vn renard l'emporte, ils ne doutent point que son ame ne soit sauuée ; mais si cette premiere preuue ne reüssit point, ils se seruent d'vne autre, qui à leur aduis est plus certaine & indubitable. C'est qu'ils parent le corps du defunct de ses plus beaux habits ; luy mettent plusieurs chaines d'or au col, & des bagues, & ce qu'il auoit de plus precieux au doigt ; & dans la main, & en cet estat-là on le porte au cimetiere, où ils le mettent debout contre la muraille, & le soustiennent en cette posture auec vne fourche, qui luy prend sous le menton. Et s'il arriue que les corbeaux, ou les autres oyseaux luy arrachent l'œil droit, on le considere comme vn beat, on ne doute point du salut de son ame, l'on enterre le corps auec ceremonies, & on le fait descendre dans la fosse doucement & auec ordre. Mais si par malheur les oyseaux luy creuent l'œil gauche, c'est vne marque infaillible de sa damnation, l'on en a horreur comme d'vn reproüué, & on le iette dans la fosse la teste la premiere.

Il y a auprés d'*Ispahan* quatorze cens soixante villages, dont les habitans trauaillent quasi tous à des estoffes & à des tapis de laine, de cotton, de soye & de brocard.

Villages auprés d'Ispahan.

La campagne auprés de la ville est fort basse, & il semble que la nature ait voulu faire voir en cela vn effet de sa prouidence, parce que sans cela le païs seroit inhabitable, à cause des chaleurs excessiues qui y regnent. Mais l'on tire cette commodité de cette situation, que par ce moyen l'on peut faire deborder la riuiere de *Senderut*, quand les chaleurs de l'Esté ont fait fondre les neiges des montagnes voisines, & inonder toute la campagne. *Ioannes de Persia* dit bien, que la riuiere en se retirant y laisse vn limon, qui cause de la corruption dans l'air ; mais il se trompe. Car il est certain, qu'à la reserue de quelques Prouinces qui sont situées sur la mer *Caspie*, il n'y a point de lieu en toute la Perse, où l'air soit plus sain qu'à Ispahan.

Sa campagne.

Il est vray que la chaleur y est tres-grande, particulierement aux mois de Iuin & de Iuillet, mais ils n'en sont pas beaucoup incommodez. Car comme l'Hyuer ils ont leurs *Tenurs* contre le froid, aussi ont-ils l'Esté leurs appartemens voutez, & leurs salles & galleries percées de tous costez, afin que l'air & le vent y puissent trouuer passage, contre les plus grandes chaleurs. Et encore qu'il y gele si peu, que la nuict il ne se fait point de glace de l'épaiſſeur d'vn doigt, laquelle fond dés que le Soleil paroiſt ſur l'horizon, ils ne laiſſent pas d'en faire venir de l'épaiſſeur de plus de deux pieds, pour s'en ſeruir l'Eſté. Pour cet effect ils choiſiſſent vn lieu commode, frais & expoſé au Nort, paué de pierre de taille ou de marbre, mais inégal, & en penchant, ſur lequel ils verſent de l'eau, & dés qu'elle eſt priſe, ils y en verſent d'autre, & par ce moyen en vne ſeule nuict, il s'y fait de la glace d'vn pied d'épais, laquelle ils couurent le iour contre le Soleil : & continuans ainſi cet exercice deux ou trois nuicts de ſuite, ils ne manquent point de glace l'Eſté. Ils la caſſent, & la ſerrent en des glacieres, qui ſont à *Iſpahan* en ſi grand nombre, que pour deux ou trois *Kasbeki*, l'on a dequoy ſe rafraiſchir l'Eſté ſuffiſamment.

L'air de Perſe.

L'eſtenduë que nous auons donnée à la Perſe, depuis le 25. degré de l'Equateur, iuſques au 37. vers le Nort de la ligne Equinoctiale, fait connoiſtre qu'elle eſt ſituée dans la Zone temperée. Le mont *Taurus* la coupe au beau milieu, quaſi comme l'Apennin l'Italie, iettant ſes branches çà & là en pluſieurs Prouinces, où elles ont toutes des noms particuliers. Les Prouinces que cette montagne couure du coſté du Nort ſont fort chaudes, mais les autres qui l'ont vers le Midy, ont vn air plus benin & plus temperé. Les Rois de Perſe ſe ſeruoient autrefois de cette commodité, pour changer de demeure ſelon les ſaiſons, demeurans l'Eſté à *Ecbatane*, que l'on appelle auiourd'huy, *Tabris*, que la montagne couure vers le *Sudweſt*, contre les grandes chaleurs, & l'Hyuer à *Suſe*, dans la Prouince que l'on appelle auiourd'huy de ſon nom, *Suſiſtan*; où la montagne, non ſeulement met les habitans à couuert de la bize, mais leur renuoye auſſi la chaleur, par la reflexion des rayons du Soleil du Midy, & rend le lieu ſi agreable, qu'on luy a donné le nom de *Suſe*, c'eſt à dire de lis. Au Printemps, & en l'Automne, ils demeuroient à *Perſepolis*, ou à *Babylone*. Les Rois modernes ſe ſeruent encore de la meſme commodité. *Schach Abas* demeuroit l'Hyuer à *Ferabath* en la Prouince de *Meſanderan*, & *Schach Seſi* tantoſt à *Tabris*, & tantoſt à *Ardebil*, ou à *Caſwin*. La ville d'*Iſpahan* eſt ſans doute la plus commode de toutes, tant pour l'Hyuer, que pour l'Eſté; dautant qu'eſtant ſituée dans vne grande plaine, dans vne diſtance quaſi égale de trois lieuës, de la montagne, il s'y leue quaſi touſiours vn petit vent, qui raffraifchit l'air, & qui perce toutes les chambres.

Nous n'auons que trop fouuent fenty les incommoditez de ce changement, & auons veu par l'experience que les chaleurs du iour & les froids de la nuict, dont Iacob fe plaignoit à Laban fon beau-pere, y font également infupportables. Car eftans contraints de voyager la nuict, en la plus ardente faifon de l'année, nous y fentions vn froid, qui nous oftoit l'vfage de nos membres, & nous empefchoit bien fouuent de defcendre de cheual, principalement quand le vent de l'Eft ou du Nort regnoit; quoy qu'au contraire, le vent du Midy nous enuoyaft quelquesfois des haleinées fi chaudes, qu'elles nous eftouffoient.

De ce que nous venons de dire, l'on peut aifément iuger, que toutes les Prouinces de Perfe ne font pas également faines, & qu'il y en a, où les maladies font plus ordinaires que dans les autres. Et de fait celles de *Schirwan* & de *Kilan* font fort fujettes aux fieures; mais l'air de la ville de *Tauris* eft fi bon, qu'à peine y entend-on parler de cette maladie. Au contraire, l'on dit que ceux qui en font affligez, y peuuent trouuer leur remede, mefme fans prendre medecine. Les maladies epidimiques, comme la dyffenterie & la pefte, y font moins ordinaires qu'en Europe. La verole, que l'on y nomme *Sehemet Kafchi*, c'eft à dire, le mal de *Kafchan*, parce qu'elle y eft plus familiere qu'ailleurs, ou parce que c'eft là que l'on s'en eft apperceu le premier, tout ainfi que l'on l'appelle icy le mal de Naples, quoy que les Allemans l'appellent le mal de France, parce qu'au lieu de l'aller chercher à Naples, où les François en furent infectez au voyage du Roy Charles VIII. ils fe contentent de le venir gagner à Paris, y eft fort commune. Il eft vray que la fituation de *Kafchan* eft admirable, mais l'air n'y eft pas fort bon; parce que l'on y manque d'eau fraifche, & que c'eft là où fe trouuent les tarantules, & les plus dangereux fcorpions de toute la Perfe. L'hydropifie n'eft pas bien rare en la Prouince de *Kilan*, mais par tout le Royaume il fe trouue peu de perfonnes affligées de la pierre, & pour ce qui eft de la goutte, c'eft vn mal que l'on n'y connoift pas encore. L'on y vit longtemps, & c'eft vne chofe fort ordinaire d'y voir des perfonnes âgées de cent ans. I'ay connu vn Iuge en la Prouince de *Se-*

1637.

Les maladies.

1637.

rab, entre *Mokan* & *Ardebil*, qui en auoit cent trente, & le pere de *Hatwerdy*, que nous emmenasmes auec nous en *Holstein*, en auoit plus de six vingts. Leur sobrieté contribuë beaucoup à la bonne constitution du corps, & à la conseruation de la santé, pour les faire viure si long temps.

La Perse est sablonneuse & seiche.

Pour ce qui est de son terroir, à la reserue du *Kilan*, qui est tres-fertile, il est sablonneux & sterile dans la plaine, quasi par tout parsemé de petites pierres rouges, & ne produisant que des chardons & des ronces, dont ils se seruent à la cuisine, au lieu de bois, aux lieux où il n'y en a point. Il n'y a que la seule Prouince de *Kilan*, qui ne tient rien de cette seicheresse. Mais dans le païs bossu, où les montagnes forment plusieurs valons, la terre est tres-bonne. Aussi est-ce en ces endroits-là que sont la pluspart de leurs villages; parce qu'ils sont fort adroits à conduire l'eau, qui sourd des montagnes, par des canaux de la largeur de quatre pieds, dont ils se seruent en leurs iardins, & mesmes en leurs terres labourables, aux lieux où il pleut rarement. Pour donner à la terre l'humidité que le Ciel luy refuse, ils enferment des bouts de champs, de quinze ou vingt toises en quarré, d'vne petite leuée d'vn pied, où ils font dégorger leurs canaux sur le soir, & le lendemain matin ils font escouler les eaux: de sorte que la terre, qui a esté ainsi humectée, receuant les rayons du Soleil quasi à plomb, produit toute sorte de fruits en tres-grande abondance.

Pour labourer la terre ils se seruent de charuës, qui sont si grandes, aux lieux où les terres sont fortes & grasses, comme en *Iruan* & en *Armenie*, que bien souuent vingt ou vingt-quatre buffles ont de la peine à les tirer, & il faut six hommes pour les gouuerner. Les sillons ont vn pied de profondeur, & deux de largeur. Ils n'y sement ordinairement que du ris, du bled froment & de l'orge. Ils n'estiment point le segle, & quand il s'en rencontre quelquefois des grains parmy le froment, ainsi qu'il degenere souuent en cette espece, ils ont le soin de le trier, & de le ietter. L'on n'y connoist point l'auoine. Ils sement aussi du millet, des lentilles, des pois & des febues. Ils appellent les pois ciches *Nagud*, & les pois communs *Kulul*.

Ils sement aussi des champs entiers de *Ricinus*, ou de palme de Christ, qu'ils nomment *Kuntzut*. Ils battent la graine pour en faire sortir l'huile, qu'ils appellent *Schirbach*, & elle est

ET DE PERSE, LIV. V. 547

douce & agreable, & fort bonne à manger. Les païsans mangent aussi la graine, & en la meslant auec des pois ciches & auec des raisins de Corinthe, ils en font leur dessert.

Il n'y a quasi point de Prouince en Perse, qui ne produise du cotton, qu'ils nomment *Pambeh*, & l'on y voit des champs entiers qui en sont tout couuerts, particulierement en l'*Armenie*, en *Iruan*, en *Nachtzuan*, en *Kerabath*, auprés d'*Arasbar*, en *Adirbeitzan* & en *Chorasan*. Elle vient en buisson, de la hauteur de deux ou trois pieds, ayant des feüilles semblables à celles de vigne, mais beaucoup plus petites, & porte au bout de ses branches vn bouton, de la grosseur d'vne noix, qui s'ouure en sa pleine maturité en plusieurs endroits, & pousse le cotton par les fentes de son brou. Outre que l'on en employe vne bonne partie en toutes sortes d'estoffes, l'on ne laisse pas d'en faire vn tres-grand commerce. La Prouince de *Kilan* donne aussi du lin, dont la filasse est fort bonne, & fort propre à faire de la toile. *Le Cotton.*

Les animaux domestiques, tant de somme, qu'autres; sont des moutons, des chevres, des buffles, des bœufs & des vaches, des chameaux, des cheuaux, des mulets & des asnes. Le fourage ordinaire de leurs cheuaux c'est l'orge, meslée auec de la balle, ou bien du ris meslé auec de la paille coupée, & les Perses n'abbreuuent point les cheuaux qu'vne heure & demie apres le repas, contre la coustume ordinaire des Turcs, qui les abreuuent incontinent apres qu'ils leur ont donné la ceuade. Il y a en Perse vne certaine sorte d'herbe, qu'ils appellent *Gonscheth*, que l'on seme, comme l'on fait icy le sain-foin, de sept en sept ans. Elle pousse de la hauteur de trois pieds, & produit des fleurs bleuës. On la coupe deux fois l'année, & il n'y a que les personnes de condition qui en donnent à leurs cheuaux. Il y a fort peu de foin commun, sinon dans la Prouince d'*Iruan* & en *Armenie*. Il y a mesme des Prouices, où l'on n'en fait point du tout, parce que l'herbe n'y manque point le long de l'année. *Animaux domestiques.*

Il n'y a rien parmy eux de si commun que le mouton. Ils en nourrissent de grands troupeaux, & c'est leur viande la plus ordinaire, quoy que le goust ne soit pas fort agreable à ceux qui n'y sont point accoustumez. Ils sont de la taille de ceux que nous auons en Europe, & quelquefois vn peu plus grands: mais ils ont la pluspart le nez camus & retroussé, & les oreil- *Moutons.*

Zzz ij

1637.

les pendantes, comme nos barbets. Ils font maigres, parce que la queuë, qui pese dix, vingt, & iufqu'à trente liures, attire toute la graiffe. La queuë a fes os & fes iointures, comme celles de nos moutons, mais la graiffe y eft appliquée en gros grumeaux, comme de gros flocons de laine: ce qui les empefche de courir & de fauter. En *Curdeftan*, auprés de *Diarbeker*, & en *Sirie*, l'on a l'inuention de charger la queuë de ces beftes fur vne efpece de petit chariot à deux rouës, qui tient par vn bafton au col de la befte. Les moutons, que nous auons veu chez les Tartares, fur la mer *Cafpie*, font tout femblables à ceux de Perfe, mais ceux des Tartares *Vsbeques* & de *Buchar*, font chargez d'vne laine grifaftre & longue, frifée au bout en petites boucles blanches & ferrées, en forme de perles, ce qui fait vn tres-bel effet: & c'eft pourquoy l'on en eftime bien plus la toifon, que la chair; parce que cette forte de fourure eft la plus precieufe de toutes celles, dont l'on fe fert en Perfe, apres la *Zibeline*. On les nourrit auec grand foin, & le plus fouuent à l'ombre, & quand on eft obligé de les mener à l'air, on les couure comme les cheuaux. Ces moutons ont la queuë petite, comme les noftres.

Chevres.

Les Perfes ont auffi de grands troupeaux de Chevres, & ils en mangent la chair. Du fuif ils en font des chandelles, & c'eft de leur peau que l'on fait le cuir, que nous appellons maroquin de Leuant, & que l'on apporte par la Mofcouie & par la Pologne dans les autres Prouinces de l'Europe.

Buffles.

Ils ont quantité de Buffles, particulierement vers la mer *Cafpie*, en *Ferab*, auprés d'*Ardehil*, en *Eruan* & en *Surul*, où tel païfan en a iufques à cinq ou fix cens. On les nourrit en des lieux humides, & l'on dit que leur laict eft fort rafraifchiffant, auffi bien que le beurre que l'on en fait. Ils ont auffi des Bœufs comme ceux de l'Europe, mais en la Prouince de *Kilan* ils font chargez d'vne boffe de graiffe au col, comme ceux des Indes. On m'a affeuré que les vaches ne fouffrent point qu'on les traye, fi l'on n'y amene le veau : de forte que fi par hazard il meurt, car on n'en tuë point pour manger, l'on remplit la peau de paille, l'on y iette vn peu de fel, & on le fait lécher à la vache, qui par ce moyen fouffre que l'on tire fon laict.

Ils ont de l'auerfion pour les pourceaux.

Ils ont en horreur les pourceaux; c'eft pourquoy les Armeniens mefmes, qui demeurent parmy eux, n'en nourriffent que bien rarement, si ce n'est là où ils sont seuls, comme au fauxbourg de *Tzulfa*, où ils en ont quelques-vns. Ils croyent auoir grand suiet d'auoir de l'auersion pour cet animal, à l'exemple des Iuifs, & font à ce propos vn côte ridicule & sale, qu'ils tirent de l'Alcoran, & disent: Qu'vn iour les Apostres prierent Nostre Seigneur de leur dire, de quelle façon Noé viuoit dans l'Arche pendant le deluge. Mais Nostre Seigneur, sans dire mot, ayant pris vne poignée de bouë, en fit vne figure d'homme, la jetta à terre, & luy dit, Ressuscite au nom de mon Pere. Aussitost l'on vit leuer vn vieillard tout blanc, auquel Nostre Seigneur demanda, Qui es-tu ? il respondit, Ie suis *Iaphet*, fils de Noé. Nostre Seigneur luy demanda, s'il estoit aussi blanc lors qu'il mourut: à quoy il répondit, que non ; mais qu'il l'estoit deuenu en ce mesme moment, de crainte qu'il auoit de paroistre deuant Dieu, croyant auoir esté ressuscité pour se trouuer au dernier iugement. Sur cela Iesus-Christ luy commanda de faire le recit à ses Apostres de tout ce qui s'estoit fait dans l'Arche. Iaphet obeït, & dit entr'autres choses, qu'vn iour l'Arche se trouuant tellement chargée de gadouë, au lieu où estoit le priué, que Noé apprehendant qu'elle ne prist eau, demanda à Dieu conseil sur cette difficulté. Il luy dit, qu'il presentast vn elephant au priué, & que du meslange de la fiente de cet animal & de celle de l'homme, il s'estoit incontinent engendré vn pourceau, qui demesla si bien toute la fiente auec le museau, que l'Arche se remit en son equilibre. Cette vilaine beste s'estant remply les narines de ces ordures, esternua, & par cet effort elle en fit sortir vne souris, qui remit Noé en de plus grandes peines qu'auparauant ; de sorte que pour se deliurer de ces inquietudes, il s'addressa encore à Dieu, & luy demanda ce qu'il auoit à faire en cette fascheuse conionéture. Que Dieu luy commanda de donner vn coup de baguette sur la teste du Lyon, qui s'en estant mis en colere, se mit à rugir si fort, qu'il fit sortir vn chat de ses naseaux, qui se mit aussi-tost à poursuiure la souris. Le Paraphraste Persan de l'Alcoran, en poursuiuant son conte, dit, que Noé sçachant qu'il auoit à demeurer quarante ans dans l'Arche, separa les masles d'auec les femelles, de peur que les especes se multiplians, l'Arche ne fût plus capable de les contenir, & que la nourriture ne leur manquast. Il n'y eut que le chien, qui eut la liberté de demeurer auec la chienne au bas de l'Arche, Vn iour le chat ayant veu que ces bestes se donnoient la liberté que l'on auoit ostée à toutes les autres, s'en alla plaindre à Noé, qui leur en fit reproche; mais le chien le nia. Neantmoins on luy en fit souuent le rapport, qu'il pria Dieu de luy en faire connoistre la verité par vne preuue infaillible, & qu'en suite de cela le chien ayant voulu couurir la chienne, y demeura attaché; dont le chat ayant donné aduis à Noé, ils furent trouuez sur le fait, & conuaincus de leur mensonge. Que c'est depuis ce temps-là que les chiens demeurent ainsi attachez, & qu'ils haïssent les chats à mort.

Chameaux.

Ils ont plusieurs especes de chameaux. Ils appellent ceux qui ont deux bosses *Bughur*, & ceux qui n'en ont qu'vne *Schuttur*. De ces derniers il y en a de quatre sortes : sçauoir ceux qu'ils appellent par excellence *Ner*, c'est à dire masle, qui s'engendre d'vn dromadaire, ou d'vn chameau à deux bosses, & d'vne femelle à vne bosse, que l'on appelle *Maje*, & ceux-cy ne se font point couurir par d'autres. Ce sont là les meilleurs & les plus estimez de tous les chameaux, & il y en a qui se vendent cent escus la piece. Ils portent iusques à neuf ou dix quintaux de charge, & sont comme infatigables. Quand ils sont en chaleur, ils mangent peu, escument par la bouche, sont coleres & mordent; de sorte que pour les empescher d'offencer ceux qui les gouuernent, on leur met des muselieres, que les Perses nôment *Agrab*. Les chameaux qui viennent de ceux-cy, degenerent fort, & sont lasches & paresseux, c'est pourquoy les Turcs les appellent *Iurda Kaidem*, & ne se vendent que 30. ou 40. escus.

La troisiesme espece est celle qu'ils appellent *Lohk*, mais ils ne sont pas si bons que les *Bughur*, aussi n'écument-ils point comme les *Ners*, quand ils sont en chaleur, mais quand ils sont en ruth ils poussent de dessous la gorge vne vessie rouge, qu'ils retirent auec l'haleine, dressent la teste, & ronflent souuent. On les vend soixante escus. Il s'en faut beaucoup qu'ils soient aussi forts que les autres, c'est pourquoy quand les Perses veulent parler d'vn homme vaillant & courageux, ils disent que c'est vn *Ner*, & pour signifier vn lasche & vn poltron, ils l'appellent *Lohk*.

Ils nomment la quatriesme espece *Schutturi baad*, & les Turcs *Ieldoüesi*, c'est à dire, chameaux de vent. Ils sont plus petits, mais plus éueillez que les autres : car au lieu que les chameaux ordinaires ne vont que le pas, ceux-cy vont le trot, & galoppent aussi bien que les cheuaux.

ET DE PERSE, LIV. V.

1637.

Le Roy & les Chans en ont plusieurs attelages, & chaque attelage est de sept chameaux, accouplez ensemble. Ils s'en seruent en leurs magnificences, soit pour enuoyer au deuant des Ambassadeurs, couuerts de couuertures de velours rouge cramoisi, ou de basts reuestus de la mesme estoffe, en broderie d'or & d'argent, auec des sonnettes d'argent au col, ou bien pour courir la poste, & mesmes à la guerre : où ils sont d'autant plus vtiles, que dans vne déroute, ils sont fort propres à sauuer le bagage. Ils trottent si fort, que le garçon qui les conduit, & qui pour cét effect monte le premier, est obligé de se faire attacher au bast ou à la selle par le milieu du corps. En courant ils auancent la teste, & ouurent les naseaux, & courent auec tant de violence, qu'il est impossible de les arrester. A nostre entrée à *Scamachie* & à *Ardebil* nous en vismes vne bonne quantité, qui se presentoient en galoppant, tantost deuant, tantost derriere nous.

C'est vne des grandes commoditez que les voyageurs rencontrent en Perse, tant pour la monture de leurs personnes, que pour la charge du bagage & des marchandises; qu'ils peuuent par ce moyen transporter d'vn lieu à l'autre, à fort bon marché, & à peu de frais. Vn seul homme gouuerne vn attelage entier, & si l'on ne veut pas aller seul, l'on se ioint à des *Carauanes*, qui vont incessamment par le païs, & en cette compagnie l'on voyage seurement.

Les Chameaux ont leur pas reglé, c'est pourquoy leurs iournées l'estans aussi, l'on n'a pas beaucoup de peine à les faire aller au giste ordinaire, ou dans les villages que l'on trouue sur le grand chemin, ou dans des *Carauanseras*, que l'on a bastis exprés pour le logement des *Carauanes*. Il y en a qui ont leurs hostes, qui vendent du fourrage, mais en d'autres l'on ne trouue que les quatre murailles. La nourriture des chameaux n'est point difficile. Ils viuent de chardons & d'orties, & quelquefois on leur fourre dans la gueule vne paste dure, que l'on fait de balle de froment d'orge, du poids de trois liures, & de la façon des pains, que les soldats François qui seruent en Hollande, appellent d'vn mot corrompu brindestocq. L'on y mesle aussi quelquefois de la graine de cotton, qui est fort douce, & grosse comme de gros pois. Ils resistent à la soif deux ou trois iours entiers : en quoy la nature

Carauanes.

ayant sagement pourueu à la necessité, en laquelle on se trouue souuent faute d'eau, par les deserts & bruyeres de ces païs chauds & arides. En leur touchant les genoux de deuant, ils les ployent pour receuoir leur charge, & estans ainsi couchez le ventre à terre, ils se laissent manier comme l'on veut. Le son harmonieux de la voix, ou d'vn instrument les réjoüit, c'est pourquoy les Perses leur mettent des sonnettes aux genoux, & vne cloche au col, non seulement à cause des grands defilés où il est necessaire de se faire entendre de loin, afin d'auertir ceux qui s'y pourroient engager mal à propos, mais aussi pour égayer ces bestes en leur marche. Les Arabes se seruent pour cet effect de tymbales, quand ils voyagent par les deserts de leurs païs, parce que les coups de foüet ne les font point auancer, mais la musique, & particulierement la voix de l'homme les anime, & leur donne du courage. Ce qui incommode le plus les chameaux c'est vne sorte de limaçons, qu'ils nomment *moheré*, qui s'attachent quelquefois aux chardons, & leur piqueure aux naseaux de ces bestes est mortelle.

Ils sont fort vindicatifs, & conseruent long-temps la memoire du mal qu'on leur a fait : en sorte qu'en Perse la colere de chameau a passé en prouerbe, quand ils veulent parler d'vne inimitié irreconciliable. On en a vn exemple fort memorable, d'vn chameau, lequel estant en chaleur, & n'ayant point la teste emmuselée, mordit vn valet qui marchoit auprés de luy, au bras. Le vallet le chastia à beaux coups de bastons au col, où ces bestes sont les plus sensibles. Mais le chameau s'en vengea bien cruellement au mesme voyage. Car quelque temps apres, se trouuant la nuict destaché, il alla choisir parmy les autres vallets, qui à cause du froid s'estoient couchez auprés des chameaux, pour pousser leurs pieds sous leur ventre, celuy qui l'auoit battu, & luy marcha si bien sur le corps qu'il en eut tous les os brisez. Le pere de ce valet en demanda iustice, & on luy adiugea le chameau, pour en disposer comme il voudroit. La bile estant le principe de la colere, il y a dequoy s'estonner de ce que Pline dit, que les chameaux, les cheuaux & les asnes n'ont point de fiel. Ie n'ay pas pû connoistre non plus ce que le mesme Pline dit apres Xenophon, que les chameaux ont de l'auersion pour les cheuaux. Quand i'en voulois parler aux Perses ils se mocquoient de moy, & disoient que ce n'estoit pas sans sujet

sujet que les chameaux haïssoient les chevaux; parce que bien 1637.
souvent les chevaux peuvent entrer dans les Escuries, & se
mettent à couvert, là où les chameaux, qui n'y peuvent pas
entrer, parce que la porte est trop basse, sont contrains de coucher à l'air, & de souffrir qu'on loge les chevaux dans leurs
estables. Comme en effet il n'y a quasi point de Caravane, où
l'on ne voye des chameaux, des chevaux, & des asnes logés
ensemble dans vne mesme escurie, sans qu'ils témoignent de
l'aversion ou de l'animosité les vns pour les autres.

Il est vray que les femelles portent douze mois, mais ceux-
là se trompent, qui croyent que le masle en la couvrant luy
tourne le derriere. Cette erreur procede de ce que les chameaux en pissant, passent la verge entre les jambes de derriere,
mais en engendrant ils en vsent autrement. La femelle se couche sur le ventre, & le masle la couvre de la mesme façon que
font les chevaux. Et encore que cét animal soit extremement
grand, si est-ce que son membre, qui a pour le moins trois
pieds de long, n'est pas plus gros que le petit doigt. On en
mange rarement, parce que cét animal est trop necessaire pour
le travail; mais quand ils succombent sous le faix de leur charge, ou quand mesme vn *Moheré* les pique, on les tuë de deux
coups de cousteau dans la gorge, l'vn à l'endroit où elle tient à
la teste, & l'autre vers la poitrine, & alors on les mange.

Il y a beaucoup de chevaux en Perse, & la plus part sont fort Chevaux.
bien faits. Ils ont tous la teste, le col, les oreilles, la croupe & les
jambes belles. La *Mede* nourrissoit autrefois de si beaux chevaux,
que l'on les gardoit tous pour le Roy. Ceux de ces quartiers-là
sont encore aujourd'huy fort bons, & l'on en trouve d'vne tres-
excellente race dans la Province d'*Erscheck*, auprés d'*Ardebil*;
mais il est certain que les chevaux Arabes sont sans comparaison plus beaux; & à cause de cela ils sont aussi plus estimés par le
Roy, qui en fait le principal ornement de son Escurie. Apres
ceux-là l'on aime le plus les chevaux de Turquie, bien que le
Roy ait aussi de fort bons haras en plusieurs Provinces de son
Royaume, particulierement en *Erscheck, Sciruan, Karabag* & *Mo-*
gan, où sont les meilleures prairies. Ils s'en servent le plus souvēt
à la monture, mais fort rarement pour la somme, & quasi jamais
au charoy, qui n'est par toute la Perse qu'à deux rouës. Et dautant que les principales forces du Royaume consistent en ca-

AAaa

vallerie, ils aiment fort les chevaux, & en ont grand soin. Avec tout cela ils ne se servent point de paille pour la littiere; mais de la fiente du cheval, qu'ils font seicher au Soleil, & en font des couches sous les chevaux, de la hauteur d'vn pied, mais tellement douces & molles, qu'ils ne seroiët pas plus à leur aise sur vn matelas. Cette littiere leur sert long-temps, car quand elle est détrempée du pissat, ils la remettent au Soleil, la font reseicher, & continuent de s'en servir. Ils les couvrent outre cela d'vne couverture de crin, double d'vn feutre mol & fort peu foulé. Ils les attachent aussi par les pieds de derriere à vn pieux, afin que si par hazard ils se défont de leur licol ils ne puissent pas s'enfuir, ou estropier les autres chevaux. Tout le manege qu'ils donnent à leurs chevaux, ne consiste qu'à les accoustumer à partir de la main, comme vn esclair, & ils appellent ces chevaux qui excellent en vitesse, *Bad-pay*, c'est à dire, pieds de vent. Aux chevaux blancs & gris il peignent le crin & la queuë, & quelquesfois aussi les jambes, de rouge ou d'orengé; en quoy les Polonois & Tartares ont accoustumé de les imiter. Ils ne font point de depense qui paroisse plus, qu'en l'argent qu'ils employent aux harnois des chevaux, qu'ils couvrent souvent de lames d'or & d'argent, & chargent les resnes, les selles & les couvertures d'orfevrie & de broderie. Et cette mode ne leur est point si nouvelle, que l'on ne la voye dans les plus anciens autheurs de l'Histoire Grecque.

Mulets.

Ils ont aussi grand nombre de mulets, dont ils se servent ordinairement pour la monture. Le Roy mesme & les Chans les montent ordinairement, & nous-nous en sommes fort bien trouvés, lors que toute autre monture nous eust extremement incommodé, pendant nos maladies. On les vend aussi cher que les chevaux, en sorte qu'vn mulet, quoy que fort mediocrement beau, se vend pour le moins cent escus. On m'a asseuré qu'il s'en trouve aussi de blancs, mais ils sont, fort rares & fort precieux, & j'avouë que je n'en ay point veu.

Asnes.

Les asnes sont fort communs par tout l'Orient, mais en Perse plus que par tout ailleurs, & particulierement à *Ispahan*, où l'on ne voit autre chose; parce qu'il n'y a point de charoy dans les villes. Ceux qui les menent ont au bout de leur foüet vn gros poinçon, attaché à vne chaisne, dont ils font du bruit,

ET DE PERSE, LIV. V. 555

& en piquent incessamment cét animal, qui semble estre plus froid & plus pesant en ce païs-là, qu'ailleurs.

1637.

Les chaleurs sont si grandes en Perse, & le temps y est si constamment beau & serain l'Esté, qu'il ne se faut point estonner de ce que les fruits y sont si bons & si excellens. Pour ce qui est de ceux que la cuisine employe, ils y sont pour le moins en aussi grande abondance, mais sans comparaison meilleurs & plus savoureux qu'en Europe. Entr'autres les oignons sont si gros dans la Province de *Tarum*, aupres de *Chalcal*, qu'vne seule teste pese trois livres. Les choux cabus y sont frisez, tendres & d'vn tres-bon goust.

Les fruits.

Leurs plus precieux fruits sont les melons: aussi les cultivent-ils avec grand soin, & en eslevent tous les ans vne tres-grande quantité. Ils les sement tous en pleine terre, & avec tout cela il n'y en a point qui ne soient tres-excellens. Il y en a de deux sortes; sçavoir de ceux qu'ils appellent *Kermek*, du mot *Kerm*, qui signifie chaud, parce qu'on les mange l'Esté, & ils sont hastifs & en leur pleine maturité dés le mois de Iuin. Ceux-cy sont jaunes comme cire, & les plus doux de tous. On appelle les autres *Charbusei pasi*, & ils ne meurissent qu'en Automne. Ils sont fort gros, & pesent jusques à trente, quarante & cinquante livres. On les garde, non seulement tout l'Hiver, mais aussi jusques à ce qu'il y en ait de nouveaux; & avec tant d'industrie, que pour les distinguer d'avec les nouveaux il faut y porter le doigt, & voir si l'escorce luy cede; & par ce moyen ils ne sont jamais sans melons. Ils conservent aussi les raisins, qu'ils enveloppent de roseaux verts, & les pendent ainsi au plancher. Il y a encore vne troisiesme sorte de melons, qu'ils appellent *Scammame*, qui ne sont pas plus gros que les oranges, mais ils sont ouvragez ou brodez, & couverts entre la brodure de taches rouges, jaunes & vertes. Ils ne sont pas fort bons à manger, mais l'odeur en est tres-agreable, & c'est pourquoy les Perses les portent à la main. Il y a encore vne autre sorte de melons d'eau, qu'ils appellent *Hinduane*, parce que les premiers ont esté apportés des Indes: ainsi que nous avons dit cy-dessus, en la description de la ville d'*Astrachan*, où nous avons aussi parlé de ce fruict. Il est fort gros, & neantmoins ses jets sont si petits, que les Poëtes Perses s'en servent en leurs inventions, pour en faire comparaison avec le noyer;

Melons.

AAaa ij

1637.

lequel estant gros & puissant produit neantmoins vn fruict fort mediocre: pour faire connoistre, que bien souvent vn homme de basse naissance fait de fort belles actions, & qu'vn grand Prince au contraire fait des choses basses, & indignes de sa naissance.

Citroüilles.

Ils ont aussi plusieurs sortes de citroüilles, & entr'autres vne, qu'ils appellent *Kabach*, & que l'on trouve chez les herboristes sous le nom de *Cucurbita lagenaria*. Elle sont de la grosseur de la teste d'vn homme, & quelquefois plus grosses, & ont le col fort long. On les mange vers, & avant qu'elles soient en leur pleine maturité: car quand elles sont meures, l'escorce se seche, & devient aussi dure que l'escorce d'arbre, ou du cuir boüilly, & toute la chair se consume tellement, que n'y restant que la graine, les Perses les emp'oyent au lieu de flacons, & en font des vases à boire.

Padintzan.

Ils ont encore vne autre sorte de fruict, que l'on ne connoist point en Europe, qu'ils appellent *Padintzan*. Il ressemble à de petits melons, ou plûtost à des concombres. Le fruit est vert, sinon qu'au bout vers la queuë il tire vn peu sur le violet. La graine en est ronde & longue, & assez grosse. L'on ne le mange point cru, parce qu'il est amer; mais estant boüilly, ou frit dans le beurre, il est fort delicat.

La vigne.

Le climat de Perse est admirable pour la vigne. Il n'y a point de Province dans le Royaume qui ne produise de tres-excellents raisins: mais dautant que la loy de Mahumed leur défend l'vsage du vin, ils n'oseroient cultiver la vigne, pour en tirer le vin. Ils disent, que la defense que *l'Alcoran* leur fait de boire du vin, est fondée sur vne raison, qu'ils trouvent fort bonne, & qui nous semble assez plaisante pour meriter vne petite digression en cette Relation. Ils disent donc, que Dieu voulant soulager le genre humain, & particulierement les pauvres, des outrages, que les grands Seigneurs & les riches font à ceux qui ont quelque dependance d'eux, envoya au monde deux Anges, nommés *Haroth* & *Maroth*, & leur defendit particulierement trois choses: de faire mourir personne, de faire aucune injustice, & de boire du vin. Or il arriva qu'vne jeune & fort belle femme, vivant en mauvais mesnage avec son mary, voulut que ces Anges fussent juges de leur different, & pour gagner leur faveur, elle les pria à

Pourquoy les Mahometans ne boivent point de vin.

dîner, & les convia de boire de son vin, qui estoit du meilleur du païs. Les Anges s'en excuserent d'abord, sur les defenses que Dieu leur avoit faites: mais ils se laisserent enfin si bien persuader, qu'ils en prirent tant, qu'ils demanderent la courtoisie à leur hostesse. La femme s'y accommoda, mais stipula auparavant, que l'vn d'eux luy monstreroit le chemin par lequel on descend du Ciel, & l'autre celuy par lequel on y monte: mais les Anges n'eurent pas si-tost indiqué le chemin, que la femme ne se dérobast d'eux, & n'allast droit au Ciel. Dieu la voyant en cét équippage, luy demanda comment elle estoit montée au Ciel sans mourir. Elle respondit, que c'estoit par l'advis des Anges, & pour la conservation de son honneur. Ce qui obligea Dieu à couronner sa pudicité d'vne gloire extraordinaire, & dautant qu'elle estoit vne des plus belles femmes du monde, il voulut qu'elle eust aussi plus d'éclat que les autres estoiles, & en fit l'Astre que l'on appelle Venus. Et ayant fait venir les Anges devant luy, il leur dît, qu'en consideration du bien qu'ils avoient fait, il leur permettoit de se condamner eux-mesmes à vne peine qu'ils jugeroient proportionnée à leur peché: surquoy ils se retirerent dans la caverne de *Bebil*, entre *Babilone* & *Beteh*, où ils furent pendus par les pieds, à vne grosse chaisne de fer, & où ils demeureront en cét estat jusqu'au jour du Iugement.

Les Perses, pour obeïr au commandement de Mahomet, ne font point de vin; mais dautant qu'ils l'aiment passionément, ils ne permettent pas seulement que les Chrestiens en fassent, mais aussi ils ne souffrent principalement les Armeniens parmy eux, que parce qu'ils en peuvent achetter d'eux. Ils ne le font pas si bien qu'en Europe, & n'ont pas l'industrie de le mettre dans les tonneaux, mais le gardent dans des cruches de terre de la capacité d'vn demy muid, ainsi que nous venons de dire. Le *Seder*, c'est à dire le chef de la Religion des Perses, pour tesmoigner son zele, faisoit quelquefois casser les cruches des Armeniens. Il est permis aux Perses de faire du sirop de vin doux, qu'ils font boüillir jusques à ce qu'il soit reduit à la sixiéme partie, & qu'il s'épaississe comme de l'huile. Ils appellent cette drogue *Duschab*, & quand ils en veulent prendre ils la delayent avec de l'eau, & y adjoustent vn filet de vinaigre, qui compose vn breuvage fort agreable. Le *Minat-*

Duschab.

1637.

zim, ou Astrologue de *Scamachie*, m'en fit gouster, lors qu'il me donna à disner chez luy. Dans les Provinces les plus Septentrionales de Perse, où le vin n'est pas fort bon, les habitans détrempent le *Duschab* dans le vin du païs; auquel ils donnent par ce moyen le goust & la couleur du vin d'Espagne.

Duschab.

Quelquefois ils font tant boüillir le *Duschab*, qu'ils le reduisent en paste, pour la commodité des voyageurs, qui la coupent au cousteau, & la détrempent dans de l'eau. A *Tabris* l'on en fait vne certaine confiture, qu'ils appellent *Helwa*, y meslans des amādes broyées, de la fleur de farine de froment, & des noisettes pelées. Ils mettent cette paste dans vn sac long & étroit, & l'ayant mise sous la presse, ils en font vne paste qui s'endurcit tellement, qu'il faut employer la hache pour la couper. Ils en font aussi vne autre espece de confiture, en forme de boudin, qu'ils appellent *Zutsuch*, & passent au milieu vne petite ficelle de cotton, pour tenir la paste.

Il y a des Chimistes, qui soustiennent, que par cette mesme raison, pour éviter les frais que l'ō fait pour le trāsport du vin, l'on pourroit reduire cinq muids à vn: en faisant boüillir le vin doux jusqu'à la cinquiéme partie. Parce qu'il n'y a point d'apparence, disent-ils, que le vin perde ses esprits avant qu'il ait cuvé, & qu'apres cela en y adjoustant autant de bonne eau de fontaine, que l'on a fait évaporer d'humeur superfluë, l'on le pourroit remettre à la mesme quantité, & luy rendre la mesme bonté qu'il avoit auparavant. Mais j'estime, que si cela estoit faisable, l'on en auroit desia fait l'experience, particulierement en France, au lieu de convertir le vin en eau de vie.

Il y a de toutes sortes de raisins en Perse, mais les meilleurs & les plus doux sont à *Schiras* & à *Tabris*; c'est pourquoy l'on donne aux plus delicats le nom de *Tabersch*. Ce raisin est long, & n'a point de pepin, & on le garde tout l'Hyver. Ceux qu'ils appellent *Kesek*, sont jaunastres & doux, & viennent en *Tarum*, à *Tabris* & à *Ordebath*: mais pour éviter la disenterie, il en faut manger fort sobrement.

Les petits raisins, que nous appellons raisins de Corinthe, y sont jaunastres & plus gros que ceux qui viennent de l'Isle de *Zanthe*. Ils les appellent *Kischmisch*, & les meilleurs viennent de *Bawanat*, aupres de *Herat*. Outre ceux-cy il a encore plusieurs autres especes de raisins, que l'on ne cognoist point en Europe; entr'autres ceux qu'ils appellent *Hallagué*, dont le grain a plus d'vn poulce & demy de grosseur, mais la chair en est dure, sans suc & sans pepin, & on les garde tout le long de l'année, & les *Enkuri Aliderefi*, dont la grappe a plus d'vn pied, & les grains sont de la grosseur d'vne prune de damas, d'vn rouge brun, pleins de jus & fort doux, mais ils ne sont point de durée. Il n'en vient que dans la Province d'*Iran*, entre *Ordabath* & *Choddoferin*. Ils tirent leur nom de leur grand Prophete *Aly*, lequel se trouvant vn jour d'hyver en ce lieu-là, voulut qu'vn Vigneron, qu'il rencontra, luy donnast des raisins; & sur ce que le Vigneron luy dit, qu'il luy estoit impossible de luy en fournir en cette saison, *Aly* luy dit, qu'il allast dans la premiere vigne, & qu'il en trouveroit : comme de fait, il y trouva les plus beaux raisins qu'il eust jamais veus, & que l'on a nommés à cause de cela, *Enkuri Aly derefi*, c'est à dire, raisins du petit valon d'Aly.

Il n'y a point d'arbre fruittier en Europe, que l'on ne trouve en Perse : mais outre cela, ils en ont que nous ne connoissons point; comme des poires qu'ils appellent *Melletze*, qui viennent auprés de la ville d'*Ordebath*, de la grosseur & de la couleur du citron. L'odeur en est fort süave & douce, & elles ont beaucoup de jus, mais elles ne sont pas fort agreables au goust. Arbres fruictiers.

Les grenadiers, les amandiers & les figuiers y viennent sans aucune culture, particulierement en la Province de *Kilan*, où l'on en voit des forests entieres. Les grenades sauvages, que l'on voit quasi par tout, & principalement à *Karabag*, sont aigres. L'on en tire la graine qu'ils appellent *Nardan*, dont on fait vn assez grand commerce, & les Perses s'en servent en leurs saulses, à qui elle donne de la couleur & vn goust acide, apres qu'on la fait destremper dans de l'eau, & passer par vn linge. Quelquesfois ils font boüillir le jus de ces grenades, & le gardent pour donner de la couleur au ris, qu'ils servent en leurs festins, & luy donne vn goust qui n'est point desagreable. Les Perses se servent de saulses aigres quasi à toutes les viandes, & c'est pourquoy l'on n'y trouve quasi personne qui soit affligée du *scurbut*, qui est vne maladie trop connuë, & mortelle en plusieurs Provinces de l'Europe.

Ie ne parleray point des autres fruits, que nous avons aussi en Europe, comme de leurs *Narintz*, ou orenges, *Limec*, citrons,

Meschmeschi, abricots, *Scafralu*, pesches, &c. seulement diray-je qu'ils ne sont pas également bons par tout. Les meilleures grenades viennent en *Iescht* & à *Casüin*, mais les plus grosses en *Karadag*. *Ispahan* est renommé pour ses bons melons, *Casüin* pour ses pesches, *Tabris* pour ses abricots, & les Provinces de *Kilan* & de *Lahetzan* pour les soyes.

La soye.

Les arbres, dont les Perses tirent cette riche marchandise, doivent sans doute estre mis au nombre des fruitiers : non seulement parce qu'en effet ils portent du fruit, mais aussi parce que les Perses remplissent par tout leurs jardins de ces plants. Ce sont des meuriers blancs & noirs, qu'ils plantent si serrés, qu'à peine vn homme peut-il passer entre les arbres; mais ils les nourissent en forme de buissons, & ne permettent pas qu'ils croissent plus haut de cinq pieds & demy, afin que l'on puisse atteindre à toutes les branches. Dés qu'au Printemps ces arbres commencent à pousser leurs feüilles, les Perses commencent à faire esclore leurs vers à soye. Pour cét effet ils portent la graine dans vn petit sac sous l'aisselle, où la chaleur de sept ou huict jours les fait esclore. Apres cela on les met dans vne escuelle de bois, sur des fueilles de meurier, que l'on rafraischit pour le moins vne fois le jour ; prenant soigneusement garde qu'elles ne soient point humides. Au bout de cinq jours ils en dorment trois, & alors on les met dans des chambres, ou en des granges biẽ nettes, & preparées exprés pour cela, & en la Province de *Kilan*, ils ont pour cela des bastimens particuliers, faits à peu prés cõme nos tuilleries. L'on couche sur les poutres de ces bastimens des lattes, ou des perches fenduës cõme celles dont on fait icy les cerceaux, sur lesquelles ils couchent des branches de meurier avec les fueilles, & y mettent les vers, rafraischissant tous les jours ces branches, & sur la fin quand ils sont bien gros, deux ou trois fois le jour, & l'on bouche si bien toutes les ouvertures des granges, que l'on couvre de filets, que les oyseaux n'y puissent pas entrer pour les manger. Cependant, & avant qu'ils commencent à filer, ils dorment encore huit jours ; mais il faut prendre garde que les femmes incommodées de leur maladie ordinaire, n'en approchent point ; parce que cela les feroit mourir, & comme estouffer dans leur eau. Apres sept sepmaines de vie ils commencent à filer : ce que l'on connoist tant par leur dégoust ; parce qu'ils

cessent

cessent de manger, que par la soye qui leur sort de la bouche. 1637.
On les laisse travailler douze jours à leur coque, & cependant
l'on garde bien soigneusement le lieu où ils filent. Ce temps-
là estant exspiré, l'on y trouve autant de coques qu'il y a eu de
vers, & l'on choisit les plus grosses pour la graine. L'on jette
les autres dans vn chauderon d'eau boüillante, où de temps
en temps l'on trempe vn balay fait exprés pour cela, où la soye
s'attache, & en mesme temps on la devide, & l'on jette ce qui
reste. L'on met ceux que l'on garde pour la graine sur vne table, où l'on voit esclorre au bout de quinze jours, des papil-
lons, qui font la graine, que l'on garde dans vn lieu temperé,
jusques à l'année suiuante. La soye fait le premier commerce de
toute la Perse, & presque de tout l'Orient, comme il est en
effet le plus propre, & le plus noble de tous ceux qui se font en
Europe.

On peut aussi compter parmy les fruits de ce païs-là la *Nefte*, La Nefte.
qui sort de plusieurs sources, auprés de *Baku*, & le sel, que l'on
tire des minieres de *Nachtsüan*: mais il est bien plus beau, & clair Le sel.
comme le christal en *Kulb*, *Vrumi*, *Kemre*, *Hemedan*, *Bischun*,
Suldus & *Kilissim*. Il n'y a point d'autres mines où l'on travail-
le. Il y a bien quelques Forges à *Masula* & à *Kentse*, mais le
meilleur fer se tire à *Masula*, où il est si doux & si maniable, qu'il
cede au marteau, mesme estant froid. Il y a des mines d'or &
d'argent entre *Serab* & *Miane*, mais l'on n'y peut point travailler faute de bois, qui y est si rare, que le profit que l'on
pretendroit en tirer, ne payeroit point la despense. Entre
Pirmaras & *Scamachie*, nous vismes vne montagne de *Lapis*
specularis, qui paroissoit au Soleil comme vn monceau de diamants.

Les Perses sont de stature mediocre. *Xenophon* dit, qu'ils La taille des
estoient la pluspart gros & gras, & *Marcellin* au contraire dit, Perses.
que de son temps ils estoient maigres & secs. Ils le sont encore
aujourd'huy, mais ils sont forts & membrus, & ont le visage
oliuastre, le poil noir, & le nez aquilin. Les hommes se font
raser la teste tous les huict jours, contre la coustume des
anciens Perses, qui laissoient croistre les cheveux, comme font encore aujourd'huy les *Seid*, c'est à dire les parents
de Mahomed, qui en vsoit ainsi, à ce que l'on dit. Ils se font
aussi raser le menton, mais ils laissent croistre les mou-

BBbb

staches. Il n'y a que certains Religieux, qu'ils appellent *Phyr*, qui laissent croistre la barbe au menton & aux joüës Ces gens sont en grande veneration parmy eux, à cause de leur Sainteté apparente, qui consiste principalement en l'abstinence. Il y en a aussi, qui ne se font jamais couper les moustaches, qui leur couvrent la bouche, & ce en memoire de leur Prophete *Haly*, qui les portoit ainsi. On appelle ces derniers *Suffi*, & l'on dit que *Haly* les portoit ainsi pour la raison suivante. C'est que lors que Mahomet fit le voyage du Paradis, dont parle l'*Alcoran*, *Azoara*, 27. *Haly* le suivit. D'abord l'on fit difficulté à la porte de le laisser entrer, jusques à ce qu'il dît au portier qu'il estoit *Schir Chodda*, c'est à dire le Lyon de Dieu. Estant entré il vit que les Anges faisoient boire Mohomed d'vn excellent vin, & il fut si heureux, qu'il en eust aussi vn gobelet, qu'il vuida; mais quelques goutes de ce divin breuvage estans demeurées à la moustache, il ne vouloit jamais permettre depuis qu'on la luy coupast.

Ils n'aiment point les rousseaux.

Les Perses aiment les cheveux noirs, & ils souffrent les blonds, quoy qu'avec peine; mais ils ont vne puissante aversion pour les roux. Ils estiment si fort les cheveux noirs, que quand ils pechent tant soit peu en couleur, ils les peignent. Ils se servent pour cét effet de l'herbe & de la graine de *Wesme*, que l'on apporte de *Bagdat*, & ressemble à celle que les herboristes appellent *Securidaca*, laquelle ils broyent fort menu avec de l'escorce de granade, & y meslent du savon & de l'arsenic, ils font boüillir cette composition dans de l'eau de fontaine, & en frottent les cheveux, qu'ils l'avent apres d'vne lexive forte, faite avec de la chaux vive. Ils se servent aussi de l'eau qui coule de la vigne au Printemps: les hommes s'en frottent les moustaches, & les filles les cheveux, qui leur battent sur le dos, noüés en plusieurs tresses; persuadés qu'ils sont les vns & les autres, que cela les fait croistre.

Ils peignent les mains & les ongles.

Ils ont aussi la coustume de se peindre les mains, & sur tout les ongles, d'vne couleur rouge, tirant sur le jaune ou l'orangé, & à peu prés de la couleur que l'on voit aux ongles de nos taneurs. Il y en a mesme qui en peignent les pieds. C'est vn ornement si necessaire à leurs mariées, que l'on se sert de cette teinture, & l'on en distribuë aux conviés au festin du mariage. Ils en peignent aussi les corps de celles qui meurent filles; afin qu'en comparoïssant devant les Anges examinateurs, on les trouve plus ajustées & plus propres. Ils font cette couleur d'vne herbe qu'ils appellent *Chinne*, qui a ses fueilles semblables à celles de reglisse, ou plutost à celles de mirthe. Elle croist en la Province d'*Erak*, & on la seche & broye menu comme farine, & l'on y adjouste vn peu de jus de grenade aigre, de citron, ou bien d'eau commune, & ils en peignent ainsi les mains. Et si l'on veut que la couleur soit bien brune, l'on les frotte apres cela de fueilles de noyer. Cette couleur se conserve plus de quinze jours, encore que l'on lave les mains plusieurs fois le jour.

Leurs habits n'ont point de proportion avec leurs membres. Leurs casaques & vestes sont larges & lasches, & semblables aux habits des femmes. Leur demarche tient de la mollesse. Ils marchent quasi tous en cannettant, & avec fort peu de gravité. Ie m'imagine qu'ils contractent cette mauvaise habitude de leur façon de s'asseoir, comme nos tailleurs; par ce qu'y estans accoustumez de leur premiere jeunesse, ils ont le jarret moins ferme. *Diodorus Siculus* donne l'invention de cette sorte d'habits à *Semiramis*, & en dit l'occasion, aussi bien que plusieurs autres Auteurs anciens. La coiffure des hommes, qu'ils appellēt *Mendil*, & les Turcs *Tulban*, est faite de toille de cotton ou de quelque autre étoffe de soy fine, & rayée de diverses couleurs, en plusieurs tours, & a jusques à huict ou neuf aunes de long ayans ses plis legerement cousus ou faufilés d'vn fil d'or. Celle de leurs Prestres & particulierement des *Hafis*, est blanche, aussi bien que tout leur habillement. Il y en a qui mettent à leurs mendils vne houpe de soye, qui leur pend sur le dos, ou sur l'espaule, de la longueur d'vn bon quartier. Les *Seid*, c'est à dire, ceux qui se disent estre de la posterité de Mahomet, & qui pretendent estre ses successeurs, en ont vne de soye verte. Quelques Perses, & mesme les plus grands du Royaume, portent des bonnets fourés, le dedans & le dehors garny de peaux de mouton de Buchar, en sorte que la laine pend aux rebords de la longueur d'vn doigt, & est aussi douce que la soye. L'on estime en Perse ces bonnets comme l'on fait les castors en Europe; & se vendent plus de cinquante francs la piece. Ils portent ces coiffures l'Esté aussi bien que l'Hyver; quoy que les chaleurs, qui y sont excessives, les doivent rendre fort incommo-

Leurs habits.

1637.

des. Cette couſtume à tenir toûjours la teſte chaude, fait qu'ils ne l'oſent pas expoſer au froid, ou au ſerein. Et c'eſt à ce propos que je croy pouvoir alleguer icy ce que dit Herodote, liv. 3. Sçavoir, qu'apres vne bataille entre les Perſes & les Egiptiens, en laquelle il y eut vn grand nombre d'hommes de tués de part & d'autre, l'on prit ſoin de faire porter les corps des vns & des autres en des lieux ſeparés, & que l'on trouva au bout de quelque temps, que les cranes des Perſes eſtoient ſi minces & ſi delicats, qu'on les pouvoit enfoncer du doigt, & que ceux des Egyptiens au contraire eſtoient ſi durs, qu'il eſtoit impoſſible de les rompre à coups de pierre. La raiſon qu'il allegue pour cela eſt, qu'il dit que les Egiptiens, qui s'eſtoient accouſtumez dés leur premiere jeuneſſe, d'aller au Soleil la teſte nuë, l'endurciſſoient par ce moyen, au lieu que les Perſes, la tenans enveloppée, ont le crane fort tendre. Auſſi ne ſe deſcouvrent-ils jamais, ny en priant Dieu, ny en ſaluant les hommes, ny meſmes en parlant au Roy : mais en ſaluant ils font vne grande inclination de la teſte, & portent la main au cœur.

Kiſilbaſch.

Il y a pluſieurs Perſes, qui portent des bonnets rouges: ce qui eſt cauſe que les Turcs les appellent tous par deriſion *Kiſilbaſch*, c'eſt à dire teſtes rouges. La pluſpart des Auteurs, qui parlent des affaires de Perſe, eſcrivent ce mot *Cuſelbas*, *Queſelbach*, ou *Querſelbach* mais le vray nom eſt *Kiſilbaſch*, comme eſtant compoſé du mot *Kiſ.l*, qui a deux ſignifications differentes, ſçavoir celle de *rouge* & d'*or*, & de *Baſch*, qui ſignifie teſte. *Paul Iove* au liv. 13. de ſes hiſtoires, & apres luy *P. Bizarro* au 10. liv. de ſon hiſtoire de Perſe, diſent que *Teſellis*, diſciple de *Harduellis*, autrement nommé *Eider*, qui, à ce qu'ils diſent, vivoit au commencement du ſeizieſme ſiecle, fut le premier, qui obligea les Perſes à porter des bonnets rouges, pour les diſtinguer d'avec les Turcs, en ſe ſeparant de leur religion. Mais ils ſe trompent en l'vn & en l'autre: Car la verité eſt, que les Perſes, en ſe ſeparant de la communion des Turcs, & en faiſant vne ſecte particuliere de la religion de Mahomet, par le conſeil de *Schich Sefi*, auteur de leurs nouvelles opinions, ſouſtinrent d'abord, que les premiers ſucceſſeurs de Mahomet, *Omar*, *Oſman* & *Ababiker*, avoient vſurpé la ſucceſſion au prejudice des droits d'*Aaly*, & voulurent que celuy-cy tinſt lieu de Prophete, & que ſes douze ſucceſſeurs, que nous nommerons cy-apres, quand nous parlerons de la religion des Perſes, fuſſent canoniſez, & mis au nombre de leurs *Imans*, ou Saints : qu'ils fuſſent conſiderés en cette qualité, & que leurs Eccleſiaſtiques, ou Religieux, portaſſent des bonnets rouges, faits à douze plis, de la forme des bouteilles dont l'on ſe ſert en Languedoc & en Provence, qui ont le ventre large & plat, & le col fort long & eſtroit.

Ce changement en la Religion fut cauſe d'vne grande guerre entre ces deux Nations ; en laquelle les Turcs, ſe ſervans de l'avantage de leurs armes, traitterent fort mal les Perſes, mais particulierement les Eccleſiaſtiques, à cauſe de l'averſion qu'ils avoient pour cette nouvelle Religion. Et dautant que leur coëffure les faiſoit connoiſtre parmy les autres, ils quitterent leurs bonnets en pluſieurs endroits du Royaume, & obligerent les autres à ſuivre leur exemple. Cette perſecution dura, juſqu'à ce que *Schach Iſmaël. 1.* ſe voyant pouſſé par les Turcs juſques en la Province de *Kilan*, & ayant ſujet d'apprehender de voir dans peu de temps tout le Royaume entre les mains des ennemis declarés de ſa Religion, reſolut d'aller au devant d'eux, & de hazarder vne bataille. Pour cét effet il envoya repreſenter aux Provinces & aux principales villes du Royaume le peril où l'eſtat, leur liberté & leur Religion ſe trouvoient expoſez, s'ils ne ſe reſolvoient de faire vn dernier effort contre le Turc : & leur fit dire, qu'il accorderoit à ceux, qui le ſerviroient de leurs perſonnes, en cette conjoncture d'affaires, vne exemption generale & perpetuelle, pour eux, & pour leur poſterité. Il fit par ce moyen vne armée de trois cens mille combatans, avec laquelle il marcha droit à *Ardebil* ; parce qu'il vouloit commencer ſes exploits par vne entrepriſe pieuſe, en retirant le ſepulchre de *Schich-Seﬁ* des mains des Turcs, qui furent chaſſez de cette ville. Il n'en fût pas ſi toſt le maiſtre, qu'il confirma tout ce qu'il avoit promis touchant l'exemption, & afin que l'on pût connoiſtre ceux qui en devoient joüir, il voulut que l'on fiſt de ces bonnets rouges, qu'il fit faire à douze plis, en memoire de leurs douze *Imans*. Mais dautant que la ville ne puſt pas fournir aſſez d'eſcarlatte, pour vn ſi grand nombre de bonnets, vn cordonnier d'*Ardebil* s'aviſa d'en faire douze de Maroquin de la mesme couleur; dont *Schach Ismaël* fit present aux Officiers Generaux de son armée. Il les fit faire de couleur rouge, pour representer en quelque façon la Couronne d'*Aaly*; auquel les personnes donnent la qualité de Roy, aussi bien que celle de Prophete, comme à ces bonnets le nom de *Tatsch*, c'est à dire Couronne. C'est pourquoy les Perses, bien loin de se fascher quand on les appelle K*isilbaschs*, croyent que c'est vn titre d'honneur; quoy qu'en effet il n'y ait que ceux qui sont de la posterité d'*Aaly*, & ces exempts, qui portent des bonnets rouges : les premiers couverts de toile, ou de quelque autre estoffe, qu'ils appellent *Takie*, & les autres sans enveloppe. La posterité de ces exempts joüit encore aujourd'huy de ces privileges, & l'on prend parmy eux les gardes pour la personne du Roy, que l'on considere, comme l'on fait les Suisses dans les Cours de plusieurs Princes de l'Europe.

Leurs habits ordinaires sont des tuniques de cotton, ou de soye de plusieurs couleurs, qui leur vienent jusques au gras des jambes. Celles de cotton sont à fleurs, imprimées sur la toille, & elles sont toutes doublées de cotton, & piquées comme les matelats. Ils en passent les extremités sous le bras gauche, & se ceignent d'vne escharpe de la longueur de deux aulnes, qu'ils appellent *Tzarkesi*, & font plusieurs tours autour du corps. Les plus riches mettent sur cette ceinture encore vne autre belle escharpe, qu'ils appellent *Schal*, faite d'vne estoffe fort delicate, que les Indiens apportent en Perse; parce que leurs soyes estans bien plus belles, & leurs couleurs plus vives & plus fines que celles de Perse, leurs estoffes sont aussi bien plus estimées.

Quand les *Molla*, ou Prestres se trouvent devant le *Mehere*, ils ostent cette belle ceinture, pour témoigner leur humilité. Les autres Perses y fourrent vn poignard, leur cousteau, leur mouchoir & leur argent, & ceux qui font profession d'escrire pour les autres, y mettent aussi leur escritoire, le canif & la pierre à aiguiser, les lettres, & tout ce que les Moscovites ont accoustumé de fourrer dans leurs bottes qui leur servent de pochettes. Les personnes de qualité, & le Roy mesme, portent sur cette tunique vne mandille, sans manches, qui ne va que jusqu'aux hanches, avec des parements de martre zobeline. Quand ils sortent, à pied ou à cheval, ils mettēt sur ces habits vne veste de soye de plusieurs couleurs, ou ouvragée de fleurs d'or, qu'ils appellent *Iakub Cahni*, du Roy du mesme nom, qui les porta le premier en Perse. Leurs chausses sont de cotton, faites comme nos calçons : aussi les portent-ils sous la chemise, & elles vont jusques à la cheville du pied. Leurs chemises sont de toile de cotton, & elles sont le plus souvent rayées de rouge. Leurs bas sont de drap, grossierement taillés, sans façon, & sans proportion à la jambe. Ils les portent fort larges, & bien souvent de drap verd ; ce qui est vne abomination, & fait horreur aux Turcs, & c'est aussi vn des principaux differents de leur Religion ; parce que Mahomet portoit vn bonnet verd, & les Perses deshonnorent cette couleur en mettant aux pieds celle que leur grand Prophete portoit à la teste. Leurs souliers, qu'ils appellent *Kefs*, sont fort pointus au bout, & ont les quartiers fort bas, de sorte qu'ils s'en chaussent & se les ostent avec la mesme facilité, que nous faisons les pantoufles. Ce qui leur est d'autant plus necessaire, qu'ils se dechaussent dans l'antichambre, tant chez eux, qu'aux visites qu'ils font chez leurs amis, pour affaires ou autrement. Ie me souviens, à propos de cela, qu'estant vn jour allé chez le *Chan* de *Scamachie*, à l'heure qu'il donnoit audiance pour des affaires de Iustice, nous trouvasmes dans l'antichambre plus de souliers, que ne pourroit fournir le premier cordonnier de la savatterie, & vn garde-souliers, qui avec vn baston fourchu rendoit les souliers, à ceux qui sortoient.

Les femmes se servent d'estoffes beaucoup plus deliées que les hommes, & ne portent point de ceintures, mais leurs calçons & chemises ne sont point autrement faites que celles des hommes. Leurs bas sont ordinairement de veloux rouge ou verd, & elles n'ont quasi point d'ornement de teste, mais elles laissent traisner les cheveux negligemment, en plusieurs tresses sur le dos & sur les espaules. Tout l'ornement qu'elles ont à la teste est de deux ou de trois rangs de perles, qu'elles ne portent point au col, comme l'on fait ailleurs, mais à l'entour de la teste, prenant depuis le front, & descendant le long des jouës jusques sous le menton ; en sorte qu'il semble que tout le visage soit enchassé dans des perles. Ce qui pourra aucunement servir d'explication à ces paroles du Cantique: *Ses jouës sont de bonnes graces avec ses atours*. Les filles portent quelquesfois des bagues, avec des pierres

1637.

Habits des femmes.

1637.

precieuſes à la narine droite, comme les femmes Tartares. Elles en portent auſſi aux doigts, & aux bras, & elles ont des bracelets de lames d'argent. Mais la Loy de Mahomet defend aux hommes de porter des bagues d'or. C'eſt pourquoy lors que nos Ambaſſadeurs firent preſent à *Saru Taggi*, Chancelier de Perſe, d'vn beau diamant, il le fit oſter de ſon chaton pour le faire enchaſſer en de l'argent, & le preſenta ainſi au Roy. Les femmes ne ſe deſcouvrent point le viſage, en allant par la ville, mais elles ſont cachées ſous vn voile blanc, qui leur va juſqu'aux jambes, dont elles n'ouvrent qu'vne petite fente, à l'endroit des yeux, pour ſe conduire. Les Perſes en font vne embléme, pour ſignifier, que bien ſouvent dans vn beau corps eſt cachée vne mauvaiſe ame, & que ſous vne belle apparence de bonne vie ſe cachent vn grand nombre de vices enormes; tout ainſi que ce voile couvre bien ſouvent ſous de tres-beaux habits vne tres-laide femme.

Les Perſes ſont propres.

Les Perſes ſont extremement propres, tant en leurs chambres & en leurs meubles qu'en leurs habits, où ils ne ſouffrent point de tache: juſques-là, que ceux qui en ont la commodité, les changent dés qu'ils y voyent la moindre tache, & les moins aiſés les font laver toutes les ſepmaines. Ce qui eſt bien contraire à l'humeur des Moſcovites, où l'on ne voit quaſi point d'habit qui ne ſoit plein de vilainies, & qui ne reluiſe de graiſſe: auſſi eſt-il vray que les eſtables & eſcuries de Perſe ſont plus propres, que les poiſles & les chambres des Moſcovites.

Ont eſprit.

Les Perſes ont l'eſprit vif & le jugement bon. Ils s'appliquent à l'eſtude, & reüſſiſſent merveilleuſement bien en la Poëſie. Leurs inventions ſont riches, & leurs penſées belles, ſubtiles & pleines. Ils ne ſont point glorieux, & ils ne meſpriſent perſonne, mais au contraire ils ſont complaiſans & agreables en la converſation, & ſe font entr'eux beaucoup de civilité, particulierement aux eſtrangers. Les ſubmiſſions qu'ils ſe font en leurs complimens vont au delà de ce que l'on en fait en France. Vn Perſan, pour convier vn amy d'entrer chez luy, & pour luy faire offre de ſervice, ſe ſert de ces termes; je vous prie d'annoblir ma maiſon de voſtre preſence. Ie me ſacrifie à voſtre volonté. Ie me proſterne à vos pieds: que la prunelle de mon œil ſerve de ſentier à vos pieds, &c:

mais

mais le plus souvent ce ne sont que des compliments. Ie me souviens à ce propos d'vn Perse, lequel s'estant venu plaindre à nostre Medecin d'vn mal de costé, dont il estoit affligé, luy dit; que s'il le pouvoit guerir, il luy donneroit sa teste: mais sur ce qu'on luy representa, qu'il ne se devoit pas tant mettre en peine de sa santé, puis qu'il estoit si prodigue de sa vie, il répondit; que ce n'estoit pas autrement son intention; mais que c'estoit leur façon de parler.

Les Perses ont de tout temps eu la reputation de n'estre pas trop soigneux de dire la verité, & encore aujourd'huy ceux qui la voudroient dire toûjours passeroient en leur esprit pour simples. Aussi n'y a-il personne qui s'offense quand on luy dit *drugh mikui*, ou en langue Turque *galande diersen*; c'est à dire, tu as dit vne menterie, & le mot de *galantsi*, qui signifie menteur, n'y est qu'vne galanterie en effet: quoy qu'Herodote die, que c'est le vice que les anciens Perses haïssoient le plus, & qu'ils avoient vn soin particulier de faire apprendre à leur jeunesse à monter à cheval, à bien tirer de l'arc, & à dire la verité.

Ils sont fort fidelles dans les amitiés particulieres qu'ils contractent ensemble, & ils font des fraternités entr'eux qui durent toute la vie, & qu'ils cultivent avec tant de soin, qu'ils les preferent mesme à l'obligation, qu'ils ont au sang & à la naissance. En Allemagne il ne se fait quasi point d'escot, où les yvrognes ne fassent quelque fraternité, mais l'amitié n'en est pas plus grande, entre des personnes, qui d'ailleurs en sont incapables : mais en Perse ils en vsent tout autrement. C'est leur coustume de faire tous les ans vn festin, où tous les hômes d'vne mesme parenté, & les autres amis s'assemblent, & si en cette assemblée il se trouve des personnes, qui par vne affectiō reciproque & particuliere veillent faire vne amitié plus estroite & plus constante entr'eux, ils s'adressent à quelqu'vn de la compagnie, qu'ils tirent par le bord de la veste, & luy ayans dit qu'ils le choisissent pour leur *babba*, pere ou parain, ce que l'autre ne peut pas refuser, ils vont tous trois trouver leur *Calife*, parce qu'il n'y a point de famille, qui n'ait le sien, luy baisent la main, & demandent sa benediction. Pour la recevoir ils se couchent le ventre à terre, premierement le parain, & apres cela les freres, aux pieds du *Calife*, qui donne à chacun trois coups de canne sur le dos, prononçant au premier coup le mot d'*Alla*, au second celuy de *Mahomed*, & au troisiéme celuy de *Haly*. Apres cela ils baisent la canne, & par ce moyen la fraternité est établie. Et cette sorte d'alliance est si sainte en leur opinion, qu'ils disent, qu'il n'y a point de peché, qui ne puisse estre pardonné: que le sacrilege & l'idolatrie ne sont point irremissibles, & que l'on peut esperer du pardon d'avoir beu du vin, & d'avoir outragé vn *Abdalla*, mais que l'on ne peut pas violer impunément les droits de cette fraternité. Et s'il arrive que deux de ces freres se faschent, la reconciliation se doit faire à la premiere assemblée, en la maniere que nous allons dire. Celuy qui a esté offensé se presente à la porte de celuy qui l'a offensé, ayant la teste panchée & les mains laschement pendantes, & demeure en cette posture jusques à ce que l'autre l'ait prié trois fois d'entrer en sa maison, & alors ils vont ensemble à l'assemblée, où la reconciliation s'acheve. Les Perses sont bons & reconnoissent le bien qu'on leur fait, mais ils sont irreconciliables en leurs inimités. Ils sont courageux, & bons soldats, allans gayement aux coups, & mesmes aux plus dangereuses occasions.

Propres.

Ils ont aussi de la pudeur, & sont fort reservés: c'est pourquoy ils ne font jamais de l'eau debout; mais ils se huchent comme les femmes, & se lavent apres avoir fait. C'est pour cét vsage, que l'on trouve aux nopces, & aux autres grandes assemblées, dans des lieux retirés, plusieurs cruches pleines d'eau. S'ils se trouvent aupres d'vn torrent, ou aupres d'vne riviere ils ne manquent pas d'y faire leur eau, & c'est pour cela que les Turcs les appellent par mocquerie *Cher Schahei* ; c'est à dire asnes du Roy, ou d'*Aly*, parce que les asnes ne passent jamais l'eau sans y pisser : Les Perses au contraire appellent les Turcs *Seksunni*, parce qu'ils pissent contre la muraille comme les chiens. Il est vray que les personnes de condition en vsent en Turquie comme les Perses, & les vns & les autres prennent soigneusement garde, en faisant de l'eau, ou en deschargeant le ventre, de ne tourner point le visage ny le dos vers le Midy, parce qu'en faisant leurs prieres ils se tournent de ce costé-là.

Luxurieux.

Il est vray que cette pudeur n'est que dans l'exterieur, & qu'en effet ils sont plus luxurieux qu'aucune autre nation du monde. Car non contents d'espouser plusieurs femmes, &

d'avoir nombre de concubines, ils ne laissent pas de courir apres des garces. Aussi n'y a-il point de ville, à la reserve de celle d'*Ardebil*, où il n'y ait des lieux publics, sous la protection du Magistrat. Pendant le sejour que nous fismes à *Scamachie*, il y eut vn de nos soldats, qui apres s'estre bien diverty avec vne femme, s'estoit retiré, sans la payer. Elle en fit ses plaintes au *Chan*, qui fit prier les Ambassadeurs de tenir la main à ce qu'elle fust contentée, & leur fit dire qu'il estoit raisonnable, que les *Kahbe*, qui payent vn grand tribut au Roy, soient aussi payées de leur salaire. Nous avons dit ailleurs comment les Perses s'en servent en leurs festins: & cette coustume est si ancienne, que Herodote mesme en parle, quand il dit, que les Ambassadeurs des Perses dirent à Amintas, Roy de Macedoine, que c'estoit leur coustume, en regalant leurs amis, de leur donner aussi le divertissement des femmes. Il leur fit amener des hommes travestis, qui tuerent les Ambassadeurs.

Le Roy mesme à vn grand nombre de ces femmes à ses gages, & s'en divertit à son disner, les faisant danser, & mettre en toutes sortes de postures; c'est pourquoy il faut que celles qui se veulent mesler de ce mestier, ne soient pas seulement belles, mais aussi plaisantes & adroites. Le Roy les mene avec luy à la campagne, & mesme à l'armée, à l'exemple des anciens Roys de Perse, particulierement de celuy de Darius, qui, à ce que dit Q. Curce, avoit à sa suitte trois cens soixante concubines, toutes tres-magnifiquement vestuës.

Le Roy de Perse a plusieurs femmes & concubines.

Ce n'est pas vn peché bien extraordinaire parmy eux que la sodomie, & l'on ne le punit point côme vn crime. *Sarru Taggi*, que nous avons veu Chancelier de Perse, ne fut point chastié pour ce crime; mais à cause de la violence qu'il avoit faite. Le Roy mesme estoit sujet à ce vice, & tant s'en faut qu'il le chastiast en autruy, que l'ô nous raconta, qu'en l'an 1634. le *Schach Sefi* se trouvant au siege d'*Eruan*, vn des Colonels, qui s'estoit enyuré chez le Roy, voulut à son retour, dãs la chaleur du vin, forcer vn garçon, qui estoit à son service, & qui avoit souvent refusé de prester l'oreille à ses infames recherches. Ce garçon, pour prevenir la violence, dont il se voyoit menacé, & qui luy estoit inevitable, se saisit du poignard, que son maistre portoit dans la ceinture, & luy en donna dans le cœur. Le lende-

On ne punit point la sodomie en Perse.

main, le Roy ne voyant point le Colonel, demanda ce qu'il estoit devenu. On luy dît, qu'il avoit esté tué par vn de ses domestiques, & de la façon que nous venons de dire. On luy amena ce garçon, qui luy dît franchement comment l'affaire s'estoit passée, & advoüa que l'horreur de ce peché luy avoit fait prendre cette resolution. Le Roy s'en mit si fort en colere, qu'il commanda qu'on le jettast aux chiens, pour en estre deschiré. Les deux premiers ne le voulurent point attaquer, mais l'on amena apres cela deux dogues d'Angleterre, laquelle est fertile en cette sorte de bestes desnaturées, qui le deschirent en vn moment.

La Polygamie permise en Perse.

La doctrine de Mahomed leur lasche la bride à la luxure, non seulement par la polygamie qu'il a permise, mais aussi par les voluptez charnelles, en laquelle il fait consister la principale partie de la beatitude, mesme celle dont il fait esperer la joüissance à ses *Musulmans* apres cette vie; leur faisant accroire que dans leur Paradis celeste ils n'auront pas seulement les mesmes femmes legitimes qu'ils ont eüës en ce monde; mais aussi qu'ils auront tant de concubines & tant de servantes qu'ils voudront, & qu'ils joüiront de toutes les autres femmes, & si souvent qu'il leur plaira.

Ils se servent de toutes sortes de moyens pour s'exciter à la volupté, & pour cét effet ils ont des danseurs & des danseuses en tous leurs escots, qui les provoquent à la brutalité par des postures & par des demarches lubriques & abominables. Ils se servent aussi de la graine & des fueilles de chenevix, pour réveiller la nature languissante; nonobstant que nos naturalistes luy donnent vne qualité froide, qui affoiblit & corrompt la nature. Ie ne me puis pas imaginer comment ils s'en peuvẽt aider; si ce n'est que l'humeur venteuse soit aussi expulsive, ou biẽ qu'en ces païs chauds elle ait aussi contracté des qualitez, qu'elle n'a point en Europe. Pour preparer cette drogue, ils en cueillent les fueilles, devant qu'elles soient montées en graine, les font seicher à l'ombre, les reduisent en poudre, laquelle ils meslent avec du miel, & en font des pillules, de la grosseur d'vn œuf de pigeon. Ils en mangent deux ou trois à la fois, pour se fortifier la nature. Pour ce qui est de la graine, ils la fricassent, la salent vn petit, & en mangẽt au dessert. *Imamculi*, Ambassadeur du Roy de Perse au Duc de Holstein, en

ET DE PERSE, LIV. V.

prenoit à tous les repas, depuis qu'il eust pris vne jeune femme à *Astrachan*, en l'âge de soixante dix ans. Ceux qui sont les gens de bien en Perse n'en voudroient point manger, car ils disent que celuy qui s'aide de ce remede, commet vn peché bien plus horrible, que celuy qui auroit violé sa mere sur le sepulchre de Mahomed. Ils appellent ceux qui s'en seruent *Bengi Kigi bengi*. Au reste les Perses croyent auoir bien expié le peché de paillardise, quand au partir d'aupres d'vne femme, ils se sont mis au bain, où quand ils ont lavé tout le corps d'eau fraische.

La despense du mesnage, pour ce qui est de la cave & de la cuisine, y est fort mediocre; si ce n'est dans les familles où le nombre des femmes l'augmente. La toile de cotton dont ils s'habillent, y est à fort bon marché. Ils ont fort peu de meubles, & ils croyent en auoir de reste, quand le plancher de la chambre est couuert d'vn tapis, & toute la prouisiõ qu'ils font pour toute l'année, n'est que de ris. La viãde n'y est point chere; si ce n'est aux lieux où le grand nombre des habitans fait encherir le prix de toutes les denrées, parce qu'on les y apporte la plusparte des Prouinces fort éloignées. Le jardin fournit de dessert, & le premier torrent leur sert de caue. Ils sont fort propres en leurs chambres, & ils ne souffrent point que les chiens, qu'ils tiennent d'ailleurs pour bestes immondes, ou aucuns autres animaux y entrent. Et dautant qu'en disnant l'on seroit en peine des ordures, parce qu'ils n'õt point d'assiettes, ils se seruent des pots qu'ils appellent *Tuftahn*, de la grandeur d'vn pot de châbre, qu'ils mettẽt entre deux personnes où ils jettent les os & les pelures, & dans lequel ils crachent. Nous auõs dit ailleurs, qu'ils ont leurs *Tenurs* pour se chauffer, & afin de mesnager le bois, mêmes pour le rosty & pour le boüilly.

La despense du mesnage des Perses.

Dans la cuisine ils ont des marmites & des pots de fonte, ou bien de cuiure estamé, qu'ils font ordinairement sceller dans l'atre, ou bien de terre. En plusieurs Prouinces le bois n'est pas bien rare, mais il y en d'autres où l'on n'a que du taillis, & bien souuẽt l'on est contraint de se chauffer à la fiente de vache ou de chameaux, seichée au Soleil. Leurs plats sõt de cuiure, mais ils sont si bien faits, & si bien estamés, que la vaisselle d'argent n'est pas plus belle. Il y en a qui ont de la porcelaine, & les païsans employẽt de la vaisselle de terre. Pour ce qui est de leurs viandes, ils n'en aiment point l'abondance, mais ils se conten-

Leurs meubles.

CCcc iij

1637.

tent de peu. Ce qui eſt bien contraire à ce qu'en dit *Bizarrus*, ſçavoir que la viande eſt chere en Perſe, à cauſe de la voracité des habitans ; qui, à ce qu'il dit, eſt ſi grande, que les perſonnes aagées meſmes y font leurs quatre repas par jour, & à plus forte raiſon les jeunes. Ce n'eſt pas là le ſentiment des anciens, qui diſent tous que les Perſes ſont fort ſobres, & qu'ils ſe contentent de peu de viande, mais qu'ils aiment le fruict. Et de fait pendant le ſejour que nous avons fait en Perſe, j'ay remarqué, qu'vne de leurs premieres vertus eſt la ſobrieté, & que rarement les Perſes mangent de la chair plus d'vne fois le jour ; & que ſi outre cela ils font encore vn repas, il n'eſt compoſé le plus ſouvent que de beurre, de fromage, & de fruict ; bien que j'advoüe qu'il y en a qui font leur deux repas reglés.

Leur nourriture ordinaire eſt du ris.

Il n'y a rien de ſi ordinaire aux Perſes que le ris, qu'ils font revenir dans de l'eau. Ils lappellent *Plau*, & en mangent à tous leurs repas, & en ſervent quaſi en tous leurs plats, particulierement ſous le mouton boüilly. Ils y meſlent quelquefois du jus de grenade, ou de ceriſe, & du ſaffran ; de ſorte que l'on voit bien ſouvent dans vn meſme plat du ris de pluſieurs couleurs. Ils en mettent auſſi ſous vn chapon, ou ſous du poiſſon roſty. Ils mangent auſſi de l'oſeille, des eſpinars, & des choux, blancs & verds, mais ils n'aiment pas les bruns. Ils ne manquent point de petit pied, & ont de toutes ſortes de volailles en abondance, ſinon des coqs d'Inde, qui y ſont ſi rares, qu'vn marchand Georgien, y en ayant apporté quelques-vns de Veniſe, du temps de *Schach Abas*, il les vendit vn *Tumain*, ou cinquante francs la piece. Les perdrix & les faiſans y ſont communs, & aux lieux où il s'en trouve on les achette à fort bon marché.

Qui leur ſert de pain.

Encore que le ris leur ſerve de pain, ils ne laiſſent pas d'en faire de bled froment, de pluſieurs façons. Les *Komatſch* ont trois doigts d'eſpais, & vn pied & demy de long. Les *Lawaſchs* ſont ronds & de l'eſpoiſſeur d'vn doigt. Les *Peaſekeſche* ont vne demy aulne, & on les cuit à la maiſon aux *Tenurs*, où l'on les applique, & avec les cinq doigts de la main on leur fait autãt de cornes, qui leur donnẽt le nom. Les *Sengek* ſe font ſur les cailloux, dont quelques-vns de leurs fours ſont couverts, de ſorte que cette eſpece de pain ou de gaſteaux eſt boſſuë.

Les *Taucha* sont comme des oublies, & sont minces comme du parchemin, mais ils ont pour le moins vne bonne demy aulne en quarré. Les Perses les employent au lieu de serviettes, pour essuyer les doigts, avec lesquels ils ont accoustumé de prendre le ris, & mesme de deschirer la viande; parce que l'vsage des cousteaux est fort rare parmy eux. Quand ils s'en sont servis de la sorte, ils les deschirent, y enveloppent vn peu de ris, ou vn morceau de viande, & l'avalent ainsi, ou bien ils le mangent sans autre vehicule. Toutes leurs cueilliers, mesmes celles du Roy, sont de bois, faites en ovale, au bout d'vne queuë fort mince, mais qui a vn pied & demy de long.

1637.

Leur boisson ordinaire, particulierement celle du peuple, c'est de l'eau, ou ils meslent par fois du *Duschab*, & vn peu de vinaigre. Car encore que le vin y soit a assés bon marché, sur tout dans les Provinces d'*Erak*, d'*Aderbeitzan* & de *Schirvan*, où le pot, qu'ils appellent *Lullein*, & qui contient deux pintes de nostre mesure, ne se vend que six sols. Il y en a neantmoins qui font difficulté d'en boire, parce que leur Loy en defend l'vsage, particulierement aux *Hatzi*, qui sont ceux qui ont esté en pelerinage à la Meque, au sepulchre de Mahomet, & qui s'en abstiennent le reste de leurs jours, dans l'opinion qu'ils ont, pue tous leurs merites seroient effacés par vn peché si enorme. Mais ceux qui aiment le vin, & les courtisans, qui d'ordinaire ont contracté vne grande habitude de pecher, en boivent sans scrupule, persuadez qu'ils sont, que ce peché leur sera pardonné avec les autres; pourveu qu'ils ne fassent pas eux-mesmes le vin. C'est pourquoy ils ne font point de festin, où ils n'en boivent hardiment, & en grande abondance. Apres le repas l'on sert de l'eau chaude, pour laver les mains.

Leur boisson.

L'vsage de *l'opium*, qu'ils appellent *offiouhn*, & *Teriak*, y est fort commun. Ils en font des pillules de la grosseur d'vn pois, & en avalent deux ou trois. Ceux qui y sont accoustumez, en prennent jusques à vne once à la fois. Il y en a qui en prennent de deux ou de trois jours l'vn, seulement pour s'assoupir, & pour s'enyvrer. Il s'en fait vne grande quantité en Perse, particulierement à *Ispahan*, & ils l'accommodent en la maniere suivante. Le pavot estant encore verd, l'on en fend la teste, dont il sort vne liqueur blanche, qui se noircit estant exposée à l'air, & leurs Apothicaires, & droguistes, en font vn tres-

Ils prennent de l'opium.

1637.

grand trafic. Tout le Levant se sert de cette drogue, les Turcs & les Indiens aussi bien que les Perses; jusques-là que *Bello* dit en ses observations, qu'il n'y a point de Turc qui ait v[n] double vaillant, qui ne despense vn denier en *opium* : qu'il en a veu plus de cinquante chameaux chargez, qui passoient de l[a] Natolie en Turquie, en Perse & aux Indes, & qu'vn Ianissai[-] re qui en avoit pris vne once en prit deux le lendemain, san[s] qu'il s'en trouvast mal, sinon qu'il en sentit le mesme effet que le vin a accoustumé de faire à ceux qui en prennent trop & qu'il chanceloit vn petit. Il a aussi cela de commun avec l[e] vin, qu'il donne du courage à ceux qui n'en ont pas beaucoup & c'est pourquoy les Turcs en prennent devant que d'alle[r] aux occasions. Les femmes n'en prennent point ordinaire ment, mais celles qui ont de la peine à souffrir la mauvaise hu meur de leurs maris, & qui preferent la mort à la sujection e[n] laquelle elles vivent dans vn fascheux mariage, se serven[t] quelquefois d'*opium*, dont elles prennent vne bonne quantité & beuvans de l'eau fraische dessus, elles se tuent d'vne mor[t] douce & insensible.

I's prennent du tabac.

Il n'y a quasi point de Perse, de quelque condition ou qua lité qu'il puisse estre, qui ne prenne du tabac, en quelque lieu qu'il se trouve, mesmes dans leurs Mosquées. Il en croist quan[-] tité auprès de *Bagdat*, & en *Kurdestan*, mais ils n'ont pas l'in[-] vention de le preparer, se contentans de le laisser seicher comme les autres feuilles & les herbes medecinales. L'on e[n] voit des boutiques toutes pleines à *Ispahan*, dans des sacs, où i[l] est quasi reduit en poudre, & pour le moins aussi menu que l[e] sené. Ils estiment beaucoup celuy qu'on leur porte de l'Eu rope, & l'appellent *Inglis Tambaku* parce que ce sont les An glois qui leur en fournissent le plus. Ils l'aiment si fort, que quand j'en donnois vn morceau au maistre qui m'enseignoi[t] l'Arabe à Scamachie, il s'en sentoit bien obligé. Pour le pren dre avec quelque delice, ils se servent d'vn flacon de verre, d'vne cruche, d'vn cocos ou noix d'Inde, ou d'vn *Kaback*, qu[i] est l'escorce d'vne certaine sorte de citroüilles, qu'ils rem plissent d'eau jusques à la moitié, ou vn peu davantage, & y meslent quelquefois des eaux de senteur. Dans cette eau ils font entrer vne petite canne creuse, ayant au bout vne couron ne, où ils mettēt le tabac avec vn peu de braise, & avec vne autre

pipe

pipe de la longueur d'vne aulne, qu'ils tiennent à la bouche, ils tirent à travers l'eau la fumée du tabac; laquelle laissant dans l'eau ce qu'elle a de noir & de gras, est sans comparaison plus agreable, que de la façon que nous le prenons. Il est vray que ceux qui n'ont point toutes ces commoditez, le prennent aussi à nostre mode, mais leurs pipes, au bout desquelles ils mettent des vases de terre ou de pierre, sont de bois, & bien plus longues que les nostres.

Ils boivent avec le tabac vne certaine eau noire qu'ils appel- *La Cahwa.*
lent *Cahwa*, qu'ils font d'vn fruict, qu'on leur apporte d'Egypte, & ressemble en la couleur au froment ordinaire, & au goust au bled de Turquie, & est de la grosseur d'vne feverole. Ils le font frire, ou plutost brûler dans vne poële, sans aucune liqueur, le reduisent en poudre, & le faisant bouillir dans de l'eau commune, ils en font ce breuvage, qui ne sent que le brûlé, & n'est point du tout agreable à boire. Elle a vne faculté raffraischissante, & les Perses croyent qu'elle esteint la chaleur naturelle. C'est pourquoy ils en boivent souvent, parce qu'ils n'aiment point de se voir chargés d'enfans, & ils se cachent si peu de la crainte qu'ils en ont, que j'en ay veu, qui venoient consulter nostre Medecin pour des remedes de cette nature. Mais comme il estoit de bonne humeur, il leur respondoit, qu'il aimoit mieux les aider à faire des enfans, qu'à leur donner dequoy s'en empescher. Ie dis que les Perses croyent que cette eau est capable d'étouffer entierement la chaleur naturelle, & la vertu d'engendrer : & à ce propos ils racontent d'vn de leurs Roys, nommé *Sulthan Mahomet Caswin*, qui regnoit en Perse devant le temps de *Tamerlan*, qu'il s'estoit tellement accoustumé au *Kahwa*, qu'il en prit vne aversion inconcevable pour les femmes; & que la Reine, estant vn jour à la fenestre de sa chambre, & voyant que l'on avoit couché vn cheval par terre, pour le chastrer, demanda pourquoy l'on traittoit de la sorte vn animal si bien fait; surquoy on luy répondit qu'il estoit trop fougueux, & on luy fit connoistre en paroles couvertes, qu'on luy alloit oster avec la vertu generative, le trop grand courage qu'ont les chevaux entiers. Mais que la Reine leur repliqua, que cette peine estoit bien inutile; puis que le *Cahw* faisoit le mesme effet : & que si l'on en donnoit à ce cheval, il deviendroit dans peu de temps aussi froid que le Roy son mary. DDdd

Ils difent auſſi, que le fils de ce Roy, qui s'appelloit auſſi *Mahomed*, comme le pere, eſtant parvenu à la Couronne, commanda à ce grand Poëte, *Haſim Fardauſi*, de luy donner vne piece de ſa façon, & luy promit de le recompenſer d'vn ducat pour chaſque vers. Le Poëte en fit en fort peu de jours ſoixante mille, qui paſſent encore aujourd'huy pour les plus beaux qui ayent eſté faits en Perſe; mais le Roy, qui ne croyoit point qu'il deuſt aller ſi viſte, le renvoya à ſon Conſeil des Finances, où il fut jugé que la ſomme eſtant trop exceſſive pour vn Poëte, il devoit ſe contenter d'vne recompenſe plus mediocre. Et de fait on la luy fit ſi petite, que *Fardauſi* fit d'autres vers, par leſquels il reprochoit au Roy ſon avarice, & luy dit, que le preſent qu'il luy avoit fait, eſtoit vn preſent de faquin pluſtoſt que de Prince. Il y adjouſta, que les cordonniers & boulangers avoient accouſtumé d'en vſer de la ſorte, & qu'il ne pouvoit croire que le Roy fuſt de ſang Royal; mais qu'il falloit qu'il fuſt ſorty de race cordonniere ou boulangere.

Le Roy ſe trouva tellement offenſé de ces injures, qu'il s'en plaignit à ſa mere, laquelle s'imaginant que le Poëte ſçeuſt vne partie de ſes intrigues, avoüa à ſon fils, que le Roy, ſon mary, eſtant devenu impuiſſant à force de boire du *Cahwa*, elle avoit pris de l'amour pour vn boulanger de la Cour, & que c'eſtoit luy en effet qui eſtoit ſon pere. Qu'elle avoit mieux aimé avoir recours à ce moyen, que laiſſer le Royaume deſtitué d'heritiers. Qu'il conſideraſt, que ſans ce boulanger il ne ſeroit point, & qu'il feroit bien de recompenſer le Poëte, en ſorte que l'affaire ne fuſt point éventée; de peur que l'on ne luy oſtaſt vne Couronne, qui ne luy appartenoit point. Le fils fit ſon profit de l'avis & des remonſtrances de ſa mere, & fit donner au Poëte ce qu'il luy avoit promis.

L'vſage du Thé. Nous avons dit cy-deſſus, que les Perſes frequentent fort les tavernes, qu'ils appellent *Tzai Chattai Chane*; parce que l'on y prend du *Thé* ou du *Cha*, que les Tartares *Vsbeques* y apportent de *Chattai*. C'eſt vne herbe, qui a les fueilles longues & étroittes, de la grandeur d'vn poulce, & d'vn demy poulce de large. Pour la conſerver & tranſporter on la fait ſeicher, en ſorte qu'elle devient d'vn gris brun, tirant ſur le noir; & tellement ridée, qu'elle ne reſſemble plus à ce qu'elle eſt en effet: mais dés qu'on la met dans de l'eau chaude, elle s'eſtend,

& reprend sa premiere couleur verte. Les Perses la font boüillir jusqu'à ce que l'eau ait contracté vn goust amer & vne couleur noirastre, & y adjoustent du fenoüil, de l'anis, ou des cloux de giroffle, & du sucre. Mais les Indiens se contentent de la faire infuser dans de l'eau boüillante, & ont pour cela des vases de fonte, ou de terre fort proprement faits, qui ne servent qu'à cela. Ils la boivent si chaude, qu'ils ne pourroient pas tenir leurs gobelets & tasses de porcelaine ou d'argent à la main : c'est pourquoy ils ont trouvé l'invantion d'en faire de bois ou de cannes, qu'ils revestent d'vne l'ame de cuivre ou d'argent doré, ou mesme d'or, en sorte que la chaleur n'y pouvant point penetrer, ils ne laissent pas de les tenir à la main, quand mesme l'eau seroit toute boüillante. Les Perses, les Indiens, les Chinois & les Iaponois luy attribuent des qualités si extraordinaires, que croyans qu'elle est seule capable de conserver la santé, ils ne manquent point d'en faire prendre à toute heure, à ceux qui les visitent. Ce que l'on en a reconnu est, quelle a vne vertu astringente, & quelle consume les humeurs superfluës, qui chargent le serveau, & provoquent le someil. Ceux qui ont escrit des affaires des Indes, comme *Maffée*, *Linschooten*, *Trigault* & autres, en disent des merveilles : mais cette herbe commence à estre tellement connuë en France, où plusieurs personnes de condition s'en servent avec succez, qu'il ne se peut que l'on ne sçache toutes ses bonnes & mauvaises qualitez : lesquelles le Docteur Tulp, Medecin d'Amsterdam, a fort soigneusement examinées au dernier chapitre du quatriéme Livre de ses observations medicinales.

Les Perses vivent ou des fruits que leurs jardins produisent, ou de ce qu'ils tirent du travaile qu'ils employent à cultiver la terre. Les vns subsistent par le trafic, les autres par le moyen de leur mestier, & quelques-vns vont à la guerre, & il y en a qui gagnent leur vie à escrire. Car d'autant quils n'ont pas encore l'vsage de l'Imprimerie & qu'ils ont besoin de plusieurs exemplaires de leur *Alcoran*, ils les font copier par des gens, non seulement qui gagnent leur vie à cét exercice, mais y amassent aussi beaucoup de biens ; parce que quand ils sont bien escrits, on vend chasque exemplaire jusques à dix-huict ou vingt escus. C'est pourquoy il n'y a quasi point de pere de famille, qui n'ait le soin de faire apprendre à escrire à ses enfans,

1637. & il y a en Perse vn nombre infiny d'hommes, qui ne vivent que de l'escriture.

C'est vn plaisir, en passant sur le *Maidan*, ou par le *Basar*, de voir les artisans de chaque mestier dans leurs boutiques, où ils vendent ce qu'ils ont fait chez eux ; car l'on ne voit quasi jamais vn artisan travailler en sa boutique, qui est le plus souvent separée du lieu de sa demeure, & affectée à certains endroits du marché, où chaque mestier a son quartier separé, pour la vente seulement. Les mestiers les plus communs sont ceux des tisserans, des teinturiers & des peintres, pour peindre des fleurs sur les estoffes de cotton & de soye, & mesme sur le brocard. Ils ne font ordinairement la piece d'estoffe que de la longueur de cinq ou de six aulnes, parce qu'il n'en faut pas davantage pour vne veste à leur mode. Les plus belles estoffes, tant pour la peinture que pour les ouvrages, se font à *Ieschi* & à *Caschan*, où ils representent sur la soye & sur le cotton des figures, & particulierement l'escriture & les caracteres de leur langue, si bien, qu'il n'y a point de peintre, qui puisse atteindre à la perfection de leur art. Ils trafiquent de ces estoffes, à la reserve de celles qui s'emploient en habits, hors du Royaume, & avec vn profit tres-notable, aussi bien que du cotton & de la soye écruë, dont l'on apporte vne tres-grande quantité en Europe, par la voye des Indes. Pour ce qui est de la soye, elle n'y couste que trentre-trois ou trente-quatre sols la livre. Leur poids ordinaire est le *badman*, qui n'est point égal par tout, parce qu'à *Tabris* il n'est que de six livres, en *Kilan*, où l'on se sert du *Schachbadman*, il est de douze, & à *Scamachie*, & à *Kurabach* il est de seize livres. L'on fait estat que la Perse produit tous les ans, l'vn portant l'autre, dix mille sommes, ou vingt mille balles de soye ; chaque balle comptée à d'eux cens seize livres. La seule Province de *Kilan* donne aux bonnes années huict mille balles, *Schirvan* trois mille, *Chorasan* autant, *Mesanderan* deux mille, *Karabach* deux mille. En quoy nous ne comprenons point celle que la Georgie, qui est plus riche en soye, qu'aucune autre Province, produit chez elle. L'on dit que toute la Perse n'employe pas plus de mille balles de soye, & que le reste se vend en Turquie, dans les Indes, en Italie, & aux Anglois & Hollandois, qui trafiquent à Ormus, & qui y portent de l'estain, du cuivre, du drap d'Angleterre & de

Où se font les plus belles étoffes de soye.

La Perse produit tous les ans vingt mille balles de soye.

Hollande, & mesme de Berry & de Saux, que les Perses, qui n'accommodent pas bien les estoffes de laine, estiment tant, qu'vne aulne de drap mediocrement bon, s'y vend jusques à vingt & vingt-quatre escus.

1637.

Les Marchands Armeniens, qui sont Chrestiens, sont les plus riches de tous; à cause de la peine qu'ils prennent à voyager eux-mesmes, plus que les autres Perses; quoy que les vns & les autres ayent vne liberté entiere de trafiquer où il leur plaist, comme les estrangers ont celle d'entrer en Perse, & d'y debiter leurs marchandises, en payant les droits de traitte: contre ce qui s'obserue en Moscouie, où les sujets ne peuuent point sortir du Royaume, sans la permission expresse du *Czaar*.

Il y a encore cela de particulier en Perse, aussi bien qu'en Turquie, que la guerre n'y apporte point d'empeschement au commerce; les carauanes & les autres marchands, ayans la mesme liberté d'aller & de venir, en temps de guerre omme en pleine paix, parce qu'ils ont tous deux également interest de se conseruer l'auantage qu'ils en tirent. Celuy des Perses seroit incomparablement plus grand, s'ils pouuoient se seruir de celuy que la mer leur donne, & si la nauigation y estoit aussi bien establie qu'en Europe.

La guerre n'y empesche point le commerce.

Les guerres, que le Roy de Perse est obligé de faire, tantost contre le Turc, tantost contre le Mogul & contre les Tartares Vsbeques, fait qu'il a besoin d'vn grand nombre de soldats: Aussi ceux qui font profession de ce mestier; ont leurs gages reglés en tout temps, ainsi nous aurons occasion d'en dire vn mot cy-apres.

Apres auoir parlé de la boutique, de la caue & de la cuisine des Perses, il est à propos de n'oublier point leur chambre, & de parler de leurs mariages. Vn Perse, qui a dequoy nourrir plusieurs femmes, se contentera rarement d'vne. La Polygamie est vn vieux mal parmy eux. Strabon croit qu'ils prenoient plusieurs femmes, afin d'auoir plusieurs enfans, & de gagner la recompense que les Roys donnoient à ceux qui auoient plusieurs masles. Aujourd'huy ils en vsent bien de mesme, mais ce n'est pas par les mesmes Principes; puis qu'ils employent toute sorte de moyen, pour s'empescher de faire des enfans. Ce qu'ils en font n'est que par volupté, & afin de l'exciter par le changement. C'est pourquoy ils en font vn prouerbe, qui dit

DDdd iij

1637.

que pour joüir d'vn Printemps perpetuel, il faut souvent changer de femme, & s'en servir comme d'vn Almanach, qui n'est bon que pour vne seule année. L'*Alcoran* permet la polygamie aux Mahometans, & d'espouser autant de femmes qu'ils sont capables d'en nourrir. C'est pourquoy il se trouve des marchands riches & aisez, qui estant obligez d'aller par le païs, espousent des femmes, & font leur maison en divers endroits, afin de se trouver toûjours chez eux, quelque part qu'ils allent. Mais il ne faut par croire ce que l'on dit, qu'il y a vne loy en Mede, par laquelle il est enjoint aux hommes d'epouser pour le moins sept femmes, non plus que ce que dit *Niger* en sa Géographie, que les enfans tuent pere & mere, quand ils ont atteint l'aage de soixante & dix ans. Ce sont des contes qui n'ont point de fondement en l'histoire ancienne, & dont l'on n'a rien veu d'approchant de nostre temps.

Les incommoditéz de la Polygamie.

Nostre dessein n'est point de nous estendre sur les incommoditez de la Polygamie : mais il est certain que l'on ne voit point en Perse, qu'en cette multiplicité de femmes il y ait beaucoup d'amitié. Il y peut avoir de l'amour parmy eux, mais c'est sans doute de celle qui approche de la brutalité. Il est impossible aussi qu'vn mesnage qui est composé de tant de femmes, ne soit troublé par la jalousie, qui est inevitable parmy celles, qui veulent toutes estre aimées, & qui dépendent entierement de celuy, qui les devroit ; mais qui ne les peut pas aimer toutes également. Les Perses mesmes voulans faire connoistre l'inconvenient de la polygamie, disent dans leurs proverbes, que comme deux asnes donnent plus de peine à conduire qu'une caravane entiere ; ainsi vn Iuge n'est pas si empeché à vuider les procez d'vne province qu'vn homme est embarassé de deux femmes, qui ne peuvent pas demeurer sans desmélé. L'on nous raconta plusieurs exemples des grands desordres arrivés dans des familles par la Polygamie, & entr'autres vn de *Silfahar, Chan de Scamachie*. C'estoit vn homme de tres-grande authorité dans le païs, & qui estoit fort consideré à la Cour, où il avoit espousé la sœur de *Schach Chodabende*, qui estoit pere de *Scach Abas*. Certe femme, jolouse de l'affection que son mary tesmoignoit à vne autre jeune femme, qu'il avoit epousée, & croyant que sa qualité la devoit mettre hors de pair d'avec sa rivale, s'en trouva telement offensée, qu'elle resolut de s'en venger, & escrivit pour cét effet au Roy son neveu, qu'il eust à se donner de garde de son mary, & du dessein qu'il avoit sur sa personne. *Schach Abas*, à qui les moindres indices servoient de preuves convaincantes, commanda aussi-tost à *Kartschichai-chan*, chan de *Mesched*, qui se trouvoit aupres de luy à *Ardebil*, de luy aller querir la teste de *Silfahar*. *Kartschichai* estant arrivé au pied de la montagne d'*Elbours*, en la Province de *Schirvan*, envoya prier *Silfahar* de le venir voir, & celuy-cy, qui n'apprehendoit point de mal de l'autre, qui estoit son amy intime, partit aussi-tost, & estant arrivé le soir tout tard au lieu que l'autre luy avoit assigné, il fit dresser sa tente aupres de celle de *Kartschichai*. Le lendemain *Kartschichai* s'estant levé de grand matin, fut trouver *Silfahar*, qui estoit encore au lit, & l'ayant esveillé, le saluä fort civilement, & le pria de se lever & de se venir promener avec luy ; parce qu'il avoit à luy communiquer des affaires de tres-grande importance. Mais pendant que *Silfahar* s'habilloit, *Kartschachai*, voyant que son ame estoit en bon estat, parce qu'il alloit commencer sa priere, fit signe à ses valets, qui sçavoient ce qu'ils avoient à faire, & le fit tuer à coups de sabre, & ayant fait couper la teste, il l'emporta à la Cour.

Il arriva aussi vn peu devant nostre voyage de Perse, qu'vn cabaretier d'*Ardebil*, nommé *Scheritzi Aly*, s'amusant le soir bien tard à boire avec vn de ses amis sur le pont de la ville, que l'on nomme *Heider Aly*, vit venir vn mulet chargé, qui sembloit chercher maistre, pendant que le sien, qui estoit marchand, estoit allé descharger le ventre sur le bord de la riviere. *Schiritzi* eut la bonté de mener cét animal en sa maison, & de le descharger, & apres cela de luy donner la liberté d'aller chercher son veritable maistre ; lequel arrivant immediatement apres dans la ville, trouva bien son mulet, qui se promenoit dans la ruë, mais sa marchandise n'y estoit plus. Il en fit ses plaintes au Gouverneur, qui luy dit qu'il luy nommast le voleur, & qu'il luy rendroit justice. Mais le marchand, non content de cette réponse, s'en alla faire ses plaintes au Roy, qui le renvoya aussi-tost à *Allaculi-chan*, avec ordre exprés de dédommager le marchand de sa perte, selon l'estimation que luy-mesme feroit de sa marchandise ; parce que le *Chan*

1637.

1637.
n'avoit point eu le foin de tenir les chemins libres, & qu'il avoit negligé de faire vne exacte recherche du vol : à quoy le *Chan* fut contraint d'obeïr. Le Cabaretier de fon cofté, voyant fa fortune aucunement relevée par cette aubeine, & ne fe voulant pas contenter d'vne feule femme, efpoufa encore vne feconde, qu'il prit dans le bordel, mais il n'en eut point d'enfans. Il avoit vn fils du premier lict, lequel revenant vn jour de l'efcole, & trouvant vn melon entamé dans la chambre, prit la liberté d'en couper vne cofte, & donna par là fujet, ou occafion à la jeune femme de le frapper. La mere de l'enfant y furvint, & le vengea, non feulement en fe battant avec fa rivale, mais auffi par les plaintes qu'elle en fit à fon mary ; reprefentant l'infolence de cette jeune femme, avec tant d'aigreur, que la patience luy efchappant il la mal-traitta à coups de bafton. La femme outrée de defpit, fut trouver le *Chan*, & luy conta l'hiftoire du mulet. Le *Chan* fit auffi-toft prendre le cabaretier, & ayant bien averé le fait, le fit pendre. Et dautant que ces femmes avoient defcouvert le vol par vn reffentiment particulier, plutoft que par aucune affection qu'elles euffent pour le Gouverneur, ou pour la Iuftice, il les fit violer publiquement, & les fit chaffer de la ville. Le fils fut vendu, & tous les biens du cabaretier confifqués au profit du *Chan*, qui n'y perdit rien.

Inceftes tolerez.

Les Perfes ne font pas fi difficiles en leurs mariages, qu'il n'arrive fouvent qu'vn homme efpoufe la veuve de fon frere : mais je n'ay pas pû connoiftre que les inceftes y foient fi communs, que quelques autheurs ont voulu faire accroire, ny que le fils fe mefle avec fa mere, ou le frere avec fa fœur. Il ne fe trouve pas mefme que devant le regne de Cambyfes, qui devint amoureux de fa fœur, l'on ait oüy parler de ces inceftes en Perfe, non plus qu'en Egypte devant le temps de Ptolomée. Leurs mariages fe font en la maniere fuivante.

Ceremonies de leurs mariages.

Quand vn jeune homme fe veut marier, & porte fes penfées fur vn certain fujet, il s'informe des qualités du corps & de l'efprit de la fille par d'autres ; parce que ny luy, ny fes parens, ne la voyent point, & s'il la trouve à fon gré, il en fait faire la demande par deux de fes amis, qui ont efté fes parains à fa circoncifion, ou par deux autres de fes parents. Cette premiere deputation n'eft pas ordinairement fort bien receuë ; de

peur

peur que l'on ne croye, que le pere a envie de se défaire de sa fille. Mais si l'on connoist d'ailleurs que la recherche n'est pas desagreable, on la continuë, l'on traivaille aux articles, & l'on demeure d'accord de la dot, laquelle en se païs-là les parens du marié donnent, & non point ceux de la mariée. La dot se constituë ou en argent, que le fiancé envoye à la fiancée peu de jours devant le mariage, comme vne recompense au pere & à la mere du soin qu'ils ont eu de l'education de leur fille, où il promet par le contract de mariage à sa fiancée vne certaine somme d'argent, ou bien vne certaine quantité de soye ou d'estoffes, payable au cas de divorce. Ces contracts se passent en la presence du *Kasi*, ou du *Molla* qui les signent. Apres cela on nomme de part & d'autre des Procureurs, qui vont au nom du fiancé & de la fiancée trouver le *Kasi*, ou Iuge d'Eglise, si c'est à la ville, ou si c'est au village, le *Molla*, qui a pouvoir du *Kasi* pour cét effet, & qui apres qu'il s'est informé de la volonté des parents des deux costez, & du consentement des deux contractans, fait le mariage par Procureurs, au nom de Dieu, de Mahomed & d'*Aly*, & delivre vn certificat du mariage. Cette ceremonie se fait ordinairement dans le particulier, le *Kasi* ou *Molla* se retirant, avec les deux Procureurs, dans vne chambre secrete, ou bien à la campagne dans vn lieu éloigné du monde; de peur que l'on ne fasse quelque supercherie aux nouueaux mariés, ou que l'on ne nouë l'éguillette au marié. C'est pourquoy quand le mariage se fait en public, devant le *Kasi*, comme cela arrive souvent, par ceque les Perses ont la superstition de regler les actions de cette importance sur le poinct de certaines constellations, qu'ils croyent leur estre heureux ou mal-heureux, & qu'il arrive que le Iuge ne puisse pas quitter les fonctions de sa charge, l'on oblige tous ceux qui s'y trouuent presents d'estendre les mains, afin qu'ils ne fassent point de sort sous leurs vestes. Le Perse, que nous avons amené en Holstein, nous a raconté, que lorsqu'il se maria, vn des parents de sa femme coupa vn galon bleu de sa veste, dont il fit ses enchantemens, qui le rendirent impuissant pour plus de deux ans & demy, & jusques à ce qu'ayant sçeu qu'vn sorcier de *Serab* avoit le secret de luy oster le charme, il le fut trouver. Ce pretendu sorcier ou magicien, qui estoit estropié des pieds & des mains, le voyant arriver, luy dit, qu'il sçavoit le sujet de son affliction, & qu'il en seroit delivré, dés qu'il auroit tiré vn clou du trou d'vne muraille, qu'il luy indiqua. Ce qu'il fit, & depuis ce temps-là il a reüssi en son mariage aussi bien qu'vn autre.

Strabon dit que les Perses obseruoient autrefois l'equinoxe du Printemps pour leurs mariages ; mais aujourdhuy l'on n'y a point d'égard, & il n'y a point de jour auquel on ne se puisse marier, à la reserue du mois de *Ramesan*, qui est leur quaresme, & pendant les dix jours de l'*Aschur*, lors que les ceremonies, qui se font en memoire de l'enterremēt de *Hossein*, donsnous auons parlé ailleurs, occupent leurs devotions : parce qu'en ce temps-là l'on ne permet point de divertissement du tout.

Le jour estan pris pour le mariage, le fiancé envoye le jour d'auparavant à sa fiancée des pendants d'oreilles, des bracelets & d'autres bijoux, selon la qualité de l'vn & de l'autre, comme aussi la viande, pour traitter les parents & les amis qui luy doivoiēt amener la fiancée : mais elle ne se trouve point au disner non plus que le marié. Sur le soir l'on conduit la mariée à cheval, ou montée sur vn mulet, ou sur vn chameau, & couverte d'vne toille de taffetas rouge cramoiysi, qui luy pend jusques sur les genoux, en la compagnie des parens & avec la musique au logis du marié. En entrant dans la maison, l'on mene la mariée avec ses Dames dans vne chambre, & le marié avec ses amis dans vne autre & l'on sert à souper. Apres cela on la conduit dans la chambre, où elle doit coucher, où le marié la va trouver, & c'est alors qui la voit la premiere fois. Le marié, qui trouve sa fiancée deflorée, a le pouvoir de luy couper le nez & les oreilles, & de la chasser, mais les personnes d'honneur se contentent ordinairement de l'affront qu'ils font à la fiancée, qui n'est pas fille de la faire sortir aussi-tost du logis avec ses parents. Mais s'il l'a trouve fille en effet, il en envoye les preuves, par vne vielle femme, à ses parents, & alors l'on continuë le festin trois jours durant. Apres le premier congrez le marié se leve d'aupres de la mariée, & va trouver ses amis, avec lesquels il se réjoüit encore quelques heures. Les sçavans, qui se trouvent à ces festins, au lieu de s'amuser à boire, se divertissent avec leurs livres, qu'ils apportent pour cet effet, s'entretiennent de discours de morale, ou de Philosophie speculative ; ce qu'ils font aussi aux autres assemblées, qu'ils font souvent exprés pour cela. Leurs Poëtes ne manquent point de se rendre à ces festins, & font vne bonne partie du divertissement que l'on y prend, particulierement le lendemain des nopces & le troisiéme jour. Entr'autres ils servent vn grand plat de bois, plein de fruit, au milieu duquel se voit vn arbre, ayant à chaque branche du fruict & des confitures seches, & si quelqu'vn de la compagnie en peut attraper quelque chose, sans que le marié s'en apperçoive, son adresse est recompensée d'vn present, que le marié est obligé de luy faire; mais s'il y est surpris, il faut qu'il en fasse restitution au centuple. Ils ont aussi la coustume, si quelqu'vn de la compagnie manque de se trouver le lendemain à l'heure que l'on a prise pour le disner, de le coucher sur vne eschelle dressée, la teste en bas, & de le foüetter d'vn mouchoir entortillé, sur les plantes des pieds, jusques à ce qu'il se rachette.

Ils ont aussi leurs danses, mais d'homme à homme, & les femmes dansent entr'elles dans vne chambre particuliere, où les violons n'entrent point; mais ils se tiennent à la porte.

Dés le lendemain du mariage le nouveau marié se baigne, l'hiver aux bains, qui sont fort frequents en ces quartiers-là, & l'esté dans la riviere, ou dans le plus proche torrent: mais la mariée se baigne au logis. Sur le soir l'on met devant chacun des conviez, dans vn mouchoir de toile de cotton à fleurs, deux cueillerées de *Chinne*, qui est la drogue, dont ils se servent pour mettre les ongles & les mains en couleur. Apres cela les conviez font leurs presens. S'ils ont pris vn peu trop de vin, comme cela arrive souvent, ils couchent au logis où ils ont soupé; parce que le guet, qui fait vne tres-exacte garde la nuict, ne permet point que l'on aille par la ruë sans lanterne. Ceux qui sont encore capables de se conduire, donnent dequoy boire au guet, & se font escorter jusques en leur maison. *Dont ils se servent.*

A ce propos je diray vn mot du bel ordre, que l'on voit estably par toutes les villes de Perse pour le guet. Dans *Ardebil* il y a quarante hommes, qui font la patroüille incessamment, pour empescher les desordres & les vols, avec d'autant plus de vigilance & d'exactitude, qu'ils sont obligez de dédommager ceux qui ont esté volez. C'est pourquoy nous-nous retirions quelquefois à *Ispahan* apres minuict, du Convent des Augustins, qui estoit esloigné de plus d'vne demy lieuë de no- *L'ordre pour le guet.*

EEee ij

ster logis, sans que jamais nous ayons fait aucune mauvaise rencontre : & si quelquefois dans cette grande ville nous-nous égarions, le guet avoit le soin de nous ramener aux flambeaux, jusques au logis. L'on dit, que *Schach Abas*, voulãt vn jour éprouver la vigilance de ces gens-là, se laissa volontairement surprendre par eux, & eust esté mené en prison, s'il n'eust esté reconnu par vn de la compagnie; qui le fit connoistre aux autres, qui se jetterent tous à ses pieds, pour luy demander pardon ; mais il leur témoigna, qu'il estoit satisfait de leur soin, & leur dit, qu'ils avoient fait ce qu'ils devoient faire : Qu'il estoit Roy le long du jour, mais que c'estoit à eux à avoir soin du repos public la nuit.

S'il arrive, qu'apres le mariage la mariée soit obligée de demeurer au logis du pere de son mary, il ne luy est pas permis de paroistre devant son beau-pere avec le visage découvert, & encore moins de luy parler; jusques à ce que le beau-pere ait achetté sa parole, & qu'il luy ait donné vn habit neuf, ou vne piece d'estoffe pour en faire vn, afin de l'obliger à parler. Mais avec tout cela elle ne s'oseroit pas découvrir le visage en sa presence, ny mesme la bouche en mangeant : car elle attache vn morceau de linge, qu'ils appellent *Iaschmahn*, aux oreilles, en sorte qu'il leur pend sur la bouche, pour empescher que l'on les voye manger.

Les Perses tiennent leurs femmes encore plus estroittement resserrées que les Italiens, & ne souffrent point qu'elles aillent à l'Eglise, ou qu'elles se trouvent à des festins, si ce n'est avec leurs maris ; & vne femme ne pourroit jamais se justifier, si elle souffroit qu'on la vist au visage ; quand même elle accorderoit cette privauté à vn des plus proches parens de son mary; ce qu'elles observent aussi dans le logis, où elles sont enfermées comme des prisonnieres. Quand les affaires les obligent à sortir, si c'est à pied elles se couvrent d'vn voile blanc, comme d'vn linceul, qui leur va jusques à my jambe, & si c'est à cheval elles se mettent dans des caisses, ou bien elles se couvrent si bien le visage, qu'il est impossible de les voir.

Mariage pour vn certain téps. Les Ceremonies, dont nous venons de parler, se font pour les mariages ordinaires; mais il y a outre cela encore deux autres sortes de mariages, que l'on fait d'vne façon toute particuliere. Car ceux qui sont obligez de sejourner hors du lieu de leur demeure ordinaire, & qui neantmoins ne se peuvent pas resoudre d'aller loger dans des lieux publics, prennent des femmes pour vn certain temps, en leur payant vne certaine somme, ou par mois, ou pour tout le temps qu'ils ont à demeurer ensemble. Ils appellent cette sorte de mariage *Mittehé*, & pour les rompre il n'est pas besoin de lettres de divorce ; mais le temps du contract estant expiré, il se dissout de soy-mesme ; si ce n'est que d'vn consentement mutuel ils le veullent prolonger. La troisième façon de se marier, c'est quand quelqu'vn se sert d'vne esclave qu'il a achettée, & ce sont ordinairement des Chrestiennes de Georgie, que les Tartares de *Tagesthan* dérobent, pour les vendre en Perse. Les enfans qui en naissent, aussi bien que du *Mittehé* ; succedent au pere, concurremment avec les autres enfans, qui n'y trouvent point d'autre avantage, que celuy que l'on a accordé à leur mere par son contract de mariage : mais les vns & les autres sont legitimes ; parce qu'à l'exemple des anciens Egyptiens, ils considerent le pere, comme le principe de la generation, & disent, que la mere ne fait que fomenter & nourrir l'enfant quand il est conceu : & c'est pourquoy ils disent aussi, que les arbres qui portent fruit sont les masles, & que ceux qui n'en portent point, sont les femelles.

Quand les femmes sont en travail d'enfant, & ont de la peine à accoucher, les parents & voisins courent aux escoles, & font vn present au *Molla*, pour l'obliger à donner congé à ses escoliers, ou bien a pardonner à quelqu'vn qui a merité d'estre chastié ; s'imaginans que par la liberté qu'ils font donner à ces escoliers, la femme malade est soulagée, & se descharge de son pacquet avec plus de facilité. C'est aussi en cette intention qu'ils laschent leurs oyseaux, & qu'ils en achettent souvent exprés, pour les mettre en liberté. Ils en vsent de mesme pour les agonisans, qui ont de la peine à mourir. Les Moscovites laschent des oyseaux, quand ils vont à confesse ; croyans que tout ainsi qu'ils permettent aux oyseaux de s'envoler, Dieu éloignera aussi leurs pechez d'eux.

Superstition des Perses.

Les hommes se donnent vne liberté entiere de voir des femmes quand il leur plaist, mais ils ostent à leurs femmes celle de regarder seulement vn homme, tant s'en faut qu'ils leur permettent de les voir dans le particulier ; tant leur jalousie est

Ils sont jaloux.

grande. Les fautes que les femmes font contre la Foy qu'ils doivent à leurs maris, sont irremissibles, & il n'y en a point qu'ils chastient avec plus de severité, & avec plus de cruauté. L'on nous en raconta vn exemple, qui estoit arrivé en la Province de *Lenkera*, du temps de *Schach Abas* : lequel ayant sçeu, qu'vn de ses domestiques, nommé *Iacuptzanbeg*, *Kurtzi Tirkenan*, c'est à dire, qui avoit la charge de porter l'arc & les flesches du Roy, n'estoit pas trop bien en femme, l'en fit advertir, & luy fit dire, que s'il vouloit qu'on le souffrist à la Cour, & dans des fonctions de son employ, il falloit qu'il nettoyast sa maison. Cét advis, & le déplaisir qu'il eut de l'infidelité de sa femme, joint à la connoissance que toute la Cour en avoit, & au hazard qu'il courroit de perdre sa fortune, le mirent en telle rage, qu'il alla droit au logis, & tailla en pieces, non seulement sa femme, mais aussi ses deux fils, quatre filles & cinq femmes de chambre, nettoyant ainsi sa maison par le sang de douze personnes, la plus part innocentes, afin d'estre conservé en l'exercice de sa charge. La Loy du païs leur permet de tuer l'adultere avec la femme, en les surprenant en flagrant delict. Ces accidents n'y sont pas bien extraordinaires, & le Iuge recompense d'vne veste neũve celuy qui fait vne execution de cette nature : Ie pense que c'est pour luy donner le salaire, qu'il eust esté obligé de payer au bourreau.

Le divorce y est permis, & la dissolution s'y fait pardevant le Iuge, & avec connoissance de cause : car il ne permet pas seulement aux hommes, mais aussi aux femmes de donner des lettres de divorce, pour des causes legitimes, non seulement pour adultere, mais aussi pour plusieurs autres choses. L'impuissance declare plutost le mariage nul qu'il ne le rompt, & l'adultere s'y punit de la façon que nous venons de dire. L'on nous raconta qu'vne femme, voulant estre separée de son mary, l'accusa d'impuissance. Le mary pria le Iuge d'ordonner à la femme qu'elle luy grattast le dos : mais elle dit, je te l'ay si souvent gratté, que j'en suis lasse, & tu ne m'as jamais grattée-là où il me demange. Vne autre accusa son mary d'avoir voulu abuser d'elle, contre l'vsage ordinaire ; surquoy le Iuge luy permit de se separer de luy, & fit chastrer le mary. Ils se remarient apres le divorce, tant les hommes que les femmes, avec cette difference neantmoins, que les femmes sont obligées de

---

Marginalia:
1637.
Adultere cruellement puny.
Le divorce y est permis.

demeurer en viduité trois mois & dix jours, tant pour cõnoiſtre 1637.
ſi elles ſont groſſes, que pour leur donner le loiſir de ſe reconcilier, ſi l'envie leur en prend. Les Turcs, ſuivant la doctrine de
Hanife, ont en cela vne couſtume aſſez brutale, en ce qu'en
Turquie l'on peut bien ſe reconcilier apres le divorce, mais
quand vn homme a repudié ſa femme trois fois, ou ſi en la re-
pudiant il dit ſeulement *vtzkatala*, c'eſt à dire, je te renonce
trois fois, il ne la peut pas reprendre, s'il ne permet que le
Molla nomme vn homme, qui couche auparavant avec elle en
ſa preſence, ou bien au deſſus de ſa teſte, en ſorte qu'il en
puiſſe avoir cõnoiſſance certaine. Ie ne voudrois pas avoir écrit
vne choſe ſi extravagante, ſi je ne m'eſtois eſclaircy de cette
verité par des perſonnes de condition, ou Turcs de naiſſance,
ou qui ont ſejourné pluſieurs années à Conſtantinople, qui
m'ont tous aſſeuré, que de ſoixante-deux ſectes, dont la religion Turque eſt compoſée, il y en a pluſieurs qui ont cette
couſtume, & meſmes qu'ils donnent de l'argent à ceux qui
leur rendent ce bon office. Il y en a qui ſe contentent de faire
coucher aupres de la femme vn jeune garçon, incapable de con-
ſommer le mariage, qu'ils ne font faire que par forme, & pour
pouvoir affermir le leur.

L'on conte à ce propos, que du temps que l'on ne ſouffroit Plaiſant côte,
point d'autre religion à *Sulthanie* que la Turque, quoy qu'il y
euſt vn grand nombre de perſonnes, qui en leur particulier
faiſoient profeſſion de la religion Perſe, le *Sulthan*, eſtant vn
jour en colere contre ſa femme, luy dit le mot *vtzkatala*; de
ſorte qu'eſtant obligé par la Loy à luy donner des lettres de divorce, il s'en repentit auſſi-toſt, & ne pouvant ſe reſoudre à
ſouffrir qu'vn autre la violaſt pour la luy rendre, il demanda à
ſes Eccleſiaſtiques, s'il n'y avoit point d'*Iman*, qui la peuſt diſ-
penſer de la ſeverité de cette Loy. Et ſur ce que le *Mufti*, & les
autres Preſtres Turcs, luy dirent, que cette Loy eſtoit indiſ-
penſable, il voulut écouter vn certain *Molla*, nommé *Haſſan
Kaſchi*. Cét homme eſtoit de naiſſance Perſe, & en reputation
de bouffon, & de tourner en raillerie les choſes les plus ſe-
rieuſes; c'eſt pourquoy l'on n'euſt pas fait beaucoup de reflexion ſur ce qu'il dit, qu'il ſçavoit vn *Iman*, qui diſpenſeroit infailliblement le *Sultan*, ſans la paſſion que celuy-cy avoit de
reprendre ſa femme, qui eſtoit ſi grande, qu'il preſtoit l'oreil-

le à tous les les advis qu'on luy donnoit sur ce sujet. *Haſſan* le fut voir ; mai au lieu de laiſſer ſes ſouliers dans l'antichambre, ſelon la couſtume des Perſes il les prit ſous les bras. Le *Sulthan* le voyant arriver en cét équipage, luy demanda, pourquoy il en vſoit ainſi, s'il craignoit qu'on luy dérobaſt ſes ſouliers, *Haſſan* luy reſpondit, que ce n'eſtoit point ce qu'il craignoit, mais qu'il ne vouloit pas ſeulement qu'vn autre miſt ſes ſouliers à ſes pieds : voulant faire entendre, que le *Sulthan* ne devoit pas permettre qu'vn autre coucha avec ſa femme. A quoy il adjouſta, que du temps de Mahomed l'on avoit fait l'affront à *Hanife* de luy deſrober ſes ſouliers. Les Preſtres Turcs, qui ſe trouvoient preſents à ce diſcours, s'en mocquerent, & dirent que s'il n'avoit point d'autres raiſons, pour appuyer le deſſein qu'il avoit de perſuader au *Sulthan* de reprendre ſa femme, il n'avoit qu'à ſe retirer ; veu que *Hanife* n'avoit point veſcu du temps de Mahomed, mais long-temps apres *Huſſan Kaſchi*, prenant avantage de cette reſponſe, repartit : Puis dont que *Hanife* n'a point veſcu du temps de Mahomed, ny vous auſſi, & que dans l'*Alcoran* il ne ſe trouve pas vn mot de cette infame loy, comment ſçavez vous que c'eſt la l'intention de Mahomed ? & comment oſez vous impoſer ce joug au peuple ? il allegua en ſuitte l'expoſition de *Saduk*, Precepteur de *Hanife*, ſur l'*Alcoran*, & fit voir qu'vn mary a le pouvoir non ſeulement de mal-traiter ſa femme de paroles, & de la menacer, mais auſſi de la battre ; ſans que pour cela elle le puiſſe quitter. Cette raiſon, qui s'accommodoit fort bien avec l'intention du *Sulthan*, luy plût ſi bien, qu'il ne ſe contenta pas de reprendre ſa femme, mais il fit auſſi profeſſion de la Religion Perſe, & fit tuer ou chaſſer tous les Preſtres Turcs.

Autre conte.

Ils font encore vne autre plaiſant conte ſur ce ſujet ; ſçavoir que *Soliman*, Empereur des Turcs, s'eſtant vn jour faſché contre ſa femme, prononça dans l'emportement de la colere l'*Vtzala* contre elle. Il s'en repentit bien-toſt, parceque ſa femme eſtant vne des plus belles du monde, il ne ſe pouvoit pas reſourdre à l'éloigner d'aupres de luy, & ne la pouvant reprendre auſſi, ſans la faire paſſer par les mains d'autruy, il s'adviſa de la faire coucher avec vn *Dérvis*, de la ſecte de ceux que l'on appelle *Dervis raſtkeli* ; dont la Sainteté & auſterité de vie eſtoit

estoit en si grande reputation, qu'il n'apprehendoit point qu'il la touchast. Or il faut remarquer que celuy qui couche ainsi avec la femme, l'espouse auparavant solemnellement, & apres cela il fait divorce avec elle ; autrement ce seroit adultere. Soliman doncques ayant fait faire le mariage de sa femme avec le Dervis, il les fit coucher ensemble : mais ils se contenterent si bien l'vn l'autre & devant que de sortir du lict ils demeurerent si bien d'accord, que le lendemain ils protesterent qu'ils s'aimoient, & qu'ils ne se vouloient point separer: de sorte que la Loy ne les pouvant pas contraindre de faire divorce, Soliman fut contraint de luy laisser sa femme; qui se retira avec son homme en Perse, où il fit vn puissant establissement, par le moyen de sa femme, qui estoit fort riche.

Il ne se peut que d'vn si grand nombre de femmes il ne naisse aussi vn grand nombre d'enfants. Et de fait il y a des peres, qui en ont vingt-cinq ou trente. Mais l'education moderne est bien differente de celle des anciens; en ce que l'on ne les fait plus nourrir parmy des femmes, & les peres ne les eloignent plus d'eux jusques à vn certain aage, comme l'on faisoit anciennement ; lors qu'ils ne les admettoit en leur presence qu'ils n'eussent quatre ans, à ce que dit *Strabon*, ou cinq selon *Herodote*, ou sept selon *Valere Maxime*. Aussi ne les exerce-on point aujourd'huy à tirer de l'arc & à monter à cheval, comme l'on faisoit autrefois ; mais on les applique de bonne heure au travail, ou on les envoye à l'escole, pour apprendre à lire & à écrire ; n'y ayant quasi point de Perse, de quelque condition qu'il soit, qui ne sçache l'vn & l'autre.

L'education des enfans.

Leurs *Metzid*, ou *Mosquées*, où ils se rendent pour faire leurs prieres, leur servent aussi d'escole. Il n'y a point de ville qui n'ait autant de *Metzid* qu'elle a de ruës, chaque ruë estant obligée d'entretenir vn *Metzid*, avec son *Molla*, qui est comme le Principal du College, & avec le *Califa*, qui est le regent. Le *Molla* se met au milieu de la classe, & les écoliers tout à l'entour, le lõg des murailles. Dés qu'ils commencent à connoistre les caracteres, on leur fait lire quelques chapitres tirés de l'*Alcoran*, & en suitte tout l'*Alcoran*. Apres cela on leur donne le *Kulusthan*, ou le Rosier de *Schich Saadi*, & son *Bustan* ou verger, & enfin le *Hafis*, qui a mis le *Bustan* en rive. Ces derniers auteurs, qui estoient tous deux de *Schiras*, qui est l'ancienne Persepolis,

FFff

où la langue est en sa pureté plus qu'en aucun autre lieu de Perse, c'est pourquoy l'on ne les estime pas moins pour la beauté de leur stile, que pour la richesse de leurs inventions. Les enfans lisent tout haut, & tous à la fois, vn mesme texte, se mouvans tous d'vn mesme branste d'vn costé à l'autre, de la façon que l'on voit le vent mouvoir les roseaux. Ils écrivent tous sur le genoüil, quelque part & en quelque aage qu'ils soient, parce qu'ils n'ont point l'vsage des tables ny des sieges. Ils font leur papier de vieux haillons, comme icy, qui sont le plus souvent de cotton ou de soye; & afin qu'il n'y reste point de poil ny de bosse, ils l'vnissent avec vn polissoir, ou bien avec vne écaille d'huistre, ou de moule. Ils font leur ancre d'escorce de grenades, ou bien de noix de galles & de vitriol; & afin de la rendre espoisse, & plus propre à leur escriture, qui a beaucoup de corps, ils font brûler du ris ou de l'orge; le reduisent en pouldre, & en font vne paste dure, qu'ils d'estrempent avec de l'eau gommée, quand ils veulent escrire. La meilleure est celle qui vient des Indes, laquelle, quoy qu'elle ne soit pas toute également bonne & fine, est fort propre pour leurs plumes, que l'on ne tire point des aisles des oysons, comme l'on fait en Europe, parce qu'elles seroient trop dures pour leur papier, qui estant de soye ou de cotton, est trop tendre, mais ils les font de canne, & vn peu plus grosses que nos plumes. Elles sont brunes par dehors, & on les apporte la plufpart de Schiras, ou bien du Golfe d'Arabie, où il en croist quantité.

Les Perses ont leur langue particuliere, qui tient beaucoup de l'Arabe; mais rien du tout du Turc. L'on y trouve aussi plusieurs mots estrangers, comme Allemans & Latins; en sorte que l'on pourroit croire, que ces langues ont vne même origine, si l'on ne voyoit, que cela arrive quasi en toutes les autres; sans que l'on puisse conclurre de là, que tous ces peuples viennent d'vne mesme source. Pour signifier *pere*, *mere*, *dens*, *souris*, vne *plume*, vn *joug*, ils n'ont que les mesmes mots, que l'on trouve en la Langue Latine : le *ne* & le *tu* sont Latins & Persans, & *du*, *no*, *de* signifient *deux*, *neuf* & *dix*, sans que l'on doive croire pour cela, que les Perses sont Romains d'origine. Il est vray que les Perses viennent des *Scythes*, aussi bien que les Allemans : mais je ne voudrois point dire pourtant que les anciens Gots, & les Tartares modernes, sont vn mesme peuple. Il faut croire que la langue moderne des Perses est bien differante de l'ancienne, s'il est vray ce que dit Herodote, que tous leurs mots terminoient en S; bien que l'on puisse advoüer qu'ils sont tous fermés, veu qu'ils ont presque tous l'accent en la derniere sillable. Il est constant qu'elle est assez facile à apprendre, parce qu'elle a fort peu de verbes irreguliers. Et s'il est vray, que c'est la mesme langue que l'on parloit anciennement, les exemples de Themistocles & d'Alcibiades font connoistre, qu'on la peut apprendre en fort peu de temps. Tout ce qu'elle a de difficile c'est la prononciation du gosier.

La pluspart des Perses apprennent, avec leur langue, celle des Turcs; particulierement dans les Provinces, qui ont esté long temps sous la sujection du grand Seigneur, comme *Schiruan*, *Adirbeitzan*, *Erak*, *Bagdad* & *Eruan*, où l'on instruit mesmes les enfans en la langue Turque, & par ce moyen elle est devenuë si familiere à la Cour, qu'à peine y entend-on quelqu'vn parler Persan; tout ainsi qu'à la Cour du grād Seigneur on parle ordinairement *Esclavon*, & en celle du *Mogul* le Persan. Mais en la Province de *Fars*, qui est l'anciene de Perse, & à *Schiras*, l'on ne parle que Persan. Ils ne sçavent ce que c'est que de l'Hebreu, du Grec & du Latin; mais au lieu de ces langues, dans lesquelles les Européens apprennet les sciences, ils ont l'Arabe, qui leur est ce que nous est la langue Latine; par ce que l'Alcoran, & tous ses interpretes s'en servent aussi bien que tous ceux qui se meslent d'escrire des livres de Philosophie & de Medecine; de sorte qu'il ne faut point s'estoner de ce qu'elle est si commune, qu'ils ne sçauroient mesme exprimer leur langue qu'en caracteres Arabes.

Il est vray que les sciences n'y sont pas si bien cultivées qu'en Europe; mais ils ne laissent pas de s'appliquer à l'estude, & ils appellent les sçavans *filosuf*. Ils ont pour cela leurs Colleges, où leurs Vniversitez, qu'ils appellent *Medressa*, & les Professeurs qui y enseignent, *Mederis*. Leurs plus celebres Colleges sont ceux d'*Ispahan*, de *Schiras*, d'*Ardebil*, de *Mesched*, de *Tabris*, de *Caswin*, de *Com*, de *Iest* & de *Scamachié*; qui sont tous sous la direction du *Sedder*, ou du chef de leur religion, qui est obligé d'avoir soin de leurs apointemens & de leur subsistance. Il employe à cela le revenu des Provinces qui ne payent point d'impost au Roy, comme *Kochuzch* aupres d'*Ervan*, *Vt-*

1637

Les Perses apprennent la langue Turque

Leurs caracteres.

Leurs Vneversitez.

zathtzuk aupres de *Karabach*, *Tabachmeleck* entre la *Georgie* & *Karabach Agdasch* & *Kermeru*.

Ils ont vne affection plus particuliere pour l'Arithmetique, pour la Geometrie, pour l'Eloquence, pour la Poësie pour la Phisique, pour la Morale, pour l'Astronomie, pour l'Astrologie, pour la Iurisprudence, & pour la Medecine; parce que la profession de ces sciences leur est vtile. Ils ont toute la Philosophie d'Aristote en Arabe, & l'appellent *Dunja piala*, c'est à dire le gobelet du monde: & y adjoustent; que comme en ne beuvant d'vn gobelet que bien mediocrement, l'on s'en trouve fort bien, & qu'en s'enyvrant l'on se gaste le corps, & l'on se trouble l'esprit, de mesme il faut vser sobrement de la Philosophie d'aristote, & ne s'en enyvrer point, mais y garder la mediocrité. L'on enseigne l'Arithmetique aux enfans dans les escoles, pendant qu'on leur fait apprendre à lire & à escrire. Pour compter il se servent communément des chiffres Indiens, mais les sçavans employent les caracteres Arabes.

Ils joignent l'Eloquence avec la Poësie, & comprennent ces deux sciences en fort peu de preceptes, qui conduisent aussi-tost à la pratique. Et de fait, la pluspart de leurs pieces d'eloquence, qu'ils embellissent de forces histoires, & de sentences de moralité, sont en vers.

Leurs meilleurs autheurs.

Pour la beauté de la langue, pour la richesse des pensées, & pour l'elegance des expressions, ils lisent le *Kulusthan* de *Schich Saadi*, qu'ils preferent à tous les autres auteurs. C'est vne piece d'Eloquence quoy qu'en vers, toute figurée, & enrichie d'histoires, & de maximes politiques & morales. Aussi ne se trouve-t'il personne qui ne veille avoir ce livre, & il y en a mesmes plusieurs qui l'ont si bien estudié, qu'is le sçavent par cœur, & appliqvent les passages, les sentences & les compaisons dans la conversation ordinaire si à propos, qu'il y a beaucoup de plaisir à les oüir paler. Ils aiment aussi l'histoire, & lisent volontiers celles de la vie & de la mort de leur Prophete *Aly*, & de son fils *Hossein*, qui fut tué en la guere contre *Iesied*, qui ont esté escrits d'vn stile vrayement historique & relevé Ils ont aussi plusieurs autres histoires & Chroniques, Ecclesiastiques & prophanes, de la vie & des gueres de leurs Roys, & mesmes des affaires estrangers: dont les meilleurs sont celles de *Mirchond*, d'*Enwery* de *Zami*, de *Walchi*, de *Nussegri*, &

d'autres. Mais le meilleur de tous les historiens est *Mirchond*, 1637.
qui a escrit en fort beaux termes, l'histoire de Perse, en plusieurs gros volumes, & il est tellement estimé, qu'il se vend dans le païs plus de deux cens escus, c'est pourquoy je ne pense pas qu'on la trouve entiere en l'Europe; quoy que je sçache, que le sieur Golius Professeur des langues Orientales & des Mathematiques en l'Vniversité de Leiden, en a vne bonne parties, avec plusieurs autres beaux livres de cete nature. Mais il n'y en a point, qui en ait tant, & qui s'en serve mieux que l'incomparable Monsieur Gaulmin Conseiller d'Estat, & Doyen des Maistres des Requestes; lequel quoy qu'il possede la premiere Bibliotheque de l'Europe pour cette sorte de livres, il faut advoüer pourtant, qu'il a vne si parfaite connoissance de toutes les Langues Orientales, qu'il ne peut plus rien apprendre de tous ces autheurs.

Ce n'est pas qu'il faille deferer beaucoup à la verité de leurs Histoires, sur tout quand ils parlent de leur Religion & de leurs Saints, Car en Perse, aussi bien qu'ailleurs, ils ont leurs fraudes pieuses, & croyent que c'est vne espece de pieté d'establir les erreurs de leur Religion par des fables, & par des mensonges : puis que mesmes dans les histoires profanes ils se donnent la licence que l'on ne souffre qu'aux Poëtes & aux Peintres ; ainsi que l'on peut voir dans la seule histoire d'Alexandre le Grand ; laquelle ils ont tellement déguisée, qu'il n'y a rien qui se rapporte à ce qu'en écrivent Q. Curce, Plutarque & Arrian. Mais quoy qu'elle ne soit pas si veritable, elle ne laisse pas d'estre assez divertissante, pour en faire icy vne petite digression.

Ils disent donc, qu'*Iskander*, c'est ainsi qu'ils appellent Alexandre le Grand, estoit natif de *Iunahn*, c'est à dire de Grece. Histoire fabuleuse d'Alexandre le Grand. Que son pere s'appelloit *Betlimus*, & que sa mere estoit fille du Roy *Tzimschid*, qui estoit fils de *Kerkobath*. Ils disent que *Tzimschid* a vécu sept cens ans. Que c'estoit le plus sage de tous les Roys qui ayent jamais regné, & que c'est à luy à qui l'on doit l'invention des selles & des fers à cheval, de l'arc, de la peinture, des tentes & du vin. Que l'education d'Alexandre fut confiée à Aristote, qui sçeut si bien gagner les bonnes graces de son disciple, que ne pouvant souffrir qu'il le quittast, il l'obligea de le suivre en ses premieres guerres, où il se servit

FFff iij

fort vtilement de ses conseils. Car Alexandre, n'ayant encore que quinze ans, s'advisa vn jour de demander à Aristote, à qui appartenoit autrefois la Grece, & ayant sçeu de luy que son ayeul maternel l'avoit cy-devant possedé, tout estonné de se voir despoüillé d'vn si grand Estat, il resolut d'en faire la conqueste, & de porter ses armes par tout le monde. Pour cét effet il se rendit, avec son Precepteur, à *Stampul* ou *Constantinople*, & fit offrir son service au Roy. *Aristote*, qui estoit vn des plus eloquents hommes de son temps, sçeut si bien recommander les bonnes qualitez d'Alexandre, que le Roy luy confia la conduite d'vne armée, avec laquelle il conquit l'Egypte, & toutes les Provinces voisines. Apres cela il mena l'armée contre ceux de *Hebbes*, qui se mirent en defense, & se servans de l'advantage de leurs elephans, rendoient tous les efforts d'Alexandre inutiles, jusqu'à ce qu'Aristote luy conseilla de faire frotter de nefte vne quantité de roseaux, d'y mettre le feu, & de les jetter parmy les elephans; ils furent tellement effrayez du feu, qu'ils se mirent en desordre, & les *Hebbes* en desrouct; en suitte de laquelle ils furent contraints de se rendre. De là il alla à *Sengebar*, dont les habitans ont de grosses levres, & les dents fort longues. Le Roy se retira avec quelques-vns de ses gens, dans vne tour, où Alexandre le voulut forcer. Mais *Aristote* luy fit connoistre qu'estant maistre de la ville, il avoit coupé la racine de cét arbre, & qu'il le verroit bien-tost tomber sans autre effort. Il crut ce conceil, & alla de là à *Iemen*, & conquit toute l'Arabie. Il alla en suitte à *Aleppo*, *Erserum*, *Diarbek* avança le long du tigris jusques à *Mosel*, & descendit apres cela en la Georgie, s'assujettit tout, & alla en suitte à *Birde*, en la Province d'*Iran*. En cette ville demeuroit en ce temps-là la veuve d'vn Roy, nommée *Melkchatun*, laquelle entendant tous les jours dire des merveilles d'Alexandre, employa plusieurs peintres, pour en avoir le pourtrait, aussi bien que ceux de tous les grands hommes de son temps: de sorte qu'Alexandre, l'estant allé trouver déguisé, & comme Ambassadeur d'Alexandre, elle ne laissa pas de le reconnoistre, & le convia de disner avec elle. Mais au lieu de viande elle ne fit servir que des bassins plains d'or, d'argent & de pierres precieuses, le priant d'en faire bonne chere: & sur ce qu'Alexandre luy dit, qu'il n'y avoit rien là dont il se pust rassasier ; elle luy representa, que c'estoit pour ces choses inutiles qu'il ruïnoit tant de Provinces, & tant de beaux païs, capables de produire dequoy faire subsister plusieurs millions de personnes, & luy remonstra, que quand il auroit conquis tout le monde, il faudroit enfin qu'il mourust faute de pain, s'il continuoit ses ravages, le priant de luy conserver son Royaume. Alexandre le fit, & l'on parle encore aujourd'huy de la sagesse de cette Reine : de laquelle on conte entr'autres choses ; qu'estant fort riche, elle ne se soucioit point de faire condamner les coupables à des amendes pecuniaires ; mais elle les obligeoit à faire des fosses, pour la sepulture des morts, & l'on dit qu'encore aujourd'huy il s'en voit plusieurs de sa façon aupres de *Nechtzuan.* Que de là Alexandre alla en *Schiruan,* & fit bastir la ville de *Derbend,* la faisant fortifier du costé de la Perse, & faisant tirer vne muraille par la montagne, jusques à la mer noire, & bastir des tours de lieuë en lieuë, pour y mettre des gardes, contre l'invasion des Tartares. Qu'apres cela il entra en Perse, se rendit le maistre de presque toutes les Provinces, & attaqua Darius, qui se trouvoit alors avec vne armée de deux cens mil hommes, en la Province de *Kirman.* Que Darius eut de l'avantage dans les trois premieres batailles, mais qu'il fut deffait en la quatriesme, parce qu'Alexandre avoit attiré son armée dans vn lieu, où il avoit fait faire plusieurs fosses ; qu'il avoit fait couvrir de paille, & que Darius mesme y fut pris. Apres cela il alla en *Chorasan,* & en suite jusques aux Indes, où il fit faire, à la priere des Indiens, vne palissade de fer contre les *Pygmées,* qui doit subsister jusques au jour du Iugement. Apres cela il deffit les *Vsbeques,* & ensuitte il tourna ses armes contre les *Hebbes,* qui s'estoient revoltez. Qu'ayant entre ses mains tant de Rois, il voulut sçavoir d'Aristote, s'il n'estoit point à propos de les faire mourir. Mais Aristote luy ayant representé, que leurs enfans se pourroient venger de cette cruauté, il les remit tous en liberté, à la reserve de Darius, qu'il fit empoisonner. Apres cela Alexandre ayant sceu, que dans la montagne de *Kef* il y avoit vne grande caverne, fort obscure & noire, dans laquelle couloit de l'eau de l'immortalité, il luy prit envie d'y faire vn voyage. Mais apprehendant de s'égarer dans la grotte, & con-

1637.

siderent la faute qu'il avoit faite, de mettre les hommes d'aage dans les villes & places fortes, & de n'avoir gardé auprés de ſa perſonne que de jeunes gens, incapables de le conſeiller, il voulut qu'on luy cherchaſt quelque vieillard, du conſeil duquel il ſe pût ſervir en cette rencontre. Il n'y avoit dans toute l'armée que deux freres, nommés *Chidder* & *Elias*, qui euſſeut leur pere auprés deux, & ce bon homme leur dit, qu'ils advertiſſent Alexandre, que pour reüſſir en ſon entrepriſe, il falloit qu'il montaſt vne cavalle en entrant dans la caverne, & qu'il laiſſaſt ſon poulin à l'entrée, & que par ce moyen la cavalle le rameneroit infailliblement, & ſans peine. Alexandre trouva cét advis ſi bon, qu'il ne voulut point eſtre accompagné en ce voyage, que de ces deux freres, laiſſant le reſte de ſa ſuitte à l'entrée. Il marcha ſi avant, qu'il trouva vne porte ſi bien polie, que dans cette grande obſcurité elle donna aſſez de jour pour voir, qu'il y avoit vn oyſeau attaché. Cét oyſeau demanda à Alexandre ce qu'il vouloit, il luy répondit qu'il cherchoit l'eau de l'immortalité. L'Oyſeau continua de demander : Qu'eſt-ce qu'il ſe faiſoit au monde? Aſſez de mal, dit Alexandre, veu qu'il n'y a point de vice ny de peché qui n'y regne. Surquoy l'oyſeau s'eſtant détaché & envolé, la porte s'ouvrit, & Alexandre vit vn Ange aſſis, tenant vne trompette à la main, & en poſture de la vouloir porter à la bouche. Alexandre luy demanda ſon nom. L'Ange réponpit qu'il s'appelloit *Raphaël*, & qu'il ne faiſoit qu'attendre le commandement de Dieu, pour donner de la trompette, & appeller les morts au jugement ; & demanda en ſuitte à Alexandre, mais toy qui es-tu? Alexandre répondit, je ſuis Alexandre, & je cherche l'eau de l'immortalité. L'Ange luy donna vne pierre, & luy dit, va-t'en en chercher vne autre de même poids que celle-cy, & alors tu trouveras l'immortalité. Surquoy Alexandre demanda combien de temps il avoit encore à vivre. L'Ange dit, juſques à ce que le Ciel & la terre qui t'environne, ſe convertiſſent en fer, ou à ce que diſent les autres, en or, & en argent. Alexandre eſtant ſorty de la grotte, chercha long-temps, & ne trouvant point de pierre qui fuſt juſtement du même poids, il en mit vne dans la balance qu'il jugeoit eſtre à peu prés égale, & n'y trouvant que fort peu à dire, il y ajouſta tant ſoit peu de terre, qui mit l'éguille dans la balance : Dieu voulant

lant faire connoistre par là, qu'Alexandre ne pouvoit esperer l'immortalité, qu'apres qu'il seroit enterré. Enfin vn jour Alexandre estant tombé de son cheval, dans les landes de *Kur*, ou de *Ghur*, on le coucha sur sa cotte d'armes, & on le couvrit de son bouclier, contre l'ardeur du Soleil. Les autres disent, que cette cotte d'armes estoit brodée d'or & d'argent, & que son bouclier estoit couvert de lames du mesme metail, & qu'alors il commença à comprendre la prophetie de l'Ange, qu'il vit bien que l'heure de sa mort estoit prochaine, qu'il mourut en effet, & que son corps fut porté en Grece.

Ils adjoustent à cette fable, que ces deux freres, *Chidder* & *Elias*, beurent de l'eau de l'immortalité, & qu'ils vivent encore, mais qu'ils sont invisibles : *Elias* sur la terre, & *Chidder* sur l'eau : où ce dernier a tant de pouvoir, que ceux qui se trouvent en danger de perir sur l'eau, s'ils prient avec ardeur la *Chidder Nebbi*, luy voüans vn sacrifice ou offrande, & s'ils croyent fermement qu'il leur peut aider, sortent du danger & sauvent leur vie. C'est pourquoy, s'il arrive que quelqu'vn perit, on l'atribuë à son incredulité ; mais s'il se sauve l'on croit fermement que c'est par l'aide de *Chidder* ; auquel ceux qui se sauvent du naufrage, ou de quelque autre peril sur la mer, en rendent tous les ans, à pareil jour, des actions de graces solemnelles à ce Saint. Ces ceremonies se font au mois de Fevrier, & ceux qui se veulent acquitter de leurs vœux, prient leurs amis à souper hommes & femmes, leurs racontent les particularités du danger qu'ils ont couru, & comment ils en ont esté sauvés, par le moyen de *Chidder*. Apres cela ils soupent ensemble, & font grand chere, mais ils ne boivent point de vin. Cependant ils servent aussi dans vne autre chambre, plusieurs plats de fruits & de confitures, & au milieu de la chambre ils mettent dans vne escuelle de bois, pleine de farine de chiques, vne bougie allumée, & en sortant de cette chambre, ils disent : *Chidder Nebbi*, si cette offrande t'est agreable, témoigne-le par quelque signe. Si le lendemain l'on trouve des vestiges dans la chambre, ou des marques d'vne main dans la farine, c'est vn tres-bon signe, & les amis s'assemblent encore ce jour-là pour se réjoüir. C'est pourquoy les femmes, qui ne se trouvent pas souvent à ces festes, taschent d'entrer dans la chambre, sans que l'on s'en apperçoive, & prennent vne poigné de farine, afin de faire continuer le festin. Les *Naſſara*, qui est vne sorte de Chrestiens d'Armenie, celebrent aussi cette feste : mais ils y boivent du vin ; ce que les Perses ne font point. L'on nous raconta à *Ardebil*, qu'vn jour vne femme, se servant de l'occasion de cette feste, avoit enfermé son galand dans la chambre, où l'on avoit preparé le festin pour le Prophete, Elle l'alloit voir de temps en temps, & ne s'apperçeut point d'vn fils de quatre ans, qui la suivoit, & qui voyant vn visage inconnu se mit à pleurer si fort, que le galand prit vne pomme du festin du *Chidder*, & la donna à l'enfant, pour l'appaiser. Mais l'enfant n'eut pas si-tost la pomme, qu'il courut dans la salle, où il montra à son pere le present que *Chidder Nebbi* luy avoit fait. Le pere ne sçachant que croire de cette vision, & voulant sçavoir si *Chidder* estoit devenu visible, entra dans la chambre & y trouva son homme en vne posture qui le surprit. Mais le galand, apprehendant que l'on ne le sacrifiast en effet au Prophete, trouva moyen de gaigner aux pieds, & la femme faisant l'ignorante, la galanterie passa pour vne veritable apparition de *Chidder*.

Les Perses aiment la Poësie.

Il n'y a point de nation au monde qui aime plus la Poësie que les Perses. L'on voit les Poëtes en tous les marchés & en toutes les tavernes, où ils amusent ceux qui s'y trouvent, comme en Europe les *Saltimbanques* & les joüeurs de goblets. Tout le monde les souffre, & les grands Seigneurs croyent, qu'ils ne sçauroient mieux regaler leurs amis, qu'en les divertissant pendant le disner par le recit de quelque Poëme. Le Roy mesme, & les *Chans* ont leurs Poëtes domestiques, qui ne travaillent qu'à chercher des inventions, pour le divertissement de ceux, qui les entretiennent, & qui ne se communiquent point aux autres, sinon du consentement de leurs protecteurs. L'on connoist les Poëtes par leurs habits, qu'ils portent de la mesme façon que les Philosophes : sçavoir vne hongreline blanche, mais ouverte pardevant, avec de grandes manches larges, & ils portent à la ceinture vne gibissiere, où ils mettent des livres, du papier & l'escritoire, afin de pouvoir donner copie de leurs vers à ceux qui en demandent. Leur veste n'a point de manches, & seroit vn manteau achevé, si elle avoit vn collet. Ils n'ont point de bas ; leurs chausses descendent jusqu'aux pieds, comme vn pantalon, & l'Hyver ils ne portent que des chauſſons qui ne vont que juſqu'à la cheville du pied. Au lieu de *Mendil*, ou de *tulban*, ils portent des bonnets. Ceux qui debitent leurs marchandiſes au marché & aux tavernes, ont vne eſcharpe de pluſieurs couleurs, qui leur ceint le corps au deſſus des hanches, & paſſant pardeſſus l'épaule droite va reprendre le bras gauche. La pluſpart de ces gens prennent pour ſujet de leurs poëſies la Religion des Turcs & leurs Saints, qu'ils prennent plaiſir à deſcrier.

1637.

L'on peut bien juger, que parmy vn ſi grand nombre de Poëtes, il ſe trouve auſſi beaucoup de Poëtaſtres, & que là, auſſi bien qu'ailleurs, il y a peu d'Homeres & de Virgiles. Il y en a meſmes qui ſont aſſez modeſtes pour adopter les ouvrages d'autruy, & qui ayans l'eſprit ſterile & incapable de produire, ſe contentent de debiter les pieces de ceux dont la reputation eſt eſtablie. La Perſe a cela de commun avec la France, auſſi bien que pluſieurs autres choſes, qu'elle n'a preſque point d'autheur qui juſques icy ait reüſſi en l'epique, & qu'à la reſerve de fort peu de Poëtes, qui ſont en grande reputation, les autres ſont capables de faire pitié. Les meilleurs, & qui peuvent effectivement paſſer pour bons ſont *Saadi, Hafis, Firdauſi, Fuſſuli, Chagani, Eheli, Schems, Nawai, Scahidi, Ferahſed, Deheki, Neſſimi*, &c. Leur Poëſie ſe rapporte entierement à la moderne, & rime toûjours ; quoy qu'ils ne ſoient pas fort exacts à obſerver le nombre des ſillables. Ils ne font point de difficulté auſſi d'employer les meſmes mots, pour faire la rime; ſans qu'ils croyent que cela peche contre les regles de leur proſodie : Comme pour exemple aux vers ſuivans.

Les meilleurs Poëtes de Perſe.

Tziri, tziri Tziragh Iani tzæ ?
Adamira demagh Iani tzæ ?
Tziri, tziri, tziragh es teri bud
Adamira demagh cheri bud : où le Poëte fait vne belle alluſion entre les mots *teri* & *cheri* ; dont l'vn ſignifie humide, & l'autre ce qui tient de l'aſne. Les vers veulent dire, pourquoy eſt-ce que la chandelle va finir ? pourquoy eſt ce que l'homme ſe vante, & pourquoy eſt-il glorieux ? parce qu'à l'vn il manque du ſuif humide, & parce que l'autre eſt chargé de graiſſe d'aſne. Ils ſe plaiſent auſſi à employer les équivoques, & commencent ſouvent avec beaucoup de grace, le vers ſuivant par les

Kalem be deſt debiran bebes haſar derem
Derem be deſt nea Ied mckcr nauk Kalem.

Leur Iurifprudence.

L'eſtude de leur Iurifprudence n'eſt pas de grande eſtenduë. Car ils ont fort peu de loix, & celles qu'ils ont, ſont toutes tirées de l'*Alcoran*, & de ſes commentaires; que les K*aſi* & les D*ivanbeg* ſuivent en la deciſion des procez. Ils ont outre cela quelques couſtumes locales, mais en fort petit nombre.

Leur medecine.

Pour ce qui eſt de la Medecine, ils y ſuivent les maximes d'Avicenne, & leurs Medecins ſont tous Galeniſtes. La ſaignée n'eſt pas fort frequente parmy eux, mais ils donnent des medecines continuelles, compoſées d'herbes & de racines, & meſmes appliquent ſouvent des fomentations, & d'autres remedes exterieurs. Ils n'ont point l'vſage de l'anatomie, & leur pratique eſt ſi groſſiere, que j'ay veu, lors que j'eſtois à *Scamachie*, où noſtre Medecin fut prié de voir vn homme qui ſe mouroit, pour avoir pris trop d'eau de vie, qu'vn Medecin Maure, qui le traittoit, luy avoit fait appliquer vn gros morceau de glace ſur l'eſtomach; ſouſtenant ſon procedé par cette maxime generale, qu'il faut guerir le mal par ſon contraire. Ce n'eſt pas le Medecin, mais la Sage-femme, que l'on appelle aux maladies des femmes & des enfans; c'eſt pourquoy elles apprennent auſſi quelque choſe de la Medecine. Les livres qui en traittent ont cela de particulier, que les remedes qu'ils ordonnent, ſont auſſi propres pour les chevaux que pour les hommes.

Noſtre Medecin, qui avoit joint à la Methode de Galien, quelques maximes de Paracelſe, & qui employoit ſes remedes chymiques fort heureuſement, y acquit vne ſi haute reputation, que le Roy meſme luy fit offrir des appointemens fort conſiderables, pour le convier de demeurer à la Cour. Et ſa reputation devint ſi grande, apres avoir reüſſi en quelques maladies deſeſperées à *Scamachie*, que le peuple commença à le conſiderer, comme vn homme extraordinaire; de ſorte qu'on luy amenoit des eſtropiez & des aveugles nez, pour l'obliger à faire venir des jambes & la veuë, à ceux qui n'en avoient point, & meſmes à ceux qui n'en avoient jamais eu.

Ce n'est pas d'aujourd'huy que les Perses s'appliquent à l'e- 1637.
stude de l'astronomie. Autrefois l'on appelloit *Magi* ceux qui L'Astronomie.
en faisoient profession, & aujourd'huy on les appelle *Minat-*
zim, & ils ne s'amusent pas tant à la speculation du mouvement du Ciel & des Astres, & à la seule contemplation de cette science, qu'aux prognostications des effets que leurs influences peuvent produire, & à predire les choses, dont ils
croyent pouvoir lire l'évenement dans le cours du Ciel. Ainsi
c'est plutost l'Astrologie judiciaire, que l'Astronomie qu'ils L'Astrologie.
estudient ; parce que l'vne leur seroit entierement inutile, &
l'autre leur est d'autant plus profitable, que quasi tous les Perses ont cette superstition, qu'ils n'entreprennent quasi rien
d'important, qu'ils n'ayent consulté le *Minatzim*. Pour cét effet le Roy, & les grands Seigneurs en ont toûjours vn auprés
d'eux, qui observe incessamment le Ciel, & qui predit les moments heureux ou mal-heureux, pour les affaires qu'ils veulent
entreprendre. C'est pour cela aussi qu'ils disent que l'Astrologie, qui n'est qu'vne dependance de l'Astronomie, est vne riche
fille d'vne mere si pauvre, qu'elle est obligée de conserver la
vie à celle qui la luy a donnée. Ces gens ne sont jamais sans
astrolabe, qu'ils portent dans le sein, afin de pouvoir faire vn
theme dés qu'ils en sont requis : mais ils ont bien de la peine à
reüssir aux genethiaques, & particulierement à ceux des personnes de condition mediocre : parce que n'ayans point d'hor-
loges, ils ne sçauroient remarquer bien precisément l'heure,
& encore moins les moments de la naissance, que les grands
Seigneurs font observer exactement, par le moyen de l'a-
strolabe.

Pour enseigner l'Astronomie, ils n'ont ny sphere armillaire
ny globe ; c'est pourquoy ils estoient bien estonnez de voir entre mes mains vne chose, qui est si commune en Europe. Ie
leur demanday s'ils n'en avoient jamais veu. Ils me répondirent que non ; mais qu'autrefois l'on avoit veu en Perse vn fort
beau globe, qu'ils appellent *Felek*, qui s'estoit perdu pendant
la guerre qu'ils avoient euë contre les Turcs. C'estoit peut-
estre celuy que Sapor, Roy de Perse, avoit fait faire de verre,
qui estoit si grand, qu'il pouvoit s'asseoir dans son centre, &
voir le mouvement des astres, & devoit sans doute estre semblable à celuy d'Archimede, dont parle Claudian en l'epi-

gramme, qui cômence *Iuppiter in paruo cum cerneret æthera vitro*. L'antiquité a pû admirer ces ouvrages, mais elle demeuroroit sans doute interdite, si elle voyoit le globe, que le Duc de *Holstein* a fait faire en sa ville de *Gottorp*. C'est vn globe double, fait de cuivre, qui a dix pieds & demi de diametre, en sorte que dãs sa concavité dix personnes peuvent s'asseoir à vne table qui est suspenduë, avec son banc, à l'vn de ses poles. L'on y peut voir, par le moyen d'vn horison interieur, comment les astres, & le Soleil mesme, sortant de son centre se meut de soy-mesme par ses degrez écliptiques, & se leve & se couche reglément. Le mouvement de ce globe suit exactement celuy du Ciel, & le prend de celuy de certaines rouës, poussées par de l'eau que l'on fait descendre d'vne montagne, & que l'on luy donne à mesure qu'il en a besoin, selon la rapidité de ses spheres.

Année Lunaire & Solaire en Perse.

Les Perses reglent leur année sur la Lune, aussi bien que sur le Soleil; de sorte qu'ils ont des Solaires & Lunaires, sçavoir ceux-cy pour leurs festes, & pour les ceremonies religieuses, lesquelles sont affectées à certains jours du mois, & ces mois, commençans & finissans avec la Lune, font l'année plus courte d'onze jours que la nostre. Leur année Solaire est, de trois cens soixante-cinq jours, & estoit telle dés le temps d'Alexandre le grand, ainsi que Q. Curce le marque bien expressément, au liv. 3. Chap. 7. de son Histoire: où il dit, en parlant de l'équipage de Darius, qu'apres les Mages suivoient trois cens soixante-cinq jeunes hommes, pour égaler le nombre des jours de leur année, qui est composée d'autant de jours:

Leur jour de l'An.

c'est à dire de douze mois de trente jours, & de cinq jours supernumeraires. Elle commence du moment que le Soleil, en entrant dans le signe du belier, fait l'équinoxe, & rameine le premier jour du Printemps. Ils appellent ce jour là *Naurus*, ou *Neurus*, c'est à dire nouveau jour. Ils comptent les années de leur aage selon le cours du Soleil; de sorte que pour l'exprimer, ils disent qu'ils ont tant de *Naurus*, c'est à dire tant d'années. C'est vne des principales fonctions du *Minatzim*, que d'observer avec l'astrolabe, l'heureux moment, auquel le Soleil atteint l'equateur, & dés qu'il l'indique tout le monde commence à se réjouïr. Leur epoque est l'*Hegira*, ou la fuitte de Mahomed, qui se rencontre au 10. Iuillet, de l'an 622. de la naissance de nostre Seigneur.

Les Perses avoient autrefois leur Almanach, ou *Takhüim*, qui leur estoit particulier, & chaque jour du mois avoit son nom de quelqu'vn de leurs Roys, ou Heros, comme *Oromasda Behemer*, *Adarpahascht*, *Schaharius*, &c. que l'on trouve dans *Scaliger*, en son imcomparable traitté *de emendatione tempor.* & dans les Ephemerides d'*Origanus*; mais ils ne sont plus en vsage aujourd'huy, non plus que l'epoque de *Iesdesgird*, ou comme *Scaliger* le nomme *Iezdegird*, qui estoit fils de *Schaherjar*, & petit fils de *Chosroës*, qui fut tué par *Otman* fils d'*Ophan* Sarazin, le 16. Iuin 632. Ils n'en ont point eu d'autre jusques en l'an 1079; auquel *Albu Arsalan* Roy de *Chorasan*, de *Mesopotamie*, & de Perse, Sarazin, ayant fait venir huict astronomes, fort sçavans, reforma l'an de *Iezdegird*, & constitua vn autre epoque, que l'on commença le 14. jour de l'année, & que l'on appelle *Tzelalée* ou *Sultanée*, ou en Arabe *Tarich altzelalit*, c'est à dire Ere, ou Epoque Auguste, du mot *Tzelaf*, qui signifie Majesté, ou Altesse. Aujourd'huy ils ont le Calendrier Arabe, & les noms de leurs douze mois sont *Naharem*, *Sefar*, *Rebbi Ewel*, *Rebbi achir*, *Tzemadi Ewel*, *Tzemadi achir*, *Retzeb*, *Scabahn*, *Ramesan*, *Schawal*, *Dsilkade* & *Dsilhatse*. Où il faut remarquer que les Perses amassent aussi vn nombre de quatre années, quasi de la mesme façon, que les Grecs composoient leus Olimpiades, & comme les Romains comptoient par lustres, qui estoient de cinq ans, & alors ils donnent aux quatres premieres années de leur compte, le nom du premier mois de l'année, aux quatre années suivantes celuy du second mois, & ainsi du reste; de sorte, que pour faire connoistre qu'ils parlent d'vn mois, & non des années, ils adjoustent aux noms des mois le nom de *Mah*, qui signifie mois. *Abraham Ecchelensis* en donne l'etimologie aussi bien que celle des jours de la sepmaimaine, en son histoire d'Arabie, page 204. & suivante. Ils commencent la sepmaine par le Samedy ; afin que le septiesme jour, qui doit estre celuy du repos, se rencontre au Vendredy, qui leur est ce qui est aux Chrestiens le Dimanche, & aux Iuifs le Samedy. Les sept jours de la sepmaine s'appellent, sçavoir le Samedy *Scembe*, le Dimanche *Iekschembe*, le Lundy *Duschembe*, le Mardy *Seschembe*, le Mercredy *Tscharschemse*, le Ieudy *Denschembe*, & le Vendredy *Adine*, ou *Tzumeh* ; c'est à dire jour d'assemblée : parce que ce jour-là ils s'assemblent, pour faire leurs prieres. Ils eſtiment le *Tſcharſchembe* le plus mal-heureux de toute la ſepmaine.

Ils aiment l'Aſtrologie avec paſſion, & à l'exemple des Chaldéens, dont ils ont ſans doute appris cette ſcience, ils y ſont ſi ſuperſtitieux, que non ſeulement ils croyent abſolument tout ce que les Aſtrologues leur diſent, mais auſſi les perſonnes de condition ne font point d'affaire d'importance, n'entreprennent point de voyage, & meſme ils ne voudroient pas prendre vn habit neuf, ny monter à cheval, ny ſe baigner, ſans avoir conſulté le *Minatzim*; qui a d'autant plus de credit parmy eux, que bien ſouvent ils joignent à la vanité de leur art, vne profeſſion, qui n'eſt pas moins trompeuſe que celle-là, qui eſt la Medecine. Leur croyance eſt fondée ſur l'opinion qu'ils ont, auſſi bien que les Arabes, que les aſtres ſont gouvernés par des intelligences, qui ont vn pouvoir abſolu ſur les choſes ſublunaires; ſi bien qu'il n'eſt pas bien difficile de les faire acquieſcer aux predictions des aſtrologues. Ces gens ſont ou charlatans ou magiciens, qui par leurs équivoques trompent ceux qui les conſultent, à deſſein de leur troubler le cerveau, & de les fourber, comme cét Eſtienne Alexandre, qui en prediſant à Heraclius, qu'il periroit dans l'eau, l'obligea à faire combler tous les lacs & eſtangs dans toute l'eſtenduë de l'Empire. De la meſme façon fut trompé Iean Menard, Medecin de Ferrare, auquel l'on avoit predit qu'il periroit dans vne foſſe. Il les évita toutes, à la reſerve de celle d'vne jeune femme, qu'il épouſa en ſa vieilleſſe, & qui luy abbregea ſes jours viſiblement. Ils attribuent à chaque heure du jour vn des ſignes du Zodiaque, ſçavoir à la premiere celuy du Belier, à la deuxiéme celuy du Taureau, & ainſi en ſuitte; & ils croyent qu'il y a en chaque mois des jours mal-heureux, particulierement le 3. & le 5. & le 23. & le 25. de chaque Lune. *Abraham Ecchelenſis*, que nous venons d'alleguer, en raconte deux hiſtoires aſſez remarquables, tirées du 9. Livre des Chroniques de *Gregorius Barhebræ*; où il dit, qu'en l'an 198. de l'Hegire vivoit vn homme, qui entr'autres choſes avoit vne bague, qui faiſoit rire inceſſamment ceux qui l'avoient au doigt. Il n'y avoit que luy ſeul qui pouvoit en vſer comme d'vne autre bague, & qu'il avoit auſſi vne plume, dont perſonne ne pouvoit eſcrire, & laquelle meſme perſonne ne pouvoit conduire de la main,

ſinon

sinon luy seul. C'est pourquoy le *Calife Alamun*, qui vivoit en ce temps-là, voulut faire faire son horoscope par l'illustre astrologue *Albumasar*, qui trouva, qu'il avoit son ascendant au Taureau, que Iupiter, la quëuë du Scorpion, & Venus regardoient, & que le Soleil & la Lune estoient au mesme degré d'ascendant. L'autre histoire est d'vn Medecin, nommé *Tabet Hirensis*, qui en tastant le poux d'vn homme, luy dit, qu'il avoit mangé du veau, & de la boüillie, dont le laict estoit tourné : sans qu'il sçache rendre aucune raison de son dire, sinon que ce Medecin eust vn instinct particulier, & que cette faculté luy eust esté donnée par quelque influence, secrette & particuliere.

1637.

Neantmoins avec tout leur prejugé pour les influences des astres, ils ne laissent pas de deferer beaucoup au sort, & de chercher par là le secret des choses, qui ne sont pas encore arrivées, ou dont la connoissance est fort difficile.

Il est vray qu'il n'y a que les femmes quasi, qui s'amusent à cette sorte de devins, qui ont leurs boutiques ou estaux au *Maidan*, auprés du *Dowlet Chane*, & qui predisent par le sort en deux façons. Les vns, que l'on appelle *Remal*, ont sept ou huict dés enfilés dans deux brins de fil d'archal, & predisent par la rencontre des dez. Les autres, que l'on appelle *Falkir*, y apportent bien plus de ceremonies. Car ils ont devant eux, sur vne table, trente ou quarante petites planches, de la grandeur d'vn poulce, fort minces & fort vnies, qui sont marquées de certains caracteres du costé que l'on ne voit point. C'est sur vne de ces petites planches, que celuy qui desire sçavoir ce qui luy doit arriver, met son argent, que le *Falkir* serre aussi-tost: & c'est sans doute ce qu'il y a de plus certain en tout ce mystere. Apres cela il fueillette vn Livre qu'il a devant luy, de l'espoisseur de trois doigts, dont les fueilles sont peintes de toutes sortes de figures; comme d'Anges, de demons, de satyres, de dragons & d'autres monstres, & il ouvre le livre à diverses reprises, jusques à ce qu'il en rencontre vne, qui se rapporte aux caracteres de la planche. Ce qui ne se fait point sans marmotter entre les dents plusieurs paroles inarticulées, & ininintelligibles, & c'est-là la prediction la plus asseurée qu'ils ayent parmy eux.

Le gouvernement politique en Perse n'est pas bien diffe-

L'Estat politique de la Perse.

HHhh

1637.

rent de celuy des Moscovites. L'vn & l'autre Eſtat eſt Monarchique, & tellement deſpotique, que le Prince y gouverne avec vn pouvoir abſolu, faiſant ſervir ſa volonté de Loy, & diſpoſant tres-abſolument de la vie & des biens des ſujets : qui ſont dans vne ſi grande ſujection, qu'ils ne murmurent pas ſeulement contre la violence, avec laquelle on fait bien ſouvent mourir les plus grands Seigneurs du Royaume, ſans aucune forme de procés.

Ils appellent leurs Roys *Schach*, *Padſchach* & *Padiſchach* mots qui n'ont quaſi qu'vne même ſignification, ſçavoir celle de Roy & de Seigneur. Toutesfois l'Empereur des Turcs, en eſcrivant au Roy de Perſe, ne luy donne pas la qualité de *Schach*, mais celle de *Schich Ogli*, c'eſt à dire d'Eccleſiaſtique, ou de fils ou parent de Prophete. Ceux qui diſent que les Roys de Perſe ſe font donner la qualité de *Choda*, c'eſt à dire de Dieu, ſe trompent. Car *Chodabende* eſt vn nom propre d'homme, comme Theodoſe, Theodore, &c. Et ſignifie obligé à Dieu, ou ſerviteur de Dieu ; quoy que d'ailleurs ces Princes ſoient aſſez glorieux, pour prendre des titres extravagants, qui les mettent au rang du Soleil & de la Lune, & qui les font freres & compagnons des aſtres : ainſi qu'*Ammian Marcellin* le dit de *Sapor* Roy de Perſe. Il eſt vray qu'ils ne refuſent point ces mêmes titres aux Princes de l'Europe, avec leſquels ils vivent en bonne intelligence : Car dans les lettres que *Schach-Seſi* écrivit au Duc de Holſtein, il luy donnoit les meſmes qualitez qu'il prenoit pour luy. Ils ne veulent point qu'en l'inſcription des lettres on leur donne les titres des Royaumes & des Provinces, qui ſont de leur obeïſſance, & *Schach-Abas* ne vouloit point que l'on miſt aux requeſtes d'autres titres, que la ſeule qualité de *Schach*, & dit vn jour à vn homme, qui avoit mis pluſieurs titres à la teſte de ſa requeſte : va, mon amy ; tes titres ne me feront ny plus puiſſant ny plus pauvre. Donne moy celle de *Schach*, puis que je le ſuis, & que je m'en contente.

La qualité de Sophi.]

La plus part des Autheurs donnent aux Roys de Perſe, de la derniere race, la qualité de *Sophi* : & les Roys meſmes, particulierement ceux qui ont du zele pour leur religion, prennent plaiſir à ajuſter cette qualité à leurs titres, pour l'amour de *Schich Sof* ou *Seſi*, premier inſtituteur de leur ſecte : de la meſme façon que les Roys de France prennent la qualité de

ET DE PERSE, LIV. V.

Tres-Chreſtien, ceux d'Eſpagne celle de Catholique, & ceux d'Angleterre celle de protecteur de la Foy. C'eſt pourquoy ils diſent *Iſmaël Soſi*, *Ecder Soſi*: Et c'eſt à quoy il faut prendre garde en liſant leur hiſtoire; parce que ſans cela l'on confond les noms des Roys, & l'on attribuë à l'vn ce qui ne doit eſtre entendu que de l'autre

 Le Royaume de Perſe eſt hereditaire; non ſeulement aux legitimes, mais auſſi, faute de legitimes, aux baſtards, & aux fils des concubines : qui ſuccedent à la Couronne, auſſi bien que les autres, & on les prefere meſmes aux plus proches parents collateraux, & aux neveux; puis que les fils des concubines & des Eſclaves ne ſont point intellegitimes en Perſe, ainſi que nous avons dit ailleurs. Faute de fils l'on defere la Couronne au plus proches des parents paternels, deſcendus de *Seſi*, qui ſont comme les Princes du ſang, & on les appelle *Schich Elüend*. Ils joüiſſent de pluſieurs grandes immunitez & privileges, mais bien ſouvent ils ſont fort pauvres, & ont de la peine à vivre. Les enfans des Roys de Perſe affranchiſſent les maiſons où ils naiſſent, & l'on en fait vn aſyle; de ſorte que ſi la Reine accouche ailleurs que dans la ville capitale, l'on ceint la maiſon d'vne belle muraille, pour la ſequeſtrer des autres.

 S'il faut croire Q. Curce, les anciennes armes de Perſe eſtoient vn croiſſant, comme le Soleil celles des Grecs. Aujourd'huy les Turcs prennent le croiſſant, & les Perſes le Soleil qu'ils placent le plus ſouvent ſur le dos d'vn Lyon. Mais dans le grand ſçeau du Royaume, l'on ne voit que des caracteres. Il eſt de la grandeur d'vne piece de trente ſols, ayant au dedans. *Au ſeul Dieu, moy Schach Seſi je ſuis eſclave de tout mon cœur* & en la circonference; *Aly que l'on die de toy tout ce que l'on voudra, je ne laiſſeray pas d'eſtre ton amy. Qui devant ta porte ne s'eſtime poudre & terre, quand ce ſeroit vn Ange que ſur ſa teſte ſoit poudre & terre.* Aux lettres qu'il envoye aux Prince Chreſtiens, il obſerve cette civilité qu'il ne met point le ſçeau du coſté de l'écriture, mais de l'autre coſté tout en bas.

 Les ceremonies que l'on fait au couronnement des Roys de Perſe, ne ſe font point à Babylone, ainſi que quelques autheurs, veulent faire accroire, ny auſſi à *Kufa*, comme dit Minadous, mais dans la ville d'*Iſpahan*. Elles ne ſont pas ſi grandes que celles qui ſe font au ſacre des Roys en l'Europe. L'on

1637.

Le Royaume de Perſe eſt hereditaire.

Les armes de Perſes

Le Couronnement des Roys.

met sur vne table, haute d'vne demy aulne, autant de tapis à fonds d'or & d'argent, ou en broderie, qu'il y a eu de Roys de la méſme famille, devant celuy que l'on va couronner: de ſorte qu'au couronnement de *Schach Sefi* il y en eut huict, parce qu'il eſtoit le huictiéme Roy de Perſe de cette maiſon, à compter depuis *Iſmaël.* 1. Apres cela les principaux *Chans* luy preſentent la Couronne, qu'il baiſe trois fois, au nom de Dieu, de Mahomed & d'*Aaly*; & apres l'avoir portée au front, il la donne au grand Maiſtre du Royaume, qu'ils appellent *Lele*, qui la luy met ſur la teſte; & alors tous ceux qui s'y trouvent preſents, font des acclamations de *vive le Roy: Dieu faſſe en ſorte, que pendant ſon regne, vne année ſe multiplie à mille*; luy baiſent les pieds, luy font de grands preſents, & paſſent le reſte de la journée en des feſtins & en des réjoüiſſances. Ils ne ſçavent ce que c'eſt que de preſter le ſerment de fidelité, ny d'obliger le Roy à jurer la conſervation des privileges, ou des loix fondamentales de l'Eſtat: parce que la ſujection y eſt ſervile; au lieu que parmy les Chreſtiens la condition des Roys eſt toute autre; car l'obligation y eſt reciproque, & les Roys ny ſont point Seigneurs; mais ils ſont, ou doivent eſtre, peres de leurs peuples.

<small>Les derniers Roys de Perſe.</small> Le Royaume eſtant tres-grand, il eſt certain que les Provinces eſloignées de la ville capitale, & de la reſidence ordinaire des Roys, ne peuvent eſtre gouvernées que par des Gouverneurs, ou par des Lieutenants, que l'on appelle en Perſe *Chan*: mot qui ne ſignifie pas l'employ qu'ils ont dans les gouvernements, mais vne qualité que tous les grands Seigneurs prennent. Nous en parlerons ailleurs, & dirons icy en paſſant vn mot des Roys de Perſe, qui ont regné depuis cent ans; & cette digreſſion ſera, à mon avis, d'autant moins ennuyeuſe au Lecteur, que je ſçay qu'il n'y a quaſi point d'Auteur, qui en ait écrit l'hiſtoire. Nous venons de dire, que l'Empereur des Turcs, en écrivant au Roy de Perſe, ne luy donne pas la qualité de *Schach*, mais de *Schich Ogli*; parce qu'il n'eſt point deſcendu de l'ancienne famille des Roys de Perſe, mais d'vne autre plus moderne, de la façon que nous allons dire.

<small>Iſmaël I.</small> *Haſſan Padſchach*, qui fut ſurnommé *Vſum Caſſan*, c'eſt à dire, le Grand Seigneur; à cauſe des grandes guerres qu'il eut, & dont il ſortit toûjours victorieux, eſtoit de la famille des *Aſ-*

fimbeis, & vivoit vers la fin du quinziefme fiecles. Il eftoit Gouverneur de l'Armenie Majeure, & ayant obtenu plufieurs victoires fur les Turcs, il conquit plufieurs Provinces à force d'armes, & entr'autres aufsi la Perfe, dont il fe fit Roy. *Vfum Caffan* avoit trois fils *Vngher Mahumed*, *Calul*, & *Iacup*. Le premier fût eftranglé par l'ordre du pere, contre lequel il avoit pris les armes, & le fecond fut empoifonné par le troifiefme ; de forte qu'*Vfum Caffan* eftant decedé le 5. Ianvier 1485, *Iacup* luy fucceda ; mais il ne pofseda pas long-temps le Royaume, qu'il avoit acquis au pris du fang de fon frere : car fa femme l'empoifonna peu de temps apres fon advenement à la Couronne. Apres fa mort *Schich Eider* gendre d'*Vfum Caffan*, furnommé *Harduellus*, du lieu de fa naiffance, pretendoit la fucceffion ; mais elle luy fut difputée par *Iulaver*, Seigneur Perfan, & en fuitte par *Baylenger* & par *Ruftan*.

Les Turcs, qui mefprifoient *Schich Eider*, à caufe de la baffeffe de fa naiffance, nonobftant laquelle *Vfum Caffan* luy avoit donné fa fille *Marthe*, qu'il avoit euë de *Defpina*, fille de *Calojean*, Roy de Trebifonde, & qui le haïffoient, parce qu'il avoit quitté leur religion, croyans qu'vn homme, qui faifoit profeffion de devotion & de fainteté, feroit incapable de manier les armes, luy declarerent la guerre, entrerent en Perfe avec vne puiffante armée, luy donnerent la bataille, & le défirent, fi bien qu'eftant tombé vif entre leurs mains, ils luy efcorcherent la tefte, & luy tirerent la peau fur les oreilles. Il eft vray qu'il y a vne fi grande varieté dans les auteurs Perfes touchant cette hiftoire, que nous avons efté obligez de fuivre l'opinion commune : quoy qu'il y en ait qui difent, qu'*Eider* ne fut point Roy, mais que *Ruftam*, Roy de Perfe, apprehendant, qu'il ne fe vouluft faire Roy, le fit traitter de la façon que nous venons de dire. Il y en a mefmes qui difent, que cela arriva du temps de *Iacup*, fils d'*Vfum Caffan*. Mais ce qu'il y a de certain, c'eft qu'en ce temps-là les Turcs fe rendirent maiftres de la plufpart des Provinces de Perfe, & qu'a Ruftan fuccederent *Agmat*, *Carabem* & *Alvantes*.

Schich Eider qui chagea le premier la qualité de *Schich*, c'eft à dire de Prophete, en celle de *Schach*, ou de Roy, laiffa vn fils, nommé *Ifmaël* ; mais il eftoit fi jeune, lors du decez du pere, que tout ce que l'on put faire pour luy, ce fut de le fauver chez vn Seigneur de la Province de *Kilan*, parent & amy de son pere, nommé *Pyr Chalim*, qui luy donna retraitte, & continua de l'instruire en la secte de son pere. Dés qu'*Ismaël* fut parvenu en l'aage de connoissance, & que l'on commença à reconnoistre en luy des marques d'vn esprit excellent & d'vn courage determiné, il fut consideré par ceux qui faisoient reflexion sur les predictions de son pere, qui comme tres-sçavant en l'Astrologie, avoit publié que son fils feroit des merveilles, comme celuy qui releveroit l'estat des affaires de Perse, par la conqueste de plusieurs Provinces, & par le progrés qu'il feroit faire à sa nouvelle religion. Et de fait, il se servit si bien de l'occasion, pendant que l'Empereur des Turcs estoit à Constantinople, bien esloigné des pensées de ce qui luy pourroit arriver du costé de la Perse, qu'ayant envoyé des deputez, par le conseil de *Pyr*, dans les Provinces & villes voisines, il y sceut si bien faire valoir ses pretentions à la Couronne, & faire mettre consideration l'interest de l'Estat, & la conservation de la religion, qu'apres avoir assemblé vne armée de vingt mil hommes, avec laquelle il partit de *Latretzan*, en la Province de *Kilan*, les habitans des autres Provinces y accoururent en si grand nombre, qu'en moins de rien elle se trouva composée de plus de trois cens mil hommes. Il alla avec cette armée droit à *Ardebil*, d'où il chassa les Turcs, à la reserve de quelques-vns, qui se retirerent dans vne ruë, derriere le sepulchre de *Schich Sefi*, où ils demanderent la vie, & promirent de faire profession de la religion des Perses : & c'est à cause de cela, que l'on nomme encore aujourd'huy cette ruë *Vrumi Mahele*. Ce fut en cette occasion que l'on donna aux Perses le surnom de *Kisilbaschs*, de la maniere que nous avons dit cy-dessus.

Apres la reduction d'*Ardebil*, *Ismael* alla à *Tabris*, à *Scamachie* & à *Irvan*, & reprit toutes les villes & Provinces que les Turcs avoient prises sur son pere, & qu'ils avoient toûjours possedées depuis sa mort. En suitte de cela il entra en Turquie, où il donna la bataille à l'Empereur, & le deffit. Les particularitez de cette guerre se trouvent en la lettre que *Henry Penia*, qui estoit en ce temps-là en Perse, écrivit au Cardinal *Sauli*, & elles sont toutes conformes à ce que les Perses mesmes en écrivent. Apres cette victoire il prit *Bag-*

dad, *Besre*, *Kurdestan*, *Diarbek*, *Wan*, *Esserum*, *Ersingan*, *Bitlis*, *Adiltschoüas*, *Alchat*, *Berdigk*, *Kars*, *Entakie*. Il n'eut pas si-tost asseuré ses frontieres contre les Turcs, qu'il tourna ses armes du costé du Levant, & prit sur le Roy des Indes *Candahar*, & la Province voisine, avec la mesme facilité qu'il avoit euë à vaincre les Turcs. Ce fut apres cette derniere conqueste qu'il alla à *Caswin*, pour s'y faire Couronner. Il n'y demeura qu'autant de temps qu'il falloit pour arhever ces ceremonies, & pour faire rafraischir ses troupes ; avec lesquelles il alla en suite en Georgie, deffit le Roy de ce païs-là, que les histoires nomment *Simon Padschach*, & le contraignit de luy payer tous les ans trois cens balles de soye de tribut. Les difficultez, que *Schach Ismaël Sofi* eut à surmonter en toutes ces guerres, n'estoient pas si petites, que les Perses ne s'y ennuyassent ; quoy que le zele de la religion leur fist souffrir les dernieres extremitez, & la mort mesme, avec assez de resolution : bien que ces victoires, & le bon-heur d'Ismaël le missent en vne si haute reputation, que tous les autres Princes de l'Asie, & mesmes plusieurs Monarques de l'Europe rechercherent son amitié, par des ambassades solemnelles, qui ont donné à nos écrivains la premiere connoissance des affaires de Perse. Et dautant qu'il faisoit vne profession toute particuliere de la religion des Perses, & qu'il avoit beaucoup de devotion pour *Aly*, jusques à prendre la qualité de *Sofi*, nos histoires parlent de luy comme du principal propagateur, & mesme comme du premier instituteur de cette secte. Il mourut à *Caswin*, en l'aage de quarante-cinq ans, & fut enterré à *Ardebil*. Il avoit la reputation de grand Iusticier, mais l'on dit qu'il ne faisoit pas beaucoup de difficulté de boire du vin, & de manger du porc, & mesmes qu'en derision de la religion Turque il faisoit nourrir en sa cour vn porc, qu'il faisoit nommer *Bajizeth*.

Schach Ismaël Sofi laissa quatre fils, dont l'aisné, nommé *Tamas*, succeda à son pere au Royaume de Perse, plutost qu'à ses vertus, & aux grandes qualitez qui l'avoient fait considerer par tout le monde. Les trois autres, sçavoir *Helcass*, *Betram* & *Sor-myrsa*, eurent leurs apennages. L'on s'apperceut de ce changement dés son avenément à la Couronne. Car *Sultan Soliman*, Empereur des Turcs, connoissant la foiblesse du gouvernement en Perse, mit vne puissante armée sur pied,

1637.

Schach Tamas

1637. entra dans le Royaume, sous la conduite de *Sultan Murat Bacha*, & reprit sur les Perses tout ce que *Schach Ismaël* avoit pris sur les Turcs; à la reserve de *Bagdat* & de *Wan*. Deux ans apres *Soliman* entra en personne en Perse, où il prit *Tauris*, & assiegea *Sulchanie*; sans que *Schach Tamas*, qui estoit cependant à *Caswi*, eust le courage de faire lever le siege. Mais le bon-heur voulut, que pendant le siege il tomba vne nuict, au mois de Mars, peu de jours devant leur *Naurus*, vne si grosse pluye, accompagnée d'vn si grand orage, que les neiges des montagnes voisines estans fonduës, & l'eau estant debordée dans les valons, *Soliman*, qui s'en trouvoit incommodé, & qui voyoit l'eau vn peu rougie, peut-estre de la terre, où elle s'estoit teinte en passant, s'en épouvanta, leva le siege & sortit du Royaume. En faisant sa retraitte il fit le degast par tout, mais on l'obligea à vn combat aupres de *Bitlis*, où il fut entierement défait. Avec tout cela *Schach Tamas*, en mourant le onziesme May 1576. aagé de 68. ans, & en la quarante-deuxiéme année de son regne, laissa vne tres-mauvaise reputation aupres des Perses, qui parlent de luy avec fort peu d'advantage; tant pour sa conduite, que pour son courage. Ils l'accusent entr'autres choses, d'avoir eu fort peu de soin de faire rendre justice à ses sujets, & d'avoir laissé l'administration des affaires de son Royaume à ses Ministres, comme ont accoustumé de faire ceux, qui ne peuvent pas aimer vn peuple, qui ne les aime point. On le blasme d'avoir protegé *Humajum*, fils de *Selem*, Roy des Indes, auquel il donna retraitte, & sa protection contre les persecutions de *Tzelaledin Ekbet*, son oncle, frere puisné de *Selim*, qui avoit vsurpé la Couronne à son prejudice, & le faisoit demander à *Schach Tamas*, pour le faire mourir. Mais cette action est tout à fait dans la justice, & ne peut pas estre mise en parallele avec les exemples que l'on allegue, de sa violence & de son injustice, & particulierement avec l'histoire suivante.

Lausssap, Prince d'Armenie, avoit deux fils, *Simon* & *David*, & laissa au premier, comme à l'aisné, le gouvernement du païs. *David*, qni avoit trop de cœur pour se contenter d'vn simple apennage, trouva moyen de faire vn corps d'armée, capable de faire peur à son frere aisné; lequel apprehendant en effet ce soullevement, demanda secours à *Schach Tamas*: qui
luy

luy envoya quarante mille chevaux ; avec ordre à celuy qui les commandoit, de tascher de faire prendre *David* en vie, & de le luy envoyer, & mesme de le faire couronner, s'il avoit assez de complaisance, pour se faire circoncire : mais à condition de luy preferer *Simon*, si celuy-cy vouloit subir la même loy. *David*, ayant esté pris en la premiere rencontre, écouta aussi-tost la proposition du Roy de Perse, & promit de changer de Religion, & de faire hommage de sa Province, si le Roy l'y vouloit establir en la place de son frere. *Simon* témoigna plus de constance, & ne voulut point changer de Religion ; c'est pourquoy on l'emmena en Perse, où on le mit prisonnier en la forteresse de *Kabak*, & *David*, qui fut appellé après sa circoncision *Daut-Chan*, fut contraint de se contenter du gouvernement de *Tifflis*. *Simon* demeura quelque temps prisonnier : mais la reputation qu'il avoit de bon soldat, & d'homme sçavant, luy donna d'abord la connoissance, & en suitte l'entiere confidence de *Ismael II.* fils de *Schach Tamas*, qui luy promit de le delivrer de la captivité, qui sembloit luy devoir estre perpetuelle, & de le remettre en ses Estats, s'il vouloit se resoudre à changer de Religion. Il le fit, au moins en apparence, mais la mort precipitée d'*Ismael* ne luy permit point de joüir de l'effet de ses promesses. Il fut si bien remis en liberté après sa mort ; mais *Chodabende*, estant parvenu à la Couronne, ne se soucia pas beaucoup d'executer ce que son frere avoit promis, & contraignit *Simon* de se contenter de l'employ, qu'il luy donna en la guerre qu'il eut contre les Turcs.

   Schach Tamas eut de plusieurs femmes onze fils, & trois filles, & entr'autres *Mahomet*, qui fut surnommé *Chodabende*, parce que s'estant retiré des affaires, à cause de la foiblesse de sa veuë, & s'estant jetté dans la devotion, on luy donna le surnom de *Chodabende*, c'est à dire, de serviteur de Dieu, *Ismael* & *Eider*. *Tamas* avoit vne inclination particuliere pour *Eider*, son troisiéme fils, & son dessein estoit de le preferer à ses deux aisnés, en la succession de la Couronne, & pour luy en faciliter le moyen, il souffrit qu'il prit mesme de son vivant part au gouvernement. Mais après sa mort les Seigneurs du païs envoyerent prier *Mahomed* d'accepter la Couronne, que sa naissance luy offroit, & à son refus ils dépeschèrent en diligence vers *Ismael*, au chasteau de *Kabak*, où le pere l'avoit detenu prisonnier, parce que de son mouvement il avoit fait des courses sur les terres du Turc; quoy que dans l'ame il eut de l'aversion pour la Religion Perse, & qu'il fist en effet profession de la Turque. *Eider*, qui n'avoit que dix-sept ans, & qui brûloit tellement d'envie de regner, qu'il avoit eu l'audace de se mettre la Couronne sur la teste, & de se presenter en cét estat à son pere, qui estoit à l'extremité, voulant profiter de l'absence d'*Ismaël* & du refus de *Choddabinde*, employa le credit que *Periaconcona*, sa sœur, avoit auprés des grands, pour se faire porter sur le thrône. La Princesse, qui s'estoit declarée pour les interests des aisnés, considerant qu'en leur absence *Eider* pourroit s'emporter à des violences, qui l'empescheroient de conserver la Couronne à *Ismaël*, ne se voulut point opposer ouvertement aux pretentions du cadet, mais souffrit qu'il prist la qualité de Roy, & le fit reconnoistre pour tel dans le Palais. Mais elle en fit si bien garder toutes les avenuës, qu'il fut impossible aux amis d'*Eider* d'en porter les nouvelles à la ville. De sorte que ce jeune Prince, commençant à se defier de la conduite de sa sœur, & qu'on ne l'amusoit que pour le sacrifier à l'ambition de son frere, se cacha parmy les femmes, où *Shamal*, Georgien son oncle maternel, le trouva & luy coupa la teste.

Ismaël II. estant parvenu à la Couronne, en l'aage de quarante trois ans, & faisant reflexion sur sa longue detention, verifia par son procedé le proverbe ancien, qui dit, que le regne d'vn Prince qui vient de l'exil, est toûjours cruel & sanglant. Il commença le sien par la mort de tous les parents & amis d'*Eider*, & de tous ceux qui avoient conseillé à son pere de l'arrester; poursuivant ceux, qu'il ne pouvoit pas faire prendre, jusques sur les frontieres de Turquie, & découvrit d'abord l'inclination qu'il avoit pour la religion Turque; dont il fit profession ouverte. Pour penetrer dans les sentimens des grands du Royaume, il fit courir le bruit de sa mort; mais il ressuscita trop tost pour ceux, qui avoient eu l'imprudence de faire connoistre l'aversion qu'ils avoient pour son gouvernement; car il fit executer tous ceux qui luy pouvoient donner de l'ombrage, & y proceda avec tant de cruauté, que sa sœur mesme ne se trouvant pas en seureté de sa vie, ne fit point de difficulté d'entreprendre sur celle du Roy. Il est constant qu'il mourut de mort violente le 24. Novembre 1577. & que ce fut

Periaconcona, qui le fit mourir; mais cela se fit si secretement, que jusqu'icy l'on n'a pas encore sçeu, de quelle façon les Perses se sont défaits de ce tyran.

1637.

Mahomed Ghodabende.

Apres la mort d'*Ismael* II, l'on sçeut si bien representer à *Mahomed Chodabende*, son frere aisné, le peril où il exposoit sa personne & son estat, s'il souffroit que la Courōne tombast en des mains estrangeres, qu'il resolut enfin de l'accepter; mais ce fut à condition, que devant que de l'obliger à faire son entrée à *Caswin*, on luy apporteroit la teste de *Periaconcona*, qui avoit déja trempé ses mains dans le sang de deux de ses freres, & qui estoit en possession de disposer du Royaume. Elle se prostituoit à plusieurs grands de la Cour, mais particulierement à *Emeer-Chan*, auquel elle faisoit esperer la succession. Dés son advenement à la Couronne, en l'an 1578., il tesmoigna n'avoir rien si fort à cœur, que d'imiter ceux parmy ses Predecesseurs, qui avoient le plus contribué à la conservation & à la gloire du Royaume de Perse. C'est le tesmoignage qu'en rend *P. Bizarrus*; mais les autheurs Perses disent au contraire, que jamais Prince ne mania sceptre avec plus de negligence & avec plus de lascheté, & que se sentant incapable de faire la guerre, il ne se plaisoit qu'à s'enfermer dans le Palais, & à s'y divertir au jeu, & avec les Dames. Qu'il n'eut point de bon-heur en la guerre, & que les ennemis de l'Estat prenans avantage de son humeur lasche & poltronne, attaquerent la Perse, sçavoir les Turcs d'vn costé, & les Tartares de Vsbeques de l'autre. Que les vns & les autres occuperent plusieurs Provinces appartenantes à cette Couronne, & qu'ils les possederent tant que *Mahomed Chodabende* demeura en vie. *Minadous* remarque entr'autres, que les Turcs tuerent en vn combat cinq mil Perses, & qu'ils firent trois mille prisonniers; ausquels le General Turc fit trancher la teste, & ayant fait faire vn retranchement de toutes ces testes, il s'y assit au milieu, & y donna audiance à vn jeune Prince de Georgie, qui l'estoit venu saluër.

Emir Emse.

Mahomed Chodabende mourut en l'an 1585, laissant trois fils; *Emir Hemse*, *Ismael* & *Abas*. Le premier, comme l'aisné des trois freres, succeda à la Couronne; mais *Ismael*, impatient de la voir sur la teste de son frere, fit si bien ses affaires, & sceut si bien gagner l'esprit des principaux Seigneurs du Royaume,

IIii ij

qu'ils consentirent à la mort d'*Emir Hemse*. *Ismael* le fit tuer au huictiesme mois de son regne par le moyen de quelques gens, que l'on avoit travestis en femmes, qui estans couverts d'vn voil, à la mode du païs, se presenterent à la chambre du *Scahch*, & dirent aux gardes qu'ils estoient femmes de quelques *Chans*, que le Roy les avoit envoyés querir, & qu'ils obeïssoient à l'ordre qu'on leur avoit donné. Ces assassins ne furent pas si-tost entrez dans la chambre, qu'ils se jettent sur le Roy, & le tuerent. Mais cette mort fut bien-tost vengée sur celuy qui en estoit l'auteur, de la façon que nous allons dire.

Abas Mirsa, c'est à dire le Prince *Abas*, troisiesme fils de *Mahomed Chodabende*, estoit Gouverneur de *Herat*, & en estoit party pour aller voir *Emir Hemse*, son frere; mais ayant appris en chemin le meurtre commis en sa personne, & ayant sujet d'apprehender que le meurtrier ne fut conseillé d'affermir son thrône par vn double fratricide, il se retira en son gouvernement. L'année suivante *Abas Myrsa* s'estant avancé jusques à *Caswin*, pendant que le Roy estoit à *Karabuch*, les gens des deux freres eurent si souvent des desmeslez entr'eux, qu'ils ne firent qu'augmenter leur défiance reciproque, qui n'estoit déja que trop grande. *Abas Myrsa* avoit auprés de sa personne vn Seigneur de condition, nommé *Murschidculi-Chan*, qui avoit acquis tãt de reputation par son courage & par son esprit, que *Chodabende* luy auoit confié la conduite & l'education de ce jeune Prince. Celuy-cy sçachant qu'*Ismael*, qui n'avoit tesmoigné que trop d'animosité contre son frere, ne luy pardonneroit point, que sa vie dependoit absolument de celle de son Maistre, & considerant d'ailleurs, qu'en mettant ce jeune Prince, qu'il avoit gouverné dés sa jeunesse, sur le thrône, il auroit bonne part au gouvernement, il resolut de prevenir le Roy, qui s'estoit desia avancé jusques dans la Province de *Karabach*, à dessein de marcher en personne contre son frere. Pour cet effet quelques-vns des grands Seigneurs de la Cour, qui esperoient de s'establir par ce moyen dans l'esprit d'*Abas Myrsa*, corrompirent vn des valets de chambre d'*Ismael*, nommé *Chudi*; qui en luy faisant la barbe, luy coupa la gorge. Les Seigneurs qui se trouverent presents à cette execution, & qui avoient interest de s'en justifier, tuerent le vallet de chambre, hacherent son corps en petits morceaux, & le reduisirent en

cendres. Et c'eſt ainſi que mourut *Schah Iſmael III.* au hui- 1637.
ĉtieſme mois de ſon regne.

Abas Myrſa, s'eſtoit déja tellement acquis l'affection des Per- Schach Abas
ſes par la vivacité de ſon eſprit, & par la moderation que ſuccede.
l'on avoit remarquée en toute ſa vie, que ce fut avec beaucoup
de ſatisfaction que le peuple le vit monter ſur le thrône. Mais la
faveur de *Murſchidculi-chan,* qui eſtoit celuy qui avoit le plus
contribué à ſon exaltation, ne fut pas de longue durée; parce
que pretendant ſe conſerver la meſme autorité ſur le Roy,
qu'il y avoit euë lors qu'il n'eſtoit encore que *Myrſa,* ou Prince,
il ſe rendit incommode & inſupportable ; juſques-là qu'vn
jour le Roy, voulant dire ſon avis, ſur vne affaire de grande
importance, que l'on avoit propoſée, *Murſchidculi-chan,* eut
l'impudence de luy dire en plein Conſeil, qu'il eſtoit incapable de parler de cette ſorte d'affaires, comme eſtans au deſſus
de la portée de ſon eſprit & de ſon aage. Le Roy diſſimula le
reſſentiment qu'il en eut, mais conſiderant que cette autorité
de *Murſchidculi-chan* feroit ombre à la ſienne, & qu'elle l'expo-
ſeroit au mépris de ſes ſujets, il reſolut de ſe défaire de ſon
Gouverneur. Il ſe plaignit de l'inſolence du Favory à trois
Seigneurs de ſon Conſeil, nommez *Mebediculi-chan*, *Mahomed Vſtadschahi* & *Alliculi-chan,* en qui il croyoit pouvoir prendre le plus de confiance : mais voyant qu'ils marchandoient, &
que ne pouvans s'aſſeurer de la reſolution du Roy dans vne
affaire, qui leur eſtoit de la derniere conſequence, ils taſchoient de l'en diſſuader, il leur dit, qu'il vouloit que *Murſchidculi-chan* mouruſt de leurs mains, & que s'ils faiſoient les
difficiles il ſçauroit bien ſe faire obeïr : comme au contraire il
ne manqueroit pas auſſi de reconnoiſtre les ſervices de ceux
qui en cette occaſion executeroient ſa volonté aveuglement.
Cette neceſſité les contraignit de ſuivre le Roy dans la chambre de ſon Favory, où il entra, ſans que *Murſchidculi-chan* s'é-
veillaſt ; de ſorte que le Roy l'ayant trouvé couché ſur le dos,
la bouche ouverte, il luy donna le premier coup à travers la
bouche. Les autres luy déchargerent auſſi chacun le leur :
mais *Murſchidculi-chan,* qui eſtoit fort vigoureux, eut le courage de ſe jetter en bas du lict, & de ſe mettre en eſtat de faire
plus de peur à ces aſſaſſins qu'ils ne luy auoient fait de mal, &
ſe ſeroit ſans doute deffait d'eux, ſans vn de ſes palefreniers

1637.   lequel estant accouru au bruit, la hache à la main, le Roy luy dit, *Ie veux avoir la vie de Marschidculi-chan, qui s'est declaré mon ennemy. Va : donne luy son fait & je te feray Chan.* Le palefrenier n'y manqua point, mais alla droit à son Maistre, & acheva de le tuer.

Dés le lendemain le Roy fit tuer tous les parens & amis de *Murschidculi-chan*, afin de se delivrer pour vne bonne fois des inquietudes, que leur mécontentement luy pouvoit donner, & donna à ce palefrenier la qualité de *Chan*, avec le Gouvernement de Herat. Cette execution se fit en l'an 1585. qui estoit le premier du regne de *Schach-Abas*.

Les premieres actions de *Schach-Abas* firent bien connoistre, qu'il estoit capable de regner, & qu'il ne devoit plus estre sous l'œil & sous la conduite d'vn gouverneur. Il appliqua toutes ses pensées au recouvrement des grandes Provinces, que les Turcs & les Tartares avoient vsurpées sur la Couronne de Perse, & prit vne forte resolution de declarer la guerre aux vns & aux autres; à cette occasion. Estant vn jour à *Caswin*, il alla se promener hors la ville, & demanda aux Seigneurs, qui le suivoiët, s'il estoit possible de voir vn plus beau païs que celui-là. Il y en eut, qui prirent la liberté de luy dire, qu'il estoit fort beau en effet, mais qu'il ne pouvoit pas estre mis en côparaison avec la Province de *Fars*, & encore moins avec celle de *Chorasun*, particulierement avec cette partie de la Province, que les *Vsbeques* avoient prise sur la Perse, du temps du regne de son pere. Sur cela il resolut aussi-tost de faire la guerre aux Tartares, & ayant levé vne puissante armée, il entra en *Chorasan*. *Abdulla*, Prince des *Vsbeques*, fut au devant de luy, & d'abord, avec quelque apparence davantage, puis que la peste, qui avoit infecté l'armée de *Schach Abas*, & le mauvais temps l'empeschoient d'agir. Les deux armées demeurerent prés de six mois en presence; mais enfin *Schach Abas* attaqua *Abdulla*, & le contraignit de se retirer à *Mesched*. *Abas* demeura trois ans en *Chorasan*, sans qu'*Abdulla* se mist en estat de le troubler en sa nouvelle conqueste, & quand il le voulut entreprendre, il fut si mal-heureux, que non seulement son armée fut défaite, mais il tomba avec *Tilem-Chan*, son frere, & avec ses trois fils, qui se trouverent dans l'armée, entre les mains de *Schach Abas*, qui fit trancher la teste à tous. Apres cela *Schach Abas* alla à *Is-*

Fait la guerre aux Vsbeques.

pahan, & trouva la ville si belle, & sa campagne si agreable, qu'il en voulut faire la capitale de son Royaume, la faisant pour cét effet embellir de plusieurs bastimens magnifiques, & entr'autres de l'*Allicapi*, ou Azile, & de la belle *Mosquée Mehedi*, dont nous avons parlé icy-dessus. En quoy les Seigneurs de la Cour voulurent imiter son exemple, en y faisant bastir plusieurs beaux Palais.

1637.

Apres ces victoires il marcha contre les Turcs, & ayant sçeu par ses espions, que la garnison de *Tabris* ne songeoit à rien moins qu'à la guerre, il assembla le plus secretement qu'il put vn corps d'armée, avec laquelle il fit en moins de six jours le chemin d'*Ispahan* à *Tabris*, qui fait dix-huit journées de chameaux. Estant arrivé au pas de *Scibli*, à quatre lieuës de *Tabris*, où les Turcs gardoient vn desfilé, plutost pour faire payer les droits de traitte, que pour empescher l'entrée des Perses, il se détacha, avec quelques Officiers, du gros de l'armée, & avança jusques à la barriere. Les Turcs, croyans que ce fussent des marchans, le commis de la doüane s'adressa à *Schach Abas*, & luy demanda les droits d'entrée. *Schach Abas* luy dit, que celuy qui portoit la bourse alloit venir, & ayant fait approcher *Dulfakar-Chan*, il luy dit qu'il donnast de l'argent ; mais pendant que le commis le comptoit, il luy fit descharger vn coup de sabre sur la teste, fit faire main basse aux soldats, qui gardoient ce poste, & fit passer son armée. *Aly Bascha*, gouverneur de *Tabris*, en ayant esté averty, amassa quelques troupes, autant que le desordre des affaires le luy pouvoit permettre, & alla au devant d'*Abas* ; mais les forces n'estant point égales, il fut vaincu, & demeura prisonnier entre les mains des Perses. Il y avoit au milieu de la ville vne citadelle, que H*issan Padschach*, autrement nommé *Vssum-Cassan*, y avoit fait bastir, où les Turcs se defendirent encore vn mois ; mais elle fut enfin prise par intelligence, & rasée en suitte. Il alla de là à *Nachtzuan* ; mais la garnison Turque abandonna la place au premier bruit de la marche de l'armée Persane, & se retira à *Irvan*. *Schach Abas* fit aussi desmolir la citadelle de *Nachtzuan*, nommée *Kischkibalaban*, & alla mettre le siege devant *Irvin*, qu'il prit au bout de neuf mois. Cette conqueste luy facilita celle de toutes les autres villes & Provinces voisines, qu'il reduisit en son pouvoir ; à la reserve de la forteresse

Et aux Turcs.

d'*Orumi*, dont l'assiette forte & avantageuse, sur la pointe d'vn roc, luy osta l'esperance de la pouvoir prendre d'emblée. Il l'assiegea huict mois durant, mais voyant que les *Kurdes* luy faisoient plus de mal que les Turcs mesmes, quoy qu'ils fussent libres, & sans aucune dependance du Grand Seigneur, il gagna les principaux d'entr'eux par des presents, & par des promesses, leur faisant esperer toutes sortes d'avantages dans son party, s'ils luy vouloient aider à prendre cette place, & leur promit tout le butin qu'ils y trouveroient. Les *Kurdes*, qui ne vivent que de rapine, accepterent cette condition. Mais *Schach-Abas*, apres avoir tiré ce service d'eux, & apres avoir pris le fort par leur moyen, envoya les principaux d'entre eux prier à disner. Il avoit fait faire sa tente avec tant de recoins, & avoit tellement fait retrancher les détours avec des toiles, que ceux qui y entroient ne voyoient point ceux qui les precedoient de six pas. Il avoit fait mettre deux bourreaux dans cette allée, qui tuoient ces hostes à mesure qu'ils arrivoient, parce que la crainte qu'il avoit que ces voleurs ne rendissent aux Turcs les mesmes services, qu'ils venoient de luy rendre, l'obligea à en vser de la sorte. Il laissa le gouvernement d'*Orumi*, & de la Province voisine, à *Kahan Chan*, & passant outre, il se rendit maistre de tout ce qui est entre les rivieres de *Cyrus* & *Araxis*, & reduisit la ville de *Scamachie* en son pouvoir, apres vn siege de sept semaines, avec toute la Province de *Schirüan*, qu'il laissa sous le commandement de *Dsulfakar-Chan*, son beau-frere. Les habitans de *Derbent*, ayant sçeu les progrés que les armes de *Schach-Abas* avoient faits sur les Turcs, tuerent leur garnison Turque, & se rendirent volontairement au Roy de Perse. Apres cela il entra dans la Province de *Kilan*, & ramena sous son obeïssance ces peuples, qui s'estoient soustraits de celle des Roys de Perse, du temps de *Schach Tamas*. Il fit faire aupres de *Lankeran*, où vn grand marais couvroit toute cette Province, & en empeschoit l'entrée, vn chemin ou vne levée de sable, & establit des Chans en plusieurs places de sa Province ; sçavoir *Baindurc-chan*, à *Astara*, *Mortusa Kulichan* à *Kesker*, *Heider chan* à *Turkabun*, vn *Visir* à *Rescht*, *Adam sulthan* en *Mesanderan*, & *Hossein-chan* à *Astarabad*.

 Le dessein de *Schach Abas* estoit de joüir de ses conquestes
en

en repos; mais il en eut si peu, qu'à peine eut-il le loisir de se reconnoistre. Car estant à *Ispahan*, environ vn an apres cette guerre, il eut avis que le Turc alloit entrer en Perse, avec vne armée de cinq cens mille hommes : c'est pourquoy il assembla de son costé tout ce qu'il put de troupes, leur donna rendez-vous à *Tabris*, & ordonna à tous les habitans des frontieres de se retirer avec leur bestail dans les villes closes, de faire le dégast à la campagne, & de l'abandonner; afin d'oster à l'ennemy le moyen de subsister. Dés que le Turc se fust avancé, & campé auprés de *Tabris*, le Roy fit publier dans son armée, que ceux qui voudroient servir de volontaires, vinssent, à se declarer, & que de chaque teste Turque, qu'on luy apporteroit, il payeroit cinquante écus. Il y eut pres de cinq mille Perses qui firent leur declaration; de sorte qu'il ne se passoit point de jour, que l'on ne luy apportast quelques testes, & que le matin il n'en trouvast vn bon nombre à son lever. Il y eut mesme vn soldat nommé *Bairam Tekel*, qui luy en porta vn matin cinq à la fois, & s'acquit par là les bonnes graces du *Schach*, qui luy donna la qualité de *Chan*.

Au bout de trois mois *Tzakal ogli*, qui commandoit l'armée Turque, envoya dire à *Schach Abas*, que s'il avoit autant de confiance en Dieu, & en la justice de ses armes, comme il vouloit faire croire, il ne devoit pas apprehender d'accepter le combat general, qu'il luy offroit. *Abas* ne le refusa point, mais ayant partagé le terrein, le Soleil & le vent avec son ennemy, il luy donna la bataille. Elle dura tout le long du jour; & la nuict suivante, les Turs, qui avoient perdu beaucoup de leurs gens, se retirerent. Le lendemain l'on en vint donner avis au camp, mais *Abas*, qui craignoit que ce ne fust vn stratageme des Turcs, se tint sur ses gardes pendant trois jours, faisant tenir l'armée sous les armes, & n'entrant pas seulement dans sa tente pendant ce temps-là; jusques à ce que les coureurs luy ayans enfin rapporté, que l'ennemy s'estoit effectivement retiré vers la frontiere, il s'avança jusques à la montagne de *Sehend*, où il campa, & ce fut-là où *Mahumed-Chan Kasack*, *Schaheruch-Chan*, *Essbir*, & *Ischan Kurtzibaschi* furent taillés en pieces, pour avoir fait donner du poison au Roy, qui prit aussi-tost du contrepoison, & n'en eut point de mal.

1637.   Deux ans apres cette guerre le Turc entra encore en Perse, avec vne armée de trois cens mil hommes, & assiegea la forteresse d'*Iruan*, en la Province du mesme nom ; mais il fut contraint de lever le siege, & de se retirer. Au bout de deux autres années *Murat Bassicha*, general de l'armée Turque, assiegea & prit *Tabris*, qu'il garda quatre mois : pendant lesquels il se donna cinq batailles entre ces deux Nations, avec peu d'avantage pour les Perses. Neantmoins *Schach Abas* défit enfin les Turcs, & reprit la ville. Estant de retour à *Ardebil*, apres cette expedition, il y fit tuer *Dsulfakir*, Chan de *Schamachie*, de la façon que nous avons dit cy-dessus, & establit en sa place *Iusuf Chan*, Armenien de naissance, & de condition esclave, qui luy avoit servy long-temps de vallet de pied.

Apres cela la Perse joüit d'vne paix de vingt ans, au bout desquels les Turcs y entrerent avec vne puissante armée, sous la conduitte de *Chalil bassa*, auquel s'estoient joints plusieurs hordes de Tartares, de *Crim* & de *Precop*. *Schach Abas* leur opposa *Kartzschuckai-Chan*, le plus vaillant & le plus heureux de tous ses Capitaines ; qui les fatigua, & les repoussa enfin apres plusieurs combats, ou escarmouches plutost, où il fit prisonnier deux Princes Tartares, *Omersebeg* & *Schahinkerai-Chan*, & les Bassas d'Egypte, d'*Aleppo*, d'*Erserum* & de *Wan*. Le Roy, au lieu de les maltraitter, leur fit present à chacun, d'vne veste & d'vn beau cheval, & les renvoya, sans leur faire payer rançon.

En suitte de cela il alla en Georgie, où il demeura neuf mois. Pendant le sejour qu'il y fit, *Tamoras-Chan*, fils de *Simon*, eut l'asseurance d'entrer avec vne armée en la Province de *Seggen*, au milieu de la Georgie, & de donner la bataille à *Schach-Abas*: mais il fut contraint de se retirer avec grande perte. Tandis qu'il fut en ces quartiers-là, il fit payer à son armée douze montres à la fois, & ayant sceu que les soldats employoient quasi tout leur argent en tabac, il en fit defendre l'vsage, avec tant de severité, qu'il faisoit couper le nez & les levres à ceux

Trop grande severité. que l'on trouvoit en avoir pris, contre ses defenses : & ayant sceu qu'vn marchand, qui ne sçavoit point que le Roy eust fait defendre le tabac, en avoit fait apporter plusieurs balles, à dessein de faire fortune avec les soldats, il le fit coucher sur vn bucher, où il fit mettre le feu, & le fit aller avec son tabac en fumée.

Ce fut apres cela que *Schach Abas* alla en *Kilan*, où il fit mourir son fils aisné de la façon que nous allõs dire. *Schach Abas* avoit trois femmes legitimes, & quatre ou cinq cens concubines. De ces trois mariages nasquirent autant de fils, *Sefi Myrsa*, *Chodabende Myrsa*, & *Imanculi Myrsa*. Il fit crever les yeux avec du feu aux deux puisnés, & les confina dans la forteresse d'*Alamuth*, où il les faisoit bien soigneusement garder. Le fils aisné estoit né d'vne esclave Chrestienne de Georgie. Ce Prince ayant veu vne belle jeune fille de Circassie, dont vn marchand de *Schamachie* avoit fait present à *Schach Abas*, s'en prit d'amour, & pria de luy permettre de l'epouser. Le Roy, qui avoit de la tendresse pour ce Prince, à cause des complaisances qu'il avoit pour luy, y consentit, & permit qu'elle fust élevée dans le Serrail, aupres de la mere de *Sefi Myrsa* : qui en eut *Sain-Myrsa*, depuis Roy de Perse, sous le nom de *Schach Sefi*.

Le regne trop severe, ou plustost cruel & tyranique de *Schach Abas*, commença à devenir si odieux, & tèllement insupportable aux grands du Royaume, qu'il s'en trouva, qui eurent l'asseurance de jetter vn billet dans la chambre de *Sefi Myrsa*; par lequel ils luy faisoient cognoistre, qu'il ne tiendroit qu'à luy qu'il ne succedast presentement au Roy son pere, & que s'il vouloit consentir à l'execution du dessein, qu'ils avoient formé pour cela, on luy en donneroit bien-tost les moyens. *Sefi* eut horreur de cette proposition, qui le vouloit rendre complice de la mort de son pere, & porta le billet au Roy : accompagnant ce procedé, franc & innocent, de tant de protestations de la sincerité de ses intentions, & d'vne entiere dependance de la volonté du pere, qu'elles eussent pû asseurer tout autre esprit, moins défiant que celuy de *Schach Abas*. Il ne laissa pas de tesmoigner en apparence qu'il estoit fort satisfait de son fils, & loüa son affection & sa pieté; mais il tomba dans des frayeurs, qui luy ostoient tout le repos, & qui l'obligeoient à changer toutes les nuicts deux ou trois fois de chambre, avec des inquietudes, dont il ne croyoit point pouvoir guerir, que par la mort de son fils. Et de fait, estant vn jour à *Rescht*, en la Province de *Kilan*, avec toute la Cour, vn flateur fit tellement redoubler les fievres de son esprit, par les faux advis, qui luy donna d'vne nouvelle conspiration de *Sefi Myrsa*, avec plusieurs grands Seigneurs du Royaume, qu'il resolut de le faire mourir.

1637.
Schach Abas fait mourir son fils aisné.

1637.

Il voulut dabord donner cette commiſſion à *Kartzſchnck ti-Chan* General der armées du Roy, ou Conneſtable de Perſe, & le voulut obliger à tuer ſon fils de ſa main. Ce Seigneur eſtoit Armenien d'origine, & né de pere & de mere Chreſtiens, & avoit eſté deſrobé en ſa jeuneſſe par les Tartares, qui l'avoient circoncis & vendu à *Schach Abas*. Son humeur ouverte & ſincere luy avoit acquis l'amitié de toute la Cour, & ſon courage l'avoit ſi bien eſtably dans les bonne graces du Roy, qu'apres avoir remporté pluſieurs grands advantages ſur les ennemis par ſon moyen, il luy donna le commandement de ſon armée, & il le conſideroit ſi fort, qui ne l'appelloit jamais que l'*Aga*, c'eſt à dire le Capitaine.

Le Roy deſiroit cet important ſervice de luy, comme de la perſonne de tout ſon Royaume, qui luy eſtoit la plus obligée de ſa fortune. Mais ce venerable viellard ayant mis ſon épée aux pieds du Roy, s'y jetta auſſi, & luy dît: qu'il avoit de ſi puiſſantes obligations à ſa Majeſté, qu'il aimoit mieux perdre mille vies, que de ſe pouvoir reprocher d'avoir trempé les mains dans le ſang Royal; tant s'en faut qu'il vouluſt cõmertre vn crime de cette nature, & en faiſant mourir l'heritier de la Couronne, executer vn commandement, que le Roy ne pouvoit faire qu'avec regret, & qui ne ſeroit pas ſi-toſt executé qu'il ne s'en tepentiſt *Scach Abas* ſe paya de cette excuſe, & fit la propoſition à vn gentil-homme nommé *Bebut-Beg*, qu'il ne trouva ſi difficile que *Kartzſchuckai-chan*. Cét homme donc s'eſtant chargé de cette commiſſion, va trouver auſſi-toſt *Seſi Myrſa*, & l'ayant rencontré, ainſi qu'il ſortoit du bain, monté ſur vne mule, & accompagné d'vn ſeul page prend la mule par la bride, l'arreſte, & dît: pied à terre *Seſi Myrſa*, le Roy ton pere veut que tu meure, & en meſme temps le jette en bas. Le pauvre Prince, joignant les mains, & levant les ,, yeux au Ciel, s'ecrie: Helas mon Dieu! qu'eſt-ce que j'ay ,, fait, pour meriter cette diſgrace? maudit ſoit le traiſtre, qui ,, en eſt la cauſe. Neantmoins puis qu'il plaiſt ainſi à Dieu, ,, que la volonté de Dieu & du Roy ſoit faite.

A peine avoit-il achevé de prononcer ces paroles, que *Bebut* luy donna deux coups de *Chentze*, qui eſt vne eſpece de poignard, que les Perſes portent ordinairement dans la ceinture, dont il l'eſtendit mort ſur la place. L'on traiſna le corps dans

vn marais, proche de là où il demeura plus de quatre heures. 1637.
Et cependant les nouvelles de ce meurtre ayant esté portées
à la ville, tout le peuple courut au Palais, menaça de forcer
les portes, & voulut qu'on leur livra les auteurs de l'assassinat; de sorte que les *Chans*, qui apprehendoient, que dans ce
premier mouvement le peuple ne deschargeast sa colere sur
tous ceux qu'il rencontreroit indifferamment, abandonnerent le Roy, & se retirerent. La Reine mere de *Sefi Mirsa*,
ayāt sçeu que son fils avoit esté tué par l'ordre exprés du Roy,
se laissa tellement emporter à la douleur, que sans considerer
l'humeur du Prince, à qui elle avoit à faire, qui n'estoit point
du tout endurante elle courut dans l'appartement du Roy,
& non contante de luy reprocher son inhumanité, & la mort
barbare d'vn Prince innocent, & qui l'avoit aimé tendre-
ment, elle luy sauta au visage, & le battit à coups de poings.
Mais le Roy au lieu de s'en resentir, demeura tout interdit,
& respondit la larme à l'œil : que vouliez-vous que je fisse? "
L'on m'avoit donné advis qu'il avoit dessein sur ma vie. Il "
n'y a poit de remede : c'est vne chose faite.

Au reste *Schach Abas* ne sçeu pas si-tost cette execution,
qu'il se repentit de l'avoir commandée, & qu'il tesmoignast
le regret qu'il avoit d'avoir procedé avec tant de precipitation en vne affaire de cette importance. Il ne se contenta
point de l'advoüer, mais il demeura dix jours enfermé dans
vn lieu, où il ne vouloit point voir la clarté du Soleil; ayant
continuellement le mouchoir sur les yeux. Il fut vn mois a ne
manger que ce qui luy estoit necessaire pour ne mourir point
de faim. Il porta le deuil vn an entier, & en tout le reste de sa
vie il ne se mit point d'habit, ny de parure, qui le pust faire distinguer d'avec le moindre de ses sujets. Et afin d'éterniser
en quelque façon la memoire du Prince, il fit clorre d'vne
grande muraille le lieu, où il avoit esté tué, en fit vn azyle, &
y fit des fondations pour l'entretien d'vn grand nombre de
pauvres. Les dix premiers jours de son grand dueil estans pas-
sés, il alla de *Rescht* à *Caswin*, où il voulut que les *Chans*, dont
la fidelité luy pouvoit estre suspecte, & le flatteur, qui luy avoit
donné de l'ombrage de celle du Prince, dinassent avec luy :
mais il leur fit mesler du poison parmy le vin, & les retint à
disner, jusques à ce qu'il les eut veu tous mourir en sa presēce,

1637.

L'action de *Bebut Beg* fut veritablement recompensée de la charge de *Daruga* de *Caſwin*, quelque temps apres de celle de *Chan* de *Kesker*; mais il ne pût pas éviter la punition que meritoit ſa laſche complaiſance, & vne obeïſſance criminelle. Car au premier voyage que le Roy fit à *Caſwin*, apres celuy dont nous venons de parler, il commanda à *Bebut* d'aller couper de ſa main la teſte à ſon fils, & de la luy apporter. Il fut contraint d'obeïr, & *Schach Abas*, le voyant arriver avec la teſte de ſon fils, luy demanda, en quel eſtat il ſe trouvoit. *Bebut* luy répondit. Helas, Sire, je croy que je n'ay que faire de le dire. J'ay eſté contraint de tuer de ma main mon fils vnique; qui eſtoit la choſe du monde qui m'eſtoit la plus chere: Cette affliction me fera mourir. Le Roy luy repartit, *va Bebut; reconnois maintenant quelle pouvoit eſtre la mienne, lors que tu m'apportas les nouvelles de la mort de mon fils, que je t'avois commandé de tuer. Mais conſole toy, mon fils & le tien ne ſont plus, & conſidere, que tu as cela de commun avec le Roy ton maiſtre.*

Aſſaſſin puny.

Peu de temps apres ce mal-heureux paricide *Bebut* finit ſa vie d'vne façon aſſez extraordinaire. Car incontinent apres qu'il euſt pris poſſeſſion du gouvernement de *Kesker*, vn de ſes domeſtiques, en luy donnant à laver, au ſortir de diſner, ſuivant la couſtume de Perſe, luy verſa de l'eau ſi chaude, qu'il s'en bruſla les mains; dont il ſe mit tellement en colere, qu'il le menaça de le faire tailler en pieces: mais cét eſclave le prevint, & conſiderant que celuy qui avoit eu le cœur de tuer ſon Prince & ſon propre fils, ne feroit pas beaucoup de difficulté de mettre la main ſur vn vallet, il conſpira avec quelques-vns de ſes camarades, qui n'eſperoient pas vn traittement plus favorable de leur Maiſtre, & le tua la nuict ſuivante, pendant qu'il eſtoit yvre. *Schach Abas* ne fut pas marry, qu'on luy euſt oſté devant les yeux ce faſcheux objet, & n'euſt point fait pourſuivre les meurtriers, ſi les autres *Chans* ne luy euſſent remonſtré, que ſi le Roy ne les faiſoit ſervir d'exemple, il n'y auroit point de Seigneur, qui puſt eſtre en ſeureté de ſa vie, parmy ſes domeſtiques, apres qu'il les auroit mal-traittez de paroles.

Mais l'affliction de *Schah Abas*, & les regrets qu'il témoigna de la mort de ſon fils, ne furent pas capables d'aſſeurer ſa veuve, contre les juſtes apprehenſions qu'elle avoit, qu'il n'eust dessein de faire mourir aussi son petit fils, *Sain Myrsa*. C'est pourquoy elle le tint fort long-temps caché, & ne voulut point permettre qu'on le portast à la Cour ; quoy que le Roy, qui voyoit ses deux puisnez, ausquels il avoit fait crever les yeux, exclus du gouvernement par les loix du Royaume, destinast ce petit Prince à la succession. L'on dit qu'il avoit beaucoup de tendresse pour luy, & que neantmoins, de peur qu'il ne parust trop tost, & que la vivacité de son esprit ne réveillast l'affection, que le peuple avoit euë pour le pere, il taschoit de luy faire hebeter le sens, & commanda pour cét effet qu'on luy donnast tous les jours de la grosseur d'vn pois d'*opium* ; dont l'vsage est fort commun en Perse, ainsi que nous avons dit ailleurs : mais que la mere, au lieu de luy donner de cette drogue, lui faisoit souvent avaler du theriaque, & plusieurs autres preservatifs, contre le poison, qu'elle croyoit avoir sujet d'apprehender.

1637.

Tandis que *Schach Abas* estoit en *Kilan*, *Tameras-chan*, se servant de l'occasion de son absence, rentra avec vne armée en Georgie, & reprit toutes les places dont il avoit esté chassé. Le Roy y envoya *Aliculi-chan*, *Mahumed-chan*, *Kasack* & *Mortusaculi*, *Chan* de *Talisch* & plusieurs autres *Chans*, qui n'y firent rien, mais rapporterent qu'ils avoient trouvé l'ennemy si fort, & si bien posté, qu'ils n'avoient pas osé l'attaquer. Le Roy punit leur pretenduë prudence de mort, & alla l'année suivante en personne en Georgie ; protestant à son depart, que s'il revenoit victorieux de cette guerre, il vendroit les Georgiens vn *Abas*, ou quinze sols piece. A propos dequoy l'on raconte, qu'il arriva, que le Roy estant Maistre de la campagne, & ayant fait grand nombre de prisonniers, vn soldat se presenta à luy, avec deux *Abas* à la main, & luy demanda, qu'il luy vendist deux belles filles, qui se trouvoient parmy les prisonniers, & que le Roy, se ressouvenant de son serment, luy en laissa le choix. Ce fut en ce temps-là que la pluspart des Chrestiens Georgiens, qui demeuroient à *Ispahan*, lors que nous y estions, sortirent de leur païs, pour s'aller establir en la ville capitale du Royaume.

Ce fut aussi en ce temps-là qu'il receut des lettres de *Bekirkeba*, qui commandoit pour le Grand Seigneur en la ville de *Bagdat* : lequel estant mescontent de la Cour, parce qu'on luy refusoit le gouvernement apres la mort du Baſſa, ſous lequel il avoit eu la Lieutenance, offroit à *Schach Abas* de luy rendre la ville. Le Roy preſta l'oreille à cette propoſition, & marcha auſſi-toſt avec vne bonne armée de ce coſté-là; mais devant qu'il y fuſt arrivé la colere de *Bikukeha* eſtoit paſſée, & il fit dire à *Schach Abas*, qu'il n'avoit que de la poudre & du plomb à ſon ſervice. Cét affront luy fut ſi ſenſible, qu'il proteſta, qu'il ne s'en retourneroit point qu'il n'euſt pris la ville, quand il devroit perdre la vie. Et de fait, ayant paſſé le foſſé, apres vn ſiege de ſix mois, & ayant fait mettre le feu à vne mine, où les Perſes s'entendent merveilleuſement bien, il fit donner l'aſſaut, entra par la breſche, & ſe rendit maiſtre de la ville par force. *Bikukeha*, ayant eſté trouvé parmy les priſonniers, fut couſu dans vne peau de bœuf fraiſchement tué; & jetté en cét eſtat aupres du grand chemin, ou le Roy le faiſoit nourrir, juſques à ce que l'ardeur du Soleil ayant fait retirer la peau, elle vint à s'eſtreſſir en ſorte, qu'il en mourut miſerablement. Son fils ſe jetta aux pieds d'*Abas*, & luy fit ſi bien cōnoiſtre, qu'il n'avoit point eu de part au procedé de ſon pere, que luy ayant demandé pardon, il obtint par cette ſubmiſſion le gouvernement de *Schiras*; que *Schach-Abas* ne fit point de difficulté de luy donner, parce qu'eſtant éloignée des frontieres de Turquie, ſa fidelité ne luy pouvoit point eſtre ſuſpecte.

L'année ſuivante l'Empereur des Turcs fit aſſieger *Bagdat*, par le baſſa *Hafis Ahmed*: mais *Abas* le contraignit de lever le ſiege, & demeura huict mois entiers à la veuë de l'armée Turque; juſques à ce que la maladie ayant conſumé grand nombre de Turcs, qui ne peuvent pas ſi bien ſouffrir les grandes chaleurs que les Perſes, *Hafis* fut obligé de ſe retirer à Conſtantinople. Au retour de cette expedition *Schach Abas* commença de faire baſtir la ville de *Ferahbath*, en la Province de *Meſanderan*, à l'occaſion d'vn village nommé *Tahona*, ſitué ſur vne belle riviere, qui entre proche delà dans la mer Caſpie.

Cette victoire ne luy donna que deux années de repos: Car l'Empereur Turc voulant reprendre la ville de *Bagdad*, envoya *Chalil baſſa*, avec vne armée de cinq cens mil hommes en Perſe. *Schach Abas* commanda à *Kart ſchugai-Chan* de marcher au ſecours de la ville avec vn petit corps d'armée, mais qui eſtoit compoſé de troupes choiſies, & il le ſuivit en perſonne

de

de prés avec le gros. Il s'enferma luy-mesme dans la ville, & envóya *Kartschugai-chan* au devant du Turc, qu'il fatigua par des escarmouches continuelles pendant six mois. Enfin il luy donna le combat general, le mit en desordre & ensuitte en desroute, le contraignant de s'enfuir jusques à *Netzed*. *Schach Abas* sortit de la ville sur les premieres nouvelles de cette victoire, & alla au devant de *Kartschugai-Chan*, & estant proche de luy il mit pied à terre, & luy dit. Mon cher *Aga*, je viens d'obtenir par ton moyen vne si belle victoire, que je ne la pourrois pas demander à Dieu plus grande, viens, mets toy sur mon cheval : il faut que je te serve de vallet de pied. *Kartschug.* fut tellement surpris de ce discours, qu'il se jetta aux pieds du Roy, le conjura de le considerer comme son esclave, & de ne l'exposer point à la risée de tout le monde, par vn honneur excessif qu'il luy vouloit faire, & qu'il n'avoit point merité. Mais quelques protestations qu'il pust faire, il fallut qu'il obeïst, & qu'il montast à cheval, le Roy & les autres *Chans* le suivans à pied, sept pas seulement. *Schach Abas* eut encore plusieurs autres guerres contre les Turcs : mais la plus signalée victoire qu'il remporta sur ses ennemis, pendant tout son regne, fut la reduction de la ville d'*Ormus*, qu'il reprit sur les Portugais six ans devant sa mort. Nous en parlerons cy-apres, quand nous ferons la description de cette belle ville, en la seconde Partie de cette Relation.

Sur la fin de l'an 1629. *Schach Abas* fit vn voyage à *Ferabath*, en la Province de *Mesanderan*, qui estoit le lieu de tout son Royaume, où il se plaisoit le plus : mais il s'y trouva si mal, que prevoyant qu'il n'en reschaperoit point, il fit venir aupres de son lict quatre Seigneurs, des plus confidents de son Conseil, sçavoir *Isa-Chan, Kurtzibaschi, Sejul-Chan, Tuschmal* ou Conseiller d'Estat, *Temer-bey, Cwagli* ou premier Maistre d'hostel, & *Iusuf-ga*, premier Gentil-homme de sa Chambre, & leur dit, que croyant fermement que cette maladie seroit sa derniere, il vouloit, que son petit fils, *Sain Myrsa* succedast aux droits de son pere, & qu'il en prist le nom ; les obligeant tous à luy promettre solemnellement, qu'apres sa mort ils executeroient sa derniere volonté tres-religieusement. Les Astrologues avoient predit à *Schach Abas*, que *Sain* ne regneroit que huict mois au plus, mais quand ces Seigneurs luy voulurent parler de cette prediction, le Roy répondit: *Qu'il regne tant qu'il pourra, quand ce ne seroit que trois jours. Je seray satisfait, quand je seray asseuré qu'un jour il verra sur sa teste la Couronne, qui estoit deuë au Prince son pere.*

L'on croyoit qu'on luy avoit donné du poison; c'est pourquoy le Hakim Jusuf, son Medecin, luy ordonna de prendre huict jours durant le bain chaud, & en suitte pendant quatre jours vn autre, de laict de vache; mais tous ces remedes se trouvans ou inutiles, ou trop foibles, il se disposa serieusement à la mort, ayant mesme le soin de designer le lieu, où il vouloit estre enterré. Mais afin que le peuple ne le sceust point au vray, il commanda que l'on fist les ceremonies de ses funerailles en trois divers lieux en mesme temps; sçavoir à Artebil, à Mesched, & à Babylone: Toutefois la commune opinion est, que le corps fut porté à Babylone, & de là au Netzef de Kufa, aupres du sepulchre d'Aly; parce que Schach Abas, estant allé à Kufa, apres la reduction de Babylone, & considerant le Netzef, dit qu'il n'avoit jamais veu vn si beau lieu, & qu'il souhaitteroit d'y pouvoir estre enterré apres son decés. Quoy qu'il en soit il mourut l'an 1629. apres avoir vescu soixante-trois ans, & regné quarante-cinq. Il fit paroistre la force de son esprit, en l'ordre qu'il donna sur la fin de sa vie, pour faire cacher sa mort, pendant que l'on asseureroit la succession à son petit fils: voulant que l'on exposast le corps tous les jours dans la mesme salle, où il avoit accoustumé de rendre la Iustice, assis dans vne chaise, les yeux ouverts, le dos tourné vers vne tapisserie, derriere laquelle se tenoit Iusuf Aga, qui luy faisoit lever le bras par le moyen d'vn petit cordon de soye, & répondoit aux affaires que Timir-beg luy proposoit de la part de ceux, qui estoient à l'autre bout de la salle, & qui par ce moyen estoient persuadés, que Schach Abas estoit encore en vie. Ce que l'on fit, & par ce moyen sa mort demeura cachée plus de six sepmaines.

Les Perses aiment à memoire de Schach Abas.

Les Perses ont de la veneration pour la memoire de ce Prince, & parlent de luy comme du plus grand Roy que la Perse ait eu depuis plusieurs siecles. Et de fait, si l'on oste des actions de sa vie les exemples de cruauté, que nous avons marquez cy-dessus, l'on sera contraint d'avoüer, que s'il ne peut estre mis au nombre des bons, au moins doit-il trouver place parmy les plus grands Princes, dont l'histoire moderne parle. Il estoit sage & vaillant, & a relevé la gloire de la Perse par les grandes victoires qu'il a remportées sur ses ennemis: estendant par ce moyen les frontieres de son Royaume de tous costez; sur les Turcs, sur les Indiens, & sur les Tartares. Les Moines Augustins nous dirent, que tant s'en faut qu'il eust de l'aversion pour la Religion Chestienne, qu'au contraire il les visitoit souvent dans leur Convent, les faisoit disner avec luy, les envoyoit querir la nuict, mettoit leurs chapelets à son col en soûpirant, & en disant, qu'il ne sçauroit pas quelle Religion il devoit embrasser, & les entretenant de discours fort familiers. Il estoit fort sensible à la misere des pauvres, & avoit vn soin tres-particulier de leur subsistance. C'est pourquoy il avoit accoustumé, quand il estoit party de quelque ville, d'y rentrer *incognito*, d'aller au marché, & d'y visiter le poids, & la qualité du pain & de la viande, & faisant chastier rigoureusement ceux qu'il trouvoit en faute. Estant vn jour à Araesti, il fit mettre dans vn four ardent vn riche boulanger, qui refusoit de vendre du pain aux pauvres; sous pretexe qu'il estoit obligé de le garder pour *Abas* & pour ses soldats, que l'on ne pouvoit point rassasier, à ce qu'il disoit, & il fit attacher par le dos au crochet, où l'on pendoit la viande, vn boucher qui en avoit vendu à faux poids. Il se plaisoit à employer en des aumosnes l'argent qu'il tiroit des lieux publics; ne croyant point qu'elles pussent estre agreables à Dieu, si ce sacrifice se faisoit de l'argent qui se prend sur le peuple. Il ne pouvoit souffrir les Iuges qui prenoient de l'argent des parties, & faisoit chastier severement ceux qui faisoient des concussions & des injustices manifestes. Car ayant sceu qu'vn *Kasi*, ou Iuge d'*Ispahan*, apres avoir pris des presents de deux parties, sçavoir soixante quinze pistoles de chacune, avoit voulu qu'ils s'accommodassent, il le fit mettre sur vn asne, la teste tournée vers la queuë, qui luy servoit de bride, & sur sa belle veste il luy fit mettre des trippes d'vn mouton fraichement tué, percées en plusieurs endroits, & en cét equipage il luy fit faire plusieurs tours du *Maidan*; faisant crier devant luy, que c'estoit là la punition qu'il vouloit estre faite d'vn Iuge corrompu.

Tandis que *Timir beg* & *Iusuf aga* produisoient à *Ferabath* le cadaure de *Schach Abas*, de la façon que nous venons de dire,

Schach Sefi succede à son ayeul.

LLll ij

1637. Sernel-chan fut en diligence à *Ispahan*, où il porta les nouvelles de la mort du Roy *Daruga*, *Chosrou Mirsa*, & ayant concerté avec luy les moyens, dont il falloit se servir pour mettre *Sam Myrsa* sur le thrône, ils allerent ensemble au departement de la Princesse sa mere, que l'on appelle *Taberik-kile*, & la prierent de leur mettre le Prince entre les mains. La pauvre mere, qui avoit incessament devant les yeux la mort violente de son mary, craignant que ce ne fust qu'vne feinte, & qu'ils n'eussent ordre de *Schach Abas* de tuer le Prince, s'enferma dans la chambre, & s'y baricada si bien que ces deux Seigneurs perdans l'esperance de la pouvoir persuader, & apprehandans de perdre l'occasion d'executer la derniere volonté du Roy defunct, apres avoir couché trois jours à la porte de la chambre de la Princesse, luy firent dire, que si elle n'ouvroit sa porte, ils seroient contraints de la forcer. Ce qui l'obligea enfin d'ouvrir, & de leur presenter le Prince son fils: mais comme à vne mort certaine, & en prononçant ces paroles. *Va trouver ton pere, mon enfant, par les mains des meurtriers, qui t'attendent.* Mais quand elle vit ces Seigneurs prosternez à terre, & baiser les pieds du Prince, elle se remit de ses frayeurs, & les changeast bien-tost en vne parfaite joye. Ces Seigneurs conduisirent le Prince, au Palais Royal, où ils le mirent dans le *Divan-Chané* sur vne table de pierre, chargée d'autant de petits tapis, qu'ils appellent *Kalitle Ahdalet*, ou tapis de Iustice, qu'il y avoit eu de Roys de Perse de sa famille, parce que chaque Roy en fait faire vn à son advenement à la Couronne, & ayans fait venir tous les *Chan* & Seigneurs qui se trouvoient à *Ispahan*, ils le Couronnerent, luy baiserent les pieds, & en luy souhaittant vn regne long & heureux, ils l'establirent au thrône de ses ancestres.

Immediatement apres les ceremonies de son Gouvernement il prit le nom de *Sefi*, executant la derniere volonté de *Schach Abas*, & donna à *Chosrou Myrsa* la qualité de *Chan*, avec le nom de *Rustam*; voulant par ce moyen faire revivre en sa personne la memoire du grand Heros, dont leurs romans & histoires parlent.

Le commencement de son regne est cruel. L'on dit que *Scach Sefi* vint au monde, avec les deux mains pleines de sang, & que *Schach Abas* son ayeul, l'ayant sceu, dit, que ce Prince baigneroit souvent les mains dans le sang. Et de

ET DE PERSE, LIV. V.

1637.

fait, jusques au temps de nostre ambassade son regne avoit esté si cruel & si sanglant, que depuis plusieurs siecles la Perse n'avoit point veu tant d'executions. Car incontinent apres son advenement à la Couronne, il crut le Conseil du Chancelier, predecesseur de celuy, que nous avons cognu, & se défit de *Rustan Chan*, qu'il avoit fait Generalissime des armées de Perse, & Gouverneur de *Tislis*, & de plusieurs autres Seigneurs, & fit tailler en pieces, ou tua de sa main, tous ses parens, & toutes les autres personnes qui luy pouvoient donner de l'ombrage : s'accoustumant par ce moyen tellement au sang, que quand il estoit en colere il n'espargnoit personne, & tuoit, ou faisoit tuer pour fort peu de chose, tous ceux qui luy desplaisoient. I'en raconteray icy quelques exemples, qui pourront faire juger du reste de sa vie.

Il commença ses cruautez par vn frere vnique, quoy que né d'vne concubine, auquel il fit crever les yeux *Chodabende* & *Imanculi Myrsa*, ses oncles, freres puisnez de *Sain Myrsa*, que *Schach Abas*, leur pere, avoit fait confiner dans le chasteau d'*Alamuth*, à trente lievës de *Casivin*, apres leur avoir fait crever les yeux, ainsi que nous avons dit cy-dessus, furent precipitez du haut d'vn rocher, parce qu'à ce que disoit *Sefi*, n'ayans point l'vsage de la veuë, ils estoient inutiles au monde. Apres cela il se défit d'*Isa-chan*, son oncle, apres avoir fait esgorger ses trois fils, à l'occasion suivante.

Il fait crever les yeux à son frere.
Fait precipiter ses oncles.

Isa-chan possedoit si parfaitement les bonnes graces de *Schach Abas*, que le Roy luy voulant faire cognoistre l'estime qu'il faisoit de sa personne, luy fit espouser sa fille, dont il eut les trois fils, que *Sefi* fit mourir. Elle estoit fort belle femme, & avoit l'humeur si agreable, que *Schach Sefi*, son nepueu, se plaisoit extremement en sa conversation. Cette Princesse se trouvant vn jour avec le Roy, prit la liberté de le railler, & de luy dire, qu'elle s'estonnoit, de ce que luy, qui estoit si jeune & si vigoureux, & qui avoit tant de belles femmes à son commandement, ne faisoit point d'enfans ; là où elle seule en avoit fait trois à son mary. Le Roy luy respondit, qu'il estoit jeune, & qu'ayant encore plusieurs années à regner, il auroit le loisir de faire des heritiers, qui pourroient succeder à la Couronne. Mais la Princesse, voulant pousser la raillerie, repartit qu'vne terre, qui n'estoit pas bien labourée, n'avoit garde de pro-

Fait tuer vn autre oncle & ses trois fils.

LLll iij

duire, & y ajoufta imprudemment. *Vous avez beau faire, Sire, j'ay grand' peur qu'apres voftre mort, les Perfes ne foient obligez d'avoir recours à vn de mes enfans.* Le Roy fe fentit fort offensé de cette raillerie piquante, mais il eut affez de pouvoir fur luy pour le diffimuler, & pour fe retirer d'aupres de la Princeffe, fans qu'elle s'apperçeuft de fa colere.

Le lendemain le Roy commanda, que l'on conduifift les trois fils d'*Ifa-Chan*, dont l'aifné avoit 22. ans, le fecond, 15. & le troifiéme neuf, dans vn jardin, où il leur fit couper la tefte, & à l'heure du difner ayant fait mettre les trois teftes dans vn de ces pots couverts, dont l'on fe fert en Perfe pour porter le ris & la viande fur la table, & ayant fait venir la mere, il les en fit tirer l'vne apres l'autre par le nez, & dit à la Princeffe ; *Voila les enfans d'vne femme, qui fe vantoit d'eftre fi fertile. Va confole toy, tu és affez jeune pour en faire d'autres.* La Princeffe fut tellement furprife de cét horrible fpectacle, qu'elle en demeura toute interdite, & ne pût pas proferer vn feul mot : mais voyant dans les yeux du Roy les commencements d'vne fureur, qui la menaçoit d'vne mort inevitable, elle fe jetta à fes pieds, les baifa, & dit au Roy : *Tout eft bien fait. Dieu donne bonne vie & longue au Roy.* Cette complaifance forcée luy fauva la vie. Mais dés qu'elle fe fuft retirée, *Sefi* envoya querir *Ifa-Chan*, & luy monftrant au doigt les teftes de fes enfans, luy demanda ce qu'il difoit de ce beau fpectacle. *Ifa-Chan*, qui connoiffoit l'humeur de ce Prince, & fçachant à qui il avoit à faire, eftouffa en luy l'affection paternelle, & répondit, que tant s'en faut que cela luy dépleuft, que fi le Roy luy euft témoigné, qu'il vouloit avoir les teftes de fes enfans, il les luy euft luy mefme apportées, au premier commandement qu'il luy euft fait faire : & qu'il ne vouloit point d'enfans, s'ils n'eftoient agreables au Roy. Cette lafche & brutale flatterie fauva la vie à *Ifa-Chan*, pour ce jour là : mais le Roy confiderant, qu'il ne luy pouvoit plus eftre fidelle, au moins qu'il ne le pouvoit point aimer, apres avoir efté traitté de la forte, luy fit auffi couper la tefte.

Nous avons dit cy-deffus, qu'*Ifa-Chan* eftoit vn de ceux, qui avoient plus contribué à l'exaltion de *Schach Sefi*, & à fon eftabliffement au thrône de fes Predeceffeurs. *Seinel-Chan* en eftoit auffi ; c'eft pourquoy il ne devoit point efperer d'eftre plus favorablement traitté que l'autre, par celuy qu'il avoit mis en estat de pouvoir commettre tant d'inhumanités. Et de fait *Schach Sefi*, apres avoir obligé les Turc à lever le siege qu'ils avoient mis devant *Bagdat*, en l'an 1632. se campa avec son armée auprés de *Hemedan*; où plusieurs Seigneurs, faisans reflexion sur les executions dont le Roy avoit signalé le commencement de son regne, dirent entr'eux, que puisqu'en son aage il pouvoit faire tant de cruautés, il ne manqueroit pas avec le temps d'extirper tout ce qu'il y avoit de grands en Perse. *Seinel-Chan*, qui estoit present à cét entretien, fut aussi tost trouver le Roy, & luy fit rapport de ce qui s'estoit passé en cette conference; luy conseillant de se défaire de ceux, qui avoient le plus de credit parmy eux, afin d'affermir son thrône, & d'asseurer sa vie. Le Roy luy répondit; *Ton conseil est si bon, que je m'en vay l'executer presentement, & je commenceray par toy; car tu es celuy qui as le plus d'aage & le plus d'autorité parmy eux, & qui es de la conspiration. En quoy je suivray l'exemple du Roy mon ayeul, dont le regne ne fut heureux & asseuré, que depuis qu'il eust fait executer celuy, qui avoit la mesme charge de Kurtzibaschie, que tu exerces maintenant.* Seinel-Chan luy répondit: que cela ne luy seroit pas bien difficile. Que pour ce qui estoit de luy, qu'il estoit si vieil, qu'il avoit atteint l'aage le plus avancé de la vie de l'homme, & ainsi qu'il se soucioit fort peu de le prolonger de quelques jours. Mais que peut-estre le Roy auroit vn jour regret d'avoir fait mourir avec tant de precipitation vn de ses plus fidelles serviteurs; & qu'il considereroit l'importance de l'avis qu'il luy avoit donné, & l'affection qu'il avoit pour son service. Cette réponse fit differer l'execution de la resolution du Roy, qui alla aussi-tost trouver sa mere, qui l'avoit suivy en ce voyage, avec les autres Dames du Serrail, selon l'ancienne coustume de Perse, pour luy faire part de l'avis qu'on luy avoit donné. Dés le lendemain matin la Princesse mere fit venir *Seinel-Chan* à la porte de sa tente, pour apprendre de sa bouche toutes les circonstances de cette conspiration: mais dés que le Roy sceut, que *Seinel-Chan* parloit à sa mere, la rage le saisit, en sorte qu'il l'alla tuer de sa main, en la presence de la Princesse.

1637.

Tuë de sa main Seinel-Chan.

C'estoit sans doute vn des premiers hommes du Royaume, qui devoit sa fortune à sa conduite, & à la fidelité avec laquelle il avoit fervy *Schach Abas*, en plufieurs affaires tres-importantes; dont il fuffira d'alleguer icy vn feul exemple.

Schach Abas voulant envoyer vne ambaſſade folénelle à *Lahor*, au *Mogul* des Indes, fur le different qu'il avoit avec luy pour les frontieres de *Candahar*, deftina à cét important employ, *Seinel-Chan*, comme celuy de tous fes Miniftres, en qui il avoit le plus de confiance: & en le congediant pour le voyage, il luy dit, I'ay jetté les yeux en cette rencontre, fur toy *Seinel*; parce que je connois ta fidelité ; dont je veux que tu me donne vne derniere preuve en cette ambaſſaſſade. Car comme cette chemiſe me tient au corps immediatement, ainſi veux-je que tu demeures tellement attaché à mes interefts, que tu ne faſſes rien en ce voyage, qui puiſſe faire tort à ma reputation, ou à mon fervice. *Seinel-Chan* le promit, & s'en acquitta parfaitement bien. Car eſtant arrivé à la Cour du *Mogul*, il refuſa de luy faire la reverence à la mode du païs, en portant les deux mains, premierement à terre, & apres cela fur la tefte, mais il entra avec vne démarche grave & droite, & fe contenta de faluer le Roy de fon *Salomalek*. Ce Prince Indien s'en trouva tellement offenſé, qu'il le fit prier d'en vſer autrement, & de luy rendre les mefmes refpects, avec lefquels les Ambaſſadeurs de Perfe avoient accouftumé de s'approcher de luy. Il tafcha mefme de le gagner par les offres qu'il luy fit faire de plufieurs prefents fort confiderables; mais voyant qu'il eſtoit impoſſible de vaincre fon obftination, il s'aviſa de faire vis à vis de fon thrône vne porte ſi baſſe, que *Seinel-Chan* n'y pourroit pas entrer fans fe baiſſer, & ainſi qu'il ne fe pourroit pas difpenfer de luy faire la reverence. Mais *Seinel-Chan* trouva moyen d'éluder cét artifice, & entra dans la chambre du Roy à reculons, & en luy monftrant le derriere. Cette irreverence acheva de fafcher le *Mogul*; en forte que non feulement il ne luy fit point les prefents, que l'on a accouftumé de faire aux Ambaſſadeurs, & qui ne font pas petits en ces quartiers-là; mais il defendit auſſi à fes gens de luy fournir les vivres ordinaires : ce qui le reduifit à de ſi grandes extremitez, qu'il fut contraint de vendre fa vaiſſelle d'argent, & les lames & boucles d'or des felles & des harnois de fes chevaux, pour fubfifter. Outre cela le *Mogul* fe plaignit à *Schach Abas*, du procedé de *Seinel-Chan*, & le Roy fit femblant de condamner sa conduite, & d'estre mescontent du peu de respect qu'il avoit rendu au Mogul; mais il ne laissa de faire connoistre en effet qu'il estoit fort satisfait de la fierté, avec laquelle il avoit traitté ce Prince Indostan. Car peu de temps apres il l'honora de la qualité de Chan, & luy donna le gouvernement de Hemedan, de Terkisin, de Kulpejan, &c. pour en joüir sa vie durant, mais à condition, qu'il demeureroit en personne à la Cour, pour y tenir la premiere place dans le Conseil.

Semel-Chan ayant donc esté tué, de la façon que nous venons de voir, la Princesse mere, qui en eut horreur, remonstra à Schach-Sefi, le tort qu'il avoit de traitter de la sorte vn des plus anciens serviteurs du Roy son ayeul, qui luy avoit rendu à luy-mesme de si grands services à son avenement à la Couronne, & le Roy témoigna en avoir du regret : mais il s'en consola bien-tost ; puis qu'au bout de quelques jours il ne traitta pas mieux le Chancelier, le Grand Maistre du Royaume, & sa mere mesme, à l'occasion, & de la maniere que nous allons dire.

Le Roy estant campé en ce mesme voyage, en la montagne de Sehend, à vne lieuë de Tauris, & le Grand Maistre d'hostel, nommé Vgurlu-Chan, estant de jour pour la garde aupres du Roy, à laquelle les Chans sont obligez de se trouver en personne, quand le Roy est à la campagne, son mal-heur voulut, qu'il fut souper chez Talub-Chan, Chancelier du Royaume, qui y avoit aussi convié le Duuter, c'est à dire le Secretaire du cabinet, nommé Hussin-beg, & vn certain Poëte. Vers la fin du souper le Kischikizi-baschi, c'est à dire le Capitaine des Gardes, nommé Mortusaculi Chan, alla avertir Vgurlu-Chan, que l'heure l'appelloit à la tente du Roy, & le somma de s'y rendre pour la garde. Mais le Chancelier, qui ne vouloit pas encore congedier ses hostes, renvoya le Kischikizi-baschi, & luy dit, que la personne d'Vgurlu-Chan, n'y estoit pas fort necessaire, & que le Roy n'estant qu'vn enfant, ne s'appercevroit point de l'absence d'Vgurlu, & ainsi qu'il pouvoit bien regler la garde sans luy.

Le Capitaine ne laissa pas de continuer ses instances, & de presser le Grand Maistre de venir faire la charge, & luy dit, qu'il seroit obligé de s'en plaindre au Roy. Le Chancelier se trouvant importuné de ce discours, commanda à ces gens de

Fait mourir le Chancelier, le Grand Maistre, & sa mere.

mettre *Mortusaculi Chan* dehors par les espaules : ce qu'ils firent; mais avec tant de violence qu'il y fut blessé au visage. Il alla tout sanglant qu'il estoit, trouver le Roy, & luy raconta ce qui s'estoit passé chez le Chancelier. Le Roy luy commanda de n'en rien dire : mais le lendemain le Chancelier se trouvant à disner chez le Roy, & estant assis en sa place ordinaire, le Roy le fit approcher, & luy dit. Qu'est-ce que merite celuy, qui mangeant le pain, & vivant de la seule grace de son Maistre, perd le respect qu'il luy doit, & le méprise ? Le Chancelier luy répondit : il merite la mort; & le Roy luy repartit : Tu as toy mesme prononcé ta sentence; C'est toy, qui ne vivant que de mes bien-faits, & qui mangeant à ma table, as eu l'audace de me traitter d'enfant, au discours que tu fis hier à *Mortusaculi-Chan*. Le Chancelier se voulut justifier; mais le Roy ne luy en donna pas le loisir, & luy fendit le ventre d'vn coup de cimeterre. Le Chancelier ne fit autre chose, en tombant à terre, que de crier. H i *Paschach Aimahn*, & le Roy commanda à ses *Riks*, qui sont des gardes, qui portent des haches, & qui font souvent le mestier de bourreau, de luy hacher la teste en petits morceaux. Il y eut vn des pages, lequel ayant horreur de cette cruauté, en avoit détourné la veuë : mais le Roy luy dit, puis que tu as la veuë si tendre, elle t'est inutile, & commanda au mesme temps qu'on luy crevast les yeux.

L'execution de *Talub-Chan*, se vit aussi-tost suivie de celle d'*Vgurlu-Chan*, par le commandement que le Roy fit à *Alyculi-Chan*, *Divan-beg*, ou President au Conseil, d'aller querir sa teste. *Vgurlu* sortoit du bain, & vouloit reprendre ses habits quand *Aliculi-Chan* arriva. *Vgurlu* le voyant entrer, suivy de deux vallets, s'estonna, quoy qu'ils fussent amis, & luy dit: Helas cher amy ! sans doute tu ne m'apportes point de bonnes nouvelles, *Alyculi Chan* luy répondit, Tu as raison cher frere. Le Roy ma commandé de luy apporter ta teste : c'est à quoy il faut se resoudre, & en disant cela il se saisit de luy, luy coupa la teste, fit vn trou à la jouë, y passa le doigt, & la porta ainsi au Roy; lequel la voyant y toucha d'vne baguette, & dit, il faut avoüer que tu estois vn vaillant homme : il me fasche de te voir en cét estat-là ; mais tu l'as ainsi voulu. C'est dommage, à cause de ta belle barbe.

Ce qu'il disoit, parce que les moustaches estoient si longues, qu'apres avoir fait le tour du col, elles pouvoient encore venir se joindre sur la bouche, qui est vne des beautés de Perse.

Mortusaculi eut sa charge. *Hassan-beg*, qui avoit aussi esté du festin, receut le mesme traittement, & le Poëte, qui fut depuis faussement accusé, d'avoir mis cette execution en vers, & de les avoir chantez au *Maidan*, fut conduit en ce lieu-là, où on luy coupa le nez, les oreilles, la langue, les pieds & les mains; dont il mourut peu de jours apres.

Apres cette execution, le Roy fit venir les fils de ces Seigneurs, & leur dit: I'ay fait tuer vos peres, qu'en dites-vous: Le fils d'*Vgurlu-chan* dit resolument: Qu'est-ce que l'on me dit de pere, je n'ay point d'autre pere que le Roy. Cette réponse dénaturée le restablit en la possession des biens du deffunct, qui devoient estre confisquez au profit du Roy: mais le fils du Chancelier fut reduit à la derniere misere, & despoüillé de la succession de son pere; pour avoir eu plus de sentiment de sa mort, que de complaisance pour le Roy.

Le Roy estant arrivé à *Caswin*, commanda à tous les Seigneurs & Gouverneurs de Provinces de venir à la Cour. Ils obeïrent tous à cét ordre, à la reserve d'*Alymerdan-chan*, Gouverneur de *Candahar*, & *Daud-chan*, Gouverneur de *Kentze*, qui se contenterent d'asseurer le Roy de leur fidelité, en luy envoyant chacun vne de leurs femmes, & vn de leurs enfans en ostage; mais le Roy témoigna de n'estre point satisfait de cette submission; c'est pourquoy *Alymerdan-chan* se revolta ouvertement, & mit sa personne, & la forteresse de *Candahar* en la protection du Roy des Indes. *Daud-chan*, ayant esté averty par l'*Achta*, ou vallet de chambre, que le Roy luy avoit envoyé, du peu de seureté qu'il y avoit pour luy à la Cour, prit conseil de ses amis, & resolut de se retirer en Turquie. Il voulut pour cét effet sonder l'intention des siens, & ayant trouvé qu'il y en avoit quinze qui ne le vouloient point suivre, il les fit tailler en pieces en sa presence, escrivit au Roy vne lettre fort piquante, & se retira avec ses richesses aupres de *Tameras-chan*, Prince de *Georgie*, son beau-frere, & de là en Turquie, où il vivoit encore lors de la presente Ambassade, & estoit en grand'estime aupres de *Sultan Ibrahim*, Empereur de Constantinople. Le Roy pour se vanger de l'vn & de l'autre, envoya leurs femmes au bordel, & exposa le fils de D*ud-chan* à la brutalité des palefreniers de la Cour, & des bourreaux de la ville: mais le fils d'*Alymerdan-chan* fut reservé pour le Roy, à cause de sa beauté.

Apres cela le Roy envoya ordre à I*manculi-Chan*, gouverneur de S*chiras*, frere de *David-Chan*, de venir à la Cour. L'on ne manqua point de l'avertir du dessein que le Roy avoit de le faire mourir: mais il répondit, qu'il ne croyoit pas qu'on le voulut si mal-traitter, apres avoir rendu de si considerables services à la Couronne; mais neantmoins qu'il aymoit mieux perdre la vie, que d'estre dans la disgrace de son Prince, & de se rendre criminel par sa desobeïssance.

Et de fait, il fut assez simple pour aller à C*aswin*, où la Cour estoit alors; mais il n'y fut pas si-tost arrivé, que le Roy luy fit couper la teste. L'intention de S*hach-Sefi* estoit de conserver la vie aux enfans d'*Imanculi*, & l'eust sans doute fait, sans le mauvais office que leur rendit vn meschant flatteur; lequel voyant aux pieds du Roy l'aisné, qui estoit aagé de dix-huit ans, & qui y estoit venu par le conseil de ses amis, pour les baiser, dit au Roy, qu'il n'estoit point fils d'*Imanculi*, mais de S*chah Abas*, qui avoit donné vne de ses concubines en mariage au pere, estant déja enceinte de luy.

Cette parole cousta la vie à ce jeune Seigneur, & à quatorze de ses freres, que l'on conduisit au M*aidan*, où on les decapita auprès du corps de leur pere. La mere s'enfuit avec le seizième en *Arabie*, auprès de son pere, qui estoit Prince de ces quartiers-là, & à ce que l'on nous dit, il vivoit encore en ce temps-là, & demeuroit à H*albise*, à trois journées de B*esre*, ou B*alsara*.

Les corps des executez demeurerent trois jours à l'air dans le M*aidan*; jusques à ce que le Roy, apprehendant, que les plaintes, que la mere d'*Imanculi* y faisoit jour & nuict; ne fissent souslever le peuple, commanda qu'on les ostât.

Les Perses regrettent encore aujourd'huy cét I*manculi-Chan*, à cause de sa liberalité. Il estoit fils d'*Alla-Werdi Chin*, qui a fait bastir à ses dépens le Pont d'*Ispahan*, & qui s'estoit fait considerer autant qu'aucun autre Seigneur de Perse, à cause des belles actions qu'il avoit faites à la guerre.

Le Roy n'avoit pas plus de douceur pour les Dames qu'il

avoit d'humanité pour les hommes. Car en ce temps-là il en tua vne de sa main, & commit plusieurs autres meurtres. Quand il vouloit faire ses executions, il s'habilloit ordinairement d'escarlatte, ou d'vne estoffe rouge cramoisi, de sorte que tout le monde trembloit, quand on le voyoit habillé de cette couleur. Ces cruautés inoüies firent peur à tous ceux qui l'approchoient, & donnerent à quelques vns la resolution d'entreprendre sur sa vie par le poison: Mais celuy qu'on luy donna ne se trouva pas assez fort, de sorte qu'il en fut quitte pour vne maladie de deux mois. Dés qu'il en fut relevé, il en fit faire vne enqueste exacte, par laquelle il descouvrit, par le moyen d'vne servante du Serail, qui avoit esté mal traittée par sa maistresse, que le poison avoit esté preparé dans l'appartement des femmes, & que c'estoit sa tante, veuve d'*Isachan*, qui le luy avoit fait donner. Il s'en vangea la nuict suivante: car tout le Serrail fut remply de cris effroyables, & l'on sceut le lendemain, qu'il avoit fait faire vne grande fosse, dans le jardin, où il avoit fait enterrer vives quarante femmes du Serrail, tant Dames, que filles & servantes. Ce fut aussi en ce temps-là, que l'on fit courir le bruit, que sa mere estoit morte de peste: mais l'on ne doute point, qu'elle n'eust fait compagnie aux quarante Dames, qui furent enterrées vives, comme nous venons de dire.

1637.

Il faisoit connoistre aux occasions, qu'il avoit du courage, & il est certain qu'il rendit le commencement de son regne illustre, par les victoires qu'il remporta sur ses ennemis. Il défit *Karib-Schach* en la Province de *Kilan*. Il contraignit les Turcs de lever le siege de *Bagdat*, & prit d'assaut la forteresse d'*Ervan*; quoy que veritablement la gloire de ces bons succez soit deuë à la valeur, & à la conduite de ses Generaux, & à la fortune, plutost qu'à sa prudence: car il n'en paroissoit point du tout en aucune de ses actions, qui estoient toutes temeraires, & fort peu concertées. La seule reduction d'*Ervan*, peut servir de preuve à ce que nous venons de dire.

Il a plus de temerité que de courage.

Le Roy voyant, qu'apres quatre mois de siege, il n'y avançoit rien, l'impatience & le desespoir le porterent à vouloir aller en personne à l'assaut de la place; disant qu'il aymoit mieux y mourir, que se retirer avec infamie de devant vne place, que les Turcs avoient cy-devant prise en trois jours. Il

1637.

avoit déja pris l'habit d'vn de ses vallets de pied, afin de n'estre point reconneu dans la meslée, & avoit donné l'ordre pour l'assaut ; quand les Seigneurs, qui ne luy osoient pas contredire, supplierent la Princesse sa mere, de luy remonstrer, qu'il estoit impossible de prendre la place, avant qu'il y eust bresche faite, & que le hazard où il s'alloit exposer, ne produiroit que sa mort ou sa honte, avec la ruïne de toute l'armée.

Elle eut pour toute réponse vn soufflet, & le Roy se saisissant d'vn marteau d'armes, voulut aller droit à l'assaut. Mais les principaux Seigneurs se jetterent à ses pieds, & le supplierent, de leur donner seulement vn jour, dans lequel ils promettoient de faire vn dernier effort contre la place. Ils l'obtinrent, firent donner toute l'armée, mesmes les goujats, & emporterent la place de force ; mais ils y perdirent plus de cinquante mil hommes.

Le bon-heur, qui jusques alors avoit accompagné ses armes, changea bien tost, apres la mort de tant de grands hommes, qu'il fit mourir : & l'on en vit vne preuve bien évidente, en la perte de *Bagdat*, que les Perses ne purent point conserver contre les Turcs, qui le reprirent vingt-six ans apres que les Perses l'eurent conquise sur eux.

La seule bonne action qu'il ait faite pendant son regne, c'est qu'il renvoya en leurs maisons les pauvres gens, que *Schach Abas* avoit tirez d'*Ervan*, de *Nachtschvan*, de *Chaletz* & de *Georgie*, au nombre de plus de sept mille hommes, qu'il avoit fait conduire à *Ferabath*, où ils travailloient à de grands bastimens, & vivoient dans vne miserable servitude : toutesfois il n'y en eut pas plus de trois cens, qui pûrent joüir de ce benefice ; par ce que tout le reste estoit pery de faim & de misere.

Il est sujet au vin.

Il se plaisoit à boire, & aimoit ceux qui luy faisoient compagnie en cét exercice, mais il prenoit ses divertissemens ordinaires avec les femmes, & à la chasse ; se meslant fort peu du gouvernement, & de rendre justice à ses sujets.

Ses femmes.

Il avoit trois femmes legitimes, dont l'vne estoit fille d'vn Colonel, qui avoit autrefois servy à conduire les mulets, qui portoiët l'eau à la cuisine du Roy, & s'estoit fait connoistre à *Schach Abas*, par vn service qu'il luy rendit vn jour, estant à la chasse, en luy apportant de l'eau fraische, pendant la plus grande chaleur du jour, & lors que personne ne luy en pouvoit trouver. Ce service fut reconnu par le present que le Roy luy fit du village de *Bilou*, auprès de *Nachtschuan*, d'où ce muletier estoit natif. Ce fut le commencement de sa fortune, & ce qui le fit connoistre à la Cour. où il trouva moyen d'avoir vn Office ce qui n'y est pas fort difficile en Perse, à ceux qui ont de l'argent, & ayant apres cela pris de l'employ à la guerre, il reüssit si bien, qu'on luy donna le commandement d'vn Regiment de mil hommes. *Schach Abas* trouva sa fille si belle, qu'il en fit vn present à sa bru, veuve de *Sefi Myrsa*, & voulut qu'elle l'élevast dans l'esperance du mariage de son fils *Sam Myrsa*, depuis nommé *Schach Sefi*, qui l'épousa à son advenement à la Couronne.

1637.

La deuxiesme femme estoit Chrestienne, fille de *Tamerascan* Prince de *Georgie*, & ce mariage fut vne suitte de la paix que *Schach Abas* fit avec ce Prince.

La troisiesme estoit vne Tartare de *Circassie*, fille de *Bika*, & sœur du Prince *Mussal*, dont nous avons souvent parlé cy-devant. La mere la conduisit jusques à la riviere de *Bustrou*, du temps de nostre voyage & manda à *Schach Sefi*. qu'elle luy envoyoit sa fille, non comme vne concubine, ou comme vne esclave, mais en qualité de femme legitime. Qu'elle esperoit, qu'il la considereroit comme telle, & qu'elle trouveroit chez luy la mesme bonté & la mesme douceur, qu'elle avoit autrefois euë pour la Princesse sa mere, laquelle quoy qu'elle fust son esclave, & qu'elle l'eust souvent deschaussée, avoit esté traittée & considerée par elle, comme si c'eust esté sa fille. Que si au contraire elle croyoit, que sa fille deust estre maltraittée, elle aimeroit mieux la noyer, avec tout le mal-heur qui luy pourroit arriver dans la riviere de *Bustrou*.

Il avoit outre ces femmes legitimes plus de trois cens concubines; parce qu'il n'y a point de belles filles en toute la Perse que l'on ne luy amene. Les plus grands Seigneurs mesmes luy donnent les filles, qui se trouvent en leurs maisons, ou chez leurs parents. Nous en vismes de nostre temps vn exemple au *Calenter* de *Schamachu*, lequel estant assez mal voulu à la Cour, se remit aux bonnes graces du Roy par le present qu'il luy fit de sa niepce, vne des plus belles filles du païs, & par l'argent qu'il donna au Chancelier.

Ses Côcubines.

Les Armeniens, pour prevenir la recherche, que l'on fait

souvent chez eux des filles de douze ans, les marient, quand elles sont belles, avant qu'elles soient en cét aage. Ce grand nombre de concubines fait, que bien souvent le Roy se contente de coucher avec elles vne seule fois, apres cela il les donne à quelques-vns des Seigneurs de la Cour, qui sont le plus auant en ses bonnes graces,

1637.

Sa mort.

Schach Sefi mourut en l'an 1642, en la douziesme année de son regne, ou s'il faut parler ainsi de sa tyrannie. L'on croit que sa vie a esté abregée par le poison, comme le seul remede contre les cruautés, que doivent apprehender ceux qui en avoient tant d'exemples devant les yeux, où ils voyoient que ny âge, ny sexe n'avoient pû mettre personne à couvert de ses inhumanités. Au reste, son visage ne répondoit point du tout à ce cœur barbare, mais au contraire il avoit l'air bon, doux & aimable. Il estoit d'vne taille mediocre, & estoit fort bien fait de sa personne, & lors de nostre Ambassade, il n'avoit qu'vn fils nommé *Abas*, qui luy succeda au mois de May de la mesme année 1642, en l'aage de treize ans : & c'est celuy qui regne encore aujourd'huy.

Schach Abas succede a son pere.

Les Roys de Perse font gouverner les Provinces & les villes de leur Royaume par des *Chans*, *Solthans*, *Calanters*, *Darugas*, *Visirs* & *Kauchus*; qualitez & emplois qu'ils donnent à la valeur, & à la vertu, & non point à la naissance. C'est pourquoy l'on y voit tant de courages determinés, qui hazardēt leur vie gayement; parce qu'ils sçavent, que c'est-là quasi le seul degré par lequel on monte aux premieres dignitez du Royaume qui ne sont point hereditaires ny venales en Perse. Il est vray que les enfans de cés Seigneurs sont considerés, à cause du merite des peres, & qu'ils succedent en leurs biens, mais ils ne succedent jamais aux dignitez que par le merite & par le service, dont elles sont inseparables. Le Roy ne fait point de *Chan*, qu'il ne luy donne aussi en mesme temps de quoy soustenir cette qualité, & ce pour toute sa vie; laquelle l'on n'a osté bien souvent aux *Chans* qu'à cause de leur qualité.

Les dignitez n'y sont point hereditaires.

Chaque Province a son *Chan*, & son *Calenter*, qui ont leur demeure dans la ville capitale. Le *Chan* est cōme le Gouverneur de la Province, & a l'administration de la Iustice, avec le pouvoir de faire executer ses jugemēts, nonobstant l'appel. Le *Calenter* a la direction du domaine du Roy, & des Finances de la Province,

Province, dont il fait la recepte, & en rend compte au Conseil, ou par l'ordre du Roy, au *Chan*. Le *Daruga* est dans vne ville, & le *Kaucha* dans vn village, ce que le *Chan* est dans la Province. Le *Daruga* fait aussi les fonctions du *Calenter* dans son ressort, mais dans la dependance du Gouverneur de la Province. Le Roy se sert des *Chans* & des *Sultans* aux ambassades, qu'ils envoyent aux Princes estrangers ; mais il les fait faire à peu de frais, parce qu'il ne fournit que la moitié des presents, que l'Ambassadeur emporte ; la Province dont il est Gouverneur, estant obligée de faire le reste de la depense.

1637.

La plus part des *Chans* sont obligez d'entretenir vn certain nombre de soldats, qui se doivent tenir prests, pour servir dans les armées, quand on en a besoin : & c'est à quoy ils employent quasi tout le revenu de la Province ; à la reserve des imposts, dont le revenu doit estre porté à l'Espargne. Outre cela ils envoyent au Roy ses estreines, qui sont fort considerables. Les Provinces & les villes, qui n'ont point de *Chan*, & qui sont gouvernées par vn *Daruga*, comme vne partie de la *Georgie*, les villes de *Casüin*, d'*Ispahan*, *Kaschan*, *Theheram*, *Hemedan*, *Mesched*, *Kirman*, *Ormus*, &c. n'entretiennent point de soldats, mais ils payent la taille au Roy. L'ordre que l'on y observe, particulierement dans les Provinces frontieres, pour la subsistance d'vn si grand nombre de soldats, fait que l'on n'a pas beaucoup de peine à former vn puissant corps d'armée, en fort peu de temps. Aussi le *Schach* se sert fort vtilement de cet avantage, contre les ennemis redoutables qu'il a dans son voisinage, & dont il est comme environné de tous costés : come des Tartares *Vsbeques*, des Turcs, & des Indiens. Il n'est jamais bien avec les premiers, à cause des frontieres de *Chorasan*, avec le *Mogul*, pour celles de *Candahar*, & avec le Turc pour les Provinces de *Bagdat* & d'*Ervan*, pour lesquelles ils sont en guerre perpetuelle, qui les a souvent fait changer de maistre.

Le domaine du Roy employé au payement des soldats.

Leurs armées ne sont composée que de Cavallerie, parce que l'infanterie mesme, qui doit servir à pied dans les occasions, est monté en sa marche, comme nos dragons. Les armes ordinaires des gens de pied sont des mousquets ; mais la Cavallerie n'est armée que de flesches & de javelots. Ils n'ont l'vsage du mousquet & de la grosse artillerie que depuis le regne de *Schach Abas* ; & ils ne l'employent pas tant aux atta-

Les armées de Perse ne sont composée que de Cavallerie.

Leurs armes.

ques, que dans les places mesmes ; parce que leurs armées marchans ordinairement à grandes journées, & avec peu ou point de charroy, ils auroient de la peine à la faire rouler avec la diligence necessaire. Il n'y a point de ruse de guerre, dont ils ne soient capables, ny de stratageme qu'ils n'employent. Au siege d'*Irvan* en l'an 1633. ils eurent l'invention de jetter dans la place, avec leurs flesches, certaines phioles pleines de poison, qui infecta tellement l'air, que toute la garnison en fut incommodée, & renduë incapable de maniere les armes, pour la defense de la place. Ils appellent le General de l'armée *Serdar*, le Colonel de dix ou douze mil archers *Kurtzibaschi*, celuy qui commande mil hommes *Minbaschi*, vn Capitaine de cent hommes *Ius baschi*, & vn brigadier de dix hommes *Ohnbaschi*.

Leurs Officiers de guerre.

De nostre temps tous les Officiers de guerre estoient gens de fort basse extraction, *Areb*, *Chan* de *Schirvan*, estoit fils d'vn païsan de *Serab*, & son premier employ fut dans l'artillerie ; où il donna tant de preuves de sa conduite & de son courage, que *Schach Abas* luy donna le gouvernement, qui est vn des premiers du Royaume.

Aga Chan, fils d'vn Berger d'aupres de *Merrage*, fit si bien au siege de *Wan* ; que ses services furent recompensés du gouvernement de sa Patrie.

Kartzuchai-Chan, estoit fils d'vn Chrestien d'Armenie, & avoit esté vendu à *Schach Abas*, qui le fit *Chan*, & en suitte general de son armée. Il acquit tant de reputation en cét employ, que le *Schach* mesme luy voulut servir d'estaffier; ainsi que nous venons de dire.

Salma-Chan, *Kurde* de nation, avoit esté palefrenier. *Emir Kune-Chan*, estoit fils d'vn de ces Pastres, qui demeurent dans des tentes, ou dans des cabanes dans les montagnes, & se signala tellement au siege d'*Ervan*, que le Roy luy confia le Gouvernement de toute la Province. L'on peut juger de l'affection que *Schach-Abas* avoit pour luy, par l'histoire remarquable, que nous en allons raconter.

Apres que les Turcs, qui avoient assiegé la ville d'*Ervan*, eurent levé le siege, *Schach-Abas* entra dans la place, où il passa vne bonne partie de la nuict à boire avec *Emir Kune* ; qui en vsa si familierement, que prenant le Roy par les moustaches, il'le baifa à la bouche, fans que le Roy luy témoignaft le trouver mauvais. *Emir Kune*, qui ne fe fouvenoit point de ce qu'il avoit fait dans le vin, fut bien eftonné quand on luy dit le lendemain ce qui s'y eftoit paffé, & il s'en effraya fi fort qu'il fe pendit le cimeterre au col, & fe prefenta en cét eftat à la porte de la chambre du Roy, fuivant la couftume de ceux, qui fçavent avoir merité la mort, & qui demandent grace de la vie. Le Roy vouluft qu'il entraft, & fur ce qu'il luy fit dire, qu'il ne meritoit point de mettre le pied dans la chambre du Roy, apres avoir abusé de la bonté du Roy de la façon qu'il avoit fait, *Schach-Abas* fortit de la chambre, & luy ofta le cimeterre, qu'il luy rendit, comme vne marque de fes bonnes graces. Mais il luy defendit bien expreffement de ne plus boire de vin, dautant qu'eftant yvre il ne fçavoit point ce qu'il faifoit. Quelque temps apres *Emir Kune-Chan* ayant efté bleffé au bras dans vn combat, & les medecins ayant fait connoiftre, que cette abftinence feroit tort à fa fanté, le Roy ne leva pas feulement fes defenfes, mais il luy envoya vn attellage de chameaux, chargés du meilleur vn du païs.

Les Perfes haïffent & mefprifent les poltrons, & les Officiers qui ne font point leur devoir à la guerre, font tres-feverement punis. L'on en a vne exemple en *Aliculi-Chan*, Gouverneur de *Chorafan*; lequel ayant perdu l'occafion de combattre *Tameras*, Prince de Georgie, quoy qu'il l'euft pû faire avec avantage, *Schach-Abas* le fit habiller en femme, & l'envoya en cét eftat à l'armée, où on le fit promener tout le jour parmy les foldats. Vn archer a trois cens efcus par an, dont il eft obligé de s'entretenir avec fon cheval, & vn moufquetaire deux cens. Ils ont la reputation de n'eftre pas fort efclaves de leur parole, & l'on en vit vn effet en la capitulation qu'ils accorderent à la garnifon d'*Irvan*, qui fut fort mal obfervé.

Les Perfes haïffent les poltrós

Ceux qui parlent des richeffes du Roy de Perfe, croyent parler d'vne fomme immenfe & incroyable; quand ils luy donnent huit millions d'or de revenu, & eftiment pouvoir furprendre le Lecteur; quand ils difent que la Province de *Candahar* feule rend tous les ans pres d'vn million d'or : que les Villes de *Bagdat* & d'*Irvan*, avec le païs d'alentour, rendent quafi autant, & que l'on a trouvé dans les regiftres de la Chancelerie, que le Roy tire des fauxbourgs d'*Ifpahan*, & des villa-

Le reuenu du Scach.

ges qui sont dans la banlieuë, pres de quarante mil escus. Mais ceux qui sçavent, que la seule Province de Normandie paye tous les ans vne somme approchante de celle de tout le revenu du Roy de Perse, ne croiront point qu'il y ait de l'hiperbole en ce que nous venons de dire. Ce revenu fut bien fort diminué du temps du Roy *Tamas*, lors que les Turcs & les autres Princes voisins firent de si grands progrés en Perse, & destacherent plusieurs Provinces de la Couronne. Au reste il n'y a quasi point de pont ny de passage, non seulement sur les frontieres, mais aussi par tout le Royaume, & quasi en toutes les Villes, où l'on ne paye; sans aucune différence de personnes, d'estrangers ou de regnicoles. Toutes les marchandises payent, & le Roy prend sur chaque balle de soye dix escus. Il ne se vend point de cheval, qui ne paye au Roy quinze sols, vn bœuf autant, & vn asne la moitié, & vn mouton, dont tout le païs fourmille, six blancs. Le Roy donne à ferme les *Caravanseras*, qui sont dans les Villes, & qui servent de logement aux estrangers, & de magazin aux marchands : particulierement à *Ispahan*, où il y en a vingt-cinq, parmy lesquels il n'y en a point, qui ne paye quinze milles francs par an.

Il donne aussi à ferme la pesche des rivieres, les bains & les estuves, les bordels & les sources de nefte. Il vend aussi l'eau, pour les fontaines, & tire tous les ans de la seule riviere de *Senderut* à *Ispahan*, seize mil escus. Tous les Chrestiens Armeniens, dont le nombre est fort grand en Perse, payent tous les ans deux escus par teste. Qui plus est, il n'y a personne, à la reserve de ceux qui sont aux gages du Roy, qui ne paye la taille à proportion de ce que l'on gaigne, & mesmes les sages-femmes. Il ne parle point icy des presens que l'on apporte au Roy de tous costez, & qui desgorgent, comme par divers canaux, dans le tresor du Prince. Les grands Seigneurs, qui font valoir le Revenu du Roy, y trouvent leur compte, & dégraissent si bien le païs, qu'il ne se faut pas estonner de ce que l'on trouve fort peu de richesse parmy le peuple. Car il n'y a rien de si vray, que ce que disoit autrefois vn Empereur, qu'il est impossible que la ratte s'enfle dons vn corps, que les autres membres ne s'extenuent & ne deviennent hectiques.

Vaisselle d'or. Ce fut *Schach Abas* qui fit fondre sept mille deux cens marcs d'or, pour faire de la vaisselle, dont nous avons parlé ailleurs,

& laquelle ses successeurs font encore paroistre aux festins qu'ils font aux estrangers, & laquelle consiste principalement en plats, en pots, en flacons, & en autres vases à boire.

Ce que nous avons dit cy-dessus, des Officiers de guerre, qu'ils estoient quasi tous de fort basse naissance, n'est pas moins vray, pour ce qui est des premiers Officiers de la Cour. Car à peine y en avoit-il vn seul, qui fust seulement d'vne condition bien mediocre. Officiers de la Couronne & de la Cour.

L'*Eahtemad Dowlet*, ou le Chancelier qui estoit chef du Conseil d'Estat, l'ame des affaires, le premier Ministre, & comme le Vice-Roy de Perse estoit fils d'vn escrivain de *Mesanderan*; ainsi que nous avons dit ailleurs. Ces escrivains ne servent qu'à copier les Livres, parce qu'en ce païs-là l'on n'a pas encore l'vsage de l'impression, comme en Europe. On l'appelle *Eahtemad Dowlet*; parce qu'il a la direction des finances, & qu'il a le soin du revenu ou du tresor du Roy. C'estoit le plus interessé de tous ceux qui soient jamais entrés dans le ministere. Car il ne se faisoit point d'affaire à la Cour, dont il n'eust les paraguantes, & il ne se donnoient point de charge, dont l'on ne fust obligé d'achetter l'agreement du Chancelier: qui en vsoit ainsi impunément; non seulement parce que les presens, qu'il faisoit deux fois l'an à la Cour, rendoient le Roy comme complice de ses concussions; mais aussi parce qu'estant chastré, il n'amassoit du bien que pour le Roy, qui estoit son heritier presomptif. Le Chancelier.

Le *Kurtzi-baschi*, ou chef de dix mille archers, que *Scaach Ismaël* institua comme des bandes d'ordonnance, pour estre toûjours entretenuës, s'appelloit *Tzani-Chan*, & estoit fils d'vn païsan de *Schamlu*, qui du temps de *Schach Abas* avoit esté domestique d'vn Seigneur de la Cour. Ces archers se retirent chez eux en temps de paix, & ne laissent pas d'estre payés, comme s'ils servoient actuellement, & ne font point de corps qu'à l'armée: joüissant cependant de plusieurs privileges, & exemptions, que les autres Roys de Perse leur ont accordés. Le Kurtzibaschi.

Le *Meheter*, c'est à dire le Chambellan, ou le premier Gentil-homme de la Chambre, qui s'appelloit *Schanefer* estoit Georgien de naissance, de pere & de mere Chrestiens. Il avoit esté enlevé en sa jeunesse, & vendu à la Cour de Perse, où l'on l'avoit chastré; de sorte qu'il ne fut pas besoin de le circoncire, pour Le Chambellan.

1637.

luy imprimer le caractere de la Religion Perse. Il avoit esté page de la Chambre de *Schach Abas*, & avoit beaucoup de credit aupres de *Schach Sefi* ; parce que se trouvant toûjours aupres de la personne du Roy, en toutes les assemblées, publiques & particulieres, & mesme dans le Serrail, il avoit l'oreille du Prince, & sçavoit menager son humeur & les occasions, pour luy parler avec liberté, & pour en obtenir les graces, qu'vn autre n'eust pas pû demander.

Le Secretaire d'Estat.

Le *Wakenvis*, c'est à dire le Secretaire d'Estat & des Finances du Roy, qui fait expedier par quarante commis, qui travaillent continuellement sous luy, tous les ordres, & toutes les depesches, que l'on envoye aux Provinces, & qui fait l'estat de toute la recepte, & de la despense de la Maison du Roy, s'appelloit *Myrsa Masum*. Il estoit fils d'vn païsan du village de *Dermen*, dans la montagne d'*Elwnd*, aupres de *Caswin* : où il y a entr'autres, deux villages, sçavoir *Dermen* & *Saru*, d'où sortent les meilleurs escrivains de tout le Royaume ; parce qu'il n'y a point d'habitant, qui ne fasse exercer ses enfans en l'escriture, dés la jeunesse, & avec tant d'assiduité, que mesmes à la campagne, & en gardant leurs troupeaux, ils s'occupent à cét exercice.

President du Conseil de la Iustice.

Celuy qui faisoit la charge de *Diwan-Beki*, c'est à dire de President au Conseil de la Iustice, s'appelloit *Alyculi-Chan*, & estoit fils d'vn Chrestien de Georgie. Il avoit esté pris pendant la guerre, que *Schach Abas* fit en ces quartiers-là, & avoit esté vendu à *Ispahan*, où il avoit servy de laquais, aussi bien que ces deux freres, *Rustam-Chan* Gouverneur de *Tauris*. & *Isachan Iusbaschi*, qui avoient aussi esté chastrés, comme luy. Les fonctions de sa charge consistent principalement à presider aux jugements des procés, avec le *Seder* & le *Kasi*, & avec les autres Iuges, Ecclesiastiques & Seculiers, qu'ils appellent *Schehra* & *Oef*, sous le portail du Palais du Roy, au lieu qu'ils nomment *Diwan-Chane*, & d'assister en personne à l'execution des criminels.

Le Kularagasi.

Le *Kularagasi*, c'est à dire le Capitaine des *Kulam*, ou des esclaves, qui se vendent au Roy, pour servir à la guerre, au premier commandement qu'on leur envoye, s'appelloit *Siausbeki*, & avoit esté vallet de pied de *Schach Abas*. Ces *Kulam* sont au nombre de huit mille, & on leur permet de demeurer chez eux en temps de paix, comme le *Kurtzi*, & font payez comme eux ; mais ils ne iouïssent point des mesmes privileges, ny des mesmes exemptions, & n'en ont point d'autres, que ceux qui leur sont communs avec les autres sujets du Roy.

1637.

Le *Eischikagasi-baschi*, ou grand Maistre d'Hostel, qui est chef de quarante Maistres d'hostel, qui servent sous luy, s'appelloit *Mortasaculi-chan*, & estoit fils d'vn Pastre, ou de ces gens que les Perses appellent *Turk*, qui n'ont point de demeure fixe, mais ils transportent leurs tentes & leurs huttes aux lieux, où ils croyent trouver de l'herbe pour leur bestail. Ie viens de dire que ces *Eischikagasi* sont comme des Maistres d'hostel ; dont il y a toûjours quatre ou cinq à la Cour, qui se tiennent à la porte de l'appartement du Roy, & qui servent par semestre, sous leur *Baschi*, ou chef, qui porte le baston qu'ils appellent *Dekenek*, & se tient devant le Roy, lors qu'il mange en public, aux jours de ceremonies. Il aide aussi à prendre les Ambassadeurs sous les bras, quand on les conduit à l'audiance. Nous avons dit cy dessus de quelle façon *Mortasaculi chan* avoit succedé en cette charge à *Vgurlu-chan*, à qui *Schach Sefi* avoit fait couper la teste. *Imanculi Sulthan*, que le Roy de Perse envoya en Ambassade au Duc de *Holstein*, nostre maistre, avoit la qualité d'*Eischikagasi*.

Le *Eischikagasi baschi*.

Le *Iesaul schebet*, ou Maistre des ceremonies, s'appelloit *Schade Werdi*, & estoit fils du gouverneur de Derbent, mais son ayeul estoit fils d'vn païson de la Province de *Serab*. Le *Iesaul schebet* porte aussi le baston, & sa principale fonction consiste à placer les estrangers à la table du Roy, & aux assemblées publiques.

Le Maistre des Ceremonies.

Le *Nasir*, ou Controlleur de la Maison du Roy, à qui ils donnent aussi la qualité de *Kerekjerak*, parce qu'il fait aussi la charge de Pourvoyeur, s'appelloit *Samambek*, il estoit fils d'vn bourgeois de *Kaschan*.

Le Contrôlleur de la Maison du Roy.

Le *Tuschmal*, qui a l'intendance sur tous les Officiers de la cuisine du Roy, s'appelloit *Seinel-bek*, & estoit fils de *Seinel-chan*, que le Roy tua de sa main en la presence de sa mere.

Le Tuschmal.

Le *Dawatter*, c'est à dire le Secretaire du Cabinet, s'appelloit *Vgurlu-beg*, & estoit fils d'*Emirkune-chan*. Il avoit succedé en cette charge à H*ussn beg*, qui fut tué par l'ordre du Roy, parce qu'il avoit esté du souper de *Talub-chan* ; ainsi que nous

Le Secretaire du Cabinet.

avons dit cy-deſſus. Ce mot de *Dawatter* tire ſon origine de celuy de *Dawat*, c'eſt à dire eſcritoire ; parce que la principale fonction de cette charge conſiſte à porter l'eſcritoire, & à preſenter l'encrier au Roy, quand il veut ſceller. Car le Roy porte luy-meſme le ſceau à ſon col, & ſcelle luy-meſme, en appliquant le ſceau ſur le papier, apres l'avoir trempé dans l'ancrier.

<small>Le Grand Eſcuyer.</small> *Aly-bali-bek*, qui eſtoit *Myra-chur-baſchi*, c'eſt à dire chef des Eſcuyers, ou grand Eſcuyer de Perſe, eſtoit *Senkene* de naiſſance, & ſon pere eſtoit marchands de bœufs.

<small>Le Grand Fauconnier.</small> Le *Miriſchikar*, ou grand Fauconnier, s'appelloit *Choſrow, Sulthan*, & eſtoit Chreſtien, Armenien de naiſſance ; mais qui nonobſtant ſa Religion, poſſedoit bien fort les bonnes graces du Roy.

<small>Le Grand Veneur.</small> *Karachan-bek*, qui avoit la charge de *Sekbahn-baſchi*, c'eſt à dire, de chef de ceux qui ont ſoin des chiens de la vennerie, ou de grand Veneur, eſtoit auſſi *Sen-kene*, & fils d'vn Paſtre.

Le *Ieſaulkor* a deux fonctions ; ſçavoir celle de grand Mareſchal des logis, & celle de Prevoſt de l'Hoſtel. Il marche devant le Roy, tant dans la ville qu'à la campagne, le baſton à la main, & luy fait faire place. Il a ſous luy pluſieurs autres *Ieſauls*, qui ſont comme des fourriers, & ſervent auſſi à arreſter les criminels d'Eſtat, & ceux que l'on met priſonnier par l'ordre exprés du Roy.

Les autres Officiers de la Cour ſont

Le *Suffretzi*, c'eſt à dire l'Eſcuyer tranchant.

L'*Abdar*, qui ſert au Roy de l'eau à boire, & qui la garde dans vne cruche cachetée, de peur que l'on y meſle du poiſon.

Le *Chazinedar*, ou Sur-intendant des Finances.

L'*Ambadar*, qui garde le bled.

Le *Ieſaul Neder*, qui garde les ſouliers du Roy, quand il ſe deſchauſſe dans l'antichambre.

Le *Mehemandar*, introducteur des Ambaſſadeurs.

Il y a outre cela pluſieurs autres Officiers moins conſiderez que les precedents, comme

Le *Kiſchikzi-baſchi*, Capitaine de la garde.

Le *Tzabedar*, Capitaine de l'artillerie.

Le *Tzartzi*, celuy qui publie les commandemens du Roy.

Le *Tzelaudar-baſchi*, celuy qui commande aux palfreniers, qui conduiſent les chevaux, que le Roy fait mener en main.

Le

ET DE PERSE, LIV. V. 667

1637.

Le *Kitabdar*, Bibliothecaire.
Le *Meamar*, Ingenieur & Architecte.
Le *Muſtofi*, Pourvoyeur de la maiſon.
Le *Seraidar*, Intendant des baſtimens.
Le *Klitar*, Capitaine de la porte.
Le *Muſchrif*, Clerc d'Office.
Le *Scherbedar*, Intendant des confitures & eſpices.
Le *Cannati*, Confiturier.
L'*Omatzdar*, Gouverneur des Pages.
Le *Schiretzi*, Chef du gobelet.
Le *Eachtzi*, Garde de la vaiſſelle d'or.
Le *Achtzi*, Eſcuyer de cuiſine.
Le *Etmektzi*, Boulanger de la bouche.
Le *Ferraſch*, Faiſeur de feu.
Le *Sava*, Porteur d'eau.

Les *Bildar* ſont foſſoyeurs, qui ſervent de pionniers quand le Roy fait voyage, pour vnir le chemin raboteux, & pour faire des foſſes, pour aſſeurer les pas des chameaux. Ils aident auſſi à dreſſer les tentes, & creuſent la terre pour chercher de l'eau, & pour ſervir de privé.

Schatir, valets de pied.

Riks, ſont des hommes qui portent des haches, & ſe trouvent toûjours aupres du Roy comme gardes, mais ils ſont auſſi quelquefois le meſtier du bourreau.

Tous ces Officiers ont leurs gages & leurs appointements, qui leur ſont fort bien payés, non point par les mains du Treſorier de la Maiſon du Roy, ou de l'Eſpargne; mais l'on y affecte le domaine de quelques villages, dont ils diſpoſent, ou on les aſſigne ſur les fermes de certains impoſts, ou bien ſur le tribut des femmes publiques.

Les Perſes ne s'aſſemblent gueres pour des affaires, que la nappe ne ſoit miſe. Aux deux audiances que le Roy nous donna, tant en arrivant, que pour nous congedier, nous diſnaſmes avec luy, & à toutes les conferences que nous euſmes chez le Chancelier, nous trouvions toûjours vne collation de confitures, & en ſuitte de cela on mettoit la nappe, & l'on ſervoit la viande.

Quand le Roy mange en public, ou quand il ſe trouve en des aſſemblées, il a ordinairement aupres de luy, outre dix ou

Le *Haxim*, le *Min tzim* & le *Seder*, ſe

OOoo

1637.
trouvent toûjours auprès du Schach.

douze Seigneurs de la Cour, le *Hakim*, ou Medecin le *Seder*, & le *Minatzim*. Le Medecin luy indique les viandes qu'il doit manger. Le *Minatzim* luy dit les heures heureuses & mal-heureuses, & on l'escoute, comme vn Oracle, & le *Seder*, qui est le chef de leurs Ecclesiastiques luy explique les passages de l'Alcoran, & les points de leur Theologie, où l'on trouve de la difficulté. Le Roy & le *Kasi*, nomment conjointement le *Seder*, & le choisissent parmy ceux que l'on juge les plus capables d'expliquer l'Alcoran, & les loix qui en dependent. L'on prend ses avis non seulement aux affaires Ecclesiastiques, mais aussi aux Politiques, & particulierement aux criminelles. On luy fait voir le procés, & il envoye son avis par escrit, scellé de son sceau. Le Roy le suit quasi toûjours, en y mettant ces mots. C'est icy l'avis du *Seder*, lequel nous confirmons : & apres cela il y fait mettre le sceau.

L'administration de la Iustice.

Les causes civiles se jugent ordinairement par les Iuges seculiers, qu'ils appellent, *Oef*. Ce sont des Iurisconsultes à leur mode, & ils ont pour chef le *Diwan-beki*, qui doit estre sçavant en la loy de Mahomed. Leurs jours plaidoyables sont le Lundy & le Ieudy, & le lieu où ils s'assemblent pour rendre justice, est vne grande salle voutée sous la porte du Palais du Roy, où ils entendent les parties, & si les causes sont d'importance, ils en font le rapport au Roy, & luy disent les avis des Iuges ; surquoy le Roy les decide. Il est defendu par leur loy de donner de l'argent à rente. Ils ne laissent pas de le faire pourtant ; mais si on le descouvre, l'on tient ces vsuriers pour infames, & l'on ne les souffre point dans les compagnies des gens d'honneur, & mesmes on les punit bien severement. Nous en vismes vne exemple en passant à *Ardebil*, où l'on arracha les dents d'vne façon assez extraordinaire ; à vn homme, qui avoit pris vn & demy pour cent par mois. On le coucha par terre, & on luy abatit les dents à coups de maillet. Ils appellent cette sorte d'vsuriers *Sudehur*, c'est à dire mangeurs d'intereits ou d'vsure. L'on permet aux Perses de prester de l'argent sur des terres, sur des jardins, & sur des maisons, dont ils joüissent, & si elles ne sont rachettées dans le temps, dont les contractans sont demeurés d'accord, elles demeurent à l'acquereur.

L'interest de l'argent y est deffendu.

Les crimes sont punis severement.

Les supplices y sont cruels, & proportionnez à l'opiniatreté de ce peuple, qui a de l'inclination pour le vice, & se mocque des corrections douces, & des peines mediocres. Les moindres crimes se chastient par la mutilation des membres. On coupe le nez, les oreilles, & quelquesfois les pieds & les mains aux criminels, & mesmes on les punit de mort, en leur tranchant la teste. Ils ne punissent point de mort le violement, mais ils se contentent de couper la partie qui a peché, à celuy qui a forcé vne femme, laquelle en est cruë au serment qu'elle en fait, si elle a l'asseurance de le reïterer trois fois. Les deux derniers Roys, *Schach-Abas*, & *Schach-Sefi* ont esté plutost cruels que severes en leurs supplices, ainsi que l'on peut voir par les exemples, que nous en avós cy-dessus alleguês; jusques-là qu'ils ont mesmes fait lier des criminels entre deux aix, & les ont fait scier en deux. *Schach-Abas* avoit envoyé en Espagne vn nommé *Teinksbeg*, lequel estant de retour de son ambassade, & n'ayant point ramené toute sa suitte, & le Roy ayant sçeu du truchement, que le mauvais traittement qu'il avoit fait à ses gens les avoit contrains de s'enfuir, il prit la peine de luy couper luy-mesme le nez, les oreilles, & vn gros morceau de chair de son bras, & le contraignit de les manger sur le champ, tous sanglans & crus qu'ils estoient. *Imanculi-Chan*, qui fut envoyé en qualité d'Ambassadeur au Duc de *Holstein*, nostre maistre, ne traittoit pas mieux ses domestiques. Pour vne faute assez legere il fit passer vne broche toute rouge sur le dos d'vn de ses gens, & à vne autre il fit battre les bouts des doigts avec le dos d'vne hache, jusques à ce que tous les os en fussent cassez: ce qui obligea cinq ou six de sa suitte à se retirer de son service, & à s'en retourner en Perse par la voye d'Italie: aussi en eust-il esté bien chastié à son retour, si la faveur du Chancelier ne l'eust mis à couvert de l'indignation du Roy.

Pour ce qui est de la Religion de ces peuples, je pourrois m'estendre icy sur celle des anciens Perses, & faire voir comment ils adoroient le Soleil, la Lune, Venus, le feu, & les autres fausses Divinitez; mais ce n'est pas mon intention, & je parleray seulement de celle des modernes, & de la difference qu'il y a entre la Religion des Perses & celle des Turcs.

La Religion des Perses.

Les vns & les autres suivent la doctrine de ce maistre imposteur *Mahomed*, & reconnoissent vn seul & le mesme *Alcoran*:

1637.

mais ils ne laiſſent pas de ſe haïr mortellement; & dautant que leur inimitié n'eſt principalement fondée que ſur la difference de leurs Religions, nous ferons icy connoiſtre en peu de lignes en quoy elle conſiſte.

Le ſieur de *Busbeque* dit, en la troiſiéme lettre de ſon ambaſſade de Turquie, que l'on peut juger de la difference de ces deux religions, par la converſation qu'il eut avec vn *Viſir* Perſe, nommé *Ruſtan*, qui luy dit que les Perſes haïſſoient plus les Turcs, & les tenoient pour bien plus profanes que les Chreſtiens, mais il n'en dit point d'autre particularité. Les autres qui en ont eſcrit, comme *Paul-Ioue*, *Bizarrus*, *Minadous*, & vn certain Gentil-homme Anglois, nommé *Thomas Herbert*, n'y ont pas mieux reüſſi : les vns à cauſe du peu de connoiſſance qu'ils en avoient, & les autres par negligence ; n'ayans point dit ce qu'ils en euſſent pû apprendre pendant le ſejour qu'ils ont fait en Perſe. I'ay eu la curioſité de m'en informer, tant de ceux avec leſquels j'avois contracté quelques habitudes, à *Scamachie* & à *Iſpahan*, par le moyen des Mathematiques, que par la lecture des Livres que j'ay conferez avec ce que j'en ay appris moy-meſme.

Etymologie du mot Muſulmã.

Les Perſes ſe donnent la qualité de *Muſulman*, auſſi bien que les Turcs. Ce mot deſcend de celuy de *Salama*, qui tire ſon origine d'vn autre mot Hebreu, qui ſignifie, *il a delivré*, ou *ſauvé*. Et la raiſon en eſt, que la Religion de Mahomet devant faire ſes progrez par les armes, & l'*Alcoran* voulant que l'on perſecutaſt & tuaſt ceux qui refuſoient de prononcer cette confeſſion : *Ia illah illalahu Mahumeda reſul-alla*; c'eſt à dire : il n'y a point d'autre Dieu qu'vn ſeul Dieu, & Mahomed Apoſtre de Dieu; l'on nommoit *Muſulmans*, c'eſt à dire ſauvés, ceux qui par le moyen de cette profeſſion ſe ſauvoient de la mort. Mais les Turcs d'aujourd'huy l'expliquent autrement, & diſent que ceux qui font profeſſion de leur Religion ſont *Muſulmans*, c'eſt à dire ſauvés de la damnation eternelle. C'eſt pourquoy ils n'appellent leurs fils *Muſulmans*, que lors qu'ils ſont circoncis.

La circõciſion.

La circonciſion des Perſes ne ſe fait qu'en l'aage de ſept, huit ou neuf ans, & alors l'on enyvre ceux que l'on veut circoncire d'vn certain breuvage, pour les rendre inſenſibles à la douleur qu'ils ſouffrent, pendant qu'on leur coupe le prepuce : &

c'est en quoy ils sont d'accord avec les Turcs. Mais la diffe- 1637. rence de leur Religion d'avec celle des Turcs consiste, 1. en ce qu'ils n'expliquent point l'Alcoran de la mesme façon, 2. qu'ils n'ont pas les mesmes Saints, 3. qu'ils n'ont pas les mesmes miracles, & 4. qu'ils n'ont pas les mesmes Mosquées ny les mesmes ceremonies.

Les principes de leurs Religions sont contraires, en ce que Mahomed, ayant ordonné par son testament, qu'*Aly*, son neveu & son gendre, car il estoit fils de son frere, & il avoit espousé sa fille *Fattima*, luy succederoit, tant au temporel qu'au spirituel, *Abubeker*, *Omar* & *Osman*, tous trois beau-peres de Mahomed, qui estoient plus considerés & plus puissants qu'*Aly*, & qui avoient beaucoup contribué à la grandeur & à l'establissement de la Religion de Mahomed, vsurperent successivement les vns apres les autres le *Califat*, & le gouvernement politique de leur gendre, nonobstant l'opposition qu'*Aly*, & ses amis, y voulurent former. Ce ne fut qu'apres leur mort qu'*Aly* obtint le *Califat*, qui luy fut toûjours contesté par les parens des trois derniers *Califes*. *Aly* ne changea rien dans l'Alcoran, & quoy qu'il donnast diverses interpretations aux paroles de Mahomed, & qu'il expliquast le sens de sa loy, il ne laissa pas de reconnoistre son authorité, là où elle estoit claire, & où le texte ne souffroit point d'explication ; de sorte que cela n'apporta point de changement à la Religion.

Difference de la Religion des Perses & celle des Turcs.

Mais environ l'an 1363. il se trouva à *Ardebil* vn tres-sçavant homme, nommé *Sofi*, qui disoit qu'il estoit de la famille d'*Aly*, & qu'il estoit descendu en droite ligne de *Musai Kasim*, fils de *Hossein*, qui estoit fils d'*Aly*. L'austerité de sa vie, & l'innocence exterieure de ses mœurs, accompagnée d'vn esprit capable de se faire valoir, luy donnerent beaucoup de reputation, & la qualité de *Schich*. Il mesprisoit en apparence ce que le monde a de beau & de pompeux, se couvroit d'vne peau de mouton, & ne vouloit estre habillé que de laine. Il y en a qui disent, qu'on luy donna le nom de *Sofi* du mot *Suff*, qui signifie laine ; quoy que les autres croyent, & avec plus d'apparence, que la veritable etimologie de son nom est le mot de *Sefia*, qui signifie pasle & blanc ; parce que la coustume des Perses est de donner souvent le surnom de la couleur du visage : comme le Chancelier de Perse, qui vivoit lors de nostre ambassade, fut

Commencement de la Religion des Perses.

Seiich Sefi.

surnommé *Saru Tagge*, à cause de sa couleur jaunastre.

Sofi fut le premier qui osa enseigner publiquement, & escrire que la succession de Mahomed, laquelle appartenoit à *Aly*, son nepveu & son gendre, avoit esté injustement vsurpée sur luy & sur sa posterité par *Abubeker*, *Omar* & *Osman*. Que Dieu, qui avoit esté fort offensé par ce procedé, l'avoit suscité luy *Sofi*, & qu'il l'avoit doüé de toutes les qualitez necessaires, pour relever la gloire d'*Aly*, qui avoit demeuré ensevelie pendant plusieurs siecles. Et afin de faire connoistre qu'*Aly* estoit vn homme selon le cœur de Dieu, il fit revivre grand nombre de miracles, qu'il disoit avoir esté supprimés par la malice des Turcs. Qu'*Aly* avoit donné vne veritable explication à l'Alcoran, que son successeur *Tzafersaduk* avoit redigée par escrit, & qu'en ces commentaires il se trouvoit plusieurs ordonnances, contraires aux sentimens de H*anife*, que les Turcs suivent, mais beaucoup plus raisonnables. Il n'y a quasi point de nation au monde plus changeante, & qui aime plus la nouveauté que les Perses. La nouvelle doctrine de *Sofi* trouva bien-tost du credit parmy eux, & ils se separerent de celle des Turcs; qui redoublerent à cause de ce schisme, l'animosité que le voisinage & les guerres continuelles pour les frontieres n'avoient déja que trop fomentées entre ces deux Nations. Les Perses ne laissoient pas pour cela d'establir la reputation de leur *Aly*, & adjousterent à leur simbole, dont nous venons de parler, ces mots; *Aaly Welli Alla*; de sorte qu'ils disent, *Il n'y a qu'vn seul Dieu, Mahomed Apostre de Dieu; & Aly Coadjuteur, ou Lieutenant de Dieu.* Ils osent mesme dire, que bien qu'*Aly* ne soit point Dieu en effet, il en approche pourtant bien fort. Et afin de le preferer mesme à Mahomed, ils y adjoustent, que l'intention de Dieu estoit de donner l'Alcoran à *Aly*, & qu'il ne tomba entre les mains de Mahomed que par mégarde. Mais pour ce qui est d'*Abubeker*, d'*Omar* & d'*Osman*, ceux qui aux heures des prieres convoquent le peuple, parce que les Perses n'ont point l'vsage des cloches, non plus que les Turcs, ne manquent point de maudire ces trois pretendus Prophetes, & de les envoyer jusques aux abismes de l'Enfer. Ils ont ordinairement en la bouche ces paroles; *Kiri Sekder deheni Abubeker, Omar Osman Hanifebad*, que des testicules de chiens couvrēt la bouche de ses Prophetes : ce qui est vne abomination aux oreilles des Turcs, qui en font devenus ennemis irreconciliables des Perses: principalement de puis le zele, que *Sedredin* & *Tzinid*, que quelques-vns nomment *Getmet*, tesmoignerent pour l'establissement & avancement de cette secte; laquelle s'est tellement fortifiée avec le temps, que leurs *Schichs* sont devenus *Schachs*, c'est à dire, que leurs Prophetes ont changé leur qualité en celle de Roys.

1637.

Les Perses, non contens d'avoir estably la Sainteté, & en quelque façon la divinité de *Haly*, ont crû qu'il avoit communiqué vne partie de cette qualité à ceux de sa famille, & que l'on pouvoit donner la qualité de Saint à ses premieres successeurs; dont l'on s'est mis à conter plusieurs miracles, qui ont fait honorer leur memoire, & enrichir leurs sepulchres, par les presens que l'on y envoye. Il avoit laissé deux fils, *Hassan* & *Hossein* qui laisserent *Seinel*, *Abedin*, *Mahumed Bagur*, *Tzafer Saduk*, *Musai Casum*, *Risa*, *Mahumed Taggi*, *Alli Naggi*, *Hossein Alkeri* & *Mehedi*: dont les vns, sçavoir *Hassan*, *Seinel*, *Abedin*, *Mahumed Bagur*, *Mahumed Taggi* & *Alli-Naggi*, sont enterrés à *Medina*, *Tzafer Saduk* à *Bagdat*, & *Hossein*, *Musai Kasum* & *Hossein Askeri* à *Kelbula* ou *Kufa*. Ils disent que *Mehedi* n'est point mort, mais qu'il s'est retiré dans vne grotte aupres de *Kufa*; où il doit demeurer jusques au jour du Iugement, qui doit arriver lors que ses souliers, qu'il a laissés à l'entrée, & qui sont déja à demy tournés, se trouveront entierement tournés vers la Caverne; en sorte qu'en sortant il y puisse mettre les pieds, pour aller convertir tout le monde à la foy de l'Alcoran.

Les Saints des Perses.

Ils donnent à ces douze Saints la qualité d'*Imam*, c'est à dire de Prelat. C'est à eux, & à leur chef *Schich Sofi*, à qui ils adressent leurs vœux & leurs prieres, & aux quatre sepulchres desquels ils font leurs pelerinages: particulierement quand leurs affaires ne leur permettent point de faire celuy de la *Mecca* ou de *Medina*. L'on donne aux Pelerins vn certificat, ou vne attestation, qu'ils nomment *Sijaret-name*, qui leur sert non seulement à se faire connoistre pour vrais *Musulmans*, faisans profession de la veritable Religion Perse; mais ils ont aussi vn vsage tout particulier, & peut sauver la vie à ceux qui ont sujet d'apprehender la disgrace du Roy, ou des Gouverneurs des Provinces où ils demeurent. Nous en avons veu des exemples en noſtre truchement Perſe, nommé *Ruſtam*, qui en prit vn pour ſe mettre à couvert du ſupplice, qu'il pouvoit apprehender, pour avoir embraſſé la Religion Chreſtienne en Angleterre: & vn autre en *Tzirrachan*, qui ſe ſauva par ce moyen, de la façon que nous avons dit ailleurs.

Leurs fêtes. Les Perſes celebrent tous les ans, avec de grandes ceremonies, la memoire de la mort de *Haſſan* & de *Hoſſein*. Les Turcs s'en mocquent, & ont au contraire en grande veneration *Abbubeker, Omar* & *Oſman*, & font grand eſtat de *Hanife*, leur principal commentateur, ou paraphraſte de l'Alcoran. Les Perſes ont la memoire des trois premiers en execration, & parlent du dernier comme d'vn impoſteur, qui a donné de fauſſes explications à l'Alcoran. Ils diſent, que *Hanife*, eſtant au ſervice de *Tzaferſaduk*, eut le ſoin de garder de l'eau, dont ce Saint s'eſtoit lavé les mains, qu'il emporta en Turquie, en frotta les yeux de pluſieurs aveugles, qui en recouvrerent la veuë, & fit pluſieurs autres miracles, dont l'honneur n'appartient qu'aux Saints de Perſe. Ils y adjouſtent que *Schach Tamas*, apres la priſe de *Bagdat*, fit deterrer le corps de *Hanife*, qui y avoit vn fort beau tombeau, & qu'il convertit le *Maſur*, ou le lieu de ſa ſepulture, en vne eſcurie, & ſon ſepulchre en vne cloaque ou privé.

Cōmentateurs de l'Alcoran. L'Alcoran a eſté commenté par pluſieurs Autheurs, mais ceux qui ont eu des dons particuliers pour cela, & qui à leur avis ont le mieux penetré dans les ſentiments de Mahomed, ſont *Aly* & *Tzafer Saduk*, que les Perſes preferent à tous les autres. Les Turcs eſtiment le plus *Hanife*, & les Tartares *Vsbeques*, comme auſſi les Indiens, ſuivent l'explication de *Hembili* & de *Maleki*. L'Alcoran eſt en pluſieurs endroits inintelligible, non ſeulement en ce qu'il ſemble que Mahomed ait affecté l'obſcurité, parce qu'il ne ſçavoit pas luy meſme ce qu'il vouloit dire, mais auſſi parce qu'il fait ſouvent alluſion à des hiſtoires, qui peut-eſtre ne ſont jamais arrivées, & dont certainement les commentaires n'ayans point de connoiſſance; ils y ont ſuppleé par leurs fictions, par des menſonges & par des fables qui n'ont aucune apparence de verité. Mais afin de ne parler icy que des Perſes, il y a dequoy s'eſtonner, de ce que ces gens, qui ont tant d'eſprit, & qui ont de ſi grandes lumieres pour les affaires du monde, ont pû croire des choſes ſi ridicules,

cules, & à tânt de fables, dont leurs Livres de Religion sont 1637.
remplis. Entr'autres que *Duldul*, c'est ainsi qu'ils nomment le
cheval d'*Aly*, est sorty d'vn rocher. Que c'est l'Ange Gabriel, qui luy a apporté son espée, nommée *Dzulfakar*, dont il
a fait plusieurs grands exploits. Qu'il en a tué vn dragon à sept
testes, qu'il a taillé en pieces vn diable, & que *Sultan* Mahomed Chodabende, estant vn jour à la chasse auprès de *Kufa*,
y descouvrit vn sepulchre avec cette inscription. Cy-dessous
gisent *Adam*, *Noé* & *Aly*, & qu'à cause de cela le *Sultan* y avoit
fait bastir la ville de *Netzef*; où il avoit fait eriger vn tombeau
à la memoire d'*Aly*. Mais il n'y a rien de si gosse que le conte
qu'ils font d'*Aly*, quand il beut avec les Anges dans le Paradis.

Et afin que l'on ne doute point de la puissance surnaturelle, & Miracles.
quasi divine, qu'ils attribuent à l'autheur de leur secte, ils en
content vne infinité de miracles ; qui sont suspects par tout
ailleurs, mais en la Religion des Perses ils sont d'autant plus
impertinents, qu'ils en font faire à leurs Saints, sans aucune
necessité. Comme quand ils disent, que *Schich Sofi*, estant encore fort jeune, & estant allé voir *Schich Sahadi*, qui estoit hôme
Saint & fort sage, qui demeuroit au village de *Sahedin* en la
Province de *Kilan*, il y considera la peine, avec laquelle les habitans sarcloient leurs terres, & en arrachoient les mauvaises
herbes, & en estant touché de pitié, il commanda aux mauvaises
herbes de sortir du champ. Il fut aussi-tost obey. Mais *Schich
Sahadi* luy dit. Mon fils, je voy bien ce que tu sçais faire ; mais il
faut que tu consideres, que si tu ostes à ces païsans l'occupation
& le moyen de travailler, ils se perdront dans l'oisiveté. *Sofi*
trouva cette consideration si belle, qu'il resolut aussi-tost de se
mettre à son service, où il demeura encore sept ans, & apprit
de *Sahadi* plusieurs belles choses. C'est pour cela, à ce qu'ils disent, que ce village joüit encore aujourd'huy d'vne exemption
entiere & perpetuelle.

Ils content aussi que *Tamerlan*, qu'ils appellent *Temurleng*,
voulant voir *Schich Sofi*, & s'asseurer si sa Sainteté respondoit
en effet à la haute reputation qu'il avoit acquise par tout l'Orient, resolut de l'aller voir, & pour tirer vne preuve certaine
de la verité de sa doctrine, il resolut en luy-même, de le mettre
à l'espreuve, & de ne douter plus de sa Sainteté, s'il se trouvoit
dans ses sentimens en ces trois choses, 1. s'il ne venoit point au

PPpp

devant luy, 2. s'il luy donnoit à manger du ris, cuit non dans du lait de brebis, mais de chevres sauvages, & 3. si le poison, qu'il luy feroit prendre, ne le tuoit point. Sur cela *Tamerlan* estant arrivé à *Schamasbu*, où *Sofi* demeuroit alors, il alla droit à sa chambre. *Sofi* le vit bien venir, mais il ne voulut point aller au devant de luy, jusques à ce que *Tamerlan* eust mis le pied dans la chambre : alors *Sofi* se leva, & dît : Ie sçay bien ce que l'on doit au Roy, mais vous n'avez pas voulu que je sois allé au devant de vous. Ie vous demande pardon. C'est vne preuve que vous avez voulu tirer de moy. Apres ce compliment il fit asseoir *Tamerlan*, vis à vis de la porte, & fit sortir de la forest prochaine plusieurs chevres sauvages, qui se firent traire en la presence de *Tamerlan*. En fin *Sofi* voyant qu'on luy alloit donner le poison, il se fit bailler vne chemise blanche, qu'il vestit, & apres avoir pris le poison il se mit à danser en rond, à la mode des *Schichs*, jusques à ce que la sueur luy estant sortie de tous costés, il osta la chemise, dont il fit sortir la sueur, que le poison avoit teinte de verd, & l'ayant mise dans vn verre, la donna à *Tamerlan*, pour luy faire voir qu'il ne luy avoit point fait de mal. Qu'apres cela *Tamerlan* n'avoit plus douté de la verité de la doctrine de *Sofi*, qu'il luy avoit donné plusieurs villages aupres d'*Ardebil*, & qu'il luy avoit fait present d'vn grand nombre de Turcs, pour les instruire en sa Religion.

Les Turcs ne croient rien de tous ces miracles ; mais ils ne laissent pas d'avoir la memoire d'*Aly* en grande veneration. Ils advoüent qu'il estoit proche parent de Mahomed, qu'il est effectivement *Iman*, & qu'il a mené vne vie fort exemplaire : particulierement qu'il estoit vaillant & fort bon homme de cheval, & c'est à cause de cela qu'is disent *Isa Aly*, au nom d'*Aly*, quand ils vont monter à cheval.

Leurs purcifications.

Tout ainsi que les Perses rejettent toutes les Loix & Ordonnances qu'*Abubeker*, *Omar*, *Osman*, & *Hanife* disent estre fondées dans l'Alcoran, de mesme mesprisent-ils les ceremonies Ecclesiastiques des Turcs, & en ont des particulieres, qu'ils croyent estre aussi necessaires, que ce qu'il y a de plus essentiel dans la Religion. Pour exemple, quand les Perses veulent faire leurs prieres, ils s'y disposent par l'ablution exterieure comme les Turcs; mais d'vne maniere toute differente.

Ils trouffent les manches jufques au deffus du coude, fe lavent les mains, qu'ils paffent en fuitte deux fois fur les bras, depuis les coudes jufques aux mains. Apres cela ils paffent la main droite fur le vifage. Les Turcs au contraire rempliffent les deux mains d'eau, & en frottent le vifge, y paffans les mains trois fois, commançans depuis le front jufques au menton, & repaffans apres du bas en haut. Ils fe lavent le nez & la bouche, en tirant avec l'haleine l'eau qu'ils prennent pour cét effet dans les mains. Les Perfes paffant la main moüillée deux fois fur la tefte: depuis le col jufques au front, & en fuitte fur les pieds jufques aux chevilles. Mais les Turcs verfent de l'eau fur la tefte, & paffent ainfi la main moüilliée fur les pieds, qui'ls font obligez de laver devant que de commãcer ces ceremonies; mais c'eft ce que les Perfes ne font point. Les Turcs pouffent le premier doigt de la main que l'on appelle l'indice dans l'oreille, qu'ils frottent en fuitte tout à l'entour du poulce, & paffent apres l'indice fur la tefte, depuis le col jufqu'à la gorge. Ces ceremoies fe font dans la maifon, devant qu'ils fortent, pour aller faire leurs prieres à la Mofquée; où les femmes ne fe trouvent point, de peur de troubler la devotion des hommes. Les Perfes ont vne pierre, dont ils fe touchent fouvent le front, pendant qu'ils font leurs prieres, ou ils la touchent à terre, & y portent le front deffus. On la fait d'vne terre grife, qui fe trouve aupres de *Metzef* & de *Kufa*, où *Hoffein* a efté tué, & enterré, aupres d'*Aly*, & c'eft de là que cette pierre tire toute fa vertu. Elle fait en Octagone, & a vn peu plus de trois poulces de diametre, & contient avec les noms de leurs douze Saints, celuy de *Fattima*, leur mere commune. Ce font les Arabes qui les font, & qui les portent à vendre en Perfe.

Les Perfes eftãt arrivez à la Mofquée, cõmencent leurs prieres par *Alla Ekber*. Les Perfes en priant laiffent negligemmẽt pendre les bras, & tiennent les yeux en bas vers la terre; & les Turcs au contraire portent les deux mains fur l'eftomach. Apres cela les Perfes mettent les mains fur les oreilles, & tournent le vifage vers le midy; parce que la *Mecca* & *Medina* font fituées vers le Sud, à l'efgard de la ville d'*Ardebil*, où leur fecte a pris fon origine. Il y a de l'apparance qu'en cela ils veulent imiter la couftume des premiers Chreftiens, qui en faifant

Leurs prieres.

leurs prieres tournoient le visage vers le Levant, pour faire conoistre, que Christ, leur Soleil de Iustice estoit levé. Ce qui fut cause, que les Chrestiens ayans esté accusez, du temps de l'Empereur Severe, comme s'ils adoroient le Soleil, Tertullian les justifie en son Apologie, & fait connoistre la veritable cause de cette ceremonie.

Les Perses estant dont ainsi tournez vers le Midy, commencent leurs prieres par celle d'*Allhemdo lilla*. Apres qu'ils l'ont achevée, ils portent les mains sur les genoux, & estant ainsi courbez ils prononcent la priere *Subhanna Rebbi*, & repetent l'*Alle Ekber*. Apres cela ils se mettent à genoux, battent la terre du front sur la pierre grise, & prient encorre le *Subhanna Rebbi* en estandant les mains. Apres tout cela ils font la dernierre prierre à genoux, se levent, & se tournans à droite & à gauche, ils prononcent tout bas *Ssalom ialekom, Ssalom alekom*, saluans les Anges qui les ont assistez, & qui ont empeché le diable de les troubler en leurs devotions. Les Turcs saluent les Anges devant que d'achever leurs prieres. La religion des Perses les oblige de faire leurs prieres cinq fois le jour; sçavoir le matin à Soleil levant, sur le midy, apres midy, sur le soir & en allant coucher. Leur principale priere est le *Fatah* & l'*alhemdo illa*, que l'on peut rendre en François en cette façon. Gloire soit au Seigneur des creatures, au Roy du derniere Iugement. Nous t'honorons. Nous t'invoquons: ayde nous en nos necessitez. Conduy nous en tes voyes, au chemin de ceux à qui tu as fait du bien, & non point au chemin de ceux sur lesquels tu as versé ton ire, ny au chemin de ceux que tu laisses esgarer. *Amen*.

Ils ont beaucoup de devotion.

Et tout ainsi que tous les chapitres de l'Alcoran commencent par ces mots *bismillh rahman rahim*, au nom de Dieu, &c. aussi les Perses n'entreprennent rien qu'ils ne prononcent le *bismilla*, & quelquesfois *benahm ohnki namesch heres tzanebast*: C'est à dire au nom de celuy, le nom duquel est le secours & la protection des ames. Ils tesmoignent beaucoup d'attention & de devotion en leurs prieres jusques là qu'estant quelquesfois entré en la grande *Metschrid Mehedi*, à *Ispahan*, à l'heure de leur prieres, je n'ay jamais pû connoistre qu'ils m'ayent seulement regardé; mais ils avoient tousjours les yeux fichez à terre, ou eslevez au Ciel, selon le sujet de leurs prieres. Il y en a qui font chez eux les prieres avec tant de vehemance, 1637. que l'haleine leur manque, & qu'ils tombent efvanoüis à terre. Ie me fouviens à ce propos d'vn de mes voifins à *Scamachie*, qui fe laiffa tellement emporter à la chaleur de fa devotion, qu'apres avoir achevé fa priere tout haut, & prononcé de toute fa force plus de cinquante fois le mot *Hakka*, qui fignifie Dieu, il ne le put enfin plus prononcer qu'avec peine, & enfin la voix luy manqua tout à fait. Il y en a qui fe fervent en leurs prieres d'vne certaine forte de chappelets, qu'ils nomment *Mohar Thebish*; compofés de trois dizaines, diftinguées par autant de gros grains.

Le Vendredy, qui eft leur fefte ordinaire, leur *Chattib*, ou Predicateur, monte en chaife, & lit quelques chapitres de l'Alcoran, avec l'explication. Ils n'eftiment point du tout noftre Bible, & difent qu'elle a efté falfifiée par les Iuifs & par les Grecs, & que c'eft à caufe de cela que Dieu a envoyé l'Alcoran, comme vne Bible corrigée, ou comme la veritable parole de Dieu. Eftant à *Scamachie*, je fis voir au *Minatzim Chalil* le Pentateuche en Arabe. Il le reconnut fort bien, mais il dit *Chrabdur*, c'eft à dire, c'eft vn livre corrompu & aboly· l'Alcoran vaut mieux.

Ils ont des opinions fort eftranges de la Creation du monde, du premier homme, des hiftoires de la Bible, du dernier Iugement & de la vie éternelle. Ils difent entr'autres, qu'au commencement Dieu fit fept Enfers, & autant de Paradis; mais qu'il y fut adjoufté vn huictiéme Paradis à l'occafion fuivante. *Ath*, Roy de Perfe, & grand pere de *Nimroth*, vn des puiffants Princes de fon temps, devint fi glorieux, qu'il voulut eftre refpecté comme Dieu, & afin qu'il ne manquaft rien à fa magnificence, il employa plufieurs millions d'or à baftir le plus beau & le plus fuperbe Palais que l'on fe puiffe imaginer, pour luy fervir de Paradis; mais le Roy eftant en chemin pour l'aller voir, & pour en prendre poffeffiõ, il fe leva vn broüillard fi efpois, qu'il couvrit fi bien toute la maifon & les jardins, dont elle eftoit accompagnée, qu'il fembloit qu'il fuft difparu; en forte que jufques icy l'on ne la pas pû retrouver; & que c'eft là le huictiefme Paradis, que Dieu à joint aux fept autres.

Leurs opinions touchant le Paradis & l'Enfer.

Les Perfes ont auffi la couftume de voüer leurs enfans à quelque Saint dés le ventre de la mere, pour en eftre efclaves

Ils voüent leurs enfans à des Saints.

pendant toute leur vie. Pour marque de cette servitude ils leur percent l'oreille dés qu'ils sont nez, & c'est de là qu'on leur donne le nom de *Mahumedculi*, *Imanculi*, *Aaliculi*, c'est à dire esclave de *Mahumed*, d'*Iman* & d'*Aaly*. Ce qu'ils font ordinairement quand ils passent les premieres années de leur mariage sans enfans, ou quand les enfans ne viennent pas bien. Il y en a aussi qui les voüent à la vie Monastique, & promettent d'en faire vn *Abdalla*. Neantmoins si les enfans, qui ont esté ainsi voüez, n'ont point d'inclination pour la vie Monastique, ils se peuvent faire dispenser du vœu du pere, en quelque lieu Saint, moyennant vne somme d'argent.

Leur quaresme. Ils ont aussi vn quaresme, ou jeusne d'vn mois tous les ans, qu'ils appellent *Rusch*, ou avec les Turcs *Orutz*, & ils le commencent & finissent selon l'ordonnance de l'Alcoran, avec la lune du mois de *Ramesan*. Il est vn peu plus austere que les jeunes ordinaires, en ce qu'ils ne mangent ny ne boivent point entre les deux Soleils : mais ils ont toute la nuict à leur disposition, & ils s'en servent ordinairement si bien, qu'ils ne jeusnent jamais moins qu'en ce tempslà ; parce que s'estans saoulez de vin & de viande la nuict, ils se couchent le matin, & dorment vne partie du jour. Ceux qui ne veulent point jeusner, s'en peuvent faire dispenser par de l'argent.

Parents de Mahomed. Il se trouve en Perse vne certaine sorte de gens, qu'ils appellent *Seid*, & sont de la prosperité de Mahomed & d'Aaly, & jouïssent de plusieurs priviles & exéptions particulieres. Ils ne se font point raser comme les autres Perses, mais ils ne se font couper les cheveux qu'environ la largeur de deux doigts, & laissent croistre les autres, qu'ils noüent dans vne tresse. Il ne leur est pas permis de se marier hors de sa famille ; parce que les alliances qu'ils pourroient prendre ailleurs diminueroient notablement le revenu du Roy. Ils sont habillez de blanc, & leurs souliers sont bas & plats. Il leur est defendu, non seulement de boire de vin, mais aussi de se trouver là où l'on en boit ; de sorte que s'ils se trouvent à des festins, il faut que les autres conviez se contétent de *Duschab*, ou bien d'eau. L'attouchement d'vn chien les rend immondes. Vn seul mensonge les feroit deschoir de tous leurs privileges, & au lieu que tous les autres Perses jurent au nom de *Dieu*, d'*Aly*, de *Schich Sofi*, & par le *Beyamber ba embia*, c'est à dire par la posterité d'*Aaly*,

ceux-cy n'ont point d'autre ferment que celuy d'*Euladcmen*, 1637.
c'est à dire, par ma naissance. Les *Seid*, qui demeurent dans
les villes, sont ordinairement riches, par ce qu'ils possedent
des terres & des villages, dont ils ne payent rien au Roy; ce
qui les rẽd assez glorieux & insupportables. Il y en a qui prennent
la qualité de *Seid*, qui vont de ville en ville, & s'entretiennent
d'aumosnes. Ils font voir leurs atestations, mais elles
sont le plus souvent fausses, & ceux qui s'en servent passent
pour affronteurs, c'est pourquoy on les appelle *Cher Seid*, c'est
à dire Saints d'asne. Il y en a parmy ceux-cy qui portent des
cheveux dans des boüettes rondes d'argent, qu'ils disent avoir
esté pris sur la teste de *Mahomed*, & les sçavent pousser adroitement
par vne petite ouverture, voulans faire croire que cela
se fait par vn mouvement surnaturel & miraculeux. Ils
vendent ces cheveux bien chere, & les Perses s'en servent a
les mettre sur le livre, quand ils font leur priere.

A *Kimas* en la Province de *Kilan*, il se trouva vn de ces
charlatans, lequel ayant trouvé l'invention d'allumer du cotton
au Soleil à travers d'vn christal, taillé en demy rond, faisoit
accroire par cette operation, qu'il disoit estre surnaturelle,
qu'il estoit de la parenté de Mahomed. Estant de retour
en *Holstein*; je fis voir aux Perses, que *Schah Sefi* y avoit envoyez;
qu'il n'y avoit rien de si aisé que de faire du feu au Soleil,
& j'allumay du papier au plus fort de l'hyver mémes, à travers
vn christal plain d'eau froide, ou d'vn morceau de glace
que j'avois formé en demy rond dans vn plat. Ils en demeurerent
estonnés, & me dirent que si je l'avois fait en Perse,
j'y passerois pour vn grand Saint, ou pour sorcier.

Autres Religieux Perses.

Il y a encore d'autres Ecclesiastique en Perse, que l'on dit
estre decendus d'*Aly*, au lieu desquels les Turcs ont les *Dervis*,
dont le *Kulistan* fait plusieurs plesans contes. On les appelle
Abdalla, & c'est vne espece de Moines. Ils sont fort simplemẽt
habillés, d'vne tunique de plusieurs pieces, & piquée cõme
les matelas. Il y en a qui ne se couvrent que d'vne peau veluë,
ayant au milieu du corps, au lieu de ceinture, vn serpent
de cuivre, que leurs Docteurs leur donnent quand ils font profession,
comme vne marque de leur erudition. C'est le *Suffi-baschi*,
ou le chef des *Suffi*, qui les consacre dans le *Suffirane* à
Ardebil, à *Ispahan* & à *Meschet*. On voit ces *Abdallas* çà & là aux

marchés & lieux publics, assembler le peuple, leur prescher les miracles de leurs Saints, & maudire *Abubeker, Omar, Osman* & *Hanife*, comme aussi les Saints des Tartares *Vsbeques*, dont ils font des contes ridicules & horribles, pour les faire haïr & mespriser. Ce qui sert principalement à l'establissement de leur Religion, & à faire redoubler en leurs enfans la haine contre les Turcs; parce que ce sont ceux-là qui se trouvent le plus à cette sorte de Predications; & c'est pourquoy ces *Abdallas* n'ont garde de se trouver sur les frontieres de Turquie. Il y en a qui avalent tout ce que leurs auditeurs leur donnent, & c'est à cause de cela qu'on les appelle aussi *Kalanderan* : car apres qu'ils ont harangué & hablé vne demy heure, quasi de la mesme façon que nos charlatans, on leur jette quelque petite monnoye, & ils congedient l'assemblée pour aller prescher ailleurs. Ils ont à la main vne hache, ou vn sceptre de bois, dont ils font leurs gestes, & le manient à peu prés comme les joüeurs de gobelets leur petit baston. Ils embellissent leurs discours de toutes sortes de fables, & quelquefois de mensonges si grossiers, que l'on ne craint point de les interrompre quelquesfois pour leur reprocher leur impudence. C'est vne tres-meschante race de gens, qui sont la plus part abandonés à toutes sortes de vices. La taverne & le bordel sont leurs retraites ordinaires, & il y en a peu qui ne soient bougres & voleurs du grand chemin. Pour reüssir en leurs vols ils se retirent la nuict dans des cavernes, & contrefaisans le hennissement des chevaux, ils descrouvrent ceux qui passent. C'est pourquoy l'on ne leur donne pas volontiers le couvert, mais on les oblige à se retirer en des Chappelles, que l'on a basties exprés pour cela auprés des Mosquées.

Ie raconteray à ce propos, ce qui arriva de nostre temps au village de *Lekeré*, à trois lieuës d'*Ardebil*, où vn de ces *Abdallas*, s'adressant à vne jeune femme, luy demanda le couvert pour vne nuict. La femme s'en excusa sur l'absence de son mary, & luy dit, qu'vne autrefois, quand son mary y seroit, il n'en seroit point refusé. L'*Abdalla* trouvant cette jeune femme à son gré, & la voyant sortir pour aller traire les vaches, se servit de l'occasion, entra dans la maison, & se cacha sur vn lict, que les Perses mettent l'Esté sur des treteaux fort hauts, tant à cause des insectes, dont ils sont incommodez, qu'afin de se pouvoir servir du plancher pour le grain. La femme estant de retour,

retour, pria vne fille du voifinage de luy faire cōpagnie la nuict, & pendant le fouper elle pria cette fille d'aller prendre fur le lict quelques gafteaux, qu'elle y auoit mis: Ce qu'elle fit, mais y ayāt rencontre l'*Abdalla* caché, & croyant que la femme eut donné affignation à ce galand, elle ne voulut point demeurer. L'*Abdalla* voyant partir la fille, fe produit, faluë la ieune femme & la prie de le loger, & ayant obtenu le couuert, luy demande la moitié de fon lict. La pauure femme fe voyant feule, fit mine d'y confentir, & luy dit qu'elle alloit dans vne chambre voifine prendre dequoy le faire fouper: mais elle n'y fut pas fi-toft entrée qu'elle en ferma la porte, & s'y barricada par le moyen de quelques facs de ris, qu'elle traifna deuant la porte. L'*Abdalla* fe voyant trompé, fe faifit d'vn petit enfant qui eftoit au logis, & menaça la femme de le tuer, fi elle n'ouuroit. La femme refpondit, que fon honneur luy eftoit plus cher que fon enfāt, & que fon mary, qui fe trouueroit en cela le plus offenfé, luy en feroit d'autres. Sur cela l'*Abdalla* tua l'enfant d'vn grand coufteau large, que ces fcelerats ont accouftumé de porter à la ceinture, & le nomment *Bukdan*, le coupa en quatre quartiers, & fe mit en deuoir de forcer la porte. Pour entrer dans la chambre, il fit vn trou fous le pas de la porte, & s'y fourra pour tafcher de paffer: mais il n'y auoit pas encore paffé la tefte & les efpaules, quand la femme, empoignant vn coultre, qu'elle trouua fous fa main, cria à l'aide, & en mefme temps luy defchargea quelques coups fur la tefte & fur le col, dont il mourut. Les voifins qui accoururent au bruit, & le mary qui y furuint au mefme temps, trouuerent ce trifte fpectacle, & la femme efuanoüie dans la chambre. Eftant reuenuë à elle, elle fe reffouuint, que ce miferable, fe fentant bleffé du premier coup, luy auoit demandé la vie, & luy auoit dit, qu'il auoit dequoy la racheter; c'eft pourquoy le mary eut le foin de le defpoüiller, & de vifiter fa cafaque, laquelle quoy que compofée de plufieurs haillons, ne laiffoit pas de cacher huict cens fequins, dont le païfan ne manqua pas de faire fon profit. Le corps de l'*Abdalla* fut bruflé.

1637.

Les Perfes enterrent les corps trois heures apres que l'ame en eft fortie; fi ce n'eft que la nuict les en empefche. On les laue deuant que de les enterrer, & cette ceremonie fe fait dans la maifon, pour les perfonnes de condition, ou dans vne

Leurs enterremēts.

QQqq

maison bastie au cimetiere exprés pour cela, qu'ils appellent *Mordeschar Cane*, pour le commun peuple. J'eus l'occasion de voir ces ceremonies à *Caswin*, à nostre retour d'*Ispahan*. C'estoit le corps d'vn ieune homme de vingt ans, que l'on apporta tout vestu & encore chaud, en chantant iusques au cimetiere, où l'on le despoüilla, & on le jetta dans vn bassin reuestu de pierre de taille, d'enuiron seize pieds en quarré. Apres que le fossoyeur l'eust bien laué, on luy mit vne chemise blanche, on l'enseuelit dans vn linceul de toile de cotton, & on le coucha sur vne ciuiere, pour le porter dans la fosse, qui n'estoit pas bien éloignée de là. Aux personnes de condition l'on fait encore cette ceremonie particuliere; c'est qu'au sortir du bain l'on met le corps debout, & on luy verse de l'eau de camphre, qu'ils appellent *Kafur*, sur la teste, de laquelle elle découle sur le corps, dont ou bouche toutes les ouuertures auec du cotton. On le pose aupres de la fosse, & le Prestre, apres auoir leu quelques passages de l'Alcoran, luy soûleue vn peu la teste, qu'il remet aussi-tost, & apres cela on le met dans la fosse, sans bierre. Les fosses sont fort creuses, & quelques-vnes sont voutées & les autres couuertes de planches. On coucha le corps sur le costé droit, & le visage tourné vers le Ponant, parce que les Perses croyent entr'autres choses, que lors du dernier Iugement le Soleil & la Lune seront fort tristes, & que le Soleil en arriuant au Ponant, s'arrestera, & qu'ils deuiendront noirs comme du charbon. Qu'alors l'Ange Gabriel viendra battre le Soleil & la Lune, & les contraindra de retourner d'Occident en Orient, & que c'est par l'Occident que commencera le dernier Iugement. Apres cela le Prestre ayant mis vn peu de terre sur la main, leut encore vn passage de l'Alcoran, s'éloigna de la fosse de sept pas, y retourna apres, & ayant encore leu vn passage, se retira auec toute la compagnie. Apres ces ceremonies les personnes de condition ont accoustumé de faire vn festin, le troisiéme iour apres l'enterrement, mais sans vin, & si le deffunct a laissé beaucoup de bien, ils repetent le festin le septiéme & le quarantiéme iour, comme aussi au *Naurus*, au *Kurban* & au *Ramesan*, y distribuans tousiours quelques aumosnes aux paures.

La raison pourquoy ils font les fosses si creuses, & qu'ils bouchent toutes les ouuertures du corps, est parce qu'ils croyent que lors que le Preftre s'éloigne de fept pas de la foffe, deux Anges nommés *Nekir* & *Munkir* y defcendent, & afin qu'ils n'y trouuent rien de fale. Ils croyent que pendant ce temps-là l'ame retourne au corps, qu'elle le redreffe en fon feant, afin de pouuoir refpondre au compte, que les Anges demandent à tous les membres, de tout ce qu'ils ont fait au monde. Apres cela ils demandent au defunct En qui as tu crû? à quoy il refpond, en vn feul Dieu, mon Pere celefte. Qui eft ton Prophete? Mahomed. Qui eft ton *Imam*? *Aaly*. S'il refpond pertinemment à ces demandes, & s'il peut aucunement rendre raifon de l'vfage de fes membres, il ne faut point douter qu'il ne foit fauué, & que les Anges ne fe faififfent de l'ame, qu'ils feparent alors tout à fait du corps. Toutefois il n'y a que les perfonnes aagées qui fubiffent cét examen, & on n'oblige pas les enfans à rendre raifon de leur foy.

Les Perfes, pour perfuader qu'*Abathalib*, pere d'*Aly*, eft infailliblement fauué, difent, qu'il s'appelloit auparauant *Emiram*, & qu'il eft mort deuant Mahomed. Eftant donc enterré, & les Anges luy ayans demandé qui eftoit fon Prophete, il refpondit que c'eftoit Mahomed : mais quand ils luy demanderent qui eftoit fon Saint, il demeura court, & ne fçeut que dire : car il ne fçauoit pas encore que fon fils *Aaly* feroit vn iour vn fi grand *Imam* : c'eft pourquoy l'Ange Gabriel eftant allé trouuer Mahomed, fit commander à *Aaly* d'aller au fepulchre d'*Abathalib*, & de luy dire : Mon pere, c'eft moy qui fuis ton *Imam*, & qui eray à moy au iour du Iugement ; & que c'eft pour cela qu'on donna à *Emiram* le nom d'*Abathalib*, c'eft à dire de pere enquerant ; parce que le pere auoit cherché & trouué fon *Imam*.

Les enterrements des grands Seigneurs, & des perfonnes de condition, fe font auec beaucoup de pompe, & l'on fait accompagner le corps d'vne grande proceffion. Nous auons parlé au quatriéme Liure de ce voyage, d'vn Gentil-homme de *Scamachie*, qui auoit pris tant d'eau de vie qu'il en mourut le lendemain. Son enterrement fe fit en la maniere fuiuante.

Premierement, & à la tefte de la proceffion, marchoient fix hômes, portans des eftendarts, & de groffes & longues perches, comme ceux que nous auions veu à noftre entrée, finon qu'ils eftoient ployés. Apres cela quatre cheuaux marchoient de fuitre, dont le premier portoit l'arc & les fleches du defunct, & les autres chacun vne partie de ses habits. Apres cela vn de ses domestiques, qui estoit monté sur vn beau mulet, portoit son mendil ou tulban. Celui-cy estoit suiuy de deux hommes, portans sur la teste des tours, qu'ils nomment *Nachal*, ornées de grandes panaches, qui dansoient & sautoient au son de la musique, qui marchoit apres eux, & estoit composée de tambours de Biscaye, & de bassins de cuiure, qu'ils batoient les vns contre les autres. Entre cette musique & les deux danseurs l'on portoit huict plats de confitures, ayans chacun vn pain de sucre au milieu, couuert de papier bleu, qui est la couleur de leur dueil, & à chaque pain de sucre trois bougies allumées. Apres cela marchoient pusieurs *Suffi*, qui se faisoient connoistre par leurs tulbans blancs. En suitte deux troupes de Musiciens, qui chantoient de toute leur force le *la illa illaha*, & *Alla Ekber*, accompagnans leurs cris de grimasses & de postures, que *Scaramuzza* auroit bien de la peine à imiter. Apres cela suiuoient trois garçons, ayans l'espaule & le bras droit nuds, qui s'étoient decoupé le front & le bras, en sorte que le sang en ruisseloit. Finalement suiuoient trois hommes, portans chacun vn arbre, où l'on auoit attaché quelques pommes rouges, comme celles de Caluille, & des tresses de cheueux, que ses trois femmes s'estoient arrachés ou coupés, & quelques morceaux de papier, rouge & verd. Ceux-cy precedoient immediatement le corps, qui estoit po.... par huict hommes sur les espaules, & sur la bierre estoit vne belle veste de f.... .....rée de ces precieuses peaux de Mouton de Buchar. Oye.... ere le corps suiuoient quatre hommes, portans dans vne chaise fort esleuée vn ieune garçon, qui lisoit quelques passages de l'Alcoran, & à la queuë de la procession marchoient les parents & amis du defunct, qui conduisoient le corps iusques à vn certain lieu de la ville, où il deuoit demeurer, iusques à ce qu'on le transferast à *Bigdat*, aupres de leurs *Imams*.

Fin de la premiere Partie.

www.ingramcontent.com/pod-product-compliance
Lightning Source LLC
Chambersburg PA
CBHW071702300426
44115CB00010B/1290